Direito do Trabalho

ANTÓNIO MENEZES CORDEIRO
CATEDRÁTICO DA FACULDADE DE DIREITO DE LISBOA

DIREITO DO TRABALHO

I

Direito europeu
Dogmática geral
Direito Coletivo

ALMEDINA
2019

DIRETO DO TRABALHO

AUTOR
ANTÓNIO MENEZES CORDEIRO

EDITOR
EDIÇÕES ALMEDINA, SA
Rua Fernandes Tomás n.os 76-80
3000-167 Coimbra
Tel.: 239 851 904
Fax: 239 851 901
www.almedina.net
editora@almedina.net

DESIGN DE CAPA
FBA

PRÉ-IMPRESSÃO
EDIÇÕES ALMEDINA, SA

IMPRESSÃO E ACABAMENTO
PAPELMUNDE

Outubro, 2018

DEPÓSITO LEGAL
446706/18

Biblioteca Nacional de Portugal – Catalogação na Publicação

CORDEIRO, António Menezes, 1953-

Direito do trabalho. – v.
1.º v.: Direito europeu, dogmática geral, direito coletivo. – p.

ISBN 978-972-40-7684-3

CDU 349

Aos Professores Doutores

Pedro Romano Martinez
Luís Menezes Leitão
Maria do Rosário Palma Ramalho

ADVERTÊNCIAS

- o presente *Direito do trabalho* constitui obra nova; não vale como segunda edição do *Manual de Direito do trabalho*, publicado em 1991, embora lhe aproveite alguns elementos;
- o manuscrito beneficiou de uma leitura prévia, levada a cabo pelo Prof. Doutor Luís Gonçalves da Silva, cujas indicações se agradecem;
- os artigos citados sem indicação de fonte reportam-se ao Código do Trabalho de 2009, salvo se, do contexto, resultar outra pertença;
- as primeiras citações de cada obra são feitas por extenso; nas subsequentes, faz-se uma referência abreviada, salvo quando se pretenda chamar a atenção para o título completo ou para a data da publicação;
- as decisões judiciais, europeias e nacionais, fazem-se pelo número do processo: permite a imediata localização nas bases de dados Eur-Lex e ITIJ, respetivamente;
- a obra está atualizada com referência a elementos publicados até ao início de setembro de 2018;
- apesar do cuidado posto na revisão, nem o autor, nem a Editora se responsabilizam pelas indicações legislativas; os práticos são convidados a, caso a caso, confrontarem as precisas leis em vigor.

Cacela Velha, 22 de setembro de 2018.

ABREVIATURAS*

AA	– Acordo de adesão
AcD	– *Acórdãos Doutrinais do Supremo Tribunal Administrativo*
ACT	– Acordo coletivo de trabalho
AE	– Acordo de empresa
AR	– *Das Arbeitsrecht der Gegenwart*
ArbG	– *Der Arbeitgeber*
ArbR	– *Arbeitsrecht*
ArchSC	– *Archivio di Studi Corporativi*
ARS	– *Arbeitsrechtssammlung*
AuR	– *Arbeit und Recht*
BAG	– Bundesarbeitsgericht
BAGE	– *Entscheidungen des Bundesarbeitsgerichts*
BB	– *Betriebs-Berater*
BetrVG	– Betriebsverfassungsgesetz
BINTP	– *Boletim do Instituto Nacional do Trabalho e Previdência*
BlStSozAbrR	– *Blätter fur Steuerrecht, Sozialversicherung und Arbeitsrecht*
BMT	– *Boletim do Ministério do Trabalho*
BTE	– *Boletim do Trabalho e do Emprego*
CCT	– Convenção coletiva de trabalho
ChSoc.	– Chambre Sociale
CPT	– Código de Processo do Trabalho
DAR	– *Deutsches Arbeitsrecht*
DB	– *Der Betrieb*
DS	– *Droit Social*
ESC	– *Estudos Sociais e Corporativos*
ETN	– Estatuto do Trabalho Nacional
EuZA	– *Europäische Zeitschrift für Arbeitsrecht*
GLav (Mass)	– *Giustizia del lavoro/Massimario*
GM	– *Gewerkschaftliche Monatshefte*

* Usam-se as abreviaturas constantes do nosso *Tratado de Direito civil* I, 4.ª ed. (2012), 15-23; indicam-se, apenas, as siglas mais usadas em Direito do trabalho.

IRC – Instrumentos de regulamentação coletiva
JA – *Juristische Arbeitsblätter*
LAP – Regime jurídico das associações patronais, de 1975
LAT – Regime Jurídico dos Acidentes de Trabalho e Doenças Profissionais
LCCT – Lei da Cessação do Contrato de Trabalho ou Regime Jurídico da Cessação do Contrato Individual de Trabalho e da Celebração e Caducidade do Contrato de Trabalho a Termo, aprovada pelo Decreto-Lei n.º 64-A/89, de 27 de fevereiro
LComT – Lei das Comissões de Trabalhadores
LCT – Lei do contrato individual de trabalho, de 1969
LDesp – Regime jurídico da cessação de trabalho, aprovado pelo Decreto-Lei n.º 372-A/75, de 16 de julho
LDT – Regime jurídico da duração do trabalho
LG – Lei da Greve
LRCT – Lei das relações coletivas de trabalho, de 1979
LS – Lei Sindical, de 1975
NZA – *Neue Zeitschrift für Arbeits- und Sozialrecht*
PE – Portaria de extensão
PRT – Portaria de regulamentação do trabalho
RAG – *Reichsarbeitsgericht*
RdA – *Recht der Arbeit*
RDES – *Revista de Direito e de Estudos Sociais*
RDLav – *Rivista di diritto del lavoro*
REDT – *Revista Española de Derecho del Trabajo*
RGES – *Revista do Gabinete de Estudos Corporativos*
RIDLav – *Rivista italiana di diritto del lavoro*
SR – *Soziales Recht, Wissenschaftliche Zeitschrift für Arbeits- und Sozialrecht*
TT – Tribunal de Trabalho
TVG – Tarifvertragsgestz
WSI – *Monatschrift des Wirtschafts- und Sozialwissenschaftlichen Instituts des Deutschen Gewerkschaftsbundes*
ZESAR – *Zeitschrift für europäisches sozial- und Arbeitsrecht*
ZfA – *Zeitschrift für Arbeitsrecht und Sozialrecht*
ZIP – *Zeitschrift für Wirtschaftsrecht*

ÍNDICE GERAL

§ 5.º Bibliografia

CAPÍTULO III – EVOLUÇÃO HISTÓRICA DO DIREITO DO TRABALHO

§ 6.º Das origens à revolução industrial

§ 7.º O liberalismo, a socialização e as codificações civis

§ 8.º A experiência laboral portuguesa

§ 9.º **A crise de 2009/2014**

§ 10.º **A crise em Portugal**

II
DIREITO EUROPEU

CAPÍTULO I – A INTEGRAÇÃO EUROPEIA

§ 11.º **Direito europeu privado**

§ 12.º **A realização das regras europeias**

CAPÍTULO II – O DIREITO EUROPEU DOS CONTRATOS

§ 13.º **Iniciativas pioneiras**

§ 14.º **Os "códigos europeus"**

CAPÍTULO III – O DIREITO EUROPEU DO TRABALHO

§ 15.º Justificação e relevo

§ 16.º As fontes europeias

§ 17.º Princípios laborais europeus

§ 18.º Linhas de concretização

III
DOGMÁTICA BÁSICA

CAPÍTULO I – AS FONTES LABORAIS

SECÇÃO I – A LEI FUNDAMENTAL

§ 19.º A Constituição

§ 20.º Níveis de eficácia constitucional

§ 27.º **A jurisprudência e a doutrina**

SECÇÃO IV – A REALIZAÇÃO DO DIREITO DO TRABALHO

§ 28.º **A interpretação**

§ 29.º **A integração e a interpretação criativa**

§ 30.º **O *favor laboris***

SECÇÃO V – AS FONTES LABORAIS COLETIVAS E SIMILARES

§ 31.º **Direito laboral coletivo**

CAPÍTULO II – OS CONFLITOS DE NORMAS LABORAIS

SECÇÃO I – OS CONFLITOS DE LEIS NO TEMPO

§ 32.º **As regras gerais de direito transitório**

§ 33.º **As regras especiais de Direito do trabalho**

SECÇÃO II – OS CONFLITOS DE LEIS NO ESPAÇO

§ 34.º **Aspetos gerais**

§ 35.º **Conflitos de leis laborais no espaço**

SECÇÃO III – OS CONFLITOS HIERÁRQUICOS

§ 36.º **Conflitos hierárquicos e condicionantes legislativas**

§ 37.º **O tratamento mais favorável**

§ 38.º O *favor* como norma de conflitos

CAPÍTULO III – A SITUAÇÃO JURÍDICA LABORAL

§ 39.º As conceções comunitário-pessoais

§ 40.º As conceções económico-contratuais

§ 41.º A complexidade intrínseca

§ 42.º A conceção compreensivo-social

IV
PESSOAS LABORAIS

CAPÍTULO I – AS PESSOAS LABORAIS

§ 43.º A personalidade especial

§ 44.º A personalidade laboral

CAPÍTULO II – O TRABALHADOR

SECÇÃO I – PERFIL GERAL DO TRABALHADOR

§ 45.º Noção, modalidades e afins

§ 46.º Tipos de trabalhadores protegidos

SECÇÃO II – DIREITO DE PERSONALIDADE (EM GERAL)

§ 47.º Evolução do Direito de personalidade

§ 48.º **Doutrina geral do Direito de personalidade**

§ 49.º **Regime geral**

§ 50.º **Figuras afins**

SECÇÃO IV – DIREITOS DE PERSONALIDADE (DIREITO DO TRABALHO)

§ 51.º **Direitos de personalidade laborais**

§ 52.º **Os direitos em especial**

CAPÍTULO III – O EMPREGADOR

SECÇÃO I – EMPREGADORES E EMPRESAS

§ 53.º Noção geral e modalidades; a empresa

CAPÍTULO IV – CATEGORIAS LABORAIS

§ 54.º Pessoas laborais coletivas

§ 55.º Prestações laborais

V
DIREITO COLETIVO DO TRABALHO

TÍTULO I – INSTRUMENTOS COLETIVOS DE REGULAÇÃO

CAPÍTULO I – CONVENÇÃO COLETIVA DE TRABALHO

SECÇÃO I – COORDENADAS HISTÓRICO-COMPARATÍSTICAS

§ 56.º Conceito e evolução nacional

§ 57.º **Nota de Direito comparado**

SECÇÃO II – FORMAÇÃO E CONCLUSÃO DAS CONVENÇÕES COLETIVAS

§ 58.º NEGOCIAÇÕES COLETIVAS

§ 59.º **Celebração, depósito e publicação**

SECÇÃO III – CONTEÚDO E ÂMBITO

§ 60.º **O conteúdo**

§ 61.º **Delimitação negativa e conteúdo habitual**

SECÇÃO IV – ÂMBITO

§ 62.º Âmbito pessoal

§ 63.º Âmbito temporal

§ 64.º Concursos de convenções

SECÇÃO V – INTERPRETAÇÃO, INTEGRAÇÃO E APLICAÇÃO

§ 65.º A interpretação

§ 66.º A integração; a comissão paritária

§ 67.º A aplicação e os contratos de trabalho

§ 68.º A alteração de circunstâncias

SECÇÃO VI – A NATUREZA DAS CONVENÇÕES COLETIVAS

§ 69.º Natureza jurídica das convenções

CAPÍTULO II – OUTROS INSTRUMENTOS NEGOCIAIS COLETIVOS

§ 70.º Acordo de adesão

§ 71.º Decisão arbitral (voluntária)

§ 72.º Negócios coletivos atípicos

CAPÍTULO III – INSTRUMENTOS ADMINISTRATIVOS DE REGULAÇÃO

§ 73.º Portaria de extensão

§ 86.º **A conciliação e a mediação**

§ 87.º **A intervenção do Estado**

TÍTULO III – ORGANIZAÇÕES LABORAIS

§ 88.º **Pressupostos dogmáticos e sistemática legislativa**

CAPÍTULO I – OS SINDICATOS

§ 89.º **Noção, regime e vicissitudes**

§ 90.º **Atribuições, competência e funcionamento**

CAPÍTULO II – ASSOCIAÇÕES DE EMPREGADORES

§ 91.º **Noção, regime e vicissitudes**

§ 92.º Atribuições, competência e funcionamento

CAPÍTULO III – A CONSTITUIÇÃO LABORAL DA EMPRESA

§ 93.º Ideia e evolução geral

[illegible]

§ 95.º As comissões de trabalhadores

§ 96.º Do controlo de gestão à autogestão

CAPÍTULO I

NOÇÕES BÁSICAS

§ 1.º O TRABALHO

1. Noções ampla, restrita e técnica; abordagens

I. O trabalho exprime a ideia geral de atividade humana e, ainda, o produto dessa atividade. Trata-se de uma noção ampla, perfeitamente correta na linguagem comum e que ocorre no contacto coloquial ou na expressão literária[1]. Encontramos conexões como "trabalhos" poéticos, de casa, da escola, na estrada ou no serviço.

Num sentido restrito, trabalho significa uma atuação profissional ou similar, obrigatória ou devida e, em regra, contra uma remuneração. Ele abrange, tendencialmente, qualquer prestação de serviço, independentemente do circunstancialismo que a acompanhe, mas com tónica no esforço do prestador.

Em aceção técnico-jurídica, trabalho é um serviço subordinado ao qual, por diversas encruzilhadas histórico-culturais, se aplica um regime considerado adequado. Diz-se subordinado por uma das partes – o empregador – deter o direito potestativo de, em certo contexto, dar instruções à outra – o trabalhador – às quais este está sujeito, sob pena de se submeter a medidas disciplinares.

II. O trabalho subordinado constitui um fenómeno multifacetado, objeto de estudos e de reflexões conduzidos por várias ciências[2].

[1] Quanto às aceções do "trabalho", com indicações, Pedro Romano Martinez, *Direito do trabalho*, 8.ª ed. (2017), 1355 pp., 31-33.

[2] Oswald von Nell-Breuning, *Wirtschaft und Gesellschaft heute* 2 – *Zeitfragen* (1957), 435 pp., 348.

Para a Economia, o trabalho surge como uma atividade apta a satisfazer necessidades humanas[3]. Corresponde a um fator de produção, expresso num custo; obedece, na sua consubstanciação, a certas leis económicas, como a da oferta e da procura; traduz uma realidade sensível a variáveis múltiplas e induz outras tantas: nessa medida, o trabalho é um aspeto primordial de qualquer política económica[4].

Na Sociologia, o trabalho representa um conjunto complexo de relações, dentro das sociedades humanas; torna-se, por isso, nas suas condicionantes como nas suas consequências, apto, por excelência, ao aprofundamento sociológico[5].

Na Ciência Política, o trabalho faculta temas e doutrinas de importância conhecida, sendo certo que, na atualidade, nenhuma corrente de pensamento político deixa de, dele, se ocupar[6].

Na Filosofia, o trabalho constitui uma parcela da dimensão humana, jogando de acordo com as várias orientações[7].

Estas e outras Ciências dão contributos importantes ao jurista, quando se trate de elaborar o fenómeno laboral. Mas não se confundem, nuclearmente, com a Ciência do Direito: esta visa, no essencial, regular o

[3] Assim, Corrado Gini, *Lavoro (economia)*, NssDI IX (1968), 525-530 (525-526).

[4] A análise económica do trabalho, com uma série de relevantes implicações políticas, foi particularmente levada a cabo por Karl Marx; desse Autor, *Das Kapital/Kritik der politischen Oekonomie* 1 – *Der Produktionsprocess des Kapitals* (1872), 6.ª ed. Ullstein (1975), 148 ss. e *passim*.

[5] Este estado de coisas não deve ser confundido com a consideração das raízes sociológicas do Direito do trabalho – p. ex., Walter Kaskel/Hermann Dersch, *Arbeitsrecht*, 5.ª ed. (1957), XXVI + 358 pp., § 1, I (1 ss.); para a Sociologia, o trabalho é um mero facto; para o Direito, é um âmbito a regular.

[6] E porque todas estas realidades pertencem a planos diversos, que continuamente se intercetam, verifica-se que certos entendimentos políticos interferem em todos os outros domínios. Por exemplo, Thomas Blanke, *Probleme einer Theorie des Arbeitsrechts*, KJ 6 (1973), 349-360 (349), apresenta as seguintes noções; "Economicamente, o Direito do trabalho é a expressão do modo específico de produção capitalista; sociologicamente, é a expressão das relações entre as classes sociais decisivas; juridicamente, o Direito do trabalho é, por um lado, Direito da circulação burguesa (troca da mercadoria trabalho por dinheiro) e, por outro, "Direito social" (sancionamento das condições de vida de uma classe social)".

[7] Como exemplo, Sok-Zin Lim, *Der Begriff der Arbeit bei Hegel/Versuch einer Interpretation der "Phänomenologie des Geistes"* (1963), 187 pp., especialmente 115 e 169; para um panorama evolutivo da Filosofia do trabalho: M. D. Chenu, *Arbeit* I, no HistWPh 1 (1971), 480-482 e H. J. Krüger, *Arbeit* II, *idem* 1 (1971), 482-487.

fenómeno do trabalho subordinado, em função dos valores que pretenda prosseguir.

2. Etimologias

I. O português trabalho advém do latim *tripalium* ou *trepalium*: triplo pau, tendo *palus* ainda o sentido de estaca, poste ou pelourinho[8]. Surge, em português, a forma erudita "palo", presente em empalar. O *tripalium* era um instrumento usado para imobilizar animais, com vista, por exemplo, à sua marcação[9] e, ainda, para amarrar e castigar escravos[10]. Está na origem das expressões *travail*, *trabajo* e *travaglio*, em francês, espanhol e italiano, respetivamente e, ainda, do inglês, *travel*. Simplesmente, nessas diversas línguas latinas, em cuja periferia podemos incluir o inglês, o termo teve evoluções semânticas diferentes: em português, francês e espanhol, ele traduz a atividade humana em geral, acompanhando as distinções acima feitas; em italiano, *travaglio* significa trabalho de parto; na língua inglesa, *travel*[11] corresponde a viagem e a viajar.

II. Em italiano, trabalho diz-se *lavoro*, do latim *labor*, que significa fadiga[12]. Em sânscrito temos a raiz *labh*, no sentido de orientar o esforço ou a vontade, na base do grego clássico λαμβάνυ (lambano), prender, obter o poder sobre alguém[13].

[8] A. Ernout/A. Meillet, *Dictionnaire étymologique de la langue latine/Histoire des mots*, 4.ª ed. (1959), 478/II.

[9] A ferradura não é romana: tem origem medieval.

[10] Em Félix Gaffiot/Pierre Flobert, *Dictionnaire Latin-Français* (2000), 1624/I, *trepalium* é traduzido como instrumento de tortura ; *tripaliare*, em baixo latim, já significava torturar. Em francês e até ao século XVI, *travailler* equivalia a atormentar e sofrer: Jean Dubois/Henri Mitterand/Albert Dauzat, *Dictionnaire étymologique et historique du français* (2011), 1013/II.

[11] *Oxford Dictionary of English Etymology* (1966), 938/II.

[12] ThLL VII (1956-1979), 789-797. *Labor* conhece a forma verbal antiga *labare*: vacilar sob o peso; *vide* A. Ermont/A. Meillet, *Dictionnaire étymologique* cit., 4.ª ed., 334/I e Félix Gaffiot/Pierre Flobert, *Dictionnaire Latin-Français* cit., 888/I.

[13] *Thesaurus Graecae Linguae* V (1842-1846), 65-66; *vide* A. Bailly/E. Egger, *Dictionnaire grec-français* (2000), 1167, com muitos elementos.

III. Já em latim, para exprimir o nosso trabalho, haveria que usar *opus* (obra): *operare*, para trabalhar[14]. Em português, *labor* dá lavrador, usando-se laboral e laboralista (ou laborista), por influência italiana, para designar algo relativo ao trabalho.

IV. Em inglês, trabalho diz-se *work*, do antigo inglês *weorc*: feito, realizado. Ocorre *labour* (*labor*, na grafia americana), com um alcance mais amplo e uma evolução semântica, ao longo dos séculos: trabalho de parto, esforço e trabalho em geral. Já em alemão, *Werk*, com a mesma origem etimológica, significa obra: *Werkvertrag* é o nosso contrato de empreitada.

V. Em alemão, temos o termo *Arbeit*, do médio-alto alemão *arebeit*, germânico *arabeit*, significando fadiga ou calamidade. Apenas em novo-alto alemão o termo evoluiu para "trabalho". Note-se o parentesco de *Arbeit* com o eslavo *rabota* trabalho mas, inicialmente, servidão. A expressão "robot" (*Roboter* em alemão) adveio do checo *robota*, tendo sido proposta em 1920 por Josef Capek: uma máquina semelhante ao homem. *Rabota* (russo) e *labor* (latim) têm, manifestamente, raízes comuns.

VI. Os meandros etimológicos são curiosos. Documentam, por várias vias, que o trabalho, de entre as múltiplas atividades humanas, tem a ver com atuações custosas, esforçadas ou, no limite, que causem sofrimento.

3. **Núcleo e halos laborais**

I. Como adiante melhor veremos, o trabalho em sentido técnico-jurídico obteve, ao longo dos séculos XIX e XX, um regime especialmente adaptado, desenvolvido em torno dos pontos seguintes:

(a) um trabalho manual: operário;
(b) prestado no quadro de uma organização, de tipo instalação fabril;
(c) por um número elevado de prestadores;
(d) em situação de penosidade;
(e) e sendo a remuneração vital para os prestadores ou trabalhadores.

[14] *Operor*: Félix Gaffiot/Pierre Flobert, *Dictionnaire Latin-Français* cit., 1096/II.

Se percorrermos o Código do Trabalho ou os diplomas que, nos diversos países, dão corpo às regras de Direito laboral, verificamos que os cinco pontos referidos estão sempre subjacentes.

II. O núcleo duro do Direito do trabalho permitiu uma disciplina jurídica que, com o tempo, se foi alargando a outras prestadores. Assim:

(a) o trabalho pode não ser "manual": antes intelectual ou, até criativo; temos a figura do empregado ou mesmo, o do quadro superior, que beneficiam da tutela laboral;
(b) a prestação pode ocorrer fora de qualquer fábrica ou, até, longe das instalações do empregador: teletrabalho ou trabalho ao domicílio;
(c) os prestadores podem ser reduzidos, chegando a ser uma única pessoa;
(d) as circunstâncias da prestação podem ser aprazíveis;
(e) altura em que a remuneração pode, mesmo, não ter qualquer significado para o trabalhador.

III. O Direito do trabalho, oriundo das velhas "leis operárias", dá corpo a uma disciplina formalizada, aplicável fora da problemática nuclear que o originou e que, quiçá, ainda hoje o justifica. Além disso, os valores apurados no trabalho subordinado – os valores laborais – têm aplicação a situações que, com ele, já não tenham a ver. Basta que o prestador se encontre, de facto, numa situação que requeira alguma tutela.

4. **Terminologia e deriva conceitual**

I. O Direito do trabalho segregou uma terminologia própria, que iremos encontrar ao longo da disciplina. Desde já sublinhamos a seguinte:

(a) trabalhador: o prestador vinculado em termos laborais e, como tal: em sujeição;
(b) empregador: a contraparte na relação de trabalho, com poderes de direção e adstrito ao pagamento da retribuição; a expressão "patrão", que ganhou algum sentido carregado e, até, pejorativo, tende a ser evitada;

(c) salário: a retribuição pelo trabalho prestado, a cargo do empregador; muito vincada ao trabalho das origens, a expressão salário tende a ser substituída por remuneração ou retribuição, mais inóquas;
(d) relação de trabalho ou, em termos mais abrangentes, a situação jurídica laboral: a relação complexa que se forma entre o empregador e o trabalhador.

II. No domínio do Direito do trabalho funciona o fenómeno, já apontado noutras disciplinas, como a do Direito bancário[15]: o da deriva conceitual. Traduz-se na utilização de conceitos civis, mas com um alcance diferente, tipicamente laboral. Assim, termos como retribuição, duração do trabalho ou representação, têm, no Direito do trabalho, um alcance próprio, enquanto outras, como comissões de trabalhadores, associações sindicais e de empregadores, instrumentos de regulamentação coletiva, greve e *lock-out* são tipicamente laborais.

III. Como melhor veremos a propósito da interpretação das leis do trabalho, todas as locuções usadas no âmbito laboral acabam por ser atingidas. Não podemos ir ao ponto de considerar que, no Direito do trabalho, funciona uma linguagem própria, com conceitos autónomos e sequências normativas irreconhecíveis nas demais disciplinas jurídicas. Todavia, não é possível apreender regras laborais sem proceder à integração nos instrumentos que a contenham. Esta diretriz é geral, para todas as disciplinas. Mas tem, aqui, um especial alcance.

[15] *Direito bancário*, 6.ª ed. (2016), 235 ss..

§ 2.º O DIREITO DO TRABALHO

5. Noção básica

I. O Direito do trabalho é a disciplina jurídica tecida em torno do trabalho subordinado[16]. Abarca o núcleo laboral e os halos que o rodeiam, nos termos acima referidos. Enquanto disciplina e como qualquer outra, o Direito do trabalho comporta um sistema de normas e de princípios e a área jurídica destinada a estudá-lo.

II. Diz-se sistema um conjunto concatenado de normas e de princípios. As normas equivalem a proposições jurídicas que, a uma previsão, associam uma estatuição. Os princípios exprimem vetores presentes em todo o sistema, independentemente da sua direta aplicação. As normas obtêm-se das fontes, por interpretação. Os princípios são construídos pela Ciência do Direito. A concatenação opera pela ordenação em função de pontos de vista unitários.

III. O ponto de vista unitário será – ou seria – o fenómeno do trabalho subordinado. De facto, este surge de modo recorrente, até por delimitar as fronteiras dentro das quais as regras laborais são imperativas. Constitui, deste modo, o cerne que dá cor à noção básica. Mas não chega.

6. A elaboração periférica

I. O Direito do trabalho não adveio de uma reforma científica e disciplinadora[17]. A História, abaixo sumariada, documenta antes uma origem

[16] *Vide* o nosso *Tratado de Direito civil* XII (2018), 419 ss..

[17] Devemos excecionar experiências históricas abaixo referidas, como a do III *Reich* (nacionalista) e a da ex-RDA (República Democrática Alemã) (soviética), que procuraram elaborar reformas racionais e centralizadas do Direito do trabalho.

dispersa, isto é, uma produção de regras laborais processada em torno de questões concretas que, na altura em que ocorreram e independentemente de prévios estudos jurídico-científicos, tiveram de encontrar solução. Falamos, por isso, numa elaboração periférica, por contraposição a uma formação central ou racional do tecido normativo.

II. Adiantamos que o Direito do trabalho teve, na origem, regras sociais e de higiene pública, que os governos dos países em industrialização se sentiram na obrigação de adotar, para defender a sua população. Temos, aí, o Direito das condições de trabalho. Seguiram-se regras derivadas de greves e de movimentos coletivos, acordadas entre os trabalhadores e os empresários. Tais regras tiveram a ver com melhorias salariais e com redução do tempo de trabalho, dando base ao Direito coletivo do trabalho. O privatismo esforçou-se, depois, por compor a situação jurídica laboral ou relação de trabalho: uma prestação de serviço subordinado, estruturalmente obrigacional e que teve em conta as especificidades da sua construção. Na evolução subsequente, outros centros periféricos intervieram, com relevo para as dimensões da tutela da maternidade, da infância e da adolescência, dos direitos de personalidade, da não-discriminação e da formação profissional.

Abandonamos, assim, a construção adotada no nosso *Manual de Direito do trabalho*, de 1991, que apontava um policentrismo laboral: o Direito do trabalho derivaria de três centros vincados: condições de trabalho, Direito coletivo e Direito individual. Na verdade, afigura-se-nos hoje, mormente pelo estudo da História do laboralismo, que a interação entre os três pólos apontados operou muito cedo. Além disso, foram surgindo outros centros periféricos. Acrescendo aos já apontados, tecidos em torno de novas áreas de tutela, temos um forte impulso oriundo das constituições económicas pós-liberais e as exigências da denominada economia social de mercado[18]. A ideia de elaboração periférica permite cobrir uma gama mais completa de realidades funcionalmente ativas.

[18] Wolfgang Zöllner/Karl-Georg Loritz/Curt Wolfgang Hergenröder, *Arbeitsrecht*, 7.ª ed. (2015), XXX + 805 pp., § 1, Nr. 26-29 (10-11); Rüdiger Linck, em Günter Schaub, *Arbeitsrechts-Handbuch*, 17.ª ed. (2017), LXXXV + 3057 pp., § 1, Nr. 2 (1).

III. A partir dos finais do século XIX, particularmente na Alemanha, as realidades multifacetadas advenientes de elaborações periféricas, vieram receber tratamentos sistemáticos de conjunto. À elaboração periférica do Direito do trabalho somou-se um tratamento central: um fenómeno não-inóquo e que justapôs aos dados já existentes, que mantiveram uma vida própria. Nos finais do século XX, o tecido laboral, cada vez mais complexo, veio ainda enriquecer com dados normativos de produção europeia. No fundo, tudo isto dá corpo a novos tópicos periféricos de (re)elaboração jurídica do trabalho.

7. Concretizações

I. O laboralismo foi-se consubstanciando à medida que diversos problemas típicos, relacionados com o fenómeno do trabalho subordinado, exigiram soluções diferentes daquelas que resultariam do Direito comum. A necessidade de tomar medidas tornou-se mais premente pela implantação do liberalismo: pondo termo à tradição anterior, ele colocou o Direito do trabalho no "ponto zero"[19].

Sem preocupação de exaustividade nem de rigor histórico, referimos, desde já, algumas dessas conjugações problemáticas.

II. Os progressos da industrialização nos diversos países levaram a que muitas pessoas se aglomerassem em áreas estreitas, aí prestando serviços subordinados remunerados, base da sua subsistência. As más condições ambientais daí resultantes levaram os legisladores a intervir, promulgando normas que procuravam disciplinar o trabalho das mulheres e das crianças, que visavam regular os horários de trabalho e certos condicionalismos laborais de tipo sanitário. Centrados sempre em problemas concretos e sem conexões sistemáticas entre si[20], foram, assim, surgindo normas relativas às condições do trabalho subordinado.

[19] Theo Mayer-Maly, *Vorindustrielles Arbeitsrecht*, RdA 1975, 59-63 (62), focando a falta de continuidade entre o Direito do trabalho do século XVII e o do século XIX.

[20] As conexões em causa poderiam surgir, independentemente de qualquer opção nesse sentido, pelo simples facto de estar em causa uma realidade unitária. Mas nem isso (no início): motivadas por acontecimentos pontuais e ao sabor das mais variadas vicissitu-

III. Esses particulares condicionalismos que enformavam, no século XIX, a situação dos trabalhadores revestiam-se, no entanto, de outras dimensões problemáticas. Rapidamente se tomou consciência de que, colocado individualmente perante um dador de trabalho, o trabalhador não podia, de facto, igualá-lo, em conhecimentos, experiência ou meios económicos para, assim, negociar melhores condições laborais. Verificou-se ainda que, num tempo de êxodo intenso para os centros industriais, a lei da oferta e da procura jogava contra o trabalhador singular: desinteressasse-se este pela sua posição laboral e logo outra pessoa o substituiria. A consciência destes factos e a simples realidade das massas humanas integradas, por igual, num mesmo espaço levaram à formação de entidades coletivas, compostas por trabalhadores que, contrabalançando o maior poder dos empregadores, assegurassem aos seus membros alguma proteção. Essas entidades coletivas, primeiro ignoradas, depois combatidas, mais tarde toleradas e, por fim, reconhecidas e, mesmo, protegidas, levaram ao aparecimento de certas normas jurídicas, por via legislativa ou jurisprudencial. De novo não houve qualquer unidade de sentido na consubstanciação de tais normas: ora se reportavam ao funcionamento interno das entidades laborais coletivas – hoje sindicatos – ora refletiam particulares atuações no sentido de auxiliar os seus membros – associações de socorros mútuos, crédito, cooperativas, atividades culturais – ora visavam ações concertadas de luta laboral ora, por fim, prosseguiam a disciplina da negociação coletiva, isto é, da negociação levada a cabo, por elas, com as entidades empregadoras. Sem interconexões entre si, foram-se acumulando regras sobre os níveis coletivos implicados pelo trabalho subordinado.

IV. O regime das situações laborais individuais, de acordo com o modelo liberal de vinculação, seguia, no início, o esquema contratual comum. A especialidade do bem em jogo – o trabalho subordinado – e o melindre social associado a certos aspetos que degradavam a figura do trabalhador levaram, em múltiplas ocasiões, a intervenções legislativas e jurisprudenciais. Por um lado, visava-se moldar o conteúdo da figura, vedando cláusulas tidas como inconvenientes e impulsionando dispositivos considerados consentâneos com os interesses em presença; por outro,

des políticas, as medidas sucederam-se em disfunção, contradizendo-se mesmo, por vezes, entre si.

atuava-se em pontos particularmente sensíveis, como no referente à cessação da situação laboral. Aos poucos, o contrato individual de trabalho foi ganhando em especificidade, distanciando-se da comum prestação de serviço. As alterações que a tanto levaram tiveram a sua génese em pontos concretos, atuaram ao sabor de vicissitudes político-sociais e conduziram a efeitos diversificados, distantes por vezes, do que teria sido pretendido pelos seus impulsionadores.

Conclui-se, pois, que regras dispersas, relativas ao contrato individual de trabalho, foram-se agrupando, num processo acumulativo; no limite, vieram a formar um corpo em torno das situações jurídicas laborais.

V. Como adiantado, os finais do século XX acrescentaram novas áreas problemáticas. Contracenam, por vezes em sentidos opostos, as necessidades de tutela da pessoa e as exigências empresariais.

VI. O laboralismo é, assim, um fenómeno complexo. A realidade subjacente que ele veio enfrentar não se manifesta de modo unitário; pelo contrário: várias problemáticas, relacionadas embora com o trabalho subordinado, exigiram produções normativas valorativamente diferenciadas e tecnicamente díspares, numa fragmentação agravada por uma interação irregular de fenómenos externos. Cinco grandes centros levaram, independentemente uns dos outros, ao desenvolvimento laboral normativo: as condições de trabalho, o nível coletivo do trabalho, a situação jurídica laboral[21], os direitos das pessoas e a lógica do mercado social. Mas mesmo dentro desses âmbitos, o multicentrismo tem lugar: os níveis regulativos operaram a partir de questões concretas, sem conexão umas com as outras.

Este estado de coisas, não sendo embora desconhecido noutras áreas jurídicas[22], tem um relevo muito particular no Direito do trabalho. Não se

[21] Por isso se referia o Direito do trabalho como "tripartido": Luisa Riva Sanseverino, *Diritto del lavoro* 1, 4.ª ed. (1982), 10-11 e, entre nós, Bernardo Xavier, *Direito do trabalho*, Enc. Pólis 2 (1984), 579-601 (580). Hoje, afigura-se que há, pelo menos, cinco frentes problemáticas geradoras de soluções.

[22] No fundo, trata-se de um modo de elaboração periférica do Direito, que se manifesta, por exemplo, no aparecimento, há mais de dois mil anos, do Direito civil: a matéria jurídica não se constitui a partir de certos postulados de origem, obedecendo a um traçado lógico: antes se forma ao sabor de questões concretas, primeiro desconectadas entre si. O apuramento de vetores gerais e a descoberta de uma lógica de conjunto operam, depois, paulatinamente, sob o influxo da Ciência do Direito. Noutros sectores, com primado

trata, apenas, duma sua origem histórica que, tendo deixado rastos mais ou menos salientes no tecido laboral da atualidade, não mais se manifestasse de modo ativo. O multicentrismo mantém-se, porquanto, como se verá e mau grado as codificações de 2003 e de 2009, toda a evolução do Direito do trabalho continua a operar a partir de pontos separados entre si e, por vezes, mesmo contraditórios. A noção de Direito do trabalho, bem como as suas dogmática e sistemática e, no termo, a própria decisão laboral concreta, acusam, naturalmente, este processo.

8. **Segue; diversificações internas**

I. Complementando os pontos já apresentados, vamos verificar, sempre com alguma antecipação, as diversificações que operam dentro de cada unidade laboral periférica. A questão é ainda adensada pela integração dos halos.

Com efeito, o Direito do trabalho não é, simplesmente, o regime do trabalho subordinado: muitas regras aplicáveis ao fenómeno dos serviços heterodeterminados não são Direito do trabalho, antes se integrando nas mais diversas disciplinas jurídicas; e por outro lado, disposições há que, embora não se reportando, diretamente, ao trabalho subordinado, são, tradicional e pacificamente, estudadas na nossa disciplina[23].

II. O Direito do trabalho tão-pouco pode ser encerrado em fórmulas que tentam superar a problemática do multicentrismo periférico, descrevendo-o com pormenor variável, no nível da própria definição da disciplina laboral. Tal linha produz definições do tipo: o ramo do Direito que regula as relações individuais de trabalho, as relações coletivas de trabalho

para o Direito Constitucional ou o Direito Penal, de elaboração de tipo jusracionalístico, o processo de formação é mais marcadamente central. No Direito do trabalho, as tensões periféricas são (ainda) tão intensas que habilitam a falar em multicentrismo.

[23] P. ex., todo um conjunto de regras obrigacionais tem aplicação direta ao dever de pagar o salário, a cargo do empregador, sem, por isso, se poder considerar Direito do trabalho; paralelamente, normas como as atinentes à capacidade patrimonial dos sindicatos têm um lugar atual no Direito do trabalho embora, diretamente, não visem o trabalho subordinado.

e as relações que se estabelecem entre os sujeitos laborais e o Estado[24]. Na verdade, esta orientação não resolve o problema da inclusão de normas que, em princípio, não se enquadrariam em nenhum dos termos apontados – o que, dada a dispersão laboral, é sempre possível, por muito que se alargue a definição de base – nem o da exclusão de regras que, também em princípio, cairiam na estrita alçada do termo definitório[25].

III. A dificuldade em definir o Direito do trabalho de forma sistematicamente satisfatória é estrutural: liga-se ao multicentrismo periférico e mantém-se, persistente, uma vez que a permanente turbulência legislativa continuamente alimenta uma dispersão que as tendências centralizadoras da doutrina não conseguem contrariar[26].

Por isso, interessa determinar o âmbito laboral com recurso a outros métodos. Um deles, ensaiado já, de algum modo, pelas definições que, à partida, salientam a multiplicidade material interna do Direito do trabalho, consiste em abdicar da definição por género próximo e diferença específica, a favor de uma descrição tão precisa quanto possível do seu conteúdo. Digamos que as classificações são substituídas por ordenações típicas.

[24] Um tanto nessa linha, António Monteiro Fernandes, *Direito do Trabalho*, 1 – *Introdução. Relações individuais de trabalho*, 6.ª ed. (1987), 44 ss.. Hoje, este Autor apresenta o Direito do trabalho simplesmente como o que regula as relações jurídico-privadas de trabalho livre, remunerado e subordinado: *Direito do trabalho*, 18.ª ed. (2017), 20.

[25] Também aqui poderiam, pois, ser utilizados, os exemplos figurados *supra*, nota 23.

[26] Punha-se a questão de saber se esta dificuldade estrutural não se prenderia justamente com a natureza compromissória do Direito do trabalho nas sociedades ocidentais, sendo removida nas sociedades socialistas. A esse propósito, cabe citar a definição de Direito do trabalho inserida no manual de Direito do trabalho da ex-República Democrática Alemã, oficialmente aprovado para o ensino universitário e superior – *Arbeitsrecht*, 3.ª ed. (1986), por um coletivo de autores, dirigido por Frithjof Kunz e Wera Thiel, 25 – segundo a qual "O Direito do trabalho abrange o conjunto das normas jurídicas, incluindo a sua concretização através de regras das empresas, que visam a formação, a garantia, o desenvolvimento e a proteção das relações de trabalho e das relações dos trabalhadores e empregados com elas estreitamente ligados". Os problemas não ficam resolvidos: para além da dispersão, já patente na própria definição apresentada, adivinhava-se uma transferência da questão para as "relações de trabalho" que, depois, poderiam ser da mais diversa natureza. De qualquer modo, não se duvida que a existência de um pensamento mais uniformizado facilita, no trabalho como noutros domínios, as diversas definições. Neste concreto ponto, a queda dos regimes soviéticos pôs cobro a estas orientações.

Nesse domínio, o fenómeno do multicentrismo periférico recomenda a distinção entre os âmbitos regulativos essenciais do Direito do trabalho, desenvolvidos em torno dos principais pólos laborais, procedendo, neles, às necessárias delimitações.

IV. Numa ordem tradicional – ainda que não seja nem cronológica nem, como se verá, a cientificamente mais recomendável – surge, em primeiro lugar, o Direito individual do trabalho.

O Direito individual do trabalho – centrado, aliás, no contrato de trabalho – é o conjunto de princípios e de normas que regem, em termos especiais, a situação jurídica laboral. Decomponha-se esta formulação. Na situação jurídica laboral[27], uma pessoa deve trabalhar a favor de outra, mediante uma remuneração. Mas nem todas as normas e princípios dirigidos à situação jurídica laboral são regras do Direito individual do trabalho: relevam, apenas, aquelas que tenham um teor especial, isto é, as que se afirmem, por contraposição às regras aplicáveis à generalidade das situações jurídicas privadas, através de um conteúdo próprio, particularmente adaptado à realidade que visam regular[28]. Este núcleo conceptual do Direito individual do trabalho deve, ainda, ser complementado. Em termos ontológicos, a regra especial carece, para se afirmar, da correspondente regra geral: esta constitui o cerne e a medida da especialização. Indo mais longe: para além da necessidade científica de ter sempre presentes as regras gerais, estas são, por vezes, necessárias para dar corpo à própria solução especial. Várias vias podem, a tanto conduzir; assim, quer a combinação da regra geral com a regra especial, quer combinações particulares de regras gerais, quer modos específicos de concretizações de regras gerais, justificam a sua inclusão no Direito do trabalho individual. O fenómeno pode ser dogmaticamente reduzido com recurso à ideia da teleologia das regras;

[27] Pretende-se, naturalmente, evitar a utilização do conceito de "relação jurídica" embora, como se verá, as situações jurídicas laborais sejam, normalmente, relativas e, nessa qualidade, acabem por implicar relações jurídicas. De qualquer modo, convém lembrar que, para além das razões metodológicas gerais que desaconselham a técnica da relação jurídica – e às quais o Direito do trabalho não pode permanecer insensível – outros motivos mais específicos recomendam a substituição. Basta ver que a situação jurídica laboral é mais extensa do que a relação que postule: inclui, por exemplo, os fatores que, reportando-se apenas a um dos sujeitos em presença, não tenham lugar na relação.

[28] Verifica-se, aqui, o conhecido fenómeno da especificidade, particularmente estudado a propósito das relações entre o Direito civil e o Direito comercial.

poderá, então, dizer-se que o Direito do trabalho individual abrange as regras que, pela especficidade do seu conteúdo ou por absorção teleológica, estabelecem o regime específico da situação jurídica laboral.

V. Pela mesma ordem tradicional, segue-se o Direito coletivo do trabalho. O Direito coletivo do trabalho, que apresenta uma estrutura interna mais lassa do que a do individual, tem, ele próprio, âmbitos regulativos diversificados. Analiticamente – mas sem preocupações de exaustão – ele agrupa os princípios e as normas que regulam:

(a) as pessoas laborais coletivas, designadamente os sindicatos e as associações de empregadores e os agrupamentos respetivos, nas suas situações específicas, internas e externas;
(b) as situações laborais coletivas, isto é, as situações que se estabeleçam envolvendo as pessoas laborais coletivas, no âmbito das suas atribuições e competência;
(c) os factos normativos coletivos, ou seja, as fontes laborais protagonizadas pelas pessoas laborais coletivas ou que, embora com outra origem, delas se aproximem por razões estruturais ou teleológicas;
(d) os conflitos laborais coletivos e as suas vias particulares de solução; mau grado surgindo, normalmente, como subcategoria das situações laborais coletivas, eles apresentam especificidades que obrigam a uma menção particular;
(e) a organização interna da empresa, ela própria repartida por fenómenos tão dispersos como as comissões de trabalhadores, o "controlo" de gestão, a cogestão e a autogestão.

Estes diversos âmbitos regulativos não são suscetíveis de qualificações unitárias: ora abrangem normas perfeitamente delimitadas pelo seu objeto – por exemplo, as que regem os conflitos laborais coletivos – ora se reportam a regras especializadas pelo seu teor – por exemplo, as que visam a constituição, modificação ou extinção dos sindicatos – ora, por fim, redundam em normas comuns, aí inseridas por razões de absorção teleológica. Tudo isto terá de ser objeto de análise e ponderação oportunas. Para já, numa tentativa, não definitória, de síntese, poder-se-á considerar que o fenómeno laboral assume um nível coletivo próprio e característico. Esse nível torna-se objeto de regras centradas em vários pólos problemáticos e que, no seu conjunto, se podem considerar como o Direito coletivo do trabalho.

VI. Surge, depois, o Direito das condições de trabalho. Comporta um âmbito regulativo assente em situações jurídicas laborais diferentes das acima consideradas ou, se se preferir, em níveis não-individuais das situações jurídicas laborais. No essencial, verifica-se que a situação de trabalho releva em domínios que transcendem a simples prestação de serviço subordinado. Aspetos de segurança, de higiene e saúde pública, de cultura ou de política económica levam a uma intervenção estadual, com regras destinadas à sua regulação. É duvidoso que este âmbito regulativo apresente um objeto suficientemente preciso ou um teor minimamente característico. Mas em compensação, a estrutura dos seus comandos é bem marcada: jogando a autoridade do Estado contra meras esferas privadas, o Direito das condições de trabalho é Direito público, pelo menos tendencialmente[29].

Com origens históricas um tanto próximas das do Direito das condições de trabalho, surge o Direito da segurança social. No entanto, pode-se hoje considerar, sem margem para dúvidas, que o Direito da segurança social constitui uma disciplina autónoma, a não incluir no Direito do trabalho[30].

VII. A existência de um Direito processual do trabalho, como subdisciplima do Direito do trabalho, levanta dúvidas. Romano Martinez inclui-a no Direito do trabalho[31], enquanto Menezes Leitão prefere remetê-la para uma área especializada do Direito processual[32]. Certos litígios laborais seguem, na verdade, modos próprios de composição, hoje objeto de leis processuais autónomas. Instrumental embora em relação ao Direito do trabalho, o Direito processual do trabalho apresenta, perante o processo comum, desvios impulsionados pelos mesmos valores que, ao Direito do

[29] Este fenómeno é perturbado pela absorção de certas condições de trabalho pelos factos normativos laborais coletivos.

[30] Torsten Schaumberg, *Sozialrecht: Einführung*, 2.ª ed. (2018), 302 pp.; o plano de estudos da Faculdade de Direito de Lisboa de 1977 previa, no 2.º ano, uma disciplina intitulada *Direito do trabalho e segurança social*, numa junção cientificamente inconveniente. A anomalia foi corrigida a partir do plano de 1982-83: os planos subsequentes referem, apenas, *Direito do trabalho*.

[31] Pedro Romano Martinez, *Direito do trabalho* cit., 8.ª ed., 45.

[32] Luís Menezes Leitão, *Direito do trabalho*, 5.ª ed. (2016), 15.

trabalho, dão uma identidade. Em rigor, o processo do trabalho tem a sua autonomia assegurada, tal como sucede com o processo civil, em face do Direito civil. Os juízos de oportunidade facultados pela comunhão de valores, acima referida, bem como a própria falta de coesão interna demonstrada pelo Direito do trabalho, facultam a inclusão do Direito processual do trabalho num âmbito alargado do laboralismo jurídico. Trata-se, depois, de uma questão de oportunidade académica o saber-se se é possível, num programa de Direito do trabalho, incluir níveis processuais.

VIII. As aportações, relativamente recentes, dos direitos de personalidade, reforçadas pelos códigos do trabalho de 2003 e de 2009, provocaram uma curiosa confluência com o Direito civil. Os artigos 14.º a 22.º referenciam os direitos de personalidade no âmbito laboral – ainda que incluindo figuras como a liberdade de expressão e de opinião que não são, tecnicamente, direitos subjetivos. Por seu turno, os artigos 23.º a 31.º ocupam-se da igualdade e da não-discriminação abarcando a proibição de assédio e a igualdade de género. Outras áreas sensíveis da proteção, como as da parentalidade (33.º a 65.º), do trabalho de menores (66.º a 83.º), do trabalhador com capacidade de trabalho reduzida (84.º), com deficiência ou doença crónica (85.º a 88.º) ou estudante (89.º a 96.º-A), enriquecem o campo laboral. Não há qualquer vantagem dogmática, para o Direito do trabalho – tal como não há para o Direito comercial, o Direito das sociedades ou o próprio Direito civil – em multiplicar dogmáticas. Sem prejuízo para as adaptações impostas pela realidade laboral, haverá que recorrer às regras civis gerais. E alguns aspetos originariamente laborais foram acolhidos pelo Direito civil, cujo teor enriquecem.

IX. Temos, finalmente, o domínio das aportações empresariais ou, mais latamente, das exigências do mercado, tomado como mercado social. O Direito do trabalho, particularmente o que se alcança do Código do Trabalho e, em geral, das leis do atual laboralismo, é um Direito empresarial, isto é: um Direito aplicável no quadro de uma organização de meios humanos e materiais, com uma direção e tendo em vista uma racionalidade produtiva. Assim sendo, o Direito do trabalho não pode ser aplicado como um corpo estranho à realidade sócio-económica em que se integra. Exigências empresariais, expressas pela ideia de "flexibilização" fazem a sua aparição no palco laboral, devendo ser tidas em conta pelo Estado, pelos parceiros coletivos e pelos agentes individuais.

de junho. O objetivo é o de "flexibilizar" (precarizar) o funcionalismo público, numa manifestação de exigências de tipo empresarial.

V. O Direito da economia corresponde a um conjunto de normas e de princípios jurídicos ordenados em função da organização e da direção económicas. A natureza meramente sistemática desta disciplina – que não tem, pois, unidade interna, a não ser a que lhe advenha, justamente, da aludida sistematização – permite que o Direito do trabalho em globo, com exceção de aspetos não patrimoniais, ou áreas muito extensas dele, se possa incluir num Direito da economia: bastaria, para tanto, que normas laborais fossem sistematizadas em função dos aludidos pontos de vista sistematizadores do juseconomicismo: a organização e a direção económicas. Essa sistematização pode ter interesse e ocorre, por vezes, mesmo até por iniciativa legislativa: basta pensar que a execução de certas medidas económicas postula, em múltiplas ocasiões, a produção de normas laborais. A contraposição entre os Direitos do trabalho e da economia é, pois, de ordem científica: o primeiro visa regular o trabalho subordinado – ainda que com as complicações já conhecidas – enquanto o segundo sistematiza normas patrimoniais em função de pontos de vista económicos, normas essas que poderão, inclusive, ser de Direito do trabalho.

VI. O Direito civil trata a generalidade das situações jurídicas privadas; para além disso, corresponde ao repositório tradicional da cultura jurídica continental e, como tal, exerce uma influência determinante na Ciência do Direito. As suas relações com o Direito do trabalho são extensas e complexas. Em entendimento provisório, pode esclarecer-se que o Direito individual do trabalho, como Direito privado que é, se ordena, perante o civil, com recurso à já acima utilizada relação de especial/geral: o Direito do trabalho visa não uma generalidade de situações privadas, mas apenas a situação jurídica laboral, à qual dispensa um tratamento diferenciado. Para além disso, o aprofundamento do Direito do trabalho individual processa-se com recurso à dogmática privada. Do mesmo modo, o Direito coletivo do trabalho, apesar de apresentar um objeto – ou vários objetos – mais vincadamente autonómico, sofre influências linguísticas e científicas civis marcadas. Também aqui, em última instância, a distinção terá de operar com recurso à ideia da especialidade laboral.

VII. A indicação sumária de disciplinas afins ao Direito do trabalho não deve fazer esquecer a denominada unidade da ordem jurídica que mais não é, afinal, do que a unidade da Ciência do Direito. Perante um âmbito regulativo tão disperso e lasso como já se viu ser o do Direito do trabalho, há toda a vantagem em não dispensar um único instrumento de análise e de elaboração científica, desde que aproveitável, e seja qual for a sua área de proveniência. Não se tenha isso em conta e o Direito do trabalho, longe de ficar reforçado na sua autonomia, sairá enfraquecido na sua capacidade para resolver os problemas que justificaram o seu aparecimento. E o Direito, no seu conjunto, ficaria mais pobre.

Cumpre ainda sublinhar, num aparente paradoxo em que as humanísticas são pródigas, que existe um *continuum* universal, apenas quebrado pela limitação humana em lidar com toda a realidade, em simultâneo. Sob a riqueza caleidoscópica do Direito do trabalho existe uma unidade básica, sempre presente, que a integração sistemática, levada ao limite, permite surpreender.

§ 3.º O LABORALISMO NO SISTEMA JURÍDICO

10. **Perfil geral; os temas básicos**

I. A noção geral do Direito do trabalho permitiu referenciar o importante fenómeno do multicentrismo e o relevo que a Ciência do Direito assume na manutenção daquele mínimo de unidade que habilita a falar numa disciplina. Cabe agora analisar o Direito do trabalho perante a ordem jurídica e, designadamente, levantar as características laborais úteis na determinação do seu sentido dogmático. Cada uma dessas características corresponde, nas suas implicações, a uma das grandes questões a enfrentar.

Sem prejuízo por outros aspetos que irão emergindo ao longo da disciplina, cabe referenciar:

(a) a natureza pública ou privada do Direito do trabalho;
(b) a sua natureza comum, especial, institucional ou excecional;
(c) a prolixidade legislativa e os desenvolvimentos linguísticos que comporta.

II. Como se poderá verificar, a determinação das presentes características não tem a ver, apenas, com temas qualificativos, relevantes no máximo para a exposição da matéria e para a sua apresentação. Pelo contrário: ela permite levantar importantes valores em presença, abrindo o caminho para um melhor entendimento da dogmática laboral.

Ainda no domínio do enquadramento, na ordem jurídica, do laboralismo, cabe referenciar a bibliografia recomendada para o seu estudo.

11. **Público ou privado?**

I. A divisão entre o Direito público e o Direito privado constitui a repartição mais importante e mais característica dos sistemas jurídicos continentais. Ultrapassados certos critérios manifestamente inadequados[33] – como o que intentava avançar na base dos interesses públicos ou privados que, neles, dominariam – vêm-se contrapor os dois ramos com base nas diferentes posições ocupadas pelos sujeitos que, no seu seio, se movam. No Direito privado, as atuações processar-se-iam em termos de igualdade e de liberdade; pelo contrário, no Direito público, dominariam vetores de autoridade e de competência: um dos sujeitos pode, unilateralmente, provocar modificações na esfera do outro e apenas age quando expressamente autorizado pelo Direito. Pode ainda assentar-se em que este critério apenas se manifesta a nível de subsistema e não, de modo necessário, em todas as situações singulares consideradas.

II. Assim entendida, a contraposição entre o Direito público e o Direito privado pareceria ter um alcance técnico. Mas ela vai mais longe, assumindo dimensões culturais, teóricas, práticas e político-ideológicas[34]. A nível cultural, deve-se ter presente que o Direito privado remonta ao Direito romano e às receções; tendo sofrido um processo de cientificação, ele atingiu um estádio que possibilitou a sua codificação. O Direito público, pelo contrário, tem origem racionalista e não apresenta uma sedimentação compatível com uma codificação autêntica. A nível teórico, o Direito privado traduz posições estáveis entre as pessoas; as modificações que nele ocorram correspondem a alterações estruturais da própria cultura em jogo e operam lentamente; o Direito público, por seu turno, visa relações com o Estado ou por ele presididas, admitindo quebras ou modificações bruscas e imprevisíveis. A nível prático, a qualificação de uma disciplina como pública ou privada decide do seu destino académico, doutrinário, jurisdicional e profissional: num movimento guiado pelas necessidades crescentes de especialização, pode dizer-se que a repartição das disciplinas, das doutrinas, das competências judiciais e das próprias profissões tem logo, como primeiro cruzamento, a natureza pública ou privada da matéria subjacente. A nível político-ideológico, há que não esquecer o papel fundamental do Direito privado na preservação das esferas das pessoas: prevenindo o arbítrio do contigente, evitando o choque do imprevisível e

[33] Martin Bullinger; *Öffentliches Recht und Privatrecht* (1968), com uma colocação histórica alargada.

[34] Menezes Cordeiro, *Tratado de Direito civil* I, 4.ª ed. (2012), 88 ss. e 112 ss., com indicações.

assegurando a defesa dos interesses mais imediatos de cada um, o Direito privado constitui um travão historicamente eficaz perante a intromissão do Estado ou de outras entidades.

III. A divisão entre o Direito público e o Direito privado já foi criticada, designadamente a propósito do Direito do trabalho. Alguma doutrina francesa chegou mesmo a proclamar que a *summa divisio* entre o Direito público e o Direito privado "rebentara" pela atuação laboral[35]. Certos autores chamam a atenção para a heterogeneidade das áreas laborais: algumas aproximar-se-iam do Direito público e outras do privado[36]. Não obstante, ele tem sido ligado, predominantemente, ao Direito privado[37].

As considerações acima efetuadas sobre o multicentrismo periférico deixam entender a possibilidade de, no Direito do trabalho, haver áreas públicas e áreas privadas. Seria no entanto, um grave erro de perspetiva julgar que, por isso, a distinção não teria interesse laboral. Justamente: quando se determine a existência, numa disciplina, de zonas públicas e de zonas privadas, a contraposição tem a maior relevância prática e dogmática, sendo necessário poder distinguir os dois tipos de zonas.

[35] Jean Rivero/Jean Savatier, *Droit du travail*, 7.ª ed. (1987), 34. Michel Despax, *Le Droit du travail* (1973), 15, afirma que, a ser necessária uma "etiqueta" – o que põe em dúvida – o Direito do trabalho estaria mais próximo do privado.

[36] Na bibliografia já antiga: Giuliano Mazzoni, *Diritto del lavoro* 1, 6.ª ed. (1988), 55 ss.; Montoya Melgar, *Derecho del trabajo*, 6.ª ed. (1985), 43-44; Alonso Garcia, *Curso de derecho del trabajo*, 8.ª ed. (1982), 88 ss.; Wilhelm Maus, *Das Deutsche Arbeits- und Sozialrecht*. 1 – *Das Arbeitsverhältnis* (1948), 28; Schnorr von Carolsfeld, *Arbeitsrecht*, 2.ª ed. (1954), 10; Gerhard Etzel, *Arbeitsrecht der Bundesrepublik Deutschland* (1971), 35; Friedrich Schneider/Ruprecht Grossmann, *Arbeitsrecht*, 5.ª ed. (1980), 39. Também a nível geral já se têm apontado ligações crescentes entre os dois subsectores principais da ordem jurídica; *vide* Fritz Baur, *Neue Verbindungslinien zwischen Privatrecht und Öffentlichen Recht*, JZ 1963, 41-47.

[37] Assim: Ludovico Barassi, *Elementi di diritto del lavoro*, 7.ª ed. (1957), 2 ss., embora pelo critério do interesse; Peter Hanau/Klaus Adomeit, *Arbeitsrecht*, 9.ª ed. (1988), 34-35; Hans-Dieter Schmid, *Grundzüge des Arbeitsrechts* (1981), 2. Uma análise geral desta problemática, com a indicação das suas implicações, pode ser confrontada em Walter Schwarz, *Öffentliches und privates Recht in der arbeitsrechtlichen Systembildung* (1973). Note-se que, na atualidade, a natureza privada do Direito do trabalho já não levanta problemas: nem exige justificações.

IV. O Direito individual do trabalho é Direito privado[38]. Sem prejuízo da existência de situações potestativas por ele reguladas e de limitações legais por vezes marcadas, pode considerar-se haver, no seu seio, um predomínio da igualdade e da liberdade, por oposição à autoridade e à competência. Além disso, verifica-se que, em termos histórico-culturais, o regime do contrato individual de trabalho se desprendeu das obrigações, com os quais mantém contactos estreitos; o vínculo laboral é, aliás, tipicamente obrigacional.

O Direito das condições de trabalho implica algumas estruturas de Direito público[39]. Num desvio à linha puramente liberal do início, o Estado foi levado a intervir na temática laboral, de modo repetido, como forma de pôr cobro a desvios por vezes marcados. Essas intervenções cifram-se, entre outras, seja na atribuição, à Administração Pública, de poderes para fiscalizar as unidades laborais, seja na constituição, nas esferas dos sujeitos laborais, de deveres específicos para com o Estado. Desenvolvem-se departamentos públicos laborais, com todas as prerrogativas que assistem aos serviços estaduais. Pelo regime como pelo enquadramento, bem se compreende, deste modo, a qualificação de Direito público. Mas não na totalidade: elementos relevantes atinentes às condições de trabalho inscrevem-se na situação jurídica laboral, sendo absorvidas pelo Direito individual do trabalho.

O Direito do trabalho coletivo é Direito privado. Trata-se da tomada de posição que envolve maiores dúvidas: a matéria é desconhecida no Direito civil tradicional, acrescendo ainda que, nela, existe uma relativa

[38] Peter Hanau/Klaus Adomeit, *Arbeirsrecht* cit., 9.ª ed., 35 (há 14.ª ed., de 2006) e Günter Schaub, *Arbeitsrecht-Handbuch*, 6.ª ed. (1987), 133; hoje: Rüdiger Linck, em Günter Schaub, *Arbeitsrecht-Handbuch*, 17.ª ed. (2017), § 29, Nr. 1 (205).

[39] Wilhelm Herschel, *Arbeitsrecht*, 20.ª ed. (1958), 7; Hans-Dieter Schmid, *Grundzüge des Arbeitsrechts* cit., 2; Peter Hanau/Klaus Adomeit, *Arbeitsrecht* cit., 9.ª ed., 35. O Direito social, intrinsecamente ligado ao Direito das condições de trabalho é, também, Direito público – Helmar Bley, *Sozialrecht*, 5.ª ed. (1986), *25*. O tratamento global e sistemático do Direito das condições de trabalho ficou a dever-se a Walter Kaskel, *Die rechtliche Natur des Arbeiterschutzes* (1914); opondo-se a Philipp Lotmar, *Der Arbeitsvertrag nach dem Privatrecht des Deutschen Reiches* 1 (1902), 486, segundo o qual o "Direito da proteção dos trabalhadores" seria o que limita a autonomia privada na celebração do contrato de trabalho, Kaskel vê, no Direito em causa, a formação de deveres para com o Estado e não, apenas, entre as partes laborais; Walter Schwarz, *Öffentliches und privates Recht* cit., 19 ss..

intensidade de normas públicas. Algumas razões depõem, no entanto, no sentido da natureza privada deste importante sector laboral. São elas:

(a) as estruturas de representação coletiva dos trabalhadores surgem independentes do Estado (405.º/1, na linha do artigo 55.º/4 da Constituição), seguindo o esquema associativo privado (441.º);
(b) as associações de empregadores seguem, também, o figurino privado (441.º);
(c) apenas as associações sindicais, as entidades empregadoras e as associações de empregadores podem celebrar convenções coletivas de trabalho (491.º).

A liberdade e a igualdade apresentam-se, assim, como sendo regra, embora se deva adiantar a existência de numerosos desvios. Duas outras razões depõem, no entanto, também no sentido da natureza privada do Direito coletivo do trabalho. E elas são ponderosas:

(a) em termos históricos[40] e linguístico-culturais[41], o Direito coletivo do trabalho liga-se ao Direito privado: utilizam-se, nele, correntemente, as expressões significativas "contrato", "convenção", "acordo", "partes" e "negociação";
(b) em termos político-legislativos, a existência de um nível laboral coletivo independente de ingerências estaduais e assente na autonomia – ainda que com limites necessários – constitui uma peça importante das sociedades pós-industriais; ora o funcionamento de um sector com tais características segue, com naturalidade, o figurino privado[42].

[40] A obra de Hugo Sinzheimer, iniciador do Direito coletivo de trabalho, tem o título sugestivo de *Der korporative Arbeitsnormenvertrag/Eine privatrechtliche Untersuchung (O contrato corporativo de normas do trabalho/Uma pesquisa de Direito privado)* 1 (1907) e 2 (1908).

[41] A mera transposição de conceitos privados para o Direito coletivo do trabalho, mesmo quando levante dúvidas – p. ex., Reinhard Richardi, *Kollektivgewalt und Individualwille bei der Gestaltung des Arbeitsverhätnisses* (1968), 9 ss. – é um facto reconhecido.

[42] Assim Franz Gamillscheg, *Zivilrechtliche Denkformen und die Entwicklung des Individualarbeitsrechts/Zum Verhältnis von Arbeitsrecht und BGB*, AcP 176 (1976), 197-220 (197-198), considera o Direito individual do trabalho e o Direito coletivo do trabalho como privados, acrescentando: "isto é evidente para um sistema económico que

V. O Direito da tutela das pessoas, de feição laboral, liga-se ao Direito da personalidade, tendo natureza privada. Quanto aos níveis sócio-económicos: eles têm a ver com o Direito das sociedades e com o Direito da insolvência, assumindo, também, natureza privada.

VI. A nível de subsistemas – e, portanto, independentemente de cada situação jurídica concreta em si – pode considerar-se que o Direito individual do trabalho, o Direito coletivo do trabalho, o Direito da proteção das pessoas e o Direito empresarial do trabalho, surgem como Direito privado, enquanto o Direito das condições de trabalho comporta elementos de Direito público.

Não se trata de uma qualificação puramente abstrata; antes corresponde a uma indicação valorativa com significado cultural, científico, teórico e prático que pode, em concreto, mostrar-se útil na busca de soluções efetivas.

12. **Comum, especial, institucional ou excecional?**

I. O enquadramento do Direito do trabalho como Direito comum, especial, institucional ou excecional resulta de considerações já efetuadas[43]. Pretende-se, tão-só, proceder à sua sistematização.

A natureza comum ou especial de uma disciplina jurídica define-se em termos relativos: o Direito comum trata uma generalidade de situações enquanto o especial versa situações desinseridas desse conjunto, em função das suas particulares qualidades e sujeitas, por isso, a um regime a tanto adaptado. A esta luz, o Direito do trabalho apresenta-se, efetivamente, como Direito especial: as suas regras dirigem-se a situações que, em princípio, ficariam na alçada de disciplinas mais amplas. Assim, o contrato individual de trabalho cairia no regime dos contratos em geral e as regras das condições de trabalho no do Direito administrativo. Também no Direito do trabalho coletivo, há manifestos fenómenos de especialidade: as associações laborais destacam-se das associações em geral, pelas suas particularidades. Quanto aos direitos de personalidade e aos níveis empresa-

se baseie na propriedade privada dos meios de produção e na liberdade de indústria e de associação, remetendo-se o Estado ao papel de um terceiro apartidário".

[43] *Supra*, 40-41.

riais, a sua pertença ao Direito civil e ao Direito comercial são mais intensas, diminuindo o nível de especialidade. Mas este sempre será algum.

Quando se verifique a especialidade pode-se, nos termos gerais, recorrer ao correspondente Direito comum, caso necessário: este opera como conjunto subsidiário.

II. O Direito do trabalho apresentar-se-ia ainda como institucional quando se verificasse estar ele centrado numa instituição. A ideia de instituição é polissémica: várias doutrinas, com fitos diversos, a têm utilizado nas suas explicações. Por isso, a tentativa de reduzir o Direito do trabalho a um Direito institucional implicaria uma discussão prévia tendente a determinar a própria ideia de instituição.

Independentemente das dificuldades que tal determinação sempre implicaria, pode avançar-se que o Direito do trabalho não se centra, com realismo, numa instituição: a simples imagem do multicentrismo depõe, de modo eloquente, a favor da presença, no espaço laboral, de várias "instituições" – seja qual for o seu alcance – e, ainda, de realidades diferentes dessas.

III. O Direito do trabalho poderia, por fim, mostrar-se excecional. Quando tal sucedesse, os efeitos seriam radicais: as normas laborais tornar-se-iam insuscetíveis de aplicação analógica, segundo a regra que aflora no artigo 11.º do Código Civil. Em particular nos domínios extralaborais, seria inviável o recurso e o aproveitamento das normas de Direito do trabalho.

Não se vislumbram, no entanto, razões para tal qualificação.

O Direito do trabalho poderá comportar, como quaisquer outras disciplinas, normas excecionais: tal excecionalidade resultará de contrariarem os princípios dominantes do próprio Direito do trabalho. As normas laborais comuns, contudo, traduzem apenas adaptações dos valores gerais do Direito às particularidades do trabalho. Estas nada têm de anormal – e muito menos de excecional – perante o ordenamento em que se insiram.

IV. Neste momento, está em aberto a possibilidade de usar esquemas de proteção laboral em situações carecidas de tutela e, designadamente, em face de administradores de sociedades ou de distribuidores em regime de agência, de concessão ou de *franchising*. Há dados europeus que apontam nesse sentido. No caso português, isso não tem operado pela especial rigidez atribuída ao Direito do trabalho. Não obstante, temos aqui uma área de progresso futuro.

13. **Contrato obrigacional específico?**

I. O Direito do trabalho é, no fundamental, o Direito do contrato de trabalho. Este, por seu turno, quer histórica, quer conceitual, quer estruturalmente, surge como uma prestação de serviço: recorde-se o artigo 1152.º, do Código Civil[44]. Nessas condições, pergunta-se se, tudo visto, o Direito do trabalho não representará um dos múltiplos contratos em especial, presentes no Direito civil. Teríamos, no fundo, uma manifestação obrigacionista, entre outras.

II. A arrumação das disciplinas jurídicas tem muito de tradicional e de cultural. A uma natureza obrigacionista do Direito do trabalho poder-se-ia contrapor:

(a) o seu elevado grau regulamentar e a multiplicação de regras injuntivas;
(b) a dogmática especializada, com valores diferenciados, relativamente aos civis;
(c) a intervenção do Estado;
(d) os níveis contratuais coletivos.

Em si, nenhum desses pontos é decisivo. Um elevado nível regulamentar ocorre do arrendamento urbano, mau grado as simplificações tentadas nos últimos trinta anos[45]. Por seu turno, a multiplicação de regras injuntivas funciona, também, no arrendamento e, ainda, na empreitada[46]. A dogmática especializada é clara, por exemplo, no contrato de doação, intrinsecamente distinto da dos contratos onerosos[47]. A intervenção do Estado, através de licenças e de outras regras, domina as empreitadas rela-

[44] *Vide* o nosso *Tratado de Direito civil* XII (2018), 409 ss..
[45] *Tratado de Direito civil* XI (2018), 581-1170.
[46] *Tratado* cit., XII, 887 e 966.
[47] *Tratado* cit., XI, 343-485.

tivas a imóveis[48]. Como especialidade, ficam-nos os níveis contratuais coletivos.

III. O contrato de trabalho, pela sua omnipresença e pelo seu papel sócio-económico, suscitou um grande envolvimento dos agentes do mercado e do próprio Estado. Atingiu um grau de especialização elevado, assente em desenvolvimentos periféricos. Desde o momento em que, sobre ele, recaiu uma literatura impressiva, o trabalho subordinado, com os seus níveis jurídicos, atingiu um desenvolvimento que requer atenções diferenciadas.

IV. Não obstante, seria um erro dogmático e pedagógico esquecer os níveis civilísticos do contrato de trabalho, níveis esses que se repercutem em todos os meandros do laboralismo jurídico[49]. Na paradigmática doutrina alemã, desenvolvimentos muito significativos têm lugar nos grandes comentários ao BGB[50]. Por seu turno, os comentários consagrados à legislação do trabalho, dedicam espaços de honra aos preceitos pertinentes do mesmo BGB[51]. Os avanços do Direito civil têm repercussões imediatas no campo laboral[52].

[48] *Tratado* cit., XII, 981 e *passim*.

[49] Theo Mayer-Maly, *Arbeitsrecht und Privatrechtsordnung*, JZ 1961, 205-210 (205 e 209): o Direito do trabalho advém do Direito civil; a separação não deve ser total.

[50] Assim: Rudi Müller-Glöge, no *Münchener Kommentar zum BGB* 4, 7.ª ed. (2016), § 611, Nr. 154-1292 (967-1263, de grande densidade); Reinhard Richardi e Philipp S. Fischinger, no *Staudingers Kommentar zum BGB*, §§ 611-613 (*Dienstvertragsrecht*, 1) (2016), 798 pp.; Georg Annuß, Reinhard Richardi, Philipp S. Fischinger e Hartmut Oetker, *idem*, §§ 613a-619a (*Dienstvertragsrecht*, 2) (2016), 718 pp., e Hartmut Oetker e Ulrich Preis, *idem*, §§ 620-630 (*Dienstvertragsrecht*, 3) (2016), 693 pp.: temos um total superior a 2.000 páginas maciças, relativas aos preceitos laborais, aparentemente escassos, contidos no BGB.

[51] Gregor Thüsing e outros, em Martin Henssler/Heinz Josef Willemsen/Heinz-Jürgen Kalb, *Arbeitsrecht Kommentar*, 8.ª ed. (2018), 1191-1717; Ulrich Preis, no *Erfurter Kommentar zum Arbeitsrecht*, 18.ª ed. (2018), 1275-1788.

[52] Assim: Dieter Reuter, *Die Stellung des Arbeitsrechts in der Privatrechtsordnung* (1997), 36 pp.; Michael Worzalla, *Die Wirksamkeit einzelner Arbeitsvertragsklauseln nach der Schuldrechtsreform/Entgelt, Arbeitszeit und Tätigkeit, Betriebsvereinbarungs- und Tarifvertragsoffenheit, Änderung des Arbeitsvertrags*, NZA BL 3/2006, 122-133; Manfred Löwisch, *Kodifizierung des Arbeitsvertragsrechts im Bürgerlichen Gesetzbuch*, ZfA 2007, 1-26 (com um projeto, *idem*, 13-26); Rolf Wank, *Der Arbeitnehmer-Begriff im neuen § 611a BGB*, AuR 2017, 140-153 (142/II).

CAPÍTULO II

O DIREITO DO TRABALHO ATUAL

§ 4.º VELHOS E NOVOS PROBLEMAS

14. Prolixidade legislativa

I. Desde os seus primórdios contemporâneos, o Direito do trabalho caracteriza-se por apresentar uma prolixidade legislativa marcada e, ainda, acentuados desenvolvimentos linguísticos.

A prolixidade legislativa adveio da confluência entre o Direito individual do trabalho, o Direito coletivo, especializado por sectores, e as múltiplas regras apontadas pelos Estados, para a tutela das pessoas. Ela tem reflexos quantitativos e qualitativos: resulta da presença de numerosos diplomas, em produção contínua e das múltiplas orientações que tais diplomas corporizam. O fenómeno não é, estruturalmente, laboral. Ele pode ser detetado em variadas áreas, designadamente quando, à ausência de uma codificação, se soma a acuidade política e a falta de princípios ordenadores claros e unívocos. Para além do Direito do trabalho, são cronicamente atingidas disciplinas como o Direito da economia, o Direito fiscal, o Direito administrativo ou, no próprio Direito civil, a matéria do arrendamento. O problema foi minorado, entre nós, pelas codificações laborais de 2003 e de 2009. Mas mantém-se. Desde logo, o Código do Trabalho vigente é um diploma maciço: com os seus 566 artigos, ele ultrapassa, em dimensão, o Código das Sociedades Comerciais e o próprio Código Civil: aos dezasseis contratos que versa, a lei civil fundamental dedica 376 artigos. De seguida, verifica-se que, *a latere*, se mantêm numerosos diplomas extravagantes cuja dimensão global ultrapassa (bastante) o Código do Trabalho. O recurso a recolhas e coletâneas, hoje facilitado pelo uso da *Internet*[53], torna-se uma

[53] O qual exige muito cuidado, uma vez que são disponibilizados textos desatualizados e, por vezes, revogados.

necessidade permanente, mesmo para juristas altamente especializados. Tudo isto é agravado pela presença de instrumentos de regulamentação laboral coletiva maciços, dobrados por regulamentos difíceis de seguir e pela crescente presença do Direito europeu do trabalho.

II. A prolixidade legislativa, para além de fazer pairar uma incerteza contínua quanto às regras efetivamente vigentes, obriga:

(a) a um permanente manusear das regras relativas à sucessão de leis no tempo;
(b) a um cuidado acentuado na utilização dos princípios gerais, como modo de prevenir ou remediar contradições de valores ou desigualdades de tratamento.

Deve ter-se presente que, em última análise, cabe sempre à Ciência do Direito encontrar saída para as soluções inconvenientes, injustas ou paradoxais.

III. A prolixidade legislativa é agravada pela presença de uma jurisprudência envolvente, pela permanente invocação de inconstitucionalidades e pela formação de práticas sempre em risco de desatualização, dada a instabilidade legislativa. A tudo isso soma-se uma produção doutrinária extensa, que ultrapassa a verificada no próprio Direito das obrigações.

15. Desenvolvimentos linguísticos e fundo ideológico

I. O Direito do trabalho é colorido por desenvolvimentos linguísticos[54]. A laboralização subsequente à Segunda Guerra Mundial, tardiamente acolhida na III República, foi acompanhada por um entusiasmo ideológico muito vincado. A produção era tomada como obra dos trabalhadores, explorados pelos donos dos meios de produção e aos quais havia que devolver toda a riqueza. Seguiu-se uma fase de endeusamento das empresas. Tudo isso, por vezes mais do que soluções concretas, tomou lugar numa narra-

[54] Nas origens e com base no exemplo espanhol: Manuel Carlos Palomeque Lopes, *Direito do trabalho e ideologia*, trad. António Moreira (2001), 221 pp..

tiva promocional que, depois, suscita questões dogmáticas. Digamos que, no Direito do trabalho, ocorre um discurso que nem sempre coincide com os planos dispositivos.

II. Os desenvolvimentos linguísticos são possibilitados pela própria natureza do discurso humano. Composto de símbolos figurativos a linguagem o discurso incide, em princípio, sobre determinada realidade, que procura retratar. Mas pode, também, incidir sobre um discurso pré-elaborado ou sobre meras locuções linguísticas. Por exemplo: quando se diga que "a justiça é inatingível", tanto se pode pretender referir a realidade substancial figurada pela "justiça", como a mera palavra "justiça"[55].

O Direito pressupõe um universo composto de fórmulas que se analisam em possibilidades linguisticamente descritas[56]; a comunicação, através da linguagem, da matéria jurídica é não apenas a nível ontológico, mas, também, condicionante do próprio pensamento[57]. As alterações linguísticas vão bulir com o Direito e podem subjugar todo o seu desenvolvimento.

III. A limitação dos quadros jurídicos à linguagem que os veicule pode provocar desvios de diversa natureza. Logo à partida, verifica-se que certas conjunções linguísticas infletem o próprio conteúdo normativo: as soluções seguem um certo sentido porque são suportadas por formações figurativas que as inculcam. Mais importante é, no entanto, a possibilidade comprovada de puras soluções linguísticas. Um problema da vida, para o qual seja solicitada a intervenção do Direito, pode, efetivamente, encontrar saídas meramente vocabulares: apresenta-se, no plano linguístico, uma solução que não corresponde a nenhuma composição subjacente.

IV. A ocorrência de desenvolvimentos linguísticos verifica-se em todos os ramos do Direito. Há que estar prevenido: os desvios motivados pela linguagem ou a presença radical de soluções linguísticas ou encobre uma pura e simples ausência de composição ou conduz a cripto-sequências cujas etiologia e progressão escapam ao controlo da Ciência do Direito.

[55] Fritjof Haft, *Juristische Rhetorik* (1978), 67, donde é retirado o exemplo.

[56] H. W. Erdtmann, *Eine eigenständige Rechtssprache*, RTh 9 (1978), 177-200 (179).

[57] *Vide* Werner Rother, *Elemente und Grenzen des zivilrechtlichen Denkens* (1975), 14 e Jan Broekmann, *Juristischer Diskurs und Rechtstheorie*, RTh 11(1980), 17-46 (17).

No Direito do trabalho, o risco é acrescido. A relativa juventude de muitos dos seus quadros e conceitos não facultou ainda uma autonomia de raíz perante as locuções comuns donde eles promanam. Os desenvolvimentos linguísticos potenciam-se, sendo agravados pela impressividade afetiva de muitas locuções utilizadas[58]. As implicações político-sociais de certas conjunções laborais dão, ao fenómeno, uma dimensão própria, no Direito do trabalho[59].

Tudo isto põe, à Ciência laboral, questões cujo relevo mal carece de maior explanação.

V. Os estudiosos do Direito do trabalho sublinham o incremento que, nessa disciplina, assumem o discurso condicionado[60], a obsessão pelo "politicamente correto"[61] e o predomínio de desenvolvimentos descomprometidos[62]. Quanto ao discurso condicionado: os interlocutores evitam pronunciar-se quando saibam que a outra parte vai discordar; evitam-se problemas e incómodos. Mas grave é o controlo que, na atualidade, o "politicamente correto" exerce nos espíritos e na própria Ciência laboral. Ninguém questiona a "igualdade" no trabalho, embora seja óbvio que ela vai penalizar os mais esforçados e premiar o desleixo; os temas do "islamismo" ou da "homossexualidade" são tabús, nos países ocidentais, assim como são impronunciáveis os objetivos puramente internos de certas lutas laborais coletivas ou as interrelações entre determinadas medidas de tutela e o desemprego. O insuspeito Eugen Bucher fez o paralelo entre o "politicamete correto" e a cultura da mentira, bem como entre as "verdades" atuais e as medievais que, ao menos, prometiam o Paraíso. Justamente no plano universitário, o abaixamento do nível é apontado como um ganho "democrático"[63]. Deriva, daí, a inoquidade dos discursos, mormente na disciplina do Direito do traba-

[58] Quanto à impressividade afetiva de cadeias linguísticas e à sua relevância, Dieter Horn, *Studien zur Rolle der Logik bei der Anwendung des Gesetzes* (1962), 74 ss..

[59] Uma referência mais concreta a desenvolvimentos linguísticos no Direito do trabalho, fontes de equívocos e desvios, pode ser confrontada *infra*, 249 ss..

[60] Johann Braun, *Redespirale und gelenkter Diskurs*, FS Klaus Adomeit (2008), 83-93.

[61] Eugen Bucher, *Zur Lügenkultur gennant Political Correctness*, FS Klaus Adomeit (2008), 95-115.

[62] Herbert Buchner, *"Nichts sehen, nichts hören, nichts sprechen"/Stellenbewertungen unter dem AGG*, FS Klaus Adomeit (2008), 117-129.

[63] Eugen Bucher, *Zur Lügenkultur* cit., 102; para quem acompanhe o "processo de Bolonha" nas faculdades de Direito: uma evidência cartesiana.

lho: evita-se transcender quanto não seja *technicity*. Cabe às universidades superar, sem preconceitos, todos estes problemas.

16. O Direito europeu

I. No decurso deste século, o Direito do trabalho veio acolher múltiplas regras europeias. Hoje, o Direito europeu do trabalho tende para uma disciplina autónoma: os instrumentos europeus, dotados de regras próprias de interpretação e de aplicação, não mais podem ser consideradas simples "fontes" do Direito interno.

II. O Direito europeu, como adiante melhor veremos[64], tem vários planos de concretização. Temos:

(a) regras de Direito comercial e de Direito das sociedades, que se repercutem nos planos laborais;
(b) regras que asseguram a livre circulação dos trabalhadores;
(c) regras que determinam a igualdade de oportunidades e a não-discriminação em função do género;
(d) regras atinentes à formação profissional;
(e) regimes específicos para certas situações de trabalho;
(f) regras de tutela perante vicissitudes da empresa;
(g) regras destinadas a incrementar a concertação social;
(h) regras que visam condições de trabalho.

III. No mapa geral do Direito privado, podemos considerar que o Direito do trabalho fica logo abaixo do Direito das sociedades e das áreas bancária, dos seguros e mobiliária, quanto à intervenção jurídica europeia. Isto dito, ele posiciona-se francamente acima do Direito civil, mesmo abrangendo este o Direito do consumidor e muito acima do Direito comercial. A coloração europeia é basilar para entender o laboralismo jurídico atual.

[64] *Infra*, 163 ss.; *vide*, quanto às áreas laborais, Maria do Rosário Palma Ramalho, *Direito Social da União Europeia/Relatório* (2009).

17. **Complexidade e transparência**

I. O Direito do trabalho, enquanto disciplina jurídica básica aplicável a todas as empresas e à generalidade dos cidadãos produtivos, deveria ser claro, simples, objetivo, previsível e acessível[65]. Nas diversas literaturas, multiplicam-se as queixas de complexidade e de falta de transparência[66].

II. A complexidade resulta da já referida complicação de diplomas e outras fontes, agravada pela instabilidade legislativa. Aspetos nucleares do sistema são alterados, ao ritmo das maiorias parlamentares que se vão sucedendo. A confiança das empresas e dos investidores na manutenção de um quadro de referência estável, que permita programas de médio e de longo prazo, é baixa. O investimento estrangeiro é prejudicado. Torna-se difícil explicar, a interessados potenciais, os meandros do Direito português do trabalho: cheio de regras injuntivas, de problemas de constitucionalidade, de rituais, de prazos e de exceções. Deve todavia dizer-se, em contraponto à necessidade de simplificação e de estabilidade, que o Direito do trabalho é reconhecido como dependendo da constituição económica de cada País[67]. De resto, ele acompanha, desde sempre, a evolução económica[68].

III. Por seu turno, os trabalhadores, sem um apoio jurídico especializado, nunca lograrão orientar-se na floresta normativa que visa protegê-los. Os sindicatos de maior dimensão dispensam os esclarecimentos necessá-

[65] Nesse sentido já há muito se reclama uma lei geral do trabalho, completa e acessível: Otfried Wlotzke, *Zur Vorhaben eines Arbeitsgesetzes/Eine rechtspolitische Betrachtung*, FS 25. Jahre BAG (1979), 681-707 (695).

[66] *Vide* a recolha de estudos de Volker Rieble, *Transparenz und Reform im Arbeitsrecht* (2006), 188 pp., com relevo para o de Steffen Klumpp, *Mehr Transparenz!*, *idem*, 9-32 (10, 15 e *passim*), sublinhando os inconvenientes da não-transparência para a segurança jurídica; também Reinhard Richardi, *Arbeitsrecht als Kulturleistung im Wandel der Zeit*, ZfA 2017, 199-224 (202), refere a falta de transparência legislativa.

[67] Rüdiger Linck, em Günter Schaub, *Arbeitsrechts-Handbuch* cit., 17.ª ed., § 1, Nr. 1 (1).

[68] Thomas Eger/Peter Weise, *Die Entstehung des deutschen Arbeitsrechts aus ökonomisch-evolutorischer Perspektive*, AuR 1998, 385-394 (389/I, quanto a esse seu papel acrescido, após a industrialização); Horst Feldmann, *Arbeitsmarktregulierung und Arbeitsmarket- Performance*, em Volker Rieble, *Transparenz und Reform im Arbeitsrecht* (2006), 40-64.

rios. Os trabalhadores não-sindicalizados, ligados a pequenas empresas – de resto: também perdidas nos meandros laborais – ficam sem apoio.

IV. No plano legislativo, a complexidade e a opacidade laborais suscitam novos problemas. Os reformadores têm dificuldades em avaliar o tecido existente. Normas significativas são substituídas antes, sequer, de conhecerem uma aplicação efetiva. Torna-se difícil assegurar anotações e manuais atualizados.

V. A complexidade regulativa não é exclusiva do Direito do trabalho. Ela impera no Direito das sociedades, no Direito bancário, no Direito mobiliário e no Direito fiscal: tudo áreas onde a clareza, a previsibilidade e a acessibilidade são essenciais, para facilitar a criação de riqueza. Sem esta, não é possível encarar subsequentes redistribuições. Todavia, ela torna-se mais gravosa no Direito do trabalho: lida-se aí, diretamente, com a vida das pessoas.

18. **Desafios**

I. O Direito do trabalho enfrenta diversos desafios, no plano nacional. Vamos enumerá-los:

(a) a prolixidade legislativa intensa;
(b) o acompanhamento da doutrina estrangeira mais significativa;
(c) a atualização dogmática;
(d) a interligação entre sub-áreas;
(e) a adaptação às realidades sócio-económicas.

A prolixidade convida à produção doutrinária. Sucedem-se as obras e as edições sem, daí, se extrair uma correspondente reformulação jurídico-científica. Os autores esgotam-se na determinação dos regimes aplicáveis e na exposição das regras em jogo: mais do que na construção.

II. A doutrina estrangeira é muito extensa, particularmente a alemã. O seu acompanhamento torna-se indispensável: Portugal é uma ilha de 11 milhões de almas no espaço europeu cinquenta vezes maior. Não vemos margens sérias para um nacionalismo jurídico, quiçá ocupado em repisar questões resolvidas, com prejuízo para novas áreas problemáticas.

III. O Direito do trabalho, a que há muito dedicamos o maior carinho, suscita duas questões dogmáticas próprias: a contratação coletiva e as lutas laborais coletivas. Não é seguro que, para elas, haja soluções disponíveis: cumpre insistir. De seguida, temos dois temas de construção: o *favor laboratoris* ou favor do trabalhador e a articulação com os direitos de personalidade. Ocorre, ainda, um tema de coordenação sistemática: o do acolhimento do Direito europeu do trabalho, com as suas regras próprias de interpretação e de integração. Tudo o resto é dogmática obrigacional adaptada. E aqui reside o desafio: o estudioso do Direito do trabalho não pode descurar a vertente civilística, de onde decorrem os avanços jurídico-científicos hoje disponíveis. A especialização não pode provocar abaixamentos de níveis, sendo impensável regressar ao estádio ítalo-espanhol anterior à década de 90 do século passado.

IV. Pela sua dimensão, o Direito do trabalho presta-se a subespecializações. A produção doutrinária nacional, no plano monográfico, ilustra-o perfeitamente. Pois bem: a interligação entre os diversos aspetos deve constituir um objetivo permanente dos estudiosos. As quebras intrassistemáticas são evitáveis.

V. A adaptação às realidades sócio-económicas, normalmente expressas através da ideia de flexibilização, equivale a um dado existencial desde sempre observado[69]. Mas flexibilizar não deve ser sinónimo de precarizar[70]; perante as dificuldades, nenhum sistema de Direito do trabalho é coerente se negar os seus próprios valores, centrados na defesa da pessoa. Áreas candentes são as da desregulação, da globalização e da digitalização[71]. Um Direito do trabalho que, visando proteger os trabalhadores, destruísse as empresas, acabaria por negar os seus próprios valores. Mas ao mesmo tempo, o Direito (em geral) não anda a reboque da economia:

[69] Alexander Stöhr, *Vertragsbindung und Flexibilität im Arbeitsrecht – rechtshistorisch betrachtet*, RdA 2014, 307-316; explica-se aí que a flexibilidade laboral se observa desde a Mesopotâmia.

[70] Alessandro Pelizzari, *Dynamiken der Prekarisierung/Atypische Erwerbsverhältnisse und milieuspezifische Unsicherheitsbewältigung* (2009), 353 pp., com interessantes referências ao "discurso da precarização" na "década perdida" (anos noventa do século XX) (19 ss.) e ao mercado de trabalho da precarização (59 ss.).

[71] Wolfgang Däubler, *Herausforderungen für das Arbeitsrecht/Deregulierung, Globalisierung, Digitalisierung*, AuR 2016, 325-334.

antes procura afeiçoá-la, na medida do possível, pondo-a ao serviço da Humanidade. Há, aqui, uma equação complexa, para cuja resposta todos devem contribuir. Mas além disso, o Direito do trabalho enfrenta as questões estruturais dos nossos dias. O aumento da longevidade deve permitir o alongamento da vida ativa[72]: torna-se surrealista clamar, neste momento, pelo seu encurtamento. As migrações em curso, que a prazo irão suplantar as maiores deslocações humanas da História, devem solicitar respostas adequadas, também do tecido jurídico-laboral[73].

[72] Raimund Waltermann, *Integration von Älteren in das Erwerbsleben – Der Beitrag des Arbeitsrechts*, ZfA 2017, 445-461; Frank Brosius-Gersdorf, *Demografischer Wandel in Deutschland – Auswirkungen auf die Arbeitswelt und Herausforderungen für die Rechtsordnung*, SR 2018, 70-83: este autor conclui com "boas notícias": as de que o problema está a ser encarado e resolvido pelo Direito; entre nós, onde a crise demográfica é pior do que na Alemanha, as estruturas tradicionais têm dificultado, o mais que podem, quaisquer medidas.

[73] Olaf Deinert, *Migration und Arbeitsrecht*, ZfA 2018, 17-43.

§ 5.º BIBLIOGRAFIA

19. Generalidades

I. Enquanto Ciência do Direito, o laboralismo jurídico é tendencialmente universal. Ele não se restringe a fronteiras nacionais: alarga-se, antes, aos diversos espaços de idêntica cultura. O universalismo científico do Direito do trabalho mais se acentua com a sensibilização dos laboralistas para temas dogmáticos e metodológicos: apenas nessa base se torna possível transcender a contingência das fontes, no sentido de um verdadeiro Direito. Não se pode, pois, limitar, para mais a nível universitário, o universo bibliográfico à doutrina nacional. Esta tem, no entanto, a primazia[74].

II. No princípio do século XX, houve um surto de escritos sobre temas laborais, abordados, em regra, por prismas de Ciência Política ou de Economia. Assim, anotem-se: de Fernando Emygdio da Silva, *O operariado português na questão social* 1 (1905); de Luís Cunha Gonçalves, *A evolução do movimento operário em Portugal* (1905); e de Ruy Ennes Ulrich, *Legislação operária portugueza* (1906)[75]. Emygdio da Silva elaborou, para concorrer à Faculdade de Direito de Lisboa, dois livros pioneiros: *As greves*

[74] O recurso à doutrina estrangeira – tal como sucede na generalidade das disciplinas jurídicas – não tem aqui o sentido da comparação de Direitos. Visa, diretamente, o conhecimento do Direito, enquanto Ciência. Na transposição de certos resultados cabe, no entanto, ponderar as especificidades da legislação nacional.

[75] Esta obra de Ruy Ulrich, mais tarde professor da Faculdade de Direito de Lisboa, constituiu uma dissertação para o ato de licenciatura, objeto do particular exame de Marnoco e Sousa. Foi escrita em execução de um ponto sobre legislação operária e, apesar de elaborada em breve espaço de tempo, constitui uma exposição completa da matéria laboral, incluindo o Direito das condições de trabalho, o contrato de trabalho e o Direito coletivo do trabalho, ainda que por um prisma de legislação a constituir. Pode considerar-se que esta obra de Ruy Ulrich marca o nascimento do Direito do trabalho em Portugal, tendo caído, mais tarde, num lamentável esquecimento.

1 (1913) e *Acidentes de trabalho* 1 (1913). Faltou uma continuação; seria necessário aguardar trinta anos para ver aparecer, em 1944, o importante escrito de Raúl Ventura, *Teoria da relação jurídica de trabalho/Estudo de Direito privado* 1 (1944)[76]. Nesse mesmo ano, surgiu o livro de António da Motta Veiga, *A regulamentação do salário*, apresentado como dissertação para o concurso de professor extraordinário da Faculdade de Direito de Lisboa. Trata-se, contudo, de um estudo de natureza económica, apenas com incursões na área laboral. Descontadas as obras dedicadas ao Direito corporativo[77], que se filiam numa perspetiva diferente da laboral, seguir-se-ia um novo iato, de vinte anos, até à viragem dos anos sessenta, O ensino, nos Cursos Complementares, do Direito do trabalho – ao qual ficaram ligados, aliás, os nomes de diversos professores da Faculdade de Direito de Lisboa, entre os quais Raúl Ventura e Fernando Pessoa Jorge – não deu frutos bibliográficos, dado o escasso número de pessoas neles inscritas.

III. Na década de sessenta do século passado, deve assinalar-se a criação do *Instituto de Estudos Sociais* – Decreto-Lei n.º 44.620, de 9 de outubro de 1962– destinado, justamente, "à investigação e ensino dos princípios informadores da política social no domínio do trabalho, da organização corporativa e da previdência", segundo o artigo l.º daquele diploma. No âmbito desse *Instituto* surgiram as primeiras *lições* de Direito do trabalho: as de Maria da Conceição Tavares da Silva (1964/65) e as de Mário Bigotte Chorão (1966/67, com várias versões posteriores). Também na década de sessenta, o Centro de Estudos Sociais e Corporativos iniciou a edição da revista *Estudos Sociais e Corporativos* onde foram publicados importantes estudos de Direito do trabalho. Lamentavelmente, esta revista desapareceu em 1974 quando, afinal, se deveria ter mantido, ainda que eventualmente com outra designação, numa altura em que temas laborais tão discutidos iriam ser.

[76] O livro de Raúl Ventura foi apresentado como dissertação de doutoramento em Direito, na Universidade de Lisboa: constituiu, até à apresentação da dissertação de Maria do Rosário Palma Ramalho, em 2000, a única dissertação de doutoramento em Direito do trabalho, naquela Universidade. Trata, sucessivamente, a relação jurídica de trabalho, o Direito do trabalho, os sujeitos da relação de trabalho e o facto jurídico da relação de trabalho. Presa à técnica da relação jurídica que lhe dá uma sistemática menos adequada e incompleta, porquanto pressupondo um 2.º volume que nunca surgiria, a obra de Raúl Ventura é, não obstante, um estudo clássico do Direito privado nacional, que desenvolve temas laborais com uma profundidade que não seria atingida durante muitos anos.

[77] *Infra*, 127.

– Bernardo Lobo Xavier, *Curso de Direito do trabalho*, 2.ª ed., Lisboa, 1993.

II. A demais bibliografia relativa ao Direito do trabalho será indicada a propósito de cada rubrica, à medida que se desenrolar a exposição da matéria. De modo a dar utilidade à presente rubrica, vamos apenas indicar as obras nacionais atuais mais recentes e significativas. Podem, aí, ser confrontadas outras indicações. Assim:

III. *Bibliografia nacional recente*

– Júlio Gomes, *Direito do trabalho/Relações individuais de trabalho*, I, Coimbra, 2007;
– Luís Menezes Leitão, *Direito do trabalho*, 5.ª ed., Coimbra, 2016, 699 pp.;
– António Monteiro Fernandes, *Direito do trabalho*, 18.ª ed., Coimbra, 2017, 955 pp.;
– Maria do Rosário Palma Ramalho, *Tratado de Direito do trabalho*, I – *Dogmática geral*, 4.ª ed., Coimbra, 2015, 617 pp.; II – *Situações laborais individuais*, 6.ª ed., Coimbra, 2016, 1035 pp.; III – *Situações laborais coletivas*, 2.ª ed., Coimbra, 2015, 559 pp.;
– Pedro Romano Martinez, *Direito do trabalho*, 8.ª ed., Coimbra, 2017, 1355 pp.;
– Pedro Romano Martinez e outros, *Código do trabalho anotado*, 11.ª ed., Coimbra, 2017, 1191 pp., com a colaboração de cinco autores;
– João Leal Amado, *Contrato de trabalho/Noções básicas*, 2.ª ed., Coimbra, 2018, 411 pp..
– Bernardo da Gama Lobo Xavier, *Manual de Direito do trabalho*, 3.ª ed., Lisboa, 2018, 1090 pp., com quatro colaboradores.

IV. *Bibliografia brasileira*

– Maurício Godinho Delgado, *Curso de Direito do trabalho*, 17.ª ed., São Paulo, 2018, 1760 pp.;
– Carlos Henrique Bezerra Leite, *Curso de Direito do trabalho*, 9.ª ed., São Paulo, 2018, 920 pp.;
– Gustavo Filipe Barbosa Garcia, *Curso de Direito do trabalho*, 12.ª ed., São Paulo, 2018, 1520 pp..

21. Bibliografia estrangeira

I. No tocante à bibliografia estrangeira, vamos apenas referir obras publicadas a partir de 2016. Escritos significativos anteriores serão mencionados nas diversas rubricas, podendo ainda ser confrontados noutras obras gerais e, designadamente, no nosso *Manual de Direito do trabalho* (1991).

II. *Alemã*

– Hans Brox, Bernd Rüthers e Martin Henssler, *Arbeitsrecht*, 19.ª ed., Stuttgart, 2016, XXV + 410 pp.;
– Raimund Waltermann, *Arbeitsrecht*, Munique, 2016, XXIV + 362 pp.[83];
– Wolfgang Däubler, Jens Peter Hjort, Michael Schubert e Martin Wolmerath, *Arbeitsrecht/Individualarbeitsrecht mit kollektivrechtlichen Bezügen/Handkommentar*, 4.ª ed., Baden Baden, 2017, 3182 pp.: uma obra maciça com a colaboração de 74 autores;
– Wilhelm Dütz/Gregor Thüsing, *Arbeitsrecht*, 22.ª ed., Munique, 2017, XXVII + 561 pp.;
– Sudabeh Kamanabrou, *Arbeitsrecht*, Tübingen, 2017, XLVII + + 1027 pp.;
– Manfred Löwisch, Georg Casper e Steffen Klumpp, *Arbeitsrecht*, 11.ª ed., Munique, 2017, XXXVII + 562 pp.;
– Martin Maties, *Arbeitsrecht*, 6.ª ed., Munique, 2017, XV + 184 pp.;
– Ulrich Preis, *Arbeitsrecht/Individualarbeitsrecht/Lehrbuch für Studium und Praxis*, 5.ª ed., Colónia, 2017, L + 728 pp.;
– Günter Schaub e outros, *Arbeitsrecht-Handbuch*, 17.ª ed., Munique, 2017, LXXXV + 3057 pp.: uma obra maciça;
– Rainer Wörlen/Axel Kokemoor, *Arbeitsrecht*, 12.ª ed., Munique, 2017, XXX + 211 pp.;
– Wolfgang Hromadka/Frank Maschmann, *Arbeitsrecht*, I – *Individualarbeitsrecht*, 7.ª ed., Berlim, 2018, 612 pp. e II – *Kollektivarbeitsrecht/Arbeitsstreitigkeiten*, 7.ª ed., Berlim, 2017, XXIX + +692 pp.;

[83] Anteriormente corresponde à obra de Alfred Söllner, *Arbeitsrecht*, de que usaremos várias edições.

– Abbo Junker, *Arbeitsrecht/Grundkurs*, 17.ª ed., Munique, 2018, XXXV + 490 pp.;
– Martin Henssler, Heinz-Josef Willemsen e Heinz-Jürgen Kalb, *Arbeitsrecht Kommentar*, 8.ª ed., Colónia, 2018, XXVIII + 3246 pp.: uma obra maciça, com a colaboração de 43 autores;
– Klaus Hümmerich, Oliver Lücke e Reinhold Mauer, *Arbeitsrecht/ Vertragsgestaltung, Prozessführung, Personalarbeit, Betriebsvereinbarung*, 9.ª ed., Baden Baden, 2018, 2240 pp.: obra prática maciça, com sete colaborações;
– Rudi Müller-Glöge, Ulrich Preis e Ingrid Schmidt, *Erfurter Kommentar zum Arbeitsrecht*, 18.ª ed., Munique, 2018, XLVIII + 3038 pp.: uma obra maciça, com a colaboração de 17 autores;
– Petra Senna, *Arbeitsrecht/Das Arbeitsverhältnis in der betrieblichen Praxis*, 10.ª ed., Munique, 2018, XVI + 319 pp.;
– *Arbeitsgesetze*, com introdução de Reinhard Richardi, 92.ª ed., Munique, 2018, XLI + 971 pp.: uma recolha de leis laborais alemãs;
– Bundesministerium für Arbeit und Soziales, *Übersicht über das Arbeitsrecht/Arbeitsschutzrecht*, 2018/2019, publ. com a colaboração de 26 autores.

III. *Austríaca*
– Peter Jabornegg, Reinhard Resch e Barbara Fördermayer, *Arbeitsrecht/Individual Arbeitsrecht/Kollektives Arbeitsrecht*, Viena, 2017, XXXI + 436 pp.;
– Werner Doralt, *Arbeitsrecht*, Viena, 2018, 1125 pp.: uma recolha de leis laborais austríacas.

IV. *Espanhola*
– Alfredo Montoya Melgar, *Derecho del trabajo*, 38.ª ed., Madrid, 2017, 840 pp.;
– Diego Mejino Fernandez, *Derecho del trabajo*, 5.ª ed., Madrid, 2017.

V. *Francesa*
– Gilles Auzero, Dirk Baugard e Emmanuel Dockès, *Droit du travail*, 31.ª ed., Paris, 2018, XVII + 1785 pp.;
– Elsa Perkine e Cyril Wolmark, *Droit du travail*, 12.ª ed., Paris, 2018, XIV + 803 pp.;

VI. *Inglesa*

– Guy Davidov, *A Purpositive Approach to Labour Law*, Oxford, 2018, 304 pp.;
– Blackstones *Employment Law Practice*, Gavin, Mansfield e Lydia Banerjee, Oxford, 2019.

VII. *Italiana*

– Franco Carinci/Raffaele de Luca Tamajo/Paolo Tosi/Tiziano Treu, *Diritto del lavoro*, 1 – *Il diritto sindacale*, 8.ª edição, Turim, 2018, XVI + 504 pp. e 2 – *Il rapporto di lavoro subordinato*, 9.ª ed., Turim, 2016, XIX + 733 pp.
– Maria Vittoria Ballestro/Gisella de Simone, *Diritto del lavoro*, 3.ª ed., Turim, 2017, XXVI + 687 pp.;
– Riccardo del Punta, *Diritto del lavoro*, 9.ª ed., Turim, 2017, XIX + + 794 pp.;
– Daniela Irollo/Gaetano Irollo, *Compendio di diritto del lavoro*, 7.ª ed., Santarcangelo di Romagna, 2017, 335 pp..

22. **Direito europeu**

– Karl Riesenhuber, *Europäisches Arbeitsrecht/Eine systematische Darstellung*, Heidelberg, 2009, XLII + 597 pp.;
– Monika Schlachter, *EU Labour Law/A Commentary*, 2015, X + + 648 pp.;
– Ulrich Preis e Adam Sagan, *Europäisches Arbeitsrecht*, Colónia, 2015, XVI + 763 pp., com contribuições de 18 autores;
– Eva Kocher, *Europäisches Arbeitsrecht*, Baden-Baden, 2016, 246 pp.;
– Peter Hantel, *Europäisches Arbeitsrecht/Mit zahlreichen Beispielsfällen aus der Rechtsprechung der EuGH*, Heidelberg, 2016, XIX + 368 pp.;
– Gregor Thüsing, *Europäisches Arbeitsrecht*, 3.ª ed., Munique, 2017, XXIII + 417 pp.;
– Martin Franzen, Inken Gallner e Hartmut Oetker, *Kommentar zum europäischen Arbeitsrecht*, 2.ª ed., Munique, 2018, XXXIV + 2579 pp.: um escrito maciço, com contribuições de dezoito autores;

– Maximilian Fuchs e Franz Marhold, *Europäisches Arbeitsrecht*, 5.ª ed., Viena, 2018, XXVI + 634 pp.;
– Walter Scharammel e Michaela Windisch-Graetz, *Europäisches Arbeits- und Sozialrecht*, 2.ª ed., Viena, 2018, 312 pp..

23. **Periódicos e jurisprudência**

I. Para além das obras gerais, tem ainda um interesse particular referenciar as revistas mais relevantes que se dedicam, exclusivamente ou em primeira linha, ao Direito do trabalho, bem como as que compreendam jurisprudência laboral, em termos que justifiquem uma consulta permanente.

Em Portugal:
– *Acórdãos doutrinários do Supremo Tribunal Administrativo* (AcD);
– *Boletim do Ministério da Justiça* (BMJ), que suspendeu misteriosamente a sua publicação em 2000, depois de mais de meio século de inultrapassáveis serviços à Ciência do Direito;
– *Boletim do Trabalho e Emprego* (BTE), editado pelo Serviço de Informação Científica e Técnica do Ministério do Trabalho; abrange três séries, em vários milhares de páginas anuais: a 1. dedicada à regulamentação coletiva do trabalho; a 2., à legislação, jurisprudência, doutrina e pareceres; a 3., à organização do trabalho, publicando estatutos de associações sindicais e de empregadores e as suas vicissitudes[84];
– *Colectânea de Jurisprudência* (CJ);
– *Estudos Sociais e Corporativos* (ESC), que se publicou entre 1962 e 1973;
– *Revista de Direito e de Estudos Sociais* (RDES), 2.ª série, que se iniciou em janeiro de 1986.

II. No estrangeiro[85]:
– *Arbeit und Recht* (AuR), editada pela Central Sindical Alemã;

[84] Teve designações anteriores diferentes: *Boletim do Ministério do Trabalho* (BMT) e *Boletim do Instituto Nacional do Trabalho e Previdência*; hoje, ele está disponível digitalmente.

[85] Indicam-se, apenas, as revistas mais conhecidas. Muitas outras têm o maior interesse. Assim, entre revistas especializadas no Direito do trabalho, cabe ainda mencionar: *Der Arbeitgeber* (ArbG); *Arbeitsrecht* (ArbR); *Das Arbeitsrecht der Gegenwart* (AR);

– *Der Betriebsberater* (BB), revista fundamental para temas de Direito da economia, da empresa e social;
– *Droit Social* (DS), *idem*, francesa;
– *Entscheidungen des Bundesarbeitsgerichts* (BAGE), recolha de jurisprudência do Tribunal Federal do Trabalho;
– *Juristische Schulung* (JuS), revista básica para o estudo universitário das diversas disciplinas, incluindo o Direito do trabalho;
– *Neue Juristische Wochenschrift* (NJW), permite um acompanhamento permanente da produção doutrinária e jurisprudencial nos diversos ramos jurídicos, entre os quais o do trabalho;
– *Neue Zeitschrift für Arbeits- und Sozialrecht* (NZA);
– *Recht der Arbeit* (RdA), a mais conhecida revista alemã de Direito do trabalho;
– *Revista Española de Derecho del Trabajo* (REDT), *idem*, espanhola;
– *Rivista del Lavoro* (RL), *idem*, italiana;
– *Soziales Recht/Wissenschaftliche Zeitschrift für Arbeits- und Sozialrecht* (SR);
– *Zeitschrift für Arbeitsrecht und Sozialrecht* (ZfA).

III. A jurisprudência portuguesa é acessível através da base de dados ITIJ, podendo ser localizada na base de diversos parâmetros. Citá-la-emos, simplesmente, através do número do processo, o que é necessário e suficiente. As decisões do Tribunal Constitucional são confrontáveis através do competente sítio, bastando, também, o número do processo.

24. Importância e perspetivas

I. O Direito do trabalho tem uma importância prática acentuada. A maioria das populações ativas, nos diversos países, apresenta-se como

Gewerkschaftliche Monatshefte (GM); *Monatschrift des wirtschafts- und sozialwissenschaftlichen Instituts des deutschen Gewerkschaftsbundes* (WSI); *Deutsches Arbeitsrecht* (DAR); *Blätter für Steuerrecht, Sozialversicherung und Arbeitsrecht* (BlStSozArbR); *Zeitschrift für europäisches Sozial- und Arbeitsrecht* (ZESAR); *Europäisches Zeitschrift für Arbeitsrecht* (EuZA).

trabalhadora subordinada[86], enquanto uma parte significativa dos recursos das empresas é canalizada para pagamento dos salários. Pode, assim, considerar-se que, no plano pessoal como no plano económico, o Direito do trabalho tem uma presença permanente e atuante nas sociedades atuais.

Colocado em zonas de contraposição acentuada de interesses, o Direito do trabalho apresenta uma litigiosidade considerável: nos diversos países, sucedem-se as decisões dos tribunais em temas laborais. Um número elevado de juristas exerce as suas funções no domínio do Direito do trabalho.

À importância prática soma-se um relevo teórico menos visível, que tem passado despercebido, mas fundamental. Colocado em zonas de particular sensibilidade política, social e económica e confrontado com um dinamismo que não se compadece com estruturas jurídicas anquilosadas, o Direito do trabalho constitui um importante espaço experimental para novas construções jurídicas. Temas fulcrais como os do princípio da igualdade, da projeção dos direitos fundamentais nas relações privadas, da adaptação do Direito a novas situações, do controlo das cláusulas contratuais gerais, da concretização de conceitos indeterminados e dos níveis coletivos na regulação jurídica, assumem-se, frontalmente, no Direito do trabalho, propiciando construções, instrumentos e conclusões que podem depois, com êxito, ser ensaiados noutras áreas do Direito e, designadamente, no Direito civil.

II. Contrastando com esta importância teórica e prática, o Direito do trabalho só lentamente obteve, entre nós, a atenção das universidades e dos cientistas do Direito.

A sua consagração enquanto disciplina dos cursos de Direito foi tardia, como se referiu. O espaço que lhe é consagrado, em termos materiais e pedagógicos, surgia modesto: bibliotecas desguarnecidas, escassez de laboralistas, pouco tempo de lecionação, ausência de cursos de pós-gra-

[86] *Vide* os números citados em *Comparative Labour Law and Industrial Relations*, ed. R. Blanpain/F. Millard (1982), 133 ss., bem como as considerações introdutórias de C. S. Aronstein, *International Handbook on Contracts of Employment* (1976); em Portugal, no ano de 2016, em 4.661.500 pessoas ocupadas, 3.822.900 (82%) são trabalhadores por conta alheia; 808.400, por conta própria; *vide* António Monteiro Fernandes, *Direito do trabalho* cit., 18.ª ed., 22.

duação e de mestrado, falta de centros de estudo e, até há pouco, de revistas científicas especializadas.

Numa certa oposição aos ventos do tempo[87], aparece defendida a ideia de que o Direito do trabalho traduz uma valência mais marcada da opção de Ciências Jurídicas, por oposição a disciplina obrigatória geral para todos os licenciados. Julga-se que não é assim: para além dos aspetos científicos envolvidos, em que não cabe insistir, deve enfocar-se que o Direito do trabalho releva, em primeiro plano, para economistas e publicistas. A gestão das empresas, nos mais diversos níveis, é dominada por temas laborais, incluído a das empresas públicas. A Administração laboral tem vindo a ampliar o seu espaço de atuação, sendo certo que o próprio Estado acaba por surgir como um grande empregador privado.

A definitiva implantação do Direito do trabalho no espaço académico português e a sua ulterior expansão constituem tarefa de todos os estudiosos.

III. O Direito do trabalho enfrenta, neste momento histórico, desafios importantes, de que cabe dar breve nota.

Repartido em áreas centradas em torno de pólos diferenciados, o Direito do trabalho busca uma homogeneidade dogmática mínima que habilite a ver nele uma disciplina jurídica. Toda a temática da integração dos níveis individuais, públicos e privados e dos níveis coletivos, ligada estruturalmente ao Direito do trabalho, está aqui em causa.

Confrontado com a prolixidade legislativa, o Direito do trabalho segue as vias de uma formalização crescente: a localização da fonte assume um papel de primeira grandeza, absorvendo as atenções dos laboralistas, em detrimento dos aspetos científicos mais profundos. Há, pois, que difundir, no domínio do trabalho, uma Ciência jurídica atualizada.

Multicentrismo e prolixidade legislativa conjugam-se para dificultar uma unidade sistemática no Direito do trabalho, isto é, a possibilidade de encontrar, nas suas diversas zonas, pontos de vista unitários. As contradições e as disfunções sucedem-se. A Ciência do Direito compete reagir;

[87] O Direito do trabalho é uma disciplina obrigatória geral, por exemplo, em todas as faculdades de Direito alemãs, apesar da diversidade dos seus programas; *vide* Manfred Braun, *Juristenausbildung in Deutschland* (1980), 24. A tendência, tal como nos outros países da Europa, vai no sentido da ampliação do espaço letivo que lhe é dedicado.

no limite, perfila-se, como meta a prosseguir, a codificação do Direito do Trabalho, a qual já foi, de resto, formalmente conseguida, entre nós.

Multiplicado em normas diferentes facilmente anquilosáveis, o Direito do trabalho corre o risco permanente de se dissociar das realidades económico-sociais subjacentes, soçobrando em exposições descritivas. Esta tendência é tanto mais sensível quanto é certa a ocorrência laboral de desenvolvimentos linguísticos que oferecem, como soluções, algo que efetivamente não o é, ou já não o é. Há, pois, uma necessidade permanente de manter o Direito do trabalho aderente à realidade, habilitando-o a enquadrar as diversas conjunturas. A adaptação dos institutos laborais às crises económicas exige um esforço cuidado dos juristas.

A ocorrência reconhecida das lutas laborais coletivas coloca, no Direito do trabalho, graves interrogações sobre o papel e os limites do Direito na solução dos problemas que se lhe deparam. Neste ponto – e noutros com ele conexos – cabe não esquecer em possibilidades formativas e pedagógicas do laboralismo: a simples colocação, em termos jurídicos, das questões pode constituir um primeiro passo para a sua solução, no que se pode considerar como uma capacidade cultural no Direito do trabalho. Há que desenvolvê-la.

O Direito tradicional assentava em comandos autoritários com sanções. Desenha-se uma evolução, subtil mas percetível, para prescindir de ambos esses traços. O Direito do trabalho, facultando esquemas consensuais de composição dos litígios desempenha, também aqui, um papel pioneiro.

A integração europeia põe problemas diversos, de cariz económico-jurídico, que atingem a área laboral. O Direito do trabalho português deve responder a mais este desafio. Todavia, o denominado Direito europeu não é um aditivo, no sentido de uma mera "fonte", a aditar aos demais modos de produção jurídica. Antes constitui um vetor geral, a inscrever quer no plano do sistema, quer no núcleo de cada situação jurídica laboral.

Os avanços recentes das sociedades pós-industriais[88], designadamente através da globalização[89], da digitalização e dos avanços da inte-

[88] Apesar de já antiga, tem interesse a recolha de Lord Wedderburn e outros, *Labour Law in the Post-Industrial Era/Essays in Honour of Huge Sinzheimer* (1994), VIII + 152 pp.; *vide*, aí, de Lord Wedderburn, *Labour Law and the Individual in Post-Industrial Societies*, 13-82, bem como Max Rood, *Labour Law in the 21st Century*, *idem*, 83-90.

[89] Já o clássico Gérard Lyon-Caen, *The Evolution of Labour Law*, *idem*, 93-104 (102); Wolfgang Däubler, *Herausforderung für das Arbeitsrecht* cit., 328/II.

ligência artificial[90] que, em pouco tempo, irão modificar todo o tecido sócio-cultural em que assenta a realidade tida por consolidada, obrigarão os laboralistas à humildade de novas reflexões.

IV. Perante as proposições anteriores, pode ensaiar-se, em termos sintéticos, o conjunto das perspetivas atuais do Direito do trabalho: elas radicam na integração dogmática, na atualização metodológica e científica, no movimento codificador, na adaptabilidade laboral às novas conjunturas, na função pedagógico-cultural do Direito do trabalho, no apuramento e na divulgação de novos esquemas consensuais de composição de lítigios e na integração europeia[91].

V. Finalmente, há que defender o Direito do trabalho de cepa nacional de retrocessos ítalo-espanhóis. Tendo alcançado, na base do labor de vários estudiosos, um plano europeu mais elevado, com acesso direto ao Direito europeu e ao Direito romano-germânico, mal estaríamos com a eventual perda de acesso às fontes doutrinárias e jurisprudenciais aprofundadas. Temos, aqui, uma missão para as próximas gerações.

[90] Wolfgang Däubler, ob. cit., 331/I; iremos encontrar o tema da digitalização a propósito dos direitos de personalidade – *infra*, 565 ss.; todavia, aqui, ele releva pelas alterações no tempo, no local e nas condições de trabalho que provoca e irá provocar.

[91] Quanto ao Direito do trabalho e à metodologia do seu ensino, dispomos dos relatórios importantes de Pedro Romano Martinez, *Direito do trabalho/Relatório*, sep. RFDUL 1999, 78 pp., de Maria do Rosário Palma Ramalho, *Perspectivas metodológicas do Direito do trabalho/Relatório* (2005), 302 pp. e de Bernardo Lobo Xavier, *Direito do trabalho//Ensinar e investigar* (2005), 144 pp..

CAPÍTULO III

EVOLUÇÃO HISTÓRICA DO DIREITO DO TRABALHO

§ 6.º DAS ORIGENS À REVOLUÇÃO INDUSTRIAL

25. Generalidades; o substrato românico

I. O Direito é uma realidade histórico-cultural. As configurações jurídicas devem as suas estruturação e natureza aos fatores históricos que as promoveram. Apenas na História se pode compreender o Direito que nos rege; sem essa compreensão não há conhecimento, não há aplicação racional nem há ensino ou aprendizagem críticos. Acresce ainda que a feição não-experimental da Ciência Jurídica apenas permite testar a veracidade das proposições jurídico-científicas através da sua comparação com outros modelos paralelos: à História e ao Direito comparado compete facultá-los.

A evolução histórica do trabalho é recente. Dominou a ideia, ainda hoje recorrente, de que o trabalho, na Antiguidade, não tinha relevância dada a presença da escravatura[92]. Apenas com a Revolução Industrial teria ocorrido a problemática social que justificou a intervenção do Direito e a subsequente tutela[93]. Algumas razões, porventura mesmo objetivas, poderão justificar essa limitação. Mas ela não é fundamentalmente correta. Impõe-se, sobretudo após os esforços de Mayer-Maly[94], alguma revisão.

[92] Erich Molitor, *Zur Geschichte des Arbeitsvertrags*, ZHR 87 (1924), 371-378 (371); Sudabeh Kamanabrou, *Arbeitsrecht* cit., Nr. 25 (6).

[93] P. ex., Monteiro Fernandes, *Direito do trabalho* cit., 1, 6.ª ed., 16, nota 1.

[94] Theo Mayer-Maly, *Römische Grundlagen des modernen Arbeitsrechts*, RdA 1967, 281-286 (281 ss.); *idem*, *Vorindustrielles Arbeitsrecht*, RdA 1975, 59-63 (59/I); *idem*, *Elemente der Entwicklung des Arbeitsrechts*, em *La formazione storica del diritto*

II. Como é sabido, o Direito lusófono comum vigente – fundamentalmente o Direito civil – tem raízes muito claras no Direito romano. Essas raízes podem, em traços muito largos, esquematizar-se em vários processos históricos, com relevo para:

– a romanização da Península Ibérica, ocorrida no século I a.C., e que teve, no Direito romano, um dos seus fatores primordiais, em conjunto com a língua;
– a receção do Direito romano, promovida após a fundação da Universidade, antes de 1288, que, desde logo, incluiu estudos jurídicos; esta relação foi precedida pela pré-receção do Direito canónico – ele próprio já intensamente romanizado;
– uma segunda receção do Direito romano, promovida pelos humanistas, a partir do século XVI, que teve grande importância ao longo dos séculos XVII e XVIII e, daí, no próprio jusracionalismo e na primeira codificação;
– a receção da Ciência jurídica derivada da pandectística alemã, iniciada nos princípios do século XX, através de Guilherme Moreira, processada ao longo desse século e definitivamente consagrada no Código Civil de 1966; note-se que este movimento pode ser considerado como autêntica terceira receção do Direito romano, dada a natureza românica da pandectística e o teor do próprio Código Civil alemão de 1896.

Este cenário global, que tem justificações histórico-culturais complexas, não levanta, contudo, dúvidas a nível de factos. Ele deve ser tido em conta no desenvolvimento subsequente. Não se ignora que outras disciplinas jurídicas – designadamente as que se prendem com o Direito público e o Direito penal – têm origens efetivas mais recentes, acabando por remontar ao jusracionalismo. Mas o Direito do trabalho não é, como se viu, pelo menos na sua parte mais característica, Direito público.

III. Tendo em conta o pano de fundo jurídico-cultural que dá corpo ao espaço lusófono, pode considerar-se que a tradição românica assume interesse, para o laboralismo atual, em quatro pontos:

moderno in Europa 3 (1977), 1321-1345 (1321 s.). Mayer-Maly não deixa de sublinhar o corte de algum modo ocorrido no séc. XIX, em relação ao laboralismo anterior. Mas enfoca, sempre e com razão, a relevância de raízes anteriores, que o laboralismo apresenta.

(a) na antiga sociedade romana ocorreram conflitos sociais conhecidos[95]; já então se pode observar uma tomada de consciência por parte das classes desfavorecidas[96]; surgiram doutrinas sociais e foram tomadas medidas legislativas de proteção aos trabalhadores[97];

(b) a ordem jurídica romana conhecia o fenómeno do trabalho subordinado e compreendia regras que, a ele, eram dirigidas; apesar das quebras mais tarde verificadas, muitas delas sobreviveram e, sobretudo através da pandectística, chegaram aos nossos dias[98];

(c) muitas regras do Direito individual do trabalho – e, em menor medida, de outros sectores laborais – são, de facto, normas civis, isto é, normas romanas atuais, com adaptações mais ou menos profundas; as suas origens mantêm-se e devem ser conhecidas, para efeitos de conhecimento efetivo e crítico;

[95] Robert von Pöhlmann, *Geschichte der sozialen Frage und des Sozialismus in der antiken Welt* 2 (1912), 493 ss.. Em geral, Frans Van Der Van, *Sozialgeschichte der Arbeit* 1 (1972).

[96] Assim, Robert von Pöhlmann, ob. cit., principalmente o 2.º vol.: tenha-se presente, também, a rápida implantação do Cristianismo, precisamente nas classes sociais inferiores: Robert von Pöhlmann, *Geschichte* cit., 2, 587 ss..

[97] Stephan Brassloff, *Sozialpolitische Motiven in der römischen Rechtsentwicklung* (1933); Ivo Pfaff, *Über den rechtlichen Schutz der wirtschäftlich Schwächeren in der römischen Kaisergesetzgebung* (1897); Theo Mayer-Maly, *Elemente der Entwicklung des Arbeitsrechts* cit., 1332 ss. e Francesco M. de Robertis, *Lavoro e lavoratori nel mondo romano* (1963), 185 ss. (221 ss.). As medidas então tomadas, por carência de sistematização e em consonância com o carácter geral do Direito romano, não se ordenavam num corpo coerente; não haveria assim, propriamente, um Direito social em Roma: Theo Mayer-Maly, *Locatio conductio/Eine Untersuchung zum klassischen römischen Recht* (1956), 224 ss..

[98] Este tipo de influência – no fundo, de modo direto – filtrou-se no Direito do trabalho português em vigor por várias vias: através do substrato romanístico comum, contido nas ordenações, nos praxistas e na pré-codificação oitocentista portuguesa – *vide*, p. ex., Manuel António Coelho da Rocha, *Instituições de Direito Civil Portuguez* 2, 8.ª ed. (1917; mas 1852), §§ 850 ss. (576 ss.), a propósito da locação de obras; através do Código Civil francês, de 1804, que exerceu uma influência marcada no Código de Seabra; através da pandectística e do Código Civil alemão, o qual assumiu um papel importante na doutrina portuguesa do século XX.

Na origem, os escravos seriam adquiridos como despojos de guerra: esta tinha como lógica consequência a total submissão dos vencidos[109] e, até, a dimensão meritória de, assim, se evitar ... a sua morte[110]. A antiguidade do instituto da escravatura romana parece, de todo o modo, reforçada pelas dificuldades em apontar a etimologia de *servus*[111].

V. A literatura sobre a escravatura antiga é inabarcável. Nas palavras de Jean Christian Dumont, na abertura do seu monumental *Servus*, seria necessário somar várias vidas humanas só para se ler o que se publicou nesse domínio[112]. A Comissão para a História da Antiguidade da Academia das Ciências e da Literatura de Mainz dava conta, há mais de 35 anos, de 5162 títulos sobre o tema da escravatura na Antiguidade[113]. Torna-se muito complexo determinar o papel real da escravatura na economia antiga, particularmente na romana: todavia, contra o que por vezes se lê, afigura-se que não seria muito grande[114]: os escravos equivaleriam a de 5 a 30% da população, consoante os autores[115].

VI. No Direito romano, dizem-nos as *Institutiones* de Gaio[116] (séc. II), retomadas pelas de Justiniano[117] (séc. VI), que todos os seres humanos

[109] Rudolf von Jhering, *Geist des römischen Rechts*, II, 1, 10.ª ed. (= 5.ª ed. 1894, reimp., 1993), 162 ss. (166 ss.).

[110] Olis Robleda, *Il diritto degli schiavi nell'antica Roma* (1976), 2-3.

[111] Paul Koschaker, *Miszellen*, SZRom 49 (1929), 404-471 (457) e Gerhard Beseler, *Miszellen*, SZRom 55 (1934), 226-272 (269). *Vide* Max Kaser, *Das römische Privatrecht*, I – *Das altrömische, das vorklassische und klassische Recht*, 2.ª ed. (1971), XXX + 833 pp., § 29 (112 ss.).

[112] Jean Christian Dumont, *Servus. Rome et l'esclavage sous la république* (1987), 1. Dumont refere, na bibliografia de Brockmeyer, de 1979, 1707 títulos; essa cifra está largamente ultrapassada, como se pode ver, no nosso texto.

[113] Joseph Vogt/Heinz Bellen, *Bibliographie zur antike Sklaverei*, com Elisabeth Herrmann e Norbert Brockmeyer, 2 volumes (1983), num total de 391 pp.

[114] Dumont, *Servus* cit., 41 ss.; Max Kaser, *Das römische Privatrecht* cit., 1, 2.ª ed., § 29, I (112).

[115] Diversos episódios históricos relacionados com a tomada de escravos e com revoltas servis podem ser vistos em Zvi Yavetz, *Slave and Slavery in ancient Rome* (1988).

[116] Gaio, I.1.9: *Et quidem summa diuisio de iure personarum haec est, quod omnes homines aut liberi sunt aut serui.* Usamos a ed. de M. David, *Gai institutiones secundum codicis veronensis apographum studemundianum et reliquias in Aegypto repertas*, Leiden, 1964; *vide*, aí, 4, bem como a de Ulrich Manthe, *Gaius institutiones/Die Institutionen des Gaius* (2004), 38-39.

[117] I. 1.3.pr.; = Okko Behrends e outros, *Corpus iuris civilis/Die Institutionen* (1993), 5.

(*homines*) ou são livres, ou são escravos. A liberdade é a possibilidade de se fazer o que se quiser, salvo o proibido pelo Direito[118]; a escravatura ou a servidão é a situação de Direito das gentes e contra a natureza, pela qual alguém fica sob a propriedade de outrem[119]. Trata-se das conhecidas definições de Florentino: regista-se um dos poucos casos[120] em que os juristas romanos assumem um conflito entre o Direito positivo e o Direito natural[121].

As causas da escravatura eram reconduzidas[122]:

– ao cativeiro, em consequência da derrota na guerra[123];
– ao nascimento de mãe escrava[124];
– a várias causas civis[125], como a *deditio* ou a venda para além do Tibre, por insolvência ou pelo pai;
– por entrega noxal ou como pena.

Tecnicamente, o escravo surgia como *res*, submetendo-se ao competente regime. O escravo era, desde logo, *res mancipi*[126]. Podia ser reivindicado e possuído[127]; podia ser deixado em legado[128]; podia ser comprado e vendido[129].

[118] D.1.5.4: *Libertas est naturalis facultas eius quod cuique facere libet, nisi si quid vi aut iure prohibitur*. Usamos a ed. de Theodor Mommsen/Paul Krüger, *Corpus Iuris Civilis*, 6.ª ed., Berlim 1954; *vide*, aí, vol. I, *Digesta*, 35, bem como Okko Behrends e outros, *Corpus iuris civilis/Text und Übersetzung II – Gigesten* 1-10 (1995), 118.

[119] D.1.5.4, 2.ª parte: *Servitus est constitutio iuris gentium, qua quis dominio alieno contra naturam subicitur*.

[120] Referimos o clássico de William Warwick Buckland, *The Roman Law of Slavery//The condition of the slave in private law from Augustus to Justinian* (1908), 1, bem como Robleda, *Il diritto degli schiavi* cit., 5; *vide* António dos Santos Justo, *A escravatura em Roma,* RFD 73 (1997), 19-33.

[121] Quanto ao conceito de *homo*, *vide* Eduardo Vera-Cruz Pinto, Ius Commune Humanitatis *ou* Lex Mundi*?* (2001), n.º 57.

[122] Max Kaser, *Das römische Privatrecht* cit., 1, 2.ª ed., § 29, II (113).

[123] Olis Robleda, *Il diritto degli sciavi* cit., 7 ss.; Gaetano Sciascia, *Capacità giuridica (diritto romano)*, NssDI II (1958), 869-871 (870/II).

[124] Robleda, *Il diritto degli sciavi* cit., 22 ss..

[125] *Idem*, 27 ss..

[126] *Tratado de Direito civil*, III, 3.ª ed., 21-22.

[127] Ulpianus, D.6.1.1. = Mommsen/Krüger, 1, 120/I.

[128] W. W. Buckland, *The Roman Law of Slavery* cit., 15.

[129] Dando lugar a todo um regime especializado; *vide* W. W. Buckland, *The Roman Law* cit, 39 ss., Kaser, *Das römische Privatrecht* cit., 1, 2.ª ed., 113 ss. e Alan Watson, *Roman Slave Law* (1987), 46 ss.

Não obstante, foram-lhe sendo reconhecidas algumas prerrogativas próprias dos seres humanos. Em certos casos, admitiu-se que pudesse depor em juízo; que pudesse ter um pecúlio; que pudesse praticar certos atos[130]. Em rigor, o *dominus* assumia, sobre o escravo, direito de vida ou de morte. Todavia, desde cedo os *mores* teriam moderado os excessos[131].

VII. A tutela da pessoa – hoje dir-se-ia: direitos do homem – surge, como ideia, já em Séneca e nos filósofos estoicos[132]. O cristianismo reforçou-a, dando-lhe novas bases[133].

Com Constantino (ano de 339), o senhor só poderia matar o escravo com razões bastantes e mediante prévio processo doméstico. Não poderia um judeu deter um cristão como escravo[134], numa medida alargada por Justiniano (ano de 533) a pagãos e a heréticos.

Apesar destes progressos faltou, no Direito romano, uma abolição total e solene da escravatura. Para isso, teria sido necessário mexer em institutos complexos, que exigiriam muitos séculos de progressos:

– no Direito da guerra;
– no Direito penal, designadamente no tocante à pena de morte e ao sentido das penas;
– no regime da responsabilidade por dívidas.

Com o tempo, a escravatura caiu em desuso, mercê do Cristianismo e da evolução económica[135]: ela joga mal com economias de subsistência, uma vez que o escravo não produz mais do que o necessário para a sua própria conservação.

[130] Circunstanciadamente: W. W. Buckland, *The Roman Law of Slavery* cit., 73 e ss., e Watson, *Roman Slave Law* cit., 80 ss. O pecúlio do escravo destinava-se a permitir o desenvolvimento da (pequena) economia; *vide* C. W. Westrup, *Some Notes on the Roman Slave* cit., 19.

[131] Armin Wagner, *Die soziale Entwicklung des Sklavenrechts in der römischen Kaiserzeit* (1968), 20.

[132] Com consequências na suavização legislativa da posição dos escravos; Dumont, *Servus* cit., 761-762 e 771.

[133] Também, Armin Wagner, *Die soziale Entwicklung des Sklavenrechts* cit., 28, com indicações.

[134] C.1.10.1 = *Corpus Iuris Civilis*, II, 6.ª ed. Paul Krüger (1885); *vide*, aí, 62/II. O problema do *dominus* judeu era o de fazer circuncidar o escravo (cristão), o que era punido com a morte.

[135] Gaetano Sciascia, *Capacità giuridica (diritto romano)* cit., 871/I.

VIII. Também os povos germânicos, que invadiram o Ocidente romano e lançaram as bases da Europa moderna, conheciam e praticavam a escravatura[136]. As guerras subsequentes ao século V, que puseram definitivamente termo à *pax romana*, constituíram nova fonte de recrutamento de escravos.

A Hispânia não seria exceção[137]. A escravatura, particularmente no Ocidente da Península, conheceu uma evolução pendular: a grande fonte para o seu conhecimento é, ainda hoje, Gama Barros[138]. Foi mantida a designação romana *servi*. Durante a Reconquista, a escravatura de mouros e de cristãos, consoante o lado da fronteira, foi uma realidade. De todo o modo e na Europa, a escravatura evoluiu para a servidão da gleba[139], passando, daí, à servidão voluntária de tipo doméstico. A escassez de população, durante os séculos XII e XIII, acelerou a libertação dos servos. Entre nós, podemos considerar que a servidão, mesmo de mouros, cessou, no século XIII[140].

Lentamente, a escravatura renasceu com os Descobrimentos. No século XIV, cativos das Canárias foram enviados para a Madeira. Após 1441[141], iniciou-se a escravatura africana. A Igreja condescendeu, sob a capa das conversões. Boa parte do Novo Mundo foi feita por pessoas reduzidas à escravidão. Os índios brasileiros[142], com diversas flutuações, ficaram em situação de semi-servidão, pelos abusos dos colonos[143]. Em paralelo, a escravatura manteve-se na zona mediterrânica: de cristãos, em cativeiro turco e de muçulmanos, em cativeiro italiano, a coberto de trabalhos forçados nas galés[144].

[136] *Vide* a investigação maciça de Hermann Nehlsen, *Sklavenrecht zwischen antike und Mittelalter/Germanisches und römisches Recht in der germanischen Rechtsaufzeichnung* I – *Ostgoten, Westgoten, Franken, Langobarden* (1972).

[137] Carlos Frederico Montenegro de Sousa Miguel, *Escravatura* DHP II (1979), 421-424 (421).

[138] Henrique da Gama Barros, *História da Administração Pública em Portugal nos séculos XII a XV*, tomo IV, 2.ª ed. (1947), 64 ss., com indicações.

[139] Franco Catalano, *Servi della gleba*, NssDI XVII (1970), 98-99; na Europa Oriental, este tipo de servidão perdurou até ao século XIX.

[140] Gama Barros, *História da Administração Pública* cit., IV, 2.ª ed. 162 ss.

[141] Sousa Miguel, *Escravatura* cit., 422/I.

[142] Juridicamente e desde 1572, os índios do Brasil eram livres; o cativeiro limitava-se aos africanos: António José Saraiva, *Vieira* DHP VI (1979), 298-302 (302/I).

[143] O Marquês de Pombal multiplicou as medidas de tutela dos índios. Os naturais do Estado da Índia receberam, desde então, igualdade de tratamento de direitos.

[144] Recordamos o romance do Nobel da Literatura de 2006, Orhan Pamuk, *A cidadela branca* (1979, trad. port. Manuela Vaz, 2000), centrado na vida de um jovem italiano

IX. A escravatura não resistia a um mínimo de reflexão civilizada. Todavia, um fundo cultural e retrógrado e alguns interesses económicos levaram à sua manutenção: muito para além do que seria de esperar, perante o estado geral da Civilização Ocidental.

Coube ao liberalismo pôr cobro ao tráfego de escravos: primeiro ao Norte do Equador e, pelo Decreto de 10-dez.-1836 (Visconde Sá da Bandeira), a Sul. Leis sucessivas foram, depois, suprimindo a escravatura, nos domínios portugueses e na Metrópole[145]; 28-dez.-1854 (Visconde de Athoguia): toma diversas medidas de proteção e liberta os escravos pertencentes à Coroa[146]; 30-jun.-1856 (Sá da Bandeira): libertos os escravos pertencentes às câmaras e às misericórdias[147]; 24-jul.-1856 (Sá da Bandeira): libertos os filhos das escravas[148]; 25-jul.-1856 (Sá da Bandeira): libertos os escravos das igrejas[149]; 18-ago.-1856 (Duque de Loulé): libertos todos os escravos que desembarcassem no Continente, nas Ilhas, na Índia ou em Macau[150]; 25-fev.-1869 (Sá da Bandeira): abolição da escravatura em todos os domínios portugueses[151]. Durante todo o dilatado período em que a escravatura funcionou, ela conviveu com o trabalho livre. Os pensadores sublinharam, muitas vezes, que este é preferível à servidão: torna-se mais produtivo e não coloca – ou não colocava, no início – quaisquer encargos ao empregador, a não ser o do salário. Ora o dono do escravo tinha diversos ónus, mais ou menos respeitados: alimentação, abrigo e alguma assistência, até ao fim da vida.

X. A escravatura renasceu, e da pior forma, no séc. XX, na Alemanha nazi e no Gulag estalinista, sob a capa de trabalhos forçados. Ela ocorre, ainda, em diversos espaços africanos, sob a capa de conflitos locais e de situações de não-governo. Os abismos da alma humana requerem a permanente atenção da Ciência do Direito.

capturado no Mediterrâneo e que viveu como escravo, no século XVI, na corte do Sultão, em Istambul.

145 Sousa Miguel, *Escravatura* cit., 424/I.

146 *Collecção Official* 1854, 836-842.

147 *Collecção Official* 1856, 213.

148 *Collecção Official* 1856, 251-252.

149 *Collecção Official* 1856, 259.

150 *Collecção Official* 1856, 334-335.

151 *Collecção Official* 1869, 57-58; este diploma vem acompanhado por uma curta mas muito interessante e esclarecedora justificação de motivos.

27. Os quadros romanos

I. O Direito romano deixou-nos alguns quadros que, ao longo dos tempos e até, praticamente, ao BGB alemão, permitiram enquadrar o trabalho subordinado[152]. A doutrina especializada estranha a inexistência de um tema latino que traduza, com exatidão, a expressão atual "trabalho" – ou o seu equivalente nos outros idiomas contemporâneos. *Labor* é demasiado estreito; *opus/opera* compreende antes a ideia do resultado; *negotium* exprime, por fim, qualquer atividade humana[153]. Este estado de coisas bem se compreende: através das vicissitudes da revolução industrial, a ideia de "trabalho" ganhou conotações tão particulares que, sendo evidentes no nosso tempo, se tornariam estranhas na Antiguidade. Mas o essencial – a prestação de trabalho, feita por um homem livre[154], sob a orientação de outro – existia, já nessa altura, sendo objeto de tratamento jurídico.

II. Na disciplina do trabalho subordinado, o Direito romano recorria à figura geral da *locatio conductio*[155]. Esta compreendia três modalidades, bem distintas quanto ao seu objeto[156]:

[152] As investigações fundamentais sobre o Direito do trabalho, na Roma antiga, são de Francesco M. de Robertis, *I rapporti di lavoro nel diritto romano* (1946) e *Lavoro e lavoratori nel mondo romano* (1963), com a recensão apreciativa de Dieter Nörr, *Zur sozialen und rechtlichen Bewertung der freien Arbeit im Rom*, SZRom 82 (1965), 67-105 e de Theo Mayer-Maly, *Locatio conductio/Eine Untersuchung zum klassischen römischen Recht* (1956), prosseguidas, depois, em múltiplos outros locais, citados *supra*, nota 94. Quanto ao ponto preciso referido no texto, *vide* de Robertis, *I rapporti di lavoro* cit., 4.

[153] Francesco de Robertis, *I rapporti di lavoro* cit., 10 e Dieter Nörr, ob. cit., 69.

[154] Theo Mayer-Maly, *Römische Grundlagen des modernen Arbeitsrechts* cit., 284-285; em Roma como na atualidade, o trabalhador é pessoa, em termos jurídicos. O escravo não presta, juridicamente, trabalho.

[155] Carl Christoph Burckhardt, *Zur Geschichte der locatio conductio* (1889), VIII + 59 pp., 6 ss.; Alexander Beck, *Zur Entstehung des römischen Mietvertrages*, FS Hans Lewald (1953), 3-13; Theo Mayer-Maly, *Locatio conductio: eine Untersuchung zum klassischen römischen Recht* (1956), 240 pp., 9 ss.; C. Alzon, *Refléxions sur l'histoire de la locatio-conductio*, RH 41 (1963), 553-591, em especial sobre a tricotomia ou a binomia da *locatio-conductio*; Nicola Palazzolo (org.), *Saggi in materia di locazione: corso di diritto romano* (1995), 164 pp.; Roberto Fiori, *La definizione della 'Locatio conductio'/ /Giurisprudenza romana e tradizione romanistica* (1999), XI + 410 pp., 11 ss., 65 ss., 127 ss. e 183 ss..

[156] Indicações relativas às origens da *locatio conductio* constam do *Tratado de Direito civil* cit., XI, 588 ss..

– a *locatio conductio rerum*, pela qual uma pessoa entregava uma coisa, por certo tempo, a outra, a troco de uma *merces*, normalmente periódica, e ficando o beneficiário obrigado à restituição; esta figura está na origem da atual locação[157];

– a *locatio conductio operis faciendo*, pela qual uma pessoa se obrigava a realizar, para outra, uma determinada obra, também a troca de *merces*; reside aqui o antecedente histórico da atual empreitada[158];

– a *locatio conductio operarum*, pela qual uma pessoa se obrigava a desenvolver, para outra, certa atividade, sempre a troco de *merces*[159]; era a prestação de serviço em sentido amplo, abrangendo o contrato de trabalho.

III. A redução terminológica do contrato de trabalho subordinado à *locatio conductio* tem sido apontada como sinal seguro do desinteresse romano pelo trabalho livre: afinal, haveria como que uma equiparação da situação jurídica laboral à locação de coisas corpóreas. A crítica não é justa. Não se desconhece que a situação de trabalho tinha, para o sentir social romano dos fins da República, o seu quê de degradante[160]; para tanto terá contribuído a existência do trabalho servil[161], que tem sido apontado como uma das razões que estancaram o progresso tecnológico e científico nas sociedades antigas. Mas apesar da proximidade linguística – um vocabulário jurídico completo não se improvisa, antes demorando milénios a formar– os

[157] A locação de coisas, possivelmente pioneira, tem apresentado várias origens na literatura da especialidade; Antonio Masi, *Locazione (Storia)*, ED 24 (1974), 980 ss. (911 ss.) e Emilio Costa, *La locazione di cose nel diritto romano* (1915), 23 ss.. O paralelo com a compra e venda – da qual se distinguia pela obrigação de restituir a coisa findo o contrato – é enfocado; *vide* C. Alzon, *Reflexions sur l'histoire de la locatio-conductio* cit., 558.

[158] Antonio Masi, *Locazione* cit., 913.

[159] A própria tripartição da *locatio-conductio*, no Direito romano, já tem sido posta em dúvida; mas tem, maioritariamente defensores; C. Alzon, *Réflexions sur l'histoire de la locatio-conductio* cit., 591. Quanto ao significado de *locare* e *conducere* na literatura da República, Luigi Amirante, *Richerche in tema di locazione*, BIDR 62 (1959), 9-119 (21 ss.).

[160] Francesco de Robertis, *I rapporti di lavoro nel diritto romano* cit., 10 e Dieter Nörr, *Zur sozialen und rechtlichen Bewertung der freien Arbeit in Rom* cit., 77, que refere no entanto o estatuto mais elevado de que beneficiava o trabalho agrícola. Quanto ao fenómeno histórico da desconsideração social de certas formas de trabalho *vide*, em geral, P. Jaccard, *História social do trabalho* (trad. port. R. Moura, 1974), 22 ss..

[161] Há afirmações clássicas de Cícero que documentam a afirmação.

romanos bem conheciam as diferenças existentes entre as três modalidades de *locationes*[162].

A *locatio conductio*, inicialmente consubstanciada através das ações que a integravam, desde Quintus Mucius Scaevola – século I a.C. –, ao elenco das *bonae fidei actiones*[163] – as ações baseadas na boa-fé. Nessa medida, comungava de um regime particular, mais elástico e avançado do que o das outras *actiones*, as *stricti iuris* ou de Direito estrito. Assim, e designadamente: as ações *bonae fidei* tendiam para a universalidade, postulavam exceções inerentes, estruturavam-se de modo correspetivo, admitiam a faculdade da compensação e postulavam, quando atuadas, a possibilidade da condenação em juros. Isto é: sendo universais, as competentes ações funcionariam não apenas entre cidadãos romanos, mas também em face de *peregrini*; postulando a inerência das exceções, elas obrigavam o juiz a decidir da funcionalidade das *exceptiones doli*, *metus*, *pacti* e *rei iudicatae* – portanto as exceções de dolo, de medo, de novo pacto superveniente que houvesse alterado o anterior e de caso julgado; estruturando-se de modo correspetivo, elas assistiam, de modo nominado, – a *actio locati* e a *actio conducti* – a ambas as partes, que assim podiam sempre defender os seus interesses, em face uma da outra; admitindo a compensação, elas facultavam ao juiz a possibilidade de considerar extintos, no todo ou em parte, os débitos nelas incorporados, quando se lhes opusessem débitos com os mesmos sujeitos, mas de sinal contrário; a condenação em juros permitia, por fim, uma reconstituição mais perfeita dos interesses em presença, quando houvesse prevaricação[164]. Se se quiser: tratando-se de uma *bonae fidei actio* – ou, na linguagem clássica, implicando um *bonae fidei iudicium* – a *locatio conductio* dava lugar a uma instância onde o juiz, em vez de se limitar a formalismos estritos, tinha por função, através de certos expedientes, procurar uma efetiva solução material que não deixasse de ponderar os diversos aspetos relevantes em presença – ou os interesses contrapostos.

Várias destas dimensões foram-se, depois, generalizando aos diversos contratos, no esforço milenário para o aperfeiçoamento do Direito das obrigações. Mas desde o antigo Direito romano, numa situação sintomática que não pode ser esquecida, o contrato de trabalho incluiu-se no lote das figuras

[162] Particularmente a *locatio rei* – a única onde poderia haver restituição de uma coisa – separa-se, bem, das restantes; *vide* Antonio Masi, *Locazione* cit., 909 e Amirante, *Richerche in tema di locazione* cit., 116 ss..

[163] *Vide* os textos referidos no nosso *Da boa fé no Direito civil* (1984), 73 ss..

[164] *Da boa fé* cit., 81 ss., com bibliografia e com indicação de opiniões divergentes.

pioneiras, onde foram testados os progressos concebidos pelos cientistas do Direito. Vários dos traços acima alinhados mantiveram-se, aliás, até aos nossos dias.

IV. Para além dos aspetos referidos, compartilhados com outras figuras, a *locatio conductio operarum*, como matriz do regime jurídico do trabalho subordinado em Roma, apresentava particularidades relevantes[165]: necessariamente celebrada entre homens livres, a *locatio conductio operarum* tinha, sempre, de respeitar a atividades lícitas[166]; era consensual, não requerendo, por isso, particulares formalidades para a sua válida celebração[167]; quanto ao seu termo, registam as fontes que, em regra, ele advinha do decurso de prazo combinado pelas partes[168]; aspetos importantes do laboralismo atual constavam, também, das fontes romanas: assim, o dever de pagar as *merces* – o salário – mantinha-se, em certos casos, mesmo na ausência do trabalho[169], o que é dizer: o risco geral do contrato concentrava-se na esfera do "empregador" ou do *conductor*.

As vertentes coletivas da fenomenologia laboral, embora já existissem e tivessem eficácia social, não deixaram rastos nos textos jurídicos. Para tanto, impunha-se ainda toda uma revolução histórica que implicasse, para além de modificações tecnológicas, alterações sócio-culturais aprofundadas. Não obstante e como veremos de seguida, a contraposição entre o serviço (autónomo) e o trabalho (subordinado) era conhecida e tinha um amplo significado social.

28. *Artes liberales* e *illiberales*

I. Uma prestação de serviço pode ocorrer em ambiências distintas e com diversas formas de relacionamento entre as partes. O trabalho em

[165] Quanto a indicações de textos, Lello Lantella, *Del lavoro sistematico nel discorso giuridico romano (Repertorio di strumenti per una leitura ideologica)* (1975). Em geral, Theo Mayer-Maly, *Locatio conductio* cit.; Francesco de Robertis, *I rapporti di lavoro nel diritto romano* cit., 127 ss. e Dieter Nörr, *Freie Arbeit in Rom* cit., 86. ss..

[166] Francesco de Robertis, *I rapporti di lavoro nel diritto romano* cit., 55 ss..

[167] Theo Mayer-Maly, *Locatio conductio* cit., 81.

[168] Theo Mayer-Maly, *Römische Grundlagen des modernen Arbeitsrechts* cit., 285.

[169] Theo Mayer-Maly, *Elemente der Entwicklung des Arbeitsrechts* cit., 1335.

meios urbanos era diverso do rural[170]. Mas sobretudo, contrapunha-se o serviço do especialista, determinado por este, no seu conteúdo, ao do trabalho indiferenciado. Aqui intervém a contraposição entre *artes liberales*, que evoluiram para a prestação de serviço e *artes illiberales*, na base do trabalho subordinado.

II. No domínio dos serviços de qualidade elevada, como os de mestre de *artes liberales*, de médico, de arquiteto, de mandatário judicial ou de agrimensor[171], era uma desonra agir a troco de dinheiro. Os serviços eram de tipo gratuito; todavia, o beneficiário tinha um dever moral de conceder uma honraria (*honorarium*)[172], expressa num valor monetário ou noutra vantagem. Os funcionários imperiais recebiam um *salarium*. Curiosamente, essa estratificação mantém-se: as profissões socialmente mais conceituadas, como advogados, arquitetos, engenheiros e médicos, percebem honorários e não "pagamentos" em dinheiro. O salário é reservado para os trabalhadores. Inicialmente, não havia regras para o *honorarium*; a prática de abusos levou ao seu surgimento progressivo[173].

III. O regime da *locatio-conductio operarum* afigurava-se simples: era semelhante ao da *locatio rei*. Tratava-se de um contrato consensual, devendo as partes acordar em dois *essentialia negotii*: os serviços (*operae*) a prestar e a retribuição (*merces*)[174]. O risco corria pelo *locator*: sendo o serviço impossível, o *conductor* não perdia o direito à retribuição[175]. Por

[170] J. Maqueron, *Le travail des hommes libres dans l'antiquité romaine* cit., 2.ª ed., 34 ss..

[171] Max Kaser, *Das römische Privatrecht* cit., 1, 2.ª ed., § 132, IV (569), com bibliografia relativa a cada uma destas profissões; Heinrich Siber, *Operae liberales*, JhJb 88 (1939/40), 161-198; Walter Erdmann, *Freie Berufe und Arbeitsverträge in Rom*, SZRom 66 (1948), 567-572; Elke Herrmann, *Operae liberales, operae illiberales – vom Schicksal einer Unterscheidung*, ZfA 2002, 1-27 (1-3). Quanto ao agrimensor: Carsten René Beul, *Si mensor falsum modum dixerit/Untersuchung zu D. 11.6 zu den Artes liberales und zum Dolus malus* (1998), VIII + 167 pp., 8-9.

[172] Pietro Pescani, *Onorari (diritto romano)*, NssDI XI (1965), 928-932.

[173] Pietro Pescani, *Onorari (diritto romano)* cit., 930.

[174] Reinhard Zimmermann, *The Law of Obligations/Roman Foundations of the Civilian Tradition* (1996), LXIV + 1241 pp., 384 ss..

[175] Paulo, D. 19.2.38.pr. = ed. Theodor Mommsen, 254/II. *Vide* Theo Mayer-Maly, *Dienstvertrag und Arbeitsvertrag*, ZArbSR 1 (1966), 2-7 e Reinhard Zimmermann, *The Law of Obligations* cit., 401 ss.; em sentido diverso, Robert Röhle, *Das Problem der*

seu turno, o *conductor* devia agir com *peritia*: *imperitia culpae adnumeratur*, nas palavras de Gaio[176]. O prestador de serviço seria dispensado sem paga. O serviço subordinado dava azo ao que, hoje, chamamos contrato de trabalho. A doutrina sublinha a (mera) aplicação das regras gerais, sem tutela do empregado, manifestamente numa situação de desequilíbrio, económica e social[177].

IV. Pergunta-se se, no Direito romano, já haveria regras de proteção relativas ao *conductor* de serviços, mormente quando *illiberales*. Certos textos, recolhidos nos *digesta*, parecem dar alguma resposta positiva[178].

29. Períodos pós-clássico e intermédio

I. No Direito romano pós-clássico, a fronteira entre a *locatio-conductio operarum* (prestação de serviço) e a *locatio-conductio operis faciendum* (empreitada) tornou-se menos clara[179]. O trabalho subordinado, por seu turno, viu reforçada a dependência pessoal, aproximando-se da servidão[180].

II. O *corpus iuris civilis* preservou os quadros clássicos. Ao longo das diversas receções, as classificações da velha *locatio-conductio* mantiveram-se, acolhendo a prestação de serviço. Não obstante, a presença de institutos feudais que implicavam ónus *in faciendo*, retirava algum peso à *locatio operarum*. No quadro das cidades, ocorreram figuras como a aprendizagem, que deixaram marcas nalguns códigos da primeira geração.

Gefahrtragung im Bereich des römischen Dienst- und Werkvertrags, SDHI 34 (1968), 184-222 (184 ss., quanto a serviço e 203 ss., quanto à empreitada)

[176] Gaio, D. 50.17.132 = ed. Theodor Mommsen, 871/II.

[177] Reinhard Zimmermann, *The Law of Obligations* cit., 387.

[178] Wolfgang Waldstein, *Soziale Schutzrechte im klassischen römischen Recht*, FS Hubert Niederländer (1991), 181-194 (182 ss.)

[179] Max Kaser, *Das römische Privatrecht/Die nachklassischen Entwicklungen*, II, 2.ª ed. (1975), XXX + 680 pp., § 266, I, 2, c) (402).

[180] Ernst Levy, *Weströmisches Vulgarrecht/Das Obligationenrecht* (1956), 384 pp. (275-277).

III. No longo período subsequente, podemos apontar algumas linhas de força: note-se, todavia, que se documentam situações variadas. O trabalho livre conviveu com a escravatura, vindo a substituí-la[181]. No terreno, as relações eram muito diversificadas: artesãos, empregados em manufaturas, mineiros, marinheiros e ajudantes de comércio, como exemplo[182]. As comunas intervinham, quer como reguladoras, quer como dadoras de trabalho[183]. Este tinha um relevo social considerável[184]. Quanto às condições de trabalho: havia algumas regras, ainda que insuficientes, para os cânones atuais. O trabalho, mormente na agricultra, era prestado de Sol a Sol: entendia-se que o prestador do serviço ficava, todo ele, dedicado à tarefa[185]. Todavia, ocorriam muitos dias festivos, com proibições de trabalhar, enquanto a ideia de "salário justo" era debatida e aprofundada pelos teólogos. O despedimento ilícito constituía título para que o salário continuasse a ser pago[186]. Impôs-se, nalgumas áreas, um enquadramento de tipo subjetivo (por grupos), em detrimento de um esquema objetivo (por atividades)[187]. As corporações regulavam com minúcia o emprego, a formação e as hierarquias, assegurando, de certa forma, o nível salarial[188]. Apesar da aparente estabilidade, as relações de trabalho já então acusavam os influxos das conjunturas económicas e políticas. Por exemplo, a peste negra que, no século XIV, provocou a morte, na Europa, de cerca de um terço da população, deu azo a uma falta de mão-de-obra, com uma consequente subida de salários. Várias medidas, nem sempre eficazes, foram adotadas para tentar estabilizar o trabalho[189].

[181] Theo Mayer-Maly, *Vorindustrielles Arbeitsrecht* cit., 59/II.

[182] Werner Ogris, *Geschichte des Arbeitsrechts vom Mittelalter bis in das 19. Jahrhundert*, RdA 1967, 286-297 (288-292)

[183] Eberhard Schmieder, *Geschichte des Arbeitsrechts im deutschen Mittelalter* 1 (1939), 167 pp., 73 ss..

[184] Werner Ogris, *Geschichte des Arbeitsrechts* cit., 296-297.

[185] *Idem*, 294/II.

[186] Theo Mayer-Maly, *Vorindustrielles Arbeitsrecht* cit., 61/I-62/I.

[187] *Idem*, 60/I.

[188] Pedro Romano Martinez, *Manual de Direito corporativo*, 3.ª ed. (1971), 29 ss..

[189] Rainer Schröder, *Zur Arbeitsverfassung des Spätmittelalters/eine Darstellung mittelalterlichen Arbeitsrechts aus der Zeit der großen Pest* (1984), 212 pp., 47 ss., 74 ss. e 105 ss.; são reportadas medidas tendentes a evitar a subida dos salários em França, na Inglaterra, na Baviera e na Áustria.

IV. No plano jurídico-científico, a receção do Direito romano através das Universidades, reconduziu o trabalho à *locatio operarum*. Azo (1180-1230, datas prováveis), na *summa de operis libertorum*, distinguia as *operae obsequiales* (familiar), as *operae artificiales* (qualificado) e as *operae fabilesi* (indiferenciado)[190]. Bártolo (1314-1357) acrescentou as *operae officiales*, quando prestadas a entidades públicas, com uma subordinação mais vincada[191].

V. De acordo com uma chamada de atenção de Mayer-Maly, o período intermédio conheceu múltiplas obras dedicadas ao trabalho subordinado, das quais a maioria versava-o através da *locatio conductio*. Assim, foram confrontados Ippolito Bonacossa[192], Johann Hermann Stamm[193], Vincenzo Carocio[194], Lanbranco Zacchia[195], Petro Paciono[196] e Andreas Wege[197].

[190] Azo Portius, *Summa super codicem* (1210) ed. 1533, digitalizado na *Bayerische Staatsbibliothek. Vide* Theo Mayer-Maly, *Vorindustrielles Arbeitsrecht* cit., 59/I.

[191] Bártolo, *Commentaria super prima/Digesti veteris* ed. Mediolanum (Mitro), 1509, D. 12.6.26.12, *idem*.

[192] Ippolito Bonacossa, *De servis vel famulis tractatus*, Veneza, 1575, digitalizado (bem como edições ulteriores), na *Bayerische Staatsbibliothek*.

[193] Johann Hermann Stamm, *Tractatus de servitute personali*, Frankfurt, 1634, digitalizado na mesma biblioteca.

[194] Vincenzo Carocio, *Tractatus locati et conducti*, Veneza, 1649, digitalizado na *Complutense* de Madrid.

[195] Lanbranco Zacchia, *De salario seu operariorum mercede*, Roma, 1658, digitalizado na *Bayerische Staatsbibliothek*.

[196] Petro Paciono, *De locatio et conductione tractatus (... sed etiam in specie de locatione operarum)*, Roma, 1677, digitalizado na mesma biblioteca.

[197] Andreas Wege, *De locatione et conductione*, Leipzig, 1740, *idem*.

§ 7.º O LIBERALISMO, A SOCIALIZAÇÃO E AS CODIFICAÇÕES CIVIS

30. O liberalismo e a questão social

I. As estruturas medievais e modernas, que rodearam a prestação de trabalho subordinado durante séculos, vieram sofrer a erosão do pensamento liberal. Este, de resto, antecedeu a Revolução Industrial, tendo operado como um dos elementos cuja extraordinária confluência permitiu o grande salto tecnológico do século XIX. Com início em Inglaterra, num movimento dinamizado pelo bloqueio continental decretado por Napoleão, em 1808, os produtores decidiram tirar partido do motor a vapor. Os conhecimentos teóricos subjacentes eram conhecidos desde a Antiguidade e os primeiros motores a vapor foram construídos em França, nos finais do século XVII, por Denis Papin (1647-1712)[198]. Mas não tinham conhecido uma utilização económica.

II. A Revolução Industrial foi impulsionada por razões geográficas, económicas, militares e sociais, só mais tarde dando azo a novos progressos científicos. Pouco automatizada, ela exigia uma especial vigilância humana sobre aspetos distintos, particularmente no têxtil, drenando muita mão-de-obra. Os motores a vapor exigiam carvão, com o recurso a numerosos mineiros. A metalurgia foi solicitada. Um tríptico inicial – têxtil, carvão e ferro – originou novos segmentos de relevo, sempre com muito emprego humano.

[198] Denis Papin patenteou a sua invenção no ano de 1681, em Paris. Calvinista, Papin foi atingido pela revogação do Édito de Nantes, levada a cabo por Luís XIV, tendo-se exilado em Londres.

III. Nos finais do século XVIII, a melhoria das condições sanitárias e o incremento dos transportes, que permitiu enfrentar as carências alimentares induzidas de más colheitas, ocasionaram um crescimento da população que os meios rurais não facultavam absorver. Tudo isso levou a um êxodo para as cidades industriais, com as consequências sociais daí decorrentes. Os resultados são conhecidos, sendo relatados por romancistas (Dickens), por reformadores e por estatísticas. Salientamos: (a) horários de trabalho que chegavam a ultrapassar as 16 horas diárias; (b) utilização intensiva de mão-de-obra infantil; (c) trabalho de mulheres, sem atender à sua condição, com relevo para a maternidade; (d) condições higiénicas péssimas, incluindo falta de arejamento e de luz; (e) inexistência de estruturas de apoio social e de tutela em acidentes de trabalho e em doenças profissionais; (f) circunstâncias sanitárias deploráveis, com alargamento de pandemias, como a cólera e a tuberculose; (g) moralidade degradada, com prostituição de sobrevivência e alcoolismo.

IV. A presença de grandes massas humanas, por vezes colocadas nos limites da sobrevivência, não era fenómeno novo. Ao longo dos tempos, milhões de seres humanos pereceram de subalimentação, de doenças e de violências de todo o tipo. A Revolução Industrial, repetindo as trevas de sempre, permitiu todavia a passagem a um estádio evolutivo superior. Vamos apontar três elementos que a tanto conduziram:

(a) a organização dos trabalhadores, facultada pelo desenquadramento liberal e pela sua concentração nas unidades fabris;
(b) o surgimento de ideologias humanitárias protagonizadas por organizações distintas: desde o catolicismo ao comunismo; ideias deste tipo não eram novas: pense-se no cristianismo dos inícios; nova, sim, foi a possibilidade da sua divulgação, através da escrita, de jornais e de panfletos acessíveis;
(c) a intervenção do Estado.

V. A doutrina social da Igreja corresponde a um esforço de aplicação das regras cristãs, presentes, desde o início, no Evangelho, à realidade sócio-cultural do século XIX, prolongando-se até hoje. Como referência, surge a encíclica *Rerum Novarum*, promulgada, em 15-mai.-1891, pelo Papa Leão XIII: defende, designadamente, a distribuição da riqueza, a defesa, pelo Estado, dos pobres e desprotegidos e os princípios da caridade. Quarenta anos volvidos, o Papa Pio XI decretou a encíclica *Quadragesimo Anno*. Potenciada pela grande depressão, Pio XI defende a regulação do mercado e condena o nacionalismo económico. No septuagésimo aniversário da *Rerum Novarum*, o Papa João XXIII publicou a encíclica *Mater et Magistra*: mais precisamente a 15-mai.-1961. Faz, aí, a ronda das novidades ocorridas nos últimos trinta anos e defende as classes trabalhadoras. Paulo VI, em 14-mai.-1971, escreve a *Octogesima Adveniens*: oitenta anos volvidos sobre a iniciativa de Leão XIII, atualizando os princípios básicos[199]. Devemos ao Papa João Paulo II a encíclica *Centesimus Annus* (1-mai.-1991), que acentua a economia ao serviço do bem comum. A doutrina social da Igreja é importante, mesmo para os não-crentes: dá um código ético humanista, que permite eriquecer os valores laborais, para mais num momento histórico marcado pela busca do lucro e pelo monetarismo. Ela influencia programas políticos e contribuiu para a evolução do Direito do trabalho, nos últimos cento e trinta anos[200].

VI. A intervenção do Estado, largamente solicitada, foi decisiva. Inicialmente, o Estado ficou preocupado com o mau estado das populações por via do serviço militar. As guerras exigiam exércitos numerosos, adestrados e em boa condição física. O alargamento do sufrágio e, no termo, o sufrágio universal, constituiu, todavia, a alavanca decisiva da intervenção do Estado no campo social. Os trabalhadores representavam uma larga maioria numérica. Desde o momento em que pudessem votar, os parlamentos e os governos pertencer-lhes-iam. O progressou demorou, limitado pelo sufrágio censitário, mas foi eficaz. Podemos considerar que o liberalismo tinha, em si próprio, os germes da sua superação[201].

[199] Os textos das diversas encíclicas são facilmente consultáveis, em português, na *Net*.

[200] Karl Jüsten/Uta Losen, *Die Katholische Soziallehre und das Arbeitsrecht*, SR 2017, 211-213; Karl-Josef Laumann, *Arbeits- und Sozialrecht im christlich-sozialen Geiste*, SR 2017, 214-216. De entre a numerosa bibliografia existente, salientamos Nikolaus Monzel/Trude Herweg, *Katholische Soziallehre*, I – *Grundelegung* (1965), 426 pp. e II – *Familie, Staat, Wirtschaft, Kultur* (1967), 652 pp. e, do Conselho Pontifício, *Compêndio da Doutrina Social da Igreja* (2005), 672 pp..

[201] Como obras gerais sobre a evolução histórica do Direito do trabalho, além da literatura já citada: Harald Steindl, *Wege zur Arbeitsgeschichte* (1984), XVI + 500 pp.; Jürgen Kocka (org.), *Geschichte und Zukunft der Arbeit* (2000), 510 pp.. Tem ainda especial interesse o escrito de Wolfgang Klatt, *Treupflichten im Arbeitsverhältnis: eine*

31. A experiência francesa

I. Vamos seguir a evolução do Direito do trabalho através de duas experiências próximas, com sensibilidades distintas: a francesa e a alemã. Na base do subsequente pensamento social francês, encontramos a corrente fisiocrática. Jacques Turgot (1727-1781), integrado nessa corrente de pensamento, protagonizou medidas no sentido de pôr cobro a diversas limitações existentes, de tipo normativo, à liberdade de trabalho[202].

No período da Revolução, foram tomadas outras medidas impressivas. O Decreto d'Allarde, de 2 e 17 de março de 1791 estabeleceu a liberdade de trabalho. Em 14 de junho de 1791, a Lei Le Chapelier[203] proíbe as corporações e quaisquer coligações de tipo profissional.

II. A França entrou no período da industrialização sem quaisquer regras de proteção laboral. As consequências são conhecidas: dias de trabalho intermináveis; emprego intenso de mulheres e crianças em condições insalubres; péssima higiene; total desproteção nos acidentes de trabalho, na doença, na invalidez e na velhice. A publicação, em 1840, do relatório Villermé, chamou a atenção para esse estado de coisas, acelerando a tomada de medidas necessárias[204].

A Lei de 22 de março de 1841 introduziu medidas relativas ao trabalho de crianças, ainda que apenas nas oficinas motorizadas ou nos estabelecimentos com mais de 20 pessoas; proibição de trabalho para os menores de 8 anos; limitação a 8 horas diárias para o trabalho de crianças de 8 a 12 anos e a 12 horas, para as de 12 a 16; proibição de trabalho noturno para

rechtshistorische Untersuchung (1990), 383 pp., centrado sobre a evolução dos deveres laborais de lealdade.

[202] Em especial: Norbert Olszak, *Histoire du Droit du travail* (1999), 18. Quanto à experiência italiana, que aqui não desenvolvemos para manter o texto em margens confortáveis : Laura Castelvetri, *Il diritto del lavoro delle origine* (1994), VIII + 398 pp..

[203] Isaac René Guy le Chapelier (1754-1794), deputado à Constituinte e grande reformador. Foi guilhotinado em Paris, no âmbito do chamado "terror".

[204] Louis-René Villermé (1782-1863), *Tableau de l'état physique et moral des ouvriers employés dans les manufactures de laine, de coton et de soie* (1840) *apud* Olszak, ob. sup. cit. e também consultável na Net; na altura já havia leis de proteção em Inglaterra – 1802, 1814 e 1833 – e na Prússia – 1839.

os menores de 13 anos e de trabalho dominical antes dos 16. Esta lei terá sido pouco aplicada[205].

III. Apenas em 19 de maio de 1874 foram tomadas novas medidas: uma lei dessa data fixa o mínimo de 12 anos para o acesso ao trabalho, ainda que com exceções; além disso, previu uma inspeção de trabalho, para garantir a sua aplicação. Seguiu-se uma lei de 2 de novembro de 1892, que fixa os 13 anos como a idade mínima para trabalhar e limita a 10 horas o dia de trabalho para os menores de 16 anos. Toma, ainda, a primeira medida de proteção das mulheres: máximo de 11 horas diárias; proibição de trabalho noturno; repouso semanal; proibição de certos trabalhos. Somente leis de 27 de novembro de 1909 e de 17 de junho de 1913 estabeleceram as primeiras medidas de proteção da maternidade.

IV. A redução do dia de trabalho foi, depois, uma preocupação constante do movimento sindical. Os incidentes de 1 de maio de 1886, em Chicago, ficaram na memória coletiva; o primeiro de maio foi, em 1889, erigido a dia mundial de protesto e da reivindicação do dia de 8 horas[206] e, mais tarde, a dia do trabalhador.

O repouso semanal foi fixado por lei de 13 de julho de 1906.

Apenas após a Primeira Grande Guerra, em 23 de abril de 1919, foi fixado o dia de 8 horas. Esta medida – tomada em diversos outros países, na mesma ocasião – tem sido associada, também, à necessidade de reintegrar no mercado de trabalho milhões de soldados desmobilizados.

Outras medidas se seguiram, ao longo do século XX, com destaque da semana de 40 h., adotada pela Frente Popular, em 21 de janeiro de 1936, para lutar contra o desemprego.

[205] Sobre toda esta matéria e com elementos subsequentes, além de Olszak, *Histoire* cit., 48 ss., *vide* Gérard Lyon-Caen/Jean Pélissier/Alain Supiot, *Droit du travail*, 19.ª ed. (1998), 7 ss. e 877 ss..

[206] A liberdade de associação sindical fora estabelecida pela Lei de 21-mai.-1884, sendo fundamental para a evolução subsequente.

V. Em 1998, novamente as preocupações do emprego levaram, através da Lei Aubry[207], a aprovar o princípio da semana de 35 horas[208]. Acentuando um quadro de flexibilidade, anunciaram-se novos diplomas[209]. Abaixo veremos a situação atual[210].

32. A experiência alemã

I. Os primeiros sinais da Revolução Industrial ocorreram na Alemanham: na passagem do século XVIII para o século XIX, na Saxónia e na Baixa Renânia. Foram inícios difíceis: além da concorrência britânica, dominava a desconfiança habitual relativa a novidades. Os novos empresários eram *self made*, duros, decididos e dispostos a correr riscos. Assim, em 1846, 11,7% da mão-de-obra era infantil[211], chegando a ser impostos, a crianças de 6 anos, horários de 14 horas de trabalho diário[212]. Anteriormente, a burocracia prussiana já havia sido alertada para o mau estado físico e sanitário dos jovens recrutas. Por isso, um Regulamento de 9 de março de 1839, limitou o trabalho de crianças.

[207] Correspondente a um projeto apresentado por Martine Aubry, a dinâmica ministra do emprego e da solidariedade do Governo francês; *vide* Jean-Claude Javillier, *Droit du travail*, 7.ª ed. (1999), 464 ss..

[208] O número de abril de 1999 da revista *Droit Social* (DS) ocupou-se, especialmente, deste diploma, inserindo artigos de Yves Charlaron, Gérard Couturier, Françoise Fevennec-Héry, François Gaudu, Berard Gauriou, Gérard Gélineau-Larrivet, Antoine Lyon-Caen, Jean-Emmanuel Ray, Jean Savatier e Pierre-Yves Verkindt.

[209] DS, Nov. 1999, com trabalhos de Paul-Henri Antonmattéi, Gilles Auzero, Gilles Bélier, Gérard Couturier, Berno Denkiewicz, Jean-Jacques Dupeyroux, Dominique Jourdan, Françoise Fevennec-Héry, Christophe Radé, Jean-Emmanuel Ray e Pierre Louis Reving.

[210] *Infra*, 639 ss., a propósito do Direito coletivo.

[211] Karl Heinrich Kaufhold, *150 Jahre Arbeitsschutz in Deutschland: das preußische Regulativ von 1839 und die weitere Entwicklung bis 1914*, AuR 1989, 225-232 (225/II ss.), onde podem ser confrontados estes e os elementos subsequentes.

[212] Franz-Joseph Düwell, *150 Jahre gesetzliches Verbot der Kinderarbeit in Deutschland*, AuR 1989, 233-240 (233/I); também neste escrito podem ser confrontados diversos elementos subsequentes.

O Regulamento em causa[213] veio: exigir o mínimo de três anos de escolarização; limitar ao máximo de dez horas o trabalho diário a prestar por menores de 16 anos; impor um intervalo entre cada período de 90 minutos de trabalho; proibir o trabalho noturno de menores (entre as 5 h. da manhã e as 9 h. da noite). Este diploma dá-nos uma ideia do preço pago pelos pioneiros, para o desenvolvimento industrial. O Regulamento de 6-abr.-1839 foi confirmado pelo Rei Frederico Guilherme III, em 6 de abril desse ano.

II. Regras semelhantes às prussianas vieram a ser adotadas noutros Estados alemães. Na Baviera, isso ocorreu em 15 de janeiro de 1840. Seguiram-se novas medidas. Na Prússia, uma Lei de 1845 impôs um pré-aviso mínimo para o despedimento, salvo fundamento importante; outra, de 1848, proibiu o pagamento de retribuição com géneros da própria produção. Uma lei geral de 1871 estabeleceu inspeções do Estado nas unidades produtivas. As primeiras regras sobre a segurança social devem-se a Bismark (1880). Mais dificuldades representaram os sindicatos e demais coalizões de trabalhadores: foram proibidos até meados do século XIX. Na segunda metade desse século, as proibições foram sendo levantadas[214]. Os sindicatos, apoiados ainda no aumento do sufrágio, foram ampliando o seu papel[215].

III. Houve retrocessos. Uma Lei em vigor a partir de 22 de outubro de 1878, "contra as aspirações da social-democracia perigosas para a comunidade", veio limitar as uniões e publicações comunistas, socialistas

[213] O seu texto consta de Karl Heinrich Kaufhold, *150 Jahre Arbeitsschutz* cit., 228/I, nota 22.

[214] Muitos elementos constam de Dieter Schuster, *Chronologie der deutschen Gewerkschaftsbewegung von 1794 bis 1918* (2000), dig. na Friedrich Ebert Stiftung. Quanto à evolução do Direito do trabalho, entre os clássicos: Ludwig Schnorr von Carolsfeld, *Arbeitsrecht*, 2.ª ed. (1954), 39 ss., Walter Kaskel/Hermann Dersch, *Arbeitsrecht*, 5.ª ed. (1957), 7 ss., Arthur Nikisch, *Arbeitsrecht* I – *Allgemeiner Lehren und Arbeitsvertragsrecht*, 3.ª ed. (1961), 13 ss. e Alfred Hueck/Hans-Carl Nipperdey, *Lehrbuch des Arbeitsrechts* – I, 7.ª ed. (1963), 6 ss.. Quanto às condições reinantes no século XIX: Wegner, *Entwicklung der Gesetzgebung und tariflicher Regelung der Arbeitszeit* (s/d), 3 ss..

[215] *Vide* Hans Joachim Bieber, *Die Rolle von Gewerkschaften und Wirtschaftsverbänden bei der Entstehung des Arbeitsrechts*, em Hans G. Nutzinger, *Die Entstehung des Arbeitsrechts in Deutschland/Eine aktuelle Problematik in historischer Perspektiv* (1998), 349 pp., 15-69 (21).

ou sociais democratas[216]: foi precipitada por um atentado contra o Kaiser, levado a cabo pelo canalizador Erich Hödel, em 11 de maio de 1878[217]. O forte crescimento eleitoral da social-democracia, em 1890 e o apoio do Kaiser Guilherme II aos trabalhadores[218], num especial exemplo de pragmatismo, acolhido por Bismark[219]. Seguiram-se leis de proteção nos acidentes, nas doenças, na invalidade e na doença (1892), prefigurando uma área decisiva[220]. Adiante veremos os reflexos jurídico-científicos desta evolução[221]. Sublinhamos, ainda, que as diversas iniciativas, muitas vezes motivadas por problemas práticos concretos, foram alicerçadas no pensamento social de diversas correntes: sócio-romântica, cristã, filantrópica e socialista[222].

IV. A I Guerra Mundial (1914-1918) ou "Guerra Civil Europeia", que ditou a decadência do Velho Mundo, conduziu a uma pausa geral nos movimentos sociais. Todos os esforços foram concentrados na defesa e na produção militar. Finda a Guerra com a derrota (momentânea) dos impérios centrais e sob o influxo da falhada revolução alemã, foi adotada a Constituição de Weimar, de fina sensibilidade social[223]. A liberdade sindi-

[216] Rainhald Maaβ, *Entstehung, Hintergrund und Wirkung des Sozialistengesetzes*, JuS 1990, 702-708 (702/I e II).

[217] *Idem*, 703/II. Quanto ao retrocesso de 1870-1899: Karl Heinrich Kaufhold, *150 Jahre Arbeitsschutz* cit., 229/II-230/II.

[218] Esse apoio foi consubstanciado, logo em 1888, quando o Kaiser interveio numa greve de 15.000 mineiros, no sentido de lhe pôr cobro, através da satisfação das suas reivindicações.

[219] Hermann Reichhold, *Der "Neue Kurs" von 1890 und das Recht der Arbeit: Gewerbegericht, Arbeitsschutz und Arbeitsordnung*, ZfA 1990, 5-41 (8 ss., 12 ss. e 39).

[220] Arthur Stadthagen, *Das Arbeiterrecht/Rechte und Pflichten des Arbeiters in Deutschland aus dem gewerblichen Arbeitsvertrag der Unfall-, Kranken-, Invaliditäts- und Altersversicherung* (1895), 352 pp.; quanto à preparação e aos antecedentes da Lei de 1-jun.-1892: Karl Heinrich Kaufhold, *Die Diskussion um die Neugestaltung des Arbeitsrechts im Deutschland Reich 1890 und die Novelle zur Reichsgewerbeordnung 1891*, ZfA 1991, 277-322 (284 ss. e 305); *vide*, ainda, Franz-Joseph Düwell, *150 Jahre gesetzliches Verbot der Kinderarbeit in Deutschland* cit., 235/II.

[221] *Infra*, 632 ss..

[222] Ulrich Sellier, *Die Arbeiterschutzgesetzgebung im 19. Jahrhundert/Das Ringen zwischen christlich-sozialer Ursprungsidee, politischen Widerständen und kaiserlicher Gesetzgebung* (1998), 167 pp., 25, 27, 39 e 147, como exemplos.

[223] Dorothee Sabine Sünner, *Zur Entwicklung des Arbeitsrechts zwischen Weimar, dem Dritten Reich und der Bundesrepublik/Kontinuität oder Diskontinuität* (2001), VIII

cal foi assegurada, a contratação coletiva incentivada e o tempo de trabalho reduzido, chegando-se, em 1921, às 40 horas semanais[224].

V. Numa quebra com Weimar, seguiu-se o denominado III *Reich* ou período nacionalista-socialista. Como pano de fundo, adotou-se uma visão deformada do pensamento institucionalista. Este pensamento via, na empresa, uma realidade articulada de elementos materiais e humanos, com uma direção e que assegurava a produção de riqueza, em prol dos trabalhadores, dos empresários, da sociedade e do Estado[225]. O Partido Nazi, embora autoproclamado "de trabalhadores", opunha-se violentamente aos partidos tradicionais social-democrata e comunista, bem como ao movimento sindical. Determinou a cessação do sindicalismo, o termo da contratação coletiva e o fim da luta de classes, substituída, dentro de cada empresa, pelo denominado *Führerprinzip* ou princípio da direção[226]. Os sindicatos foram dissolvidos e os seus patrimónios integrados na *Deutsche Arbeitsfront* (DAF)[227]. Em 20 de janeiro de 1934, foi adotado o *Gesetz zur Ordnung der nationalen Arbeit* (AOG)[228]: a greve era proibida, os sindica-

+ 208 pp., 8, 23 e 25, quanto ao período de Weimar; Martin Becker, *Arbeitsvertrag und Arbeitsverhältnis/während der Weimarer Republik und in der Zeit des Nationalsozialismus* (2005), XVI + 627 pp., 37 ss.. Um apanhado sintético das diversas leis pode ser confrontado em Sudabeh Kamanabrou, *Arbeitsrecht* cit., Nr. 45-51 (12-13); Eberhard Eichenhofer, *Juristen und Sozialstaat in der Weimarer Republik*, SR 2017, 2-19, com Hugo Sinzheimer, em evidência.

[224] Sabine Bischoff, *Arbeitsrecht in der Weimarer Republik* (1987), 227 pp., 30 ss.; será indicada outra literatura especializada relativa à duração do trabalho, na competente rubrica.

[225] Karl Vorweck/Karl Dunkmann, *Die Werksgemeinschaft in historicher und soziologischer Beleuchtung* (1928), IV + 130 pp., com escritos de Karl Vorweck, *Die Werksgemeinschaft in historicher und wirtschaftswissenschaftlicher Beleuchtung*, 1-62 e de Karl Dunkmann, *Werksgemeinschaft als Organisationsproblem*, 63-130.

[226] Theo Mayer-Maly, *Nationalsozialismus und Arbeitsrecht*, RdA 1989, 233-240 (233/II-235/II).

[227] Hans-Gerd Schumann, *Nationalsozialismus und Gewerkschaftsbewegung: Die Vernichtung der Deutschen Gewerkschaften und der Aufbau der "Deutschen Arbeitsfront"* (1958), 219 pp..

[228] Alguns nomes ilustres do laboralismo alemão deixaram o seu nome associado a comentários a esta lei; assim, Arthur Nikisch, *Das Gesetz zur Ordnung der nationalen Arbeit* (1934), 75 pp.; Hermann Dersch, *Das Gesetz zur Ordnung der nationalen Arbeit/ /Kommentar* (1934), 420 pp.; Werner Mansfeld, *Die Ordnung der nationalen Arbeit/Kommentar* (1934), XIII + 656 pp.; há múltiplos comentários parcelares; *vide*, ainda, Wolfgang

tos abolidos e a contratação coletiva substituída por esquemas regulamentares[229]. Para além da bizarria legislativa, surpreende a adesão doutrinária e jurisprudencial a diversos postulados nacional-socialistas[230]. Muito se tem escrito sobre o III *Reich* e a barbárie dele resultante. Todavia, não surge uma explicação cabal. Apenas uma prevenção, sempre atual: a decomposição económica da Alemanha de Weimar e a tibieza das democracias parlamentares, com relevo para a França e a Inglaterra respondem – ainda que não expliquem – pelo sucedido.

VI. Após a capitulação nazi de 1945, foram, nas zonas ocidentais, base da República Federal Alemã, instituídos sindicatos livres, admitida a greve e apoiada a economia de mercado. Surgiram as leis estruturantes:

– a Lei das Convenções Coletivas (*Tarifvertragsgesetz* ou TVG), de 9 de abril de 1949, republicada em 1969 e por último alterada pela Lei de 3 de julho de 2015;
– a Lei da Proteção nos Despedimentos (*Kündigungsschutzgesetz* ou KSchG), de 10 de agosto de 1951, republicada em 1969 e por último alterada pela Lei de 17 de julho de 2017;
– a Regulação da Constituição de Empresa, com intervenção dos trabalhadores (*Regelung des Betriebsverfassungsgesetz*), de 11 de outubro de 1952;
– a Lei dos Tribunais de Trabalho (*Arbeitsgerichtsgesetz* ou ArbGG), de 3 de setembro de 1953, republicada em 1 de julho de 1979 e por último alterada pela Lei de 8 de outubro de 2017.

A estabilidade legislativa é de enfatizar: combate a prolixidade e a opacidade, embora as quatro leis referidas sejam complementadas por muitas outras.

Siebert, *Das Arbeitsverhältnis in der Ordnung der nationalen Arbeit* (1935), 119 pp e, como curiosidade, Ernst Richter, *Der Führer des Betriebs* (1935), VII + 67 pp..

[229] Andreas Kranig, *Lockung und Zwang: zur Arbeitsverfassung im Dritten Reich* (1983), 256 pp..

[230] Além da doutrina referida na penúltima nota: Dorothee Sabine Sünner, *Zum Entwicklung des Arbeitsrechts* cit., 61 ss.; Martin Becker, *Arbeitsvertrag und Arbeitsverhältnis* cit., 345 ss., 382 ss. e 435 ss..

VII. Na zona de ocupação soviética, da qual resultou a República Democrática Alemã, foi adotada uma orientação muito distinta. O Estado substituiu-se ao jogo livre das forças sócio-laborais. Garantidas formalmente no início, as liberdades de associação e de greve, nunca exercidas com a complacência do Estado, desapareceram nas Constituições de 1968 e de 1974. No plano laboral, vigoraram o Código do Trabalho da República Democrática Alemã, de 1961 e o de 1970, sempre numa lógica de planificação estadual[231]. Estes diplomas foram revogados pelo Tratado de Reunificação de 31 de agosto de 1990: passou a valer, em toda a Alemanha, a legislação "ocidental"[232]. Abaixo, a propósito do Direito coletivo, daremos nota da evolução mais recente[233].

VIII. A experiência alemã, pela riqueza de soluções que comporta, pela literatura que origina e pelas reflexões que a acompanham, apresenta-se como um laboratório inesgotável, para o Direito do trabalho. Tal como se configura, ele exige democracia política e liberdade básica: de expressão, de comunicação e de associação. Sempre relevantes, temos de reconhecer que estes vetores não são indispensáveis, nos demais contratos privados.

33. As grandes codificações

I. O século XIX foi, no Continente europeu, dominado pelas codificações civis, que deram ao Direito a feição que hoje lhe conhecemos. Na sua base esteve toda uma tradição de receção do Direito romano. Assistiu-se no entanto, nessa altura, a uma clivagem entre as experiências francesa e alemã, que teria, mais tarde, o maior influxo em Portugal. Justifica-se, pois, uma referência ao fenómeno[234]. O Direito do trabalho, com a origem periférica que acima lhe apontámos, inscreve-se, de certo modo, neste universo. Vamos ver.

[231] Sudabeh Kamanabrou, *Arbeitsrecht* cit., Nr. 66-67 (17-18).

[232] *Vide* Wolf-Dietrich Walker, *Arbeitsrecht in den neuen Bundesländern* (1991), XXXIII + 345 pp.. Uma síntese sobre o Direito do trabalho no segundo pós-guerra, considerado a "época de ouro" do laboralismo, consta da entrevista de Peter Haneu, *Das Arbeitsrecht nach dem Zweiten Weltkrieg: Ein goldenes Zeitalter*, SR 2018, 161-167.

[233] *Infra*, 632 ss. adiantamos: Frank Zundel, *Die Entwicklung des Arbeitsrechts im Jahr 2017*, NJW 2018, 126-132.

[234] Um maior desenvolvimento pode ser confrontado no nosso *Tratado de Direito Civil* I, 4.ª ed., 132 ss..

II. A codificação francesa foi a primeira: deu lugar ao Código Civil francês ou Código Napoleão, concluído em 1804. Na sua base esteve um longo trabalho de estudo e análise das fontes, levados a cabo, nos séculos XVI e XVII, pelos juristas humanistas ou jurisprudentes elegantes e, mais tarde, por vários cientistas, com relevo para Domat e Pothier. Tal trabalho foi, depois, filtrado pelo racionalismo, que o verteu nos seus próprios moldes. O jusracionalismo postula uma sistemática jurídica de tipo central, dominada por desenvolvimentos dedutivos: escolhe-se um conjunto de princípios fundamentais, arvorados a núcleo do sistema e, a partir deles, compõem-se – ou apresentam-se – as diversas proposições do Direito. O núcleo do sistema foi centrado na pessoa humana, tomada como indivíduo e nos bens, necessários à sua sobrevivência e expansão; o Direito privado subsequente ordenava-se em sequências derivadas dessas duas realidades e do relacionamento estabelecido entre elas[235]. Constituía-se, assim, um sistema marcado por ideias individuais, mas que, no seu interior, transmitia os esquemas romanistas consagrados[236].

III. A codificação alemã seguiu-se-lhe, no tempo, tendo sido aprontada em 1896, para entrar em vigor em 1900. Ela surgiu como o culminar de um longo processo científico, conduzido pelos pandectistas no século XIX. Contrapondo-a à francesa, a codificação alemã representa um sistema mais elaboradamente científico: ela não se preocupa com a assunção explícita de um esquema racional, antes elaborando todo um material recebido da História e da cultura, à luz de vetores sensíveis, capazes de permanentes adaptações. A relação jurídica faz uma aparição intensa, sendo utilizada para descrever as diversas situações cuja classificação propicia[237]. Tecni-

[235] O Código Napoleão apresenta, assim, a seguinte sistematização: Livro I – *Das pessoas*, tratando, sucessivamente, da posição jurídica do indivíduo e da família; Livro II – *Dos bens e das diversas modificações da propriedade*, versando as coisas, a propriedade e outros direitos reais; Livro III – *Das diferentes formas por que se adquire a propriedade*, relativo a sucessões, a doações, a contratos em geral, ao casamento e a regimes matrimoniais, a contratos em especial, a hipotecas e à prescrição.

[236] A presença de uma determinada sistematização não é indiferente, concorrendo para comunicar, à matéria de fundo, um determinado sentido. A sistemática napoleónica era, depois, complementada por outros aspetos, consonantes com ela.

[237] A esta luz, o Código Civil alemão reparte-se pelos conhecidos cinco livros: Parte geral, Direito das relações obrigacionais, Direito das coisas, Direito da família e Direito das sucessões.

camente mais avançada, a codificação alemã veio a disputar à francesa, o seu espaço de influência, acabando por levar a melhor.

IV. Apesar de historicamente contrapostas, as duas grandes codificações – francesa e alemã – confluíram em várias características, essenciais para o entendimento do Direito do trabalho.

Como codificações modernas, ambas tiveram em mente a necessidade de proceder a uma simplificação na matéria jurídica preexistente, de grande intensidade e de complexo manuseamento. Assim, procurava-se uma modelação tal das proposições jurídicas que fosse possível o seu apreendimento, mesmo por não-juristas. Por outro lado, era importante que os códigos novos revogassem, efetivamente, as fontes anteriores – ou constituiriam apenas mais um elemento, junto de todos os outros, já presentes no espaço jurídico. Por fim, o próprio conteúdo dos institutos jurídicos havia de ser simplificado[238]. Vetores importantes, como a autonomia privada, bem conhecida pelo desenvolvimento anterior, são mantidos e reafirmados[239]. Áreas completas ficam sem regulamentação – pense-se na pura e simples supressão das antigas guildas e corporações – deixando o campo aberto à autonomia privada, então guiada por meras considerações económicas[240].

O Código Napoleão, preocupado em regular a posição do sujeito individualmente considerado, ao qual era reconhecido um campo de atuação rigorosamente igualitário, dirigia-se às classes médias, sem preocupações sociais[241]. Querendo proteger os fracos, o Código Napoleão regulou em pormenor o regime dotal – artigos 1540.º e ss., hoje revogados – ou a administração dos bens dos menores, esquecendo o problema do trabalho das mulheres e das crianças; flagrante, também, o seu desinteresse pelo

[238] Giovanni Tarello, *Le ideologie della codificazione nel secolo XVIII*, 3.ª ed. (1974), 27.

[239] Harald Steindl, *Überlegungen zum Verhältnis von Privatrecht, Gewerbefreiheit und Industrialisierung*, IC 15 (1981), 76-107 (79) e Dieter Grimm, *Soziale wirtschaftliche und politische Voraussetzungen der Vertragsfreiheit*, em *La formazione storica del diritto moderno in Europa* 3 (1977), 1245.

[240] Harald Steindl, *Zur Genese des Privatrechts als "allgemeines Wirtschaftsrecht"*, FG Coing (1982), 349-386 (em especial, 364, p. ex.).

[241] Em especial, Albert Tissier, *Le Code Civil et les classes ouvrières*, em *Livre du Centenaire* (1904), 73-94, segundo o qual as deficiências sociais do *Code* seriam patentes desde o início.

próprio contrato de trabalho, que mereceu a mais parca das referências[242]. De facto, aquando da sua aprovação, havia já – como sempre terá havido – um conjunto de problemas sociais graves. Mas faltava ainda a Revolução Industrial; por isso, e embora as desigualdades na distribuição da riqueza fossem de monta, não se generalizara uma consciência desse fator, em termos culturais que promovessem uma intervenção do Direito.

V. Também o Código Civil alemão – o BGB – se mostrou alheio à problemática laboral. Esta opção surge, aliás, estranha, se se considerar que ele foi aprovado quase um século depois do Código Napoleão e numa altura em que a problemática fundamental posta pelo fenómeno do trabalho subordinado, depois da consolidação plena da Revolução Industrial, estava, há muito, elucidada pelos juristas. Ao longo do século XIX, a pandectística referia-se ao contrato de trabalho a propósito da *locatio-conductio operarum*[243], limitando-se, nalguns casos, a escassas referências suplementares[244]. Alguns estudos elaborados no século XIX sobre temas laborais – estudos esses que denotavam já uma presença desenvolvida dos institutos jurídicos ligados ao trabalho[245] – não foram tidos em conta na elaboração do projeto do Código Civil alemão, apesar das críticas que,

[242] Albert Tissier, *Le Code Civil et les classes ouvrières* cit., 88 ss.. O Código Napoleão apenas referia a "locação de serviços", para determinar que a mesma apenas fosse temporária ou para um empreendimento determinado, podendo cessar pela vontade unilateral de qualquer das partes, quando contratada sem prazo; *vide* o seu artigo 1780.º.

[243] Karl Adolph Vangerow, *Lehrbuch der Pandekten* 3, 7.ª ed. (1896), § 645 (460-461); Carl Georg Wächter, *Pandekten* 2 (1881), § 209 (477 ss.); L. Arndts von Arnesberg, *Lehrbuch der Pandekten* (1886), § 314 (619 ss.); Otto Wendt, *Lehrbuch der Pandekten* (1888), § 260 (627); Heinrich Dernburg/Johanes Biermann, *Pandekten* 2, 7.ª ed. (1903), § 112 (310 ss.); Bernhard Windscheid/Theodor Kipp, *Lehrbuch des Pandektenrechts* 2, 9.ª ed. (1906), § 401 (744 ss.).

[244] Dernburg/Biermann, *Pandekten* cit., 2, 7.ª ed., 310, vêm dizer que a locação de serviços "... deve ser tratada por analogia com a locação de coisas, na medida em que a sua particular natureza a isso não se oponha". E mais acrescentam que o trabalhador deve cumprir pessoalmente a sua prestação, não podendo, para o efeito, fazer-se representar; Georg Wächter, *Pandekten* cit., 2, 478, distingue as acima referidas *operae illiberales* das *liberales*, acentuando que apenas as primeiras relevam; Otto Wendt, *Pandekten* cit., 627, foca a situação de disponibilidade perante o empregador.

[245] Assim, H. Dankwardt, *Der Arbeiter-Vertrag*, JhJb 14 (1875), 228-283, ainda que com um conteúdo marcadamente descritivo.

nesse sentido, lhe foram oportunamente dirigidas por autores de prestígio como Menger[246] e von Gierke[247].

Na verdade, o BGB, tratando a prestação de serviço, não deixou de consagrar, a cargo do empregador, um "dever de assistência". Este incluía deveres de cuidado na doença e de proteção perante os perigos que ameaçassem a vida ou a saúde do obrigado aos serviços, em termos que a própria lei declarava injuntivos – §§ 617 ss.. Saudadas como uma "novidade social e política"[248], estas disposições foram vistas como insuficientes, numa altura em que os sindicatos estavam consagrados e em que os níveis laborais coletivos eram uma realidade reconhecida.

VI. A insuficiência das codificações civis, particularmente chocante na alemã, dado o condicionalismo que a rodeou e a data – relativamente avançada – em que surgiu, parecerá surpreendente.

Não é de esperar que os autores do projeto – todos eles juristas sabedores e experientes – desconhecessem a fenomenologia laboral ou pretendessem, pela omissão, pôr-lhe cobro. O silêncio das codificações civis quanto ao tema do Direito do trabalho radica na essência dessas duas realidades.

Uma codificação não traduz, em regra, reformas de fundo. Normalmente, os codificadores visam sancionar o que está – e não alterar os esquemas pré-vigentes. Como foi focado, tanto a codificação francesa como a alemã assentaram num longo trabalho de estudo, análise, adaptação e reformulação das fontes românicas.

Faltava, aquando das codificações, um desenvolvimento consistente da disciplina laboral. A Ciência do Direito não tinha, nessa ocasião, capacidade bastante para fornecer, aos legisladores, bases sólidas no domínio do trabalho. No caso francês, a falta é compreensível: a Revolução Industrial estava ainda longe, em 1804. No alemão, o problema é mais complexo. Perante ele pode, simplesmente, afirmar-se que os níveis culturais – entre os quais o Direito –, num fenómeno que se manteria constante durante o século XX, não acompanharam o progresso técnico-social. Essa dificul-

[246] Anton Menger, *Das bürgerliche Recht und die besitzlosen Volksklassen* (1890, a 1.ª ed.; há uma 4.ª ed. de 1908 e uma 5.ª, de 1927, XII + 241 pp.) e *Das Recht auf den vollen Arbeitsertrag in geschichtlicher Darstellung*, 2.ª ed. (1891) e 4.ª ed. (1910), X + 172 pp..

[247] Otto von Gierke, *Der Entwurf eines bürgerlichen Gesetzbuchs und das deutsche Recht* (1889), 592 pp., 245.

[248] Gustav Rümelin, *Dienstvertrag und Werkvertrag* (1905), 322 pp., § 16 (262 ss.).

dade de acompanhamento mais se acentuou no domínio laboral, perante a problemática suscitada pelo multicentrismo, acima referenciado.

VII. Conclui-se, pois: o Direito civil, tal como resultou das codificações modernas – e descontando certas experiências posteriores, a que se fará referência – não teve meios para promover a redução dogmática e subsequente enquadramento da temática laboral. A falha não foi casual: traduziu, na época, uma incapacidade estrutural da Ciência do Direito. O Direito do trabalho representou uma crítica a esse estado de coisas: donde o desenvolvimento de que acima demos conta.

§ 8.º A EXPERIÊNCIA LABORAL PORTUGUESA

34. Aspetos gerais e periodificação

I. O Direito do trabalho português caracteriza-se, entre outros aspetos, por uma marcada dependência em relação ao legislador. Passos que noutros espaços jurídicos foram obtidos através da negociação coletiva adviram, entre nós, de iniciativas reformadoras do Estado. A própria contratação coletiva terá sido, em grande parte, antecedida por legislação destinada a reconhecê-la[249].

II. Também a prolixidade legislativa marca o Direito do trabalho nacional. À semelhança do que sucede noutras áreas normativas, a legislação laboral portuguesa tem sofrido frequentes alterações. A instabilidade legislativa dificulta a formação de uma doutrina e de uma jurisprudência estáveis, causando, além disso, problemas complexos de sucessão das leis no tempo.

III. Finalmente, a Administração laboral mantém, no País, um papel que transcende o das suas congéneres europeias. A fiscalização do Estado é, sem dúvida, essencial, no domínio do trabalho: até para evitar que os prevaricadores sejam recompensados com maiores lucros. Entre nós ia-se, todavia, mais longe: numa sequela do corporativismo, a Administração intervinha, previamente, em decisões empresariais que, pela lógica do sistema, apenas deveriam competir aos empregadores. Trata-se de uma postura que vem sendo revista e isso sem prejuízo da necessidade de uma fiscalização subsequente.

[249] *Vide* o nosso *Manual de Direito do Trabalho* cit., 232 ss.; Rosário Palma Ramalho, *Tratado* cit., 1, 4.ª ed., 84 ss.; Luís Menezes Leitão, *Direito do trabalho* cit., 5.ª ed., 32 ss.; Pedro Romano Martinez, *Direito do trabalho* cit., 8.ª ed., 81 ss..

IV. A preponderância do Estado no campo laboral leva-nos a propor uma periodificação do Direito português do trabalho em função do tipo de política legislativa. Teremos, assim, 6 fases[250]:

– a fase do Direito civil: de 1834 a 1891;
– a fase das medidas de proteção: de 1891 a 1926;
– a fase corporativa: de 1926 a 1974;
– a fase revolucionária: de 1974 a 1976;
– a fase da constitucionalização: de 1976 a 2003;
– a fase da codificação: de 2003 em diante.

Caracterizaremos as 6 fases à medida que formos apresentando o seu conteúdo[251].

35. **A fase civil (1834 a 1891)**

I. O Direito do trabalho moderno nasceu, também entre nós, com a supressão das antigas corporações[252]. A medida visava, expressamente, consagrar o princípio da liberdade de indústria; na realidade, não veio mais do que rematar uma longa decadência, iniciada no século XVI e intensificada, em Portugal, a partir de meados do século XVIII[253].

[250] No nosso *Manual de Direito do Trabalho* cit., 50 ss., tínhamos operado, apenas, na base de 3 fases: liberal, corporativa e atual. Uma reflexão demorada permite, uma periodificação mais analítica. *Vide*, ainda, as exposições de Rosário Palma Ramalho, Luís Menezes Leitão e de Pedro Romano Martinez, referidas na nota anterior.

[251] Um texto histórico importante sobre a evolução do Direito do trabalho português, designadamente no tocante a medidas de proteção é, ainda hoje, o parecer da Câmara Corporativa sobre o projeto do que viria a ser a Lei da Duração do Trabalho, aprovada pelo Decreto-Lei n.º 409/71, de 27 de setembro: trata-se do parecer n.º 26/X (Manuel Cid de Oliveira Proença), ACC, n.º 72, X Legislatura (1971), 4-Mai., 747-802, intitulado *Duração do trabalho prestado por força do contrato de trabalho*; *vide*, aí, 757 ss..

[252] Decreto de 7 de maio de 1834, em *Collecção de Decretos e Regulamentos mandados publicar por sua Magestade Imperial o Regente do Reino desde a sua entrada em Lisboa até à instalação das Câmaras Legislativas* (1840), 115, cujo artigo 1.º dispunha:

> Ficam extinctos os Logares de Juiz, e Procuradores do Povo, Mesteres, Casa dos vinte e quatro, e os gremios dos differentes Officios.

[253] *Vide* Pedro Soares Martinez, *Manual de Direito Corporativo*, 3.ª ed. (1971), 61 ss..

II. O desaparecimento da ordem antiga deixou os agentes laborais entregues ao Direito civil. Seguiu-se, assim, uma larga autonomia privada no domínio laboral: a supressão das velhas corporações não deu lugar a qualquer outra regulação, enquanto que, a nível económico como a nível científico, nenhuma alteração jogava a favor do laboralismo. Não havia, no País, uma indústria propriamente dita[254], enquanto, no Direito em geral, se mantinha um esforço codificador, ainda não coroado de êxito.

III. O pensamento laboral europeu ia sendo conhecido: Vieira da Silva, tipógrafo, tentou constituir o primeiro sindicato português[255]; em 1840, Silvestre Pinheiro Ferreira elabora um Projeto da Associação das Classes Industriosas, que apresentou, três anos volvidos, às Cortes, sem sucesso[256]; em 1852 registam-se as primeiras greves – entre trabalhadores dos tabacos e tipógrafos[257].

IV. O Decreto de 7 de maio de 1834, que havia abolido as antigas corporações, foi interpretado no sentido de proibir, para o futuro, quaisquer associações de tipo profissional; os sindicatos e a ação sindical foram vedados, numa medida complementada pelo Código Penal de 1852 que incriminava a greve e os dirigentes de associações ilícitas, por falta de autorização.

Algumas medidas legislativas destinadas ao melhoramento das condições de trabalho fizeram, também, uma tímida aparição. Não são, no

[254] Quanto à incipiente situação industrial então existente, *vide* Maria Tavares da Silva, *Direito do Trabalho* cit., 307 ss., onde se lê, designadamente: "... não há ainda problemas específicos do proletariado industrial pela simples razão de que não existe indústria". A tal propósito, é curiosa e elucidativa a leitura de J. Acúrsio das Neves, *Memória sobre os meios de melhorar a indústria portuguesa*, 1820.

[255] *Vide* Costa Júnior, *História breve do movimento operário português* (1964), 17; a tentativa ocorreu em 1834, tendo sido, também sem êxito, retomada dois anos mais tarde.

[256] Publ. em *Antologia do pensamento jurídico português/Silvestre Pinheiro Ferreira*, BMJ 12 (1949), 89-156 (95 ss., a apresentação do próprio e 101 ss., o articulado). Em 1846 surgiu a *Caixa de socorros dos empregados da Imprensa Nacional* e, em 1850, foi fundado – ainda que por intelectuais – o primeiro jornal operário, *O Eco dos Operários*. Outras organizações e jornais se lhe seguiriam: *vide* M. Tavares da Silva, *Direito do Trabalho* cit., 318 ss..

[257] Fernando Emygdio da Silva, *As greves* 1 (1913), 269.

entanto, suficientemente relevantes para justificar a autonomização de uma disciplina jurídica[258].

V. Esta fase é ainda marcada, a nível jurídico, pelo aparecimento, em 1867, da primeira codificação civil portuguesa[259] e, no plano económico, por uma relativa industrialização do País, com a concomitante erupção de vários fatores periféricos de desenvolvimento laboral[260]: associações, lutas coletivas e iniciativas similares. Ao Código Civil ou Código de Seabra, pelo seu significado profundo no domínio da cultura jurídica, é devida a maior atenção.

Elaborado na linha do Código Napoleónico, de 1804, o Código de Seabra assumiu uma feição individualista marcada: todo ele se arquitetava em função da pessoa e dos bens, surgindo os contratos como simples meio de adquirir a propriedade[261]. O contrato de trabalho não teve, nele, qualquer referência expressa. Trata-se de uma situação comum e explicável: como qualquer codificação, o Código de Seabra veio traduzir a elaboração doutrinária anterior à sua aprovação; ora tal elaboração desconhecia o fenómeno laboral.

Não obstante – e complementando o quadro conhecido pelo Direito comum da pré-codificação – o Código de Seabra veio regular o contrato de prestação de serviço doméstico – artigo 1370.º e seguintes – e o contrato do serviço salariado – artigo 1391.º e seguintes. Este último era, efetiva-

[258] Regista-se, assim, um Decreto de 27 de agosto de 1855 (Rodrigo da Fonseca) – ColP 1855, 294-303 – sobre estabelecimentos insalubres, incómodos e perigosos; visa, no entanto, proteger a saúde, a segurança e os bens dos vizinhos e não os trabalhadores.

[259] A aprovação do Código Civil de 1867, de acordo com o projeto do Visconde de Seabra, pode confrontar-se, nas suas vicissitudes, em: José Dias Ferreira, *Código civil portuguez annotado* 1 (1890), V ss.; Guilherme Moreira, *Instituições de Direito Civil português* 1 (1907), 22 ss.; Teixeira d'Abreu, *Curso de Direito Civil*, 1 – *Introdução* (1910), 378 ss.; José Tavares, *Os princípios fundamentais do Direito civil*, 1, 2.ª ed. (1929), 325 ss.; Luís Cunha Gonçalves, *Tratado de Direito Civil* 1 (1929), 121 ss.; J. G. Pinto Coelho, *Direito Civil (Noções fundamentais)* (1936-37), 129-131; L. Cabral de Moncada, *Lições de Direito Civil*, 1, 3.ª ed. (1959), 128 ss..

[260] M. Villaverde Cabral, *Sobre o século XIX português: a transição para o capitalismo*, Análise Social, XII (45), 1976/1.º, 106-126 (121) e *O desenvolvimento do capitalismo em Portugal no século XIX* (1976), 247 ss. e 270 ss..

[261] Recorde-se que o Código de Seabra se repartia por quatro partes: I – *Da capacidade civil*; II – *Da aquisição dos direitos*; III – *Do direito de propriedade*; IV – *Da ofensa dos direitos e da sua reparação*.

mente, o contrato de trabalho; basta atinar no dispositivo do artigo 1392.º do Código de Seabra que consagrava, com clareza, a subordinação laboral:

> O serviçal assalariado é obrigado a prestar o trabalho, a que se propôs, conforme as ordens e direcção da pessoa servida. Se assim o não fizer, poderá ser despedido antes que finde o dia, pagando-se-lhe as horas de serviço prestado.

A regulação por ele estabelecida era, no entanto, parca; e a insuficiência perfilava-se, patente, mesmo para a época[262].

Com relevo laboral pode apontar-se ainda, no Código de Seabra, o contrato de aprendizagem – artigo 1424.º e seguintes. A esse proprósito surgiam já normas protetoras do "aprendiz"[263].

VI. O período ficou ainda marcado por surtos grevistas e pelos primeiros contactos internacionalistas das organizações operárias portuguesas[264]; tudo isto não foi prejudicado pelo agravamento das penas pela greve ou pelo despedimento coletivo, através do artigo 170.º do Código Penal de 1886.

36. A fase da proteção (1891-1926)

I. A segunda fase, iniciada em 1891, foi provocada pelo Ultimato inglês e pela instabilidade política que se lhe seguiu. A industrialização do País prosseguia o seu curso, em termos que davam já um peso social

[262] Luiz da Cunha Gonçalves, *Tratado* cit., VII (1933), 573, faz notar que o dispositivo civil português era preferível ao francês ou ao brasileiro, que mantinham a referência a uma locação de serviços. Mas estranha que o serviço doméstico tivesse merecido ao legislador de 1867 vinte artigos, enquanto que o contrato do serviço assalariado ou trabalho se contentara com cinco.

[263] Segundo o artigo 1427.º do Código de Seabra, "Nenhum aprendiz, antes dos catorze anos, pode ser obrigado a trabalhar mais de nove horas em cada vinte e quatro nem, antes dos dezoito, mais de doze". Para Cunha Gonçalves, *Tratado* cit., VII, 755, "... deve notar-se quão deshumano era o art. 1427.º ...".

[264] Emygdio da Silva, *As greves* cit., 271 ss.; M. Tavares da Silva, *Direito do Trabalho* cit., 341 ss.; Costa Júnior, *Movimento operário* cit., 31 ss.. A nível político, a movimentação traduziu-se pela criação, em 1875, do Partido Socialista: não tem a ver com o atual Partido do mesmo nome e que foi constituído na década de 70 do século XX.

aos trabalhadores, enquanto o influxo de novas correntes e agrupamentos – desde os republicanos aos anarquistas – provocara uma agitação que o legislador pretendeu minorar[265]: tal a origem das primeiras medidas de proteção laboral.

II. Foram, assim, publicados:

- o Decreto de 9 de maio de 1891 sobre associações de classe, para defesa dos interesses dos seus membros; a sua constituição ficava dependente de aprovação dos estatutos pelo Governo, o que, segundo os comentadores, acontecia, por norma, como simples formalidade[266];
- o Decreto de 14 de abril de 1891 sobre o trabalho de mulheres e de menores: a proteção era prosseguida através de uma série de restrições, escalonadas por idades, quanto ao tipo de trabalho e à sua duração, para essas duas categorias consideradas vulneráveis[267];
- o Decreto de 19 de março de 1891 sobre árbitros-avindores.

Outra legislação se seguiu, designadamente no domínio das condições de trabalho[268].

III. A proclamação da República, em 1910, não introduziu, por si, alterações no universo laboral[269]. O Decreto de 6 de dezembro de 1910

[265] M. Tavares da Silva, *Direito do Trabalho* cit., 353.

[266] Apesar do silêncio deste diploma, depressa se vieram a formar federações de sindicatos, designadamente no Porto e em Lisboa. Um novo diploma, de 5 de julho de 1894, viria regular os sindicatos agrícolas. O texto do Decreto de 9-mai.-1891 pode ser consultado na *Collecção de Legislação Portugueza* (1891), 227-231.

[267] Um resumo do dispositivo pode ser confrontado em M. Tavares da Silva, *Direito do Trabalho* cit., 364 ss.. Segundo o preâmbulo desse diploma, "A cobiça natural das empresas deseja nos seus trabalhos o menor porque ele é instrumento dócil e barato e tanto mais barato quanto mais produzir". Avançado para a época, este diploma nem sempre foi, na prática, aplicado.

[268] Assim, por exemplo: Portaria de 7-ago.-1894, sobre estatísticas de acidentes de trabalho; Decreto de 6-Jun.-1895, sobre inspeção e vigilância na construção civil; Decreto de 24-set.-1898, sobre fiscalização das caldeiras e recipientes a vapor; Carta de Lei de 24-mai.-1902 e Decreto de 24-dez.-1902, sobre substâncias explosivas; Decreto de 28-fev.-1903 sobre indústrias elétricas. Para mais pormenores, M. Tavares da Silva, *Direito do Trabalho* cit., 374.

[269] Emygdio da Silva, *As greves* cit., 295 ss., relata, em páginas muito interessantes, os acontecimentos laborais então registados.

veio, na verdade, permitir a greve e o despedimento coletivo[270], revogando a correspondente penalização, inserida no Código Penal; essa permissão era acompanhada de restrições no domínio dos "serviços de interesse público" e de uma proibição para a função pública. A permissão jurídica da greve não teve grandes repercussões de fundo: por um lado, as greves eram frequentes durante a proibição sem que, daí, resultassem particulares consequências; por outro, a permissão de 1910 não impediu a repressão das greves e a perseguição dos grevistas as quais, em certa medida, foram mesmo intensificadas[271].

Coube de novo ao Estado a introdução, por via legislativa e sempre insular, de algumas medidas jurídico-laborais:

– o Decreto de 8 de março de 1911 garantiu o descanso semanal, já fixado pelo Decreto de 9 de Janeiro desse mesmo ano[272];
– a Lei n.º 83, de 24 de julho de 1913, veio fazer correr pelos empregadores o risco de acidentes de trabalho, em certos ramos de atividade considerados perigosos[273];
– a Lei n.º 494, de 16 de março de 1916, criou o Ministério do Trabalho e da Previdência Social;
– o Decreto n.º 5:516, de 10 de maio de 1919, fixou em oito horas por dia e 48 por semana a duração máxima do trabalho normal, aceitando uma das mais célebres reivindicações dos trabalhadores, a nível mundial[274];

[270] Segundo esse diploma, era "... garantido aos operários como aos patrões o direito de se coligarem para a cessação simultânea do trabalho".

[271] Costa Júnior, *Movimento operário* cit., 67 ss.. Graves acontecimentos tiveram lugar em 1912, na sequência de uma greve geral proclamada entre os trabalhadores rurais do Alentejo, severamente reprimida; foi decretada uma greve geral revolucionária em todo o País, que acabaria com a tomada, pela polícia e pelo exército, da sede da União das Associações de Classe de Lisboa, a 31-jan.-1912, numa altura em que esta já havia decidido cessar a greve, e com a prisão de 700 sindicalistas que aí se encontravam, os quais foram conduzidos para navios de guerra. *Vide* Manuel Joaquim de Sousa, *O sindicalismo em Portugal*, 2.ª ed. (1974), 90 ss. e Alexandre Vieira, *Para a história do sindicalismo em Portugal*, 4.ª ed. (1974), 61 ss..

[272] DG n.º 55, de 9-mar.-1911, 997-998 = CLP 1911, 232-233 = ColP 1911, 438-439; este diploma substituiu o Decreto de 9-jan.-1911, que tinha idêntico objetivo.

[273] M. Tavares da Silva, *Direito do Trabalho* cit., 176 ss..

[274] DG I, n.º 95, de 7-mai.-1919 = CLP 1919, 70-71 = ColP 1919, 600-601.

– o Decreto n.º 10.415, de 27 de dezembro de 1924, veio regular as uniões ou federações de grémios, mencionando, pela primeira vez, de modo expresso, os contratos coletivos de trabalho.

IV. Registe-se, por fim que, culminando uma longa série de esforços, reuniu em Coimbra, no ano de 1919, um Congresso Operário Nacional, que instituiu a Confederação Geral do Trabalho – C.G.T. –, de predominância anarquista, que teve, na época, grande influência[275].

37. **A fase corporativa (1926-1974)**

I. A fase corporativa surgiu como projeção do regime político implantado na sequência da sublevação militar de 28 de maio de 1926[276]. É possível distinguir, nela, dois subperíodos:

1.º – de 1926 a 1966
2.º – de 1966 a 1974.

O primeiro subperíodo foi marcado pela formação e consolidação, em termos jurídicos, do pensamento laboral da II República ou Estado Novo. A ação estadual foi decisiva, tendo o Direito do trabalho conhecido, nessa altura, um desenvolvimento central. De início, apenas se registou a proibição da greve – Decreto n.º 13:138, de 15 de fevereiro de 1927. Um sistema mais completo foi prenunciado pela Constituição de 1933 e pelo Estatuto do Trabalho Nacional, aprovado pelo Decreto-Lei n.º 23:048, de 23 de setembro de 1933.

[275] Um breve apanhado das evoluções subsequentes, que incluiram violência e ilegalidades por parte dos empregadores, dos trabalhadores e dos próprios governos republicanos e, ainda, uma série de desacordos dentro da C.G.T. pode ser confrontado em Costa Júnior, *Movimento operário* cit., 117 ss.; *vide*, também, António Viana Martins, *Da I República ao Estado Novo* (1976), 51 ss..

[276] No início, tratava-se apenas de mais uma intervenção militar na política, numa prática bastante comum ao longo de todo o liberalismo; uma série de fatores levou, no entanto, a uma perpetuação dos militares no poder e, depois, à ascensão de Salazar; o regime adquiriu, assim, um teor ideológico autoritário; *vide* Jorge Campinos, *A ditadura militar 1926/1933* (1975); António de Figueiredo, *Portugal: Cinquenta anos de ditadura* (1975).

II. Na linha das constituições sociais programáticas, filiadas na experiência de Weimar, a Constituição de 1933 consagrou direitos relativos ao trabalho, de efetivação mais ou menos imediata; assim o direito ao trabalho – artigo 8.º/1-A – e a liberdade de escolha da profissão – artigo 8.º/7. Os elementos corporativos[277] levaram-se a proscrever, expressamente, a luta de classes, com reflexos imediatos no Direito do trabalho coletivo. Assim,

> artigo 35.º A propriedade, o capital e o trabalho desempenham uma função social, em regime de cooperação económica e solidariedade, podendo a lei determinar as condições do seu emprego ou exploração conformes com a finalidade colectiva.
>
> artigo 39.º Os conflitos colectivos nas relações de trabalho serão dirimidos nos termos da lei, por conciliação ou por arbitragem, não sendo permitida a suspensão de actividade por qualquer das partes com o fim de fazer vingar os respectivos interesses.

Desta contraposição resultou uma dupla linha de evolução jurídico-laboral no Estado Novo:

[277] O corporativismo é uma doutrina política, económica e social difícil de definir, dada a multiplicidade de orientações que comporta ou comportou – *vide* Alberto Xavier, *Direito corporativo* (1972), 3 ss.. No essencial, apresentou-se como uma terceira via entre o liberalismo e o socialismo, procurando evitar o dilema indivíduo-Estado com recurso a entes intermédios – as corporações. Além de A. Xavier: Marcello Caetano, *Lições de Direito Corporativo*, 1935; Fezas Vital, *Curso de Direito Corporativo*, 1940; Adriano Moreira, *Direito Corporativo*, Lisboa, 1951; Soares Martinez, *Manual de Direito Corporativo*, 3.ª ed. cit.; Oliveira Ascensão, *Direito corporativo* (1964, reimpr. 1971); Alexandre Coelho do Amaral, *Corporativismo e Direito corporativo* (1969/70); Sérvulo Correia, *Sumários de Direito Corporativo* (1971); Vital Moreira, *Direito corporativo* (1973). Cabe referir dois artigos aprofundados: Nuno Cabral Basto, *Ordem natural e organização plural*, ESC VI, 24 (1967), 115-154 e Rui Machete, *Os princípios e classificações fundamentais do corporativismo*, SI XVIII, 99-100 (1969), 398-440. O termo "corporativismo", bem como algumas das suas ideias, foram aproveitados, em moldes ora propagandísticos ora efetivos, pelo regime fascista de Mussolini e por certos regimes autoritários, como o do Estado Novo, designadamente para combater o sindicalismo livre. Resultou, daí, um descrédito acentuado. Algumas das suas teses, com outros epítetos, têm encontrado abrigo em programas políticos muito variados; assim, por exemplo, o relevo dado ao "poder local" ou às "associações culturais". As referências a um neocorporativismo surgiram nos escritos da década de oitenta do século XX, tendo, depois, caído em desuso, com o incremento do liberalismo subsequente a 1989 e ao abandono do comunismo de tipo soviético.

– o Direito do trabalho individual e o Direito das condições de trabalho seguiram, com alguns desvios menores, um rumo comparável ao dos outros ordenamentos ocidentais[278];
– o Direito coletivo do trabalho, em função das proibições que incidiram sobre as lutas laborais coletivas e a liberdade de associação, apresentou uma feição distorcida.

III. Os principais diplomas de Direito do trabalho cifram-se, neste período no que segue:

– a Lei n.º 1:952, de 10 de março de 1937, aprovou o regime do contrato individual de trabalho, constituindo o primeiro diploma a ocupar-se da matéria;
– o Decreto-Lei n.º 24.402, de 24 de agosto de 1934[279], adotou as regras relativas à duração de trabalho, com alterações posteriores;
– a Lei n.º 1:942, de 27 de julho de 1936[280], dispôs sobre acidentes de trabalho e doenças profissionais;
– o Decreto-Lei n.º 23:870, de 18 de maio de 1934[281], veio punir a greve e o despedimento coletivo;
– o Decreto-Lei n.º 36:173, de 6 de março de 1947[282], aprovou o regime das convenções coletivas de trabalho[283].

IV. O segundo subperíodo acusou a necessidade de modernização, imposta por novas circunstâncias e pelo desenvolvimento económico-social então registado. Assim:

– a Lei n.º 2.127, de 3 de agosto de 1965, adotou o regime dos acidentes de trabalho e das doenças profissionais;

[278] Efetivamente, o essencial da legislação em vigor nestes domínios, até ao Código do Trabalho de 2003, foi anterior a 1974.

[279] Com alterações introduzidas pelos Decretos-Leis n.º 26:917, de 24 de agosto de 1936 e n.º 43:182, de 23 de setembro de 1960.

[280] Com alterações introduzidas pelos Decretos-Leis n.º 27:165, de 10 de novembro de 1936 e n.º 38:539, de 24 de novembro de 1951.

[281] Alterado pelo Decreto-Lei n.º 24:836, de 2 de janeiro de 1935.

[282] Alterado pelo Decreto-Lei n.º 43:182, de 23 de setembro de 1960.

[283] Outra legislação relativa a este primeiro período do laboralismo corporativo pode ser confrontada em M. Tavares da Silva, *Direito do Trabalho* cit., 440 ss..

– o Decreto-Lei n.º 47 032, de 27 de maio de 1966, substituído pelo Decreto-Lei n.º 49 408, de 24 de novembro de 1969, promulgou o regime do contrato individual de trabalho;
– o Decreto-Lei n.º 49 212, de 28 de agosto de 1969, deu corpo ao regime das relações de trabalho coletivas;
– o Decreto-Lei n.º 409/71, de 27 de setembro, atualizou o regime da duração do trabalho[284].

A evolução neste segundo período confirma a dupla linha acima enunciada: as especificidades cifravam-se no Direito coletivo do trabalho. Note-se, no entanto, que o Decreto-Lei n.º 49212, de 28 de agosto de 1969, correspondia já a uma elaboração doutrinária considerável, embora incompleta.

Apesar de algumas deficiências, a doutrina laboral conheceu um desenvolvimento importante, a partir da década de sessenta, o qual permitiu o surto acima apontado[285]. A inexistência, no Curso geral da licenciatura em Direito, de uma disciplina de Direito do trabalho foi um óbice gravoso no desenvolvimento da matéria. O Decreto-Lei n.º 23:382, de 20 de dezembro de 1933, introduziu, nos cursos de Direito, um Curso (semestral) de Direito Corporativo, em substituição do Curso de Economia Social; e fê-lo integrando-o no grupo de Ciências Económicas. Este estado de coisas impediu que o Curso de Direito Corporativo se tornasse num verdadeiro Curso de Direito do Trabalho: os programas perdiam-se nas discussões sobre o sentido das doutrinas corporativas e das corporações e esgotavam-se com a orgânica corporativa então em vigor. A situação surgia amenizada apenas a nível de Curso Complementar (6.º ano) onde era, efetivamente, lecionado Direito do trabalho, designadamente na Faculdade de Direito de Lisboa. Fora das Faculdades de Direito, o Direito de trabalho desenvolveu-se no Instituto de Estudos Sociais e no Centro de Estudos Sociais e Corporativos, que editou a importante revista *Estudos Sociais e Corporativos* (ESC). A reforma de 1972 – Decreto-Lei n.º 364/72, de 28 de setembro – introduziu, no 3.º ano, um semestre de Direito Corporativo e do Trabalho; não chegou a entrar em vigor, na sequência dos acontecimentos de 1974.

[284] DG I, n.º 228, de 27-set.-1971, 1393-1402, com um interessante preâmbulo.
[285] Sobre o ensino do Direito do Trabalho *vide* os relatórios de Pedro Romano Martinez, de Rosário Palma Ramalho e de Bernardo Lobo Xavier, cit. *supra*, 83.

38. A fase revolucionária (1974-1976)

I. A queda da II República, em 25 de abril de 1974, deu azo a uma fase revolucionária. Nas primeiras semanas subsequentes a esse evento, pareceu estabelecer-se um regime pró-ocidental que, rapidamente, através de eleições livres, iria propiciar a evolução há muito pretendida pela maioria dos universitários portugueses. Todavia, isso não sucedeu. O súbito desaparecimento da autoridade do Estado e a má organização das linhas de pensamento não-marxistas permitiram que pequenos grupos radicais tomassem centros de poder, por todo o País. O aparelho militar, que durante décadas foi o grande sustentáculo do regime do Estado Novo, converteu-se, subitamente, num "movimento de libertação", oscilando entre um terceiro-mundismo de tipo africano ou sul-americano e uma orientação pró-soviética. Resultou, de tudo isso, uma evolução populista algo anárquica, que propiciou estrelas depois esquecidas, bem como desforços pessoais de todo o tipo. Os próprios oposicionistas ao Estado Novo, com relevo para o Partido Comunista Português, tiveram muita dificuldade em conter o populismo dentro de margens de alguma razoabilidade. Os sucessivos governos "provisórios" – portanto os governos anteriores à Constituição de 1976 e que foram seis, num período de dois anos – dependiam das correlações militares.

II. À margem de quaisquer eleições, que só foram tornadas possíveis, com autolimitações dos partidos concorrentes à Assembleia Constituinte, em 25 de abril de 1975[286], foram elaboradas reformas decisivas: uma descolonização radical, com expulsão de colonos de muitas gerações, apenas por razões étnicas, a estatização da economia, com nacionalizações por sectores e a expropriação da terra, no Alentejo.

III. No plano laboral, este estado de coisas não teve a tradução legal que seria de esperar. Com efeito, não ocorreram modificações de relevo, pelo menos no plano legislativo. É certo que, logo no dia 27 de maio, o Decreto-Lei n.º 217/74 veio aprovar:

[286] Designadamente, foi assegurado que tais eleições apenas visavam essa assembleia constituinte, sem reflexos no Governo, que foi adotando medidas de fundo não-legitimadas pelo sufrágio.

> (...) um conjunto de disposições transitórias destinadas a abrir caminhos para a satisfação das justas e prementes aspirações das classes trabalhadoras e a dinamizar a actividade económica.

Foi aprovado um salário mínimo de 3.300$00, com exceções: um valor elevado, para a época e que só foi comportável por o escudo ter iniciado uma escalada de desvalorização. O artigo 6.º/3 deste diploma determinava que o Governo publicasse

> (...) no prazo de trinta dias, legislação adequada sobre organizações sindicais de trabalhadores e associações patronais, bem como legislação que regulamente a greve, o *lock-out* e as relações colectivas de trabalho.

Este programa não foi cumprido.

II. O Decreto-Lei n.º 392/74, de 27 de agosto aprovou um regime de direito à greve e ao "lock-out", enquanto o Decreto-Lei n.º 637/74, de 20 de novembro, adotou a "requisição civil": uma medida, na época, contestada e nada aplicada. Considerado restritivo, o Decreto-Lei n.º 639/74 teve pouca aplicação, vindo a ser substituído, mais tarde, pela Lei n.º 65/77, de 26 de agosto, muito permissiva[287]. O *lock-out*, foi proibido.

Os Decretos-Leis n.º 215-B/75 e 215-C/75, de 30 de abril, aprovaram os regimes das associações sindicais e patronais. Os moldes em que o fizeram, aparentemente livres, foram cerceados pelo Decreto-Lei n.º 215-A/75, de 30 de abril, que admitia uma central sindical única: a Intersindical Nacional.

O Decreto-Lei n.º 292/75, de 16 de junho, fixou salários máximos e mínimos e suspendeu os despedimentos durante trinta dias. Os despedimentos foram regulados, em termos restritivos, pelo Decreto-Lei n.º 372-A/75, de 16 de julho. Este diploma ainda admitia, ao lado do despedimento com justa causa, despedimentos com base em "motivo atendível". Considerada contrária à Constituição de 1976, esta hipótese foi vedada pelo Decreto-Lei n.º 84/76, de 28 de janeiro.

III. O Decreto-Lei n.º 372-A/75 foi alterado pelo Decreto-Lei n.º 841-C/76, de 7 de dezembro, que ampliou o conceito de justa causa, alar-

[287] *Vidd* o nosso *Manual de Direito do trabalho*, 380 ss..

gando as hipóteses em que ela vinha expressamente prevista. O Decreto-Lei n.º 841-E/76, também de 7 de dezembro, procurou facilitar o processo de despedimento; essa linha foi, porém, invertida pela Lei n.º 48/77, de 11 de julho que, com emendas, ratificou o Decreto-Lei n.º 841-C/76, de 7 de dezembro.

IV. A contratação coletiva obteve uma primeira disciplina no Decreto-Lei n.º 292/75, de 16 de junho, depois substituída pelo Decreto-Lei n.º 164-A/76, de 28 de fevereiro.

V. Como balanço, podemos considerar que esta fase recebeu o essencial da legislação do Estado Novo – de resto: bastante avançada, descontando os bloqueios nas áreas coletivas provocados pela ausência de sindicalismo livre e pela proibição da greve. Além disso, liberalizou, quase sem limites, a greve e bloqueou, ao máximo, os despedimentos.

Chegou-se, assim, a um regime rígido: as únicas válvulas eram representadas pelos contratos a termo, facultados pelo Decreto-Lei n.º 781/76, de 28 de outubro, e pelos despedimentos coletivos. O resultado prático foi o proliferar duns e doutros. A precarização do emprego fez a sua aparição; e nem por isso os trabalhadores já empregados ficavam totalmente ao abrigo do despedimento.

VI. O breve mas intenso período revolucionário teve poucas repercussões legislativas. Os aspetos acima assinalados são pontuais, ainda que denotem uma ideia mais intensa de proteção dos trabalhadores. As grandes novidades laborais ocorreram no terreno, à margem das leis. Salientamos:

(a) "saneamentos", isto é, despedimentos de trabalhadores supostamente comprometidos com o regime da II República, levados a cabo à margem das leis, seja por "plenários", seja por comissões *ad hoc* especializadas; com o evoluir do "processo revolucionário", os saneamentos atingiram opositores políticos, incluindo sociais-democratas e socialistas, como o ocorrido com a expulsão de 22 jornalistas, do *Diário de Notícias*;

(b) "ocupações", ou seja, tomadas de empresas pelos trabalhadores mais organizados, com assunção de poderes de gestão; tais ocorrências foram, por vezes, "legalizadas" através da intervenção do Estado; pequenas e médias empresas foram encerradas;

(c) destruição ou roubo de meios de produção, particularmente nas denominadas ocupações selvagens, no Alentejo.

Particularmente gravosos, foram os "saneamentos": uma rede de informadores "revolucionários" rapidamente montada, que chegou a ter acesso a impressos da antiga polícia política, que podia preencher ao seu critério, colocava os visados em "morte civil", incapacitando-os de adquirir novos empregos. A pressão daí resultante sobre todos os trabalhadores explica fenómenos de histeria coletiva nos quais, meses volvidos, já ninguém se revia.

VI. Também como consequência desse período, temos a registar a adoção formal de uma linguagem, em parte vertida na própria Constituição de 1976, versão inicial, de tipo grandiloquente, favorável aos trabalhadores e à revolução. O Direito do trabalho herdou, aqui, um nível intenso de composição linguística.

39. **A fase da constitucionalização (1976-2003)**

I. A fase da constitucionalização correspondeu à instituição da III República e à aplicação da Constituição de 1976. Mau grado alguns sobressaltos tardios, a legalidade foi restabelecida, pondo-se cobro a saneamentos e a ocupações selvagens. Foram montados esquemas de concertação, enquanto o súbito regresso de um milhão de portugueses expulsos do Ultramar provou um surto de construção civil e de criação de emprego a ele associado. A drenagem das reservas de divisas amealhadas na II República permitiu, durante algum tempo, ao Estado, acudir a situações problemáticas, mormente no vasto sector nacionalizado.

II. A Constituição de 1976 pôs cobro à unicidade sindical, decretada oficialmente: Decreto-Lei n.º 773/76, de 27 de outubro. Todavia, só em 1978 surgiu uma segunda central sindical: a UGT ou União Geral de Trabalhadores.

III. No plano do contrato de trabalho, assinalamos os diplomas seguintes:

– Decreto-Lei n.º 781/76, de 28 de outubro, relativo ao contrato de trabalho a termo;
– Decreto-Lei n.º 874/76, de 28 de dezembro, sobre faltas, férias e feriados.

A Constituição proibia os despedimentos (individuais) sem justa causa. O sistema adaptou-se, através dos despedimentos coletivos[288] e dos contratos de trabalho a termo. Seguiu-se, no âmbito dos governos do "bloco central" PS/PSD (Mário Soares) e do PSD com maioria absoluta (Cavaco Silva) diversa legislação visada pela concertação social. Assim, sempre no campo do contrato de trabalho:

– o Decreto-Lei n.º 398/83, de 2 de novembro, quanto à suspensão do contrato de trabalho (*lay off*);
– o Decreto-Lei n.º 64-A/89, de 27 de fevereiro, revendo o regime da cessação do contrato de trabalho, alargando as hipóteses de despedimento; uma primeira tentativa, de 1988, incorreu em proclamada inconstitucionalidade, no entendimento do Tribunal Constitucional, apoiado em Gomes Canotilho e Jorge Leite[289];
– o Decreto-Lei n.º 64-B/89, de 27 de fevereiro, alterando o *lay off*, no sentido da desburocratização;
– o Decreto-Lei n.º 358/89, de 17 de outubro, sobre empresas de trabalho temporário;
– o Decreto-Lei n.º 397/91, de 16 de outubro, sobre férias e licenças;
– Decreto-Lei n.º 400/91, de 16 de outubro, relativo à inadaptação do trabalhador ao posto de trabalho;
– o Decreto-Lei n.º 403/91, de 16 de outubro, sobre a cessação do contrato de trabalho no período experimental;

[288] Decreto-Lei n.º 783/74, de 31 de dezembro e Decreto-Lei n.º 372-A/75, de 16 de julho.

[289] TC 31-mai.-1988 (Monteiro Dinis), DR I Série n.º 141, de 21-jun.- 1988, 2516--2543 = BMJ 377 (1988), 155-218; este acórdão foi, de facto, influenciado por um bem elaborado parecer de Gomes Canotilho/Jorge Leite e publicado sob o título *A inconstitucionalidade da lei dos despedimentos* (1988) = Sep. Est. Ferrer Correia (1984), e que, em apêndice, contém um *Comentário ao Acórdão n.º 107/88*. Sobre este ponto encontram-se, ainda, publicados pareceres sintéticos de Barbosa de Melo e de Baptista Machado, que concluíram em sentido contrário; *vide* a RDES 31 (1989), 521-546.

– o Decreto-Lei n.º 404/91, de 16 de outubro, sobre a comissão de serviço;
– a Lei n.º 103/99, de 26 de julho, quanto ao tempo parcial.

Apesar destas alterações, o essencial do regime do contrato de trabalho, de 1969, manteve-se em vigor. Quanto às alterações em si: parece claro que visavam uma certa flexibilização, procurando tornear as limitações constitucionais.

IV. O Direito coletivo do trabalho conheceu algumas alterações. Assim:

– a Lei n.º 65/77, de 26 de agosto, regulamentou a greve, estabelecida na Constituição como um direito; revogou o Decreto-Lei n.º 392/74 e o Decreto-Lei n.º 637/74, de 27 de agosto e de 20 de novembro, muito contestados e pouco aplicados;
– a Lei n.º 46/79, de 12 de setembro, sobre o tema, então sensível, das comissões de trabalhadores;
– o Decreto-Lei n.º 519-C1/79, de 29 de dezembro, regulou finalmente as relações coletivas de trabalho, substituindo o Decreto-Lei n.º 164-A/76, de 28 de fevereiro.

A constitucionalização do Direito coletivo do trabalho cifrou-se em conceder uma margem muito lata aos sindicatos, mormente quanto à greve.

V. No tocante às condições de trabalho, sublinhamos a produção legislativa seguinte:

– a Lei n.º 4/84, de 5 de abril e o Decreto-Lei n.º 163/85, de 3 de maio, relativos à proteção da maternidade; foi substituído o anterior Decreto-Lei n.º 112/76, de 7 de fevereiro;
– o Decreto-Lei n.º 398/91, de 16 de outubro, quanto à duração do trabalho;
– o Decreto-Lei n.º 48/96, de 15 de maio, sobre o período de funcionamento dos estabelecimentos comerciais;
– a Lei n.º 21/96, de 23 de julho e a Lei n.º 73/98, de 10 de novembro, quanto à semana de 40 horas;

– a Lei n.º 73/98, de 10 de novembro, veio transpor para a ordem interna a Diretriz n.º 93/104/CE, do Conselho, de 23 de novembro, relativa à organização do tempo de trabalho[290];
– a Lei n.º 103/99, de 26 de julho, regulou o trabalho a tempo parcial, facilitando a repartição do trabalho existente[291];
– o Decreto-Lei n.º 119/99, de 14 de abril, alterado pelo Decreto-Lei n.º 186-B/99, de 31 de maio, relativo ao subsídio de emprego;
– o Decreto-Lei n.º 132/99, de 21 de abril, referente à política de emprego.

As novidades, também neste ponto, foram escassas.

VI. Em síntese, podemos considerar que a Constituição de 1976 permitiu normalizar as relações de trabalho, aproximando-as definitivamente do modelo ocidental. A adesão à (hoje) União Europeia veio pôr termo às aventuras terceiro-mundistas e ao populismo militante. Todavia, o Direito do trabalho, vítima dos anátemas do período revolucionário e estreitamente aderente a uma interpretação positivista da Constituição, apresentava, no confronto com os congéneres europeus, uma manifesta rigidez. A multiplicação de diplomas conjunturais, agravada pelos instrumentos de regulamentação laboral coletiva, vinha ampliar a complexidade e a opacidade daí resultantes.

40. A fase da codificação (2003 em diante)

I. A evolução apontada, ordenada nas seis fases acima expostas, deixou marcas sensíveis no Direito do trabalho vigente. Verificámos que, em rigor, as seis fases não se foram substituindo: antes se sobrepuseram. Regras próprias de fases anteriores sobreviveram na fase subsequente, coordenando-se, melhor ou pior, com novas regras. Sucedeu ainda que regras antigas foram modernizadas na forma e na linguagem, conservando, todavia, o mesmo conteúdo prescritivo.

[290] Quanto à Diretriz n.º 93/104/CE , *vide* Ulrich Baeck/Markus Deutsch, *Arbeitszeitgesetz Kommentar* (1999), 7.

[291] À luz do Direito anterior, *vide* STJ 9-jul.-1997 (Matos Canas), BMJ 469 (1997), 320-333 (330 ss.).

II. As oscilações económicas e sociais verificadas na III República foram pontuadas por um certo rotativismo governamental. Sucederam-se ora governos de inspiração mais socialista, ora de inclinação mais liberal, sobre todos se acolhendo regras europeias em medida crescente. O funcionamento da concertação social, muito escrutinado pelos meios de comunicação, levou à aprovação de múltiplos diplomas, sem a necessária preparação. Além disso, os governos e os parlamentos decidiram, por vezes, solucionar questões pontuais, sem ponderações jurídico-científicas e sem atentar na lógica intrínseca do sistema. Além de prolixo, o Direito do trabalho português tornava-se caleidoscópico.

III. Nas vésperas do Código do Trabalho de 2003, encontramos flutuações legislativas deste tipo[292]:

(a) A Lei dos Acidentes de Trabalho, adotada pela Lei n.º 100/97, de 13 de setembro, só foi regulamentada pelo Decreto-Lei n.º 143/99, de 30 de abril, para entrar em vigor a 1-out.-1999; foi adiada para 1-jan.-2000, por via do Decreto-Lei n.º 382-A/99, de 22 de setembro: um regime versado no Código do Trabalho de 2003, que não entrou em vigor por falta de regulamentação, até à Lei n.º 98/2009, de 4 de setembro; parece evidente que não é possível legislar sobre acidentes de trabalho sem coordenação com o Direito dos seguros e com o sector segurador;
(b) A Lei da Duração de Trabalho, proveniente do Decreto-Lei n.º 409/71, de 27 de setembro, foi alterada pelos Decretos-Leis n.º 421/83, de 2 de dezembro, n.º 65/87, de 6 de fevereiro e n.º 398/91, de 18 de outubro, pelas Leis n.º 21/96, de 213 de julho e n.º 73/98, de 10 de novembro, pelo Decreto-Lei n.º 96/99, de 23 de fevereiro, e pelas Leis n.º 58/99, de 30 de junho, n.º 61/99, do mesmo dia e n.º 118/99, de 11 de agosto; outros diplomas vieram ter implicações diversas na duração do trabalho.

Muitos diplomas tiveram os seus defensores e os seus contraditores, sendo por vezes apresentados em termos apocalíticos. Recorde-se, por exemplo, o sucedido com o regime do *lay off* ou a suspensão do contrato de trabalho, acolhido pelo Decreto-Lei n.º 398/83, de 2 de novembro, alterado pelos Decretos-Leis n.º 64-B/89, de 27 de fevereiro e n.º 210/92, de 2 de outubro e pela Lei n.º 137/99, de 28 de agosto e finalmente integrado no Código do Trabalho em 2003: quando apresentado pelo Governo do Bloco Central, foi apontado como a origem da falência de toda a classe laboral.

[292] Pedro Romano Martinez, *Direito do trabalho* cit., 8.ª ed., 99 ss., com outros elementos.

IV. A necessidade de uma revisão das leis do trabalho arreigou-se no espírito dos juristas especializados. Foi nomeada uma Comissão com esse desígnio, tendo sido presidida por António Monteiro Fernandes[293]. Todavia, não concluiu pela conveniência de uma codificação. Seguiu-se nova Comissão presidida por Pedro Romano Martinez. Foi feito um enorme esforço para apreender e concatenar os diplomas vigentes: num número superior a mil. O Código do Trabalho, num esforço notável, tomou forma, sendo apresentado um projeto à Assembleia da República, cuidadosamente revisto. Houve alguma oposição, designadamente por parte de ilustres juristas que não foram incumbidos da reforma. A análise do conteúdo e do sistema do Código do Trabalho de 2003 será abaixo realizada, a propósito das fontes[294]. Adiantamos, todavia, cinco pontos:

(a) mantém uma forte vertente compilatória, como era inevitável e foi reconhecido pelos seus autores materiais;
(b) procede a uma harmonização formal e material de diplomas codificados;
(c) preenche algumas lacunas tornadas patentes pela sistematização assumida;
(d) formaliza aspetos novos, já acolhidos doutrinária e jurisprudencialmente, com relevo para os direitos de personalidade em ambiência laboral;
(e) introduz algumas reformas de fundo, abaixo referenciadas[295].

O Código do Trabalho foi aprovado pela Lei n.º 99/2003, de 20 de março. Constituiu uma vitória do laboralismo jurídico português, refor-

[293] *Vide* o Despacho n.º 5875/2000, de 24 de fevereiro, DR II, n.º 63, de 15-mar.--2000. *Vide*, como exemplo, o *Relatório Análise, sistematização e consolidação da legislação das relações colectivas de trabalho* (2002), 29 pp.

[294] *Infra*, 275 ss..

[295] *Infra*, 280 ss.; *vide* o seu elenco em Pedro Romano Martinez, *Direito do trabalho* cit., 8.ª ed., 97-99. O projeto Romano Martinez foi publicado oficialmente: *Código do Trabalho – Anteprojecto*, I, 2004; a exposição de motivos da proposta do Código pode ser confrontada em Pedro Romano Martinez, *Código do Trabalho Anotado*, 11.ª ed. (2017), 19-35. Integraram a Comissão, presidida por Pedro Romano Martinez, Luís Miguel Monteiro, Joana Vasconcelos, Pedro Madeira de Brito, Guilherme Dray e Luís Gonçalves da Silva; todos eles intervieram, depois, na elaboraçãodo citado *Código do Trabalho Anotado*. Também colaborou na Comissão António Nunes de Carvalho.

çado pela vigorosa escola do Direito do trabalho da Faculdade de Direito de Lisboa.

V. O próprio diploma preambular – artigo 20.º da Lei n.º 99/2003 – previa a revisão do Código no prazo de quatro anos. A revisão foi feita pela Lei n.º 7/2009, de 12 de fevereiro. Pouco profunda e tecnicamente nem sempre feliz, o legislador não resistiu à apresentação de um novo Código do Trabalho: o de 2009. Este já foi várias vezes alterado, sucedendo-se ainda a apreciações constitucionais[296]. Muito dificilmente o Direito do trabalho português vai caminhando para um modelo estável, que proteja os trabalhadores, ponha cobro a modas e instile, nos investidores, a confiança de que depende a criação de riqueza.

No plano jurídico-científico: toda esta matéria será considerada a propósito das fontes do Direito do trabalho.

[296] *Vide infra*, 292 ss..

§ 9.º A CRISE DE 2009/2014

41. A génese

I. Uma exposição geral do Direito do trabalho, em 2019, não pode desligar-se da crise financeira e económica de 2009/2014. As medidas laborais então tomadas têm reflexos atuais. Além disso, vários indicadores levam a recear novas crises: altura em que, como sempre, será pedido auxílio à Ciência do Direito[297].

II. As crises são companheiras cíclicas das economias de mercado ou "capitalistas". Causadas, em regra, pela poderosa economia norte-americana, elas alastram às diversas economias planetárias, abertas ao exterior.

Como cenário teórico-explicativo, temos usado a hipótese da instabilidade financeira de Hyman P. Minsky[298]. Partindo dos quadros keynesianos, cabe recordar que, pelo crédito, se compra hoje o dinheiro de amanhã. A complexidade crescente das estruturas financeiras confere um papel criativo ao crédito: o banqueiro, como qualquer outro operador, recebe lucros por via da inovação. O dinheiro não é neutro, interferindo, com a sua circulação, no valor dos bens e no crédito que deles resulte. E embora o crédito assente na expectativa de lucros futuros, ele promove esses próprios lucros podendo, perante eles, articular-se de modo distinto.

Minsky aponta três modelos de relação rendimento/crédito:

– financiamento fechado (*hedge*);
– financiamento especulativo (*speculative*);

[297] Mais elementos podem ser confrontados no nosso *Direito bancário*, 6.ª ed. (2016), 131 ss.; está em preparação a 7.ª ed. (2019).

[298] Hyman P. Minsky, *The Financial Instability Hypothesis*, maio de 1992. Trata-se de um *paper* facilmente confrontável, na Net, seja pelo título, seja pelo nome do seu Autor.

– financiamento em pirâmide (*Ponzi*[299]; também se usa "em cavalaria")[300].

No financiamento fechado, o devedor pode, com os seus rendimentos próprios, pagar todas as suas obrigações contratuais e, designadamente: o capital e os juros.

No financiamento especulativo, o devedor pode pagar os juros; mas não o capital. Terá de haver *roll over*: a dívida é renegociada e renovada no seu termo, o que assegura, enquanto for possível, a sustentabilidade do esquema. O especulador pode, ainda, obter lucro com a venda do investimento, caso este tenha valorizado.

No financiamento em pirâmide, o devedor não pode pagar nem o capital, nem os juros todos. Logo, ele tem de se endividar nova e crescentemente, para manter a situação. Tal só é pensável num ambiente em que a massa disponível para empréstimos vá aumentando.

Um modelo dominado por financiamentos fechados está em equilíbrio. Adquire-se, hoje, o dinheiro que irá ser efetivamente ganho amanhã. Temos, então, os seguintes teoremas que integram a hipótese da instabilidade financeira:

– a economia tem regimes de financiamento sob os quais é estável ou instável;
– em períodos de prosperidade prolongada, a economia transita de relações financeiras estáveis para relações instáveis.

Com efeito, em prosperidade prolongada, a busca de maior lucro por parte de todos os intervenientes leva a abandonar o modelo de financiamento fechado a favor do especulativo e da cavalaria. A partir daí, o modelo é instável: o crédito cresce sem correspondência na riqueza, originando bolhas e ameaçando colapso, logo que se retirem alguns agentes do mercado ou, mais simplesmente: desde que deixem de afluir.

[299] A locução *Ponzi finance* advém de Charles Ponzi, burlão de origem italiana, que nos anos 20 do século XX, ficou conhecido por montar esquemas financeiros em pirâmide: os interessados entregavam o seu dinheiro, recebendo até 100% de juros em três meses; tais juros eram pagos com as contribuições de novos interessados e assim por diante. Tudo se desmoronou com o termo da expansão. Esquemas *Ponzi* surgem de modo cíclico (*vide* a nossa D. Branca), apesar de serem conhecidos há muito.

[300] A "cavalaria" é a última a chegar à batalha e a primeira a partir, na tradição dos *Westerns*.

Diz-se, no *jargon* financeiro, que há bolha assim que, mercê do excesso de liquidez, designadamente o derivado de sistemas especulativos ou de sistemas em pirâmide, se assista a um aumento do valor de certos bens, para além daquilo que eles possam, razoavelmente, produzir. Em ambiência de bolha, as aquisições são feitas tendo em vista mais-valias, só visualizáveis na medida em que o efeito "bolha" prossiga e enquanto ele prosseguir. Baixando a procura, a bolha desfaz-se, com prejuízo para todos os que nela se encontrem, que ficarão privados de quanto ultrapasse o valor "real" do bem.

III. Mau grado a repetibilidade das crises, algumas assumem uma dimensão grave: provocam convulsões políticas e sociais. Recorde-se a de 1929, na base do nazismo e da cataclísmica II Guerra Mundial. Ora a crise de 2009/2014 (na sua versão portuguesa; terá sido de 2007/2011, no plano mundial) começou por assumir proporções desse tipo.

Os analistas fixam as origens dessa crise no desastre mobiliário de 1987 e no modo por que Alan Greenspan, então presidente da Reserva Federal Norte-Americana, decidiu ultrapassá-la: através de injeções maciças de liquidez, de modo a prevenir o erro inverso praticado em 1929. Essa política foi acentuada nos 20 anos seguintes, sendo hoje apontada como um facto originador de bolhas especulativas.

A liquidez disponível, já de si muito elevada, foi exponencialmente aumentada pelos bancos, através de diversas técnicas. Sucederam-se as crises sectoriais: asiática, de 1997 (Coreia, Indonésia e Tailândia), russa, de 1998 e brasileira, de 1999. Depois, tivemos a crise tecnológica de 2000[301], com episódios impensáveis: a *e-Bay* chegou a valer 8.600 vezes os seus resultados anuais, quando as boas regras mandam que uma unidade produtiva valha de 5 a 20 vezes o seu produto anual, conforme os sectores. O *crash* de 2001/2002, ultrapassado, de novo, com injeções de liquidez da FED, terá sido mais um aviso.

Dois elementos exógenos terão "mascarado" a realidade em marcha: os ataques terroristas de 11 de setembro de 2001 e os escândalos das contas da Enron, em 2001 e da Worldcom, em 2002. Pensou-se que o *crash* desse ano (8.500 biliões de dólares, de perdas em bolsa, só nos Estados Unidos, com uma supressão de 2.000.000 de postos de emprego) teria a ver com isso.

[301] O índice Nasdaq estava em 500, no ano de 1991. Depois: 1000, em 1995, 2000, em 1998 e 5130, em março de 2000. No início de 2009, ela estava abaixo dos 1500, cifrando-se, em setembro de 2013, nos 3.700: uma subida sustentada de três anos.

As crises premonitórias foram curtas, enfrentadas com o sacrifício das empresas mais expostas e, como sempre, com injeções maciças de liquidez, particularmente da FED. Cada crise era seguida de um novo período de expansão, em ciclos de *boom/bust* que permitiam repetidos ganhos por parte de operadores mais atentos e – há que reconhecê-lo – com alguma sorte.

A liquidez abundante e a possibilidade de conseguir lucros extraordinários no mercado da bolsa e no sector de derivados drenou, inexoravelmente, o capital produtivo. Para quê investir na indústria ou no comércio, numa expectativa de lucros a médio ou a longo prazo, sujeitos a inúmeras contingências, quando, sem esforço, se pode obter um ganho muito superior e mais rápido, jogando com títulos ou com puras realidades financeiras? Empresas saudáveis decidiram investir capitais em áreas mobiliárias, fora do seu núcleo de negócios.

Diversos indicadores dispararam, nos já chamados loucos anos 90: os resultados da Administração Clinton ficaram na História, sendo de imputar a uma confluência favorável de algumas variáveis, com relevo para a quebra nos preços do petróleo e à montagem do circuito virtuoso China/Estados Unidos: produção/consumo, com exportação da liquidez chinesa reinvestida nas obrigações do tesouro norte-americanas. Em todo o Mundo, o crescimento dos países emergentes foi notável, tendo retirado centenas de milhões de pessoas da pobreza.

Mas a fragilidade era grande, sendo potenciada (hoje todos o dizem) pela desregulação do mercado financeiro global e pela total subordinação da ética e do bom senso à busca do maior lucro. O esmagamento progressivo das classes média e média baixa, que mantinham elevados níveis de consumo graças ao endividamento e o empolamento exagerado das retribuições dos grandes gestores são retratados em todas as obras da especialidade[302].

Não faltaram avisos, desde os anos 90. Não havendo regulação mundial do dinheiro e jogando-se na liquidez para colmatar as crises, potenciou-se uma multiplicação artificial de moeda bancária que, em cálculos recentes, terá alcançado os 600.000 biliões de dólares, só nos derivados do crédito e em 2007: qualquer coisa como 50 vezes o PIB norte-americano ou, se se preferir: toda a riqueza da maior economia mundial de um ano, multiplicada por cinquenta. Em suma: os excessos de emissão, a desregulação levada ao delírio, a contabilidade imaginativa, a busca do imediato e a participação ativa da banca levaram a uma bolha generalizada, onde tudo foi

302 *Vide* François Lenglet, *La crise des années 30 est devant nous* (2007).

possível. Perante o seu rebentamento: tudo é, de novo, possível, mas agora em sentido inverso[303].

42. Os *subprimes*

I. A crise dos *subprimes* (empréstimos imobiliários a famílias de escassos recursos) iniciou-se nos Estados Unidos em 2007[304]: num momento de euforia, de tal modo que, embora previsto, não mereceu grande atenção. No imediato, temos o seguinte:

- em junho de 2007, o banco comercial *Bear Stearns* anuncia 30% de quebra nos lucros do 2.º trimestre, por causa dos *subprimes*;
- em julho de 2007, a *Countrywide Financial*, *leader* no sector, divulga quebras severas nos lucros e nas projeções;
- em agosto de 2007, o *BNP Paribas* decide o congelamento dos resgates em três fundos de investimento, que tinham *subprimes* em carteira.

II. Depois da pausa de Verão, a crise instala-se na banca tradicional mais sólida. Assim:

- em setembro de 2007, o *Northern Rock* britânico perde 30% do valor em bolsa; uma corrida de clientes leva a mais de 4 biliões de dólares em levantamentos;
- em outubro, o *Citigroup* refere 57% de queda nos lucros, no 3.º trimestre.

O ano termina com uma atenção especial ao petróleo e rumores sobre o estancamento da crise. Na Europa, apesar dos acontecimentos no Reino Unido, mantém-se a ideia de uma crise localizada nos Estados Unidos.

III. Em 2008, a crise financeira vai conhecendo sucessivos agravamentos. Assim:

[303] Temos em conta o escrito clássico de Joseph E. Stiglitz (Nobel da Economia), *The Roaring Nineties: A New History of the World's Most Prosperous Decade* (2004).

[304] Com elementos: Richard Carnell/Jonathan R. Macey/Geoffrey P. Miller, *The Law of Banking and Financial Institutions*, 4.ª ed. (2008), 370 ss..

– em fevereiro de 2008, o *Crédit Suisse* assiste a uma quebra de 72% nos lucros do quarto trimestre de 2007; pouco depois, o *Northern Rock* é nacionalizado, para evitar a falência;
– em março de 2008, o AIG (*American International Group*), considerado a maior seguradora do Mundo, anuncia perdas de 5,3 biliões de dólares, no 4.º trimestre de 2007; o *JP Morgan* compra o *Bear Stearms* por 236,2 milhões de dólares: $ 2 por ação que, um ano antes, valia $ 70;
– em abril de 2008, o banco *Wachovia* (4.º maior dos Estados Unidos) recolhe 393 milhões de dólares de prejuízo;
– em maio de 2008, a agência *Fannie Mae*[305] anuncia um prejuízo, no 1.º trimestre, de 2,19 biliões de dólares;
– em julho de 2008, a *Indy Mac*[306] entra em quebra;
– em agosto de 2008, o Tesouro Norte-Americano intervém nas agências Fannie Mae e Freddie Mac[307], assumindo até 100 biliões de dólares de garantias;
– em setembro de 2008, o banco *Lehman Brothers* entra em insolvência: era o 4.º banco norte-americano de investimento, com mais de 10.000 trabalhadores e (antes da crise se agravar) um valor de centenas de biliões de dólares.

Hoje, os analistas consideram que foi um erro básico ter deixado cair o *Lehman*. A partir daí, a confiança dos investidores, indispensável para qualquer mercado mobiliário, foi definitivamente afetada.

IV. Mau grado as fortíssimas injeções de liquidez feitas, de modo concertado, pelos grandes bancos centrais, a crise não foi sustida. Assim, entre outros episódios e tudo em setembro de 2008:

[305] *Fannie Mae* é o nome por que é conhecida a *Federal National Mortgage Association* (FNMA). Trata-se de uma entidade fundada em 1938, durante a Grande Depressão e como parte do *New Deal*, lançado pelo Presidente Roosevelt. Assinale-se que o seu diretor, Franklin Raines, recebera salários e prémios da ordem dos 90 milhões de dólares.

[306] A *Indy Mac* é a designação por que é conhecido o *National Mortgage Corporation*, com especial atuação na Califórnia do Sul; a sua falência foi a quarta maior da História norte-americana. A *Indy Mac* acabaria por ser adquirida pelo *One West Bank*. Em torno da falência, rebentou um escândalo que envolveu personalidades do Senado.

[307] Nome por que é conhecida a *Federal Home Loan Mortgage Corporation*, criada, em 1970, para apoiar o mercado secundário das hipotecas.

– o Tesouro norte-americano intervém no AIG, concedendo-lhe 85 biliões, a troco de 80% do seu capital: uma nacionalização disfarçada;
– é anunciado um plano de 700 biliões, para adquirir "ativos tóxicos" e para intervir no mercado de capitais;
– o lucro do *Goldman Sachs* quebra 70%;
– o *Merryll Lynch* é adquirido pelo *Bank of America*: 50 biliões;
– o *Goldman Sachs* e o *JP Morgan* passam a bancos comerciais: o fim da banca de investimento;
– o britânico *Lloyd TSB* compra o HBOS, à beira da insolvência;
– o FED injeta 20 biliões no sistema financeiro;
– dificuldades com a aprovação do plano dos 700 biliões, no Congresso, provocam novas quebras na bolsa;
– o *Washington Mutual* (WaMu), 6.º banco, quebra e vende as suas atividades bancárias ao *JP Morgan*, por 1,9 biliões;
– o *Bradford & Bingley* (britânico) e o *Fortis* são nacionalizados, para evitar a insolvência.

A aprovação, em outubro, do plano Bush, dos 700 biliões de dólares, deveria provocar uma acalmia: veio tarde.

V. O sector financeiro foi drasticamente atingido: os mais sólidos bancos mundiais vacilaram ou desapareceram e tudo isso de um dia para o outro. Basta recordar: dificuldades absolutas no *Citigroup*, no *Goldman Sachs* e na *UBS*; desaparecimento, por insolvência ou por absorção do *Bear Stearns*, do *HBOS*, do *Lehman Brothers*, do *Merryll Lynch*, do *Wachovia* e do *Washington Mutual*; publicização ou nacionalização encapotada, para evitar a insolvência: do *AIG*, do *Dexia*, da *Fannie Mae*, da *Freddie Mac*, do *Northern Rock* e do *Fortis*.

VI. Isto levou, em meados de outubro, ao súbito desaparecimento do mercado interbancário. Nenhum banco adiantava fundos a outro, com receio de ser surpreendido, no dia seguinte, com a notícia da sua insolvência. Os fundos sacáveis eram levantados. Apenas novas e maciças intervenções dos bancos centrais evitaram que o sistema financeiro mundial entrasse em colapso.

VII. Na Europa, em 5 de outubro de 2008, o Governo Federal Alemão estabeleceu uma garantia ilimitada a favor de todas as poupanças na Alemanha. A 10 de outubro, os ministros das finanças do G7 adotaram um plano em cinco pontos para prevenir o colapso do sistema financeiro mundial.

Entre outros aspetos, visava-se evitar a insolvência dos grandes bancos[308]. Dois dias depois, os Estados-Membros da EU, o Banco Central Europeu e a Comissão adotaram uma estratégia comum para a estabilização dos mercados financeiros. Os bancos deveriam conceder créditos; seriam atribuídas garantias públicas; tomaram-se medidas de moralização contabilística.

VIII. Foi evitado o colapso. Mas não se conseguiu prevenir que, de financeira, a crise passasse a económica. No princípio de 2009, foram sendo conhecidos os números relativos ao quarto trimestre de 2008. Temos:

– quebras severas nos PIBs de vários países desenvolvidos: surpreendentemente, as economias mais atingidas são as que mais exportavam, com exemplo na Alemanha;
– perdas elevadas no sector financeiro (26,2 biliões na banca americana) e nos seguros (100 biliões, só no AIG);
– perdas astronómicas nos mercados de capitais, mesmo em empresas saudáveis e com lucros elevados;
– desemprego em subida acentuada;
– perdas graves no sector automóvel: 31 biliões na GM, 5,9 na Ford e 1,22 na Toyota.

A opção, antes comum e razoável, para as empresas saudáveis, de investir parte dos seus capitais no mercado mobiliário veio a revelar-se catastrófica. Por exemplo, entre nós, uma grande construtora de ponta e com lucros reais superiores a 40 milhões de euros em 2008, acabou por apresentar mais de 400 de prejuízo, por via da quebra das ações do BCP e da Cimpor, que tinha em carteira.

IX. As expectativas para 2009 começaram muito baixas. Para além dos indicadores económicos desfavoráveis, havia uma absoluta quebra na confiança das empresas e das famílias, que as levam a adiar investimentos ou simples decisões de despesa. Daí resulta um círculo vicioso: menos consumo, menos trabalho, menos despesa e assim por diante. Em meados do ano, assistiu-se a uma certa melhoria: primeiro nos Estados Unidos e na

[308] Medida que, em meados de fevereiro de 2009, se repercutiu na Alemanha, a propósito do *Hypo Real Estate*: deveria ser "salvo" pelo Estado ou, como entendia a CSU, deixado à sua sorte? Já em outubro de 2008, o Governo Federal Alemão acudiu com um pacote de 480 biliões de euros (mais do dobro do PIB português!) para a Banca: insuficiente.

China e, depois, na Alemanha. Os dados subsequentes confirmaram uma melhoria progressiva, ao longo de 2010. O Mundo rico suspirou de alívio.

Mas a crise continuaria após 2010, no Sul da Europa, na sequência do colapso da Grécia, como abaixo será referido.

43. O irracionalismo económico

I. A hipótese de Minsky ilustra a crise dos *subprimes* e, mais latamente, a da bolha global. Tudo isso ocorre mercê de condutas humanas, sendo certo que é ao nível dessas condutas que tudo deve ser feito, no plano dos remédios. E nesse ponto, temos os insondáveis desafios da Humanidade. Tocaremos nalguns tópicos.

A atitude individual de cada um será, quando isoladamente tomada, enquadrável em pressupostos racionais. Coletivamente, isso não sucede. Ou seja: uma soma de condutas "racionais" pode conduzir a resultados irracionais. Basta pensar no ambiente ou na economia.

No plano económico, o comportamento assume uma dimensão massificadora. As "bolhas" resultam, justamente, do facto de uma multitude de pessoas tomarem, em simultâneo, a mesma opção aquisitiva. Pois bem: irracionalidade e massificação constituem os dois ingredientes de base da hipótese do desequilíbrio financeiro.

II. A decisão económica não é tomada pelo que exista: ela depende do que o agente julgue que vai acontecer. Logo, existe um risco, uma vez que a antecipação nem sempre é totalmente segura.

Mas ainda: a decisão económica vai interferir no que irá acontecer. Se o agente compra determinadas ações, na expectativa de que a sua cotação vai subir, ele está, *ipso facto*, a promover a sua subida. E inversamente: vende porque pensa que vão baixar; há mais um impulso para que baixem mesmo.

III. A doutrina clássica do mercado ensina que o melhor resultado depende do livre jogo dos agentes: informados e autónomos. Só que, no seu conjunto, os agentes, mesmo informados e livres, não agem isoladamente (massificação), não atuam no melhor sentido (irracionalismo), não configuram a melhor opção (risco) e interferem, com as suas opções, no resultado final (refletividade). A doutrina clássica está certa, quando associa as causas a certos efeitos. Mas não inclui, no seu modelo, as apontadas características da natureza humana.

IV. O crédito pondera sempre um certo risco de incumprimento. Os "sinistros", em técnica seguradora, ocorrem aleatoriamente e espaçados no tempo. Na ambiência *subprime*, os incumprimentos são simultâneos e em grande número: a quebra do imobiliário provoca-os, em termos que mais deprimem o mercado, causando novos incumprimentos.

A titulação levou a uma interligação antes impensável. A crise não fica acantonada ao sector sensível que a tenha gerado. Incumprimentos nos arredores de Los Angeles provocam falhas nos lucros locais e quebras em Wall Street. O efeito multiplicador é exponencial, quando a desconfiança se instala. Os títulos são recusados, ainda que tenham, apenas, uma "fração" de *subprime*. Pior: são recusados, por contágio, mesmo que se saiba não terem nenhuma. Ora os títulos só valem por terem procura: não têm qualquer valor intrínseco. A partir daí, a crise é geral. Só não houve colapso do sistema pela intervenção dos bancos centrais.

V. O sistema recompensa os agentes que, aderindo às "bolhas" contribuam para o seu empolar. Todos ganham: exceto os que, aquando do seu rebentamento, ainda não se tenham retirado. Mas se, antecipando tal rebentamento, vários agentes se retiram … precipita-se a queda. A ideia de "recompensa" por atitudes nocivas deve ser retida. É justamente nesse nível que o Direito deverá atuar: seja limitando a "recompensa", indexando-a a pressupostos racionais, seja proscrevendo práticas obviamente perigosas.

Todas estas considerações são oportunas: elas refletem-se diretamente no mercado de emprego, devendo ser enquadradas pelo Direito do trabalho.

§ 10.º A CRISE EM PORTUGAL

44. Aspetos estruturais

I. Na origem da crise portuguesa, encontramos um problema estrutural de desfasamento entre a produtividade e as exportações, por um lado e os níveis de consumo, público e privado e as importações, por outro. Tal situação só pode manter-se através de remessas do estrangeiro: seja de emigrantes, seja de investimento estrangeiro, seja de empréstimos contraídos no mercado internacional. Na década de noventa, foi possível assegurar um certo crescimento do PIB nacional, a um nível superior ao da média europeia. Houve consequências, num mérito que a História atribuirá aos governos de Aníbal Cavaco Silva. Foram, todavia, concretizadas as bases de um generoso Estado social e multiplicadas as regalias das pessoas: uma orientação meritória, que passou a ser tomada como um direito adquirido, mas que teria de ser paga pelo País. A subsequente adoção de políticas despesistas (António Guterres), um tanto à imagem do ocorrido na Grécia, agravou o défice das contas públicas e conduziu a um endividamento crescente do país. Deu-se, depois, a adesão ao euro: o País ficou dotado de uma moeda forte, que sobrevalorizou o antigo escudo e que permitiu o acesso fácil a um crédito barato. Os governos enveredaram por uma espetacular política de obras públicas, mobilizadoras de fundos a reembolsar no futuro e com pouco retorno reprodutivo. O sistema era inviável: funcionava enquanto se mantivesse, por contágio, a valoração máxima, dada pelas agências de notação.

II. A crise internacional de 2007-2009 pôs a nu a fraqueza estrutural do espaço português. Desde logo, a supressão do mercado interbancário, subsequente à insolvência do *Lehman Brothers*, deixou a banca nacional numa situação impossível. Cumpre explicar que o recurso ao crédito, levado a cabo pelas famílias, pelas empresas e pelo sector público, era enfrentado, pela banca nacional, através de fundos obtidos nos mercados internacionais. Tal atuação era possível enquanto, mercê da notação de que todos desfrutavam, tais mercados se mantivessem acessíveis. O desaparecimento do mercado interbancário impediu o *roll over* do passivo existente. Além disso, a banca nacional mantinha-se, no plano interno, vinculada a empréstimos longos, a baixos juros.

Estas dificuldades foram agravadas pelo fenómeno, aparentemente favorável, da quebra das taxas de juros. Na linha de uma política anti-inflacionista *à outrance*, o BCE mantinha elevadas taxas de juros, enquanto a Reserva Federal norte-americana seguia, justamente, a política inversa. Os empréstimos concedidos pelos bancos portugueses assentavam, fundamentalmente, numa parcela variável, equivalente, em geral, à taxa Libor[309] e acrescida de um *spread*, em regra baixo. A Libor era elevada, nas vésperas da crise, chegando a rondar os 6%. Quando o BCE, tardiamente, alterou a sua política de juros altos, a Libor iniciou um trajeto descendente, chegando aquém de 1%. Resultado: os bancos, que trabalhavam na base do curto prazo, vieram a sofrer perdas elevadas com os empréstimos a longo prazo, designadamente para habitação, cujos juros desceram acentuadamente. Resultou, daí, um aconchego para as famílias, menos falado, mas útil na crise subsequente. A quebra da Libor teve, ainda, consequências calamitosas no domínio dos derivados, originando, nos anos subsequentes, a catástrofe dos *swaps* celebrados pelo sector público.

III. A crise foi enfrentada com uma série de medidas dirigidas ao sector financeiro[310]. Hoje sabe-se que elas foram, no essencial, contraproducentes: aumentaram os custos operacionais dos bancos, restringiram o crédito e provocaram quedas desastrosas, como as do BES e do BANIF, com prejuízos máximos para os trabalhadores. Todavia, não é politicamente correto dizê-lo, até porque elas foram, em boa parte, ditadas por Bruxelas.

[309] A taxa Libor traduz a taxa média interbancária pela qual um *pool* representativo de bancos se propõe efetuar empréstimos entre si, no mercado monetário de Londres. Tem diversas modalidades, de acordo com o prazo dos empréstimos, sendo anunciada diariamente, às 11.45 TMG, pela *British Banker's Association*.

[310] *Vide* o seu enunciado no nosso *Direito bancário* cit., 158-164.

45. O acordo com a "Troika"

I. Nas circunstâncias acima apontadas, a degradação das contas nacionais atingiu o seu ponto alto, em 2011. Na iminência de uma quebra nos pagamentos, o Estado pediu auxílio internacional, nos termos acima explicados. Assim, o Governo então em funções (José Sócrates), já demissionário, negociou e subscreveu, com o Fundo Monetário Internacional, a Comissão Europeia e o Banco Central Europeu (a "Troika") e com o acordo dos principais partidos da oposição, em 17-mai.-2011, um denominado *Memorando de Entendimento sobre as Condicionalidades de Política Económica*[311]: o Memorando da Troika.

No essencial, o Memorando da Troika contém uma série de obrigações assumidas pelo Governo do País, em troca de um financiamento de 84 mil milhões de euros, que permitisse transcender o não-acesso aos mercados internacionais, para efeitos de refinanciamento da dívida externa.

II. O Memorando da Troika é um documento denso, em 35 páginas, redigido em linguagem não-jurídica, pouco elegante e menos precisa, nalguns dos seus pontos. Após um breve preâmbulo, comporta sete rubricas:

1 – Política orçamental;
2 – Regulação e supervisão do sector financeiro;
3 – Medidas orçamentais estruturais;
4 – Mercado de trabalho e educação;
5 – Mercados de bens e serviços;
6 – Mercado de habitação;
7 – Condições de enquadramento.

Esta última rubrica versa o problema dos tribunais e o da concorrência, contratos públicos e ambiente empresarial.

III. Quanto à política orçamental, são apontados os objetivos de reduzir o défice das Administrações Públicas, nos termos seguintes (milhões de euros)[312]:

[311] A versão oficial está escrita em língua inglesa. Usa-se a versão portuguesa, cuja tradução é da responsabilidade do Governo e que é facilmente consultável na Net. A Comunicação Social deu conta da existência de outras versões, não coincidentes. Para os presentes propósitos, não cabe delucidar esse aspeto.

[312] Estas cifras mostrar-se-iam inviáveis; para os finais de 2013, no âmbito de uma revisão entretanto efetuada, previa-se um défice de 5,5%.

2011 para 10.068 (5,9% do PIB);
2012 para 7.645 (4,5% do PIB);
2013 para 5.224 (3,0% do PIB).

Para o efeito, eram previstas medidas quanto à despesa e quanto à receita. Vamos recordar o que tange à despesa:

Despesa

1.7. Melhorar o funcionamento da administração central, eliminando duplicações, aumentando a eficiência, reduzindo e extinguindo serviços que não representem uma utilização eficaz de fundos públicos. Tal deverá resultar em poupanças anuais de, pelo menos, 500 milhões de euros. Planos pormenorizados serão apresentados pelas autoridades portuguesas e avaliados **até ao T1-2012**; e os impactos orçamentais serão distribuídos até 2014**.** Para este fim, o Governo irá:

i. reduzir o número de serviços mantendo a qualidade na prestação de serviço público;
ii. criar um serviço único tributário e promover serviços partilhados entre as diferentes áreas da Administração Pública;
iii. reorganizar as administrações local e regional e a prestação de serviços da administração central a nível local;
iv. avaliar periódica e regularmente a eficiência e eficácia (*value for money*) dos diversos serviços públicos que integram as Administrações Públicas, tal como definido em contabilidade nacional;
v. promover a mobilidade dos trabalhadores nas administrações central, regional e local;
vi. reduzir as transferências do Estado para Serviços e Fundos Autónomos;
vii. rever as políticas remuneratórias e as prestações acessórias (*fringe benefits*) das entidades públicas e das entidades que estabelecem com independência os seus regimes de remuneração;
viii. reduzir subsídios a produtores privados de bens e serviços.

1.8. Reduzir custos na área de educação, tendo em vista a poupança de 195 milhões de euros, através da racionalização da rede escolar criando agrupamentos escolares, diminuindo a necessidade de contratação de recursos humanos, centralizando os aprovisionamentos, e reduzindo e racionalizando as transferências para escolas privadas com contratos de associação.

1.9. Assegurar que o peso das despesas com pessoal no PIB diminua em 2012 e em 2013 [**T2-2012** para a avaliação; **T2-2013** para concluir o processo]:

i. limitar admissões de pessoal na administração pública para obter decréscimos anuais em 2012-2014 de 1% por ano na administração central e de 2% nas administrações local e regional. **[T3-2011]**

ii. congelar salários no sector público, em termos nominais, em 2012 e 2013, e limitar promoções.

iii. reduzir o custo orçamental global com sistemas de saúde dos trabalhadores em funções públicas (ADSE, ADM e SAD) diminuindo a comparticipação da entidade empregadora e ajustando o âmbito dos benefícios de saúde, com poupanças de 100 milhões de euros em 2012.

1.10. Controlar os custos no sector da saúde, com base nas medidas detalhadas adiante no ponto sobre "Sistema Nacional de Saúde", obtendo poupanças de 550 milhões de euros.

1.11. Reduzir as pensões acima de 1.500 euros, de acordo com as taxas progressivas aplicadas às remunerações do sector público a partir de **janeiro de 2011**, com o objetivo de obter poupanças de, pelo menos, 445 milhões de euros.

1.12 Suspender a aplicação das regras de indexação de pensões e congelar as mesmas, exceto para as pensões mais reduzidas, em 2012.

1.13. Reformar as prestações de desemprego com base nas medidas adiante indicadas no ponto sobre "Mercado de trabalho e educação", obtendo poupanças de 150 milhões de euros a médio prazo.

1.14. Reduzir, em pelo menos 175 milhões de euros, as transferências para as administrações local e regional, no âmbito do contributo deste subsector para a consolidação orçamental.

1.15. Reduzir os custos com Serviços e Fundos Autónomos em, pelo menos, 110 milhões de euros.

1.16. Reduzir custos no Sector Empresarial do Estado (SEE), com o objetivo de poupar, pelo menos, 515 milhões de euros através das seguintes medidas:

i. assegurar uma redução média permanente de, pelo menos, 15% dos custos operacionais;

ii. restringir sistemas de remuneração e de prestações acessórias (*fringe benefits*);

iii. racionalizar os planos de investimento a médio prazo;

iv. aumentar as receitas de atividade mercantis .

1.17. Reduzir, de modo permanente, as despesas de investimento em 500 milhões de euros, estabelecendo projetos prioritários de investimento. Intensificar o uso de oportunidades de financiamento providenciadas pelos fundos estruturais da UE, preservando a abordagem de competitividade acordada com a CE, no contexto do atual Quadro de Referência Estratégico Nacional (QREN).

46. Segue; as medidas quanto ao trabalho

No que tange ao trabalho, cumpre reter o n.º 4 do Memorando da Troika. Relevamos alguns pontos:

(…)

Legislação de protecção do emprego

4.3. O Governo irá efectuar reformas no sistema de protecção do emprego com o objectivo de combater a segmentação do mercado de trabalho, promover a criação de emprego e facilitar os ajustamentos no mercado de trabalho:

4.4. Compensação por cessação de contrato de trabalho:

i. O Governo irá apresentar, até ao **final de Julho de 2011,** à Assembleia da República legislação no sentido de implementar reformas nas compensações em relação às novas contratações, de acordo com o Acordo Tripartido de Março de 2011[19]. As compensações por cessação de contrato de trabalho para contratos sem termo serão alinhadas com as previstas para os contratos a termo. A reforma irá redesenhar os sistemas de compensações por cessação de contrato de trabalho da seguinte forma:
   - O total de compensações por cessação de contrato de trabalho para os novos contratos sem termo será reduzido de 30 para 10 dias por ano de antiguidade (e 10 dias adicionais a serem pagos por um fundo financiado pelos empregadores) com um limite máximo de 12 meses e a eliminação do limite mínimo de 3 meses de retribuição que não dependem da antiguidade;
   - O total das compensações por cessação de contrato de trabalho para os contratos a termo será reduzido de 36 para 10 dias por ano de trabalho, para contratos inferiores a 6 meses, e de 24 para 10 dias, para contratos de maior duração (com 10 dias adicionais a serem pagos por um fundo financiado pelos empregadores);
   - Implementação do fundo acordado no Acordo Tripartido de Março para financiar parcialmente o custo dos despedimentos para novas contratações.

ii. Até ao **T4-2011,** o Governo irá apresentar uma proposta no sentido de alinhar as compensações por cessação de contrato de trabalho para os actuais contratos com a alteração para os novos contratos (tendo em consideração a articulação revista entre o direito à compensação, antiguidade e o limite total para as compensações) sem redução dos direitos adquiridos. Este plano permitirá apresentar a nova legislação à Assembleia da República até ao **T1-2012.**

iii. Até ao **T1-2012,** o Governo irá apresentar uma proposta com o objectivo de:
  - Alinhar o nível de compensações por cessação de contrato de trabalho com o nível médio da UE;
  - Permitir que as compensações por cessação de contrato de trabalho financiadas pelo fundo acordado no Acordo Tripartido, sejam transferíveis entre empregadores, através da criação de contas individuais nacionais.

Com base nesta proposta, será apresentada à Assembleia da República uma proposta de lei até ao **T3-2012.**

4.5. Definição de despedimentos. O Governo irá preparar até ao **T4-2011** uma proposta de reforma com o objectivo de introduzir ajustamentos aos casos de despedimentos individuais com justa causa previstos no Código do Trabalho, tendo em vista combater a segmentação do mercado de trabalho e aumentar a utilização dos contratos sem termo. Esta medida dará origem a uma proposta de lei que será apresentada à Assembleia da República até ao **T1-2012.**

i. Os despedimentos individuais por inadaptação do trabalhador deverão ser possíveis mesmo sem a introdução de novas tecnologias ou outras alterações no local do trabalho (art.ºs 373-380, 385 do Código do Trabalho). Entre outras, pode ser acrescentada uma nova causa justificativa nos casos em que o trabalhador tenha acordado com o empregador atingir determinados objectivos e não os cumpra, por razões que sejam da exclusiva responsabilidade do trabalhador;

ii. Os despedimentos individuais associados à extinção do posto de trabalho não devem necessariamente seguir uma ordem pré-estabelecida de antiguidade, se mais do que um trabalhador estiver destinado a funções idênticas (art.º 368 do Código do Trabalho). A ordem pré-definida de antiguidade não é necessária desde que o empregador estabeleça um critério alternativo relevante e não discriminatório (semelhante ao já existente no caso dos despedimentos colectivos);

iii. Os despedimentos individuais, pelas razões acima indicadas, não devem estar sujeitos à obrigação da tentativa de transferência do trabalhador para outro posto de trabalho disponível ou uma função mais apropriada (art.ºs 368, 375 do Código do Trabalho). Em regra, se existirem postos de trabalho disponíveis, compatíveis com as qualificações do trabalhador, devem ser evitados despedimentos.

Regimes dos Tempos de Trabalho

4.6. O Governo efectuará reformas nos regimes dos tempos de trabalho, tendo em vista conter as flutuações do emprego ao longo do ciclo económico, incorporar melhor as diferenças nos padrões de trabalho nos vários sectores e empresas e aumentar a competitividade das empresas.

i. O Governo irá elaborar uma avaliação relativa à utilização dada ao aumento dos elementos de flexibilidade pelos parceiros sociais, associados à revisão do Código do Trabalho de 2009 e preparar um plano de acção para promover a flexibilidade dos tempos de trabalho, incluindo as modalidades que permitam a adopção do regime laborai do "banco de horas", por acordo mútuo entre empregadores e trabalhadores negociado ao nível da empresa. **[T4-2011]**

ii. Será apresentado à Assembleia da República uma proposta de lei até ao **T1-2012** sobre os seguintes aspectos:

- Implementação dos compromissos acordados no Acordo Tripartido de Março, em relação ao regimes dos tempos de trabalho e regime da redução temporária do período normal de trabalho ou suspensão do contrato de trabalho em situação de crise empresarial, facilitando o cumprimento de requisitos por parte dos empregadores para a introdução e renovação destas medidas.
- Revisão da retribuição especial pela prestação de trabalho suplementar prevista no Código do Trabalho: (i) redução para o máximo de 50% (dos actuais 50% para a primeira hora de trabalho suplementar, 75% para as horas seguintes e 100% para o trabalho suplementar em dia de descanso semanal ou em feriado); (ii) eliminação da descanso compensatório correspondente a 25% do trabalho suplementar prestado. Estas normas podem ser alteradas, para mais ou para menos, por convenção colectiva de trabalho.

Fixação de Salários e Competitividade

4.7. O Governo promoverá uma evolução dos salários consistente com os objectivos da promoção da criação de emprego e da melhoria da competitividade das empresas, com vista a corrigir os desequilíbrios macroeconómicos. Com este objectivo, o Governo irá:

i. comprometer-se que, durante a duração deste programa, qualquer aumento do salário mínimo só terá lugar se justificado pela evolução económica e do mercado de trabalho, e após acordo no quadro da revisão do programa;

ii. definir critérios claros a serem seguidos para a extensão das convenções colectivas e comprometer-se com o seu cumprimento. A representatividade das partes e as implicações da extensão das convenções para a posição competitiva das empresas não filiadas, terá de ser um dos critérios. A representatividade das partes será avaliada com base em indicadores quantitativos e qualitativos. Para este fim, o Governo encarregará o ME de efectuar um inquérito para coligir dados sobre a representatividade dos parceiros sociais de ambos os lados. Será elaborada uma proposta de lei para definição dos critérios da extensão e modalidades de implementação até ao **T2-2012**;

iii. preparar um estudo independente até ao **T2-2012** sobre:
- o modo como a concertação salarial tripartida pode ser estimulada com vista à definição de normas para lidar com as evoluções salariais globais, que tenha em conta a posição competitiva da economia, e um sistema de verificação do cumprimento dessas normas;
- a necessidade de redução da sobrevigência dos contratos caducados, mas não substituídos por novos (art.º 501 do Código do Trabalho).

[19] *Structural benchmark* no MEFP.

(...)

47. Reflexos nas leis do trabalho

I. A concretização, no plano laboral, das obrigações assumidas perante a Troika, pelo Governo de José Sócrates, como contrapartida pelo auxílio de 84 mil milhões de euros, foi difícil e parcelar. Nesse sentido jogaram constrangimentos políticos e constitucionais, com uma particularidade curiosa: tais obrigações iriam ser impostas por um Governo que não as aprovara (o de Passos Coelho). Não obstante, foi possível, em concertação social (exceto a CGTP), designadamente através de acordo tripartido *Compromisso para o Crescimento, Comptitividade e Emprego*, de janeiro de 2012, aprovar medidas, vertidas depois em leis.

II. Essas leis vieram alterar o Código do Trabalho de 2009. Foram elas, no essencial:

– Lei n.º 53/2011, de 14 de outubro, que alterou o Código do Trabalho de 2009, fundamentalmente no sentido de reduzir o valor das indemnizações devidas aos trabalhadores por cessação do contrato de trabalho; todavia, a medida só era aplicável aos contratos de trabalho de futuro;
– Lei n.º 23/2012, de 25 de junho, também modificando o Código do Trabalho, com múltiplas (ainda que tímidas) medidas de flexibilização dos contratos de trabalho, em parte inconstitucionalizadas[313];
– Lei n.º 47/2012, de 29 de agosto, atinente ao trabalho de menores;
– Lei n.º 3/2012, de 10 de janeiro, quanto ao trabalho a termo;
– Lei n.º 11/2013, de 28 de janeiro (estabelece um regime temporário de pagamento dos subsídios de Natal e de férias, para 2013);
– Lei n.º 69/2013, de 30 de agosto, relativa a indemnizações por cessação do contrato de trabalho;
– Lei n.º 76/2013, de 7 de novembro (estabelece um regime de renovação extraordinária de contratos a termo certo, bem como do modo de compensação aplicável em casos de renovação);
– Lei n.º 27/2014, de 8 de maio, que visou utrapassar a declaração de inconstitucionalidade relativa a diversos preceitos da Lei n.º 23/2012;
– Lei n.º 55/2014, de 25 de agosto, quanto à sobrevigência das convenções coletivas de trabalho nas empresas em crise.

II. No seu conjunto, estas medidas dão algum corpo aos compromissos com a Troika[314]. De resto, elas foram complementadas por regras restritivas aplicáveis ao funcionalismo público: congelamentos de carreiras, reduções remuneratórias e suspensão dos subsídios de Natal e de férias. Para além dos aspetos práticos, cumpre sublinhar que cabe, às empresas, criar emprego. Existe, na classe empresarial portuguesa, uma desconfiança de raiz relativamente à estabilidade das regras laborais (e fiscais), dependentes de flutuações políticas conhecidas. Sem confiança não há investimento nem progresso.

[313] TC n.º 602/2012, de 20 de setembro (Pedro Machete), na *Net*.
[314] *Vide* Rosário Palma Ramalho, *Tratado* cit,., 1, 4.ª ed., 126-127.

IV. Os aspetos técnicos relativos aos pontos alterados pelas reformas serão considerados a propósito dos concretos institutos visados. Todavia, eles devem ser interpretados no seu conjunto, à luz do "Direito da crise".

V. Assinale-se que a crise europeia provocou alterações legislativas laborais nos diversos países atingidos, com relevo para a Grécia[315] e isso mau grado ela, aí, ter sido enfrentada por um Governo de extrema esquerda[316]. Foram adotadas medidas restritivas, que chegaram a provocar dúvidas de aplicação pelos tribunais alemães[317]. No plano europeu, a crise tornou clara a evolução do conceito de "trabalhador": centrado na livre circulação, ele abrange, hoje, a pessoa ocupada profissionalmente e carecida de proteção[318].

VI. Atualmente, o clima económico mais favorável e a presença de um Governo apoiado pela esquerda parlamentar têm permitido reabsorver as medidas restritivas derivadas do acordo com a Troika. Dada a quebra significativa na taxa do desemprego, tais medidas são pouco úteis. Pelo contrário: assustam as empresas e o investimento estrangeiro. Todavia, além de corresponderem a programas políticos legitimados pelo voto, elas poderão servir de encosto para a próxima crise, que se avizinha, ainda que não se saiba quando.

VII. O Direito do trabalho não anda a reboque da economia. Deve, em conjunto com outras disciplinas jurídicas, procurar contrabalançar o que mais não é do que o produto da irracionalidade humana. Não deve, contudo, perder o contacto com a realidade, esquecendo a dimensão do País e a sua dependência de fatores externos.

Esse estado de coisas levam, de imediato, ao estudo do Direito europeu.

[315] Travlos-Tzanetatos, *Die Tarifautonomie in kritischer Wende/Das Beispiel Griechenlands*, FS Franz Jürgen Säcker 70. (2011), 325-342; Dirk Reinhard, *Griechenland*, em Marcus Felsner/Nadja Roβ-Kirsch, *Handbuch/Internationales Arbeitsrecht* (2014), 195-204 (195).

[316] Abbo Junker, *Schuldenkrise und Arbeitsvertragsstatut*, EuZA 9 (2016), 1-2; Nikitas Alipantis, *Die Folgen Krisenmanagements für die soziale Situation in Griechenland*, AuR 2016, 180-188.

[317] Chris Thomale, *Griechische Spargesetze vor deutschen Arbeitsgerichte*, EuZA 9 (2016), 116-125.

[318] Abbo Junker, *EU-Arbeitsrecht in Zeiten der Eurosklerose*, EuZA 9 (2016), 428-444 (429 ss.).

II

DIREITO EUROPEU

CAPÍTULO I

A INTEGRAÇÃO EUROPEIA

§ 11.º DIREITO EUROPEU PRIVADO

48. Dimensões jurídico-privadas

I. O Tratado de Roma (1957) veio constituir a Comunidade Económica Europeia englobando, na época, seis Estados: Alemanha, Bélgica, França, Holanda, Itália e Luxemburgo. Seguiram-se alargamentos sucessivos: Reino Unido, Irlanda e Dinamarca (1973), Grécia (1981) e Espanha e Portugal (1986). Em 1992, o Tratado de Maastricht constituiu a União Europeia, numa linha de crescente integração. Houve novas adesões: Áustria, Finlândia e Suécia (1995)[319]. Sobrevieram os Tratados de Amesterdão (1997) e de Nice (2000) e a introdução da moeda única (2002). Surge o projeto de Constituição Europeia (2003) assinado em Roma (2004) e rejeitado por referendos em França e na Holanda. Operou, em 1-mai.-2004, um importante alargamento: Estónia, Letónia, Lituânia, Malta, Polónia, Eslováquia, Eslovénia, Chéquia, Hungria e Chipre.

Num quinto alargamento, vieram para a União a Bulgária e a Roménia: 1 de janeiro de 2007. Em 2007, foi assinado o Tratado de Lisboa, rejeitado por um referendo irlandês mas, depois, aprovado por novo referendo, da mesma Irlanda. Em 1 de julho de 2013 aderiu a Croácia, chegando-se aos 28 membros. Todavia, num estranho referendo de 23 de junho de 2016, o Reino Unido optou pela saída (*Brexit*); decorrem negociações complexas relativas a essa retirada, regressando a União aos 27 Estados[320].

[319] A Noruega rejeitou, por referendo, a sua adesão.

[320] A enumeração atualizada dos diversos instrumentos pode ser confrontada em Andreas Haratsch/Christian Koenig/Matthias Pechstein, *Europarecht*, 11.ª ed. (2018), XLI + + 807 pp., 3-17.

Diz-se Direito europeu o conjunto dos Tratados que regem a União Europeia (Direito primário) e, ainda, o das normas produzidas pelos órgãos europeus resultantes desses Tratados (Direito secundário ou derivado)[321].

II. Como ponto de partida, fica claro que os tratados europeus são omissos quanto à unificação dos Direitos privados dos Estados membros[322]. Diversas iniciativas foram tomadas tendo em vista uma dupla preocupação[323]:

– a tutela dos cidadãos;
– a igualização das condições de concorrência.

Resulta, daqui, um conjunto de vetores a que se tem chamado "Direito privado europeu"[324]. Esse conjunto é, de todo, insuficiente para sedimentar um verdadeiro ramo científico e normativo.

Dentro do Direito privado, a área mais densa, em termos de cobertura comunitária, é constituída pelo Direito das sociedades[325]. Na base dos artigos 50.º/2, *f*) e 54.º do Tratado de Lisboa, que preveem atuações do Conselho e da Comissão no sentido de coordenar a proteção dos sócios e de terceiros, têm surgido diversas diretrizes que cobrem áreas significativas do Direito das sociedades, particularmente as de capitais[326]. Além disso, há que

[321] Karl Riesenhuber, *Europäisches Arbeitsrecht* (2009), XLII + 597 pp., 7-11; Matthias Herdegen, *Europarecht*, 19.ª ed. (2017), XXVII + 551 pp., 3-5, em geral; no plano laboral: Adam Sagan, *Grundlagen des europäischen Arbeitsrechts*, em Ulrich Preis/Adam Sagan, *Europäisches Arbeitsrecht* (2015), § 1 (1-78), Nr. 1-15 (1-14), Wolfgang Zöllner/ /Karl-Georg Loritz/Curt Wolfgang Hergenröder, *Arbeitsrecht* cit., 7.ª ed., § 11, Nr. 8-15 (134-138) e Gilles Auzero/Dirk Baugard/Emmanuel Dockes, *Droit du travail*, 31.ª ed. (2018), n.º 35-40 (44-53).

[322] Bernhard Nagel, *Wirtschaftsrecht der Europäichen Union/Eine Einführung*, 4.ª ed. (2003), 326.

[323] Stephan Hobe, *Europarecht*, 9.ª ed. (2017), 189 ss. e 313 ss.; Waltraud Hakenberg, *Europarecht*, 8.ª ed. (2018), 95 ss. e 143 ss..

[324] Com indicações, Irene Klauer, *Die Europäisierung des Privatrechts* (1998), 21 ss. e Martin Gebauer, *Grundfragen der Europäisierung des Privatrechts* (1999), com rec. Peter Kindler, AcP 199 (1999), 695-705.

[325] *Direito das sociedades* 1, 3.ª ed., 187 ss..

[326] *Vide* o seu elenco em *Direito das sociedades* 1, 3.ª ed., 190 ss.. Para mais elementos, *vide* o nosso *Direito europeu das sociedades* (2005), 67 ss. e *passim*.

contar com alguns regulamentos[327]. Faz sentido proceder a uma exposição conjunta da matéria, a que se chamará Direito europeu das sociedades[328]. A exposição é, no entanto, parcelar. O Direito europeu das sociedades nunca poderia, sem o (forte) apoio do Direito nacional pertinente, reger os meandros de qualquer sociedade. O próprio estatuto das sociedades anónimas europeias (SE), que tem relevo laboral, estudado durante mais de 40 anos para permitir um esquema igual, para esse tipo de sociedades, em toda a Europa, desistiu da unificação: remeteu largas áreas para o Direito nacional do local da sede. No Direito civil a situação é diversa. Falta, de todo, um mínimo de densidade comunitária que permita lançar as bases de um verdadeiro Direito civil europeu. A fragmentação seria, aí, muito maior. Veremos qual a situação no Direito do trabalho.

III. Ao contrário do que poderia resultar de uma abordagem superficial, as experiências de integração legislativa e de unificação são antigas. Os seus efeitos são conhecidos: uma série de fatores tem, de facto, inviabilizado uma verdadeira unificação.

Tomemos como exemplo as leis uniformes sobre letras, livranças e cheques. Quanto a letras e livranças foram assinadas, em Genebra, a 7-jun.-1930, três convenções referentes, respetivamente: a uma lei uniforme; a certos conflitos de leis; ao imposto de selo[329]. Foram aprovadas pelo Decreto-Lei n.º 23 721, de 29 de março de 1934 e confirmadas e ratificadas por Carta de 10 de maio de 1934. A Convenção de Genebra relativa ao cheque foi assinada em Genebra a 19-mar.-1931: aprovou a respetiva lei uniforme. Ela foi aprovada, entre nós, pelos diplomas relativos às letras e livranças, acima referidos. As leis uniformes foram adotadas por numerosos outros países, com relevo para a Alemanha, a França e Itália. São idênticas – tanto quanto as traduções jurídicas o permitam. Todavia, transpostas para países distintos, com tradições e ciências próprias, acabaram por divergir. Hoje, o Direito cambiário é nacional, sendo frequente que normas "idênticas" propiciem soluções diversas.

[327] Com relevo para o Regulamento (CEE) n.º 2137/85, de 25 de julho, sobre agrupamentos europeus de interesse económico e o Regulamento 2157/2001, do Conselho, de 8 de outubro, sobre sociedades anónimas europeias.

[328] Mathias Habersack, *Europäiches Gesellschaftsrecht*, 4.ª ed. (2011), 1 ss..

[329] As Convenções de Genebra foram discutidas e preparadas durante décadas. Traduziram, pelo menos aparentemente, a afetiva confluência das diversas Ciências jurídicas nacionais.

IV. A História ia-se repetindo, com o advento do Tratado de Roma e a subsequente integração. Num primeiro tempo, pensou-se que a unificação material de áreas sensíveis, como o Direito bancário, não deixaria de operar[330]. Verificou-se, depois, a dificuldade, perante as irredutíveis especificidades científico-culturais de cada Estado-Nação. Passou-se, então, a diretrizes: estas, carecidas de transposição, permitiriam as necessárias adaptações nacionais. Mas até aqui há problemas, seja na conceção, seja na execução. Optou-se, por fim, por diretrizes de enquadramento, isto é, diretrizes que, abdicando do Direito material, se limitem a prescrever condições mínimas para que as diversas instituições sejam reconhecidas nos vários países. Em que ponto estamos, no tocante a estas questões, no Direito privado e, em especial, no Direito do trabalho? Vamos ver.

49. **Fontes europeias**

I. As bases jurídicas da União Europeia, depois de uma evolução de meio século, foram aprovadas pelo Tratado de Lisboa (2007) e constam de dois instrumentos: o Tratado da União Europeia (TUE) e o Tratado do Funcionamento da União Europeia (TFUE)[331]. O Tratado da União Europeia[332] contém determinadas normas com relevo laboral[333]. Trata-se de Direito primário. Estão nessas condições:

[330] *Vide* algumas indicações em *Direito bancário*, 6.ª ed., 121-122.

[331] O grande comentário de referência aos tratados europeus ou de Lisboa é o de Rudolf Streinz, EUV/AEUV – *Vertrag über die Europäische Union/ Vertrag über die Arbeitsweise der Europäischen Union/Charta der Grundrechte der Europäischen Union*, 3.ª ed. (2018), XXIX + 2873 pp., com a colaboração de 51 autores.

[332] Ou (hoje) Tratado de Lisboa. *Vide* a publicação de Maria Luísa Duarte/Carlos Alberto Lopes, *Tratado de Lisboa*, 2.ª ed. (2010), bem como Manuel Lopes Porto/Gonçalo Anastácio, *Tratado de Lisboa anotado e comentado* (2012), 1460 pp., com a colaboração de quase duzentos autores.

[333] Johannes Köngden, *Die Rechtsquellen des Europäischen Privatrechts*, em Karl Riesenhuber, *Europäische Methodenlehre/Handbuch für Ausbildung und Praxis* (2006), 133-158; Karl Reisenhuber, *Europäisches Arbeitsrecht* cit., 60 ss.; Gregor Thüsing, *Europäisches Arbeitsrecht*, 3.ª ed. (2017), XXIII + 417 pp., 35 ss..

– os princípios do respeito pela dignidade humana, da liberdade e da igualdade – artigo 2.º do TUE;
– as liberdades fundamentais da livre circulação de mercadorias – 28.º a 34.º – e da livre circulação de pessoas, de serviços e de capitais – 45.º a 66.º, do Tratado sobre o Funcionamento da União Europeia;
– a defesa da concorrência – 101.º a 106.º;
– a defesa dos consumidores – 169.º;
– a defesa do ambiente – 191.º a 193.º, todos do mesmo TFUE.

O Tratado prevê a aproximação das disposições legislativas dos Estados-Membros que tenham incidência direta no mercado comum – 127.º a 133.º. Além disso, há que jogar com a política monetária, subjacente à moeda única – 105.º a 115.º.

Estes aspetos são estruturantes da União Europeia. Eles não fazem diretamente apelo ao Direito privado. Todavia, é manifesto que será justamente por meios jurídico-privados que eles poderão ser levados à prática. De resto: mais não fizeram do que dar corpo europeu a regras há muito implantadas nos diversos países da União.

II. Além das regras primárias, acima enunciadas, as instituições europeias aprovaram, ao abrigo das competências que lhes são atribuídas pelo Tratado da União, diversos instrumentos com eficácia jurídica e, particularmente: diretrizes. Trata-se do Direito secundário ou derivado.

Nos termos do artigo 288.º do Tratado sobre o Funcionamento da União, os órgãos comunitários podem apelar a dois tipos de atos normativos: os regulamentos e as diretrizes[334]. Os primeiros são diretamente aplicáveis em todo o território da União. Exemplo paradigmático de regulamentos é o dos instrumentos que estabelecem e regulam o euro como moeda comunitária[335]. Os órgãos da União recorrem a regulamentos quando seja vital que o mesmo texto vigore em todos os Países. As diretrizes, pelo contrário

[334] P. ex.: Matthias Herdegen, *Europarecht* cit., 19.ª ed., 190 ss. e 192 ss.; Waltraud Hakenberg, *Europarecht* cit., 8.ª ed., 67 ss.; Werner Schroeder, em Rudolf Streinz, *EUV/AEUV* cit., 3.ª ed., Art. 288 AEUV (2353-2388), com muitas dezenas de indicações.

[335] Mais precisamente os Regulamentos n.º 1103/97, de 17 de junho, n.º 874/98, de 11 de maio e n.º 2866/98, de 31 de dezembro.

não são, por si, aplicáveis. Elas dirigem-se aos Estados requerendo, da parte destes, a adoção de medidas internas: as leis de transposição.

Com relevância privada temos, neste momento, diversas diretrizes a reter.

Diretrizes ou "diretivas"? A questão tem alguma relevância: constitui um primeiro palco de aferição da cultura jurídica portuguesa, enquanto parte do todo mais complexo da cultura nacional. Em português correto, diretriz é preferível. Diretiva equivale a um galicismo e coaduna-se mais com instruções concretas do que com normas de procedimento. De todo o modo, como diretiva surge correntemente nos textos comunitários escritos em português, reservá-la-emos para as transcrições, ficando diretriz para o nosso próprio discurso.

Diretriz, feminino de diretor, pode surgir como substantivo ou como adjetivo. Já diretiva deveria ser, apenas, adjetivo. A forma substantivada difundiu-se após a Guerra de 1914-1918, traduzindo um plano geral, a concretizar pelos executantes. Mas também aí prevaleceu o bom português "diretriz".

Atualmente, a Sociedade de Língua Portuguesa considera diretriz como o termo preferível[336]. Quanto aos textos de Bruxelas: é evidente que eles não são linguisticamente vinculativos. Aliás tais textos caracterizam-se pelo mau português em que vêm expressos: nunca poderiam ser tomados como exemplo de boa linguagem, nem é esse o seu papel[337].

Pretender alicerçar *diretiva* em considerandos jurídico-comunitários não faz qualquer sentido. Já o mau manuseio da própria língua-mãe é um prelúdio preocupante a qualquer dogmática subsequente[338].

III. Cumpre dar conta das diretrizes que mais diretamente têm reflexos privados. De fora iremos deixar as diretrizes comerciais – particularmente as de Direito das sociedades[339] – e as laborais, abaixo referidas:

[336] *Grande Dicionário da Língua Portuguesa*, vol. IV, 266/I.

[337] O mesmo fenómeno ocorre noutros idiomas: os autores queixam-se da linguagem usada pelos textos comunitários, nas diversas línguas.

[338] Para mais elementos sobre o tema *vide* o nosso *Vernáculo jurídico: directrizes ou directivas?*, ROA, 2004, 609-614.

[339] *Vide*, quanto a estas, o nosso *Direito europeu das sociedades* cit., 127 ss..

– Diretriz 84/450, de 10 de setembro, relativa à publicidade enganadora[340], alterada pela Diretriz 97/55, de 23 de outubro[341]; foi transposta pelo Código da Publicidade[342];
– Diretriz 85/374, de 25 de julho, relativa à responsabilidade do produtor[343]; foi transposta pelo Decreto-Lei n.º 383/89, de 6 de novembro;
– Diretriz 85/577, de 20 de dezembro, relativa à tutela do consumidor perante contratos celebrados fora do estabelecimento[344]; foi transposta pelo Decreto-Lei n.º 272/87, de 3 de julho;
– Diretriz 87/102, de 22 de dezembro de 1986, relativa ao crédito ao consumo[345]; foi transposta pelo Decreto-Lei n.º 359/91, de 21 de setembro, tendo sido alterada pela Diretriz 98/7, de 16 de fevereiro[346], transposta pelo Decreto-Lei n.º 101/2000, de 2 de junho;
– Diretriz 91/250, de 14-mai.-1991, relativa à tutela de programas de computador[347]; foi transposta pelo Decreto-Lei n.º 252/94, de 20 de outubro;
– Diretriz 92/100, de 27 de novembro, relativa ao direito de aluguer, ao direito de comodato e a certos direitos conexos aos direitos de autor[348]; foi transposta pelo Decreto-Lei n.º 232/97, de 27 de novembro;
– Diretriz 93/7, de 15 de março, relativa à saída indevida, do seu território, de bens culturais[349]; aguarda transposição[350];

[340] Joce L 250, 17-20, de 19-set.-1984; foi modificada pela Diretriz 97/55, do Parlamento Europeu e do Conselho, de 6 de outubro, Joce L 290, 18-23, de 23-out.-1997.

[341] Joce L 290, 18-23, de 23-out.-1997.

[342] Aprovado pelo Decreto-Lei n.º 330/90, de 23 de outubro, diversas vezes alterado, a última das quais pelo Decreto-Lei n.º 275/98, de 9 de setembro, que transpôs a Diretriz 97/55, de 6 de outubro, referida na nota anterior.

[343] Joce L 210, 29-33, de 7-ago.-1985; foi alterada pela Diretriz 1999/34, do Parlamento Europeu e do Conselho, de 10 de maio, Joce L 141, 20-21, de 4-jun.-1999, por seu turno transposta pelo Decreto-Lei n.º 131/2001, de 24 de abril.

[344] Joce L 372, 31-33, de 31-dez.-1985.

[345] Joce L 42, 48-53, de 12-fev.-1987.

[346] Joce L 101, 17-23, de 1-abr.-1998.

[347] Joce L 122, 42-46, de 17-mai.-1991.

[348] Joce L 346, 61-66, de 27-nov.-1992.

[349] Joce L 74, 74-79, de 27-mar.-1993; esta Diretriz foi alterada pela Diretriz 96/100, do Parlamento Europeu e do Conselho, de 17-fev.-1997, Joce L 60, 59-60, de 1-mar.-1997.

[350] De todo o modo, a Resolução da Assembleia da República n.º 34/2000, de 4 de abril, aprovou, para ratificação, a Convenção da UNIDROIT sobre Bens Culturais Roubados ou Ilicitamente Exportados, assinada em Roma, em 24-jul.-1995; esta Convenção foi ratificada pelo Decreto n.º 22/2000, de 4 de abril.

– Diretriz 93/13, de 5 de abril, relativa a cláusulas abusivas nos contratos com consumidores[351]; foi transposta pelo Decreto-Lei n.º 220/95, de 31 de agosto e pelo Decreto-Lei n.º 249/99, de 7 de julho[352];
– Diretriz 93/83, de 27 de setembro, relativa a emissões por satélite e por cabo[353]; foi transposta pelo Decreto-Lei n.º 333/97, de 27 de novembro;
– Diretriz 93/98, de 29 de outubro, relativa à duração da tutela de certos direitos de autor[354]; foi transposta pelo Decreto-Lei n.º 334/97, de 27 de novembro;
– Diretriz 94/47, de 26 de outubro, relativa à tutela dos direitos reais de habitação periódica[355]; foi transposta pelo Decreto-Lei n.º 180/99, de 22 de maio;
– Diretriz 97/7, de 20 de maio, relativa à tutela do consumidor nas vendas à distância[356]; foi transposta pelo Decreto-Lei n.º 143/2001, de 26 de abril[357];
– Diretriz 98/27, de 19 de maio, relativa a ações inibitórias para defesa dos consumidores[358]; foi transposta pela Lei n.º 25/2004, de 8 de julho;
– Diretriz 99/44, de 25 de maio, relativa a certos aspetos da venda de bens de consumo e das garantias a ela relativas[359]; foi transposta pelo Decreto-Lei n.º 67/2003, de 8 de abril;
– Diretriz 2000/31, de 8 de junho, referente a certos aspetos legais da sociedade de informação, em especial do comércio eletrónico[360]; foi transposta pelo Decreto-Lei n.º 7/2004, de 7 de janeiro;
– Diretriz 2008/122, de 14 de janeiro, relativa à proteção do consumidor quanto a certos contratos de utilização periódica de bens[361];
– Diretriz 2009/136, de 25 de novembro, que altera diretrizes anteriores quanto ao serviço de redes e serviços de comunicações eletrónicas[362].

[351] JOCE L 95, 29-34, de 21-abr.-1993.

[352] Este segundo diploma visou dar satisfação a funcionários comunitários que entendiam ter sido o Decreto-Lei n.º 220/95, de 31 de agosto, insuficiente. Não era esse o caso, tendo, do Decreto-Lei n.º 249/99, resultado incongruências, abaixo referidas.

[353] JOCE L 248, 15-21, de 6-out.-1993.

[354] JOCE L 290, 9-13, de 24-nov.-1993.

[355] JOCE L 280, 83-87, de 29-out.-1994.

[356] JOCE L 144, 19-27, de 20-mai.-1997.

[357] Com Ret. n.º 13-C/2001, de 31 de maio.

[358] JOCE L 166, 51-55, de 11-jun.-1998.

[359] JOCE L 171, 12-16, de 7-jul.-1999.

[360] JOCE L 178, 1-16, de 17-jul.-2000.

[361] JOCE L 33, 10-30, de 3-fev.-2009.

[362] JOCE L 337, 11-36, de 18-dez.-2009.

50. **Dificuldades científicas**

I. O cerne da realização das fontes privadas europeias reside na sua interpretação e na sua aplicação. Pergunta-se, agora, se se deve prever uma interpretação e uma aplicação "europeias" ou se, pelo contrário, as inerentes fontes devem ser tratadas como fontes portuguesas comuns.

A questão prende-se com o sentido técnico-jurídico da "integração europeia". Pretende-se nivelar e igualizar os diversos ordenamentos? Haveria que fazer apelo a interpretações e aplicações uniformes e, provavelmente, a uma ordem jurisdicional puramente comunitária. Adiantamos já – pelo menos no atual estado dos nossos conhecimentos – que não é esse o sentido da integração europeia. O objetivo não é igualizar – ou não se recorreria a meras diretrizes ou a regulamentos tipo "torso": apenas o de harmonizar, aproveitando, para isso, as Ciências nacionais.

Devemos perguntar frontalmente se é pensável uma uniformização do Direito privado, dadas as conhecidas diversidades científicas e linguísticas do Velho Mundo. Pois bem: no atual estado dos nossos conhecimentos, tal uniformização não é possível.

II. É certo que os Direitos privados europeus tiveram um tronco comum: o Direito romano de receção ou *ius commune*. Porém, a formação irresistível dos Estados nacionais pôs termo a essa unidade. O Direito privado resistiu: ainda no século XVIII, a doutrina surgia em latim, circulando sem fronteiras. Já então particularismos locais de todo o tipo diferenciavam bem os ordenamentos: pense-se nas Ordenações do Reino, desde o século XV.

O racionalismo, a adoção das línguas nacionais no ensino e na prática do Direito e, depois, os códigos franceses diferenciaram, em definitivo, os Direitos da Europa. A experiência anglo-saxónica (vagamente) paralela à dos parlamentos franceses pré-revolucionários, seguiu rumos distantes. Os Direitos de cá e de lá do Reno integraram estilos diferentes. A Itália, a Holanda, a Grécia, os Países Nórdicos e a Espanha: outros tantos universos distintos e vivos. No seio dos países do Sul, avulta a experiência portuguesa, claramente germânica, mas inconfundível com o Direito alemão e muito diferente dos Direitos espanhol, francês e italiano.

O Direito não é uma lei (ou muitas): estaríamos perante um retrocesso positivista que ninguém admitiria subscrever. O Direito é, antes, uma vivência coletiva que exala uma Ciência capaz de resolver problemas. Para tanto, ela consubstancia todo um processo de realização: da fonte ao caso. Princípios, conceitos indeterminados, esquemas integradores e conexões variadas: tudo conflui, com a mediação criativa do juiz, para resolver o caso concreto.

III. Temos, depois, o problema incontornável da linguagem[363]. As fórmulas jurídicas estão ontologicamente dependentes da linguagem que lhes dê corpo e forma[364]. Resulta daqui que, na presença de línguas distintas, qualquer integração está votada ao fracasso. A língua inglesa tende a impor-se, a nível de negócios, como idioma universal. No entanto, fazer dela a língua jurídico-científica dos povos da Europa, para mais em face do *Brexit*, representaria um passo irrealista: pelo menos nas próximas gerações. E mesmo então o resultado final ficaria longe da uniformização, uma vez que a língua inglesa iria veicular ... um Direito não-inglês. Além disso, vários países europeus, com relevo para a França e a Itália, defendem cuidadosamente o uso, no Direito, das respetivas línguas[365]. E o uso da língua-mãe é, ainda, necessário pelo ponto de vista da tutela do consumidor[366].

O Tribunal de Justiça da União Europeia lida com a variedade linguística requerendo, para a interpretação de pontos controversos, o cotejo entre os textos escritos nas várias línguas em presença[367]. A questão não é, porém, de mera tradução: há ainda que trabalhar com o Direito comparado[368] e com uma grande complexidade de elementos. Podemos admitir estudos aprofundados em grandes causas: mas nunca num labor diário.

[363] Tonio Walter, *Entwurf einer Richtlinie zur sprachlichen Gestaltung europarechtlichter Texte*, NJW 2004, 582-584, onde, num texto humorístico, se apontam as dificuldades linguísticas do "Direito europeu".

[364] *Tratado de Direito civil* I, 4.ª ed. (2012), 189 ss. e 265 ss..

[365] Alessandro Somma, *Sprachgesetzgebung in Frankreich und Italien: Rechtsnationalismus oder Schutz der Schwächeren?*, ZeuP 1998, 701-715. *Vide* Armin Bogdandy, *Deutsche Rechtswissenschaft im europäischen Rechtsraum*, JZ 2011, 1-6.

[366] *Direito comercial*, 4.ª ed., 572 ss..

[367] *Tratado* I, 4.ª ed., 368.

[368] Andreas Schwartze, *Die Rechtsvergleichung*, em Karl Riesenhuber, *Europäische Methodenlehre* (2006), 75-92 e Lars-Peter Brandt, *Die Chancen für eine einheitliche Auslegung eines Europäischen Zivilgesetzbuches* (2009), 305 pp. (98 ss.).

IV. Finalmente, cabe sublinhar que o Direito primário tem vertentes interpretativas próprias[369]. Só com reserva se pode recorrer aos trabalhos preparatórios, uma vez que ele depende, por vezes, de acordos que transcendem as discussões anteriores. Por seu turno, o Direito secundário não pode ignorar o primário[370]: seja pela legitimidade que dele decorre, seja pela necessidade de construir, com as diversas peças, um todo coerente[371].

[369] Matthias Pechstein/Carola Drechsler, *Die Auslegung und Fortbildung des Primärrechts*, em Karl Riesenhuber, *Europäische Methodenlehre* (2006), 159-183; Adam Sagan, *Grundlagen des europäischen Arbeitsrechts* cit., Nr. 81-102 (38-45), Sudabeh Kamanabrou, *Arbeitsrecht* (2017), Nr. 289-291 (85-86); Clemens Häpfner, em Martin Franzen/Inken Gallner/Hartmut Oetker, *Kommentar zum europäischen Arbeitsrecht*, 2.ª ed. (2018), Art. 267 AEUV, Nr. 8-13 (255-256).

[370] Stefan Leible/Ronny Domröse, *Die primärrechtskonforme Auslegung*, em Karl Riesenhuber, *Europäische Methodenlehre* (2006), 184-216.

[371] Stefan Grundmann, *Systemdenken und Systembildung*, *idem*, 217-243.

§ 12.º A REALIZAÇÃO DAS REGRAS EUROPEIAS

51. Diretrizes e transposições

I. O papel das diretrizes e das normas de transposição no Direito privado de hoje coloca problemas metodológicos. A interpretação de diretrizes constitui tarefa complexa[372]. Um dos elementos clássicos da interpretação é, sabidamente, o sistemático: os diplomas não são interpretados de modo isolado, antes devendo ser situados na lógica do ordenamento a que pertençam.

As diretrizes não se inserem numa ordem jurídica coerente[373]. Elaboradas por técnicos formados à luz de Ciências jurídicas diversas, elas apresentam, com frequência, um mosaico de conceitos. A reconstituição do seu conteúdo normativo exige, muitas vezes, um recurso intenso ao Direito comparado. Fala-se, nesse domínio, de uma comparação valorativa de Direitos[374]. Bons autores veem, logo aí, um caos[375]. De resto, elas des-

[372] Com um tratamento modelar: Claus-Wilhelm Canaris, *Die richtlinienkonforme Auslegung und Rechtsfortbildung im System der juristischen Methodenlehre*, FS Bydlinski (2002), 47-103. *Vide*, ainda, Christoph Herrmann, *Richtlinienumsetzung durch die Rechtsprechung* (2003), 274 pp., 87 ss.; Karl Riesenhuber, *Die Auslegung*, em *Europäische Methodenlehre* (2006), 244-272; *idem*, *Europäisches Arbeitsrecht* cit., 25 ss., num prisma laboral.

[373] Entre 1961 e 1991, a título de exemplo, foram elaboradas mais de 750 diretrizes. Mau grado este número elevado, elas não constituem qualquer corpo harmónico de normas. *Vide* Christof Schmidt, *Der Einfluss europäischer Richtlinien auf das innerstaatliche Privatrecht am Beispiel des Einwendungsdurchgriffs bei verbundenen Geschäften* (1997), XXXVIII + 136 pp., 1 ss..

[374] Martin Schwab, *Der Dialog zwischen dem EuGH und nationalen Exegeten bei der Auslegung von Gemeinschaftsrecht und angeglichenem Recht*, ZGR 2000, 446-478 (446).

[375] Werner Schroeder, *Die Auslegung des EU-Rechts*, JuS 2004, 180-186 (180/I).

tinam-se a viabilizar a tarefa do legislador europeu que, assim, fica liberto de regular as situações típicas visadas[376].

II. Verificam-se, ainda, problemas de transposição linguística ou tradução. O português é uma das línguas oficiais da União: os textos em vernáculo fazem fé, tal como os escritos noutras línguas. Simplesmente, as traduções levadas a cabo, perante conceitos complexos, resultam, por vezes, incorretas ou incompreensíveis. Haverá então – ainda que a título de auxiliares de interpretação – que recorrer a versões escritas noutros idiomas[377], para melhor entender a mensagem normativa subjacente[378].

Os diversos atos europeus surgem nos idiomas oficiais da União. Por sérias que sejam, é evidente que as traduções não comunicam mensagens idênticas. Fundamental seria conhecer a língua mental dos autores materiais dos textos: e muitas vezes, serão vários, com diversas línguas-mães. O estudo aprofundado de um texto comunitário exige o confronto entre versões em várias línguas: pelo menos em alemão e em francês, além do vernáculo. Aliás, os textos vertidos em português, por vezes, nem fazem sentido, havendo que recorrer a versões noutras línguas[379]. E naturalmente: não basta conhecer os idiomas; impõe-se, sempre, uma sindicância de Direito comparado[380]. Abaixo veremos como a jurisprudência do Tribunal Europeu de Justiça tem procurado ultrapassar o problema da diversidade linguística nos textos normativos[381].

[376] Gernot Sydow, *Die Richtlinie als Instrument zur Entlastung des europäischen Gesetzgebers*, JZ 2009, 373-379.

[377] Particularmente em francês e em alemão; os textos em inglês suscitam, por vezes, novos problemas. *Vide*, sobre o tema, Marcus Galdia, *Rechtsvergleichendes Übersetzen* em *The European Legal Forum* (2003), 1-5.

[378] Também Schroeder, *Die Auslegung des EU-Rechts* cit., 185/I.

[379] O problema nem é específico das versões em português. P. ex., Jörg Ankele, *Zum Vorschlag der Kommission der Europäischen Gemeinschaften für eine Zweite gesellschaftsrechtliche Richtlinie*, BB 1970, 988-992 (989/II, nota 7), a propósito da então proposta de 2.ª Diretriz, afirma ter-se visto constrangido a trabalhar com a versão em francês, por a versão alemã se encontrar errada em vários pontos.

[380] O problema é agravado pela presença de conceitos próprios de certos ordenamentos e que não comportam traduções em idiomas diversos daquele que lhe deu corpo. O exemplo de escola mais conhecido é o da *faute* francesa, sem tradução correta em português, italiano ou alemão ... enquanto a nossa culpa não comporta tradução exata em francês.

[381] *Infra*, 181-182.

III. Quanto à aplicação ou, mais latamente, à juridicidade, importa sublinhar que as diretrizes são comandos dirigidos, em primeira linha, aos Estados[382]. Estes ficam obrigados a transpô-las, de acordo com o que delas resulte[383]. Se os competentes diplomas de transposição não forem elaborados[384], os Estados poderão incorrer em responsabilidade perante as competentes instâncias comunitárias. E quanto aos particulares? Pode o particular lesado pela não transposição indevida ou pela transposição tardia, insuficiente ou incorreta, de uma diretriz, prevalecer-se destas e, daí, retirar direitos e pretensões?

A solução consagrada é a seguinte: os particulares podem invocar diretamente as diretrizes contra os próprios Estados faltosos; não o podem, porém, fazer contra outros particulares[385].

IV. O TJUE tomou posição clara quanto à primeira proposição em acórdão de 17-dez.-1970 (caso SACE contra a República Italiana): verificou-se, aí, que o Estado italiano não transpusera determinada diretriz, de onde resultou continuar a cobrar certas taxas; o Tribunal reconheceu que a SACE S.p.A., empresa visada, tinha, perante isso, direitos contra o Estado que as jurisdições internas deveriam salvaguardar[386].

Esta posição foi mantida. O TJUE, em 5-abr.-1979 (caso Ratti contra a República Italiana) decidiu, numa questão relativa a embalagens de solventes, que o Estado em falta quanto à transposição de uma diretriz não poderia invocar esse facto para, dele, se prevalecer contra um particular[387]. A opção foi aprofundada em TJUE 19-jan.-1982 (caso Ursula Becker, contra as Finanças de Münster): numa questão fiscal, decidiu-se que o Estado não

[382] Entre nós, ainda tem interesse confrontar Augusto Rogério Leitão, *O efeito jurídico das directivas comunitárias na ordem interna dos Estados membros*, DDC 14 (1982), 7-59.

[383] Andreas Haratsch/Christian Koenig/Matthias Pechstein, *Europarecht* cit., 11.ª ed., 175 ss..

[384] Questão autónoma é a da eficácia de diretrizes já em vigor, mas antes de expirado o prazo de transposição: Christian Hofmann, *Die Vorwirkung von Richtlinien*, em Karl Riesenhuber, *Europäische Methodenlehre* (2006), 366-387.

[385] Com elementos, Christof Schmidt, *Der Einfluss europäischer Richtlinien* cit., 4-5; sinteticamente: Ernst R. Führich, *Wirtschaftsprivatrecht*, 6.ª ed. (2002), 17.

[386] TJUE 17-dez.-1970 (SACE), Proc. 33/70.

[387] TJUE 5-abr.-1979 (Tullio Ratti), Proc. 148/78.

podia prevalecer-se de não-transposições, particularmente quando as normas da Diretriz em causa fossem suficientemente explícitas[388].

A segunda proposição documenta-se no acórdão do TJUE 26-fev.-1986 (caso Marshall contra a Autoridade de Saúde de Southampton e South-West Hampshire): num assunto de aposentações, um particular não pode fazer valer uma Diretriz não transposta contra outro particular: apenas contra o Estado ou organismos equiparados ainda que, com isso, se quebre a igualdade entre esses organismos e outros similares, de natureza privada[389].

A não-invocabilidade de diretrizes ainda não transpostas, nas relações entre particulares, já tem sido afirmada – e bem – na nossa jurisprudência: STJ 19-set.-2002[390], STJ 18-dez.-2002[391] e RLx 29-mai.-2003[392].

52. A interpretação conforme

I. Pergunta-se se a interpretação e a aplicação de diplomas de transposição de diretrizes não deverá obedecer a regras especiais. Particularmente em causa está o mote da interpretação conforme com as diretrizes[393], também presente no Direito europeu do trabalho[394].

[388] TJUE 19-jan.-1982 (Ursula Becker), Proc. 8/81.

[389] TJUE 26-fev.-1986 (Marshall), Proc. 152/84.

[390] STJ 19-set.-2002 (Oliveira Barros), CJ/Supremo X (2002) 3, 46-51.

[391] STJ 18-dez.-2002 (Moitinho de Almeida), CJ/Supremo X (2002) 3, 167.

[392] RLx 29-mai.-2003 (Lúcia de Sousa), CJ XXVIII (2003) 3, 97-98.

[393] Claus-Wilhelm Canaris, *Die richtlinienkonforme Auslegung* cit., 79 ss.; Ulrich Everling, *Rechtsvereinheitlichung durch Richterrecht in der Europäischen Gemeinschaft*, RabelsZ 50 (1986), 193-232 (224-225); Peter Hommelhoff, *Zivilrecht unter dem Einfluss europäischer Rechtsangleichung*, AcP 192 (1992), 75-105 (95); Marek Schmidt, *Privatrechtsangleichende EU-Richtlinien und nationale Auslegungsmethoden*, RabelsZ 59 (1995), 569-597 (572); Ulrich Ehricke, *Die richtlinienkonforme Auslegung nationaler Rechte*, RabelsZ 59 (1995), 598-644 (612 ss.); Martin Schwab, *Der Dialog zwischen dem EuGH und nationalen Exegeten bei der Auslegung von Gemeinschaftsrecht und angeglichenem Recht*, ZGR 2000, 446-478 (465 ss.); Wulf-Henning Roth, *Die richtlinienkonforme Auslegung*, em Karl Riesenhuber, *Europäische Methodenlehre* (2006), 308-333; Clemens Höpfner, *Die systemkonforme Auslegung/Zur Auflösung einfachgesetzlicher, verfassungsrechtlicher und europarechtlicher Widersprüche im Rechte* (2008), 249 ss.; Werner Schroeder, em Rudolf Streinz, *EUV/AEUV* cit., 3.ª ed., Art. 288 AEUV, Nr. 110-127 (2381-2387).

[394] Karl Riesenhuber, *Europäisches Arbeitsrecht* cit., 29 ss.; Katharina Wöhlermann, *Die richtlinienkonforme Auslegung im Europäischen Arbeitsrecht/Perspektiven und Barrieren für eine europäische Rechtsmethodik am Beispiel arbeitsrechtlicher Gleichbehandlungsrichtlinien* (1998), 293 pp..

A interpretação conforme com as diretrizes surge especialmente referida como tópico argumentativo na própria jurisprudência do Tribunal de Justiça da União Europeia. Como exemplos: 23-jan.-2003 (Sterbenz)[395], 20-nov.-2003 (Unterpertinger)[396] e 7-jan.-2004 (Comissão v. Reino de Espanha)[397]. Esse mesmo tópico é usado para defender que as normas de transposição dos Estados não podem ser usadas para interpretar as diretrizes[398]. Além disso, a interpretação conforme traduz uma dimensão de aplicação imediata das diretrizes[399]. Já se colocou o mote, não comprovado: *in dubio pro communitate*[400].

II. Efetivamente, os diplomas de transposição têm um objetivo claramente assumido: o de verter, para a ordem interna, uma orientação valorativa adotada pelo legislador comunitário. Tal orientação, a ser minimamente expressa, poderá ser complementada pela interpretação, que não deixará de atender à diretriz em causa: quer a *occasio*, quer a *ratio legis* apontam para isso[401]. O método comparativo e a funcionalização dos diplomas deverão ajudar[402].

A interpretação conforme com a diretriz a transpor não pode, todavia, esquecer três pontos:

(a) que a diretriz admite, em regra, várias hipóteses de transposição e, ainda, um espaço de manobra dos Estados; ora, nos limites da diretriz em jogo, há que procurar determinar a exata medida em que o Estado exerceu essa sua liberdade, determinação essa a fazer à luz do Direito interno;
(b) que as diretrizes não podem prevalecer sobre certas regras internas e, *maxime*, sobre a Constituição;

[395] TJUE 23-jan.-2003 (Sterbenz), Proc. 16/01, n.º 28.
[396] TJUE 20-nov.-2003 (Unterpertinger), Proc. 212/01, n.º 14.
[397] TJUE 7-jan.-2004 (Comissão contra Reino de Espanha), Proc. 58/02, n.º 4; a hipótese aqui suscitada situar-se-ia mesmo na área penal.
[398] Proc. 152/02 (caso Terra Beudedarf-Handel GmbH): conclusões da advogada geral, disponíveis na *Internet*.
[399] TJUE 5-out.-2004 (Bernard Pfeiffer), Proc. C-397/01, NJW 2004, 3547-3550.
[400] Katharina Wöhlermann, *Die richtlinienkonforme Auslegung im Europäischen Arbeitsrecht* cit., 70 ss..
[401] STJ 9-mai.-2002 (Ribeiro Coelho), CJ/Supremo X (2002) 2, 55-58 (58/I).
[402] Werner Schroeder, *Die Auslegung des EU-Rechts* cit., 183/II e 185/II.

(c) que o Estado pode ter decidido violar a diretriz: será (porventura) responsável, mas a norma de transposição, pelo menos perante particulares, deve ser interpretada em si.

Todas estas considerações são oportunas para a aplicação. Neste nível, há que refletir nas consequências das decisões, à luz das diretrizes de origem, na medida em que devam ser tidas em conta.

III. As boas interpretação e aplicação dos diplomas de transposição exigem o conhecimento e a própria interpretação das diretrizes em causa. O jurista europeu fica, assim, obrigado a manusear permanentemente o Direito comparado[403]. Quer isto dizer que, num sistema nacional que acolha diplomas de transposição, a unidade interpretativa e aplicativa do conjunto fica comprometida.

O Direito português nem é dos mais atingidos: mercê das suas características próprias, o seu estudo sempre requereu intensos níveis comparatísticos.

IV. A interpretação conforme com as diretrizes pode ainda ser esclarecida com recurso à questão do seu fundamento. Surgem três orientações[404]:

(a) a da vontade do legislador nacional, aquando da transposição;
(b) a da precedência do Direito europeu;
(c) a da força vinculativa do Tratado da União.

A primeira orientação não é satisfatória. Estamos numa área em que domina a "vontade" do legislador europeu e não a do legislador nacional. Esta, todavia, pode ser marginalmente relevante, como nos casos em que a diretriz seja transposta antes do prazo obrigatório.

[403] Jürgen Basedow, *Grundlagen des europäischen Privatrechts*, JuS 2004, 89-96 (91/II).

[404] O debate, com a indicação dos diversos autores envolvidos, pode ser seguido em Canaris, *Die richtlinienkonforme Auslegung* cit., 49-55; *vide*, ainda, Thomas M. J. Möllers/Alexandra Möhring, *Recht und Pflicht zur richtlinienkonformen Rechtsfortbildung bei generellem Umsetzungswillen des Gesetzgebers*, JZ 2008, 919-924 e Clemens Höpfner, *Über Sinn und Unsinn der sogenannten "richtlinienkonformen Rechtsfortbildung"*, JZ 2009, 403-405.

A segunda pressuporia que a diretriz fosse *self-executing*: não é, em regra, o caso. Os comandos comunitários, enquanto tais, não se dirigem às situações reguladas pelas normas de transposição.

Fica a terceira orientação: a jurídico-positividade dimanada do artigo 249.º/3, do Tratado de Funcionamento da União, obriga, por uma lógica de sistema, à interpretação conforme. Esta funciona como o embrião de uma Ciência do Direito capaz de acolher e de tratar o Direito nacional e o Direito comunitário, na área em que se interpenetram: a das normas de transposição.

V. Cumpre ainda exarar uma certa preocupação pelo que se pode considerar um excesso de europeísmo. Uma interpretação conforme com as diretrizes implica que estas veiculem uma mensagem coerente e, daí, que se possa falar num "sistema europeu". Acima deixámos expressas dúvidas quanto a esse ponto. Além do que ficou dito, no plano científico, recordamos que um "sistema europeu" pressuporia[405]: (a) uma base económica coerente; (b) uma ordem política supranacional; (c) uma cultura da administração; (d) uma capacidade de conquistar a adesão dos povos; (e) uma cultura jurídica. No campo dos princípios, deram-se passos[406]. Mas os limites interpretativos não podem ser ignorados[407].

Pois justamente: a invocação de uma interpretação conforme com as diretrizes pode levar os operadores (*maxime*: o juiz) para além do teor das leis de transposição[408], pondo em crise a confiança dos cidadãos e a transparência do sistema[409]. Para além das prevenções feitas, impõe-se um controlo global sobre a interpretação "europeia" e os seus limites.

[405] Julia Laffranque, *Europäisches versus estnisches Rechtssystem/Anschein oder Wirklichkeit?*, RTh 38 (2007), 203-218 (204).

[406] Axel Metzger, *Allgemeine Rechtsgrundsätze im Europäischen Privatrecht: Ansätze für eine einheitliche Methodenlehre im Europäischen Mehrebenensystem*, RTh 40 (2009), 313-335.

[407] Ralph Christensen/Markus Böhme, *Europas Auslegungsgrenzen/Das Zusammenspiel von Europarecht und nationalem Recht*, RTh 40 (2009), 285-311.

[408] Stephan Pöters/Ralph Christensen, *Richtlinienkonforme Rechtsfortbildung und Wortlautgrenze*, JZ 2011, 387-394.

[409] Boris Schinkels, *Unbegrenzte richtlinienkonforme Rechtsfortbildung als Haftung Privater für Legislativunrechte?/Für ein subjektives Recht auf Transparenz*, JZ 2011, 394-401.

53. Interpretação e aplicação

I. O Direito europeu do trabalho não tem especificidades interpretativas e aplicativas perante o restante Direito europeu. Vamos passar, de todo o modo, em revista algumas regras de interpretação comunitária[410].

No Direito comunitário, particularmente na jurisprudência do TJUE, não se procede à distinção entre interpretação e integração de lacunas ou, sequer, à interpretação criativa (*Rechtsfortbildung*). De acordo com a prática francesa, tudo é considerado "interpretação", ainda que esta recaia sobre normas análogas, sobre princípios ou sobre o conjunto do sistema, para resolver questões carecidas de normas aplicáveis.

Ainda no Direito comunitário e em sede geral, o Direito primário e o secundário deveriam sujeitar-se às mesmas regras interpretativas. Embora esse princípio pareça óbvio – dele, de resto, dependendo a própria unidade jurídico-científica do Direito civil europeu – a jurisprudência do TJUE tem operado uma certa distinção, nesse domínio: aceita regras diversas para os Direitos primário e secundário, um tanto à imagem do que sucede, nos Direitos nacionais, com a interpretação do Direito constitucional e do Direito ordinário[411].

II. No tocante ao Direito primário, o ponto de partida é constituído pela interpretação literal: as regras valem com o sentido óbvio e imediato que delas resulte. Quanto ao problema da diversidade linguística, o TJUE decidiu em vários acórdãos exemplares – TJUE 5-dez.-1967[412],

[410] No desenvolvimento subsequente temos em especial conta os elementos constantes de Marcus Lutter, *Die Auslegung angeglichenen Rechts*, JZ 1992, 593-607. Na literatura laboral: Karl Riesenhuber, *Europäisches Arbeitsrecht* cit., 25 ss. e Gregor Thüsing, *Europäisches Arbeitsrecht* cit., 3.ª ed., 23 ss.. Quanto a uma possível hierarquia interpretativa: Katharina Wöhlermann, *Die richtlinienkonforme Auslegung im Europäischen Arbeitsrecht* cit., 91 ss..

[411] Albert Bleckmann, *Zu den Auslegungsmethoden des EuGH*, NJW 1982, 1177-1182 (1178/II); Matthias Pechstein/Carola Drechsler, *Die Auslegung und Fortbildung des Primärechts* cit., 161 ss..

[412] TJUE 5-dez.-1967, Proc. 19/67 (Van der Vecht): "A necessidade de uma interpretação uniforme dos regulamentos comunitários exclui que o texto de uma disposição seja considerado isoladamente, antes exigindo, em caso de dúvida que seja interpretado e aplicado à luz das versões estabelecidas nas outras três línguas". (Não existe em português; usou-se a versão francesa).

12-nov.-1969[413] e 12-jul.-1979[414] – que o sentido a validar deveria resultar do cotejo entre as versões feitas nas diversas línguas oficiais. Na época, porém, elas eram quatro, enquanto lidamos hoje com vinte e cinco línguas, ainda que algumas não sejam oficiais. Na prática, haverá que ter em conta a língua do litígio e as chamadas línguas de trabalho.

Os fatores considerados decisivos são o sistemático e o teleológico, animados com os objetivos do Tratado[415] e de acordo com a obtenção do efeito útil[416]. Já ao elemento histórico é dada pouca importância: uma vez que o Direito dos Tratados é, em regra, um Direito de compromisso, não seria útil, para o seu entendimento, recorrer a elementos anteriores[417].

III. Na interpretação do Direito secundário, há que ter em conta a interpretação conforme com o primário[418]. Os elementos históricos têm, aqui, já grande importância, admitindo-se o recurso aos projetos e a outros trabalhos preparatórios[419]. O sentido a reter é mais marcadamente subjetivo[420], valendo conhecer as ponderações feitas, por exemplo, na Comissão, no decurso do competente processo legislativo ou as tomadas de posição do Parlamento[421].

[413] TJUE 12-nov.-1969, Proc. 29/69 (Erich Stauder): "(...) a necessidade de uma aplicação e, daí, de uma interpretação uniformes exclui que o texto seja considerado isoladamente numa das suas versões, antes requerendo que seja interpretado em função do fim prosseguido, à luz, designadamente, das versões escritas em todas as línguas". (*Idem*, quanto à versão francesa).

[414] TJUE 12-jul.-1979, Proc. 9/79 (Marianne Koschniske): "A necessidade de uma interpretação uniforme (...) exige que ele seja interpretado e aplicado à luz das versões estabelecidas noutras línguas oficiais", a propósito do sentido de *diens echtgenote*, expressão holandesa literalmente equivalente ao francês *son épouse*, mas que deve ser interpretada latamente. (*Idem*, quanto à versão utilizada).

[415] TJUE 20-set.-1988, Proc. 302/86 (Comissão c. Dinamarca): admite validar medidas legislativas que levantem menos obstáculos às trocas livres.

[416] TJUE 17-jan.-1980, Proc. 792/79 (Camera Care, Ltd.), referindo a necessidade de "garantir o efeito útil". (Não existe em português; usou-se a versão francesa).

[417] Günther Christian Schwarz, *Europäisches Gesellschaftsrecht* (2000), 58 (Nr. 82).

[418] Albert Bleckmann, *Zu den Auslegungsmethoden des EuGH*, NJW 1982, 1177-1182 (1178/I); Leible/Domröse, *Die primärrechtskonforme Auslegung* cit., 201 e *passim*.

[419] Günther Schwarz, *Europäisches Gesellschaftsrecht* cit., 60.

[420] Albert Bleckmann, *Zu den Auslegungsmethoden* cit., 1179/I, sendo todavia necessário que os competentes elementos se encontrem publicados.

[421] Marcus Lutter, *Die Auslegung angeglichenen Rechts* cit., 600-601.

Em diversas áreas mais marcadamente técnicas, como sucede no campo do Direito do consumo, torna-se inultrapassável o conhecimento da ordem jurídica dadora, isto é: do Direito que esteve na origem da opção assumida pelo legislador europeu. Aos poucos, a dogmática das diretrizes vem ganhando vida própria. Começam a surgir estudos sobre a sua aplicação analógica e sobre as hipóteses de, na sua base, operar uma interpretação criativa[422]. Também a teoria económica tem sido avocada, enquanto auxiliar de interpretação do Direito privado europeu[423].

IV. O Tribunal de Justiça da União Europeia e o Tribunal de Primeira Instância garantem o controlo do Direito comunitário primário e secundário, perante os dispositivos do Tratado[424], tendo um relevo marcado no Direito do trabalho[425].

De entre as várias formas de atuação de que o Tribunal de Justiça dispõe, avulta o das decisões prejudiciais (*Vorabentschneidungen*), tomadas nos termos do artigo 267.º do TFUE[426 427]. Trata-se de um esquema habilmente montado para conseguir uma quadratura aparentemente impossível:

– a de evitar qualquer intrusão nos sistemas judiciários dos Estados-membros;
– garantindo, todavia, a uniformidade do Direito europeu aplicado, nos diversos países, pelos tribunais respetivos.

[422] Temos em mente: Peter Friedrich Bultmann, *Rechtsfortbildung von EG-Richtlinienrecht*, JZ 2004, 1100-1106; Jorg Neuner, *Die Rechtsfortbildung*, em Karl Riesenhuber, *Europäische Methodenlehre* (2006), 292-307.

[423] Jens-Uwe Franck, *Zum Nutzen der ökonomischen Theorie für das Europäische Privatrecht*, *idem*, 120-131 e, em geral, Christian Kirchner, *Die ökonomische Theorie*, *idem*, 93-119.

[424] *Vide* o artigo 19.º do TUE: Peter M. Huber, em Streinz, *EUV/AEUV* cit., 3.ª ed., Art. 19 EUV (205-229). A jurisprudência europeia constitui um fator importante de desenvolvimento do "Direito civil europeu"; *vide* Christian W. A. Timmermanns, *Zur Entwicklung des europäischen Zivilrechts*, ZEuP 1999, 1-5 (3).

[425] Manfred Zuleeg, *Europäischer Gerichtshof und nationalen Arbeitsgerichte aus europarechtlicher Sicht*, RdA 1996, 71-78.

[426] Günther Christian Schwarz, *Europäisches Gesellschaftsrecht* cit., 61 e 63 e, em geral, Krausser, *Das Prinzip begrenzter Ermächtigung im Gemeinschaftsrecht* cit., 57.

[427] Quanto ao artigo 267.º do TFUE, Ulrich Ehricke, em Rudolf Streinz, *EUV/EGV* (2003), 2246-2277.

O tribunal nacional confrontado com alguma dúvida de aplicação do Direito europeu, primário ou secundário, colocará o problema, em abstrato, ao Tribunal de Justiça Europeu[428]. Este decidirá a questão, sem se imiscuir no caso concreto: tarefa do tribunal nacional.

Tudo isto assenta na ideia da possibilidade de quebrar o processo de realização do Direito, numa operação hoje considerada impossível. De todo o modo, por via prejudicial, o Tribunal de Justiça tem vindo a precisar fontes interpretativas importantes.

[428] Todavia, não haverá lugar ao reenvio prejudicial para o TJUE quando esteja meramente em causa o Direito interno e a sua compatibilidade com o Direito comunitário: STJ 7-mar.-2002 (Barata Figueira), CJ/Supremo X (2002) 1, 132-133.

CAPÍTULO II

O DIREITO EUROPEU DOS CONTRATOS

§ 13.º INICIATIVAS PIONEIRAS

54. O projeto franco-italiano

I. Dos três apontados fatores de aproximação entre os diversos Direitos das obrigações que repartem a Europa, dois deles (a nostalgia do *ius commune* e a proximidade das Ciências europeias) são anteriores ao Tratado de Roma. Por isso, podemos apontar iniciativas pré-comunitárias de unificação dos Direitos europeus das obrigações. O seu reflexo no Direito do trabalho afigura-se evidente.

II. Temos, em primeiro lugar, o projeto franco-italiano das obrigações e dos contratos de 1927[429], que levantou críticas e defesas acesas[430]. O projeto abrangia 739 artigos, repartindo-se por vinte títulos; o primeiro com disposições gerais e os restantes dezanove relativos a contratos em especial. Com muitas inovações, ele iria substituir as disposições obrigacionais

[429] *Projet de code des obligations et des contrats*, publ. em Paris, 1929. *Vide* Ferdinand Larnaude, *Rapport à Monsieur le Garde des Sceaux Ministre de la Justice sur l'Unification Législative* (1928), 114 pp.. *Vide*, sobre toda esta matéria, Claude Witz, *La longue gestation d'un code européen des contrats/Rappel de quelques initiatives oubliées*, RTDC 2003, 447-455.

[430] Emilio Betti, *Il progetto di un codice italo-francese delle obbligazioni e dei contratti*, RDComm XXVII (1929), I, 665-668, com resposta de Mariano d'Amelio, *Postilla*, RDComm XXVII (1929), I, 669-672 e réplica de Betti, RDComm XXVIII (1930), I, 184-189; *vide* A. Ascoli, *Il nuovo codice delle obbligazioni e dei contratti*, RDCiv 1928, 62-67.

do Código Napoleão e do Código Italiano de 1865, tendo, de resto, sido facilitado pela proximidade (na época) entre os dois direitos. A iniciativa não teve seguimento, mas influenciou códigos ulteriores, entre os quais o polaco, de 1937, o romeno, de 1940 e o italiano, de 1942[431]. Torna-se interessante sublinhar que ele não continha preceitos relativos ao contrato de trabalho[432]. Manifestamente, os particularismos nacionais já eram de monta, faltando, ainda, uma sedimentação científica.

III. A Associação Henri Capitant, nas jornadas de Milão de 1953, debateu o tema, o qual se manteve vivo, em França[433]. Seguiram-se-lhe a criação, pelo professor Ole Lando, em 1980, da Comissão de Direito Europeu dos Contratos[434]. A Academia dos Privatistas Europeus (Pavia) iniciou, também, os seus trabalhos. O grupo de Trento (Ugo Mattei e Mauro Bussani) dedicou-se ao *common core* do Direito privado europeu[435]. Abaixo referiremos os frutos destas iniciativas.

55. As recomendações

I. À partida e como foi referido, a União Europeia não tem competência para preparar códigos civis ou para legislar no domínio das obrigações e dos contratos[436]. Todavia, pela porta algo discutível da livre concorrência, da liberdade de estabelecimento e do mercado único, os órgãos comunitários têm vindo a tomar posições, nesse domínio[437].

[431] *Vide* Mario Rotondi, *The Proposed Franco-Italien Code of obligations*, AJCL 3 (1954), 345-359, com interessante bibliografia.

[432] Aquando da revisão do projeto, as comissões francesa e italiana puseram-se de acordo para suprimir uma secção V (artigos 507.º a 516.º), sobre o contrato de trabalho, para não entravar a legislação especial. *Vide* Georges P. Docan, *Code comparé des obligations* (1937), 253, em nota.

[433] Witz, *La longue gestation* cit., 452-453.

[434] *Vide* a defesa de um "código europeu dos contratos" em Ole Lando, *Kultur und Vertragsrechtsordnung/Is There a Cultural Value in Diversity of Contract Law?*, em Olivier Remien (publ.), *Schuldrechtsmodernisierung und Europäisches Vertragsrecht* (2008), 3-23.

[435] *Vide* Mauro Bussani, *In search of a European Privat Law (Trento Project)*, em *Um Código Civil para a Europa*, BFD 2002, 79-100.

[436] Norbert Horn, *Ein Jahrhundert Bürgerliches Gesetzbuch*, NJW 2000, 40-46 (46).

[437] Simone Höfer, *Die Umsetzung* cit., 17 ss..

Em 25-mai.-1989, o Parlamento Europeu adotou uma resolução sobre um esforço de harmonização do Direito privado dos Estados-Membros[438]. A 6-mai.-1994, retoma o tema reclamando a harmonização de certos sectores do Direito privado dos Estados-Membros[439]. Em 1997, a presidência holandesa promoveu, em Scheveningen, um simpósio sobre o tema *Para um Código Civil Europeu*. Estiveram presentes comparatistas de toda a Europa que, depois, dinamizaram os diversos grupos de estudo.

Em 16-mar.-2000, o Parlamento exara a seguinte resolução[440]:

> Considera que uma maior harmonização no domínio do direito civil se tornou essencial no mercado interno e solicita à Comissão que elabore um estudo sobre esta questão;

Tudo isto levou a Comissão, em 11-jul.-2001, a preparar uma Comunicação ao Conselho e ao Parlamento Europeu sobre o Direito europeu dos contratos[441].

II. A matéria era, contudo, difícil e delicada: quer em termos jurídico-científicos, quer no plano político-social. E assim, a Comissão Europeia optou por suscitar, na sociedade civil, nas universidades e nos centros de investigação especializada, o aparecimento de projetos de unificação.

III. Além disso, ela prosseguiu com comunicações e textos recomendatórios:

– 12-fev.-2003, *Maior coerência no Direito europeu dos contratos/Plano de acção*[442];
– 11-out.-2004, *O direito dos contratos e a revisão do acervo: o caminho a seguir*[443];

[438] JOCE C 158, 400, de 26-jun.-1989.
[439] JOCE C 205, 518, de 25-jul.-1994.
[440] JOCE C 377, 326, de 29-dez.-2000. No ano anterior, as conclusões do Conselho Europeu ocorrido em Tampere (15 e 16 de outubro de 1999) solicitaram um "estudo global sobre a necessidade de aproximar as legislações dos Estados-membros em matéria civil, por forma a eliminar os entraves ao bom funcionamento dos processos civis": COM (2001) 398 final, Nr. 4.
[441] COM (2001) 398 final (62 pp.).
[442] COM (2003) 68 final (60 pp.).
[443] COM (2004) 651 final (23 pp.).

– 23-set.-2005, *Primeiro relatório anual sobre os progressos obtidos em matéria de Direito europeu dos contratos e revisão do acervo*[444];
– 25-jul.-2007, *Segundo relatório de progresso sobre o Quadro Comum de Referência*[445];
– 1-jul.-2010, *Livro Verde da Comissão sobre as opções estratégicas para avançar no sentido de um direito europeu dos contratos para os consumidores e as empresas*[446];
– 19-jan.-2011, *Parecer do Conselho Económico e Social Europeu sobre as opções estratégicas para avançar no sentido de um direito europeu dos contratos para os consumidores e as empresas*[447];
– 11-out.-2011, *Comunicação da Comissão sobre um Direito europeu comum da compra e venda*[448];
– 11-out.-2011, *Proposta de Regulamento relativo a um Direito europeu comum da compra e venda*[449];
– 21-jan.-2012, *Parecer do Conselho Económico e Social Europeu sobre a Proposta de Regulamento em causa*[450].

Outras iniciativas da Comissão devem ser relevadas, como a do Livro Verde sobre a revisão do acervo relativo à defesa do consumidor[451].

[444] COM (2005) 456 final (14 pp.).
[445] COM (2007) 447 final (13 pp.).
[446] COM (2010) 348 final (15 pp.).
[447] JOCE C-84, 1-6, de 17-mar.-2011.
[448] COM (2011) 636 final (15 pp.).
[449] COM (2011) 635 final (123 pp.).
[450] JOCE C-181, 75-83, de 21-jun.-2012:
[451] De 8-fev.-2007, COM (2006) 744 final (35 pp.).

§ 14.º OS "CÓDIGOS EUROPEUS"

56. O relevo da matéria

I. O Direito comunitário – hoje, Direito europeu – compreendia já uma série de regras contratuais e, designadamente, as inseridas nas diretrizes relativas à tutela dos direitos dos consumidores. Essas diretrizes comportavam normas contraditórias ou desarmónicas as quais, por vezes, se sobrepunham[452]. Além disso, era sabido – e foi reconfirmado, na prática – que certos conceitos não tinham exata tradução nas diversas línguas comunitárias. Era ainda convicção da Comissão que a existência de regimes obrigacionais diferenciados dificultava os negócios transfronteiriços. A Comissão ponderou quatro tipos de opções[453]:

I – Não agir no plano comunitário, permitindo que o mercado e as instituições privadas encontrassem as suas próprias soluções[454].

II – Promover o desenvolvimento de princípios comuns de Direito dos contratos, conducentes a uma convergência dos Direitos[455]; neste ponto, poder-se-iam usar estudos académicos já realizados e aguardar o aparecimento de novos estudos.

III – Melhorar a qualidade da legislação vigente[456]: proceder-se-ia à modernização dos instrumentos comunitários já existentes e encarar-se-ia a sua codificação.

[452] Assim sucedia no caso da Diretriz "vendas porta-a-porta" e na Diretriz *timesharing*: podiam ser aplicadas em sobreposição e continham prazos diferentes para o arrependimento do consumidor (Diretrizes 85/577, de 20 de dezembro e 94/47, de 26 de outubro, respetivamente); *vide* COM (2001), 398 final, n.º 35 (11).

[453] COM (2001), 398 final, n.º 41 ss..

[454] COM (2001), 398 final, n.º 49 ss..

[455] COM (2001), 398 final, n.º 52 ss..

[456] COM (2001), 398 final, n.º 57 ss..

IV – Adotar-se-ia uma legislação abrangente, a nível comunitário[457]: uma espécie de "código europeu".

Nesta última eventualidade, poder-se-ia optar por um diploma flexível, sujeito a transposição ou por um instrumento facultativo, para o qual as partes remeteriam quando o entendessem.

II. O Direito contratual europeu aplicar-se-ia a um espaço de 500 milhões de almas, com o maior PIB do Mundo: algo que faz sonhar os espíritos mais frígidos[458]. Assim, além das já existentes, multiplicaram-se as iniciativas de "códigos europeus de contratos"[459]. Por certo que se poderia falar numa cultura jurídica europeia, assente em ideais humanos de liberdade e de igualdade[460]. Mas essa cultura esbarra na diversidade de sistemas de exposição[461], nas diferenças conceituais[462] e em oposições intelectuais e linguísticas inultrapassáveis[463]. A procura de fórmulas que

[457] COM (2001), 398 final, n.º 61 ss..

[458] Stefan Grundmann, *Europäisches Schuldvertragsrecht/Das europäische Recht der Unternehmensgeschäfte* (1999), 9, vem dizer que a base do Direito europeu reside nas cinco liberdades fundamentais; mas estas afirmar-se-iam pela liberdade contratual, donde o relevo dos contratos no Direito europeu. Muito bem: todavia, tais liberdades não estão em perigo por via dos Direitos nacionais. Há, sim, interesses culturais, neste domínio.

[459] Quanto às diversas iniciativas, *vide* Wolfgang Wurmnest, *Common Core Grundregeln, Kodifikationsentwürfe, Acquis-Grundsätze/Ansätze internationaler Wissenschaftlergrupper zur Privatrechtsvereinheitlichung in Europa*, ZEuP 2003, 714-744 (714, notas 1 a 3), Ralf Michaels, *HK-BGB* II/1 (2007), prenot. § 241, Nr. 81, nota 636 e *passim* (91) e Filippo Ranieri, *Europäische Obligationenrecht* cit., 3.ª ed., 100 ss. .

[460] *Vide* o escrito de Peter Häberle, *Europäische Rechtskultur* (1994).

[461] Geoffrei Samuel, *System und Systemdenken/Zu den Unterschieden zwischen kontinentaleuropäischen Recht und Common Law*, ZEuP 1995, 375-397 e Wolfgang Kilian, *Ausseres und inneres System in einem noch fragmentarischen Schuldvertragsrecht?*, em Stefan Grundmann, *Systembildung und Systemlücken in Kerngebieten des Europäischen Privatrechts/Gesellschafts-, Arbeits- und Schuldvertragsrecht* (2000), 427-441.

[462] Mesmo quando reportados a realidades inseridas em instrumentos unitários; p. ex., a Câmara dos Lordes reduz a boa-fé referida nas cláusulas contratuais gerais a um *fair and open dealing*, desenvolvendo a ideia (aliás com oportuna profundidade): *vide* Hans-W. Micklitz, *Zum englischen Verständniss von Treu und Glauben in der Richtlinie 93/13/EWG*, ZEuP 2003, 865-883. Para um continental (romano-germânico), o problema está no conteúdo do contrato e não no *dealing*, que obtém outras regras.

[463] Gwendoline Lardeux, *Droits civils français et allemand: entre convergence materielle et opposition intelectuelle*, ZEuP 2007, 448-465 (450 ss.). *Vide* as palavras intro-

a todos satisfaçam redunda na busca da *ratio scripta*[464] e num minucioso trabalho de Direito comparado[465]. A ideia de um Direito privado europeu, no início uma pura quimera, foi tomando corpo[466].

III. Entre os projetos de Direito dos contratos para a Europa, salientamos:

– da Comissão para o Direito europeu dos contratos (grupo Lando), os *Principles of European Contract Law* I (1995), II (1999) e III (2003)[467]; o grupo Lando foi constituído, em 1982, pelo Prof. Ole Lando, tendo sido o primeiro; até 2001 operou em três subcomissões, sendo seu objetivo o apuramento dos "princípios" do Direito dos contratos europeu;
– da Academia dos Privatistas Europeus ou Grupo de Pavia (Gandolfi), o *Código Europeu dos Contratos/Anteprojecto*, de 1999[468]; a Academia foi criada em 1990, em Pavia, pelo Prof. Giuseppe Gandolfi, grande conhecedor do Direito alemão; chegou a congregar 100 juristas de diversos países europeus; o Grupo de Pavia, ao con-

dutórias de Thomas Pfeiffer, *Methodik der Privatrechtsangleichung in der EU/Der gemeinsame Referenzrahmen zum europäischen Vertragsrecht*, AcP 208 (2008), 227-247 (228).

464 Michael Stathopoulos, *Europäisches Vertragsrecht und ratio scripta/Zuständigkeiten und Perspektiven*, ZEuP 2003, 243-265.

465 Reinhard Zimmermann, *Die Europäisierung des Privatrechts und die Rechtsvergleichung* (2005); indicações atualizadas: Metzger, *Extra legem, intra ius* cit., 223 ss..

466 Jürgen Basedow, *Die Europäische Zivilgesetzbuch und ihr Recht/Zum Begriff des Privatrechts in der Gemeinschaft*, FS Canaris 1 (2007), 43-57 (43 e 55 ss.).

467 O texto-base surge em inglês, tendo sido publicado na Haia, em 2000 (I e II) e 2003 (III); há diversas edições bilingues; p. ex., a ed. de Carlo Castronovo, *Principi di diritto europeo dei contratti*, Parte I e II (2001), com comentários e índices, e a ed. de Christian von Bar, *Grundregeln des Europäischen Vertragsrechts* I e II (2001). O grupo é dirigido por Ole Lando e Hugh Beal. À Comissão pertenceu Isabel de Magalhães Collaço. Quanto à Parte III: ela pode ser confrontada na trad. alemã em ZEuP 2003, 895-906; *vide* Christian von Bar, *Die "Principles of European Law"*, Teil III, ZEuP 2003, 707-713. Entre nós, *vide* Arthur Hartkamp, *The Principles of European Contract Law (Lando Commission)*, em *Um Código Civil para a Europa*, BFD 2002, 54-58.

468 Giuseppe Gandolfi (coord.), *Code Européen des contrats* I, 2.ª ed. (2001), 106 pp. e 173 artigos, e 109 a 570 de relatórios explicativos; à Academia dos Privatistas Europeus pertenceu Antunes Varela; a obra repete o seu título em Italiano, Inglês, Alemão e Espanhol. *Vide* J. Antunes Varela, *Code Européen des contrats (avant-projet) (Pavia)*, em *Um Código Civil para a Europa*, BFD 2002, 47-51 e, logo no início do projeto, António Marques dos Santos, *Sur une proposition italienne d'élaboration d'un code européen des contrats (et des obligations)*, DDC 45/46 (1991), 275-285.

trário das outras iniciativas, não partiu de uma ideia de equidistância dos vários Direitos europeus: antes adotou, como base, o Código italiano, considerado um meio-termo entre os Direitos francês e alemão, em conjunto com o *Contract Code* de McGregor, de 1972, que funcionaria como texto britânico;

– da UNIDROIT, os *Principles of International Commercial Contracts*, de 2004[469]; o Instituto para a unificação do Direito privado ou Instituto UNIDROIT iniciou os seus trabalhos em 1980, tendentes a elaborar os referidos *Principles*; foi criado em 1926, tendo, no seu ativo, diversos instrumentos importantes;
– do *Acquis Group*[470];
– da Associação Henri Capitant[471];
– do *Study Group on a European Civil Code* (Osnabrück) e do *Research Group on EC Private Law (Aquis Group)*, os *Principles Definitions and Model Rules of European Private Law/Draft Common Frame of Reference* (DCFR)[472]; o *Study Group* foi fundado em 1998, por quatro membros do grupo Lando, sendo presidido por von Bar e incluindo Drobnig, Hartkamp e o próprio Lando, tendo chegado a congregar 50 especialistas de vários países; a partir de 2005, o *Study Group* é parte do *Joint Network on European Private Law*, financiado pela Comissão Europeia; trabalhou na base do Direito comparado[473].

[469] Pode ser confrontada em Stefan Vogenauer/Jan Kleinheisterkamp, *Commentary on the Principles of International Commercial Contracts (PICC)* (2009), CCXXX + 1319 pp.; os *Principles* podem, aí, ser confrontados nas cinco "línguas oficiais": inglês, francês, alemão, italiano e castelhano.

[470] Research Group on the Existing EC Privat Law (Acquis Group), *Principles of the Existing EC Contract Law (Acquis Principles), Contract* I/*Pre-contractual obligations, Conclusion of Contract, Unfair Terms* (2007), 311 pp..

[471] Bénédicte Fauvarque-Cosson/Denis Mazeaud, *European Contract Law/Materials for a Common Frame of Reference: Terminology, Guiding Principles, Model Rules* (2008), 614 pp.; trata-se de uma iniciativa da Associação Henri Capitant dos Amigos da Cultura Jurídica Francesa e da Société de Législation Comparée, sendo sintomático que elas se entreguem a publicações deste tipo, em inglês.

[472] Temos de Christian von Bar/Eric Clive/Hans Schulte-Nölke, a *Interim Outline Edition* (2008), 395 pp. e a *Outline Edition* (2009), 642 pp.. Nos finais de 2009, surgiu a *Full Edition*: mais de 6500 pp, em 6 volumes.

[473] Elementos relativos a esta iniciativa em Wolfgang Ernst, *Der 'Common Frame of Reference' aus juristischer Sicht*, AcP 208 (2008), 248-282 (251 ss.).

Os projetos publicados, de base privada, têm permitido, depois, diversos estudos comparatísticos: entre os próprios projetos (designadamente o de Lando) e, por exemplo, os Direitos alemão[474], francês[475] e holandês[476].

Paralelamente, o grupo de Trento (criado em 1993 por Ugo Mattei e Mauro Bussani)[477] investiga o *common core* do Direito civil europeu, produzindo importantes monografias temáticas[478]; na verdade, um código deveria ser antecedido por uma "Ciência europeia" que o pudesse suportar; congrega mais de 200 membros dispersos.

57. **Os "códigos"**

I. Vamos dar nota, ainda que sintética, dos diversos "códigos" europeus das obrigações, com menção aos conteúdos respetivos.

O Código Europeu dos Contratos, da Academia dos Privatistas Europeus, presidida por Giuseppe Gandolfi (o grupo de Pavia), no seu anteprojeto, tratava, sucessivamente:

Título I – Disposições preliminares (1.º a 5.º).
Título II – Formação do contrato:

[474] Jürgen Basedow (org.), *Europäische Vertragsvereinheitlichung und deutsches Recht* (2000), com escritos de dez Autores.

[475] Bertrand Pages, *Einige neuere Entwicklungen des französischen allgemeinen Vertragsrechts im Lichte der Grundregeln der Lando-Kommission*, ZEuP 2003, 514-524; Claude Witz, *Französische Schuldrecht und Prinziples of European Contract Law: Gemeinsamkeiten und Unterschiede*, ZEuP 2004, 503-514.

[476] Dany Busch/Ewoud Hondius, *Ein neues Vertragsrecht für Europa: die Principles of European Contract Law aus niederländischer Sicht*, ZEuP 2001, 223-247.

[477] *Vide* os estudos iniciais e a apresentação em Mauro Bussani/Ugo Mattei, *The Common Core of European Private Law* (1993), 251 pp..

[478] Foram publicados, com relevo direto no Direito das obrigações: Christian von Bar, *The Common European Law of Torts: The Core Areas of Tort Law, Its Approximation in Europe, and Its Accomodation in the Legal System*: 1 *(Common European Law of Torts)* (1999); Reinhard Zimmermann/Simon Whittaker (ed.), *Good Faith in European Contract Law* (2000), 720 pp.; James Gordley (ed.), *The Enforceability of Promises in European Contract Law* (2001), 478 pp.; Mauro Bussani/Vernon Valentine Palmer, *Pure Economic Loss in Europe* (2003), 589 pp.; Franz Werro/Vernon Valentine Palmer (ed.), *The Boundaries of Strict Liability in European Tort Law* (2004), 473 pp.; Ruth Sefton-Green (ed.), *Mistake, Fraud and Duties to Inform in European Contract Law* (2005, reimp., 2006), 414 pp.; John Cartwright/Martijn Hesselink, *Precontractual Liability in European Private Law* (2008), 509 pp..

Secção I – Negociações pré-contratuais (6.º a 10.º);
Secção II – Conclusão do contrato (11.º a 24.º).
Título III – Conteúdo do contrato (25.º a 33.º).
Título IV – Forma do contrato (34.º a 38.º).
Título V – Interpretação do contrato (39.º a 41.º).
Título VI – Efeitos do contrato:
Secção I – Disposições preliminares (42.º a 48.º);
Secção II – Efeitos devidos a elementos acidentais (49.º a 59.º);
Secção III – Representação (60.º a 69.º);
Secção IV – Contrato para pessoa a nomear (70.º a 74.º).
Título VII – Execução do contrato:
Secção I – Disposições gerais (75.º a 85.º);
Secção II – Execução de certas obrigações contratuais (86.º a 88.º).
Título VIII – Inexecução do contrato:
Secção I – Disposições gerais (89.º a 102.º);
Secção II – Mora do credor (103.º a 105.º);
Secção III – Efeitos da inexecução (106.º a 117.º).
Título IX – Cessão do contrato e das relações que nascem do contrato:
Secção I – Cessão do contrato (118.º a 120.º);
Secção II – Cessão de crédito (121.º a 124.º);
Secção III – Cessão de dívida (125.º a 127.º).
Título X – Extinção do contrato e das relações que nascem do contrato:
Secção I – Factos extintivos ou que envolvem uma preclusão (128.º e 129.º);
Secção II – Modos de extinção diferentes da execução (130.º a 133.º);
Secção III – Prescrição e caducidade (134.º a 136.º).
Título XI – Outras anomalias do contrato e remédios:
Secção I – Anomalias[479] (137.º a 155.º);
Secção II – Remédios (156.º a 173.º).

De manifesta conceção romano-germânica, mas com predomínio dos Direitos do Sul (italiano e francês), o projeto Gandolfi espraia-se em preceitos densos e muito interessantes. Afigura-se um digesto europeu. Tê-lo-emos em conta nos diversos assuntos.

II. Os "princípios do Direito europeu dos contratos" da Comissão para o Direito europeu dos contratos, presidida por Ole Lando, conhecidos

[479] Trata-se, essencialmente, de invalidades: nulidades e anulabilidades.

pela sigla PECL (*Principles of a European Contract Law*), tem o seguinte conteúdo geral (I e II):

Capítulo I – Disposições gerais
  Secção I – Âmbito de aplicação dos princípios
  Secção II – Deveres gerais
  Secção III – Terminologia e outras regras
Capítulo II – Formação do contrato
  Secção I – Disposições gerais
  Secção II – Proposta e aceitação
  Secção III – Responsabilidade pré-contratual
Capítulo III – Apresentação e mandato
  Secção I – Disposições gerais
  Secção II – Representação direta
  Secção III – Representação indireta
Capítulo IV – Invalidade
Capítulo V – Interpretação
Capítulo VI – Conteúdo e efeitos
Capítulo VII – Cumprimento
Capítulo VIII – Cumprimento e tutela geral
Capítulo IX – Tutelas especiais pelo incumprimento
  Secção I – Direito à prestação
  Secção II – Recusa da prestação
  Secção III – Resolução do contrato
  Secção IV – Redução do preço
  Secção V – Ressarcimento do dano.

O texto é claro e bem pensado. O predomínio do sistema romano-germânico parece-nos evidente, embora as diversas regras estejam presentes nos vários ordenamentos europeus. Sistematicamente, ele abrange áreas largas do negócio jurídico e da parte geral, deixando de fora, ainda, muita matéria de Direito das obrigações. Iremos seguindo algumas das suas soluções, a propósito das distintas rubricas.

III. Os "princípios, definições e modelos de regras do Direito privado europeu" correspondem a uma iniciativa conjunta do *Study Group on a European Civil Code* (Osnabrück)[480] e do *Research Group on EC Private*

[480] *Vide* Christian von Bar, *The Study Group on a European Civil Code*, em *Um Código Civil para a Europa*, BFD 2002, 65-78.

Law (Acquis Group). Aproveitaram uma versão revista dos "princípios do Direito europeu dos contratos", numa edição posta a circular em 2009[481]. São citados pela sigla DCFR (*Draft Common Frame of Reference*), repartem-se por dez livros[482]:

I – Regras gerais;
II – Contratos e outros atos jurídicos;
III – Obrigações e direitos correspondentes;
IV – Contratos em especial;
V – Gestão de negócios;
VI – Responsabilidade aquiliana;
VII – Enriquecimento sem causa;
VIII – Aquisição e perda da propriedade;
IX – Penhor;
X – *Trusts*.

Trata-se de um trabalho imenso, só manuseável por comissões adequadas. Perante esta matéria, recomendamos estudo e humildade. No plano propriamente laboral, o artigo I – 1:101(2), do DCFR exclui do seu campo de aplicação, as relações de trabalho (*employment relationships*). Todavia, parece claro que muitas das suas regras, particularmente no contrato de prestação de serviço, são úteis no plano laboral. A não inclusão do contrato de trabalho no seu acervo explica-se pelo redoma político em que o trabalho está encerrado.

IV. A fixação do sistema do Código Europeu dos Contratos constitui um ensejo excelente de comparar as diversas ordenações, desde o Código Napoleão de 1804, procurando a melhor arquitetura para o futuro diploma[483].

[481] *Vide* a introdução de Christian von Bar/Hugh Beale/Eric Clive/Hans Schulte-Nölke, DCFR (2009), 1-99.

[482] Procedemos a uma tradução material; por exemplo, o livro V tem, como título, *benevolent intervention in another's affairs* e o VI, *Non-contractual liability arising out of damage caused to another*.

[483] Stefan Grundmann/Martin Schauer (ed.), *The Arquitecture of European Codes and Contract Law* (2006), 374 pp..

Paralelamente, prossegue uma intensa atividade doutrinária[484], com discussão de valores subjacentes[485]. Florescem assuntos sobre temas parcelares: cláusulas gerais[486] e da doutrina do negócio[487].

58. Apreciação geral

I. Regressemos aos temas gerais do Direito europeu dos contratos. Os esforços de unificação das obrigações na Europa cindiram em definitivo os contratos da responsabilidade civil. Esta ficou, num primeiro tempo, desleixada: a irredutibilidade do sistema francês, assente numa cláusula geral (e na uniformidade dos pressupostos), do sistema alemão, corporizado em três pequenas cláusulas e do inglês, insularizado nos diversos *torts* típicos[488], parecia deixar pouca margem.

Esgotado o filão contratual, intensificaram-se os estudos comparatísticos da responsabilidade civil[489], tendo como obra de base, o de Christian von Bar[490]. O *Study Group for a European Civil Code* acabaria por

[484] A recolha de estudos editada por Arthur Hartkamp, *Towards a European Civil Code*, 3.ª ed. totalmente revista e aumentada (2004), 847 pp., contém quarenta e quatro contribuições de autores de prestígio, sobre diversos temas de Direito das obrigações.

[485] Martijn W. Hesselink (ed.), *The Politics of a European Civil Code* (2006), 195 pp..

[486] Stefan Grundmann/Denis Mazeaud (ed.), *General Clauses and Standards in European Contract Law* (2006), 218 pp..

[487] Philipp Hellwege, *Allgemeines Vertragsrecht und "Rechtsgeschäfts"-lehre im Draft Common Frame of Reference (DCFR)*, AcP 201 (2011), 665-702.

[488] Nils Jansen, *Auf dem Weg zu einem europäischen Haftungsrecht*, ZEuP 2001, 30-65 (30), que acaba com uma nota de otimismo (64). *Vide*, quanto à diversidade dos sistemas, o *Tratado* VIII, 317 ss..

[489] Ulrich Magnus, *Elemente eines europäischen Deliktsrechts*, ZEuP 1998, 602-614; Ulrich Magnus/Jaap Spier, *European Tort Law/Liber amicorum for Helmut Koziol* (2000), com intervenções de vários Autores; Jansen, *Auf dem Weg* cit., 33 ss.; Reinhard Zimmermann (org.), *Grundstrukturen eines Europäischen Deliktsrechts* (2002), com oito escritos; Nils Jansen, *Bürgerliche Pflichtenordnung oder flexibler Rechtsgüterschutz? Zur Struktur dês europäischen Haftungsrechts in Geschichte und moderner Dogmatik*, ZEuP 2003, 745-768.

[490] Christian von Bar, *Gemeineuropäisches Deliktsrecht* 1 (1996) (703 pp.) e 2 (1999) (698 pp.).

apronTar os *Principles of European Tort Law*[491]. A matéria mantém-se problemática[492].

As atuações dos europeístas voltaram-se, depois, para o Direito do enriquecimento sem causa[493].

Opera, entretanto, o *Study Group on a European Civil Code*, a quem se devem os "princípios, definições e regras-modelo do Direito privado europeu", preparados em conjunto com o *Research Group on EC Private Law (Acquis Group)*. Estes princípios, conhecidos pela sigla DCFR (*Draft Common Frame of Reference*), absorveram parte dos *Principles* da Comissão Lando, traduzindo, neste momento, a mais ativa iniciativa no campo do Direito europeu das obrigações[494], de que já foi dada conta.

II. Paralelamente a este intenso labor jurídico-científico, as instâncias comunitárias mantiveram-se atuantes. Em 12 de fevereiro de 2003, a Comissão fez uma nova e já referida comunicação ao Parlamento Europeu e ao Conselho, intitulada "maior coerência no Direito europeu dos contratos"[495]. Entre as medidas que preconiza salientamos a necessidade de contemplar os contratos transfronteiriços e de estudar as leis nacionais de modo a elaborar princípios comuns, escolhendo, quando necessário, os melhores[496]. Quanto aos existentes diplomas complementares[497]: haveria que melhorar a sua redação, eliminando incoerências, preenchendo lacunas e simplificando as regras[498]. Põe-se, ainda, a hipótese de elaboração de

[491] O texto consta de ZEuP 2004, 427-432; *vide* Helmut Koziol, *Die "Principles of European Tort Law" der "European Group on Tort Law"*, ZEuP 2004, 234-259.

[492] Ulrich Magnus, *Vergleich der Vorschläge zum Europäischen Deliktsrecht*, ZEuP 2004, 562-580.

[493] Reinhard Zimmermann, *Grundstrukturen eines europäischen Bereicherungsrechts*, ZEuP 2003, 441-444 e *Grundstrukturen eines Europäischen Bereicherungsrechts* (2005). O escrito mais visível é o organizado por Christian von Bar/Stephan Swann, *Unjustified Enrichment* (2010), XXXVI + 739 pp..

[494] Christian von Bar/Eric Clive/Hans Schulte-Nölke, *Principles Definitions and Model Rules of European Private Law/Draft Common Frame of Reference* (2008).

[495] COM (2003), 68 final.

[496] COM (2003), 68 final, n.º 63.

[497] Karl Riesenhuber, *Europäisches Vertragsrecht* (2003), com as diretrizes europeias articuladas; a matéria diz essencialmente relevo a Direito do consumo.

[498] COM (2003), 68 final, n.º 76.

cláusulas-tipo para os contratos, aplicáveis em toda a União[499]. Pedem-se, entretanto, contribuições para o debate.

III. Toda esta matéria deve ser acompanhada com atenção e humildade académicas. À partida, os "grupos" que preparam os projetos unitários são dominados por juristas alemães ou de formação alemã que usam correntemente a língua inglesa. Os países do Sul pesam pouco, enquanto Portugal é marginalizado: representa menos de 3% da população europeia e não tem havido apoio governamental para um efetivo envolvimento de juristas nacionais, nesses projetos.

A insistência em "contratos" (e não em obrigações) é uma cedência formal ao Reino Unido. O desenvolvimento subsequente é continental, romano-germânico.

Aparentemente, os Direitos nacionais estão seguros nas cidadelas linguísticas. De resto, a defesa do consumidor mantém a necessidade do uso de línguas nacionais[500]. Além disso, qualquer Direito europeu só teria vantagens nas relações entre pessoas de vários Estados-membros[501]: para quê, no caso de relações monocolores, obrigar a uma reconversão de grandes dimensões? Os civilistas que se pronunciam sobre os códigos europeus fazem-no com cautelas[502]: é óbvio que a ideia não os encanta: mas preferem não parecer desatualizados. Alguns, todavia assumem posições críticas[503]. A favor: os comparatistas[504]. Solução média seria a de um código tipo *restatement*: uma consolidação não vinculativa de princípios

[499] COM (2003), 68 final, n.º 81 ss..

[500] Cf. Hans-W. Micklitz, *Zum Recht des Verbrauchers auf die eigene Sprache*, ZEuP 2003, 635-655.

[501] Dirk Staudenmayer, *Ein Optionelles Instrument im Europäischen Vertragsrecht?*, ZEuP 2003, 828-846.

[502] P. ex.: Helmut Coing/Heinrich Honsell, *Einleitung zum BGB*, em *Eckpfeiler des Zivilrechts* (2008), 1-41 (26-27); Guido Alpa, *The Future of European Contract Law: Some Questions and Some Answers*, em Katharina Boele-Woelki/Willem Grosheide, *The Future of European Contract Law*, Essays in honour of Ewoud Hondius (2007), 3-17.

[503] *Vide* a indicação de Coing/Honsell, *Einleitung zum BGB* cit., 27: o código europeu seria uma quimera.

[504] Assume-o Reinhard Zimmermann, *Die Europäsierung des Privatrechts und die Rechtsvergleichung* (2006), 10 ss.; de resto, é óbvio que apenas pelo Direito comparado se conseguiria um código coerente que assentasse nos diversos Direitos europeus ou, pelo menos, nos considerados mais importantes (Alemanha, França e Inglaterra).

europeus[505] ou – ponderada agora a propósito do CESL[506] – um Direito optativo, concorrendo com os nacionais, mas que só funcionaria se, para ele, as partes remetessem.

IV. Mas o Direito é muito frágil: tem de ser ensinado nas Universidades. Se, por qualquer cruzamento histórico, as Universidades passassem a ensinar apenas Direito europeu, o Direito lusófono desapareceria da Europa no espaço de duas gerações[507]. A extrema subserviência dos nossos Governos ao legislador comunitário obriga a uma especial atenção. Há que estudar cuidadosamente os projetos comunitários, integrando-os na nossa Ciência e que manter uma literatura viva e atuante, valorizando a sua dimensão supraeuropeia.

V. Os instrumentos europeus, mesmo no atual estádio de estudo, prestam-se, ainda, a críticas de outra natureza. O DCFR, por exemplo, pela preocupação de ser apresentado antes do termo do primeiro mandato do presidente da Comissão Durão Barroso[508], teria sido aprontado sem o tempo de maturação necessário[509]. Aponta-se falta de transparência, na escolha dos peritos que intervêm[510].

Não se pode, é certo, ignorar o imenso esforço subjacente ao DCFR, patente na *Full Edition*[511], Mas tudo isso será vão, na falta de uma Ciência universal que suporte um "Direito europeu".

[505] Hans Schulte-Nölke, *Restatement – nicht Kodifikation/Arbeiten am "Gemeinsamen Referenzrahmen" für ein Europäisches Vertragsrecht*, em Olivier Remien (publ.), *Schuldrechtsmodernisierung und Europäisches Vertragsrecht* (2008), 26-43 (26 ss.). Quanto ao CFR, como instrumento opcional, Wolfgang Ernst, *Der 'Common Frame of Reference' aus juristischer Sicht* cit., 263 ss. e 268 ss..

[506] De *Common European Sales Law*: um projeto de Regulamento de 11-out.-2011, relativo ao contrato de compra e venda e que acabou por ser retirado; *vide* o nosso *Tratado de Direito civil* XI (2018), 73 ss..

[507] Temos o exemplo de Goa: após uma presença de 550 anos, bastou uma geração para irradicar o português e o Direito das obrigações lusófono.

[508] Horst Eidenmüller e outros, *Der Vorschlag* cit., 270/II.

[509] Karl Riesenhuber, *Wettbewerb für das Europäische Vertragsrecht*, JZ 2011, 537-544 (539) e Walter Doralt, *Strukturelle Schwächen in der Europäisierung des Privatrechts/Ein Prozessanalyse der jüngeren Entwicklungen*, RabelsZ 74 (2010), 260-285 (275 ss.).

[510] Walter Doralt, *Strukturelle Schwächen* cit., 270 ss..

[511] Christian von Bar/Eric Clive (ed.), *Principles, Definitions and Model Rules of European Private Law/Draft Common Frame of Reference (DCFR), Full Edition* (2009), seis volumes, com mais de seis mil páginas.

Por fim: os pequenos países, particularmente Portugal, não participam nas tarefas das codificações europeias. Todavia, podem traduzir sistemas autónomos de Direito, de cariz planetário: mais uma dimensão a que Bruxelas tem sido alheia.

V. A ausência de projetos relativos a um regime uniforme do contrato de trabalho não impede, como vamos ver de seguida, o florescimento de um Direito europeu do trabalho. Quiçá tornado mais necessário, no plano regulativo, dada a incapacidade até hoje demonstrada de, mesmo a título programático, avançar no sentido de um verdadeiro Direito material europeu, no plano laboral. O contrato de trabalho não é, com efeito, uma ilha no seio do Direito privado. A sua proximidade relativamente à prestação de serviço reforça essa ideia, dando relevo às relatadas iniciativas europeias.

CAPÍTULO III

O DIREITO EUROPEU DO TRABALHO

§ 15.º JUSTIFICAÇÃO E RELEVO

59. Justificação

I. As obras nacionais, incluindo a nossa[512], inseriam o Direito europeu entre as fontes do Direito do trabalho. Neste momento, afigura-se necessário repensar o tema. O posicionamento tradicional não corresponde já à realidade existente. Mas além disso e sobretudo: ele não parece coadunar-se com o futuro, tal como é possível antevê-lo.

II. O Direito europeu, mau grado as suas fraquezas estruturais e as dificuldades denotadas na sua dogmatização, não equivale a um conjunto de normas, a aplicar no plano de cada Estado. Ele apresenta-se como visando um sistema de princípios e de normas, em crescente concatenação e que não pode ser isolado por sectores. Noutros termos: "um" Direito europeu do trabalho anda paredes meias com o Direito europeu dos contratos e com o das empresas, mormente as sociedades. O Direito europeu tem regras próprias de interpretação e de aplicação e surge dotado de uma jurisprudência atuante. O seu manuseio deve fazer-se em conjunto e não, apenas, diploma a diploma, enxertado numa ordem jurídica (a portuguesa) que não os produziu.

III. Neste nosso escrito, vamos ensaiar a aplicação laboral dos mais recentes instrumentos privatísticos, com relevo para a dogmatização do

[512] *Manual de Direito do trabalho* cit., 189 ss..

sistema e para o manuseio da obrigação enquanto vínculo complexo axiologicamente integrado. Essa postura vai levar-nos a rever a construção da situação jurídica laboral, de modo a integrar, nela, o "Direito europeu" e, ainda, outras realidades como os direitos de personalidade. Tudo isso pressupõe elementos básicos sobre o Direito europeu e o Direito da personalidade, tomados e desenvolvidos pelo prisma laboral.

60. **Relevo**

I. O relevo do Direito europeu no laboralismo nacional é, neste momento, escasso. Os (poucos) diplomas com conteúdo laboral têm sido transpostos, sendo tratados, com minúcia, apenas na sua vertente já "nacionalizada". A grande maioria das questões jurídicas laborais decorre *intra muros* e encontra, no plano interno, a sua solução definitiva. Por seu turno, a Ciência Jurídica "europeia" é frágil e vive de aportações das ordens dadoras, com relevo para a alemã.

II. Impõem-se, todavia, alguns sinais de alerta. Assim e em primeira linha, a ordem jurídica nacional corre o risco de sofrer "transplantes" europeus, isto é: a pura e simples aplicação, na ordem interna, de regras "europeias", de evidente origem estrangeira. Recordamos que o "transplante" equivale à imposição direta, na ordem interna, de regras a ela alheias; contrapõe-se à receção que, mais subtil e apoiada, deriva da aprendizagem, por uma comunidade jurídica, de elementos científicos originários de outra[513]. O "transplante" advém, muitas vezes, de puras situações de dominação política, militar ou económica, enquanto a receção é independente de tais circunstancialismos. Basta ver que a receção mais marcante foi a do Direito romano, muitos séculos depois de Roma ter desaparecido como realidade política ou, sequer, humana. Aquando do denominado "programa da troika", como vimos, foi imposto ao País, a troco de dinheiro, um con-

[513] Por prismas não coincidentes: Alan Watson, *Legal Transplants/An Approach to Comparative Law* (1974), 106 pp., ainda que não distinguindo suficientemente o transplante da receção: Gebhard Rehm, *Rechtstransplantate als Instrument der Rechtsreform und -transformation*, RabelsZ 72 (2008), 1-42; Benjamin Herzog, *Anwendung und Auslegung von Recht in Portugal und Brasilien* (2014), XL + 810 pp., 22 ss..

junto de reformas laborais que mais não visaram do que "europeizar" o nosso Direito.

III. De seguida, temos o problema do *Brexit*. Totalmente inesperado, o *Brexit* vai, no plano jurídico, enfraquecer a resistência dos países europeus a uma integração mais marcada das suas ordens internas. O Reino Unido, com o seu sistema de *Common Law* e com um forte poder negocial, bloqueou múltiplas iniciativas unificadoras europeias. O seu súbito desaparecimento do plano interno europeu vai incrementar novas reformas. Além disso, é muito possível que, após a defecção da Grã-Bretanha, os dirigentes continentais europeus se sintam na necessidade de fugir em frente, impulsionando a unidade europeia, também no plano jurídico. O obstáculo representado pela diversidade jurídica entre a França e a Alemanha ficou fortemente atenuado com a grande reforma francesa do Direito dos contratos de 2016: o esquema napoleónico, tal como vigorava em França, está hoje muito mais próximo do alemão[514].

IV. Finalmente, cabe enfatizar a não-intervenção de juristas portugueses, nas diversas comissões que têm preparado projetos de "códigos" europeus. Em termos práticos, isso leva-nos a ser meros espectadores de um palco que, diretamente, nos respeita. Há que redobrar de atenção e de estudo, para evitar surpresas totais.

61. A abertura do Direito português

I. Como dado favorável, neste processo que nos escapa, temos a abertura do Direito português ao exterior. Na sequência da Lei da Boa Razão, de 18 de agosto de 1769, os juristas nacionais habituaram-se a, mormente em matérias comerciais, recorrer às *Leys das Nações Christãs, illuminadas e polidas*[515]. Estas são companheiras de práticos e de estudiosos, tendo permitido, nos últimos séculos, um permanente diálogo com os diversos Direitos europeus.

[514] *Vide* o nosso *A reforma francesa do Direito das obrigações (2016)*, RDC 2017, 9-29.

[515] *Vide* o nosso *Direito comercial*, 4.ª ed. (2016), 93 ss..

II. Acresce, após significativas viragens operadas, no início (Direito civil), nos meados (Direito comercial e Direito das sociedades) e nos finais (Direito do trabalho) do século XX, para a doutrina alemã, a presença de uma receção *proprio sensu* da Ciência Jurídica romano-germânica. O Direito europeu, ele próprio e, no fundamental, de cariz alemão não é, assim, um corpo estranho para o nosso sistema jurídico.

III. Com este pano de fundo, os juristas nacionais estão bem colocados para assimilar e aprofundar o Direito europeu. Não podem quedar-se pelo Direito institucional: antes cabe alargar o estudo ao Direito material europeu.

§ 16.º AS FONTES EUROPEIAS

62. Generalidades; as fontes primárias

I. Nos ordenamentos da atualidade, com uma especial incidência no caso português, boa parte da tarefa dos juristas práticos reside em apurar a fonte concretamente em jogo. Há que proceder com cuidado: muitas vezes, os dados obtidos na Net não são fidedignos ou não estão atualizados.

II. No tocante ao Direito europeu, a base é constituída pelo *Tratado da União Europeia* (TUE), pelo Tratado de Lisboa (2007)[516]. O artigo 6.º/1 (1) desse Tratado reconhece os direitos, liberdades e os princípios enunciados na *Carta dos Direitos Fundamentais da União Europeia* (CDFUE) de 7 de novembro de 2000, com as adaptações que lhe foram introduzidas em Estrasburgo, no dia 12 de dezembro de 2007: com o mesmo valor jurídico dos Tratados[517]. Também nesse plano, o Tratado de Lisboa aprovou o *Tratado sobre o Funcionamento da União Europeia*[518] (TFUE).

[516] *Tratado da União Europeia* (*Versão consolidada*), JOUE C 202/13-45, de 7-jun.-2016. Em alemão, a sigla é EUV (de *Europäischen Unions Vertrag* ou *Vertrag über die Europäische Union in der Fassung des Vertrags von Lissabon*); *vide supra*, nota 331, o EUV/AEUV, anotado por Rudolf Streinz.

[517] *Carta dos Direitos Fundamentais da União Europeia*, JOUE C 364/1-21, de 18-dez.-2002. Em alemão, é referida como *Grundrechte-Charta* ou GRC, de *Charta der Grundrechte der Europäischen Union*; *vide* Andreas Haratsch/Christian Koenig/Matthias Pechstein, *Europarecht* cit., 11.ª ed., 312 ss..

[518] *Tratado sobre o Funcionamento da União Europeia* (*Versão consolidade*), JOUE C 326/47-390, de 26-out.-2012, com os protocolos anexos, as declarações de alguns Estados e as tabelas de correspondência dos artigos. Em alemão, a sigla é AEUV (de *Vertrag über die Arbeitsweise der Europäische Union*).

III. No TUE, encontramos o seguinte preceito com relevo direto no campo laboral[519]:

– artigo 6.º/1 (1): reconhece a Carta dos Direitos Fundamentais da União Europeia[520].

IV. Na CDFUE, relevam[521]:

– artigo 8.º: proteção dos dados pessoais[522];
– artigo 12.º: liberdade de reunião e de associação[523];
– artigo 15.º: liberdade de emprego e direito a trabalhar[524];
– artigo 16.º: liberdade de empresa[525];
– artigo 21.º: não-discriminação[526];
– artigo 23.º: igualdade entre mulheres e homens[527];
– artigo 27.º: direito das trabalhadoras e dos trabalhadores à informação e a ser consultado[528];
– artigo 28.º: direito à negociação e à atuação coletiva[529];
– artigo 29.º: direito ao acesso a serviços de emprego[530];
– artigo 30.º: proteção no caso de despedimento injustificado[531];

[519] A matéria pode ser seguida em Martin Franzen/Inken Gallner/Hartmut Oetker, *Kommentar zum europäischen Arbeitsrecht*, 2.ª ed. (2018), bem como em Rudolf Streinz, *EUV/AEUV* cit., 3.ª ed., a propósito de cada um dos preceitos abaixo citados.

[520] Claudia Schubert, em Martin Franzen e outros, *Kommentar* cit., 2.ª ed., Art. 6 EUV, 1-27.

[521] Rudolf Streinz, *EUV/AEUV* cit., 3.ª ed., 2683-2806, a propósito de cada artigo

[522] Martin Franzen, no *Kommentar* cit., 2.ª ed., Art. 8 GRC, 319-323.

[523] Claudia Schubert, em Martin Franzen e outros, *Kommentar* cit., 2.ª ed., Art. 12 GRC, 323-331.

[524] *Idem*, Art. 15 GRC, 331-341.

[525] *Idem*, Art. 16 GRC, 341-354.

[526] Jochen Mohr, em Martin Franzen e outros, *Kommentar* cit., 2.ª ed., Art. 21 GRC, 354-391.

[527] *Idem*, Art. 23 GRC, 391-396.

[528] Claudia Schubert, em Martin Franzen e outros, *Kommentar* cit., 2.ª ed., Art. 27 GRC, 396-407.

[529] *Idem*, Art. 28 GRC, 407-444.

[530] *Idem*, Art. 29 GRC, 444-447.

[531] *Idem*, Art. 30 GRC, 447-458.

– artigo 31.º: condições de trabalho justas e equitativas[532];
– artigo 32.º: proibição de trabalho infantil e proteção dos jovens no trabalho[533];
– artigo 33.º: vida familiar e profissional[534];
– artigo 51.º: âmbito de aplicação[535];
– artigo 52.º: alcance e interpretação dos direitos e dos princípios[536].

V. Distinta da Carta dos Direitos Fundamentais da União Europeia, cujos preceitos mais diretamente laborais acima relevámos, é a Carta Social Europeia, adotada pelo Conselho da Europa, em 18-out.-1961 e por último modificada em 3-set.-2001[537].

VI. Regras laborais importantes resultam do Tratado sobre o Funcionamento da União Europeia. Assim e em síntese:
– na parte III, título IV, capítulo I (força de trabalho), temos os seguintes artigos: 45.º (livre circulação de trabalhadores), 46.º (medidas para assegurar a livre circulação), 47.º (intercâmbio de jovens), 48.º (prestações de segurança social)[538];
– *idem*, capítulo III (prestação de serviço), encontramos: 56.º (liberdade de prestação de serviço)[539];
– na parte III, título X (política social), artigos 151.º a 157.º[540].

Outros preceitos poderiam ser referidos[541]. Iremos encontrá-los no desenvolvimento subsequente, sempre que se justifique.

[532] *Idem*, Art. 31 GRC, 458-468.
[533] *Idem*, Art. 32 GRC, 468-472.
[534] *Idem*, Art. 33 GRC, 472-478.
[535] *Idem*, Art. 51 GRC, 478-499.
[536] *Idem*, Art. 52 GRC, 499-520.
[537] *Idem*, ESC, 631-707; ESC (*Europäische Sozialcharta*) é a sigla alemã deste instrumento.
[538] Heinz-Dietrich Steinmeyer, em Martin Franzen e outros, *Kommentar* cit., 2.ª ed., Art. 45-48 AEUV, 70-142.
[539] Robert Rebhahn, em Martin Franzen e outros, *Kommentar* cit., 2.ª ed., Art. 56 AEUV, 142-151.
[540] Martin Franzen, em Martin Franzen e outros, *Kommentar* cit., 2.ª ed., Art. 151-157 AEUV, 151-249.
[541] *Vide* Rosário Palma Ramalho, *Tratado* cit., I, 4.ª ed., 203, relativamente ao TFUE.

63. O Direito derivado

I. Em execução dos Tratados básicos ou fontes primárias, foram produzidos múltiplos instrumentos relevantes: regulamentos e diretrizes. Vamos assinalá-los, por grandes temas[542]. Assim, quanto à liberdade de circulação dos trabalhadores:

– Regulamento 1251/70, de 29 de junho, permitindo a um trabalhador permanecer no domínio do Estado onde se encontrava, após o termo da relação de trabalho[543]; está revogado;
– Diretriz 2003/109, de 25 de novembro, relativo à situação de naturais de Estados terceiros, residentes há muito tempo[544];
– Diretriz 2004/38, de 29 de abril, facultando aos trabalhadores e suas famílias a liberdade de circulação no espaço da União[545];
– Diretriz 2005/36, de 7 de setembro, sobre o reconhecimento de qualificações profissionais[546];
– Regulamento 492/2011, de 5 de abril, relativo à livre circulação dos trabalhadores na União[547];
– Diretriz 2014/54, de 16 de abril, visando facilitar o exercício dos direitos dos trabalhadores, no campo da livre circulação[548]; visa a aplicação uniforme do Regulamento 492/2011;

II. Na área do igual tratamento, sublinhamos, entre outras:

– Diretriz 2000/43, de 29 de junho, aplica o princípio da igualdade de tratamento, sem diferença de raça ou de origem étnica[549];
– Diretriz 2000/78, de 27 de novembro, fixa um quadro geral para a realização do igual tratamento no emprego e na atividade profissional[550];

[542] P. ex., Walter Schrammel/Michaela Windisch-Graetz, *Europäisches Arbeits- und Sozialrecht*, 2.ª ed. (2018), 49 ss..
[543] JOCE L-142, 24-26, de 30-jun.-1970, retificado em JOCE L-324, 31, de 16-dez.-1975.
[544] JOUE L-16, 44-53, de 23-jan.-2004.
[545] JOUE L-158, 77-123, de 30-abr.-2004; altera diversos instrumentos anteriores.
[546] JOUE L-256, 22-142, de 30-set.-2005.
[547] JOUE L-141, 1-12, de 27-mai.-2011; revoga o anterior Regulamento 1612/68.
[548] JOUE L-128, 8-14, de 30-abr.-2014.
[549] JOUE L-180, 22-26, de 19-jul.-2000.
[550] JOUE L-303, 16-22, de 2-dez.-2000.

– Diretriz 2004/113, de 13 de dezembro, quanto ao igual tratamento de mulheres e de homens no acesso a bens e serviços e seu fornecimento[551];
– Diretriz 2006/54, de 5 de julho, efetivando o princípio da igualdade de oportunidades e de igual tratamento de homens e mulheres, em questões de trabalho e de emprego[552].

III. No domínio de diversos direitos dos trabalhadores, encontramos:

– Diretriz 98/59, de 20 de julho, atinente a despedimentos coletivos[553];
– Diretriz 2001/23, de 12 de março, relativa à posição dos trabalhadores, aquando da transmissão de empresas ou estabelecimentos[554];
– Diretriz 2008/94, de 22 de outubro, codificando diretrizes anteriores sobre a proteção dos trabalhadores em face da insolvência do empregador[555].

IV. Medidas especiais de proteção resultam dos instrumentos seguintes:

– Diretriz 89/391, de 12 de julho, com medidas destinadas a promover a melhoria da segurança e da saúde dos trabalhadores[556];
– Diretriz 91/383, de 25 de junho, visando a melhoria da segurança e da saúde dos trabalhadores a termo ou temporários[557];
– Diretriz 92/85, de 19 de outubro, relativa a medidas de proteção de trabalhadoras grávidas, puérperas ou lactantes[558];
– Diretriz 94/33, de 22 de junho, dirigida à proteção de jovens no trabalho[559];
– Diretriz 2002/15, de 11 de março, relativa ao tempo de trabalho dos rodoviários[560];
– Diretriz 2003/88, de 4 de novembro, referente a determinados aspetos da organização do tempo de trabalho[561];

[551] JOUE L-373, 37-43, de 21-dez.-2004.

[552] JOUE L-204, 23-36, de 26-jul.-2006; revogou as Diretrizes 75/117, 76/207, 86/378 e 97/80, procedendo à sua codificação.

[553] JOUE L-225, 16-21, de 12-ago.-1998.

[554] JOUE L-82, 16-20, de 22-mar.-2001.

[555] JOUE L-283, 36-42, de 28-out.-2008.

[556] JOCE L-183, 1-8, de 29-jun.-1989.

[557] JOCE L-206, 19-21, de 29-jul.-1991.

[558] JOCE L-348, 1-7, de 29-nov.-1992.

[559] JOCE L-216, 12-20, de 22-jun.-1994.

[560] JOUE L-80, 35-39, de 23-mar.-2002.

[561] JOUE L-299, 9-19, de 18-nov.-2003.

– Regulamento 561/2006, de 15 de março, relativo a regras sociais no tráfego rodoviário[562];
– Diretriz 2010/18, de 8 de março, que aplica o acordo-quadro revisto sobre licença parental, celebrado entre a Businesseurope, a UEAPME, o CEEP e a CES[563].

V. No plano do Direito coletivo do trabalho, operam:

– Diretriz 2001/86, de 8 de outubro: completa o estatuto da sociedade europeia, relativamente ao envolvimento dos trabalhadores[564];
– Diretriz 2002/14, de 11 de março, que estabelece um quadro geral relativo à informação e consulta dos trabalhadores na comunidade europeia[565];
– Diretriz 2003/72, de 22 de julho: completa o estatuto da sociedade cooperativa europeia, relativamente ao envolvimento dos trabalhadores[566];
– Diretriz 2009/38, de 6 de maio, relativa à instituição de um Conselho de Empresa Europeu ou de um procedimento de informação e consulta dos trabalhadores nas empresas ou grupos de dimensão europeia[567].

64. A evolução substantiva e a jurisprudência

I. Valorando a evolução dos instrumentos normativos europeus, acima referenciados, é possível apontar uma linha substantiva na sua evolução[568]. Assim:

(a) num primeiro momento, os tratados europeus estavam preocupados apenas com a livre circulação dos trabalhadores; este ponto,

[562] JOUE L-102, 1-14, de 11-abr.-2006; revoga o Regulamento 3820/85.

[563] JOUE L-68, 13-20, de 18-mar.-2010; revoga a Diretriz 96/34. Referimos, ainda, as diretrizes 97/81, de 15 de dezembro e 1309/70, de 28-jun., no JO L-14, 9-14, de 20-jan.-1998 e L-175, 45-48, de 10-jul.-1999, respetivamente, relativas a acordos-quadros relativos a tempo parcial e a contratos a termo, também respetivamente.

[564] JOCE L-294, 22-32, de 10-nov.-2001.

[565] JOCE L-80, 29-34, de 23-mar.-2002.

[566] JOCE L-207, 25-36, de 18-ago.-2003.

[567] JOUE L-122, 28-44, de 16-mai.-2009.

[568] Tem interesse, mau grado a sua dispersão, confrontar, da Comissão Europeia, o *Livro Verde/Modernizar o direito do trabalho para enfrentar os desafios do século XXI*, COM 2006/708 final, 17 pp..

em conjunto com a liberdade de estabelecimento e com a livre circulação de capitais, constituía o tríptico básico do "mercado comum" das origens;

(b) num segundo período, o legislador europeu assimilou regras básicas de igualdade, de não-discriminação e de reconhecimento das habilitações; estavam, se bem se pensar, em jogo questões de concorrência;

(c) seguiu-se um terceiro estádio em que entraram em cena questões sociais; de novo o problema da concorrência teve o seu peso: os países ricos do norte ficariam em desvantagem quando, no sul, mercê de salários baixos, de más condições de trabalho e de escassos apoios sociais, fosse possível produzir mais e mais barato;

(d) finalmente, o Direito do trabalho acolheu os valores civis da primazia da pessoa humana: direitos fundamentais, direitos de personalidade e múltiplos esquemas de proteção, que passam a valer por si, foram-se radicando.

II. Nesta linha será possível construir uma integração mais profunda. Não pode o Direito do trabalho, por si, ultrapassar a falta de impostos comuns, de um orçamento comum e de uma redistribuição de riqueza dentro da União Europeia, como se faz, sem problemas, dentro de qualquer Estado Federal. Mas contribui – ou pode contribuir – para o radicar de uma cultura que auxilie nos passos seguintes: se houver futuro.

III. Na concretização do Direito europeu e na evolução substantiva que apontámos, a jurisprudência europeia – fundamentalmente, do Tribunal de Justiça da União Europeia – tem um papel decisivo. Podemos apontar duas razões nesse sentido:

(a) em termos teóricos, os textos europeus, na encruzilhada de negociações entre ordens jurídicas milenárias, surgem desapoiados e, por vezes, em contradição com os Direitos dadores; faltam apoios jurídico-científicos que, num primeiro momento, lhes confiram um conteúdo útil: as decisões concretas permitem um desenvolvimento apoiado que, de outro modo, faltaria;

(b) na prática, os textos em causa, sujeitos a pressões contraditórias dos Direitos territoriais e oriundos de compromissos linguísticos, podem ser tomados de vários modos; a decisão do tribunal é clarificadora e chega a assumir uma dimensão constitutiva.

IV. A jurisprudência do TJUE assegura, ainda, um dinamismo interpretativo que os textos não podem alcançar. Qualquer revisão de fundo exige anos de estudos, de negociações e de compromissos. As decisões judiciais, com apelo aos princípios e a cláusulas gerais conseguem suprir – quiçá e por vezes mais do que deveriam! – essa inércia ditada da presença de 29 (ou 28) Estados soberanos, com nacionalidades por vezes milenárias e servidas por línguas próprias.

V. A face oculta não pode, todavia, deixar de ser referida. Por independente que o TJUE – e a própria Comissão Europeia – se apresente, não é seguro que, nos casos que envolvam pequenos países, não haja uma mão mais pesada. Recorde-se a "perseguição" feita à Portugal Telecom, quando era portuguesa, por causa da (tímida) *golden share* do Estado: e isso enquanto a France Telecom e a Deutsche Telekom, por vários esquemas, estão sob o seguro controlo dos Estados respetivos. Apenas a Ciência do Direito pode ajudar.

§ 17.º PRINCÍPIOS LABORAIS EUROPEUS

65. Princípios gerais

I. No Direito europeu do trabalho operam, desde logo, os princípios europeus gerais, presentes no artigo 5.º do TUE[569]: a competência limitada, a subsidiariedade, a proporcionalidade e a transversalidade. Recordamos os termos de tais princípios[570]:

– a competência limitada: a União só pode intervir nos domínios que o TUE lhe atribui; falta a *Kompetenz-Kompetenz*, isto é, o poder para, ela própria, decidir da sua competência;
– a subsidiariedade: nos domínios de competência repartida, a União só legisla quando os Estados-Membros não o tenham, eles próprios, efetuado, de modo a atingir os escopos europeus;
– a proporcionalidade: a União não deve ir para além do estritamente requerido pelo Tratado; todavia, o Tribunal Europeu interpretou latamente este princípio, permitindo à União legislar quando, em face de situações complexas, não seja clara a necessidade de intervenção[571];
– a transversalidade: os diversos princípios manifestam-se nas várias disciplinas, não se acantonando a um núcleo original.

Estes princípios são limitativos da capacidade legislativa da União. Todavia, afigura-se claro que, independentemente de uma revisão formal do Tratado, eles são suficientemente elásticos para permitir intervenções alargadas: um ponto que os princípios laborais europeus permitem ampliar.

[569] Adam Sagan, *Grundlagen des europäischen Arbeitsrechts* cit., Nr. 38 (22).
[570] Adam Sagan, *Grundlagen* cit., Nr. 39-44 (22-24).
[571] TJUE 10-dez.-2002, C-491/01 (*British American Tobacco*), Nr. 122.

II. Para além destes princípios gerais, que acompanham todo o Direito europeu, temos princípios laborais específicos. Podemos, aí, distinguir:

– as liberdades fundamentais;
– a política social;
– a igualdade de tratamento;
– o reforço do mercado interno.

Num plano diverso, podemos ainda referir um princípio de diálogo social.

66. Direitos *stricto* e *lato sensu*

I. Os instrumentos europeus, à semelhança, de resto, com idêntico fenómeno verificado na Constituição portuguesa de 1976, não usam o termo "direito" (subjetivo) em aceção técnico-jurídica. Tecnicamente, o direito subjetivo é uma permissão normativa específica de aproveitamento de um bem[572]. Daí resultam os pontos essenciais do seu regime:

(a) sendo uma permissão normativa, ele concede, ao seu beneficiário, quer o exercício, quer o não-exercício; além disso e no seu âmbito, ela faculta as mais diversas atuações, sempre de acordo com a livre vontade do titular;
(b) tratando-se de uma permissão específica ela delimita o preciso objeto sobre que recai;
(c) ainda a sua especificidade concentra a permissão (apenas) no destinatário; numa simples operação de lógica deôntica, passa-se da permissão que atinge os demais sujeitos: donde o dever de respeito;
(d) o aproveitamento do bem, a tomar como uma realidade protegida pelo Direito, confere ao direito subjetivo, o seu alcance prático e dita, no terreno, o tipo de permissão em jogo: naturalmente em função do concreto bem considerado.

572 *Tratado* I, 4.ª ed., 892 ss.; esclarecemos que qualquer outra formulação de direito subjetivo chegaria a resultados similares.

II. O direito subjetivo transmite um regime explícito, tecnicamente manuseável através da Ciência do Direito. Mas além disso, por razões histórico-culturais, ele suscita um juízo global de aprazibilidade, comunicável às diversas posições favoráveis previstas, referidas ou atribuídas pelo Direito. Os "direitos" são sentidos na comunidade como vantagens pelas quais cabe lutar: seja para as conquistar, seja para as defender. Chegamos, assim, a uma ideia ampla, não-técnica, de direito: uma posição vantajosa, positivada ou desejável. Isso permite distinguir:

(a) direitos programáticos: não implicam bens, mas apenas desenham um percurso para, eventualmente e mais tarde, se conseguirem; assim sucede com o "direito" à habitação referido no artigo 65.º/1, da Constituição;
(b) direitos relativos à política do Estado: limitam-se a indicar linhas programáticas de atuação, com fins de proteção pessoal: o "direito" à saúde constante do artigo 64.º/1 e 2, da Constituição;
(c) direitos genéricos: não disponibilizam bens concretos; apenas asseguram às pessoas margens de livre atuação, no âmbito das quais, eventualmente, poderão adquirir direitos concretos: os "direitos" a constituir família (36.º/1), a exprimir e divulgar livremente o pensamento (37.º/1), à deslocação e à emigração (44.º/1), à reunião e à manifestação (45.º/1), à associação (46.º/1) e à escolha de profissão (47.º/1, todos da Constituição); surgem diversas outras referências, por vezes como "liberdades";
(d) direitos-deveres do Estado: os direitos à proteção da sociedade e do Estado relativamente aos pais e mães (68.º/1) e às crianças (69.º/1), ou os direitos à tutela jurisdicional (20.º/2) em prazo razoável (20.º/4, todos da Constituição).

Há ainda que contar com direitos-deveres civis (dos quais a educar os filhos), com direitos potestativos e com diversas situações favoráveis, de tipo civil[573].

III. Como veremos, a presença, no Direito do trabalho, de "direitos" em sentido amplo é frequente. Basta percorrer o artigo 59.º da Consti-

[573] *Tratado* I, 4.ª ed., 903 ss..

tuição, relativo aos direitos dos trabalhadores: encontramos, aí, múltiplas posições favoráveis que não são, tecnicamente, direitos subjetivos. Cabe fazer as competentes subdistinções, de modo a poder determinar as regras aplicáveis.

Não obstante a falta de tecnicidade, os direitos *lato sensu* têm relevo jurídico-positivo. Eles inscrevem-se na formulação de princípios, na interpretação das fontes, na densificação de conceitos indeterminados e, como veremos, através da técnica dos deveres acessórios, no próprio conteúdo das situações jurídicas laborais.

67. **Princípios laborais**

I. As fontes europeias acima elencadas são pródigas em princípios laborais: seja referindo-os como tais, seja atribuindo direitos *lato sensu* que, na prática, redundam em princípios. A primazia do Direito europeu dá-lhes um relevo especial, ainda que, por vezes, eles sejam retomados, com maior oportunidade e veemência, pelo Direito interno. Todavia, a natureza prática da Ciência do Direito recomenda que, das proposições europeias, se retenham as que, pelo teor substantivo, comportem efetivos vetores capazes de intervir nos casos concretos.

II. Na base da Carta de Direitos Fundamentais da União Europeia, podemos reter:

- o princípio da tutela dos dados pessoais (8.º) e da vida familiar e pessoal (33.º);
- o princípio da liberdade de associação e de reunião (12.º);
- o princípio da liberdade individual e coletiva, no campo laboral (15.º, 16.º, 27.º e 28.º);
- o princípio da não-discriminação, em especial perante os géneros (21.º, 23.º e 29.º);
- o princípio da estabilidade do vínculo laboral (30.º);
- o princípio da defesa das condições de trabalho (31.º), em especial de crianças e jovens (32.º).

III. O Tratado sobre o Funcionamento da União Europeia permite ainda referenciar:

– o princípio da livre circulação (45.º a 48.º);
– o princípio da liberdade (56.º);
– o princípio da política social efetiva (151.º a 157.º).

Algumas destas proposições confluem com os dados resultantes da Carta de Direitos. Além disso, todos os princípios enunciados são suscetíveis de diversas reordenações. Cumpre, todavia, ter em conta que eles não derivam de uma arrumação racional de temas laborais. À imagem com o sucedido no plano do desenvolvimento do Direito do trabalho nos diversos Estados-Membros, os princípios laborais europeus foram-se isolando, ao longo da evolução sócio-económica, em função de necessidades reais e da própria dinâmica laboral coletiva. Eles não dão corpo a classificações racionais: antes operam em termos insulares, permitindo ordenações de tipos de dimensão e de densidade diferentes. Na sua concretização, o Direito secundário mostra preocupações pragmáticas diversificadas, deixando pontos sensíveis a cargo das ordens nacionais.

IV. Na concretização destes princípios, a jurisprudência europeia é decisiva. Ela própria age em termos que permitem, hoje, elaborar "princípios" de concretização judicial, que importa referir[574]. São eles:

– o princípio da maior eficácia possível (*effet utile*): tendo em conta os objetivos da União, há que dar, aos direitos fundamentais, um largo âmbito de concretização[575]; além disso, as sanções nacionais para a sua observância devem revelar-se determinantes e proporcionais[576];
– o princípio da interpretação restritiva das regras de exceção[577];

[574] Peter Hantel, *Europäisches Arbeitsrecht* cit., 13 ss..

[575] TJUE 4-dez.-1974, Proc. 41/74 (van Duyn); Yvonne van Duyn, holandesa, fora proibida de entrar no Reino Unido, para exercer as funções de secretária na *Church of Scientology*, por se entender que esta entidade era um perigo social; o TJUE entendeu que a livre circulação originava um direito dos cidadãos europeus e que as restrições de ordem pública deviam funcionar em face de concretas atuações do visado.

[576] Adam Sagan, *Grundlagen des europäischen Arbeitsrechts* cit., Nr. 122 (53-54); TJUE 8-jun.-1994, C-383/92 (Comissão v. Reino Unido), relativo ao não-cumprimento de obrigações relativas à designação de representantes dos trabalhadores.

[577] Daniel Ulber, *Grenzen der Rechtsfertigung von Ungleichbehandlungen wegen des Alters*, EuZA 2014, 202-216 (207-208).

– o princípio do entendimento lato de "trabalhador": um ponto a que iremos regressar[578];
– o princípio do entendimento lato de "retribuição": outro ponto a considerar[579].

[578] *Infra*, 221-222.
[579] *Infra*, 223.

§ 18.º LINHAS DE CONCRETIZAÇÃO

68. Uso lato de "trabalhador" e de "retribuição"

I. O Direito europeu do trabalho desenvolveu uma noção lata de "trabalhador"[580]. Correspondendo à necessidade de ultrapassar as cuidadas mas distintas enumerações nacionais e à orientação básica de efetivar as determinações da União, o Tribunal de Justiça, ao sabor de decisões exemplares, procedeu ao seu alargamento[581].

II. À partida, o Tribunal de Justiça considera trabalhador a pessoa que, durante um determinado período, preste a sua atividade a outra, sob a direção desta e a troco de uma retribuição[582]. Ao contrário de diversas ordens jurídicas nacionais, não distingue a situação dos funcionários públicos. São

[580] Rolf Wank, *Die personellen Grenzen des Europäischen Arbeitsrechts: Arbeitsrecht für Nicht-Arbeitnehmer?*, EuZA 1 (2008), 172-195; Stefan Lunk/Vincent Rodenbusch, *Der unionsrechtliche Arbeitnehmerbegriff und seine Auswirkung auf das deutsche Recht*, GmbHR 2012, 188-195 (194/II, referindo o caso Danosa, abaixo citado); Robert Rebhahn, *Die Arbeitsnehmerbegriffe des Unionsrechts in der neueren Judikatur des EuGH*, EuZA 5 (2012), 3-34; Silvia Borelli, *Der Arbeitsnehmerbegriff im europäischen Recht/Ein Überblick über die Rechtsprechung des Europäischen Gerichtshofs*, AuR 2011, 472-477; Klaus-Stefan Hohenstatt/Sebastian Naber, *Sind Fremd-Geschäftsführer Arbeitnehmer im Sinne der Massentlassungsrichtlinie?*, NZA 2014, 637-642; Burkhard Boemke, *Aktuelles zum GmbH-Geschäftsführer aus arbeitsrechtlicher Sicht*, RdA 2018, 1-24.

[581] Adam Sagan, *Grundlagen des europäischen Arbeitsrechts* cit., Nr. 77 (36) e 107-112 (47-51); Peter Hantel, *Europäisches Arbeitsrecht* cit., 15-17; Heinz-Dietrich Steinmeyer, em Martin Franzen e outros, *Kommentar* cit., 2.ª ed., Art. 45 AEUV, Nr. 10-26 (73-78).

[582] TJUE 19-jun.-2014, C-507/12 (Saint Prix) = NZA 2014, 765-767; TJUE 1-out.-2015, C-432/14 (Bio Philippe), Nr. 22; *vide* Abbo Junker, *Die Einflüsse des europäischen Rechts auf die personelle Reichweite des Arbeitnehmerschutzes/Der Arbeitnehmerbegriff in der Rechtsprechung des Europäischen Gerichtshofs*, EuZA 9 (2016), 184-206.

considerados trabalhadores os bombeiros[583], os diversos funcionários[584] e os juízes a tempo parcial[585]. Também profissionais que beneficiem do seguro social D&O são havidos como trabalhadores[586], numa orientação que chega a abranger a gerente de uma sociedade[587]. Certas vicissitudes que determinem a cessação de uma relação laboral, como a gravidez, não fazem perder à interessada a qualidade de trabalhadora[588]. São trabalhadores os desportistas profissionais[589] e as pessoas ocupadas no âmbito de comunidades religiosas[590]. Não é obstáculo o facto de certas profissões não serem reconhecidas nalguns Estados-Membros, por contrariedade aos bons costumes: assim, foi havida como trabalhadora, uma prostituta, cujas prestações são remuneradas[591]. Outras situações têm sido referidas[592].

III. É certo que nas diversas e alargadas utilizações do termo "trabalhador", feitas pelo Tribunal de Justiça, as regras cuja aplicação se pretende são distintas. Boa parte do alargamento prende-se com a liberdade de circulação. Não obstante, a mensagem básica afigura-se clara: um conceito lato de trabalhador permite proteger um maior universo de pessoas[593].

[583] TJUE 14-jul.-2005, C-52/04 (Feuerwehr Hamburg).

[584] TJUE 3-mar.-2012, C-337/10 = NJW 2012, 2420/I.

[585] TJUE 1-mar.-2012, C-393/10 (O'Brien).

[586] TJUE 14-dez.-2009, C-519/09 (Dieter Mai).

[587] TJUE 11-nov.-2010, C-232/09, Nr. 39 ss. (Dita Danosa); TJUE 10-set.-2015, C-47/14 (Halterman). *Vide*, referindo outros casos, Richard Giessen, *Der europäische Arbeitnehmerbegriff und die Mitglieder der Leitungsorgane von Kapitalgesellschaft*, ZfA 2016, 47-70 (53 ss.).

[588] TJUE 19-jun.-2014, C-507/12 (Jessy Saint Prix) = NZA 2014, 765-767.

[589] TJUE 18-jul.-2006, C-519/04, Nr. 22 (David Meca-Medina e Igor Majcen); TJUE 16-mar.-2010, C-325/08 (Olympique Lyonnais) = NZA 2010, 346-349 (347); *vide* Sven Persch, *Der EuGH und die Besonderheiten des Sports im Arbeitsrecht*, NZA 2010, 986-991; TJUE 15-dez.-1995, C-415/93 (Bosman) = NJW 1996, 505-512 (511)

[590] TJUE 23-out.-1986, C-300/84 (van Roosmalen).

[591] TJUE 18-mai.-1982, C-155/81 (Rezguia Adoui e Dominique Cornuaille).

[592] *Vide* Rolf Wank, *Die personelle Reichweite des Arbeitnehmerschutzes aus rechtsdogmatischer und rechtspolitischer Perspektive*, EuZA 9 (2016), 143-170 (144 ss.)

[593] Rolf Wank, *Der Arbeitnehmerbegriff in der Europäische Union/Praktische Konsequenzen*, EuZA 2018, 327-345, referindo o papel interpretativo do Direito da União.

IV. Também a noção de retribuição recebe, no plano europeu, um sentido lato, relativamente ao usado por diversas leis territoriais[594]. A jurisprudência europeia veio ocupar-se do tema a propósito do artigo 157.º/1 e 2 que assegura o igual tratamento entre homens e mulheres[595].

Assim, foram considerados como retribuição: pagamentos anuais especiais[596]; subsídios de Natal[597]; viagens[598]; trabalho extraordinário[599]; subsídios de família e de casamento[600]; subsídios de doença[601]; subsídios de maternidade[602]; compensações pelo termo do contrato[603]; prestação de seguros sociais[604].

Existem outros casos semelhantes[605].

69. A livre circulação de trabalhadores

I. A livre circulação de trabalhadores constituiu, desde o início, o grande motor do Direito europeu do trabalho[606]. Correspondendo a um

[594] Ainda que, em menor grau, a portuguesa.

[595] Martin Franzen, no *Kommentar zum europäischen Arbeitsrecht* cit., 2.ª ed., Art. 157 AEUV, Nr. 19 (225-226).

[596] TJUE 9-set.-1999, C-281/97 (Krüger) = NJW 2000, 647-648.

[597] TJUE 21-out.-1999, C-333/97 (Lewen) = NZA 1999, 1325-1328.

[598] TJUE 17-fev.-1998, C-249/96 = NJW 1998, 969-973.

[599] TJUE 6-dez.-2007, C-300/06 (Voβ) = NZA 2008, 31-33.

[600] TJUE 28-out.-1998, C-187/98 (Comissão v. Grécia); TJUE 5-nov.-2014, C-476/12 (União Sindical Austríaca).

[601] TJUE 13-jul.-1989, C-171/88 (Rinner-Kühn) = NJW 1989, 3087-3088; TJUE 8-set.-2005, C-191/03 (McKenna) = NZA 2005, 1105-1109.

[602] TJUE 13-fev.-1996, C-342/93 (Gillepsie); TJUE 16-set.-1999, C-218/98 (Abdoulaye) = NZA 1999, 1280-1281; TJUE 30-mar.-2004, C-147/02 (Alabaster) = NZA 2004, 839-842.

[603] TJUE 17-mai.-1990, C-262/88 (Barber) = NZA 1990, 775-776; TJUE 9-fev.-1998, C-167/97 (Regina); TJUE 8-jun.-2004, C-220/02 (União Sindical Austríaca).

[604] TJUE 13-mai.-1986, C-170/84 (Bilka) = NJW 1986, 3020-3021.

[605] *Vide* a enumeração de Peter Hantel, *Europäisches Arbeitsrecht* cit., 17-18.

[606] Adam Sagan, *Grundlagen des europäischen Arbeitsrechts* cit., Nr. 48-51 (25--27); Eva Kocher, *Europäisches Arbeitsrecht* (2016), 68 ss.; Peter Hantel, *Europäisches Arbeitsrecht* cit., 23 ss.; Maximilian Fuchs/Franz Marhold, *Europäisches Arbeitsrecht* cit., 5.ª ed., 71 ss.; Walter Schrammel/Michaela Windisch-Graetz, *Europäisches Arbeits- und Sozialrecht* cit., 2.ª ed., 49 ss.; Heinz-Dietrich Steinmeyer, no *Kommentar zum europäis-*

dado estrutural das Comunidades Europeias e, depois, da União Europeia, a livre circulação obrigou a um afinamento do próprio conceito de trabalhador.

II. O caso liderante é considerado o Bosman, decidido pelo Tribunal de Justiça, em 15-dez.-1995[607]. Sucedera o seguinte: Jean Marc Bosman era, em 1990, jogador profissional belga, exercendo no Royal Club Liégeois. Em junho desse ano, o RFC de Liège ofereceu-lhe mais um ano de contrato, o que ele recusou, por insuficiência de salário: este era reduzido de 120.000 para 30.000 FB. Colocado numa lista de jogadores transferíveis, com uma indemnização de cerca de 12 milhões de francos belgas, valor esse a pagar mesmo tendo o contrato já terminado. Um mês volvido, chega a acordo o USL de Dunkerque, mas este clube francês não admite a cláusula de indemnização; o Liège recusa o passe do jogador; discutiam-se, ainda, as limitações existentes à contratação de jogadores estrangeiros da Comunidade Europeia. O TJUE, depois de remover múltiplas questões processuais, entendeu que o então artigo 48.º do Tratado se aplicava a desportistas profissionais, gozando da liberdade de circulação; as disposições que impeçam ou dissuadam os cidadãos de um Estado-Membro de abandonar o seu País para exercer a profissão noutro entravam essa liberdade; além disso, viola o Tratado a limitação de contratação de jogadores "europeus" estrangeiros.

Tudo visto, o TJUE entendeu quer a indemnização, nos moldes fixados, quer a limitação de contratação de jogadores "comunitários", em função da nacionalidade, contrariavam o Tratado.

Deve dizer-se que a decisão do TJUE foi facilitada pela especial injustiça do caso Bosman: o Liège reduziu a sua remuneração para um quarto e, além disso, pretendeu impedir a contratação do futebolista por outro clube: bem sabia que o Dunkerque, da 2.ª divisão, não tinha meios para pagar tão elevadas cifras "indemnizatórias", de resto estranhas por não haver, já, contrato.

chen Arbeitsrecht cit., 2.ª ed., Art. 45 (70-112). Tem ainda interesse confrontar o escrito antigo de Antonino Mattarella, *La libera circolazione dei lavoratori nella communità europea* (1982), 96 pp..

[607] TJUE 15-dez.-1995, C-415/93 (Jean Marc Bosman) = NJW 1996, 505-511 = = JZ 1996, 248-254, anot. Werner Schroeder, *idem*, 254-257; *vide* o comentário de Stephan Hobe/Christian Tietje, *Europäische Grundrechte für Profisportler = EuGH, NJW 1996, 505*, JuS 1996, 486-493.

III. Em execução do TFUE, o Regulamento 492/2011, de 5 de abril[608], veio explicitar, em relação a todos os trabalhadores da União[609]:

(a) o livre acesso ao emprego, nas mesmas condições dos nacionais; ficam todavia ressalvados os necessários conhecimentos linguísticos[610] (1.º a 6.º);
(b) o exercício do emprego em plena igualdade de tratamento (7.º a 9.º);
(c) os filhos dos trabalhadores empregados num Estado-Membro são admitidos nos diversos cursos em igualdade com os nacionais (10.º);
(d) admitindo-se, todavia, limitações na gestão de organismos de Direito público e no exercício de funções públicas (8.º).

O esquema do Regulamento beneficia, em princípio, os cidadãos de pequenos países que tenham língua própria. Os estrangeiros dos países "dominantes" mais dificilmente terão as competências linguísticas necessárias, ao passo que certos idiomas, como o inglês ou o francês, têm um número elevado de falantes, com segunda língua.

IV. As Diretrizes 2003/109 (residentes há longo tempo), 2004/38 (famílias) e 2005/36 (qualificações profissionais) vêm completar o quadro. Veremos, em sede própria, o modo por que foram transpostas.

V. A livre circulação de trabalhadores tem efeitos práticos nestes e nas empresas[611]: em princípio distintos, consoante se trate de Estados-Membros de nível salarial elevado[612], ou de Estados-Membros recém-chegados

[608] JOUE L-141, 1-12, de 27-mai.-2011.

[609] *Vide* a larga anotação de Heinz-Dietrich Steinmeyer, em Martin Franzen e outros, *Kommentar zum europäischen Arbeitsrecht* cit., 2.ª ed., 791-825.

[610] TJUE 5-fev.-2015, C-317/14 (Comissão v. Bélgica).

[611] Astrid Schneider-Sievers, *Freizügigkeit für Arbeitnehmer und Unternehmer – der nationale Blickwinkel*, RdA 2012, 277-281.

[612] Alan C. Neal, *Freizügigkeit für Arbeitgeber und Arbeitnehmer in der Europäischen Union/Einige Beobachtungen aus der Perspektive eines Hochlohn-Landes*, RdA 2012, 266-270.

(o caso Báltico), de nível modesto[613]. Estes irão obter lugares indiferenciados, enquanto os primeiros aspirarão aos postos mais elevados. Com o tempo, funcionam vasos comunicantes, permitindo uma comunidade laboral globalmente mais eficaz e mais retribuída.

70. **Igualdade e não-discriminação**

I. A não-discriminação e a igualdade entre homens e mulheres resultam dos artigos 21.º e 23.º da Carta de Direitos Fundamentais da União Europeia. A matéria foi desenvolvida nas Diretrizes 2000/43 (diferença de raça ou de origem étnica), 2000/78 (igualdade no emprego), 2004/113 (acesso a bens e serviços) e 2006/54 (igualdade de tratamento). Estes diplomas foram transpostos para a ordem interna, sendo considerados a esse propósito. Todavia, comportam elementos estruturantes do Direito da União, que justificam a antecipação de alguns aspetos.

II. A Diretriz 2000/43, de 29 de junho, aplica o princípio da igualdade de tratamento entre as pessoas, sem distinção de origem racial ou étnica[614]. Surge na sequência de outras iniciativas tendentes a combater os comportamentos racistas ou xenófobos[615]. Tais comportamentos preenchem páginas negras da História Mundial, com relevo para os genocídios promovidos pelo nacional-socialismo, em face do apoio ou do desinteresse da população alemã, de cultura média elevada. Recentemente, o problema volta a colocar-se perante a questão dos refugiados, num fenómeno que já provocou o *Brexit*, que desestabilizou países como a Hungria, a Itália e a Áustria e que, segundo alguns indicadores, vai provocar problemas políticos na Alemanha.

III. Neste pano de fundo, a Diretriz 2000/43 propõe-se (1.º) estabelecer um quadro jurídico para o combate à discriminação baseada em motivos de origem racial ou étnica, com vista a pôr em prática, nos Esta-

[613] Tomas Davulis, *Chancen und Risiken der Freizügigkeit aus der Sicht der jüngere Mitgliedstaaten*, RdA 2012, 258-262.

[614] JOCE L-180, 22-26, de 19-jul.-2000.

[615] *Vide* o preâmbulo da Diretriz 2000/43.

dos-Membros, o princípio da igualdade de tratamento. O artigo 2.º procede à importante distinção entre discriminação direta e indireta. Assim (2.º/2):

(a) discriminação direta: uma pessoa, por razões raciais ou étnicas, é objeto de um tratamento menos favorável do que o que seja, tenha sido ou possa vir a ser dado a outra pessoa, em situação comparável;

(b) discriminação indireta: uma disposição, critério ou prática aparentemente neutra que coloque pessoas de certa origem racial ou étnica em situação de desvantagem comparativamente com outras pessoas, salvo se justificada por um objetivo legítimo, sendo os meios utilizados adequados e necessários.

O artigo 2.º/3 considera o assédio uma discriminação:

> (…) sempre que ocorrer um comportamento indesejado relacionado com a origem racial ou étnica, com o objetivo ou o efeito de violar a dignidade da pessoa e de criar um ambiente intimidativo, hostil, degradante, humilhante ou desestabilizador.

Preveem-se, depois, uma série de medidas destinadas a combater a discriminação étnica.

IV. A Diretriz 2004/113, de 13 de dezembro[616], aplica o princípio de igualdade de tratamento entre homens e mulheres no acesso a bens e serviços e seu fornecimento. Não é um diploma puramente laboral, antes tendo um alcance mais amplo. Ele distingue a discriminação direta da indireta, em termos similares aos da Diretriz 2000/43 [2.º, *a*) e *b*)]. Refere, na mesma linha, a ideia de assédio [*c*)] e introduz a de assédio sexual [*a*)]: um comportamento indesejado de carácter sexual, sob forma física, verbal ou não verbal, com o objetivo ou o efeito de violar a dignidade da pessoa.

[616] JOUE L-373, 37-43, de 21-dez.-2004; *vide* Dagmar Schiek, *Gleichbehandlungsrichtlinien der EU-Umsetzung im deutschen Arbeitsrecht*, NZA 2004, 873-885; Detlev W. Belling, *Umsetzung der Antidiskriminierungsrichtlinie im Hinblick auf das kirchliche Arbeitsrecht*, NZA 2004, 885-839.

A Diretriz é aplicável a todas as pessoas: o artigo 3.º/2 afirma que ela em nada prejudica a liberdade de cada indivíduo escolher o outro contraente, desde que essa escolha não seja motivada pelo sexo a que esse contraente pertence: um preceito inverificável, já que não vemos como limitar a liberdade das pessoas, na escolha do outro contraente. Preveem-se, depois, uma série de medidas.

V. A Diretriz 2006/54, de 5 de julho, veio codificar uma série de instrumentos anteriores. Ela surge relativa à aplicação do princípio da igualdade de oportunidades e de igualdade de tratamento entre homens e mulheres em domínios ligados ao emprego e à atividade profissional[617]. Podemos dar uma ideia do seu conteúdo através da ordenação de matérias a que procede. Assim, ela arruma os seus 35 artigos em quatro títulos:

Título I – Disposições gerais (1.º a 3.º);
Título II – Disposições específicas (4.º a 16.º):
Capítulo 1 – Igualdade de remuneração (4.º);
Capítulo 2 – Igualdade de tratamento nos regimes profissionais de segurança social (5.º a 13.º);
Capítulo 3 – Igualdade de tratamento no que se refere ao acesso ao emprego, à formação e promoção profissionais e às condições de trabalho (14.º a 16.º);
Título III – Disposições horizontais (17.º a 30.º):
Capítulo 1 – Vias de recurso e execução (17.º a 19.º);
Capítulo 2 – Promoção da igualdade de tratamento – diálogo (20.º a 22.º);
Capítulo 3 – Disposições horizontais gerais (23.º a 30.º);
Título IV – Disposições finais (31.º a 36.º).

A Diretriz é pormenorizada[618]. Procura enquadrar a discriminação das mulheres nas suas diversas dimensões, em termos que iremos retomar no Direito interno.

[617] JOUE L-204, 23-36, de 26-jul.-2006.

[618] *Vide* a anotação de Jochen Mohr, no *Kommentar zum europäischen Arbeitsrecht* cit., 2.ª ed., 2037-2125, com muitas indicações.

VI. A não-discriminação e a igualdade de tratamento constituem vetores básicos do Direito europeu do trabalho[619]. Pode mesmo falar-se na disciplina jurídica do Direito da não-discriminação[620], com reflexos nas diversas situações jurídicas laborais. Outras áreas vêm a ser envolvidas, como a proibição de discriminação em função da idade[621].

VII. A transposição do igual tratamento para os Direitos nacionais ocasionou leis específicas. Adiante veremos o caso português[622]. Antecipamos que, na Alemanha, foi promulgada a Lei Geral do Igual Tratamento (*Allgemeines Gleichbehandlungsgesetz* ou AGG) que originou uma grande produção jurídico-científica e jurisprudencial, muito apoiada em jurisprudência europeia[623]. Alguns elementos serão usados como apoio doutrinário e enquanto auxiliares de interpretação das normas portuguesas: necessariamente próximas das alemãs.

VIII. A problemática da não-discriminação coloca uma série de questões: de ordem geral[624] e de ordem específica. Entre elas, temos discrimi-

[619] Eva Kocher, *Europäisches Arbeitsrecht* cit., 98 ss.; Peter Hantel, *Europäisches Arbeitsrecht* cit., 109 ss. (sexo) e 149 ss. (raça e etnia); Maximilian Fuchs/Franz Marhold, *Europäisches Arbeitsrecht* cit., 5.ª ed., 190 ss..

[620] Michael Grünberger, *Nichtsdiskriminierungsrecht*, em Ulrich Preis/Adam Sagan, *Europäisches Arbeitsrecht* cit., 115-216. A literatura disponível é muito extensa, apoiando-se, ainda, em numerosas decisões do TJUE.

[621] Ulrich Preis, *Verbot der Alterdiskriminierung*, em Ulrich Preis/Adam Sagan, *Europäisches Arbeitsrecht* cit., 217-270.

[622] A natéria será colocada no Direito individual do trabalho.

[623] Hans-Jürgen Rupp e outros, em Martin Henssler/Heinz Josef Willemsen/ /Heinz-Jürgen Kalb, *Arbeitsrecht Kommentar*, 8.ª ed. (2018), 63-355, procedeu a um denso comentário a alguns preceitos dessa lei: dão uma ideia da extensão e da densidade com que essa matéria pode ser tratada.

[624] Assim: Sudabeh Kamanabrou, *Rechtsfolgen unzulässiger Benachteiligung im Antidiskriminierungsrecht*, ZfA 2006, 327-345; *idem*, *Vertragsgestaltung und Antidiskriminierung*, NZA, B 3/2006, 138-146; Robert Rebhahn, *Das neue Antidiskriminierungsrecht/Anmerkungen zu Lage Österreich*, ZfA 2006, 347-360; Martine Le Friant, *Rechtstechniken im Kampf gegen die Diskriminierung: die Lage im Frankreich*, AuR 2003, 51-56.

nações em função do sexo[625], da retribuição[626], das férias[627], da raça[628], da idade[629] e da religião[630].

71. Condições de trabalho

I. A temática das condições de trabalho inscreve-se no conteúdo das diversas situações jurídicas laborais. Ele abrange duas áreas distintas:

(a) a do estatuto do próprio trabalhador, no que tange ao ritmo da prestação de trabalho: duração, férias, temporária e a termo;

[625] Georg Annuβ, *Grundfragen der Entschädigung bei unzulässiger Geschlechtsdiskriminierung*, NZA 1999, 738-744; Gregor Thüsing, *Zulässige Ungleichbehandlung weiblicher und Arbeitnehmer – zur Unverzichtbarkeit i. S. des § 611 a I 2 BGB*, RdA 2001, 319-325.

[626] Michael Kort, *Zur Gleichbehandlung im deutschen und europäischen Arbeitsrecht, insbesondere beim Arbeitsentgeld teilzeitbeschäftigter Betriebsratmitglieder*, RdA 1997, 277-284, referindo, também, o igual tratamento de género (*idem*, 279/II); Tobias Huey, *Die zeitliche Reichweite des geschlechtsbezogenen Entgeltgleichheitsgrundsatzes im deutschen und europäischen Arbeitsrecht*, RdA 2001, 325-333, referindo decisões, então recentes, na área do serviço público (*idem*, 325/I).

[627] Gregor Thüsing/Stephan Pötters/Tom Stiebert, *Neues aus Luxemburg: Aktuelle Rechtsprechung des EuGH zu den Diskriminierungsverboten und zum Urlaubsrecht*, RdA 2012, 281-291.

[628] Dagmar Schiek, *Diskriminierung wegen "Rassen" oder "ethnischer Herkunft"/ /Probleme der Umsetzung der RL 2000/43/EG im Arbeitsrecht*, AuR 2003, 44-51, com especial atenção à discriminação mediata (*idem*, 47/I); Monika Schlachter, *Benachteiligung wegen besonderer Verbindung statt Zugehörigkeit zu einer benachteiligten Gruppe. Der Diskriminierungsbegriff des EuGH in der Entscheidung Coleman v. 17.7.2008, C-303/06*, RdA 2010, 104-109; o próprio caso TJUE 17-jul.-2008, C-303/06 (Coleman), aqui analisado, sobre o igual tratamento em matéria de emprego, por via indireta (despedimento de um funcionário com um filho deficiente), tem especial interesse.

[629] Christian Brors, *Wann ist eine Arbeitsdiskriminierung nach der Rechtsprechung der EuGH gerechtfertigt?*, RdA 2012, 346-353, reportando a eventual hierarquia nas proibições de discriminação (*idem*, 351/I).

[630] Patrick M. Schnabel, *Die Richtlinie 2000/78/EG und das kirchliche Arbeitsrecht in Deutschland*, ZfA 2008, 413-443; Gregor Thüsing/Daniela Fink-Jamana/Konrad von Hoff, *Das kirchliche Selbstbestimmungrecht als Legitimation zu Unterscheidung nach Religion*, ZfA 2009, 153-209; Walter Berka, *Das islamische Kopftuch: Antidiskriminierung und Religionsfreiheit in den Rechtssachen Achbita und Bugnaoui*, EuZA 10 (2017), 465-484: um tema a retomar, em face do Direito português vigente.

(b) a das condições ambientais e de segurança que devem existir na empresa.

O Direito europeu foi levado a ocupar-se de alguns dos aspetos envolvidos, ainda que em moldes fragmentários. Acima alinhámos os diplomas básicos nesse domínio. Procedemos, agora, a uma breve explicitação do seu conteúdo: o essencial estará presente através das transposições para o Direito nacional.

II. No tocante à duração do trabalho, o diploma a considerar é a Diretriz 2003/88, de 4 de novembro[631]: ela é tomada como base desta matéria nas obras de especialidade[632]. A preparação desta Diretriz adveio de uma evolução pautada por três fases[633]:

(a) desde 1957 a 1974, dominou a preocupação de limitar os custos sociais da concorrência entre os Estados-Membros; o País – pensa-se, naturalmente, na Alemanha – cujos trabalhadores, devidamente remunerados, aceitassem tempos mais longos de trabalho bateriam os demais, na concorrência;
(b) de 1974 ao Ato Único de 28 de fevereiro de 1986 impõe-se uma ideia de política do mercado de trabalho: a limitação da duração laboral permitiria combater o desemprego e os custos daí derivados;
(c) de 1986 em diante, ocorre ainda uma preocupação com a saúde e o bem-estar dos trabalhadores, patente na Carta dos Direitos Fundamentais; assim se sucederam as Diretrizes 93/104, de 23 de novembro[634] e 2000/34, de 22 de junho[635], finalmente substituídas pela Diretriz 2003/88.

[631] JOUE L-299, 9-19, de 18-nov.-2003.
[632] Daniel Ulber, *Arbeitszeit*, em Ulrich Preis/Adam Sagan, *Europäisches Arbeitsrecht* (2015), 334-411; Christian Mehrens/Stefan Witschen, *Urlaub*, *idem* (2015), 412-438; Peter Hantel, *Europäisches Arbeitsrecht* cit., 241-259; Walter Schrammel/Michaela Windisch-Graetz, *Europäisches Arbeits- und Sozialrecht* cit., 2.ª ed., 196-197; para desenvolvida anotação a esta diretriz: Inken Gallner, em Martin Franzen e outros, *Kommentar zum europäischen Arbeitsrecht* cit., 2.ª ed., 1893-2004.
[633] Daniel Ulber, *Arbeitszeit* cit., Nr. 5-26 (337-341).
[634] JOCE L-307, 18-24, de 13-dez.-1993.
[635] JOCE L-195, 41-45, de 1-ago.-2000.

A Diretriz 2003/88 ocupa-se do descanso diário (3.º), das pausas (4.º), do descanso semanal (5.º), da duração máxima semanal, que não deve exceder as 48 horas, incluindo trabalho extraordinário (6.º) e das férias anuais, no mínimo de quatro semanas (7.º). Também o trabalho noturno, os turnos e o ritmo de trabalho têm regras (8.º a 13.º)[636]. Pormenores serão ponderados no Direito vigente nacional, para onde foi feita a transposição.

III. Os temas do trabalho a termo[637] e do trabalho temporário[638] obtiveram a atenção do legislador europeu. Quanto ao trabalho a termo, dispôs a Diretriz 99/70, de 28 de junho[639]. De certo modo, ela vem na sequência da Diretriz 97/81, de 15 de dezembro[640], relativa ao tempo parcial: ambas se limitam a oficializar acordos-quadros aprovados pelas organizações interprofissionais de vocação geral: a UNICE (União das Confederações da Indústria e do Patronato da Europa), a CEEP (Centro Europeu das Empresas Públicas) e CES (Confederação Europeia dos Sindicatos), publicando-os em anexo. Fixam-se regras de não-discriminação e princípios destinados a evitar abusos, designadamente quanto à aposição de termos: estes devem ser objetivamente justificados, vedando-se a hipótese de repetidas renovações que escondam necessidades permanentes da empresa. Particularmente interessante é a Diretriz 99/70 – ou o acordo-quadro por

[636] Além da bibliografia acima referida: Rudolf Buschmann, *Internationales Arbeitszeitrecht*, FS Gerhard Etzel 75. (2011), 103-108; *idem*, *Europäisches Arbeitszeitrecht*, FS Franz-Josepf Düwell (2011), 34-52; reportamos, ainda: Dirk Neumann/Josef Biebl, *Arbeitszeitgesetz*, 16.ª ed. (2013), XVII + 452 pp.; Franz Hahan/Gerhard Pfeiffer/Jens Schubert (publ.), *Arbeitszeitrecht/Handkommentar*, 2.ª ed. (2018), 690 ss., com muitos elementos e relativos ao Direito vigente, a considerar oportunamente; Rudolf Buschmann, *Arbeitszeitgesetz: Basiskommentar mit Nebengesetzen und Europäischem Recht* (2015), 558 pp..

[637] Wiebke Brose, *Befristungsrecht*, em Ulrich Preis/Adam Sagan, *Europäisches Arbeitsrecht* (2015), 474-534; Maximilian Fuchs/Franz Marhold, *Europäisches Arbeitsrecht* cit., 5.ª ed., 169 ss.; Ulrich Preis/Stefan Greiner, *Befristungsrecht – Qui vadis?*, RdA 2010, 148-162.

[638] Piero Sansone, *Leiharbeit*, em Ulrich Preis/Adam Sagan, *Europäisches Arbeitsrecht* (2015), 439-473; Maximilian Fuchs/Franz Marhold, *Europäisches Arbeitsrecht* cit., 5.ª ed., 174 ss..

[639] JOCE L-175, 43-48, de 10-jul.-1999.

[640] JOCE L-14, 9-14, de 15-dez-.1997; *vide* a anotação de Christoph Kietaibl, em Martin Franzen e outros, *Kommentar zum europäischen Arbeitsrecht* cit., 2.ª ed., 1177-1203.

ela adotado – que isola, efetivamente, os problemas básicos da contratação a termo, substancializando-os[641]. O Tribunal de Justiça deu o seu contributo para a densificação do tema[642].

IV. A situação jurídica dos trabalhadores pode ser fragilizada quando ocorra a transmissão do estabelecimento ou da empresa onde prestem o seu serviço. As instituições europeias preocuparam-se com o tema, na sequência do programa de ação político-social de 1974[643]. Daí derivou a Diretriz 77/187, de 14 de fevereiro[644], muito alterada pela Diretriz 98/50, de 29 de junho[645]. Seguiu-se uma discussão dominada pelas transmissões transfronteiriças[646], tendo finalmente sido adotada uma versão consolidada pela Diretriz 2001/23, de 12 de março, que substituiu as anteriores[647]. Os analistas sustentam que o seu texto suscita dúvidas consideráveis de interpretação, provocando uma fuga para a jurisprudência do Tribunal Europeu[648]. Os aspetos teleológicos ganham, por isso, importância. A essa luz, a Diretriz tem um duplo objetivo:

[641] Rolf Wank/Udo Börgmann, *Der Vorschlag für eine Richtlinie des Rates befristete Arbeitsverträge*, RdA 1999, 383-386, com a proposta em anexo: *idem*, 386-389; Inge Kaufmann, *Die europäische Sozialpartnervereinbarung über befristete Arbeitsverträge*, AuR 1999, 332-335; Peter Hanau, *Was ist wirklich neu in der Befristungsrichtlinie?*, NZA 2000, 1045/I; Abbo Junker, *Europarechtliche und verfassungsrechtliche Fragen des deutschen Befristungsrechts*, EuZA 2013, 3-19.

[642] Christian Rolfs/Simone Evke de Groot, *Die Befristung von Arbeitsverträgen in der Rechtsprechung des EuGH*, ZESAR 2009, 5-13; Mark Lembke, *Neues vom EuGH zum Befristungsschutz von Leiharbeitnehmern*, NZA 2013, 815-821.

[643] JOCE C-13, 1-4, de 12-fev.-1974; *vide* Ulrich Zachert, *EG-Binnenmarkt und Arbeitsrecht*, AuR 1989, 161-167, recordando o défice social da União e Adam Sagan, *Grundlagen des europäischen Arbeitsrechts* cit., Nr. 5-6 (8-9).

[644] JOCE L-61, 26-28, de 5-mar.-1977, revogada.

[645] JOCE L-201, 88-92, de 17 de julho, revogada; *vide* Martin Franzen, *Die Richtlinie 98/50/EG zür Änderung der Betriebsübergangsrichtlinie 77/187/EWG und ihre Auswirkung auf das deutsche Arbeitsrecht*, RdA 1999, 361-374 e Heinz Josef Willemsen/Georg Annuβ, *Neue Betriebsübergangsrichtlinie – Anpassungsbedarf im deutschen Recht?*, NJW 1999, 2073-2080.

[646] Timon Grau/Félix Hartmann, *Betriebsübergang*, em Ulrich Preis/Adam Sagan, *Europäisches Arbeitsrecht* (2015), 576-651, Nr. 5 (582).

[647] JOCE L-82, 16-20, de 22 de março; *vide* a anotação de Regine Winter, em Martin Franzen e outros, *Kommentar zum europäischen Arbeitsrecht* cit., 2.ª ed., 1591-1718, com muitos elementos.

[648] Timon Grau/Félix Hartmann, *Betriebsübergang* cit., Nr. 7-8 (583).

(a) harmonizar o mercado, através da aproximação das leis dos Estados-Membros;
(b) proteger os trabalhadores das empresas ou dos estabelecimentos a transmitir.

Assim, o artigo 3.º/1 da Diretriz 2001/23 determina que os direitos e as obrigações resultantes dos contratos em vigor no momento da transferência passem para o adquirente ou cessionário. Admite, todavia, que os Estados-Membros possam introduzir determinadas restrições. O artigo 4.º/1 explicita que a transferência da empresa não constitui, em si, fundamento de despedimento; mas logo acrescenta que essa disposição não constitui obstáculo a despedimentos efetuados por razões económicas, técnicas ou de organização que impliquem mudanças da força de trabalho. Como se vê, há aqui uma solução compromissória. Em regra, quem adquira uma empresa pretende melhorá-la, reestruturá-la ou, em qualquer caso, amortizar o valor investido e recolher lucros. Esses elementos conjugados com o progresso tecnológico em automatização crescente faz pairar, sobre os trabalhadores, o espectro da redução dos postos de trabalho. Torna-se difícil manter soluções ótimas, tanto mais que a alternativa pode ser o desmantelamento ou a insolvência da empresa, com danos máximos para todos. A Diretriz, fixando balizas, deu uma margem lata de decisão aos Estados-Membros.

V. Outros instrumentos, acima referidos[649], protegem determinadas categorias de trabalhadores. Retomá-los-emos a propósito do Direito interno pertinente, que procedeu à sua transposição.

72. **Direito coletivo**

I. A chave do Direito coletivo de trabalho reside na liberdade deixada aos parceiros laborais coletivos de, por sector ou por empresa, acordarem consensualmente nas melhores soluções. Além disso, verifica-se a presença de distintos regimes, designadamente quanto à intervenção dos trabalhadores na gestão das empresas: essas divergências dificultam ou

[649] *Supra*, 211-212.

mesmo impossibilitam soluções globais europeias. Estas apenas têm ocorrido com timidez e nalguns sectores problemáticos.

II. O primeiro tem a ver com despedimentos coletivos. O problema foi espoletado pela multinacional holandesa AKZO, especializada em tintas e em produtos químicos. Em 1973, houve que proceder a uma reestruturação, que se traduziu em despedimentos maciços. Estes tiveram lugar sobretudo na Bélgica, cujo Direito era, nesse ponto, mais facilitador do que na Holanda e na Alemanha. As diferenças das ordens internas tinham de ser ultrapassadas, em face das multinacionais[650]. Assim, em desenvolvimento do programa sócio-político de 21-jan.-1974, foi adotada a Diretriz 75/129, de 17 de fevereiro[651], modificada pela Diretriz 92/56, de 24 de junho[652]. Ambas as diretrizes foram substituídas pela Diretriz 98/59, de 20 de julho[653]. No fundo, essa Diretriz fixa três pontos[654]:

(a) o dever do empregador avisar antecipadamente os representantes dos trabalhadores;
(b) a notificação prévia, por escrito, à autoridade pública competente;
(c) uma dilação de 30 dias sobre essa notificação e a observância das regras relativas ao despedimento individual.

Estamos numa área delicada. Os Direitos internos tentam, em face da realidade de cada Estado-Membro, conciliar os interesses dos trabalhadores e os das empresas, por vezes carecidas de reestruturações.

III. Uma segunda área de intervenção do Direito europeu no Direito coletivo do trabalho tem a ver com as comissões de trabalhadores e com a sua intervenção, na gestão das empresas. Nalguns Estados-Membros, como a Alemanha, o Direito interno prevê esquemas de cogestão: os

[650] Sebastien Naber/Ulrich Sittard, *Massenentlassungsrecht*, em Ulrich Preis/Adam Sagan, *Europäisches Arbeitsrecht* (2015), 535-575.

[651] JOCE L-48/29, 29-30, de 22-fev.-1975, revogada.

[652] JOCE L-245, 3-5, de 26-ago.-1992, revogada.

[653] JOCE L-225, 16-21, de 12-ago.-1998.

[654] Karin Spelge, em Martin Franzen e outros, *Kommentar zum europäischen Arbeitsrecht* cit., 2.ª ed., 1215-1321, com uma anotação aos aspetos mais significativos da Diretriz.

trabalhadores elegem representantes para a comissão de vigilância – o nosso conselho geral e de supervisão, nas sociedades anónimas dualistas ou de tipo germânico. Noutros, isso não sucede. Assim, quando se criou a figura da *societas europea* (SE) ou sociedade anónima europeia, regida por um regulamento – o Regulamento n.º 2157/2001, de 8 de outubro[655] – após mais de quarenta anos de preparativos[656], houve que encontrar soluções de compromisso. Esse Regulamento foi completado pela Diretriz 2001/86, de 8 de outubro[657], relativa ao envolvimento dos trabalhadores. O esquema foi repetido a propósito da sociedade cooperativa europeia[658] (SCE), adotada pelo Regulamento n.º 1435/2003, de 22 de julho[659], dobrada pela Diretriz 2003/72, de 22 de 22 de julho, sobre o envolvimento dos trabalhadores[660].

IV. Os regulamentos e as diretrizes relativos, respetivamente, às SE e às SCE visaram um quadro de intervenção dos trabalhadores que permitisse acolher esquemas de cogestão e esquemas em que se proceda, apenas, a consultas aos trabalhadores[661]. A matéria foi transposta. Todavia, as regras a que se chegou foram tão complexas que os tipos SE e SCE tiveram escassíssima consagração prática.

V. Um tanto nessa linha, foi adotada a Diretriz 2009/38, de 6 de maio[662], relativa à instituição de um conselho de empresa europeu ou de um procedimento de informação e consulta dos trabalhadores, nas empresas ou grupos de empresas de dimensão comunitária[663]. A Diretriz 2009/38 assume, como objetivo, melhorar o direito à informação nas empresas ou grupos de empresas de dimensão comunitária: pelo menos 1000 trabalha-

[655] JOCE L-294, 2-21, de 10-nov.-2001.

[656] *Vide* o nosso *Direito europeu das sociedades* (2005), 905 ss..

[657] JOCE L-294, 22-32, de 10-nov.-2001.

[658] *Direito europeu das sociedades* cit., 934 ss..

[659] JOCE L-207, 1-24, de 18-ago.-2003.

[660] JOCE L-207, 25-36, de 18-ago.-2003.

[661] *Direito europeu das sociedades* cit., 961 ss..

[662] JOUE L-122, 28-44, de 16-mai.-2009; substituiu a anterior Diretriz 94/45, com as suas alterações; esta Diretriz foi modificada pela Diretriz 2015/1794, de 6-out.-2015, JOUE L-263, 1-5, de 8-out.-2015, quanto ao sector marítimo.

[663] Thomas Müller Bonani/Alice Jenner, *Europäisches Betriebsverfassungsrecht*, em Ulrich Preis/Adam Sagan, *Europäisches Arbeitsrecht* (2015), 652-709.

dores nos Estados-Membros e, em pelo menos dois Estados diferentes, 150 trabalhadores [2.º/1, *a*)]. Apresenta, depois, uma série de regras que suscitam o maior interesse à doutrina alemã[664].

[664] Hartmut Oetker, em em Martin Franzen e outros, *Kommentar zum europäischen Arbeitsrecht*, 2.ª ed. (2018), 2217-2311.

III

DOGMÁTICA BÁSICA

CAPÍTULO I
AS FONTES LABORAIS

SECÇÃO I
A LEI FUNDAMENTAL

§ 19.º A CONSTITUIÇÃO

73. A constituição laboral

I. A fonte do Direito é uma figuração consagrada para traduzir qualquer modo de revelação de normas jurídicas. A fonte laboral facultaria, nesta linha, a revelação das regras de Direito do trabalho.

Uma evolução conhecida leva a exteriorizar as ordens jurídicas através de um cenário composto por múltiplas fontes concatenadas nas suas normas e encimadas por regras fundamentais: as constituições. A autoconsciência desta projeção – mesmo quando acompanhada da consciência da sua incompletude – e a intenção, mais ou menos assumida, de por seu intermédio dirigir racionalmente a ordem jurídica, levou a tentativas, aperfeiçoadas de modo crescente, de elaborar uma disciplina jurídica a tanto orientada: o Direito constitucional.

Como projeção linguística muito impressiva para os juristas, o termo "constituição" torna-se, fatalmente, plurissignificativo. Duas aceções merecem referência.

Em sentido formal, a constituição é a fonte ou o conjunto de fontes, identificáveis por possuírem uma certa configuração exterior e a que se convencionou, em certo momento histórico, chamar "constituição". Na atualidade, a configuração exterior que permite considerar certa fonte como "constituição formal" é a sua expressão num texto legal, aprovado com solenidades menos comuns e sujeito, muitas vezes, a especiais requisitos modificativos[665].

Em sentido material, a constituição é o conjunto de normas e princípios que estruturam e legitimam determinada ordem jurídica[666].

Por razões de brevidade, pode falar-se, simplesmente, em "constituição" para designar normas e princípios obtidos a partir de textos constitucionais. Mas para o rigor do discurso, não deve perder-se de vista a realidade analítica subjacente.

II. A figuração constitucional acima indiciada pode ser conjugada com a ideia de Direito do trabalho. Obtém-se, assim, a "constituição laboral"[667], na qual se distingue:

– a "constituição laboral formal" como o conjunto dos preceitos que, estando incluídos numa constituição formal, tenham a ver com o fenómeno do trabalho subordinado;

[665] Torna-se importante frisar a constituição formal como fonte e não como conjunto de normas ou de princípios. De facto, não há normas ou princípios suspensos no vácuo: umas e outros obtêm-se pela interpretação ou pela sistematização e construção científicas, atuando sobre as fontes. Todas estas operações implicam um lidar com a ordem jurídica no seu conjunto, tornando-se impraticáveis quando labutem, apenas, com uma fonte singular. Isto é: de um texto constitucional é impossível retirar quaisquer elementos úteis sem recorrer a realidades que dele não constam. Nestas condições estão não só as regras da interpretação, da integração e da aplicação – inseridas, por razões histórico-culturais, no Código Civil – mas também numerosas outras normas e princípios, disseminados pelas diversas disciplinas, e imprescindíveis para o efetivo conhecimento das regras constitucionais. A referência a uma "constituição formal", diferente por natureza da "material", só faz sentido se for viável atribuir-lhe uma autossuficiência que a mantenha acantonada a um conjunto bem delimitado de realidades, historicamente chamado "constituição". Tal apenas se consegue lidando com uma fonte.

[666] A constituição material não se circunscreve a qualquer texto. Não há dificuldade – antes se tornando conveniente – em estendê-la às normas e princípios. Mas isso tem, desde logo, uma consequência de maior importância, que nem sempre tem sido enfocada pela doutrina: constitucionaliza, só por si todas as regras necessárias para a obtenção das normas e o confecionar dos princípios.

[667] Rosário Palma Ramalho, *Tratado* cit., 1, 4.ª ed., 175 ss.; Luís Menezes Leitão, *Direito do trabalho* cit., 5.ª ed., 62 ss.; Pedro Romano Martinez, *Direito do trabalho* cit., 8.ª ed., 168 ss..

– a "constituição laboral material", por seu turno, que exprime o conjunto de normas e de princípios que estruturam e legitimam determinada ordem jurídica na área do trabalho subordinado.

E também aqui se pode, por simplicidade, falar simplesmente em "constituição laboral" para designar as normas e princípios de Direito do trabalho, obtidos com base na Constituição. Impõem-se, no entanto, algumas prevenções.

III. O hábito de distinguir várias "constituições parcelares" – constituição económica, constituição fiscal, constituição financeira ou constituição patrimonial privada[668] – poderia ser totalmente inóquo quando visasse tão-só exprimir, de uma disciplina, os aspetos que houvessem logrado consagração constitucional. Teria mesmo a vantagem de facultar um modo rápido, sintético e expressivo de comunicar essa realidade.

Tem, contudo, vários inconvenientes, para que cabe prevenir.

A referência a uma "constituição laboral" – como, aliás, a qualquer outra constituição parcelar – implica, pelo menos, a possibilidade de concatenar, em termos minimamente completos, normas constitucionais laborais. Quando isso não seja possível ou quando, para o conseguir, haja que recorrer a elementos extraconstitucionais, perde-se a utilidade da expressa menção à Constituição.

O Direito constitucional tem conhecido um surto importante, designadamente depois da Revolução de 1974-75 e da Constituição de 1976. A disponibilidade de um texto constitucional considerado particularmente aprazível conduz, no entanto, a um neo-positivismo – quando não a um exegetismo – que prejudica a obtenção de novas soluções e dificulta o aperfeiçoamento científico[669]. Ora o empobrecimento metodológico assim provocado pode, com facilidade, ser transposto para as disciplinas que sejam colocadas sob a égide de uma "constituição" parcelar.

Os argumentos retirados da Constituição têm, como é de esperar, um particular peso jurídico. Contra eles, convém sempre obter novos argumentos, de sinal contrário, situados também ao nível constitucional. O alargar

[668] António Menezes Cordeiro, *A constituição patrimonial privada*, em *Estudos sobre a Constituição*, publ. Jorge Miranda, 3 (1979), 365-437 (365 ss.).

[669] Quanto a exemplos de asserções neo-positivistas, em que incorrem os melhores constitucionalistas, Menezes Cordeiro, *Da boa fé no Direito civil* (1985), 1275, nota 226.

dos domínios constitucionais, obtido facilmente com recurso às constituições parcelares, tende a converter todas as discussões em debates sobre o Direito constitucional, numa situação que se agrava pela fácil conversão do discurso em mera meta-linguagem: os desenvolvimentos linguísticos tornam-se quase inevitáveis, perante a impressividade das proclamações constitucionais e o nível elevado de abstração a que elas conduzem, quando transpostas para disciplinas dogmáticas.

Por tudo isto, não se propõe a adoção de um conceito atuante de constituição laboral[670]: a utilização eventual de tal locução apenas pretenderá exprimir, em termos descritivos, as normas laborais contidas na lei fundamental.

IV. Das constituições formais resultam, no entanto – ou podem resultar – diretrizes importantes para as diversas disciplinas – para o caso, o Direito do trabalho. Tais diretrizes desenvolvem-se em dois planos que cabe distinguir:

– o das normas constitucionais em si;
– o do sistema das fontes.

O plano das normas constitucionais corresponde à sua área substantiva: agrupa um conjunto de regras passíveis de se analisarem em normas de conduta.

O plano do sistema das fontes equivale à sua área formal: corresponde a regras que, diretamente, não dão qualquer critério de atuação, antes visando os modos de obtenção ou de reconhecimento de outras regras ou, em momento subsequente, a sua interpretação-aplicação. Este último aspeto, ainda que constitucional, em termos materiais, coloca-se, por razões de tradição, fora dos textos fundamentais; podemos, pois, reduzir a área formal da constituição ao sistema das fontes.

V. A "constituição laboral" – portanto o conjunto descritivo das regras constitucionais com relevo direto para o Direito do trabalho – vai dimanar indicações importantes em dois planos:

670 Seria, na mesma linha, conveniente abdicar da conhecida ideia de "constituição económica" a favor da de "princípios fundamentais de Direito da economia": Menezes Cordeiro, *Direito da economia* (1986), 153-154.

– ela compreende – ou pode compreender – normas e princípios laborais, i.é, normas e princípios de Direito do trabalho que, pela sua importância político-social, hajam logrado abrigo no texto fundamental; funciona como fonte qualificada do Direito do trabalho;
– ela exprime – ou pode exprimir – regras relativas às fontes laborais e ao seu modo de concatenação; opera, nessa medida, como fonte indireta do tecido juslaboral, tornando-se, em qualquer caso, imprescindível para o seu entendimento.

As considerações subsequentes têm estes aspetos em conta.

74. Os princípios precetivos

I. A Constituição assume um reflexo importante nos diversos ramos jurídicos. Mesmo áreas cuja sedimentação histórico-cultural, muito anterior ao pensamento constitucional, permitiria dispensar tal tipo de arrimo – como a do Direito privado – lhe têm sido sensíveis[671]. O relevo da temática constitucional nas diversas disciplinas varia na razão inversa do seu desenvolvimento: as matérias pouco estudadas ou com dogmáticas incipientes, esgotam-se em grandes discussões de princípios, vocacionadas para colocações constitucionais[672]. O melhor exemplo é, sabidamente, o do Direito da economia.

No Direito do trabalho, os temas constitucionais desempenham um papel importante[673]. Em certa medida, poder-se-ia mesmo afirmar que o laboralismo ocupa, nesse domínio, um lugar de charneira:

[671] Manfred Wolf/Jörg Neuner, *Allgemeiner Teil des Bürgerlichen Rechts*, 11.ª ed. (2016), § 5, Nr. 21-25 (52-53) e *passim*; a presença de temas constitucionais no Direito privado, particularmente no civil, ocupa, hoje, um espaço menor do que há umas décadas.

[672] Duas razões explicam esta realidade: a falta de matéria elaborada permite discussões de princípios para as quais, de outra forma, não haveria oportunidade; a ausência de uma dogmática elaborada priva as discussões de uma bitola que lhes ponha cobro; sem ela, as liberdades de especulação e de locubração expandem-se até ao infinito.

[673] Raimund Waltermann, *Arbeitsrecht*, 18.ª ed. (2016), § 6, II (34 ss.); Sudabeh Kamanabrou, *Arbeitsrecht* (2017), Nr. 300 ss. (90 ss.); Rüdiger Linck, em Günter Schaub, *Arbeitsrechts-Handbuch*, 17.ª ed. (2017), § 3 (7 ss.), sublinhando o tema dos direitos fundamentais.

– não é uma disciplina carecida de desenvolvimentos dogmáticos, em termos que lhe façam correr o risco de se esgotar em questões de princípios, quando confrontada com a Constituição;
– é uma disciplina em plena expansão que, no seu seio, conseguiu reunir material proveniente de diversas áreas científicas; está bem colocada para, com homogeneidade, receber elementos das constituições.

II. A primeira preocupação, quando se pergunte pelos princípios laborais consignados na Constituição, é a do levantamento das normas que, incluídas na lei fundamental, se possam considerar de Direito do trabalho.

A Constituição portuguesa em vigor é, nesse ponto, muito rica[674]. Ela dedica, a temas laborais e aos trabalhadores uma série de preceitos, por duas ordens de ideias:

– pelo pensamento ideológico que informava a maioria dos deputados à Assembleia Constituinte, apresentados como elementos de partidos de trabalhadores;
– pela oportunidade de constitucionalizar aspetos laborais controversos, aquando da elaboração constitucional.

O primeiro aspeto, típico do PREC[675], traduziu-se – ao contrário do que se poderia pensar – mais em aspetos puramente linguísticos do que no regime estabelecido[676]: pode, desde o início, considerar-se que as regras laborais inseridas na Constituição apontam para a sua integração nos sistemas românicos do Ocidente, com desvios de plano secundário. A linguagem mais radical, resultante do texto de 1976, foi em grande parte, retirada

[674] Mais desenvolvida do que a generalidade das constituições ocidentais; quanto à escassa elaboração normativa da Constituição de Bona, Wilhelm Herschel, *Das Arbeitsrecht*, em *Die Grundrechte*, publ. Bettermann/Nipperdey/Scheuner, III/1 (1958), 325-371 (326).

[675] Processo Revolucionário em Curso, fórmula pela qual a linguagem oficial da época e os próprios diplomas legais então aprovados designavam a Revolução de 1974-75; *vide*, p. ex., o preâmbulo do Decreto-Lei n.º 215-B/75, de 30 de abril, hoje revogado, que aprovara a Lei Sindical.

[676] Preceitos muito discutidos, como o do artigo 83.º/1 ("Todas as nacionalizações efetuadas depois de 25 de abril de 1974 são conquistas irreversíveis das classes trabalhadoras"), que sobreviveram à revisão de 1982, correspondem a normas de Direito da economia e não de Direito do trabalho; tal preceito desapareceu na reforma de 1989.

do texto constitucional pela Revisão de 1982, que visou, entre outros aspetos, a "desideologização" ou "desdogmatização" do texto constitucional[677].

O segundo aspeto, imputável embora aos acontecimentos de 1974-75, teve um alcance mais perene e mais profundo. Confrontados com um processo político que, em determinada altura, quase lhes escapou, as forças políticas que dominavam a Assembleia Constituinte[678] fizeram inscrever, no texto constitucional, medidas que no essencial, deveriam relevar do legislador ordinário. Nessas condições está boa parte das normas relativas às comissões de trabalhadores e à liberdade sindical – artigos 54.º e 56.º – que, pela sua minúcia, têm um sentido quase regulamentar, alheio ao nível dos grandes princípios que deve nortear o constituinte.

III. Como questão prévia, cabe apurar o alcance da expressão "trabalhadores", quando presente na Constituição.

Têm-se figurado duas linhas de opinião:

– uma orientação mais técnica, segundo a qual "trabalhador", para a Constituição, seria apenas o trabalhador subordinado[679];
– uma orientação mais política, que admite uma extensão no significado, de modo a abranger os "trabalhadores" independentes[680].

Não deve ser dada uma resposta uniforme e definitiva à questão levantada: bem pode suceder que a Constituição lide com os dois sentidos, consoante os casos.

[677] António Sousa Franco, *A revisão da Constituição económica*, ROA 1982, 601-687 (614).

[678] Recorde-se que segundo a *1.ª Plataforma de Acordo Constitucional*, de 13 de abril de 1975, imposta aos Partidos Políticos para que houvesse eleições em 25 de abril de 1975, ficara estabelecido que não deveria haver qualquer relação entre a composição do Governo Provisório e os resultados das eleições. Quanto à *Plataforma* (ou "Pacto"), Jorge Miranda, *A Constituição de 1976* (1978), 20 ss.. Daí que, durante o próprio período de funcionamento da Constituinte, se tivessem mantido em funcionamento Governos sucessivos de orientação diversa da maioritariamente eleita, que introduziram, aliás, sérias reformas de fundo, sobretudo no campo económico.

[679] José Joaquim Gomes Canotilho/Vital Moreira, *Constituição da República Portuguesa anotada* 1, 2.ª ed. (1984), 120-121 e 289 e 4.ª ed. (2007, reimp., 2015), art. 53.º, III (706); João Caupers, *Os direitos fundamentais dos trabalhadores e a Constituição* (1985), 80.

[680] Jorge Miranda, *A Constituição de 1976* cit., 522.

Assim, quando, na versão original, o artigo 2.º proclamava que:

> A República Portuguesa é um Estado democrático (...) que tem por objectivo assegurar a transição para o socialismo mediante a criação de condições para o exercício democrático do poder pelas classes trabalhadoras,

ficava aberta a porta para um entendimento amplo de trabalhador: tanto mais amplo quanto mais democrático fosse percebido o espírito constitucional.

Pelo contrário, noutros preceitos – como os que referem a liberdade sindical ou as comissões de trabalhadores – é de trabalhadores subordinados que se trata.

Em qualquer caso, quando se intente descobrir níveis constitucionais laborais, sobressai, nos termos gerais, o trabalhador subordinado.

IV. Com relevo laboral precetivo, a Constituição estipula, em especial:

– a liberdade de escolha da profissão – artigo 47.º/1 – que tem o duplo sentido de ninguém poder ser coagido a seguir certa profissão e de a ninguém poder ser vedada, de modo arbitrário, certa profissão[681]; aspetos parcelares desta liberdade são, por exemplo, a liberdade de imprensa – artigo 38.º – a liberdade de ensinar – artigo 43.º – e a liberdade de deslocação, incluindo a de emigração – artigo 44.º;
– a segurança no emprego – artigo 53.º – que implica a proibição de despedimentos sem justa causa ou por motivos políticos ou ideológicos, segundo o próprio texto desse preceito; a necessidade de justa causa para o despedimento legítimo corresponde a um movimento geral, agudizado, em todo o Ocidente, aquando da crise económica iniciada em 1973, de tutelar o emprego e que em Portugal, depois de largo período de letargia, se extremou após 1974-75[682]; a proibição de despedimentos por motivos políticos ou ideológicos poderia parecer repetitiva; para além de uma explicação circunstancial – a de procurar, por via constitucional, pôr cobro aos denominados

[681] Gomes Canotilho/Vital Moreira, *Constituição anotada* cit., 1, 2.ª ed., 268 ss. e 4.ª ed., 652 ss.; Herschel, *Grundrechte/Arbeitsrecht* cit., 334 ss..

[682] Normalmente, preceitos deste teor não constam das constituições, até pelo seu tecnicismo relativamente elevado. Antecipe-se, contudo, que a ideia de "justa causa", dentro de certos limites constitucionais, pode ser moldada pelo legislador ordinário.

"saneamentos" por razões políticas – a explicitação tem ainda um mérito: restringe, nesse domínio, a liberdade do legislador ordinário, aquando da fixação de "justa causa"; numa conjuntura diversa, a proibição em causa veio tutelar os sindicalistas;

– o direito de constituir comissões de trabalhadores, regulado, com certo pormenor, no artigo 54.º [683];

– a liberdade sindical – artigo 55.º, com uma regulamentação bastante extensa – nas vertentes positiva (o direito de criar ou de aderir a sindicatos) e negativa (o direito de sair de sindicatos)[684], com diversos aspetos instrumentais – liberdade de organização e regulamentação interna, direito de exercício de atividade sindical na empresa e direito de tendência e com as concretizações dos n.os 3 a 6 desse dispositivo[685]; o artigo 56.º referencia "direitos" das associações sindicais, em termos que caberá analisar no Direito coletivo do trabalho;

– o direito à greve e a proibição do *lock-out* – artigo 57.º.

V. Os artigos 58.º (Direito ao trabalho) e 59.º (Direitos dos trabalhadores) têm elementos precetivos. Mas como, no essencial, são programáticos, cabe analisá-los a esse propósito.

75. **Os princípios programáticos**

I. A Constituição Portuguesa de 1976 contém um nível programático extenso, que emerge logo do seu preâmbulo[686]. No essencial, os princípios

[683] A regulamentação em causa foi inserida na Constituição por razões conjunturais: aquando da Constituinte, em 1975, discutia-se se tal eleição devia ser por escrutínio secreto (aspiração do PS) ou público (aspiração do PC); jogou a maioria, que decidiu fixar a solução na própria Constituição.

[684] Rolf Dietz, *Die Koalitionsfreiheit*, in Bettermann/Nipperdey/Scheuner, III/1 (1958) 417-473 (444 ss. e 453 ss.).

[685] A liberdade sindical é, ela própria, uma concretização da liberdade de associação – artigo 46.º – que, no entanto, por razões de ordem histórica, convém, autonomizar nos textos fundamentais.

[686] Principalmente do seu parágrafo quarto, segunda parte: "A Assembleia Constituinte afirma a decisão do povo português de (...) abrir caminho para uma sociedade socialista, no respeito da vontade do povo português, tendo em vista a construção de um

programáticos constitucionais tinham a ver com o problema da "transição para o socialismo" e com a apropriação da riqueza[687].

Mas eles surgem, também, no domínio dos direitos e deveres económicos, sociais e culturais, envolvendo, então, aspetos laborais, de modo mais direto.

II. O artigo 58.º confere o direito ao trabalho (n.º 1, "todos têm o direito ao trabalho"). Como é reconhecido pelos comentadores[688], o direito ao trabalho efetiva-se contra o Estado, incentivando este a prosseguir políticas de pleno emprego e a proteger os desempregados. A própria Constituição não deixa de o reconhecer, através das especificações que efetua no artigo 58.º/3. A responsabilidade pelo não-acatamento destas indicações programáticas – para o qual, aliás, não se estabelecem prazos fixos – é de tipo essencialmente político. O artigo 59.º, por seu turno, sob a epígrafe "direitos dos trabalhadores", estabelece uma série de objetivos. O n.º 1, depois de reafirmar o importante princípio da não-discriminação ("todos os trabalhadores, sem distinção de idade, sexo, raça, cidadania, território de origem, religião, convicções políticas ou ideológicas...") fixa os seguintes "direitos":

- à retribuição do trabalho, segundo a quantidade, natureza e qualidade, observando-se o princípio de que para trabalho igual salário igual, de forma a garantir uma existência condigna – alínea *a*); a concretização deste esquema – que traduz a clássica aspiração do salário justo – contunde com a liberdade, sendo exequível pela negativa (proibição de discriminações) ou progressivamente, através de uma adequada política de rendimentos;
- à organização do trabalho em condições socialmente dignificantes, de forma a facultar a realização pessoal – alínea *b*) – à higiene, segurança e saúde na prestação do trabalho – alínea *c*) – e ao repouso e lazeres, a um limite máximo da jornada de trabalho, ao descanso semanal e a férias periódicas pagas – alínea *d*); estes últimos aspe-

país mais livre, mais justo e mais fraterno": um texto que sobreviveu às reformas constitucionais subsequentes.

687 Menezes Cordeiro, *Direito da economia* cit., 1, 206 ss..

688 Assim, Gomes Canotilho/Vital Moreira, *Constituição anotada* cit., 1, 2.ª ed., 319 ss. e 4.ª ed., art, 58.º, II (763).

tos são exequíveis desde logo, assumindo-se como precetivos; os restantes retomam a tradição da Constituição de Weimar, que consagrava um direito a "boas condições de trabalho" e à "proteção de força de trabalho"[689];

– à assistência material, quando involuntariamente se encontrem em situação de desemprego – alínea *e*).

III. Deixando clara a natureza programática dos "direitos" acima elencados, o artigo 59.º/2 passa a alinhar incumbências do Estado. A este, cabe assegurar:

– o estabelecimento e a atualização do salário mínimo nacional, tendo em conta uma série de fatores aí apontados – alínea *a*);
– a fixação, a nível nacional dos limites de duração do trabalho – alínea *b*);
– a especial proteção das mulheres durante a gravidez e após o parto, bem como do trabalho dos menores, dos diminuídos e dos que desempenhem atividades particularmente violentas ou em condições insalubres, tóxicas ou perigosas – alínea *c*);
– o desenvolvimento sistemático de uma rede de centros de repouso e de férias, em cooperação com organizações sociais – alínea *d*);
– a proteção das condições de trabalho e a garantia dos benefícios sociais dos trabalhadores emigrantes – alínea *e*);
– a proteção das condições de trabalho dos trabalhadores estudantes – alínea *f*).

IV. Também programático, tem interesse referir o dispositivo do artigo 85.º/3 da Constituição: "São apoiadas pelo Estado as experiências viáveis de autogestão". Nessa linha, o artigo 82.º/4, *c*), inclui, no sector público, os "meios de produção objeto de exploração coletiva por trabalhadores".

V. Para além de direitos, a Constituição consagrava, também, um importante dever programático, suprimido na revisão de 1997:

[689] Wilhelm Herschel, *Grundrechte/Arbeitsrecht* cit., 345 ss. e 339 ss. A Constituição alemã em vigor não refere, expressamente, estes aspetos.

Artigo 59.º/2 (hoje revogado) – O dever de trabalho é inseparável do direito ao trabalho, excepto para aqueles que sofram diminuição de capacidade por razões de idade, doença ou invalidez.

O dever em causa era necessariamente imperfeito, uma vez que não se admitem trabalhos forçados[690] – e mesmo estes sempre exigiram a concordância mínima do condenado; quando muito, poder-se-ia apontar, perante os ociosos voluntários, a inexistência da assistência material prevista no artigo 59.º/ 1, *e*), da Constituição – mas, ainda aí, sem se chegar ao ponto de fazer perigar a vida do prevaricador.

Pode-se retirar a ideia de que ao Estado competiria criar condições ambientais, morais, culturais e materiais, para que todos cumpram o seu dever social de desenvolver atividades úteis.

O preceito transcendia, contudo – tal como muitos dos anteriores – o estrito âmbito da nossa disciplina: o dever de "trabalhar" não se efetiva, apenas, através do trabalho subordinado.

[690] Günther Küchenhoff, *Einwirkung des Verfassungsrechts auf das Arbeitsrecht*, RdA 1969, 97-108 (98).

§ 20.º NÍVEIS DE EFICÁCIA CONSTITUCIONAL

76. Eficácia constitucional

I. A presença, na Constituição, de um complexo considerável de normas laborais obriga a perguntar pelo seu sentido, isto é, pelos seus efeitos ou – porque, previsivelmente, se irá deparar com vários tipos de efeitos – pelos seus níveis de eficácia.

Num nível geral, a Constituição pode trazer uma decisão fundamental com relevo no trabalho[691] diretamente, pelo teor dos direitos que consagre ou de forma indireta, através da denominada constituição económica[692].

As limitações hoje postas ao contrato de trabalho são consideráveis: para além de múltiplas normas cogentes – que aparecem, aliás noutras disciplinas – há ainda a considerar fontes laborais específicas, como os contratos coletivos de trabalho, que jogam, naturalmente, contra a autonomia das partes. Mas o contrato de trabalho tem ainda as insubstituíveis funções de conclusão da situação laboral, de escolha do tipo de situação pretendida e, ainda que em certas margens, de determinação do conteúdo[693]. Sem tais funções mínimas – mas consideráveis – não faz sentido falar em contrato de trabalho.

Todo o ramo do Direito individual de trabalho depende de haver liberdade na escolha do emprego, numa opção que, feita embora pela cultura dos povos, encontra abrigo no plano constitucional.

O Direito do trabalho coletivo tem uma particular autonomia por assentar na constituição livre dos seus suportes – *maxime* os sindicatos – e por, através da negociação livre entre associações sindicais e de emprega-

[691] Günther Küchenhoff, ob. cit., 98.

[692] Ulrich Karpen, *Wirtschaftsordnung und Grundgesetz*, Jura 1985, 188-196.

[693] Wolfgang Zöllner, *Privatautonomie und Arbeitsverhältnis/Bemerkungen zu Paritäi und Richtigkeitsgewähr beim Arbeitsvertrag*, AcP 176 (1976), 221-246 (224 e 227).

dores, se chegar a normas laborais geneticamente inconfundíveis com as do Estado. Acresce ainda que atos típicos dos níveis laborais coletivos – a greve e o despedimento coletivo – contribuem para tornar as correspondentes regulações jurídicas irredutíveis.

Independentemente de concretas referências constitucionais, pode dizer-se que a liberdade de emprego, a liberdade sindical, a autonomia coletiva e a legitimidade das lutas laborais coletivas só são praticáveis em ordens jurídicas abertas, i.é, naquelas cujas constituições, de modo mais ou menos explícito, se decidam a favor de um modelo politicamente liberal e economicamente de mercado.

II. Num plano específico, a Constituição afirma-se eficaz, no domínio laboral, em quatro níveis:

– nível precetivo direto;
– nível programático;
– nível reflexo;
– nível interpretativo-aplicativo.

Num nível precetivo direto, a Constituição compreende, pura e simplesmente, normas laborais[694]. Tais normas devem ser aplicadas, nos termos gerais, sendo ainda certo que elas fazem incorrer em inconstitucionalidade as regras comuns que se lhes oponham. Do mesmo modo, os princípios inseridos na constituição laboral, que comportem uma concretização efetiva, devem ser respeitados, com prejuízo para todos os princípios ou normas infraconstitucionais que, com eles, não engrenem.

IV. Num nível programático, põem-se questões mais complexas. Na verdade, ele agrupa normas e princípios de concretização diferida e mediata: implica a elaboração de outras regras capazes de os tornar exequíveis e ainda, muitas vezes, a criação de novos ambientes fácticos que permitam a efetiva vigência dessas regras.

Resulta daqui que as normas programáticas são, em regra, comandos dirigidos ao legislador. Quando se apresentem bastante precisas – e sejam,

[694] Houve, acima, a oportunidade de examinar várias dessas normas, que são tanto mais efetivas quanto mais regulamentar for o seu teor, i.é., quanto maior for a possibilidade da sua aplicação imediata.

naturalmente, possíveis – a sua inobservância pode integrar a hipótese da inconstitucionalidade por omissão[695]. Assim sucederia quando o Estado não estabelecesse e atualizasse o salário mínimo nacional ou quando não estivessem fixados, a nível nacional, os limites da duração do trabalho, em violação do artigo 59.º/2, *a*) e *b*) da Constituição. Já as outras medidas programáticas – condições de trabalho, de retribuição e de repouso, especial proteção de mulheres, menores e diminuídos, rede de centros de repouso e de férias e o próprio direito ao trabalho – são de concretização mais problemática, figurando um programa de difícil fiscalização.

Quando as hipóteses de concretização de normas constitucionais programáticas soçobrem na vaguidade e na imprecisão, pergunta-se pelo seu efetivo conteúdo jurídico: afinal, sem decisões concretas – portanto sem soluções atuantes – não há verdadeiro Direito.

É boa regra de interpretação evitar a pura e simples eliminação de preceitos legislados, através da consideração da sua impraticabilidade. Em obediência a esse ditame, poder-se-á intentar descobrir um sentido útil, mesmo nos programas manifestamente mais remotos ou de concretização mais problemática. Através do sistema: as normas e princípios programáticos dão ao sistema, no seu conjunto, uma determinada coloração; daqui, através da interpretação e da integração das lacunas, pode efetivamente apurar-se uma intervenção, ainda que porventura menos pesada, das normas e princípios programáticos nas concretas decisões jurídicas[696].

E neste sentido, o nível constitucional programático é Direito.

77. A interpretação conforme com a Constituição

I. À partida, a Constituição tem influxos extensos em todo o processo de realização do Direito. Desde logo, ela ocupa, por natureza, um papel essencial na formação do pré-entendimento do intérprete-aplicador: as leis

[695] Este tipo de inconstitucionalidade dá lugar, aliás, a modestas consequências, como se depreende do artigo 283.º/2 da Constituição.

[696] Por exemplo: discutia-se o despedimento com justa causa de um trabalhador acusado de faltar repetidamente e sem justificação ao trabalho. Entre outros aspetos que levaram o tribunal a sufragar o despedimento, contou-se o artigo 59.º/2 da Constituição, justamente na parte em que consagra o dever programático de trabalho; *vide* RLx 22-mar.-1982, (Mendonça Torres), CJ VII (1982), 2, 253-254 (254).

fundamentais são, muitas vezes, repositórios dos valores mais característicos na sociedade considerada, com uma influência marcante nas operações tendentes à solução de casos concretos. A Constituição imiscui-se ainda no processo volitivo-cognitivo de realização jurídica, pelo domínio que exerce na modelação da vontade humana que irá tomar a decisão aplicativa. O Direito assenta num processo unitário de efetivação; essa unidade não é apenas vertical, prevenindo uma repartição estanque em localização das fontes, interpretação e aplicação; ela apresenta-se, ainda, horizontal, recordando que, perante um qualquer problema, não é apenas uma norma isolada que se aplica, mas antes toda a ordem jurídica, com a Constituição, as suas normas e os seus princípios, à frente.

Estas generalidades podem ser complementadas através de vias mais precisas de interação constitucional.

II. Põe-se o mote, que já conheceu maior voga, da interpretação conforme com a Constituição[697]. Esta fórmula pode ser entendida no sentido de, em toda a interpretação, se dever sempre escolher a via mais conforme com a Constituição. Haveria, no entanto, uma absolutização excessiva desse instrumento, que para além dos perigos de banalização constitucional, ainda poderia originar distorções nas várias disciplinas, sem que as leis fundamentais verdadeiramente o exijam.

Visando prevenir problemas, sugerem-se as seguintes proposições redutíveis à interpretação conforme com a Constituição:

(a) devem-se evitar as vias interpretativas que conduzam a resultados inconstitucionais: perante fontes ou normas que permitam vários caminhos, excluem-se, desde logo, os que assumam o vício maior da inconstitucionalidade; podem pois, aceitar-se soluções mais ou menos próximas da Constituição: as menos

[697] *Vide*, p. ex.: Friedrich Schack, *Die verfassungskonforme Auslegung*, JuS 1961, 269-274; Helmut Michel, *Die verfassungskonforme Auslegung*, JuS 1961, 274-281; Wolf-Dieter Eckart, *Die verfassungskonforme Auslegung von Gesetzen* (1966), 21 ss., 86 ss., 127 ss. e *passim*; Detlef Christoph Göldner, *Verfassungsprinzip und Privatrechtsnorm in der verfassungskonformen Auslegung und Rechtsfortbildung* (1969), 43 ss. e *passim*; Friedrich Müller, *Juristische Methodik*, 2.ª ed. (1976), 168 ss.; Hans Paul Prümm, *Verfassung und Methodik/Beiträge zur verfassungskonformen Auslegung, Lückenergänzung und Gesetzeskorrektur* (1977), 100 ss.. Entre nós, Gomes Canotilho, *Direito constitucional*, 4.ª ed. (1986), 164 ss.

próximas serão admissíveis, quando os critérios interpretativos, relevantes perante o caso considerado, as indiciem, até ao limite da inconstitucionalidade;

(b) os elementos constitucionais devem ser integrados nos modelos de decisão, de acordo com o peso que efetivamente lhes assista; esse peso será, naturalmente maior, quando se trate de integrar lacunas ou de providenciar para o preenchimento, com valorações, de conceitos indeterminados;

(c) perante uma total igualdade de circunstâncias, deve escolher-se, das vias interpretativas em presença, a que melhor se coadune com a mensagem constitucional, podendo mesmo computar-se normas e princípios programáticos.

III. Estes diversos níveis de eficácia constitucional, que formam, no seu conjunto, a área substancial desta problemática, foram referidos em separado, para efeitos de análise. Deve no entanto evitar-se pôr de novo em crise, por esta via, a unidade lógica do processo de realização do Direito.

A eficácia laboral da Constituição opera num todo global, atingindo em extensão a ordem jurídica, nos diversos planos que ela comporta.

78. O sistema de fontes

I. A Constituição da República, para além da sua área substancial relativa a normas de conduta, trabalha ainda com uma área formal; esta enquadra, no essencial, as fontes relevantes, identificando-as como pertencentes a certa ordem jurídica, definindo as admitidas e hierarquizando-as, em sequências de extensão e validade.

II. A primeira fonte consagrada no domínio laboral é a própria Constituição. Houve já a oportunidade de examinar as suas normas laboralmente relevantes; retenha-se apenas que tais normas – bem como os princípios com elas conectados – ocupam um lugar cimeiro no sistema de fontes laborais: os tribunais não podem aplicar regras que as contrariem – artigo 204.º da Constituição – havendo ainda todo um particular processo de garantia da constitucionalidade das leis, através do Tribunal Constitucional – artigos 288.º da Constituição.

Punha-se a questão da presença, no Texto fundamental de 1976, de um nível constitucional superior: o implicado pelos "limites materiais da revisão" que abrangem, explicitamente, os "direitos dos trabalhadores" – artigo 288.º, *e*), da Constituição. As normas relativas a tais direitos, para além de constitucionais, teriam ainda a particularidade de não incorrerem em revisões constitucionais, salvo a hipótese da dupla revisão[698].

III. Seguidamente, surgem as fontes internacionais: o Direito internacional comum – artigo 8.º/1, da Constituição – o Direito internacional convencional – artigo 8.º/ 2 – e o Direito europeu secundário – artigo 8.º/3. Haverá a oportunidade de ponderar, de modo mais detido, estas diversas fontes; desde já, chama-se atenção para dois pontos:

– mercê das cláusulas de receção automática, essas diversas normas operam na ordem interna, independentemente de convertidas em fontes nacionais; vigoram como Direito internacional e enquanto tal;
– o seu imediato reportar à Constituição confere-lhes um poder normativo superior às leis comuns: a norma interna que viole a norma internacional desconsidera a Constituição na parte em que esta reconhece a receção automática do Direito internacional devendo, por isso, ceder[699].

IV. O sistema de fontes constitucionalmente consagrado prevê, de seguida, a lei como fonte laboral idónea. Trata-se, em princípio, de lei material. A própria Constituição prevê, no entanto, uma reserva relativa de competência legislativa a favor da Assembleia da República, no domínio dos direitos, liberdades e garantias – artigo 165.º, *b*) – o que abrange os direitos dos trabalhadores. Nesse domínio, pois, requer-se uma lei forma-

[698] Portanto: revisão do próprio artigo 288.º e, depois, revisão das normas a alterar.

[699] Trata-se de matéria controversa; p. ex., e apenas no plano laboral, Barros Moura, *Notas* cit., 171 ss., entende que o Direito internacional tem peso idêntico ao do Direito interno comum – podendo revogá-lo ou ser revogado por ele – enquanto Ribeiro Lopes, *Direito do trabalho* cit., 50 ss., defende o primado do Direito internacional. Adere-se, pois, a esta última posição, sufragada, aliás, pelos constitucionalistas; *vide* Gomes Canotilho/ /Vital Moreira, *Constituição Anotada* cit., 1, 2.ª ed., 92-93.

líssima[700] ou um decreto-lei do Governo, devidamente amparado na competente autorização legislativa.

Fora dos casos previstos no artigo 165.º, *b*), a simples lei material basta para operar como fonte laboral idónea. O Direito do trabalho funciona, no entanto, como Direito patrimonial privado. Assim sendo, e salvo nos casos em que disposições particulares facultem outras fontes, pode considerar-se que apenas[701] lei da Assembleia da República, decreto-lei do Governo, ou decreto regional das Regiões nos respetivos âmbitos de competência, podem estatuir no domínio laboral.

V. No que toca a fontes especificamente laborais, apenas se pode apontar, no artigo 56.º/3 e 4 da Constituição, uma breve referência aos contratos coletivos de trabalho. Ainda aí, o seu regime é expressamente remetido para a lei infraconstitucional.

Nos restantes aspetos, bem como quanto à possível relevância de outras fontes no domínio laboral, a Constituição é omissa. Regem as regras comuns ao Direito patrimonial privado ou a própria lei ordinária, quando disponha sobre as fontes que se encontrem na base da competente hierarquia.

Os conflitos que surjam entre as diversas fontes não têm, no entanto, a solução linear que seria de esperar da sua ordenação hierárquica, como se verificará oportunamente: neste ponto ocorre um esquema tipicamente laboral, tradicionalmente conhecido como o princípio do tratamento mais favorável do trabalhador.

79. **Constituição, sistema económico e regime político**

I. Como parte integrante da Ordem Jurídica, o Direito do trabalho insere-se no todo complexo da ordem social. Assume dessa forma e necessariamente, conexões diretas com a Constituição, com o sistema económico e com o regime político, vigentes no espaço laboral considerado. A questão fundamental vai, no entanto, mais longe: até que ponto depende

[700] Portanto, Lei da Assembleia da República.
[701] Menezes Cordeiro, *A constituição patrimonial privada* cit., 385-386.

o Direito do trabalho, enquanto conjunto de questões historicamente situadas, do sistema económico e do regime político em que se insira?

II. O Direito de trabalho implantou-se no reconhecimento da necessidade de melhor tutelar a situação dos trabalhadores subordinados e dada a incapacidade demonstrada na altura pelo Direito civil das codificações.

Compreende-se que, no período da afirmação do Direito do trabalho, se associasse de perto a situação de desvantagem sofrida pelos trabalhadores aos sistemas económicos e aos regimes políticos na altura vigentes. E nessa mesma ordem de ideias, compreendem-se também as esperanças laborais depositadas em reformas económicas ou políticas de fundo, com rastos até aos nossos dias[702].

III. Na atualidade, as estreitas associações entre o Direito do trabalho e as variáveis político-económicas têm vindo a esmorecer. Bastante elucidativo é, nesse sentido, todo um esforço de comparação entre os sistemas laborais das duas Alemanhas, antes da reunificação: a República Federal e a ex-República Democrática[703].

Verificou-se, na verdade, que ordens jurídicas referentes, na aparência, a sistemas opostos comportam normas laborais bastante próximas entre si. As grandes divergências acabam por se colocar nos pontos nevrálgicos da liberdade sindical e da independência dos sindicatos perante o Estado e da legitimidade das lutas laborais coletivas. Nessas questões, aliás, têm as constituições uma importante palavra a dizer; mas ainda quando significativas, há que reconhecer que as normas laborais delas dependentes são pouco numerosas.

Tem o maior interesse enfocar que a História laboral portuguesa permite documentar uma relativa estabilidade laboral antes, ao logo e depois

[702] Horst Lehmann, *Das Grundrecht auf Sozialismus*, RdA 1976, 175-185 (182), recensão a Wolfgang Däubler, *Das Grundrecht auf Mitbestimmung/Theorie und Praxis der Gewerkschaften* (1973), 569 pp..

[703] Nesse sentido, foi fundamental o livro já cit., de Rüthers, *Arbeitsrecht und politisches System* (1973); *vide* as edições antigas de Peter Hanau/Klaus Adomeit, *Arbeitsrecht*, 9.ª ed. (1988), que vale a pena confrontar com a mesma obra, na última edição publicada: *Arbeitsrecht*, 14.ª ed. (2007), Nr. 3-4 (1-2).

de 1974-1975[704], confirmando os dados obtidos na comparação dos dois sistemas germânicos.

Não se ignora que normas jurídicas aparentemente idênticas possam ter um significado diferente consoante o sistema em que encontrem a sua aplicação. Mas se assim é, já não se pode pedir ao Direito, entendido como mero conjunto de normas, o que não está, na sua mão, dar ou recusar.

IV. O Direito do trabalho, emancipado como verdadeira Ciência, ganha independência em relação a questões político-económicas. Ainda que à custa de uma certa formalização, o Direito do trabalho conecta-se com temas culturais, passando a acusar os lentos avanços e recuos da própria Ciência do Direito e não as flutuações dos acasos políticos.

Os velhos temores dos juristas, claramente inseridos por von Kirschmann na sua célebre frase "três palavras do legislador, e bibliotecas inteiras transformam-se em papel de embrulho" perdem terreno, também, no laboralismo jurídico: o seu progresso é uma garantia de estabilidade, que a todos interessa.

A própria Constituição, relevante, como foi visto, no domínio de opções que vão depois caracterizar o modo de funcionamento dos esquemas laborais, sobretudo na área do Direito coletivo do trabalho, acaba por interferir apenas nalguns sectores: o Direito do trabalho, como Ciência, sobrevive, pouco tocado, a mutações constitucionais por vezes de monta, embora não as ignore.

V. Seria um grave irrealismo, da parte dos laboralistas como da dos juristas em geral, ignorar os condicionalismos em que se concretize o Direito positivo que sirvam.

Mas uma maturação mínima da Ciência Jurídica – para o caso, na área do trabalho – implica o reconhecimento, no Direito, de níveis próprios de decisão que não podem ser arbitrariamente alterados, sem toda uma evolução da Ciência do Direito, tanto mais influente quanto mais justa e adequada.

Ou, se se quiser: também no Direito do Trabalho, a Ciência do Direito pode ser considerada como o "Direito natural" dos nossos dias.

[704] *Supra*, 130 ss..

SECÇÃO II

O DIREITO INTERNACIONAL E O DIREITO EUROPEU

§ 21.º DIREITO COMUM E TRATADOS

80. Direito internacional comum e tratados e convenções internacionais

I. A colocação, no elenco das fontes laborais, do Direito internacional (público) obriga a recordar os parâmetros essenciais a que obedece, hoje, esse ordenamento.

O Direito internacional deveria versar, apenas, relações entre Estados ou, mais latamente, entre sujeitos internacionais. Num novo alargamento, o âmbito do Direito das gentes foi estendido à sociedade internacional. Por fim, ele veio a abranger certas formas de produção internacional de normas, seja qual for o seu conteúdo.

Por isso o Direito do trabalho, que à partida não provocaria questões de âmbito internacional e que, nessa medida, apenas deveria suscitar o interesse do Direito interno, acabou por se internacionalizar, isto é: veio a ser tratado, também, em fontes internacionais[705].

II. Nas relações entre o Direito interno e o Direito internacional, debatem-se, tradicionalmente, orientações dualistas e monistas, subdividindo-se, ainda, estas em monistas com primado do Direito interno e do Direito internacional.

A questão não tem de ser aqui debatida; deve apenas frisar-se que do ponto de vista cultural, o Direito interno tem raízes próprias, autóno-

[705] Rosário Palma Ramalho, *Tratado* cit., 1, 4.ª ed., 195 ss.; Luís Menezes Leitão, *Direito do trabalho* cit., 5.ª ed., 65 ss.; Pedro Romano Martinez, *Direito do trabalho* cit., 8.ª ed., 201 ss..

mas das do internacional. Por isso, mesmo quando por razões de pedagogia ou de fé no futuro, se apoie uma construção monista com primado do Direito internacional, não se pode deixar de recordar a essência histórica do Direito privado: ele dá os quadros culturais, conceptuais e linguísticos para o tratamento subsequente.

III. As fontes internacionais vieram a ocupar-se de matéria laboral por razões de ordem económica, social e humanitária.

De facto, cabe ter presente que o trabalho, para além dos seus relevantes e primordiais aspetos humanos, é um fator económico importante, decisivo na produção de bens. Ele joga, assim, na concorrência, sendo seguro que, pelo menos até certos limiares, as unidades produtivas com piores condições de trabalho são mais competitivas, por amputação nos custos laborais e sociais. Tal forma de reduzir os custos tem, contudo, preços elevados: aumento de instabilidade social e quebra do poder de compra das populações. Além disso, é sumamente injusta. Fala-se, a tal propósito, em *dumping* social.

Compreende-se assim que a convenção internacional surja como fonte idónea para impor, em vários países, condições de trabalho mínimas, prevenindo uma concorrência processada em vias indesejáveis.

Num segundo tempo, às razões económicas e sociais apontadas vieram somar-se motivações de ordem humanitária, dada a projeção cultural que elas tendem a assumir na opinião pública do Ocidente. Essa posição é reforçada pela difusão de pensamentos que defendem a solidariedade como valor geral. O Direito internacional, independentemente da sua aplicação direta, influencia as leis internas[706].

IV. A base do Direito internacional é, sabidamente, de ordem consuetudinária: trata-se do Direito internacional comum ou geral, que o artigo 8.º/ 1 da Constituição considera, de modo expresso, parte integrante do Direito português. Comportando embora diretrizes relevantes, ele atua mais nas relações entre Estados e entre os seus representantes do que nos níveis mais diretamente ligados a pessoas.

[706] Rolf Birk, *Die Durchsetzung internationalen arbeitsrechtlichen Standards in Entwicklungsländern durch die Europäische Union*, FS Klaus Adomeit (2008), 73-82; Monika Schlachter, *Der Einfluss des Arbeitsvölkerrechts auf das nationale Recht/Aktuelle Perspektiven*, SR 2017, 111-121.

As convenções internacionais assumem, assim, uma maior relevância no domínio do Direito laboral. O artigo 8.º/2 da Constituição exige que elas sejam regularmente ratificadas ou aprovadas e que sejam publicadas, vigorando então enquanto vincularem o Estado português. Vamos ver.

81. A Organização Internacional do Trabalho (O.I.T.)

I. No domínio do Direito internacional laboral, tem um relevo particular a Organização Internacional do Trabalho (O.I.T.)[707], também conhecida pela siglas ILO (*International Labour Organization*) ou IAO (*Internationale Arbeitsorganisation*).

Criada em 1919, junto da Sociedade das Nações, pelo próprio Tratado de Versalhes, a O.I.T. cedo se notabilizou pela sua produtividade no domínio laboral. A Alemanha abandonou a O.I.T. em 1933, a ela regressando em 1951. Depois da 2.ª Guerra Mundial, ela conservou-se, transitando para as Nações Unidas, como agência especializada.

A O.I.T. tem, como atribuições gerais, a obtenção de condições de trabalho dignas e justas e, assim, o serviço da paz.

A sua orgânica compreende:

- a Conferência Geral de Membros, com poderes legislativos internos e a quem cabe definir a política geral de organização; a Conferência compõe-se de delegações dos diversos países, integradas cada uma por quatro elementos: dois delegados dos Governos, um representante dos empregadores e um representante dos trabalhadores;
- o Conselho de Administração, integrado por 56 elementos, dos quais 28 representantes dos Governos, 14 dos empregados e 14 dos trabalhadores; cabe ao Conselho de Administração, em especial, reunir, estudar e elaborar todas as questões com significado para a regulação internacional das condições de vida e de laboração dos trabalhadores, podendo depois submeter à Conferência as competentes propostas.

[707] *Vide*: Barros Moura, *Notas para uma introdução* cit., 151 ss.; Schaub, *Arbeitsrecht* cit., 6.ª ed., 23 ss.; Rüdiger Linck, em Günter Schaub, *Arbeitsrecht-Handbuch* cit., 17.ª ed., § 5, Nr. 3 (33).

– o Gabinete Internacional do Trabalho, com um diretor-geral, a quem cabe secretariar a organização, preparando e executando decisões.

II. A O.I.T. tem a particularidade de se estruturar em termos tripartidos, tal como se viu resultar da composição dos seus órgãos: cada País é representado por delegados dos Governos e por representantes dos empregadores e dos trabalhadores, em termos autónomos.

Daí resulta que, nos países onde haja liberdade sindical com efetiva consagração da independência dos sindicatos em relação ao Estado, as organizações de trabalhadores possam, numa tribuna internacional, fazer as suas queixas e valer as suas razões.

III. A O.I.T. prepara convenções e recomendações.

As convenções são acordos internacionais aprovados pela Conferência Geral e que devem ser ratificadas pelos diversos Estados membros.

As recomendações são aprovadas também pela Conferência, mas que não operam diretamente como fontes: apenas adstringem os Estados a adotar medidas tendentes a certos resultados.

Os Estados devem fornecer informações que permitam, à O.I.T., ir acompanhando a aplicação das convenções e das recomendações; há, ainda, múltiplos esquemas destinados a receber e analisar queixas apresentadas pelos trabalhadores ou pelos empregadores contra os respetivos Estados, pelo não-cumprimento das regras laborais internacionais, ou pelos próprios Estados, uns contra os outros. Tudo isso é importante, em termos de opinião pública.

82. **Convenções ratificadas**

Até hoje, a O.I.T. preparou 180 convenções e cerca de 200 recomendações; 70 convenções foram ratificadas por Portugal[708]. Destas, pelo seu relevo atual, sublinham-se:

[708] A lista completa, conquanto que desatualizada, pode ser confrontada em Jorge Leite/Coutinho de Almeida, *Legislação do trabalho* 4.ª ed. (1990) 33 ss.. Hoje, a série completa consta do sítio da OIT. *Vide*: Pedro Romano Martinez, *Direito do trabalho* cit., 8.ª ed.,

– Convenção n.º 87 (1948), sobre liberdade sindical e proteção do Direito sindical, ratificada pela Lei n.º 45/77, de 7 de julho;
– Convenção n.º 95 (1949), sobre proteção do salário, ratificada pelo Decreto n.º 88/81, de 14 de julho;
– Convenção n.º 98 (1949), sobre direito de organização e de negociação coletiva, ratificada pelo Decreto-Lei n.º 45 758, de 12 de junho de 1964;
– Convenção n.º 135 (1971), sobre proteção e facilidades a conceder aos representantes dos trabalhadores na empresa, ratificada pelo Decreto n.º 263/76, de 8 de abril;
– Convenção n.º 155 (1981), sobre segurança, saúde dos trabalhadores e ambiente de trabalho, ratificada pelo Decreto n.º 1/85, de 16 de janeiro;
– Convenção n.º 156 (1981), sobre igualdade de oportunidades e de tratamento para trabalhadores de ambos os sexos com responsabilidades familiares, ratificada pelo Decreto n.º 66/84, de 11 de outubro;
– Convenção n.º 158 (1982), sobre a cessação da relação de trabalho por iniciativa do empregador, ratificada pelo Decreto-Lei n.º 68/94, de 27 de agosto;
– Convenção n.º 181 (1997), sobre agências privadas de colocação, ratificada pelo Decreto-Lei n.º 13/2001, de 13 de fevereiro.

209-210; Sudabeh Kamanabrou, *Arbeitsrecht* cit., Nr. 251-252 (72-73); Gregor Thüsing, no *Arbeitsrecht/Kommentar*, 8.ª ed. (2018), BGB vor § 611a, Nr. 9 (1252)

§ 22.º DIREITO EUROPEU

83. Remissão

I. O Direito europeu não pode, hoje, considerar-se como uma mera fonte externa do Direito do trabalho. Trata-se, efetivamente, de um sistema ainda fragmentário, mas com uma certa harmonia própria, com objetivos próprios e regras de interpretação autónoma. O nosso Direito nacional não pode sobreviver, para mais em áreas económica e socialmente sensíveis, se perder a noção de que, na Europa, vale como uma ilha de onze milhões de almas, num espaço de mais de quinhentos milhões. O Direito europeu deve ser cuidadosamente ponderado como disciplina prévia, ressurgindo, depois, nos diversos sectores para que tenha sido transposto.

II. Na presente edição desta obra, seguimos um método consequente com tais observações: o de abordar previamente o Direito europeu do trabalho. Remete-se, agora, para a competente rubrica[709].

[709] *Supra*, 203 ss..

§ 23.º DIREITO INTERNACIONAL COLETIVO

84. Generalidades; convenções coletivas internacionais

I. As convenções coletivas internacionais seriam convenções coletivas teoricamente similares às existentes no âmbito interno dos diversos ordenamentos laborais nacionais. Teriam, no entanto, a particularidade de serem concluídas entre organizações de trabalhadores e de empregadores de âmbito internacional, produzindo, em consequência, efeitos também em vários países[710].

II. A oportunidade de convenções coletivas internacionais é grande e pôr-se-ia, sobretudo, perante dois fenómenos de ordem diversa:

– as empresas multinacionais;
– a integração económica internacional.

As empresas multinacionais traduzem unidades produtivas ou grupos de unidades produtivas que se estendem por vários países. Dotadas de direções unitárias, elas podem, formalmente, implicar um único empregador, ou empregadores distintos, disseminados pelos países em causa. A sua unidade económica justificaria, em qualquer caso, negociações laborais

[710] Jean-Pierre Dubois, *Multinationale Unternehmen und die Möglichkeiten des Abschlusses internationaler Tarifverträge* I e II, AuR 1975, 129-142 172-175; Rüdiger Krause, em Matthias Jakobs/Rüdiger Krause/Hartmut Oetker/Claudia Schubert, *Tarifvertragsgesetz* (2013), XXXII + 619 pp., 100, com indicações; Gregor Thüsing, em Martin Henssler/Wilhelm Moll/Klaus Bepler, *Der Tarifverträge/Handbuch für das gesammte Tarifrecht*, 2.ª ed. (2016), XXXIV + 1333 pp., § 1, Nr. 111-115 (371-372).

coletivas com organizações representativas dos trabalhadores dos países envolvidos[711].

Perante as empresas multinacionais, a convenção coletiva internacional – e os diversos aspetos a ela ligados, com relevo para lutas laborais coletivas internacionais – teria vantagens no domínio da racionalização e simplificação dos processos, no da maior igualdade dos trabalhadores da empresa, fosse qual fosse o local da prestação de trabalho – com benefícios para os trabalhadores das zonas mais pobres – e no de prevenir processos de divisão.

Poder-se-lhes-iam, no entanto, contrapor alguns malefícios e, designadamente, o de desuniformizar, dentro de cada País, os trabalhadores das multinacionais e os das empresas nacionais, facultando, de um modo geral, tratamentos privilegiados aos primeiros, em termos que poderiam mesmo contundir com a soberania nacional.

III. A oportunidade de convenções coletivas internacionais que correspondam aos vetores da integração internacional manifesta-se no quadro europeu. O problema será, pois, referido de seguida a propósito das convenções coletivas europeias.

IV. As convenções laborais coletivas têm deparado com extraordinárias dificuldades, até hoje intransponíveis. Em termos técnicos, há que contar com grandes diversidades de legislações internas, que impossibilitam, na prática, instrumentos comuns de regulação laboral; estes, para mais, tendem sempre a descer a níveis bastante pormenorizados de tratamento dos problemas.

85. **Convenções coletivas europeias**

I. A hipótese de convenções coletivas internacionais no quadro da União Europeia – portanto de convenções coletivas comunitárias ou

[711] Quanto aos temas laborais coletivos perante as empresas multinacionais: Francesco Salerno, *La regolamentazione internazionale dei rapporti di lavoro con imprese multinazionali* (1986).

europeias – coloca o problema em bases que, hoje, se apresentam mais realistas[712].

Desta feita, não se trata apenas, primacialmente, de corresponder, no plano laboral, a uma realidade económica que desconhece as fronteiras entre Estados e entre ordenamentos. Antes jogam todas as aspirações, históricas, culturais, políticas, económicas e sociais que justificam e requerem uma rápida e eficaz integração europeia.

II. Apesar das vantagens que comportariam, para os trabalhadores e para as empresas, as convenções coletivas comunitárias deparam com dificuldades técnicas, postas pela diversidade de Direitos nacionais do trabalho. Essas dificuldades poderiam ser em parte ultrapassadas graças à liberdade de associação existente nos diversos Estados da Comunidade e fazendo uso da autonomia coletiva neles reinante e garantidas pelas Convenções n.º 87 e 98 da O.I.T., respetivamente; ambas foram, aliás, ratificadas por Portugal. A Comissão Europeia, na sua comunicação de 9 de fevereiro de 2005, relativa à agenda social, pronunciou-se a favor de convenções de trabalho transnacionais, que mereceriam todo o apoio[713].

III. Os estudiosos do Direito do trabalho relatam, até hoje, três esquemas para obtenção de convenções coletivas comunitárias[714]:

– os parceiros sociais, representados a nível europeu, aprovariam modelos contratuais coletivos ou convenções tipo, propondo-os, depois, para aceitação das diversas organizações nacionais;
– as associações laborais representativas de várias organizações nacionais de empregadores e de trabalhadores celebrariam convenções coletivas segundo um modelo nacional, aplicando-o, depois, nos outros espaços;

[712] *Vide* Friedhelm Steinberg, *Der Europäische Tarifvertrag*, RdA 1971, 18-25. Em rigor, a convenção coletiva europeia exigiria apenas uma celebração que implicasse vários países europeus, enquanto a convenção colectiva comunitária, teria ainda de se pautar pelo Direito comunitário.

[713] Comissão Europeia, *Comunicação relativa à agenda social de 9-fev.-2005*, COM (2005) 33 final.

[714] Martin Reufels, em Gregor Thüsing/Axel Braun, *Tarifrecht Handbuch*, 2.ª ed. (2016), XLV + 869 pp., 757 ss..

– as associações laborais incumbiriam comissões paritárias efetivamente europeias de negociar convenções coletivas supranacionais, no verdadeiro sentido do termo.

São relatadas duas convenções coletivas europeias: a dos marinheiros do Reno, de Antuérpia (1958) e de Estrasburgo (1959). Com efeito, para além do caso das multinacionais, elas ocorrem em zonas fronteiriças[715]. O aprofundar da integração europeia poderá abrir novos horizontes, também neste domínio.

[715] Kerstin Tillmann, em Martin Henssler e outros, *Der Tarifvertrag* cit., 2.ª ed., 1300.

SECÇÃO III
AS FONTES INTERNAS

§ 24.º O CÓDIGO DO TRABALHO DE 2003

86. **Generalidades; as leis laborais**

I. O termo "lei", latim "*lex*"[716], é definido no artigo 1.º/2 do Código Civil como toda a disposição genérica provinda dos órgãos estaduais competentes[717]. Trata-se de uma noção material: a essa luz, serão leis as posturas municipais, por exemplo. Formalmente, lei será a da Assembleia da República, o Decreto-Lei do Governo ou o Decreto Regional.

II. Em termos constitucionais, as regras laborais devem advir de leis formais, havendo mesmo, em pontos sensíveis, reservas relativas de competência legislativa da Assembleia da República[718]. A este predomínio constitucional da lei, no Direito do trabalho, podemos ainda acrescentar exigências substanciais. O Direito do trabalho tem o duplo alcance de um ajustamento ao Direito civil e de uma complementação a esse mesmo Direito. Tanto basta para exigir leis formais.

[716] Quanto à etimologia da lei e às origens de *lex*: *Tratado de Direito civil* I, 4.ª ed., 518 ss..

[717] *Idem*, 527 ss.; a fórmula foi, por Manuel de Andrade, autor do anteprojeto que conduziu ao capítulo sobre fontes do Direito, no Código Civil – *vide* Manuel de Andrade, *Fontes do Direito/Vigência, interpretação e aplicação da lei*, BMJ 102 (1961), 141-166 – repescada em Ludwig Enneccerus/Hans Carl Nipperdey, *Allgemeiner Teil des Bürgerlichen Rechts* 1, 15.ª ed. (1959), na base da trad. cast. da 14.ª ed. alemã (1943).

[718] *Supra*, 258-259.

III. O Direito do trabalho tem um papel decisivo na organização das empresas, no seu desenvolvimento e na sua programação. Exige estabilidade, numa dimensão redobrada pelo lado dos trabalhadores. Estes constroem toda a sua vida, pessoal e familiar, na base de quadros profissionais previsíveis. Apenas as leis podem assegurar essa dimensão.

IV. Para além das exigências constitucionais, oportunas por estarem em jogo direitos das pessoas, verifica-se que, estruturalmente, o Direito do trabalho requer leis: claras, estáveis e apreensíveis por todos os agentes laborais. Essas exigências não têm sido observadas[719]. Todavia, tal requisito está ontologicamente ligada ao Direito do trabalho.

87. **Panorâmica geral**

I. Como referido, o Direito do trabalho desenvolvia-se em numerosos diplomas. Ditados pela necessidade de encontrar soluções para questões pontuais, essa produção era ainda condicionada por situações sociais e políticas diversificadas, nem sempre apresentando coerência interna. Havia que tentar uma ordenação ou, pelo menos, uma compilação.

II. Se olharmos para as soluções europeias, encontramos, em síntese, o panorama seguinte:

(a) na Alemanha vigoram diversas leis e, designadamente: o BGB, quanto ao contrato de trabalho; o TVG, relativamente ao Direito coletivo; o BetrVG, no tocante à cogestão; o ArbGG, para o processo de trabalho; ocorrem, ainda, múltiplos diplomas extravagantes, com relevo para o KSchG (proteção no despedimento) e o ArbZG (duração do trabalho)[720];

(b) em França, após múltiplas vicissitudes, existe um *Code du travail*: de 2008, com diversas alterações e leis extravagantes; esse *Code* tem, de facto, uma natureza compilatória, procedendo-se, neste momento, a uma tentativa de reforma, em parte aprovada,

[719] *Supra*, 66 ss..
[720] *Vide*, da Beck, *Arbeitsgesetze*, 92.ª ed. (2018), XLI + 971 pp..

executada pelo presidente Emmanuel Macron[721], no sentido de uma flexibilização[722];

(c) em Espanha, opera o *Estatuto de los trabajadores* adotado pela Lei n.º 8/1980, de 10 de março, reformado pela Lei de 3/2012, de 6 de julho e republicado pelo Real Decreto Legislativo 2/2015, de 23 de outubro[723];

(d) em Itália, o Direito do trabalho está repartido por diversos diplomas; o tronco básico constante dos artigos 2060.º a 2081.º e 2096.º a 2134.º do Código Civil está hoje complementado e, nalguns pontos suplantado por numerosa legislação avulsa. O Decreto Legislativo n.º 81, de 15 de junho de 2015, contém uma nova disciplina orgânica dos contratos de trabalho, com muitos reenvios para a contratação coletiva[724].

III. Nos diversos países, a legislação laboral acusa uma instabilidade que ou impede ou dificulta a confeção de códigos consistentes. Ou nem se coloca o problema, como no caso alemão e isso apesar de, aí, se manifestar uma estabilidade notável das leis do trabalho ou se confecionam "códigos" ao estilo francês que, em permanente ebulição, reúnem diplomas distintos, dificultando ainda mais o seu conhecimento.

IV. Na experiência portuguesa, mau grado a pequenez do território e o relativamente escasso número de trabalhadores e de empresas, o Direito do trabalho apresenta, desde 1969 (LCT) e até ao final do século XX, um número muito elevado de diplomas[725]. Impunha-se um esforço de sistematização e, se possível, de condensação. No limite, desenhar-se-ia uma codificação, ainda que essa hipótese, em função do próprio universo deli-

[721] Bernard Teyssié (anot.), *Code du travail* (2018), XXVII + 3715 pp.; da Dalloz, Christophe Radé/Caroline Dechristé/Magali Gadrat, *Code du travail*, 81.ª ed. (2018), CLIV + 3545 pp. ; ambas estas publicações contêm as *Ordonances Macron*.

[722] *Vide* Antoine Lyon-Caen, *Ordonnances Macron/Commentaires pratiques et nouvelles dispositions du code de travail* (2018), 435 pp..

[723] Jesús Cruz Villalon (org.), *Estatuto de los trabajadores*, 33.ª ed. (2017), 365 pp..

[724] Luciano Ciafardini e outros, *Codice del lavoro*, 17.ª ed. (2018), 1902 pp.. *Vide* Maria Vittoria Ballestro/Gisella de Simone, *Diritto del lavoro*, 3.ª ed. (2017), 19 ss.

[725] *Vide* um apanhado não-exaustivo em Pedro Romano Martinez, *Direito do trabalho* cit., 8.ª ed., 93-94.

mitado, não fosse realista, pelo menos, nos termos tradicionalmente reservados para um "código"[726].

V. Numa hipotética elaboração de um Código do Trabalho, haveria que conjugar três parâmetros distintos e, por vezes, contraditórios. São eles:

(a) manter o essencial do regime vigente, seja por constrangimentos constitucionais, seja pela conveniência em manter os equilíbrios políticos e sócio-laborais existentes;
(b) aproveitar, não obstante, para simplificar os textos, para afastar regras obsoletas, para harmonizar soluções desavindas, para colmatar lacunas e para oficializar os pontos pacíficos de base jurisprudencial e doutrinal;
(c) proceder, com as necessárias cautelas, a algumas revisões de fundo, designadamente em áreas de crescimento que, não bulindo com o *statu quo*, fossem suscetíveis de proporcionar alguma evolução.

VI. Como adiantado, o Direito do trabalho desenvolveu-se tendo em vista a grande empresa, com um número elevado de trabalhadores. Não é essa a realidade sócio-laboral do País. Haveria, pois, que permitir uma adaptação das regras em jogo por sectores e por tipo de empresas. Assim – e na linha da evolução registada nos diversos países – impunha-se dar a maior amplidão à contratação coletiva e prever uma diversificação de contratos laborais, de modo a melhor acompanhar a realidade existente.

88. **Preparação; transposições e revogações**

I. A reforma que conduziu ao Código do Trabalho de 2003 foi desencadeada pelo XIV Governo Constitucional (António Guterres, de 25 de outubro de 1999 a 6 de abril de 2002), sendo ministros do trabalho[727] Eduardo Ferro Rodrigues (25 de outubro de 1999 a 10 de março de 2001) e Paulo

[726] Este constrangimento é reconhecido na própria exposição de motivos que acompanhou o projeto de Código; *vide* extratos dessa exposição em Pedro Romano Martinez, *Direito do trabalho* cit., 8.ª ed., 94-95.

[727] "Ministro do Trabalho e da Previdência", no título da época.

Pedroso (de 10 de março de 2001 a 6 de abril de 2002)[728]. O Despacho n.º 5875/2000, de 24 de fevereiro[729], instituiu uma Comissão de Análise e Sistematização da Legislação Laboral (CLL), presidida por António Monteiro Fernandes. A Comissão desempenhou-se apresentando, em setembro de 2001, uma proposta relativa às normas da área regulativa individual e, em 31 de março de 2002, a referente à área regulativa coletiva[730]. Todavia, a CLL não optou por uma codificação. Seguiu-se a Comissão presidida por Pedro Romano Martinez que, entre maio e junho de 2002, elaborou um anteprojeto do Código, aprovado na generalidade pelo Conselho de Ministros, em 18 de julho de 2002, já sob o XV Governo Constitucional (Durão Barroso), sendo ministro do trabalho[731] António Bagão Félix. Debatido no Conselho Permanente de Concertação Social, o texto foi objeto de diversas tomadas de posição, tendo logrado um relativo consenso. O Presidente da República (Jorge Sampaio) pediu a apreciação prévia da constitucionalidade do projeto. Em causa estavam, designadamente, aspetos relativos à contratação coletiva e à reintegração, nas micro-empresas e no plano dirigente, de trabalhadores indevidamente despedidos. Foi prolatado o acórdão n.º 382/03, de 25 de junho[732], com diversos votos de vencido, que declarou algumas inconstitucionalidades, bastante aquém do requerido.

II. O Código foi finalmente aprovado pelo Parlamento, sendo publicado como anexo à Lei n.º 99/2003, de 27 de agosto[733]. Chama-se a aten-

[728] Ministério da Segurança Social e do Trabalho, *Código do Trabalho*, I – *Anteprojecto* (2004).

[729] DR II, n.º 63, de 15-mar.-2000, 4952.

[730] *Relatório/Análise, sistematização e consolidação da legislação reguladora das relações coletivas de trabalho*, 30 pp..

[731] Então "Ministro da Segurança Social e do Trabalho".

[732] TC n.º 306/03 (Mário Torres), de 25 de junho, no sítio do Tribunal Constitucional.

[733] DR I-A, de 27-ago.-2003, 5558-5656, com a Retificação n.º 15/2003, de 28 de outubro. Sobre o Código de 2003, foram, na época, elaborados diversos pareceres, entre os quais o nosso: *Inovação e aspectos constitucionais sobre o anteprojecto de Código do Trabalho*, em *Código do Trabalho/Pareceres*, III (2004), 7-96; foram, ainda, publicados: Jorge Bacelar Gouveia, *O anteprojecto de Código do Trabalho e a Constituição Portuguesa*, *idem*, 97-225; José João Abrantes, *O anteprojecto de Código do Trabalho*, *idem*, 227-270; Paulo Otero, *O anteprojecto de Código do Trabalho*, *idem*, 271-329; Luís Menezes Leitão, *A conformidade da proposta de Lei 29/IX (Código do Trabalho) com a Constituição da República Portuguesa*, *idem*, 331-398; Luís Gonçalves da Silva, *O Código do Trabalho face à Constituição*, *idem*, 399-491.

ção para alguns pontos. No plano europeu, ele procedeu à transposição, parcial ou total, das seguintes diretrizes (artigo 2.º):

a) Diretriz 75/117, de 10 de fevereiro, relativa à aproximação das legislações dos Estados membros no que se refere à aplicação do princípio da igualdade de remuneração entre os trabalhadores masculinos e femininos;
b) Diretriz 76/207, de 9 de fevereiro, relativa à concretização do princípio da igualdade de tratamento entre homens e mulheres no que se refere ao acesso ao emprego, à formação e promoção profissionais e às condições de trabalho, alterada pela Diretriz 2002/73, de 23 de setembro;
c) Diretriz 91/533, de 14 de outubro, relativa à obrigação de o empregador informar o trabalhador sobre as condições aplicáveis ao contrato ou à relação de trabalho;
d) Diretriz 92/85, de 19 de outubro, relativa à implementação de medidas destinadas a promover a melhoria da segurança e da saúde das trabalhadoras grávidas, puérperas ou lactantes no trabalho;
e) Diretriz 93/104, de 23 de novembro, relativa a determinados aspetos da organização do tempo de trabalho, alterada pela Diretriz 2000/34, de 22 de junho;
f) Diretriz 94/33, de 22 de junho, relativa à proteção dos jovens no trabalho;
g) Diretriz 94/45, de 22 de setembro, relativa à instituição de um conselho de empresa europeu ou de um procedimento de informação e consulta dos trabalhadores nas empresas ou grupos de empresas de dimensão comunitária;
h) Diretriz 96/34, de 3 de junho, relativa ao acordo quadro sobre a licença parental celebrado pela União das Confederações da Indústria e dos Empregadores da Europa (UNICE), pelo Centro Europeu das Empresas Públicas (CEEP) e pela Confederação Europeia dos Sindicatos (CES);
i) Diretriz 96/71, de 16 de dezembro, relativa ao destacamento de trabalhadores no âmbito de uma prestação de serviços;
j) Diretriz 97/80, de 15 de dezembro, relativa ao ónus da prova nos casos de discriminação baseada no sexo;
k) Diretriz 97/81, de 15 de dezembro, respeitante ao acordo quadro relativo ao trabalho a tempo parcial celebrado pela UNICE, pelo CEEP e pela CES;
l) Diretriz 98/59, de 20 de julho, relativa à aproximação das legislações dos Estados membros respeitantes aos despedimentos coletivos, que codifica e revoga a Diretriz 75/129, de 17 de fevereiro, e a Diretriz 92/56, de 24 de junho, que a alterou;

m) Diretriz 1999/70, de 28 de junho, respeitante ao acordo quadro CES, UNICE e CEEP relativo a contratos de trabalho a termo;
n) Diretriz 2000/43, de 29 de junho, que aplica o princípio da igualdade de tratamento entre as pessoas, sem distinção de origem racial ou étnica;
o) Diretriz 2000/78, de 27 de novembro, que estabelece um quadro geral de igualdade de tratamento no emprego e na atividade profissional;
p) Diretriz 2001/23, de 12 de março, relativa à aproximação das legislações dos Estados membros respeitantes à manutenção dos direitos dos trabalhadores em caso de transferência de empresas ou de estabelecimentos, ou de partes de empresas ou de estabelecimentos, que codifica e revoga a Diretriz 77/187, de 14 de fevereiro, com a redação que lhe foi dada pela Diretriz 98/50, de 29 de junho;
q) Diretriz 2002/14, de 11 de março, que estabelece um quadro geral relativo à informação e à consulta dos trabalhadores na Comunidade Europeia.

III. A Lei n.º 99/2003 revogou 25 diplomas. Foram eles (artigo 21.º/1):

a) Decreto-Lei n.º 49408, de 24 de novembro de 1969 (lei do contrato de trabalho);
b) Decreto-Lei n.º 409/71, de 27 de setembro (lei da duração do trabalho);
c) Decreto-Lei n.º 215-C/75, de 30 de abril (lei das associações patronais);
d) Decreto-Lei n.º 874/76, de 28 de dezembro (lei das férias, feriados e faltas);
e) Lei n.º 65/77, de 26 de agosto (lei da greve);
f) Lei n.º 16/79, de 26 de maio (participação dos trabalhadores na elaboração da legislação do trabalho);
g) Decreto-Lei n.º 519-C1/79, de 29 de dezembro (lei dos instrumentos de regulamentação coletiva de trabalho);
h) Decreto-Lei n.º 398/83, de 2 de novembro (redução ou suspensão da prestação de trabalho);
i) Decreto-Lei n.º 421/83, de 2 de dezembro (lei do trabalho suplementar);
j) Decreto-Lei n.º 69/85, de 18 de março (mora do empregador);
k) Decreto-Lei n.º 69-A/87, de 9 de fevereiro (lei do salário mínimo);
l) Decreto-Lei n.º 64-A/89, de 27 de fevereiro (lei da cessação do contrato de trabalho e do contrato a termo);
m) Artigos 26.º a 30.º do Decreto-Lei n.º 358/89, de 17 de outubro (lei do trabalho temporário e da cedência ocasional);
n) Decreto-Lei n.º 261/91, de 25 de julho (lei da pré-reforma);
o) Decreto-Lei n.º 400/91, de 16 de outubro (lei do despedimento por inadaptação);

p) Decreto-Lei n.º 404/91, de 16 de outubro (trabalho em comissão de serviço);
q) Decreto-Lei n.º 5/94, de 11 de janeiro (obrigação de informação);
r) Decreto-Lei n.º 88/96, de 3 de julho (lei do subsídio de Natal);
s) Lei n.º 21/96, de 23 de Julho (redução dos períodos de trabalho e polivalência);
t) Lei n.º 38/96, de 31 de agosto (regras sobre cessação por mútuo acordo e por rescisão do trabalhador e sobre contrato a termo);
u) Lei n.º 73/98, de 10 de novembro (organização do tempo de trabalho);
v) Lei n.º 36/99, de 26 de maio (participação das associações de empregadores na elaboração da legislação do trabalho);
x) Lei n.º 103/99, de 26 de julho (trabalho a tempo parcial);
y) Lei n.º 116/99, de 4 de agosto (contraordenações laborais);
z) Lei n.º 81/2001, de 28 de julho (quotizações sindicais).

IV. A Lei n.º 99/2003 previu, ainda, que, com a entrada em vigor das normas regulamentares, fossem revogados os (21.º/2):

a) Decreto-Lei n.º 215-B/75, de 30 de abril (lei sindical);
b) Lei n.º 46/79, de 12 de setembro (lei das comissões de trabalhadores);
c) Decreto-Lei n.º 392/79, de 20 setembro (igualdade e não discriminação em função do sexo);
d) Lei n.º 4/84, de 5 de abril (lei de proteção da maternidade e da paternidade), com a numeração e redação constantes da Lei n.º 70/2000, de 4 de maio;
e) Lei n.º 17/86, de 14 de junho (lei dos salários em atraso);
f) Decreto-Lei n.º 396/91, de 16 de outubro (trabalho de menores);
g) Lei n.º 100/97, de 13 de setembro (lei dos acidentes de trabalho e das doenças profissionais);
h) Lei n.º 105/97, de 13 de setembro (igualdade no trabalho e no emprego);
i) Lei n.º 116/97, de 4 de novembro (Estatuto do Trabalhador-Estudante);
j) Lei n.º 20/98, de 12 de maio (trabalho de estrangeiros);
k) Decreto-Lei n.º 143/99, de 30 de abril (regulamento dos acidentes de trabalho);
l) Decreto-Lei n.º 219/99, de 15 de junho (fundo de garantia salarial);
m) Lei n.º 58/99, de 30 de junho (lei aplicável ao trabalho subordinado e regulamentação do emprego de menores);
n) Decreto-Lei n.º 248/99, de 2 de julho (regulamento das doenças profissionais);
o) Lei n.º 9/2000, de 15 de junho (trabalhadores destacados);

p) Decreto-Lei n.º 111/2000, de 4 de julho (regulamentação da Lei n.º 134/99, de 28 de agosto);
q) Decreto-Lei n.º 230/2000, de 23 de setembro (regulamentação do regime de proteção da maternidade e da paternidade);
r) Decreto-Lei n.º 107/2001, de 6 de abril (lei aplicável aos menores no que respeita aos trabalhos leves e atividades proibidas ou condicionadas);
s) Lei n.º 96/2001, de 20 de agosto (privilégios creditórios);
t) Decreto-Lei n.º 58/2002, de 15 de março (admissão de trabalho de menores);
u) Decreto Regulamentar n.º 16/2002, de 15 de março (formação profissional de menores);
v) Lei n.º 40/99, de 9 de junho (conselhos de empresa europeus).

89. **Conspecto geral**

I. O Código de 2003 foi objeto de diversas apreciações, para além das produzidas aquando da sua preparação[734]. Ele foi complementado pela Lei n.º 35/2004, de 29 de julho. *Grosso modo*, obedeceu às diretrizes seguintes:

(1) transposição de diretrizes europeias, acima seriadas;
(2) compilação de algumas dezenas de diplomas dispersos;
(3) consagração de formas de trabalho mais flexíveis: quanto ao tempo, ao espaço e às funções;
(4) incentivo à contratação coletiva e à concertação social.

II. O Código do Trabalho de 2003 introduziu, ainda, alterações em diversos pontos, perante os regimes dispersos antes em vigor. Retomamos a enumeração de Pedro Romano Martinez[735]:

[734] Assim, como exemplos significativos: Pedro Romano Martinez, *Considerações gerais sobre o Código do Trabalho*, em António Moreira/Teresa Coelho Moreira, *VI Congresso Nacional do Direito do trabalho* (2004), 39-60; *idem*, *Direito do trabalho* cit., 8.ª ed., 92-104; Rosário Palma Ramalho, *Tratado* cit., 1, 4.ª ed., 106-115; Luís Gonçalves da Silva, *Visita guiada ao Código do Trabalho: a primeira fase da reforma laboral*, em *Estudos de direito do trabalho (Código do Trabalho)*, 1, 2.ª ed. (2008), 113-172.

[735] Pedro Romano Martinez, *Direito do trabalho* cit., 8.ª ed., 97-99.

(1) redução das autorizações prévias da Administração Laboral, antes requeridas para diversas iniciativas;
(2) direitos de personalidade no âmbito laboral;
(3) o direito ao ressarcimento de danos não-patrimoniais;
(4) regime do teletrabalho;
(5) trabalho a prestar no âmbito de grupos de sociedades;
(6) regras que diferenciam o regime jurídico em função da dimensão da empresa – microempresa, pequena, média ou grande empresa –, em diferentes matérias;
(7) previsão de deveres em matéria de segurança, higiene e saúde no trabalho para os sujeitos laborais;
(8) dever geral de formação;
(9) critério geral para a admissibilidade da contratação a termo;
(10) admissibilidade de regimes de adaptabilidade limitada do tempo de trabalho;
(11) aumento, até um máximo de três dias úteis, do período mínimo de férias em caso de inexistência de faltas ou de o trabalhador ter dado um número diminuto de faltas justificadas;
(12) regime especial de exceção de não cumprimento do contrato a invocar pelo trabalhador no caso de falta de pagamento da retribuição;
(13) regime de responsabilidade solidária das sociedades em relação de domínio ou de grupo, bem como dos sócios que exercem uma influência dominante na sociedade ou que sejam gerentes, administradores ou diretores;
(14) Reformulação do conceito de atividade a prestar pelo trabalhador;
(15) princípios gerais em matéria de segurança, saúde e higiene no trabalho e consagração de um princípio geral sobre prevenção de acidentes de trabalho com a subsequente indicação de deveres a cargo do empregador e do trabalhador;
(16) possibilidade de suspensão preventiva do trabalhador sem perda de retribuição, trinta dias antes da notificação da nota de culpa, desde que o empregador, por escrito, justifique que, tendo em conta indícios de factos imputáveis ao trabalhador, a sua presença na empresa é prejudicial;
(17) possibilidade de, sendo invocada a ilicitude do despedimento por motivos formais, o empregador poder dar início a um novo procedimento disciplinar, por uma só vez, interrompendo-se os prazos para intentar tal procedimento;
(18) molduras para a fixação, pelo tribunal da indemnização devida em caso de despedimento ilícito;

(19) possibilidade de, em casos excecionais tipificados na lei (microempresas e trabalhadores que ocupem cargos de administração ou de direção), o empregador, que não tenha criado culposamente as necessárias condições para exercer esse direito, poder manifestar fundadamente a sua oposição à reintegração do trabalhador, cabendo a decisão exclusivamente ao tribunal, salvo nos casos de despedimento fundado em motivos políticos, ideológicos, étnicos ou religiosos, bem como de trabalhadora grávida, puérpera ou lactante;
(20) atribuição de personalidade jurídica às comissões de trabalhadores;
(21) simplificação das regras em matéria de sujeitos coletivos, nomeadamente, de constituição das associações sindicais;
(22) revitalização da contratação coletiva, nomeadamente através do estabelecimento da obrigação de as convenções coletivas regularem o respetivo âmbito temporal, e da previsão de um regime supletivo aplicável em matéria de sobrevigência e de denúncia, sempre que tal se não encontre regulado por convenção.

III. Do ponto de vista da sistematização, o Código de 2003 ordenou os seus 689 artigos da forma seguinte:

Livro I – Parte geral
Título I *– Fontes e aplicação do Direito do trabalho* (1.º a 9.º);
Título II *– Contrato de trabalho* (10.º a 450.º):
Capítulo I – Disposições gerais (10.º a 148.º);
Capítulo II – Prestação de trabalho (149.º a 248.º);
Capítulo III – Retribuição e outras atribuições patrimoniais (249.º a 271.º);
Capítulo IV – Segurança, higiene e saúde no trabalho (272.º a 280.º);
Capítulo V – Acidentes de trabalho (281.º a 308.º);
Capítulo VI – Doenças profissionais (309.º a 312.º);
Capítulo VII – Vicissitudes contratuais (313.º a 362.º);
Capítulo VIII – Incumprimento do contrato (363.º a 381.º);
Capítulo IX – Cessação do contrato (382.º a 450.º).

Título III *– Direito coletivo* (451.º a 606.º):
Subtítulo I – Sujeitos (451.º a 530.º):
Capítulo I – Estrutura de representação coletiva dos trabalhadores (451.º a 505.º);
Capítulo II – Associações de empregadores (506.º a 530.º);
Subtítulo II – Instrumentos de regulamentação coletiva de trabalho (531.º a 581.º):

Capítulo I – Princípios gerais (531.º a 538.º);
Capítulo II – Convenção coletiva (539.º a 562.º);
Capítulo III – Acordo de adesão (563.º);
Capítulo IV – Arbitragem (564.º a 572.º);
Capítulo V – Regulamento de extensão (573.º a 576.º);
Capítulo VI – Regulamento de condições mínimas (577.º a 580.º);
Capítulo VII – Publicação e entrada em vigor (581.º);
Subtítulo III – Conflitos coletivos (582.º a 606.º):
Capítulo I – Resolução de conflitos coletivos (582.º a 590.º);
Capítulo II – Greve (591.º a 606.º).

Livro II – Responsabilidade penal e contraordenacional (607.º a 685.º):
Capítulo I – Responsabilidade penal (607.º a 613.º);
Capítulo II – Responsabilidade contraordenacional (614.º a 689.º).

90. Apreciação geral

I. As modificações levadas a cabo pelo Código do Trabalho não correspondem a uma reforma estrutural do sector[736]. Digamos que, num prisma substantivo, foi a reforma possível, particularmente em face do neopositivismo constitucional reinante. Mas também do ponto de vista técnico, têm sido apontadas algumas críticas[737]. Vamos reter e complementar a matéria, apenas com o fito de melhor a apreender. Assim, verifica-se que o Código de 2003:

(1) multiplica regras de tipo programático e principiológico;
(2) retoma proposições civis que devem ser tidas como pressupostas;
(3) comporta disposições regulamentares, que deveriam constar de instrumentos de regulamentação coletiva;
(4) patenteia um desequilíbrio entre o Direito individual do trabalho, que ocupa dois terços do Código e o Direito coletivo, que se queda por um quinto;
(5) abdica de uma parte geral do trabalho, já possível;

[736] Pedro Romano Martinez, *Direito do trabalho* cit., 8.ª ed., 99.

[737] Rosário Palma Ramalho, *O novo Código do Trabalho. Reflexões sobre a proposta de lei relativa ao novo Código do Trabalho*, em *Estudos de Direito do trabalho* 1 (2003), 15-67; *idem*, *Legislação do trabalho, produtividade e competitividade*, em *Novas políticas para a competitividade* (2003), 303-311; *idem*, *Tratado* I, 4.ª ed., 111-113.

(6) remete para legislação complementar pontos básicos como os relativos à não-discriminação e às comissões de trabalhadores;
(7) integra matéria penal e contraordenacional.

II. Não obstante, o Código de 2003 representa um claro marco ao laboralismo português. Sistematizando, corrigindo e completando uma matéria de difícil apreensão, o Código permitiu um novo surto de escritos laborais.

91. O Regulamento de 2004

I. Ao Código do Trabalho aprovado pela Lei n.º 99/2003, de 27 de agosto, sucedeu a sua regulamentação: adotada pela Lei n.º 34/2004, de 29 de julho[738]. Esta Lei declarou proceder à transposição, total ou parcial, de dezoito diretrizes, elencadas no seu artigo 2.º. São elas:

a) Diretriz 75/117, de 10 de fevereiro, relativa à aproximação das legislações dos Estados-membros no que se refere à aplicação do princípio da igualdade de remuneração entre os trabalhadores masculinos e femininos;
b) Diretriz 76/207, de 9 de fevereiro, relativa à concretização do princípio da igualdade de tratamento entre homens e mulheres no que se refere ao acesso ao emprego, à formação e promoção profissionais e às condições de trabalho, alterada pela Diretriz 2002/73, de 23 de setembro;
c) Diretriz 80/987, de 20 de outubro, relativa à aproximação das legislações dos Estados membros respeitantes à proteção dos trabalhadores em caso de insolvência do empregador, alterada pela Diretriz 2002/74, de 23 de setembro;
d) Diretriz 89/391, de 12 de junho, relativa à aplicação de medidas destinadas a promover a melhoria da segurança e da saúde dos trabalhadores no trabalho;
e) Diretriz 90/394, de 28 de junho, relativa à proteção dos trabalhadores contra os riscos ligados à exposição a agentes cancerígenos durante o trabalho, alterada pela Diretriz 97/42, de 27 de junho, e pela Diretriz 1999/38, de 29 de abril;

[738] DR I-A, n.º 177, de 29-jul.-2004, 4810-4885.

f) Diretriz 90/679, de 26 de novembro, relativa à proteção dos trabalhadores contra os riscos ligados à exposição a agentes biológicos durante o trabalho, alterada pela Diretriz 93/88, de 12 de outubro;
g) Diretriz 92/85, de 19 de outubro, relativa à implementação de medidas destinadas a promover a melhoria da segurança e da saúde das trabalhadoras grávidas, puérperas ou lactantes no trabalho;
h) Diretriz 93/104, de 23 de novembro, relativa a determinados aspetos da organização do tempo de trabalho, alterada pela Diretriz 2000/34, de 22 de junho;
i) Diretriz 94/33, de 22 de junho, relativa à proteção dos jovens no trabalho;
j) Diretriz 94/45, de 22 de setembro, relativa à instituição de um conselho de empresa europeu ou de um procedimento de informação e consulta dos trabalhadores nas empresas ou grupos de empresas de dimensão comunitária;
k) Diretriz 96/34, de 3 de junho, relativa ao acordo-quadro sobre a licença parental celebrado pela União das Confederações da Indústria e dos Empregadores da Europa (UNICE), pelo Centro Europeu das Empresas Públicas (CEEP) e pela Confederação Europeia dos Sindicatos (CES);
l) Diretriz 96/71, de 16 de dezembro, relativa ao destacamento de trabalhadores no âmbito de uma prestação de serviços;
m) Diretriz 97/80, de 15 de dezembro, relativa ao ónus da prova nos casos de discriminação baseada no sexo;
n) Diretriz 98/24, de 7 de abril, relativa à proteção da segurança e da saúde dos trabalhadores contra os riscos ligados à exposição a agentes químicos no trabalho;
o) Diretriz 2000/43, de 29 de junho, que aplica o princípio da igualdade de tratamento entre as pessoas, sem distinção de origem racial ou étnica;
p) Diretriz 2000/78, de 27 de novembro, que estabelece um quadro geral de igualdade de tratamento no emprego e na atividade profissional;
q) Diretriz 2002/14, de 11 de março, que estabelece um quadro geral relativo à informação e à consulta dos trabalhadores na Comunidade Europeia;
r) Diretriz 2003/88, de 4 de novembro, relativa a determinados aspetos da organização do tempo de trabalho.

II. O Regulamento de 2004 comporta 499 artigos, arrumados em nada menos do que 40 capítulos. São eles:

I – Disposições gerais (1.º a 10.º);
II – Destacamento (11.º a 13.º);
III – Trabalho no domicílio (14.º a 26.º);
IV – Direitos de personalidade (27.º a 29.º);

V – Igualdade e não-discriminação (30.º a 65.º);
VI – Proteção da maternidade e da paternidade (66.º a 113.º);
VII – Trabalho de menores (114.º a 137.º);
VIII – Participação de menores em espetáculos e outras atividades (138.º a 146.º);
IX – Trabalhador-estudante (147.º a 156.º);
X – Trabalhadores estrangeiros e apátridas (157.º a 159.º);
XI – Formação profissional (160.º a 170.º);
XII – Taxa social única (171.º a 174.º);
XIII – Períodos de funcionamento (175.º e 176.º);
XIV – Alteração do horário de trabalho (177.º e 178.º);
XV – Mapas de horário de trabalho (179.º a 182.º);
XVI – Condições ou garantias da prestação do trabalho noturno (183.º a 186.º);
XVII – Registo do trabalho suplementar (187.º a 189.º);
XVIII – Fiscalização de doenças durante as férias (190.º a 201.º);
XIX – Faltas para assistência à família (202.º a 204.º);
XX – Fiscalização de doença (205.º e 206.º);
XXI – Retribuição mínima mensal garantida (207.º a 210.º);
XXII – Segurança, higiene e saúde no trabalho (211.º a 289.º);
XXIII – Balanço social relativamente aos trabalhadores em situação de cedência ocasional (290.º e 291.º);
XXIV – Redução da atividade e suspensão do contrato (292.º a 299.º);
XXV – Incumprimento do contrato (300.º a 315.º);
XXVI – Fundo de Garantia Salarial (316.º a 326.º);
XXVII – Comissões de trabalhadores: constituição, estatutos e eleição (327.º a 352.º);
XXVIII – Direitos das comissões e subcomissões de trabalhadores (353.º a 364.º);
XXIX – Conselhos de empresa europeus (365.º a 395.º);
XXX – Reuniões de trabalhadores (396.º a 398.º);
XXXI – Associações sindicais (399.º a 403.º);
XXXII – Participação das organizações representativas (404.º e 405.º);
XXXIII – Arbitragem obrigatória (406.º a 438.º);
XXXIV – Arbitragem dos serviços mínimos (439.º a 449.º);
XXXV – Pluralidade de infrações (450.º e 451.º);
XXXVI – Mapa do quadro de pessoal (452.º a 457.º);
XXXVII – Balanço social (458.º a 464.º);
XXXVIII – Responsabilidade penal (465.º a 468.º);
XXXIX – Responsabilidade contraordenacional (469.º a 491.º);
XL – Disposições finais e transitórias (492.º a 499.º).

III. A ideia do legislador parece-nos clara: tratou-se de desagravar o Código do Trabalho, já muito pesado, de uma série de regras de teor regulamentar. O Regulamento de 2004, em conjunto com o Código do Trabalho, representava uma massa de 1188 artigos, alguns de extensão assinalável. Parece-nos pouco provável que algum laboralista, mesmo muito dedicado e especializado, consiga reter as normas que tudo isso representa.

92. **Alterações**

I. O Código do Trabalho aprovado pela Lei n.º 99/2003, de 27 de agosto, foi alterado pelas Leis seguintes:

- Lei n.º 9/2006, de 20 de março, quanto a questões laborais coletivas; modificou os seus artigos 12.º, 533.º, 543.º, 550.º, 551.º, 557.º, 559.º, 567.º, 568.º, 569.º, 570.º, 581.º, 587.º, 595.º e 599.º;
- Lei n.º 59/2007, de 4 de setembro, que adotou uma reforma penal; alterou o seu artigo 607.º;
- Lei n.º 12-A/2008, de 27 de fevereiro, com os regimes de vinculação, de carreira e de remunerações-funções públicas; revogou o artigo 6.º da Lei n.º 99/2003;
- Lei n.º 59/2008, de 11 de setembro, com o regulamento do contrato de trabalho em funções públicas; revogou o artigo 5.º da Lei n.º 99/2003.

II. Por seu turno, o Regulamento aprovado pela Lei n.º 35/2004, de 29 de julho, foi alterado pelos diplomas seguintes:

- Lei n.º 9/2006, de 20 de março, que alterou os seus artigos 407.º, 410.ºç, 412.º, 415.º, 416.º, 435.º, 436.º, 438.º, 441.º, 442.º, 447.º e 448.º, aditando-lhe, ainda, o artigo 412.º-A, em matéria laboral coletiva;
- Decreto-Lei n.º 164/2007, de 3 de maio, relativo à Comissão para a Cidadania e a Igualdade de Género; revogou o artigo 496.º/1, *a*), *b*) e *c*);
- Lei n.º 59/2008, de 11 de setembro, hoje revogada, aprovou o Regime e Regulamento do Contrato de Trabalho em Funções Públicas; revogou o seu artigo 1.º/2 e também o seu artigo 452.º/3.

§ 25.º O CÓDIGO DO TRABALHO DE 2009

93. **Preparação e objetivos**

I. A matéria laboral ocupa sempre um lugar de honra no programa dos vários governos. Tal sucedeu com o do XVII Governo – o 1.º de José Sócrates. Assim, a Resolução do Conselho de Ministros n.º 160/2006, de 2 de novembro, constituiu uma Comissão do Livro Branco das Relações Laborais (CLL), presidida por António Monteiro Fernandes[739]. Esta Comissão ficou incumbida de propor uma redefinição das relações entre a lei, as convenções coletivas e os contratos de trabalho, a promoção da flexibilidade, a desburocratização e os instrumentos legislativos necessários.

II. Foi providenciada a elaboração e a publicação de um *Livro Verde sobre as Relações Laborais*, em 2006[740]. Seguiu-se, no ano seguinte, o *Livro Branco sobre as Relações Laborais*[741].

A Comissão propôs diversas alterações, sendo de salientar a necessidade de incorporar a matéria da Lei n.º 35/2004 no Código do Trabalho[742].

III. Nessa base, preparou-se uma "revisão" do Código de 2003. Ela iria, no fundamental:

(1) incorporar a matéria do Regulamento de 2004;
(2) intentar uma simplificação da matéria;

[739] DR 1.ª série, n.º 231, de 30-nov.-2006, 8179-8180.

[740] António Dornelas (coord.), *Livro Verde sobre as Relações Laborais* (2006), 443 pp.; *vide* o sumário executivo, 17-25.

[741] *Livro Branco sobre as Relações Laborais* (2007), 142 pp., com índices e anexos.

[742] *Livro Branco* cit., 93/II.

(3) introduzir algumas alterações substantivas, mormente nas áreas seguintes[743]:
  (a) tratamento mais favorável e "hierarquia" de fontes;
  (b) presunções de laboralidade;
  (c) proteção de parentalidade;
  (d) contratos especiais, como o "trabalho intermitente";
  (e) duração do trabalho, com "banco de horas";
  (f) processo de despedimento;
  (g) sindicalismo e convenções coletivas.

94. **Conspecto geral e apreciação**

I. A preparada reforma tomou corpo através da Lei n.º 7/2009, de 12 de fevereiro[744]. Este diploma enumera as diretrizes que total ou parcialmente considera transpostas. São elas (artigo 2.º):

a) Diretriz 91/533, de 14 de outubro, relativa à obrigação de a entidade patronal informar o trabalhador sobre as condições aplicáveis ao contrato ou à relação de trabalho;
b) Diretriz 92/85, de 19 de outubro, relativa à implementação de medidas destinadas a promover a melhoria da segurança e da saúde das trabalhadoras grávidas, puérperas ou lactantes no trabalho;
c) Diretriz 94/33, de 22 de junho, relativa à proteção dos jovens no trabalho;
d) Diretriz 96/34, de 3 de junho, relativa ao acordo-quadro sobre a licença parental celebrado pela União das Confederações da Indústria e dos Empregadores da Europa (UNICE), pelo Centro Europeu das Empresas Públicas (CEEP) e pela Confederação Europeia dos Sindicatos (CES);
e) Diretriz 96/71, de 16 de dezembro, relativa ao destacamento de trabalhadores no âmbito de uma prestação de serviços;

[743] Rosário Palma Ramalho, *Tratado* cit., 1, 4.ª ed., 119; Rosário Palma Ramalho/ /Diogo Pereira Duarte/Isabel Vieira Borges/Joana Pinto Monteiro, *Novo Código do Trabalho* versus *Legislação Anterior* (2009), 672 pp., com um estudo comparativo entre os códigos de 2003 e 2009; Pedro Romano Martinez, *Direito do trabalho* cit., 8.ª ed., 104-111; *idem, O Código do Trabalho revisto*, O Direito 2009, 245-267. Tem um especial relevo a leitura da *Exposição de motivos da proposta de Código do Trabalho (versão 2009)*, confrontável em Pedro Romano Martinez e outros, *Código do Trabalho Anotado*, 11.ª ed. (2017), 37-57.

[744] DR 1.ª série, n.º 30, de 12-fev.-2009, 926-1029.

f) Diretriz 97/81, de 15 de dezembro, respeitante ao acordo-quadro relativo ao trabalho a tempo parcial celebrado pela UNICE, pelo CEEP e pela CES;
g) Diretriz 98/59, de 20 de julho, relativa à aproximação das legislações dos Estados membros respeitantes aos despedimentos coletivos;
h) Diretriz 1999/70, de 28 de funho, respeitante ao acordo-quadro CES, UNICE e CEEP relativo a contratos de trabalho a termo;
i) Diretriz 2000/43, de 29 de junho, que aplica o princípio da igualdade de tratamento entre as pessoas, sem distinção de origem racial ou étnica;
j) Diretriz 2000/78, de 27 de novembro, que estabelece um quadro geral de igualdade de tratamento no emprego e na atividade profissional;
k) Diretriz 2001/23, de 12 de março, relativa à aproximação das legislações dos Estados membros respeitantes à manutenção dos direitos dos trabalhadores em caso de transferência de empresas ou de estabelecimentos, ou de partes de empresas ou de estabelecimentos;
l) Diretriz 2002/14, de 11 de março, que estabelece um quadro geral relativo à informação e à consulta dos trabalhadores na Comunidade Europeia;
m) Diretriz 2003/88, de 4 de novembro, relativa a determinados aspetos da organização do tempo de trabalho;
n) Diretriz 2006/54, de 5 de julho, relativa à aplicação do princípio da igualdade de oportunidades e igualdade de tratamento entre homens e mulheres em domínios ligados ao emprego e à atividade profissional (reformulação).

Ela revogou a Lei n.º 99/2003, de 27 de agosto, bem como a Lei n.º 35/2004, de 20 de março, com alterações substanciais introduzidas pela Declaração de Retificação n.º 21/2009, de 11 de março. Resultou uma "unidade" fundamental da lei laboral básica. Não deixou, todavia, de prever diversos regulamentos parcelares.

II. O Código do Trabalho de 2009 apresenta, agora, 566 artigos. Ordena-os do modo seguinte:

Livro I – Parte geral

***Título I** – Fontes e aplicação do direito do trabalho* (1.º a 10.º);
Capítulo I – Fontes do direito do trabalho (1.º a 3.º);
Capítulo II – Aplicação do direito do trabalho (4.º a 10.º);

***Título II** – Contrato de trabalho* (11.º a 403.º):
Capítulo I – Disposições gerais (11.º a 192.º);
Capítulo II – Prestação do trabalho (193.º a 257.º);

Capítulo III – Retribuição e outras atribuições patrimoniais (258.º a 280.º);
Capítulo IV – Prevenção e reparação de acidentes de trabalho e doenças profissionais (281.º a 284.º);
Capítulo V – Vicissitudes contratuais (285.º a 322.º);
Capítulo VI – Incumprimento do contrato (323.º a 337.º);
Capítulo VII – Cessação do contrato de trabalho (338.º a 403.º).

Título III – *Direito coletivo* (404.º a 545.º):
Subtítulo I – Sujeitos (404.º a 475.º):
Capítulo I – Estrutura de representação coletiva dos trabalhadores (404.º a 468.º);
Capítulo II – Participação na elaboração de legislação do trabalho (469.º a 475.º);
Subtítulo II – Instrumentos de regulamentação coletiva de trabalho (476.º a 521.º):
Capítulo I – Princípios gerais relativos a instrumentos de regulamentação coletiva de trabalho (476.º a 484.º);
Capítulo II – Convenção coletiva (485.º a 503.º);
Capítulo III – Acordo de adesão (504.º);
Capítulo IV – Arbitragem (505.º a 513.º);
Capítulo V – Portaria de extensão (514.º a 516.º);
Capítulo VI – Portaria de condições de trabalho (517.º e 518.º);
Capítulo VII – Publicação, entrada em vigor e aplicação (519.º a 521.º);
Subtítulo III – Conflitos coletivos de trabalho (522.º a 544.º):
Capítulo I – Resolução de conflitos coletivos de trabalho (522.º a 529.º);
Capítulo II – Greve e proibição de *lock-out* (530.º a 545.º).

Livro II – Responsabilidade penal e contraordenacional (546.º a 566.º):
Capítulo I – Responsabilidade penal (546.º 5 547.º);
Capítulo II – Responsabilidade contraordenacional (548.º a 566.º).

III. Iremos encontrando as particularidades do Código de 2009, à medida que se desenhar a exposição da matéria. Pode, todavia, antecipar-se uma apreciação de ordem geral.

O Código de 2003 representou uma revisão de grande fôlego. Ele obrigou a reformular manuais, coletâneas e códigos anotados, habituando os juristas a novos textos e a uma diversa arrumação material da matéria laboral. O próprio Código previa a sua revisão em quatro anos: uma situação normal, dado que a assunção de novos textos, uma vez confrontado com a prática, sempre revela a necessidade de ajustes. Mas essa não foi a via encarada: apesar de a Lei n.º 7/2009, de 12 de fevereiro, se apresentar como uma "revisão do Código do Trabalho", foi-se, formalmente, mais longe. A Lei n.º 7/2009 introduziu modificações modestas: mas alterou a numeração dos preceitos bem como a ordenação sistemática do Código. Reduziu, formalmente, o número de artigos em jogo, tanto mais que absorveu o Regulamento de 2004: mas aumentou desmesuradamente a extensão de diversos preceitos.

IV. Promover, no espaço de 6 anos, dois códigos do trabalho, de grande extensão, não é boa técnica legislativa. Os juristas tornam-se, justamente, críticos. Além disso, o Código de 2009 fixou regras complicadas de aplicação no tempo: veja-se o artigo 12.º da Lei n.º 7/2009. Ficaram por resolver múltiplos aspetos, enquanto, num período apreciável, se iriam manter em vigor os dois Códigos[745].

95. **Alterações**

I. O Código do Trabalho de 2009 já conheceu 14 alterações: descontando a Retificação n.º 21/2009, de 18 de março, de extensão considerável: foram atingidos 12 preceitos, bem como duas outras, a diplomas de alteração e abaixo referidos[746].

II. A Lei n.º 105/2009, de 14 de setembro, veio regulamentar matérias do Código do Trabalho: menores, trabalhadores-estudantes e formação profissional; alterou o artigo 538.º do Código.

III. A Lei n.º 53/2011, de 14 de setembro, estabeleceu para os contratos de futuro, um novo sistema de compensação em diversas modalidades de cessação do contrato de trabalho; alterou os artigos 106.º, 127.º, 164.º, 177.º, 180.º, 190.º, 192.º, 194.º, 344.º, 345.º, 346.º, 347.º, 360.º, 372.º, 379.º, 383.º, 384.º e 385.º, aditando o artigo 366.º-A.

[745] Pedro Romano Martinez, *Direito do trabalho* cit., 8.ª ed., 111-117.

[746] A multiplicação de lapsos e gralhas nos nossos diplomas legais, mesmo nos mais importantes, obriga a desenvolver uma "teoria geral das gralhas e das retificações"; *vide* o nosso *Tratado* I, 4.ª ed., 811-824.

IV. A Lei n.º 23/2012, de 25 de junho, fixou modificações em vários domínios e, designadamente, quanto à duração do trabalho; alterou mais de cinquenta artigos e aditou os 96.º-A, 208.º-A, 208.º-B e 298.º-A. Foi retificada pela Declaração n.º 38/2012, de 23 de julho.

V. A Lei n.º 47/2012, de 29 de agosto, atinente à escolaridade: alterou os artigos 68.º, 69.º, 70.º e 82.º.

VI. A Lei n.º 69/2013, de 30 de agosto, introduziu ajustamentos à compensação devida pela cessação do contrato de trabalho; atingiu os artigos 106.º, 127.º, 190.º, 191.º, 344.º, 345.º e 366.º; revogou, ainda, o artigo 177.º/4.

VII. A Lei n.º 27/2014, de 8 de maio, ocupou-se da extinção de postos de trabalho e dos trabalhadores a despedir, nessa base. Modificou os artigos 368.º e 375.º.

VIII. A Lei n.º 55/2014, de 25 de agosto, relativa à vigência de convenções coletivas de trabalho, alterou os artigos 501.º e 502.º.

IX. A Lei n.º 28/2015, de 14 de abril, consagrou a identidade de género no âmbito do direito à igualdade no acesso ao emprego e no trabalho; alterou o artigo 24.º/1.

X. A Lei n.º 120/2015, de 1 de setembro, reforçou os direitos de maternidade e de paternidade; modificou os artigos 40.º, 43.º, 55.º, 56.º, 127.º, 144.º, 166.º, 206.º e 208.º-A.

XI. A Lei n.º 8/2016, de 1 de abril, veio restabelecer alguns feriados nacionais: atingiu o artigo 234.º/1.

XII. A Lei n.º 28/2016, de 23 de agosto, combate as formas modernas de trabalho forçado; modifica os artigos 174.º e 551.º.

XIII. A Lei n.º 73/2017, de 16 de agosto, reforçou o quadro legislativo para a prevenção da prática do assédio; deu nova redação aos artigos 29.º, 127.º, 283.º, 331.º, 349.º, 394.º e 563.º. Foi retificada pela Resolução n.º 28/2017.

XIV. A Lei n.º 14/2018, de 19 de março, alterou o regime jurídico aplicável à transmissão de empresa ou estabelecimento; mudou os artigos 285.º, 286.º, 394.º, 396.º e 498.º, aditando o artigo 286.º-A.

XV. O Conselho de Ministros aprovou, em 4 de junho de 2018, um projeto de lei que altera o Código do Trabalho, de modo a combater a precariedade e promover a negociação coletiva; refiram-se, ainda, a RCM n.º 72/2018, de 4 de junho e o Acordo Tripartido de 18 de junho, também deste ano.

XVI. Deram entrada na Assembleia da República diversos projetos relativos a novas alterações, bem como a Proposta de Lei 136/XIII, de 4 de junho, também com modificações.

XVII. Destes diplomas de alteração, recordamos que os advenientes das Leis n.º 53/2011, de 14 de outubro, n.º 23/2012, de 25 de junho, n.º 47/2012, de 29 de agosto e n.º 3/2012, de 10 de janeiro, do Decreto-Lei n.º 64/2012, de 15 de março e das Leis n.º 69/2013, de 30 de agosto e n.º 55/2014, de 25 de agosto, visaram a execução[747] do "Programa da Troika". Nesse sentido operou ainda a Lei n.º 27/2014, de 8 de maio, que visou corrigir as inconstitucionalidades decididas, pelo Tribunal Constitucional, relativamente à Lei n.º 23/2012[748].

96. **Leis complementares**

I. O Código do Trabalho constitui um *corpus* básico da disciplina. Mas não a esgota. Desde logo inferem-se, de outros diplomas, elementos decisivos para a realização do Direito do trabalho: basta pensar no Código Civil, no Código das Sociedades Comerciais, no Código de Processo Civil e nas leis da banca, dos seguros e dos transportes. Para além disso, temos verdadeiras e próprias leis laborais que, orbitando em torno do Código, podemos considerar complementares.

[747] "Embora tortuosa e de difícil compreensão técnica", nas palavras de Rosário Palma Ramalho, *Tratado* cit., 1, 4.ª ed., 125.

[748] TC 602/2013 (Pedro Machete), de 20 de setembro, com diversos votos de vencido.

II. São elas[749]:

(1) Decreto-Lei n.º 91/2009, de 9 de abril: regime de proteção social na parentalidade;
(2) Lei n.º 96/2009, de 3 de setembro: regime dos conselhos de empresa europeus;
(3) Lei n.º 98/2009, de 4 de setembro: regime dos acidentes de trabalho e doenças profissionais;
(4) Lei n.º 101/2009, de 8 de setembro: regime do trabalho no domicílio;
(5) Lei n.º 102/2009, de 10 de setembro: regime de promoção da segurança e saúde no trabalho;
(6) Lei n.º 105/2009, de 14 de setembro: regulamentação do Código do Trabalho;
(7) Decreto-Lei n.º 259/2009, de 25 de setembro: regime jurídico da arbitragem obrigatória, necessária e de serviços mínimos;
(8) Decreto-Lei n.º 200/2009, de 25 de setembro: regime jurídico do exercício e licenciamento das empresas de trabalho temporário e das agências de colocação;
(9) Resolução do Conselho de Ministros n.º 90/2012, de, 31 de outubro[750]: novo regime de emissão de portarias de extensão;
(10) Lei n.º 70/2013, de 30 agosto, e Portaria n.º 294-A/2013, de 30 de setembro: regime do Fundo de Compensação do Trabalho;
(11) Lei n.º 3/2012, de 10 de janeiro, e Lei n.º 76/2013, de 7 de novembro: regime de renovação extraordinária de contratos de trabalho a termo certo;
(12) Decreto-Lei n.º 259/2015, de 21 de abril: novo regime do Fundo de Garantia Salarial;
(13) Lei n.º 60/2018, de 21 de agosto: medidas de promoção da igualdade remuneratória entre homens e mulheres.

III. Temos, ainda, leis especiais para certos contratos de trabalho. Assim:

(1) Decretos-Leis n.º 45 968, de 15 de outubro de 1964, n.º 45 969, de 15 de outubro de 1964 e n.º 74/73, de 1 de março: regime do contrato de trabalho a bordo na marinha mercante;

[749] Seguimos a ordenação de Rosário Palma Ramalho, *Tratado* cit., 1, 4.ª ed., 235-237, onde podem ser confrontadas outras indicações.

[750] Alterada pela n.º 43/2014, de 27 junho e revogada pela RCM n.º 82/2017, de 18 de maio, DR 1.ª série, n.º 112, de 9-jun., 2849.

(2) Decreto n.º 381/72, de 9 de outubro: regime do contrato de trabalho no sector dos transportes ferroviários;
(3) PRT publicada no BTE, I série, n.º 21, de 8-jun.-1979: regime do contrato de trabalho rural;
(4) Decreto-Lei n.º 235/92, de 24 de outubro: regime contrato de trabalho doméstico;
(5) Decreto-Lei n.º 280/93, de 13 de agosto[751]: regime do contrato de trabalho portuário;
(6) Lei n.º 15/97, de 31 de maio: regime do contrato de trabalho a bordo de embarcações de pesca;
(7) Lei n.º 28/98, de 26 de junho: regime do contrato de trabalho do praticante desportivo e de formação desportiva, substituida pela Lei n.º 54/2017, de 14 de julho;
(8) Decreto-Lei n.º 215/2005, de 13 de dezembro: regime do envolvimento dos trabalhadores na sociedade anónima europeia;
(9) Decreto-Lei n.º 185/2007, de 10 de maio: regime do Fundo de Acidentes de Trabalho;
(10) Lei n.º 4/2008, de 7 de fevereiro[752]: regime do contrato de trabalho das profissionais de espectáculos;
(11) Lei n.º 8/2008, de 18 de fevereiro: regime do envolvimento dos trabalhadores na sociedade cooperativa europeia;
(12) Lei n.º 35/2014, de 20 de junho, que revogou a LVCR e a LCTFP, entre outros diplomas: lei geral do trabalho em funções públicas (LGTFP).

IV. Finalmente, o Código de Processo do Trabalho, aprovado pelo Decreto-Lei n.º 480/99, de 9 de novembro, foi revisto pelo Decreto-Lei n.º 295/2009, de 13 de outubro e pela Lei n.º 63/2013, de 27 de agosto. Neste momento, está em curso a sua revisão.

[751] Alterado pela Lei n.º 3/2013, de 14 de janeiro, pelo Decreto-Lei n.º 298/93, de 28 de agosto e pelo Decreto Regulamentar n.º 2/94, de 28 de janeiro.

[752] Alterado pelas Leis n.º 105/2009, de 14 de setembro e n.º 28/2011, de 16 de junho.

§ 26.º O COSTUME E OS USOS

97. O costume

I. O costume é comummente definido como uma prática social reiterada (o *corpus*) acompanhada da convicção da sua obrigatoriedade (o *animus*).

Nas sociedades primitivas, muito simples, o costume era a fonte, por excelência, do Direito. Os membros do grupo deveriam observar as condutas habituais, desde sempre respeitadas e com as quais todos contariam, considerando-as inevitáveis. O comportamento desviante contrariava o costume, sendo sancionado. Ainda neste estádio, o costume tendia a absorver o que hoje chamamos Direito, Moral e Religião.

Com a positivação do Direito e o desenvolvimento da Ciência jurídica, o costume foi isolado, enquanto fonte autónoma.

II. Ao longo da História, o costume conheceu momentos altos. O Direito romano, enquanto ordenamento de base legal, edital e doutrinário, fez recuar o costume. Conhecia-o mas, pelo seu desenvolvimento, fê-lo regredir às províncias e aos meios rurais. Em sociedades muito diferenciadas, surgem continuamente casos para os quais não é possível apontar costumes preexistentes.

A queda do Império Romano e o imenso retrocesso sócio-cultural que isso provocou levaram ao ressurgimento do costume: um fenómeno reforçado pelo advento de novos dominadores – os povos germanos – cujos ordenamentos eram, no essencial, de base consuetudinária[753].

Muito interessante foi ainda a manutenção, mormente no Sul da Europa, do Direito romano, mas sob forma consuetudinária. Digamos que

[753] Sobre a matéria, com indicações, Guido Astuti: *Consuetudine (diritto intermedio)*, NssDI IV (1960), 310-320.

o Direito de origem voluntarística e racional, privado dos seus suportes institucionais (magistrados, funcionários, livros, escolas e meios de coerção estadual), simplificava-se e mantinha-se na prática dos povos. E essa mesma base contribuiu para uma formatação romana, de novos costumes, como os atinentes à estruturação feudal[754]. Apesar do desenvolvimento do Estado (do poder real) e da fundação das Universidades, o Direito consuetudinário manteve-se como a fonte principal, na baixa Idade Média e no início da Moderna[755].

Também o Direito canónico reconheceu o costume, ainda que dentro de limites: não contrariar a lei canónica no seu todo e corresponder ao prolongamento do que ela já estabeleça[756]: *ius non scriptum, diuturnis populi moribus, et cum aliquo legislatioris consensu, introductum*.

III. O costume manteve alguma vitalidade em Estados descentralizados, que comportassem vários povos ou nações, como a Espanha, enquanto especificidades regionais e em espaços que houvessem retardado a codificação do seu Direito civil, como a Alemanha.

A pandectística foi a corrente que, nos tempos modernos, mais longe levou o estudo do costume. Seja no Direito romano, seja no Direito moderno e seja, ainda, no Direito público e no Direito eclesiástico, autores como Puchta analisaram longamente o seu conceito e validade, os seus requisitos, o seu reconhecimento e a sua prova[757]. Savigny também se dedicou ao tema, pelo prisma do Direito romano em si[758] e pelo prisma do Direito romano atual[759]. Particularmente visado foi o fundamento da sua validade, enquanto fonte de normas[760]. A tal propósito pode falar-se no

[754] *Idem*, 311.

[755] *Idem*, 315.

[756] Arnaldo Bertola, *Consuetudine (diritto canonico)*, NssDI IV (1960), 333-334 e Anna Ravà, *Consuetudine (diritto canonico)*, ED IX (1961), 443-455.

[757] Georg Friedrich Puchta, *Das Gewohnheitesrecht* I (1828), XVI + 234 pp. e II (1837), XV + 292 pp.; *vide*, aí, I, 77 ss., 91 ss. e 104 ss. e II, 24 ss., 151 ss. e 223 ss..

[758] Friedrich Carl von Savigny, *System des heutigen römischen Rechts* 1 (1840), 34 ss..

[759] *Idem*, 76 ss..

[760] Ernst Zitelmann, *Gewohneitsrecht und Irrthum*, AcP 66 (1883), 323-468 e Gustav Rümelin, *Das Gewohneitsrecht*, JhJb XXVII (1889), 153-252 (164 ss.).

espírito do povo, na vontade comum dos membros da comunidade ou na própria natureza das coisas[761].

IV. O costume, pelas apontadas características da espontaneidade e do nacionalismo popular, tem condimentos que originam um pré-entendimento aprazível. Além disso, ele torna-se de mais fácil intuição do que de explicação.

Quando dele se pretenda fazer uma fonte do Direito, o sentimento não chega: há que sujeitá-lo a um tratamento analítico e científico. Para tanto, importa destrinçar os seus requisitos e os fundamentos de validade.

Um primeiro requisito será a conduta: o *corpus*. A conduta deve ser generalizada ou, pelo menos, conjunta: *con + sueto*. O preciso âmbito da conduta não é predefinido nas fontes; será, todavia, considerável, de tal modo que a generalidade dos membros da comunidade seja capaz de o identificar.

Exige-se, como segundo requisito, que a conduta seja reiterada e que isso suceda há já algum tempo. Quanto tempo? As fontes não são precisas, mas será um tempo significativo[762]. No Baixo Império, surgia a exigência de vinte anos; a Lei da Boa Razão, requer cem. Teoricamente, mais importante do que a duração da conduta, seria a intensidade. Mas apenas um prolongamento no tempo permite, sequer, identificar a prática e dela retirar normas de conduta.

V. O fundamento do costume tem sido imputado a vários fatores[763]. Desde logo, na autoridade do sujeito que o reconheça: mas isso equivaleria a considerar esse mesmo sujeito como a fonte do Direito.

Fundamento muito vincado assentaria na conduta dos próprios sujeitos praticantes: eles agiriam na base da convicção da obrigatoriedade da conduta (*opinio iuris vel necessitatis*)[764]. Contra esta conceção, dita subje-

[761] Franz Adickes, *Zur Lehre von den Rechtsquellen insbesondere über die Vernunft und die Natur der Sache als Rechtsquellen* (1872), XII + 81 pp.; *vide*, aí, 28 ss., 38 ss. e *passim*.

[762] Temos expressões como *inveterata consuetudo*, *diuturni mores* e *consuetudinis ususque longaevi* (*autoritas*), nas fontes romanas.

[763] Norberto Bobbio, *Consuetudine (teoria generale)*, ED IX (1961), 426-442 (429/I ss.).

[764] Ludwig Enneccerus/Hans-Carl Nipperdey, *Allgemeiner Teil des Bürgerlichen Rechts* 1, 15.ª ed. (1959), § 38, I (261), refere que o costume vigora "através do exercício

tiva, manifestou-se energicamente Ferrara[765]: se há *opinio iuris*, é porque já há Direito ou, se se quiser: a convicção de obrigatoriedade é consequência e não causa dessa obrigatoriedade.

Passa-se, então, a um fundamento objetivo: a própria matéria regulada, por exigir, por hipótese, um tratamento jurídico que o costume lhe vem dispensar, seria o fundamento desta fonte. A hipótese tem consistência: mas deixa por distinguir o costume do mero uso. A chave do costume reside na sua imperatividade, ao contrário do que sucede com o uso. E a imperatividade resulta do dado objetivo de, na sociedade considerada, a conduta desviante ser considerada ilícita. Não por um *animus* subjetivo mas por um *status* sociológico.

VI. Nos inícios, o costume laboral foi relevante. As práticas, designadamente no domínio das convenções coletivas, antecederam em muito a sua formalização em lei[766]. Também entre nós, o costume laboral teve, em si, uma importância hoje esquecida. Praticamente todo o Direito coletivo do trabalho é de origem consuetudinária. Assim, quando o Decreto n.º 10:415, de 27 de dezembro de 1924, veio, pela primeira vez, mencionar expressamente os contratos coletivos de trabalho, estes eram, há muito, praticados pelos sujeitos laborais coletivos: tiveram, até então, natureza puramente consuetudinária. Igualmente as lutas laborais coletivas foram correntemente praticadas, mesmo quando a lei as proibia e cominava sanções para quem nelas incorresse: de novo se perfila uma legitimação pelo costume, mesmo que *contra legem*.

que manifesta uma vontade de valia jurídica da comunidade" em sentido psicológico. O salto para a juridicidade só pode advir da positivação.

[765] Norberto Bobbio, *Consuetudine* cit., 432; também Paul Oertmann, *Civilistische Rundschau*, AbürgR 1897, 102-148 (110), faz uma referência objetivista ao costume; mantém-se curioso o estudo de Theodor Gerstner, *Eisenbahn-Betriebs-Reglement und Verkehrs-Ordnung, ihre Entstehung und ihre rechtliche Natur*, AöR 11 (1896), 161-250 (165 ss.), onde a matéria é tratada, também, objetivamente.

[766] Quanto ao relevo do costume laboral no princípio do século XX, *vide* Maxime Leroy, *La coutume ouvrière/syndicats, bourses du travail, fédérations professionnelles, coopératives, doctrines et institutions* 1 (1913), 445 pp. e 2, 448-934 ; há reimp. de 2007. A matéria aparece, por vezes, mesclada com os simples usos; *vide infra*, 301-303. O costume tem ainda um relevo especial na Alemanha, em áreas há muito sedimentadas na doutrina e na jurisprudência, mas onde o legislador não tem intervindo; *vide* Klaus Adomeit, *Rechtsquellenfragen im Arbeitsrecht* (1969), 176 pp., 16 ss. e 53 ss..

VII. Atualmente, a margem para verdadeiros costumes é escassa. A norma consuetudinária caracteriza-se pela sua imperatividade: não pode ser afastada, pela vontade comum das partes. O Direito do trabalho é intervencionista e privilegia o consenso. Na falta de leis imperativas, as partes sentir-se-ão livres para ajustar as melhores soluções: seja no plano coletivo, seja no individual.

98. **Os usos**

I. O uso traduz-se numa prática social reiterada. Tem os elementos seguintes:

- a atuação social; tal atuação deve ter uma extensão mínima, sendo adotada por diversos membros da comunidade: condutas isoladas ou restritas não dão corpo a usos;
- a atuação repetida: só o reiterar da conduta permite identificar um uso;
- uma certa antiguidade: a própria repetição implica estabilidade nas condutas.

A reflexão sobre os usos juridicamente relevantes – e como abaixo referiremos, eles são numerosos, nas áreas comerciais e bancárias – permite apurar um outro requisito: a sua patrimonialidade. Por certo haverá usos não-patrimoniais (por exemplo, nos casamentos a noiva vai vestida de branco e nos funerais, os homens levam gravata preta): mas tais usos não são juridicamente relevantes. Em compensação, os usos relativos a contratos internacionais de transportes (*incoterms*) e de compra e venda (*trade terms*, como exemplos) e os usos bancários (contrato de abertura de conta, como exemplo), têm natureza comercial e, logo, patrimonial.

Em compensação, o requisito da espontaneidade levanta dúvidas. Num primeiro momento (o do proto-uso), haverá espontaneidade, seja na criação seja, pelo menos, na adoção. Mas desde o momento em que o uso se generalize e, para ele, apontem ou a lei ou a jurisprudência, perde-se esse fator.

II. O confronto habitual entre o costume e os usos explica que o primeiro tem, em si próprio, o fundamento da jurídica-positividade. Seja pela *opinio iuris vel necessitatis*, seja pela especial matéria que sobre ele recaia, seja pelo fenómeno da positivação, o costume tem uma capacidade de autoafirmação que falece ao uso.

Daí resulta um ponto prático decisivo, já adiantado: quando se aplique um costume lida-se com uma norma imperativa. O recurso ao uso traduz uma simples norma supletiva: funciona quando as partes para ela remetam ou, pelo menos, quando não a afastem.

III. No Código Civil, temos remissões para os usos em oito grupos de situações:

– na da conclusão do contrato, quanto à dispensa de aceitação (234.º);
– nas obrigações em geral, quanto ao anatocismo (560.º/3) e à realização da prestação (763.º/1 e 777.º/2);
– na compra e venda, designadamente nas modalidades mais marcadamente comerciais (885.º/2, 919.º, 920.º, 921.º/1, 922.º/2, 924.º/2, 925.º/2, 937.º);
– na locação, de forma moderada (1037.º/1 e 1039.º/1);
– na parceria pecuária, contrato de tipo agrário (1122.º/1 e 1128.º);
– no mandato, particularmente nas vertentes comerciais (1158.º/2, 1163.º e 1167.º);
– no achamento (1323.º/1);
– no campo das doações, da família e das sucessões, designadamente no que tange a donativos e certas despesas: 940.º/2, 1682.º/1, 2110.º/2 e 2326.º.

IV. Os usos podem também ter um papel significativo no tocante à concretização de certos conceitos indeterminados. Por exemplo: a remissão do artigo 487.º/2 para o bom pai de família, na determinação da culpa, e na base da qual se pode extrapolar um critério de diligência, em geral[767]. Fixar, em sectores específicos, qual o grau de diligência exigível pode implicar o conhecimento das "práticas" ou das "boas práticas", na área em causa. Estamos perante um elemento no qual os usos podem ser úteis[768], falando-se, ainda, em estalões (*standards*). Estes funcionam como fontes

[767] *Tratado* VI, 2.ª ed., 484 ss.; existem lugares paralelos, aí referidos.

[768] Kuntze-Kaufhold, *Legal best Practices: von der tatsächlichen zur guten Übung in der Rechtsanwendung*, ARSP 95 (2009), 102-119.

mediatas, no sentido de atuarem no âmbito da concretização de tais conceitos, fontes primárias[769].

Finalmente: os usos podem ter um papel no pré-entendimento do juiz e interferir, nessa medida, em toda a sequência de realização do Direito. O controlo desse processo implica, deste modo, a sensibilização da Ciência do Direito para os usos.

V. O Código do Trabalho dá, aos usos, um relevo considerável[770]. Assim, segundo o seu artigo 1.º,

> O contrato de trabalho está sujeito, em especial, aos instrumentos de regulamentação coletiva de trabalho, assim como aos usos laborais que não contrariem o princípio da boa-fé.

Temos, aparentemente, uma consagração generalizada que, de todo, não se encontra no Direito civil. Exige-se um suplemento de explicação.

99. A natureza; a boa-fé

I. Os usos traduzir-se-iam em meras práticas sociais. Só por si, não dariam azo a normas jurídicas[771], isto é, a proposições capazes de resolver casos concretos. Como foi dito, por aí se distinguiriam do costume o qual teria, em si, essa potencialidade[772].

[769] *Vide* a obra coletiva publicada por Thomas M. J. Möllers, *Geltung und Faktizität von Standards* (2009), 293 pp., com escritos de onze autores e Thomas M. J. Möllers, *Standards als sekundäre Rechtsquellen/Ein Beitrag zur Bindungswirkung von Standards*, *idem* (2009), 143-171.

770 *Vide* Júlio Gomes, *Dos usos da empresa em Direito do trabalho*, RDES 2008, 101-186, bem como STJ 17-nov.-2016 (Gonçalves Rocha). Proc. 1032/15, quanto ao período facultativo da terça-feira de Carnaval: deveria ser respeitado, a título de uso.

[771] Carlos Mota Pinto, *Teoria geral do Direito civil*, 4.ª ed., por António Pinto Monteiro e Paulo Mota Pinto (2005), 66.

[772] Enneccerus/Nipperdey, *Allgemeiner Teil* cit., 1, 15.ª ed., § 41, IV (273); *vide* Erich Danz, *Laienverstand und Rechtsprechung (§§ 157, 242 BGB)*, JhJb 38 (1899), 373-500 (454-454) e *Rechtsprechung nach der Volksanschauung und nach dem Gesetz/Ein Beitrag zur Lehre von Gewohnheitsrecht und zur Gesetzauslegung*, JhJb 54 (1909), 1-81 (15 ss.).

O artigo 3.º/1 é demasiado restritivo, como é hoje pacífico[773]: coloca-se em contracorrente relativamente ao conjunto do Direito privado atual. A ser tomado à letra, irradicaria os usos comerciais, que alimentam áreas nobres do ordenamento.

II. Os usos podem adquirir relevância prescritiva por uma de três vias:

- através da lei, que para eles remeta; tal a mensagem do artigo 3.º/1; nessa eventualidade, a lei poderá fazê-lo totalmente, de modo que os usos assumam uma função regulativa; mas pode remeter para eles apenas para auxiliarem na interpretação de negócios jurídicos ou para complementarem a sua integração; a lei portuguesa não documenta, todavia, estas duas últimas hipóteses;
- através do costume: caso o uso funcione como norma imperativa *a se*, manifesta-se uma fonte autónoma do Direito;
- através da autonomia privada: as partes, quando celebrem livremente os seus contratos, podem fazê-lo estipulando cláusulas ou remetendo, simplesmente, para as práticas habituais no sector.

Em qualquer dos casos, os usos são fontes de Direito: são eles que permitem a revelação de normas jurídicas. E fazem-no diretamente: por isso, contra a qualificação legal, eles não podem deixar de surgir como fontes imediatas do Direito.

III. Se bem atentarmos nas figuras dos usos comerciais consagrados e nos tipos contratuais sociais, verifica-se que a juridificação dos usos, que eles consubstanciam, acaba por ser imputada ao sistema, no seu conjunto. Eles são sistema, independentemente da possibilidade de os intercalar na pirâmide kelseniana.

Uma doutrina experiente como a alemã não tem dúvida relativamente a esses tipos, em considerá-los Direito consuetudinário. Entre nós, dada a forte aversão do legislador civil de 1966, relativamente ao costume, aver-

[773] Por exemplo: João Baptista Machado, *Introdução ao Direito e ao discurso legitimador* (1983), 158-159 e 161-162: não cabe à lei atingir fontes como o costume.

são essa que surge reforçada pelos constitucionalistas positivistas pós-1976 (veja-se o destino dos assentos), não soaria bem dar esse passo[774].

Fica-nos, pois, a saída dos usos como fontes de Direito, para integração no sistema.

IV. O artigo 3.º/1 exige, para a aplicabilidade dos usos, que os mesmos não sejam "contrários à boa-fé". Na origem, temos a conexão entre *Treu und Glauben* e *Verkehrssitte*, a qual remonta à jurisprudência comercial alemã do século XIX. E entre nós?

Já se tem visto, na sindicância *ex bona fide*, uma exigência de racionalidade[775], uma forma de combater os "usos manhosos"[776] e um conceito "ético-moral" (sic), a apreciar em cada caso pelo julgador[777]. Esta última solução, vinda dos ilustres autores do Código Civil, nesta área, surpreende: afastou-se o costume pela insegurança que poderia ocasionar e permite-se que o julgador decida, caso a caso, em função de bitolas éticas para as quais não se dá qualquer critério?

A boa-fé tem, hoje, um sentido estabilizado: não se compreenderia que, a propósito de cada uma das suas diversas manifestações, os autores se afadigassem a montar um sistema *ad hoc*, sem terem em conta de que estamos perante uma das áreas mais densificadas, em termos de jurisprudência e de doutrina, do Direito civil.

A boa-fé opera como um princípio do sistema jurídico, desdobrado em dois subprincípios: o da tutela da confiança e o da primazia da materialidade subjacente. Assim, não são atendíveis usos que defrontem aquilo com que, legitimamente, os interessados poderiam contar (confiança). E tão-pouco são operativos os usos que desvirtuem a função sócio-económica do instrumento de cuja concretização se trate. Nada temos, aqui, de muito diferenciado: a própria lei que contradite esses vetores será paralisável por abuso do direito.

[774] Todavia, *vide* Diogo Freitas do Amaral, *Introdução ao estudo do Direito* 1 (2004), 373 ss., com uma vigorosa defesa do costume, enquanto fonte autónoma do Direito.

[775] Oliveira Ascensão, *O Direito/Introdução e teoria geral*, 13.ª ed. (2009), 278.

[776] José Hermano Saraiva, *Apostilha crítica ao projecto de Código Civil (Capítulos I e II)*, ROA 1967, 5-141 (35).

[777] Pires de Lima/Antunes Varela, *Código Civil Anotado* 1, 4.ª ed. (1987), 54.

§ 27.º A JURISPRUDÊNCIA E A DOUTRINA

100. *Case Law* e *stare decisis*

I. O Direito nasce com a decisão concreta do caso. Os tribunais são, por excelência, os decisores. A decisão, de acordo com o sistema de recursos, tornar-se-á definitiva (caso julgado), devendo ser, por todos, respeitada. Temos, aqui, uma fonte de Direito?

A técnica de decisão e de construção normativa apurada pelo sistema anglo-saxónico traduz-se no seguinte[778]:

– ao tomar a sua decisão, o juiz constrói, com base em diversos elementos, incluindo, quando a haja, a lei, uma norma, a cuja aplicação procede;
– perante o caso assim decidido, cabe aos juízes ulteriores reconstruir a norma que resolveu aquele anterior caso (o precedente), a partir da sua *ratio decidendi*, e resolver, com base nela, o caso que lhe seja posto;
– a doutrina e os estudiosos em geral, assentes em toda uma massa de casos decididos, devem apurar e apreender as regras subjacentes às diversas decisões, edificando sequências sistematizadas e elaborando princípios.

[778] Além de indicações gerais sobre o sistema anglo-saxónico, *vide* A. K. R. Kiralfy, *English Law*, em J. Duncan M. Derrett, *An Introduction to Legal Systems* (1968), 157-193 (157 ss.), H. Patrick Glenn, *Legal Traditions of the World* (2007), 224 ss. e Stefan Vogenauer, *Sources of Law and Legal Method in Comparative Law*, em Mathias Reimann/ /Reinhard Zimmermann, *The Oxford Handbook of Comparative Law* (2008), 869-898 (894 ss., com indicações).

Trata-se do *Case Law*, ou sistema jurídico assente na autoridade do precedente, enquanto portador da regra que terá conduzido à decisão.

II. Num sistema deste tipo, a jurisprudência é fonte clara do Direito. As normas são obtidas (ou reveladas; ou criadas) na base de decisões concretas, a partir das quais é possível inferir a regra básica. Evidentemente, um sistema deste género postula dois pontos essenciais:

– que os tribunais sejam capazes de, em cada caso, discernir os seus aspetos fundamentais e decidir em função deles: uma decisão do sentimento, que procure atender a tudo ou que se prenda com pontos secundários nunca permitiria elaborar a norma da decisão; as sentenças podem, por isso, surgir duras ou revelar alguma insensibilidade: mas é o preço a pagar pela funcionalidade do sistema;
– que exista uma cultura de respeito e de estabilidade, por parte dos juízes: se cada um deles decidir reformular o sistema e, a propósito de cada caso, apurar novos critérios de decisão, o sistema torna-se caótico.

III. Ao longo da História, e dependendo dos diversos países, foram-se dimanando regras para dar consistência ao sistema. Em princípio, os precedentes dos tribunais superiores são vinculativos para os demais. Trata-se do princípio dito *stare decisis*, de *stare decisis et non quieta movere* [permanecer na decisão e não mexer no que está quieto]. Os próprios tribunais superiores não ficam obrigados às decisões dos inferiores, mas têm-nas em conta; podem, ainda, alterar os seus próprios precedentes, perante razões ponderosas. Este sistema só se consolidou, em Inglaterra, com as reformas processuais do século XIX.

Com o alcance que resulta da sua evolução, a jurisprudência funciona como efetiva fonte do Direito, no sistema de *Common Law*.

Os defensores deste sistema sublinham a previsibilidade das decisões, ponto importante para a segurança do comércio. Os críticos enfatizam o risco da propagação de decisões erradas, a dificuldade em introduzir novidades[779] e a sua resistência a leis legitimamente aprovadas.

[779] Por exemplo, o enriquecimento sem causa, hoje indiscutível, demorou mais de cem anos a entrar no Direito inglês, por recusa dos tribunais, ligados a uma teia de precedentes negativos; *vide* o nosso *Tratado* VIII, 168 ss.. Sobre o problema, *vide* David L.

De facto, o *stare decisis* estará adaptado aos países que o criaram e cuja cultura jurídica o comporta. A sua exportação sem critério seria problemática.

101. Jurisprudência ilustrativa, exemplar e constante

I. No espaço continental, designadamente no lusófono, podemos apontar três tipos de jurisprudência com relevo na descoberta ou na fixação de normas jurídicas:

– a jurisprudência ilustrativa;
– a jurisprudência exemplar;
– a jurisprudência constante.

A jurisprudência ilustrativa manifesta-se quando, a propósito de exposições ou de questões jurídicas, se utilizem decisões judiciais para documentar ou para melhor explicar a matéria em causa. Ignorada pelas exposições universitárias até aos anos oitenta do século passado, a jurisprudência surge, hoje, com frequência crescente, nos manuais académicos, facilitando o ensino e preparando os estudantes para a prática. Pode ser referida com notas de concordância, de discordância ou em moldes neutros. Veremos a sua grande utilidade, em múltiplos temas de Direito do trabalho.

Apesar do papel menos visível, o uso ilustrativo da jurisprudência não é inóquo. Os casos vão modelar o modo de pensar do operador jurídico, interferindo no pré-entendimento que ele tenha da matéria. Além disso, eles irão constituir a base para o salto analógico que o intérprete-aplicador sempre dá, perante um problema: procura, de imediato, na sua experiência, se já encontrou um caso semelhante e, a partir daí, inicia toda a espiral de decisão jurídica.

A jurisprudência ilustrativa contribui para a decisão do caso e, eventualmente, para a formação de regra, através da sua interação na interpre-

Berland, *Stopping the pendulum: why stare decisis should constrain the court from further modification of the search incident to arrest exception*, Un. Il. LR 2011, 695-739, onde podem ainda ser seguidos o surgimento e o funcionamento do princípio.

tação e, mais latamente, no processo de realização do Direito; mas não é, como tal, fonte do Direito, no sentido habitualmente dado a essa expressão.

II. A jurisprudência exemplar reporta-se a decisões (uma ou mais) que resolvam, de modo particularmente adequado, um caso concreto. A jurisprudência pode ser exemplar:

– por estar especialmente bem construída e documentada;
– por fazer luz sobre normas ou sobre institutos cujas interconexões não estavam claras ou que provocavam dificuldades de entendimento;
– por se tratar da primeira jurisprudência surgida sobre um ponto melindroso.

A natureza "exemplar" de uma decisão é-lhe conferida pela comunidade dos juristas, designadamente através de novas decisões judiciais, através de comentários de jurisprudência e de artigos de opinião ou através de citações em manuais, monografias ou outras publicações. Há decisões notáveis, que brilham por si. Outras, embora excelentes, passam desapercebidas, se não forem divulgadas. Algumas tornam-se clássicas: são obrigatoriamente referidas ainda que, por vezes, para serem criticadas. Das decisões exemplares retemos as que são apontadas como modelos a seguir.

A decisão exemplar pode ter um papel decisivo na solução de casos que se lhe sigam. O seu teor pode ser de tal modo convincente que, confrontado com ele, o intérprete-aplicador mais não faça do que reproduzir o raciocínio subjacente, resolvendo, nessa linha, o problema que tenha em mãos. A decisão não é "obrigatória". O juiz, confrontado com o problema semelhante, tem toda a liberdade de decidir de modo diverso. Mas quando siga o "exemplo", fica a pergunta: donde adveio a norma que, tudo visto, permitiu resolver o caso? Não há coincidência, uma vez que o juiz acolheu a orientação exemplar. E no plano dos factos, a jurisprudência mostrou a sua eficácia. A jurisprudência não é fonte, no sentido de revelar normas a seguir; mas mostra-se decisiva na solução do caso. Tem de ser analisada pelos estudiosos e deve ser explicada nas universidades. Poder-se-ia, aqui sim, falar em fonte mediata do Direito.

III. A jurisprudência constante corresponde a uma série de decisões, que sufraguem uma mesma orientação e que se prolonguem no tempo.

Normalmente (mas não necessariamente), essa sequência tem, no início, uma decisão exemplar.

A jurisprudência constante pode levar, em termos práticos, a que as novas decisões se limitem a remeter para as anteriores, sem necessidade de tudo reproduzir. A própria lei pode deixar de ser referida. Trata-se de uma via de solução muito praticada em certos países continentais, designadamente em França e, em menor grau, na Alemanha. Ela permite responder ao envelhecimento dos códigos civis, sendo que, muitas vezes, ela se vai desviando daquilo que resultaria da estrita interpretação das leis aplicáveis. Uma vez consolidada, a ocorrência de viragens jurisprudenciais coloca problemas, mormente no plano da confiança[780].

Pode suceder que a jurisprudência constante venha a ser considerada vinculativa pelos agentes aplicadores do Direito. Nessa eventualidade, temos o denominado costume jurisprudencial: um costume com a particularidade de operar como um meio de decisão. O tribunal desviante veria a sua decisão ser sancionada pelos tribunais superiores. A fonte é o costume.

Não havendo costume, a jurisprudência constante funciona, de facto, como fonte do Direito. Interfere diretamente no processo de realização do Direito, permitindo apurar normas jurídicas. É certo que pode mudar: em qualquer altura, os tribunais podem inverter a linha de decisão, seja criando um estado caótico, seja subscrevendo nova jurisprudência constante, num fenómeno que o tempo permitirá apurar.

IV. A jurisprudência portuguesa é, há muito, apontada pela sua grande instabilidade[781]. Podemos sublinhar três causas para essa instabilidade:

(a) causas culturais: domina, nos países do Sul, com especial intensidade em Portugal, uma conceção individualista das funções e dos poderes; os juízes tendem a tomar à letra o dever de julgar com independência e em consciência, levando essa ideia até à quebra de amarras científicas e à obnubilação da tutela da confiança no que irá ser decidido, fundamental para qualquer bem-estar e para

[780] Oliver Klein, *Zur Frage der Bindung höchster Gerichte an ihre Rechtsprechung/ /Baustein zu einer Dogmatik der Rechtsprechungsänderung*, JZ 2018, 64-70 (67/II).

[781] *Vide* José Alberto dos Reis, *Código de Processo Civil Anotado*, VI (1953), 233 ss..

qualquer progresso sócio-económico particularmente nas áreas empresariais e laborais;

(b) causas científico-pedagógicas: nas faculdades de Direito, que se multiplicaram, domina um certo facilitismo docente que promove lições e escritos sem estudo compatível; encontramos doutrinas ultrapassadas, ensinadas *ex cathedra*, sem consciência científica; para o exterior, passa a ideia de que tudo é defendível, com isso aumentando a margem do juiz;

(c) causas materiais: nas condições existentes, os magistrados não podem estudar as questões como elas mereciam: não dispõem, de resto e na generalidade, sequer de bibliografias atualizadas; questões de ponta são resolvidas com base em transcrições de obras elementares ou de escritos (mesmo notáveis) aprontadas no tempo do Código de Seabra; os exemplos são inúmeros e, por vezes, confrangedores para todos.

Na prática, nunca se pode ter uma certeza razoável da orientação seguida pelos tribunais, mesmo em temas que pareciam estabilizados, a contento de todos. A instabilidade da justiça foi ampliada pela lamentável supressão dos assentos, ocasionada por sucessivas infelicidades constitucionais e por um positivismo exacerbado, ainda que travestido de considerações filosóficas[782]. O mal-estar daí resultante levou à instituição dos acórdãos uniformizadores de jurisprudência: um esquema de "assentos atenuados"[783]. A sua utilidade no campo laboral é evidente.

VI. No Direito do trabalho, a doutrina foca o papel da jurisprudência. Desde logo, em ordenamentos nos quais o Código Civil contenha algumas regras laborais: o foro do trabalho procedeu, muitas vezes na base da boa-fé, a complementações criativas. Tratava-se de ir ao encontro das necessidades laborais[784]. Além disso, a natureza caldeidoscópica das leis laborais e a sua desatualização em face da evolução sócio-laboral levaram a que, tradicionalmente, o juiz fosse havido como o dono do Direito do tra-

[782] *Vide* o nosso *Tratado de Direito civil* I, 4.ª ed., 622 ss..

[783] *Idem*, 658 ss..

[784] Theo Mayer-Maly, *Das BGB in den Händen des Bundesarbeitsgerichts*, FS Jahre BAG (1979), 393-404; este Autor sublinha que a influência do BGB no BAG é maior do que em geral se julga (*idem*, 403).

balho[785]. Essas opções conduziram a uma contracorrente: a criação jurisprudencial tem limites[786], sendo devida lealdade à lei e à Constituição[787]. Estes pontos serão retomados a propósito da interpretação e da aplicação no Direito do trabalho[788]. Adiantamos, porém, que a densidade legislativa portuguesa retira relevo à jurisprudência complementadora ou criativa. Todavia, as regras de Direito do trabalho exigem o conhecimento da sua aplicação. Além disso, muitas decisões derivam de particularidades dos casos concretos: há que conhecê-las.

102. A doutrina

I. A doutrina é inserida, nas obras da especialidade, como uma das possíveis fontes do Direito. E logo de seguida, é afastada por, diretamente, não revelar normas jurídicas.

No Direito romano, a doutrina foi fonte: através das *responsa*.

Ao longo da Idade Média, fontes doutrinárias, como a Glosa de Acúrcio ou a opinião de Bártolo surgem validadas enquanto Direito em vigor. Apenas com o racionalismo se deu uma concentração, no Estado, da criação científica do Direito. Qual é o papel atual da doutrina, no panorama das fontes do Direito?

II. O Direito tem natureza científica. Obedece a regras de complexidade crescente, regras essas que dispõem de instituições adequadas para as suas formulação e realização. Depende de uma aprendizagem. A doutrina, tomada como o estudo, a criação e a exposição da Ciência do Direito, tem o seu papel em vários níveis:

(a) na formação de todos os agentes que intervêm na resolução de casos: legisladores, juízes e advogados, entre as figuras emblemáticas;

[785] Dieter Reuter, *Rechtsfortbildung im Arbeitsrecht/Ein Beitrag zum Problem der Einheit oder Vielheit der Rechtsanwendungsmethoden*, RdA 1985, 320-328 (320/I).

[786] Manfred Peter, *Gedanken zu dem Ruf nach dem Gesetzgeber im Arbeitsrecht*, RdA 1985, 337-346 (340/II).

[787] Alfred Söllner, *Zur Verfassung und Gesetztreue im Arbeitsrecht*, RdA 1985, 329-337.

[788] *Infra*, 314 ss..

(b) na criação e na exposição das coordenadas científicas que, na sua tarefa, os agentes do Direito irão utilizar;
(c) na preparação das diversas leis e de outras fontes, bem como na análise crítica das existentes e nas consequentes propostas de reforma;
(d) na análise de casos concretos, quando, sobre eles, emitam a sua opinião;
(e) na ponderação crítica das decisões que venham a ser tomadas sobre esses casos concretos.

III. Assim apresentada, a doutrina acaba por ser a fonte última de todo o Direito. Mas ela não tem, por si, força vinculativa, antes se acolhendo às demais fontes. O prestígio da doutrina é fundamental: condiciona o gosto pelo estudo e pelo aprofundamento das matérias, o que se torna básico para o progresso da Ciência do Direito. Esse prestígio depende, antes de mais, dos doutrinadores: as obras devem ser sérias, bem escritas, meditadas e apoiadas; as opiniões hão-de resultar de um estudo efetivo, prevenindo-se a dissensão gratuita e a opção compulsiva, não assente no estudo; a terminologia deve ser cuidada, evitando-se as alterações conceituais inúteis; a crítica deve ser ponderada, erradicando-se as aversões pessoais; a falta de estudo nunca pode ser contornada com a rejeição do que se não conheça.

IV. No presente momento histórico, pairam nuvens escuras sobre a Universidade portuguesa. Décadas de mediocridade na gestão do Ensino Superior e reformas redutoras têm, por todas as vias, intentado baixar o nível do ensino universitário.

A proliferação de manuais pouco ou nada meditados e a multiplicação de outras publicações contribuem para o desalinhar da jurisprudência.

Fonte última do Direito, a doutrina tem de ser estruturalmente humilde, revendo sempre que necessário e na base de um estudo alargado, as suas posições.

SECÇÃO IV

A REALIZAÇÃO DO DIREITO DO TRABALHO

§ 28.º A INTERPRETAÇÃO

103. As regras gerais

I. Na interpretação da lei, as regras gerais, numa tradição fixada por Savigny[789], fixam diversos fatores ou "elementos" a ter em conta. Tais elementos, *grosso modo* presentes no artigo 9.º/1 do Código Civil, funcionam num pano de fundo moldado sobre a ideia de imperatividade da lei. A não ser assim, mal se compreenderiam os cuidados interpretativos que adstringem os juristas.

II. A imperatividade da lei pode equacionar-se nalguns brocardos tradicionais. Assim:

(a) *nemo ius ignorare censetur*: a lei aplica-se sempre que se verifiquem os seus pressupostos, sendo irrelevante a sua ignorância ou a sua má interpretação (6.º);

[789] Friedrich Carl von Savigny, *System des heutigen römischen Rechts* 1 (1840), § 32 (206 ss.) e § 33 (213 ss.). Sobre toda esta rubrica, *vide* o nosso *Tratado de Direito civil* I, 4.ª ed., 671 ss. e, como escrito (neste momento) recente: Lukas Beck, *Gesetzesauslegung aus methodentheoretischer Sicht*, Jura 2018, 330-338. Adiantamos já que os quadros savignyanos, mau grado algumas adaptações, são usados pelos laboralistas que se ocupam da interpretação no Direito do trabalho: Rolf Wank, *Auslegung und Rechtsfortbildung im Arbeitsrecht* (2013), 406 ss., especialmente 73 ss.. Ainda quanto à interpretação e à interpretação criativa no Direito do trabalho, tem o maior interesse a dissertação de Sudabeh Kamanabrou, *Die Auslegung und des normativen Teils von Tarifverträgen: auf der Grundlage eines Vergleichs der Auslegung und Fortbildung von Gesetzen mit der Auslegung und Ergänzung von Rechtsgeschäften* (1997), 321 pp., com muitas indicações.

(b) proibição de *non liquet*: o julgador deve decidir, não podendo eximir-se a fazê-lo invocando a não-clareza da lei ou dos factos (8.º/1): há regras que permitem fazê-lo, com relevo para o ónus da prova;

(c) prevalência da lei: esta não pode ser afastada sob pretexto de ser injusta ou imoral (8.º/2, todos do Código Civil).

III. Transplantados para o Direito do trabalho, certos postulados põem um travão aos pré-entendimentos do juiz ou do agente, pré-entendimentos esses que se tornam robustos, mercê de coordenadas políticas e ideológicas sempre presentes[790]. Também previnem contra a tentação, sempre presente, da "jurisprudência do sentimento". Como melhor veremos a propósito do *favor laboratoris*, devemos partir da ideia de que a lei dá corpo a uma decisão política legítima e equilibrada, na qual a defesa dos trabalhadores teve, naturalmente, um papel marcante[791].

104. A letra da lei

I. O artigo 9.º/1 do Código Civil contrapõe a letra da lei ao pensamento legislativo. A letra surge como o primeiro fator a atender, em qualquer processo interpretativo que, para mais, use fontes escritas[792]. A letra da lei pode:

– usar expressões que, no contexto vocabular em que se insiram, apresentem um sentido diverso;

[790] Manfred Peter, *Gedanken zu dem Ruf nach dem Gesetzgeber im Arbeitsrecht* cit., 340/II.

[791] Rolf Wank, *Auslegung und Rechtsfortbildung im Arbeitsrecht* cit., 55.

[792] Horst Bartholomeyczik, *Die Kunst der Gesetzesauslegung/Eine wissenschaftliche Hilfe zur praktischen Rechtsauslegung* (1951), 18 ss.; Wolfgang Fikentscher, *Methoden des Rechts in vergleichender Darstellung*, IV – *Dogmatischer Teil* (1977), 361 ss.; Matthias Klatt, *Theorie der Wortlautgrenze/Semantische Normativität in der juristischen Argumentation* (2004), 313 pp., 9 e *passim*; Rolf Wank, *Der Buchstabe des Gesetzes und der einheitliche Lebenssachverhalt*, FS Klaus Adomeit (2008), 789-808, precisamente no campo laboral. Outros elementos podem ser confrontados no nosso *Tratado* I, 4.ª ed., 696 ss..

– usar termos técnico-jurídicos, isto é, locuções que se utilizem, apenas, em Direito ou que, no Direito, tenham um sentido diverso do comum.

Ela pode ainda ser tomada:

– num sentido mais estrito, quando ela apenas abranja o teor de um considerado preceito;
– num sentido mais amplo, sempre que ela envolva outras proposições significativas.

Evidentemente: à medida que nos afastamos da concreta proposição de cuja interpretação se trate, fazemos apelo a outros elementos que transcendem já a mera "letra".

Em qualquer dos casos, a "letra" nunca é a simples palavra. Atende-se ao preceito, no seu contexto[793]. Por isso se recomenda, sempre, que nunca se faça "interpretação" sem ler o artigo todo, até ao fim.

II. A letra da lei assume, na interpretação, um triplo papel[794]:

– constitui o ponto de partida para as diversas operações interpretativas;
– assume-se como o elo de ligação entre o Direito e o juiz, legitimando o papel deste;
– opera como limite à aplicação do preceito, fixando, pelo menos, a fronteira entre a interpretação e a interpretação criativa.

A interpretação não começa, como temos reafirmado, com a letra da lei: antes com o caso. Mas a partir daí, a letra constitui o elo de ligação pri-

[793] P. St. J. Langan, *Maxwell on the Interpretation of Statutes*, 20.ª ed. (1969), XCI + 391 pp., 47.

[794] Matthias Klatt, *Theorie der Wortlautgrenze/Semantische Normativität in der juristischen Argumentation* (2004), 313 pp., 19. Normalmente, na nossa doutrina como na nossa jurisprudência, só se referem o primeiro e o terceiro dos apontados papéis: João Baptista Machado, *Introdução ao Direito e ao discurso legitimador* cit., 182 e 189 e STJ 6-Out.-1993 (Ramos dos Santos), BMJ 430 (1993), 331-343 (343).

vilegiado entre a fonte e o julgador, mesmo quando (sendo isso possível), a crítica logo leve a afastar a própria letra[795].

Para o efeito pretendido, a letra da lei deverá ser tomada no sentido mais razoável ou, se se preferir, no sentido que lhe será dado pela generalidade dos operadores jurídicos.

III. A letra da lei limita a aplicação do preceito ou, se se preferir, a sua subsequente interpretação[796]. E isso a dois níveis, segundo o Código Civil:

– o intérprete-aplicador não pode afastar-se da letra da lei sem ter razões bastantes: tal o sentido do artigo 9.º/3, *in fine*, quando diz que o intérprete deve presumir que o legislador (…) *soube exprimir o seu pensamento em termos adequados*[797];
– o intérprete, ao desviar-se da letra da lei, não pode ir tão longe que chegue a um resultado (artigo 9.º/2) (…) *que não tenha na letra da lei um mínimo de correspondência verbal, ainda que imperfeitamente expresso*.

Algumas máximas exprimem a "resistência" da letra da lei: *ubi lex non distinguit nec nos distingere debemus* [onde a lei não distingue também nós não devemos distinguir], como exemplo. Apenas "resistência": na presença de motivos jurídico-científicos ponderosos, é possível distinguir onde a lei não o faça.

Estes "limites" são-no relativamente à interpretação. Outros esquemas, ditos, genericamente, "interpretação criativa", podem levar, ainda que com especiais cautelas, a pôr de lado, de todo, a letra da lei e, até, a própria lei. Já não se trata, porém, de interpretação.

[795] Adolf Keller, *Die Kritik, Korrektur und Interpretation des Gesetzeswortlautes* (1960), 305 pp., 31 ss., quanto à essência da crítica.

[796] Rainer Hegenbarth, *Juristische Hermeneutik und linguistische Pragmatik/Dargestellt am Beispiel der Lehre vom Wortlaut als Grenze der Auslegung* (1982), 15 ss.. Este Autor refere uma vinculação não-vinculativa (*unverbindliche Verbindlichkeit*) da letra da lei – *idem*, 115.

[797] Este nível é ainda completado com uma presunção de racionalidade: (…) *o legislador consagrou as soluções mais acertadas* (…) (9.º/3): *vide* Ernst Zeller, *Auslegung von Gesetz und Vertrag/Methodenlehre für die juristische Praxis* (1989), LXVIII + 554 pp., 448.

IV. Os elementos apontados são operacionais no Direito do trabalho[798]. Diríamos, mesmo, em termos reforçados. Com efeito, o Direito do trabalho dirige-se aos trabalhadores e às empresas, regendo relações profissionais duradouras e permanentes as quais, muitas vezes, exigem soluções imediatas. Uma certa cedência a um positivismo literal torna-se necessária: uma lei diz o que lá está escrito, tal como é lido e apreendido pelo cidadão comum. Pesquisar para além disso é interessante, em termos jurídico-científicos, mas é menos operacional, salvo em controvérsias que o permitam ou o requeiram. A natureza linguística de alguns desenvolvimentos vertidos em lei obriga, todavia, o intérprete-aplicador a discernir entre o comando legal em si e a apresentação, por vezes circunstancial e rapidamente fora de moda, que o rodeie.

105. **O elemento histórico-comparatístico**

I. O apelo a um elemento histórico, na interpretação da lei, é um dado constante, desde a fixação, por Savigny, dos quadros básicos[799]. Distinguimos, aí, o Direito comum, de origem romana, cuja apreensão exige conhecimentos das fontes clássicas e as leis da atualidade, cuja origem é, muitas vezes, autoexplicativa. No Direito português, há, ainda, que atender a elementos comparatísticos e a dados europeus: frequentemente os nossos diplomas foram inspirados em leis estrangeiras ou resultam de transposições comunitárias. Tudo isso tem a maior utilidade.

II. No elemento histórico-comparatístico, há, desde logo, que atentar na *occasio legis* ou ocasião da lei – o conjunto de circunstâncias existentes, aquando da feitura da lei e que, pela ordem natural das coisas, terão condicionado a sua elaboração ou interferido nela.

[798] Rolf Wank, *Auslegung und Rechtsfortbildung im Arbeitsrecht* cit., 73-75. Tem ainda interesse, embora recaia sobre um ponto específico, Monika Schlachter, *Auslegungmethoden im Arbeitsrecht: am Beispiel von § 87 Abs. 1 BetrVG* (1987), VIII + 137 pp..

[799] Marco Rotondi, *Interpretazione della legge*, NDI VII (1938), 736-743 (739 ss.); Wolfgang Fikentscher, *Methoden des Rechts*, III – *Mitteleuropäischer Rechtkreis* (1976), 674 ss.; Dieter Schwab, *Einführung in das Zivilrecht*, 16.ª ed. (2005), 45; Rolf Wank, *Die Auslegung von Gesetzen*, 5.ª ed. (2011), 65 ss.; *idem*, *Auslegung und Rechtsfortbildung im Arbeitsrecht* (2013), 71 ss..

O artigo 9.º/1 do Código Civil, reporta-se à *occasio* referindo a necessidade de, na interpretação, ter *sobretudo em conta (...) as circunstâncias em que a lei foi elaborada*. Elas são da mais diversa natureza. Assim:

(a) circunstâncias sociais e económicas: certos diplomas ganham significado por ocorrerem em períodos de desemprego ou de inflação;
(b) circunstâncias políticas e culturais: soluções em contracorrente ocorrem, nas leis do Estado, mercê dos (pre)conceitos ideológicos ou das adstrições culturais do legislador;
(c) circunstâncias legislativas ou judiciais: problemas de interpretação ou de aplicação, campanhas na comunicação social ou pruridos nos partidos do poder.

Nalguns casos, essa *occasio* é revelada pelo preâmbulo. Fazemos duas prevenções:

(a) o preâmbulo pode não corresponder às soluções que figurem no diploma; este, por vezes, recebe alterações de última hora, sem que se tenha adaptado a nota justificativa;
(b) o preâmbulo não é vinculativo.

Todavia, em termos práticos, o preâmbulo tem um papel mais importante do que o normalmente reconhecido. Junto de não-juristas ou de juristas com uma preparação mais elementar, o preâmbulo pode operar como um autêntico manual de instruções, governando toda a subsequente aplicação da lei. Quanto a operadores habilitados: o preâmbulo faculta um pré-entendimento da matéria, justificando-a e construindo conexões que marcam logo o espírito. Na interpretação como noutras áreas, a primeira impressão tem um peso especial, sendo, com frequência, definitiva.

Uma boa interpretação passa pelo estudo muito cuidadoso do preâmbulo e, depois, por um confronto descomprometido entre ele e o articulado: mas sem servilismos, uma vez que se trata, tão-só, de um auxiliar de interpretação. De resto, o preâmbulo pode esclarecer sobre a *occasio* e, ainda, sobre o próprio objetivo do legislador.

III. Relevam, de seguida, os trabalhos preparatórios. As leis são o produto do trabalho humano. Por vezes, particularmente quando se trate de simples revogações, elas são muito fáceis, podendo até resultar de súbitas inspirações. Noutros casos, porém, elas atingem grande complexidade. Podem exigir, como sucedeu com o Código Civil, estudos que se prolonguem por décadas e que tomem corpo em dezenas de milhares de páginas[800]. Qual o papel desses elementos, enquanto partes integrantes do elemento histórico da interpretação? Como relacioná-los com a letra da lei[801]?

Nos trabalhos preparatórios, importa separar situações distintas:

(a) preparatórios genéricos ou estudos feitos a propósito da preparação de alguma lei especial de vulto;
(b) preparatórios específicos ou estudos destinados, particularmente, a certa lei e às suas soluções;
(c) documentos que ilustrem o esquema que conduziu a essa lei;
(d) notas e apontamentos dos autores materiais da lei ou de pessoas que hajam participado na sua elaboração.

Os preparatórios genéricos ou científicos, feitos a propósito da elaboração de uma lei de especial vulto, têm, sempre, a maior utilidade. Por exemplo, no campo das obrigações, certas áreas apenas haviam sido, até há pouco tempo, estudadas *ex professo*, entre nós, a propósito da elaboração do Código Civil, devendo-se a Vaz Serra[802]. Todavia, eles podem nem se reportar aos concretos preceitos adotados, elucidando apenas (e eventualmente) sobre o ambiente que rodeou a sua preparação. A propósito da preparação do Código das Sociedades Comerciais, foram apontados nada menos do que seis anteprojetos, relativos às sociedades por quotas: três de Raúl Ventura, dois de Ferrer Correia e um de Vaz Serra. Todos são importantes, embora apontem, por vezes, para soluções opostas. Alguns troços seriam lei. Também o Código do Trabalho originou textos preparatórios muito úteis. Pois bem: um tal tipo de preparatórios constitui um auxiliar

[800] Apenas quanto ao Direito das obrigações, Adriano Vaz Serra publicou 91 estudos, alguns com centenas de páginas, a que se devem somar mais 6, de outros autores: *Tratado de Direito civil* VI, 2.ª ed., 190-197.

[801] Thomas Honsell, *Historische Argumente im Zivilrecht/ihr Gebrauch und ihre Wertschätzung im Wandel unseres Jahrhunderts* (1982), XI + 235 pp., 151.

[802] Este Autor complementou, muitas vezes, os seus preparatórios genéricos com o que abaixo chamamos os preparatórios específicos.

geral, a sindicar caso a caso: mas não (ou não necessariamente) um elemento explicativo de preceitos concretos.

IV. Na prática dos diversos países, deve dizer-se que o peso dos preparatórios na interpretação é francamente maior do que o resultante da doutrina oficial sobre a interpretação da lei. Na presença de preparatórios esclarecedores, o intérprete-aplicador considera-se satisfeito: fixa o sentido que deles resulte.

O peso só não é maior porque ou faltam, de todo, preparatórios ou eles são de ordem demasiado genérica, como sucede com muito material que está na base do Código Civil.

Cabe, ainda, uma prevenção: tal como vimos suceder em relação aos preâmbulos, diplomas há que sofrem, sem justificação conhecida, alterações à última hora. Os preparatórios deixam, nessa eventualidade, de corresponder à solução a que se chegou. Cumpre verificá-lo caso a caso.

V. Na teoria oficial da interpretação, o elemento mais ponderoso é, como abaixo será precisado, o teleológico (*ratio legis*). A prática do sistema, no espaço lusófono como nos demais espaços, incluindo o anglo-saxónico, mostra porém que o elemento mais eficaz é, muitas vezes, o histórico.

Perante um problema, o percurso normal, da jurisprudência como da doutrina, é o de reconstituir a origem do diploma a interpretar. Usa-se o preâmbulo do diploma; recorre-se aos preparatórios, nas suas diversas modalidades, quando existam; e aproveita-se a opinião subjetiva do autor da lei, se conhecida. A partir daí, o destino da interpretação fica traçado: em regra obtêm-se, aí, os fatores necessários para estruturar os demais elementos da interpretação: sistemática e teleológica.

VI. No domínio do Direito do trabalho abundam as soluções circunstanciais que visaram, na medida do possível, ultrapassar problemas concretos. A origem histórica da lei a interpretar assume um papel acrescido[803]. Não se depreenda, daí, que uma lei, gizada em certo circunstancialismo, não possa ser útil para enfrentar adequadamente problemas impensáveis, aquando do seu aprontamento. Mas em regra, o sentido normativo da lei fica ligado à sua origem. Não ter isso em conta conduz a equívocos histó-

[803] Rolf Wank, *Auslegung und Rechtsfortbildung im Arbeitsrecht* cit., 81-84.

ricos: por exemplo, usar a proibição das corporações medievais para ilegalizar os sindicatos ou recorrer à proibição de serviços perpétuos, que visou pôr termo às servidões medievais, para colocar a termo todos os contratos de trabalho.

106. O elemento sistemático

I. Quando o Direito seja chamado a resolver um caso, não se aplica, em princípio, uma única e isolada norma. Antes há que contar com modelos de decisão que integram, em simultâneo, normas de natureza por vezes diversa.

Nestas condições, releva-se o elemento sistemático da interpretação, isto é: o contributo que a integração da fonte a interpretar no sistema a que ela pertença dá para a obtenção da norma em jogo. Tal integração é feita, em cada caso, pelo intérprete-aplicador.

II. O sistema tem, em Direito, um duplo sentido[804]: o sistema interno e o sistema externo. Mais precisamente:

- o sistema interno resulta da lógica intrínseca do Direito[805]: na base de que o igual deve ser tratado de modo igual e o diferente de forma diferente, de acordo com a medida da diferença, é possível cientificizar o Direito, tornando-o adequado e previsível: um passo dado pelos romanos;
- o sistema externo corresponde ao método de ordenação e de exposição das fontes, operando no campo da aprendizagem e da aplicação.

A contraposição entre os sistemas interno e externo é artificial: no fundo, tudo joga em unidade. Por isso, no desenvolvimento subsequente, quando se fale em sistema visa-se, sempre, essa unidade. Isso não tira que, consoante as circunstâncias, possam estar, em primeira linha, seja o interno

[804] *Supra, Tratado de Direito civil*, I, 4.ª ed., 121 ss..

[805] Para a lógica na interpretação, cabe referir, em especial, Arthur Kaufmann, *Das Verfahren der Rechtsgewinnung/Eine rationale Analyse: Deduktion, Induktion, Abduktion, Analogie, Erkenntnis, Dezision, Macht* (1999), 109 pp., 43 ss..

(por exemplo, a referência aos princípios) seja o externo (por exemplo, os lugares paralelos).

III. O primeiro e mais empírico fator de integração sistemática de uma norma é a busca e a aproximação de lugares paralelos[806], isto é, de fontes relativas a situações similares, que devam obter um tratamento equivalente.

O recurso a lugares paralelos pressupõe sempre uma análise das questões em jogo, feita com recurso a outros elementos de interpretação. Apenas estes facultam, ao intérprete-aplicador, determinar a presença de lugares paralelos e verificar se o paralelismo permite a contribuição interpretativa.

IV. Momento alto de interpretação sistemática é a recondução das proposições a que se chegue a princípios.

Os princípios correspondem a coordenadas do sistema jurídico, que enformam linhas de solução de problemas, reaparecendo em dispersas normas jurídicas. Podem ter origem diversa; temos:

(a) princípios apriorísticos, que se impõem por si, em cada sociedade; na nossa cultura, será exemplo o princípio da igualdade;
(b) princípios históricos, criados ao longo de uma evolução milenária; como exemplo, a tutela possessória ou o consensualismo, na celebração dos contratos;
(c) princípios estruturais, apurados pela Ciência do Direito, através do cinzelamento milenário de vários institutos; como exemplo, a tutela da confiança.

Os princípios podem ter âmbitos variáveis. Mas em regra, eles reaparecem em todo o Direito privado. Muitos deles são tão profundos que nem têm uma consagração constitucional expressa[807]: assim sucede com a força vinculativa dos contratos ou com a tutela da confiança. No limite, podemos

[806] Thomas Honsell, *Historische Argumente im Zivilrecht* cit., 152, inserindo-os no domínio histórico.

[807] As constituições políticas tendem a consagrar, seja sob a forma de princípios, seja enquanto direitos fundamentais, realidades que, ao longo da História, foram ora ignoradas, ora postergadas, ora conquistadas. Princípios como o do respeito pelo contratado,

dizer que a cientificidade do Direito repousa num postulado básico: tratar o igual de modo igual e o diferente de forma diferente, de acordo com a medida da diferença.

V. A dimensão sistemática da interpretação postula uma integração funcional nos diversos princípios. Essa integração corresponde, de facto, a uma ponderação, perante o princípio[808]. A solução contraditória, paradoxal ou inesperada deve ser retomada, até que se consiga um efeito interpretativo útil.

Desenha-se um requisito de coerência, próprio do bom resultado interpretativo. Em termos formais (consistência e abrangência)[809] como em termos materiais (adequação valorativa)[810], a coerência do resultado interpretativo desenha-se enquanto elemento ativo de interpretação.

VI. O Direito do trabalho comporta uma exigência muito forte de igual tratamento ou não-discriminação. Resulta, daí, um reforço do elemento sistemático: há que tratar o igual de modo igual e o diferente de forma diferente, de acordo com a medida da diferença. Muitas vezes os agentes reagem pior à injustiça relativa do que à contenção. Deve ser preocupação do intérprete-aplicador laboral encontrar soluções harmónicas.

107. **O elemento teleológico**

I. A proposição diz-se teleologicamente dimensionada ou, simplesmente, teleológica quando vise a prossecução de um escopo ou a obtenção de um fim. Contrapõe-se, deste modo, a proposições puramente declarativas, imperativas, opinativas ou conclusivas.

referido no texto, são tão óbvios que nunca ninguém os pôs em dúvida; daí que não careçam de consagração constitucional.

[808] Jan Sleckmann, *Recht als normatives System/Die Prinzipientheorie des Rechts* (2009), 270 pp., 151 ss. (154).

[809] Susanne Bracker, *Kohärenz und juristische Interpretation* (2000), 263 pp., 171 ss..

[810] *Idem*, 175 ss..

A natureza teleológica de uma proposição é decisiva para o seu entendimento. Uma vez captado o escopo a prosseguir ou o fim a alcançar, todo o teor da proposição vai ser direcionado nesse sentido. Podemos mesmo admitir proposições flutuantes, que se limitem a indicar o fim: fica ao agente a escolha do meio para lá chegar.

À partida, as proposições ou normas jurídicas são estruturalmente teleológicas. Digamos que a norma não vale por si: não é um fim em si mesma. Ela existe e vale enquanto finalisticamente destinada à consecução de algo que a transcende.

Esta mesma dimensão aplica-se aos princípios. Também eles, mesmo quando aparentemente descritivos, têm implícita a ideia de obter algo ou de agir nesse sentido. Por isso se toma o Direito como uma Ciência do espírito aplicada[811] ou como uma Ciência prática.

II. O elemento teleológico da lei torna-se decisivo, na interpretação. Quando o intérprete-aplicador apreenda o que visa a fonte a interpretar, ou seja, a *ratio legis*, tem, disponível, a ferramenta decisiva para apreender o seu sentido e para proceder a uma aplicação adequada. Os tribunais vêm sendo crescentemente sensíveis a esta dimensão[812].

Cumpre enfatizar que as proposições normativas não são, em si mesmas, nenhum objetivo. Elas valem pelo resultado que pretendam, resultado esse que, de resto, se prende ainda com o pré-entendimento que, dele, tenha o intérprete-aplicador[813]. Conhecido esse resultado, fácil se torna determinar o seu sentido e o seu âmbito de aplicação. Essa mesma preocupação obriga a ponderar as consequências da decisão: quando elas contraditem o fim da lei, a interpretação deve ser revista.

III. No Direito do trabalho, fortemente funcionalizado dada a sua natureza social e económica, a determinação do escopo das leis e o acompanhamento da sua realização têm um relevo acrescido. No limite, quando

[811] Helmut Coing, *Die juristischen Auslegungsmethoden und die Lehren der allgemeinen Hermeneutik* (1959), 58 pp., 23.

[812] Muna Reichelt, *Die Absicherung teleologischer Argumente in der Zivilrechtsprechung des Bundesgerichtshofes: eine empirisch-deskriptive Analyse* (2011), 327 pp., 83 ss..

[813] Recordamos Fritz Fabricius, *Arbeitsrecht und die Methodenlehre vom "Vorverständnis"*, em Fritz Fabricius/Peter-Hubert Naendrup/Peter Schwerdtner, *Arbeitsrecht und juristische Methodenlehre* (1980), 132 pp., 1-64.

se verifique que o fim visado foi obtido, não há que insistir em aplicações despidas de sentido. Perfilam-se os requisitos para uma redução teleológica, isto é, para restringir a aplicação da própria lei[814].

[814] *Vide* o nosso *Tratado* I, 4.ª ed., 782 ss..

§ 29.º A INTEGRAÇÃO E A INTERPRETAÇÃO CRIATIVA

108. **As lacunas**

I. Diz-se lacuna a ocorrência carecida de tratamento jurídico, quando as fontes disponíveis não lhe dispensem qualquer solução[815]. A lacuna não é um mero espaço livre de Direito. Com efeito, encontramos:

(a) áreas que o Direito pretende, assumidamente, não regular, por não querer que as suas regras intervenham; é o caso clássico do Direito penal, quando não incrimine certas condutas;
(b) áreas que, pela sua natural delicadeza, o Direito deixa aos bons costumes, à moral social ou à ética individual; pense-se nos deveres pessoais entre os cônjuges, apenas indiciados no artigo 1672.º do Código Civil;
(c) áreas que, pelo seu tipo de relevância, o Direito deixa ao trato social: *de minimis non curat praetor*;
(d) áreas que, pela sua novidade, o Direito não pode ou não quis, ainda, regular: até há anos, o comércio eletrónico, por exemplo;
(e) áreas que o Direito deixa à total liberdade de cada um;
(f) áreas para as quais não se justifica, ainda, qualquer regulamentação: o aproveitamento privado da Lua ou de Marte, também como exemplo.

A lacuna é um espaço livre contrário ao sistema, isto é: um espaço livre, para o qual a Ciência do Direito reclama uma saída jurídico-positiva. Por isso se diz que a lacuna pressupõe um juízo de valor. Mais precisa-

[815] O nosso *Tratado* I, 4.ª ed., 737-784; aqui apenas fazemos referências elementares, com vista a circunscrever o tema ao Direito do trabalho; *vide* João Pedro Charters Marchante, *Das lacunas da lei no Direito português* (2017).

mente: uma decisão que fixe a sua existência e que determine o sentido da integração. Mas mais: a lacuna habilita o juiz a preenchê-la; o espaço livre não-lacunoso equivale a uma pressuposição processual negativa, isto é, a um círculo no qual não é admissível a intervenção do tribunal.

II. A determinação de lacunas constitui uma tarefa nobre de realização do Direito. Ela requer uma utilização cuidada dos diversos instrumentos facultados pela Ciência jurídica[816], exigindo experiência e sensibilidade. As verdadeiras lacunas são raras: em regra, os poucos problemas que não disponham de soluções imediatas são enquadráveis pela interpretação extensiva ou pelo recurso a cláusulas gerais ou a conceitos indeterminados.

Em termos racionais, a deteção de uma lacuna arranca sempre da interpretação das fontes *prima facie* vocacionadas para resolver o caso. No termo da tarefa, verifica-se, todavia, que mesmo recorrendo ao espírito da lei, não é possível enquadrar o problema. E isso por uma (ou mais) das seguintes vias, em parte resultantes do desenvolvimento anterior:

(a) a norma fixa um regime inexequível, se não for complementado; no entanto, nada contém que satisfaça essa necessidade; há lacuna;
(b) o espírito da lei aponta uma solução que não tem apoio nenhum na letra da lei (9.º/2, do Código Civil); logo, não é aplicável, revelando, não obstante, a lacuna;
(c) a lei fixa um regime que entra em contradição com o sistema ou com a própria finalidade do preceito; há que operar uma interpretação restritiva ou uma redução teleológica, que revelam uma lacuna;
(d) um caso cai sob um princípio que requer solução; todavia, o princípio, só por si, não é suficientemente preciso para apontar uma saída; há lacuna;
(e) um caso deixa, perante o sistema, no seu conjunto, indicar uma necessidade de enquadramento jurídico, o qual falte;
(f) a interpretação revela normas em colisão, com a lacuna daí resultante; ou seja: duas ou mais normas são contraditórias, sem ser

[816] Recordemos a obra incontornável de Claus-Wilhelm Canaris, *Die Feststellung von Lücken*, 2.ª ed. (1983), 47 ss., com resumo, 118. Entre nós, João Pedro Marchante, *Da detecção de lacunas no Direito português* (2001).

possível apontar a prevalente, em função dos critérios gerais; por exemplo, a lei nova revoga a lei velha ou a lei especial prevalece sobre a geral.

Na prática, a determinação de uma lacuna opera em simultâneo com a sua integração. No domínio do círculo de realização do Direito, o intérprete-aplicador apercebe-se de que se impõe uma solução que, na lei, não tem expressão satisfatória. Concluirá pela lacuna, justificando a solução à luz não da "interpretação", mas da "integração".

Esta (aparente) inversão é legitimada pelo controlo que a Ciência do Direito exerce sobre o conjunto, sobre a solução e sobre as consequências a que esta conduza.

III. O Direito do trabalho surge como uma especialização do Direito civil: mais precisamente, como uma particularização do contrato de prestação de serviço. O Direito civil tem uma aplicação de princípio à área laboral: não faria sentido obrigar o Direito do trabalho a repetir inúmeras regras comuns, sempre presentes em qualquer plano jurídico. Daí resulta que, quando caiba aplicar o Direito civil, não haja verdadeira lacuna laboral. Esta põe-se quando o sistema, na sua globalidade, imponha uma solução de Direito do trabalho e esta falte. Recorrer ao Direito civil não resolveria, porque a saída requerida é laboral. Teremos de nos mover no plano do trabalho.

109. **A analogia**

I. O primeiro remédio para a integração de uma lacuna reside na analogia. O seu ponto de partida reside no juízo de igualdade ou de similitude. Esse juízo recai sobre o caso, isto é, sobre a questão a decidir pelo Direito. Ficam envolvidos:

(a) os factos relevantes: em termos de ponderação razoavelmente humana, há casos que apresentam similitudes flagrantes, nos seus contornos e isso mesmo quando uma absoluta semelhança nunca possa ser afirmada;
(b) as valorações que, sobre eles, recaiam.

Estas noções, aparentemente claras, suscitam, à reflexão, algumas perplexidades. Quanto à similitude dos factos: se ela for vincada, há identidade e não analogia. Terá de ocorrer uma proximidade no essencial[817], cabendo apurar-se qual a configuração dessa essencialidade. No que tange às valorações: temos, em aberto, a determinação do seu critério e a fixação do objeto a que se reportem.

II. A doutrina veio, progressivamente, a dogmatizar a analogia[818]: os casos não são análogos por qualidades inatas ou intrínsecas de que, porventura, desfrutem; são-no porque, axiologicamente, a similitude é fixada[819].

O passo subsequente resulta dos conhecimentos atuais sobre o processo de realização do Direito: o caso é análogo porque uma decisão humana o considera como tal. Essa decisão não é arbitrária: antes surge balanceada pela Ciência do Direito. Que elementos permitem a decisão de analogia?

Depende da norma em causa. Um determinado caso pode ser análogo para efeitos de aplicação de certa norma e não o ser, perante uma norma diversa. Impõe-se, em face da norma candidata à aplicação analógica, a reconstrução de um núcleo duro valorativo, em termos aplicativos. Posto isto, verificar-se-á se as similitudes entre o caso regulado e o caso eventualmente análogo se podem situar no núcleo duro em jogo. Se não se circunscrever o juízo de analogia ao núcleo duro axiológico, não é possível optar entre ele e o juízo *a contrario*.

III. O apelo à analogia é comum, na integração das lacunas da lei. De pé ficam, todavia, dois tipos distintos de analogia:

– a analogia *legis*;
– a analogia *iuris*.

[817] Ferdinand Regelsberger, *Pandekten* 1 (1893), 157; a determinação da "igualdade essencial" (*Wesengleichheit*) implica uma ponderação que transcende os meros casos em presença: cai-se, sempre, nos princípios; sempre entre os clássicos, Joseph Kohler, *Die schöpferische Kraft der Jurisprudenz*, JhJb 25 (1887), 262-297 (268, nota 8). Desse Autor, *vide*, ainda, *Noch einmal über Mentalreservation und Simulation*, JhJb 16 (1878), 325-356 (354), numa referência a casos análogos.

[818] Karl Engisch/Thomas Würtenberger/Dirk Otto, *Einführung in das juristische Denken*, 11.ª ed. (2010), 164 pp., 250 ss..

[819] Theodor Heller, *Logik und Axiologie der analogen Rechtsanwendung* (1961), 56 ss. e 89 ss..

Na analogia *legis*, o caso omisso seria solucionado pela pura e simples aplicação da norma dirigida ao caso análogo. A operação seria tão simples que chegou mesmo a proclamar-se que, nesta eventualidade, nem haveria lacuna. A partir dos finais do século XVII, veio afirmar-se o segundo tipo de analogia: a *iuris*. Desta feita, a norma dirigida ao caso análogo permitiria construir um princípio; na base desse princípio, passar-se-ia à solução do caso omisso.

IV. A analogia *legis* pressupõe, em termos analíticos, um raciocínio indutivo: do caso análogo ao princípio. Só mediatamente se passaria à solução do caso omisso. No entanto, não é em regra possível construir um princípio apenas na base de uma norma aplicável ao caso. Tal operação pressupõe antes uma análise das múltiplas normas. E estas normas, no seu conjunto, facultam o princípio dirigido ao caso omisso. Em vez de analogia de Direito (*iuris*), melhor seria falar em analogia conjunta (*Gesamtanalogie*).

De facto, a analogia *iuris* já não é analogia. Como explica Claus-Wilhelm Canaris, o processo analógico pressupõe um raciocínio do especial ao especial; ora na analogia *iuris* teríamos uma conclusão do especial ao geral e, portanto, uma indução.

Este ponto afigura-se irrefutável. Recorrer a uma analogia *iuris* equivale a resolver o caso omisso na base de princípios e não na de uma verdadeira analogia. Os processos, quer mentais quer jurídico-científicos são distintos.

V. No Direito do trabalho, a analogia deve ser procurada dentro de situações laborais similares. Por exemplo, estando fixada uma hora de saída para uma certa categoria de trabalhadores e nada se dizendo quanto a outra, de características similares, há analogia: a norma pode ser usada para integrar a lacuna.

Também a *analogia iuris* é operacional. Construída, por hipótese, uma vertente do tratamento igualitário, ela é operacional para se aplicar a casos análogos. Pode, mesmo, auxiliar no apuramento de uma lacuna não aparente.

VI. O artigo 11.º do Código Civil veda a aplicação analógica de regras excecionais. Com o devido cuidado, esse ponto tem relevo no Direito do trabalho. Diversas ocorrências, a ultrapassar no momento, podem requerer medidas de exceção. Quando isso suceda, elas não devem ser aplicadas fora do universo que as justificou.

110. A interpretação criativa

I. Na hipótese de não se conseguir integrar uma lacuna com recurso à analogia, queda a solução do artigo 10.º/3 do Código Civil: a norma que o intérprete criaria[820]. Esse preceito, em face de lacunas rebeldes à analogia, dá quatro importantes indicações:

(a) mantém o dever de decidir (8.º/1);
(b) delega no juiz ou, mais latamente, no intérprete, o poder de encontrar uma solução;
(c) indica que essa solução não deve ser casuística, antes se conformando com uma hipotética norma geral;
(d) norma essa que, por seu turno, também não é desalinhada: pelo contrário, deve ir ao encontro do espírito do sistema.

A admitir a vantagem em se legislar sobre matéria de natureza tão científica, o artigo 10.º/3 surge como interessante, ousado e equilibrado.

II. Próxima desta área, temos a interpretação criativa da lei. Usamos essa expressão para exprimir a *Rechtsfortbildung* (aperfeiçoamento do Direito). Sob essa locução, a doutrina versa um conjunto de operações próprias da realização do Direito e que têm em comum o permitir soluções de casos para além do que as fontes vigentes facultariam[821]. Por vezes insere-se, na interpretação criativa, a integração das lacunas[822]. Fala-se, então, em interpretação criativa dentro da lei ou do sistema. No Direito lusófono, todavia, temos noções delimitadas de interpretação e de integra-

[820] *Tratado* I, 4.ª ed., 766 ss..

[821] Claus-Wilhelm Canaris, *Systemdenken und Systembegriff in der Jurisprudenz*, 2.ª ed. (1983), 86 ss.; Günter Hager, *Rechtsmethoden in Europa* (2009), 126 ss.; Robert Schick, *Auslegung und Rechtsfortbildung*, em Stefan Griller/Heinz Peter Rill (publ.), *Rechtstheorie/Rechtsbegriff – Dynamik – Auslegung* (2011), 209-221 (220-221).

[822] Guy Beaucamp/Lutz Treder, *Methoden und Technik der Rechtsanwendung*, 2.ª ed. (2011), 64 ss., que aí inclui a analogia e a redução teleológica.

ção. Não vale a pena indiferenciá-las, em conjunto com outras figuras, dentro de uma categoria global de interpretação criativa. Usaremos esta noção para agrupar diversos esquemas que têm em comum a realização científica do Direito, fora dos parâmetros clássicos da interpretação e da integração.

III. A interpretação criativa do Direito não se confunde com uma hipotética livre criação do Direito, confiada ao intérprete-aplicador e, *maxime*, ao juiz. Pela sua delicadeza, a interpretação criativa envolve cuidados e justificações que fazem dela, normalmente, uma via mais estreita de realização do Direito do que a própria interpretação, por vezes alargada por polissemias e ambiguidades.

Também deixamos claro que a interpretação criativa não é uma novidade: ela sempre foi praticada, ao longo da História, com um forte pico no Direito romano e na pandectística do século XIX. Institutos inteiros foram desenvolvidos sem apoio na lei e à margem de qualquer interpretação minimamente plausível: basta pensar nos direitos de personalidade, nos pressupostos de responsabilidade civil, na transmissão das obrigações ou no Direito coletivo do trabalho, nos seus inícios.

A novidade residirá, porventura, numa maior autoanálise do método jurídico e numa melhor delimitação da interpretação e da integração.

IV. Muitas vezes, os tribunais adequam o processo de realização do Direito à obtenção da saída que considerem ajustada. Têm todos os meios para o fazer. Designadamente: o de afeiçoar os factos às decisões que julguem adequadas ou o de encaminhar as regras disponíveis para alcançar certas soluções. O fenómeno é flagrante no domínio da jurisprudência do sentimento: regimes estabilizados, como o da compensação ou o da solidariedade, são mexidos para permitir, em certos casos, a condenação de banqueiros a favor de pequenos depositantes.

A autonomização da interpretação criativa do Direito e o aprofundamento das suas regras facultará isso tudo, quando justificado, mas em termos científicos: explicando o porquê das soluções e respeitando a geometria correta dos institutos.

Trata-se de uma área de crescimento do Direito que merece, a todos, atenção e estudo.

V. No Direito do trabalho, a interpretação criativa manifesta-se, desde logo, na concretização de conceitos indeterminados. A indeterminação surge quando não permitam comunicações claras quanto ao seu conteúdo[823]. Tal eventualidade ocorre por polissemia, vaguidade, ambiguidade, porosidade ou esvaziamento[824]: polissemia quando tenha vários sentidos, vaguidade quando permita uma informação de extensão larga e compreensão escassa, ambiguidade quando possa reportar-se a mais de um dos elementos integrados na proposição onde o conceito se insira, porosidade quando ocorra uma evolução semântica com todo um percurso onde o sentido do termo se deva encontrar e esvaziamento quando falte qualquer sentido útil.

VI. A decisão amparada a nível de conceito indeterminado[825] exige uma ponderação prévia das possibilidades várias que a sua comunicação permita; tais possibilidades são ordenadas, selecionando-se uma que será apresentada como justificação da saída encontrada. Pode, assim, afirmar-se que os conceitos indeterminados se tornam juridicamente atuantes mediante a sua complementação com valorações; obtém-se, desse modo, a regra do caso. Os conceitos indeterminados dizem-se carecidos de preenchimento ou de valoração[826].

[823] Sobre toda esta matéria, com indicações, *Da boa fé* cit., 1176 ss..

[824] Segue-se a ordem proposta por Joaquim Gomes Canotilho, *Constituição dirigente e vinculação do legislador* (1982), 436; *vide*, aí, 428 ss., embora se apontem aplicações diversas.

[825] Mantém-se, como foi dito, a referência a conceitos, tradicional nas tarefas de construção jurídico-científica. Não há dificuldades em estender as considerações feitas e as subsequentes a proposições jurídicas de complexidade maior, que operem, de forma simultânea, com articulações de vários conceitos. Observa-se, aí, a mesma realidade de fundo: a ocorrência de proposições de conteúdo significativo insuscetível, em si, de fornecer a regra do caso.

[826] Corresponde a *wertausfüllungsbedürftig*, fórmula hoje usual, lançada por Erik Wolf, *Die Typen der Tatbestandsmerkmässigkeit* (1931), 62 pp., 58: Maximilian Herberger, *Die deskriptiven und normativen Tatbestandsmerkmale im Strafrecht*, em Koch, *Methodenlehre* (1976), 124-154 (144, nota 55). *Vide* Karl Engisch, *Die Idee der Konkretisierung in Recht und Rechtswissenschaft unserer Zeit* (1953), 79 (carecido de concretização) e *Einführung in das juristischen Denken* cit., 11.ª ed. 197 (carecidos de preenchimento com valores), Heinrich Henkel, *Recht und Individualität* (1958), 30 (*idem*), Karl Larenz, *Entwicklungstendenzen der heutigen Zivilrechtsdogmatik*, JZ 1962, 105-110 (106) e *Methodenlehre der Rechtswissenschaft*, 6.ª ed. (2005), 204 (bitolas de valor carecidas de preenchimento); em geral, desse Autor, refira-se, ainda, *Methodische Aspekte der "Güterabwagung"*, FS Klingmüller (1974), 235-248; Claus-Wilhelm Canaris, *Systemdenken* cit., 2.ª ed., 29 e 72 (carecidas de preenchimento com valores).

VII. No Direito do trabalho, ocorrem conceitos indeterminados; quiçá menos do que ocorre noutros ordenamentos, dada a ampla regulamentação legal. Todavia, conceitos indeterminados civis ganham, no Direito do trabalho, um nível muito marcado. Por exemplo, numerosas decisões relativas ao abuso do direito ocorrem precisamente no espaço laboral, sendo correntemente tomadas pelos Tribunais de Trabalho. Temos, aí, um plano importante, que deve ser seguido por todos os estudiosos, mesmo não laboralistas.

§ 30.º O *FAVOR LABORIS*

111. *Favor laboratoris*; aceções

I. Vamos preconizar a contraposição entre o *favor laboratoris* ou favor do trabalhador e *favor laboris* ou favor do trabalho: o primeiro exprime um princípio do tratamento mais favorável do trabalhador; o segundo preconiza a valoração da situação laboral, no seu todo. Vamos ver.

II. O Direito do trabalho surgiu, historicamente, para defesa dos trabalhadores. Constatou-se, no terreno, a incapacidade do Direito civil tradicional, assente na liberdade e na igualdade das partes, enquadrar com justiça as relações de trabalho. Justamente e por evidentes razões práticas faltam, aí e no plano individual, quer a liberdade, quer a igualdade. As normas laborais foram ocorrendo para tutela da parte fraca na relação de trabalho. Faziam sentido em função dessa sua vontade normativa. E como tal deviam ser interpretadas, sob pena de inutilidade. Seja na dúvida, seja na integração de lacunas, havia que partir de um princípio do tratamento mais favorável do trabalhador.

Foi significativa, neste sentido, por ter dogmatizado um princípio difuso entre os laboralistas, a obra de Hugo Sinzheimer (1875-1945)[827]. Sinzheimer foi um reformador e estudioso social-democrata[828]. De origem judaica, foi perseguido pelos nazis, tendo-lhe sido retirado o grau de doutor

[827] Hugo Sinzheimer, *Über den Grundgedanken und die Möglichkeiten eines einheitlichen Arbeitsrechts für Deutschkland* (1914) = Otto Kahn-Freund/Thilo Ramm, *Arbeitsrecht und Rechtssoziologie* 1 (1976), 457 pp., 35-61; *idem*, *Der Tarifgedanke in Deutschkland* (1915) = *idem*, 1 (1976), 150-168; *idem*, *Über soziologische und dogmatische Methoden in der Arbeitsrechtwissenschaft* (1922) = *idem*, 2 (1976), 356 pp., 33-41.

[828] Susanne Knorre, *Soziale Selbstbestimmung und individuelle Verantwortung: Hugo Sinzheimer (1875-1945): eine politische Biographie* (1991), X + 268 pp.; Keiji

em Direito (Heidelberg) e a própria cidadania alemã. Refugiado na Holanda, foi capturado, com a mulher, pela Gestapo. Conseguiu, todavia, libertar-se, vivendo na clandestinidade. Faleceu pouco depois da libertação, vítima dos maus tratos recebidos e de subnutrição. Hoje, o seu nome é celebrado como o "pai do Direito do trabalho alemão".

A natureza militante do tratamento mais favorável do trabalhador jogou contra ele. Há que repor o tema em moldes jurídico-científicos, sem preconceitos de qualquer tipo.

III. Desde logo, cabe discernir, num eventual princípio do *favor laboratoris*[829], cinco níveis diferentes:

(a) um princípio de política legislativa;
(b) um ditame de interpretação;
(c) uma máxima probatória;
(d) um aforamento de certos princípios;
(e) uma norma de conflitos.

IV. Enquanto princípio de política legislativa, o *favor laboratoris* guiaria o legislador aquando da aprovação dos diplomas com relevância laboral: estes deveriam conter medidas favoráveis aos trabalhadores. Assim entendido, o *favor laboratoris* tem consistência histórica: foi justamente a necessidade, sentida por legisladores de pensamento muito diverso, de enfrentar as questões sociais postas pela industrialização, que conduziu às medidas laborais do início. Nas sociedades modernas, ele só limitará, no entanto, a soberania legislativa na medida em que resulte de prescrições constitucionais. As Constituições – designadamente a portuguesa – compreendem variadas normas laborais, que ao legislador ordinário cabe res-

Kubo, *Hugo Sinzheimer – Vater des deutschen Arbeitsrechts: eine Biographie* (1995), 226 pp..

[829] Quanto ao *favor laboratoris*: Aldo Cessari, *Il "favor" verso il presratore di lavoro subordinato* (1983), 1 ss.,; Mazzoni, *Diritto del lavoro* cit., 1, 5.ª ed., 50 ss.. Entre nós, *vide* os desenvolvimentos importantes de Rosário Palma Ramalho, *Tratado* cit., 1, 4.ª ed., 285 ss., de Luís Menezes Leitão, *Direito do trabalho* cit., 5.ª ed., 93 ss. e de Pedro Romano Martinez, *Direito do trabalho* cit., 8.ª ed., 219 ss., bem como a dissertação de doutoramento de Guilherme Dray, *O princípio da proteção do trabalhador* (2015), 926 pp., com muitos elementos.

peitar. Contudo, é de boa técnica constituinte o especificar, tanto quanto possível, os vetores a adotar, evitando meras referências abstratas, de concretização problemática e duvidosa. Resta concluir que, como princípio de política legislativa, o *favor laboratoris* exprime a necessidade, em si evidente, de respeitar, na legislação infraconstitucional, as regras contidas nas leis fundamentais, quando visem a tutela dos trabalhadores.

V. Como ditame de interpretação, o *favor laboratoris* levaria a escolher, perante fontes polissémicas, o sentido que mais favorável se mostrasse aos trabalhadores. Ainda aqui, duas possibilidades se oferecem à consideração científica:

(a) ou o *favor* se apresenta como uma projeção interpretativa dos institutos laborais tomados em si: dir-se-ia, então, que a escolha, na dúvida, da solução mais favorável ao trabalhador é uma projeção interpretativa da própria fonte a interpretar, uma vez que esta, sendo laboral, teria já ínsita a mensagem protetora;
(b) ou o *favor* é, verdadeiramente, uma regra geral: independentemente do sentido concreto de cada fonte, haveria sempre que ponderar a via mais favorável para o trabalhador, em derrogação ao dispositivo do artigo 9.º do Código Civil.

No primeiro caso, o *favor* merece apoio: quando uma fonte vise a prossecução de um objetivo, há que lhe subordinar todas as hipóteses interpretativas. Mas não é uma regra geral: só caso a caso e fonte a fonte se poderá dizer qual o seu objetivo e, consequentemente, quais as suas projeções interpretativas. Apenas quando tais objetivos compreendessem a tutela do trabalhador se poderia falar em *favor laboratoris*.

No segundo caso, o *favor* é contestado, por empirismo. Na verdade, estando ausente das fontes a interpretar, o *favor laboratoris* apenas poderia fazer a sua aparição por via da instância aplicativa ou, se se quiser, pelo pensamento do sujeito autor dessa aplicação. Uma subjetivação geral da aplicação seria problemática, dificultando, depois, o controlo e a crítica das decisões. O progresso do Direito – em termos que habilitem a falar, dele, como sendo uma Ciência – assenta na determinação de regras que tornem previsíveis e objetivamente controláveis as saídas para os litígios. As vantagens para os trabalhadores são instiladas pelas fontes, podendo justificar-se, no quadro geral do sistema e dentro dos limites constitucionais, a adoção pontual de medidas que os desfavoreçam. Uma ideia geral de proteção apenas poderia embaçar esta realidade, dificultando, inclusive, a sua crítica. Censura-se-lhe, também, um certo paternalismo, próprio de conceções dogmáticas comunitário-pessoais, abaixo criticadas. Pode, pois, concluir-se: seja por falta de autonomia, seja por insubistência, não se atribui, ao *favor laboratoris*, o sentido de um princípio interpretativo autónomo.

VI. Enquanto máxima probatória, o *favor laboratoris* daria, ao ónus da prova, uma feição particular. Na dúvida, ter-se-iam por não verificados os factos desfavoráveis aos trabalhadores. O ónus da prova tem hoje uma dimensão político-legislativa assumida[830]: a sua configuração deve ser utilizada pelo legislador como mais um instrumento ao serviço dos seus objetivos[831]. E por isso também, por vezes, o legislador, com recurso a presunções ou a disposições diretas, inflete o ónus de prova num sentido favorável ao trabalhador[832]. Trata-se, no entanto, de uma medida eventual, a pesquisar caso a caso: não há, com esse conteúdo, nenhum princípio geral.

VII. Há, como foi referido, uma quarta possibilidade que embora não assumida, pode influenciar certos autores: a de o *favor laboratoris* figurar, no campo do trabalho, a projeção de outros princípios, como o da tutela da parte fraca ou o da igualdade ou não-discriminação. Esta aceção figurativa ou descritiva poderia dar, ao *favor laboratoris*, um conteúdo renovado. Mas não é uma expressão adequada para o tal efeito: estando em causa outros princípios, melhor será nominá-los pelas designações próprias, apontando-se-lhes, depois, no local próprio, o eventual papel de proteção laboral.

VIII. Por fim, o *favor laboratoris* traduziria uma norma de conflito: num concurso de fontes laborais, deverá prevalecer a mais favorável aos trabalhadores. Este aspeto, de grande relevância prática e científica, será

[830] Gerhard Reinecke, *Die Beweislastverteilung im Bürgerlichen Recht und im Arbeitsrecht als rechtspolitische Regelungsaufgabe* (1976), 206 pp..

[831] No entanto, verifica-se uma escassa utilização com essa finalidade; *vide* as conclusões de Reinecke, *Die Beweislastverteilung* cit. na nota anterior.

[832] Assim, por exemplo, as presunções do artigo 12.º, relativas à existência de um contrato de trabalho.

abaixo considerado, a propósito dos conflitos hierárquicos das normas laborais.

112. A integração de valores laborais

I. No Direito do trabalho, deve-se recorrer, em princípio, às regras comuns da interpretação e de aplicação. Deve, no entanto, ser feita uma prevenção importante. Como disciplina nova, dotada ainda de uma conceptualização pouco consistente e sujeita aos óbices da prolixidade legislativa e dos desenvolvimentos linguísticos, o Direito do trabalho é muito sensível às perversões metodológicas. A jurisprudência dos conceitos, por exemplo, para além das críticas justas que desde Jhering lhe têm sido movidas, defrontaria, no domínio laboral, óbices acrescidos: os conceitos são desfocados, apresentam uma articulação insuficiente e não provocam um consenso mínimo. A jurisprudência dos interesses, por seu turno, viria agravar as deficiências ligadas ao seu positivismo[833]: na falta de ponderações legais expressas de "interesses" – hipótese particularmente frequente ou disciplinas que não hajam, sequer, atingido o estádio da codificação – a sua recusa em recorrer à Ciência do Direito, apelidada, com intenção, de "Filosofia do Direito" mais agrava a última solução proposta por Heck: a preponderância dos critérios subjetivos do juiz.

Por isso, exige-se, no Direito do trabalho, um particular esforço de atualização metodológica: os laboralistas não podem dispensar as potencialidades que a Ciência do Direito dos nossos dias põe à sua disposição.

II. Não cabe, aqui, desenvolver os parâmetros que informam, nos nossos dias, a interpretação e a aplicação jurídica[834]. Chama-se, tão-só, a atenção para alguns traços essenciais:

[833] Quanto às críticas a apresentar à jurisprudência dos interesses, Menezes Cordeiro, *Da boa fé*, 362 ss..

[834] Remete-se para Menezes Cordeiro, *Lei (aplicação da)*, Enc. Pólis 3 (1985), 1046-1062, *Tendências atuais da interpretação da lei: do juiz-autómato aos modelos de decisão jurídica*, Tribuna da Justiça 12 (1985), 1 ss., publicado, também, na Revista Jurídica, 1987, *Introdução* à versão portuguesa *Pensamento sistemático e conceito de sistema na Ciência do Direito*, de Claus-Wilhelm Canaris (1989) e *Tratado de Direito civil* I, 4.ª ed., 433 ss. e *passim*.

(a) a natureza constituinte da Ciência do Direito;
(b) a essência unitária e volitivo-cognitiva do processo de realização do Direito;
(c) a relevância do pré-entendimento e da ponderação das consequências.

A Ciência do Direito tem natureza constituinte. Ela não se limita a possibilitar o conhecimento de certa realidade: ela é essa própria realidade que, de outro modo, teria diversa configuração. Assim sendo, apenas no caso concreto decidido há Direito. No Direito do trabalho, esta constatação dá, à situação jurídica laboral, um relevo que transcende o Direito individual do trabalho: a decisão concreta – e, com ela, o próprio Direito do trabalho ocorre apenas a nível de situação laboral. Todo o desenvolvimento científico laboral é condicionado por este estado de coisas.

O processo de realização do Direito tem uma essência unitária e volitivo-cognitiva. A doutrina antiga distinguia, no processo de realização do Direito, várias fases diferenciadas e estanques: a localização da fonte, a sua interpretação, a integração quando, eventualmente, ocorresse uma lacuna, a determinação dos factos relevantes, a sua qualificação através de subsunção em conceitos e, depois, a aplicação. Além disso, o processo seria automático, no sentido de não implicar movimentações criativas que estariam estritamente reservadas ao legislador: o juiz limitar-se-ia a conhecer a norma veiculada pelas fontes, corporizando, depois, a aplicação que seria, tão-só, automática. Esta doutrina é substituída por uma diversa conceção: a localização das fontes, a interpretação e – disso sendo caso, a integração – jogam, em simultâneo, com a localização dos factos relevantes e a sua qualificação. Apenas por preocupação analítica é possível operar destrinças que não devem fazer esquecer a essência ontologicamente unitária do conjunto. A solução jurídica não é, por fim, automática: ela implica sempre uma decisão humana que, embora guiada por elementos objetivos, tem sempre algo de novo ou de criador. Os fatores que modelam essa vontade apresentam-se como argumentos em sentido próprio. Tais argumentos ordenam-se em modelos de decisão, apresentando um peso relativo que lhe advém das fontes e que se torna controlável pela Ciência do Direito. A decisão constituinte, sendo cognitiva é, também, volitiva.

III. Finalmente, há que lidar com o pré-entendimento e com a ponderação das consequências. O pré-entendimento chama a atenção para as condicionantes gnoseológicas da hermenêutica jurídica ou, mais longe ainda, do próprio processo de realização do Direito. Perante uma fonte e perante um problema, o operador jurídico conhece-os e equaciona-os em termos que facultem uma decisão, por estar previamente na posse de elementos que a tanto o habilitem: ele domina a linguagem e os quadros conceptuais necessários e tem uma ideia pré-concebida da solução a preconizar. Sem pré-entendimento, não há solução, obedecendo esta à feição por aquele assumida. O relevo que fatores representativos, políticos e ideológicos – para além, naturalmente das representações jurídicas e científicas e da experiência – podem assumir em geral, surgem acrescidas, em domínios sensíveis como os do Direito do trabalho. Noutro plano, cabe enfocar a necessidade de ponderar as consequências das decisões que venham a ser assumidas. As proposições jurídicas não valem, apenas, pelo seu teor: a sua finalidade ou teleologia são essenciais. De modo paralelo, também as decisões não se esgotam em si mesmas: elas têm consequências que o intérprete-aplicador deve conhecer e ponderar. Basta ver que uma decisão, em si correta, pode, por razões diversas, conduzir a resultados contrários ao pretendido pela norma de cuja aplicação se trate: impõe-se, então, uma correção. Também aqui há um aspeto que, tendo uma relevância geral, assume, no trabalho, um peso acrescido, em termos que dispensam um maior desenvolvimento.

IV. Transpondo estas considerações para o Direito do trabalho, elas documentam a necessidade de, no processo interpretativo e integrativo, ter em conta a globalidade dos valores tutelados pelo Direito. Por certo que, existencialmente, se pretende a tutela dos trabalhadores. Essa tutela passa pelo seu reconhecimento como pessoas, pelo papel dos direitos de personalidade na situação laboral, pelo respeito por direitos adquiridos e pela defesa da estabilidade no emprego. Tudo isso depende de juízos políticos, feitos pelo legislador legítimo. Tenha-se presente que, em cada concreta realização do Direito, não se aplicam normas isoladas: antes o ordenamento laboral no seu conjunto.

113. *Favor laboris*

I. O Direito do trabalho desenvolve-se em torno de um pólo matricial: uma grande empresa com centenas de trabalhadores. Temos fenómenos desse tipo, por exemplo, no Direito das sociedades, erguido em volta da sociedade anónima, com inúmeros acionistas. Por isso, quer os valores quer as próprias soluções estão construídos em torno da grande empresa. A defesa dos trabalhadores e a própria contratação coletiva fazem sentido a esse nível. E não obstante, o Direito do trabalho aplica-se, depois, a inúmeras situações laborais, quiçá largamente maioritárias. Exige-se, aí, um esforço de ponderação. Para os trabalhadores como para a generalidade dos agentes em economia de mercado, o bem supremo é a empresa. Sem ela, não há trabalho, digno e bem pago.

II. Uma característica relevante do Direito do trabalho, que iremos encontrar a propósito da reformulação da situação jurídica laboral, é a da repartição dos papéis (*Rollenverteilung*)[835]. Enquanto nos contratos comuns, as posições dos contraentes – p. ex., compra e venda, doação, locação ou mesmo sociedade – são pontuais e intermutáveis, no trabalho temos um sujeito (sempre) prestador e outro (sempre) empregador. Compreende-se que o Direito contemple, personalizada e diferenciadamente, ambas as posições, visceralmente diferentes. Mas há muitas variantes[836]. No exemplo de Wank, a dona de casa que contrate uma mulher a dias para ajudar na limpeza passa a ser "entidade patronal" e a prestadora, "trabalhadora". Vale o Direito do trabalho historicamente construído para as grandes empresas? E os valores em jogo serão os mesmos[837]?

III. O Direito do trabalho defende o trabalho em si, ou seja, uma atividade humana remunerada, contratada por outrem. Estão em jogo valores como a pessoa humana, como a empresa, como a paz social e como

[835] Já Wolfgang Zöllner, *Arbeitsrecht und Politik*, DB 1970, 54-62, Ulrich Preis, *Grundfragen der Vertragsgestaltung im Arbeitsrecht* (1993), XXXII + 635 pp., 37 ss., 283 ss. e *passim*; Manfred Lieb, *Die Schutzbedürftigkeit arbeitnehmerähnlicher Personen*, RdA 1974, 257-269 (259); hoje, Rolf Wank, *Auslegung und Rechtsfortbildung im Arbeitsrecht* cit., 33-34.

[836] Dieter Reuter, *Rechtsfortbildung im Arbeitsrecht/Ein Beitrag zum Problem der Einheit oder Vielheit der Rechtsanwendungsmethoden*, RdA 1985, 321-328 (322 ss.); Rolf Wank, *Die personelle Reichweite des Arbeitnehmenschutzes aus rechtsdogmatischer und rechtspolitischen Perspektive*, EuZA 9 (2016), 143-170 (144 e *passim*), concluindo por uma construção teleological da própria ideia de trabalhador, designadamente à luz do Direito europeu.

[837] Rolf Wank, *Auslegung und Rechtsfortbildung im Arbeitsrecht* cit., 33.

o progresso da comunidade. Quiçá mais do que ocorrerá noutros ramos do Direito, o laboralismo é uma disciplina empenhada, militante e consecutora de soluções efetivas, em detrimento seja de formalismos, seja de saída contraproducentes em face dos valores em jogo. O "cliché do proletariado indefeso" (Wank) não tem atualidade: mas se surgir pontualmente, o Direito lá estará para proteger. Hoje, o Direito do trabalho visa a equação trabalho/empresa, articulando-se com outros ramos jurídicos e agindo em defesa do trabalho: *favor laboris*.

SECÇÃO V

AS FONTES LABORAIS COLETIVAS E SIMILARES

§ 31.º DIREITO LABORAL COLETIVO

114. Direito laboral coletivo; aceções

I. O Direito laboral coletivo comporta duas aceções fundamentais, consoante se determine em função do objeto ou do modo de produção.

Pelo objeto, o Direito laboral coletivo abrange as normas e os princípios destinados a reger as situações laborais coletivas, isto é, aquelas que sejam protagonizadas por pessoas laborais coletivas, quando atuem nessa qualidade. Assim, e designadamente, o Direito laboral coletivo iria abranger as normas relativas às associações sindicais e às associações de empregadores, à negociação coletiva e às lutas laborais coletivas.

Pelo modo de produção, o Direito laboral coletivo corresponde às regras que derivam de convénios laborais coletivos – designadamente acordos entre sindicatos e associações de empregadores ou de fontes que, pela sua particular ligação funcional a tais convénios, lhes devam ser assimiladas.

II. Numa rubrica dedicada a fontes laborais específicas, interessa apenas considerar esta última categoria à qual, para prevenir dúvidas, se procurará chamar fontes laborais coletivas.

O Direito laboral coletivo quanto ao objeto releva mais do conteúdo do Direito do trabalho do que do seu sistema de fontes; todas as fontes podem estar, nele, implicadas, desde a Constituição aos usos laborais.

A forma porque surgem e operam as regras laborais coletivas implica desenvolvimentos que têm a ver já com o conteúdo da regulação laboral. Remete-se, pois, para essa rubrica o seu tratamento mais aprofundado.

III. Cabe ainda referir o problema dos denominados "regulamentos internos" ou "de empresa". Não se trata, em rigor, de regras laborais coletivas, embora com elas possam ter pontos de contacto.

Um simples fenómeno de absorção teleológica justificará, contudo, a sua inclusão nesta rubrica.

115. Convenção coletiva de trabalho e outros instrumentos laborais coletivos

I. Em termos histórico-culturais como dogmáticos, o contrato coletivo de trabalho constitui o cerne da regulação laboral coletiva. Pode definir-se, em termos sintéticos, com um acordo celebrado entre sindicatos, enquanto associações representativas dos trabalhadores e associações de empregadores – representativas, pois, dos empregadores – tendente a regular, no todo ou em parte, as situações jurídicas laborais.

A natureza dos contratos coletivos de trabalho é discutida na doutrina, devendo ser oportunamente retomada. Poder-se-á questionar se eles integram uma fonte imediata – isto é, portadora, em si mesma, do seu fundamento de jurídica positividade – ou se, pelo contrário, serão uma mera fonte mediata, operacional, apenas, por, para ela, remeter uma fonte imediata: a lei. Não se lhes pode, no entanto, recusar a natureza de fontes laborais. Duas razões fundamentais depõem nesse sentido:

(a) os contratos coletivos de trabalho são efetivas formas de revelação de normas jurídicas; do seu texto retiram-se múltiplas regras aplicáveis às situações jurídicas laborais que se lhes submetam, sendo certo que tais regras, ao contrário do que resultaria de meros comandos contratuais, apresentam as características da generalidade e da abstração próprias das normas jurídicas;
(b) os contratos coletivos de trabalho não são aplicáveis através de uma conjunção entre as regras da representação e da negociação singular – o que os reduziria à categoria de meros contratos singulares; há uma efetiva autonomização dogmática, base de um modo próprio de elaboração juspositiva.

Um terceiro argumento, por vezes inserido em livros de doutrina especializada, apelava para a inclusão das "convenções coletivas de trabalho" no elenco das "fontes" laborais, inserido no artigo 12.º/ 1 da revogada LCT. Hoje, o artigo 1.º do Código do Trabalho refere, como "fontes específicas", os instrumentos de regulamentação coletiva de trabalho. Tratar-se-ia aí, no entanto e quando muito, de uma qualificação legal não vinculativa, que não teria significado quando não correspondesse às efetivas realidades subjacentes.

II. Num esforço importante de normalização de linguagem, o revogado Decreto-Lei n.º 519-C/79, de 29 de dezembro, que aprovou o Regime Geral das Relações Colectivas de Trabalho (LRCT), veio definir os diversos instrumentos laborais coletivos. Fá-lo nos termos que seguem.

Instrumentos puramente laborais:

– convenções coletivas;
– decisão arbitral;
– acordo de adesão.

As convenções coletivas traduzem, genericamente, os convénios celebrados entre associações representativas dos trabalhadores (sindicatos ou seus agrupamentos) e empregadores (ou suas associações).

As decisões arbitrais têm o mesmo efeito das convenções coletivas e resultam de arbitragem, acordada por associações representativas de trabalhadores e empregadores, como modo de dirimir um conflito coletivo de trabalho – artigo 34.º da LRCT.

O acordo de adesão, por sua vez, é um convénio celebrado entre uma entidade laboral coletiva que não tenha intervido na celebração de uma convenção coletiva e as entidades que se lhe contraporiam na competente negociação se, nela, houvessem participado, com o fito de se lhe aplicar a convenção coletiva em causa; veja-se o artigo 28.º da LRCT.

As convenções coletivas de trabalho subdividiam-se, por seu turno, em:

– contratos coletivos;
– acordos coletivos;
– acordos de empresa.

Os contratos coletivos são convenções celebradas entre associações sindicais e associações patronais.

Os acordos coletivos traduzem convenções celebradas por associações sindicais e uma pluralidade de entidades patronais, para um pluralidade de empresas.

Os acordos de empresa equivalem a convenções subscritas por associações sindicais e uma só entidade patronal para uma só empresa.

Estas definições resultavam do artigo 2.º/3 da LRCT. Haveria ainda que acrescentar ao elenco o "assento" relativo à anulação e à interpretação das convenções coletivas do trabalho, proferidos nos termos dos artigos 177.º e seguintes do CPT.

Ao lado dos instrumentos puramente laborais de regulação coletiva surgiam os instrumentos administrativos. São eles:

(a) portarias de extensão;
(b) portarias de regulamentação.

As portarias de extensão são portarias conjuntas do ministro do trabalho e da tutela ou ministro responsável pelo sector de atividade, e que visam determinar "... a extensão total ou parcial das convenções coletivas ou decisões arbitrais a entidades patronais do mesmo sector económico e a trabalhadores da mesma profissão ou profissão análoga, desde que ...", segundo o artigo 29.º/1 da LRCT.

As portarias de regulamentação, por seu turno, são também portarias conjuntas do ministro do trabalho e da tutela ou responsável pelo sector de atividade, mas que visam, desta feita, suprir, em termos criativos, a inexistência, por impossibilidade ou por dilação, de convenções coletivas oportunamente celebradas. Os instrumentos administrativos de regulação laboral coletiva, ainda que específicos, ligam-se à autoridade do Estado, podendo considerar-se como leis em sentido material. Não obstante – e como foi dito – eles encontram-se dogmaticamente subordinados às convenções coletivas, numa situação que justifica a sua inclusão na mesma rubrica.

III. O Código do Trabalho, no seu artigo 2.º, procede a uma ordenação não totalmente coincidente. Contrapõe, logo à partida (2.º/1), os instrumentos de regulamentação coletiva de trabalho em negociais e não-negociais. Os negociais (2.º/2) são:

(1) a convenção coletiva;
(2) o acordo de adesão;
(3) a decisão arbitral em processo de arbitragem voluntária.

Por seu turno, as convenções coletivas subdividem-se em (2.º/3):

(a) contrato coletivo, celebrado entre uma associação sindical e uma associação de empregadores;
(b) acordo coletivo, concluído entre uma associação sindical e uma pluralidade de empregadores, para empresas diferentes;

(c) acordo de empresa, fechado entre uma associação sindical e um empregador, para uma empresa ou estabelecimento.

Quanto aos instrumentos não-negociais, temos (2.º/4):

(1) a portaria de extensão;
(2) a portaria de condições de trabalho;
(3) a decisão arbitral em processo de arbitragem obrigatória ou necessária.

IV. Os instrumentos de regulamentação coletiva de trabalho têm regras próprias de interpretação: abaixo examinadas[838]. Assinalamos que, mau grado a listagem no mesmo plano, a figura liderante, quer em termos históricos, quer em moldes dogmáticos, é o contrato coletivo. As demais, ou são modalidades suas, ou operam como sucedâneos.

116. As normas corporativas

I. O Código Civil refere normas corporativas no seu artigo 1.º/1, 1.º/2, 2.ª parte, 1.º/3 e 3.º/2. Recordemos os textos:

Artigo 1.º (Fontes imediatas)

1. São fontes imediatas do direito as leis e as normas corporativas.
2. (…) são normas corporativas as regras ditadas pelos organismos representativos das diferentes categorias morais, culturais, económicas ou profissionais, no domínio das suas atribuições, bem como os respetivos estatutos e regulamentos internos.
3. As normas corporativas não podem contrariar as disposições legais de caráter imperativo.

Artigo 3.º (Valor jurídico dos usos)

2. As normas corporativas prevalecem sobre os usos.

No anteprojeto de Manuel de Andrade[839], as normas corporativas já surgiam, ao lado das leis, como fontes, embora não se lhes chamasse "ime-

[838] *Infra*, 713 ss..
[839] Manuel de Andrade, *Fontes de direito* cit., 141-142.

diatas". A definição de normas corporativas surgia no artigo 1.º/II, *b*), em termos mais simples que os depois inseridos no Código:

> São normas corporativas as ditadas por organismos representativos de categorias profissionais ou económicas, nos limites das suas atribuições, bem como os respectivos estatutos e regulamentos internos.

O projeto final acrescentou as "categorias morais" e as "categorias culturais", de modo a completar o mapa oficial das corporações, adotado pelo Estado Novo[840] e de que acima foi dada conta.

O mesmo projeto de Manuel de Andrade já subordinava as normas corporativas às disposições legais imperativas (1.º/III), fazendo-as prevalecer sobre os usos (3.º/II).

II. O modelo de Manuel de Andrade e, depois, do Ministro Antunes Varela, foi o do Código Civil italiano, mas apenas em parte. Com efeito, o Código italiano era mais explícito, compreendendo, sobre o tema em estudo:

- o artigo 1.º, que colocava as normas corporativas entre os regulamentos e os usos, no elenco das fontes do Direito;
- o artigo 5.º que considerava normas corporativas:

  > (...) as ordenações corporativas, os acordos económicos colectivos, os contratos colectivos de trabalho e as sentenças da magistratura do trabalho nas controvérsias colectivas.

- o artigo 6.º que remetia a formação e a eficácia das normas corporativas para o Código Civil e as leis especiais;
- o artigo 7.º, que impedia as normas corporativas de derrogar as disposições imperativas da lei e dos regulamentos;
- o artigo 8.º, que fazia prevalecer as normas corporativas sobre os usos.

Como se vê, o Código italiano estabelecia um sistema coerente para as normas corporativas, às quais dava um conteúdo alargado. Já Manuel de Andrade e, depois, o Código vieram retirar (ou não vieram referir), entre as normas corporativas, os acordos económicos coletivos, os contratos coletivos de trabalho e as sentenças da magistratura do trabalho.

[840] E constante do artigo 17.º da Constituição Política de 1933, como refere, de resto, o próprio Manuel de Andrade, *Fontes de direito* cit., 147-148.

III. Seguindo os movimentos transalpinos dos anos trinta, o Código Civil fez questão de marcar a supremacia do Estado (as normas corporativas não podem contrariar leis imperativas) e a da organização sócio-económica pública, sobre o Direito comercial (as normas corporativas prevalecem sobre os usos)[841]. Politicamente, quer esta opção quer a própria referência, num diploma como o Código Civil, a "normas corporativas", tendo em conta a sua conotação com o fascismo italiano e isso mais de vinte anos após a queda do regime de Mussolini, regime esse com o qual ninguém, após 1945, ousaria identificar-se, surgem surpreendentes: foram sufragadas por professores universitários do mais alto nível, dos quais seria de esperar contenção e bom senso[842].

Em termos formais, estranha-se a contraposição entre "leis" e "normas corporativas": ou se dizia "normas legais" e "normas corporativas" (fórmula inadequada já que as fontes contêm normas mas não são, elas próprias, normas) ou se optava por "leis" e "diplomas corporativos". Andrade não chegou a rever o seu projeto e Varela decidiu entronizá-lo, mesmo contra a vontade do seu Autor.

Em termos materiais, não se entende como considerar as "normas corporativas" como "fontes imediatas": parece claro que elas retiram a sua jurídica-positividade da lei e não de elas próprias.

Em suma: a mais de meio século de distância, todo este episódio se afigura uma ligeireza surpreendente.

IV. As "normas corporativas" do Código Civil eram assim consideradas não pela sua materialidade, mas pela origem: provinham dos organismos corporativos[843]. As próprias regras (estaduais) relativas às corporações eram leis.

Por seu turno, as normas corporativas pela origem podiam ser puramente orgânicas (regiam a sua estrutura e o seu funcionamento) ou mate-

[841] Foram, no início do século, revelados trabalhos preparatórios inéditos do Código Civil italiano. Tornou-se então público um diferendo ocorrido entre os comercialistas e os laboralistas. Recorde-se que o Código italiano absorveu o Direito comercial e o Direito do trabalho, de tal modo que uns e outros participaram na sua preparação. Os comercialistas pretendiam a prevalência dos usos; os laboralistas, a das "normas corporativas". O diferendo foi arbitrado por Mussolini que (evidentemente) fez prevalecer as normas corporativas, adotadas pelo regime fascista.

[842] Diogo Freitas do Amaral, *Manual de introdução ao Direito* 1 (2004), 358, considera que se tratou de uma homenagem tardia ao "sistema corporativo" criado pelo Estado Novo.

[843] Alberto Xavier, *Direito corporativo* cit., 1, 41 ss..

riais, quando visassem a sua atividade e as dos seus membros. Nestas últimas podiam-se incluir as convenções coletivas de trabalho[844]. Evidentemente: a mera origem das "normas" era fraco apoio para justificar uma dogmática autónoma. A preocupação em cercear uma verdadeira materialidade não-estadual matou, no berço, uma autonomia efetiva da fonte em causa.

V. As normas corporativas, pela sua origem e pela sua conexão com o fascismo italiano, estavam formalmente ligadas à II República ou Estado Novo. Pergunta-se, por isso, se a queda desse regime, em 25-abr.-1974, e a entrada em vigor da Constituição de 1976 não terão revogado ou feito caducar tais normas.

Para além das conexões político-culturais acima sublinhadas, as normas corporativas não exprimiam, na sua generalidade, nada de especialmente incompatível com o regime pós-25 de abril. Pelo contrário: a lógica dirigista que enformava muitas delas até poderia ir ao encontro do ideário estatizante que dominou o País, mormente durante o ano de 1975 e que encontrou lugar em muitas das disposições iniciais da Constituição de 1976. As normas corporativas, em si, não são materialmente contrárias à Constituição. Poderia haver uma ou outra situação em que essa contrariedade surgisse: mas nessa altura, não ofereceria dúvidas considerá-las revogadas ou inconstitucionais.

VI. Tem ainda interesse verificar como foi resolvido o problema em Itália. Após a queda do regime de Mussolini, em 1942[845], as normas corporativas continuaram em vigor. O Decreto Legislativo n.º 369, de 23-nov.-1944, suprimiu as fontes corporativas. Mas deixou em funcionamento as normas corporativas já emanadas, com a eficácia originária, sem prejuízo das ulteriores modificações (artigo 43.º).

O funcionamento das normas corporativas manteve-se, em tudo o que elas não contraditassem os princípios constitucionais.

VII. Após a queda da II República, e ao contrário do que sucedeu em Itália, não se procedeu a uma supressão global dos organismos corporativos. Antes se foram sucedendo os diplomas de extinção sectorial, os quais se prolongaram por duas décadas.

[844] *Idem*, 44.

[845] Esse regime foi ainda restabelecido, durante dois anos, no Norte de Itália, pela força das armas alemãs.

Os sindicatos recuperaram, logo no plano dos factos, a sua independência. Aliás, ainda antes de 25-abr.-1974, em vários sindicatos-chave, já haviam sido eleitas direções que se opunham frontalmente ao regime do Estado Novo.

Quanto às corporações económicas, em síntese: o Decreto-Lei n.º 443/74, de 12 de setembro, extinguiu as corporações dependentes do Ministério da Economia; não terá sido prontamente executado uma vez que, dez anos depois, foi alterado pelo Decreto-Lei n.º 203/84, de 15 de junho; o Decreto-Lei n.º 482/74, de 25 de setembro, extinguiu os grémios da lavoura[846]; o mesmo sucedeu com os grémios da banca (Decreto-Lei n.º 296/75, de 19 de junho) e dos seguros (Decreto-Lei n.º 306/75, de 21 de junho). Pouco antes, o Decreto-Lei n.º 293/75, de 16 de junho, dera 60 dias aos grémios de inspiração facultativa, para passarem a associações patronais, prazo esse que foi prorrogado pelo Decreto-Lei n.º 684/75, de 10 de dezembro, em nova demonstração da morosidade da extinção.

Algumas corporações cobravam determinadas taxas, das quais dependiam. Uma das vertentes do desmantelamento do sistema foi a da abolição de tais taxas. Assim, o Decreto-Lei n.º 122/75, de 10 de março, extinguiu as taxas dos organismos corporativos do sector da panificação; o Decreto-Lei n.º 144/76, de 19 de fevereiro, extinguiu todas as taxas; o Decreto-Lei n.º 253/77, de 15 de junho, veio ainda extinguir as taxas cobradas pelo Grémio dos Armadores de Pesca do Bacalhau e da Comissão Reguladora do Comércio de Bacalhau; o sector da pesca foi, de resto, particularmente resistente: o Decreto-Lei n.º 116/82, de 19 de outubro, extinguiu o Grémio dos Armadores da Pesca da Sardinha e o Decreto-Lei n.º 107/94, de 23 de abril, alterado pelo Decreto-Lei n.º 281/95, de 26 de outubro, o dos Armadores de Pesca do Arrasto.

A extinção de organismos corporativos levou a que o respetivo pessoal transitasse para o correspondente organismo do Estado.

As normas corporativas orgânicas foram, assim, desaparecendo progressivamente.

VIII. Pergunta-se, agora, pelo destino das normas de produção corporativa, previstas no Código Civil.

Tais normas, na medida em que não tenham sido implícita ou explicitamente revogadas pela legislação posterior à queda do Estado Novo, subsistem, até aos nossos dias. Muitas delas, designadamente as resultantes de convenções coletivas de trabalho, foram sendo incorporadas pelas conven-

[846] Os grémios da lavoura, para além das dimensões "corporativas", tinham um papel técnico e científico importante, no apoio aos agricultores. A sua extinção, acompanhada pela destruição física de muito do seu espólio, levada a cabo, em certas localidades, por circunstâncias políticas que não ficarão na História, contribuiu para a decadência da agricultura.

ções subsequentemente negociadas e adotadas[847]. Mantêm a natureza de "normas corporativas"? E se surgirem novas regras similares, serão normas corporativas?

IX. Uma "sobrevivência" de normas corporativas, após a extinção dos organismos corporativos, só teria alcance jurídico-científico quando fosse possível indicar um teor material para as normas em causa.

O regime do Estado Novo não logrou fazê-lo: a categoria "normas corporativas", tal como emerge da 2.ª parte do artigo 1.º/1, define-se pelo traço formal da sua origem (produção corporativa) e pelo do seu objeto (estatutos e regulamentos internos). Mas subentende-se a mensagem: haveria normas jurídicas de produção não-estadual. O corporativismo, ao considerar *ad nutum* as corporações como pessoas coletivas de Direito público (base I da Lei n.º 2:086, de 22 de agosto de 1956) matava (no ovo), essa hipótese: em termos substanciais, as corporações acabavam por se reconduzir ao Estado, em sentido muito amplo, mas ainda real: a jurídica-positividade das normas corporativas advinha da autoridade estadual. A liberalização da sociedade, posterior à Constituição, tornou, paradoxal e teoricamente possível, verdadeiras "normas corporativas".

Esse lugar afigura-se-nos preenchido pelo que chamamos "diplomas privados": verdadeiras fontes do Direito, de produção não-pública (não estadual, em sentido amplo), com uma dogmática diferenciada. Todavia, não vemos vantagem em ressuscitar as "normas corporativas" do Código Civil: isso implicaria uma reconstrução que iria contundir com a letra da lei e com a História, tal como ocorreu.

As normas corporativas vão desaparecendo paulatinamente, à medida que venham a ser substituídas ou, simplesmente, revogadas.

117. **O regulamento de empresa**

I. Entre as fontes específicas do Direito do trabalho surge, por último, o regulamento de empresa. O regulamento de empresa ocupa uma posição particular, uma vez que é elaborado pela entidade empregadora, ao abrigo dos poderes de direção que lhe competem, na relação jurídica laboral[848].

[847] Quanto ao sector bancário, *vide* o nosso *Convenções colectivas de trabalho e Direito transitório: com exemplo no regime da reforma no sector bancário*, Est. Oliveira Ascensão II (2008), 1489-1511.

[848] Com indicações, *vide* Rosário Palma Ramalho, *Tratado* cit., 1, 4.ª ed., 279 ss..

O artigo 99.º/1 vem dispor[849]:

> O empregador pode elaborar regulamento de empresa sobre organização e disciplina do trabalho.

Na elaboração do regulamento é ouvida a comissão de trabalhadores ou, na sua falta, as comissões intersindicais, as comissões sindicais ou os delegados sindicais (99.º/2) e a sua elaboração pode, sobre determinadas matérias, ser tornada obrigatória por IRCT (99.º/4). O artigo 104.º/1 prevê ainda que o regulamento interno possa revelar a vontade do empregador de celebrar um contrato de trabalho: bastará, ao trabalhador, aderir a ele.

II. O regulamento de empresa conheceu uma evolução no sentido da privatização. Segundo o artigo 39.º/3 da LCT, o regulamento em causa devia ser aprovado pela administração laboral: ao tempo, a Inspeção-Geral do Trabalho. O Código do Trabalho de 2003 optou pelo mero depósito e registo, na Inspeção-Geral em causa (153.º/4). O Código de 2009, versão inicial, limitava a exigência ao envio do regulamento para os serviços do Ministério do Trabalho [99.º/3, *b*)], num requisito suprimido pela Lei n.º 23/2012, de 25 de junho, através da nova redação do artigo 99.º/3[850]. A jurídico-positividade do regulamento de empresa deriva exclusivamente da vontade do empregador, no exercício de prerrogativas que a lei lhe reconhece.

III. A presença deste regulamento – a que, pelo seu carácter interno e pela sua aptidão para surgir apenas em unidades laborais de dimensão mínima – na cauda das diversas fontes do Direito do trabalho não deve fazer esquecer que, por vezes, ele tem, potencialmente, uma importância prática muito grande.

Cabe, em especial, ponderar o seu fundamento, as suas modalidades, o seu conteúdo, a sua natureza e a sua ordenação perante as demais fontes laborais.

[849] O artigo 99.º corresponde ao 39.º da antiga LCT; todavia, esta previa uma aprovação pela administração laboral que, hoje, já não existe.

[850] Rosário Palma Ramalho, *Tratado* cit., 1, 4.ª ed., 283.

IV. O regulamento de empresa fundamenta-se, desde logo, no poder de direção do empregador e na consequente situação de subordinação em que os trabalhadores se encontram.

O poder de direção – com a concomitante sujeição à obediência – surge, à partida, como uma faceta potestativa, de feição individual – e logo não-normativa. Perante uma generalidade de trabalhadores, tal poder é exercível de forma genérica, originando verdadeiras normas jurídicas.

Em rigor, o regulamento de empresa pareceria um *minus* em relação ao poder de direção individual: ele traduz uma (auto)limitação dos poderes da entidade patronal que, em vez de pautados apenas pelas outras fontes, passarão a sê-lo, também, pelo regulamento de empresa. E tanto assim é que o regulamento da empresa, surgindo à partida ao abrigo de um direito do empregador, pode, em consequência de norma coletiva – artigo 99.º/4 – ser de elaboração obrigatória: restringe-se, assim, o arbítrio patronal.

Deve no entanto enfocar-se que o facto de o poder de direção assumir uma forma regulamentar não é, apenas, uma questão quantitativa: recorrendo à via genérica, o empregador está a assumir situações jurídicas qualitativamente diferentes da do mero comando individual. Certas regras tornam-se, então, aplicáveis, como será referido a propósito do seu conteúdo.

V. O artigo 99.º refere, apenas, regulamentos internos. Outras modalidades desta figura são, não obstante, admissíveis. Assim, os regulamentos de empresa podem ser gerais ou especiais (para certos departamentos, direções de serviços ou serviços, para a sede ou para agências, sucursais ou filiais, para pessoal dirigente, quadros, pessoal administrativo ou pessoal técnico, para serviço diurno ou noturno, para a produção, a gestão ou a segurança), colocando-se, então, questões de harmonização.

Para além disso, o empregador pode dimanar – diretamente ou através de pessoal dirigente – "ordens de serviço", "circulares internas", "comunicações" ou "instruções"[851] – como modo de expressar, por forma genérica e logo normativa, as suas orientações no domínio dos poderes de direção laboral que lhe competem.

VI. No que toca ao conteúdo dos regulamentos da empresa, fala o artigo 99.º/2 em "organização e disciplina do trabalho". Evitou a expressão

[851] Monteiro Fernandes, *Direito do Trabalho* cit., 1, 6.ª ed., 198. Em geral, *vide* João Francisco de Almeida Policarpo, *O regulamento da empresa – sua função*, ESC VIII, 29 (1969), 15-32.

do artigo 39.º/2 da revogada LCT, que referia "normas de organização e de disciplina do trabalho". Ficam, deste modo, envolvidos os mais diversos aspetos.

À partida, o poder de direção do empregador diria respeito, apenas, à concretização da prestação "trabalho". A presença de numerosos trabalhadores nos quadros económicos e sociológicos de uma empresa alarga, porém, esse âmbito inicial. Surgem problemas de organização e segurança que transcendem o esforço laboral em si, mas que pelas suas implicações, são suscetíveis de ser levados a regulamento: uniformes, cantinas, infantários ou lazeres.

Por razões evidentes, técnicas e de fundo, o regulamento de empresa não pode limitar direitos conferidos por fontes de nível superior. Em termos rigorosos, ele apenas poderia efetivar o que o próprio empregador, através dos seus poderes de autoridade, esteja habilitado a fazer, numa limitação suscetível de alargamento, através da aceitação do trabalhador, a que, abaixo, se fará referência. A sua natureza genérica dá-lhe, contudo, mais responsabilidades – e logo maiores limitações – do que as assacadas ao poder de direção em si. Por exemplo, uma instrução dada a certo trabalhador, de determinado sexo, de certa raça ou com alguma convicção política ou religiosa nada tem, em si, de anormal; mas uma diretriz genérica para alguma dessas categorias pode ser ilícita, por contrariar a igualdade ou ser discriminatória.

VII. Perante as diversas fontes laborais, o regulamento da empresa ocupa uma posição na base da hierarquia competente, tendendo a acompanhar a categoria do próprio contrato individual de trabalho.

O regulamento de empresa subordina-se, por certo, à lei e às fontes coletivas, em termos que dispensam mais desenvolvimento. Mas a sua natureza básica dá lugar a algumas dúvidas.

Por via do artigo 104.º/1, sob a epígrafe "contrato de trabalho por adesão", o empregador pode manifestar a sua "vontade contratual", com vista à conclusão de um contrato de trabalho, através do regulamento de empresa. Os trabalhadores poderão fazê-lo pela adesão expressa ou tácita a esse regulamento. O n.º 2 acrescenta:

> Presume-se a adesão do trabalhador quando este ou não se opuser por escrito no prazo de vinte e um dias, a contar do início da execução do contrato ou da divulgação do regulamento, se esta for posterior.

Tal preceito, a ser interpretado de modo alargado, contratualizaria por completo o regulamento da empresa, levando-o, afinal, a assentar no acordo das partes.

Julga-se, no entanto, que outra deve ser a solução.

O artigo 104.º/1 surge a propósito da formação do contrato de trabalho; com este tem, pois, a ver. Os regulamentos internos que podem traduzir as "cláusulas contratuais gerais", que dão lugar a "contratos por adesão" – e que, em suma, relevam para efeitos do referido artigo 104.º/1 – não são todos os regulamentos referidos no artigo 99.º: eles podem surgir entre tais regulamentos ou, por maioria de razão, podem encontrar-se disseminados em tais regulamentos[852].

Resulta daqui que os regulamentos de empresa podem incluir dois tipos de disposições[853]:

(a) preceitos que se prendam com o contrato de trabalho – condições básicas, promoções etc. – e que dependam de acordo;
(b) preceitos puramente organizatórios ou disciplinares, assentes na autoridade empresarial, e que dispensam qualquer acordo, antes sendo da essência do trabalho subordinado.

Os primeiros têm categoria contratual; os segundos são meras emanações da direção do empregador, devendo respeitá-los, salvo quando outra coisa resulte de lei ou de convenção,

VIII. No termo deste desenvolvimento, poder-se-á discutir se o regulamento da empresa tem efetiva natureza de fonte laboral. A doutrina antiga ignorava o problema, porventura impressionada com a estranheza de uma "fonte" que uma das partes poderia impor à outra ou que, em certos casos, emergeria de um simples convénio entre duas partes.

Não se deve permitir que fatores de tipo afetivo interfiram na explanação científica do Direito do trabalho. O regulamento de empresa é, efetivamente, uma fonte do Direito do trabalho embora, naturalmente, apenas

[852] Pedro Romano Martinez, *Direito do trabalho* cit., 8.ª ed., 464 ss., com considerações importantes. A matéria deverá ainda ser compaginada com o artigo 4.º/11 do Regulamento 2016/679, de 27 de abril (proteção de dados); *vide* o II volume desta nossa obra.

[853] Rosário Palma Ramalho, *Tratado* cit., 1, 4.ª ed., 280 ss..

mediata: ela revela normas jurídicas mas não tem, em si, jurídica positividade, devendo colhê-la noutras fontes.

A positividade dos regulamentos de empresa advém, desde logo, do Direito (legislado), por este admitir a figura do contrato de trabalho, pelo qual uma das partes se coloca em situação de subordinação; ela reside ainda no próprio artigo 99.º/1, acima transcrito, mas que, na verdade, mais não faz neste domínio do que sistematizar o que resultava já de princípios gerais.

IX. Acrescente-se, que a possibilidade de surgirem regulamentos privados não se limita ao Direito do trabalho: eles são possíveis, sempre, por via contratual e, ainda, quando haja situações heterodeterminadas[854]. Tal sucede no domínio das associações ou no campo da propriedade horizontal [1418.º/2, *b*), do Código Civil]. O Direito do trabalho pode, assim, dar úteis indicações a outros sectores.

[854] Enrico del Prato, *I regolamenti privati* (1988), 344 ss..

CAPÍTULO II

OS CONFLITOS DE NORMAS LABORAIS

118. **O problema**

I. O Direito do trabalho caracteriza-se por dispor de um sistema de fontes de acentuada complexidade. Acrescendo às exigências constitucionais, temos Direito internacional, Direito europeu, leis nacionais, convenções coletivas, regulamentos de empresa e contratos individuais. Além disso, a relação de trabalho, como relação duradoura, entra em contacto com leis que se vão sucedendo no tempo. Cumpre verificar em que medida as leis novas têm aplicação a situações laborais preexistentes. Finalmente, num Mundo em crescente globalização, as situações de trabalho podem entrar em contacto com diversos ordenamentos jurídicos. Qual deles aplicar? Tudo isto exige soluções claras e previsíveis.

II. O problema da sucessão de leis no tempo origina os conflitos temporais de leis. Para os enfrentar, dispomos do Direito transitório: com regras gerais, hoje presentes no artigo 12.º do Código Civil, acompanhadas por particularidades laborais que devem ser definidas.

III. Dada a presença de ordenamentos diversificados, em todo o Planeta, a eventualidade de uma situação laboral entrar em contacto com mais de um deles, origina conflitos de leis no espaço. O Direito internacional privado é convocado. Hoje, essa matéria consta do Direito europeu – fundamentalmente o Regulamento Roma I. Cabe verificar o posicionamento do Direito do trabalho nesse campo. O Direito internacional privado é uma disciplina complexa pelo que, aqui, a matéria será simplesmente aludida.

IV. O concurso entre normas laborais de diferente nível ou categoria provoca conflitos hierárquicos. Estes são potenciados pela multiplicação de fontes internas. Tradicionalmente, o Direito do trabalho encara-os através do *favor laboratoris*. Haverá que fazer, nesse domínio, o ponto da situação.

V. Na sequência, vamos considerar:

– conflitos temporais;
– conflitos espaciais;
– conflitos hierárquicos,

bem como, naturalmente, as normas de conflito destinadas a ultrapassá-los.

SECÇÃO I

OS CONFLITOS DE LEIS NO TEMPO

§ 32.º AS REGRAS GERAIS DE DIREITO TRANSITÓRIO

119. Aspetos e princípios gerais

I. O Direito não é estático. As fontes evoluem, por vezes, com uma rapidez assinalável. O fenómeno, pela natureza das coisas, tem sobretudo a ver com a sucessão de leis no tempo. Quando uma situação jurídica se prolongue no tempo e tenha contacto com, pelo menos, uma lei velha e uma lei nova, qual delas aplicar?

Em abstrato, duas são as vias de solução possíveis:

(a) ou surgem regras especiais para as situações em causa, dispensando-lhes, diretamente, um tratamento "misto" adequado à sua materialidade;
(b) ou ocorrem regras de conflito as quais, ponderando a situação atingida, determinam a aplicação ou da lei nova, ou da lei velha.

A primeira via diz-se Direito transitório material; a segunda, Direito transitório de conflitos ou, simplesmente, Direito transitório.

II. A tradição continental no domínio em análise implica a formação de regras abstratas de Direito transitório ou de Direito intertemporal. Vamos segui-la. Mas com uma importante prevenção: o Direito transitório visa resolver casos concretos: ou não é Direito. Pela sua própria natureza (e salvo se material), o Direito transitório nada soluciona só por si: limita-se, da lei nova e da lei velha, a apontar a competente para o fazer. Trata-se, deste modo, de um Direito incompleto. Mas essa incompleitude não interrompe o processo de realização, sabidamente unitário.

As regras de Direito transitório, mesmo na sua formulação, devem ser substancializadas. Elas funcionam num conjunto indissociável com o Direito material para que remetam. Apenas por necessidade de análise procedemos ao seu estudo em separado: terá de ocorrer uma síntese final com as regras materiais, só nessa altura se podendo completar o circuito hermenêutico.

III. A evolução histórica levou, ao longo do século XIX, à formulação dos princípios clássicos do Direito transitório. São eles, fundamentalmente:

(a) o princípio da não-retroatividade;
(b) o princípio do respeito pelos direitos adquiridos;
(c) o princípio da aplicação imediata da lei.

Podemos adiantar que toda a moderna teoria do Direito transitório deriva de uma articulação entre estes três princípios.

120. A não-retroatividade

I. A primeira regra de Direito transitório do artigo 12.º/1 do Código Civil manda: a lei só dispõe para o futuro. E prossegue: ainda que lhe seja atribuída eficácia retroativa, presume-se que ficam ressalvados os efeitos já produzidos pelos factos que a lei se destina a regular.

Antes de aprofundar a interpretação desse preceito, cumpre verificar as hipóteses de leis retroativas, à luz do Direito vigente.

De acordo com uma terminologia comum, "retroagir" significaria agir sobre o passado. Contudo: a menos que se ressuscite a máquina do tempo de H. G. Wells[855], não se pode agir sobre o passado[856]. A lei

[855] H. G. Wells (1866-1946) foi um Autor clássico americano de ficção científica, entre cujas obras-primas se conta a da máquina do tempo: um dispositivo que permitiu ao protagonista viajar no tempo, para o futuro e para o passado, onde acabaria perdido: Herbert George Wells, *The Time Machine* (1895), traduzido em dezenas de idiomas e adaptado a uma dúzia de filmes.

[856] Jacques Héron, *Étude structurale de l'application de la loi dans le temps (à partir du Droit civil)*, RTDC LXXXIV (1985), 277-333 (291 ss.). *Vide* Oliver Lepsius, *Die Rückwirkung von Gesetzen*, I, Jura 2018, 577-585 e II, Jura 2018, 695-702.

retroativa será aquela que fixa efeitos não em função de factos presentes ou futuros (à medida que se verifiquem), mas de acordo com algo que sucedeu no passado e que nada poderá alterar. Compreende-se, a essa luz, a grave preversão que ela representa: por definição, a lei retroativa abdica de conformar condutas humanas, apenas procurando certos efeitos. Como, todavia, esses efeitos podem ser um ponto de partida para novas condutas, é justificável, ainda que limitadamente, alguma eficácia retroativa.

II. Tomando a retroatividade como uma via de provocar efeitos (atuais) em função de factos passados, seja dando relevo àqueles que, na altura, o não tinham, seja retirando-lhes o papel que, quando ocorreram, o Direito lhes atribuiu, podemos distinguir[857] três tipos ou graus de retroatividade:

(a) a retroatividade forte ou de grau máximo: a lei nova dispõe alterado um caso julgado decidido ao abrigo da lei velha; por exemplo, ela vem invalidar um contrato cuja eficácia fora reconhecida por sentença transitada;
(b) a retroatividade média ou de grau médio: a lei nova vem atingir efeitos decorridos no passado, nos termos da lei velha; por exemplo, a lei nova vem baixar a taxa de juros e obriga a restituir as importâncias legitimamente percebidas como juros, ao abrigo da lei velha;
(c) a retroatividade fraca ou de grau mínimo: a lei nova vem atingir posições consubstanciadas ao abrigo da lei velha; por exemplo, ela vem ampliar os prazos de um arrendamento anterior.

Pergunta-se se estes tipos de retroatividade são possíveis, isto é, se a lei pode determinar que eles se verifiquem.

[857] *Vide*: João Baptista Machado, *Introdução ao Direito e ao discurso legitimador*, 3.ª ed. (1989), 226-227; Miguel Teixeira de Sousa, *Aplicação da lei no tempo*, CDP 18 (2007), 3-15 (12/I ss.); o nosso *Da aplicação da lei no tempo e das disposições transitórias*, Legislação 7 (1993), 7-29.

III. A retroatividade forte é inconstitucional[858]. O artigo 282.º/3 da Constituição prevê que a declaração, pelo Tribunal Constitucional, de uma inconstitucionalidade com força obrigatória geral produza efeitos desde a entrada em vigor dessa norma, mas com ressalva dos casos julgados. Pois bem: se mesmo perante o vício máximo de inconstitucionalidade, o caso julgado é intocável, por maioria de razão assim será perante uma lei nova[859].

A retroatividade média é tendencialmente inconstitucional. De facto, a Constituição não a proíbe, a não ser em matéria penal (29.º/1 e 4) e salvo se a lei nova for mais favorável ao arguido, em matéria de leis restritivas para os direitos, liberdades e garantias (18.º/3) e em domínios fiscais (103.º/3, versão posterior a 1997[860]). Além disso, a retroatividade contraria o princípio básico da proteção da confiança, próprio do Estado de Direito[861], e tal como temos vindo a preconizar, conectado com a regra básica da igualdade. Em rigor, ela poderia ser admitida quando as posições atingidas fossem compensadas nos termos aplicáveis à "justa indemnização" (62.º/2, da Constituição)[862].

[858] Quanto à temática constitucional da retroatividade: Bodo Pieroth, *Rückwirkung und Übergangsrecht/Verfassungsrechtliche Massstäbe für intertemporale Gesetzgebung* (1981), 436 pp.; *vide*, aí, 19 ss..

[859] STJ 29-jun.-1976 (Jacinto Rodrigues Bastos), BMJ 258 (1976), 220-224 (223-224); STJ 28-mar.-1996 (Sá Couto), BMJ 455 (1996), 450-464 (460).

[860] Anteriormente, a retroatividade fiscal fora admitida, ainda que de modo erróneo: TC n.º 11/83, de 12 de outubro (José Martins da Fonseca), O Direito 106-119 (1974/87), 357-394, anot. Jorge Miranda, *idem*, 394-396, discordante, e com diversos votos de vencido; na verdade, a retroatividade fiscal viola o princípio da igualdade (13.º/1): vai tributar (hoje) de modo diverso, realidades que (hoje) são iguais ou de modo igual (hoje), realidades (hoje) diferentes. A riqueza passada (ou a falta dela) podem não ter correspondência, no momento da incidência do imposto, que é o relevante.

[861] TC n.º 70/92, de 24 de fevereiro (Antero Monteiro Dinis), BMJ 414 (1992), 130-147 (145-146); TC n.º 95/92, de 17 de março (Armindo Ribeiro Mendes), BMJ 415 (1992), 190-207 (206); TC n.º 93/84, de 30 de julho (Jorge Campinos), BMJ 355 (1986), 135-156 (150-151); TC n.º 71/87, de 18 de fevereiro (Vital Moreira), BMJ 364 (1987), 508-516 (514).

[862] Exige-se uma previsibilidade quanto às mudanças no Direito: Ton Heukels, *Intertemporales Gemeinschaftsrecht/Rückwirkung, Sofortwirkung und Rechtsschutz in der Rechtsprechung des Gerichtshofes der Europäischen Gemeinschaften* (1990), 356 pp., 324 e 327 ss.; os estudiosos recordam que os regimes totalitários, como o nazista, facilitavam a retroatividade: Michael Daemger, *Rück- und Fortwirkung im Privatrecht* (2005), 268 pp., 216 ss.. Sem pôr em causa o elevado nível científico dos juristas envolvidos, afigura-se

A retroatividade fraca é admissível desde que não contradiga valores constitucionais ou, no caso concreto, não dê azo a posições que, a serem invocadas, se revelem abusivas, por contrárias ao sistema. Por exemplo: a lei que prorrogue o prazo de um arrendamento pode pôr em causa o princípio da propriedade privada.

IV. Com estes elementos necessários por via das exigências de uma interpretação coerente e sistemática, regressemos ao artigo 12.º/1, do Código Civil. Diz-nos o legislador:

(a) que a lei só dispõe para o futuro; quando ela nada diga, não tem eficácia retroativa (12.º/1, 1.ª parte);
(b) que, todavia, a interpretação pode revelar a presença de uma retroatividade fraca, atingindo-se efeitos que se iriam desencadear ao abrigo da lei velha; a referência "*ainda que lhe seja atribuída eficácia retroativa, presume-se* ..." tem um alcance interpretativo, não fazendo sentido imaginar aqui uma presunção *proprio sensu*;
(c) que, mesmo nessa hipótese, não há retroatividade média: (...) *ficam ressalvados os efeitos já produzidos pelos factos que a lei se destina a regular*.

V. Pergunta-se se a lei pode dirigir-se diretamente aos efeitos e não aos factos, com a consequência de, então, não ter eficácia retroativa, ficando fora quer das restrições constitucionais, quer do próprio artigo 12.º/1, do Código Civil. Quando se considere que o direito de propriedade pode ser alterado, no seu conteúdo, pela lei nova, pois esta não visa os factos, porventura remotos, que o tenham constituído, sufraga-se esta orientação. Não é assim. O Direito regula factos ... para lhe fixar os efeitos. No fundo é sempre e só destes últimos que se trata.

Por isso, quando vise efeitos, a lei sujeita-se às regras gerais sobre retroatividade. A lei nova não pode mexer *ad nutum* no direito de propriedade, modificando as vantagens que ele conferia ao seu titular. Se o fizer em termos redutores, deve haver compensação.

que o Código Civil de 1966 não tomou uma posição clara quanto à não-retroatividade das leis precisamente em conexão com a natureza menos liberal do regime do Estado Novo.

121. Os direitos adquiridos

I. O artigo 12.º/2, 1.ª parte, prevê a hipótese de a lei dispor (…) *sobre as condições de validade substancial ou formal de quaisquer factos ou sobre os seus efeitos* (…) *altura em que, na dúvida, se entende que só visa os factos novos*. Temos aqui, mau grado um certo hermetismo do preceito, o afluxo da doutrina dos direitos adquiridos, fundamente radicada na cultura ocidental.

Desde logo, importa esclarecer que "na dúvida" significa: sempre que não resulte da própria lei que ela visa mesmo os factos antigos (ou os seus efeitos), assumindo eficácia retroativa, com as consequências já apontadas.

II. O preceito em análise manda atender, na fixação das dimensões temporais das leis, ao seu objetivo. Quando se trate de regular factos – portanto, as suas "condições de validade substancial ou formal" ou os "seus efeitos" –, ela visa, apenas, os factos novos. Os antigos mantêm a configuração que resulte da lei velha.

Este preceito dirige-se, basicamente, aos contratos ou, mais latamente, às fontes das obrigações. Por isso são correntes os exemplos jurisprudenciais e doutrinários, relativos a esse preceito e que reportam as condições de validade formal dos contratos: regem-se pela lei do momento da celebração[863]. Os direitos então adquiridos permanecem intocados.

122. A aplicação imediata

I. O artigo 12.º/2, 2.ª parte, ocupa-se da lei que venha dispor (…) *diretamente sobre o conteúdo de certas relações jurídicas* (…); reforça a ideia, ao completar (…) *abstraindo dos factos que lhes deram origem* (…). Nessa altura, ela aplica-se às relações já constituídas, que subsistam à data da sua entrada em vigor.

[863] STJ 16-jan.-1973 (Eduardo Correia Guedes), BMJ 223 (1973), 186-291 (188), STJ 8-fev.-1974 (José António Fernandes), BMJ 234 (1974), 212 -214 (214), STJ 2-dez.-1975 (Manuel Ferreira da Costa), BMJ 252 (1975), 123-127 (125), STJ 4-fev.-1993 (Raúl Mateus), BMJ 424 (1993), 661-668 (666), REv 12-dez.-1996 (Mota Miranda), CJ XXI (1996) 5, 281-283 (282/II), RPt 13-mar.-2000 (Caimoto Jácome), CJ XXV (2000) 2, 198-202 (200/I).

Desta feita, a lei nova dirige-se para situações preexistentes: relações duradouras (de arrendamento ou de trabalho) ou direitos reais, como exemplos[864]. A própria jurisprudência justifica esta solução recordando que, de outro modo, subsistiriam situações perpétuas reguladas por leis há muito ab-rogadas[865]. Assim é. A não se admitir uma aplicação imediata – logo, às situações já existentes – da lei nova, assistiríamos a uma ultra ou pós-atividade das leis velhas, já revogadas, dificultando a coesão social.

II. O Código Civil dispõe, apenas, sobre regras gerais de Direito transitório. Ele não legitima as aplicações a que elas possam conduzir. Quando, por dispor diretamente sobre certas relações jurídicas, a lei venha atingir situações já constituídas, temos uma manifestação de retroatividade.

Esta opera como um recorte negativo no artigo 12.º/1, que começa por afastá-la e no próprio artigo 12.º/2, 1.ª parte, que ressalva as posições adquiridas. O tópico argumentativo de que, a assim não ser, cairíamos nas Ordenações ou no Direito romano não pode ser absolutizado. As pessoas conquistam as suas posições em vidas de dedicação e de trabalho. É suposto receberem a proteção do Direito e do Estado, para o qual pagam (na média nacional) mais de metade de quanto ganham, em impostos. Não é curial que, supervenientemente, o espaço legítimo alcançado seja alterado por leis do Estado: uma prática demasiado habitual, nos dias que correm, precisamente a coberto de emendar os erros do próprio Estado.

III. A aplicação do artigo 12.º/2, 2.ª parte, do Código Civil conduz, de facto, a manifestações de retroatividade: a lei rege ignorando os factos passados que justificam a diferenciação que ela vai suprimir. Em regra, será retroatividade fraca. Mas o ponto deve ser verificado, em cada caso, com apelo aos valores mais avançados permitidos pela Constituição.

[864] RLx 27-out.-1999 (César Augusto de Sousa Teles), BMJ 430 (1999), 501, relativo a uma relação de trabalho.

[865] STJ 8-jun.-1994 (Fernando Dias Gusmão), BMJ 438 (1994), 440-449 (445).

§ 33.º AS REGRAS ESPECIAIS DE DIREITO DO TRABALHO

123. A regra básica (7.º/1); interpretação normalizadora

I. O diploma preambular que aprovou o Código do Trabalho – portanto, a Lei n.º 7/2009, de 12 de fevereiro – estabelece regras especiais de Direito transitório, no domínio laboral[866]. Constam elas do artigo 7.º, quanto a normas do próprio Código em si e do artigo 10.º, no tocante às convenções coletivas. Vamos verificar, agora, apenas o primeiro aspeto; o segundo, de seguida referido, joga ainda com a parte relativa ao Direito coletivo do trabalho[867].

II. O artigo 7.º é um preceito pesado: o seu n.º 1 advém do artigo 8.º/1 da Lei n.º 99/2003 o qual remonta ao artigo 9.º do Decreto-Lei n.º 49 408, de 24 de novembro de 1969, que aprovou a LCT; os seus n.ºs 2 e 3, correspondem ao artigo 14.º/1 e 2 da Lei n.º 99/2003; os seus n.ºs 4 e 5 foram retirados do artigo 8.º/2 e 9.º, respetivamente, também da Lei n.º 99/2003. Apenas o artigo 7.º/6 parece ter novidade[868].

III. O artigo 7.º/1, dispõe:

> Sem prejuízo do disposto no presente artigo e nos seguintes, ficam sujeitos ao regime do Código do Trabalho aprovado pela presente lei os contratos de trabalho e os instrumentos de regulamentação colectiva de trabalho celebrados ou adoptados antes da entrada em vigor da referida lei, salvo

[866] Pedro Romano Martinez, *Código do trabalho anotado* cit., 11.ª ed., 77-81; *idem*, *Alteração do regime jurídico e tutela dos direitos adquiridos*, Est. Jorge Miranda, III (2012), 353-398: Rosário Palma Ramalho, *Tratado* cit., 1, 4.ª ed., 308-315.

[867] *Infra*, 373 e 703 ss..

[868] Pedro Romano Martinez, *Código do trabalho anotado* cit., 11.ª ed., 78 ss..

quanto a condições de validade e a efeitos de factos ou situações totalmente passados anteriormente àquele momento.

Realmente, reproduz o artigo 8.º/1 da Lei n.º 99/2003. No artigo 9.º do Decreto-Lei n.º 49 408, a fórmula era a seguinte[869]:

> Ficam sujeitos ao regime aprovado por este diploma quer os contratos celebrados depois da sua entrada em vigor, quer os celebrados antes, salvo quanto aos efeitos de factos ou situações totalmente passados anteriormente àquele momento.

O artigo 10.º desse diploma esclarecia[870]:

> Mantêm-se os contratos em vigor à data da publicação deste diploma em tudo o que implique regime mais favorável para o trabalhador.

Torna-se curioso notar que os Códigos do Trabalho (o de 2003 e o de 2009), adotados sob diferentes maiorias parlamentares, suprimiram a regra da II República, que ressalvava, no Direito laboral transitório, os regimes mais favoráveis para os trabalhadores.

IV. Esta matéria merece o maior cuidado[871]. O Direito do trabalho lida com os direitos dos trabalhadores, que podem ser vitais. E lida, ainda, com a viabilidade e a vitalidade das empresas. A hipótese de uma maioria parlamentar conjuntural, por proposta de algum grupo em busca de protagonismo, sem estudos sócio-económicos prévios, adotar, *ad nutum*, reformas que atinjam contratos já celebrados deve ser esconjurada: ao menos que não haja eficácia retroativa, ficando ressalvados os direitos anteriores. A regra civil da não-retroatividade e da ressalva dos direitos constituídos teria a maior utilidade, no Direito do trabalho. Ela está presente no artigo 12.º/2, 1.ª parte, do Código Civil. O artigo 9.º da Lei preambular da revogada LCT afastava-se dela, ao ressalvar, apenas, os "factos ou situações

[869] J. F. Almeida Policarpo/A. Monteiro Fernandes, *Lei do Contrato de Trabalho Anotada* (1970), 21-23.

[870] *Idem*, 23-24; *vide* Bernardo Lobo Xavier, *Regime jurídico do contrato de trabalho anotado*, 2.ª ed. (1972), 26-28.

[871] *Vide* REv 21-mar.-2006 (Chambel Mourisco), Proc. 2610/05; STJ 15-abr.-2015 (Gonçalves Rocha), Proc. 329/08.

totalmente passadas anteriormente": uma solução que punha em causa os direitos adquiridos, dos trabalhadores e das empresas, mas que, quanto aos primeiros, era corrigida no transcrito artigo 10.º: valia, sempre, a situação mais favorável.

V. Uma interpretação razoável, conforme com a Constituição e que evite retroatividades penalizadoras consiste em, no artigo 7.º/1 em estudo, separar "efeitos de factos" das "situações": os primeiros ficam sempre ressalvados; as "situações" apenas se salvam quando "totalmente passadas anteriormente". Atingir direitos legítimos, dos trabalhadores ou das empresas, constituídos ao abrigo da lei velha, é retroatividade média: só permitida mediante justa compensação.

VI. Pergunta-se, por fim, se o artigo 7.º/1 corresponde a uma regra geral de Direito do trabalho ou, apenas, a uma norma respeitante à aplicação no tempo do Código do Trabalho. A anomalia apontada e o seu próprio teor literal restringem-na à segunda hipótese. Fora do Código, o Direito do trabalho acolhe-se ao confortante artigo 12.º do Código Civil.

124. **Ressalva de procedimentos iniciados (7.º/5)**

I. O artigo 7.º/5 da Lei 7/2009, mal colocado uma vez que se deveria conectar com o n.º 1 desse preceito, dispõe:

> O regime estabelecido no Código do Trabalho, anexo à presente lei, não se aplica a situações constituídas ou iniciadas antes da sua entrada em vigor e relativas a:
>
> *a*) Duração de período experimental;
> *b*) Prazos de prescrição e de caducidade;
> *c*) Procedimentos para aplicação de sanções, bem como para a cessação de contrato de trabalho;
> *d*) Duração de contrato de trabalho a termo certo.

II. O artigo 7.º/1, na interpretação defendida, ressalva os efeitos de factos anteriores e, portanto, os chamados "direitos adquiridos", dos trabalhadores e das empresas. O artigo 7.º/5, nessa sequência, ocupa-se de procedimentos em curso, iniciados ao abrigo da lei velha, mas que não tenham ainda chegado ao seu termo, sem o que se cairia no n.º 1. Em suma: não há, ainda, "direitos"; todavia, a lei entendeu, por evidentes razões de segurança jurídica, ressalvá-la igualmente, mantendo-os ao abrigo da lei velha[872]. Este entendimento reforça quanto acima se disse sobre o artigo 7.º/1 da Lei Preambular.

125. **Instrumentos e agentes coletivos**

I. O artigo 7.º/2 fixa o prazo de 12 meses para a alteração das disposições de instrumentos de regulamentação coletiva de trabalho que se mostrem contrárias a normas imperativas do Código do Trabalho. Essa determinação opera "sob pena de nulidade". O preceito dirige-se aos parceiros laborais coletivos e, em geral, aos autores de tais instrumentos. Impõem-se duas observações:

(a) a adaptação dos IRCT à lei nova não prejudica os direitos dos trabalhadores e das empresas constituídos ao abrigo dos IRCT velhos; aí, há que aplicar o artigo 12.º do Código Civil;
(b) não há, tecnicamente, uma "nulidade superveniente": apenas a revogação da norma laboral coletiva pela norma imperativa legal.

II. O artigo 7.º/3 determina que a adaptação dos IRCT velhos à lei nova não convalide as disposições dos primeiros que, à luz da lei velha, fossem nulas. Confirma-se o vetor geral de não-retroatividade das leis laborais, em defesa dos trabalhadores e das empresas. Mais confortadas ficam as considerações anteriores.

126. **Contrato a termo incerto**

I. O artigo 7.º/6 da Lei n.º 7/2009, dispõe sobre a duração do contrato de trabalho. Diz:

> O regime estabelecido no n.º 4 do artigo 148.º do Código do Trabalho, anexo à presente lei, relativo à duração de contrato de trabalho a termo incerto aplica-se a situações constituídas ou iniciadas antes da sua entrada

[872] Quanto ao artigo 7.º, *c*): RLx 5-mai.-2010 (Maria João Romba), Proc. 93/10.

em vigor, contando-se o período de seis anos aí previsto a partir da data de entrada em vigor da presente lei.

II. Estamos em face de uma regra específica, diversa da do artigo 297.º do Código Civil.

127. Alguma jurisprudência

No tocante à aplicação no tempo do Código do Trabalho, relevamos as seguintes proposições jurisdicionais:

- RLx 28-jun.-2006: a existência de um contrato verifica-se não desde o início da atividade do trabalhador, mas desde a verificação da totalidade dos seus requisitos[873];
- STJ 20-fev.-2008: o Código não se aplica a subsídios de Natal vencidos antes da sua entrada em vigor[874];
- STJ 7-mar.-2012: aos factos que conduziram a um processo disciplinar aplica-se o regime vigente à data da sua ocorrência: artigo 7.º/1 e 5, *b*) e *c*) da Lei n.º 7/2009[875];
- RLx 6-mar.-2013: diversas considerações sobre a aplicação da lei processual no tempo, quanto a contraordenações[876];
- RGm 14-mai.-2015: o artigo 12.º do Código do Trabalho (presunção de contrato de trabalho) aplica-se aos contratos subsistentes aquando da sua entrada em vigor[877];
- STJ 14-dez.-2016: uma norma inovadora do Código do Trabalho (o artigo 501.º) só se aplica, por via do artigo 12.º/2 do Código Civil, a factos ocorridos após a entrada em vigor da norma em causa[878];
- RPt 30-jan.-2017: pretendendo o autor alegar uma situação de trabalho reportada a 1-ago.-2000, há que verificá-lo à luz da LCT[879].

[873] RLx 28-jun.-2006 (Maria Paula Sá Fernandes), CJ XXXI (2006) 3, 163-166 (164/II).

[874] STJ 20-fev.-2008 (Vasques Dinis), Proc. 07S2910 = CJ Supremo XV (2008) 1, 282-286 (286/I).

[875] STJ 7-mar.-2012 (Fernandes da Silva), Proc. 17/10.

[876] RLx 6-mar.-2013 (José Eduardo Sapateiro), Proc. 371/12.

[877] RGm 14-mai.-2015 (Antero Veiga), Proc. 995/12.

[878] STJ 14-dez.-2016 (Ana Luísa Geraldes), Proc. 8303/14.

[879] RPt 30-jan.-2017 (Jerónimo Freitas), Proc. 642/14.

SECÇÃO II

OS CONFLITOS DE LEIS NO ESPAÇO

§ 34.º ASPETOS GERAIS

128. Valores internacionais privados

I. O Direito internacional privado de tipo tradicional era marcado por um grande formalismo. O progresso levado a cabo por Savigny e pelos restantes grandes doutrinadores dos conflitos de normas desembocara em esquemas puramente automáticos de fixação do Direito aplicável. Indiferentemente às saídas que, de facto, ele provocasse, o sistema de conflitos remetia os problemas concretos para os diversos Direitos, de acordo com meras conexões pré-firmadas.

Com o tempo, foram-se gerando tensões: protestava-se contra um esquema de normas totalmente abstrato e formal, que laborava sem consideração pelos valores últimos da justiça e do Direito. As reações mais sérias processaram-se depois da II Guerra Mundial. Num primeiro tempo, procurou-se elaborar um conjunto de princípios harmoniosos, com conteúdo material, que correspondessem às necessidades da justiça internacional e dos demais valores em presença[880].

[880] *Vide* os escritos clássicos de Konrad Zweigert, *Die dritte Schule in internationalen Privatrecht/Zur neueren Wissenschaftsgeschichte des Kollisionsrechts*, FS Raape (1948), 35-52, Günther Beitzke, *Betrachtungen zur Methodik im Internationalprivatrecht*, FS Smed (1952), 1-22 e Gerhard Kegel, *Begriffs- und Interessenjurisprudenz im internationalen Privatrecht?*, FS H. Lewald (1953), 259-288. Tendo em vista a problemática laboral, *vide* Rui Moura Ramos, *Da lei aplicável ao contrato de trabalho internacional* (1990), 956 pp., 84 ss..

II. Na busca de vetores materiais que pudessem combater o formalismo irreal em que descambara o clássico Direito internacional privado, houve progressos. Mas eles foram escassos. Para essa escassez contribuíam três práticas, habituais no sistema de normas de conflitos derivado da revolução savignyana, e que só muito lentamente têm sido revistas:

(a) a prática da desarticulação ("*dépeçage*", "*Zersplitterung*"), que se traduz na aplicação, a uma única situação da vida, de várias leis diversificadas; por exemplo, a um contrato relativo a imóveis poderia haver que aplicar, à capacidade das partes, a lei pessoal de cada uma delas, à forma do negócio, à lei do local da celebração, à sua substância, a lei escolhida pelas partes, aos seus efeitos reais, a lei de localização dos bens e ao processo, a *lex fori*[881];
(b) a indiferença pelas soluções proporcionadas: o Direito internacional privado seria um simples "Direito de Direitos"; apenas estes últimos poderiam proporcionar soluções para os litígios, as quais escapariam às normas de conflitos[882];
(c) o irrealismo da pretensão da correta aplicação, por um tribunal, da lei estrangeira; num levantamento muito citado, feito por Max Rheinstein, de 40 decisões consideradas modelares e, como tais, inseridas nos manuais norte-americanos sobre conflitos de leis, em que tribunais dos Estados Unidos aplicaram Direito estrangeiro, em 32, a aplicação foi mal feita[883].

III. Este último aspeto tem grande importância. Como pedir, por exemplo, a um tribunal francês que aplique o artigo 437.º/1 do Código Civil, quando a jurisprudência de França sempre tem negado a possibilidade de, em nome da alteração superveniente de circunstâncias, bloquear contratos regularmente celebrados e sendo ainda certo que se está na presença de um instituto que apenas os tribunais, num paciente labor de deci-

[881] Fritz von Schwind, *Von der Zersplitterung des Privatrechts durch das internationales Privatrecht und ihrer Bekämpfung*, RabelsZ 23 (1958), 449-465 (449 ss.).

[882] Por todos, refira-se o insuspeitamente clássico Konrad Zweigert, no seu sugestivo estudo *Zur Armut des internationalen Privatrechts an sozialen Werten*, RabelsZ 37 (1973), 435-452 (438 ss.).

[883] Konrad Zweigert, *Zur Armut des internationalen Privatrechts an sozialen Werten* cit., 450.

sões contínuas, podem concretizar[884]? Ou como pretender que um tribunal alemão aplique o artigo 483.º/1 do mesmo Código, quando falta, no ordenamento alemão, uma cláusula geral de responsabilidade civil, com uma consequente necessidade de criar múltiplos institutos substitutivos, sem cujo funcionamento um jurista alemão ficará perdido?

Acrescente-se, ainda, que não se joga, apenas, um problema de conhecimento material do Direito estrangeiro a aplicar – conhecimento esse que exige, muitas vezes, uma vida de estudo e de prática e que não se pode improvisar. Há, candente, um problema de legitimidade: como pode um tribunal estrangeiro estatuir perante querelas de jurisprudência e de doutrina, providenciar viragens jurisprudenciais, integrar lacunas ou, até, providenciar a concretização de conceitos indeterminados? Não pode. A aplicação do Direito é viva e exige um compartilhar de valores sociais que apenas cada tribunal, dentro do seu próprio ordenamento, pode pôr em prática[885].

IV. A consciência crescente dos problemas acima seriados provocou movimentos de reforma do pensamento jurídico internacional privado. Tais movimentos são, hoje, pacíficos, fazendo parte do património universal sobre normas de conflitos.

Uma primeira renovação foi requerida pela influente escola norte-americana sobre conflitos de leis. David Cavers questiona que, perante um conflito de leis, se recorra a um esquema de pura remissão automática: antes haveria que procurar a lei que proporcionasse, em concreto, a solução mais justa[886]. E na mesma linha, Robert Leflar preconiza que, num conflito

[884] A grande reforma do Código Napoleão, levada a cabo em 2016, introduziu a alteração das circunstâncias no Direito francês, ainda que aplicável, apenas, aos contratos futuros: *vide* o nosso *A reforma francesa do Direito das obrigações (2016)*, RDC 2017, 9-29 (26-27); todavia, não há ainda uma prática judicial que permita uma cultura da aplicação do atual artigo 1195.º do Código francês.

[885] Ou seja: a aplicação de lei estrangeira ou é mecânica – e vai contra as diretrizes da atual Ciência do Direito – ou é criativa – e torna-se incontrolável, sendo de duvidosa legitimidade.

[886] David F. Cavers, *A critique of the choice-of-law problem*, Harward Law Review, 47 (1933/34), 173-208 = Picone/Wengler, *Internationales Privatrecht* (1974), 126-172 (149).

de leis, se procure a melhor regra, de acordo com critérios pensados[887]. Aliás, sempre segundo Leflar, a manipulação das normas de conflitos, como modo de conseguir aplicar a lei considerada mais justa, seria sempre prática corrente; melhor se tornaria, pois, reconhecer esse estado de coisas e procurar os vetores a que a escolha se devesse subordinar.

129. A primazia da *lex fori*

I. Em aberto ficou a determinação dos critérios que pudessem proporcionar novas escolhas, que superassem as fraquezas dos métodos tradicionais. Nessa busca, Brainerd Currie defende a aplicação prioritária da *lex fori*, sempre que estivessem em causa interesses do Estado, tomados em lata aceção[888]. Rematando toda esta evolução, Albert Ehrenzweig proclama a primazia da *lex fori* como a regra fundamental do Direito de conflitos[889].

Os esquemas propostos pelos estudiosos norte-americanos foram divulgados e acolhidos em todo o Mundo[890]. Processou-se aí, aliás, um novo desenvolvimento dos temas implicados.

Há consenso quanto à necessidade de abandonar um Direito internacional privado que estatua indiferente às saídas que implique. Basta atentar na necessidade de preservar a ordem pública internacional própria da

[887] Robert A. Leflar, *Choice influencing considerations in conflict law*, New York University Law Review 41 (1966), 300-302; um extrato deste escrito pode ser confrontado na recolha de Picone/Wengler, *Internationales Privatrecht* cit., 173-180.

[888] Brainerd Currie, *Notes on methodes and objectives in the conflicts of laws*, Duke Law Journal 1959, 171-191 = Picone/Wengler, *Internationales Privatrecht* cit., 309-332.

[889] Albert A. Ehrenzweig, *A proper law in a proper forum*, Oklahoma Law Review 18 (1965), 340-352 = Picone/Wengler, *Internationales Privatrecht* cit., 323-342.

[890] Tal o sentido geral da recolha de Picone/Wengler, *Internationales Privatrecht* (1974). Além disso refiram-se Frank Vischer, *Die Kritik an der herkömmlichen Methode des internationalen Privatrechts*, FS German (1969), 287-307 (293 ss.), Eckard Rehbinder, *Zur Politisierung des IPR*, JZ 1973, 151-158 (152 ss.) e Konrad Zweigert, no seu sugestivo estudo *Zur Armut des internationalen Privatrechts an sozialen Werten* cit., 438 ss.. *Vide*, ainda, Ferrer Correia, *Considerações sobre o método do Direito internacional privado*, em *Estudos vários de Direito* (1982), 309-398 (380 ss. e *passim*) e Rui Moura Ramos, *Direito internacional privado e Constituição* (1980), 37 ss..

lex fori: de outra forma, aliás, não haveria normas proibitivas: as partes sempre poderiam contornar qualquer proibição legal através da remissão para uma lei em que não houvesse equivalente norma proibitiva.

II. Também a conveniência em dar um maior peso à *lex fori* tem sido genericamente acolhida. Visa-se combater, em especial, o recurso à discutível técnica da "desarticulação" e o logro consistente na pretensão da aplicabilidade, por tribunais nacionais, de leis estrangeiras. Como foi detidamente referido, tal aplicação é puramente aparente, conduzindo a resultados inesperados. A primazia da lei do foro torna as decisões mais previsíveis, com vantagens claras para a justiça e a segurança.

130. **A determinação do tribunal competente**

I. Perante questões privadas internacionais, o primeiro e, quiçá, essencial ponto reside na determinação do tribunal competente. Com efeito, cada tribunal aplica o sistema de normas de conflitos próprio da ordem jurídica em que ele se integre.

II. A competência internacional dos tribunais portugueses está fixada no Código de Processo Civil. Opera o artigo 62.º desse Código, que, na alínea *a*), atribui competência internacional aos tribunais portugueses quando, segundo as regras de competência territorial, a ação possa ser proposta em tribunal português. Por força do artigo 71.º do diploma em causa, isso sucede com a ação destinada a exigir o cumprimento de uma obrigação, a pedir indemnizações pelo incumprimento ou a resolver um contrato de inadimplemento: é competente o tribunal do domicílio do réu, podendo o credor optar pelo tribunal do lugar em que a obrigação deveria ser cumprida, quando o réu seja pessoa coletiva ou quando o credor resida na área metropolitana de Lisboa ou do Porto. Como veremos, há lei especial para os tribunais de trabalho, abaixo referida.

131. **O sistema de conflitos aplicável**

I. Neste momento, os tribunais portugueses dispõem de dois sistemas de normas de conflitos. Nas relações contratuais entre Estados-Membros da União Europeia, aplica-se o Regulamento 593/2008, de 17 de junho, sobre a lei aplicável às obrigações contratuais[891]. Esse Regulamento é conhecido como Roma I[892].

II. Nas situações não versadas por Roma I – ou por outros instrumentos internacionais aplicáveis – funcionam as regras patentes nos artigos 14.º a 65.º do Código Civil[893].

[891] JOUE L-177, 6-16, de 4-jul.-2008.

[892] Com efeito, ele sucedeu à Convenção de Roma sobre a Lei Aplicável às Obrigações Contratuais, de 19-jun.-1980: JOCE L-266, 36-54, de 9-out.-1980.

[893] Luís de Lima Pinheiro, *Direito internacional privado* II, 4.ª ed. (2015), 303 ss., com muitas indicações.

§ 35.º CONFLITOS DE LEIS LABORAIS NO ESPAÇO

132. O tribunal competente

I. No domínio laboral, a competência internacional dos nossos tribunais[894] de trabalho resulta do artigo 10.º do Código de Processo do Trabalho (CPT), aprovado pelo Decreto-Lei n.º 480/99, de 9 de novembro e, por último (neste momento) alterado pela Lei n.º 73/2017, de 16 de agosto. Dispõe o artigo 10.º desse Código e, precisamente epigrafado "competência internacional dos tribunais de trabalho":

> 1. Na competência internacional dos tribunais do trabalho estão incluídos os casos em que a ação pode ser proposta em Portugal, segundo as regras de competência territorial estabelecidas neste Código, ou de terem sido praticados em território português, no todo ou em parte, os factos que integram a causa de pedir na ação.
>
> 2. Incluem-se, igualmente, na competência internacional dos tribunais do trabalho:
>
> *a*) Os casos de destacamento para outros Estados de trabalhadores contratados por empresas estabelecidas em Portugal;
>
> *b*) As questões relativas a conselhos de empresas europeus e procedimentos de informação e consulta em que a administração do grupo esteja sediada em Portugal ou que respeita a empresa do grupo sediada em Portugal.

Essa competência é reforçada pelo artigo 11.º do CPT:

> Não podem ser invocados perante tribunais portugueses os pactos ou cláusulas que lhes retirem competência internacional atribuída ou reconhe-

[894] Pode confrontar-se a orientação paralela alemã em Rüdiger Linck, em Günter Schaub, *Arbeitsrechts-Handbuch* cit., 17.ª ed., § 7, Nr. 19 (41).

cida pela lei portuguesa, salvo se outra for a solução estabelecida em convenções internacionais.

II. Quanto à competência interna, a regra geral consta do artigo 13.º do CPT:

1. As ações devem ser propostas no tribunal do domicílio do réu, sem prejuízo do disposto nos artigos seguintes.
2. As entidades empregadoras ou seguradoras, bem como as instituições de previdência, consideram-se também domiciliadas no lugar onde tenham sucursal, agência, filial, delegação ou representação.

Encontramos, depois, regras sobre ações emergentes do contrato de trabalho (14.º), de acidentes de trabalho ou doença profissional (15.º), de despedimento coletivo (16.º) e de ações de liquidação e partilha de bens de instituições de previdência, de associações sindicais, de associações de empregadores ou de comissões de empregadores (18.º). Podemos concluir que, sem prejuízo pelo estudo atento de cada questão, os tribunais de trabalho portugueses recebem uma lata competência internacional para questões laborais que apresentem alguma conexão com o País. Acresce que, perante o artigo 19.º do CPT, os pactos ou cláusulas pelos quais se pretenda excluir a competência territorial pelos artigos anteriores são nulos.

III. A determinação de competência internacional do foro português envolve uma imediata predileção pela *lex fori*, nos termos das considerações metodológicas acima desenvolvidas. O Direito do trabalho apresenta, hoje, muitas particularidades, que apenas o juiz do ordenamento que os vá solucionar poderá, em consciência, conhecer. Retirar ao foro laboral português a aplicação da lei nacional vai redundar num aumento de decisões aleatórias.

133. **A aplicação e os limites das regras comuns**

I. No que toca ao Direito individual de trabalho, regem em princípio as regras internacionais privadas comuns, tal como resultam do Código Civil e doutrina com ele conexa[895].

[895] Rui Moura Ramos, *Da lei aplicável ao contrato de trabalho internacional* cit., 361 ss..

As situações jurídicas são, pois, desarticuladas, regendo-se cada elemento por um competente ordenamento, em função dos elementos de conexão que sejam ativados.

Assim, a capacidade das partes para a celebração de um contrato de trabalho rege-se pela lei pessoal respetiva – artigo 25.º – correspondente à da nacionalidade –artigo 31.º/1 – ou à da residência, tratando-se de um apátrida – artigo 32.º, todos do Código Civil. As associações laborais seguem a lei da sede – artigo 33.º, do mesmo Código.

A determinação da lei aplicável à substância do contrato de trabalho pode levantar mais dúvidas; dela depende aliás, em regra, a lei aplicável à declaração negocial – portanto, perfeição, interpretação e integração da declaração negocial, bem como falta e vício da vontade – e à forma da declaração, segundo os artigos 35.º/ 1 e 36.º/1, ambos do Código Civil.

II. Na falta de disposições particulares, a substância do contrato de trabalho segue o regime aplicável às obrigações, caracterizado:

(a) pela prevalência da autonomia privada[896]: as partes podem pactuar sobre o assunto, escolhendo a lei que pretendam para reger o contrato que celebrem, desde que a escolha corresponda a um interesse sério seu ou esteja em conexão com algum dos elementos do negócio jurídico atendíveis no domínio do Direito internacional privado – artigo 41.º do Código Civil;

(b) pela aplicação, na falta de cláusula contratual bastante, dos critérios supletivos relevantes e, designadamente: da lei da residência habitual comum de ambas as partes ou, na falta dela, da lei do lugar de celebração – artigo 42.º do Código Civil[897].

[896] Com largas indicações jurisprudenciais, Rolf Birk, *Das internationale Arbeitsrecht der Bundesrepublik Deutschland*, RabelsZ 46 (1982), 384-420 (387); entre nós, RLx 26-out.-1988 (Nuno Alvim), CJ XIII (1988) 4, 166-168 (167); hoje funciona Roma I, em termos abaixo explicitados. A escolha das partes mantém, todavia, um lugar de relevo: Sudabeh Kamanabrou, *Arbeitsrecht* cit., Nr. 292-295 (87-88) e Rüdiger Linck, no Günter Schaub, *Arbeitsrechts-Handbuch* cit., 17.ª ed., § 7, Nr. 5 (36).

[897] Tal foi a orientação adotada em STJ 7-jun.-1983 (Miguel Caeiro), BMJ 328 (1983), 447-452 (449): discutia-se aí, entre outros aspetos, a lei aplicável a um contrato de trabalho celebrado entre um português residente no País e uma sociedade com sede, também, em território nacional, mas para ser executado na Arábia Saudita; decidiu-se aí, no silêncio das partes, aplicar a lei portuguesa, por força do referido artigo 42.º do Código

III. A assimilação total da situação jurídica laboral à relação obrigacional sofre, no entanto, desvios em vários pontos.

As normas de Direito público que, porventura, se encontrem mescladas com a matéria mais puramente laboral, obedecem a uma lógica diferente: desta feita, tem aplicação a lei do local onde o trabalho deva ser prestado[898].

Para além disso, surgem regras laborais que, apesar de privadas, têm, pelo seu conteúdo, uma pretensão de aplicação territorial: por exemplo, o dever de urbanidade e de probidade para com as pessoas que entrem em relações com a empresa – e para com os próprios companheiros de trabalho –, disposto no artigo 128.º/1, *a*), está nessas condições[899].

IV. Finalmente, a prevenção de fraude à lei e a ordem pública internacional constituem fatores que, no Direito do trabalho, têm, pela delicadeza de certos valores em jogo, uma presença acentuada; no primeiro caso, são irrelevantes os esquemas engendrados pelas partes – artigo 21.º do Código Civil; no segundo, aplica-se, no limite, a *lex fori* – artigo 22.º do mesmo Código. Veremos que as normas propriamente laborais reforçam estas vertentes.

134. **O Regulamento Roma I**

I. As regras internacionais privadas relativas a Estados-Membros da União Europeia estão, hoje e como adiantado, fixadas pelo Regulamento

Civil. Acrescenta o acórdão, num aspeto que tem o maior interesse: "A remissão para a lei e usos locais quanto a exigências de carácter sanitário, a horários de trabalho, descanso, atividade política ou religiosa, segredo profissional em obras de carácter militar ou de segurança, e respeito pelas leis, usos e costumes e religiões locais (...) é perfeitamente compatível com a aplicação genérica da lei portuguesa, dado versar sobre pontos específicos inerentes a trabalho prestado no território daquele país, ou mesmo se impor por razões de soberania".

[898] Assim, Gerhard Kegel, *Internationales Privatrecht*, 5.ª ed. (1985), 387 (há 9.ª ed., de 2004, atualizada por Klaus Schurig); Spiros Simitis, *Internationales Arbeitsrecht/ /Standort und Perspektiven*, FS Kegel (1977), 153-186 (153 ss.).

[899] Trata-se de uma categoria geral de normas ainda pouco estudada no domínio do Direito internacional privado; o Direito internacional laboral poderia, aqui, prestar um contributo importante. Também certas regras do Direito coletivo do trabalho, como as que regem as lutas laborais, teriam natureza territorial; assim, Birk, *Internationales Arbeitsrecht* cit., 405 ss..

593/2008, de 17 de junho, conhecido como Roma I, sobre a lei aplicável às obrigações contratuais. Ocorre, aí, um artigo 8.º, relativo a contratos individuais de trabalho[900]. Dispõe:

> 1. O contrato individual de trabalho é regulado pela lei escolhida pelas partes nos termos do artigo 3.º. Esta escolha da lei não pode, porém, ter como consequência privar o trabalhador da proteção que lhe proporcionam as disposições não derrogáveis por acordo, ao abrigo da lei que, na falta de escolha, seria aplicável nos termos dos n.ºs 2, 3 e 4 do presente artigo.
>
> 2. Se a lei aplicável ao contrato individual de trabalho não tiver sido escolhida pelas partes, o contrato é regulado pela lei do país em que o trabalhador presta habitualmente o seu trabalho em execução do contrato ou, na sua falta, a partir do qual o trabalhador presta habitualmente o seu trabalho em execução do contrato. Não se considera que o país onde o trabalhador presta habitualmente o seu trabalho mude quando o trabalhador estiver temporariamente empregado noutro país.
>
> 3. Se não for possível determinar a lei aplicável nos termos do n.º 2, o contrato é regulado pela lei do país onde se situa o estabelecimento que contratou o trabalhador.
>
> 4. Se resultar do conjunto das circunstâncias que o contrato apresenta uma conexão mais estreita com um país diferente do indicado nos n.ºs 2 ou 3, é aplicável a lei desse outro país.

Assinale-se que o artigo 9.º do mesmo Regulamento ressalva as normas de aplicação imediata.

II. O artigo 3.º de Roma I permite, às partes interessadas na conclusão de um contrato, estipular quanto à lei aplicável. Essa possibilidade é natural, decorrendo da autonomia privada. Se as partes gozam de liberdade de celebração e de liberdade de estipulação, torna-se natural que possam, igualmente, escolher o ordenamento competente. O artigo 8.º/1 começa por, relativamente ao contrato de trabalho, reafirmar essa regra. Dado o tipo de exceção que, desde logo, consagra, verifica-se que, no Direito do

[900] Nadja Roβ-Kirsch, em Marcus Felsner/Nadja Roβ-Kirsch, *Handbuch internationales Arbeitsrecht* (2014), 540 pp., 29 ss.; esta obra comporta um apanhado de diversos regimes laborais, entre os quais o português: Augusta Bravo/Angelika Buch, *Portugal*, *idem*, 337-343; Dieter Martiny, no *Münchener Kommentar zum BGB*, 12 (2018), Art. 8 Rom I-VO, 323-430, onde podem ser confrontados centenas de títulos (*idem*, 323-327).

trabalho – ou do contrato de trabalho – há que atender, primeiro, às conexões objetivas[901]. São elas[902]:

(a) a lei do país em que o trabalhador presta habitualmente o seu trabalho (*lex loci laboris*), em execução do contrato[903];
(b) na sua falta, a lei do país a partir do qual isso suceda (ambos 8.º/2, 1.ª parte); o país "habitual" não muda quando o trabalhador esteja temporariamente empregado noutro (*idem*, 2.ª parte);
(c) na falta de ambos, vale a lei do país onde se situe o estabelecimento que contratou o trabalhador (8.º/3);
(d) prevalece, em qualquer caso, a lei do país com o qual o contrato apresente uma conexão mais estreita, quando isso resulte do conjunto das circunstâncias (8.º/4).

III. Atinando nestas regras, regresse-se ao artigo 8.º/1 e à liberdade de escolha da lei aplicável. Esta, segundo o preceito em causa, não pode ter como efeito privar o trabalhador da proteção que lhe proporcionam as disposições não derrogáveis por acordo, ao abrigo da lei que, a não haver escolha, seria aplicável por via do artigo 8.º/2 a 4. Temos, aqui, margem para fazer um juízo de favorabilidade, através da comparação entre as duas leis em presença: a escolhida pelas partes e a resultante dos fatores objetivos de conexão[904].

Roma I previne escolhas de leis que visem diminuir o nível de proteção do trabalhador, sempre que, por conexão objetiva, essa proteção seja injuntiva[905].

[901] Sudabeh Kamanabrou, *Arbeitsrecht* cit., Nr. 295 e 296 (87-88); Rolf Birk, *Arbeitsrecht und Internationales Privatrecht*, RdA 1999, 13-18; Olaf Deinert, *Neues Internationales Arbeitsvertragsrecht*, RdA 2009, 144-154; Wolfgang Wurmnest, *Das neue Internationale Arbeitsvertragsrecht der Rom-I-Verordnung*, EuZA 2009, 481-499; Gero Schneider, *Einfluss der Rom-I-VO auf die Arbeitsvertragsgestaltung mit Auslandsbezug*, NZA 2010, 1380-1384.

[902] Christian Rolfs, *Arbeitsrecht*, 4.ª ed. (2014), 211-212; Rüdiger Linck, em Günter Schaub, *Arbeitsrechts-Handbuch* cit., 17.ª ed., § 7, Nr. 14 (39-40).

[903] Olaf Deinert, *Neues Internationales Arbeitsvertragsrecht*, RdA 2009, 144-154 (145/II).

[904] Wolfgang Zöllner/Karl-Georg Loritz/Curt Wolfgang Hergenröder, *Arbeitsrecht*, 7.ª ed. (2015), § 12, Nr. 14 (151).

[905] Kerstin Tillmanns, em Martin Henssler, *Arbeitsrecht Kommentar*, 8.ª ed. (2018), Rom-I-VO Art. 9, Nr. 26 (2705); Monika Schlachter, no *Erfurter Kommentar zum Arbeitsrecht*, 18.ª ed. (2018), Rom-I-VO, Nr. 18 (2529).

IV. O Regulamento Roma I, aplicável diretamente a todos os Estados-Membros da União Europeia comporta, assim, mais uma manifestação do *favor laboratoris*. Ela tem importância por evitar práticas de *dumping* social, isto é, de procurar atrair vantagens através do abaixamento da tutela dos trabalhadores.

135. O artigo 6.º do Código de 2003

I. O artigo 6.º do Código do Trabalho de 2003, epigrafado "Lei aplicável ao contrato de trabalho", dispõe:

> 1. O contrato de trabalho rege-se pela lei escolhida pelas partes.
>
> 2. Na falta de escolha de lei aplicável, o contrato de trabalho é regulado pela lei do Estado com o qual apresente uma conexão mais estreita.
>
> 3. Na determinação da conexão mais estreita, além de outras circunstâncias, atende-se:
>
> *a*) À lei do Estado em que o trabalhador, no cumprimento do contrato, presta habitualmente o seu trabalho, mesmo que esteja temporariamente a prestar a sua atividade noutro Estado;
>
> *b*) À lei do Estado em que esteja situado o estabelecimento onde o trabalhador foi contratado, se este não presta habitualmente o seu trabalho no mesmo Estado.
>
> 4. Os critérios enunciados no número anterior podem não ser atendidos quando, do conjunto de circunstâncias aplicáveis à situação, resulte que o contrato de trabalho apresenta uma conexão mais estreita com outro Estado, caso em que se aplicará a respetiva lei.
>
> 5. Sendo aplicável a lei de determinado Estado, por força dos critérios enunciados nos números anteriores, pode ser dada prevalência às disposições imperativas da lei de outro Estado com o qual a situação apresente uma conexão estreita se, e na medida em que, de acordo com o direito deste último Estado essas disposições forem aplicáveis, independentemente da lei reguladora do contrato.
>
> 6. Para efeito do disposto no número anterior deve ter-se em conta a natureza e o objeto das disposições imperativas, bem como as consequências resultantes tanto da aplicação como da não aplicação de tais preceitos.
>
> 7. A escolha pelas partes da lei aplicável ao contrato de trabalho não pode ter como consequência privar o trabalhador da proteção que lhe garantem as disposições imperativas deste Código, caso fosse a lei portuguesa a aplicável nos termos do n.º 2.

Este preceito está em vigor[906]. Com efeito, o artigo 12.º/1 da Lei n.º 7/2009 – a Lei Preambular do atual Código do Trabalho – revogou a Lei n.º 99/2003 e, com isso, o Código de 2003. Todavia, o n.º 2 desse mesmo preceito ressalvou o artigo 6.º deste último Código, nos termos seguintes:

> O artigo 6.º do Código do Trabalho, aprovado pela Lei n.º 99/2003, de 27 de Agosto, sobre lei aplicável ao contrato de trabalho é revogado na medida em que seja aplicável o Regulamento CE/593/2008, do Parlamento Europeu e do Conselho, de 17 de junho, sobre a lei aplicável às obrigações contratuais (Roma I).

O preceito é em parte redundante: no seu campo de aplicação, o Regulamento 593/2008 sempre prevaleceria sobre as regras nacionais.

II. O artigo 6.º do Código de 2003 apresenta similitudes evidentes com Roma I. É certo que não se ocupa de todas as questões versadas por esta última; de resto, Roma I também não versa uma série de outros elementos, que constam do Código Civil: pense-se na determinação da lei pessoal das partes, relevante, por exemplo, para questões de capacidade. Mas daí não retiramos quaisquer oposições entre os diplomas. Temos a articulação seguinte:

– à lei aplicável ao contrato de trabalho, na presença de Estados-Membros da União, aplica-se o artigo 8.º de Roma I;
– não estando presentes tais Estados, funciona o artigo 6.º do Código de 2003;
– aos demais aspetos relevantes aplica-se Roma I, na presença de questões contratuais e o Código Civil, quanto às restantes.

III. O Código de 2003, no interessante artigo 6.º/6 manda, para efeitos de determinação de leis imperativas mais favoráveis ao trabalhador, ter em conta a natureza e o objeto das disposições imperativas, bem como as consequências da decisão: quer da sua aplicação, quer da não-aplicação.

[906] Rosário Palma Ramalho, *Tratado* cit., 1, 4.ª ed., 317 ss.; Pedro Romano Martinez, *Direito do trabalho* cit., 8.ª ed., 274 ss..

IV. As leis territoriais portuguesa, aplicáveis na falta de convenção em contrário, não podem ser afastadas quando, sendo imperativas, protejam o trabalhador (6.º/7). Podemos fazer intervir aqui as ideias de ordem pública (22.º) e de fraude à lei (21.º, ambos do Código Civil).

SECÇÃO III

OS CONFLITOS HIERÁRQUICOS

§ 36.º CONFLITOS HIERÁRQUICOS E CONDICIONANTES LEGISLATIVAS

136. Generalidades; a natureza do conflito hierárquico

I. No domínio dos concursos de normas, os problemas ventilados com mais frequência reportam-se, efetivamente, aos conflitos temporais e espaciais. Há, no entanto, conflitos de outros tipos. Entre eles avulta, mormente no Direito do trabalho, o conflito provocado pela presença de várias fontes hierarquicamente diferentes e de igual âmbito de competência, isto é, vocacionadas para regular os mesmos problemas. Assim, um determinado aspeto pode ter soluções diferentes na lei, na convenção coletiva aplicável e no contrato de trabalho concretamente celebrado[907]. Qual a saída aplicável?

O fator hierarquia é, aqui, dominante: a não ser ele, estar-se-ia perante um conflito temporal ou espacial[908], a resolver nos termos esclarecidos pelo Direito transitório ou pelo Direito internacional privado.

II. Os conflitos hierárquicos não são exclusivos do Direito do trabalho. Qualquer disciplina jurídica que admita mais de uma fonte do Direito – e, em princípio, quase todas o admitirão – pode assistir, no seu seio, a conflitos de tipo hierárquico, já que essas fontes tendem a apresentar-se

[907] Sobre a presente rubrica, como obra de referência: Guilherme Dray, *O princípio da proteção do trabalhador* (2015), 926 pp., 487 ss..

[908] A hipótese de surgir um conflito entre normas pertencentes ao mesmo ordenamento, da mesma data e da mesma categoria não é puramente académica; quando ele seja real – isto é, não solucionável através da interpretação – há que concluir pela presença de uma lacuna de colisão e, por consequência, que proceder a uma integração.

com um peso relativo diverso. Onde quer que surja o conflito hierárquico tem, por definição, uma solução natural: a fonte de categoria inferior não pode contrariar a superior, incorrendo, caso o faça, em vícios conhecidos.

III. No Direito do trabalho, contudo, duas ordens de fatores levam a que os conflitos hierárquicos assumam particular dimensão.

O sistema de fontes laborais – e a sua eventual hierarquia – tem a particularidade de assentar como que em diferentes centros de poder. Por um lado, encontra-se o Estado, com o seu poder legislativo soberano; por outro, surgem os parceiros laborais, com a possibilidade de, através de negociações, aprontarem normas coletivas de regulação laboral; e por fim, ainda – e embora num processo que não dá, em rigor, lugar a normas – deparam-se-nos os sujeitos laborais que celebrem contratos individuais de trabalho e depois, de novo em termos genéricos, os regulamentos aprovados pelo empregador. Os conflitos hierárquicos de fontes nas disciplinas jurídicas comuns não são reais, na medida em que todas promanam do Estado; correspondem, tão-só, a questões de ordenação formal entre as fontes. No Direito do trabalho, contudo, tais conflitos podem assumir-se como disputas entre entidades diversas, havendo, pois, que colocar as maiores cautelas na sua resolução.

A segunda ordem de fatores que explica a acuidade laboral dos conflitos hierárquicos de fontes tem a ver com a intromissão de particulares critérios destinados a dirimir tais concursos. Nas disciplinas comuns, a solução teórica do conflito hierárquico surge evidente, como foi visto. No Direito do trabalho há que lidar com regras específicas, por vezes não escritas, mas que, entre nós, tiveram uma consagração expressa.

137. **A evolução legislativa**

I. O modo de enquadrar e de solucionar os conflitos hierárquicos de fontes laborais sofreu uma evolução. O seu conhecimento é importante para melhor apreensão do regime vigente. A LCT de 1969 dispunha, no seu artigo 13.º/1[909]:

[909] J. F. Almeida Policarpo/Monteiro Fernandes, *Lei do contrato de trabalho anotada* cit., 57-59; Bernardo Xavier, *Regime jurídico do contrato de trabalho anotado* cit., 2.ª

> As fontes de direito superiores prevalecem sempre sobre as fontes inferiores, salvo na parte em que estas, sem oposição daquelas, estabelecem tratamento mais favorável para o trabalhador.

Manifestava-se o princípio do tratamento mais favorável do trabalhador ou do *favor laboratoris*, noutra das suas aceções e que regia também as relações entre o contrato individual de trabalho e as fontes laborais, nos termos do artigo 14.º/2 da LCT e do artigo 14.º/1 da LRCT.

O artigo 14.º/2 da LCT prescrevia:

> Quando numa disposição deste diploma se declarar que a mesma pode ser afastada por convenção colectiva de trabalho, entende-se que o não pode ser por cláusula de contrato individual.

Em paralelo, o artigo 14.º/1 da LRCT de 1969, determinava:

> A regulamentação estabelecida por qualquer dos modos referidos no artigo 2.º não pode ser afastada pelos contratos individuais de trabalho, salvo para estabelecer condições mais favoráveis para os trabalhadores.

II. O esquema tradicional era claro: as fontes prevaleciam por ordem de importância relativa; todavia, as de categoria inferior podiam levar a melhor, quando fossem mais favoráveis para os trabalhadores. Digamos que operava-se, no Direito do trabalho, na base de mínimos imperativos: para melhorar, não havia limites.

III. O Código do Trabalho de 2003 alterou este esquema[910], pelo menos na aparência. Assim, segundo o seu artigo 4.º, precisamente epigrafado "princípio do tratamento mais favorável",

> 1. As normas deste Código podem, sem prejuízo do disposto no número seguinte, ser afastadas por instrumento de regulamentação colectiva de trabalho, salvo quando delas resultar o contrário.

ed., 58-59; Mário Pinto/Pedro Furtado Martins/António Nunes de Carvalho, *Comentário às leis do trabalho*, I – *Regime jurídico do contrato individual de trabalho* 1 (1994), 64-67.

[910] "Rompeu com o sistema tradicional", nas palavras de Guilherme Dray, *O princípio da proteção do trabalhador* cit., 494.

> 2. As normas deste Código não podem ser afastadas por regulamento de condições mínimas.
>
> 3. As normas deste Código só podem ser afastadas por contrato de trabalho quando este estabeleça condições mais favoráveis para o trabalhador e se delas não resultar o contrário.

Mau grado a epígrafe do preceito, a regra geral de que as fontes inferiores podiam afastar as superiores, desde que prevendo um tratamento mais favorável para os trabalhadores, foi removida. Segundo o transcrito artigo 4.º/1, os instrumentos de regulamentação coletiva de trabalho poderiam baixar o nível de proteção dado por lei. Todavia, a interpretação permitia manter o referido tratamento mais favorável: as leis, ao fixarem níveis de proteção são, em regra, imperativas; logo, os benefícios poderiam ser majorados: não diminuídos[911].

IV. O Código de 2009 procurou, pelo menos na forma, dar uma diferente orientação à matéria[912]. Concedeu-lhe o demasiado longo artigo 3.º, agora epigrafado "relações entre fontes de regulação":

> 1. As normas legais reguladoras de contrato de trabalho podem ser afastadas por instrumento de regulamentação colectiva de trabalho, salvo quando delas resultar o contrário.
>
> 2. As normas legais reguladoras de contrato de trabalho não podem ser afastadas por portaria de condições de trabalho.

Desapareceu, na forma, o princípio do tratamento mais favorável, no tocante às relações entre a lei e os instrumentos coletivos. Estes poderão, teoricamente, baixar o nível de proteção, desde que a interpretação das normas legais a afastar revele que, afinal, não são imperativas, ao fixar "mínimos". A matéria está, todavia, complementada no n.º 3, abaixo ponderada.

[911] A essa luz, torna-se incompreensível a declaração de inconstitucionalidade presente no TC n.º 306/2003, de 21 de julho, já citado, e que conduziu ao artigo 4.º/2: abaixo explicada.

[912] Guilherme Dray, *O princípio da proteção do trabalhador* cit., 498 ss.. *Vide* Luís Gonçalves da Silva, *Da eficácia da convenção coletiva* (2012), 758 ss.; *idem*, em Pedro Romano Martinez, *Código do Trabalho anotado* cit., 11.ª ed., 103-108; Pedro Romano Martinez, *Interpretação e aplicação de normas laborais (Revisitação do* favor laboratoris: *ativismo jurídico* versus *segurança jurídica)*, em Est. Bernardo Xavier. III (2015), 227-254.

Quanto ao n.º 2: ele resulta do artigo 4.º/2 do Código de 2003, provocado por uma declaração de inconstitucionalidade que recaiu sobre o projeto.

Essa declaração não foi razoável. O TC, no já citado acórdão n.º 306/2003, de 25 de julho, considerou que, sendo a lei promanada pelo Estado e tendo o regulamento de condições mínimas a mesma origem, não poderia uma norma inferior contrariar a superior, quando proveniente da mesma entidade. Prevaleceu uma orientação kelseniana positivística, alheia ao espírito do Direito do trabalho. Um regulamento de condições mínimas pode dispensar, para um sector, um regime adequado, mais adaptado e favorável do que o geral. Não afastando regras imperativas, não se entende o prurido constitucional.

V. O artigo 3.º/3, em recorte negativo ao n.º 1, veio determinar:

> As normas legais reguladoras de contrato de trabalho só podem ser afastadas por instrumento de regulamentação coletiva de trabalho que, sem oposição daquelas normas, disponha em sentido mais favorável aos trabalhadores quando respeitem às seguintes matérias:
>
> *a*) Direitos de personalidade, igualdade e não discriminação;
> *b*) Proteção na parentalidade;
> *c*) Trabalho de menores;
> *d*) Trabalhador com capacidade de trabalho reduzida, com deficiência ou doença crónica;
> *e*) Trabalhador-estudante;
> *f*) Dever de informação do empregador;
> *g*) Limites à duração dos períodos normais de trabalho diário e semanal;
> *h*) Duração mínima dos períodos de repouso, incluindo a duração mínima do período anual de férias;
> *i*) Duração máxima do trabalho dos trabalhadores noturnos;
> *j*) Forma de cumprimento e garantias da retribuição;
> *l*) Capítulo sobre prevenção e reparação de acidentes de trabalho e doenças profissionais e legislação que o regulamenta;
> *m*) Transmissão de empresa ou estabelecimento;
> *n*) Direitos dos representantes eleitos dos trabalhadores.

Como se vê, retoma-se agora, a este nível, o princípio do tratamento mais favorável. Mas ele não é generalizado, antes se atendo às matérias elencadas nas 13 transcritas alíneas. Estas, todavia e no essencial, reportam-se a matérias que, à luz de uma interpretação comum, já seriam imperativas. O seu alcance afigura-se diminuto, exceto pelo que calem. Por exemplo e *a contrario*, parece que a segurança no emprego, o não-retrocesso na categoria ou o montante da retribuição poderiam ser reduzidos por instrumentos de regulamentação coletiva do trabalho: desde que as regras legais que os estabelecessem não sejam imperativas de mínimos, o que, em regra, não sucederá.

VI. O artigo 3.º/4 conserva a regra tradicional do tratamento mais favorável, relativamente ao contrato de trabalho. Dispõe:

> As normas legais reguladoras de contrato de trabalho só podem ser afastadas por contrato individual que estabeleça condições mais favoráveis para o trabalhador, se delas não resultar o contrário.

Por fim, o artigo 3.º/5 mantém a categoria das normas convénio-dispositivas, isto é, daquelas que apenas possam ser afastadas por instrumentos de regulamentação coletiva de trabalho.

VII. Em compensação, o artigo 476.º conserva, na sua própria epígrafe, a referência ao "princípio do tratamento mais favorável"[913]. Fá-lo nos termos seguintes:

> As disposições de instrumento de regulamentação coletiva de trabalho só podem ser afastadas por contrato de trabalho quando este estabeleça condições mais favoráveis para o trabalhador.

Este preceito, que adveio do artigo 531.º do Código de 2003, reforçou mesmo, de certo modo, o teor do princípio: eliminou, no final, "e se daquelas disposições não resulta o contrário".

138. **Os valores em causa**

I. A presença, no domínio dos conflitos hierárquicos das fontes de Direito do trabalho, de uma regra do tratamento mais favorável do traba-

[913] Luís Gonçalves da Silva, em Pedro Romano Martinez, *Código do Trabalho anotado* cit., 11.ª ed., 1016-1018; também de Gonçalves da Silva, *vide Da eficácia da convenção coletiva* (2012), 809 ss..

lhador, resulta natural, se se atentar na génese e evolução do laboralismo[914]. Na sua base coloca-se a questão social e a situação de vulnerabilidade em que, nela, se encontraram os trabalhadores, atentando-se, para mais, na incapacidade então demonstrada pelo Direito civil das codificações na resolução dos graves problemas assim ocasionados.

A génese empenhada do Direito do trabalho explica que cada adenda laboral seja sempre entendida como um *maius* a favor do trabalhador. Isto é: todo o desenvolvimento laboral, a ser consequente, representa mais um passo na defesa dos trabalhadores tendo, por isso, aplicação em detrimento da legislação preexistente. Quando, porventura, essa vantagem não surgisse, o aditamento laboral seria ilegítimo, por contrariar a própria lógica genética do Direito do trabalho: não se lhe poderia dar valor.

O sentido exato do tratamento mais favorável dos trabalhadores não é hoje o do início, acima alinhado. A evolução do Direito do trabalho como a do próprio Direito comum a tanto conduzem. Mas por facilidade de expressão, continuar-se-á a falar em "tratamento mais favorável".

II. A rigidez assumida pelo Direito do trabalho, particularmente entre nós, após o período de 1974-1975, levantou problemas de ordem empresarial. Um laboralismo de mínimos pressupõe uma sociedade em permanente crescimento económico. Nunca haveria retrocessos sociais e cada norma nova só poderia ter o sentido de melhorar o nível existente. O cenário não se revelou realista. Com efeito:

(a) a sucessão de crises próprias do capitalismo de mercado põe em risco muitas empresas e, com isso, os postos de trabalho inerentes; no momento-chave, uma flexibilização das condições de trabalho, ainda que transitória, pode ser vantajosa para os trabalhadores;
(b) a globalização dificulta os "paraísos laborais": os países concorrem no mercado planetário também através das condições de trabalho respetivas; níveis laborais elevados são custos, que encarecem os produtos.

[914] Em geral e por todos, Raúl Ventura, *Teoria da relação jurídica de trabalho* cit., 195 ss..

Os fatores apontados não jogam na mesma medida. Enquanto as crises podem requerer medidas de emergência transitórias, a reabsorver assim que se regresse à expansão, a globalização conduz a uma pressão permanente sobre os mercados de trabalho dos países desenvolvidos: estatuto que Portugal alcançou em meados da década de 90 do século passado.

III. Cumpre ainda apontar um fator de ordem psicológica, muito claro no laboralismo nacional: o da dureza linguística do Direito do trabalho. Já de si rígidas, as proposições laborais, mormente as constitucionais, apresentam uma acertividade pouco atrativa para o investimento. Isso explicará medidas menos substantivas, como a da remoção de uma referência formal ao princípio do tratamento mais favorável, consumada pelo Código de 2009.

IV. Não cabe, para mais num plano universitário, sucumbir às exigências contingentes do politicamente correto. O *favor laboris* deve suplantar o *favor laboratoris*: no sentido de que o Direito do trabalho, para além da proteção dos trabalhadores, não deve esquecer a defesa do mínimo existencial das empresas e da sua capacidade para, através do investimento, criar emprego e melhorar o nível do emprego existente. Estes vetores devem estar presentes na solução dos conflitos hierárquicos de fontes laborais.

§ 37.º O TRATAMENTO MAIS FAVORÁVEL

139. Ordenação de fontes e comparabilidade

I. A determinação do conflito hierárquico obriga à competente ordenação dos preceitos laborais.

Procedendo às correspondentes operações, possibilitadas pelo anterior estudo sobre as fontes, obtém-se o seguinte elenco:

– regras constitucionais, a respeitar pelas leis de revisão constitucional;
– regras constitucionais;
– normas internacionais (comuns ou convencionais ou europeias);
– normas europeias diretamente aplicáveis;
– normas legais;
– convenções coletivas de trabalho e instrumentos equiparados; entre estas, há que observar o disposto nos artigos 481.º a 484.º;
– contrato individual de trabalho (incluindo os aspetos regulamentares da empresa que assentem em acordo das partes);
– usos da profissão do trabalhador e das empresas;
– regulamentos da empresa (na parte em que derivem da autoridade patronal).

II. Não há razão para limitar o estudo às relações entre as leis e as convenções coletivas de trabalho. Os contratos individuais de trabalho, embora não sejam fontes do direito por não darem lugar a comandos genéricos, devem também ser considerados neste elenco[915]: por um lado, eles contribuem para a formação do regime aplicável à situação jurídica labo-

[915] A tal propósito é, muitas vezes, colocado o problema na doutrina alemã; por todos, Günter Schaub, *Arbeitsrecht* cit., 6.ª ed., 1335 ss.; *vide*, alargadamente, Wolfgang Zöllner, *Arbeitsrecht* cit., 3.ª ed., 62 ss..

ral, prevalecendo, inclusive, sobre fontes em sentido próprio, ainda que mediatas (os usos e os regulamentos da empresa); por outro, eles suscitam a aplicação dos artigos 3.º/1 e 3 e 476.º, manifestamente inspirados pelos valores laborais aqui em estudo.

O facto de, no tocante a conflitos entre as fontes hierarquicamente superiores à lei, não haver norma expressa, não deve levar ao desconhecimento do problema; pelo contrário: a Ciência do Direito concita, aí, um máximo de solicitações.

III. Não existe uma prevalência pura e simples de instrumentos, por ordem de categoria, uma vez que os instrumentos inferiores podem ter precedência, quando mais favoráveis. Tal obriga a proceder a uma comparação entre eles. Essa operação exige, por seu turno, que exista comparabilidade: um ponto que requer um estudo complementar.

140. **Os termos da comparação: teoria do cúmulo e teoria da conglobação; a conexão interna**

I. Procurando fixar formalmente os termos da comparação tendente a determinar o regime mais favorável para o trabalhador, ocorre analisar duas teses tradicionais: a do cúmulo e a da conglobação.

A teoria do cúmulo, presente no laboralismo francês tradicional[916], foi defendida, entre nós, por Raúl Ventura, numa segunda fase da sua obra[917] e, em seu seguimento, por Maria da Conceição Tavares da Silva[918]. A teoria do cúmulo teve também o sufrágio da jurisprudência italiana, ainda quando criticada pela doutrina[919].

[916] G. H. Camerlynck/Gérard Lyon-Caen/Jean Pélissier, *Droit du travail*, 13.ª ed. (1986), 57 ; *vide*, desses autores, a 14.ª ed. (1988), 57, enquanto em Gérard Lyon-Caen/ /Jean Pélissier/Alain Supiot, *Droit du travail*, 19.ª ed. (1998), 65-66, surge já a conglobação. O problema esbate-se na literatura mais recente; *vide* Gilles Auzero/Dirk Baugard/ Emmanuel Duckès, *Droit du travail*, 31.ª ed. (2018), n.º 69-70 (84-86).

[917] Raúl Ventura, *O cúmulo e a conglobação na disciplina das relações de trabalho*, O Direito 94 (1962), 201-221 (221).

[918] Maria da Conceição Tavares da Silva, *Direito do trabalho* cit., 538.

[919] Assim, Mazzoni, *Diritto del lavoro* cit., 1, 5.ª ed., 214. O problema tem sido solucionado com a inclusão, nas convenções coletivas, de "cláusulas de incindibilidade das normas", o que conduz, por via normativa, à adoção da teoria da conglobação.

Segundo esta doutrina, nos conflitos hierárquicos deve prevalecer a norma mais favorável para o trabalhador; a comparação assim pressuposta deverá ser feita regra a regra, isoladamente, de tal forma que o regime aplicável às situações laborais seja equivalente a um somatório (i.é, a um cúmulo) de normas retiradas de diversas fontes e que, em comum, têm apenas o serem mais favoráveis para os trabalhadores.

A teoria do cúmulo foi acusada de ser demagógica, de quebrar a unidade da disciplina da situação jurídica laboral e de violar "... a harmonia, o equilíbrio e a ligação orgânica entre as várias condições estabelecidas pelo próprio contrato (ou coletivo ou individual, conforme no caso o confronto se faça com a lei, ou com a lei ou contrato coletivo)"[920]. A doutrina alemã rejeita-a, apelidando-a de "teoria das passas de uva" (*Rosinentheorie*): numa taça com passas, o interessado vai escolhendo as maiores, numa seleção impensável no campo jurídico[921].

II. Por isso se preconiza, em sua substituição, a teoria da conglobação ou do conglobamento. Desta feita, a regra do tratamento mais favorável deveria ser aplicada comparando as fontes em presença, na sua globalidade: prevalece a que, no conjunto, se revele mais útil para os trabalhadores. Tal a opção da doutrina italiana[922] e do Direito espanhol[923]. Esta orientação deriva das críticas feitas à anterior; mas incorreria, segundo alguns, também em várias censuras, designadamente as de arbítrio e subjetivismo[924].

Reconheça-se, no fundo que, contra a conglobação, jogam as dificuldades de comparação a que pode conduzir – como cotejar dispositivos inteiramente diversos – e que a via por ela encetada pode provocar retrocessos em certos aspetos favoráveis, já conquistados para os trabalhadores.

III. Numa posição algo intermédia surge a tese da conexão interna, (ou conglobação limitada), defendida no Direito alemão[925] e daí, por alguns

[920] Raúl Ventura, *O cúmulo e a conglobação* cit., 204; *vide* Guilherme Dray, *O princípio da proteção do trabalhador* cit., 510 ss..

[921] Sudabeth Kamanabrou, *Arbeitsrecht* cit., Nr. 1821 (570).

[922] Mazzoni, ob. e loc. cit..

[923] Manuel Alonso Olea, *Derecho del trabajo* cit., 7.ª ed., 549 e Montoya Melgar, *Derecho del trabajo* cit., 6.ª ed., 221.

[924] Raúl Ventura, *O cúmulo e a conglobação* cit., 206 ss..

[925] Günter Schaub, *Arbeitsrecht* cit., 6.ª ed., § 204, VI (1336) e Wolfgang Zöllner, *Arbeitsrecht* cit., 3.ª ed., 320 ss.; Wolfgang Zöllner/Karl-Georg Loritz, *Arbeitsrecht*, 4.ª ed.

autores italianos[926]. Segundo esta orientação, a comparação deve ser feita não entre normas singulares nem entre as fontes na sua globalidade, mas entre grupos de normas incindíveis, que se encontrem entre si numa particular conexão interna.

É importante frisar que esta orientação não se apresenta como um compromisso entre as anteriores – embora, de facto, possa funcionar como tal – antes tendo uma origem autónoma, baseada em argumentos próprios. Uma regra do tratamento mais favorável, a ter um conteúdo útil e uma presença atuante, deve efetivamente computar vantagens concretas e não meras conveniências abstratas. Ora estas devem ser claramente apreciadas, ponto por ponto. Não se deve, porém, separar o incindível, sob pena de se perder uma base realista para qualquer apreciação. Por esta via, é possível regular superveniências[927].

IV. Na verdade, as normas jurídicas são, muitas vezes, isoladas não por quaisquer razões substantivas mas antes por contingências linguísticas. Uma solução unitária e simples pode exigir várias normas porque os elementos linguísticos disponíveis no idioma utilizado não comportam termos de expressão unos.

A denominada conexão interna ou conglobação limitada visa justamente firmar, como termos comparativos, realidades substanciais e não meras proposições linguísticas.

Tanto basta para ser preferível às restantes teorias[928].

141. Os critérios da comparação: o relevo dos resultados, o primado da pessoa e a objetividade

I. O juízo de favorabilidade exige, de seguida, critérios formais que deem o seu modo de operar.

(1992), 359; na literatura atual, Jürgen Treber, em Günter Schaub, *Arbeitsrecht* cit., 17.ª ed., § 207, Nr. 24-25 (2248-2249) e Sudabeth Kamanabrou, *Arbeitsrecht* cit., Nr. 1824 (571).

926 Assim, Cessari, *Il "favor"* cit., 77 ss. e *passim*. Entre nós, a orientação foi acolhida por Ribeiro Lopes, *Direito do trabalho* cit., 79-80.

927 Klaus Adomeit, *Das Günstigkeitsprinzip – neu verstanden*, NJW 1984, 26-27.

928 Entre nós, *vide* Guilherme Dray, *O princípio da proteção do trabalhador* cit., 513-514.

A simples referência ao tratamento mais favorável e o facto de ele assentar num cotejo de normas em conexão interna é, ainda, demasiado incipiente para propiciar quaisquer resultados. Há que avançar nos critérios da comparação. Adianta-se já que, numa demonstração de unidade intrínseca de toda esta problemática, a determinação de tais critérios permitirá reforçar a opção, já realizada, pela conexão interna.

II. Em primeiro lugar, há que atentar no preciso ponto em que vai operar a comparação que faculta o juízo de favorabilidade.

Qualquer cotejo a realizar em Direito – e, para mais, com relevo em soluções materiais – há de ser uma comparação de resultados.

Contrapor normas releva de um positivismo ingénuo, que toma a proposição pela decisão aplicativa, os conceitos pela causa e a formulação pela substância: no fundo, emerge aqui, de novo, um nível linguístico de solução laboral, que se desliga das soluções efetivas e das realidades que, ao Direito, compete enquadrar e resolver.

Em Direito, um "resultado" implica, com frequência, uma série de normas, teleologicamente interligadas, às quais se deve ainda, muitas vezes, juntar princípios.

Comparar fontes no seu conjunto não é consequente, uma vez que elas podem somar problemáticas muito diversas, ao sabor de acasos que nada tenham de dogmático. Mas separar normas incindíveis é puro irrealismo: equivale a abdicar de, na comparação, apurar resultados materiais.

Optou-se, por isso pela tese da conexão interna – ou, se se quiser, pela teoria da conglobação limitada; adianta-se agora que a tónica do cotejo assenta nos resultados possibilitados pelas regras conectadas.

III. Falar numa comparação de normas – e sabe-se agora que a correspondente operação deve operar entre grupos de normas em conexão interna, tendo em conta os resultados – para apurar qual o conjunto normativo mais favorável ao trabalhador diz ainda pouco sobre os critérios que devem mostrar tal operação.

Um pouco na linha apurada pela jurisprudência alemã[929] – e hoje pacífica – devem alinhar-se os seguintes parâmetros:

[929] Günter Schaub, *Arbeitsrecht* cit., 6.ª ed., 1335 ss., ainda que numa análise circunscrita às relações entre a convenção coletiva e o contrato de trabalho. As justificações apresentadas no texto não são, no entanto, de Schaub.

(a) o cotejo é feito à luz dos interesses dos trabalhadores singulares; estando em causa situações jurídicas laborais portanto, situações de pessoas, destinatárias últimas do Direito, é a nível destas que se concretizam – e logo tornam ponderáveis – os valores em jogo;

(b) o cotejo obedece a parâmetros objetivos – e, logo, iguais para todos os trabalhadores, em circunstâncias laborais idênticas; de outra forma, pôr-se-iam em causa vetores primordiais como a igualdade, a segurança ou a própria generalidade das normas; ainda por esta ordem de ideias, relevam as vantagens profundas, em termos de valores do sistema, e não as aparências ou as qualificações legais.

IV. Em conclusão, julga-se que a saída para os conflitos hierárquicos de normas laborais – a procurar, depois, perante coordenadas histórica e positivamente determinadas – deve obedecer às seguintes coordenadas; comparar conjuntos incindíveis de normas em função dos resultados; dar a primazia às posições das pessoas; obedecer a parâmetros objetivos.

142. As soluções de tipo estatutário: a interpretação e a aplicação

I. Os elementos obtidos permitem ponderar agora a realidade doutrinária portuguesa.

Uma posição tradicional e, até há pouco, quase unânine entre nós reduzia o tema dos concursos hierárquicos de fontes a um problema de interpretação e de aplicação das próprias normas.

Pelo flagrante paralelo que traduzem com idêntica postura perante os conflitos espaciais de normas, antes da revolução de Savigny, pode falar-se, a tal propósito, em soluções de tipo estatutário.

II. Tais soluções baseiam-se em considerações muito simples.

Numa situação de conflito hierárquico, as fontes superiores prevalecem sobre as inferiores, pela ordem respetiva.

Determinada uma norma superior, qualquer outra que a contrarie deve, naturalmente, ceder, seja qual for o seu conteúdo. Pode, no entanto, suceder que a norma superior seja supletiva: a inferior subsiste então, levando a melhor.

Ainda quanto à supletividade, há que atentar no seu exato conteúdo, caso exista. Assim, se a fonte superior fixar uma vantagem máxima para o trabalhador, a fonte inferior não poderia ultrapassá-la; sendo a vantagem mínima, ela poderia ir mais além, mas não reduzi-la; havendo margens máxima e mínima, ela teria de se conter nesse espaço; não havendo quaisquer balizas, a supletividade seria total, podendo a norma inferior assumir qualquer teor.

II. Esta orientação foi a de Raúl Ventura[930], tendo na sua origem, as pretensões publicísticas da superioridade do Direito estadual e autárquico sobre o "corporativo" e a deste sobre os particulares, segundo a lição de Fézas Vital, na linha oficial do Estado Novo[931]. Firmada tal hierarquia, diz este Autor:

> Pode, na verdade, uma *fonte inferior* sobrepor-se, em certos casos, à *fonte superior*, bastando para isso, que esta, ou outra superior a ambas, com consentimento legal o determine[932].

Defendida com particular cuidado por Monteiro Fernandes[933], ela veio a merecer o apoio de Bernardo Xavier[934], Barros Moura[935], Brito Correia[936] e Acácio Lourenço[937], num fenómeno claro de continuidade cultural que remonta a Fézas Vital e aos publicistas.

[930] Raúl Ventura, *Teoria da relação jurídica de trabalho* cit., 199 ss..

[931] Fézas Vital, *Hierarquia das fontes de direito*, ROA 1943, 3, n.º 1 e 2, 12-35.

[932] Fézas Vital, *Hierarquia das fontes* cit., 21.

[933] António Monteiro Fernandes, *O princípio do tratamento mais favorável ao trabalhador*, ESC 21 (1966), 73-93 = *Estudos de Direito do trabalho* (1972), 7-27 (12 ss.). *Vide*, também, Almeida Policarpo/Monteiro Fernandes, *Lei do contrato de trabalho* cit., 58, em termos, no entanto, que pareceriam prenunciar uma superação. Retomando as posições do início, Monteiro Fernandes, *Direito do Trabalho* 1, 6.ª ed. (1987), 232 ss..

[934] Bernardo Xavier, *Lei do contrato de trabalho* cit., 2.ª ed., 58-59.

[935] José Barros Moura, *Notas para uma introdução* cit., 351 ss. (256 ss., 367), bem como em *A convenção coletiva entre as fontes do Direito do trabalho* (1984), 147 ss. (155 ss.).

[936] Luís Brito Correia, *Direito do trabalho* cit., 1, 78 ss..

[937] José Acácio Lourenço, *O princípio do tratamento mais favorável*, em *Estudos sobre temas do Direito do trabalho* (1982), 91-109 (96 ss.).

III. Deve observar-se – e isso explica por um lado, a evolução no pensamento de Raúl Ventura e por outro, o cuidado posto em regra pelos autores "estatutários" no afastamento das teses da conglobação – que esta orientação não andará longe da teoria do cúmulo, exceto uma diferença acentuada de feição metodológica.

De facto, desde o momento em que se comparem normas de hierarquia diferente, é impossível esquecer a natureza imperativa ou supletiva da de categoria mais elevada.

IV. Uma orientação de "tipo estatutário" acaba, afinal, por reduzir o problema do conflito hierárquico de normas laborais a um comum conflito hierárquico, retirando-lhe especificidades e autonomia.

Restava explicar, a essa luz redutora, o papel do artigo 13.º/1 da LCT.

Na fórmula de Monteiro Fernandes, que faria, merecidamente, carreira, esse preceito teria uma utilidade interpretativa: ele levaria o intérprete a presumir (mas numa presunção "susceptível de contradita") que a norma superior apenas indica vantagens mínimas para o trabalhador sendo, nesse domínio, imperativa; quanto às vantagens máximas, ela seria supletiva, aceitando, pois, que norma inferior a suplantasse[938].

[938] António Monteiro Fernandes, *Noções fundamentais* cit., 1, 5.ª ed., 199, por último; perante o atual quadro normativo, o Autor não retoma a orientação: Antonio Monteiro Fernandes, *Direito do trabalho* cit., 18.ª ed., 116-118.

§ 38.º O *FAVOR* COMO NORMA DE CONFLITOS

143. A recolocação do problema

I. O problema dos conflitos hierárquicos entre fontes laborais merece o interesse que lhe tem sido votado pela doutrina nacional – e que, curiosamente, vai mais longe do que o patente na literatura estrangeira.

Efetivamente, para além de claros reflexos práticos nele implicados, ele assume uma dimensão científica básica: joga-se aqui, uma autonomia do Direito do trabalho que, dogmática ou sistemática, seja mais do que descritiva.

Não há, neste ponto – como noutros problemas de fôlego – soluções definitivas. A posição que, de seguida, se irá assumir traduz já a ultrapassagem de teses antes defendidas[939] e mantém-se aberta a ulterior reflexão.

Mais importante, porventura, do que a solução final é o apontar das vias pelas quais se deverão canalizar os esforços para a determinar.

E nesse aspeto afigura-se possível isolar algumas bases a que a Ciência Jurídica atual permitirá conferir já uma certa solidez.

II. A nível metodológico, convém ter presente que a realização do Direito corresponde a um processo unitário. A via clássica de, em tal processo, determinar fases estanques – localização das fontes, interpretação, integração, determinação dos factos, qualificação ou subsunção e aplicação – não corresponde à realidade: ela traduz apenas um esforço de análise que, uma vez concluído, deve ser destruído pela síntese que possibilite a decisão final.

A realização do Direito é, ainda, um processo volitivo-cognitivo: ela implica sempre uma decisão humana, baseada em coordenadas científicas

[939] *Vide* o nosso *Direito do Trabalho* 1, 1.ª ed. (1986/87 polic.), 385 ss..

que a legitimem e controlem mas, em qualquer caso, ainda com certa margem de opção, maior ou menor[940].

Por razões metodológicas gerais – que aqui compete, tão-só, indiciar – não se pode sufragar qualquer orientação que, do princípio do tratamento mais favorável, faça uma máxima "interpretativa" ou "aplicativa"; a existir, tal princípio é prescritivo no sentido de se dirigir para uma solução de problemas concretos, interfere em todo o processo de realização do Direito, e tem como destinatário o intérprete-aplicador, isto é, a pessoa que, a qualquer título, deva tomar a decisão jurídica de cuja legitimação se trate.

III. A nível laboral geral, o problema deve ser equacionado em todo o sistema e não apenas em círculos estreitos de fontes e, designadamente, no apertado elenco do artigo 3.º do Código de 2009.

A existência, como disciplina autónoma, do Direito do trabalho, terá pelo menos o sentido de, dela, retirar as utilidades próprias duma sistematização conjunta do tecido laboral. Ultrapassados os estádios positivistas, de sabor heckiano, que viam no "sistema externo" uma mera problemática de exposição, irrelevante para as soluções concretas, há que convir na importância do seu papel.

Se o princípio do tratamento mais favorável do trabalhador corresponder a qualquer coisa com sentido profundo, há de haver traços dele noutros níveis hierárquicos. Não se entende, por exemplo, porque razão tal tratamento releva nas relações entre a lei e a convenção coletiva e não, por exemplo, entre a Constituição e o Direito internacional ou entre este e a lei.

Por tudo isto, o problema da hierarquia das fontes deve ser ponderado no seu conjunto, desde as normas constitucionais que não admitam revisão até ao regulamento da empresa.

IV. Feitas estas considerações, pode adiantar-se: há que abandonar as orientações de tipo estatuário, a favor da técnica, mais ampla, das normas de conflitos[941].

940 *Vide* também o nosso, *Tendências actuais da interpretação da lei* cit., 1 ss..

941 O entendimento do tratamento mais favorável como norma de conflito é pacífico, na doutrina alemã atual; assim: Sudabeth Kamanabrou, *Arbeitsrecht* cit., Nr. 1804 (565); Jürgen Treber, em Günter Schaub, *Arbeitsrechts-Handbuch* cit., 17.ª ed., § 207, Nr. 19 (2246).

Um conflito hierárquico entre normas laborais coloca um problema suficientemente autónomo para ser objeto de uma ponderação própria. Procurar repetir essa ponderação em cada norma implica uma dispersão de esforços, faculta soluções desencontradas e incorre num irrealismo básico: o de supor que cada norma tem, em si, pistas para uma solução. Muitas nada dizem.

Admita-se pois que, sem prejudicar a unidade do processo de realização do Direito, se ganhe em análise através da destrinça de proposições específicas destinadas a dirimir o conflito e que o Direito do trabalho apontou, com generalidade, para esse objetivo.

Ou seja: perante um conflito hierárquico, intervêm específicas regras que, através dum elemento de conexão, indicarão, das fontes em presença, qual a competente para solucionar o caso concreto suscitado.

V. O sentido da contraposição entre as soluções de tipo estatutário e as do tipo regra de conflitos deve ser fixado. Ela é importante: permitiu apurar o sentido de continuidade encoberto nas posições da doutrina nacional – num fenómeno perfeitamente natural se se atinar que o Direito, por definição, tem uma essência cultural mais consentânea com evoluções paulatinas do que com quebras espetaculares – e vai facultar, ao que se julga, a determinação do verdadeiro problema em jogo. Mas não deve ser sobrevalorizada.

Isolar normas de conflitos para resolver concursos de regras, em vez de basear a solução no concreto peso relativo da proposição em conflito e numa evolução que o Direito internacional privado permitiu documentar, poderia parecer simples opção, suscetível de conversão. Ou seja: na aparência, tanto daria determinar a prevalência de certa norma por, para ela, remeter uma particular regra de conflitos, como chegar a idêntica conclusão, por, na norma prevalente, se descobrir uma especial qualidade que a tanto conduzisse. Haveria, quando muito, uma opção técnica, mas não substantiva.

A experiência mostra que não é assim.

O apuramento de normas de conflitos permite fazer operar como argumentos valores ou pontos de vista que, de outra forma, passariam diluídos na complexidade das normas a aplicar. Uma vez isolados, tais argumentos jogarão em normas nas quais eles não estavam patentes, num fenómeno de generalização próprio da Ciência; faculta-se, ainda, um seu aprofundamento multidimensional e, a todos os níveis, uma legitimação e um controlo da sua aplicação.

Se o princípio do tratamento mais favorável assumir um sentido preceptivo se o não tiver, não existe – ele surgirá como regra de conflito, sem prejudicar as sínteses concretizadoras finais.

144. Dados positivos; a conexão

I. O Direito articula-se como um conjunto de normas e de princípios teleologicamente envolvidos: não é neutro, antes pretendendo atingir determinados resultados.

Cabe agora a cada Direito historicamente localizado definir, através das suas regras, os objetivos ou os valores a prosseguir.

Na pesquisa da solução cominada pelo Direito positivo português para o problema da hierarquia das fontes laborais há, pois, que determinar quais os objetivos prescritos e em que medida as bases acima apuradas para a reformulação do tema têm aplicação.

II. Principiando por este último problema, pode-se afirmar a funcionalidade dos pontos determinados. Todos eles derivam de dados basilares da Ciência do Direito, que não está na mão do legislador contrariar. Dois campos merecem ainda enfoque:

(a) a extensão da hierarquia: ela estende-se, efetivamente, desde as normas constitucionais salvaguardadas pelo artigo 290.º da CR e até ao regulamento da empresa; os diversos degraus dessa hierarquia foram ponderados aquando do estudo de cada uma dessas fontes, daí resultando um conjunto jurídico-positivo que se deve ter presente;

(b) a inexistência de qualquer opção legislativa pela teoria do cúmulo[942]: as referências a "normas", no artigo 3.º/ 1 ou a "disposições" e "cláusulas" no artigo 476.º, devem ser entendidas como referindo conjuntos incindíveis de normas, por simples interpretação declarativa lata; de outra forma, volta a frisar-se, não seria sequer possível qualquer cotejo dogmaticamente admissível.

[942] Tal opção aparece, de facto, defendida em escritos de doutrina juslaboral; no entanto, como se diz no texto, não é isso que resulta das fontes em jogo; aliás, é duvidoso que semelhante matéria esteja na disponibilidade do legislador.

III. O objetivo presente em todo o Direito do trabalho é o efetivo estabelecer de um regime particularmente adaptado às situações jurídicas laborais, pautadas pelo fenómeno da subordinação.

A História e a cultura laborais comuns mostram que a especialidade foi tornada necessária pelas insuficiências do Direito civil, no momento em que lhe foi pedido auxílio. O Direito do trabalho surgiu para responder às necessidades do trabalho subordinado entre as quais avultava, na altura, a desproteção do trabalhador.

Seria, pois, como que um estatuto de privilégio, no sentido clássico do termo. Convém, no entanto, ter presente que toda esta matéria releva em termos materiais: não basta às regras juslaborais o proclamarem-se mais adequadas ou mais favoráveis aos trabalhadores: elas terão de o ser, na realidade.

Quando um Direito especial prossiga os seus objetivos pior do que o próprio Direito comum, ele perde razões de aplicação; este deve prevalecer.

Estas considerações gerais aplicam-se às próprias relações de ordem hierárquica. A fonte superior, na normalidade dos casos, tem uma maior generalidade, versa um maior número de casos-tipos, surgindo, desse modo, como comum, em face das fontes inferiores que, pormenorizando, assumem uma dimensão de especialidade mais marcada. As normas inferiores justificam-se, teleologicamente, por melhor permitirem a prossecução dos objetivos consignados nas superiores: quando o façam, aplicam-se; quando o não consigam, funcionam as superiores.

Tudo isto se articula enquanto estruturação profunda do Direito do trabalho; requerem-se, no entanto, particulares comandos para daí retirar consequências juspositivas.

IV. Um outro aspeto a considerar previamente é o próprio conteúdo do "tratamento mais favorável para o trabalhador". A locução tem sido utilizada no seu sentido imediatista, por razões de simplicidade. Mas há que meditar um pouco sobre ele.

Como tem sido enfocado, o Direito do trabalho surgiu e justificou-se por facultar uma tutela aos trabalhadores subordinados que o Direito comum, na altura, se mostrou incapaz de dispensar. O "tratamento mais favorável para o trabalhador" devia, então, ser entendido em termos literais.

A questão põe-se, hoje, em moldes diferentes. O Direito do trabalho não pode reivindicar uma autonomia baseada numa proteção que todo o

Direito dispensa à parte fraca e que, a quedar-se pela fórmula em causa, toma o fácil caminho dos desenvolvimentos linguísticos.

"Tratamento mais favorável do trabalhador" deve, pois, ser entendido em termos atualistas: trata-se do conjunto dos valores que o Direito do trabalho, de modo adaptado, particularmente defende e entre os quais, naturalmente, avulta a proteção necessária ao trabalhador subordinado.

A razão de ser da fórmula é, naturalmente, histórica, nenhum inconveniente havendo em respeitá-la, desde que efetuada a prevenção. Mas tendo presente que opera, hoje, um *favor laboris*.

V. Feita esta precisão, pode indicar-se, com exatidão técnica, qual o papel do tratamento mais favorável: trata-se do elemento de conexão. Ou seja: visando determinar, das regras em concurso, qual a competente para solucionar o caso concreto, o Direito faz apelo ao elemento de conexão "tratamento mais favorável". A regulação que o compreenda é a competente para solucionar o problema

145. **Remissões e pretensões de aplicação absoluta**

I. Perante esta realidade subjacente, o Direito positivo português consagrou uma efetiva regra de conflitos, destinada a solucionar os conflitos hierárquicos de normas juslaborais, com recurso ao referido elemento de conexão.

Essa regra consta de um princípio geral, aplicável a todas as fontes laborais, que resulta de evolução e dos objetos últimos do Direito do trabalho e que se pode considerar positivada, aflorando em vários preceitos como os artigos 3.º e 476.º.

Trata-se, no entanto e nos termos gerais que se sabe informarem normas de conflitos – de uma regra que cede quando uma fonte superior tenha uma pretensão de aplicação absoluta, o que só sucederá por exceção[943].

[943] Barros Moura, *A convenção coletiva* cit., 169 ss., refere uma "ordem pública social"; esta, presente na doutrina francesa, e referenciada já, de algum modo, no preâmbulo do Decreto-Lei n.º 36.173, de 6 de março de 1947, abrange os princípios imperativos da ordem jurídica. A noção é estimulante, mas não é ela que está, aqui, em causa: a ordem-pública social apenas impediria, a ser ordem pública em sentido próprio, a aplicação das normas que se lhe opusessem, sem se lhes substituir.

II. Propõe-se, pelo exposto, a seguinte fórmula:

(a) quando haja um conflito hierárquico entre fontes do Direito do trabalho, aplicam-se as normas que estabeleçam o "tratamento mais favorável para o trabalhador", sejam elas quais forem;
(b) assim não sucede quando a norma superior tenha uma pretensão de aplicação efetiva, afastando a inferior.

Repare-se que, em termos práticos, esta solução diverge da "estatutária" em dois pontos essenciais:

(a) parte do estudo da solução da norma e não da sua natureza supletiva ou injuntiva;
(b) admite a prevalência total da norma superior tão-só quando esta tenha uma assumida intenção de aplicação absoluta e não, apenas, natureza impositiva: "oposição", dizia o artigo 13.º/ 1, da revogada LCT.

Chega-se, pois, a uma maleabilidade nas fontes laborais, com o reforço mais largo das fontes inferiores, quando melhor prossigam os objetivos laborais profundos. Estes – com a proteção dos trabalhadores – ficam, assim, dotados de tutela mais vasta.

Passos anteriores permitem explicitar a regra como funcionando em toda a hierarquia das fontes, na base de uma comparação de grupos incindíveis de normas e feita perante situações de pessoas, em termos objetivos.

III. A concluir, torna-se conveniente recordar que toda esta construção, bem como as propostas que ela encerra, terá, em última análise, de encontrar a sua fundamentação no Direito positivo e nas soluções a que conduza.

O laboralismo consagra, nos diversos países, por via implícita ou explícita, normas similares aos artigos 3.º e 476.º. Em termos prescritivos, pretendeu-se, assim, por certo, ir mais longe do que se conseguiria através das comuns relações de imperatividade ou supletividade existentes entre normas de grau diverso e comuns, aliás, a todas as disciplinas. Uma simples presunção de supletividade no que toca aos limites máximos das vantagens a conceder aos trabalhadores é, ainda, um subaproveitamento do preceito: afinal, a "prova em contrário", por assentar numa simples interpretação que, em caso algum, pode deixar de ser feita, acabaria sempre por ocorrer, exceto quando a norma de grau superior expressamente o vedasse. A afirmação de um princípio do tratamento mais favorável do trabalhador, categoricamente feita na lei, deve assumir um conteúdo mais precetivo do que o até hoje atribuído.

O laboralismo incentiva, quanto possível, a autonomia dos parceiros laborais coletivos. Por certo que, em certas circunstâncias, os Estados não podem abdicar de intervir no domínio laboral, impondo designadamente limites máximos aos benefícios a atribuir aos trabalhadores. Mas a tendência vai no sentido de prosseguir tais objetivos por via concertada, negociando os limites ideais, quando necessários, com as organizações laborais e incentivando as empresas a adotar as políticas laborais mais convenientes. Estabelecer limites por via legal imperativa é, muitas vezes, um vão exercício de autoridade, que mais não faz do que provocar lutas laborais coletivas. Quando, no entanto, o Estado julgue dever fazê-lo, terá de operar de modo expresso e assumido: apenas assim quebrará a lógica do princípio do "tratamento mais favorável".

146. Alargamento do *favor*

I. Uma das bases utilizadas na revisão do presente problema foi a de uma aplicação generalizada do princípio do *favor*, desde as normas constitucionais ao regulamento da empresa.

Cabe, no entanto, ponderar com algum pormenor a sua funcionalidade perante o tema das relações convenção coletiva-contrato individual e em áreas laborais que lidem, em simultâneo, com conflitos de leis no tempo. Ou seja, deve testar-se a possibilidade de aplicar a ideia do tratamento mais favorável fora do âmbito estrito dos conflitos hierárquicos.

II. O aspeto dos conflitos de leis no tempo é espoletado pelo artigo 476.º o qual, nos termos já referidos, afirma que a convenção coletiva ou similar "... não pode ser afastada pelos contratos individuais de trabalho, salvo para estabelecer condições mais favoráveis para os trabalhadores"[944].

[944] *Vide* a aplicação deste preceito, por último, em STJ 3-jul.-1985 (Miguel Caeiro), BMJ 349 (1985), 320-324 (322), STJ 4-out.-1985 (Miguel Caeiro), BMJ 350 (1985), 244--247 (246) e STJ 23-mai.-1986 (Correia de Paiva), BMJ 357 (1986), 295-303 (302).

A ponderação literal do preceito leva a concluir que tal convenção pode ser sempre afastada pelo contrato que venha estabelecer condições mais favoráveis para o trabalhador; ou seja: nunca poderia colocar limites máximos.

A estrutura limitativa deste preceito já foi enfocada a propósito do fenómeno similar que se depreende do TVG alemão. Ela deve ser matizada: há que entender as "condições mais favoráveis para os trabalhadores" num sentido amplo, como equivalendo aos valores fundamentais do laboralismo. Assim, não seria viável, através de contratos individuais, pagar mais a uma categoria inferior de trabalhadores do que à superior: isso equivaleria a subverter a ordenação do instrumento de regulação coletiva, o que não seria, tudo visto, "mais favorável para os trabalhadores". De toda a maneira, nenhum inconveniente existia em descobrir, no referido artigo 476.°, para além de uma norma de conflitos básica, uma limitação genérica à autonomia coletiva.

III. No domínio do Direito laboral transitório, surgiam regras desse tipo: assim, os revogados artigos 10.° do Decreto-Lei n.° 49.408 e 54.° do Decreto-Lei n.° 409/71[945].

Estes preceitos não dirimem apenas, conflitos hierárquicos: a sucessão de preceitos no tempo, neles figurada, pode reportar-se a fontes de idêntica categoria. Mas na medida em que ocorra o fenómeno da hierarquização, trata-se, ainda, do mesmo *favor laboratoris*; no caso contrário, assiste-se a uma especial disposição de Direito transitório, que repousa numa solução similar. A jurisprudência tem procedido a um prudente alargamento dessa ideia[946].

IV. Com as cautelas sugeridas, o princípio do tratamento mais favorável mantém-se como espaço importante de ponderação juscientífica, dentro do Direito do trabalho[947].

[945] A matéria será retomada a propósito do contrato de trabalho.

[946] Assim, STJ 14-dez.-1984 (Dias da Fonseca), BMJ 342 (1985), 265-268 (267) e, no mesmo sentido, STJ 10-out.-1985 (Miguel Caeiro), BMJ 350 (1985), 248-253 (250), segundo os quais, havendo uma sucessão de regulamento sobre reformas, há que aplicar o mais favorável para o trabalhador.

[947] Assim, STJ 14-dez.-1984 (Dias da Fonseca), BMJ 342 (1985), 265-268 (267) e, no mesmo sentido, STJ 10-out.-1985 (Miguel Caeiro), BMJ 350 (1985), 248-253 (250), segundo os quais, havendo uma sucessão de regulamentos sobre reformas, há que aplicar o mais favorável para o trabalhador.

Entendido como norma de conflitos, capaz de dar corpo aos valores mais fundos do laboralismo, o *favor laboratoris* poderia ser aplicado a outras hipóteses de concurso nas quais não estivesse em jogo um problema hierárquico[948]. Nesse sentido, cabe referir a obra de Guilherme Dray, que constrói um princípio geral de proteção de trabalhador, do qual o *favor laboratoris* seria um subprincípio[949].

[948] Será o caso figurado em RLx 23-jul.-1986 (Nuno Alvim), CJ XI (1986) 4, 200--202: quando um trabalhador integre, de facto, duas categorias profissionais, haverá que considerá-lo pertencente à que mais o favoreça.

[949] Guilherme Dray, *O princípio da proteção do trabalhador* cit., *passim*.

CAPÍTULO III

A SITUAÇÃO JURÍDICA LABORAL

§ 39.º AS CONCEÇÕES COMUNITÁRIO-PESSOAIS

147. As origens

I. A dogmática básica do Direito do trabalho assenta na situação jurídica laboral[950]. Hoje, afigura-se-nos que esta só pode ser construída depois de considerados alguns aspetos básicos do Direito do trabalho, com relevo para as aportações europeias e para o sistema de fontes. Sempre presente estará, naturalmente, a evolução histórica da matéria.

Na situação jurídica laboral, uma pessoa está adstrita a desenvolver, em benefício e sob a direção de outra, uma atividade, mediante remuneração. Viu-se como a temática laboral se centra em torno do trabalho subordinado, entendido como serviço hetero-determinado[951]. O passo seguinte consiste em verificar a sua natureza perante os outros vetores do Direito e designadamente: se se trata – ou não – de uma situação patrimonial, obrigacional, relativa e sinalagmática.

Na resposta a estas questões, têm sido agitadas as polémicas fundamentais que animam o Direito do trabalho. Cabe referenciá-las: delas depende boa parte das especificidades dogmáticas laborais[952].

[950] Opera, aqui, uma opção fundamental, já acima referenciada, mas que não pode, agora, ser desenvolvida. A situação jurídica implica uma decisão de Direito: é, pois, constitutiva, consubstanciando o próprio Direito. Este falta, ainda, nas simples normas ou princípios, bem como nos factos exteriores que não implicando volições jurídicas, tão-pouco se confundem, a nível do *ser,* com a Ordem Jurídica.

[951] *Supra*, 31 ss..

[952] Sobre toda esta matéria, a obra de referência é a monografia de Maria do Rosário Palma Ramalho, *Da autonomia dogmática do Direito do trabalho* (2000), XVIII + 1139 pp..

II. A dogmática laboral ligava-se, por razões culturais e científicas, ao Direito das obrigações. Como se verificou – e exceptuando a matéria atinente às condições de trabalho, intensamente publicizada desde o início – o contrato individual de trabalho e o próprio Direito coletivo firmaram-se de acordo com o regime obrigacional. A possibilidade de uma autonomização laboral de fundo foi agitada nos princípios do século XX, quando se tentou emancipá-lo da dogmática privada comum.

Os primeiros passos nesse sentido foram dados por Anton Menger e Otto von Gierke, nas críticas por ele realizadas ao projeto do BGB. Referenciando a insensibilidade desse projeto à problemática social, esses autores censuram, em particular, a romanização do contrato de prestação de serviços, tal como resultava do articulado em causa. Essa romanização estaria na origem do entendimento meramente patrimonial da situação de trabalho, a qual exprimiria um simples vínculo de troca de salário pelo esforço laboral. Daqui resultaria a não-proteção do trabalhador. O problema, segundo esses Autores, deveria ser encarado com o recurso à tradição germânica: entre o empregador e o trabalhador estabelecer-se-ia uma ligação de tipo pessoal, ancorada na mútua lealdade, que daria ao vínculo laboral uma feição específica[953]. Na verdade, o BGB compreendia, nos seus §§ 617 ss., um dever de assistência, a cargo do beneficiário dos serviços; tal dever abrangia obrigações de cuidado e de tutela contra a doença, os perigos para a vida e a saúde do obrigado. O dever de assistência, no entanto, apesar da sua anomalia perante uma comum dogmática obrigacional, não teve explicações autonomistas[954], nem foi suficiente para solucionar as graves questões laborais, então já existentes.

III. Uma autonomização mais cabal da situação jurídica de trabalho foi levada a cabo por Heinz Pothoff, num artigo publicado em 1922.

[953] Recordem-se Anton Menger, *Das bürgerliche Recht und die besitzlosen Volksklassen* cit., 5.ª ed., 160 ss. e Otto von Gierke, *Der Entwurf eines bürgerlichen Gesetzbuchs* cit., 245. *Vide* Wolfgang Klatt, *Treupflicheten im Arbeitsverhältnis/Eine historische Untersuchung* (1990), 381 pp., remontando ao *Treudienstvertrag* medieval.

[954] Gustav Rümelin, *Dienstvertrag und Werkvertrag* cit., 265, viu, nesses preceitos, apenas um aforamento do princípio geral da boa-fé, comum a toda a dogmática obrigacional e mesmo privatística em geral. Philipp Lotmar, *Der Arbeitsvertrag nach dem Privatrecht* cit., 2, 859, explica também que as ideias da lealdade laboral, a não serem entendidas como realidades morais, não teriam consagração no BGB. Lotmar foi o Autor de um dos primeiros escritos sistemáticos do Direito do trabalho.

Segundo este Autor, a relação de trabalho não seria uma relação obrigacional. Explica Pothoff:

> O trabalhador não promete prestações objetivas, mas sim a si próprio. Ele não deve prestações de trabalho singulares, mas antes cede a disposição sobre a sua força de trabalho. A lei não deve regular uma relação de troca entre trabalho e remuneração mas sim as condições nas quais um cidadão pode ocupar um outro ao seu serviço. O Direito do trabalho não é nenhuma parte do Direito das obrigações mas antes um Direito das pessoas, devendo formar um sector especial do Direito legislado, junto do Direito da família e do Direito dos funcionários públicos[955].

Esta ideia foi retomada, principalmente na doutrina alemã dos anos trinta do século passado: segundo a tradição germânica medieval – que teria, ainda, atualidade – as situações laborais implicariam uma comunidade entre o empregador e o trabalhador, os quais estariam relacionados num vínculo de tipo pessoal. A própria empresa surgiria como uma comunidade orgânica; a relação laboral adviria da integração do trabalhador nessa comunidade[956].

Esta conceção foi utilizada, na década de trinta do século XX, para combater o romanismo, o liberalismo e o sindicalismo, servindo para atribuir poderes incontroláveis ao Estado totalitário[957]. Mas o aproveitamento feito pelo nacional-socialismo da ideia de vínculo comunitário-pessoal não basta, só por si, para a afastar: não há construções jurídicas que não possam ser prevertidas, enquanto que a elaboração desenvolvida, num primeiro tempo, por Pothoff se tem mantido, nos melhores autores, praticamente até aos nossos dias.

Qualquer apreciação terá de ser científica, tendo em conta a valia das explicações e os resultados a que elas conduzam. A Ciência em causa é, naturalmente, a do Direito.

[955] Heinz Pothoff, *Ist das Arbeitsverhältnis ein Schuldverhältnis?*, ArbR 1922, 267 ss. (275-276).

[956] Walther Oppermann, *Der Gemeinschaftgedanke im Arbeitsrecht*, JW 1937, 5 ss.; Denecke, *Vermögensrechtliches oder personenrechtliches Arbeitsverhältnis?*, DAR 1934, 220 ss.; Joerges, *Arbeitsverhältnis und Betriebsgemeinschaft/Wesen und Rechtsgrund*, DAR, 1938, 92 ss..

[957] *Vide* Menezes Cordeiro, *Da situação jurídica laboral: perspectivas dogmáticas do Direito do trabalho*, sep. ROA 1982, 17-18, com indicações bibliográficas.

148. As consequências

I. A definição do vínculo laboral como comunitário-pessoal não é, apenas, qualificativa: dela derivariam particularidades com reflexos importantes no campo do regime. Entre tais particularidades avultariam os deveres de lealdade e de assistência.

Os deveres de lealdade estariam a cargo do trabalhador; eles obrigá-lo-iam a velar, por ação ou omissão, pela manutenção dos interesses da entidade empregadora e da empresa[958].

Os deveres de assistência, por seu turno, caberiam ao empregador; adstringi-lo-iam a providenciar pela integridade da pessoa, da saúde e do património dos seus trabalhadores[959].

Na determinação do papel destes deveres de lealdade e de assistência é possível distinguir três possibilidades:

– uma função sistematizadora;
– uma função política legislativa;
– uma função constitutiva.

II. Caso desempenhem uma função sistematizadora, os deveres de lealdade e de assistência permitem ordenar as múltiplas disposições legais destinadas a regular as relações entre empregadores e trabalhadores, explicando o seu conteúdo; quando visassem uma função política legislativa, tais deveres constituiriam um guia para o legislador, levando-o a tomar medidas em conformidade; relevando uma função constitutiva, os deveres em estudo permitiriam, em concreto, descobrir novas soluções, resolvendo questões inesperadas e suprindo as insuficiências legais.

III. Outra consequência efetiva da afirmada natureza comunitário-pessoal da relação de trabalho estaria na teoria da incorporação. Numa versão mais radical, a teoria da incorporação defende que, em obediência à sua natureza comunitário-pessoal, a situação laboral constituir-se-ia não pela celebração de um contrato de trabalho, mas pela incorporação do

[958] Alfred Hueck/Hans-Carl Nipperdey, *Arbeitsrecht* cit., 7.ª ed., 242-243.

[959] Alfred Hueck/Hans-Carl Nipperdey, *Arbeitsrecht* cit., 7.ª ed., 394 ss.. e 405 ss..

trabalhador na empresa[960]. Numa leitura mais moderada, ainda há pouco tempo protagonizada por Nikisch, o contrato de trabalho seria fonte de meros vínculos obrigacionais, destinados, designadamente, a incluir o trabalhador na empresa; feita essa incorporação – e só nessa altura – surgiria a situação laboral propriamente dita[961].

149. Apreciação crítica

I. As conceções comunitário-pessoais a nível laboral dominaram longamente. Não obstante, depois de 1945, elas incorreram em críticas crescentes[962], sem que lograssem dar respostas satisfatórias.

Essas críticas devem ser conhecidas; efetivamente, é a partir delas que se desenha o perfil do que poderá constituir a atual dogmática laboral.

A referência a uma situação comunitário-pessoal tem o alcance dogmático que acima se deixou expresso. A sua luz, pode considerar-se que as duas locuções "comunitário" e "pessoal" – são utilizadas em sobreposição, de modo a facultar um sentido reforçado. No entanto e dada a pouca clareza demonstrada pelos seus defensores, impõe-se, para melhor aprofundar a matéria, um seu estudo diferenciado[963].

II. Uma situação dir-se-á comunitária por uma de três razões[964]:

[960] Presente já em Werner Mansfeld, *Vom Arbeitsverhältnis*, ZAkdR 1937, 907; a versão mais acentuada da teoria da incorporação foi apresentada por Wolfgang Siebert, *Arbeitsverhältnis und Vertrag*, ZAkdR 1936, 93 ss..

[961] Arthur Nikisch, *Arbeitsrecht* cit., 3.ª ed., 161-162 e 165-166 e, ainda, *Die Eingliederung in ihrer Bedeutung für das Arbeitsrecht*, RdA 1960, 1-5.

[962] O essencial desta matéria consta de três livros: Herbert Wiedemann, *Das Arbeitsverhältnis als Austausch- und Gemeinschaftsverhältnis* (1966), 106 pp.; Ernst Wolf, *Das Arbeitsverhältnis – Personenrechtliches Gemeinschaftsverhältnis oder Schuldverhältnis?* (1970), 104 pp.; Peter Schwerdtner, *Fürsorgetheorie und Entgelttheorie im Recht der Arbeitsbedingungen – Ein Beitrag zum Gemeinschafts- und Vertragsdenken im Individualarbeitsrecht und allgemeinen Zivilrecht* (1970), 252 pp.. Outra bibliografia pode ser confrontada em Menezes Cordeiro, *Da situação jurídica laboral* cit., 28-29.

[963] Autores mais recentes acolhem-se, apenas, à ideia de relação pessoal, como forma de evitar as críticas que mais facilmente atingem a locução comunitária; assim, Hans Dieter Schmid, *Arbeitsrecht* cit., 41 e Wolfgang Zöllner, *Arbeitsrecht* cit., 3.ª ed., 129.

[964] De novo cabe efetuar distinções pela falta de clareza dos defensores das teses tradicionais; assim, entre outros, Peter Schwerdtner, *Fürsorgetheorie* cit., 40 ss..

(a) por implicar uma contitularidade de direitos;
(b) por assentar numa comunhão de interesses;
(c) por exprimir uma comunidade sociológica.

Não há, por certo, uma contitularidade de direitos entre a entidade empregadora e o trabalhador. Por definição, os direitos que, mutuamente, lhes assistam são contrapostos, projetando-se, na contra esfera, em deveres simétricos.

Tão-pouco ocorre uma particular comunhão de interesses entre trabalhadores e empregadores: quando, no quadro da empresa, se verifique que uns e outros apresentam, perante o exterior, posições comuns, nada há de propriamente laboral; o cerne da situação de trabalho analisa-se em posições contrapostas, com interesses contrários, ainda que em bases comuns.

A comunidade sociológica, na linha tradicional de Tönnies, implicaria por fim a presença, nas unidades laborais, de uma série de elementos: interesse comum, vontade única e fim unitário. Pouco ou nada disso se observa nas relações laborais.

Para além destes aspetos analíticos, já de si sugestivos, cabe ainda enfocar o essencial: o campo laboral distinguiu-se do civil justamente por, nele, se detetar uma conflitualidade acentuada. Pretender encontrar uma comunidade onde imperam confrontos e lutas releva, no mínimo, de um romantismo jurídico irrealista. A ideia de comunidade deve, aí, ser abandonada.

III. Na análise da apregoada natureza pessoal da situação de trabalho cabe destrinçar quatro possibilidades:

(a) a de uma relação obrigacional;
(b) a de uma relação não-patrimonial;
(c) a de uma relação específica entre duas pessoas;
(d) a de uma situação de personalidade.

Enquanto relação obrigacional, a relação pessoal opõe-se à real, isto é, a conjunções próprias de direitos reais. Consagrada na doutrina, esta aceção resulta da lei em referências como as de "direitos pessoais de gozo" – artigo 407.º do Código Civil – ou "garantias pessoais" – "pessoalmente", segundo o artigo 627.º/1 do mesmo diploma. A aceção não colhe no campo laboral: a referência a uma relação "pessoal" visa aqui, justamente, a contraposição às relações obrigacionais.

Enquanto relação não-patrimonial, a situação de trabalho implicaria valorações que não poderiam analisar-se numa simples troca económica do trabalho pelo salário. Em entendimentos mais marcados, tanto a prestação do trabalho como a do salário não teriam natureza patrimonial, antes traduzindo emanações dos deveres básicos da lealdade e da assistência; segundo versões mais matizadas, a realidade laboral não se esgotaria em trocas patrimoniais, antes as transcendendo. Mas não: a relação de trabalho é uma típica situação económica; apenas os interesses patrimoniais das partes envolvidas justificam a sua constituição e manutenção.

Enquanto relação específica entre duas pessoas, a relação laboral daria corpo a prestações não-fungíveis, isto é: ligadas, estritamente, à pessoa dos intervenientes. Em termos individuais, assim poderá ser. No entanto, a regra é outra: o Direito do trabalho versa hoje situações massificadas, onde todas as pessoas são substituíveis. Domina o anonimato em escala porventura ainda maior do que a verificada no Direito comum.

Enquanto situação de personalidade, a relação de trabalho levanta questões mais apreciáveis. Trata-se de uma situação absorvente, que pode contundir com direitos fundamentais. Por outro lado, ela assume um relevo político e social que tem concitado a sua consagração nos textos fundamentais. A tendência para, nas diversas disciplinas, descobrir níveis de personalidade com dignidade constitucional, está hoje generalizada. Não há, pois, uma especificidade laboral neste domínio. A sua intensificação no campo do trabalho não pode, contudo, deixar de ser ponderada: ele interfere, seguramente, na situação laboral, embora não a torne "pessoal".

§ 40.º AS CONCEÇÕES ECONÓMICO-CONTRATUAIS

150. A teoria da remuneração

I. As críticas de base acima formuladas à própria possibilidade de encontrar, na situação jurídica laboral, algo que possa chamar-se, com um mínimo de cabimento, "relação comunitária" ou "relação pessoal" não devem fazer perder de vista os resultados obtidos pela conceção tradicional. Tais resultados devem ser objeto de uma ponderação autónoma.

Em primeiro lugar, cabe ponderar os deveres de assistência. A cargo do empregador, tais deveres seriam fonte de uma série de comportamentos que integrariam situações tão variadas como o dever de proporcionar férias pagas e reformas ou o de velar pela saúde e integridade física do trabalhador e pela higiene nos locais de trabalho. Eles seriam incompreensíveis numa clássica relação creditícia. A esta conceção tradicional – também dita teoria da assistência, intimamente ligada às orientações comunitário-pessoais – veio Schwerdtner contrapor a teoria da remuneração[965]: os diversos deveres a cargo do empregador justificam-se, em termos económicos, jurídicos e sociais, como contrapartida do trabalho. Há que alargar a ideia de remuneração, que não se cinge apenas ao salário: todas as prestações do empregador ficariam envolvidas.

II. A ideia básica subjacente à remuneração pode ser estendida ao próprio trabalhador, como modo de explicar o apregoado dever de lealdade. Fora dos quadros de uma comunidade, não cabe falar em "lealdade" como realidade autónoma. A única lealdade exigível ao trabalhador é a lealdade ao contrato. A lealdade contratual atinge qualquer parte num con-

[965] Peter Schwerdtner, *Fürsorgetheorie und Entgelttheorie* cit., 16 ss., 79 ss., 129 ss., 145 ss., 168 ss. e 211-212.

trato e traduz-se na exigência de cabal acatamento dos deveres assumidos. Por esta via, nada há pois de especificamente laboral.

A lealdade do trabalhador pode, no entanto, ter conotações mais profundas: ela implica que, para além do estrito acatamento dos deveres contratuais, o trabalhador deva ficar na disponibilidade do empregador, para um cabal desempenho das suas funções. Mas esta via conduz à obediência, isto é, à sujeição às instruções da entidade empregadora. O trabalho equaciona-se como uma prestação indeterminada; a sua determinação, feita por outrem, opera apenas aquando do cumprimento do dever de prestar. O trabalhador encontra-se, deste modo, adstrito a mera prestação com características próprias: entre uma infinidade de prestações, é mais uma possível.

Nada há, pois, que apenas a nível comunitário-pessoal tenha explicação. O trabalhador troca o conjunto das suas prestações pelo salário. O empregador remunera esse mesmo conjunto, tudo na base de um contrato livremente concluído entre ambos.

151. **As insuficiências da teoria da incorporação**

I. A teoria da incorporação constituiu o ponto alto das doutrinas comunitário-pessoais: na sua base podia mesmo substituir-se a figura contratual, insuficiente ou, porventura, dispensável no campo do trabalho. Múltiplas razões recomendaram, no entanto, a sua rejeição, a favor da teoria do contrato ou do primado contratual[966].

II. Em termos técnico-jurídicos, a teoria da incorporação levanta mais problemas do que os que resolve. Na verdade, ela não esclarece a situação dos trabalhadores que, tendo celebrado um contrato válido, não sejam, por razões de diversa natureza, incorporados na empresa[967]. As vicissitudes da situação laboral podem ainda conduzir a que um trabalhador, sem prejuízo pela sua posição, seja desafetado da unidade empresarial em que, primeiro,

[966] Alfred Hueck, *Vertragstheorie und Eingliederungstheorie*, RdA 1955, 323 ss.; outros elementos podem ser confrontados em Menezes Cordeiro, *Da situação jurídica laboral* cit., 36 ss. e no *Tratado de Direito civil* VII, 633 ss., a propósito das relações laborais de facto.

[967] Pode acontecer, por exemplo, que não haja empresa em sentido próprio ou que a empresa, a existir, comporte trabalhadores que, nela, não se integrem.

fora incorporado. Acrescente-se ainda que, entre a celebração de um contrato de trabalho e a incorporação da empresa pode medear um espaço de tempo mais ou menos longo[968], que não deve pôr em crise a situação laboral. E finalmente, a complexa realidade das unidades produtivas gera situações nas quais é duvidosa a ocorrência de uma incorporação quando, afinal, a presença de um contrato é de fácil verificação. A teoria da incorporação tem uma vantagem técnica: explica o particular regime aplicável às situações nas quais se verifique a prestação de trabalho sem controlo ou sem contrato válido. Mas esse regime, que corresponde a uma ordem de problemas não específica do Direito do trabalho, pode ser comodamente explicável com recurso a uma doutrina de relações laborais de facto. Para além disso, os diversos problemas apontados encontram melhor solução perante a teoria do contrato: na base deste surgem as situações jurídicas laborais.

III. Em termos significativos-ideológicos, não se deve minimizar a figura do contrato, tendo-a na conta de algo de degradante. Situações jurídicas variadas – incluindo as de natureza pessoal ou familiar, como sucede no casamento – surgem na base do contrato. No trabalho, o contrato tem uma aptidão de raiz para constituir as competentes situações jurídicas.

Convém ainda ter presente o escopo anti-individualista e antiliberal que, à partida, informou a teoria da incorporação. Contrária ao sentir geral do Direito privado, que coloca, na sua base, a pessoa autónoma, tal entendimento opõe-se ainda ao atual pensamento juslaboral que acentua a autodeterminação e a consensualidade no espaço jurídico.

IV. Desamparada nas suas bases e criticada nos seus efeitos, a doutrina comunitário-pessoal deve ser superada. Ela foi, na verdade, responsável por boa parte das construções propriamente laborais, num esforço que não deve perder-se. O peso da inércia justifica aliás, que a maioria dos autores a mantenha como referência[969], verificando-se mesmo tentativas

[968] Quando se pretenda constituir uma nova empresa podem, desde logo, ser contratados trabalhadores, antes de qualquer incorporação ser, sequer, possível.

[969] Alguns autores, ainda que minoritários, mas em nítida ascensão, demarcam-se, contudo, dessa construção. *Vide* Alfred Söllner, *Arbeitsrecht* cit., 9.ª ed., 246, Günter Schaub, *Arbeitsrecht* cit., 6.ª ed., 114 ss. e, sobretudo, Hanau/Adomeit, *Arbeitsrecht* cit., 9.ª ed., 156 ss..

para a sua extrapolação em áreas não laborais[970]. Mas ela não serve já as aspirações dogmáticas do Direito do trabalho: cumprido o seu papel histórico, ela deve ser substituída por conceções mais consentâneas com a atual panorâmica científica.

152. **Apreciação crítica**

I. A teoria da remuneração, conquanto que ganhadora no seu confronto com as orientações comunitário-pessoais, não deve ser hoje considerada como satisfatória e suficiente. Logo a uma primeira aproximação, verifica-se que ela hiperboliza a monetarização das relações humanas e o relevo do mercado em todo o tipo de relações. Dá apoio a posturas fortemente liberais, seja para as defender, seja para as combater.

II. Se descermos à realidade sociológica, verifica-se que, na relação laboral, não está apenas uma troca de trabalho por dinheiro. O trabalhador procura uma realização profissional e, daí, também pessoal. Quando – como sucede com o modelo que as leis laborais têm em mente – a situação laboral se traduza na integração do trabalhador numa empresa, surgem vínculos múltiplos entre esta, os valores desta e o seu colaborador. Além disso, dentro da empresa, ocorrem funções diversificadas, relações entre colegas, hierarquias e diversos dados organizacionais. Também as referidas "lealdade" e "assistência" não se coadunam com um sinalagma claro trabalho/salário: imprevisíveis aquando da contratação, elas vão assumindo contornos diversos, em função do desenvolvimento laboral e das próprias vicissitudes da empresa.

III. Em termos técnico-jurídicos, não há dúvidas de que o cerne da relação laboral implica, como prestações principais, o trabalho e a retribuição. Mas ela vai para além disso: comporta prestações secundárias, de base

[970] Por exemplo, Alfred Hueck, em *Der Treuegedanke im modernen Privatrecht* (1947), veio propor deveres de lealdade em múltiplas situações extralaborais, caracterizadas pela sua essência comunitária enquanto Götz Hueck, no seu trabalho fundamental *Der Grundsatz der gleichmässigen Behandlung im Privatrecht* (1958), p. ex. 127 ss. (151), imputa o princípio do tratamento igualitário, difundido por várias zonas do Direito privado, à natureza comunitária das situações a que se aplique.

contratual, convencional coletiva ou legal, que podem ser decisivas, para a situação considerada. Além disso, existem deveres acessórios de todo o tipo, que enriquecem a situação laboral. Pense-se no papel dos direitos de personalidade, nas prerrogativas sindicais e nas diversas regras de segurança. Tentar explicar tudo isso por uma troca de trabalho/dinheiro é abdicar do realismo dogmático requerido, dificultando a busca e a realização dos valores laborais.

§ 41.º A COMPLEXIDADE INTRÍNSECA

153. A situação alargada; os níveis coletivos e empresariais

I. O reconhecimento progressivo da incapacidade das conceções comunitário-pessoais para enfocar a realidade laboral e a insuficiência da resposta remuneratória requerem o aparecimento de linhas dogmáticas alargadas. Quatro proposições merecem, neste ponto, detida referência:

(a) uma possível influência dos Direitos coletivo do trabalho e da empresa na situação laboral;
(b) a particular natureza do bem-trabalho;
(c) a lealdade e a assistência como produto de aplicação da boa-fé;
(d) a troca desigual e a proteção do trabalhador.

II. O Direito coletivo do trabalho constitui um arrimo seguro[971]: não só ele corresponde a necessidades laborais típicas, como ele faculta institutos dogmáticos impensáveis nos quadros civis tradicionais. Constitui tarefa do moderno laboralismo elaborar uma doutrina capaz de fazer a transposição dos competentes vetores coletivos para a situação laboral.

Damos dois exemplos. O Direito coletivo do trabalho reconhece a greve: um esquema que permite ao trabalhador não executar o contrato a que se comprometeu, por decisão unilateral; todavia, só o pode fazer se aderir a uma greve decretada por um sindicato ou equivalente. As convenções coletivas podem alterar o teor dos contratos de trabalho, de tal modo que as partes se deparem com prestações que não combinaram ou que, até, podem nem querer. Tudo isto – e muito mais – enriquece a situação jurídica laboral fora de uma lógica obrigacional.

[971] Kurt Ballerstedt, *Probleme einer Dogmatik des Arbeitsrechts*, RdA 1976, 5-14 (12 ss.).

III. A realidade empresarial constitui a ambiência irrecusável para a situação laboral típica: aquela que está prevista nas leis de trabalho e em cuja base são previstas as regras mais características. A incorporação do trabalhador na empresa faz nascer múltiplos deveres que transcendem a permuta trabalho/salário. Podemos apontar, como consequência natural da inserção do trabalhador na empresa, a presença, na situação laboral, de uma dimensão organizatória[972]. O Direito do trabalho tem conexões com o Direito das sociedades[973]. O facto de as leis, ainda que em grau variável, consoante os países, preverem uma intervenção dos trabalhadores na gestão das empresas dá, à relação de trabalho, um conteúdo societário direto[974]. Em suma; a reconstrução da situação jurídica laboral deve prever ambas as dimensões: organizatória e societária. Esta realidade é ainda enriquecida pela intromissão no Direito do trabalho[975] e, por aí, nas situações laborais[976], das modernas técnicas de gestão, mormente da *Compliance*, no funcionamento das sociedades[977].

IV. Estas reflexões prolongam-se através da consideração que o modelo de constituição económica e de mercado esteja concretamente em causa. A evolução denotada na segunda metade do século XX[978], com prolongamentos atuais, designadamente os de nível europeu, inscrevem-se, também, na reconstrução proposta: incluindo a "sensibilidade" às crises, num novo fator de abertura laboral.

[972] *Vide*, nos clássicos: Hessel, *Zum Begriff des Betriebs*, RdA 1951, 450-452 (451); Molitor, *Das deutsche Arbeitsrecht und die Privatrechtswissenschaft*, RdA 1948, 44-45.

[973] Volker Beuthien, *Gedanken zum Verhältnis von Arbeitsrecht und Gesellschaftsrecht*, FS Jahre Bundesarbeitsgericht (1979), 1-16.

[974] Wolfgang Zöllner, *Die Stellung des Arbeitsnehmers im Betrieb und Unternehmen*, FS Jahre Bundesarbeitsgericht (1979), 745-771; Klaus Adomeit, *Gesellschaftsrechtliche Elemente im Arbeitsverhältnis* (1986), 24 pp..

[975] Markus Steffen/Alexander Stöhr, *Die Umsetzung von Compliance-Maßnahmen im Arbeitsrecht*, RdA 2017, 43-52 (44/II, no Direito do trabalho e 47/I, na cogestão).

[976] Alexander Eufingen, *Rechtliche Aspekte Compliance-indizierter Sanktionsmaßnahmen im Arbeitsverhältnis*, RdA 2017, 223-230.

[977] *Vide* o nosso *Direito das sociedades*, I, 3.ª ed., 1014 ss..

[978] Franz Jürgen Säcker, *Die soziale Marktwirtschaft/ein wirtschaftsverfassungsrechtliches Leitbild im Wandel der Zeit/Von Hans Carl Nipperdey zur Klaus Adomeit*, FS Klaus Adomeit (2008), 661-672.

154. O bem-trabalho

I. A natureza organizatória da relação do trabalho traduz como que uma atualização dos vínculos comunitários. O chamar a atenção para as particularidades do bem-trabalho corresponde à evolução dos vínculos pessoais.

O trabalho é uma prestação, o que é dizer, uma conduta humana. Apenas num esforço de abstração se torna possível isolá-la: em rigor, ela surge inseparável do seu autor. Atribuir um direito ao trabalho alheio equivale a conferir um direito a uma parcela da própria pessoa. O bem-trabalho será, pois, um bem pessoal, assim se distinguindo das comuns realidades patrimoniais. Queira-se ou não, o trabalhador em funções abdica da sua liberdade: ele deve respeitar códigos de conduta, por vezes muito limitadores.

II. O problema aqui figurado é real. É certo que o Direito detetou-o e solucionou-o, há mais de um século, no domínio geral do Direito das obrigações[979]. Na verdade, qualquer prestação é uma atividade humana, indissociável da pessoa do devedor. Tais prestações têm um sentido patrimonial, trocam-se por dinheiro e circulam, na sociedade, como mercadorias. O Direito reconhece este estado de coisas, cabendo-lhe intervir para limar arestas ou prevenir aspetos mais acentuadamente inconvenientes. A realidade deve ser enfrentada: o trabalho interessa enquanto bem patrimonial, tal como a grande maioria das outras prestações. Mas – e com isso alteramos o nosso pensamento anterior – o bem-trabalho é, quantitativa e qualitativamente mais limitador do que uma comum-prestação. Absorve uma parcela considerável da vida do trabalhador. Desde horários envolventes, durante os quais o trabalhador fica totalmente imerso na empresa, até regimes mais livres: há, neste plano, um abdicar da própria pessoa. Só não se torna adequado ressuscitar a fórmula savignyana da "escravatura parcial", por a situação ser, formalmente, voluntária. Resta saber se trabalhar para viver dá azo a uma efetiva manifestação de liberdade.

III. Desde o momento em que fique claro que o bem-trabalho não é uma prestação comum, impõe-se todo um regime que não pode deixar de

[979] Por ex., *vide* os nossos *Direito das obrigações* 1 (1988, reimpr.), 173 ss. e o *Tratado de Direito civil*, VI, 2.ª ed., 268 ss..

se inscrever no coração da própria situação jurídica laboral. O legislador de 2003 e o de 2009 intuíram este drama ao inserir e desenvolver, nos Códigos do Trabalho, a temática dos direitos de personalidade. Cabe, agora, ao laboralismo, interiorizar essa matéria.

155. **As concretizações da boa-fé**

I. A boa-fé corresponde a um princípio geral da ordem jurídica. Podemos enunciá-lo dizendo que ele integra, em cada situação concreta, os valores fundamentais do sistema que a legitime. Noutros termos: aos diversos problemas não se aplicam, apenas, as normas diretamente vocacionadas para os resolver: todo o Direito é convocado. Nos vínculos obrigacionais, a boa-fé toma corpo em inúmeros deveres acessórios, dotados de um regime próprio: um ponto decisivo, ao qual haverá oportunidade de regressar.

II. Na situação laboral, a boa-fé dá corpo aos clássicos deveres de lealdade, a cargo do trabalhador e de assistência, do lado do empregador. A matéria é muito extensa[980]. Pela natureza do bem-trabalho e pelas dimensões organizacionais em jogo, ela assume feições próprias. Reduzi-las à comum dogmática obrigacional, afigura-se-nos, hoje, redutor.

III. Com o sentido de concretização, na situação laboral, do princípio da boa-fé, podemos, nela, inscrever a lealdade e a assistência desde que tomadas no sentido mais amplo. Em jogo estão os subprincípios da tutela da confiança e da primazia da materialidade subjacente, com uma coloração laboral inconfundível.

[980] A boa-fé surge, de modo repetido, no Código do Trabalho; assim: nos artigos 102.º (formação do contrato individual), 489.º (negociação coletiva) e 522.º (conflito coletivo de trabalho). Além disso, a boa-fé geral, presente no abuso do direito, é muito aplicada no campo laboral. Referimos, ainda, Daniel Dommermuth-Alhäuser, *Arbeitsrechtsmissbrauch* (2015), 323 pp., especialmente 181 ss..

156. Troca desigual e proteção do trabalhador

I. Na relação de trabalho, individualmente, há uma relação de troca desigual. A desigualdade cifra-se, tipicamente:

(1) na intermutabilidade dos trabalhadores: a saída de um é colmatada com a entrada de outro, enquanto a busca de emprego pode ser difícil;
(2) na superioridade técnica, económica e social do empregador;
(3) na sujeição laboral ao poder de direção e ao poder disciplinar;
(4) no domínio que o empregador exerce sobre a empresa e que lhe permite dirigi-la, modelá-la, desmantelá-la ou aliená-la.

Estes pontos não ocorrem todos, nem ocorrem sempre. Mas o Direito lida com situações típicas.

II. Apesar de toda a evolução processada no século XX, a desigualdade laboral mantém-se e requer as medidas de proteção que constituem o grosso do Direito do trabalho. A diversidade e a extensão das regras laborais encontra o seu centro de gravidade na necessidade existencial da tutela: ou o Direito seria dispensável. Uma situação laboral implica complexos de regras que transcendem o seu núcleo. Pense-se na assistência na doença, nos acidentes e na vida pós-laboral. O Direito social enriquece a situação jurídica laboral[981], através de pretensões e de expectativas que transcendem o empregador, mas para as quais este também contribui. Entendemos hoje não ser possível construir proficuamente a situação jurídica laboral sem ter em conta esta dimensão.

III. O desafio consiste, agora, em integrar todos estes elementos numa situação laboral dogmaticamente manuseável: capaz de exprimir, sinteticamente, a realidade do trabalho e, em simultâneo, de auxiliar na solução de problemas concretos.

[981] Alexander Gagel, *Veränderungen des Arbeitsverhältnisses durch Sozialrecht*, FS Klaus Adomeit (2008), 189-195.

§ 42.º A CONCEÇÃO COMPREENSIVO-SOCIAL

157. A sistemática laboral

I. A dogmática clássica incorreu, como resulta do desenvolvimento anterior, numa série de crises que o estudo da situação jurídica laboral permite detetar. Tal como se intentou fazer noutro local[982], pode apresentar-se comodamente o problema isolando três pólos problemáticos, correspondentes a outras tantas crises: técnico-jurídica, significativo-ideológica e dogmática.

Em termos técnico-jurídicos, a situação laboral afirma-se como tendo natureza básica obrigacional. As tentativas, historicamente meritórias, mas hoje ultrapassadas, de ver nela uma relação comunitário-pessoal, mais permitiram sedimentar tal conclusão.

A situação jurídica laboral desenha-se como de serviço e, ainda, como patrimonial, obrigacional, relativa e sinalagmática. Não há, nesta base, uma autonomia laboral: apenas um retomar da técnica obrigacional, que permitiu, ao longo da Historia, lidar com as mais diversas figuras contratuais.

II. Em termos significativo-ideológicos, o laboralismo clássico apresenta-se como um conjunto de desenvolvimentos linguísticos. Na verdade, os grandes problemas do trabalho não foram solucionados pelo pensamento tradicional; este apenas os negou. Confrontado com conflitos e lutas, o laboralismo intentou descobrir, neles, uma comunidade; e perante a massificação das relações humanas, ele diagnosticou vínculos pessoais. Ora foi em tais bases que, durante décadas, se assistiu a todo um desenvolvimento laboral.

Tudo isto é incompreensível sem utilizar a Filosofia da linguagem. O Direito do trabalho, tendo recorrido, de modo intensivo, a expressões

[982] Menezes Cordeiro, *A situação jurídica laboral* cit., 57 ss..

impressivas, acabou por perder-se nos desenvolvimentos por elas potenciados. Locuções como luta, conflito, negociação, comunidade, lealdade e assistência acabam por valer pelas impressões que suscitam, mais do que pela realidade que figuram.

Há que evitar os meros desenvolvimentos linguísticos, antes procurando retratar a realidade subjacente. Prescindindo da metalinguagem laboral, mais se agudiza a falência do pensamento tradicional: as soluções linguísticas não são saídas verdadeiras para quaisquer problemas. Normalmente, encobrem cripto-soluções, que a Ciência do Direito deve desvendar.

III. Em termos dogmáticos, por fim, o laboralismo apresentou-se como uma crítica ao Direito civil das codificações. Nessa linha, ele chamou a atenção para a presença de pessoas – e não de simples sujeitos – nas situações jurídicas, para a conveniência em atentar na efetiva posição dessas pessoas – abdicando, pois, de uma suposta igualdade entre elas – e para a necessidade de proteger a parte débil.

Mas o Direito civil veio a reagir, aceitando a crítica e tentando responder-lhe: uma série de progressos técnicos visou restituir à pessoa o seu lugar nuclear; atende-se, ainda, à efetiva posição que as pessoas ocupem e protege-se, com adequação, a parte débil.

Isto é: a ser apenas uma crítica, o laboralismo perde-se quando o seu alvo se redima.

IV. À luz destas considerações, a situação jurídica laboral não indicia uma dogmática própria: ela comunga da vasta dogmática privada. A sua autonomia advém-lhe não da presença de particulares vetores laborais, mas da possibilidade de ordenar normas e princípios em função do trabalho subordinado. Feita tal ordenação, obtém-se um sistema – ou sub-sistema – laboral, base do regime da competente situação jurídica e da sua própria autonomia científica, legislativa disciplinar e académica.

A situação jurídica laboral tem a autonomia que lhe confere a integração numa sistemática erguida com uma referência específica.

158. **A dogmatização do sistema; o *status* laboral**

I. A manutenção de um positivismo tardio filiado na jurisprudência dos interesses ou a pura e simples não-difusão, no Direito do trabalho, do moderno pensamento sistemático, têm levado alguns autores a ver, na afirmação de uma autonomia sistemática do laboralismo, o pôr em causa a sua autonomia profunda.

O tema não pode, aqui, ser desenvolvido[983]. Chama-se, no entanto, a atenção para o relevo substantivo do sistema. Não é indiferente, para qualquer conjunto de normas, a sua integração sistemática: ela faz aparecer desarmonias e lacunas, promovendo a competente solução e faculta, em paralelo, a fixação de princípios e vetores gerais, vocacionados para enquadrar novas soluções concretas.

A inexistência de princípios laborais irredutíveis aos de outras disciplinas, designadamente ao Direito civil renovado, não deve ser interpretada como ausência de soluções laborais diferenciadas: antes as reduz à dimensão que lhes compete.

A dogmática da situação jurídica laboral é um produto da Ciência do Direito, no seu todo. Recusar este ponto não enriquece o Direito do trabalho: torna-o mais pobre e limita a sua capacidade de intervenção noutras disciplinas.

II. A construção de um sistema laboral, na base de múltiplos diplomas, de decisões jurisdicionais e de estudos doutrinários permite, como foi adiantado, dar passos em direção a uma verdadeira dogmática própria, isto é: a uma Ciência Jurídica aplicada. A dogmatização do sistema não carece de (re)invenções: basta-lhe aproveitar convenientemente a instrumentação dogmática permitida pelo Direito privado. As grandes traves próprias do Direito do trabalho foram antecipadas. Cabe, agora, reduzi-las dogmaticamente, isto é, operacionalizá-las com recurso a instrumentos adequados para encontrar soluções.

III. O Direito do trabalho, mau grado as generalizações a que dá azo, mantém-se como um Direito de pessoas, capaz de enquadrar situações concretas. Por isso, a pedra de toque de qualquer dogmática será, aqui, a situação jurídica laboral. Há que proceder à sua reconstrução, à luz do sistema.

[983] Menezes Cordeiro, *Problemas de sistematização*, em *A feitura das leis*, 2 (1986), 133-149, com outras indicações.

159. A natureza compreensiva e o *status*

I. Uma situação jurídica diz-se compreensiva quando assente numa consideração autónoma, típica, histórica e culturalmente consagrada, de uma realidade social versada pelo Direito. Contrapõe-se às situações analíticas, que correspondem a fórmulas lógicas, suscetíveis de definições precisas. Assim, o direito subjetivo é comprensivo porque, dependendo do seu objeto e do regime, ele pode analisar-se em variados poderes, faculdades, encargos e, até, deveres. Todavia, a evolução histórica permite senti-lo como uma realidade aprazível, à qual o Direito dá a sua proteção. Do mesmo modo a obrigação, enquanto vínculo complexo, suscetível de abarcar prestações principais, prestações secundárias, deveres acessórios, posições potestativas, encargos e sujeições, deve também ser tomada como compreensiva. Já o poder, entendido como disponibilidade de meios para atingir um certo fim ou o dever, equivalente à necessidade de adotar uma concreta atuação, são realidades analíticas[984].

II. A ideia de compreensividade aplica-se a situações jurídicas objetivas. Podemos introduzir a noção de *status*, de feição subjetiva. Diz-se *status* a colocação de uma pessoa numa posição da qual derive todo um acervo de direitos e de deveres, que não poderiam, com útil razoabilidade, ser enumeradas à partida. Por exemplo, o administrador de uma sociedade, por o ser, vai ser destinatário de regras legais, estatutárias e contratuais que lhe cometem um universo de deveres e de obrigações, variáveis em função das ocorrências concretas, do tipo societário em jogo e das mais diversas vicissitudes. Trata-se de um *status* ou estado. No mesmo sentido, poderíamos referir o estado social (solteiro, casado, viúvo ou divorciado): uma fórmula impressiva para exprimir acervos jurídicos que, depois, se irão concretizar nas mais diversas linhas.

III. Quer as situações compreensivas, quer os *status*[985], mau grado a variabilidade essencial que os caracteriza, são coloridos, à partida, por alguns traços fundamentais: um ponto importante, capaz, depois, de inter-

[984] Usamos a terminologia fixada no *Tratado de Direito civil* cit., I, 4.ª ed., 869 ss. e *passim*.

[985] *Status*, *status* pertence à quarta declinação; faz o plural em *status*.

ferir em todo o regime aplicável. A ideia de *status*, quando aplicada às posições de trabalhadores e de empregadores, afigura-se fecunda[986].

160. A situação compreensivo-social

I. Principiando pelas posições subjetivas, podemos apontar o *status* de trabalhador e o de empregador. O trabalhador, por o ser, torna-se o centro de múltiplos direitos e obrigações. Como mero exemplo, no plano ativo, ele tem o direito à retribuição, o direito à ocupação efetiva, os múltiplos direitos que a lei e o IRCT aplicável lhe concede, eventualmente complementados pelo contrato; ele encabeça, ainda, diversos direitos de personalidade especialmente adaptados e dispõe de garantias variadas; no passivo, ele deve executar a prestação laboral, incorrendo no poder de direção e no poder disciplinar do empregador e assumindo, no quadro da empresa, deveres e encargos. Por seu turno, o empregador tem o direito à prestação de trabalho e é titular dos poderes de direção e disciplinar; incorre, depois, nas mais diversas adstrições que preenchem muitas centenas de preceitos aplicáveis.

II. Nenhum idioma poderia exprimir, com uma designação, a riqueza analítica suscetível de abrigar-se aos *status* laborais: de trabalhador e de empregador. Mas apesar da relativa indeterminação de tais categorias, os seus traços básicos lá estão: prestações contrapostas, deveres acessórios, defesa dos valores laborais, eficiência dos direitos de personalidade e respeito pelos interesses da empresa.

III. A situação laboral, por seu turno, fortemente compreensiva, exprime a relação trabalho/retribuição e, ainda, todo um universo de posições jurídicas advenientes do sistema e que preenchem centenas de páginas em tratados e manuais. Sobre uma estrutura obrigacional vão inscrever-se sujeições e os deveres organizatórios e societários, posições absolutas, como os direitos de personalidade do trabalhador; direitos fundamentais de cepa europeia e o direito de "propriedade" sobre a empresa, do empre-

[986] P. ex., Nicole Reill-Ruppe, *Arbeitnehmerstatus aus arbeits- und sozialrechtlicher Sicht*, AuR 2016, 173-177.

gador, complementadas por situações relativas a terceiros (a "parentalidade") e ao Estado. Tudo isto é unificado em função de um sistema que, protegendo os trabalhadores, a sociedade e, a essa luz, as empresas, podemos considerar social: dá corpo às sociedades líbero-sociais da atualidade, tal como as conhecemos. Abrimos, por tudo isto, a categoria de situação compreensivo-social, na base da realidade laboral.

IV

PESSOAS LABORAIS

CAPÍTULO I

AS PESSOAS LABORAIS

§ 43.º A PERSONALIDADE ESPECIAL

161. A pessoa

I. Em Direito, diz-se pessoa o centro de imputação de normas jurídicas. Sobre a natureza da personalidade jurídica, mormente quando seja coletiva, existe um conhecido e prolongado debate[987]. Para os presentes propósitos, bastar-nos-emos com uma definição operacional. Deve ficar bem claro que a ideia de personalidade se molda sobre a de ser humano; mas é uma elaboração jurídica, fortemente dogmatizada. O mais conhecido resultado desta elaboração analisa-se na dissociação possível entre a personalidade e a realidade subjacente: se, nos ordenamentos civilizados, toda o ser humano tem personalidade jurídica, realidades há que, tendo um substrato não-humano, são consideradas, para diversos efeitos, como centros de imputação de normas, i.é, como pessoas, para efeitos de direito. Trata-se, na terminologia portuguesa devida a Guilherme Moreira, de pessoas coletivas.

II. O reconhecimento, a uma entidade, humana ou não-humana, de personalidade jurídica é, antes de mais, uma técnica aperfeiçoada para lidar com o Direito e a sua realização. Em consonância, ela permite o funcionamento de institutos básicos como os que envolvem imputações de vontade, de responsabilidade ou de respondência por dívidas. Além disso, ela faculta a aplicação imediata de acervos de normas, com relevo para o Direito de personalidade. O manuseio da personalidade pode ser havido

[987] *Vide* o nosso *Tratado de Direito civil* IV, 4.ª ed., 551 ss..

como uma das grandes invenções jurídicas, na base seja da defesa do ser humano, seja na das organizações privadas e públicas que sustentam o êxito do Ocidente.

III. Temos ainda insistido em que o atributo "pessoa" não traduz, apenas, um nível técnico decisivo. Ele envolve uma dimensão significativo-ideológica rica em consequências. Dada a dignidade reconhecida ao ser humano, a atribuição de personalidade confere um grau elevado de proteção à entidade visada. Além disso, ela associa-lhe as ideias de liberdade e de espaço reservado, base das nossas sociedades pós-industriais. Temos, por diversas vias, uma realidade nuclear que só pode ser relevada.

162. **A personalidade judiciária**

I. A ideia de personalidade coletiva era classicamente apresentada como de cariz qualitativo: bastaria a suscetibilidade de ser titular de um único direito ou adstrito a uma única obrigação, para se falar de pessoa coletiva. Todavia, a formulação era forçada: a suscetibilidade de deter um direito ou de incorrer numa obrigação logo envolveria uma gama completa de hipóteses, de tal modo que tudo se multiplicaria. A natureza qualitativa da personalidade tenderia sempre a ser acompanhada por uma grande quantidade de posições potenciais. O afirmado qualitativismo era, no fundo, um ângulo especial de abordagem de uma determinada realidade.

II. A doutrina foi, por vezes, confrontada com situações legisladas nas quais, a certas entidades, era reconhecida, apenas, uma escassa medida de titularidade potencial. A manter-se uma lógica estritamente formal, uma de duas: ou se reconhecia uma personalidade jurídica em entidades muito elementares e cuja personalização repugnaria ao senso jurídico comum ou se revia a natureza meramente qualitativa da personalidade coletiva, acrescentando-lhe determinados traços quantitativos. Qualquer das duas soluções iria quebrar a cristalografia conceitual. Por isso, embora o problema estivesse identificado há muito tempo, tardaram, para ele, as soluções.

III. A questão foi espoletada pela personalidade judiciária. Com efeito, o artigo 11.º/1 do Código de Processo Civil, define a personalidade judiciária como a suscetibilidade de ser parte. O n.º 2 explicita que quem tiver capacidade jurídica tem, igualmente, personalidade judiciária. *A contrario*, poderá haver entidades com personalidade judiciária mas sem personalidade jurídica[988]. Confirmando-o, o artigo 12.º do mesmo Código enumera entidades às quais não é, normalmente, reconhecida personalidade jurídica, mas a que atribui a personalidade judiciária.

A atribuição de personalidade judiciária tem o maior significado prático. A qualidade de parte, em processo, permite praticar os diversos atos processuais: deles depende a efetivação dos direitos civis. A personalidade judiciária não se confunde com a capacidade judiciária: esta traduz a capacidade de estar, por si, em juízo, nos termos do artigo 15.º do Código de Processo Civil. A capacidade judiciária corresponde à civil – *idem*, n.º 2; na sua falta, há que recorrer à representação – artigo 10.º do mesmo Código.

Em quanto diga respeito ao processo, a entidade com personalidade judiciária funciona em *modo coletivo*. Tudo aponta para uma verdadeira pessoa coletiva ... só que limitada ao processo. O problema de construção daí resultante, de outro modo insolúvel, ultrapassa-se com a ideia de personalidade rudimentar.

IV. Cabe perguntar se, nos diversos casos de "personalidade judiciária", não será necessário ir um pouco mais longe, admitindo "alguma" personalidade substantiva. De facto, não se pode reduzir a "personalidade judiciária" a uma questão de representação: um património autónomo não representa ninguém; ele é, sim, representado, nos termos do artigo 21.º, do Código de Processo Civil.

A atuação processual é, porventura, uma das mais marcantes formas de exercer um direito: este ganha-se ou perde-se, amplia-se ou reduz-se, consoante o modo de o colocar no foro e em função do epílogo da ação. A personalidade judiciária – mesmo quando, em rigor, se pudesse chamar "capacidade de gozo judiciário" – traduz uma inegável margem de personalização substantiva.

Reformulado o conceito de pessoa coletiva, afastada a miragem formal – porquanto desligada das realidades – da pessoa coletiva puramente qualitativa e admitida a relativização desse conceito, temos uma solução: a construção de pessoas rudimentares.

163. As personalidades económica, laboral e tributária

I. A personalidade económica traduz a aptidão que determinadas entidades tenham de ser destinatárias de regras de Direito da economia ou,

[988] STJ 10-jul.-1990 (Baltasar Coelho), BMJ 399 (1990), 456-459 (458).

mais latamente, de regras de Direito patrimonial[989]. O problema ocorre porquanto diversa legislação de tipo económico aponta normas dirigidas a empresas e isso independentemente de elas se identificarem – ou não – com entidades personalizadas. Um especial papel era atribuído à empresa pelo revogado Código dos Processos Especiais de Recuperação de Empresas e de Falência, que continha diversas regras dirigidas à empresa[990]. A esta reconhecia, pelo menos, personalidade judiciária[991]. O vigente Código da Insolvência e de Recuperação de Empresas mantém essa linha, ainda que de modo menos incisivo.

A empresa surge, assim, como uma pessoa rudimentar: em todos os casos em que seja destinatária formal de regras de Direito, sem assentar num ente personalizado (em sentido amplo). Caso a caso e regra a regra haverá que determinar o alcance da personalização.

II. Também no campo do Direito do trabalho nos aparecem entidades personalizadas, apenas, para certos efeitos. Tal a situação das comissões de trabalhadores: segundo o artigo 17.º da revogada Lei n.º 68/79, de 9 de outubro, as comissões de trabalhadores tinham personalidade judiciária. Além disso, a própria Constituição, no seu artigo 54.º/5, lhes atribui uma série significativa de direitos, desenvolvidos na também revogada Lei n.º 46/79, de 12 de setembro, e que não podiam ser reconduzidos às pessoas dos seus membros[992]. Infere-se daqui que, numa visão tradicional, as comissões de trabalhadores não poderiam deixar de ser consideradas como pessoas coletivas. Como, todavia, as suas aptidões estavam limitadas para regras estritamente laborais, poderemos enquadrá-las na ideia de pessoa rudimentar. A evidência da personalidade coletiva era tão forte que o Código do Trabalho veio, no seu artigo 416.º/1, reconhecer a personalidade jurídica destas comissões.

III. Finalmente, no campo fiscal, surge a noção de personalidade tributária: a qualidade de se ser sujeito passivo da obrigação de imposto, com todas as posições instrumentais que isso implica. Infere-se do artigo 2.º do Código do IRC que são reconhecidos como sujeitos passivos entidades

[989] *Vide* o nosso *Direito da economia*, 1 (1986), 209 ss.
[990] *Tratado*, III, 3.ª ed., 247 ss.
[991] STJ 23-abr.-1996 (Cardona Ferreira), CJ/Supremo IV (1996) 1, 167-170 (170).
[992] *Manual de Direito do trabalho*, 502 ss.

desprovidas de "personalidade jurídica plena". Terão personalidade tributária[993], numa forma particular de personalidade rudimentar.

IV. Cabe perguntar se, nos diversos casos de "personalidade judiciária", não será necessário ir um pouco mais longe, admitindo "alguma" personalidade substantiva. De facto, não se pode reduzir a "personalidade judiciária" a uma questão de representação: um património autónomo não representa ninguém; ele é, sim, representado, nos termos do artigo 21.º, do Código de Processo Civil.

A atuação processual é, porventura, uma das mais marcantes formas de exercer um direito: este ganha-se ou perde-se, amplia-se ou reduz-se, consoante o modo de o colocar no foro e em função do epílogo da ação. A personalidade judiciária – mesmo quando, em rigor, se pudesse chamar "capacidade de gozo judiciário" – traduz uma inegável margem de personalização substantiva.

Reformulado o conceito de pessoa coletiva, afastada a miragem formal – porquanto desligada das realidades – da pessoa coletiva puramente qualitativa e admitida a relativização desse conceito, temos uma solução: a construção de pessoas rudimentares.

164. **Pessoas rudimentares e especiais**

I. O desenvolvimento anterior, que poderia ser enriquecido, por exemplo, com a figura das sociedades em formação, que já têm "alguma" personalidade, mesmo antes do registo, mostra a riqueza atual do Direito. Admitem-se pessoas rudimentares (Paulo Cunha), isto é, pessoas que apresentam centros de imputação de, apenas, algumas normas jurídicas. Serão havidas como pessoas apenas em face de tais normas; para as restantes, haverá que procurar quem são os sujeitos destinatários.

II. O passo seguinte permite referir pessoas especiais. Estas caracterizam-se pelo facto de, perante determinadas disciplinas, serem havidas com centros de imputação diversificados, dotados de um regime próprio.

[993] Recorde-se o clássico de Pedro Soares Martinez, *Da personalidade tributária* (1952, reimp., 1969).

A pessoa especial poderá, ou não, ser rudimentar: depende das circunstâncias de cada caso.

III. A Ciência do Direito e o seu progresso passam pela diversificação das situações que requeiram um tratamento adequado. O Direito do trabalho não é exceção. A identificação e o manuseio de sujeitos laborais, isto é, de pessoas suscetíveis de encabeçar situações jurídicas de trabalho, acompanhadas de regras adequadas torna-se, deste modo, um tema central do laboralismo de hoje.

§ 44.º A PERSONALIDADE LABORAL

165. Alcance

I. Antecipámos a referência a pessoas laborais. Desde logo, essa qualidade assume um relevo descritivo: dá conta de que uma entidade está apta para suscitar a aplicação de regras do Direito do trabalho, mas sem excluir quaisquer outras.

Será difícil ir mais longe e apresentar pessoas laborais em sentido delimitativo, isto é, pessoas que apenas provocassem a aplicação de regras do Direito do trabalho. O problema nunca se poderia colocar perante pessoas singulares, desde logo vocacionadas para a imputação da generalidade das outras normas. Coloca-se, no entanto, por via de certos entes coletivos cujo relevo personalizado parece restrito a determinadas regras laborais, em termos abaixo examinados: assim, as comissões de trabalhadores e as próprias associações laborais: de trabalhadores e de empregadores.

II. Sem que isso signifique uma tomada de posição no sentido de uma personalidade especificamente laboral, propõe-se a locução pessoa laboral: ela traduz, além do referido centro de imputação de normas de Direito do trabalho, esse mesmo centro com todas as características que lhe conferem relevância laboral. Desenham-se, em suma, regimes especiais, vocacionados para esse tipo de sujeito.

166. Modalidades

I. As pessoas laborais podem ser classificadas de acordo com os critérios comuns para as pessoas em Direito. Assim, elas serão coletivas ou singulares e as primeiras, ainda, públicas ou privadas, associações, fundações ou sociedades.

Mais relevo tem, neste momento, a classificação das pessoas no Direito do trabalho em face de critérios puramente laborais[994].

II. A nível de Direito do trabalho individual, são pessoas na situação jurídica laboral o trabalhador e o empregador. Este último, pelo menos, pode ainda ser singular ou coletivo, seguindo-se as demais classificações inerentes a esta última possibilidade.

III. No plano do Direito do trabalho coletivo, são pessoas as associações sindicais, as associações de empregadores – e, em certos casos, as próprias entidades empresariais – os agrupamentos a que essas entidades possam dar lugar e as comissões de trabalhadores. Normalmente, estas pessoas são coletivas.

Não se confunda, pois, a pessoa coletiva laboral com a pessoa laboral coletiva: a primeira é um ente coletivo relevante para o Direito do trabalho; a segunda é um ente atuante no domínio do Direito coletivo do trabalho.

167. **A capacidade em processo de trabalho**

I. O Código de Processo do Trabalho dá-nos ainda conta de situações de capacidade em processo laboral. Segundo o artigo 2.º-A desse diploma:

> As estruturas de representação coletiva dos trabalhadores, ainda que destituídas de personalidade jurídica, gozam de capacidade judiciária ativa e passiva.

II. Tal como se verificou a propósito da "capacidade judiciária", ao permitir que certas entidades sejam destinatárias de regras processuais, a lei faculta que, as mesmas, encabecem algumas posições substantivas, que irão fazer valer em juízo. São centros de imputação de normas, o que é dizer: têm, para os efeitos considerados, personalidade coletiva, ainda que rudimentar.

[994] Estes critérios firmam-se perante as orientações aqui assumidas. Por exemplo, Raúl Ventura, *A teoria da relação jurídica de trabalho* cit., 215, assente na técnica da relação jurídica, refere como "sujeitos da relação de trabalho" simplesmente o trabalhador e o patrão.

III. A particularidade desta situação reside no facto de as pessoas rudimentares "processuais-laborais" o serem, apenas, para efeitos do processo de trabalho, com as inerentes implicações substantivas. Confirma-se, por esta via, a existência de pessoas tipicamente laborais.

CAPÍTULO II

O TRABALHADOR

SECÇÃO I

PERFIL GERAL DO TRABALHADOR

§ 45.º NOÇÃO, MODALIDADES E AFINS

168. Noção

I. A primeira pessoa laboral a considerar é a do trabalhador subordinado ou, simplesmente, trabalhador.

No Direito do trabalho, "trabalhador" é uma figura técnico-jurídica, alcançada a partir da situação jurídica laboral: diz-se trabalhador a pessoa que se encontra adstrita a desenvolver uma atividade, sob a autoridade e a direção de outra[995]. A qualidade de trabalhador advém de ter sido celebrado um contrato de trabalho[996]. A propósito deste, iremos encontrar os indícios de laboralidade, referidos no artigo 12.º.

II. Não releva, pois, uma noção sociológica, que levaria a ver trabalhadores apenas entre as pessoas que se encontrassem numa situação

[995] Wolfgang Zöllner, *Arbeitsrecht* cit., 3.ª ed., 49; Alfred Söllner, *Arbeitsrecht* cit., 9.ª ed., 17; Günter Schaub, *Arbeitsrecht* cit., 29; Albrecht Zeuner, *Überlegungen zum Begriff des Arbeitnehmers und zum Anwendungsbereich arbeitsrechtlicher Regeln*, RdA 1975, 84-88 (84). Sobre o tema, entre nós, *vide* Ribeiro Lopes, *Trabalho subordinado ou trabalho autónomo: um problema de qualificação*, RDES 1987, 57-80 e Pedro Romano Martinez, *Código do Trabalho anotado* cit., 11.ª ed., 130-136, com indicações.

[996] Com elementos comparatísticos: Robert Rehbahn, *der Arbeitsnehmerbegriff in vergleichender Perspektive*, RdA 2009, 154-175.

de subordinação social, ficando excluídos, por exemplo, os diretores de grandes empresas, ainda quando contratados; tão pouco opera uma noção económica, que veja nos trabalhadores somente os que dependam, para sobreviver, da sua capacidade de trabalho; de excluir, ainda, noções políticas, que tenham por trabalhadores todos os que se oponham à burguesia, para combater esta, todos os que trabalhem, para contrapor aos absentistas ou, ainda, os operários, para delimitar uma base social de apoio a movimentações mais radicais.

III. Deve ter-se presente que a lei – a própria Constituição – utiliza, por vezes, o termo "trabalhador" em aceção não-técnica[997]; a interpretação, a realizar caso a caso, torna-se, assim, indispensável. Também quando se referem "trabalhadores no desemprego", têm-se em vista pessoas que aspiram a essa qualidade: por definição, não a têm. Por seu turno, o Direito europeu, particularmente através da jurisprudência do Tribunal de Justiça, admite uma noção ampla de trabalhador, assente na (mera) subordinação económica[998]. Mais do que um conceito, a ideia de "trabalhador" corresponde a uma construção típica[999], de fronteiras móveis em função dos regimes em jogo. O tema será aprofundado no domínio do Direito individual de trabalho[1000]

IV. Nos livros de doutrina laboral diz-se, com frequência, que o trabalhador é sempre uma pessoa singular: o relacionamento pessoal postulado pela subordinação a tanto conduziria[1001], numa situação reforçada por conjunções aplicáveis apenas a "pessoas físicas": a obediência e a submissão[1002].

Estas construções – e outras similares que a cada passo se apresentam – continuam enfeudadas à ideia de que a situação laboral é uma relação comunitário-pessoal: apenas uma pessoa singular poderia surgir como

[997] António Monteiro Fernandes, *Direito do trabalho* cit., 1, 5.ª ed., 88; *vide supra*, 247-248.

[998] *Supra*, 221 ss. e *infra*, 464 ss..

[999] Horst Ehmann, *Vom logischen Begriff zum Typus/erörtert am Begriff des Arbeitsnehmers*, FS Klaus Adomeit 70. (2008), 131-157.

[1000] *Vide* o II volume da presente obra.

[1001] Alfred Söllner, *Arbeitsrecht* cit., 9.ª ed., 17.

[1002] António Monteiro Fernandes, *Direito do trabalho* cit., 1, 5.ª ed., 90. A limitação tem, por certo, raízes histórico-culturais; estas devem, porém, ser sensíveis à evolução.

substrato de uma realidade desse tipo[1003]. Há que afastar tais conceções, fonte de permanentes distorções não explicadas – nem justificadas. A obediência e a submissão requeridas no Direito do trabalho moderno são – como haverá a oportunidade de retomar – verdadeiras posições jurídicas e não psicológicas. Há obediência e há submissão porque o sujeito laboral se encontra numa sujeição: ele vai ver a entidade empregadora, através de manifestações unilaterais da sua vontade, concretizar, num ou noutro sentido, um dever que, *ab initio*, se encontrava indeterminado: o de trabalhar. À partida, uma pessoa coletiva poderia incorrer precisamente na mesma sujeição.

V. Não há, pois, razões de princípio que impeçam pessoas coletivas de encabeçar situações jurídicas laborais, como trabalhadoras. Reconhece-se, no entanto, que boa parte das disposições do Código do Trabalho, pensadas para pessoas singulares, não teriam, aí, aplicação[1004]. Na situação teórica de uma pessoa coletiva que, ao abrigo da sua autonomia privada, quisesse adstringir-se como "trabalhadora", seria necessária uma ponderação particularizada das normas laborais, para verificar quais as aplicáveis. E do mesmo modo, apenas um estudo específico poderia recomendar a eventual "desconsideração" da personalidade coletiva – só factível caso a caso – de modo a propiciar a aplicação das regras de trabalho às pessoas singulares que se encobrissem por detrás da "pessoa trabalhadora coletiva".

169. **Modalidades**

No antigo Direito do trabalho português, fazia-se uma distinção entre empregados e assalariados. Assim, a Lei n.º 1:952, de 10 de março de 1937, que aprovou o primeiro regime jurídico específico do contrato de trabalho, vinha dispor:

[1003] Por isso, para os Autores que, como Arthur Nikisch, *Arbeitsrecht* cit., 2.ª ed., 27, defendem consequentemente conceções comunitário-pessoais, o trabalhador seria ainda caracterizado como a "pessoa integrada na empresa". *Vide supra* a crítica à teoria da incorporação.

[1004] Pensa-se, designadamente, em preceitos destinados à tutela dos trabalhadores que, por isso, se apresentam injuntivos.

Artigo 4.º As pessoas que prestem serviços a outrem por virtude do contrato de trabalho classificam-se em empregados e assalariados.

§ 1.º São empregados aqueles cujo trabalho se caracteriza pelo predomínio do esforço intelectual sobre o físico ou os que, pelo grau da sua hierarquia profissional, devam ser considerados colaboradores diretos da entidade patronal, tais como gerentes, contabilistas ou quaisquer profissionais de escritório, caixeiros e seus auxiliares, datilógrafos e outros que desempenhem funções similares.

§ 2.º São assalariados os operários de artes e ofícios e, em geral, os trabalhadores cujo serviço se reduza à simples prestação de mão-de-obra ou que, pela natureza de serviços, não possam classificar-se como empregados.

Esta classificação operava como base de ulteriores diferenciações, a nível de regime[1005]: por exemplo, o empregado deveria ser remunerado mensalmente e o assalariado semanalmente.

Colocavam-se, no entanto, numerosas dificuldades de fronteira e – há que reconhecê-lo – uma insuficiente elaboração doutrinária da contraposição: acabaria, assim, para se propender para a indistinção entre as duas figuras: a noção de "trabalhador" tudo abrange[1006].

II. Esta indistinção exprime dificuldades dogmáticas na afirmação doutrinária do Direito do trabalho, dobradas por uma preocupação subliminar de igualitarismo. Uma categoria abstrata de "trabalhador", que agrupe o diretor de um banco e um operário indiferenciado, o chefe de orquestra ou o investigador científico é demasiado absoluta para ser satisfatória: estas situações – e muitas outras que se poderiam imaginar – são manifestamente diferentes, seja qual for o prisma por que se considerem, para comportarem, com justiça, um tratamento indistinto.

[1005] Raúl Ventura, *Teoria da relação jurídica de trabalho* cit., 271 ss..

[1006] Günter Schaub, *Arbeitsrecht* cit., 6.ª ed., 48 e Hanau/Adomeit, *Arbeitsrecht* cit., 9.ª ed., 150, que chamam a atenção para o papel discriminatório que, no início, esta distinção tinha: hoje em dia, uma pura e simples desigualdade – p. ex., não pagamento, aos assalariados, do salário na doença – está fora de questão; a distinção poderia, pois, ser mantida, com as vantagens apontadas no texto.

A clivagem entre empregados e assalariados, tendo por base o tipo de atividade a prestar e mau grado a origem histórica[1007], deveria ter sido mantida: no primeiro caso, o trabalho seria intelectual; no segundo, manual. O artigo 5.º da revogada LCT mantinha uma tímida contraposição na matéria, como resquício do dispositivo, acima transcrito, na Lei n.º 1:952[1008]: referia "atividades normalmente exercidas como profissão liberal, mas sem retirar, dela, efeitos concretos. Um deles – por lapso imputado às "atividades normalmente exercidas em profissão liberal", pelo artigo 5.º/2 da LCT – impunha-se, desde logo, à reflexão: a autonomia técnica que, fatalmente, terá de assistir aos "trabalhadores intelectuais". Em compensação, aos "empregados liberais" – médicos e "advogados", por exemplo – deve ser reconhecido uma autonomia de grau superior: a autonomia deontológica, que não pode ceder perante quaisquer instruções patronais. Subdistinção importante, a abrir dentro da categoria dos "empregados" opera entre quadros técnicos e empregados em sentido estrito: os primeiros têm formação superior e assiste-lhes, por certo, uma autonomia técnica mais elevada; num fenómeno claro perante os "empregados liberais" acima referidos, cabe-lhes mesmo, em muitos casos, uma verdadeira autonomia deontológica[1009].

O Código do Trabalho limita-se, no artigo 116.º, a ressalvar, em termos muito gerais, a autonomia técnica, confundindo-a, de resto, com a deontológica. Refere-a, ainda, no artigo 127.º/1, *e*). A distinção entre trabalhadores e empregados mantém, neste plano, relevância teórica e prática, ainda que atenuada[1010].

[1007] Wolfgang Hromadka, *Arbeiter und Angestellte – Ein Nachruf*, RdA 2015, 65-75, com indicações.

[1008] Bernardo Xavier, *Regime jurídico do contrato do trabalho anotado* 2 (1972), 43.

[1009] Esquecidas pela lei e pouco enfocadas pela doutrina, estas clivagens têm, por vezes, sido consagradas nos instrumentos coletivos de trabalho, mesmo em aspetos que transcendam a simples remuneração. A falta de atenção pelos quadros técnicos, que sobretudo no Estado mas também nas empresas têm visto degradar, de modo contínuo, nos últimos anos, a sua situação, constitui um dos dados mais nocivos ao progresso geral do País, seja qual for o ponto de vista político que se queira perfilhar: ela corresponde, aliás, a uma incipiência cultural. O aparecimento de sindicatos específicos de quadros técnicos, dotados de formação superior, tem procurado pôr cobro a tal situação. Também os laboralistas, na medida em que ponham termo a indistinções absolutas, podem contribuir para um salto cultural necessário.

[1010] Sudabeh Kamanabrou, *Arbeitsrecht* cit., Nr. 143-145 (42-43); Hinrich Vogelsang, em Günter Schaub, *Arbeitsrecht-Handbuch* cit., 17.ª ed., § 12, Nr. 3-7 (79-80)

III. Outra distinção da maior importância separa o pessoal dirigente do pessoal não-dirigente: o primeiro, que em princípio será sempre empregado[1011], tem poderes de autoridade, sendo-lhe devida obediência; o segundo, empregado ou assalariado, consoante os casos, está-lhe submetido, devendo-lhe obediência. O pessoal dirigente vem referido nos artigos 12.º/1, *e*), 161.º, 317.º/3, *b*) e 407.º/2.

A situação jurídica do pessoal dirigente é manifestamente diferente do restante, competindo-lhes direitos e deveres próprios e, ainda, a particular figura dos direitos-deveres ou dos deveres-funcionais[1012]. De um modo geral, pode-se dizer que ele deveria dispor de uma menor proteção, de deveres acrescidos, de mais regalias e maiores proventos[1013]. A tendência para desconhecer todas estas particularidades, aparentemente niveladora[1014], perturba também o progresso de certos sectores e põe em crise toda a justiça do sistema.

IV. Uma classificação de trabalhadores sempre possível é a que atenta no tipo de atividade a prestar[1015]. Uma distinção deste tipo ganha significado quando corresponda a contratos de trabalho especiais, dotados de regimes próprios e específicos. A esse propósito serão examinados. Tradicionalmente, distinguiam-se: (a) trabalhadores domésticos; (b) trabalhadores rurais; (c) trabalhadores portuários; (d) trabalhadores de entidades públicas; (e) trabalhadores a bordo.

Outras classificações serão consideradas, a propósito das modalidades do contrato de trabalho.

[1011] A atividade de "dirigir" é, efetivamente, intelectual e não manual.

[1012] Günter Schaub, *Arbeitsrecht* cit., 6.ª ed., 52 ss. e Wolfgang Zöllner, *Arbeitsrecht* cit., 3.ª ed., 58-59; Sudabeh Kamanabrou, *Arbeitsrecht* cit., Nr. 152-154 (44-45).

[1013] Segundo o levantamento de Günter Schaub, *Arbeitsrecht* cit., 6.ª ed., 56, a jurisprudência do BAG [*Bundesarbeitsgericht*, o Tribunal (supremo) Federal do Trabalho], especifica assim as particularidades laborais do pessoal dirigente; *a*) os requisitos do fundamento importante para despedimento são aligeirados; *b*) o dever de lealdade para com o empregador é mais intenso; *c*) os deveres de cuidado, atenção e vigilância são mais fortes; *d*) o dever de trabalhar é mais premente, só por exceção podendo receber remuneração por obras extraordinárias, que deverá prestar sempre que convenientes. Outras particularidades, mais ligadas ao Direito positivo alemão, podem ainda ser confrontadas em Günter Schaub cit., 56.

[1014] António Monteiro Fernandes, *Direito do trabalho* cit., 1, 6.ª ed., 29.

[1015] Uma lista extensa de casos duvidosos pode ser confrontada em Günter Schaub, *Arbeitsrecht* cit., 6.ª ed., 33 ss..

170. **Pessoas semelhantes**

I. A categoria do trabalhador é, tradicionalmente, acompanhada da menção a figuras afins ou pessoas "semelhantes a trabalhadores", mas que o não são. Na definição de Schaub, "pessoas semelhantes a trabalhadores são prestadores de serviços que, por falta de dependência pessoal, não são trabalhadores, mas que, por via da dependência económica, não são empresários"[1016]. Segundo a doutrina alemã, o Direito do trabalho não se aplica, em princípio, a estas entidades[1017], embora se assista ao aparecimento de leis especiais destinadas a assegurar uma proteção considerada adequada, quando necessário[1018].

II. O problema põe-se, entre nós, a propósito dos "contratos equiparados" ao contrato de trabalho, assim previstos na revogada LCT:

> *Artigo 2.º* Ficam sujeitos aos princípios definidos neste diploma, embora com regulamentação em legislação especial, os contratos que tenham por objeto a prestação de trabalho realizado no domínio ou em estabelecimento do trabalhador, bem como os contratos em que este compra as matérias-primas e fornece por certo preço ao vendedor delas o produto acabado, sempre que num ou noutro caso o trabalhador deva considerar-se na dependência económica daquele.

O legislador autonomizou, pois, dois "contratos equiparados": os que prevejam uma prestação de trabalho em casa ou em estabelecimento do trabalhador e os que articulem a compra de matéria prima pelo trabalhador e a venda ao vendedor daquela, do produto acabado. Esses contratos sujeitavam-se aos princípios da LCT, embora com regulamentação especial, que ainda não surgiu[1019].

[1016] Günter Schaub, *Arbeitsrecht* cit., 6.ª ed., 35.

[1017] Hueck/Nipperdey, *Arbeitsrecht* cit., I, 7.ª ed., 59 ss.; Arthur Nikisch, *Arbeitsrecht* cit., 1, 2.ª ed., 113 ss.; Wolfgang Zöllner, *Arbeitsrecht* cit., 3.ª ed., 52-53; Günter Schaub, *Arbeitsrecht* cit., 6.ª ed., 37. Na literatura atual: Hinrich Vogelsang, em Günter Schaub, *Arbeitsrecht-Handbuch* cit., 17.ª ed., § 10 (72-77); Sudabeh Kamanabrou, *Arbeitsrecht* cit., Nr. 161-167 (47-49).

[1018] Hanau/Adomeit, *Arbeitsrecht* cit., 9.ª ed., 148.

[1019] A Lei n.º 1:952, de 10 de março de 1937, sujeitava estas figuras, pura e simplesmente, ao contrato de trabalho – artigo 1.º, §§ 1 e 2. Apesar da subordinação económica nelas existente, falta a subordinação jurídica, o que conduz a diferenças específicas e claras. A doutrina protestava, pois, perante a assimilação; assim, Raúl Ventura, *Teoria da relação jurídica de trabalho* cit., 112 ss., *maxime* 120 ss., que acaba mesmo por considerar

Perante o artigo 2.º da revogada LCT, duas posições foram defendidas na doutrina portuguesa da época[1020]:

– a teoria do Direito comum, segundo a qual, os contratos "equiparados", até ao surgimento de legislação especial, se regeriam pelo Direito civil; é a posição de Monteiro Fernandes[1021];
– a teoria da equiparação efetiva, que levaria, na falta da legislação especial, a uma lacuna integrada pela aplicação do Direito do trabalho; é a posição de Bernando Xavier[1022] e de Barros Moura[1023].

Os defensores da teoria do Direito comum faziam notar que o legislador, ao sujeitar os contratos em análise a legislação especial, pretendeu justamente a inaplicabilidade da LCT; o seu artigo 2.º teria um conteúdo meramente programático aplicando-se, até à sua realização, o Direito civil (Monteiro Fernandes).

Os seguidores da teoria da equiparação efetiva enfocavam a necessidade de dar um sentido aos "princípios" referidos no artigo 2.º (Bernardo Xavier), bem como o retrocesso que implicaria o regredir ao regime anterior ao de 1937 quando, justamente, os "trabalhadores equiparados" são os que mais carecem de proteção (Barros Moura)[1024].

a assimilação como inaplicável. Foi a consciência destas críticas que ditaria a versão mais restritiva, patente no artigo 2.º da atual LCT: o Parecer da Câmara Corporativa de 1961, relatado por Galvão Telles, estabelecia já uma certa diferenciação, que passou, acentuada, ao projeto Pessoa Jorge da LCT. *Vide*, quanto a este último ponto, Monteiro Fernandes, *Notas sobre os contratos "equiparados" ao contrato de trabalho*, ESC IX, 34 (1970), 11-35 (26 ss.).

[1020] Luís Brito Correia, *Direito do trabalho* cit., 1, 104, refere o problema sem tomar posição.

[1021] António Monteiro Fernandes, *Contratos "equiparados"* cit., 34-35 e *Direito do trabalho* cit., 6.ª ed., 77-78.

[1022] Bernardo Xavier, *Regime jurídico* cit., 2.ª ed., 38.

[1023] José Barros Moura, *Direito do trabalho* cit., 46.

[1024] Essa necessidade torna mesmo difícil como garantir a proteção. Diz Barros Moura, *Direito do trabalho* cit., 47-48: "Como assegurar a efetiva limitação da jornada de trabalho a trabalhadores remunerados à peça e trabalhando isolados no domicílio? E como, nessas condições, dar aplicação ao direito ao salário suficiente para uma existência condigna? Como garantir o salário mínimo nacional? Como assegurar o direito ao repouso anual efetivo e pago? Como garantir a observância da idade mínima? Como assegurar a prevenção e reparação de acidentes de trabalho e de doenças profissionais? Como assegurar a fiscalização da Inspeção de Trabalho? Como ultrapassar as limitações decorrentes do isolamento, da falta de sindicalização e de convenções coletivas?" *Vide*, também, Raúl Ventura, *Teoria da relação jurídica de trabalho* cit., 114-115.

Tomámos posição quanto aos "contratos equiparados", esclarecendo dois pontos prévios:

- as duas figuras referidas no artigo 2.º LCT não esgotavam a matéria exceto, talvez, para exprimir um programa legislativo referente à necessidade de procurar uma regulamentação especial; o problema deve pôr-se perante todos os contratos em que falte a subordinação jurídica, mas haja dependência económica[1025];
- não se devia confundir com a dos "contratos equiparados", a questão de fraudes ou simulações tendentes a mascarar um verdadeiro contrato de trabalho: caso elas ocorressem, verificar-se-ia a nulidade do negócio simulado e a operacionalidade do contrato de trabalho dissimulado, nos termos gerais[1026].

A aplicação do regime laboral a situações "paralaborais" em que faltasse uma subordinação jurídica é puramente linguística. Na ausência de tal subordinação, torna-se inviável a organização dela emergente[1027].

Assim sendo, não se vê como lhe aplicar o Direito coletivo do trabalho, designadamente nos seus aspetos sindicais[1028]. Essa mesma ausência de subordinação jurídica retira conteúdo à direção e à obediência, com tudo o que elas implicam, e põe em crise os deveres acessórios que se lhe reconduzem. O essencial do dispositivo da LCT é inaplicável; a fiscalização seria inexequível ou traduzir-se-ia em graves intromissões do Estado na esfera privada da entidade a "proteger".

O reconhecimento da inaplicabilidade do Direito do trabalho aos "trabalhadores equiparados", firmado já por Raúl Ventura, esteve na origem do artigo 2.º LCT. As pessoas aí em jogo carecerão de tutela acrescida: mas apenas regulamentação especial o poderá fazer, como expressamente se reconhece, para afastar a própria LCT.

Uma simples remissão para princípios não tinha conteúdo. A possibilidade de ver, aí, uma regra de integração da lacuna com recurso ao Direito do

[1025] Recorde-se que a definição de Günter Schaub, acima transcrita, de "pessoa semelhante ao trabalhador".

[1026] *Vide* o artigo 241.º/1 do Código Civil.

[1027] Recorda-se ser essa a opinião perfilhada quanto ao sentido organizatório da relação de trabalho; qualquer outra construção teria efeitos ainda mais radicais: justamente por faltar um sentido comunitário às situações em estudo, lhes negava a doutrina clássica alemã natureza de trabalho.

[1028] Na medida em que o próprio Direito civil propicia níveis coletivos, torna-se possível uma certa proteção por essa via. Assim sucederá quando se recorra ao esquema das cláusulas contratuais gerais.

trabalho não é operacional: a inaplicabilidade acima demonstrada impedia a analogia ou o recurso ao sistema, quando este fosse apenas laboral.

Deve ficar claro que o moderno Direito do trabalho não é um Direito dos pobres ou dos desprotegidos: é um Direito dos trabalhadores subordinados. Em caso de necessidade, o Direito civil, através dos seus conceitos como o de usura ou de boa-fé pode, aliás, propiciar uma tutela da parte fraca mais intensa, no caso concreto, do que o próprio Direito do trabalho, massificado perante as complexas ocorrências técnicas que defronta[1029].

O irrealismo das soluções linguísticas deve ser combatido, até para deixar clara a verdadeira extensão dos problemas a exigir intervenção legislativa.

Subscreveu-se, por tudo isto, a teoria do Direito comum.

III. O Código do Trabalho de 2003 consagrou as situações equiparadas ao seu artigo 10.º. O de 2009 retomou o preceito com algumas alterações, no artigo 13.º[1030]. Vale a pena, para efeitos de interpretação, comparar os dois textos. Assim:

Código de 2003[1031]	Código de 2009[1032]
Artigo 13.º (Contratos equiparados)	Artigo 10.º (Situações equiparadas)
Ficam sujeitos aos princípios definidos neste Código, nomeadamente quanto a direitos de personalidade, igualdade e não discriminação e segurança, higiene e saúde no trabalho, sem prejuízo de regulamentação em legislação especial, os contratos que tenham por objecto a prestação de trabalho, sem subordinação jurídica, sempre que o trabalhador deva considerar-se na dependência económica do beneficiário da actividade.	As normas legais respeitantes a direitos de personalidade, igualdade e não discriminação e segurança e saúde no trabalho são aplicáveis a situações em que ocorra prestação de trabalho por uma pessoa a outra, sem subordinação jurídica, sempre que o prestador de trabalho deva considerar-se na dependência económica do beneficiário da actividade.

1029 Nada impede, aliás – uma vez que o Direito do trabalho não tem natureza excecional, que se recorra a normas laborais, sempre que a analogia das situações o justifique.

1030 Pedro Romano Martinez, *Código do Trabalho anotado* cit., 11.ª ed., 120-121.

1031 DR I-A, de 27-ago.-2003, 5663/I e II.

1032 DR 1.ª série, de 12-fev.-2009, 931/I.

As diferenças são claras: onde em 2003 se dizia "contratos", ficou "situações"; "princípios" deu lugar a "normas legais"; a limitação de 2003 a "definidos neste Código", desapareceu assim como foi suprimida a referência "sem prejuízo de regulamentação em legislação especial". Finalmente, o Código de 2009, ao retirar o advérbio "nomeadamente", deu à enumeração do seu artigo 10.º, pelo menos formalmente, um teor estrito e não exemplificativo dos princípios aplicáveis. De um modo geral, as novidades de 2009 não são de aplaudir. Com efeito:

(a) a lógica da figura equiparada incide na sua natureza voluntária, de parte a parte; a referência a contratos era significativa;
(b) aplicar "normas legais" fora da empresa não é viável; os princípios poderiam sê-lo;
(c) há princípios importantes, como os relativos à autonomia coletiva, que não constam do elenco do Código de 2009; em 2003, seria mais fácil invocá-los;
(d) ao não limitar a remissão ao próprio Código, o legislador de 2009 deu um salto no escuro: também formalmente, poderiam ser avocadas regras inaplicáveis.

Em suma: feito o exercício que se impunha, nada obsta a que as arestas sejam limitadas, aquando da interpretação e da aplicação.

IV. Como pessoas semelhantes aos trabalhadores são apontados[1033]:

(a) o trabalho ao domicílio, hoje regulado pela Lei n.º 101/2009, de 8 de setembro; o seu artigo 1.º/1 faz questão de referir que o mesmo ocorre "sem subordinação jurídica";
(b) o contrato de aprendizagem, hoje tratado pela Portaria n.º 1497//2008, de 19 de dezembro, alterada pela Portaria n.º 289/2009, de 20 de março.

[1033] Luís Menezes Leitão, *Direito do trabalho* cit., 5.ª ed., 539 ss.; *vide* Rosário Palma Ramalho, *Tratado de Direito do trabalho*, II – *Situações laborais individuais*, 6.ª ed. (2006), 93 ss. e Pedro Romano Martinez, *Direito do trabalho* cit., 8.ª ed., 367 ss., que se limitam ao trabalho ao domicílio.

Analisaremos ambos os regimes a propósito do Direito do contrato de trabalho.

171. O alargamento de "trabalhador"

I. A técnica das situações equiparadas permite estender alguma tutela laboral a certas categorias profissionais que, em rigor, não são "trabalhadores", por falta de subordinação jurídica. O Tribunal de Justiça da União Europeia procedeu a esse alargamento[1034], em termos que devem ser ponderados no plano interno.

II. As situações equiparadas, na nossa doutrina, a contrato de trabalho devem ser estendidas, mas com a ressalva de muitas "normas" previstas no Código do Trabalho e abrangidas pela remissão do artigo 10.º são inaplicáveis. Assim sucede com administradores das sociedades, agentes, concessionários e franqueados, mandatários, empreiteiros e outros prestadores de serviço, sempre que, no caso concreto, seja possível determinar a presença de subordinação económica. Esta caracteriza-se por o prestador não poder cessar *ex abrupto* a atividade, sem pôr em causa a sua sobrevivência e, ainda, por os circunstancialismos que rodeiam a sua atividade poderem atentar contra a sua integridade física ou moral.

III. Retemos, como adiantado, que o Direito do trabalho não é, em si, excecional. Os direitos de personalidade, igualdade e não discriminação e segurança e saúde, na terminologia do artigo 10.º, são sempre salvaguardados. A especificidade desse preceito é a de corresponsabilizar – caso a caso ver-se-á em que termos – o beneficiário das prestações "paralaborais" pelo seu respeito. Isso dependerá de deveres acessórios de confiança e de lealdade que porventura surjam e do modo por que o beneficiário promova as prestações em causa.

[1034] *Supra*, 221 ss.; quanto ao Direito vigente, o tema será aprofundado no II volume desta obra.

§ 46.º TIPOS DE TRABALHADORES PROTEGIDOS

172. **Enunciado**

I. O Código do Trabalho ocupa-se de algumas situações laborais que, pelas suas características, lhe mereceram uma certa proteção. Temos trabalhadores:

(a) estrangeiros ou apátridas (4.º e 5.º);
(b) destacado no País (6.º e 7.º);
(c) mães, pais ou noutras situações de parentalidade (33.º a 65.º);
(d) menores (66.º a 83.º);
(e) com capacidade de trabalho reduzida (84.º a 88.º);
(f) estudante (89.º a 96.º).

II. O Código, recolhendo legislação anterior, foi muito pormenorizado: regulamentar mesmo. Os regimes fixados nos competentes preceitos prendem-se com o conteúdo dos correspondentes contratos de trabalho e lidam com conceitos próprios do Direito individual. Remetemos a sua análise para o competente volume.

SECÇÃO II

DIREITO DE PERSONALIDADE (EM GERAL)

§ 47.º EVOLUÇÃO DO DIREITO DE PERSONALIDADE

173. Direito de personalidade laboral?

I. Propomos o termo "Direito de personalidade" para designar a disciplina jurídica que estuda as situações jurídicas correspondentes[1035]. O cerne histórico-cultural é constituído pelos diversos direitos de personalidade, obtidos ao longo da História. Mas ele abrange, ainda, as vinculações de personalidade e as figuras afins, que abarcam os direitos humanos e os direitos fundamentais.

II. O Código do Trabalho de 2003 inseriu, nos seus artigos 15.º a 21.º, diversos direitos de personalidade, imputados ora apenas ao trabalhador, ora a este e ao empregador. Essa matéria, com mais algum desenvolvimento, passou aos artigos 14.º a 22.º do Código de 2009, hoje vigente. No plano europeu, há que lidar com a Carta dos Direitos Fundamentais da União Europeia, de 7 de novembro de 2000[1036] enquanto, na Constituição, encontramos "direitos" dos trabalhadores, com especial relevo. O Direito alemão opta pela vertente "direitos fundamentais"

III. A opção do Código do Trabalho aponta para o tratamento dessa matéria em sede de direitos de personalidade. Estes preenchem uma disciplina civil (o Direito de personalidade); todavia, são apresentados por

[1035] *Tratado de Direito civil* IV, 4.ª ed., 45 ss.. Procedemos, aqui, à simplificação e atualização dessa matéria, com vista ao seu estudo no Direito do trabalho.

[1036] *Supra*, 207 ss..

um prisma essencialmente laboral. Não se afigura necessário duplicar a matéria, construindo um "Direito de personalidade laboral". Mas as especificidades são manifestas, além de enriquecerem o próprio Direito civil. Afigura-se um grave erro de método procurar estudar os direitos de personalidade "laborais", sem atentar na disciplina geral em que se inscrevem. Por isso, vamos recordar, com a necessária concisão, os grandes traços do Direito (civil) de personalidade. A abordagem laboral fica facilitada e será mais profunda[1037].

174. **Origem e evolução**

I. Encontramos as raízes dos direitos de personalidade no Direito romano[1038]. Através da *actio injuriarum*, o lesado podia reagir a afrontas, a desprezos e a outras formas de ofensa física e moral. A transformação das ações em direitos foi, também neste ponto, obra dos humanistas, particularmente de Donellus (Hugues Doneau, 1527-1591)[1039].

Donellus tipificava os *iura in persona ipsa* em quatro manifestações essenciais[1040]: curiosamente próximas das que, ainda hoje, surgem no

[1037] Quanto aos direitos de personalidade no Direito do trabalho: Luís Menezes Leitão, *Direito do trabalho* cit., 5.ª ed., 147-174; Rosário Palma Ramalho, *Tratado* cit., II, 6.ª ed., 294-301; Pedro Romano Martinez, *Direito do trabalho* cit., 8.ª ed., 373-382; Guilherme Dray, em Pedro Romano Martinez, *Código do trabalho anotado* cit., 11.ª ed., 138-168. Referimos, ainda, as monografias seguintes: José João Antunes Abrantes, *Contrat de travail et droits fondamentaux/Contribution à une dogmatique commune européenne, avec référence spéciale au droit allemand et au droit portugais* (2000), 226 pp.; Paula Quintas, *Os direitos de personalidade consagrados no Codigo do trabalho na perspetiva exclusiva do trabalhador subordinado – Direitos (des)figurados* (2013), 433 pp.; Sónia Rute Santos Viana, *A tutela juslaboral dos direitos de personalidade* (2016), policopiado.

[1038] *Tratado* IV, 4.ª ed., 47 ss., com mais elementos.

[1039] Hugonis Donelli, *Commentatorium de jure civile* (1840; o original é de 1590), Lib. I, Cap. I, § 2 (tomo I, 3); o uso do genitivo, no nome do Autor, é costume da época nos títulos das obras.

[1040] Hugo Donellus, *Commentatorium* cit., Lib. II, Cap. VIII, § II (238) e § III (239), onde se lê:

> In persona cujusque id nostrum est, quod tribuitur personae, id est quod cuique ita tribuitur, ut si id habeat in sese, etiamsi desint res caeterae externae. Haec a natura cuique tributa sunt quatuor: vita, incolumitas corporis, libertas, existimatio. (...)

Código Civil. Referenciava: a vida que existe e é reconhecida; a integridade física que consiste em não se ser molestado ou atingido; a liberdade que se traduz em fazer o que se quiser; a reputação que corresponde a um estado de dignidade ilibada, comprovada pelas leis e pelos bons costumes[1041].

Ressaltam alguns pontos, para além da técnica da subjetivação jurídica: o fundamento humanista *a se*, em que a pessoa vale laicamente, já por si; a análise, no terreno, de vetores humanos; a sua integração num quadro cultural humanístico, reforçado pela utilização do latim e pela inserção do tema em obra de Direito civil. Repare-se que estávamos, ainda, muito longe das cartilhas de direitos que surgiriam nos finais do século XVIII – portanto: dois séculos mais tarde – sendo elementar recordar que, também aqui, o Direito civil foi precursor.

II. A referência aos direitos sobre a própria pessoa reapareceu, de modo sucessivo, nas obras do jusracionalismo[1042]. Todavia, os inconvenientes da sistemática central, apriorística e dedutiva, bloquearam o imediato aproveitamento dogmático destes desenvolvimentos. O esforço não se perdeu: ele está na origem do filão que conduziria aos direitos inatos ou essenciais, direitos preexistentes ao próprio Estado e que se imporiam a este[1043]. Podemos, por aqui, remontar até aos *human rights* do pensamento jurídico anglo-saxónico[1044] e aos direitos fundamentais das modernas constituições continentais.

A sua manifestação mais emblemática ficou associada à Revolução Francesa[1045].

III. À tradição jusracionalista contrapôs-se, de certa forma, a pandectística. Não se trata de uma concepção oposta: apenas sistematicamente diferente. Enquanto os "direitos fundamentais" correspondem a uma derivação apriorística do ser humano (do "Homem"), os direitos de persona-

[1041] Hugo Donellus, *Commentatorium* cit., Lib. II, Cap. VIII, § III (239).

[1042] Em Manfred Herrmann, *Der Schutz der Persönlichkeit in der Rechtslehre des 16. bis 18. Jahrhunderts* (1968), 29 ss., são referenciados troços relevantes de Althussius, de Grotius, de Pufendorf, de Thomasius e de Wolf.

[1043] *Vide*, ainda que sem ordenação histórica, Adriano de Cupis, *Os direitos da personalidade*, trad. Adriano Vera Jardim/António Miguel Caeiro (1961), 18 ss.

[1044] Stefan Gosepath/Georg Lohmann, *Philosophie der Menschenrechte* (publ. e intr.) (1998), 8 e *passim*.

[1045] Particularmente na Declaração de 20 e 26 de Agosto de 1789.

lidade, retomando um tanto as origens de Donellus, arrumam-se, entre os seus pares, no Direito civil: são um dado historicamente existencial.

No início podemos situar Savigny. Curiosamente, Savigny é apontado como um negativista, em termos de direitos de personalidade[1046], imputando-se-lhe mesmo o atraso no reconhecimento da figura[1047]. Todavia e em rigor, Savigny apenas questionou a possibilidade dogmática de construir um direito decalcado do de propriedade, mas dirigido ao próprio "titular" e que poderia envolver diversos inconvenientes, entre os quais o reconhecimento de um direito ao suicídio[1048]. A tutela da pessoa seria conseguida através de múltiplos "direitos": desde a proteção penal às acções possessórias. A inviolabilidade da pessoa seria o fundamento último de toda essa proteção, a qual só seria "obscurecida", na sua "verdadeira natureza", através da construção de "direitos sobre a própria pessoa"[1049]

Savigny não era contrário à tutela da pessoa: bem pelo contrário. Ele apenas duvidou da viabilidade dogmática dos direitos de personalidade, numa dimensão a que, de resto, ainda hoje teremos de atender. O pensamento de Savigny deve ser integrado nas suas preocupações sistematizadoras. Ora, na primeira metade do século XIX, particularmente nos espaços que, como o alemão, não dispunham de leis codificadas, era muito difícil arrumar conceitos como os de personalidade, de capacidade e de direito(s) de personalidade.

IV. A dogmatização dos direitos de personalidade foi sendo conquistada pela pandectística, ao longo do século XIX. Rudolf von Jhering, também aqui surgindo, pelo menos aparentemente, em oposição a Savigny, tem palavras importantes na defesa da conceitualidade dessa figura, em nome dos escopos em causa[1050].

[1046] Manfred Herrmann, *Der Schutz der Persönlichkeit in der Rechtslehre des 16. bis 18. Jahrhunderts* cit., 79.

[1047] Dieter Leuze, *Die Entwicklung des Persönlichkeitsrechts im 19. Jahrhundert* (1962), 48-51; Franz Matthias Mutzenbecher, *Zur Lehre vom Persönlichkeitsrecht* (1909), 22.

[1048] Friedrich Carl von Savigny, *System des heutigen römischen Rechts* 1 (1840, reimp. 1981), § 53 (335-336).

[1049] Savigny, *System* cit., 1, 337: entre aspas, as palavras do próprio Savigny. Na nota (a), Savigny cita Donellus.

[1050] Rudolf von Jhering, *Geist des römischen Rechts auf den verschiedenen Stufe seiner Entwicklung*, 3, 10.ª ed. (equivalente à 5.ª, de 1906, reimp., 1993), 340-341,

Jhering considera como uma das "piores confusões da moderna Ciência do Direito" "... a afirmação de que a vida e a liberdade não poderiam ser direitos em sentido subjetivo por apenas traduzirem pressupostos para isso". Um direito poderia ser pressuposto de outro, como sucede com o crédito para o penhor de direitos. E remata: "Todas as condições de existência protegidas através do Direito objetivo são direitos subjetivos, sendo indiferente o modo por que sejam protegidos"[1051]. A construção "técnica" de direito subjetivo permite, a Jhering, uma afirmação de conceitos que transcende Savigny.

É importante ter presente que a defesa, por Jhering, dos direitos de personalidade, enquanto categoria autónoma, não corresponde a uma inspiração de tipo racionalista. Ela tem, subjacente, por um lado, um conhecimento aprofundado do "Direito romano atual", particularmente do sistema da *actio iniuriarum*[1052] e, por outro, ideias claras sobre a pessoa humana e a necessidade da sua proteção. No tocante à primeira, Jhering sublinha que, ao papel indemnizatório e compensatório[1053], ela soma uma função profilática, no sentido de prevenir a repetição futura de violações[1054]. A matéria é ainda delimitadora dos direitos a bens imateriais.

V. Na fase final do pandectismo, os direitos de personalidade foram potenciados e enriquecidos pelo tratamento dogmático alcançado pelos direitos sobre bens imateriais, recém-conquistados para a Ciência do Direito. Trata-se de um aspeto que deve ser enfatizado: os direitos de personalidade desenvolveram-se apoiados na prática e nas necessidades de dar corpo aos vetores humanistas que, perante novas realidades animaram o Direito civil.

No tocante às manifestações "parcelares" que, na periferia, animaram os direitos de personalidade temos, em primeiro lugar, o tema das paten-

nota 447a; a 2.ª ed. é de 1865, correspondendo a nota em causa a um acrescento feito na 4.ª ed., de 1888.

1051 Jhering, *Geist* cit., 3, 340.

1052 Temos presente, em especial, Rudolf von Jhering, *Rechtsschutz gegen injuriöse Rechtsverletzung*, JhJb 23 (1885), 155-338 = *Gesammelte Aufsätze*, 3.º vol. (1886, reimp., 1981), 233-408; cita-se por este último local.

1053 Jhering, *Rechtsschutz gegen injuriöse Rechtsverletzung* cit., 337.

1054 Jhering, *Rechtsschutz gegen injuriöse Rechtsverletzung* cit., 383.

tes. Mercê da rápida industrialização alemã surgiu, em 1877, a Lei Alemã das Patentes. Visando explicar a tutela aí dispensada aos seus titulares, Carl Gareis introduz a ideia do "direito individual"[1055]. Haveria, depois, um "direito individual geral"[1056]:

> (...) a ordem jurídica reconhece a cada pessoa o direito de se realizar como indivíduo, de viver e de desenvolver e valorizar as suas forças.

Neste "direito individual geral"[1057] tem-se visto o "direito geral de personalidade", depois referido por alguns pandectistas e que floresceria, mais tarde, na sequência da 2.ª Guerra Mundial.

Paralelamente, Josef Kohler batia-se pelos direitos dos bens imateriais[1058]. Eles não dariam lugar a uma "propriedade espiritual" e não se limitariam a possibilitar uma determinada defesa: pela positiva, facultariam a exploração económica de um bem imaterial[1059]. Na base, todavia, Kohler acabaria por colocar o "direito individual", patente em ulterior escrito sobre o direito ao nome[1060]. Segundo Kohler,

> O direito ao nome só pode ser bem apreendido como peça ou parte do direito individual. O nome como tal não é objeto do direito; o nome é caracterização tal como o monograma, como o pseudónimo; mas objeto do direito é a própria pessoa porquanto ela pode exigir que ninguém use alguma fórmula que provoque confusão, troca ou diminuição da pessoa, na exteriorização de atos[1061].

Também a fotografia não poderia ser usada sem autorização do fotografado[1062].

[1055] Carl Gareis, *Das Deutsche Patentgesetz vom 25. Mai 1877 erläutert*, cit. através da rec. de Paul Laband, ZHR 23 (1878), 621-624.

[1056] *Apud* Laband, *Das Deutsche Patentgesetz* cit., 621.

[1057] Ao qual, de resto, Laband, *Das Deutsche Patentgesetz* cit., 622, não se mostra favorável.

[1058] Josef Kohler, *Das Autorrecht, eine zivilistische Abhandlung, zugleich ein Beitrag zur Lehre vom Eigenthum, vom Miteigenthum, vom Rechtsgeschäft und vom Individualrecht* I, JhJb XVIII (1879), 129-138 e II, JhJb XVIII (1879), 329-442 (478, com os três anexos), 129 e *passim*.

[1059] J. Kohler, *Das Autorrecht* cit., 130-131, 337 e 338.

[1060] J. Kohler, *Das Individualrecht als Namensrecht*, AbürglR V (1891), 77-110.

[1061] J. Kohler, *Das Individualrecht* cit., 77; quanto à possibilidade de o "eu" dispor da própria personalidade, Kohler remete para o seu *Autorrecht*.

[1062] J. Kohler, *Das Individualrecht* cit., 89.

Kohler aprofundaria o seu pensamento a propósito dos direitos relativos a cartas-missivas[1063]. Tratar-se-ia de um direito ao substrato geral[1064], tendo o autor o direito exclusivo do seu aproveitamento económico e o de preservar a matéria em jogo.

O cultivo destes pontos dogmáticos era dobrado pela análise – sempre apoiada em institutos concretos – do papel dos princípios jurídicos na defesa das instituições e dos ideais[1065]. O nome de Kohler deve, pois, ser retido entre os primeiros dogmáticos dos direitos de personalidade[1066].

O progressivo domínio dogmático da "periferia" da personalidade permitiu o esforço de abstração necessário para se alcançar a ideia de "bem de personalidade", base de qualquer dogmática coerente de direitos de personalidade.

Estes vêm, assim, a ser afirmados, na pandectística tardia, já sem dúvidas ou indecisões. Autores como Regelsberger[1067] e Otto von Gierke[1068] reportam-se aos direitos de personalidade como direitos subjetivos privados e não patrimoniais[1069]. Todavia, o desenvolvimento era ainda escasso, de tal modo que o tema não logrou uma consagração geral no BGB[1070].

VI. As codificações clássicas e salvo o que abaixo se dirá sobre o Código de Seabra, pouco ou nenhum espaço deixaram aos direitos de

[1063] J. Kohler, *Das Recht an Briefen*, AbürglR 7 (1893), 94-149.

[1064] J. Kohler, *Das Recht an Briefen* cit., 94.

[1065] J. Kohler, *Die Ideale im Recht* V (1891), 161-265 (250 e *passim*).

[1066] Leo Burckas, *Eigentumsrecht. Urheberrecht und Persönlichkeitsrecht an Briefen* (1907), 69.

[1067] Ferdinand Regelsberger, *Pandekten*, 1 (1893), § 50 (197-198); diz este Autor que as pessoas têm direitos ao próprio corpo e ao espírito, sem relação com coisas ou com outras pessoas.

[1068] Otto von Gierke, *Deutsches Privatrecht* I (1895), § 81 (702 ss.); os direitos de personalidade são os que concedem ao seu sujeito o domínio sobre uma parcela da própria esfera de personalidade; tratar-se-ia de direitos subjetivos, reconhecidos por todos.

[1069] Otto von Gierke, *Deutsches Privatrecht* cit., 1, 705-706.

[1070] Bernhard Windscheid/Theodor Kipp, *Lehrbuch des Pandektenrechts* I (1906, reimp., 1984), 173 ss. Quanto à luta pelos direitos de personalidade antes de 1900: Jürgen Simon, *Das allgemeine Persönlichkeitsrecht und seine gewerblichen Erscheinungsformen/ Ein Entwicklungsprozess* (1981), 169 ss.

personalidade. O confronto das evoluções subsequentes constitui um útil campo de investigação dogmática, no domínio ora em estudo[1071].

O Código Napoleão, no seu livro I relativo às pessoas, limita-se a dispor que todo o francês gozará dos direitos civis (artigo 8.º), outro tanto sucedendo aos estrangeiros em França, dentro de uma regra de reciprocidade (artigo 11.º). Em conformidade, a doutrina civil subsequente, por um longo período, não identificava, sequer, a figura; apenas expunha certos institutos hoje considerados de personalidade e que assentavam em regras especiais, com exemplos no Direito romano.

O desinteresse civil pelo tema é ainda explicado pelo facto de, na tradição racionalista, a tutela da pessoa ser prosseguida através do Direito público e dos direitos fundamentais. Todavia, nos princípios do século XX, a categoria dos direitos de personalidade foi introduzida em França. Surgiu decisiva a pressão doutrinária alemã[1072].

VII. O Código Civil alemão, apesar de apontado numa ocasião em que os direitos de personalidade já eram conhecidos, também não lhes deu consagração expressa. O § 12 refere-se ao direito ao nome: na base desse preceito, os comentaristas vieram a ocupar-se dos direitos de personalidade[1073].

Apesar dessa carência legislativa, os direitos de personalidade conheceram um grande desenvolvimento: logo após a entrada em vigor do BGB[1074-1075] e, particularmente no segundo pós-guerra, isto é: após 1945 – e isso apesar de, no sector constitucional, outro tanto ter sucedido com os direitos fundamentais. Para esse desenvolvimento terá contribuído o alto nível da doutrina alemã; mas ele não pode ser desligado dos abusos legis-

[1071] Com muitos elementos: Friederike Schubert, *Der Wert des Individuums im deutschen und französischen Privatrecht* (2006), 375 pp.

[1072] E. H. Perreau, *Des droits de la personnalité*, RTDC VIII (1909), 501-536.

[1073] Thomas Duve, HKK/BGB (2003), I, §§ 1-14, Nr 50 (204).

[1074] O BGB apenas teria dado um "torso" sobre o qual se construiu, depois, a doutrina dos direitos de personalidade: Reinhard Damm, *Personenrecht/Klassik und Moderne der Rechtsperson*, AcP 202 (2002), 841-879 (843).

[1075] Recordamos os já citados Leo Burckas, *Eigentumsrecht. Urheberrecht und Persönlichkeitsrecht an Briefen* (1907), 62 ss. e Franz Matthias Mutzenbecher, *Zur Lehre vom Persönlichkeitsrecht* (1909), 34 ss. Note-se, ainda neste período, a manutenção de críticas à categoria dos direitos de personalidade: Franz Ulsamer, *Zur Kritik der Lehre von Persönlichkeitsrecht* (1910), 24 ss.

lativos cometidos no período nacional-socialista (1933-1945)[1076] – e isso para não falar nos que se perpetraram à margem de quaisquer leis.

A dramática experiência do III *Reich* levou, na República Federal Alemã subsequente a 1949, a um surto de desenvolvimento de direitos fundamentais e de personalidade. Esse movimento intensificou-se com a multiplicação dos meios suscetíveis de agredir ou de pôr em causa a esfera mais pessoal de cada um: meios de comunicação e de vigilância, informática e biotecnologia, como exemplos.

Trata-se de uma experiência largamente liderante, na Europa Continental, com influência direta entre nós. O seu conhecimento é indispensável.

175. A experiência lusófona

I. A experiência portuguesa é marcada por um valor excecional dado aos direitos da pessoa. Trata-se de uma linha evolutiva que, de certo modo e lamentavelmente, foi quebrada pelo positivismo do século XX. Tem o maior interesse conhecê-la[1077].

O pensamento tradicional, patente em Pascoal de Mello, reduzia os direitos dos cidadãos ao de "... pedirem aos governantes que os protejam e defendam ..." e ao de "... desempenhar cargos oficiais ..."[1078].

A tutela então dispensada às pessoas – como sublinha o próprio Mello – assentava, primordialmente, nas penas impostas aos autores de infrações contra elas.

Assim, encontramos nas Ordenações:

– penas para os que *matão, ou ferem ou tirão com arcabuz ou besta*[1079];

[1076] Bernd Rüthers/Astrid Stadler, *Allgemeiner Teil des BGB*, 18.ª ed. (2014), § 14, Nr. 6 (96-97).

[1077] Ensaiámos uma primeira investigação sobre o tema em *Os direitos de personalidade na civilística portuguesa*, em *Estudos em Honra do Prof. Doutor Inocêncio Galvão Telles*, 1 (2002), 21-45.

[1078] Pascoal José de Mello Freire, *Instituições de Direito civil português*, Livro I, Título XII, § V = ed. port. de Pinto de Meneses, BMJ 162 (1967), 137; a 1.ª ed. data do séc. XVIII. *Vide*, também, o Livro II, § VIII, relativo aos direitos dos cidadãos = ed. port. BMJ 163 (1967), 28 ss.

[1079] *Ord. Fil.*, Liv. V, tít. XXV = ed. Gulbenkian, *Livros IV e V*, 1184-1187.

– penas para os autores e divulgadores de cartas *diffamatorias*[1080];
– penas para os mexeriqueiros[1081].

II. O liberalismo levou à receção, nas Constituições portuguesas, dos enunciados relativos aos direitos do homem, de inspiração francesa[1082].

Nas bases da Constituição de 1821, os artigos 1.º a 15.º fixavam os *Direitos individuais do cidadão*, centrados na liberdade, na segurança e na propriedade[1083]; o tema era retomado na *Constituição Politica da Monarchia Portugeza* de 1822, artigos 1.º a 19.º, sob o título *Dos direitos e deveres individuais dos portugueses*[1084].

A Carta Constitucional de 29-abr.-1826 dá menos relevo sistemático aos direitos fundamentais: eles surgem no artigo 145.º, de todo o modo muito extenso (34 §§)[1085].

Na Constituição de 1838, os *direitos e garantias dos portuguezes* recuperam em significado: era-lhes dedicado o título II, artigos 9.º a 32.º[1086].

A Constituição de 1911, embora inserindo os *direitos e garantias individuais* no título II, apenas lhes consagrava os artigos 4.º e 5.º, sendo o 4.º de grande extensão – 38 números[1087].

A Constituição de 1933 continha uma Parte I sobre as garantias fundamentais. Aí surgia um artigo – o 8.º – onde se procedia a um enunciado extenso dos "direitos e garantias individuais dos cidadãos portugueses", com relevo para diversos direitos de personalidade: direito à vida e integridade pessoal (1.º), direito ao bom nome e reputação (2.º), inviolabilidade do domicílio e sigilo da correspondência (6.º) e reparação por danos morais (17.º). Cumpre notar que a Constituição de 1933 chegava a consignar o

[1080] *Ord. Fil.*, Liv. V, tít. LXXXIV = ed. Gulbenkian cit., 1232-1233.

[1081] *Ord. Fil.*, Liv. V, tít. LXXXV = ed. Gulbenkian cit., 1233.

[1082] Trata-se da raiz dos hoje ditos direitos fundamentais; *vide* Jorge Miranda, *Manual de Direito Constitucional*, tomo IV – *Direitos fundamentais*, 6.ª ed. (2015), 30.

[1083] *Constituições portuguesas*, publ. Jorge Miranda – I – *Constituição de 1822*, BMJ 234 (1974), 5-100 (6-7).

[1084] BMJ 234 (1974), 16-19.

[1085] *Constituições portuguesas* – II – *Carta Constitucional*, BMJ 235 (1974), 5-47 (42-46).

[1086] *Constituições portuguesas* – III – *Constituição de 1838*, BMJ 236 (1974), 5-51 (9-15).

[1087] *Constituições portuguesas* – IV – *Constituição de 1911*, BMJ 237 (1974), 33-65 (34-38).

direito de resistência contra ordens que infringissem as garantias individuais (19.º)[1088]: o autoritarismo do Estado Novo resultava da prática do regime e não da Constituição de 1933.

Esta linha floresceu, em especial, na Constituição de 1976: aí, a Parte I é dedicada aos direitos e deveres fundamentais, surgindo um Título II – artigos 24.º e seguintes – com os "direitos, liberdades e garantias pessoais": um tema a aflorar a propósito dos "direitos fundamentais".

Na lei civil, a progressão foi mais lenta. Borges Carneiro menciona os "direitos e obrigações dos naturaes do Reino"[1089]: fá-lo, todavia, com referência ao artigo 145.º da Carta Constitucional, cujo elenco segue. Corrêa Telles adota um esquema semelhante[1090]. Coelho da Rocha denota já a influência que triunfaria em Seabra: faz uma distinção entre leis naturais e positivas[1091] e afirma, depois, a existência de "direitos naturais", "... que servem de base às leis civis"[1092]. Refere: o de liberdade, o de defesa de si mesmo, o de propriedade e o de igualdade[1093].

III. Um tanto surpreendentemente, perante elementos tão escassos, António Luiz de Seabra (o Visconde de Seabra) inseriu, no projeto do que viria a ser o primeiro Código Civil português, um título relativo a direitos originários – artigos 359.º a 368.º[1094]. Aí eram desenvolvidos os direitos de existência, de liberdade, de associação, de apropriação e de defesa, em termos que passariam ao Código Civil, finalmente promulgado. Trata-se de um desenvolvimento que não tem antecedentes nos códigos civis da 1.ª geração, que o precederam.

Esta opção acolheu, na lei civil portuguesa:

– as influências constitucionais dos "direitos do homem";
– o pensamento filosófico abstrato jusracionalista;
– a tradição escolástica naturalista.

[1088] *Constituições portuguesas – V – Constituição de 1933*, BMJ 240 (1974), 53-102 (56-59).

[1089] Manuel Borges Carneiro, *Direito Civil de Portugal* I (1826), 74-76.

[1090] J. H. Corrêa Telles, *Digesto Portuguez*, II (1845, ed. 1909), 5-8.

[1091] M. A. Coelho da Rocha, *Instituições de Direito civil portuguez*, 2.ª ed. (1843, semelhante à 8.ª ed., 1917), § 4 (I, 2 ss.).

[1092] Coelho da Rocha, *Instituições* cit., § 13 (I, 6).

[1093] Coelho da Rocha, *Instituições* cit., §§ 13-18 (I, 6-8).

[1094] *Projecto de Codigo Civil Portuguez* (1867), 58-59.

Com estes antecedentes, o Visconde de Seabra apresenta-se racionalista e pragmático[1095]. Os direitos originários que ele consignou na lei civil portuguesa inserem-se numa sua capacidade analítica e sistematizadora, mais do que em qualquer dogmática operacional.

Todavia, o Código de Seabra ficará como o que, no século XIX, maior relevo deu aos hoje ditos "direitos de personalidade".

IV. A evolução acima apontada deu frutos, no Código de Seabra. Cumpre citar o Título I, do Livro I, do Código Civil português de 1867, precisamente intitulado *Dos direitos originários*, numa construção particularmente conseguida[1096]:

Artigo 359.º

> Dizem-se direitos originários os que resultam da própria natureza do homem, e que a lei civil reconhece, e protege como fonte e origem de todos os outros. Estes direitos são:
>
> 1.º O direito de existência;
> 2.º O direito de liberdade;
> 3.º O direito de associação;
> 4.º O direito de apropriação;
> 5.º O direito de defesa.

O elenco dos "direitos originários", de Seabra, prestou-se a uma série de críticas. Logo na fase da discussão do projeto, Alexandre Herculano votou pela supressão do título: entendia que se tratava de disposições inúteis, que apenas teriam cabimento nas constituições políticas, em épocas nas quais os direitos naturais do homem não eram devidamente reconheci-

[1095] Luiz da Cunha Gonçalves, *Tratado de Direito civil*, 1 (1929), 126, releva uma influência de Krause em Seabra. Parece-nos, todavia, que dominou antes uma versão racionalista e positivista do jusnaturalismo ideal. Do próprio António Luiz de Seabra, *vide A propriedade. Philosophia do Direito. Para servir de introdução ao commentario sobre a lei dos foraes* (1850), 2.

[1096] Marcel Planiol, *Traité Élémentaire de Droit civil*, 1, 3.ª ed. (1904), 677, nota 1 e Jean Carbonnier, *Droit civil/Les personnes,* 21.ª ed. (2000), 163.

dos e respeitados[1097]. Apenas o empenho pessoal de Seabra levou a que os "direitos originários" aí se conservassem[1098].

V. A categoria jusracionalista dos "direitos originários" de Seabra poderia ter constituído um ponto de partida para uma receção reconstruída dos direitos de personalidade pandectísticos. Isso não sucedeu.

O século XX abriu com críticas, formuladas pelos civilistas, aos "direitos originários". Estes, além de inúteis, seriam inconvenientes: ficariam dependentes de oscilações constitucionais e confeririam força de lei a uma classificação puramente doutrinária[1099].

Paralelamente, ocorreram os primeiros contactos com a categoria pandectística dos direitos de personalidade. A doutrina dividiu-se. Autores

[1097] José Dias Ferreira, *Codigo Civil Portuguez annotado*, 1, 2.ª ed. (1894), 254. As *Actas das sessões da Comissão Revisora do projecto de Codigo Civil Portuguez* (1869), 661, apenas configuraram o seguinte:

> Sessão de 26 de Novembro de 1860
>
> Presidência do Sr. Vicente Ferrer Neto Paiva. Ás seis horas da tarde, estando presentes os srs. Ferrer, Seabra, Simas, Marreca, Lima, Silva Ferrão, Herculano, José Júlio e Levy, abriu o sr. presidente a sessão, e lida a ata da antecedente, foi aprovada.
>
> O sr. Seabra apresentou, e depois de alguma controversia foi approvada por todos, á excepção do sr. Herculano, que declarou votava pela sua supressão, o titulo em discussão redigido conforme o que se havia vencido nas anteriores sessões, e que é o seguinte: (...)

De acordo com a tradição oral – *vide* Teixeira d'Abreu, abaixo citado –, o Visconde de Seabra terá ameaçado retirar-se da Comissão Revisora se o título fosse suprimido. Assim conseguiu a sua manutenção.

[1098] Segundo Teixeira d'Abreu, *Curso de Direito civil*, Parte II (1904-1905), 7, depois retomado por outros autores:

> Á sua [de Seabra] tenacidade na defêsa do plano geral da sua obra, á consideração, que sempre mereceu aos vogaes da Commissão revisora, e por ventura ainda á terminante affirmação, que se lhe attribue, de abandonar os trabalhos da revisão, se esta materia fosse eliminada da lei, se deve, talvez, a existencia no Codigo Civil português d'um capitulo que não tem correspondente em codigos estrangeiros.

Diversos autores, após a promulgação do Código de Seabra, ainda vieram insistir na inutilidade dos direitos originários; *vide* o *Tratado de Direito civil* IV, 4.ª ed., 74.

[1099] A. J. Teixeira d'Abreu, *Curso de Direito civil*, vol. I – *Introdução* (1910), 36-37, retomando críticas anteriores.

como Guilherme Moreira[1100], José Tavares[1101] e Cabral de Moncada[1102] recusaram a figura dos direitos de personalidade, enquanto outros, como Cunha Gonçalves[1103], Manuel de Andrade[1104], Paulo Cunha[1105] e Pires de Lima/Antunes Varela[1106], vieram aceitá-la.

Segundo Guilherme Moreira, não poderia haver direitos sobre a própria pessoa: esta viria a ser, ao mesmo tempo, sujeito e objeto da relação jurídica, o que não poderia ser. Haveria, sim, situações ou potencialidades protegidas pelo Direito, mas não direitos subjetivos em sentido próprio[1107]. José Tavares, analisando a doutrina disponível, esbarra na dificuldade de um direito sobre si próprio e na inconveniência de admitir uma disponibilidade sobre aspetos físicos e psíquicos da pessoa[1108].

Na viragem para os direitos de personalidade, foi decisivo o conhecimento da literatura estrangeira, designadamente a alemã, através de Windscheid[1109] e de Enneccerus[1110], a italiana, através de de Ruggie-

[1100] Guilherme Moreira, *Instituições de Direito civil português*, 1 – *Parte geral* (1907), 333 ss. Alguns elementos podem ser confrontados em Capelo de Sousa, *O direito geral de personalidade* cit., 137 ss.

[1101] José Tavares, *Os princípios fundamentais do Direito civil*, 1, 2.ª ed. (1929), 278 ss. (282).

[1102] Luís Cabral de Moncada, *Lições de Direito civil/Parte geral*, 3.ª ed. (1959, correspondente à 1.ª, de 1932), 74-75 = 4.ª ed. póstuma (1995), 73-74.

[1103] Luiz da Cunha Gonçalves, *Tratado de Direito civil* 3 (1930), 9-10.

[1104] Manuel A. Domingues de Andrade, *Direito civil* (*Teoria geral da relação jurídica*), lições por Porfírio Augusto Junqueiro, 1 (1944), 199-201; na ed. publ. por A. Ferrer Correia e Rui de Alarcão, *Teoria geral da relação jurídica*, vol. I, *Sujeitos e objeto* (1960, reimp., 1972), 193-195.

[1105] Paulo Cunha, *Teoria geral do Direito civil* (1971-72), 111 ss.; as posições favoráveis de Paulo Cunha quanto aos direitos de personalidade haviam já sido manifestadas nos anos 30 do séc. XX; *vide*, nas *Lições* de 1965, que reproduzem as de 1961-1962, 46.

[1106] João de Matos Antunes Varela, *Noções fundamentais de Direito civil*, *Lições* do Prof. dr. Pires de Lima ao Curso do 1.º ano jurídico de 1944-45, I (1945), 187 ss.; em edições ulteriores, este desenvolvimento desapareceu.

[1107] Guilherme Moreira, *Instituições* cit., 1, 334 e 335.

[1108] José Tavares, *Os princípios fundamentais* cit., 1, 2.ª ed., 282 ss.

[1109] Windscheid/Kipp, *Pandekten* cit., 9.ª ed., § 40 (I, 173 ss.); trata-se de um Autor especialmente citado e transcrito, na tradução italiana, por José Tavares, que, todavia, segue caminho inverso.

[1110] Na tradução castelhana: Ludwig Enneccerus/Hans Carl Nipperdey, *Derecho*

ro[1111] e de Coviello[1112]. De todo o modo, não se tratou de uma transposição pura e simples do direito subjetivo para o campo da pessoa: antes procurou dar-se uma feição específica aos "direitos sobre a própria pessoa".

Os direitos de personalidade foram, assim, ganhando terreno, ao longo do período que marcou a vigência do Código de Seabra. A adesão de Manuel de Andrade foi muito significativa. É importante salientar que, durante este espaço de tempo, a figura dos direitos de personalidade foi prejudicada por insuficiências de tipo sistemático. A adoção da "relação jurídica", só por si, já permitia a demonstração negativista: ninguém pode ser sujeito e objeto de uma relação, em simultâneo. Além disso, a inclusão dos "direitos de personalidade" numa mera subcategoria, exposta a propósito das classificações de direito subjetivo, retira espaço dogmático à figura. Em suma: impunha-se todo um labor de reconstrução do Direito civil, de modo a restituir à pessoa o lugar que lhe compete no espaço privado. Cumpre ainda reter que, a partir de finais da década de cinquenta do século XX, os direitos de personalidade conheceriam consagração jurisdicional[1113]. As necessidades práticas juntaram-se à pressão doutrinária.

176. **O Código Civil de 1966**

I. O Código Civil de 1966, no capítulo relativo a pessoas singulares, consagra uma secção – a II – a "direitos de personalidade".

civil (*Parte general*), por Blas Pérez González e José Alguer, I (1943), § 71, I (306-307), presente em Pires de Lima/Antunes Varela e em Manuel de Andrade.

[1111] Roberto de Ruggiero, *Instituições de Direito civil*, trad. Ary dos Santos, I (1934), 221 ss.; de Ruggiero influenciou muito José Tavares, através da ed. italiana anterior; cf., quanto a esta influência, o nosso *Teoria geral do Direito civil/Relatório* cit., 149, nota 44.

[1112] Nicola Coviello, *Manuale di diritto civile italiano/Parte generale*, 3.ª ed. rev. por Leonardo Coviello (1924), 25-26; Coviello dá conta das prevenções que, aos direitos de personalidade, se podem levantar.

[1113] Temos em mente RLx 1-fev.-1957 (Sousa Monteiro), RT 75 (1959), 381-383 = BMJ 67 (1957), 307-310 e RLx 2-mar.-1960 (Cardoso de Figueiredo), JR 6 (1960) 1, 225-228, relativos aos direitos à vida e à saúde das pessoas, postos em causa pela construção do metropolitano de Lisboa, abaixo referidos.

Na origem, temos um anteprojeto de Manuel de Andrade, onde, com diferenças de forma, se vieram consignar as regras que, no final, transitariam para o Código[1114]-[1115].

Em traços muito largos, podemos considerar que o artigo introdutório – portanto: o 6.º do anteprojeto, correspondendo ao 70.º do Código – retoma o artigo 2383.º do Código de Seabra[1116]. Fá-lo, porém, em termos bastante mais latos e com uma sistematização que transcende a (mera) responsabilidade civil. Nesse ponto, verifica-se que foi colhida inspiração nos trabalhos da Comissão de Reforma do Código Civil francês, que funcionou nos meados do século XX[1117]. O artigo 71.º corresponde ao § 4.º do artigo 6.º do anteprojeto.

No tocante aos diversos direitos de personalidade depois consagrados no Código Civil – o direito ao nome (72.º a 74.º), o direito ao resguardo de certas cartas-missivas (75.º a 78.º), o direito à imagem (79.º) e o direito à intimidade da vida privada (80.º) –, todos diretamente derivados do anteprojeto de Andrade, a principal fonte dadora foi o Código Civil italiano de 1942.

[1114] Manuel Augusto Domingues de Andrade, *Esboço de um anteprojeto de código das pessoas e da família/Na parte relativa ao começo e termo da personalidade jurídica, aos direitos de personalidade, ao domicílio*, BMJ 102 (1961), 153-166 (155-161); infelizmente, esta publicação, feita postumamente e, ao que parece, contra a vontade do próprio Manuel de Andrade – BMJ 102, 141-142, em nota e 153, também em nota – não está datada; foi seguramente anterior a 1958, data do falecimento do seu Autor –, tendo sido, segundo o *Boletim* "... apresentada há já bastante tempo ..." – BMJ 102, 141.

[1115] Quanto à evolução do preceito nas revisões ministeriais, Jacinto Rodrigues Bastos, *Das relações jurídicas/Segundo o Código Civil de 1966*, 1 (1967), 18-19.

[1116] Dispunha este preceito:

> Os prejuízos que derivam da ofensa de direitos primitivos, podem dizer respeito à personalidade física ou à personalidade moral (...)

[1117] Essa Comissão adotou um anteprojeto sobre direitos de personalidade: M. Houin, *Avant-projet de textes sur les droits de la personnalité, Livre premier – Des personnes physiques et de la famille* em *Travaux de la Commission de Réforme du Code Civil* (1950-1951), 31-346; segundo o artigo 19 desse anteprojeto – *Travaux* cit., 73:

> Todo o atentado ilícito à personalidade dá àquele que o sofra o direito de pedir que seja posto cobro a isso, sem prejuízo da responsabilidade que, daí, possa resultar para o seu autor.

Como antecedente, apontam-se os estudos publicados nos TAHC II (1947), que decorreram justamente sobre o signo dos direitos de personalidade.

Entre nós, esta matéria pode ainda ser acompanhada em Capelo de Sousa, *O direito geral de personalidade* (1995), 113 ss. e, quanto ao anteprojeto francês, 88 ss.

II. A publicação do Código Civil não provocou, de imediato, uma especial concretização dos direitos de personalidade. Pelo contrário: o dispositivo dos artigos 70.º e seguintes foi mesmo recebido com frieza, pela primeira doutrina subsequente a 1967: seria menos desenvolvido do que os artigos 359.º e seguintes do Código de Seabra, enquanto a fórmula geral do artigo 70.º corresponderia a "... um princípio vago demais para ser muito útil ..."[1118].

A doutrina inverteu, depois, a sua posição. Autores como Paulo Cunha, na Faculdade de Direito de Lisboa[1119] e Carlos Mota Pinto, na de Coimbra[1120], iniciaram uma divulgação universitária do tema.

A defesa da pessoa foi, todavia, assegurada mais eficazmente através do Direito constitucional e do instituto dos direitos fundamentais. Trata-se de um fenómeno compreensível, dado o surto de estudos constitucionais subsequentes a 1970[1121] e, sobretudo, a 1976, com o epílogo feliz para a Revolução de 1974/75 e a Constituição em vigor que, pelo esforço de distintos constitucionalistas[1122], ficou na vanguarda da defesa dos direitos fundamentais.

III. O interesse justamente suscitado pelos direitos fundamentais[1123] prejudicou o aprofundamento dos direitos de personalidade[1124]. Todavia, as figuras devem ser complementarmente estudadas e aplicadas.

[1118] João de Castro Mendes, *Direito civil* (*teoria geral*), vol. II (1968), 72-75.

[1119] Paulo Cunha, *Teoria geral do Direito civil* (1971/72) cit., 110-202: uma das mais completas exposições hoje existentes sobre o tema dos direitos de personalidade, na nossa literatura; *vide*, ainda, *Teoria geral do Direito civil/Apontamentos inéditos das lições* (1971), aulas de 3-dez.-1971, de 9-dez.-1971 e de 10-dez.-1971, dedicadas à exposição desse tema.

[1120] Carlos Alberto da Mota Pinto, *Teoria geral do Direito civil*, 3.ª ed. (1985), 206-213. Desta obra, *vide* a 4.ª ed. póstuma, atualizada por António Pinto Monteiro/Paulo Mota Pinto (2005), 207-220.

[1121] Ocorreu então a tentativa de revisão constitucional, num sentido liberalizante, promovida por Francisco Sá Carneiro e particularmente divulgada na Faculdade de Direito de Lisboa por Miguel Galvão Teles; ela foi desamparada por Marcello Caetano, num clamoroso erro histórico.

[1122] Com relevo para Gomes Canotilho, em Coimbra, e Jorge Miranda, em Lisboa.

[1123] Que, inclusive, constituem objeto de disciplinas autónomas, seja no curso geral, seja no mestrado.

[1124] Acantonados, no seio de múltipla e fundamental matéria, na disciplina de Teoria Geral do Direito Civil, com pouco espaço letivo.

O desenvolvimento posterior da matéria foi assegurado pela jurisprudência portuguesa. Esta, primeiro com timidez e, depois, de modo decidido, veio concretizar o dispositivo dos artigos 70.º e seguintes do Código Civil, apoiando-se, ainda, na Constituição. Na frente doutrinária, sucederam-se os estudos no campo dos direitos fundamentais, com relevo para Jorge Miranda[1125], para Vieira de Andrade[1126] e para Paulo Otero[1127], assistindo-se, depois, a uma autêntica explosão, neste domínio[1128]. Na área dos direitos de personalidade, o destaque vai para Capelo de Sousa[1129], para Diogo Leite de Campos[1130], para Nuno Manuel Pinto de Oliveira[1131], para Paulo Otero[1132], para Pedro Pais de Vasconcelos[1133], para Guilherme Dray[1134] e para Ana Filipa Morais Antunes[1135]. Estudos parcelares do maior relevo foram levados a cabo por Rita Amaral Cabral[1136], por Paulo Mota

[1125] Jorge Miranda, *Manual de Direito constitucional*, tomo IV – *Direitos fundamentais*, 6.ª ed. (2015) cit., 691 pp. e, numa obra mais acessível, *Direitos fundamentais/ Introdução geral* (1999), 196 pp.

[1126] Vieira de Andrade, *Os direitos fundamentais na Constituição Portuguesa de 1976* (1983), 263 pp.; 5.ª ed (2012), 396 pp..

[1127] Paulo Otero, *Sumário de um curso de direitos fundamentais* (2000).

[1128] Em 2018, a biblioteca da Faculdade de Direito de Lisboa apresentava quase 2.600 entradas quanto a direitos fundamentais, praticamente relativas a obras em português; na Biblioteca (Central) do Estado da Baviera, com obras de todo o Mundo, a cifra correspondente era de 5.800.

[1129] Rabindranath Capelo de Sousa, *A Constituição e direitos de personalidade*, em *Estudos sobre a Constituição*, publ. Jorge Miranda, 2 (1978), 93-196 e *O direito geral de personalidade* (diss. de doutoramento, 1995) cit., 703 pp.

[1130] Diogo Leite de Campos, *Lições de direitos de personalidade*, 2.ª ed. (1992), 115 pp.

[1131] Nuno Manuel Pinto de Oliveira, *O direito geral de personalidade e a "solução do dissentimento": ensaio sobre um caso de "constitucionalização" do Direito civil* (2002), 255 pp.

[1132] Paulo Otero, *Direito da vida/Relatório* (2004), 214 pp.

[1133] Pedro Pais de Vasconcelos, *Direito da personalidade/Relatório* (2006), 189 pp.

[1134] Guilherme Dray, *Direitos de personalidade/Anotações ao Código Civil e ao Código do Trabalho* (2006), 92 pp.

[1135] Ana Filipa Morais Antunes, *Comentário aos artigos 70.º a 81.º do Código Civil: direitos de personalidade* (2012), 320 pp.

[1136] Rita Amaral Cabral, *O direito à intimidade da vida privada* (*Breve reflexão àcerca do artigo 80.º do Código Civil*), em *Estudos em Memória do Professor Doutor Paulo Cunha* (1988), separata.

Pinto[1137], por David Oliveira Festas[1138], por Tiago Soares da Fonseca[1139], por Elsa Dias Oliveira[1140] e por Filipe Albuquerque Matos[1141].

Decisiva seria, todavia, a jurisprudência.

177. A jurisprudência e as suas fases

I. A jurisprudência portuguesa – de resto: tal como a doutrina – só despertou lentamente para os direitos da personalidade. E não obstante esse arranque tardio, ela assegurou – e, em diversos campos, assegura – a vanguarda do processo de concretização dos institutos aqui em causa. Podemos tipificar a evolução da jurisprudência portuguesa, no tocante aos direitos de personalidade, em cinco fases:

(1) anterior ao Código Civil (1967);
(2) reconhecimento pontual (1967 a 1982);
(3) implantação dos direitos de personalidade (1983-1992);
(4) aplicação corrente dos direitos de personalidade (1993 a 2011);
(5) alargamento ao universo da *internet* e, em especial, às redes sociais, isto é, ao mundo virtual (2012 em diante).

II. No âmbito do Código de Seabra, era frequente a afirmação de que os "direitos originários" quase nunca eram referidos pelos tribunais; e quando mencionados, a referência era dispensável ou despropositada[1142]. Não obstante, é possível citar algumas decisões que se lhes reportaram, com interesse no plano da construção. Assim, a aplicação dos artigos 359.º

[1137] Paulo Mota Pinto, *O direito à reserva sobre a intimidade da vida privada*, BFD LXIX (1993), 479-585 e *O direito ao livre desenvolvimento da personalidade*, Portugal-Brasil (2000), 149-246.

[1138] David Oliveira Festas, *Do conteúdo patrimonial do direito à imagem: contributo para um estudo do seu aproveitamento consentido e inter vivos* (2006), 469 pp.

[1139] Tiago Soares da Fonseca, *Da tutela judicial civil dos direitos de personalidade*, ROA (2006), 231-293.

[1140] Elsa Dias Oliveira, *Da responsabilidade civil extracontratual por violação de direitos de personalidade em Direito internacional privado* (2011), 729 pp.

[1141] Filipe Albuquerque Matos, *Responsabilidade civil por ofensa ao crédito ou ao bom nome* (2011), 744 pp.

[1142] P. ex., Cunha Gonçalves, *Tratado de Direito civil* cit., 3, 8.

e seguintes do Código de Seabra, designadamente do artigo 360.º, reportado ao "direito à existência", ocorreu num ciclo causado pela construção do metropolitano de Lisboa.

Em *RLx 1-fev.-1957*, confirmou-se uma ordem judicial, dimanada no âmbito de um procedimento cautelar, de suspensão, entre as 0 h e as 7 h, dos trabalhos do metropolitano de Lisboa, na Av. Columbano Bordalo Pinheiro. Tais trabalhos, que se prolongavam de dia e de noite, impediam totalmente o descanso dos moradores, afetando o seu sono e a sua existência[1143].

Em *RLx 2-mar.-1960*, o problema da construção dos túneis do metropolitano foi, de novo, discutido: desde 1956, particularmente em dado período, trabalharam máquinas de dia e de noite, impossibilitando o descanso dos moradores; o tribunal reconheceu o direito à existência dos implicados, referindo o artigo 368.º do Código Civil e o artigo 8.º, § 1.º da Constituição de 1933[1144].

Estas decisões foram particularmente saudadas pelos constitucionalistas: embora a propósito de um ponto não-político, os tribunais faziam, pela primeira vez, uma aplicação direta dos direitos fundamentais contidos na Constituição de 1933 e esquecidos pela prática autoritária do Estado Novo[1145]. Mas devem sê-lo, também, pelos privatistas: marcam a concretização prática dos direitos de personalidade.

Um caso interessante e pouco referido, decidido em 1973, mas pelo Código de Seabra, reconheceu o direito ao bom nome e reputação, reconduzido pelo artigo 360.º deste Código ao direito à vida.

STJ 20-mar.-1973: com o fito de conseguir para si a representação de certo fabricante industrial alemão, determinada pessoa recorre a difamações e a calúnias, algumas por escrito; o Supremo, invocando o direito à existência e à integridade moral, constante do artigo 360.º do Código de Seabra, entendeu haver ilícito, fonte de responsabilidade civil[1146].

[1143] RLx 1-fev.-1957 (Sousa Monteiro), BMJ 67 (1957), 307-310 = RT 75 (1957), 381.

[1144] RLx 2-mar.-1960 (Cardoso de Figueiredo), JR 6 (1960) 1, 225-228 (227/II).

[1145] Assim, os acórdãos em causa circularam em fascículos policopiados, na Faculdade de Direito de Lisboa, numa publicação assegurada pelo Prof. Jorge Miranda, em 1971.

[1146] STJ 20-mar.-1973 (Eduardo Correia Guedes), BMJ 225 (1973), 222-226 (226).

III. No reconhecimento pontual dos direitos de personalidade, um primeiro avanço foi novamente proporcionado pelo Metropolitano de Lisboa: fora construído um túnel sob um prédio quase à superfície, ofendendo o direito à saúde e ao repouso, garantidos pelo artigo 70.º; referem-se, ainda, os artigos 64.º e 66.º da Constituição[1147]. Novas decisões foram tomadas a propósito de incómodos de vizinhos:

RLx 29-jun.-1977: foi condenado a abster-se de barulhos o titular de um colégio, instalado num 1.º andar, perturbando o sossego dos moradores do rés-do-chão[1148];

REv 21-jul.-1977: uma cervejaria instalada no rés-do-chão incomodava, com ruídos e cheiros, os moradores do 1.º andar; com invocação dos artigos 70.º do Código Civil e 66.º da Constituição, o proprietário do estabelecimento foi condenado a executar obras de isolamento[1149].

O ano de 1977 foi ainda importante por se ter assistido às primeiras consagrações do direito à imagem, ainda que hesitante: RLx 19-out.-1977, relativo ao retrato de uma criança que, sem autorização, foi usado em cartazes políticos[1150] e RLx 23-nov.-1977, referente à exposição da reprodução de um retrato a óleo e de um estudo, sem autorização do retratado ou de seus herdeiros[1151].

O período concluiu com uma decisão relativa à confidencialidade das cartas-missivas.

RLx 19-out.-1982, num caso extremo: o ofendido escrevera uma carta à Ré, reconhecendo uma determinada dívida, explicando as circunstâncias e afirmando que a pagaria logo que possível; a Ré optou por fazer cópias,

[1147] STJ 28-abr.-1977 (Abel de Campos), BMJ 266 (1977), 165-169 (168).

[1148] RLx 29-jun.-1977 (Bordalo Soares), CJ II (1977) 4, 918-921; foi, ainda, arbitrada uma indemnização de 150 c.; o acórdão foi confirmado por STJ 4-jul.-1978 (Oliveira Carvalho), BMJ 279 (1978), 124-132.

[1149] REv 21-jul.-1977 (Dias da Fonseca), CJ II (1977) 5, 1225-1227 (1227/I).

[1150] RLx 19-out.-1977 (Rocha Ferreira), CJ II (1977) 5, 1015-1019 (1018/II); surpreendentemente, este aresto admitiu a utilização assim feita da imagem de criança ... por a fotografia ter sido tirada em local público: um ponto a examinar ulteriormente.

[1151] RLx 23-nov.-1977 (Alves Branco), CJ II (1977) 5, 1055-1056 (1056/II); desta feita, entendeu-se que a exibição era ilícita, por via do artigo 79.º/1, arbitrando-se 10 contos de indemnização (cerca de 50 euros).

afixando-as à porta; o tribunal entendeu que apenas se visava envergonhar o ofendido, condenando a Ré a abster-se de tais afixações[1152].

IV. Após as primeiras e apontadas consagrações, acima anotadas, surgem algumas dezenas de decisões que vêm, aos poucos, a delinear esquemas de defesa geral dos direitos de personalidade e dos bens a eles inerentes: trata-se da implantação, que decorreu entre 1983 e 1992.

Desde logo e no tocante ao âmbito dos bens protegidos, foi-se dando um alargamento paulatino. Assim, vieram a ser abrangidos:

– o direito à vida[1153], ainda que com delimitações discutíveis[1154];
– os direitos ao repouso e à saúde, prejudicados por um hidropressor[1155], ou atingidos por fumos[1156], por ruídos do andar de cima[1157], por ensaios de orquestra[1158], por compressores[1159], motores[1160] e insetos[1161];
– o direito à qualidade de vida, posto em causa por uma pocilga com um cheiro pestilento e nauseabundo e com ruídos[1162];
– o direito ao nome, ainda que delimitando casos em que não há proteção[1163];

[1152] RLx 19-out.-1982 (Eliseu Figueira), CJ VII (1982) 4, 125-126 (126/I e II).

[1153] STJ 13-mai.-1986 (Aurélio Fernandes), BMJ 357 (1986), 399-408 (407), a propósito de um acidente ferroviário e RPt 7-nov.-1991 (Lopes Furtado), CJ XVI (1991) 5, 182-184 (183/II).

[1154] Assim, STJ 23-mai.-1985 (Góis Pinheiro), BMJ 347 (1985), 398-402, onde se nega uma indemnização autónoma pela perda de uma criança, por acidente culposo causado à mãe, grávida de 9 meses; esta só foi indemnizada pelo desgosto.

[1155] RLx 3-nov.-1983 (José A. Gonçalves Pereira), CJ VIII (1983) 5, 103-104 (103/ /II).

[1156] Cantanhede 31-out.-1984 (Santos Cabral), CJ XIV (1989) 1, 277-280 (mal sumariado!).

[1157] STJ 13-mar.-1986 (Góis Pinheiro), BMJ 355 (1986), 356-360.

[1158] RLx 19-fev.-1987 (Carvalho Pinheiro), CJ XII (1987) 1, 141-143.

[1159] RPt 6-jul.-1989 (José Marques), CJ XIV (1989) 4, 192-194.

[1160] RCb 6-fev.-1990 (Castanheira da Costa), CJ XV (1990) 1, 92-95.

[1161] RCb 7-jan.-1992 (Cardoso de Albuquerque), CJ XVII (1992) 1, 83-85.

[1162] STJ 15-out.-1985 (Santos Carvalho), BMJ 350 (1985), 301-304.

[1163] Assim, RLx 22-nov.-1983 (José Saraiva), BMJ 338 (1984), 459 (o sumário) = CJ VIII (1983) 5, 121-123 e RLx 5-jul.-1984 (Prazeres Pais), BMJ 346 (1985), 301, onde se entendeu que a inclusão, nos boletins do "totobola", dos nomes dos clubes desportivos, sem a autorização destes, não violava o seu direito ao nome.

– o direito à imagem, seja defendendo-o[1164], seja precisando os contornos em que não há proteção[1165];
– o direito à honra e ao bom nome e reputação, atingidos por cartas difamatórias[1166] ou pela comunicação social[1167];
– os direitos pessoais derivados do casamento[1168];
– o direito à proteção jurídica[1169];
– o alargamento da proteção às pessoas coletivas, designadamente no que toca ao direito ao nome[1170] e à honra[1171];
– decisões quanto a transexuais, seja admitindo[1172], seja recusando[1173].

A generalização da defesa leva os tribunais a referir apenas uma tutela geral[1174], a "plenitude dos direitos de personalidade"[1175]. Porventura mais importante do que as possíveis construções conceptuais subjacentes é o facto de se transcender o quadro estreito do Código Civil. Continuamente surgem "direitos" não tipificados na lei, enquanto os direitos de personalidade são chamados a propiciar decisões em latitudes muito diversas.

Também é importante, para documentar esta fase de implantação dos direitos de personalidade, sublinhar que se vão alargando os remédios encontrados pelos tribunais: ora são mandados parar estabelecimentos[1176]

1164 STJ 24-mai.-1989 (João Solano Viana), BMJ 387 (1989), 531-537 (caso da fotografia em *topless* publicada sem autorização).

1165 TC n.º 6/84, de 18-jan. (Magalhães Godinho), BMJ 340 (1984), 177-181 = DR II Série, n.º 101, de 2-mai.-1984, onde se considerou que tal direito não era atingido pela obrigação regulamentar de o pessoal que presta serviço nos transportes coletivos se dever apresentar devidamente uniformizado e barbeado.

1166 STJ 16-abr.-1991 (Martins da Fonseca), BMJ 406 (1991), 623-628.

1167 RCb 3-jul.-1993 (Ferreira de Sousa), CJ XVIII (1993) 4, 71-73.

1168 STJ 26-jun.-1991 (Tato Marinho), BMJ 408 (1991), 538-543 (caso do homossexual que casa, escondendo esse facto à mulher e que depois se mostra incapaz de consumar o casamento).

1169 STJ 14-jul.-1984 (Alves Peixoto), BMJ 339 (1984), 356-358.

1170 RPt 28-mar.-1985 (Zeferino Faria), CJ X (1985) 2, 229-232.

1171 RLx 1-abr.-1987 (Costa Figueirinhas), CJ XII (1987) 2, 181-183, retomando um assento de 24-fev.-1960.

1172 RLx 5-abr.-1984 (Garcia da Fonseca), CJ IX (1984) 2, 124-127.

1173 Lx 8.º Juízo Cível 11-fev.-1985 (Costa Soares), CJ X (1985) 1, 351-355.

1174 STJ 13-mar.-1986 (Góis Pinheiro), BMJ 355 (1986), 356-360 (358).

1175 STJ 18-fev.-1986 (Rui Corte-Real), BMJ 354 (1986), 473-475 (474).

1176 P. ex., STJ 15-out.-1985 cit., BMJ 350, 302-303: fora pedida a destruição da pocilga e RCb 7-jan.-1992 cit., CJ XVII, 1, 85: a demolição do viteleiro.

ou atuações[1177], ora são dados prazos para se fazerem obras de resguardo e de proteção[1178], ora são arbitradas indemnizações[1179].

V. A partir de 1993 e até 2012, embora esta linha se mantenha, podemos falar numa aplicação corrente, pelos nossos tribunais cíveis, da matéria atinente aos direitos de personalidade. Vão-se acumulando as decisões, da ordem das dezenas, o que permite formar linhas de jurisprudência constante. Além disso, múltiplos problemas dogmáticos vêm sendo identificados e resolvidos, com relevo para a temática do conflito de direitos e para a apreciação, *in concreto*, dos valores e das sensibilidades em presença. As hipóteses de proteção vêm-se diversificando, outro tanto sucedendo com a paleta de soluções apuradas para dirimir os conflitos: matéria a aprofundar aquando do estudo do regime em jogo.

Procurando esquematizar o tipo de situações enfrentadas pelas partes interessadas e pelos nossos tribunais, temos o cenário que segue, não exaustivo:

(a) o reconhecimento do direito à vida, designadamente para efeito de indemnização por morte[1180]: RCb 2-nov.-1993[1181], STJ 28-fev.-2013[1182], STJ 24-set.-2013[1183], STJ 3-abr-2014[1184];
(b) a consagração do direito à vida, à integridade física e ao bom ambiente: STJ 26-abr.-1995[1185], RCb 9-mai.-1995[1186], STJ 22-jun.-1995[1187],

[1177] P. ex., RLx 3-nov.-1983 cit., CJ VIII, 5, 104/I: tirar o hidropressor ou RPt 6-jul.-1989 cit., CJ XIV, 4, 194: parar com o compressor.

[1178] P. ex., Cantanhede 31-out.-1984 cit., CJ XIV, 1, 280/II.

[1179] P. ex., STJ 16-abr.-1991: 400 c. por cartas difamatórias e STJ 26-jun.-1991, BMJ 408, 543: 750 c. à mulher cujo marido não cumpria os deveres conjugais.

[1180] Há numerosa jurisprudência ilustrativa, em sede de responsabilidade civil, *vide Tratado* 2/3, 516 ss.

[1181] RCb 2-nov.-1993 (Moreira Camilo), BMJ 431 (1993), 563 (o sumário), focando tratar-se do "... mais alto e mais valioso dos direitos de personalidade ...".

[1182] STJ 28-fev.-2013 (Lopes do Rego), Proc. 4072/04.

[1183] STJ 24-set.-2013 (Mário Mendes), Proc. 294/07.

[1184] STJ 3-abr.-2014 (Álvaro Rodrigues), Proc. 436/07.6.

[1185] STJ 26-abr.-1995 (Cardona Ferreira), CJ/Supremo III (1995) 1, 155-160.

[1186] RCb 9-mai.-1995 (Vasconcelos Cameira), CJ XX (1995) 3, 24-28.

[1187] STJ 22-jun.-1995 (Mário Cancela; vencido: Sampaio da Nóvoa), BMJ 448 (1995), 334-344 (342).

RLx 21-mar.-1996[1188], STJ 2-jul.-1996[1189], RPt 22-fev.-1996[1190], RPt 22-fev.-1998[1191], RLx 15-jun.-1999[1192], RLx 14-out.-1999[1193] e RLx 9-mai.-2002[1194], STJ 7-mai.-2014 (integridade física/acidente de viação)[1195];

(c) a concretização, perante as mais variadas situações, do direito à saúde, ao repouso e ao descanso: RCb 13-jul.-1993 (cheiros)[1196], STJ 21-set.-1993 (estabelecimento industrial)[1197], RLx 24-nov.-1994 (tiro aos pratos)[1198], RLx 30-mar.-1995 (bar)[1199], RPt 27-abr.-1995 (ar condicionado)[1200], STJ 24-out.-1995 (rixas, palavrões escabrosos, bêbados e drogados, motivados por discoteca)[1201], RLx 26-out.-1995 (galinheiro e pombal)[1202], RPt 11-dez.-1995 (posto de combustível)[1203], STJ 9-jan.-1996 (talho)[1204], RPt 14-mar.-1996 (bar-sala de animação)[1205], RPt

[1188] RLx 21-mar.-1996 (Noronha Nascimento), CJ XXI (1996) 2, 86-89 = BMJ 455 (1996), 559 (o sumário).

[1189] STJ 2-jul.-1996 (Cardona Ferreira), BMJ 459 (1996), 444-456 = ROA 1996, 667-682, anot. Menezes Cordeiro, favorável.

[1190] RPt 22-fev.-1996 (Gonçalves Ferreira), BMJ 484 (1999), 440 (o sumário).

[1191] RPt 2-fev.-1998 (Simões Freire), CJ XXIII (1998) 1, 203-207.

[1192] RLx 15-jun.-1999 (Bettencourt Faria), CJ XXIV (1999) 3, 115-117.

[1193] RLx 14-out.-1999 (Catarina Manso), CJ XXIV (1999) 4, 125-127 (127/I).

[1194] RLx 9-mai.-2002 (Maria do Rosário Oliveira), CJ XXVII (2002) 2, 69-70 (69/II).

[1195] STJ 7-mai.-2014 (João Bernardo), Proc. 436/11.1.

[1196] RCb 13-jul.-1993 (Cardoso Albuquerque), BMJ 429 (1993), 895.

[1197] STJ 21-set.-1993 (Pais de Sousa), CJ/Supremo I (1993) 3, 26-29.

[1198] RLx 24-nov.-1994 (Freitas de Carvalho), CJ XIX (1994) 5, 112-114, confirmado por STJ 22-out.-1998 (Noronha Nascimento), CJ/Supremo VI (1998) 3, 77-79 = BMJ 480 (1998), 413-418.

[1199] RLx 30-mar.-1995 (Almeida Valadas), CJ XX (1995) 2, 98-100, numa decisão em que, para maior eficácia, a Relação condenou, também, o gerente da sociedade responsável, levantando a personalidade jurídica desta.

[1200] RPt 27-abr.-1995 (Azevedo Ramos), CJ XX (1995) 2, 213-216.

[1201] STJ 24-out.-1995 (Fernando Fabião; vencidos: Martins da Costa e César Marques), BMJ 450 (1995), 403-415 = CJ/Supremo III (1995), 74-78.

[1202] RLx 26-out.-1995 (Viriato Bernardo), BMJ 450 (1995), 559 (o sumário).

[1203] RPt 11-dez.-1995 (Azevedo Ramos), CJ XX (1995) 5, 22-225 = BMJ 452 (1996), 491-492 (o sumário).

[1204] STJ 9-jan.-1996 (Fernando Fabião), CJ/Supremo IV (1996) 1, 37-40.

[1205] RPt 14-mar.-1996 (Mário Cruz), CJ XXI (1996) 2, 193-196 = BMJ 455 (1996), 569-570 (o sumário).

27-jun.-1996 (serralharia)[1206], RLx 1-out.-1996 (peneira de areias)[1207], RPt 19-nov.-1996 (discoteca)[1208], RCb 26-nov.-1996 (república de estudantes)[1209], RLx 5-dez.-1996 (tacões e arrastamento de móveis no soalho e latidos de cão)[1210], RLx 27-fev.-1997 (fabrico de bolos e pão)[1211], STJ 13-mar.-1997 (discoteca)[1212], RCb 8-jul.-1997 (grua)[1213], REv 2-out.-1997 (discoteca)[1214], REv 16-out.-1997 (discoteca)[1215], STJ 19-fev.-1998 (clínica médica)[1216], STJ 6-mai.-1998 (discoteca)[1217], STJ 2-jun.-1998 (estábulo)[1218], RPt 22-fev.-1999 (câmara frigorífica)[1219], RPt 8-mar.-1999 (reclamo luminoso incomodativo)[1220], RCb 15-fev.-2000 (corte e polimento de granito)[1221]; RCb 16-mai.-2000 (talho com ventoinhas)[1222], RCb 15-jan.-2002 (bar)[1223], RPt 18-mar.-2002 (café, com mesas e cadeiras em galeria comum)[1224], RGm 20-nov.-2002 (gases e ruído)[1225], RPt 12-dez.-2002 (currais de vacas e ovelhas)[1226], STJ 15-mar.-2007 (máquina de afugentar pássaros)[1227], RGm 2-jul.-2008

[1206] RPt 27-jun.-1996 (Viriato Bernardo), BMJ 458 (1996), 396 (o sumário).

[1207] RLx 1-out.-1996 (Pereira da Silva), CJ XXI (1996) 4, 104-107.

[1208] RPt 19-nov.-1996 (Araújo Barros), CJ XXI (1996) 5, 188-192; aqui, ao contrário de STJ 24-out.-1995, entendeu não se condenar a entidade exploradora porque as perturbações vinham do exterior ... sendo a culpa, pois, do Estado!

[1209] RCb 26-nov.-1996 (Custódio Matos), CJ XXI (1996) 5, 29-31 (29/II), mais precisamente: sapateado e trepidações.

[1210] RLx 5-dez.-1996 (Moreira Camilo), CJ XXI (1996) 5, 127-130.

[1211] RLx 27-fev.-1997 (Silva Santos), CJ XXII (1997) 1, 145-149.

[1212] STJ 13-mar.-1997 (Miranda Gusmão), BMJ 465 (1997), 516-524.

[1213] RCb 8-jul.-1997 (Francisco Lourenço), CJ XXII (1997) 4, 23-26.

[1214] REv 2-out.-1997 (Mota Miranda), CJ XXII (1997) 4, 275-277.

[1215] REv 14-out.-1997 (Mota Miranda), CJ XXII (1997) 4, 278-279.

[1216] STJ 19-fev.-1998 (Henrique de Matos), CJ/Supremo VI (1998) 1, 92-96 = BMJ 474 (1998), 467-479.

[1217] STJ 6-mai.-1998 (Fernando Magalhães), CJ/Supremo VI (1998) 2, 76-78.

[1218] STJ 2-jun.-1998 (Fernando Fabião), CJ/Supremo VI (1998) 2, 106-108.

[1219] RPt 22-fev.-1999 (Gonçalves Ferreira), BMJ 484 (1999), 440 (o sumário).

[1220] RPt 8-mar.-1999 (Manuel Gonçalves Ferreira), CJ XXIV (1999) 2, 177-180 = = BMJ 485 (1999), 485 (o sumário).

[1221] RCb 15-fev.-2000 (Ferreira de Barros), CJ XXV (2000) 1, 22-27.

[1222] RCb 16-mai.-2000 (Garcia Calejo), CJ XXV (2000) 3, 16-20.

[1223] RCb 15-jan.-2002 (Silva Freitas), CJ XXVI (2002) 1, 5-11 (7/II).

[1224] RPt 18-mar.-2002 (Marques Pereira), CJ XXVII (2002) 3, 201-203 (203/I).

[1225] RGm 20-nov.-2002 (Leonel Serôdio), CJ XXVII (2002) 5, 273-277 (275).

[1226] RPt 12-dez.-2002 (João Bernardo), CJ XXVII (2002) 5, 192-195 (192-193).

[1227] STJ 15-mar.-2007 (Oliveira Rocha), CJ/Supremo XV (2007), 1, 130-132 (132) = Proc. 07B585 (improcedeu).

(trepidações de autoestrada)[1228], STJ 30-set.-2010 (latidos de cães)[1229] e STJ 19-out.-2010 (obras de metropolitano)[1230], STJ 17-abr.-2012 (música ao vivo)[1231], STJ 17-abr.-2013 (parque eólico)[1232], STJ 2-dez.-2013 (linhas elétricas de alta tensão)[1233], RPt 8-jul.2015 (estabelecimento comercial)[1234], RPt 12-out.-2015 (fabrico de pão)[1235];

(d) o reforço do direito à honra, ao bom nome e à reputação, mormente perante ofensas feitas através da comunicação social: RCb 3-jul.-1993 (difamação pela comunicação social)[1236], RLx 20-jan.-1994 (imputação de fatos falsos ou desprestigiantes pela imprensa)[1237], RLx 20-out.-1994 (atentado ao bom nome, pela imprensa)[1238], STJ 27-jun.-1995 (ofensa ao crédito e ao bom nome)[1239], STJ 3-out.-1995 (falsos depoimentos contra advogado)[1240], RLx 11-jan.-1996 (indevida inclusão em lista de "maus pagadores")[1241], STJ 5-mar.-1996 (bom nome e reputação atingidos pela imprensa)[1242], STJ 29-out.-1996 (*idem*)[1243], STJ 3-fev.-1999 (*idem*)[1244], STJ 24-fev.-1999 (*idem*)[1245], STJ 27-mai.-1999 (imputação a um admi-

[1228] RGm 2-jul.-2008 (Rosa Tching), CJ XXXIV (2009) 2, 297-299 = Proc. 2903/08 (considerou-se incompetente).

[1229] STJ 30-set.-2010 (Álvaro Rodrigues), Proc. 1229/05 (improcedeu).

[1230] STJ 19-out.-2010 (Alves Velho), Proc. 565/1999.

[1231] STJ 17-abr.-2012 (Sousa Leite), Proc. 1529/04.

[1232] STJ 30-mai.-2013 (Granja da Fonseca), Proc. 2209/08.

[1233] STJ 2-dez.-2013 (Bettencourt Faria), Proc. 110/2000.

[1234] RPt 8-jul.-2015 (Fernando Samões), Proc . 912/14.

[1235] RPt 12-out.-2015 (Caimoto Jácome), Proc. 6/14.

[1236] RCb 3-jul.-1993 (Ferreira de Sousa), CJ XVIII (1993) 4, 71-73.

[1237] RLx 20-jan.-1994 (Moreira Camilo), CJ XIX (1994) 1, 106-111 e STJ 26-abr.-1994 (Carlos Caldas), BMJ 26-abr.-1994, BMJ 436 (1994), 370-384 (caso Cadilhe, envolvendo *O Independente* e o *Expresso*).

[1238] RLx 20-out.-1994 (Silva Salazar), CJ XIX (1994) 4, 117-123 (caso Fernando Nogueira e Marques Mendes).

[1239] STJ 27-jun.-1995 (Torres Paulo), BMJ 448 (1995), 378-389 (caso F. C. do Porto).

[1240] STJ 3-out.-1995 (Torres Paulo), BMJ 450 (1995), 424-431.

[1241] RLx 11-jan.-1996 (Adélio André), CJ XXI (1996) 1, 79-82.

[1242] STJ 5-mar.-1996 (Fernando Fabião), CJ/Supremo IV (1996) 1, 122-129 (caso Monjardino).

[1243] STJ 29-out.-1996 (Aragão Seia), BMJ 460 (1996), 684-698 (caso Lilaia).

[1244] STJ 3-fev.-1999 (Garcia Marques), BMJ 484 (1999), 339-351 (caso Prof. Vasconcelos Marques).

[1245] STJ 24-fev.-1999 (Torres Paulo), CJ/Supremo VII (1999) 1, 118-122 (caso Lilaia; em sentido diverso de STJ 29-out.-1996).

nistrador, da degradação do imóvel)[1246], RLx 15-mar.-2000 (inclusão do cliente do banqueiro em lista de risco)[1247], STJ 17-out.-2000 (falsa e desprimorosa notícia na televisão)[1248], RLx 5-abr.-2001 (*idem*)[1249], STJ 27-nov.-2001 (queixa-crime insubsistente)[1250], STJ 14-mai.-2002 (série de notícias incomodativas)[1251], STJ 24-out.-2002 (inibição indevida do uso de cheque)[1252], RLx 22-jan.-2004 (imputação de que alguém dissera "cobras e lagartos" de outrem)[1253], STJ 26-fev.-2004 (insinuação de que a mulher do visado era leviana e cometera adultério)[1254], RLx 23-set.-2004 (efetivação de juízos de valor desonrosos)[1255], RLx 18-nov.-2004 (imputação irresponsável de incúria profissional)[1256], RLx 18-jan.-2005 (crítica mordaz e excessiva a uma atriz profissional)[1257], STJ 20-jan.-2005 (publicação de fotografia que, erroneamente, mostrava determinada casa turística em estado de degradação)[1258], RLx 10-mar.-2005 (publicidade que, contextualizada, associa certa pessoa à prisão)[1259], STJ 18-out.-2005 (imputação, a uma atriz, de factos não verdadeiros)[1260], STJ 19-set.-2006 (aparelho deficiente que aponta como contrafeita uma nota de banco autêntica, com grande escândalo

[1246] STJ 27-mai.-1999 (Ferreira de Almeida), CJ/Supremo VII (1999) 2, 122-123.

[1247] RLx 15-mar.-2000 (Marcolino de Jesus), CJ XXV (2000) 2, 90-92.

[1248] STJ 17-out.-2000 (Azevedo Ramos), CJ/Supremo VIII (2000) 3, 78-82 (caso Partex).

[1249] RLx 5-abr.-2001 (Salvador da Costa; vencido: Urbano Dias, mas num ponto processual), CJ XXI (2001) 2, 103-114 (106/I).

[1250] STJ 27-nov.-2001 (Ferreira Ramos), CJ/Supremo IX (2001) 3, 122-125 (124).

[1251] STJ 14-mai.-2002 (Ferreira Ramos), CJ/Supremo X (2002) 2, 63-70 (65/II): um excelente aresto!

[1252] STJ 24-out.-2002 (Pinto Monteiro), CJ/Supremo X (2002) 3, 110-113 (112) = = Proc. 02A2402/ITIJ.

[1253] RLx 22-jan.-2004 (Maria José Mouro), CJ XXIX (2004) 1, 79-87 (83/I).

[1254] STJ 26-fev.-2004 (Araújo Barros), CJ/Supremo XII (2004) 1, 74-80 = Proc. 03B3898/ITIJ.

[1255] RLx 23-set.-2004 (Graça Amaral), CJ XXIX (2004) 4, 91-96 (92/93): caso Celeste Cardona.

[1256] RLx 18-nov.-2004 (Pereira Rodrigues), CJ XXIX (2004) 5, 91-96 (95/II): caso da morte dos hemodialisados, imputada a incúria do Conselho Diretivo do Hospital.

[1257] RLx 18-jan.-2005 (Pimentel Marcos), CJ XXIX (2005) 1, 72-78.

[1258] STJ 20-jan.-2005 (Ferreira de Almeida), CJ/Supremo XIII (2005) 1, 45-49 (48/I) = Proc. 04B4244: caso "Casa da Agrela".

[1259] RLx 10-mar.-2005 (Olindo Geraldes), CJ XXIX (2005) 2, 75-79 (76/I).

[1260] STJ 18-out.-2005 (Moreira Alves), CJ/Supremo XIII (2005) 3, 77-80 (80/I).

para o seu portador)[1261], STJ 12-mar.-2009 (suspeita infundada de crime imputado a ex-secretário de Estado)[1262], STJ 20-jan.-2010 (presidente de clube desportivo faz afirmações impróprias sobre um jornalista)[1263], STJ 25-mar.-2010 (ex-ministro indevidamente conexionado com questões de droga)[1264], e STJ 9-set.-2010 (fotografia despropositada de uma casa, a propósito de notícias sobre o tráfego de droga)[1265], STJ 6-jul.-2011 (insinuações de corrupção)[1266], STJ 8-mai.-2013 (divulgação de residência de figura pública)[1267], STJ 21-out.-2014 (objetividade das peças jornalísticas)[1268], STJ 29-jan.-2015 (considerações desprimorosas sobre decisões tomadas por um juiz)[1269];

(e) decisões relativas a diversos outros direitos: STA 6-out.-1993 (direito de audiência)[1270], RCb 9-nov.-1993 (fornecimento de energia elétrica)[1271], RLx 28-jan.-1999 (direito à imagem)[1272], RLx 13-mar.-2001 (*idem*)[1273], STJ 8-nov.-2001 (*idem*)[1274], RLx 28-nov.-2001 (direito à intimidade)[1275], STJ 27-nov.-2002 (direito à imagem)[1276], RGm 28-jun.-2004 (carta-mis-

[1261] STJ 19-set.-2006 (Sebastião Póvoas), Proc. 06A2735/ITIJ.

[1262] STJ 12-mar.-2009 (Serra Baptista), CJ/Supremo XVII (2009), 1 140-146 = = Proc. 08B2972.

[1263] STJ 20-jan.-2010 (Fonseca Ramos), Proc. 1839/06.

[1264] STJ 25-mar.-2010 (Prazeres Beleza), Proc. 576/05.

[1265] STJ 9-set.-2010 (Gonçalo Silvano), Proc. 77/05.

[1266] STJ 6-jul.-2011 (Gabriel Catarino), Proc. 216/05.4.

[1267] STJ 8-mai.-2013 (Alves Velho), Proc. 1755/08.

[1268] STJ 21-out.-2014 (Gregório Silva Jesus), Proc. 941/09.

[1269] STJ 29-jan.-2015 (Távora Victor), Proc. 24412/02.

[1270] STA 6-out.-1993 (Dimas de Lacerda), BMJ 430 (1993), 489-490.

[1271] RCb 9-nov.-1993 (Francisco Lourenço), BMJ 431 (1993), 568 (o sumário): o acórdão recusou haver, aqui, um direito de personalidade.

[1272] RLx 28-jan.-1999 (Proença Fouto), CJ XXIV (1999) 1, 93-95 (caso dos nomes de jogadores de futebol).

[1273] RLx 13-mar.-2001 (Pais do Amaral), CJ XXVI (2001) 2, 73-75.

[1274] STJ 8-nov.-2001 (Quirino Soares), CJ/Supremo IX (2001) 3, 113-115 (115), recusando, *in concreto*, a tutela, por não proteger o próprio e revogando o acórdão anterior.

[1275] RLx 28-nov.-2001 (Rodrigues Simões; vencido: Cotrim Mendes), CJ XXVI (2001) 5, 138-143, entendendo não haver, *in caso*, tutela.

[1276] STJ 27-nov.-2002 (Manuel Neto), CJ/Supremo X (2002) 3, 285-286 (285/II), reconhecendo a competência dos tribunais de trabalho para se ocuparem do problema da instalação de câmaras de *video* nos locais de trabalho.

siva confidencial)[1277], RLx 20-jan.-2005 (respeito por gravações *audio* privadas)[1278], STJ 17-dez.-2009 (direitos à intimidade e à imagem)[1279].

A consideração da jurisprudência é essencial para uma representação mais cabal do universo atinente aos direitos de personalidade. O seu reconhecimento deixa de ser notícia, nos meios jurídicos: opera como uma normal sequência do labor dos tribunais.

A experiência acumulada permite elucidar diversos aspetos delicados do funcionamento dos direitos de personalidade: um ponto a considerar, quando tratarmos do seu regime.

VI. O advento do mundo virtual foi seguido com um certo receio, por parte da Ciência Jurídica: estaria o Direito preparado para as mudanças que se aproximavam? Esta desconfiança mostrou-se, em grande medida, infundada: o novo paradigma exigiu uma certa adaptação, mas esteve longe de originar uma mudança drástica do método, estrutura e dogmatização do Direito[1280]. Também no âmbito dos direitos de personalidade, os problemas suscitados residem mais na adaptação do ser humano do que na aplicação dos regimes vigentes: o respeito pelos direitos de personalidade não é uma prerrogativa do mundo real: impõem-se, com a mesma precisão e proteção, nos restantes mundos criados pelo Homem. A jurisprudência portuguesa, confrontada com violações dos direitos de personalidade, em especial no campo das redes sociais, veio confirmar a adequação do Direito vigente às necessidades modernas da comunidade[1281]:

RLx 16-nov.-2012[1282]. **A** publicou, na página pessoal de **B**, o seguinte comentário: "Ontem numa reunião da Junta de Freguesia, com o objectivo

[1277] RGm 28-jun.-2004 (Heitor Gonçalves), CJ XXIX (2004) 3, 297-298.

[1278] RLx 20-jan.-2005 (Sousa Grandão), CJ XXX (2005) 1, 97-100 (100/I): um caso em que se pediu uma providência cautelar relativa a gravações referentes ao *dossier* Casa Pia e que haviam sido furtadas.

[1279] STJ 17-dez.-2009 (Oliveira Rocha), Proc. 4822/06.

[1280] *Tratado de Direito civil* II, 4.ª ed., 345 ss.: impacto da *Internet* na formação dos negócios.

[1281] Para além dos acórdãos sumariamente referidos no texto principal, *vide*, também: RLx 24-set.-2014 (Jerónimo Freitas), Proc. 431/13: explora o conceito de amigo no *Facebook* e a privacidade dos comentários proferidos nesta rede social.

[1282] RLx 16-nov.-2012 (Jorge Langweg), Proc. 54/11.

de propor cidadãos para as mesmas de voto às próximas eleições, fui confrontado, com atitudes completamente anti-democráticas e intolerantes por parte do bombeiro A... (o senhor comandante!?):

Publico este *post* apenas para repudiar publicamente as atitudes deste senhor e gostava de sublinhar que não servisse de exemplo para ninguém, sobretudo para os mais jovens, a política ainda é, a meu entender, uma actividade nobre e um dever de cidadania e não um joguinho de lóbis e ataques pessoais de terceira categoria".

B deu entrada como uma ação de difamação.

Confrontado com estes factos e contrariando a decisão da 1.ª Instância, a Relação de Lisboa não deu por preenchidos os requisitos do tipo criminal.

RPt 8-set.-2014[1283]. Um trabalhador proferiu considerações pouco abonatórias sobre o seu empregador, num grupo fechado do *Facebook*. Os membros desse grupo (cerca de 140) eram trabalhadores e ex-trabalhadores da empresa visada. As opiniões então manifestadas motivaram, conjuntamente com outros elementos, uma ação de despedimento com justa causa. O trabalhador alega, em relação aos comentários proferidos no *Facebook*, que se tratando de um grupo restrito, o acesso a essa informação só poderá consubstanciar uma violação do seu direito à intimidade da vida privada.

O tribunal, atendendo à ligação dos membros do grupo à empresa, considerou não ser expectável que comentários dessa natureza permanecessem confidenciais.

RPt 5-jun.-2015[1284]. **A** colocou, na sua conta pessoal do *Facebook*, fotografias de **B**, sem a sua autorização. O tribunal, no âmbito de um processo crime, deu como provado o preenchimento dos elementos do tipo penal previsto no artigo 199.º/2, *b)*, do CP: utilização de fotografias contra a vontade do fotografado, mesmo que licitamente obtidas, sendo esse o caso.

[1283] RPt 8-set.-2014 (Maria José Costa Pinto), Proc. 101/13.
[1284] RPt 5-jun.-2015 (José Carreto), Proc. 101/13.

§ 48.º DOUTRINA GERAL DO DIREITO DE PERSONALIDADE

178. Os bens de personalidade

I. Diz-se "bem" toda a realidade capaz de satisfazer necessidades (sentido objetivo) ou apetências (sentido subjetivo) da pessoa. Nesse sentido, a própria pessoa representa um "bem": para si ou para os outros.

Pode, pois, haver direitos que visem pessoas ainda que – naturalmente – se trate de direitos especialmente configurados, que não se confundem com os direitos relativos a coisas. Por vezes, este aspeto é linguisticamente dissimulado sob a ideia de "direito a uma prestação". Uma "prestação" não existe nem, muito menos, suporta "direitos": do que se trata é do direito de exigir, a alguém, uma certa atuação. A realidade humana está envolvida e é visada: é o drama do Direito do trabalho ... e do Direito das obrigações[1285].

II. Se considerarmos o ser humano, veremos que ele implica sucessivas esferas de realidades objetivas e/ou subjetivamente necessárias ou úteis. A vida é sentida como uma vantagem, satisfazendo evidentes necessidades ligadas à sobrevivência do ser pensante. Daí podemos extrapolar outras vantagens ou "bens": a saúde, a integridade física, o repouso, o sono e o ambiente adequado.

O ser humano tem, ainda, uma vivência espiritual e social: implica estima pelos outros e autoestima. Tratando-se de si próprio, encontramos a honra, a consideração, a reputação e o bom nome.

Podemos, nesta base, distinguir diversas áreas de bens de personalidade. Assim:

[1285] Recordemos o nosso *Da situação jurídica laboral: perspectivas dogmáticas do Direito do trabalho* cit., n.º 12 (50-52).

(a) ao ser humano biológico: vida, integridade física, saúde, necessidades vitais (sono, repouso, alimentação, vestuário), etc.;
(b) ao ser humano moral: integridade moral, identidade, nome, imagem, intimidade, etc.;
(c) ao ser humano social: família, bom nome e reputação, respeito, etc..

III. A grande questão reside em saber como discernir "bens" de personalidade. Teoricamente, poderíamos ir até ao infinito: direito à vida, direito a respirar, direito a não tapar o nariz, direito a abrir a boca, etc., etc..

Apelar à realidade extrajurídica é pressupor o Direito como realidade *a se*, diversa do "exterior": o Direito não é mais do que um conjunto de condutas humanas as quais são, por seu turno, manifestações de pessoas, o que é dizer: a própria pessoa. Tudo joga em conjunto: "direitos de personalidade", "bens de personalidade" e a pessoa em si.

Não há, pois, qualquer obstáculo gnoseológico em associar o Direito à determinação dos bens de personalidade.

IV. Esclarecido este ponto, regressemos à determinação dos bens de personalidade. Ela pode operar mercê de diversos fatores: de ordem histórico-cultural, pragmática ou técnico-jurídica.

Assim, certos bens de personalidade ocorrem por traduzirem aspetos que, historicamente, já foram questionados: é o caso típico do direito à vida. Outros impõem-se por implicarem domínios conceptualizáveis através de expressões sugestivas: direito ao sono. Finalmente, outros marcam presença por envolverem regras jurídicas especializadas no seu tratamento: direito ao nome.

V. Releva, depois, a ideia de direito subjetivo: permissão normativa específica de aproveitamento de um bem[1286].

O direito de personalidade é um espaço de liberdade concedido ao sujeito: ou não seria direito. O "direito" de educar os filhos, embora eminentemente pessoal, não é um direito de personalidade: traduz um dever. Este aspeto já foi usado, ao longo da história, para combater a própria ideia de direito de personalidade. Por exemplo: o direito (de personalidade) à

[1286] *Tratado* I, 4.ª ed., 871 ss.

vida: a ser um verdadeiro direito, legitimar-se-ia o suicídio. Trata-se de um ponto de vista superado: não há permissões absolutas e totais. O direito à vida permite, ao beneficiário, múltiplas hipóteses de aproveitamento: não, fatalmente, todas as possíveis. Como adiante melhor veremos, os direitos de personalidade têm, como traço especial de regime, o não permitirem a sua própria supressão.

Tecnicamente – ou não teríamos um direito subjetivo – o direito de personalidade implica uma norma permissiva.

VI. A permissão facultada pelo direito de personalidade é específica: não genérica. Assim, excluímos do âmbito aqui em estudo as liberdades, ainda que fundamentais: a liberdade de expressão não é um direito de personalidade, por envolver (mera) permissão genérica; já o direito a uma determinada carta – à sua confidencialidade – é um direito de personalidade: a permissão é específica.

Está em causa o aproveitamento de um bem de personalidade: intervêm as considerações acima feitas.

O direito (subjetivo) de personalidade parece determinado pela possibilidade de, com condicionamentos histórico-culturais, programáticos e técnicos, ser possível isolar bens de personalidade. Não é inteiramente assim: a distinção entre "bens" e "direitos a eles relativos" é um corte, feito com fins de análise, numa realidade manifestamente una. É evidente que, neste caso (como noutro) o "direito" antecedeu o "bem", desenvolvendo-se, feita a autonomização, ambos em conjunto.

Enquanto produto de regras de Direito, o direito de personalidade comunga de valores básicos do sistema em que se integre. Toda a escala de valores, dentro da harmonia própria do sistema, intervém no domínio da concretização de cada direito de personalidade.

Trata-se de um aspeto importante: a reter, designadamente quando se vise solucionar questões de conflito entre direitos de personalidade ou entre um direito de personalidade e qualquer outro direito, também legítimo.

179. O "direito geral" de personalidade

I. O denominado "direito geral" de personalidade é uma criação alemã: destinava-se, no especial ambiente do segundo pós-guerra, a suprir as limitações da tutela aquiliana dos direitos, apertada entre as cláusulas restritivas dos §§ 823/I, 823/II e 826, do BGB[1287].

Com efeito, a experiência nacional-socialista e a colaboração que, ativa ou passivamente, quase todos os juristas da época acabaram por lhe prestar geraram sentimentos de culpa que explicarão – em conjunto com fatores jurídico-científicos – o incremento, no pós-guerra, dos direitos fundamentais, no Direito constitucional e dos direitos de personalidade, no Direito civil.

No tocante aos direitos de personalidade, veio retomar-se a ideia antiga de Regelsberger e de von Gierke[1288], favorável a um direito (subjetivo) geral de personalidade[1289]. Apesar de criticado – em 1910, Ulsamer considera-o "uma quimera"[1290] – tal direito singraria, ao longo dos anos.

Na origem, devemos ter presentes algumas características próprias do Direito alemão e designadamente: o facto de o BGB não tratar os direitos de personalidade e a circunstância de a responsabilidade civil exigir a violação de um direito subjetivo de tipo absoluto – § 823/I, do BGB[1291].

Confrontada com estas limitações, a jurisprudência, em duas célebres decisões do BGH, de 25-mai.-1954 e de 14-fev.-1958, veio admitir um direito (subjetivo) geral de personalidade, cuja violação obrigaria a indemnizar[1292].

[1287] *Vide* o nosso *Tratado de Direito civil*, VIII, 333 ss..

[1288] *Supra*, 472.

[1289] Dieter Leuze, *Die Entwicklung des Persönlichkeitsrechts im 19. Jahrhundert* cit., 111 ss., Staudinger/Coing, *BGB* cit., 11.ª ed. Nr. 19 (58) e Jürgen Simon, *Das allgemeine Persönlichkeitsrecht* cit., 155 ss.

[1290] Ulsamer, *Zur Kritik der Lehre von Persönlichkeitsrecht* cit., 107.

[1291] Marie-Theres Frick, *Persönlichkeitsrechte/Rechtsvergleichende Studie über den Stand des Persönlichkeitsschutzes in Österreich, Deutschland, der Schweiz und Liechtenstein* (1991), 24-25; esta Autora, justamente na base de uma comparação entre as experiências alemã, austríaca, suíça e do Liechtenstein, explica que o "direito geral" é uma particularidade alemã, requerida pelas explicadas especialidades. *Vide*, ainda: Haimo Schack, *BGB – Allgemeiner Teil*, 15.ª ed. (2016), Nr. 63 ss. (20 ss.); Christoph Hirsch, *BGB/Allgemeiner Teil*, 9.ª ed. (2016), Nr. 16-17 (40-41).

[1292] O reconhecimento jurisprudencial do "*allgemeines subjektives Persönlichkeitsrecht*" deu os seus primeiros passos no incío do século XX: Roland Rixecker, *Das allgemeine Persönlichkeitsrecht*, em anexo ao § 12 do *BGB/Münchener*, 7.ª ed. (2015) § 12 Anh., Nr. 1.

Em BGH 25-mai.-1954, discutia-se o seguinte: uma publicação periódica deu à estampa uma carta de um advogado, sem autorização deste, na rubrica: cartas do leitor. O BGH, com base no artigo 2.º da Constituição alemã, relativo ao livre desenvolvimento da personalidade, afirmou um "direito de personalidade geral", que asseguraria a proteção das cartas-missivas[1293].

Em BGH 14-fev.-1958, o caso fora este: o Réu, farmacêutico, a propósito de determinado produto com apregoadas faculdades afrodisíacas, aprontou um cartaz publicitário onde surgia uma imagem do Autor. Este não dera autorização para o uso publicitário da sua imagem. O BGH, retomando, entre outros aspetos, o direito geral de personalidade, confirmou uma condenação em indemnização[1294].

II. A doutrina, igualmente sensibilizada pela necessidade de, também no campo civil, defender a pessoa humana, veio apresentar e defender esse "direito geral"[1295]. Ele parece definido como "o direito subjetivo absoluto à manutenção, inviolabilidade, dignidade, reconhecimento e livre desenvolvimento da individualidade das pessoas"[1296]. Permitindo uma responsabilização alargada, no caso da violação[1297], o "direito geral" de personalidade seria um verdadeiro direito subjetivo[1298]. Ele funcionaria como um complemento dos direitos fundamentais inseridos na Constituição[1299], operando através de grandes grupos de direitos parcelares[1300].

[1293] BGH 25-mai.-1954, BGHZ 13 (1954), 334-341 (334, 335 e 338).

[1294] BGH 14-fev.-1958, BGHZ 26 (1958), 349-359 (349 ss., 354). *Vide* Horst Kaufmann, *Allgemeines Persönlichkeitsrecht und Schmerzensgeld*, JuS 1963, 373-384.

[1295] Em especial, Heinrich Hubmann, *Das Persönlichkeitsrecht*, 1.ª ed. (1953) e 2.ª ed. (1967), com rec. Rudolf Reinhard, *Das Problem des allgemeinen Persönlichkeitsrechts in der Zivilrechtsordnung/Offene Probleme einer juristischen Entdeckung* (1977), 79 ss. Uma breve síntese histórica consta de Heinz Georg Bamberger, em Bamberger/Roth, *Kommentar zum BGB* I, 2.ª ed. (2007), § 12, Nr. 96 ss. (54 ss.), Beck online!

[1296] Horst Neumann-Duesberg, *Abgrenzbarkeit des allgemeinen Persönlichkeitsrechts und sein Schutz nach § 823 Abs 1 BGB*, NJW 1957, 1341-1344 (1341/II).

[1297] Karl Larenz, *Das "allgemeine Persönlichkeitsrecht" im Recht der unerlaubten Handlungen*, NJW 1955, 521-525.

[1298] Jürgen Simon, *Das allgemeine Persönlichkeitsrecht* cit., 155 ss.

[1299] Christoph Degenhart, *Das allgemeine Persönlichkeitsrecht*, JuS 1992, 361--368 (361).

[1300] Hans Erich Brandner, *Das allgemeine Persönlichkeitsrecht in der Entwicklung durch die Rechtsprechung*, JZ 1983, 689-696.

O "direito geral" de personalidade seria, assim, um "direito-fonte"[1301] ou um "direito-quadro"[1302] de onde se poderiam retirar concretas manifestações jurídico-positivas protegidas[1303].

III. O "direito geral" de personalidade, como de resto já resultava das referências, acima recordadas, a "direito-fonte" e a "direito-quadro", perde terreno, enquanto "direito subjetivo". Um "direito-quadro" já não exprime uma permissão *específica* de aproveitamento de qualquer bem, sendo claro, nessa situação, que o regime aplicável, dominado por preocupações de concretização e de ponderação de valores, já não é o do direito subjetivo. Basta ver que assume uma feição de tal modo generalista que vai, de modo fatal, entrechocar-se com outros "direitos gerais" de personalidade[1304]. A sua concretização redundará numa complexa ponderação de bens e de valores[1305], que já pouco ou nada tem a ver com o regime do direito subjetivo.

A derivação do "direito geral", feita a partir dos direitos fundamentais, tende a ser questionada, acompanhando a recusa da eficácia imediata de tais direitos perante terceiros[1306]. No ponto delicado de responsabilização pela sua violação, a doutrina, na esteira de Canaris, já em 1989[1307] e,

[1301] BGH 2-abr.-1957, BGHZ 24 (1957), 72-83 (78), falando em "direito-fonte" e em "direito de personalidade-mãe".

[1302] Peter Schwerdtner, *Das Persönlichkeitsrecht in der deutschen Zivil-rechtsordnung* (1977), 97, com prevenções, Wolfgang Fikentscher, *Schuldrecht*, 9.ª ed. (1997), 757 e Friederike Schubert, *Der Wert des Individuums* cit., 38 ss.

[1303] Roland Rixecker, *Das allgemeine Persönlichkeitsrecht* cit., § 12 Anh., Nr. 10; *vide* Jörg Neuner, *Der privatrechtliche Schutz der Persönlichkeit* cit., 962 e, em geral, Jürgen von Gehlah, *Die neuere Entwicklung des Persönlichkeitsrechts*, VersR 2012, 278-284.

[1304] Dieter Medicus, *Allgemeiner Teil des BGB*, 10.ª ed. (2010), Nr.1079 (442).

[1305] Karl Larenz/Manfred Wolf, *Allgemeiner Teil des Bürgerlichen Rechts*, 9.ª ed. (2004), § 8, Nr. 7 (128); Manfred Wolf/Jörg Neuner, *Allgemeiner Teil des Bürgerlichen Rechts*, 10.ª ed. (2012), § 20, Nr. 15 (217); *idem*, 11.ª ed. (2016), 232; Reinhard Borg, *Allgemeiner Teil des Bürgerlichen Gesetzbuchs*, 3.ª ed. (2011), § 4, Nr. 180 (77); Beand Rütthers/Astrid Stadler, *Allgemeiner Teil des BGB*, 18.ª ed. (2014), § 14, Nr. 23 (108); Hans Brox/Wolf-Dietrich Walker, *Allgemeiner Teil des BGB*, 40.ª ed. (2016), Nr. 721 (313).

[1306] Claus-Wilhelm Canaris, *Grundrechte und Privatrecht*, AcP 184 (1984), 201-246 (231 ss.) e Larenz/Canaris, *Lehrbuch des Schuldrechts*, II/2 *Besondere Teil*, 13.ª ed. (1994), 492 ss.

[1307] Claus-Wilhelm Canaris, *Grundrechtswirkungen und Verhältnismässigkeitsprinzip in der richterlichen Anwendung und Fortbildung des Privatrechts*, JuS 1989, 161-172 (170).

depois, em 1994[1308], vem antes optar pela definição de âmbitos de proteção do direito de personalidade[1309]. Todos assentam na necessidade de concretização dessa figura[1310].

O "direito geral" de personalidade, tendo cumprido o seu papel, está tecnicamente em regressão, na Alemanha: apenas desempenha uma função de sistematização no âmbito do Direito (objetivo) da personalidade. Essa função é útil, permitindo conquistar novos âmbitos e sedimentar áreas já conhecidas, como a da sua aplicação a pessoas coletivas[1311] e a autonomização de novos direitos[1312]. Ficam porém claras as suas limitações dogmáticas[1313]. Como veremos de seguida, o Direito português ainda é menos propício ao "direito geral" do que o alemão. Nenhuma razão há para receber tardiamente uma construção em vias de abandono no País de origem.

IV. A pressão doutrinária alemã levou a maioria da doutrina nacional a acolher o "direito geral": Vaz Serra[1314], Antunes Varela[1315], Carlos Mota Pinto[1316], Leite de Campos[1317], Pais de Vasconcelos[1318], Hörster[1319],

[1308] Larenz/Canaris, *Lehrbuch des Schuldrechts* cit., II/2, 13.ª ed., 498 ss.

[1309] Erman/Ehmann, *BGB*, 12.ª ed. I (2008), Anh., § 12, Nr. 4 (23), Rixecker, *Münchener Kommentar* cit., 7.ª ed., § 12 Anh., Nr. 11-13 e Horst Ehmann, *Zur Struktur des Allgemeinen Persönlichkeitsrechts*, JuS 1997, 193-203.

[1310] Com indicações, Dieter Medicus, *Allgemeiner Teil des BGB* cit., 10.ª ed., 442.

[1311] Desde já referimos a monografia de Roland von Lilienfeld-Toal, *Das allgemeine Persönlichkeitsrecht juristischer Personen des Zivilrechts* (2003), 163 pp.

[1312] Dieter Schwab/Martin Löhnig, *Einführung in das Zivilrecht*, 18.ª ed. (2010), 134 ss. e Hanns Prütting, no PWW/BGB, 5.ª ed. (2010), § 12, Nr. 32.

[1313] Friederike Schubert, *Der Wert des Individuums* cit., 36 ss. e Brox/Wolf-Dietrich Walker, *Allgemeiner Teil* cit., § 33, Nr. 721 (303).

[1314] Adriano Vaz Serra, *Anotação a STJ 5-mai.-1974*, RLJ 108 (1976), 315-319, 324-326 (318-319): embora reconhecendo a dificuldade em determinar o conteúdo exato deste direito geral de personalidade.

[1315] João Antunes Varela, *Alterações legislativas ao direito ao nome*, RLJ 116 (1983), 140-146 (142).

[1316] *Teoria geral* cit., 4.ª ed., 210.

[1317] Diogo Leite de Campos, *Lições de direito de personalidade* cit., 2.ª ed., 49 ss.

[1318] *Teoria geral do Direito civil*, 8.ª ed. (2015), 40 e *Direito de personalidade* cit., 61 ss.

[1319] Heinrich Ewald Hörster, *A parte geral do Código Civil português/Teoria geral do Direito civil* (1992), 425-428 (259).

Capelo de Sousa[1320], Januário da Costa Gomes[1321], Álvaro Dias[1322], Paulo Mota Pinto[1323] e Nuno Pinto Oliveira[1324]; contra, opina Oliveira Ascensão[1325], Carvalho Fernandes, que vê, nele, mais um princípio do que um direito[1326], Guilherme Dray[1327], Ana Filipa Morais Antunes[1328] e Maria de Fátima Ribeiro[1329]. Recordamos que, na própria Alemanha, o "direito geral" vem sendo suplantado a favor de esquemas mais operacionais, com relevo para a definição de âmbitos de proteção (Canaris).

V. Cabe agora refletir perante a realidade portuguesa. O artigo 70.º do Código Civil reconhece uma proteção geral à personalidade, isto é, ao conjunto dos bens de personalidade. Tecnicamente não podemos, daí, extrapolar um "direito geral": teria um objeto indefinido, não se enquadrando na natureza específica que sempre acompanha qualquer direito subjetivo. Além disso e, sobretudo: é evidente que, perante esse teor geral e indefi-

[1320] R. Capelo de Sousa, *O direito geral de personalidade* cit., *maxime*, 605 ss.

[1321] Januário da Costa Gomes, *O problema da salvaguarda da privacidade antes e depois do computador*, BMJ 319 (1982), 21-56

[1322] João António Álvaro Dias, *Dano corporal/Quadro epistemológico e aspetos ressarcitórios* (2000), 397 ss.

[1323] Paulo Mota Pinto, *O direito à reserva sobre a intimidade da vida privada*, BFD 69 (1993), 479-586 (490 ss.) e *O direito ao livre desenvolvimento da personalidade, em Portugal Brasil Ano 2000* (2000), 149-246 (171 ss.), ambos já citados; este Autor procede, todavia, a uma interessante aproximação entre o direito geral de personalidade e o direito ao livre desenvolvimento da personalidade, em termos que traduzem uma via de superação.

[1324] Nuno Manuel Pinto Oliveira, *O direito geral de personalidade e a "solução do dissentimento"/Ensaio sobre um caso de "constitucionalização" do Direito civil* cit., 78 ss. e 93 ss. Outros elementos podem ser confrontados em Pais de Vasconcelos, *Direito de personalidade* cit., 61 ss.

[1325] Oliveira Ascensão, *Direito civil/Teoria geral*, 1, 2.ª ed. (2002), 86 ss., ignorando todavia a superação do "direito geral", na Alemanha. Desse Autor, *vide*, ainda, *A dignidade da pessoa e o fundamento dos direitos humanos,* Est. Martim de Albuquerque II (2010), 37-58 (50).

[1326] Luís A. Carvalho Fernandes, *Teoria geral do Direito civil I – Introdução; pressupostos da relação jurídica,* 6.ª ed. (2012), 232.

[1327] Guilherme Dray, *Direitos de personalidade/Anotações ao Código Civil e ao Código do Trabalho* (2006), 34-35.

[1328] *Comentário aos artigos 70.º a 81.º* cit., 62-63.

[1329] Maria de Fátima Ribeiro, *Comentário ao artigo 70.º do CC* em *Comentário ao Código Civil/Parte geral* (2014), 172.

nido, não há lugar para uma aplicação pura e simples e comum do regime próprio dos direitos subjetivos.

O artigo 70.º, enquanto regra geral de proteção, dá azo aos direitos de personalidade que correspondem aos bens necessariamente existentes. Temos, como exemplos, o direito à vida e o direito à honra: sempre presentes e capazes, pelo seu perfil, de abrangerem as mais diversas situações. Trata-se, porém, de figuras subsequentes ao artigo 70.º.

VI. Os direitos "especiais" dependem da existência dos bens a que se reportem. Por exemplo, o direito à confidencialidade de cartas-missivas só surge quando uma carta missiva confidencial seja, efetivamente, escrita e remetida.

Não há qualquer razão para fechar a série dos direitos de personalidade: eles dependem da existência de bens de personalidade. Por exemplo, o direito à confidencialidade de "diários"[1330]. Teríamos, então, o direito de personalidade "atípico", juridificado pelo artigo 70.º do Código Civil.

Em suma: o artigo 70.º dispensa uma tutela geral, podendo dar azo a diversos direitos subjetivos de personalidade, em sentido próprio: não há, neste domínio, qualquer tipicidade. Além disso, poderá ainda haver uma proteção independente de quaisquer direitos subjetivos: antes através de norma de proteção, no sentido do artigo 483.º/1. Reduzir esse preceito a um simples direito subjetivo (ainda que "geral", admitindo que isso conduza a uma fórmula dogmaticamente aproveitável) seria retirar-lhe eficácia, no domínio da tutela da personalidade.

VII. É no campo da realização do Direito que a existência de um direito geral de personalidade mostra as suas maiores fragilidades. Dificilmente um tribunal irá deferir um pedido indemnizatório fundado na sua simples violação: ao intérprete interessa verificar que bem de personalidade foi efetivamente violado e em que termos. À determinação do direito de personalidade concretamente violado segue-se a aplicação do regime correspondente, independentemente da sua natureza típica ou atípica.

Do ponto de vista dos tribunais, o artigo 70.º assume dois propósitos: (i) permite uma contextualização e sistematização da matéria; e (ii) surge

[1330] Recorde-se o caso Cosimo: a divulgação, sem assentimento da viúva, dos diários de Wagner.

como fundamento jurídico-positivo do reconhecimento de direitos de personalidade atípicos.

180. Características

I. Os direitos de personalidade são uniformemente apresentados como direitos absolutos[1331]. Essa expressão tem três sentidos: eficácia *erga omnes*; ausência de relação jurídica; defesa alargada. Vamos ver.

Numa primeira aceção, o direito absoluto seria o direito oponível a todos ou *erga omnes*; distinguir-se-ia do relativo, oponível apenas *inter partes*. "Opor-se" significaria aqui o facultar, ao titular, exigir algo seja de toda e qualquer pessoa (*erga omnes*), seja de um determinado sujeito (*inter partes*). O direito de personalidade, a ser absoluto, nesta aceção, permitiria ao seu titular exigir a qualquer pessoa o acatamento de condutas necessárias à sua efetivação. Neste sentido, os direitos de personalidade não são sempre "absolutos". Em 1971, Kayser propôs uma distinção, nos direitos de personalidade, entre os comparáveis a direitos reais, como o direito ao corpo ou o direito ao nome, e os comparáveis a direitos de crédito, como o direito de respeito pela vida privada ou o direito de resposta[1332]. Há, aqui, uma parcela de razão: os direitos de personalidade distinguem-se pela especificidade do seu objeto (o bem de personalidade) e não pela forma de efetivação (diretamente, como no direito de propriedade ou mediatamente, como no direito de crédito). O direito à confidencialidade de uma carta-missiva confidencial é, antes de mais, uma pretensão dirigida ao destinatário da carta. Se o próprio autor da carta a lançar na comunidade, não lhe caberá, depois, queixar-se de quebras de confidencialidade. Do mesmo modo, o direito à confidencialidade das relações que se estabeleçam entre o médico e o seu paciente ou entre o advogado e o seu constituinte é, pelo menos, em primeira linha, invocável *inter partes*.

[1331] Assim: Andreas Bucher, *Natürliche Personen und Persönlichkeitsschutz*, 4.ª ed. (2009), 110; Christian Brückner, *Das Personenrecht des ZGB (ohne Beurkundung des Personenstandes)* (2000), 123; Karl-Nikolaus Peifer, *Individualität im Zivilrecht* cit., 133; R. Capelo de Sousa, *O direito geral de personalidade* cit., 401; Sílvio Romero Beltrão, *Direitos da personalidade*, 2.ª ed. (2014), 210 pp., 19-20.

[1332] Pierre Kayser, *Les droits de la personnalité/Aspects théoriques et pratiques*, RTDCiv LXIX (1971), 445-509 (458 ss. e 466 ss., respetivamente).

Numa segunda aceção, os direitos de personalidade seriam absolutos por não postularem relações jurídicas: é a aceção estrutural. Na verdade, o direito de personalidade típico analisa-se numa permissão de aproveitamento de um bem de personalidade: não há, aqui, nenhuma relação, configurável entre dois sujeitos. A ideia, hoje abandonada, de que o Direito, pela sua alteridade, teria de se efetivar sempre através de relações jurídicas conduziu mesmo a posições negativistas, no domínio dos direitos de personalidade: a impossibilidade de configurar uma "relação" consigo próprio era manifesta. Todavia, já vimos que certos direitos de personalidade são estruturalmente relativos: embora reportados a bens de personalidade, eles concretizam-se em situações pedido/cumprimento, com sujeitos ativo e passivo: basta pensar na confidencialidade.

Fica a terceira aceção: independentemente do modo de efetivação ou da estrutura que apresentem, os direitos de personalidade deveriam ser sempre respeitados por todos. Disfrutariam, em qualquer caso, de uma tutela aquiliana, caindo na alçada do artigo 483.º/1. do Código Civil[1333], sendo absolutos, a este nível. Todos os direitos subjetivos, por o serem, devem ser respeitados por cada um. Os próprios créditos disporiam, a este nível, de uma tutela aquiliana[1334]. Simplesmente, nas situações socialmente típicas, o direito tem uma configuração tal que apenas o devedor o pode violar. Já os direitos de personalidade, mesmo quando consubstanciados apenas *inter partes*, apresentam um objeto estranho ao "devedor". Qualquer pessoa os pode violar, incorrendo no dever de não o fazer. A carta confidencial, por exemplo, deve ser respeitada pelo destinatário e, ainda, por qualquer terceiro que dela tenha conhecimento.

Neste sentido de vocação para uma total cobertura aquiliana, os direitos de personalidade serão absolutos.

II. Os direitos de personalidade são normalmente apresentados como não-patrimoniais: não teriam alcance económico, de modo a serem avaliáveis em dinheiro[1335]. A afirmação, feita sem mais, não é correta. A própria lei, a propósito do direito à imagem – artigo 79.º/1 – admite que a mesma seja "lançada no mercado". Também o direito ao nome pode ter componen-

[1333] Antunes Varela, *Das obrigações em geral*, 1, 10.ª ed. (2000), 533-534.

[1334] *Direito das obrigações*, 1, 256 ss.; *Tratado* VI, 2.ª ed., 397 ss.

[1335] Quanto à "não-patrimonialidade", *Tratado*, I, 4.ª ed., 867.

tes comerciais: pense-se no nome comercial ou firma[1336]. Em suma: há já toda uma disciplina jurídico-científica relativa à comercialização de bens de personalidade[1337]. Podemos, pois, distinguir:

(a) direitos de personalidade não-patrimoniais em sentido forte: o Direito não admite que os correspondentes bens sejam permutados por dinheiro: o direito à vida, o direito à saúde e à integridade corporal;
(b) direitos de personalidade não-patrimoniais em sentido fraco: eles não podem ser abdicados por dinheiro embora, dentro de certas regras, se admita que surjam como objeto de negócios patrimoniais ou com algum alcance patrimonial; assim sucede com o direito à saúde ou à integridade física, desde que não sejam irreversivelmente atingidos, nos termos que regem a experimentação humana[1338];
(c) direitos de personalidade patrimoniais: representam um valor económico, são avaliáveis em dinheiro e podem ser negociados no mercado: nome, imagem e fruto da atividade intelectual.

Os direitos de personalidade patrimoniais continuam a reportar-se a bens muito especiais: os bens de personalidade. E assim, têm um regime específico, que não é apenas determinado pelas regras do mercado. Nesse sentido, algo atenuado, será possível manter e afirmar a sua natureza de personalidade.

III. Uma terceira característica será a dupla inerência. Desde logo, ele respeita a uma pessoa: não pode, sem quebra de identidade, reportar-se

[1336] *Direito comercial*, 4.ª ed. (2016), 357 ss.

[1337] Volker Beuthien/Anton S. Schmölz, *Persönlichkeitsschutz durch Persönlichkeitsgüterrechte/Erlösherausgabe statt nur billige Entschädigung in Geld* (1999), 1 e *passim*, Oliveira Festas, *Do conteúdo patrimonial do direito à imagem* cit., *passim*, e, com muitas indicações, Byung Ha Ahn, *Der Vermögensrechtliche Zuweisungsgehalt des Persönlichkeitsrechts (Eine grundlagenorientierte Studie* (2009), 209 pp.

[1338] Regulados na Lei n.º 21/2014, de 16 de abril. Jeovanna Viana Alves, *Ensaios clínicos* (2003), 390 pp.; Guilherme de Oliveira, *Direito biomédico e investigação clínica*, em *Temas de Direito da Medicina* (1999), 185-201 (191 ss.); José de Oliveira Ascensão e Mafalda de Castro Ascensão Marques, *"Boas práticas" e ética nos ensaios clínicos* em *Estudos de Direito da Bioética*, IV, (2012) 193-229.

a pessoa diversa. As hipóteses de "comercialização" de bens de personalidade reportam-se a aspetos destacáveis do direito-mãe: este permanece sempre na esfera da pessoa titular. Assim, quando uma pessoa permita que a sua fotografia seja lançada no mercado – artigo 79.º/1 –, não está a alienar, aos possíveis adquirentes de reproduções da mesma, o seu "direito à imagem"; apenas permite que, à custa desse direito, se destaquem determinadas parcelas figurativas. Nos direitos de personalidade, uma primeira vertente de inerência é constituída pela intransmissibilidade da sua posição ativa. O direito de personalidade nasce na esfera de um titular e aí ficará até à sua extinção. Trata-se de uma noção muitas vezes expressa, na doutrina, através da ideia de uma "grande personalidade" deste direito[1339].

O direito de personalidade está, ainda, indissociavelmente ligado ao seu objeto. Ele reporta-se a um bem de personalidade, atingindo-o onde quer que ele se encontre. Na hipótese de uma circulação indevida de escritos ou de imagens que se devam considerar tutelados pelo regime da personalidade, o titular poderá agir onde quer que eles se encontrem. O direito atinge o bem, sem intermediários. Além disso, não é possível alterar o objeto do direito, substituindo-o por outro. Temos, também por esta via, uma ligação do direito: mas ao seu objeto.

A dupla e indissociável ligação do direito de personalidade ao seu titular e ao seu objeto pode ser transmitida com a locução, aqui proposta, de dupla inerência. Ela será útil para explicar, depois, diversos aspetos do regime em presença.

IV. A propósito das características – ou possíveis características – dos direitos de personalidade, segue-se o tema da prevalência. Ele coloca-se em dois planos:

(a) os direitos de personalidade prevalecem, havendo conflito, sobre quaisquer outros de natureza diferente?
(b) quando concorram entre si, haverá uma hierarquia ou atender-se-á ao mais antigo?

A discussão é lançada – e parcialmente facilitada – pelo problema paralelo que ocorre em direitos reais[1340]. No tocante ao conflito de direitos

[1339] Sem prejuízo da tutela *post mortem*, em certas circunstâncias.
[1340] *Direitos reais*, n.º 146.

de personalidade com quaisquer outros, há uma evidente apetência de princípio para reconhecer prevalência aos primeiros[1341]. Todavia, nenhuma regra jurídica a tanto obriga. A jurisprudência, em termos a que haverá a oportunidade de regressar, a propósito do regime, apela às regras gerais do artigo 335.º do Código Civil e do conflito de direitos, ponderando, perante o caso concreto, qual deva levar a melhor[1342]. Podemos, quando muito, adiantar dois vetores:

(a) há direitos de personalidade que nunca podem ser postos em causa: prevalecem, ainda que em termos funcionais, sobre quaisquer outros; pense-se no direito à vida;
(b) a lei não admite certas limitações convencionais aos direitos de personalidade; os negócios que a tanto conduzam são nulos, assim se assegurando a prevalência da personalidade.

Estes postulados, na prática, não permitem avançar no sentido de uma apregoada prevalência: caso a caso haverá que examinar o regime concretamente aplicável.

A situação clássica do despejo: o senhorio invoca o seu direito de propriedade, enquanto o inquilino contrapõe o seu direito à habitação ou, quiçá, à vida. Não obstante, seguidos os trâmites legais, a propriedade prevalece: o direito à vida, embora irrenunciável e inatacável, não pode ser usado de modo a despojar os direitos patrimoniais de outrem; o inquilino deverá sempre atuar o seu direito de modo juridicamente aceitável: dentro da sua função.

181. **Modalidades**

I. Os direitos de personalidade assistem aos seres humanos ou pessoas singulares. Mas nem sempre *todos* os direitos cabem a *cada* pessoa. Por isso, cumpre distinguir, desde logo, entre:

[1341] *Vide* supra a jurisprudência concretizadora dos direitos de personalidade.

[1342] Em regra: o direito de personalidade; quanto à colisão de direitos: *Tratado de Direito civl* V, 3.ª ed. (2018), 423 ss..

(a) direitos de personalidade necessários;
(b) direitos de personalidade eventuais.

Os direitos de personalidade necessários estão presentes, desde que exista uma pessoa singular: será o caso do direito à vida e à integridade física e do direito à integridade moral[1343]. Os direitos de personalidade eventuais dependem da existência dos respetivos bens de personalidade. Por exemplo, o direito ao nome deriva de, à pessoa considerada, (já) ter sido atribuído um nome; o direito à confidencialidade de certas cartas-missivas deriva de estas terem sido escritas e assim por diante. Esta contraposição tem importância prática, a nível de ónus da prova: enquanto nos direitos de personalidade necessários, a sua mera invocação é bastante, quedando demonstrar a violação, nos eventuais há que alegar e provar a existência do bem protegido.

Em compensação, os diversos direitos de personalidade surgem, de modo automático, sempre que ocorram os pressupostos respetivos. Não há qualquer necessidade de invocação, nem se requer nenhuma atividade complementar para eles se consubstanciarem. Tão-pouco é necessário que o titular tenha consciência da sua presença: trata-se de posições jurídicas independentes da vontade.

II. Os direitos de personalidade comportam, ainda, classificações diversas, em função de critérios variados[1344]. De acordo com os bens em causa podemos distinguir três círculos nos bens de personalidade:

(a) o círculo biológico, que abrange a vida e a integridade física da pessoa; aparecem, aí, os direitos à vida, à integridade física, à saúde, ao repouso ou ao sono;

[1343] Não parece correto reconduzi-los ao nascimento: desde logo está em aberto a tutela pré-natal; de seguida, a causa eficiente da sua constituição não é o nascimento, suscetível de ser substituído por qualquer outro procedimento artificial: ela antes terá de ser procurada na existência de um ser humano ou, se se preferir, de um ser inteligente, capaz de se autodeterminar em função de uma ideia de dever-ser. Com esta reserva, podemos considerar estes direitos "inatos", como foi visto.

[1344] Carvalho Fernandes, *Teoria geral,* cit., 1, 6.ª ed., 234 ss.; esta classificação depende dos acima referidos bens de personalidade.

(b) o círculo moral, que tem a ver com a intocabilidade espiritual das pessoas; poderíamos arrumar aí os direitos à integridade moral e ao bom nome e reputação;
(c) o círculo social, que se prende com as relações entre o sujeito considerado e os seus semelhantes: direitos à intimidade privada, ao nome e à imagem, como exemplos.

Como se vê, à medida que se caminhe para o exterior, os direitos de personalidade são mais elaborados, complexos e diferenciados.

III. O regime permite distinguir direitos limitáveis dos não-limitáveis. Estes últimos traduzem situações que o titular considerado nunca poderá validamente restringir ou às quais não pode renunciar, com exemplo paradigmático no direito à vida. Os primeiros retratam direitos que, em certas condições, admitem limitação: pense-se no direito à imagem.

Cheia de atualidade é a contraposição entre direitos de personalidade patrimoniais e não-patrimoniais[1345]: os patrimoniais facultam – ou podem facultar – ao seu titular, vantagens de tipo económico; os não-patrimoniais carecem dessa dimensão. De um modo geral, podemos dizer que os direitos de personalidade dos círculos biológico e moral não podem ter conteúdo patrimonial; pelo contrário, os do círculo social podem originar exclusivos de aproveitamento, com vantagens patrimoniais para o próprio: tal o paradigma do ator, que rendibiliza a sua imagem.

IV. Outra distinção separa os direitos de personalidade em (legalmente) nominados e inominados, consoante sejam ou não referidos na lei. Eles serão, ainda, típicos, quando disponham de um regime consignado na lei e atípicos, na hipótese inversa. Normalmente, os direitos nominados são típicos: é o que sucede com os direitos ao nome, à confidencialidade de certas cartas-missivas, à imagem e à reserva e intimidade da vida privada, referidos e nomeados nos artigos 72.º e seguintes. O direito à vida e à integridade física é típico, mas surge inominado: o artigo 70.º/1 aponta um regime, mas não refere o direito pelo seu *nomen*.

[1345] *Supra*, 508, as variantes implicadas pela não-patrimonialidade de princípio dos direitos de personalidade.

§ 49.º REGIME GERAL

182. Negociabilidade limitada, imprescritibilidade e ordem pública

I. Já foi entendido que os direitos de personalidade seriam, por essência, *extra commercium*. Não é assim[1346]. O artigo 81.º/1 admite, em termos genéricos, a limitação voluntária dos direitos de personalidade, desde que não se mostre atingida a ordem pública. Além disso, o artigo 79.º/1 refere, a propósito do direito à imagem, a hipótese de o retrato de uma pessoa ser "... lançado no comércio ...", termos esses que são repetidos no n.º 3 desse mesmo preceito.

II. Os direitos de personalidade representam, como quaisquer outros direitos subjetivos, posições de liberdade, reconhecidas ao seu beneficiário. Nessa qualidade, eles implicam disponibilidade.

As grandes restrições advêm da não-patrimonialidade de vários deles e da inerência de todos: o Direito poderá consentir em limitações graciosas e temporárias: mas não na sua troca por dinheiro ou numa alienação definitiva. Quanto à graciosidade, será o caso dos direitos do círculo biológico e do círculo moral. Todavia, apenas caso a caso será possível formular um juízo definitivo. No tocante à temporalidade: o artigo 81.º fixa uma regra de livre revogabilidade, "... ainda que com obrigação de indemnizar os prejuízos causados às legítimas expectativas da outra parte". Em rigor, trata-se de denúncia e não de revogação, já que a figura procede em situações duradouras e não tem eficácia retroativa[1347]. A indemnização deve ser cabal, tendo em conta as circunstâncias do caso. Ela não poderá ser agravada por cláusula penal compulsória, sob pena de se pôr em causa a livre "revogabi-

[1346] Karl-Nikolaus Peifer, *Individualität im Zivilrecht* cit., 270 ss.

[1347] *Da compensação no Direito civil e comercial* (2003), 205 ss.; Pedro Romano Martinez, *Da cessação do contrato*, 3.ª ed (2015), 60 ss.

lidade" (ou denunciabilidade); já uma cláusula penal que se limite a prever os danos e a inverter o ónus da sua prova[1348] parece possível e conciliável com a negociabilidade limitada: denunciado o contrato limitador dos direitos de personalidade do interessado, presumir-se-ia que os "... prejuízos causados às legítimas expectativas da outra parte" seriam os emergentes da cláusula penal. O interessado, querendo e podendo, provaria que seriam inferiores, abrindo às partes a redução da cláusula.

A negociabilidade limitada serve interesses sérios; não pode ser fonte de chicanas e de falta de seriedade nas contratações.

III. Disseminadas na lei civil e na lei processual, podemos localizar diversas disposições que, traduzindo a referida "negociabilidade limitada", podem visar situações de personalidade ou situações mescladas com elementos de personalidade. A saber:

(1) a cessão de créditos é possível, entre outros aspetos, "... quando o crédito não esteja, pela própria natureza da prestação, ligado à pessoa do credor" – artigo 577.º/1;
(2) o credor não pode ser constrangido a receber a prestação de terceiro "... quando a substituição o prejudique" – artigo 767.º/2;
(3) a sanção pecuniária compulsória não é possível nas prestações de facto "... que exigem especiais qualidades científicas ou artísticas do obrigado" – 829.º-A;
(4) a execução de um contrato é possível, designadamente "... sempre que a isso não se oponha a natureza da obrigação assumida" – artigo 830.º/1, todos do Código Civil;
(5) são absolutamente impenhoráveis as coisas ou direitos inalienáveis – 736.º, *a*), do Código de Processo Civil;
(6) não podem extinguir-se por compensação os créditos impenhoráveis, exceto entre si – 853.º/1, *b*), a interpretar restritivamente, de modo a não abranger os créditos absolutamente impenhoráveis.

Podemos, daqui, retirar vetores de ordem geral. Assim, os direitos de personalidade que assumam natureza creditícia, mercê da negociabilidade limitada, não são cedíveis (sobretudo sem o consentimento do "devedor"), não podem ser efetivados por terceiros, não podem ser objeto de sanções

[1348] Quanto a estas categorias, António Pinto Monteiro, *Cláusula penal e indemnização* (1990), 282, 601 ss. e *passim*.

pecuniárias compulsórias ou de execução específica, são impenhoráveis e não se extinguem por compensação. Outros vetores surgem em domínios especiais, com relevo para o Código de Trabalho.

IV. As partes não podem apor prazos ou condições em direitos de personalidade. Consequentemente, não se lhes pode aplicar qualquer regime de caducidade: além do que foi dito, também a lei não lhes coloca qualquer limite temporal.

Visto o artigo 298.º/1, do Código Civil, os direitos de personalidade são, também imprescritíveis. Um exercício tardio nunca poderia obstar à sua eficácia. Quando muito – e verificados apertados requisitos – poderia haver uma indemnização pela confiança criada no seu não-exercício.

V. O artigo 81.º/1, do Código Civil, consignou uma regra de não-contrariedade aos princípios da ordem pública, com alguma ênfase. Provavelmente impôs-se, aí, uma preocupação "ordeira" do Estado Novo, mais do que uma referência dogmática útil. De facto, os negócios que envolvam direitos de personalidade devem respeitar os vetores injuntivos do ordenamento, a que se chama "ordem pública"[1349]. Admitimos que ela possa, aqui, ser particularmente exigente. Mas há que respeitar, ainda, os demais requisitos do artigo 280.º, do Código Civil, com relevo para a determinabilidade e a não contrariedade aos bons costumes. Resulta do primeiro desses requisitos que qualquer limitação aos direitos de personalidade deve ser clara e percetível, sob pena de poder assumir proporções com que o sujeito não pudesse contar. Quanto aos bons costumes[1350]: ficam sempre ressalvados os códigos éticos que, nesse domínio, são exigentes e as regras de conduta sexual e familiar próprias da nossa sociedade. O Direito não dá os seus instrumentos para sancionar condutas que se colocam à sua margem, por liberal que seja o modo de pensar dos privatistas.

183. A ressarcibilidade e medidas adequadas de defesa

I. A violação dos direitos de personalidade dá azo a responsabilidade civil e à adoção das "... providências adequadas às circunstâncias do caso,

[1349] *Tratado* II, 4.ª ed., 603 ss.
[1350] *Idem*, 584 ss.

com o fim de evitar a consumação da ameaça ou atenuar os efeitos da ofensa já cometida" – artigo 70.º/2, 2.ª parte. Trata-se de aspetos importantes e que devem ser ponderados em separado.

II. A ressarcibilidade da violação de direitos de personalidade já levantou muitas dúvidas: dúvidas que, de resto, deixaram rastos na lei vigente, que interessa expurgar.

De facto, os artigos 2384.º a 2387.º do Código de Seabra dispunham sobre prejuízos ressarcíveis no caso de homicídio ou de ferimentos: só especificavam danos patrimoniais, abstraindo dos restantes. Os danos morais não seriam ressarcíveis, por falta de base legal. Além disso, veio sustentar-se que as obrigações insuscetíveis de avaliação pecuniária não poderiam, quando violadas, dar lugar a uma sanção[1351].

Estas asserções não são hoje admitidas[1352]. Desde logo surpreende que se venha invocar a intangibilidade da esfera moral ... para a deixar sem proteção. A indemnização pode ter uma função ressarcitiva, apagando o dano: assim será, em princípio, nos danos patrimoniais. Mas pode, também, ter uma função compensatória: ainda que se saiba ser impossível suprimir determinado dano, é preferível arbitrar uma indemnização que, de certo modo, compense o mal feito, do que nada fazer.

Além disso, sabe-se, hoje, que a responsabilidade civil tem um papel punitivo: visa ressarcir o mal feito e desincentivar, quer junto do agente, quer junto de outros elementos da comunidade, a repetição das práticas prevaricadoras.

III. Deu-se uma evolução doutrinária e jurisprudencial que, aos poucos, veio a consagrar a ressarcibilidade de danos morais. Esta foi admitida perante leis especiais que a consentissem[1353] e, esporadicamente, sob a invocação de preceitos constitucionais retirados da Constituição de 1933[1354]. Todavia, a prática anterior ao Código Civil vigente procurava,

[1351] Luiz da Cunha Gonçalves, *Tratado de Direito civil*, 4 (1931), 343.

[1352] *Tratado* VIII, 514 ss..

[1353] Tal o caso do artigo 34.º do Código de Processo Penal de 1927; *vide* RCb 18-nov.-1947 (Carlos Saavedra), BMJ 6 (1948), 252-257 (256-257) e STJ 13-dez.-1947 (Tavares da Costa), BMJ 4 (1948), 110-113 (111-112).

[1354] STJ 20-jul.-1951 (Raúl Duque), BMJ 26 (1951), 235-238 (237); em concreto, não foi, aí, arbitrada uma indemnização por, segundo o Supremo, não se terem especificado os danos.

sempre, acolher-se a leis especiais[1355]. Uma viragem favorável ao ressarcimento de danos morais, independentemente de tais constrangimentos, ocorreria já próxima da mudança de códigos[1356].

Aquando da preparação do que viria a ser o Código Civil de 1966, o tema da ressarcibilidade dos danos morais foi aprofundado por Vaz Serra[1357], que deu uma resposta positiva de princípio. Acabaria por, na parte agora em causa, formular a proposta seguinte[1358]:

> Artigo 759.º (Satisfação do dano não patrimonial)
>
> 1. O dano não patrimonial é objeto de satisfação pecuniária quando seja suficientemente grave e merecedor de proteção jurídica. Tal acontece, em especial, nos casos de lesão de direitos de personalidade (...)

Como se vê, era uma fórmula cautelar, que dava ainda conta do am-biente pouco favorável, existente neste domínio. A 1.ª revisão ministerial manteve a restritividade; preconizava[1359]:

> Artigo 476.º (Dano não patrimonial)
>
> 1. O dever de indemnizar compreende os danos de carácter não patrimonial que, pela sua gravidade, mereçam a tutela do direito.
>
> É objeto de satisfação pecuniária quando seja suficientemente grave e merecedor de proteção jurídica. Tal acontece, em especial, nos casos de lesão de direitos de personalidade (...)

Perdeu-se, sem justificação conhecida, a referência expressa aos direitos de personalidade. A fórmula definitiva, hoje patente na lei, adveio do projeto final.

1355 STJ 22-jul.-1952 (Campelo de Andrade), BMJ 32 (1952), 250-252, STJ 13-mar.-1962 (Amílcar Ribeiro), BMJ 115 (1962), 429-432 (431), STJ 24-abr.-1962 (Alfredo José da Fonseca), BMJ 116 (1962), 443-446 (444 e 445), STJ 22-dez.-1964 (Albuquerque Rocha), BMJ 142 (1965), 332-337 (337) e STJ 19-jan.-1965 (Gomes de Almeida), BMJ 143 (1965), 204-207 (207).

1356 STJ 18-nov.-1966 (Gonçalves Pereira), BMJ 161 (1966), 389-392 (391).

1357 Adriano Vaz Serra, *Reparação do dano não patrimonial*, BMJ 83 (1958), 69-111 (106). Esta matéria pode ser comodamente confrontada em Jacinto Rodrigues Bastos, *Das obrigações em geral*, 2 (1972), 116 ss.

1358 Adriano Vaz Serra, *Direito das obrigações*, BMJ 101 (1960), 15-408 (137).

1359 Rodrigues Bastos, *Das obrigações em geral* cit., 2, 115.

O que entender pela "gravidade" geradora da tutela do Direito? Como ponto de partida, a "gravidade" não deve ter a ver com o montante: apenas com a seriedade – ou melhor: a juridicidade – da situação. Na presença de um direito de personalidade, tal "gravidade" tem-se como consubstanciada: a indemnização deve ser arbitrada. E de facto, como melhor veremos a propósito dos direitos de personalidade em especial, as indemnizações têm vindo a ser incrementadas. Trata-se de uma peça-chave na concretização social dos direitos de personalidade.

IV. O artigo 70.º/2, do Código Civil, além da responsabilidade civil a que haja lugar, dispõe:

> (...) a pessoa ameaçada ou ofendida pode requerer as providências adequadas às circunstâncias do caso, com o fim de evitar a consumação da ameaça ou atenuar os efeitos da ofensa já cometida.

"Ameaça", aqui, não traduz o sentido comum do ato ou efeito de "ameaçar"; exprime, tão-só, a ofensa eminente ou em curso a um direito de personalidade, independentemente da intenção do agente. "Ofensa" exprime a violação consumada, mas independentemente, também, dos juízos em que incorra o agente: trata-se de uma providência de proteção, que deve funcionar mesmo em situações puramente objetivas, independentemente da culpa do agente: esta deve ser tida em conta apenas no momento da responsabilidade civil, nos moldes gerais.

V. O Código de Processo Civil prevê, para o efeito do artigo 70.º/2, 2.ª parte, um processo especial, regulado nos seus artigos 878.º a 880.º. Trata-se do processo de fundo; em situações de urgência, verificados os requisitos exigíveis, pode recorrer-se a um procedimento cautelar, regulado nos artigos 361.º e seguintes, do mesmo Código.

O que entender por "providências adequadas"? O critério de adequação não pode deixar de ser constituído pela bitola necessária para fazer cessar a ameaça ou o atentado ao direito de personalidade visado. Normalmente, tais providências irão traduzir-se em deveres de omitir a conduta prevaricadora. Mas poderão ser determinadas atuações positivas. Assim:

– demolições de instalações ruidosas ou insalubres;
– encerramento de estabelecimentos ou fixação de horários limitativos;

– cessação de determinadas atividades, incluindo neutralização de máquinas ou reduções de atividades;
– obras de proteção ou de isolamento;
– colocação de avisos de perigo ou de vedações;
– difusão de desmentidos ou de pedidos de desculpa;
– publicação de fotografias adequadas;
– destruição de documentos, de ficheiros ou de reproduções;
– apreensão de gravações com entrevistas privadas;
– prestação de caução;
– sanções pecuniárias compulsórias.

Caso a caso, o Tribunal deverá decidir: dá-lhe, a lei, os necessários poderes.

184. **Deveres acessórios; conflitos de direitos**

I. Os direitos de personalidade não são meras posições defensivas: quais castelos erguidos em torno dos bens de personalidade e destinados a torná-los inexpugnáveis. Trata-se, antes, de realidades dinâmicas, que correm lado a lado com os seus titulares em todas as vicissitudes que acompanham o ser humano, do nascimento e até à morte. Porventura, mais ainda: admite-se uma tutela pré-natal e uma proteção *post mortem*, como adiante melhor será verificado. Além disso e em certos casos, os direitos de personalidade estão no centro de setores sociais e económicos muito significativos – pense-se em todo o domínio das atividades médicas, paramédicas e hospitalares – ou embricam com áreas completas da nossa sociedade – assim o trabalho subordinado, o desporto, a publicidade, a comunicação social e o cinema.

Temos, aqui, continentes inteiros que irão sendo desbravados ao longo do século XXI.

II. Os direitos de personalidade rodeiam-se de deveres acessórios destinados a assegurar a sua integridade e a manter os seus bens dentro de um aproveitamento ético.

Como exemplo significativo temos a teia de deveres de informação que precedem o ato médico. Este, por definição, pode atingir bens de personalidade, com destaque para a integridade física e moral do paciente[1360]. Outros exemplos impressivos vêm-nos da comunicação social e da publicidade[1361].

Além disso, o próprio titular depara com regras que devem nortear a sua atuação, mesmo no seio de direitos de personalidade: assim sucede com a proibição do *doping*, no campo desportivo[1362].

III. Os direitos de personalidade e os deveres acessórios instrumentais que sempre os acompanham dispõem, depois, de múltiplas fórmulas de concretização, em função do sector onde operem. Assim sucede no Código do Trabalho, como abaixo melhor veremos.

Os direitos de personalidade atendem, na proteção dispensada, à concreta situação do seu titular[1363]-[1364]: também por aqui se distinguem dos outros direitos subjetivos, que dispensam um tipo de proteção mais mar-

[1360] João Vaz Rodrigues, *O consentimento informado para o ato médico no ordenamento jurídico português (Elementos para o estudo da manifestação da vontade do paciente)* (2001) e André Gonçalves Dias Pereira, *O consentimento para intervenções médicas prestado em formulários: uma proposta para o seu controlo jurídico*, BFD 76 (2000), 433.

[1361] Wolfgang Fikentscher e Thomas M. J. Müllers, *Die (negative) Informationsfreiheit als Grenze von Werbung und Kunstdarbietung*, NJW 1998, 1337-1344.

[1362] João Leal Amado, *Vinculação versus Liberdade/O processo de constituição e extinção da relação laboral do praticante desportivo* (2001), 63-64 e *passim*.

[1363] Christian von Bar, *Schmerzensgeld und gesellschaftliche Stellung des Opfers bei Verletzung des allgemeinen Persönlichkeitsrechts*, NJW 1980, 1724-1729 (1729/I): pode o juiz graduar a tutela de acordo com a posição do ofendido.

Trata-se de uma orientação acolhida na nossa jurisprudência; assim, segundo RLx19-fev.-1987 (Carvalho Pinheiro), CJ XII (1987) 1, 141-143 (143/I), num caso de atentado ao direito à saúde com ensaios de orquestra, "... o julgador, ao aplicar a lei, não atende ao cidadão normal comum, mas à especial sensibilidade do lesado"; idêntica opção consta de RCb 6-fev.-1990 (Castanheira da Costa), CJ XV (1990) 1, 92-95 (94/II). Na mesma linha valorativa, ainda que implícita, ponderou-se, num caso em que se discutia uma providência cautelar destinada a deter a construção de um posto de combustível, o facto de ele ficar ao pé de uma escola: RPt 11-dez.-1995 (Azevedo Ramos), CJ XX (1995) 5, 222-225 = BMJ 452 (1996), 491-492 (o sumário), confirmado por STJ 2-jul.-1996 (Cardona Ferreira), BMJ 459 (1996), 444-456 = ROA 1996, 667-682, anot. Menezes Cordeiro, loc. cit., 683-688, favorável.

[1364] Alguma doutrina – assim, Antunes Varela, *Das obrigações em geral* cit., 1, 10.ª ed., 606 – insiste na tutela igualitária concedida pelos direitos de personalidade. Não é assim: justamente um dos ganhos que permite essa figura é adequar a tutela à necessidade concreta de proteção. Só assim se atinge um nível personalista, no Direito.

cadamente abstrata. Compõem-se, aqui, modelos complexos de decisão, em termos a aperfeiçoar no terreno, perante os direitos de personalidade concretos[1365].

IV. Os direitos de personalidade reportam-se a bens que, muitas vezes, se interpenetram. Daí resultam, com frequência, conflitos de direitos: seja de direitos de personalidade entre si, seja de direitos de personalidade com direitos de diversa natureza. A jurisprudência tem resolvido tais conflitos com recurso ao dispositivo do artigo 335.º (colisão de direitos)[1366], cujo teor cumpre ter presente:

> 1. Havendo colisão de direitos iguais ou da mesma espécie, devem os titulares ceder na medida do necessário para que todos produzam igualmente o seu efeito, sem maior detrimento para qualquer das partes.
> 2. Se os direitos forem desiguais ou de espécie diferente, prevalece o que deva considerar-se superior.

Situações típicas de conflitos dirimidos nos nossos tribunais são:

(1) conflito entre o direito à saúde e o direito ao trabalho[1367];
(2) conflito entre o direito à saúde e os direitos patrimoniais a uma oficina[1368] ou derivados de tiros aos pratos[1369];
(3) conflito entre o direito à integridade física e os direitos de propriedade e de iniciativa privada[1370];

[1365] Wolfgang Zöllner, *Regelungsspielräume im Schuldvertragsrecht/Bemerkungen zur Grundrechtsanwendung im Privatrecht und zu den sogenannten Ungleichgewichtslagen*, AcP 196 (1996), 1-36, com várias reflexões aqui pertinentes.

[1366] Sobre toda esta matéria: *Tratado* V, 2.ª ed, 411 ss.

[1367] Cantanhede 31-out.-1984 (Santos Cabral), CJ XIV (1989) 1, 277-280 (280/I); prevaleceu o primeiro.

[1368] RLx 20-fev.-1992 (Almeida Valadas), CJ XVI (1992) 1, 160-162 (162/I); *in casu*, optou-se por não mandar encerrar a oficina.

[1369] RLx 24-nov.-1994 (Freitas de Carvalho), CJ XIX (1994) 5, 112-114 (113/II); prevaleceu o primeiro.

[1370] STJ 24-out.-1995 (Fernando Fabião), BMJ 450 (1995), 403-415 = CJ/Supremo III (1995) 3, 74-78: um caso de discoteca, com rixas, palavrões escabrosos, ruídos estridentes, bêbados e drogados, STJ 9-jan.-1996 (Fernando Fabião), CJ/Supremo IV (1996) 1, 37-40 (39/II): um caso de um talho e RGm 20-nov.-2002 (Leonel Serôdio), CJ XXVII

(4) conflito entre o direito à integridade física e o direito à iniciativa privada[1371];
(5) conflito entre o direito à informação e o direito à intimidade privada[1372], o direito à honra e ao bom nome[1373] e o direito à imagem[1374]

Tendencialmente, os direitos de personalidade, em especial quando assumam as vestes de direitos fundamentais, abaixo tratados[1375], têm mais peso na hipótese de um conflito de direitos[1376]. Mas a regra não é absoluta, sendo fundamental proceder-se a uma ponderação em concreto.

Relembre-se os argumentos utilizados[1377]:

(1) a antiguidade relativa: o direito primeiro constituído tenderá a prevalecer sobre os demais;
(2) os danos pelos não exercício: será dada prevalência àquele cujo não-exercício acarrete maiores danos;
(3) os lucros do exercício: é dada àquele cujo exercício acarrete maiores benefícios pessoais e sociais.

Mostrando-se estes critérios insuficientes para a resolução da colisão, podemos fazer uso de dois outros critérios[1378]:

(2002) 5, 273-277 (276/I): um caso de instalação fabril com gases e ruídos: em todos estes casos, o direito à integridade física prevaleceu sobre os direitos de natureza económica.

1371 STJ 2-dez.-2013 (Bettencourt de Faria), Proc. 110/2000: direito ao repouso; STJ 22-fev.-2000: direito à qualidade de vida; STJ 24-out.-1995 (Fernando Fabião), BMJ 450 (1995), 403-415 = CJ/Supremo III (1995) 3, 74-78: direito ao repouso.

1372 RPt 15-out.-2014 (Ernesto Nascimento), Proc. 6941/10.

1373 REv 5-jul.-2016 (Ana Barata Brito), Proc. 3737/09.

1374 RLx 25-nov.-2014 (Pedro Brighton), Proc. 1599/13.

1375 *Infra*, 526 ss..

1376 *Vide*, ainda, RLx 1-out.-1996 (Pereira da Silva), CJ XXI (1996) 4, 104-107 (106/I).

1377 *Tratado* V, 3.ª ed, 432 ss.

1378 A relevância de cada um dos argumentos está dependente dos exatos contornos da colisão.

(1) a prevalência em abstrato: mesmo no seio dos direitos fundamentais há uma hierarquia abstrata que poderá ser invocada – o direito à vida, por exemplo, prevalece sobre todos os demais;

(2) o igual sacrifício: a cedência mútua (335.º/1) poderá sempre ser aplicada se, em concreto, os direitos comportarem exercícios parcelares.

§ 50.º FIGURAS AFINS

185. **Os direitos do homem**

I. Os direitos do homem traduzem prerrogativas próprias de cada ser humano e que o Direito não pode deixar de consignar. Eles prendem-se com a dignidade da pessoa, articulando-se com uma evolução que remete à Idade Média[1379], tendo sido institucionalizados pela tradição britânica. Estava lançada a base ideológica dos futuros direitos do homem[1380].

II. Os direitos do homem desenvolveram-se como um esquema destinado a conter o Estado, evitando a intromissão deste na vida e nos interesses das pessoas.

Nos finais do século XVIII, eles obtiveram êxitos sucessivos importantes: ficaram consignados no *Bill of Rights* da Virgínia, de 12-jun.-1778 e na Declaração de Direitos francesa, de 1789.

Acompanharam, depois, os êxitos do liberalismo, nos diversos países, entre os quais o nosso. Eles foram-se alargando. Num primeiro momento, eles surgiam como defesas simples, dando azo aos chamados "direitos de liberdade negativa": o direito à vida, como exemplo. Alargaram-se, depois, à "participação ativa" (liberdade de imprensa) e à "participação social" (segurança social)[1381]. Estes últimos passos adviriam, todavia, já na fase de "direitos fundamentais".

[1379] *Vide* o *Tratado de Direito civil* IV, 4.ª ed., 139 ss..

[1380] Thomas Buergenthal, *International Human Rights in an Historical Perspective*, em Symonides (ed.), *Human Rights* (2000), 3-30.

[1381] Georg Lohmann, *Die unterschiedlichen Menschenrechte*, em K. Peter Fritzsche/ /Georg Lohmann, *Menschenrechte zwischen Anspruch und Wirklichkeit* (2000), 9-23 (12, 15 e 18, respetivamente). Esta tripartição corresponde à doutrina dos "três estados", de Jellinek, relativa aos "direitos públicos": o *status libertatis*, negativo, o *status civitatis*,

III. Os direitos humanos conheceram ainda um fenómeno da maior importância: o da sua internacionalização. Passaram a constar de declarações universais[1382], acordadas entre os Estados, atingindo uma universalização[1383]. Os pontos altos residem na admissão de intervenções de tipo militar, para a sua defesa[1384] e no reconhecimento de que os direitos humanos carecem de condições culturais e económicas para se efetivar[1385]. Com múltiplas dificuldades de ordem técnica, os direitos do homem têm vindo a obter uma tutela internacional.

Na origem encontramos tribunais especiais destinados, após as guerras, a sentenciar os responsáveis pelas potências vencidas. Tal o caso do Tribunal de Nurenberga, que julgou os dirigentes nazis e do Tribunal de Tóquio, que se ocupou dos governantes japoneses, após a II Guerra Mundial. Se é certo que os crimes cometidos pelo Eixo não deviam ficar impunes, é ainda indubitável que apenas a vitória militar dos aliados permitiu tais julgamentos. De todo o modo, o aspeto dos direitos humanos esteve presente, nas sentenças proferidas.

IV. O estabelecimento de instituições internacionais permanentes dotadas de capacidade jurisdicional, especialmente no domínio dos direitos do homem é mais promissora quando feita previamente por tratado entre os Estados.

Temos, em primeiro lugar, o Tribunal Europeu dos Direitos do Homem, criado em 1959 pela Convenção para a Proteção dos Direitos do Homem e dos Direitos Fundamentais e hoje regulado por diversos protoco-

positivo e o *status activae civitatis*; *vide* Georg Jellinek, *System der subjektiven öffentlichen Rechte*, 2.ª ed. (1905, reimp., 1963), 94 ss., 114 ss. e 136 ss., respetivamente.

1382 Com relevo para a Declaração Universal dos Direitos do Homem, de 10-dez.-1948; *vide Human Rights in International Law/Collected Texts*, 2.ª ed. (2000), 81 ss. Numerosos outros instrumentos podem ser confrontados nesta recolha do Conselho da Europa.

1383 Dirk Berg-Schlosser, *Zur Universalität von Menschenrechten – Probleme und Grenze*, em Fritzsche/Lohmann, *Menschenrechte* (2000) cit., 25-37 e Bleckmann, *Die Grundrechte* cit., 4.ª ed., 31 ss.

1384 Erhart Forndran, *Intervention zur Sicherung der Menschenrechte*, em Fritzsche/ /Lohmann, *Menschenrechte* (2000) cit., 171-178.

1385 Para uma visão perspetiva Johan Galtung, *Die Zukunft der Menschenrechte* (2000), com diversas intervenções. *Vide*, ainda, Onorr O'Neill, *Transnationale Gerechtigkeit*, em Gosepath/Lohmann, *Philosophie der Menschenrechte* (1998), 188-232.

los subsequentes[1386]. Uma referência particular deve ainda ser feita ao Tribunal Penal Internacional, regulado pelo Estatuto de Roma, aprovado para ratificação por Resolução da Assembleia da República de 20 de dezembro de 2001 e ratificado por Decreto do Presidente da República n.º 2/2002, de 18 de janeiro[1387].

V. A internacionalização dos direitos humanos acabaria por gerar um interessante fenómeno de retorno: ela repercutir-se-ia na ordem interna dos diversos países, designadamente daqueles que estiveram na origem da própria conceção e divulgação dos direitos humanos. Regressando a casa, tais direitos vinham enriquecidos com o contributo de novas exigências e, designadamente, com o dos direitos fundamentais de origem germânica. Sirva de exemplo o *Human Rights Act* (HRA), adotado na Inglaterra e no País de Gales, em vigor desde 2-out.-2000 e que correspondeu, perante a atual realidade europeia e mundial, a necessidades de formalizar uma matéria há muito reconhecida na Grã-Bretanha[1388]. Apesar da óbvia continentalização, o HRA mantém a especial filosofia de apelar à concretização dos tribunais e, agora, também ao próprio THDH[1389]. Tem, aqui, mais uma útil área de ponderação comparatística, que irá enriquecer a Ciência Jurídica da Europa, no século XXI.

186. **Os direitos fundamentais**

I. Os direitos fundamentais[1390] correspondem à positivação, nas ordens internas do tipo continental, dos direitos do homem[1391]. Embora

[1386] Trata-se de matéria facilmente localizável na *Internet*. Quanto a elementos subsequentes: Robert Rebhahn, *Zivilrecht und Europäische Menschenrechtskonvention,* AcP 210 (2010), 489-554, com indicações.

[1387] Carlota Pizarro de Almeida/José Manuel Vilalonga/Rui Patrício, *Estatuto de Roma do Tribunal Penal Internacional e textos complementares* (2002) e Maria Fernanda Palma, *Tribunal Penal Internacional e constituição penal*, RPCC 11 (2001), 7-38.

[1388] Em especial: Merris Amos, *Human Rights Law*, 2.ª ed. (2014), 3 ss..

[1389] *Idem*, 17 ss.

[1390] Quanto à preferência por "direitos fundamentais", sobre o tema cabe referir ainda Jorge Reis Novais, *As restrições aos direitos fundamentais,* 2.ª ed. (2010), 47 ss.; *vide* Jorge Miranda, *Direitos fundamentais*, 6.ª ed. (2015), 71, em termos convincentes.

[1391] Gerrit Manssen, *Grundrechte* cit., 5; Sebastian Müller-Franken, em Bruno Schmidt-Blesbtreu/Franz Klein, *Kommentar zum Grundgesetz*, 14.ª ed. (2018), Vorb v. Art.

com antecedentes, a expressão "direitos fundamentais" ficou consignada na Constituição do *Reich* alemão de 11 de agosto de 1919 – a Constituição de Weimar – que lhe dedicou os artigos 109.º a 165.º[1392], sob o título "direitos fundamentais". Daí passariam à Lei Fundamental alemã de 1949[1393], tendo conhecido, na segunda metade do século XX, um grande desenvolvimento doutrinário e jurisprudencial. A Constituição portuguesa de 1976, aproveitando toda uma série de experiências anteriores e assente no nível elevado do constitucionalismo nacional, acolheu e desenvolveu a matéria da melhor forma.

II. Podemos apresentar os direitos fundamentais como as posições jurídicas ativas consagradas na Constituição[1394]. Serão formais quando se considere a Constituição formal – portanto: o diploma, aprovado com determinadas solenidades e a que se chame "Constituição" – e materiais quando resultem dos princípios e normas essenciais de determinado ordenamento. Os direitos fundamentais apresentam-se, basicamente, como produto de um discurso jurídico-constitucional. Todavia, a realidade a que se reportam suporta reflexões filosóficas e comporta um posicionamento internacional[1395]. Em termos técnicos rigorosos, nem todos os "direitos fundamentais" são verdadeiros "direitos": eles acolhem posições ativas de tipo genérico, como as "liberdades"[1396]. Trata-se, no entanto, de uma expressão consagrada, que teria projeções no Direito europeu.

1, Nr. 1-5 (112-114); entre nós, Jorge Bacelar Gouveia, *O estado de excepção no Direito constitucional* 2 (1998), 1463 ss..

[1392] Fritz Poetzsch-Heffter, *Handausgabe der Reichsverfassung vom 11. August 1919*, 2.ª ed. (1921), 163 ss. e *Handkommentar der Reichsverfassung vom 11. August 1919*, 3.ª ed. (1928), 392-501.

[1393] Designadamente: artigos 12.º (liberdade de emprego), 14.º (propriedade e sucessão por morte), 6.º (Família) e 9.º/1 e 3 (liberdade de associação); os artigos 1.º e 2.º constituem a base do denominado "direito" geral de personalidade; *vide* Karl Larenz/ /Manfred Wolf, *Allgemeiner Teil des Bürgerlichen Rechts*, 9.ª ed. (2004), § 4.º, Nr. 51 ss. (86 ss.).

[1394] Carl Creifelds e outros, *Rechtswörterbuch*, 18.ª ed. (2004), 605 ss..

[1395] José Carlos Vieira de Andrade, *Os direitos fundamentais na Constituição portuguesa de 1976*, 5.ª ed. (2012), 15 ss.

[1396] *Vide* a perspetiva de Gregorio Peces-Barba Martinez, *Diritti e doveri fundamentali*, DDPubl V (1990), 139-159.

A multiplicação de "direitos" fora de qualquer técnica jurídica pode provocar a sua desvalorização. Os próprios direitos fundamentais são exageradamente invocados. Assim, von Münch relata, na experiência alemã e até 1998, 117 528 queixas por pretensas violações da Constituição de 1949, das quais 114 512 por alegados atentados aos direitos fundamentais. Destas, apenas 3 000 (2,62%) obtiveram provimento, o que dá bem a ideia da empolada legitimidade constitucional[1397].

Feita a prevenção, nenhum obstáculo existe em que se continue a falar de "direitos".

III. Os direitos fundamentais são suscetíveis de classificações diversas. Todas elas têm interesse para o melhor conhecimento da figura.

A contraposição básica distingue, nos direitos fundamentais, os direitos subjetivos *proprio sensu* dos restantes[1398]. Apenas os primeiros são "direitos subjetivos": os demais traduzem posições favoráveis que, por falta de especificidade do bem a que se reportem, se traduzem, no essencial, em permissões genéricas ou liberdades. A esta luz, não são direitos (subjetivos) a liberdade de religião, a liberdade de educação, a liberdade de constituir família ou a liberdade de imprensa: implicam permissões genéricas e não específicas.

Segue-se a distinção entre direitos (fundamentais) privados e os públicos: os primeiros correspondem a regras materialmente civis ou privadas, isto é: a regras que, embora constitucionalizadas, se podem considerar como de Direito privado, através dos critérios histórico-sistemáticos acima referenciados[1399]. Os direitos fundamentais públicos têm a ver com regras administrativas, pessoais ou processuais. Serão direitos fundamentais públicos o direito à tutela jurisdicional efetiva (20.º), o direito de resistência[1400]

[1397] Ingo von Münch/Philip Kunig, *Grundgesetz-Kommentar*, 5.ª ed. (2000), prenot. art. 1-19 (21 ss.).

[1398] Trata-se de uma distinção que apresenta contactos com as contraposições publicísticas entre "direitos", "liberdades" e "garantias", embora não se confunda com elas; *vide* Jorge Miranda, *Direitos fundamentais* cit., 6.ª ed., 87 ss..

[1399] *Tratado*, I, 4.ª ed., 83 ss.

[1400] Haveria aqui que distinguir entre "direito geral de resistência", mera liberdade e o direito (específico) de resistência, que se consubstanciaria caso a caso, depois de verificados os pressupostos respetivos.

(21.º), o direito à contenção das medidas criminais (28.º a 33.º, todos da Constituição e como exemplos[1401]).

IV. Finalmente, os direitos fundamentais privados correspondem a direitos de personalidade quando se reportem a bens de personalidade. São eles[1402]:

– o direito à vida – 24.º/1;
– o direito à integridade moral e física – 25.º/1;
– os "direitos pessoais" referidos no artigo 26.º/1:
– direito à identidade pessoal;
– direito ao desenvolvimento da personalidade;
– direito à capacidade civil;
– direito à cidadania;
– direito ao bom nome e reputação;
– direito à imagem;
– direito à palavra;
– direito à reserva da intimidade da vida privada e familiar;
– direito à proteção legal contra quaisquer formas de discriminação.

Este último direito pode assumir uma feição pública.

O artigo 26.º/3 permite ainda isolar um "direito à dignidade pessoal e à identidade genética": figura híbrida, mas cujos contornos devem ser precisados pelo Direito.

V. A grande base constitucional dos direitos fundamentais (civis) de personalidade reside, pois, nos artigos 24.º/1, 25.º/1 e 26.º/1, todos da Constituição. As figuras aí consignadas mereceram, depois, diversas concretizações. Assim:

– o direito à inviolabilidade do domicílio – 34.º/1;
– o direito ao sigilo da correspondência e de outros meios de comunicação privada – *idem*;

[1401] Ocorre aqui recordar a classificação das posições jurídicas públicas, apresentada por Jellinek, em *status libertatis*, *status civitatis* e *status activae civitatis* e que pode ser seguida em Jorge Miranda, *Direitos fundamentais*, 6.ª ed. cit., 87-89; *vide* Georg Jellinek, *System der subjektiven öffentlichen Rechte*, 2.ª ed. (1905, reimp., 1963), 94 ss., 114 ss. e 136 ss., respetivamente.

[1402] Os artigos citados são, todos eles, da Constituição.

– o direito de acesso aos dados informáticos que digam respeito ao sujeito – 35.º/1;
– o direito de resposta, de retificação e de indemnização por infrações cometidas ao "abrigo" da liberdade de expressão e de informação – 37.º/4[1403];
– o direito moral de autor – 42.º/2.

Posições importantes como a liberdade de iniciativa económica privada ou liberdade de empresa – 61.º/1 – e o acesso à propriedade (ou apropriação) privada – 62.º/1 – não são direitos de personalidade nem, sequer, direitos subjetivos: apenas *in concreto* esta última figura poderá surgir.

VI. A Constituição assegura, ainda, diversas prerrogativas que poderão, depois, infletir ou mesmo enformar direitos de personalidade. Vamos recordar os seguintes "direitos":

– à segurança social – 63.º/1;
– à proteção da saúde – 64.º/1;
– à habitação "... de dimensão adequada, com condições de higiene e conforto e que preserve a intimidade pessoal e a privacidade familiar ..." – 65.º/1;
– ao ambiente de vida humana, sadio e ecologicamente equilibrado – 66.º/1.

Também os "direitos" específicos de certas categorias, como os dos pais e mães – 68.º/1 –, das crianças – 69.º/1 –, dos jovens – 70.º/1 – dos deficientes – 71.º1 – e dos idosos – 72.º/1, não sendo verdadeiros direitos subjetivos, têm um papel na concretização dos verdadeiros direitos (fundamentais) de personalidade.

Na mesma linha podemos referir os "direitos" culturais: à educação e cultura – 73.º/1 –, ao ensino – 74.º/1 – à fruição e criação cultural – 78.º/1 – e à cultura física e desporto – 79.º/1, todos da Constituição.

[1403] As próprias liberdades de expressão e de informação não surgem como direitos subjetivos, dada a natureza genérica das permissões em que assentam.

VII. Por fim, temos direitos fundamentais não previstos na Constituição[1404]: seja derivados de merais leis ordinárias[1405], seja totalmente atípicos[1406]. Muitas vezes, a multiplicação de direitos assim conseguida, deriva da não-utilização de "direito" em termos técnicos[1407] Teremos sempre de nos interrogar quanto ao regime: poderemos estar perante posições ativas fundamentais, diferentes de direitos.

187. O regime; eficácia civil

I. Os direitos fundamentais têm um regime específico, dotado de esquemas que visam assegurar a sua efetivação. Compreende-se a sua importância: sempre que um direito de personalidade possa acolher-se a um "direito fundamental", a sua tutela ficará reforçada.

Segundo o artigo 18.º/1 da Constituição:

> Os preceitos constitucionais respeitantes aos direitos, liberdades e garantias são diretamente aplicáveis e vinculam as entidades públicas e privadas.

Trata-se de um esquema retirado do artigo 1.º/3 da Lei Fundamental alemã[1408], visando uma proteção alargada e efetiva[1409]. No fundo, o preceito procura prevenir que, através de leis ordinárias, o Estado acabe por

[1404] Jorge Miranda, *A abertura constitucional a novos direitos fundamentais*, em *Estudos em Homenagem ao Professor Doutor Manuel Gomes da Silva* (2001), 559-572.

[1405] *Vide* a larga enumeração de Jorge Miranda, *A abertura constitucional* cit., 569 ss..

[1406] Jorge Bacelar Gouveia, *Os direitos fundamentais atípicos* (1995), falando em *numerus apertus* – 67 ss.; o direito fundamental atípico não resulta, nos seus contornos e em rigor, de nenhuma lei, antes sendo confecionável pela vontade das partes ou do seu titular.

[1407] *Vide* as modalidades constantes de Bacelar Gouveia, *Os direitos fundamentais atípicos* cit., 81 ss..

[1408] Ipsen, *Grundrechte* cit., 18.ª ed., 21; Hans Hofmann, em Bruno Schmidt-Blesbtreu/Franz Klein, *Kommentar zum Grundgesetz*, 14.ª ed. (2018), Art. 1, Nr. 77-81 (193-194); Jorge Miranda, *Direitos fundamentais* cit., 6.ª ed., 376 ss..

[1409] Helmut Goerlich, *Grundrechte als Verfahrensgarantien* (1981), 137 ss..

frustrar a mensagem normativa ínsita nos direitos fundamentais[1410]: um objetivo com consequências no plano da interpretação[1411].

Na base deste preceito, os tribunais têm feito aplicações importantes: no campo do processo[1412] e no domínio dos direitos substantivos[1413].

II. Ainda a propósito do regime pôs-se a questão complexa da eficácia civil ou *erga omnes* dos direitos fundamentais. Recordamos que o problema ocorre[1414] porque, em princípio, os direitos fundamentais deveriam dirigir-se contra o Estado: apenas reflexamente se situariam no campo privado, obrigando outros particulares.

Neste momento, temos disponíveis elementos que permitem ir mais longe. Quando o artigo 18.º/1 da Constituição, superando o próprio artigo 1.º/3 da Lei Fundamental Alemã, afirma que os direitos fundamentais"... vinculam as entidades (...) privadas ..."[1415], fá-lo sob a lógica reserva de se tratar de direitos que, pela sua própria estrutura, possam atingir os outros particulares. Por exemplo, o "direito" fundamental à habitação não permite, ao arrendatário, bloquear a possibilidade de o senhorio despejar o prédio para obras: trata-se de um "direito" a ações ou prestações do Estado, de cariz programático[1416], e não de um direito real que deva ser imposto ao senhorio, sob pena, aliás, de grave atentado ao princípio da igualdade.

Os direitos fundamentais que, estruturalmente, surgem oponíveis *erga omnes* são, precisamente, os direitos de personalidade.

[1410] Vieira de Andrade, *Os direitos fundamentais* cit., 254 ss..

[1411] Eduardo Correia Baptista, *Os direitos de reunião e de manifestação no Direito português* (2006), 159 ss.

[1412] Assim, em RPt 20-dez.-2000 (Manso Rainho), CJ XX (2000) 5, 235-236, a propósito da consulta do inquérito, em processo penal.

[1413] Assim, RLx 15-mar.-2000 (Marcolino de Jesus), CJ XXV (2000) 2, 90-92 (91/I), num caso relativo ao bom nome.

[1414] *Tratado*, I, 4.ª ed., 933 ss..

[1415] Quanto a esse preceito, Vieira de Andrade, *Os direitos fundamentais* cit., 270 ss., José João Abrantes, *A vinculação das entidades privadas aos direitos fundamentais* (1990), 87 ss. e Jorge Miranda, *Direitos fundamentais* cit., 4.ª ed., 376 ss.; *vide*, ainda, as considerações feitas no nosso *Tratado*, I, 4.ª ed., 933 ss..

[1416] TC n.º 333/99, de 8 de junho (Vítor Nunes de Almeida; vencida: Fernanda Palma), BMJ 488 (1999), 94-102 (99, com indicações).

III. A referência, em tal conjuntura, a "direitos fundamentais" teria um duplo papel: permitiria isolar o direito de personalidade concreto que, por ter sido constitucionalmente nominado, disporia de um suplemento de peso argumentativo e aplicativo; implicaria uma especial intensidade normativa, pondo-os ao abrigo de normas hierarquicamente inferiores.

Quanto ao resto, o regime dos direitos fundamentais de personalidade segue as regras civis, acima explicitadas.

SECÇÃO IV

DIREITOS DE PERSONALIDADE (DIREITO DO TRABALHO)

§ 51.º DIREITOS DE PERSONALIDADE LABORAIS

188. Problemática geral

I. A inclusão, no Código do Trabalho, de uma rubrica significativa dedicada aos direitos de personalidade foi iniciativa da reforma de 2003 (15.º a 21.º), complementada com um acervo relativo à igualdade e não-discriminação (22.º a 32.º). O Código de 2009 manteve essa orientação (14.º a 22.º e 23.º a 32.º, respetivamente), com poucas alterações. Num prisma científico e com reflexos práticos, esta iniciativa tem o maior interesse junto do privatismo português. Basta ver que a enumeração de direitos de personalidade, feita pelo Código do Trabalho, constitui a referência mais extensa do nosso Direito positivo. E para além dos artigos diretamente em causa, encontramos, no Código e noutros diplomas, preceitos diretamente relevantes.

II. Ao optar pela matéria constante dos artigos 14.º e seguintes, o legislador laboral fez, objetivamente, as escolhas seguintes:

(a) optou por abandonar o "direito geral" de personalidade, a favor de diversos direitos tipificados;
(b) acolheu, como "direitos", princípios e liberdades de ordem geral, como a liberdade de expressão e de opinião;
(c) elegeu a via dos direitos de personalidade, em detrimento da dos direitos fundamentais; de resto, a serem tomados em sentido formal, estes teriam de constar da Constituição;
(d) consagrou uma lista exemplificativa de direitos de personalidade; no confronto com o Código Civil, faltam, por exemplo, referên-

cias ao direito ao nome (72.º a 74.º) e à imagem (79.º, todos deste Código);

(e) abdicou, salvo em pontos concretos, de fixar regimes explícitos para os direitos consignados: estes caem, em princípio, nas regras civis, acima recordadas.

III. Os direitos de personalidade laborais, a entender como os que se encontram reportoriados no Código do Trabalho, traduzem uma significativa "civilização" do tecido jurídico-laboral. Recordamos que, no coração da situação jurídica laboral e com implicações seja nos contratos de trabalho, seja na organização da empresa, há que observar linhas de força obtidas pela evolução bimilenária do Direito civil.

IV. Note-se, finalmente, que os direitos de personalidade no Direito do trabalho, paredes meias com os direitos fundamentais, representariam, à partida, prerrogativas dos trabalhadores. Todavia, o Código do Trabalho, preocupado com o equilíbrio nas empresas, bilateralizou o tema alargando tais direitos – ou alguns deles – ao empregador: artigos 14.º, 15.º e 16.º. A uma primeira leitura, a bilateralização assim operada é linguística: os direitos de personalidade assim reconhecidos têm utilidade laboral quando assistam aos trabalhadores.

189. **Níveis constitucionais**

I. Como acima explicitado, os direitos de personalidade são dobrados por direitos fundamentais, constantes da Constituição. Entre estes, um relevo especial vai para os artigos 25.º (direito à integridade pessoal) e 26.º (outros direitos pessoais). Diversos preceitos relevantes, com destaque para os "direitos, liberdades e garantias dos trabalhadores" (53.º a 57.º, todos da Constituição) não dão, diretamente, azo a direitos de personalidade.

II. Na experiência alemã, particularmente influente também neste domínio, os laboralistas dedicam a maior atenção aos direitos fundamentais[1417]: só incidentalmente se referem os direitos de personalidade[1418].

[1417] Assim, como exemplos: Rüdiger Linck, em Günter Schaub, *Arbeitsrechts-Handbuch* cit., 17.ª ed., § 3 (7-22); Sudabeh Kamanabrou, *Arbeitsrecht* cit., § 4, II, Nr. 303-349 (91-108).

[1418] Sudabeh Kamanabrou, *Arbeitsrecht* cit., Nr. 326-328 (100-101).

Isso deve-se, naturalmente, à força vinculativa da Lei Fundamental e à escassa atenção dada, pelo BGB, a essa matéria, como acima demos conta. Os direitos fundamentais são, estruturalmente, pretensões contra o Estado. Torna-se, pois, necessário promover uma doutrina de "eficácia externa" que permita tirar partido, de tais preceitos, para as relações laborais privadas. É certo que o já ponderado[1419] artigo 18.º/1 da Constituição determina que os preceitos constitucionais respeitantes aos direitos, liberdades e garantias sejam diretamente aplicáveis e vinculem as entidades públicas e privadas[1420]. Todavia, a vinculação de privados só opera se, estruturalmente, o direito fundamental lhe disser respeito: de outro modo, ao sobrecarregar os cidadãos com os direitos dos outros, a Constituição tiraria, com uma mão, o que daria com a outra.

III. Não obstante esta delimitação, importante no Direito do trabalho, os direitos fundamentais mantêm algum relevo, no elenco dos artigos 14.º e seguintes, seja pela via da sua interpretação, seja pela aportação de elementos destinados a densificar os conceitos indeterminados que surjam[1421]. Quanto à possibilidade de eficácia externa ou perante terceiros: temos um ponto a esclarecer oportunamente[1422].

190. **Direito europeu**

I. A Carta dos Direitos Fundamentais da União Europeia comporta múltiplas proposições relevantes para o Direito do trabalho[1423]. Para além das liberdades fundamentais, em especial a de livre circulação, consubs-

[1419] *Supra*, 531 ss..

[1420] J. J. Gomes Canotilho/Vital Moreira, *Constituição da República Portuguesa anotada* I, 4.ª ed. (2007), 379 ss.; Jorge Miranda/Rui Medeiros, *Constituição Portuguesa anotada* I, 2.ª ed. (2010), 310 ss..

[1421] Uwe Aussem, *Die Ausstrahlungswirkung der Grundrechte auf des Arbeitsrecht* (1994), XXVII + 243 pp., 13 ss., 52 ss. e 151 ss.; Bernhard Kraushaar/Martin Kraushaar, *Die Grundrechte in der Rechtsprechung des Bundesverfassungsgerichts und ihr Einfluss auf die Entwicklung des individuellen Arbeitsrechts* (2003), 674 pp., com muitos elementos; Ralf Poscher, *Die Koalitionsfreiheit als ausgestaltungsbedürftiges und ausgestaltungsfähiges Grundrecht* RdA 2017, 235-245.

[1422] *Vide* o II volume desta obra.

[1423] *Supra*, 207 ss..

tanciadas em regulamentos diretamente aplicáveis[1424], encontramos diretrizes, devidamente transpostas, mas que, para além da discriminação, não visam aspetos relativos às situações individuais[1425].

II. A aplicação direta, a situações individuais, dos direitos fundamentais elencadas na CDFUE, presta-se a dúvidas[1426]. De certo modo, temos aqui um problema paralelo ao dos direitos fundamentais: a CDFUE visa os Estados e os direitos nela assegurados passam por concretizações. Não vemos como conceder direitos *ad nutum*, por respeitáveis e relevantes que sejam, à custa de outras pessoas.

III. Com esta reserva, o Direito europeu, que prevalece, em princípio, sobre o Direito nacional[1427], está presente no núcleo das diversas situações jurídicas laborais. Ele vale como auxiliar de interpretação e como repositório de valores a usar na integração de lacunas e no preenchimento de conceitos indeterminados.

[1424] *Supra*, 210.

[1425] *Supra*, 210-212.

[1426] *Vide*, p. ex.: Monika Schlachter, *Entwicklungen im Individualarbeitsrecht unter dem Einfluss der Rechtsprechung des EuGH/erforderliche und entbehrliche Veränderungen*, RdA 2009, ASH 5, 31-40; Sebastian Krebber, *Die Unionrechte- und Kompetenzakzessorietät des unionsrechtlichen Grundrechtsschutzes im Bereich des Arbeitsrechts: Grundsatz und Ausnahmen*, EuZA 9 (2016), 3-21.

[1427] Dirk Ehlers, *Der Vorrang des Europäischen Unionsrechts*, Jura 2011, 187-193, referindo especialmente os direitos fundamentais (188/I ss.) e o facto de o primado europeu ser necessário para assegurar a validade, a efetividade e a unidade dos ordenamentos em presença e, ainda, a livre concorrência (193/II).

§ 52.º OS DIREITOS EM ESPECIAL

191. Liberdade de expressão e de opinião

I. Segundo o artigo 14.º (Liberdade de expressão e de opinião),

> É reconhecida, no âmbito da empresa, a liberdade de expressão e de divulgação do pensamento e opinião, com respeito dos direitos de personalidade do trabalhador e do empregador, incluindo as pessoas singulares que o representam, e do normal funcionamento da empresa.

Embora incluído numa subsecção relativa aos direitos de personalidade, a liberdade de expressão e de opinião não consubstancia, tecnicamente, nenhum direito subjetivo: não se reporta a um bem concreto. Opera, antes, como uma liberdade ou permissão genérica. A liberdade de expressão consta do artigo 37.º/1, da Constituição; a de opinião é, logicamente, pressuposta por ela.

II. A especificidade do artigo 14.º reside em reconhecer essas liberdades "no âmbito da empresa"[1428]. Estão em jogo duas linhas valorativas, quando o preceito seja tomado pelo prisma do trabalhador:

(a) a dignidade do trabalho: conquanto que inserido na organização do empregador, ele continua a ser pessoa, dotada de autonomia e de liberdade de espírito, podendo usá-las;

[1428] *Vide*, em especial: Júlio Gomes, *Um direito de alerta cívico do trabalhador subordinado? (ou a proteção laboral do whistleblower)*, RDES 2014, 127-160; Luís Menezes Leitão, *Direito do trabalho* cit., 5.ª ed., 148 ss., com especiais referências à jurisprudência francesa; Pedro Romano Martinez, *Direito do trabalho* cit., 8.ª ed., 377 ss.; Guilherme Dray, em Pedro Romano Martinez, *Código do Trabalho anotado* cit., 11.ª ed., 148-149. Outras indicações nacionais podem ser confrontadas nessas obras.

(b) o exercício das liberdades sindicais e coletivas: as opiniões a exprimir permitem o funcionamento das instituições laborais coletivas;

(c) o progresso da empresa: o trabalhador detém um especial *know-how*, sobretudo quando qualificado; as suas opiniões sobre o modo de produção podem ser relevantes, seja para a segurança de todos, seja para o próprio lucro empresarial.

III. O artigo 14.º prevê limitações: de resto, o próprio artigo 37.º/3 e 4, da Constituição, faz outro tanto. Tais limitações são inevitáveis: as liberdades devem conciliar-se com idênticas prerrogativas, que assistem às outras pessoas e, ainda, com deveres legais e contratuais específicos. Uma liberdade absoluta inviabilizaria o funcionamento de qualquer sistema jurídico. Assim, as liberdades de expressão e de divulgação do pensamento e de opinião são delimitadas:

(a) por idênticas liberdades que assistem a todas as demais pessoas que partilhem o espaço empresarial ou que, com ele, entrem em contacto;

(b) pelos direitos de personalidade do trabalhador – dos demais trabalhadores – e do empregador; neste ponto, estão em especial causa os direitos à integridade moral, ao bom nome e à reputação[1429];

(c) pelo normal funcionamento da empresa; recorde-se que compete ao empregador organizar a empresa, de modo a maximizar, nos limites legais, a sua capacidade produtiva;

(d) por normas legais específicas, em especial o artigo 128.º, relativo aos deveres do trabalhador, entre os quais os de respeito e urbanidade para com o empregador, os superiores e os companheiros de trabalho [n.º 1, *a*)], os de zelo e de diligência [n.º 1, *c*)], o de obediência [n.º 1, *e*)], o de lealdade [n.º 1, *f*)] e o de incremento da empresa [n.º 1, *h*)];

(e) por cláusulas convencionais coletivas;

(f) por cláusulas contratuais individuais: desde que sejam válidas, não vemos que alguém possa assumir voluntariamente uma obri-

[1429] *Vide* o nosso *Tratado de Direito civil* IV, 4.ª ed., 199 ss..

gação e escudar-se, depois, em liberdades fundamentais para não a cumprir.

IV. Numa empresa com dimensão, o empregador, de preferência por acordo com os trabalhadores, deve prever um espaço para reuniões e para afixação de opiniões, designadamente de tipo sindical. Quanto a críticas à condução da empresa, as boas práticas e o dever de lealdade recomendam que sejam encaminhadas para a administração, sem publicidade que possa prejudicar a empresa. Tudo isto se aplica ao empregador: não deve exercer a sua "liberdade de expressão e de divulgação do pensamento e opinião" para apoucar ou humilhar trabalhadores.

V. O preceito em análise fica mais claro com algumas proposições jurisprudenciais:

- constitui justa causa de despedimento o facto de um ajudante de farmácia fazer reiteradas afirmações criticando a empregadora[1430];
- *idem* em face de um trabalhador que escreveu uma carta com afirmações que ofendem a vida privada e familiar de um superior hierárquico e de uma trabalhadora, desnecessárias para o "direito de crítica à gestão da empresa"[1431];
- *idem* perante uma jornalista que, tendo declarado, designadamente e em público que a sua empregadora tinha "muito a melhorar em termos informativos" e "piorar é impossível", sofreu uma pena de repreensão registada[1432];
- entendeu não haver justa causa de despedimento quando uma trabalhadora diretora que, na presença de terceiros, critica, em tom trocista, uma decisão do empregador e que, noutra circunstância, se dirige a um membro de órgão social em tom recriminatório[1433];
- admite-se, no âmbito do artigo 14.º, que um trabalhador dirigente sindical envie uma mensagem eletrónica a várias entidades e a 47 trabalhadores em que dá conta de um acórdão que teria condenado

[1430] STJ 3-mar.-1998 (Sousa Lamas), CJ/Supremo VI (1998) 1, 275-277 (276/II); apesar de anterior ao Código de 2003, este acórdão procederia à luz dele e do atual.

[1431] STJ 4-jul.-2013 (Maria Clara Sottomayor), Proc. 7583/11.

[1432] STJ 28-mai.-2014 (Fernandes da Silva), Proc. 2786/11.

[1433] RGm 15-jan.-2015 (Manuel Fialho), Proc. 151/13.

o empregador "a devolver o dinheiro roubado aos trabalhadores na última greve"[1434];

– uma trabalhadora, diante de trinta e tal colegas e de uma formadora externa, declara que não recomenda a empregadora (uma instituição de solidariedade social) a ninguém e que se a mesma fechasse, lhe era indiferente, pois ia para o fundo de desemprego, viola a lealdade, sem legitimação na liberdade de expressão[1435];
– o trabalhador pode, no exercício do seu direito de defesa em processo disciplinar, responder às acusações dentro de um quadro legal de tutela dos demais direitos de personalidade[1436];
– a distribuição por três trabalhadores, dois dos quais dirigentes sindicais, de um comunicado aprovado em plenário, do qual consta que "o hotel está a empurrar-nos para a pobreza", a "repressão tem vindo a aumentar", "há oito anos que não há aumentos" e "não é pago o trabalho suplementar e aumentou a precariedade", é mordaz e incisivo mas, dadas as circunstâncias, não justifica despedimento[1437].

VI. A análise destes casos permite apurar algumas linhas de força:

(a) os tribunais tendem a dar mais ênfase à liberdade de expressão, em face de questões sindicais;
(b) eles tendem a desvalorizar – quiçá em demasia – as faltas de respeito que não reportem, diretamente, factos;
(c) a cautela das decisões é maior quando estejam em causa despedimentos.

192. **Integridade física**

I. Dispõe o artigo 15.º:

> O empregador, incluindo as pessoas singulares que o representam, e o trabalhador gozam do direito à respetiva integridade física e moral.

[1434] RPt 1-fev.-2016 (Fernando Soares), Proc. 68/14.
[1435] RPt 15-fev.-2016 (Jorge Loureiro), Proc. 276/13.
[1436] RPt 20-jun.-2016 (Paula Leal de Carvalho), Proc. 335/15.
[1437] REv 8-mar.-2018 (Moisés Silva), Proc. 296/17.

O preceito transcrito refere o direito à integridade física, normalmente associado ao direito à vida[1438] e o direito à integridade moral, ligado aos direitos ao bom nome e à reputação[1439].

O direito à vida pertencia à melhor tradição do Visconde de Seabra[1440]. Surpreendentemente, ele não obteve consagração expressa no Código Civil. Não haverá, todavia, dificuldade em derivá-lo do artigo 24.º da Constituição[1441], sendo ainda de sublinhar a sua consagração penal[1442] e a sua evidência comunitária[1443] – artigo 2.º/1 da Convenção Europeia dos Direitos Humanos (1950)[1444-1445] e artigo 2.º/1 da Carta dos Direitos Fundamentais da União Europeia (2000)[1446-1447] – e internacional – artigo 3.º da Declaração Universal dos Direitos Humanos[1448-1449] e artigo 6.º do Pacto Internacional dos Direitos Civis e Políticos[1450-1451]. E a própria lei civil, ao referir, no artigo 70.º/1, a proteção concedida por lei, aos indivíduos, "... contra qualquer ofensa ilícita ou ameaça de ofensa à sua personalidade física ..."

[1438] *Vide* o nosso *Tratado* cit., I, 4.ª ed., 164 ss..

[1439] *Idem*, 199 ss..

[1440] Recorde-se o artigo 359.º, 1.º, do Código Civil de 1865.

[1441] Cuja epígrafe é, justamente, "direito à vida"; cf. Gomes Canotilho/Vital Moreira, *Constituição da República Portuguesa Anotada*, I 4.ª ed. (2006), 445 ss. e Jorge Miranda/Rui Medeiros, *Constituição Portuguesa Anotada*, 1, 2.ª ed. (2010), 499 ss.

[1442] Jorge de Figueiredo Dias, *Comentário Conimbricense ao Código Penal*, II (1999), anot. 131.º, §§ 4 e ss. (5 ss.).

[1443] Wolfram Höfling/Stephan Rixen, *Recht und Leben und Verbot der Todesstrafe*, em Heselhaus/Nowak, *Handbuch der Europäischen Grundrechte* (2006), 361-389, com indicações. Alguns elementos comparatísticos: Maura Tampieri, *Immissioni intollerabili e danno alla persona* (2006), 8 ss..

[1444] "O direito de qualquer pessoa à vida é protegido por pela Lei".

[1445] Ireneu Cabral Barreto, *A Convenção Europeia dos Direitos do Homem*, 5.ª ed. (2015), 80 ss.

[1446] "Todas as pessoas têm direito à vida".

[1447] Alessandra Silveira/Mariana Canotilho, *Carta dos direitos fundamentais da União Europeia* (2013), 46 ss.

[1448] "Todo o indivíduo tem direito à vida".

[1449] Gudmundur Alfredsson/ Asbjørn Eide, *The Universal Declaration of Human Rights: A Common Standard of Achievement* (1999), 89 ss.

[1450] "O direito à vida é inerente à pessoa humana. Este direito deve ser protegido pela lei: ninguém pode ser arbitrariamente privado da vida".

[1451] Sarah Joseph/Melissa Castan, *The International Covenant on Civil and Political Rights: Cases, Materials and Commentary*, 3.ª ed. (2013), 166 ss.

garante, por certo e em termos civis, o direito à vida[1452]. Este ponto surge nas diversas leis dos nossos dias, sendo de relevar a brasileira[1453].

A integridade moral coloca problemas próprios, pelo que será vista em rubrica autónoma.

II. A integridade física é tutelada por normas civis e penais. No campo do trabalho, ela pode ser atingida por ação ou por omissão. Assim, há que aproximar o artigo 15.º do artigo 281.º, relativo aos princípios gerais em matéria de segurança e saúde no trabalho. Recordamos os dois primeiros números deste preceito:

> 1. O trabalhador tem direito a prestar trabalho em condições de segurança e saúde.
>
> 2. O empregador deve assegurar aos trabalhadores condições de segurança e saúde em todos os aspetos relacionados com o trabalho, aplicando as medidas necessárias tendo em conta princípios gerais de prevenção.

O artigo 59.º/1, *c*), da Constituição , consigna, como direito dos trabalhadores, a prestação de trabalho em condições de higiene, segurança e saúde. Por seu turno, a Lei n.º 102/2009, de 10 de setembro[1454], relativa à promoção da segurança e da saúde no trabalho, comporta, em 120 artigos, um regime pormenorizado.

III. Podemos filiar no direito à integridade física todo o desenvolvimento do Direito das condições de trabalho. As próprias regras sobre a duração do trabalho ficarão incluídas. Todavia, para uma eficaz realização do Direito, afigura-se conveniente distinguir, em sede própria, os diversos regimes envolvidos.

[1452] A proteção do direito à vida por intermédio do artigo 70.º/1 é reconhecida, unanimemente, pela nossa jurisprudência: STJ 2-dez.-2013 (Paulo Sá), Proc. n.º 1667/08; RPt 13-mar.-2014 (Soares de Oliveira), Proc. n.º 2140/10.

[1453] Sílvio Romero Beltrão, *Direitos da personalidade* cit., 2.ª ed., 149 ss..

[1454] Alterada pelas Leis n.º 42/2012, de 28 de agosto e n.º 3/2014, de 28 de janeiro, pelo Decreto-Lei n.º 88/2015, de 28 de maio e pelas Leis n.º 146/2015, de 9 de setembro e n.º 28/2016, de 23 de agosto.

193. A integridade moral; concurso com a liberdade de expressão

I. A integridade moral envolve o direito ao bom nome e à reputação, presentes no artigo 26.º da Constituição e, de certo modo, ao artigo 484.º do Código Civil[1455]. Na base dos artigos 180.º/1 e 181.º/1 do Código Penal, podemos distinguir dois tipos de atentados à honra:

– a difamação, que consiste em imputar a outra pessoa, mesmo sob a forma de suspeita, um facto, ou formular sobre ela um juízo, ofensivo da sua honra ou consideração, ou reproduzir uma tal imputação ou prejuízo;
– a injúria, que se traduz em dirigir a outrem palavras que traduzam factos, mesmo sob a forma de suspeita ou que ofendam a sua honra ou consideração.

II. Os atentados à integridade moral, normalmente através de ofensas à honra, dão lugar a largas casuísticas[1456]. Recordamos que, perante o Direito civil – e, daí, no Direito do trabalho – não se admite a *exceptio veritatis*, isto é: a exceção de que a afirmação difamatória ou injuriosa, afinal, correspondia a factos verdadeiros. Já no Direito penal, esse tipo de *exceptio* é permitido[1457].

III. No Direito do trabalho como, de resto, no domínio da comunicação social, o direito à integridade moral pode entrar em conflito com a liberdade de expressão, prevista no artigo 14.º. Como vimos na casuística relativa a este último preceito, temos, normalmente e frente a frente, ambos os direitos. Qual deve ceder? A questão ganha contornos acrescidos perante o uso das chamadas redes sociais, na *Internet*[1458]. Autores consideram mesmo que, perante a pujança demonstrada pela liberdade de informação, a tutela da honra tem-se encontrado, de modo permanente, na

[1455] *Tratado de Direito civil* VIII (2015, reimp.), 552 ss..
[1456] *Tratado de Direito civil* I, 4.ª ed., 202-204.
[1457] *Idem*, 204-205.
[1458] Mirko Andreas Wieczorek, *Persönlichkeitsrecht und Meinungsfreiheit im Internet/Kollision und Abwägung bei Internetangeboten – eine verfassungsrechtliche Analyse* (2013), XXVI + 317 pp..

defensiva[1459]. Inversamente: uma proteção muito alargada da honra prejudicaria a liberdade de opinião e a liberdade de a exprimir: só se admitiriam panegíricos[1460]. Embora ambos os vetores sejam considerados necessários para as democracias modernas, autores criticam a tendência atual para dar mais relevo à liberdade de informação[1461], enquanto outros discordam dessa asserção[1462].

À partida, temos de ter presente que o direito à honra é um direito de personalidade. Marca um círculo em que o interesse da pessoa beneficiária prevalece sobre quaisquer pretensos valores superiores: de outro modo, nem a figura dos direitos de personalidade faria sentido. Propugnado este pano de fundo humanista, que deve ser o do Direito privado, queda prevenir contra soluções apriorísticas. O Direito e a jurisprudência vêm diversificando as soluções[1463]: elas são especialmente úteis quando a honra fique ameaçada[1464].

IV. Quando se refira a liberdade de expressão, há que reportá-la a algo de socialmente útil ou relevante[1465]. Deste modo, faremos a distinção entre a liberdade de expressão e a livre iniciativa económica: um órgão de informação que divulgue determinado facto ou desenvolva uma campanha, pretende informar o seu público ou aumentar tiragens ou audiências? Esta última finalidade pode ser prosseguida com notícias socialmente insignificantes, mas que, pela forma por que sejam dadas ou pelo ambiente superficial que se venha criando, granjeiem o interesse do público. A livre iniciativa económica, mesmo aplicada no campo da comunicação social, é

1459 Gerhard Erdsiek, *Der Ehrenschutz in der Defensive*, FS Rudolf Reinhardt (1972), 69-82. *Vide* Reinhold Zippelius, *Meinungsfreiheit und Persönlichkeitsrecht*, FS Hubmann (1985), 511-521.

1460 Walter Schmidt Glaeser, *Meinungsfreiheit, Ehrenschutz und Toleranzgebot*, NJW 1996, 873-879 (879/I).

1461 Martin Kriele, *Ehrenschutz und Meinungsfreiheit*, NJW 1994, 1897-1905.

1462 Jörg Soehring, *Ehrenschutz und Meinungsfreiheit*, NJW 1994, 2926-2929.

1463 Dieter Grimm, *Die Meinungsfreiheit in der Rechtsprechung des Bundesverfassungsgerichts*, NJW 1995, 1697-1705.

1464 De entre a inesgotável literatura alemã, citamos, ainda, Peter Raue, *Persönlichkeitsrecht/Die Verteidigung der persönlichen Ehre* (1997), 57 ss..

1465 "Razoável", nas palavras de Figueiredo Dias, *Direito de informação e tutela da honra* cit., 137. Quanto à liberdade de opinião, constitucionalmente garantida, temos, como obra de referência: Martin Hochhuth, *Die Meinungsfreiheit im System des Grundgesetzes* (2008), XXIV + 401 pp..

digna e merece proteção; todavia, é evidente que ela nunca poderá prevalecer sobre o direito à honra, seja de quem for. Já a verdadeira liberdade de expressão poderá ir mais longe: mas sempre com limites.

V. Na determinação das fronteiras entre o direito à honra e a liberdade de expressão, há que trabalhar com dois critérios:

– o da absoluta veracidade;
– o do interesse político-social.

Nenhuma liberdade de comunicação justifica notícias inverídicas, em qualquer uma das concretizações que a ampla noção, acima desenvolvida, possa comportar. Pelo contrário: a liberdade de informar e de comunicar exige uma verdade pura, sem equívocos e sem sombras.

Mas além disso, a asserção questionada tem de corresponder a um interesse político-social e não meramente a um interesse do público.

As dívidas de um político para com uma empresa candidata a um concurso, que ele vai decidir, são facto relevante, que pode ser relatado; as suas dívidas domésticas, mesmo quando não estejam a coberto do segredo bancário, não relevam: a serem reveladas, poderão apoucá-lo, sem vantagem para ninguém. Há atentado à honra.

O interesse político-social permitirá ainda a reposição da verdade em face de "honras imerecidas". Pense-se na clientela angariada pelo falso médico: este não poderá invocar a ofensa ao bom nome e à reputação, perante a reposição da verdade. Também são legítimas as prevenções contra métodos não-científicos (astrologias, medicinas paralelas, curandeiros, etc.): o público deve ser informado.

Em compensação, não é possível separar uma pessoa da sua atuação. Desconsiderar uma iniciativa concreta é, necessária e evidentemente, desconsiderar a pessoa que a tenha desenvolvido.

VI. Podemos aqui intercalar o problema das denúncias anónimas, designadamente as feitas por alegados trabalhadores não identificados à Administração laboral. A denúncia anónima é expressão de cobardia pessoal (*Ausdruck persönlicher Feigheit*)[1466]. À partida, não merece qualquer

[1466] Helmut Zimmermann, *Zur Problematik anonymer Arbeitsnehmerbeschwerden*, AuR 2016, 226-227 (227/II).

consideração: como é notório, ela dá ego às maiores injustiças. Apenas se admitiria que a Administração não torne público o "denunciante".

VI. A integridade moral das pessoas e, em especial, dos trabalhadores, é posta em causa por práticas de assédio, incluindo *mobbing* e *bullying*. O Código do Trabalho versou esses temas separadamente dos direitos de personalidade: incluiu-os numa subsecção relativa à igualdade e à não-discriminação. Todavia, não parece ser essa a melhor colocação: basta ver que, teoricamente, todos os trabalhadores de uma empresa podem ser assediados, por igual. Antecipamos, por isso, essa matéria.

194. Em especial: o assédio (*mobbing* e *bullying*)

I. Em certas circunstâncias sociológicas, os atentados à integridade moral e, por vezes, física das pessoas assumem uma feição organizada, ainda que não oficial. Os legisladores, particularmente no campo do Direito do trabalho, tiveram de intervir, para tentar controlar o fenómeno. Num primeiro momento, ele foi sentido como uma forma de discriminação contra as mulheres, uma vez que estas eram as vítimas mais frequentes. Por isso, o tema surgiu na legislação europeia, a propósito da não-discriminação das mulheres. A Diretriz 76/207, de 9 de fevereiro[1467], veio vedar discriminações laborais em função do sexo. Seguiu-se a Diretriz 2002/73, de 23 de setembro[1468], que, alterando a primeira, introduziu a noção de assédio, proibindo-o por o entender discriminatório. Apresenta as seguintes definições (novo artigo 2.º/2 da Diretriz 76/2007):

– assédio: sempre que ocorrer um comportamento indesejado, relacionado com o sexo de uma dada pessoa, com o objetivo ou o efeito de violar a dignidade da pessoa e de criar um ambiente intimidativo, hostil, degradante, humilhante ou ofensivo,
– assédio sexual: sempre que ocorrer um comportamento indesejado de carácter sexual, sob forma verbal, não-verbal ou física, com o objetivo ou o efeito de violar a dignidade da pessoa, em particular pela criação de um ambiente intimidativo, hostil, degradante, humilhante ou ofensivo.

[1467] JOCE N.º L 39, 40-42, de 14-fev.-1976.
[1468] JOCE N.º L 269, 15-20, de 5-out.-2002.

II. Em transposição destes normativos comunitários, o Código do Trabalho define e proíbe o assédio, no seu artigo 29.º, ampliando-o para além dos aspetos sexuais[1469]. A doutrina distingue[1470]:

- o assédio sexual ou com conotação sexual (*sexual harassment*): há um comportamento indesejado e hostil com conotação sexual, de modo verbal, gestual ou físico;
- o assédio moral discriminatório: o comportamento indesejado assenta em fatores discriminatórios não-sexuais (*discriminatory harassment*);
- o assédio moral não-discriminatório: o comportamento indesejado não deriva de qualquer discriminação, mas visa, apenas, atingir certa pessoa; fala-se, então, em *mobbing*;

Quantos aos propósitos subjacentes ao assédio (*animus*), é possível distinguir duas grandes modalidades: (i) assédio emocional; e (ii) assédio estratégico. O primeiro é motivado por simples animosidade ou maldade e o segundo por razões específicas, por exemplo, levar o trabalhador a despedir-se, contornando, assim, o regime do despedimento sem justa causa[1471].

O problema tem sido amplamente discutido pelos nossos tribunais superiores[1472].

[1469] Guilherme Dray, em Pedro Romano Martinez e outros, *Código do Trabalho*, 10.ª ed. (2013), 184 ss..

[1470] M. Regina Redinha, *Assédio moral ou* mobbing *no trabalho*, Est. Raúl Ventura 2 (2003), 833-847 e, em especial, Maria do Rosário Palma Ramalho, *Direito do trabalho*, Parte II, *Situações laborais individuais*, 6.ª ed. (2016), 188 ss..

[1471] STJ 3-dez.-2014 (Mário Belo Morgado), Proc. 712/12.

[1472] RLx 13-dez.-2006 (Maria Paula Sá Fernandes), CJ XXXI (2006) 5, 160-164 (163/I), onde se considerou assédio moral a não-ocupação efetiva, do trabalhador, numa asserção muito duvidosa (*vide* o voto de vencido do Des. José Feteira); RPt 2-nov.-2009 (Paula Carvalho), CJ XXXIV (2009) 5, 206-214, aí num caso claro de assédio sexual, e onde é feita uma aproximação à violação da intimidade da vida privada; STJ 3-dez.-2014 (Mário Belo Morgado), Proc. 712/12; STJ 26-mai.-2015 (António Leones Dantas), Proc. 2056.12: dado como não provado.

III. De facto, o Direito despertou para o problema através de não-discriminação no Direito do trabalho[1473] e nos serviços públicos[1474]. Os sociólogos isolam o *mobbing* (de *to mob*, rodear, atacar)[1475] como um conjunto de atos de comunicação negativa, contra uma pessoa isolada, frequentes (pelo menos, uma vez por semana), prolongados (pelo menos, seis meses), danosos para a saúde física e psíquica do atingido e visando o seu isolamento e o seu afastamento[1476]. Os critérios apontados podem, todavia, variar.

O fator sexo foi determinante, para os estudos iniciais[1477]. Hoje, calcula-se que 55% dos casos registados atinjam mulheres, o que documenta um apagamento dessa dimensão[1478]. Exige-se uma resposta multidisciplinar[1479], sem esquecer o Direito[1480].

IV. O tema torna-se perturbante pelo facto de se concretizar, também, entre jovens e nas escolas[1481]. Toma, por vezes, formas de violência física, falando-se, então, em *bullying*.

Bullying (de *bully*, "valentão") é o termo anglo-saxónico consagrado para descrever atos de violência física ou psicológica, levados a cabo por

[1473] Nina Engler, *Strukturelle Diskriminierung und substantielle Chancengleichheit* (2005), XXIV + 272 pp.; Norbert Kollmer, *Mobbing im Arbeitsverhältnisse* (2003), XX + + 295 pp.

[1474] Hans-Jurgen Honsa, *Mobbing und sexuelle Belästigung im öffentlichen Dienst* (2008), 572 pp.

[1475] Na gíria académica, o *mobbing* é expresso por "gozar" ou o "ato de gozar" um colega infeliz ou mais fraco. O *mobbing* foi estudado por Heinz Leymann (1932-1999), professor sueco de origem alemã, que, em análises de campo, identificou 45 comportamentos típicos dessa natureza; *vide* Noa Davenport/Ruth D. Schwarz/Gail Pursell Elliot, *Mobbing: Emotional Abuse in the American Workplace* (1999), 212 pp., 34.

[1476] Peter Teuschel, *Mobbing/Dinamik, Verlauf, gesundheitliche und sozialen Folgen* (2010), 5.

[1477] Godela Linda, *Sexuelle Belästigung ist unerwünscht*, AuR 2018, 123-128; Ingrid Schmidt, *Frauen und die Welt der Arbeit*, AuR 2018, 230-233.

[1478] *Idem*, 56.

[1479] *Idem*, 123 ss. Referimos Josef Schwickerath, *Mobbing am Arbeitsplatz/stationäre Verhaltenstherapie von Patienten mit Mobbingerfahrungen* (2009), XI + 277 pp.

[1480] Martin Wolmerath, *Mobbing/Rechtshandbuch für die Praxis* (2007), 242 pp.

[1481] Karl E. Dambach, *Mobbing in der Schulklasse* (2009), 118 pp.; Karl Gebauer, *Mobbing in der Schule* (2005), 159 ss..

uma pessoa ou várias pessoas, mais fortes, sobre a vítima, mais fraca ou, por qualquer outra razão, impossibilitada de se defender.

O problema do *bullying* foi espoletado pelo suicídio do jovem Curtis Taylor, em 1993 e nos Estados Unidos, vítima, durante anos, de agressões e vexames por parte dos seus colegas de turma. Os episódios de tiroteios nas escolas, com muitas vítimas e, a todos os títulos, lamentáveis, são por vezes reações descontroladas de vítimas dos *bullies*.

Em Portugal, ficou registado o caso de Leandro, de 12 anos, vítima constante de *bullying* em Mirandela e que, em março de 2010, se suicidou, lançando-se ao Tua. As autoridades do Ministério da Educação não foram capazes de esclarecer responsabilidades, tendo a competente associação de pais contribuído para o muro de silêncio.

Nas universidades, o *bullying* exerce-se a coberto das denominadas "praxes": em regra sem nível nem estética e que nada têm a ver com qualquer espírito académico.

V. As descrições de práticas de assédio, de *mobbing* e de *bullying* levam-nos a meditar sobre os abismos da alma humana e sobre a necessidade de permanente intervenção de regras de educação, de ética, de religião e, no limite, de Direito, para garantir a sociabilidade das pessoas e a defesa dos mais fracos.

Em termos privados, o problema não é de discriminação: antes de atentado à integridade física e moral das pessoas e, no mínimo, do direito à honra[1482]. O Direito não pode contemporizar com o sofrimento das pessoas: e, para mais, quando gratuito, sendo que a irracionalidade não pode ser tomada como atenuante. E muito menos será aceitável legitimar práticas agressivas, vexatórias ou intimidatórias com a sua "habitualidade" ou como uma "inevitabilidade". Pelo contrário: se assim for, mais uma razão para lhes pôr cobro. O Direito do trabalho tem feito um esforço pioneiro que importa levar para as demais disciplinas jurídicas.

VI. Como desenvolvimento recente surge o *cyber-bullying*: a prática de incomodar, vexar, intimidar ou prejudicar alguém através de imagens ou ditos colocados na *Net* ou com recurso a telefones portáteis (celulares)[1483].

[1482] Roland Rixecker, no *Münchener Kommentar* cit., 1, 7.ª ed., § 12, anexo, Nr. 99-100.

[1483] Nayla Fawzi, *Cyber-Mobbing/Ursachen und Auswirkungen von Mobbing im Internet* (2009), IV + 140 pp.; Susanne Clay, *Cybermob/Mobbing im Internet* (2010), 246 pp.

Estudos mostram que, nos Estados Unidos, metade dos jovens já foi incomodada por esta via.

Também aqui o Direito não poderá deixar de exercer o seu papel educativo e reparador. A *Net* é um bem da Humanidade; manchá-lo só poderá conduzir, no futuro, a limitações. Além disso, o sofrimento nunca é nem justificado, nem admissível.

VII. Vamos dar conta de algumas decisões judiciais, proferidas sobre o tema do assédio, em ambientes de trabalho. Assim:

RCb 14-jan.-2016: manteve as sanções aplicadas a um Centro Hospitalar, por, relativamente a um médico: (a) ter exigido a restituição de um computador; e como o mesmo continha matéria pessoal, o ter feito intervir um técnico de informática que visualizou essa matéria, de modo a retirá-la; (b) ter exigido a entrega de um telemóvel; (c) terem-lhe fechado o gabinete à chave; (d) terem-lhe comunicado que não poderia falar com ninguém; (e) lhe terem devolvido o computador com uma alteração que reencaminhava automaticamente, para terceiros, mesmo as mensagens pessoais; (f) terem-no colocado num gabinete interior; (g) terem-lhe esvaziado as funções[1484];

RGm 18-fev.-2016: entendeu justificada a resolução do contrato de trabalho levada a cabo por um trabalhador por assédio: mudança do sítio onde prestava atividade; proibição de se deslocar na empresa salvo para ir à casa de banho; retirada do telemóvel e do acesso à *Net*; proibição de entrada pela porta habitual: tudo isso para aceitar uma redução na retribuição[1485];

RPt 14-mar.-2016: o preenchimento do conceito de assédio no trabalho não exige a verificação de uma intenção persecutória por parte do assediante, apesar de tal comportamento estar em regra associado a um objetivo final ilícito ou, no mínimo, eticamente reprovável[1486];

RLx 20-abr.-2016: invocou-se, como assédio, a não-atribuição de serviço compatível e a retirada do veículo há muito atribuído[1487];

STJ 21-abr.-2016: o artigo 29.º/1 não exige, no assédio, o objetivo de afetar a vítima: basta que esse seja o efeito; *in casu*: retirar o acesso a negociações com fornecedores, à rede informática e ao gabinete[1488];

1484 RCb 14-jan.-2016 (Paula do Paço), Proc. 1565/14.
1485 RGm 18-fev.-2016 (Sérgio Almeida), Proc. 98/12.
1486 RPt 14-mar.-2016 (Jorge Loureiro), Proc. 574/13.
1487 RPt 14-mar.-2016 (Eduardo Azevedo), Proc. 321/14.
1488 STJ 21-abr.-2016 (Mário Belo Morgado), Proc. 299/14.

REv 7-dez.-2016: o assédio previsto no artigo 29.º/1 implica comportamentos manifestamente humilhantes, vexatórios e atentatórios da dignidade do trabalhador, tendo, em regra, um objetivo final, ilícito ou, no mínimo, eticamente reprovável; assim, perante um trabalhador diretor de engenharia que não aceitou a revogação do contrato de trabalho por mútuo acordo: retirar-lhe as funções que desempenhava, colocá-lo num gabinete distante e obrigá-lo a fazer registos de tempo[1489];

RPt 5-jan.-2017: não preenche o conceito de assédio a conduta do empregador que, discutindo por vezes com a trabalhadora, a apelidou de incompetente, em determinado dia, mercê da reclamação de um cliente[1490];

RPt 27-mar.-2017: a alteração de funções de uma trabalhadora bancária, a retirada da isenção de horário e o pedido de explicações quanto a certa ausência não são suficientes para se concluir pela existência de assédio moral[1491];

RLx 5-abr.-2017: o assédio moral contemplado no artigo 29.º/1 do CT pode revestir duas formas: o assédio discriminatório e o que não se baseia em nenhum fator de discriminação (*mobbing*), sendo que nem todas as situações de conflito laboral podem ser qualificadas como *mobbing*; ao trabalhador visado compete o ónus da prova dos competentes factos[1492];

REv 13-jul.-2017: distingue o assédio emocional/psicológico, em regra dirigido à obtenção de um efeito psicológico na vítima (*animus nocendi*) e o assédio estratégico, que se reconduz a uma técnica perversa de gestão dirigida a objetivos definidos; não se considera ser o caso se o trabalhador, dirigente, se conformar durante um largo período de tempo com certa redistribuição de funções[1493];

REv 14-set.-2017: configura assédio o facto de o único gerente da empregadora ter mantido uma relação amorosa com a trabalhadora, entre 2002 e 2010 e tendo esta uma relação laboral desde 2002, vir, em 2012, enviar mensagens à visada dizendo que se não reatassem, não seria possível manter a relação laboral, e isso acompanhado de determinados não-pagamentos[1494];

1489 REv 7-dez.-2016 (João Nunes), Proc. 8928/15.

1490 RPt 5-jan.-2017 (Nelson Fernandes), Proc. 10796/15.

1491 RPt 27-mar.-2017 (Paula Leal de Carvalho), Proc. 606/13.

1492 RLx 5-abr.-2017 (Filomeno Manso), Proc. 3805/15.

1493 REv 13-jul.-2017 (Mário Coelho), Proc. 532/11.

1494 REv 14-set.-2017 (João Nunes), Proc. 836/13.

RPt 20-nov.-2017: num caso de desentendimento sobre os benefícios devidos por maternidade, entendeu-se não se terem provado os factos integradores do assédio[1495];

REv 6-dez.-2017: considera haver assédio na situação em que, perante a recusa do trabalhador (diretor-geral) em assinar um acordo de cessação do contrato, o empregador determina a substituição do veículo que lhe estava atribuído por um modelo inferior e lhe retira parte das funções[1496];

RLx 21-dez.-2017: considera assédio o facto de um superior se enfurecer com uma trabalhadora, por duas vezes num mês, declarando-lhe "não te quero aqui, não prestas" e entregando-lhe uma nota de culpa sem fundamento e sem dar subsequente seguimento ao processo disciplinar[1497];

STJ 1-mar.-2018: não é toda e qualquer violação dos deveres da entidade empregadora em relação ao trabalhador que pode ser considerada assédio; exige-se que exista um objetivo final ilícito ou, no mínimo, eticamente reprovável[1498];

REv 26-abr.-2018: *idem*, retomando a mesma fórmula[1499];

RPt 7-mai.-2018: a distinção entre conflito e *mobbing* não se foca no que é feito ou como é feito, mas na frequência ou duração do que é feito; o *mobbing* é um conflito exagerado; assim sucede perante a diminuição de funções, funções atribuídas a subordinados, comentários jocosos e apreciações pessoais descabidas na presença de terceiros, relatórios diários pormenorizados, promoção de subordinados sem conhecimento e sentado contra a parede de costas para os subordinados[1500];

STJ 9-mai.-2018: retoma a fórmula usada no acórdão do Supremo de 1-mar.-2018, acima referido; acrescenta: mesmo que possa retirar-se do artigo 29.º do Código do Trabalho que o legislador quis prescindir do elemento intencional, exige-se que ocorram comportamentos da empresa que intensa e inequivocamente infrinjam os valores protegidos pela norma: a integridade psíquica e moral do trabalhador[1501].

[1495] RPt 20-nov.-2017 (Nelson Fernandes), Proc. 1671/16.

[1496] REv 6-dez.-2017 (Paula do Paço), Proc. 2823/16.

[1497] RLx 21-dez.-2017 (Maria José Costa Pinto), Proc. 3225/16.

[1498] STJ 1-mar.-2018 (Gonçalves Rocha), Proc. 4279/16.

[1499] REv 26-abr.-2018 (João Nunes), Proc. 491/17.

[1500] RPt 7-mai.-2018 (Domingos Morais), Proc. 2326/16.

[1501] STJ 9-mai.-2018 (Gonçalves Rocha), Proc. 532/11.

VIII. A jurisprudência permite apontar algumas linhas de força pertinentes. Assim:

(a) a invocação de assédio é correntemente usada nos processos; há que verificar, com cuidado, os factos invocados e a sua prova;
(b) não se documentam situações de assédio de conteúdo sexual ou discriminatório; ocorrem, antes, situações de *mobbing* tendentes a conseguir efeitos laborais;
(c) a "vítima típica" de assédio, pelo menos daquele que chega aos tribunais, é o quadro superior ou dirigente, que se pretende dispensar, por mútuo acordo; perante a recusa, o empregador opta por lhe tornar a vida na empresa progressivamente mais desagradável.

Em qualquer caso, confirma-se a conexão entre o assédio e o atentado à integridade moral do trabalhador.

195. **A reserva da intimidade da vida privada**

I. O artigo 16.º/1 começa por, fora do sítio, retomar uma regra geral básica: quer o empregador, quer o trabalhador devem respeitar os direitos de personalidade da contraparte. De seguida, introduz um direito importante[1502]:

> (...) cabendo-lhes, designadamente, guardar reserva quanto à intimidade da vida privada.

[1502] Luís Menezes Leitão, *Direito do trabalho* cit., 5.ª ed., 158-174; Rosário Palma Ramalho, *Tratado* cit., II, 6.ª ed., 296-297; Pedro Romano Martinez, *Direito do trabalho* cit., 8.ª ed., 378-379; Guilherme Dray, em Pedro Romano Martinez, *Código do Trabalho anotado* cit., 11.ª ed., 151-168. Em face do Direito anterior, *vide* o nosso *O respeito pela esfera privada do trabalhador*, em António Moreira (coord.), *I Congresso Nacional de Direito do trabalho/Memórias* (1998), 19-37; perante o atual: Amadeu Guerra, *A privacidade no local de trabalho/As novas tecnologias e o controlo dos trabalhadores através de sistemas automatizados/Uma abordagem do Código do Trabalho* (2004), 453 pp.; David de Oliveira Festas, *O direito à reserva da intimidade da vida privada do trabalhador no Código do Trabalho*, ROA 2004, 369-453.

Nos preceitos subsequentes, o Código desenvolve aspetos sensíveis relacionados com a intimidade da vida privada:

artigo 17.º: proteção de dados pessoais;
artigo 18.º: dados biométricos;
artigo 19.º: testes e exames médicos;
artigo 20.º: meios de vigilância à distância;
artigo 21.º: utilização de meios de vigilância à distância.

II. A intimidade da vida privada é protegida pelo artigo 80.º do Código Civil. Todavia, o Código do Trabalho concede-lhe um relevo e um cuidado regulativo bastante acrescidos. Com efeito, o trabalhador, quando integrado numa empresa de certa dimensão, fica totalmente imerso no ambiente laboral durante uma parte significativa da sua existência. A pressão sobre a sua vida privada assume uma dimensão que ultrapassa a ambiência geral a que todas as pessoas estão submetidas. Deve-se, contudo, sublinhar que o essencial dos artigos 17.º a 21.º só faz sentido perante grandes empresas. Confirma-se o diagnóstico oportunamente feito: as regras laborais tiveram em vista as unidades empresariais de grande porte. Quando aplicada às pequenas e médias empresas, suscitam-se dificuldades a minimizar pela interpretação.

III. Não parece adequado, no Direito do trabalho como em qualquer outra área, elaborar subsistemas parcelares quando tenham disponíveis os esquemas gerais do Direito civil. Apenas na posse destes haverá que proceder às competentes adaptações.

196. A privacidade; teoria das esferas

I. O Código Civil, a coroar o tratamento dispensado aos direitos de personalidade, refere, no artigo 80.º, o direito à reserva sobre a intimidade da vida privada.

Este direito postula uma liberdade fundamental: a que cada um tem de, sem prejudicar terceiros, orientar a sua vida privada como entender[1503].

[1503] Trata-se de um aspeto que tem a ver com a liberdade pessoal, mas que também se associa às liberdades cívicas; *vide* Peter Schmitz, *Persönlichkeitsschutz als Bürgerliche*

Posto isto, queda um bem: a concreta vida privada do sujeito. E este bem – claramente de personalidade – torna-se o suporte do inerente direito. A vida privada compreende as mais diversas realidades[1504]: a origem e a identidade da pessoa; a sua situação de saúde; a sua situação patrimonial; a sua imagem; os seus escritos pessoais; as suas amizades e relacionamentos sentimentais; as suas preferências estéticas; as suas opções políticas e religiosas. Em rigor, a vida privada abrangerá tudo o que não seja público e profissional ou social.

II. O direito à reserva sobre a intimidade da vida privada é, antes de mais, um direito contra o Estado[1505]. Este só pode investigar nesse campo com cobertura de leis constitucionais e na estrita medida do necessário: pense-se na devassa fiscal. Mas além disso, temos, aqui, um direito de personalidade, oponível a todos os particulares. Nos possíveis conflitos com outros direitos, haverá que proceder a uma ponderação valorativa[1506].

O direito à reserva sobre a intimidade da vida privada pode decompor-se em direitos parcelares: assim sucede, como exemplo, com o direito à imagem, no que esta tenha a ver com as esferas privada, secreta e íntima. De todo o modo, a referência global a um direito à intimidade tem o maior interesse argumentativo, mau grado as dificuldades dogmáticas que não poderá deixar de provocar.

Os diversos direitos do Ocidente tendem, hoje, para a preservação da vida privada. Todavia, seguem esquemas técnicos não coincidentes, o que torna a privacidade um tema caro aos estudos de Direito comparado[1507]. Em traços largos, podemos dizer que o Direito alemão reconhece

Freiheit im englischen Recht unter besonderer Berücksichtigung der Kollision mit der Pressefreiheit (1996), 73 ss.. Quanto à liberdade da vida privada, Pierre Kayser, *La protection de la vie privée* (1990), 4.

[1504] Para uma enumeração, Jean-Claude Roux, *La protection de la vie privée dans les rapports entre l'Etat et les particuliers* (1983), 10 ss..

[1505] *Vide* o artigo 26.º/1, *in fine*, da Constituição, bem como Jean-Claude Roux, *La protection de la vie privée* cit., 27 ss..

[1506] Peter Howe, *Zivilrechtlicher Eingriff und Interessenabwägung beim Persönlichkeitsrecht auf Wahrung der Privaten Geheimsphäre* (1990), 1 ss. e *passim*.

[1507] Assim: Christiane Herth, *Persönlichkeitsschutz im englischen Zivilrecht/Ein Rechtsvergleichenden Beitrag zur Haftung der Massenmedien bei Eingriffen in den geschützten Privatbereich* (1989), Peter Schmitz, *Persönlichkeitsschutz als Bürgerliche Freiheit im englischen Recht* cit., 82 ss., Carsten Heisig, *Persönlichkeitsschutz in Deutsch-*

um direito de personalidade; o Direito francês, conquanto que fazendo hoje o mesmo, progride por via delitual e com base no artigo 1382.º do Código Napoleão, enquanto os ingleses e os norte-americanos situam o tema nos *torts*.

III. Na precisa definição da privacidade, soi fazer-se apelo à teoria das esferas[1508], inicialmente desenvolvida a propósito do direito à imagem[1509]. De facto, faz sentido contrapor aqui as esferas pública, individual-social, privada, secreta e íntima.

Na concretização do direito, haverá que lidar com estas esferas: elas concitam uma tutela diversificada.

Recordamos que a teoria das esferas distingue[1510]:

(a) uma esfera pública: própria de políticos, atores, desportistas ou outras celebridades, ela implica uma área de condutas propositadamente acessível ao público, independentemente de concretas autorizações;
(b) uma esfera individual-social: reporta-se ao relacionamento social normal que as diversas pessoas estabelecem com amigos, colegas e conhecidos; a reprodução de imagens será aí possível, salvo proibição, mas apenas para circular nesse mesmo meio;

land und Frankreich (1997), 7 ss. (48) e 69 ss., Axel Halfmeier, *Die Veröffentlichung privater Tatsachen als unerlaubte Handlung/Eine rechtsvergleichende Untersuchung* (2000), com referência às experiências alemã (35 ss.), francesa (100 ss.), suíça (126 ss.), austríaca (139 ss.), inglesa (162 ss.) e norte-americana (178 ss.) e Georgios Gounalakis, *Privacy and the Media/A Comparative Perspective* (2000): Inglaterra (33 ss.), Alemanha (50 ss.) e França (63 ss.).

[1508] P. ex., Axel Halfmeier, *Die Veröffentlichung privater Tatsachen* cit., 56 ss.

[1509] *Tratado*, IV, 4.ª ed., 261 ss.. Distinguindo também as cinco esferas aí propostas, *vide* Harald Andreas Guha, *Der Schutz der absoluten Person der Zeitgeschichte vor indiskreter Wort- und Bildberichterstattung* (1999): esfera íntima (49 ss.), esfera secreta (51 ss.), esfera privada (53), esfera social (54) e esfera pública (55).

[1510] Aproveitamos o esquema de Daniela Oslander, *Das Recht am eigenen Bild im allgemeinen Persönlichkeitsrecht* (1993), 78 ss., que opera com cinco esferas. A teoria das esferas remonta a Heinrich Hubmann, na 1.ª ed. do seu *Persönlichkeitsrecht* (1953), 216 ss. (esferas individual, privada e secreta). *Vide* a sua aplicação em Kerstin Gronau, *Das Persönlichkeitsrecht von Personen der Zeitgeschichte und die Medienfreiheit* (2000), 73 ss. e no nosso *Tratado de Direito civil* IV, 4.ª ed., 261 ss..

(c) uma esfera privada: tem a ver com a vida privada comum da pessoa: apenas acessível ao círculo da família ou dos amigos mais estreitos, equiparáveis a familiares;
(d) uma esfera secreta: abrange o âmbito que o próprio tenha decidido não revelar a ninguém; desde o momento em que ele observe a discrição compatível com tal decisão, esta esfera tem absoluta tutela;
(e) uma esfera íntima: reporta-se à vida sentimental ou familiar no sentido mais estrito (cônjuge e filhos); tem uma tutela absoluta, independentemente de quaisquer prévias decisões, nesse sentido, do titular considerado; elas são dispensáveis.

As esferas privada, secreta e íntima nunca são acessíveis sem autorização. Nenhuma notoriedade, cargo, exigências de polícia ou de justiça ou finalidades científicas, didáticas ou culturais permitiriam tal invasão. Além disso, só são admissíveis autorizações na esfera privada: as esferas secreta e íntima deixariam de o ser se surgirem autorizações de ingerência, o que nunca pode ser presumido.

As esferas pública e individual-social permitem o acesso, sem autorização, consoante as circunstâncias e os objetivos, mas apenas para documentar o que lá se passa: não, por exemplo, para obter imagens para uma campanha publicitária. Aí podem operar os fatores de notoriedade, cargo, polícia ou justiça, ciência, ensino ou cultura, sempre em termos de adequação social. Mas mesmo nestas duas esferas, o acesso – em sentido amplo – não é permitido se puder prejudicar a honra, a reputação ou o decoro do retratado. Pense-se no político surpreendido a mudar de gravata ou a alimentar-se, com a boca aberta. Este espaço deve ser interpretado extensivamente, de modo a abranger todas as situações que possam prejudicar o visado.

197. O regime geral

I. O direito à reserva sobre a intimidade da vida privada obteve uma referência sucinta, no artigo 80.º do Código Civil. Cumpre tê-lo bem presente, para efeitos de análise:

> 1. Todos devem guardar reserva quanto à intimidade da vida privada de outrem.

2. A extensão da reserva é definida conforme a natureza do caso e a condição das pessoas.

A referência a uma "vida privada" inculca uma outra, a "vida pública", em relação à qual não haverá reserva – ou, pelo menos, o mesmo tipo de reserva. Fazemos, aqui, apelo à teoria das esferas: mau grado as críticas que já têm surgido[1511], ela mantém um potencial descritivo e ordenador das diversas situações. Assim sendo, o citado artigo 80.º/1 protege as esferas privada, secreta e íntima; não já – ou não diretamente – as pública e social-individual.

II. O n.º 2 do preceito delimita a proteção em função de dois elementos[1512]:

– um dado objetivo: a natureza do caso;
– um dado subjetivo: a condição das pessoas.

O dado objetivo tem a ver com os especiais valores que, *in concreto*, possam conduzir à intromissão na esfera privada. Terão de ter uma cobertura legal e constitucional e deverão revelar-se, no caso a decidir, mais ponderosos do que os valores subjacentes à privacidade. Será o caso de exigências de polícia ou de justiça que – sempre sob sigilo e no estrito limite do necessário – poderão conduzir a escutas telefónicas, a microfones ou câmaras ocultas ou à análise de documentos particulares. Imperiosa será sempre a decisão do juiz e o controlo por este.

III. O dado subjetivo reporta-se à notoriedade ou ao cargo da pessoa considerada ou à própria postura que a mesma adote[1513]. Perante um polí-

[1511] Assim: Walter Schmidt, *Die bedrohte Entscheidungsfreiheit*, JZ 1974, 241-250; Andreas Guha, *Der Schutz der absoluten Person* cit., 42. O problema reside nos bancos de dados; aí, a acumulação de informações sobre a vida pública das pessoas, sem significado isolado, pode levar à efetiva devassa total, permitindo conclusões sobre a vida íntima, por exemplo. A teoria das esferas é apenas "declarativa": as bases de dados são aptas a atingir todas as esferas, devendo ser reguladas nessa perspetiva.

[1512] *Vide* a sempre excelente análise de Paulo Mota Pinto, *O direito à reserva sobre a intimidade da vida privada* cit., 564 ss..

[1513] *Vide* a já citada monografia de Kerstin Gronau, *Das Persönlichkeitsrecht von Personen der Zeitgeschichte und die Medienfreiheit* (2002), 259 pp..

tico ou uma celebridade, passarão a ser notícia factos que, noutras condições, se tornariam irrelevantes. Os visados sabem-no de antemão e tiram partido disso: vigiando o que fazem e o que dizem e aproveitando a inerente publicidade.

A esfera privada de tais políticos ou celebridades não desaparece: e, sobretudo, nunca ao ponto de atingir as esferas secreta e íntima[1514]. Mas pode ser fortemente suprimida, sem que se possa falar de atentado à privacidade. O mesmo raciocínio opera quando o visado tome a iniciativa de revelar a sua vida privada: o caso típico da celebridade que abre as portas da sua casa aos jornalistas ou que lhes relata factos da sua vida privada (que não podem envolver terceiros). É evidente que as notícias daí resultantes são, em princípio, legítimas.

Em qualquer dos casos, tem aplicação a delimitação negativa prevista no artigo 79.º/3, do Código Civil: embora dirigida ao direito à imagem, não levantará dúvidas a sua aplicação extensiva a situações similares.

IV. Infere-se, daqui, que, mercê da presença dos aludidos elementos subjetivos, na delimitação do âmbito protegido, um mesmo ato poderá ser lícito perante uma pessoa e ilícito, perante outra. Por exemplo, será lícito relatar as férias do primeiro-ministro: este tomará as medidas para atuar, em face dos acompanhantes, de modo politicamente correto, aceitando livremente essa sua "condição". Já relatar, sem mais, as férias de um cidadão, digno mas anónimo, será atentatório da sua privacidade: não sendo "profissional" em imagem e estando desprevenido, certamente será apanhado em situações caricatas ou menos publicitáveis. De resto, o simples facto de ser notícia incomoda, em regra, qualquer pessoa normal.

V. A privacidade tutela, ainda, diversas informações que apenas ao próprio dizem respeito. Estão, nessas condições, o segredo bancário[1515], o segredo dos seguros[1516], os diversos segredos profissionais, com relevo

[1514] Paulo Mota Pinto, *O direito à reserva sobre a intimidade da vida privada* cit., 571, embora com terminologia diversa.

[1515] Em especial, e com indicações, Rabindranath Capelo de Sousa, *O segredo bancário/Em especial face às alterações fiscais da Lei n.º 30-G/2000, de 29 de Dezembro*, em *Estudos em Homenagem ao Prof. Doutor Inocêncio Galvão Telles*, II volume – *Direito bancário* (2002), 157-223 (176 ss.) e *Direito Bancário*, 6.ª ed. (2016), 354 ss.

[1516] *Direito dos seguros*, 2.ª ed (2016), 344 e 736.

para o médico[1517] e o dos advogados[1518] e a reserva sobre os elementos constantes de bases de dados[1519]. Quanto a estas últimas, foi adotada a Diretriz n.º 95/46/CE, do Parlamento e do Conselho, de 24 de outubro de 1995, transposta pela Lei n.º 67/98, de 26 de outubro, alterada pela Lei n.º 103/2015, de 24 de agosto: a Lei de Proteção de Dados Pessoais[1520]. No plano europeu, após prolongada preparação, foi adotado o Regulamento 2016/679, de 27 de abril, relativo à proteção de pessoas singulares, no que diz respeito ao tratamento de dados pessoais[1521].

Caem na privacidade elementos atinentes à identidade genética do visado[1522], ao seu estado de saúde e a fatores de hereditariedade que envolvam. O direito que as pessoas tenham de conhecer os seus antepassados e os seus parentes atuais colide com o direito que todas essas pessoas tenham à reserva sobre os mapas genéticos respetivos e sobre a sua vida íntima. A necessária conciliação é feita pelas leis da família, designadamente quando estabeleçam prazos e condições para as ações de investigação de paternidade. O tema será retomado a propósito da proteção de dados pessoais[1523].

VI. A 13 de maio de 2014, o Tribunal de Justiça da União Europeia, no célebre caso *Google Spain v AEPD e Mario Costeja González*[1524], reco-

[1517] Maria do Céu Rueff, *O segredo médico como garantia de não-discriminação/ /Estudo de Caso: HIV/SIDA* (2010), 696 pp.

[1518] *Vide* o artigo 92.º do Estatuto da Ordem dos Advogados, aprovado pela Lei n.º 145/2015, de 9 de setembro, e o Regulamento da Ordem dos Advogados n.º 94/2006, de 25 de maio, DR II Série, n.º 113, de 12-jun.-2006, 8588-8589.

[1519] Roland Rixecker, *Münchener Kommentar* cit., 1, 7.ª ed., Anhang zu §12, Nr. 131 ss..

[1520] Com a Retificação n.º 22/98, de 28 de novembro. Refira-se, ainda, o Decreto-Lei n.º 122/2000, de 4 de julho, que transpôs a Diretriz n.º 96/9/CE, do Parlamento e do Conselho, de 11 de março, também relativa à proteção de bases de dados. Quanto à situação anterior: Marie-Theles Tinnenfeld, *Persönlichkeitsrecht und Modalitäten der Datenerhebung im Bundesdatenschutzgesetz*, NJW 1993, 1117-1119.

[1521] JOUE N. 119, 1-88, de 4-mai.-2016; para a evolução do Direito europeu, *vide*: *Reforming European Data Protection Law*, coordenação de Serge Gutwirth, Ronald Leenes e Paul de Hert (2015): conjunto de artigos transversais.

[1522] *Vide* o estudo de Helena Moniz, *Os problemas jurídico-penais da criação de uma base de dados genéticos para fins criminais*, RPCC 12 (2002), 237-264 (246 ss.).

[1523] *Infra*, 565 ss..

[1524] TJE 13-mai.-2014 (*Google Spain v AEPD e Mario Costeja González*), Proc. C-131/12.

nheceu a existência de um direito ao esquecimento (*right to be forgoten/ /Recht auf Vergessenwerden*), sustentado nos artigos 12.º, *b)*, e 14.º, *a)*, da Diretriz 95/46 e nos artigos 7.º e 8.º da Carta dos Direitos Fundamentais da União Europeia[1525].

O direito ao apagamento[1526] encontra-se hoje previsto no artigo 17.º do Regulamento 2016/679, sobre a proteção de dados:

> O titular dos dados tem o direito de obter do responsável pelo tratamento o apagamento de dados pessoais que lhe digam respeito e a cessação da comunicação ulterior desses dados e de obter de terceiros o apagamento de quaisquer ligações para esses dados pessoais, cópias ou reproduções dos mesmos.

Não se trata, contudo, de um efetivo direito subjetivo, mas apenas de um novo mecanismo de defesa que os titulares de direitos de personalidade tem à sua disposição e que lhes permite requerer a exclusão de informação privilegiada ou de imagens dos resultados decorrentes de uma pesquisa realizada nos motores de busca da *Internet*[1527].

198. **Tutela penal e civil**

I. As hipóteses concretas de violação do direito à reserva sobre a intimidade da vida privada são inúmeras. As mais graves têm tutela penal. Assim, e para nos atermos ao Código Penal, encontramos um capítulo VII na Parte especial, com previsões de crimes contra a reserva da vida privada. São eles[1528]:

[1525] Veja-se, a título introdutório: Gerald Spindler, *Durchbruch für ein Recht auf Vergessen(werden)? – Die Entscheidung des EuGH in Sachen Google Spain und ihre Auswirkungen auf das Datenschutz- und Zivilrecht*, JZ 2014, 981-991; Giovanni Sartor, *The Right to be Forgotten: Dynamics of Privacy and Publicity* em *Protection of Information and the Right of Privacy – A New Equilibirum?*, coordenação Luciano Floridi (2014), 1-16; Luis Martius Holanda Bezerra Júnior, *O tempo e o direito na sociedade de informação: o limite temporal para a manutenção de informações pessoais como corolário de um direito de personalidade* (2015), 220 pp.; *vide infra*, 569.

[1526] No projeto original, surgia intitulado de *direito a ser esquecido e ao apagamento*.

[1527] *Infra*, 568 ss..

[1528] *Vide* Costa Andrade, *Comentário Conimbricense* cit., 1000 ss..

Artigo 190.º (Violação de domicílio)

1. Quem, sem consentimento, se introduzir na habitação de outra pessoa ou nela permanecer depois de intimado a retirar-se é punido com pena de prisão até 1 ano ou com pena de multa até 240 dias.

2. Na mesma pena incorre quem, com intenção de perturbar a vida privada, a paz e o sossego de outra pessoa, telefonar para a sua habitação.

(...)

Artigo 192.º (Devassa da vida privada)

1. Quem, sem consentimento e com intenção de devassar a vida privada das pessoas, designadamente a intimidade da vida familiar ou sexual:

a) Intercetar, gravar, registar, utilizar, transmitir ou divulgar conversa ou comunicação telefónica;

b) Captar, fotografar, filmar, registar ou divulgar imagens das pessoas ou de objetos ou espaços íntimos;

c) Observar ou escutar às ocultas pessoas que se encontrem em lugar privado; ou

d) Divulgar factos relativos à vida privada ou a doença grave de outra pessoa;

é punido com pena de prisão até um ano ou com pena de multa até 240 dias.

Artigo 193.º (Devassa por meio de informática)

1. Quem criar, mantiver ou utilizar ficheiro automatizado de dados individualmente identificáveis e referentes a convicções políticas, religiosas ou filosóficas, à filiação partidária ou sindical, à vida privada, ou à origem étnica, é punido com pena de prisão até 2 anos ou com pena de multa até 240 dias.

(...)

Quer no crime de violação de domicílio[1529], quer no de devassa da vida privada[1530] e quer no de devassa por meio de informática[1531], o bem jurídico protegido é a intimidade. Os crimes de introdução em lugar vedado ao público (191.º), de violação de correspondência ou de telecomunicações (192.º), de violação de segredo (195.º) e de aproveitamento indevido de

[1529] Costa Andrade, *Comentário Conimbricense* cit., 1008.

[1530] Costa Andrade, *Comentário Conimbricense* cit., 1043.

[1531] J. M. Damião da Cunha, *Comentário Conimbricense* cit., 1073.

segredo (196.º, todos do Código Penal), também podem tutelar a vida privada, embora se dirijam, em primeira linha, a outros tipos de bens.

II. *Grosso modo*, podemos dizer que a lei penal intervém quando a violação da privacidade atinja os círculos interiores da vida secreta e da vida íntima[1532]. A lei civil vai, naturalmente, mais longe:

- protegendo, também, o círculo privado (não íntimo ou não secreto);
- tutelando hipóteses de ingerência que não constem dos tipos incriminadores[1533];
- reagindo perante puras violações objetivas, isto é, independentemente da intenção do agente.

Resta acrescentar que a lei penal pecará, porventura, pela benevolência das penas. Aqui, como, em geral, no tocante a crimes contra pessoas, impor-se-ia o seu agravamento.

III. Importa ter presente que as duas consequências civis da violação de direitos de personalidade são, sempre, a responsabilidade civil e as medidas adequadas a fazer cessar a intromissão – 70.º/2, do Código Civil. A responsabilidade civil exige dolo ou negligência – 483.º/1, do mesmo Código; já as "medidas adequadas" dispensam tal requisito.

Por isso, perante qualquer atitude atentatória à privacidade, o Tribunal poderá adotar as medidas que ponham, de imediato e com eficácia, termo ao desacato, ainda que, *in casu* e por falta de outros requisitos, não possa haver responsabilidade civil. O ónus da prova cabe ao lesado, nos termos

[1532] Em STJ 6-nov.-1996 (Lopes Rocha), CJ/Supremo IV (1996) 3, 187-195, onde, ainda que na base de lei penal anterior, menos aperfeiçoada, houve que julgar um caso em que uma empregada doméstica furtou uma gravação com cenas íntimas de um casal, divulgando-a com fins comerciais. Trata-se de um caso que apela claramente ao agravamento das penas.

[1533] Será o caso das câmaras de vigilância; estas só podem ser instaladas em espaços públicos; ainda então, deve haver avisos prevenindo as pessoas de que estão a ser filmadas; finalmente: na hipótese de, não obstante, serem captadas imagens que devam ser resguardadas (p. ex., cenas de namorados), a entidade que as detenha não pode fazer qualquer uso delas, cabendo-lhe destruí-las quando não tenham relevo para a segurança do local. Quanto à licitude da vídeo-vigilância em estabelecimentos comerciais, RGm 30-set.-2002 (Heitor Gonçalves), CJ XXVII (2002) 4, 285-286 (285/II).

gerais. Assim, ele deverá demonstrar o ato prevaricador e, ainda, a especial sensibilidade que determinou o atingimento da sua honra[1534]. Neste último ponto, a prova será dispensada quando, pela natureza da agressão, seja público e notório que qualquer "honra" se sentiria atingida[1535].

IV. E quanto à responsabilidade civil: quando ocorra, as competentes indemnizações devem assumir claramente uma feição desincentivadora e punitiva[1536].

Torna-se fundamental que o agente nunca possa retirar benefícios da sua atuação prevaricadora: nem imediatos, vendendo, por hipótese e com lucros, o produto da devassa, nem mediatos, através da notoriedade que obtenha. Desta forma, no cálculo da indemnização, o Tribunal, além dos demais aspetos do caso, deverá suprimir o lucro e, ainda, retribuindo o mal feito, prevenir, em geral e no particular, a repetição das afrontas.

Na atual civilização tecnológica, apenas o Direito, apoiado na cultura que o suporte, poderá prevenir a total devassa da privacidade do ser humano.

199. **Proteção de dados pessoais**

I. Aquando da contratação e, ainda, no decurso da própria situação laboral, o empregador pode ter interesse em conhecer aspetos da vida privada ou da saúde do trabalhador. O artigo 17.º mostra-se restritivo. Dispõe:

> 1. O empregador não pode exigir a candidato a emprego ou a trabalhador que preste informações relativas:
>
> *a*) À sua vida privada, salvo quando estas sejam estritamente necessárias e relevantes para avaliar da respetiva aptidão no que respeita à execução do contrato de trabalho e seja fornecida por escrito a respetiva fundamentação;

[1534] Sobre o tema, Dieter Leipold, *Zur Beweislast beim Schutz der Ehre und des Persönlichkeitsrechts*, FS Hubmann (1985), 271-284.

[1535] Em situações desta natureza poderá haver uma margem de apreciação pelo juiz, intérprete do sentir da comunidade (ou do "povo", em nome do qual a justiça é aplicada). *Vide* Max Vollkommer, *Richterpersönlichkeit und Persönlichkeitsrecht*, FS Hubmann (1985), 445-468.

[1536] *Tratado*, IV, 4.ª ed., 126 ss..

b) À sua saúde ou estado de gravidez, salvo quando particulares exigências inerentes à natureza da atividade profissional o justifiquem e seja fornecida por escrito a respetiva fundamentação.

2. As informações previstas na alínea *b*) do número anterior são prestadas a médico, que só pode comunicar ao empregador se o trabalhador está ou não apto a desempenhar a atividade.

(...)

II. Desde logo, temos um fenómeno de pré-eficácia da situação laboral: antes mesmo de esta se consubstanciar, o (futuro) empregador já incorre em deveres de conduta. Pergunta-se, todavia, pela sanção. Se na fase preliminar, o empregador perguntar, aos candidatos, se estão dispostos a responder a um questionário pessoal, não está, propriamente, a "exigir". E se, perguntando, algum candidato se recusar a responder, nenhuma lei obriga o empregador a contratá-lo. Por outro lado, o que seja "estritamente necessário e relevante" para a atividade profissional é matéria que ao empregador cabe decidir. A vida íntima de uma pessoa pode, em qualquer momento, ser conhecida; e sendo-o, pode prejudicar a imagem de uma empresa. Assim, como exemplos: para quem pretenda lidar com valores, melhor será que não tenha cadastro e que não esteja insolvente; um homossexual não será pessoa indicada para vigilante noturno num internato de jovens rapazes; uma recém-casada não pode ser contratada como modelo; um alcoólico fica mal num bar, o mesmo sucedendo com um tuberculoso numa pastelaria ou com um esquizofrénico num infantário. Não vale a pena fazer apelos ao politicamente correto, nem crucificar os estudiosos que se limitem a relatar o dia-a-dia das sociedades: o Direito vive com factos e não com ideologias.

III. Diretamente relacionado com esta matéria, surge o artigo 19.º, referente a testes médicos[1537]. Estes, à partida, são proibidos, para efeitos de admissão ou de permanência no emprego, salvo se tiverem por finalidade a proteção do próprio trabalhador ou de terceiros ou quando particulares exigências relativas à atividade o justifiquem (n.º 1). A proibição de testes de gravidez surge totalmente vedada (n.º 2). O médico responsável só pode comunicar ao empregador se o interessado está ou não apto para

[1537] Guilherme Dray, em Pedro Romano Martinez, *Código do Trabalho anotado* cit., 11.ª ed., 160-161.

desempenhar o cargo (n.º 3): fica, assim, assegurada a confidencialidade dos testes realizados. A violação dos n.ºs 1 ou 2 é contraordenação muito grave. No que toca à gravidez, o legislador pretende defender a maternidade e a natalidade. Além disso, o interesse do teste é reduzido: a interessada não-grávida pode engravidar no dia seguinte ao teste.

Estas regras devem ser compaginadas com as normas próprias do sector. Por exemplo, na alta competição, os testes médicos são necessários e habituais.

IV. Temos, ainda, o problema da dimensão da empresa onde o problema se ponha. À micro-empresa que pretenda dispor, apenas, de uma secretária, terá relevo saber se uma candidata está grávida ou pretende engravidar nos próximos tempos. Torna-se admissível que, numa grande empresa, o empregador corra o risco das superveniências relativas aos trabalhadores. Numa pequena empresa, isso já não será linear.

O recurso a um médico para indagar da saúde ou da gravidez de um candidato a trabalhador ou de um trabalhador faz sentido numa empresa devidamente apetrechada; não vemos como funcione o esquema do artigo 17.º/2 num pequeno estabelecimento.

V. Pergunta-se se, confrontado com um questionário, o interessado deve preenchê-lo com verdade, sujeitando-se, se o não fizer, às consequências e, no limite, ao despedimento. Já se defendeu, nessa eventualidade, o "direito à mentira": o interessado, para não perder o emprego, responderia ao questionário camuflando ou negando os pontos que o poderiam prejudicar. O Direito não pode, nunca, aceitar tal construção. Com mentiras não há soluções justas. No Direito privado, ninguém tem um direito prévio à celebração de um contrato. A decisão de contratar é inteiramente livre: de lado a lado. Logo, a presença de questionários insuficientemente justificados não confere, aos interessados, nenhum especial direito. Oportunamente veremos o regime próprio das discriminações perversas[1538]. Caso ocorram, poderá haver lugar à "contraordenação muito grave", referida no artigo 17.º/5.

[1538] *Vide* o II volume desta obra..

VI. O artigo 17.º/3 e 4 permite que o candidato a emprego ou o trabalhador, que haja fornecido informações de índole pessoal, as controle: tomando conhecimento do seu teor e dos fins a que se destinem e podendo pedir a sua retificação e atualização. A legislação sobre a proteção de dados pessoais tem aplicação.

VII. O regime vigente mostra que, com diversas cautelas e, no limite, na base da garantia do sigilo médico, o Direito do trabalho permite intromissões nas diversas esferas. Isso confirma a natureza envolvente da situação jurídica laboral e a íntima ligação entre o trabalho e o trabalhador. Derivam, daqui, consequências para todo o vínculo laboral, seja em termos práticos, seja no plano da construção jurídico-científica.

200. As regras sobre proteção de dados (Regulamento 2016/679)

I. As regras sobre proteção de dados constam, hoje, do Regulamento 2016/679, de 23 de abril[1539], em execução desde 25 de maio de 2018. Trata-se de uma matéria que surge, hoje, como disciplina autónoma[1540]. O tema dos dados pessoais foi regulado pela Diretriz 95/46, de 24 de outubro, transposta pela Lei n.º 67/98, de 26 de outubro. Nesse campo, houve significativa jurisprudência europeia, originada, em especial, no campo laboral[1541].

II. O Regulamento 2016/679, que revogou a Diretriz 95/46, fixa, no seu artigo 5.º, os princípios relativos ao tratamento de dados pessoais. Estes devem ser:

[1539] JOUE L-119, 1-88, de 4-mai.-2016. O articulado é antecedido por um preâmbulo extenso (L-119, 1-31), em 173 números, onde são explicados os passos dados pelo legislador europeu. Um apanhado consta de Christina-Maria Leeb/Johannes Liebhaber, *Grundlagen des Datenschutzrechts*, JuS 2018, 534-538.

[1540] *Vide* A. Barreto Menezes Cordeiro, *Dados pessoais: conceito, extensão e limites*, RDC 2018, 297-321, com muitas indicações.

[1541] TJUE 30-mai.-2013, Proc. C-342/12 (Worten v. ACT); outras indicações constam de Barreto Menezes Cordeiro, *Dados pessoais* cit., 301.

a) Objeto de um tratamento lícito, leal e transparente, em relação ao seu titular;
b) Recolhidos para finalidades determinadas, explícitas e legítimas (limitação das finalidades);
c) Adequados, pertinentes e limitados ao necessário (minimização dos dados);
d) Exatos e atualizados sempre que necessário (exatidão);
e) Conservados apenas durante o período necessário (limitação da conservação);
f) Tratados de forma segura (integridade e confidencialidade).

III. O tratamento só é licito se (artigo 6.º/1 do Regulamento): (a) o titular dos dados tiver dado o seu consentimento; (b) ou for necessário para a execução de um contrato em que o titular seja parte ou para diligências pré-contratuais, a pedido do titular; (c) ou for requerido para o cumprimento de uma obrigação; (d) ou para a defesa de interesses vitais do titular dos dados ou de outra pessoa singular; (e) ou para o exercício de funções de interesse ou de autoridade pública; (f) ou, em certas circunstâncias, para efeito dos interesses legítimos do responsável pelo tratamento ou por terceiros.

O consentimento do titular para o tratamento deve ser demonstrável pelo responsável (7.º/1), podendo ser retirado a todo o momento (7.º/3). As crianças têm especial proteção (8.º).

IV. O artigo 9.º/1 proíbe o tratamento de dados pessoais "sensíveis": origem racial ou étnica, opiniões políticas, convicções religiosas ou filosóficas, filiação sindical, dados genéticos, dados biométricos, dados relativos à saúde, à vida sexual ou à orientação sexual. O n.º 2 permite exceções, em especial havendo consentimento do visado. Os direitos do titular dos dados são objeto de regulamentação cuidada (12.º a 23.º), com relevo para o acesso, para as retificações e para o "direito ao enriquecimento"[1542]. O responsável pelo tratamento dos dados incorre, por seu turno, numa série de obrigações (24.º a 43.º).

[1542] Rui Ataíde, *Direito ao esquecimento*, RDC 2018, 281-295.

V. Resta recordar que o Regulamento 2016/679 tem aplicação direta, prevalecendo sobre as normas internas que, com ele, não coincidam. O Código do Trabalho deve ser visto, também, a esse nível.

VI. A digitalização crescente permitirá, no médio prazo, dispor de todo o tipo de informação sobre cada pessoa e, no domínio laboral, sobre cada trabalhador[1543]. Podem os dados ser comunicados aos sindicatos[1544]? Podem ser usados como meios de prova, sobretudo se indevidamente obtidos[1545]? Por ventura mais profundas serão as consequências da digitalização no mundo do trabalho[1546]. Categorias básicas do Direito do trabalho devem ser repensadas[1547], com uma erosão em pontos como a duração do trabalho, a direção patronal e a própria contratação coletiva[1548]. Finalmente, a digitalização irá interferir no campo da aplicação do Direito[1549], mormente pela vertente da inteligência artificial. Há que estar preparado.

201. **Dados biométricos**

I. O artigo 18.º dispõe sobre dados biométricos. Em síntese:

(a) o empregador só os pode tratar após notificação à Comissão Nacional de Proteção de Dados;

[1543] Michael Kort, *Neuer Beschäftigtendatenschun und Industrie 4.0*, RdA 2018, 24-33.

[1544] Marcel Dumke, *Aufdrängen gewerkschaftlicher Informationen auf elektronischem Wege/Ansprüche der Gewerschaften auf Nutzung betrieblicher E-Mail-Adressen und Intranetseiten?*, RdA 2009, 77-82.

[1545] Christoph Betz, *Die gerichtliche Verwertbarkeit datenschutzwidrig erlangter Beweismittel*, RdA 2018, 100-110.

[1546] Steffen Kampeter, *Für eine veränderte Arbeitsordnung in einer digitalen Arbeitswelt*, SR 2017, 196-204; Claudia Schubert, *Neue Beschäftigungsformen in der digitalen Wirtschaft/Rückzug des Arfeitsrechts?* RdA 2018, 200-206.

[1547] Wolfgang Däubler, *Digitalisierung und Arbeitsrecht*, SR (Sonderaugabe, Juli), 2016, 1-44.

[1548] Eva Kocher, *Das Andere Arbeitsrecht*, AuR 2016, 334-337 (335/I e 337/I); Kenjii Takahashi, *Auswirkungen der Digitalisierung auf Arbeitswelt und Arbeitsrecht in Japan*, AuR 2018, 70-74 (72/II).

[1549] Susanne Hähnchen/Robert Bommel, *Digitalisierung und Rechtsanwendung*, JZ 2018, 334-340; Corinna Coupette/Andreas M. Fleckner, *Quantitative Rechtswissenschaft/ /Sammlung, Analyse und Kommunikation juristischer Daten*, JZ 2018, 379-389. O último número do *Archiv für die civilistische Praxis* (agosto de 2018) dedica sete artigos de respeitados autores, com 540 páginas maciças, a esses temas: AcP 218 (2018), 151-191.

(b) o seu tratamento só é permitido se os dados a utilizar forem necessários, adequados e proporcionais aos objetivos;
(c) eles apenas são conservados pelo período necessário, devendo ser destruídos se o trabalhador mudar de local de trabalho ou se cessar a situação laboral;
(d) a notificação à CNPD deve ser acompanhada de parecer da comissão de trabalhadores ou, passados 10 dias sobre a consulta, de comprovativo do pedido de parecer.

II. Dados biométricos são definidos no artigo 4.º, alínea (4), do Regulamento 2016/679, de 27 de abril, nos termos seguintes:

> (…) dados pessoais resultantes de um tratamento técnico específico relativo às características físicas, fisiológicas ou comportamentais de uma pessoa singular que permitam ou confirmem a identificação única dessa pessoa singular, nomeadamente imagens faciais ou dados dactiloscópicos;

Como exemplos, temos a impressão digital, a íris, a retina, o ADN e a voz. São usados, por exemplo, para permitir o acesso à empresa ou a certas instalações mais sensíveis, a utilização de computadores ou a abertura de cofres. O uso de dados biométricos é mais seguro do que os tradicionais códigos, que podem ser quebrados ou descobertos. Fica claro o seu interesse empresarial: mas, também, o risco que representam para a intimidade da vida privada. Donde as cautelas dispensadas pelo Código do Trabalho.

III. A Comissão Nacional de Proteção de Dados, no seu parecer de 26 de fevereiro de 2004, anunciou que, no tocante à apreciação de tratamentos biométricos para controlo de acessos e assiduidade, ainda ao abrigo da Lei n.º 67/98, iria ter em conta: (a) a reserva da vida privada; (b) a adequação, pertinência e não-excessividade dos dados; (c) a legitimidade do responsável; (d) a notificação à CNPD; (e) a informação relativamente a esse tratamento; (f) a não-utilização dos dados biométricos para finalidade diversa da que determinara a recolha; (g) o acesso aos titulares dos dados, a retificação e a oposição[1550].

Em Deliberação n.º 1638/2013, de 16 de julho, a mesma CNPD fixou vetores relativos aos tratamentos de dados pessoais decorrentes do

[1550] Confrontável no sítio da Comissão Nacional de Proteção de Dados, 11 pp..

controlo da utilização para fins privados das tecnologias de informação e comunicação no contexto laboral.

202. Meios de vigilância à distância

I. Os meios de vigilância à distância são objeto dos artigos 20.º e 21.º do Código do Trabalho[1551]. São fixados os princípios seguintes[1552]:

(a) o empregador não os pode utilizar para controlar o desempenho profissional dos trabalhadores (20.º/1);
(b) mas apenas para a proteção e segurança de pessoas e bens ou quando especiais exigências inerentes à natureza da atividade o justifiquem (20.º/2);
(c) a existência de tais meios (normalmente câmaras vídeo) deve ser publicitada no local (20.º/3);
(d) a sua utilização está sujeita a autorização da Comissão Nacional de Proteção de Dados (21.º/1), só sendo concedida se for necessária, adequada e proporcional aos objetivos;
(e) o pedido deve ser acompanhado de parecer da comissão de trabalhadores ou, não estando este disponível 10 dias após a consulta, de comprovativo do pedido de parecer (21.º/4).

II. A jurisprudência permite melhor apreciar o papel dos meios de vigilância eletrónicos, no Direito do trabalho. Assim:

STJ 8-fev.-2006: os meios de vigilância não devem ser colocados de modo a visionar os trabalhadores nos seus postos de trabalho, antes permitindo visionar espaços abertos ao público ou onde possam entrar estranhos[1553];

[1551] Guilherme Dray, em Pedro Romano Martinez, *Código do Trabalho anotado* cit., 11.ª ed., 161-166.

[1552] *Vide* TEDH 28-nov.-2017, Proc. 70838/13, bem como, a esse propósito, Mattia Persiani, *Videosorveglianza nei luoghi di lavoro*, GI 2018, 1157-1161.

[1553] STJ 8-fev.-2006 (Fernandes Cadilha), Proc. 05S3139; estavam em causa as farmácias.

STJ 22-mai.-2007: não deve considerar-se "meio de vigilância", para efeitos do artigo 20.º/1 do Código do Trabalho, um sistema de GPS instalado no automóvel atribuído ao técnico de vendas[1554];
REv 9-nov.-2010: admite como meio de prova em ação de despedimento, elementos obtidos com videovigilância[1555];
REv 7-dez.-2012: *idem*[1556];
RPt 4-fev.-2013: *idem*[1557];
STJ 13-nov.-2013: *idem*[1558];
RCb 6-fev.-2015: estando os meios de vigilância, nos termos do artigo 20.º/2, ao serviço da proteção de pessoas e bens, é lícita a sua utilização como meio de prova em processo disciplinar[1559];
RGm 25-jun.-2015: *idem*[1560];
RPt 26-jun.-2017: admite, num caso de pancadaria entre trabalhadoras, a videogravação como meio de prova em processo disciplinar[1561].

III. Verifica-se, pois, que a jurisprudência mais recente admite a videovigilância como meio de prova em processo disciplinar. Anteriormente, alguns acórdãos haviam tomado posição contrária: RLx 3-mai.-2006[1562]. Em STJ 5-jul.-2007[1563], entendeu-se que não podiam ser usadas, também como prova em processo disciplinar mensagens eletrónicas pessoais, ainda que guardadas em servidor do empregador, numa posição retomada em RLx 7-mar.-2012[1564].

Todavia, a maioria destes casos tem a ver com mensagens protegidas pelo artigo 22.º. Com efeito, quando se manda uma mensagem pessoal, é-se por vezes levado a excessos de linguagem ou a proferir graças sem intenção de magoar ou difamar. Já o facto de, por via segura e controlável,

[1554] STJ 22-mai.-2007 (Pinto Hespanhol), Proc. 07S054.
[1555] REv 9-nov.-2010 (Gonçalves Rocha), Proc. 292/09.
[1556] REv 7-dez.-2012 (Paula do Paço), Proc. 292/09, retomando o caso anterior.
[1557] RPt 4-fev.-2013 (João Diogo Rodrigues), Proc. 229/11 (furto).
[1558] STJ 13-nov.-2013 (Mário Belo Morgado), Proc. 73/12.
[1559] RCb 6-fev.-2015 (Azevedo Mendes), Proc. 359/13.
[1560] RGm 25-jun.-2015 (Moisés Silva), Proc. 522/14; tratava-se de uma instituição de crédito.
[1561] RPt 26-jun.-2017 (Jerónimo Feitas), Proc. 6909/16.
[1562] RLx 3-mai.-2006 (Isabel Tapadinhas), Proc. 872/2006.
[1563] STJ 5-jul.-2007 (Mário Pereira), Proc. 07S043: um caso de uma mensagem eletrónica enviada às horas do serviço, com comentários jocosos sobre administradores.
[1564] RLx 7-mar.-2012 (José Eduardo Sapateiro), Proc. 24163/09.

se verificarem furtos, desvios de mercadorias ou agressões é grave, atentando contra a confiança mínima postulada pela situação laboral. Se o meio de videovigilância está licenciado e tendo os trabalhadores conhecimento dele, não vemos obstáculo ao seu uso como meio de prova: pode, mesmo, ser decisivo, para inocentar potenciais suspeitos.

203. **Confidencialidade de mensagens e de acesso a informação**

I. Segundo o artigo 22.º do Código do Trabalho,

> 1. O trabalhador goza do direito de reserva e confidencialidade relativamente ao conteúdo das mensagens de natureza pessoal e acesso a informação de carácter não profissional que envie, receba ou consulte, nomeadamente através do correio eletrónico.
> 2. O disposto no número anterior não prejudica o poder de o empregador estabelecer regras de utilização dos meios de comunicação na empresa, nomeadamente do correio eletrónico.

O Código Civil ocupa-se das cartas-missivas ou confidenciais em quatro artigos: 75.º a 78.º. Elas integram-se no âmbito dos bens protegidos pelo direito à intimidade da vida privada ou aos segredos das pessoas[1565]. O facto de constarem de documento dirigido a terceiros levou o legislador a uma regulamentação de certa minúcia. Além disso, a carta tem um manifesto relevo ético e social[1566].

Uma carta traduz-se num texto, exarado em papel e com um destinatário. Será confidencial quando contenha matéria que, por razões adiante tratadas, não possa ser comunicada fora do círculo entre o remetente e o destinatário. Podemos sujeitar às mesmas regras outras comunicações, que tenham um suporte diverso do do papel e, designadamente, o denomi-

[1565] Roland Rixecker, no *Münchener Kommentar* cit., 1, 7.ª ed., anexo ao § 12, Nr. 118.

[1566] Recordemos J. Kohler, *Das Recht an Briefen* cit., 94 (portanto: em texto de 1893), segundo o qual:

> A carta é um meio de comunicação confidencial das ideias e sentimentos, indispensável para o tráfego do Mundo e da vida (...) o direito às cartas é um dos lados mais importantes do direito das pessoas, ainda que se saiba muito pouco sobre ele (...)

nado correio eletrónico e as mensagens telefónicas (*SMS*[1567], *Whatsapp* e sucedâneos).

Em termos puramente jurídicos, temos o seguinte[1568]:

– o direito real de propriedade sobre a carta, que se transmite para o destinatário por doação, assim que a carta seja fechada e endereçada ou quando, independentemente do endereço, seja entregue em mão ao destinatário[1569];
– os direitos de autor, patrimonial e moral, sobre o texto da carta: pertencem ao autor, se da própria carta outra solução não resultar; seguem o regime do Direito de autor;
– os direitos de personalidade que tutelam bens íntimos eventualmente patentes na carta: são do autor e seguem o regime do Direito de personalidade[1570].

Estes diversos direitos têm regimes diferentes: podem, pois, conflituar. Nessa altura aplica-se o artigo 335.º do Código Civil, sendo evidente, em princípio, que os direitos de personalidade envolvidos, mais ponderosos, levam a melhor.

II. O que faz de uma comunicação uma realidade "confidencial"? À partida, qualquer carta dirigida por uma pessoa a outra, dentro das regras da cortesia e da educação, não se confunde com uma carta aberta ou com uma notícia em jornal de parede. Quando a lei fala em "carta-missiva confidencial" vai, todavia, mais longe – artigo 75.º/1, do Código Civil:

[1567] RPt 3-dez.-2013 (José Igreja Matos), Proc. 37/12; RPt 22-mai.-2013 (Melo Lima), Proc. 74/07.

[1568] *Vide* as já centenárias distinções de Burckas, *Eigentumsrecht. Urheberrecht und Persönlichkeitsrecht an Briefen* cit., 6 ss., 32 ss. e 62 ss.

[1569] Fazemos aplicação do artigo 947.º do Código Civil; todavia, por interpretação da vontade do remetente-doador, temperada pelo artigo 237.º, que valida o sentido menos gravoso para o disponente, admitimos que, do contexto, resulte que apenas com a expedição se completou a decisão de enviar a carta: o próprio poderá, até esse momento, optar pelo não-envio. Já se alguém encontrar uma carta fechada, deverá fazer segui-la para o destinatário e não para o remetente: as pessoas são responsáveis pelo que escrevam!

[1570] Distinguindo entre uma proteção de Direito de autor e uma tutela de personalidade: Georgios Koumantos, *Rechte an Briefen/Eine rechtsvergleichende Skizze*, FS Hubmann (1985), 193-200 (194 ss. e 196 ss., respectivamente).

– o destinatário deve guardar reserva sobre o seu conteúdo;
– o destinatário não pode aproveitar os elementos de informação que ela tenha levado ao seu conhecimento.

Em suma: o destinatário de uma carta-missiva confidencial fica na contingência de receber, tomar conhecimento, eventualmente responder e, depois, esquecer. Este regime deverá constituir a chave para a determinação da confidencialidade.

Para uma teoria subjetivista, a natureza confidencial de uma carta resultará da vontade do seu autor, devidamente declarada[1571]. Para uma teoria objetivista, a confidencialidade terá de resultar do próprio teor da carta, independentemente da vontade do remetente. Finalmente, encontramos uma terceira orientação, dita teoria do direito de personalidade: a confidencialidade resultará do teor da carta, embora o seu autor, dentro das regras do Direito de personalidade, possa "interferir", em certos limites. Vamos ver.

III. A pessoa que remeta uma carta, a outra, vai, na esfera e no espírito desta, criar determinadas adstrições. Essas adstrições maiores serão quando se trate de carta confidencial. No limite, o destinatário poderá ser colocado na posse de um segredo desagradável ou que o fará sofrer, ficando paralisado pelo regime da confidencialidade. Tudo isto terá de ser objetivo, assente em valores: não depende da vontade do remetente que, sozinho, não pode criar vinculações em terceiros.

Acontece ainda que uma carta pode veicular as mais diversas comunicações. Imagine-se que o remetente envia uma carta injuriosa ao destinatário, considerando-a confidencial: o destinatário não pode defender-se, inclusive fazendo as competentes participações criminais? E se a carta injuriar ou difamar terceiros: por ser autoproclamada confidencial, fica impune? Outro caso: uma carta dita confidencial comunica ao destinatário que o mesmo vai ser vítima de um crime, especificando o dia, a hora e as circunstâncias: não pode o destinatário aproveitar essa informação, sob pena de violar o artigo 75.º/1 do Código Civil? Finalmente: admita-se uma

[1571] Assim, Pires de Lima/Antunes Varela, *Código Civil Anotado* cit., 1, 4.ª ed., 107; estes Autores admitem que a declaração possa não ser expressa, através da aplicação analógica do artigo 217.º.

carta insignificante, mas taxada "confidencial". Fica o destinatário obrigado a proteger o seu conteúdo?

Estamos entendidos: a proteção da personalidade aplica-se a bens de personalidade que o sejam, efetivamente; não está na disponibilidade das partes o criar bens de personalidade onde, por lei ou pela natureza das coisas, eles não existam. O facto de alguém carimbar uma carta com "confidencial" poderá, quando muito:

– ser um elemento objetivo para, em conjunto com outros, fixar a efetiva confidencialidade;
– exprimir uma intenção de não renunciar à tutela de personalidade que, mercê de uma confidencialidade colhida noutras latitudes, a lei lhe confira.

Tanto basta para rejeitar a teoria subjetivista.

IV. A teoria objetivista entenderá que a confidencialidade resulta do teor da própria carta. Assim será:

– por se tratar de carta sobre matéria coberta por segredo profissional – p. ex., cartas entre advogado e constituinte ou entre médico e paciente, sobre assuntos das respetivas relações profissionais;
– por se tratar de carta sobre assuntos de intimidade privada – p. ex., "cartas de amor" ou de questões de família muito íntimas;
– por se tratar de carta relativa a assunto que, já anteriormente, emitente e destinatário tivessem acordado – expressa ou tacitamente – manter apenas entre si e desde que o assunto tenha dignidade.

Além disso, a confidencialidade cessa – ou nem chega a surgir – quando colida com outros direitos de personalidade que, em concreto, prevaleçam, segundo o regime do artigo 335.º, do Código Civil: a carta que explique onde está uma bomba prestes a explodir, provocando vítimas, deve de imediato ser levada ao conhecimento das autoridades competentes ainda que, eventualmente, calando os elementos não necessários para evitar o pior ou para dar credibilidade à informação.

A confidencialidade natural ou objetiva é tão marcante que, no campo das relações da advocacia, por exemplo, não pode ser levantada nem mesmo com o acordo do remetente e do destinatário: apenas com autorização da Ordem dos Advogados[1572].

V. Finalmente, a teoria dos direitos de personalidade propenderá para o seguinte:

- a confidencialidade é objetiva, resultando de lei especial (*v.g.* a que imponha segredo profissional), da boa-fé (obrigação de segredo como dever acessório) ou de estar, em causa, um bem de personalidade;
- apenas neste último caso estaremos perante o regime dos artigos 75.º e seguintes do Código Civil, regime esse que, todavia, se poderá aplicar, por analogia, a outras situações;
- a vontade do remetente releva na decisão de incluir, em carta, matéria de personalidade (*maxime*: intimidade privada) que só a ele próprio diga respeito e no não abdicar da tutela de personalidade.

O facto de especificar que a carta é confidencial pode ser útil, ainda, em dois pontos:

- por acentuar o carácter de intimidade de algo que poderia ser inóquo;
- por facilitar a correta apreensão do conteúdo pelo destinatário, colocando-o num nível de confidencialidade.

[1572] *Vide* o artigo 92.º/4 dos Estatutos da Ordem dos Advogados, aprovados pela Lei n.º 145/2015, de 9 de setembro; *vide* o Regulamento n.º 94/2006, de 25 de maio, DR II Série n.º 113, de 12-jun.-2006, 8588-8589, relativo à dispensa de segredo. Quanto ao segredo profissional dos advogados: Fernando Sousa Magalhães, *Estatuto da Ordem dos Advogados – anotado e comentado*, 10.ª ed (2015), 582 pp; Luís Menezes Leitão, *Estatuto da Ordem dos Advogados anotado* (2015), 460 pp. e Augusto Lopes Cardoso, *Do segredo profissional na advocacia* (1998), 92 pp: à luz dos Estatutos de 1984.

O STJ, em 16-jul.-1985 (Rui Corte-Real; vencido: Joaquim Figueiredo, mas não no ponto aqui em causa), BMJ 349 (1985), 409-412 (411), entendeu que as partes podiam articular matéria contida em cartas sob sigilo profissional; a autorização da Ordem seria necessária, apenas, para a junção, aos autos, das cartas em causa.

Fora dos apontados casos, um pedido de confidencialidade é uma proposta, que o destinatário aceitará ou não. O cavalheirismo manda que aceite: mas a um nível não-jurídico.

VI. As normas e a doutrina acima expostas, relativamente a "cartas" é aplicável aos atuais meios de comunicação, designadamente a *sms* (*short message service*)[1573] e a mensagens eletrónicas (*emails*). Todavia, cabe aos remetentes de tais comunicações, designadamente quando jovens, ter consciência da facilidade de divulgação de tais elementos. Os segredos não devem ser confiados à *Net*.

Aparentemente, o artigo 21.º circunscreve-se a este campo. Mas ele abrange quaisquer outras comunicações, designadamente quando feitas em suporte de papel. A proteção dada à confidencialidade não pode ir ao ponto de promover uma intensa atividade comunicatória dentro da empresa, com prejuízo para a mesma. Pode, pois, o empregador estabelecer regras de utilização dos meios de comunicação na empresa, nomeadamente quanto ao correio eletrónico.

VII. A confidencialidade fixada no artigo 21.º explica que as mensagens pessoais não possam servir como meios de prova em processo disciplinar. Vejam-se os casos acima referidos[1574].

[1573] RPt 3-dez.-2013 (José Igreja Matos), Proc. 37/12; no plano penal: RPt 22-mai.-2013 (Melo Lima), Proc. 74/07; RCb 18-jun.-2014 (Orlando Gonçalves), Proc. 718/11; RPt 20-jan.-2016 (Artur Oliveira), Proc. 1145/08 e RPt 17-fev.-2016 (Nuno Ribeiro Coelho), Proc. 458/14.

[1574] *Supra*, 573.

CAPÍTULO III

O EMPREGADOR

SECÇÃO I

EMPREGADORES E EMPRESAS

§ 53.º NOÇÃO GERAL E MODALIDADES; A EMPRESA

204. Noção geral

I. O empregador é a pessoa laboral sob cuja direção e autoridade deve atuar o trabalhador. As expressões patrão (de *pater*, pai), mais ligada a uma conceção comunitária do trabalho, ainda que contraditada por recente evolução semântica e dador de trabalho (equivalente ao alemão *Arbeitgeber*) têm, também, utilização.

Tal como se viu suceder com a noção de trabalhador, a de empregador é um conceito técnico-jurídico: ela traduz o credor da prestação de trabalho e, em simultâneo, devedor da remuneração[1575].

Não valem, pois, no Direito do trabalho, equiparações do empregador às classes dominantes, aos detentores dos "meios de produção", à "burguesia", ou aos capitalistas, numa adoção de linguagem sociológica, económica ou política: ainda quando essas aceções devam estar presentes, como auxiliares de interpretação, há que reconhecer, ao Direito, as limitações que lhe competem.

[1575] Wolfgang Zöllner, *Arbeitsrecht* cit., 3.ª ed., 50.

II. Ao contrário do que se viu suceder com o trabalhador, a doutrina comum explicita que o empregador pode ser um sujeito de Direito da mais diversa natureza: singular ou colectivo e público ou privado, aplicando-lhe, de seguida, as diversas classificações que estes termos comportam[1576].

Relevante ainda é enfocar que o verdadeiro empregador reside na entidade que, juridicamente, seja credora do trabalho e à qual, também em termos jurídicos, se imputa o exercício da direção e da autoridade. Nas pessoas coletivas, tais poderes são exercidos através de pessoas singulares, normalmente, elas próprias, trabalhadoras: pessoal dirigente, gestores ou diretores. Mas isso não conduz a confusões possíveis, quanto à titularidade verdadeira da posição jurídica em jogo.

III. Entre nós, já obteve uma particular menção, como empregadora, a empresa pública: segundo o artigo 30.º das hoje revogadas Bases Gerais das Empresas Públicas, aprovadas pelo Decreto-Lei n.º 260/76, de 8 de abril, e salvo situações particulares, aplicava-se, a esse tipo de empresas, o Direito do trabalho, individual e coletivo[1577]. A digitalização, o recurso a empreitadas ou a outras prestações de serviço atípicas e a própria natureza difusa de certos empreendimentos leva a desfocagens no conceito de empregador, com consequências na situação laboral[1578].

205. **Modalidades**

I. O empregador pode ser singular ou coletivo. Nesta segunda hipótese, são aplicáveis os diversos critérios de classificações que se lhes reportam[1579]. Assim, teremos como empregadores: pessoas coletivas públicas e privadas; privadas de utilidade pública; nacionais, estrangeiras, interna-

[1576] Günter Schaub, *Arbeitsrecht* cit., 6.ª ed., 63. O empregador "público", para o ser verdadeiramente em termos de Direito do trabalho, deve atuar sem poderes de autoridade, i.é, como sujeito de Direito privado. De outra forma, teremos uma situação laboral, de tipo pública.

[1577] José Acácio Lourenço, *As relações de trabalho nas empresas públicas* (1981), 53, com indicações sobre a evolução anterior que apontava já nesse sentido.

[1578] Karl-Georg Loritz, *Veränderungen auf der Arbeitgeberseite/Konsequenz für das Arbeitsrecht?*, FS Klaus Adomeit (2008), 415-432.

[1579] *Vide* o nosso *Tratado de Direito civil*, IV, 4.ª ed., §§ 41.º e 42.º (620 ss. e 633 ss.).

cionais e comunitárias; associativas e fundacionais; com e sem fins lucrativos; comuns e especiais. Entre as pessoas coletivas privadas, surgem as associações, as fundações e as sociedades civis; temos, depois, os diversos tipos de sociedades e as cooperativas.

II. Uma especial relevância laboral assume o artigo 100.º do Código do Trabalho, epigrafado "tipos de empresas". Dispõe:

> 1. Considera-se:
> *a*) Microempresa a que emprega menos de 10 trabalhadores;
> *b*) Pequena empresa a que emprega de 10 a menos de 50 trabalhadores;
> *c*) Média empresa a que emprega de 50 a menos de 250 trabalhadores;
> *d*) Grande empresa a que emprega 250 ou mais trabalhadores.
> 2. Para efeitos do número anterior, o número de trabalhadores corresponde à média do ano civil antecedente.
> 3. No ano de início da atividade, o número de trabalhadores a ter em conta para aplicação do regime é o existente no dia da ocorrência do facto.

Como temos enfocado, o Código do Trabalho visa, em geral, a grande empresa. Muitas das suas normas só perante esta têm aplicação. Todavia, uma preocupação igualitária leva a dificuldades, quando se trate de diferenciar regimes: na prática, isso significaria uma menor proteção para os trabalhadores das médias e pequenas empresas.

III. Mau grado a dificuldade, o Código compreende algumas normas especialmente destinadas às pequenas empresas[1580]. Assim sucede com os artigos:

(a) 40.º/6 (gozo da licença parenta] inicial por ambos os progenitores em simultâneo);
(b) 217/2 (prazo para afixação de alteração de horário de trabalho);
(c) 228.º/1, *a*) (limites de duração do trabalho suplementar);
(d) 241.º/3, *a contrario* (marcação do período de férias);
(e) 317.º/3, *d*) (recusa da concessão de licença sem retribuição);

[1580] Luís Miguel Monteiro, em Pedro Romano Martinez, *Código do Trabalho anotado* cit., 11.ª ed., 292-294 (293). Sobre o tema: Catarina de Oliveira Carvalho, *Da dimensão, da empresa no Direito do trabalho/Consequências práticas da dimensão da empresa na configuração das relações laborais individuais e coletivas* (2011), 1079 pp..

(f) 346.º/4 (procedimento de despedimento coletivo em caso de encerramento total e definitivo da empresa);
(g) 347.º/4 (procedimento de despedimento coletivo em caso de insolvência da empresa);
(h) 358.º (procedimento disciplinar);
(i) 359.º/1 (número de trabalhadores relevante para efeito de despedimento coletivo);
(j) 392.º/1 (oposição à reintegração em caso de despedimento ilícito);
(k) 422.º/2 (crédito de horas dos membros de comissão de trabalhadores, comissão coordenadora ou subcomissão);
(l) 466.º/3 (direito a informação e consulta de delegado sindical).

A referência a micro ou pequena empresa surgia ainda no artigo 230.º/3, relativo a trabalho suplementar; foi revogada pela Lei n.º 23/2012, de 25 de junho.

206. A empresa

I. O Código do Trabalho, a propósito de empregador, refere frequentemente a "empresa". Cabe explicar. A expressão empresa tem duas tradições: a latina, segundo a qual ela significa uma atividade e a alemã, que a equipara a uma realidade objetiva, próxima do nosso estabelecimento comercial[1581]. O Direito comercial português, mercê da viragem para o Direito alemão operada pela comercialística nos meados do século passado (Ferrer Correia e Raúl Ventura), acabou por adotar a noção alemã. A empresa é um conjunto de meios materiais e humanos, com uma direção, organizado em termos de racionalidade económica[1582].

II. A empresa tem, assim, os elementos seguintes:

– um elemento humano: ficam abrangidos quantos colaborem na empresa, desde trabalhadores aos donos, passando por quadros,

[1581] Sobre tudo isso *vide* o nosso *Direito comercial*, 4.ª ed. (2016), 293 ss. e Bernardo Lobo Xavier. *Manual de Direito do trabalho* cit., 2.ª ed., 81 ss..

[1582] Outras fórmulas: Claus-Wilhelm Canaris, *Handelsrecht*, 24.ª ed. (2006), 27 e 142; Bernardo Lobo Xavier, *Manual de Direito do trabalho* cit., 2.ª ed., 81 ss..

auxiliares e dirigentes; em concreto, isso poderá representar desde uma única pessoa a universos com milhares de intervenientes;

- um elemento material: falamos de coisas corpóreas, móveis ou imóveis, seja qual for a fórmula do seu aproveitamento e de bens incorpóreos: saber-fazer, licenças, marcas, insígnias, clientela, aviamento e inter-relações com terceiros, normalmente outras empresas;
- uma organização: todos os elementos, humanos ou materiais, não estão meramente reunidos ou justapostos; eles apresentam-se numa articulação consequente, que permite depois desenvolver uma atividade produtiva;
- uma direção: trata-se do fator aglutinador dos meios envolvidos e da própria organização; a empresa é algo que funciona, o que só é pensável mediante uma estrutura que determine o contributo de cada uma das parcelas envolvidas.

Cada um destes elementos pode variar até ao infinito: desde uma simplicidade infantil até estruturas da maior complexidade até hoje alcançadas.

A empresa não é prévia ao Direito[1583]. Apenas um ordenamento jurídico mínimo permite a existência e o funcionamento de uma empresa. Sem regras jurídicas não é possível, sequer, o aparecimento de vários dos fatores essenciais à empresa; muito menos organizá-los; e sobretudo: dirigi-los.

A empresa é uma organização produtiva que exprime no seu seio a síntese entre os factos e o Direito.

III. A imensa versatilidade da empresa torna-a numa locução de uso fácil e apetecido. O Direito português, através de inúmeras leis, reporta-se-lhes em duas aceções:

- subjetiva, quando refere os direitos, os deveres ou os objetivos das empresas;
- objetiva, quando dirige a certas pessoas regras de atuação para com as empresas.

[1583] A própria ideia de que haveria realidades "prévias" ao Direito está enfeudada à ideia de Direito como um *plus* relativamente à realidade. As conceções atuais do *continuum* universal explicam que o Direito existe *com* a realidade por ser, ele próprio, realidade. Não é "subsequente" a ela.

Na primeira aceção, "empresa" visa designar, em geral, todos os sujeitos produtivamente relevantes: pessoas singulares, sociedades comerciais, sociedades civis, associações, fundações, cooperativas, entidades públicas e organizações de interesses não personificadas. É extremamente útil: evita ao legislador o ter de embrenhar-se em distinções e qualificações de redução impossível e transfere, para o momento da aplicação e à luz da lógica global do sistema, a função de determinar o preciso alcance das normas envolvidas.

IV. Na segunda aceção – a objetiva – a empresa tem a vantagem de permitir cominar deveres aos responsáveis por todas as entidades acima referidas, o que seria impensável sem esse apoio linguístico. Ficam envolvidas pessoas singulares (os "empresários individuais"), administradores, gerentes e diretores das sociedades comerciais, bem como os seus auxiliares e quadros superiores e ainda, em certos casos, os próprios sócios, quotistas ou acionistas, administradores de associações e os próprios associados, administradores de fundações, administradores de cooperativas e os próprios cooperantes, dirigentes de organismos públicos e contitulares de interesses não personalizados. Voltamos a frisar: sem o arrimo da "empresa", seria totalmente inviável explicitar num diploma e a cada passo, todo este mundo diversificado e variável.

Além disso, a "empresa" permite ao legislador determinar medidas em relação às organizações produtivas, sem ter de explicitar tratar-se de conjuntos articulados e dirigidos de meios humanos e materiais. As hipóteses são tantas que apenas um conceito-quadro como o de empresa permite fazer trabalho útil.

Não deve, daqui, inferir-se uma qualquer desvalorização da ideia de empresa. Ela exprime, num plano de efetividade, o funcionamento dos mais diversos institutos jurídicos, que não substitui nem pretende substituir. Ela transcende, de resto, o Direito comercial, dada a natureza acidental deste: uma empresa pode visar uma atuação não puramente comercial. Finalmente, verifica-se que qualquer definição de empresa, por bem aprontada que se apresente, lhe retiraria o seu papel de enquadramento, assente, precisamente, numa (certa) indefinição.

V. Podemos ir mais longe: será a empresa um mero expediente linguístico, à disponibilidade do legislador quando, *in concreto* e pela riqueza da vida real, ele não possa especificar todo o universo a que se dirija?

Não é ou não é apenas isso[1584].

A empresa, particularmente nas economias abertas do Ocidente, tem toda uma carga valorativa e ideológica. Ela traduz, pelo menos, uma preocupação de uso racional dos meios disponíveis, de modo a minimizar custos e ampliar resultados. E ela implica uma dimensão social e humana já que falar em empresas é referir o elemento pessoal que ela sempre inclui.

Em compensação e precisamente pela sua imensa variabilidade, a empresa não serve como elemento sistematizador do Direito comercial ou, sequer, como suporte de um denominado "Direito das empresas". Ela iria defrontar, sem grande glória, toda uma sedimentada tradição jurídico-mercantil e iria oferecer quadros rígidos – e, como tal irreais – deitando a perder a grande vantagem significativa que apresenta.

A empresa traduz, por fim, um espaço privilegiado para seguir e discutir toda uma interessante evolução histórico-cultural.

207. **Concretização e significado**

I. Fixámos a empresa como um conceito-quadro: disponível para o legislador e para a prática jurídica, sempre que caiba referir realidades produtivas sem pormenores técnicos. Podemos ir mais longe e abordar, na base de um ponto da situação, as grandes linhas da sua concretização. Temos:

– a empresa-sujeito e a empresa-objeto;
– o Direito das empresas;
– a empresa como sublinguagem comunicativa;
– a empresa como conceito geral-concreto.

A empresa-sujeito equivale ao conjunto de destinatários de normas comerciais: pessoas singulares, pessoas coletivas e pessoas rudimentares.

[1584] Deve todavia dizer-se que, mau grado a aura de modernidade que surge ligada à ideia de empresa, existem boas exposições de Direito comercial, totalmente atualizadas, que praticamente não recorrem a ela; assim: Peter Jung, *Handelsrecht*, 10.ª ed. (2014); Anja Steinbeck, *Handelsrecht*, 3.ª ed. (2014); Rainer Wörlen/Axel Kokemoor/Stefan Lohrer, *Handelsrecht*, 12.ª ed. (2015); Hartmut Oetker, *Handelsrecht*, 7.ª ed. (2015).

A empresa objeto reporta-se ao estabelecimento dotado de direção humana. Apenas a interpretação permitirá, caso a caso, determinar o preciso sentido em jogo, bem como o seu alcance.

II. O Direito das empresas, usado em sentido amplo, abrange o Direito das sociedades e, ainda, todos os sectores normativos que se aplicam às sociedades: Direitos mobiliário, da concorrência, dos grupos, do trabalho, fiscal, da economia e da propriedade industrial. Ingovernável, tal "Direito" constitui, todavia, um ponto de encontro e de síntese entre disciplinas condenadas a entender-se[1585]. Em sentido estrito, o Direito das empresas não tem consistência, mercê das dificuldades acima apontadas.

III. A referência à empresa funciona – ou pode funcionar – como sublinguagem comunicativa. Ao falar em "empresa", a lei, os estudiosos e os operadores do Direito podem ter em vista transmitir como que uma mensagem subliminar destinada a enfatizar: a capacidade produtiva, a ideologia do mercado ou a prevalência das realidades económicas.

A capacidade produtiva articula-se com a ideia de organização: um filão integrador da empresa, hoje clássico[1586], mas sempre útil[1587].

Quanto à ideologia do mercado: uma linguagem empresarial dá um toque de modernidade. Ela vem sendo adotada, de modo *naïf*, por circunspectas obras de talhe tradicional, surgindo em diplomas como alienígena (*vide* o CIRE!). Nesse plano, ela acentua a propriedade privada, a livre iniciativa e a contenção do Estado. Permite construções vocabulares, a evitar. Mas é útil: toma lugar entre os elementos relevantes da interpretação, designadamente na vertente teleológica[1588]. Caso a caso se verificará se a mensagem subliminar tem alcance e qual.

[1585] Franz Georg Semler, *Vom Gesellschaftsrecht zum Unternehmensrechts/Versuch einer Orientierung*, FS Raisch 1995, 291-308 (292-294).

[1586] Recordamos Thomas Raiser, *Das Unternhemen als Organisation/Kritik und Erneuerung der juristischen Unternehmenslehre* (1969), 93 ss.. Raiser sondava, ainda então, a hipótese da personificação da empresa – *idem*, 171.

[1587] Andreas Engert, *Eine juristische Theorie des Unternehmens*, FS Heldrich 2005, 87-111 (101).

[1588] *Idem*, 111. A empresa, nesta dimensão, liga-se ainda ao governo das sociedades (*corporate governance*) e à gestão ótima que ela implica.

A prevalência das realidades económicas recorda que as sociedades são, no fundo, uma forma jurídica sob a qual algo se abriga[1589] – ou pode abrigar. Faz-se como que um apelo ao substrato e ao que ele representa[1590].

IV. Finalmente, a empresa tem sido reconstruída com base na dialética hegeliana. Temos presente o desenvolvimento de Herbert Wiedemann[1591], o qual intenta enquadrar os contrários que enformam a empresa-indivíduo/ /sistema social; efetividade económica/efetividade social; estabilidade/ /dinâmica; direção/colaboradores e a direção da organização social.

V. Os valores subjacentes à ideia de empresa comunicam-se ao trabalho e integram a própria situação jurídica laboral. Com efeito, seria irrealista imaginar um Direito do trabalho isolado e imune à realidade empresarial onde ele se vai concretizar. Queira-se ou não, o Direito do trabalho, tal como o conhecemos, postula a apropriação privada dos meios de produção, a liberdade económica e a procura do lucro. Cabe ao sistema conciliar esses valores com os da tutela do trabalhador.

VI. Pergunta-se, finalmente, se não será possível substituir a noção de empregador pela de empresa,

Uma integral substituição desse tipo poria dificuldades excessivas, mesmo quando limitada a pessoas comerciais ou produtivas. A via seguida é, pois, a de enriquecer a clássica instrumentação assente nos quadros da personalidade jurídica, com o recurso, sempre que necessário, à empresa.

Em certas zonas – como o Direito da economia, o Direito de concorrência e o Direito europeu – as fontes utilizam, com relativa frequência, a empresa, sempre que pretendam regular os aspetos económicos do tema. E no Direito do trabalho?

A não-coincidência real entre a empresa e o empregador impede uma identificação entre tais realidades. A empresa pode ser meramente individual ou assentar numa combinação de esforços que não conduza à pre-

[1589] Wolfgang Schiling, *Das Aktienunternehmen*, ZHR 144 (1980), 136-144 (138 ss.), no caso das sociedades anónimas.

[1590] Gunther Teubner, *Unternehmenskorporatismus/New Industrial Policy und das "Wesen" der juristischen Person*, KritV 1987, 61-85 (64 ss.).

[1591] Herbert Wiedemann, *Das Unternehmen als dialektisches System/Führung und Kommunikation einmal anders betrachtet* (2003), 297 pp..

sença de trabalhadores assalariados. Do mesmo modo, pode haver entidades empregadoras que, por falta daquela organização mínima, não devam considerar-se como verdadeiras empresas.

Não se prescinde, pois, da noção técnico-laboral de empregador, diferente da de empresa.

O fenómeno do trabalho subordinado, no entanto, não é relevante, apenas, para o Direito do trabalho. Outros complexos normativos podem estar vocacionados para se lhe aplicar e, designadamente, o Direito da economia. Assim sucede quando o trabalho releve não enquanto tal, mas como mero fator de produção. A empresa é, então, a destinatária natural das normas jurídico-económicas. Não se confunde, contudo, com o empregador.

CAPÍTULO IV

CATEGORIAS LABORAIS

§ 54.º PESSOAS LABORAIS COLETIVAS

208. Noção; os sindicatos

I. São pessoas laborais coletivas as que possam surgir como centro de imputação de normas de Direito do trabalho coletivo[1592]. Elas correspondem a uma evolução histórica e dogmática que será referenciada oportunamente[1593]; trata-se, agora, tão-só, de indiciar os seus aspetos mais importantes, num prisma de dogmática básica.

II. A primeira pessoa laboral coletiva a considerar – ela precedeu as restantes, quer num prisma histórico, quer num prisma dogmático – é o sindicato ou associação sindical.

Rege, neste ponto, o artigo 442.º/1. Este preceito, nas suas alíneas *a*), *b*), *c*) e *d*), distingue sindicato de associações de sindicatos. E fá-lo nos seguintes termos:

– sindicato é a "... associação permanente de trabalhadores para defesa e promoção dos seus interesses sócio-profissionais";
– associações sindicais ou organizações sindicais (na terminologia tradicional) são as federações (por sector), as uniões (base regional) e as confederações (base nacional).

[1592] Introduzir, a tal propósito uma categoria geral das "coligações", segundo o modelo alemão, seria inadequado, por demasiado restritivo, perante o Direito português, que admite, p. ex., empregadores isolados como pessoas laborais coletivas.

[1593] *Infra*, 870 ss..

A definição legal de sindicato – ainda que incompleta e criticável como normalmente sucede com todas as conceptualizações feitas por lei – comporta elementos úteis para a ideia de sindicato. Assim:

(a) trata-se de uma realidade de base associativa, i.é, de substrato formado por pessoas e não por bens ou capital;
(b) é uma associação de trabalhadores, enquanto tais: exclui-se, pois, quer uma associação de não-trabalhadores (no sentido técnico-jurídico acima firmado) quer uma associação em que os trabalhadores se reunissem a qualquer outro título;
(c) é uma associação permanente: parece recusar-se a natureza sindical a uma cooperação esporádica ou temporalmente limitada, à partida, ainda que revestindo os demais traços sindicais;
(d) é uma associação finalisticamente determinada: visa a defesa e a promoção dos interesses sócio-profissionais dos seus membros.

III. As associações sindicais adquirem personalidade jurídica pelo registo dos seus Estatutos no Ministério do Trabalho ou equivalente – artigo 447.º/1. São, pois, pessoas coletivas. Dentro dessa categoria, compete classificá-los, ainda, como pessoas coletivas de Direito privado. Com efeito:

(a) eles formam-se livremente pela iniciativa dos interessados (445.º);
(b) os associados são livres de aderir, aos sindicatos (444.º);
(c) é vedada qualquer ingerência do Estado (405.º/1.

Estes aspetos têm tutela constitucional, em termos a examinar oportunamente.

IV. Ocorrem dúvidas no tocante à verificação do mais significativo dos traços distintivos da personalidade pública ou privada: a presença de poderes de autoridade.

Nos termos do artigo 443.º/1, *a*), compete às associações sindicais celebrar convenções coletivas de trabalho; tais convenções são fontes do Direito, porquanto facultam a revelação de normas jurídicas. Essa capacidade, tipicamente laboral coletiva, poderia integrar o perfil do *ius imperii*. Não obstante, julga-se que ela não deve perturbar a qualificação dos sindicatos como pessoas coletivas de Direito privado: embora a autonomia laboral coletiva seja, efetivamente, um fenómeno estranho ao privatismo clássico, ela não se reconduz a um poder legislativo estadual ou similar. Os sindicatos – e demais associações sindicais – não contribuem para a formação *ex autoritate* de regras, mas antes *ex consensu* ou *ex conventione*. Assiste-se, pois, a um alargamento da técnica e dos valores privados a novas e sugestivas áreas do ordenamento.

V. Além dos argumentos técnicos acima avançados no sentido da natureza privada das associações laborais, pode ainda referenciar-se um conjunto de motivações político-ideológicas.

A publicização dos sindicatos – teoricamente possível, de acordo com opções legislativas – corresponde sempre a uma intenção autoritária: ela traduz, seja a ingerência do Estado nos sindicatos, seja a autoridade destes sobre os trabalhadores. A experiência histórica mostra que, em sociedades abertas, a liberdade sindical é a melhor forma de acautelar os interesses dos trabalhadores. As opções constitucionais básicas vão nesse sentido.

A privatização dos sindicatos põe ao serviço da sua liberdade e da sua autonomia toda uma massa de elementos históricos e culturalmente experimentados com o fito de melhor acautelar as esferas das pessoas, contra as arremetidas dos grupos e do Estado.

Há, aqui, um longo património que o Direito do trabalho soube aproveitar.

209. **As associações de empregadores**

I. As associações de empregadores ou associações patronais são, de alguma forma, os parceiros das associações sindicais. Dispõe, sobre o tema, o artigo 442.º/2, *a*). Define-as dizendo que se entende por:

> Associação de empregadores, a associação permanente de pessoas, singulares ou coletivas, de direito privado, titulares de uma empresa, que têm habitualmente trabalhadores ao seu serviço.

Corrigindo a antiga noção do artigo 1.º/1 da LAP de 1975, verifica-se que a Lei não confunde, hoje, a associação de empregadores com a empresa. Os interesses dos empregadores não equivalem aos empresariais. Deve, por isso, distinguir-se:

(a) a associação empresarial, com objetivos económicos de ordem geral, vocacionada para intervir em questões empresariais de âmbito alargado; tal associação estará aberta a empresários, tenham ou não trabalhadores subordinados ao seu serviço;
(b) a associação de empregadores, com fitos puramente laborais, cujas atribuições e competência se cingem ao domínio do Direito de trabalho coletivo.

Apenas esta última é uma pessoa laboral coletiva[1594].

II. Tal como os sindicatos, também as associações de empregadores devem ser entendidas como pessoas coletivas de Direito privado. As razões que recomendem tal valoração são similares às que jogam nos sindicatos: dominam, nelas, os vetores de liberdade e da não estadualização, enquanto a capacidade, por eles detida, de celebrar convenções coletivas de trabalho – artigo 443.º/1, *a*) – recebe melhor explicação com recurso a quadros civis.

III. As associações de empregadores não esgotam, no entanto, a projeção dos empregadores no campo das pessoas laborais coletivas. Segundo o artigo 2.º/3, *c*), são admitidos acordos de empresa concluídos entre associações sindicais e um empregador. Logo, têm capacidade laboral coletiva:

a) As associações sindicais;
b) As entidades patronais e as associações de empregadores.

Verifica-se, pois, que podem agir em situações laborais coletivas não apenas as associações de empregadores – com as suas federações, uniões e confederações – mas também as próprias entidades empregadoras, independentemente de associadas com suas congéneres. Resta concluir que estas podem atuar como empregadoras ou como pessoas laborais coletivas, consoante as circunstâncias.

[1594] Desde que respeitada a limitação do artigo 443.º/3 – proibição de se dedicarem à produção ou comercialização de bens ou serviços ou de intervir, no mercado, de qualquer modo, – não se vê inconveniente em que uma mesma entidade defenda, em simultâneo, interesses empresariais e patronais. Mas apenas quando atue nesta última qualidade ela releva, em termos laborais coletivos.

210. **As comissões de trabalhadores**

I. Uma terceira figura laboral coletiva, que já foi fonte de perplexidades, é constituída pelas comissões de trabalhadores. Ela vem diretamente prevista na Constituição da República, cujo artigo 54.º/1, determina:

> É direito dos trabalhadores criarem comissões de trabalhadores para defesa dos seus interesses e intervenção democrática na vida da empresa.

As comissões de trabalhadores surgiram e desenvolveram-se durante a Revolução de 1974-75 como forma de fazer concorrência, nos meios político-laborais, às forças que dominavam os sindicatos e, ainda, em certos casos, como meio de exprimir um certo pensamento basista, que então se desenvolveu. Aquando da aprovação da Constituição, a situação político-social visualizada era já diversa: por isso, as comissões de trabalhadores foram consagradas com um relevo formal que não corresponde aos poderes que, efetivamente, a lei lhes reconhece. Tal particularidade manteve-se na Lei n.º 46/79, de 12 de setembro, que aprovou a regime das comissões de trabalhadores e passou ao Código do Trabalho vigente.

O essencial do dispositivo aplicável a essa figura versa aspetos regulamentares que têm a ver com a sua eleição e funcionamento interno.

O artigo 423.º enumera os "direitos" das comissões de trabalhadores, que depois desenvolve; são eles:

a) Receber todas as informações necessárias ao exercício da sua atividade;
b) Exercer o controlo de gestão nas respetivas empresas;
c) Intervir na reorganização das atividades produtivas;
d) Participar na elaboração da legislação de trabalho e dos planos económico-sociais que contemplam o respetivo sector e na elaboração do Plano;
e) Gerir ou participar na gestão das obras sociais da empresa;
f) Promover a eleição de representantes dos trabalhadores para os órgãos das entidades públicas empresariais;
g) Reunir, pelo menos uma vez por mês, com o órgão de gestão da empresa, para apreciação de assuntos relacionados com o exercício dos seus direitos.

II. Discutiu-se se as comissões de trabalhadores são pessoas coletivas. Os "direitos" acima referenciados só podem, efetivamente, caber às comissões enquanto tais – e não aos seus membros. E o artigo 17.º da revogada Lei n.º 46/79 veio, em conformidade, reconhecer capacidade judiciária às comissões de trabalhadores. Mas estes âmbitos restritos não equivalem ao de uma comum personalidade coletiva, limitada embora pelo princípio da especialidade.

A noção de pessoa laboral teve, aqui, um máximo de utilidade. Ela permite traduzir a onticidade autónoma das comissões de trabalhadores, aptas a suportar a imputação de normas tipicamente laborais, sem necessidade de um embrenhar na discussão, algo formalística, de personalidade jurídica comum.

Ainda que em termos limitados, as comissões de trabalhadores podem, efetivamente, movimentar-se nos planos laborais coletivos, em termos a aprofundar e que traduzem, no Ocidente, uma zona de promissora expansão do Direito do trabalho coletivo.

Tanto bastava para, pelo menos em homenagem a uma possível evolução futura, incluir as comissões de trabalhadores no rol das pessoas laborais coletivas.

III. O Código do Trabalho veio, no seu artigo 416.º/1, atribuir personalidade jurídica às comissões de trabalhadores. Adquirem-se pela inscrição dos seus estatutos no Ministério do Trabalho. Adiante veremos que o sentido desta "personalização" é, no fundo, o de isentar os seus membros de responsabilidade patrimonial.

§ 55.º PRESTAÇÕES LABORAIS

211. O trabalho

I. A situação jurídica laboral, para além de implicar dois sujeitos ou pessoas, engloba ainda as adstrições que as ligam e que formam o seu conteúdo. Não basta, na verdade, que um trabalhador e um empregador se encontrem mutuamente obrigados, ou que sindicatos e associações de empregadores negoceiem, entre si: num caso e no outro, é necessário que a situação jurídica formada seja laboral, i.é, exprima decisões jurídicas no plano da atividade subordinada, como produto de realização do Direito do trabalho.

II. Na situação jurídica laboral, o trabalhador encontra-se adstrito a trabalhar, a desenvolver uma atividade de tipo laboral. Como foi referenciado, o trabalho implica uma prestação de serviço hetero-determinado, i.é, uma conduta humana de *facere*, indeterminada à partida, mas que vai ser potestativamente determinada pelo credor, à medida que se vá desenvolver.

A atividade laboral tem um sentido essencialmente económico[1595]: ela traduz um bem avaliável em dinheiro que, como tal, assume natureza patrimonial. Esta qualidade, posta em dúvida pelo pensamento comunitário-pessoal, mas hoje admitida, tem um relevo grande, de princípio: sendo patrimonial, o bem-trabalho rege-se pela constituição patrimonial privada surgindo designadamente, disponível: ele circula na sociedade, apenas com as restrições expressas que o Direito tenha enquadrado a seu respeito.

A atividade laboral é suscetível de várias classificações. Assim, de acordo com critérios já acima utilizados para distinguir tipos de trabalhadores. Todavia, ela terá, como denominador comum, a hetero-determinação e, em regra, no plano de uma empresa. Adere, à noção, o fator "organização".

[1595] Alfred Söllner, *Arbeitsrecht* cit., 9.ª ed., 17.

Qualquer atividade humana pode, em princípio, assumir-se como laboral, desde que[1596]:

(a) seja lícita[1597];
(b) tenha natureza patrimonial;
(c) possa ser assumida como produto de uma vinculação;
(d) possa ser adotada contra dinheiro.

Estes fatores articulam-se pela seguinte forma:

(a) uma atividade lícita e patrimonial é objeto de uma situação de trabalho desde que uma norma expressa ou um conceito indeterminado o não vedem;
(b) a laboralização pode ser diretamente vedada – *v.g.*, assumir, por contrato de trabalho, o dever de cuidar dos filhos – ou indiretamente – *v.g.*, receber dinheiro para acatar uma prestação de alimentos.

III. A delimitação por norma expressa não levanta dúvidas. Os conceitos indeterminados obrigam a recorrer à instrumentação que a atual Ciência jurídica oferece para proceder à sua concretização[1598]. No essencial, relevam:

(a) os bons costumes, que exprimem um conjunto de regras atinentes ao comportamento sexual e familiar e a certas deontologias profissionais – médicos, advogados e jornalistas – e que devem ser respeitados, apesar de não constarem de lei expressa;

[1596] Não há, a nível laboral, normas expressas que contemplem estes dados basilares – embora eles sejam pressupostos. Necessário, pois, se torna recorrer aos quadros do Direito privado comum, diretamente aplicáveis, aliás.

[1597] Nos termos gerais, a eventual ilicitude pode advir da própria atividade – *v.g.*, furtar – ou do fim prosseguido – *v.g.*, fabricar instrumentos para furtar. Basta, naturalmente, a ilicitude civil, para que a atividade viciada não possa redundar numa válida prestação de trabalho.

[1598] *Vide* o nosso *Da boa fé* cit., 1176 ss..

(b) a ordem pública, que traduz o complexo de princípios cogentes de uma determinada ordem jurídica, i.é, os princípios que não podem ser afastados pela autonomia privada das partes[1599].

Nos termos do artigo 280.º/1 do Código Civil, a prestação-trabalho não poderá deixar de respeitar estes ditames[1600].

III. Como particular característica da atividade laboral surge a subordinação. Em termos técnico-jurídicos, a subordinação analisa-se numa situação de sujeição em que se encontra incurso o trabalhador: a de ver precisar-se, num ou noutro sentido, a sua obrigação de trabalhar. Por isso se caracteriza tantas vezes a posição laborai como uma posição de disponibilidade: o trabalhador encontra-se disponível para desenvolver a atividade, nos moldes que lhe sejam transmitidos.

A sujeição laboral, expressão técnico-jurídica da subordinação, analisa-se em dois pontos:

(a) no denominado dever de obediência;
(b) na sujeição ao poder disciplinar do empregador.

O dever de obediência, autonomizado, porventura sem o relevo dogmático que lhe competiria, no artigo 128.º/1, *e*) é, de facto, uma sujeição à hetero-determinação da atividade a prestar[1601]. Tem, naturalmente limites genéricos e específicos mas é essencial para que se possa falar em Direito do trabalho.

A sujeição ao poder disciplinar é, desta feita, uma sujeição à aplicação de sanções por violações perpetradas pelo trabalhador. O poder disciplinar assiste à entidade empregadora – artigo 98.º – e é, naturalmente, rodeado de cautelas jurídicas que facultem o seu controlo[1602].

[1599] Quanto aos bons costumes e à ordem pública, Menezes Cordeiro, *Da boa fé* cit., 1208 ss. e *Tratado de Direito civil* II, 4.ª ed., 584 ss. e 603 ss..

[1600] Günter Schaub, *Arbeitsrecht* cit., 6.ª ed., 222-223.

[1601] Luís Menezes Leitão, *Direito do trabalho* cit., 5.ª ed., 270-271.

[1602] *Idem*, 366-370.

212. Prestação principal e deveres acessórios

I. Em termos analíticos, a atividade laboral pode exprimir-se numa prestação principal e em deveres acessórios[1603]. Trata-se de um fenómeno comum, em si, às diversas obrigações e que tem uma dupla explicação:

(a) por um lado, ele deriva das limitações linguísticas existentes nas comunicações jurídicas: torna-se impossível, na generalidade dos casos, exprimir uma atividade humana, sempre tão rica no seu conteúdo, com recurso, apenas a uma única locução; assim, por razões de ordem linguística que acabam por assumir uma relevância substancial[1604], pode considerar-se que a prestação principal é a parte da atividade que se exprime pela parcela linguística mais expressiva do conjunto, enquanto as acessórias resultam de aspetos linguísticos de segundo plano; por exemplo, sabe-se que o trabalho, sendo subordinado, implica sempre um dever de obediência; no entanto, as limitações linguísticas obrigam, para exprimir essa realidade, a utilizar o dever de trabalhar (principal, por mais expressivo) e o dever de obediência (acessório, por menos sugestivo);

(b) por outro, ele resulta da incidência, nas prestações concretas, dos valores fundamentais da ordem jurídica, expressos pela locução "boa-fé"; *in concreto,* esta poderá recomendar atuações num ou noutro sentido, para assegurar que não seja defraudada a confiança da outra parte ou que os valores materiais em jogo surjam efetivamente prosseguidos. Para além da boa-fé, outros preceitos, concretos ou indeterminados, podem prosseguir este impor-tante papel conformador.

[1603] Em rigor, a complexidade intraobrigacional analisa-se em deveres principais, secundários e acessórios; *vide* os nossos *Direito das obrigações* cit., 1, 149 ss., *Violação positiva do contrato*, ROA 1981, 128-152 (132, nota 10), *Da boa fé* cit., 590 ss. e *Tratado de Direito civil* VI, 2.ª ed., 477 ss.. A natureza indeterminada – e por isso compreensiva – da atividade laboral permite no entanto, em regra, a inclusão dos deveres secundários no principal.

[1604] Quanto à existência de quadros linguísticos relevantes no Direito: W. Rother, *Elemente und Grenzen des zivilrechtlichen Denkens* cit., 14.

II. Uma tradição que se viu remontar às conceções comunitário-pessoais da situação laboral apelida, o conjunto dos deveres acessórios que incumbem ao trabalhador, de dever de lealdade. Desde que a referência a esse dever de lealdade não esconda o regresso às conceções que o originaram, não se vê qualquer inconveniente no respeitar dessa tradição.

Acontece, no entanto, que o artigo 128.º/1, *f*) do Código do Trabalho, na linha do artigo 20.º/1, *d*) da LCT, ao enumerar os diversos deveres acessórios que competem ao trabalhador, autonomizou um deles, como sendo um "dever de lealdade". Há pois que estar prevenido; o Direito do trabalho português pode comportar dois sentidos para o dever de lealdade:

(a) lealdade em sentido amplo: equivale ao conjunto dos deveres acessórios que incumbem ao trabalhador, seja por exigência expressa de lei, seja no termo da concretização de conceitos indeterminados, com relevo para a boa fé;
(b) lealdade em sentido restrito: reporta-se, simplesmente, a um dos deveres acessórios tipificado na lei – artigo 128.º/1, *f*), da LCT – com essa designação.

III. O dever principal que cabe ao trabalhador é o de desenvolver a atividade laboral ou, pelo menos, o de estar para tanto disponível, até receber uma concreta indicação nesse sentido[1605]

Os deveres acessórios, por seu turno, são objeto de uma classificação técnica da maior importância. Há, assim, a considerar[1606]:

(a) deveres acessórios legais específicos, i.é, deveres acessórios especificamente cominados por norma legal específica;
(b) deveres acessórios derivados de conceitos indeterminados, ou seja, deveres acessórios derivados da concretização de conceitos indeterminados, com primazia para a boa fé.

Os deveres acessórios derivados de conceitos indeterminados seguem a técnica geral da concretização da boa fé, diretamente aplicável na situação laboral por força dos artigos 334.º e 762.º/2, do Código Civil. Eles

[1605] Günter Schaub, *Arbeitsrecht* cit., 6.ª ed., 217 ss..

[1606] Trata-se de uma contraposição ensaiada em Menezes Cordeiro, *Concorrência laboral e justa causa de despedimento*, ROA 1986, 497-526 (500 ss.).

implicam a necessidade de respeitar a confiança criada e de promover a materialidade subjacente. A panorâmica científico-cultural que preside às operações aqui a realizar pertence à disciplina de Direito das obrigações, para onde se remete[1607].

Os deveres acessórios legais específicos, pelo contrário, constando de fontes laborais, traduzem particularidades que justificam, numa disciplina de Direito do trabalho, uma maior atenção.

IV. Ao contrário do que sucede noutras ordens jurídicas – que, assim, são obrigadas a complexas concretizações doutrinárias e jurisprudenciais[1608] – o Direito português dispõe de uma longa enumeração legal de tais deveres.

Com base no artigo 128.º/1, pode-se distinguir[1609]:

(1) o dever de urbanidade – alínea *a*) – a observar perante a entidade empregadora, os superiores hierárquicos, os colegas de trabalho e as demais pessoas que estejam ou entrem em contacto com a empresa; este dever apresenta diversas graduações, consoante as circunstâncias, sendo mais intenso, por exemplo, numa instância de repouso de alto luxo;

(2) os deveres de assiduidade – alínea *b*) e de zelo e diligência – alínea *c*) – que, no fundo, visam assegurar o bom cumprimento do dever principal e, por isso, variam em função da natureza deste;

(3) o dever de obediência – alínea *e*) – com certos limites, numa resultante fatal de subordinação laboral;

(4) o dever de lealdade em sentido estrito – alínea *f*) – que abrange o dever de sigilo e a proibição de concorrência;

(5) os deveres de cuidado, de conservação e de custódia – alínea *g*) – que tutelam particularmente os bens da entidade empregadora confiados ao trabalhador; também aqui é essencial a natureza dos bens em causa para ajuizar da intensidade dos deveres em jogo;

(6) o dever de empenhamento na empresa – alínea *f*) –, de modo a documentar a sua produtividade.

[1607] *Da boa fé* cit., 1234 ss..

[1608] Günter Schaub, *Arbeitsrecht* cit., 6.ª ed., 273 ss..

[1609] Almeida Policarpo/Monteiro Fernandes, *Lei do contrato de trabalho anotada* cit., 70 ss. e Monteiro Fernandes, *Direito do trabalho* cit., 1, 6.ª ed., 140 ss., a propósito do artigo 20.º da LCT, fonte do atual artigo 128.º.

213. A remuneração

I. A situação jurídica laboral caracteriza-se, por parte do trabalhador, pelo dever de desenvolver a atividade laboral e, por parte do empregador, pelo dever de remunerar. Ao abrigo da autonomia privada, seria possível a celebração de um "contrato de trabalho gratuito" i.é, que não desse lugar a qualquer retribuição[1610]. A tal negócio poder-se-iam mesmo aplicar determinadas normas laborais. Não seria, no entanto, constitutivo de uma verdadeira situação laboral: nesta, por definição, surge uma remuneração, tal como se depreende da própria definição contida no artigo 1152.º do Código Civil e 11.º do Código do Trabalho.

A presença do dever de remunerar permite considerar a situação laboral como onerosa e sinalagmática: a remuneração funciona claramente como contrapartida do trabalho, em termos económicos como jurídicos. No essencial, ela analisa-se na retribuição ou salário[1611], tratada nos artigos 258.º e seguintes.

Das múltiplas classificações aqui aplicáveis e das diversas formas de calcular o salário será dada conta aquando do estudo do contrato de trabalho.

II. A referência ao dever de pagar o salário, embora essencial, não esgota as adstrições do empregador. Para além dos outros elementos patrimoniais a seu cargo, que devem integrar a remuneração em sentido amplo, como se verificará de seguida, o empregador encontra-se obrigado a respeitar uma série de direitos e de garantias do trabalhador, enumerados nos artigos 127.º e 129.º ou resultantes, ainda, de outros lugares normativos.

Estes elementos, importantes para caracterizar a posição jurídica do empregador – e, assim, a estudar a esse propósito – escapam, no entanto, à dogmática básica da situação jurídica laboral. Eles devem, aliás, ser observados nos termos gerais do Direito e não apenas por via do Direito do trabalho.

[1610] Um contrato desse tipo teria de ser entendido como uma liberalidade, por parte do "trabalhador", sujeitando-se às especificidades desse tipo de negócios.

[1611] Günter Schaub, *Arbeitsrecht* cit., 6.ª ed., 329 ss.; Fellice Mortillaro, *La retribuzione*, I – *Principii generali* (1979), 85 ss.

III. Tal como o dever de trabalhar, também o dever de remunerar, por razões de tipo linguístico ou que têm a ver com a realização do Direito no caso concreto é acompanhado de múltiplos deveres acessórios. Viu-se, também, como a conceção tradicional enquadrava esses deveres numa obrigação de assistência, radicada em apregoada natureza comunitário-pessoal da situação de trabalho.

Assim como se pretendeu demonstrar com o dever de lealdade, também o dever de assistência só pode ser mantido se for entendido em termos descritivos e tradicionais. Perante as exigências da dogmática, as diversas condutas do empregador requeridas pela situação de trabalho integram um conceito amplo de remuneração: fazem sentido apenas por surgirem como contrapartida do trabalho. Tal o entendimento fixado por Schwerdtner.

IV. A lei portuguesa isolou os deveres acessórios do empregador; torna assim desnecessária urna elaboração puramente doutrinária e jurisprudencial, requerida nos ordenamentos que não conheçam tais facilidades[1612]. Assim, como deveres acessórios legais específicos, pode apontar-se, segundo o artigo 127.º:

– o dever de respeito – alínea *a*) – para com o trabalhador;
– o dever de qualidade de vida – alínea *c*): deve proporcionar boas condições de trabalho, tanto do ponto de vista físico como moral[1613];
– o dever de formação profissional – alínea *d*);
– o dever de indemnizar por acidentes de trabalho e doenças profissionais – alínea *h*);
– o dever de facilitar as atividades sindicais – alínea *f*) – dever esse que é, aliás, precisado por múltiplas normas do Direito do trabalho coletivo.

A lei refere outros deveres, emergindo ainda uns quantos de cláusulas gerais: tudo matéria a estudar a propósito do contrato de trabalho.

[1612] Günter Schaub, *Arbeitsrecht* cit., 6.ª ed., 712 ss. e, em especial, Hansjörg Weber, *Die Nebenpflichten des Arbeitsgebers*, RdA 1980, 289-299, que a uma extensa enumeração analítica junta uma explicação emancipada da conceção comunitário-pessoal, na linha de Schwerdtner.

[1613] Este dever pode ser dobrado por obrigações de tipo público, impostas pelo Direito das condições de trabalho.

V. A remuneração levanta, tradicionalmente, ainda a questão da sua justificação profunda. De facto, o remetê-la para a categoria de simples retribuição pelo trabalho esquece que o salário é vital para o trabalhador e sua família. Dessa essencialidade seria possível retirar uma fundamentação mais consequente.

A cultura jurídica atual – seja qual for o sistema sócio-político dominante – postula situações laborais concretas, que envolvem o trabalhador e o empregador. Juridicamente, a remuneração surge, de facto, como contrapartida do trabalho – ainda quando, em situações particulares – este possa faltar. O esquema alternativo de os meios de sobrevivência serem atribuídos, de modo centralizado, a todos em função das suas necessidades – e não do seu trabalho – é, até hoje, utópico.

Ao Estado – consciente da essencialidade do salário para a maioria da população – compete, pois, por via legislativa, acautelar essa sua importante função, através da fixação de salários mínimos ou de outros esquemas sociais.

O salário constitui, aliás, um elemento ao serviço da política económica, numa nova possibilidade que os Estados modernos não têm deixado de utilizar.

V

DIREITO COLETIVO DO TRABALHO

214. Razão de ordem

I. A articulação da matéria dentro de um discurso expositivo jurídico, relativo a determinada disciplina, não deve ser deixada ao acaso e ao empirismo.

O postulado positivístico da irrelevância do sistema de exposição, muito difundido pelos sequazes da jurisprudência dos interesses, na versão de Heck, deve ser superado. Forma e substância são apenas duas facetas de uma realidade, dissociáveis para efeitos de estudo, mas unas no seu modo de ser e de realizar. O Direito, fenómeno histórico e cultural, exige comunicação e exteriorização para se difundir e concretizar. Tudo passa, pois, pelas vias que permitam divulgá-lo, entre os destinatários naturais das normas e entre os próprios intérpretes-aplicadores.

Em termos filosóficos ou jurídico-doutrinários, o sistema externo ou de exposição não é neutro, antes interferindo, direta ou indiretamente, na solução dos problemas jurídicos. Aliás, boa parte da evolução do Direito privado, aparentemente imóvel sob as fórmulas românicas que se conservam, cifra-se na progressão sistemática de que tem sido alvo, isto é, nos avanços possibilitados pela intromissão, através do concatenar do discurso, da Ciência do Direito.

II. Os postulados indicados funcionam no Direito do trabalho, tal como em quaisquer outras disciplinas. Têm, no entanto, uma particular acuidade no campo laboral.

O Direito do trabalho – ao contrário do que sucede noutros domínios jurídicos – conhece uma codificação recente. Não temos conhecimento de, nos preparatórios que a antecederam, haver ocorrido um estudo sobre o tema da sistematização. Em face do Código de 2009 – como, de resto, do de 2003 – notamos o insólito de os IRCT serem elencados, logo no início, entre as fontes de Direito do trabalho (1.º a 3.º) para, depois, só serem explicitadas nos artigos 476.º e seguintes.

Não vemos, nem lógica, nem prática, nem pedagogicamente, como tratar um contrato e só depois as fontes capazes de ditar o seu regime.

III. O Direito do trabalho deve a sua autonomia ao nível coletivo. A não ser ele, o contrato de trabalho seria mais um entre a lista do Código Civil: e nem seria o mais diferenciado.

No estádio atual da Ciência do Direito, não é possível ignorar o multicentrismo laboral. Uma total homogeneização dos cinco níveis fundamentais da disciplina – Direito europeu, Direito da personalidade, Direito individual, Direito coletivo e Direito das condições de trabalho – aos quais ainda haveria que acrescentar o Processo do trabalho, falharia, por diversidade intrínseca, linguística, conceptual e substancial. Há que progredir nessa via o que, com probabilidade, irá sendo feito na base da elaboração e do subsequente alargamento da parte referente à dogmática básica e aos princípios gerais; mas até lá, mantêm-se os grandes centros que, na História, presidiram à elaboração do Direito do trabalho. Uma adequada teia de remissões externas e de interrelações internas pode levar à aproximação dos aspetos em jogo, contribuindo para uma sua futura dogmática unitária.

IV. Na doutrina nacional como na estrangeira, tem singrado, muitas vezes, a tendência para estudar, em primeiro lugar, o Direito individual do trabalho, seguindo-se-lhe, depois, o coletivo. Essa via deve ser revista.

O término de todo o processo de realização jurídica é, necessariamente, a situação jurídica concreta: nesta ocorre a decisão que constitui o Direito, encontrando e justificando uma determinada solução para os problemas. A situação jurídica concreta é sempre uma situação de pessoas, destinatárias insubstituíveis do Direito.

No Direito do trabalho joga-se o regime da situação jurídica laboral.

A situação jurídica laboral é constituída – em regra – por contrato de trabalho, o qual, embora dentro de margens mais apertadas do que sucede nos comuns contratos privados, determina aspetos relevantes da sua configuração. Nela interferem todos os outros elementos laboralmente relevantes.

Não vamos, por consequência, prosseguir na exposição dogmática do Direito do trabalho com base no contrato de trabalho: apenas no termo de todo um conjunto normativo, tal contrato poderá ficar minimamente determinado nos seus aspetos positivos.

Em termos técnico-científicos como em obediência a postulados de tipo pedagógico, pode proclamar-se que o Direito coletivo do trabalho deve anteceder, no seu estudo, a problemática do contrato individual de trabalho.

Tem, aliás, interesse repetir ainda que o Direito coletivo do trabalho compreende, em si, os aspetos mais originalmente laborais. Principiar pelo Direito individual do trabalho ameaça, pois, uma "obrigacionalização" da matéria, então conduzida, por natural tendência, para uma configuração do tipo civil comum. Pelo contrário, a temática laboral coletiva oferece, como plataforma formativa, o que de mais original surge no campo do trabalho.

V. Para além da opção de base assim efetuada, cabe ainda referenciar, como fator a ter em conta na articulação interna da matéria, a primazia que os aspetos dinâmicos devem ter sobre os estáticos.

O Direito é, antes de mais, eficácia jurídica. Toda a conceptualização estática da matéria jurídica visa promover e legitimar determinados efeitos jurídicos, pré-queridos pelo Direito e pela sua Ciência.

Em consonância com dados filosóficos e antropológicos basilares, pode proclamar-se, por exemplo, que noções como as de personalidade jurídica e de titularidade dos direitos surgem para que se produzam efeitos negociais e, logo, porque estes são possíveis e ocorrem.

Este estado de coisas, hoje reconhecido, deve ser tido em conta: ele possibilita uma melhor exposição da matéria e, daí, uma melhor realização do Direito.

TÍTULO I

INSTRUMENTOS COLETIVOS DE REGULAÇÃO

CAPÍTULO I

CONVENÇÃO COLETIVA DE TRABALHO

SECÇÃO I

COORDENADAS HISTÓRICO-COMPARATÍSTICAS

§ 56.º CONCEITO E EVOLUÇÃO NACIONAL

215. Conceito geral e modalidades (remissão)

I. O conceito geral de convenção coletiva de trabalho, bem como as suas modalidades, foram já acima adiantados, a propósito das fontes laborais, para que se remete[1614].

Recorde-se, tão-só, que a convenção coletiva de trabalho é um convénio celebrado entre associações de trabalhadores e empregadores, individuais ou, também, associados, para regular aspetos relativos a situações jurídicas laborais.

[1614] *Supra*, 345 ss.. *Vide*, ainda, Carlos Alberto Amorim, *Direito do Trabalho/Da convenção coletiva de trabalho* (1978, polic.) 33 ss. e, com referência ao § 2 do TVG: Claudia Schubert, em Matthias Jakobs e outros, *Tarifvertragsrecht*, 2.ª ed. (2013), XXXII + 619 pp., 103 ss.; Peter Berg e outros, *Tarifvertragsgesetz und Arbeits Kampfrecht/Kompaktkommentar*, 4.ª ed. (2013), 944 pp., 292 ss.; Gabriela Peter, em Wolfgang Däubler, *Tarifvertragsgesetz*, 4.ª ed. (2016), 1916 pp., 843 ss.; Manfred Löwisch/Volker Rieble, *Tarifvertragsgesetz Kommentar*, 4.ª ed. (2017), XXIX + 1504 pp., § 2 (657 ss.); Martin Franzen, no *Erfurter Kommentar zum Arbeitsrecht*, 18.ª ed. (2018), TVG, § 2 (2741-2751).

A lei portuguesa atual distingue expressamente – artigo 2.º/3 – dentro das convenções coletivas de trabalho:

– os contratos coletivos, ou convenções celebradas entre associações sindicais e associações de empregadores;
– os acordos coletivos, ou convenções outorgadas por associações sindicais e uma pluralidade de empregadores diferentes;
– os acordos de empresa, ou convenções subscritas por associações sindicais e uma só entidade empregadora para uma só empresa ou estabelecimento.

Existem outras classificações, da maior importância, a referir aquando do estudo do competente regime.

II. A convenção coletiva de trabalho, para além do seu relevo dogmático, tem um papel científico-cultural de primeira grandeza. Ela domina a panorâmica dos instrumentos coletivos de regulação laboral, de tal modo que todos os que lhe não possam ser reconduzidos, ou estão funcionalmente virados para a servir ou operam como seus sucedâneos.

Outros capítulos clássicos do Direito coletivo do trabalho ordenam-se, também, em termos dogmáticos e sistemáticos, pela convenção coletiva de trabalho. Assim sucede com as lutas laborais coletivas e, em termos mais amplos, com toda a temática da concertação social, onde se poderá incluir a participação dos trabalhadores na gestão das empresas.

Finalmente, e em consonância com os vetores científicos acima aflorados, cabe enfocar que os próprios sujeitos laborais coletivos se explicam, afinal, pela existência de uma eficácia coletiva, dominada pelas convenções coletivas.

216. **Evolução até 1974**

I. O aparecimento, em Portugal, de convenções coletivas do trabalho, datará do início do século XX. Não obstante, o desinteresse que a matéria laboral vem merecendo aos estudiosos não tem sequer permitido proceder à sua datação exata[1615].

[1615] M. Tavares da Silva, *Direito do trabalho* cit., 408 e 411, afirma que não há indicações precisas sobre a contratação coletiva antes de 1933; Bernardo Xavier, *Conven-*

As primeiras referências que se encontram sobre o fenómeno são de natureza doutrinária. Cunha Gonçalves, em 1905, afirma, quanto ao contrato coletivo, que:

> (...) não entrou elle ainda nos hábitos do nosso operariado (...)[1616].

à semelhança do que sucederia noutros países pouco desenvolvidos. Ruy Ulrich, em 1906, faz uma defesa teórica das vantagens do "contrato coletivo" que liga expressamente à evolução das associações operárias, apontando-o como uma fonte de progresso laboral[1617].

ção coletiva de trabalho, Enc. Pólis 1 (1983), 1303-1311 (1305), escreve, por seu turno: "Parece, contudo, que se celebraram os primeiros contratos coletivos após o reconhecimento do direito à greve". Na literatura atual: Luís Gonçalves da Silva, *Notas sobre a eficácia normativa das convenções coletivas* (2002), 275 pp., 26 ss., com muitas indicações; *idem*, *Da eficácia da convenção coletiva* (2012), 224 ss.; Bernardo Lobo Xavier, *Manual de Direito do trabalho* cit., 2.ª ed., 254 ss.; Maria do Rosário Palma Ramalho, *Tratado de Direito do trabalho*, III – *Situações laborais coletivas*, 2.ª ed. (2015), 196 ss.; Pedro Romano Martinez, *Direito do trabalho* cit., 1147 ss..

[1616] Luiz da Cunha Gonçalves, *A evolução do movimento operário em Portugal* cit., 95. E explica ele:

> ... seja porque tendo os salarios, em cada industria e cada localidade, uma taxa conhecida, elles não variam conforme os indivíduos, seja principalmente pela pouca força das nossas associações de classe. Enquanto estas forem fracas, em qualquer paiz, as relações entre os emprezarios e os salariados permanecerão necessariamente individuaes. Os patrões, cuja educação economica é, quasi sempre, tão incompleta como a dos seus operarios, estão imbuidos da idéa de que toda a intervenção do sindicato na discussão dos salarios seria uma usurpação dos seus poderes de direcção e um atentado intoleravel contra a sua autoridade. Doutro lado, o sindicato é, na maioria dos casos, uma minoria de militantes ou uma aglomeração passageira, conduzida por homens irrequietos, embora energicos, exaltados pelas privações e pelo rancôr, ignorantes das condições industriais, muitas vezes até extranhos à profissão. Os patrões, Portanto, recusam reconhecer o sindicato e entrar em transações com os seus delegados; obstinam-se na sua pretenção de não discutir senão com os operarios individualmente considerados; esforçam-se até pela ruptura do sindicato, excluindo os chefes dos seus estabelecimentos, organisando contra eles o *boycottage* de listas negras, e obrigando os operarios a sairem da associação. Como não encontram resistência séria no seu pessoal, não sabem reduzir as despezas da produção senão á custa da mão-de-obra. Nenhum esforço para sair da rotina e renovar o maquinismo; pois a exploração das forças de trabalho em boa conta permite sustentar a concorrencia sem as despezas dum material aperfeiçoado.

Este relato, feito nos princípios século XX, sobre a fraqueza laboral em Portugal, surge como bastante eloquente.

[1617] Ruy Ulrich, *Legislação operária portugueza* cit., 440 ss.; diz este Autor – ob. cit., 442:

II. Não obstante, o influxo das convenções coletivas em Portugal, até ao período corporativo, foi escasso. O preâmbulo do Decreto n.º 10:415, de 27 de dezembro de 1924 – diploma que veio reconhecer as uniões e federações das associações de classe, dispensando-as mesmo de aprovação prévia – criticando o anterior Decreto de 9 de maio de 1891 – sobre associações de classe – afirma que o mesmo não fez referência aos contratos coletivos de trabalho, que seriam então "quase desconhecidos"; os contratos coletivos eram apresentados como "um dos melhores meios de os sindicatos e federações cumprirem a sua finalidade"[1618]. No seu articulado limitava-se, porém, a dispor:

> *Artigo 3.º* As federações ou uniões, desde que estejam devidamente registadas, têm individualidade jurídica para todos os efeitos legais, designadamente para celebrar contratos colectivos de trabalho.

A matéria não era definida o que pressupõe, de certa forma, que fosse conhecida pelos operadores laborais.

Pode concluir-se que, antes do período corporativo, a temática das convenções coletivas de trabalho foi impulsionada pela doutrina universitária; não havendo regulação legal, elas poderiam ter-se desenvolvido livremente, tal como sucedeu noutros espaços jurídicos, dentro dos esquemas da autonomia privada, o que não terá sucedido por insuficiências económicas e culturais gerais; no final do período, chegou-se a uma pequena referência legislativa.

III. No período corporativo, o Estado, porventura por osmose com experiências estrangeiras, prestou uma atenção mais direta ao problema das convenções coletivas de trabalho.

> Como se vê, na organização collectiva operaria tudo se liga ao contracto collectivo. E a explicação é simples: é porque esse contracto, como toda a organização collectiva do trabalho, surge e impõe-se como producto natural da organização industrial moderna.

Outros elementos: Luís Gonçalves da Silva, *Notas sobre a eficácia normativa das convenções coletivas* cit., 27 e, desse mesmo Autor, *Da eficácia da convenção coletiva* cit., 220 ss., situando o surgimento de tal tipo de convenção na passagem do séc. XIX para o séc. XX.

1618 DG 27-dez.-1924 (1893); *vide* M. Tavares da Silva, *Direito do Trabalho* cit., 407.

O Estatuto do Trabalho Nacional, aprovado pelo Decreto-Lei n.º 23:048, de 23 de setembro de 1933, e considerado, na altura, como complementar da própria Constituição, veio dispor:

> *Artigo 32.º* Os sindicatos nacionais e os grémios ajustam entre si contratos colectivos de trabalho destinados a regular as relações entre as respectivas categorias de patrões e de trabalhadores. O contrato colectivo de trabalho consubstancia a solidariedade dos vários factores de cada ramo das actividades económicas, subordinando os interesses parciais às conveniências superiores da economia nacional.
>
> *Artigo 33.º* Os contratos colectivos de trabalho, uma vez sancionados pelos organismos corporativos superiores aprovados pelo Governo obrigam os patrões e trabalhadores da mesma indústria, comércio ou profissão, quer estejam ou não inscritos nos grémios e sindicatos nacionais respetivos[1619].

Estes preceitos postulariam, talvez, um desenvolvimento prático da figura nos anos imediatamente anteriores, embora não se encontre comprovado.

IV. A Lei n.º 1:952, de 21 de março de 1937, que aprovou o primeiro regime do contrato de trabalho, compreendia normas sobre o contrato coletivo. O artigo 2.º referia que as cláusulas e condições do contrato de trabalho podem constar de contratos individuais e de contratos coletivos; por seu turno, o artigo 3.º, dispunha:

> Os contratos ou acordos colectivos de trabalho, acompanhados do despacho da sua aprovação pelo subsecretário de Estado das Corporações e Previdência Social, serão publicados no *Boletim do Instituto Nacional do Trabalho e Previdência* (...).

Assiste-se, pois, a uma clara preocupação de interferência estadual, acompanhada de um desenvolvimento modesto da matéria.

Uma curta progressão posterior e a escassa regulação legislativa levou, de seguida, a um despacho do Subsecretário de Estado das Corpora-

[1619] O artigo 34.º do ETN dispunha, também, sobre contratos coletivos, determinando o seu conteúdo obrigatório.

ções e Previdência de 9 de fevereiro de 1942[1620] que veio "... fixar doutrina quanto à classificação dos atos jurídicos através dos quais se realiza a regulamentação corporativa das relações económico-sociais"; aí se incluíam os contratos e os acordos coletivos, devidamente definidos[1621].

A doutrina nacional intentou, no início, recuperar o problema para o domínio do Direito privado[1622]. Cedo se lhe contrapuseram tentativas publicísticas que, no fundo, tendiam para a inclusão dos contratos coletivos numa hierarquia rígida de fontes, em consonância com uma afirmada estruturação corporativa.

V. Raúl Ventura, fazendo apelo ao instituto da representação, considera os contratos coletivos como contratos (privados) em sentido próprio[1623]. Mas logo Motta Veiga propõe um esquema geral de evolução do sistema das convenções coletivas, em direção ao Direito público[1624], na base das três fases seguintes:

[1620] BINTP IX (1942), 3, 51-52.

[1621] Segundo o texto aprovado por esse despacho, as convenções coletivas de trabalho eram – Despacho cit., 1, *a*):

> (...) actos jurídicos celebrados entre dois ou mais organismos corporativos (contratos colectivos), ou entre um ou mais organismos e uma ou várias empresas ou entidades (acordos colectivos), e destinados a regular os termos a que devem obedecer os contratos singulares de trabalho entre as respectivas categorias de patrões e trabalhadores. Só os contratos colectivos devem conter obrigatoriamente as normas estabelecidas no artigo 34.º do Estatuto do Trabalho Nacional.

[1622] Assim, Luiz da Cunha Gonçalves, *Tratado de Direito civil* 7 (1933), 576 ss.; desse Autor, *vide* o *Tratado* 1 (1929), 324, onde, quatro anos antes do ETN, se falava no contrato coletivo de trabalho, dizendo, designadamente:

> E, se essa convenção é aplicável a operários que nela não intervieram, não é porque ela seja um *acto-regra* ou uma lei, mas sim por serem *cláusulas permanentes* do contrato de trabalho, às quais cada operário, pedindo trabalho, dá a sua tácita *adesão,* como sucede nos contratos de transportes urbanos ou e caminho de ferro, nos seguros, e outros casos análogos.

[1623] Raúl Ventura, *Teoria da relação jurídica de trabalho* cit., 183; este mesmo Autor – ob. cit., 176 – afirma que o estudo do contrato coletivo compete ao Direito corporativo e não ao do trabalho.

[1624] António da Motta Veiga, *A regulamentação do salário* (1944), 149 ss. (154 ss.). Anteriormente, esta posição foi assumida pela interessante sentença de Manuel Rebelo de Andrade, Juiz da 3.ª Vara do Tribunal de Trabalho de Lisboa, de 8-fev.-1941, ROA 1, 2 (1941), 477-485 (478-479): defende-se, aí, com base na doutrina italiana, uma visão normativista do contrato coletivo, ainda que referindo posições contrárias.

(a) a convenção coletiva livre, na qual o Estado se abstém de intervir; os seus efeitos seriam restritos às entidades que, diretamente ou por meio de representação voluntária a houvessem firmado e dependiam da incorporação nos contratos individuais, que podiam derrogá-las; a sua execução era confiada às organizações profissionais contratantes, seja por meios pacíficos, seja por meios violentos;

(b) a do reconhecimento legal na qual o legislador "... limita-se a dar existência legal aos sindicatos profissionais e às convenções que eles celebram". Os contratos coletivos assumiriam, assim, certos efeitos jurídicos, não podendo ser derrogados pelos contratos individuais; a sua execução compete aos tribunais;

(c) a das convenções dotadas de funções regulamentares na qual o Estado confere a esses instrumentos força de lei; eles obrigam todos os profissionais e empresários da respetiva atividade.

Neste último caso, sempre segundo Motta Veiga, a extensão das convenções coletivas a pessoas não representadas pelas associações contratuais poderia seguir uma de três vias:

– por ato da Administração Pública;
– por conciliação e arbitragem;
– por lei; neste caso "... o estatuto legal das convenções coletivas deu o passo decisivo da sua evolução, colocando-se sob a alçada do direito público. Foi o que sucedeu, entre outros países, na Itália, em Portugal, na U.R.S.S., na Bulgária, na Grécia, e no Brasil"[1625].

217. **O desenvolvimento entre 1947 e 1974**

I. Houve, pois, uma recuperação clara do fenómeno das convenções coletivas pelo Estado, em obediência a nítidas preocupações centralizadoras. Cinco características dariam, a tal ideário, um cunho particular:

1.ª A celebração das convenções coletivas é um privilégio reconhecido por lei; em cada circunscrição territorial, a lei apenas reconhece um organismo único, por atividade ou profissão;

[1625] Motta Veiga, *A regulamentação do salário* cit., 157 ss. (159).

2.ª A eficácia das convenções coletivas depende da sua aprovação pelos poderes competentes;
3.ª Uma vez aprovadas, elas vinculam igualmente, por força da lei, os inscritos e os não inscritos nos organismos celebrantes;
4.ª A lei determina previamente as matérias que as convenções coletivas devem compreender;
5.ª A fiscalização compete aos signatários e às autoridades competentes do Estado[1626].

II. A consagração legal expressa destes princípios levou, ainda, algum tempo; ela surgiu apenas através do Decreto-Lei n.º 36:173, de 6 de março de 1947, que aprovou entre nós o primeiro regime geral das convenções coletivas de trabalho. Trata-se de um diploma de trinta e um artigos, bastante sintéticos. O seu preâmbulo dá conta de que, com base apenas nos artigos 32.º a 34.º do ETN e nos artigos 2.º e 3.º da Lei n.º 1:952, de 10 de março de 1937, têm sido celebrados "... muitas convenções colectivas, graças às quais foi notavelmente melhorada a situação de classes numerosas de trabalhadores da indústria, do comércio e da lavoura".

O regime estabelecido pelo Decreto-Lei n.º 36:173, de 6 de março de 1947, assentava nos seguintes pontos[1627]:

(a) delimitação estrita do âmbito das convenções coletivas, quer pela positiva (artigo 5.º: "As convenções colectivas somente podem conter cláusulas que digam respeito ao contrato de trabalho e aos deveres e direitos dele emergentes"), quer pela negativa (artigo 6.º, com uma série de enumerações de cláusulas proibidas, nos artigos 7.º e 8.º)[1628];

[1626] Motta Veiga, *A regulamentação do salário* cit., 159-160.
[1627] Segundo o preâmbulo desse diploma – DG I 52 (1947), 191:

> Por um lado, parece indispensável definir em que limites pode exercer-se a liberdade contratual dos outorgantes, ressalvando a observância das leis de protecção dos trabalhadores, que devem ser consideradas de interesse e ordem pública, excluindo as cláusulas de condicionamento económico e acautelando o exercício dos poderes conferidos ao Estado. Por outro, julga-se necessário regularizar a forma da sua elaboração e publicação.

[1628] Assim, segundo este preceito:

> São expressamente excluídas das convenções colectivas as cláusulas que:
> *a*) Contrariem de qualquer modo o direito, reservado ao Estado, de coordenar e regular superiormente a vida económica da Nação e de fiscalizar a observância das leis sociais;

(b) reconhecimento do princípio do tratamento mais favorável, ainda que subordinado à lei (artigo 6.º: "As convenções colectivas não podem contrariar o disposto em normas legais preceptivas ou proibitivas, nem incluir qualquer cláusula, que importe para os trabalhadores tratamento menos favorável do que o previsto na lei");
(c) sujeição das convenções à homologação governamental, daí dependendo a sua eficácia;
(d) desconhecimento do fenómeno das lutas laborais coletivas[1629];
(e) uniformização do conteúdo das convenções –artigo 24.º.

Apesar de algumas limitações que, acima, ficaram patentes, era indubitável a presença de um certo dinamismo laboral subjacente, a que não terá sido estranho o surto doutrinário dos anos quarenta, encabeçado por Raúl Ventura e Motta Veiga[1630].

III. O grande óbice do Decreto-Lei n.º 36:173 residia no desconhecimento – ou na desadaptação – ao fenómeno das lutas laborais coletivas. Assim, o sistema funcionava se – e na medida em que – as partes chegassem a acordo. Repare-se que tal acordo seria fatal quando a ingerência do Estado nos "parceiros" fosse suficientemente ampla para o promover. Um relaxamento nesse controlo cedo levaria as partes a desentenderem-se, ultrapassando então os tímidos quadros legais[1631].

[1629] As quais estavam, na época, proibidas; o diploma em análise limitava-se a prever comissões corporativas com funções de "... conciliação entre as partes, quando se pretenda fazer conhecer direitos emergentes das convenções e um dos interessados o requeira"– artigo 11.º, 3.º.

[1630] Assim, dispunha o artigo 10.º do Decreto-Lei n.º 36.173:

> Os casos omissos das convenções colectivas, não regulados na legislação social de carácter geral, serão preenchidos pelo recurso aos casos análogos prevenidos nas mesmas convenções ou em convenções ou despachos de regulamentação do trabalho em vigor para a mesma actividade ou profissão noutras áreas do País, e, na falta deles, pelo recurso aos princípios gerais de direito e à equidade. Fica, assim, pressuposto um sistema de fontes que deixa patente uma autonomia laboral.

[1631] As divergências que, porventura, surgissem entre os sindicatos e as associações patronais eram, de facto, solucionadas por conciliação do Instituto Nacional do Trabalho e Previdência (INTP), apesar de nenhuma lei a isso induzir; informa nesse sentido o Parecer n.º 26/IX, da Câmara Corporativa, n.º 3. Mais tarde, tal competência foi assumida por comissões corporativas, compostas por representantes das partes e do INTP – *vide* o

Neste contexto, deve entender-se a reforma levada a cabo pelo Decreto-Lei n.º 49.212, de 28 de agosto de 1969, alterado pelo Decreto-Lei n.º 492/70, de 22 de outubro.

No essencial, este diploma veio estabelecer um esquema de convenção coletiva que deixava clara a existência subjacente de interesses contrapostos. Para além disso, houve uma melhoria técnica acentuada na sua redação, em consonância com o desenvolvimento laboral registado na década de sessenta.

Assim:

(a) havendo fracasso de negociações coletivas, ou assistindo-se ao desinteresse de uma das partes ou a bloqueio, seguia-se uma tentativa de conciliação – artigo 13.º – conduzida pela corporação onde se integravam as partes discordantes[1632] – artigo 14.º;
(b) gorando-se a conciliação, seguia-se um processo de arbitragem: cada parte nomeava um árbitro, sendo o terceiro designado pelo Ministro das Corporações e Previdência Social – artigo 15.º; as decisões arbitrais eram obrigatórias.

IV. Não se chegou, pois, a admitir as lutas laborais coletivas – designadamente a greve – o que teria introduzido um importante passo para a liberalização do regime, por via reformista[1633]. A solução arbitral que

artigo 11.º/5, do Decreto-Lei n.º 43.179, de 23 de setembro de 1960 – sem que, no entanto, se pudesse falar de um verdadeiro processo de conciliação; *vide,* também, Almeida Policarpo, *Nota sobre alguns problemas relativos à contratação colectiva*, ESC VI, 23 (1967), 163-170 e *Conciliação dos conflitos colectivos de trabalho*, ESC XV, 13 (1965), 36-58 (47 ss.).

[1632] Tenha-se presente que a corporação era um organismo misto que incluía grémios e sindicatos.

[1633] O Parecer da Câmara Corporativa n.º 26/IX – publicado também em anexo a Henrique Nascimento Rodrigues, *Regime jurídico das relações colectivas de trabalho anotado* (1971); *vide*, aí, 123 ss., 125 ss. – tentava explicar o não reconhecimento da greve, traçando um seu paralelo com a justiça privada e enfocando os maus resultados a que ela conduzira no estrangeiro, com relevo para os acontecimentos de 1968, em França. Toda a evolução laboral no Ocidente, era, pois, ignorada. *Vide*, além de Nascimento Rodrigues, *Regime jurídico* cit., 26 e *passim*, Almeida Policarpo, *Conflitos colectivos de trabalho e sistema corporativo*, ESC VIII, 31 (1969), 17-34 (20); como explica este Autor, um dos aspetos essenciais residia na obrigação de negociar, instituída através de um processo pormenorizado e com prazos e que, pelo menos, evitava que uma das partes – subentende-se

através da designação do terceiro árbitro, era remetida para o Estado, facilmente identificável com os empregadores, só podia ser operacional num esquema autoritário, uma vez que a arbitragem era obrigatória.

Para além disso, o regime do Decreto-Lei n.º 49.212 compreendia ainda:

- restrições ao âmbito das convenções coletivas, ainda que inferiores às previstas em 1947 – artigos 2.º e 3.º;
- reconhecimento do princípio do tratamento mais favorável do trabalhador – artigo 2.º, que transcrevia o artigo 6.º do Decreto-Lei n.º 36.176, acima referenciado; veja-se, também, o artigo 5.º do Decreto-Lei n.º 49.212[1634];
- manutenção do esquema da homologação governamental, para a eficácia dos instrumentos coletivos –convenções coletivas, revisões, pedidos de adesão, atas de conciliação e decisões arbitrais – artigo 24.º/5.

V. Correspondendo a um período de expansão económica, no qual o movimento sindical foi grandemente reforçado, por vezes mesmo em oposição ao Regime da II República, o Decreto-Lei n.º 49.212 veio dar abrigo a melhorias importantes na vida dos trabalhadores. Saudado na altura como "mudança radical"[1635] – por certo com otimismo – ele acabou por se mostrar, por ironia histórica, mais benéfico para os trabalhadores do que para os empregadores: aqueles ganharam em experiência e combatividade; estes, dependentes, de modo estrito, do apoio do Estado, ficariam totalmente desamparados com o seu desmoronar, em 1974.

218. As medidas de emergência de 1974 a 1978

I. Depois da queda, em 1974, do Regime corporativo, a regulação anterior sobre convenções coletivas manteve-se, formalmente, em vigor.

que a empregadora – se recusasse pura e simplesmente a negociar, ou inutilizasse as negociações com manobras dilatórias.

[1634] Nascimento Rodrigues, *Regime jurídico* cit., 28 e 33 ss.; este esquema levava, na época, a que as convenções coletivas fossem entendidas como instrumento para o progresso social.

[1635] Almeida Policarpo, *Conflitos colectivos de trabalho* cit., 25.

Num crescendo, generalizou-se, porém, a sua inobservância; primeiro no tocante aos esquemas obrigatórios de conciliação e arbitragem e, depois, quanto à representatividade das partes, quanto aos prazos de vigência das convenções coletivas, quanto às suas designações e quanto à sua publicidade[1636]. A classe empresarial, sem prática nem conhecimentos negociais, habituada ao amparo do Estado que mudou de campo e com vago sentimento de culpa por envolvimentos, ainda que passivos, com o regime autoritário deposto, mostrou-se incapaz de reagir. Os abusos de todo o tipo então cometidos, incentivados por uma comunicação social em súbito delírio e que, muitas vezes, ultrapassaram mesmo as intenções das formações políticas mais radicais, provocaram desequilíbrios gravíssimos em muitas empresas: à explosão salarial somou-se a desarticulação do aparelho produtivo.

II. Compreende-se, neste contexto, em plena Revolução de 1974-1975, que a primeira legislação laboral coletiva aprovada tenha assumido uma feição restritiva. Foi publicado o Decreto-Lei n.º 292/75, de 16 de junho. Esse diploma, além de outras medidas[1637], veio determinar:

[1636] *Vide*: João Caupers/Pedro Magalhães, *Relações colectivas de trabalho* (1978), 16 ss.; Monteiro Fernandes, *Direito do trabalho* cit., 2, 3.ª ed., 28-29; em termos mais desenvolvidos, Bernardo Xavier, *As recentes intervenções dos trabalhadores nas empresas*, ROA 1975, 417-472. A tendência então registada foi no sentido da atuação a nível da empresa, à margem dos sindicatos, que só com dificuldade recuperaram o processo. A greve tornou-se na mais suave das formas de luta; a posição mais simples consistia no "saneamento" – portanto no afastamento – dos empresários ou diretores e, ainda, dos próprios trabalhadores que se opusessem às pretensões a desenvolver ou que, meramente, não oferecessem a confiança política requerida por um processo em permanente evolução. O ambiente persecutório geral instalado, com apelo público à denúncia e à calúnia, tornou-se campo fértil para oportunismos, afirmações e vinganças pessoais; sacrificaram-se centenas de quadros, colocados numa situação de "morte civil": devido a uma rede de denunciantes rapidamente montada, os "saneados" não tinham possibilidades de encontrar emprego noutras empresas. Assim se gerou um cenário que manchou, de modo inútil, o que, de outra forma, teria passado à História como a generosidade romântica da Revolução socialista portuguesa. *Vide* Bernardo Xavier, *As recentes intervenções dos trabalhadores nas empresas* cit., 449 ss..

[1637] Fixava um salário mínimo de 4.000$00 – importância apreciável, nessa altura – mas que, apesar do preâmbulo, era restritiva, já que as reivindicações em curso eram bens maiores; congelava os salários iguais ou superiores a 12.000$00; impunha um salário máximo nacional de 48.900$00 –artigos 1.º, 3.º e 4.º; procurava limitar os feriados – artigo 19.º; suspendia "... pelo prazo de trinta dias, a faculdade de fazer cessar o contrato indivi-

(a) que todas as propostas de regulação coletiva "... deverão, em qualquer caso, dar a primazia à determinação do montante global a afectar ao acréscimo de retribuições, em função da capacidade económica das empresas ou sectores de actividade e do aumento do custo de vida" – artigo 14.º/1; visava-se, assim, prevenir a explosão salarial, sem aumentos de produtividade;
(b) que na falta de acordo quanto ao montante global a afetar aos aumentos, poderia o Ministério do Trabalho fixá-lo – artigo 14.º/3;
(c) a proibição de eficácia retroativa a qualquer cláusula – artigo 15.º/ 1 – devendo as convenções coletivas vigorar pelo mínimo de um ano – artigo 15.º/3;
(d) que todas as propostas ou contrapropostas de convenções coletivas deveriam ser remetidas ao Ministério do Trabalho, investido em vários poderes de acompanhamento – artigos 11.º e ss.;
(e) "as cláusulas das convenções coletivas de trabalho na parte em que violem o disposto neste diploma são nulas e de nenhum efeito, podendo ser denegada, com esse fundamento a sua publicação no Boletim do Ministério do Trabalho" – artigo 16.º/ 1;
(f) que até 31 de dezembro de 1975 seria publicado um diploma regulador das relações coletivas de trabalho – artigo 10.º/ 1.

III. A eficácia destas medidas, numa situação de incontrolável decadência do poder do Estado, terá sido nula. Assim, em 27 de novembro de 1975, uma Resolução do Conselho da Revolução suspendeu, até 31 de dezembro, as negociações coletivas "... a fim de, entretanto, ser definida pelo Governo uma política salarial e de rendimentos que vise reduzir as desigualdades existentes e as diferenciações salariais excessivas, proteja os salários mais baixos e tenha em conta as possibilidades reais da economia e a progressão do custo de vida"[1638]. Tal suspensão foi prorrogada até 29 de fevereiro de 1976, pelo Decreto-Lei n.º 783/75, de 31 de dezembro.

dual de trabalho, por decisão unilateral, que o regime jurídico desse contrato reconhece às entidades patronais" – artigo 21.º – ressalvando-se, contudo, as hipóteses de falta disciplinar grave ou de processo disciplinar – artigo 23.º.

[1638] DG I, n.º 275 (1975), de 27 de novembro, 2.º Suplemento, 1911 (3).

VI. Nesta sequência surgiu o Decreto-Lei n.º 164-A/76, de 28 de fevereiro, que revogou finalmente o Decreto-Lei n.º 49.212, de 28 de agosto de 1969; teve-o, no entanto, em conta, seguindo-o, por vezes, de perto.

Do regime então estabelecido retiram-se os seguintes pontos:

(a) as convenções coletivas obrigam apenas os empregadores e os trabalhadores representados pelas entidades signatárias –artigo 9.º/1;
(b) prevê-se, para solucionar conflitos, a conciliação, a mediação e a arbitragem – artigos 13.º, 14.º e 15.º;
(c) a intervenção do Estado cifra-se no mínimo; as cláusulas ilegais deveriam ser anuladas judicialmente –artigo 24.º;
(d) prevê-se a possibilidade de conciliação obrigatória, perante negociações aplicáveis a empresas públicas ou nacionalizadas – artigo 13.º/4 – bem como de arbitragem obrigatória – artigo 16.º/1;
(e) previam-se hipóteses de portarias de extensão e de regulamentação, subordinadas embora às convenções – artigos 20.º e ss.

A prática mostrou que o esquema instituído pelo Decreto-Lei n.º 164-A/76 não era suficientemente dinâmico, provocando um arrastar das negociações. Para suprir essa insuficiência foram introduzidas, pelo Decreto-Lei n.º 887/76, de 29 de dezembro, numerosas alterações; esse diploma aproveitou, aliás, para inserir algumas restrições à autonomia coletiva, em consonância com a má situação económica do País[1639].

V. A persistência – e mesmo o agravamento – dessa situação económica levou, depois, a várias intervenções legislativas de emergência, que implicaram um retrocesso nítido no esquema geral da evolução do Direito coletivo do trabalho português. Assim, o Decreto-Lei n.º 49-A/77, de 12 de fevereiro, veio:

(a) limitar a 15% (aquém da inflação, superior, na altura, a essa taxa) os aumentos dos salários – artigo 4.º;

[1639] João Caupers/Pedro Magalhães, *Relações coletivas* cit., 25.

(b) limitar a 50% da remuneração de base as prestações complementares e acessórias – artigo 6.º[1640];

(c) permitir, ao Ministério do Trabalho, a recusa do depósito de qualquer convenção coletiva que infringisse tais normas – artigo 9.º; assim renasceu a prática do controlo administrativo das convenções; o Decreto-Lei n.º 353-G/77, de 29 de agosto de 1977, veio ampliar os casos de fiscalização administrativa das convenções[1641].

Resta acrescentar que o Decreto-Lei n.º 49-A/77, de 12 de fevereiro, que se destinava a ter uma vigência provisória, foi prorrogado pelo Decreto-Lei n.º 565/77, de 31 de dezembro. Acabou revogado, apenas, pelo Decreto-Lei n.º 121/78, de 2 de junho, que manteve, no seu tom geral, as medidas restritivas aprovadas anteriormente.

Assim:

(a) conservam-se tetos salariais imperativos;

(b) mantêm-se limitações ao conteúdo das convenções coletivas;

(c) subsiste a hipótese de recusa de depósito por irregularidades, ou seja, de controlo administrativo das convenções.

O Decreto-Lei n.º 121/78, de 2 de junho, foi alterado pelo Decreto-Lei n.º 490/79, de 19 de dezembro, que veio atenuar alguns dos seus aspetos mais enérgicos.

219. A ocidentalização

I. No termo da referida evolução, bastante sinuosa e que importa conhecer, pois tem projeções atuais, foi publicado o Decreto-Lei n.º 519-C/79,

[1640] O Decreto-Lei n.º 49-A/77, de 12 de fevereiro, foi alterado pelo Decreto-Lei n.º 288-A/77, de 16 de julho, que veio, designadamente, ressalvar algumas posições de constituição anterior.

[1641] Nessa mesma data, o Decreto-Lei n.º 353-H/77 veio aprovar o regime das empresas em situação económica difícil o que, entre outros aspetos, poderia implicar a não aplicação, total ou parcial, das cláusulas dos instrumentos de regulação coletiva do trabalho – artigo 5.º, *b*).

de 29 de dezembro, que, revogando o Decreto-Lei n.º 164-A/76, de 28 de fevereiro, com as suas alterações, veio estabelecer um novo regime para as convenções coletivas de trabalho. Alguns dos seus preceitos foram modificados pelo Decreto-Lei n.º 87/89, de 23 de março e pelo Decreto-Lei n.º 209/92, de 2 de outubro. Este diploma, que conserva as tradições de 1969, traduz uma aproximação aos esquemas mais soltos próprios do Ocidente europeu. Um tanto surpreendentemente, ao fim de vinte anos de vigência, foi objeto de declarações de inconstitucionalidade[1642]: do seu artigo 6.º, *e*), que vedava aos IRCT estabelecer e regular benefícios complementares dos assegurados pelo sistema de segurança social[1643]. O diploma foi revogado pela Lei n.º 99/2003, que aprovou o primeiro Código do Trabalho – artigos 531.º e seguintes. Hoje, ela ocorre nos artigos 485.º a 503.º.

II. O Código do Trabalho de 2009 comporta um subtítulo II relativo aos instrumentos de regulamentação coletiva de trabalho (476.º a 521.º). Importa, já, ter uma ideia da sua sistematização e do seu conteúdo. Ele ordena-se em três capítulos, nos termos seguintes:

Capítulo I – Princípios gerais relativos a instrumentos de regulamentação coletiva de trabalho (476.º a 484.º):
- Secção I – Disposições gerais sobre instrumentos de regulamentação coletiva de trabalho (476.º a 480.º);
- Secção II – Concorrência de instrumentos de regulamentação coletiva de trabalho (481.º a 484.º).

Capítulo II – Convenção coletiva (485.º a 503.º):
- Secção I – Contratação coletiva (485.º a 490.º);
- Secção II – Celebração e conteúdo (491.º a 493.º);
- Secção III – Depósito de convenção coletiva (494.º e 495.º);
- Secção IV – Âmbito geral de convenção coletiva (496.º a 498.º);
- Secção V – Âmbito temporal de convenção coletiva (499.º a 503.º).

Capítulo III – Acordo de adesão (504.º).

Capítulo IV – Arbitragem (505.º a 513.º):
- Secção I – Disposições comuns sobre arbitragem (505.º);
- Secção II – Arbitragem (506.º e 507.º);

1642 Pedro Romano Martinez, *Direito do trabalho* cit., 8.ª ed., 1149.

1643 TC 517/98 (Luis Nunes de Almeida), de 15-jul.-1998, no sítio do Tribunal Constitucional e TC 634/98 (Messias Bento), de 4-nov.-1998, *idem*; *vide* a anot. de Bernardo Xavier, RDES 1999, 434-443

Secção III – Arbitragem obrigatória (508.º e 509.º);
Secção IV – Arbitragem necessária (510.º e 511.º);
Secção V – Disposições comuns à arbitragem obrigatória e à arbitragem necessária (512.º e 513.º).
Capítulo V – Portaria de extensão (514.º a 516.º).
Capítulo VI – Portaria de condições de trabalho (517.º e 518.º).
Capítulo VII – Publicação, entrada em vigor e aplicação (519.º a 521.º).

III. Como de resto resulta da consideração global do regime em vigor, o núcleo dos IRCT é representado pela convenção coletiva. Os demais instrumentos são sucedâneos ou derivativos. Isso implica natureza livre e consensual para o Direito coletivo do trabalho. Além disso, todo este sistema assenta em dois institutos básicos:

(a) a liberdade de associação, de modo, designadamente, a constituir sindicatos livres e independentes e a neles ingressar ou sair;
(b) o reconhecimento da greve.

À medida que o sistema se aproximou desse modelo, perfeitamente claro nos códigos do trabalho, podemos considerar consumada a sua ocidentalização.

§ 57.º NOTA DE DIREITO COMPARADO

220. Relevo; o Direito inglês

I. A história das convenções coletivas de trabalho nos diversos países prende-se, de perto, com a evolução da liberdade sindical e das lutas laborais coletivas.

Em rigor, tal como a comparação laboral permite documentar, não é necessário um reconhecimento legal expresso das associações sindicais, das lutas laborais coletivas ou, diretamente, das próprias convenções coletivas, para que elas façam a sua aparição; basta, tão-só, que condições ambientais genéricas a tanto deem lugar, designadamente através de um certo desenvolvimento económico-cultural e de um mínimo de liberalismo político.

II. No domínio do Direito coletivo do trabalho são muitas vezes, pela doutrina especializada, apontadas diferenças substanciais entre os ordenamentos dos diversos países. Não obstante –e sobretudo no que diz respeito aos princípios essenciais – verifica-se uma proximidade relativa, a nível de soluções.

Dois fatores poderão explicar as similitudes:

– a natural convergência existente em sociedades que tenham alcançado níveis de desenvolvimento comparáveis;
– a presença de fontes laborais internacionais.

Em qualquer dos casos, uma referência comparatística, ainda que sucinta, facultará um melhor conhecimento das próprias experiências nacionais, permitindo ainda a sua crítica e o seu aperfeiçoamento.

III. O Direito inglês apurou, como pioneiro, o tema das negociações coletivas e dos contratos coletivos[1644]. A doutrina anglo-saxónica

[1644] *Collective bargaining* e *collective agreement*. Na origem esteve o reconhe-

aponta, efetivamente, as incapacidades de um sistema de *Common Law* para enfrentar as realidades laborais: o *case law* opera *ex post* enquanto o sector laboral carece de soluções *ex ante;* o mundo do trabalho implica compromissos entre empregadores e trabalhadores, em termos que não poderiam sensibilizar os tribunais. Assente no vetor *pacta sunt servanda*, o *Common Law* não poderia enfrentar o tema das desigualdades implícito nas questões de trabalho[1645]. As convenções coletivas assumiram, por tudo isso, um papel liderante no domínio laboral: confinadas, no início, a questões pontuais dentro das unidades produtivas, elas vieram a alargar-se, acabando por absorver toda uma vasta matéria no domínio dos estatutos profissionais, organização da empresa, condições de trabalho e previdência[1646]. Em termos estritamente legais, as dúvidas foram contínuas, até ao *Trade Disputes Act* de 1906[1647].

IV. No pensamento laboral anglo-saxónico, a convenção coletiva assume o duplo papel de contrato ("tratado de paz") entre os celebrantes e de regulação ("código") para os trabalhadores e empresas que, por ela, venham a ser envolvidos[1648]

Em toda a evolução laboral assim possibilitada pela utilização (coletiva) do contrato, a jurisprudência manteve sempre uma posição sindicante[1649].

cimento dos sindicatos, imposto na prática na primeira metade do séc. XIX – Sir Otto Kahn-Freund, *Labour and the law*, 3.ª ed. por Paul Davies e Mark Freedland (1983), 88 ss.. *Vide*, ainda: Elias/Napier/Wallington, *Labour Law/Cases and Materials* (1980), 1 ss. e 60 ss.; C. D. Drake, *Labour Law*, 3.ª ed. (1981), 229 ss.; Rideout/Dyson, *Principles of Labour Law*, 3.ª ed. (1983), 345 ss.. Uma exposição alargada sobre o Direito do trabalho no sistema anglo-saxónico pode ser confrontada, em língua latina, na obra de Marco Papaleoni, *Il diritto del lavoro nei paesi a "common law"*, 2 volumes (1982).

1645 Kahn-Freund, *Labour and the Law* cit., 3.ª ed., 29 ss..

1646 Valente Simi, *Il contratto collettivo di lavoro* (1980), XIII + 238 pp., 2 ss.. Em Elias, Napier/Wallington, *Labour Law* cit., 71 ss., podem ser confrontados textos de convenções coletivas britânicas exemplares.

1647 Charles O. Gregory, *Labour and the Law*, 2.ª ed. (1961), 14; os sindicatos haviam sido reconhecidos pelo *Trade Union Act*, de 1871.

1648 Kahn-Freund, *Labour and the Law* cit., 3.ª ed., 154 ss..

1649 A doutrina laboral fala de um "duplo padrão" no tocante à livre empresa na Inglaterra, que jogaria contra os trabalhadores, numa afirmação documentada com uma célebre trilogia de decisões da Câmara dos Lordes: *Mogul Steamship Company v. McGregor, Gow and Company* (1892), *Allen v. Flood* (1893) e *Quinn v. Leathem* (1901); o

221. O Direito alemão

I. Na Alemanha, houve algum atraso, no tocante às convenções coletivas de trabalho (*Tarifverträge*) e ao Direito coletivo do trabalho. Apenas em 1873 foi celebrada, com os tipógrafos, a primeira convenção coletiva; mas, em 1906, havia já 3.000, número esse que, em 1913, sobe a 13.000[1650]. Repare-se que os sindicatos foram reconhecidos apenas em

problema esclarece-se com a rápida consideração dos factos aí discutidos. Em *Mogul S.S. Co. v. McGregor, G. and Co.*, a queixosa – empresa de navegação para o Extremo-Oriente – alegava ter sido conduzida à bancarrota por uma combinação feita pela ré, que baixara os preços artificialmente para evitar concorrentes *outsiders*; a Câmara dos Lordes considerou não haver conduta censurável por parte da ré, por não se ter demonstrado ser a sua atitude falha de justificação. Em *Allen v. Flood* discutia-se a situação gerada pelo despedimento de dois trabalhadores não sindicalizados, conseguido pelo sindicato através de greve; pretendia este atribuir os lugares a filiados seus. Nas instâncias, Allen, do sindicato, foi condenado por ter *maliciously induced* ao despedimento; a Câmara dos Lordes reviu, no entanto – e ao cabo de dois anos de discussão – a decisão, considerando que guardar os empregos para os sindicalizados não era *malice* mas antes defender a sua classe. Em *Quinn v. Leathem*, o caso fora este: Leathem, agricultor, tinha ao seu serviço empregados não sindicalizados; perante as pretensões do sindicato, que pretendia o seu despedimento, Leathem oferece-se para pagar as despesas da inscrição do seu pessoal; o sindicato recusa por pretender os lugares para os trabalhadores filiados mais antigos e decide pressionar Munce, o melhor cliente de Leathem, sob ameaça de greve, para não adquirir a este os seus produtos; desta feita, a Câmara dos Lordes acabou por considerar haver aqui "... *conspiracy to injure Leathem* ...". Repare-se que no segundo exemplo, decidira-se contra os trabalhadores despedidos; *vide* Gregory, *Labour* cit., 31 ss.; os casos podem ser confrontados, p. ex., nas tabelas de Kahn-Freund, *Labour* cit., 3.ª ed., IX, bem como em Elias/Napier/Wallington, *Labour Law* cit., 232 ss.. Como se pode verificar, a prática sindical anglo-saxónica apresenta uma grande coesão, superior à verificada no Continente europeu.

[1650] Georg Bubb, *Vereinbarung im Tarifvertrag* (1930), 66 pp., 18; Walter Kaskel//Hermann Dersch, *Arbeitsrecht*, 5.ª ed. (1957), XXVI + 358 pp., 50; Wolfgang Zöllner, *Arbeitsrecht* cit., 3.ª ed., 32, por todos. Tal como sucedera em França – embora, porventura, num grau inferior – as convenções coletivas foram, no início, olhadas com suspeição pelas organizações operárias mais radicais, que viam nelas um esquema de concertação suscetível de entravar a dinâmica da luta de classes; *vide* Kurt H. Biedenkopf, *Grenzen der Tarifautonomie* (1964), 129. Sobre as características das convenções coletivas no início do século, tem interesse o inquérito levado a cabo, em 1907, pela Corporacão do Comércio de Berlim: *Untersuchungen über den kollektiven Arbeitsvertrag (Tarifvertrag) in Berlin* (1908). *Vide*, ainda, Albert Hüglin, *Der Tarifvertrag zwischen Arbeitgeber und Arbeitnehmer* (1906), VIII + 72 pp., para cuja elaboração o Autor viu 400 convenções coletivas e Willy Dernbowski, *Der Tarifvertrag in Königsberg, Pr.* (1914), 70 pp., onde, por sectores, se dá conta das convenções coletivas existentes na (então) Prússia Oriental.

1916 e que a liberdade sindical só encontrou abrigo na Constituição de Weimar (1919); mas então já surgira o diploma sobre contratos coletivos de trabalho (*Tarifvertragsverordnung*), de 23 de dezembro de 1918, que veio reconhecer o poder regulativo dos contratos coletivos de trabalho e excluir os acordos que os desrespeitassem[1651]. Uma evolução florescente, que deixava larga autonomia às partes e que facultava às convenções coletivas o ocuparem-se de aspetos laborais de extensão crescente, foi interrompida pelo nacional-socialismo: sindicatos e associações de empregadores foram integrados na *Deutsche Arbeitsfront*, perdendo autonomia perante o Estado[1652]. A tradição laboral coletiva foi retomada, depois da Guerra, na República Federal Alemã, surgindo em 21 de abril de 1949 a lei das convenções coletivas (*Tarifvertragsgesetz*, TVG) aprovada para a zona de ocupação britânica e, depois, alargada a toda a federação[1653]. Tendo sofrido algumas alterações, ela foi publicada em nova versão, no ano de 1969[1654], por último (em agosto de 2018) alterada pela Lei de 3 de maio de 2015[1655].

II. O TVG em vigor é considerado como "uma lei concisa, mas clara e boa"[1656]. O seu § 1/1 introduz a matéria, afirmando: "A convenção coletiva regula os direitos e os deveres das partes e compreende normas jurídicas que podem ordenar o conteúdo, a conclusão e o termo de relações de trabalho, assim como questões da empresa e da organização da empresa".

Verifica-se, pois, como particular especialidade, que o TVG admite, no âmbito da sua regulação, questões que se prendem com uma ideia alargada de situação laboral, visando, designadamente, a orgânica empresarial.

[1651] *Vide* Reinhard Richardi, *Kollektivgewalt und Individualwille bei der Gestaltung des Arbeitsverhältnisses* (1968), 212 ss..

[1652] *Vide supra*, 108 ss.; referimos, ainda, Hans R. Eckstein, *Tarifvertrag und Tarifordnung: ein soziologischer und weltanschaulicher sergleich* (1937), 48 pp..

[1653] Os trabalhos preparatórios deste diploma foram publicados na ZfA: *Materialen zur Entstehung des Tarifvertragsgesetzes von 9.4.1949*, ZfA 4 (1973), 129-181, com um excelente estudo de Wilhelm Herschel, *Zur Entstehung des Tarifvertragsgesetzes*, ZfA 4 (1973), 183-200.

[1654] Mais precisamente de 25 de agosto de 1969.

[1655] Utiliza-se a versão incluída na recolha *Arbeitsgesetze*, 92.ª ed. (2018), da Beck, com introdução de Reinhard Richardi.

[1656] Herbert Wiedemann/Hermann Stumpf, *Tarifvertragsgesetz/Kommentars*, 5.ª ed. (1977), 7.

Os preceitos derivados das convenções coletivas vinculam os membros das organizações sindicais celebrantes e as entidades empregadoras que estejam, também, nestas condições; as regras empresariais atingem toda a empresa cujo titular esteja vinculado. Prevê-se, em certos casos, a possibilidade de uma generalização, por decisão do ministro federal do trabalho e ordem social.

Só são admitidos desvios em relação às convenções coletivas quando elas próprias o permitam ou quando se vise alcançar um tratamento mais favorável para os trabalhadores.

III. A modernização do Direito coletivo do trablho foi levada a cabo por três professores ilustres: Kurt Biedenkoff[1657], Reinhard Richardi[1658] e Franz-Jürgen Säcker[1659], em obras já referidas. A eles podemos acrescentar, já deste século, as monografias importantes de Frank Bayreuther[1660] e de Frank Maschmann[1661]. Em especial, todos eles permitiram uma articulação entre as fontes, um posicionamento das convenções coletivas dentro do sistema e a fixação dos canais próprios para determinar cientificamente o regime das situações jurídicas laborais. Tenha-se presente que o Direito alemão é Direito romano-germânico, tal como o português e ao contrário

[1657] Kurt H. Biedenkoff, *Grenzen der Tarifautonomie* [Limites da autonomia coletiva] (1964), 346 pp..

[1658] Reinhard Richardi, *Kollektivgewalt und Individualwille bei der Gestaltung des Arbeitsverhältnisses* [Poder coletivo e vontade individual na conformação da relação de trabalho] (1968), XVIII + 490 pp..

[1659] Franz-Jürgen Säcker, *Gruppenautonomie und Übermachtkontrolle im Arbeitrecht* [Autonomia dos grupos e controlo do poder no Direito do trabalho] (1972), 569 pp., com uma recensão importante de Claus-Wilhelm Canaris, *Die allgemeinen Arbeitsbedingungen im Schnittpunkt von Privat- und Kollektiveautonomie*, RdA 1974, 18-26. *Vide*, quanto à projeção da obra, Dieter Reuter, *Gruppenautonomie und Übermachtkontrolle im Arbeitrecht/Ein Rückblick auf Franz-Jürgen Säckers Habilitationsschrift*, FS Franz-Jürgen Säcker 70. (2011), 267-284. Anteriormente, Franz-Jürgen Säcker já havia publicado um escrito importante: *Grundprobleme der kollektiven Koalitionsfreiheit/Rechtsquellen- und interpretationstheoretische Bemerkungen zur legislativen und judikativen Konkretisierung des Art. Abs 3 GG* (1969), 175 pp..

[1660] Frank Bayreuther, *Tarifautonomie als kollektiv ausgeübte Privatautonomie/ /Tarifrecht im Spannungsfeld von Arbeits-, Privat- und Wirtschaftsrecht* [Autonomia coletiva como autonomia privada exercida coletivamente/O Direito coletivo na intersecção dos Direitos do trabalho, privado e da economia] (2005), XX + 796 pp..

[1661] Frank Maschmann, *Tarifautonomie im Zugriff des Gesetzgebers* [Autonomia coletiva na mira do legislador] (2007), XVII + 517 pp..

de outros Direitos do Sul. A dogmática laboral nacional tem tudo a perder quando corte esse cordão umbilical. Isto dito: as construções alemãs devem ser sempre sindicadas à luz da realidade local. A literatura é dominada pelas relações entre a autonomia coletiva e a constituição laboral[1662], as implicações que ela assume no domínio da política social[1663], pelas questões europeias[1664], por preocupações de transparência[1665] e pelo seu papel nos grupos de empresas[1666]. A referência a direitos fundamentais, muito marcante na jurisprudência, é uma constante[1667]. Entre 1949 e 2009, foram concluídos, na Alemanha, cerca de 370.000 convenções coletivas[1668], sendo o espaço alemão caracterizado por um número comparativamente reduzido de greves[1669].

IV. A literatura básica sobre as convenções coletivas é extensa. Além dos elementos incluídos na bibliografia geral oportunamente referida[1670], indicamos a seguinte:

[1662] Eduard Picker, *Die Tarifautonomie in der deutschen Arbeitsverfassung* (2000), 142 pp., sublinhando a necessidade de evitar a fossilização (13 ss.), pela abertura à flexibilização (65 ss.).

[1663] Claus Schnabel, *Tarifautonomie und Tarifpolitik* (2000), 120 pp.; Michael Sommer, *Tarifautonomie und Tarifpolitik/für eine Stabilisierung des Tarifsystems*, em Reinhard Bispinck/Thorsten Schulter, *Zukunft der Tarifautonomie/60 Jahre Tarifvertragsgesetz: Bilanz und Ausblick* (2010), 201 pp., 13-19.

[1664] Gabriele Britz/Uwe Volkmann, *Tarifautonomie in Deutschland und Europa/ /Grundfragen, Probleme, Perspektiven* (2003), VIII + 70 pp., 1-32 e 34-64, respetivamente.

[1665] Hans Hanau, *Die Entwicklung des Tarifvertragsrechts*, em Volker Rieble, *Transparenz und Reform im Arbeitsrecht* (2006), 188 pp., 107-123.

[1666] Frank Siebens, *Tarifverträge nach § 3 BetrVG/Interessenvertretungsmodelle in sich verändern den Betriebs-, Unternehmens- und Konzernstrukturen*, AuR 2018, 268-274; Hans Pauli, *Die globale Kartellfunktion des Tarifvertrages*, AuR 2018, 274-277.

[1667] Thomas Dieterich, *Die grundrechtsdogmatischen Grenzen der Tarifautonomie in der Rechtsprechung des Bundesarbeitsgerichts*, FS Herbert Wiedemann (2002), 229-249.

[1668] Michael Sommer, *Tarifautonomie und Tarifpolitik* cit., 14.

[1669] Heiner Dribbusch, *60 Jahre Arbeitskampf in der Bundesrepublik*, em Bispinck/ /Schulten, *Zukunpf der Tarifautonomie* (2013), 145-168 (160), com indicações relativas a outros países; *vide*, também, Reinhard Bispinck, *60 Jahre Tarifvertragsgesetz/Stationen der Tarifpolitik von 1949 bis 2009*, em Bispinck/Schulten cit. (2013), 21-34.

[1670] *Supra*, 72 ss.; chamamos a atenção, no plano dos comentários para o denso escrito de Martin Henssler, no *Arbeitsrecht Kommentar*, 8.ª ed. (2018), 2918-3039.

Peter Berg, Eva Kocher, Helmut Platow, Christian Schoof e Dirk Schumann, *Tarifvertragsgesetz und Arbeitskampfrecht*, 4.ª ed., Frankfurt, 2013, 944 pp.[1671];

Matthias Jakobs, Rüdiger Krause, Hartmut Oetker e Claudia Schubert, *Tarifvertragsrecht*, 2.ª ed., Munique, 2013, XXXII + 619 pp.;

Otto Ernst Kempen e Ulrich Zachert, *Tarifvertragsgesetz*, 5.ª ed., Frankfurt, 2014, 1769 pp.[1672];

Martin Henssler, Wilhelm Moll e Klaus Bepler, *Der Tarifvertrag/ /Handbuch für das gesammte Tarifrecht*, 2.ª ed., Colónia, 2016, XXXV + 1333 pp.[1673];

Gregor Thüsing/Axel Braun, *Tarifrecht/Handbuch*, 2.ª ed., Munique, 2016, XLV + 869 pp[1674];

Wolfgang Daübler, *Tarifvertragsgesetz*, 4.ª ed., Baden-Baden, 2016, 1916 pp.[1675];

Manfred Löwisch/Volker Rieble, *Tarifvertragsgesetz Kommentar*, 4.ª ed., Munique, 2017, XXIX + 1504 pp..

V. Embora mais antigo, é ainda incontornável o clássico de Herbert Wiedemann, *Tarifvertragsgesetz Kommentar*, 7.ª ed., Munique, 2007, XXXVI + 1861 pp., com várias colaborações.

VI. A Lei alemã das convenções coletivas, ao contrário da portuguesa, não dá qualquer definição: permite apenas, na base dos seus §§ 1 a 4, concluir que se trata de um contrato fechado entre as partes que, para tal, tenham capacidade e que visa não só regular as relações entre elas mas, também, reger o conteúdo, a conclusão e o termo dos contratos de trabalho de pessoas ligadas às partes coletivas celebrantes. Regem, ainda, áreas ligadas à gestão empresarial[1676].

VII. Nos finais da segunda década do século, o Direito coletivo alemão, num movimento que podemos detetar nos diversos países europeus, vem reforçar as convenções coletivas de trabalho. Por sectores e por empresas, torna-se possível alcançar soluções mais vantajosas para as par-

[1671] Está prevista, para outubro de 2018, a 6.ª ed., com cerca de 1100 pp..
[1672] Obra coletiva, com escritos de 14 autores.
[1673] Obra coletiva, com escritos de 18 autores.
[1674] Obra coletiva, com escritos de 18 autores.
[1675] Obra coletiva, com escritos de 16 autores.
[1676] Sudabeh Kamanabroum *Arbeitsrecht* cit., Nr. 1733 (542).

tes envolvidas[1677]. Todavia, a pressão do populismo forçou a "grandes coligações" em que os parceiros – particularmente o SPD – praticam uma política de governo e de oposição, em simultâneo. Daí têm resultado diversas iniciativas legislativas[1678] apontadas como interferências na liberdade coletiva[1679]. Em suma e um tanto à imagem das flutuações políticas: oscila-se entre uma justiça retributiva, que daria mais força às convenções coletivas e uma justiça distributiva, que favorece a lei, com o risco de nivelamentos injustos. No momento atual desenham-se queixas contra uma quebra de solidariedade, quiçá potenciada por esta evolução[1680].

222. **O Direito francês**

I. A experiência francesa contrapõe-se à anglo-saxónica – e, em menor medida, à alemã – pela relativa dificuldade com que, nela, depararam as convenções coletivas de trabalho. Tais dificuldades têm sido imputadas ao radicalismo das organizações dos trabalhadores, contrárias a negociações com os capitalistas e à proliferação legislativa, desincentivadora de particulares inovações por via convencional coletiva[1681]. Podemos ainda acrescentar a ocorrência de um rotativismo no poder, com um acesso cíclico de forças políticas detentoras de energias ideológicas que fizeram a sua época noutros países. Tais forças conduzem a (algumas) oscilações laborais.

[1677] Raimund Waltermann, *Entwicklungslinien der Tarifautonomie*, RdA 2014, 86-93 (87 ss. e 90 ss.); Wolfgang Däubler, *Herausforderungen für das Arbeitsrecht* cit., 325/I ss.; Matteo Fornaiser, *Wege zur Stärkung der Tarifbindung*, SR 2017, 239-254 (italiano); Daniel Ulber, *Tarifdispositives Recht und Privilegierung Tarifgebundener als Stärkung der Tarifbindung?*, SR 2018, 85-97.

[1678] Olaf Deinert/Michael Kittner, *Die arbeitsrechtliche Bilanz der Großen Koalition 2013-2017*, RdA 2017, 342-352; Frank Zundel, *Die Entwicklung des Arbeitsrechs im Jahr 2017*, NJW 2018, 126-132; Michael Kittner, *Arbeitsrecht und Regierungskoalitionen*, SR 2018, 45-47.

[1679] Olaf Deinert, *Tariffähigkeit, Tarifenheit und Mindestlohn*, AuR 2016, 444-448; Gregor Asshoff, *Tarifautonomie und Gesetzgeber*, SR 2017, 190-195.

[1680] Thomas Dieterich, *Zunkunft der Tarifautonomie und Gesetzgeber*, SR 2017, 190-195.

[1681] Camerlynck/Lyon-Caen/Pélissier, *Droit du travail* cit., 13.ª ed., 827 ss., Bernard Teyssié, *Droit du travail* (1980), 515 ss. ; Rivero/Savatier, *Droit du travail*, 10.ª ed. (1987), 334 ss. ; Gilles Auzero/Dirk Baugard/Emmanuel Dockès, *Droit du travail* cit., 31.ª ed., 1533 ss..

II. A evolução do Direito francês pode, no tocante ao Direito das convenções coletivas de trabalho, tipificar-se em oito fases:

(a) num primeiro momento, a convenção coletiva foi entendida como um contrato *sui generis*, submetido ao Direito privado; em função da denominada relatividade dos contratos, a convenção coletiva apenas poderia obrigar quem a celebrasse ou quem estivesse representado, aquando da celebração[1682];

(b) num segundo momento, corporizado na Lei de 23 de março de 1919, passou-se a uma consagração legal da convenção coletiva; resolvendo dúvidas e dificuldades anteriores, foi determinado que as cláusulas do contrato singular, contrárias às convenções coletivas, se teriam por não-escritas, sendo substituídas pelas que se pretendeu afastar[1683];

(c) de seguida, assistiu-se a um incremento das convenções coletivas, subsequente à Lei de 24 de junho de 1936; esse diploma na linha da "Frente Popular" que, então, ocupou o poder, veio facilitar a celebração das convenções e dispôs sobre o seu conteúdo regulativo mínimo; além disso, determinou que a convenção coletiva pudesse ser alargada por despacho ministerial, quando fosse celebrada por sindicatos representativos; a doutrina insiste na presença, sob o domínio desta lei, de uma grande liberdade convencional coletiva;

(d) num quarto tempo, foi aprovado, pela Lei de 23 de dezembro de 1946, um modelo de convenção coletiva de tipo estadual; em obediência ao ambiente então reinante, adotou-se, ao arrepio da tradição liberal, um esquema planificador: a conclusão de convenções requer homologação administrativa; a lei, por seu turno, pauta os aspetos sujeitos à convenção e exclui, dela o

[1682] A primeira convenção coletiva francesa foi concluída em 1840, entre a Comuna de Paris e os tipógrafos; a liberdade de associação foi reconhecida pela Lei de 25-mai.-1864, permitindo o subsequente desenvolvimento dos sindicatos; com estes e outros elementos, *vide* Ulrich Strümpel, *Der Tarifvertrag im französischen Recht* (1963), 144 pp. + XXX de anexos, 6 e 7.

[1683] Fritz-Ulrich Rosin, *Der Tarifvertrag nach französischem Recht* (1938), 62 pp., 6-45; este Autor sublinha o individualismo francês, que dificultou a progressão das convenções coletivas; *vide*, também, Ulrich Strümpel, *Der Tarifvertrag im französischen Recht* cit., 9-15, cobrindo já as aqui chamadas terceira e quarta fases.

essencial: a fixação dos salários, que passa a ser de competência administrativa;

(e) os maus resultados não se fizeram esperar, surgindo uma quinta fase, de novo liberal: a Lei de 11 de fevereiro de 1950, depois alterada, que readmitiu a liberdade coletiva, com possibilidade de alargamento das convenções, por decisão administrativa; os diversos aspetos relevantes podiam ser coletivamente negociados, admitindo-se acordos de empresa, mais flexíveis; as empresas nacionalizadas e públicas ficaram, contudo, sujeitas a um regime mais rígido, traduzido na aprovação, por decreto, de estatutos regulamentares; tais estatutos, embora negociados, tiraram flexibilidade à autonomia coletiva nesse domínio: imputa-se a esse esquema, o mau ambiente social que, de modo persistente, tem informado o sector público francês;

(f) numa sexta fase, subsequente à chegada ao poder da "maioria de esquerda", assistiu-se, em 1981, ao adotar de um esquema mais sindicalizante, figurado pela Lei de 13 de novembro de 1982 (a lei Auroux); entre outros aspetos, esse diploma veio firmar um dever de negociar periodicamente, privilegiando a contratação coletiva a nível de cada empresa; os diversos aspetos laborais podem ser coletivamente tratados, devendo o empregador facultar todo o apoio necessário, sem entravar, na empresa, a movimentação sindical; a autonomia dos parceiros sociais tem sido acrescida, em detrimento da lei[1684];

(g) a permanente instabilidade social francesa abriu as portas a uma sétima fase: em contracorrente a orientações igualitaristas que conduziam – foi dito – a um "nivelamento por baixo", avançou-se para a admissibilidade de contratos coletivos por empresa: tal o sentido básico da Lei de 4 de maio de 2004 ou *Loi Fillon*; além disso, esta lei admitiu o princípio maioritário, no sentido de dar primazia aos contratos coletivos concluídos pelos sindicatos mais representativos;

[1684] Sobre esta evolução, p. ex.: Camerlynck/Lyon-Caen/Pélissier, *Droit du travail* cit., 13.ª ed., 830 ss.; Rivero/Savatier, *Droit du travail* cit., 10.ª ed., 334 ss. e Jean Savatier, *Das französische Arbeitsrecht von 1981 bis 1985*, RdA 1986, 34-43 (42-43). A Lei n.º 82-957, de 13-nov.-1982, foi incluída no *Code du Travail*, L. 131-1 ss.; *vide*, na 49.ª ed. da Dalloz (1987), 159 ss..

(h) as exigências de flexibilização, pontuadas por retrocessos impostos pelos sindicatos, dão corpo a uma oitava fase, hoje em curso, com relevo para as leis de 20-ago.-2008 e de 8-ago.-2016 e para as cinco ordenanças aprovadas em 22 de setembro de 2017, conhecidas como as *Ordonnances Macron*[1685]. Dá-se um novo relevo às convenções de empresa, o que permite às forças em presença adaptar cada unidade produtiva às oscilações do mercado; do êxito destas *Ordonnances* poderá depender a saída da França do círculo económico vicioso em que se encontra desde o início do milénio, bem como o relançar da Europa social[1686].

III. A tumultuosa evolução do Direito coletivo do trabalho em França permite documentar uma interessante convergência com o esquema alemão e, até, com o anglo-saxónico: apesar de dificuldades iniciais e de flutuações espetaculares, toda a progressão verificada tende para uma crescente autonomia dos parceiros laborais, em moldes que, às convenções coletivas, facultem uma efetiva obtenção dos valores que informam e justificam o Direito do trabalho.

IV. Quanto à noção de convenção coletiva: esta abrange o acordo entre um empregador ou um agrupamento de empregadores e uma ou mais organizações sindicais, com vista à fixação das condições de emprego e de trabalho, bem como das garantias sociais[1687]. A lei distingue entre convenção coletiva e acordo coletivo: a convenção é abrangente, versando a

[1685] *Vide* a intr. de Antoine Lyon-Caen, *Ordonnances Macron/Commentaires pratiques et nouvelles dispositions du code du travail* (2018), VII + 435 pp..

[1686] *Vide*: Pascal Lokiec, *Ein neues Arbeitsrecht für Frankreich*, SR 2018, 48-61, com um quadro geral das novidades; Wolfgang Däubler, *Eine Utopie aus der Wüste? Der "Code du Travail Alternatif" in Frankreich*, SR 2018, 97-107, sublinhando uma nova Filosofia: da ideia de proteção, passou-se a um pensamento flexibilizador e desenvolvimentista; também neste escrito temos um quadro geral das inovações: Mathilde Fragard, *Das französische Gesetz zur Überwachungspflicht: ein innovatives Gesetz für gerechtere Globalisierung*, AuR 2018, 277-280, ocupa-se, noutro quadrante, da lei de 21-fev.-2017 que responsabiliza as sociedades-mães pelos atentados ambientais e aos direitos humanos cometidos por sociedades-filhas.

[1687] Gilles Auzero/Dirk Baugard/Emmanuel Dockès, *Droit du travail*, 31.ª ed. (2018), n.º 1315 (1532).

generalidade dos elementos acima referidos; o acordo ocupa-se, apenas de um ou mais elementos retirados desse conjunto[1688].

223. O Direito italiano

I. A experiência italiana dá-nos um figurino próprio. Não tendo a estabilidade da alemã, ela ilustra uma capacidade de concertação social superior à francesa.

Em Itália, a contratação coletiva fez a sua aparição, primeiro tímida, em ligação com o desenvolvimento da atividade sindical[1689]; tinha, então, natureza essencialmente privada. O seu âmbito veio, progressivamente, a alargar-se, de modo a tocar os diversos aspetos laborais relevantes[1690]. O conhecimento da doutrina alemã facilitou o aprofundamento dogmático.

II. A evolução foi interrompida pelo advento do regime de Mussolini, em 1926. O fascismo italiano deu origem ao período conhecido por corporativo, no Direito do trabalho. Os sindicatos foram reduzidos a organismos de Direito público – Lei n.º 523, de 3 de abril de 1926 – o que implicava: dependência do Estado, poderes de autoridade por "interesse público", unificação e monopólio de representação[1691]. O contrato coletivo publiciza-se: torna-se obrigatório para todos os trabalhadores do ramo de atividade nele corporizada e acaba por ver desaparecer a sua própria natureza contratual, sendo reduzido, pelo Código italiano de 1942, à categoria das "normas corporativas"[1692].

[1688] Veja-se o artigo L. 2221-2 do *Code du travail*; *vide* Bernard Teyssié, *Code du travail*, 33.ª ed. (2018), 678-683; Antoine Lyon-Caen, *Ordonnances Macron* cit., 71 ss..

[1689] Alfredo Ascoli, *Sul contratto collettivo di lavoro*, RDComm 1903, 1, 95-107, deixando clara a ligação do fenómeno com os princípios da representação privada e Giuseppe Messina, *I concordati di tariffa nell'ordinamento giuridico del lavoro*, RDComm 1904, 1, 458-514, com muitos elementos e um levantamento da doutrina alemã da época.

[1690] Valente Simi, *Il contratto collettivo di lavoro* cit., 5 ss.; Gino Giugni, *Diritto sindacale* (1984), 117 ss..

[1691] *Vide* Giuliano Mazzoni, *I rapporti collettivi di lavoro* cit., 3.ª ed., 26 ss.. O todo era complementado pela proibição das greves e dos despedimentos coletivos.

[1692] Valente Simi, *Il contratto collettivo* cit., 7 ss. e Gino Giugni, *Diritto sindacale* cit., 119 ss..

III. Com o regresso à democracia, o contrato coletivo foi, de novo, reconduzido ao Direito privado. O regime legal consta de uns poucos artigos do Código Civil – artigos 2067.º a 2081.º – modificados, depois da queda da ditadura, pela Lei n.º 287, de 14 de setembro de 1944[1693]. O esquema estabelecido confere uma larga autonomia às partes; os contratos coletivos vinculam apenas as pessoas representadas pelas entidades celebrantes; as suas disposições prevalecem sobre os contratos individuais, salvo quando estes surjam mais favoráveis para os trabalhadores.

A Lei n.º 741, de 14 de julho de 1959, veio permitir, ao Governo, estabelecer condições gerais mínimas de trabalho para certas categorias; na prática, isto fez-se através de alargamento legal de certos contratos coletivos[1694]. Nos anos 80 do século passado, a doutrina referencia a prática de celebrar contratos coletivos não já por grandes sectores mas, de modo descentralizado, por empresas[1695].

IV. Nos finais do milénio, mormente na sequência do *Protocolo Ciampi*, de 23 de julho de 1993, concluído entre o Governo, as confederações de trabalhadores e as dos empregadores, logrou-se uma certa estabilização do sistema contratual coletivo. Procedia-se a uma articulação entre uma contratação de nível nacional e contratações territoriais ou por empresas[1696]. Houve um período de estabilidade perturbado pela crise de 2007-2011 e pelas agitações sociais que originou, com instabilidade dentro dos movimentos sindicais. Chegou-se ao acordo-quadro de 22 de janeiro de 2009, seguido por acordos por sectores. São pontos essenciais:

(a) uma contratação descentralizada, mormente por empresas;
(b) a contratação nacional assegura a manutenção do poder real das retribuições; a descentralização ocupa-se do seu incremento, em função da produtividade;

[1693] Recorde-se que o Código Civil italiano de 1942 operou, também, a unificação do Direito civil e do Direito do trabalho. Quanto à matéria relativa às convenções coletivas de trabalho incluídas no Código Civil italiano, *vide* Riva Sanseverino, *Della impresa*, no *Commentario* de Scialoja/Branca, 3.ª ed. (1964), *Art. 2060-2134*, 56 ss..

[1694] Riva Sanseverino, *Diritto del lavoro* cit., 14.ª ed., 24 ss..

[1695] Assim, Giuliano Mazzoni, *Diritto del lavoro* cit., 2, 5.ª ed., 1218. Segundo este autor, a tendência centralizadora foi divulgada no período corporativo, mas sobreviveu-lhe, só aos poucos tendo sido superada.

[1696] As leis italianas sobre Direito coletivo podem ser confrontadas em Luciano Ciafardini/Federico del Giudice/Fausto Izzo, *Codice del lavoro*, 17.ª ed. (2018), 1820 ss..

(c) os acordos nacionais passam a ter uma duração de três anos;
(d) como parâmetro para a sua renovação, aplica-se a taxa de inflação depurada do valor dos bens energéticos importados;
(e) fixação de um procedimento, em termos a definir por categoria, para o andamento das reivindicações sindicais;
(f) fixação de uma duração trienal, também para os acordos descentralizados;
(g) ligação desta contratação descentralizada aos ganhos de produtividade;
(h) admissibilidade de derrogações em baixa, para acudir a situações de crise.

V. Um certo desinteresse pelo sindicalismo levou as confederações de trabalhadores a entenderem-se no "texto único da representação", de 10 de janeiro de 2014, com modificações, também por acordo, em 4 de julho de 2017. Num texto alargado, foram abordados diversos institutos do Direito coletivo ou Direito sindical, na terminologia italiana: contratação coletiva, eficácia subjetiva do contrato coletivo, representação coletiva, representação sindical na empresa e greve[1697].

VI. As vantagens da concertação social são patentes. Neste momento, receia-se que a evolução política, de tipo populista, venha perturbar a economia e o tecido laboral.

224. **O Direito espanhol**

I. Em Espanha, a implantação das convenções coletivas de trabalho foi tardia. Nas origens, surgem certos pactos coletivos previstos em leis específicas. Na ditadura de Primo de Rivera e sob a própria Segunda República, estabeleceu-se um regime público de fixação das condições de trabalho, que daria escassa margem de negociação coletiva aos parceiros laborais[1698]. O Foro do Trabalho, de 1938, aproveitou essa tradição:

[1697] Sobre todos os elementos indicados, com algumas complementações: Riccardo del Punta, *Diritto del lavoro*, 9.ª ed. (2017), 225-233.

[1698] Assim, segundo Borrajo Dacruz, *apud* Alfredo Montoya Melgar, *Derecho del trabajo*, 6.ª ed. (1985), 167:

estabeleceu um monopólio de competência normativa a favor do Estado e contrário à contratação coletiva. Em consequência, a lei do contrato de trabalho de 1944 desconhecia a convenção coletiva, enquanto a doutrina da época se congratulava com o seu desaparecimento[1699].

II. As necessidades práticas não permitiram, de qualquer forma, uma total irradicação da ideia da contratação coletiva, que veio a ser reconhecida pela Lei dos convénios sindicais coletivos de 24 de abril de 1958. A inexistência de um sindicalismo e a necessidade de homologação estadual davam, no entanto, aos contratos, uma feição administrativizante. A evolução legislativa posterior foi no sentido de um alargamento do âmbito verdadeiramente negocial, em detrimento do Estado.

III. A evolução liberal do regime espanhol, que culminou com a restauração da Monarquia e com a Constituição de 1978, consagrou uma filosofia radicalmente diferente, no tocante às convenções coletivas. Segundo o artigo 37.º/1 da Constituição espanhola, "a lei garantirá o direito à negociação coletiva laboral entre os representantes dos trabalhadores e empresários, assim como a força vinculante dos convénios".

Executando essa e outras determinações constitucionais, surgiu o Estatuto dos Trabalhadores, aprovado pela Lei n.º 8/1980, de 10 de março. Esse importante diploma trata, em título próprio, a "negociação e os convénios coletivos" de modo a deixar larga margem de manobra às partes laborais envolvidas.

(...) por alturas de 1938, momento da promulgação do Foro do Trabalho, a Espanha desconhecia praticamente a negociação entre os interessados das negociações de trabalho" e "... em compensação, tinha certa tradição o sistema de regulação pelo Estado, seja diretamente com as suas leis e disposições oficiais, seja através de organismos paritários, mas de carácter público-jurídico".

[1699] Montoya Melgar, ob. e loc. cit.; na atual 38.ª ed. (2017), 151 ss.. *Vide*, também, Manuel Alonso Garcia, *Curso de derecho del trabajo*, 8.ª ed. (1982), 212 ss.. A fraqueza histórica das convenções coletivas em Espanha, apenas recentemente superada, parece estranha perante o dinamismo tantas vezes demonstrado pelas organizações laborais. Há, no entanto, que ter em conta que o radicalismo dominante até à Guerra Civil joga contra a negociação coletiva, suspeita de prejudicar a luta de classes. Depois da Guerra – e no regime que se lhe seguiu – entendeu-se que a negociação coletiva podia, pelo contrário, acirrar essa mesma luta.

Por modelar, merece transcrição o artigo 82.º/ 1 do *Estatuto de los Trabajadores* espanhol, republicado pelo Real Decreto Legislativo n.º 2/2015, de 23 de outubro[1700]:

> Os convénios coletivos, como resultado da negociação desenvolvida pelos representantes dos trabalhadores e dos empresários, constituem a expressão do acordo livremente adotado por eles, em virtude da sua autonomia coletiva.

As ondas de choque da crise levaram a medidas de flexibilização[1701]. Apesar de uma evolução tortuosa, atormentada por vicissitudes políticas e desequilibrada pelo radicalismo das forças político-sociais em presença, pode considerar-se que a experiência jurídica espanhola no domínio laboral coletivo acabou também por, com clareza, desembocar na grande família dos ordenamentos ocidentais ou, mais latamente, europeus.

225. **Aspetos de síntese**

I. A ponderação, ainda que breve, das evoluções britânica, alemã, francesa, italiana e espanhola, permite, de certo modo, confirmar a própria experiência portuguesa. Alguns aspetos desta são, aliás, postos a nú pelo recurso ao método comparativo. Além disso, desenham-se tendências de evolução futura muito interessantes.

II. O Direito coletivo do trabalho isolou-se do Direito privado dos contratos: retirou, deste, uma legitimidade inicial que lhe seria recusada, em termos diretos, pelo Estado liberal e individualista e recebeu, dele, os quadros dogmáticos fundamentais.

Pode considerar-se que, mais do que questões puramente técnico-jurídicas – que tendem sempre a ser subalternizadas aos efeitos práticos que facultem e aos objetivos teóricos a prosseguir – estava em jogo uma opção cultural e ideológica: confiar uma problemática irredutível, que ameaçava submergir os parâmetros jurídicos e sociológicos tradicionais, ao livre

[1700] Jesus Cruz Villalón (org.), *Estatuto de los Trabajadores*, 33.ª ed. (2017), 365 pp., 275.

[1701] Alfredo Montoya Melgar, *Derecho del trabajo* cit., 78.

jogo das forças em presença ou, pelo contrário, tudo entregar nas mãos do Estado.

A evolução comparada dos Direitos coletivos do trabalho permite responder a esse dilema que, hoje, não depende já de escolhas intuitivas ou do acolhimento de doutrinas políticas mais globais.

III. Verificou-se que a entrega, ao Estado, da temática laboral coletiva conduzia apenas a uma solução aparente. O Estado não é neutro, no livre jogo das forças laborais: e assim, as decisões estaduais, prejudicando um dos parceiros em presença – normalmente os trabalhadores – tendem a generalizar a todos os níveis uma luta que, noutras circunstâncias, poderia assumir feições mais estritas. Não se demonstra pois – antes pelo contrário – que os esquemas administratizantes de regulação coletiva prossigam uma melhor justiça laboral ou proporcionem maior paz social.

Os estudos sobre a legitimidade sociológica das decisões – designadamente os de Niklas Luhmann – permitem ir ainda mais longe: uma mesma solução terá efeitos diferentes, sobretudo a nível de eficácia, conforme seja considerado legítima pelos seus destinatários, isto é, consoante suscite, ou não, o consenso. Ora a legitimidade não se afere (apenas) pela sua bondade intrínseca ou pela sua conformidade com normas superiores ou, até, transcendentais. A legitimidade filia-se no processo. Num exemplo esclarecedor, recorde-se que uma decisão judicial errada – *maxime* do Supremo – pode suscitar debates académicos, mas é inteiramente legítima e tenderá a ser respeitada: ela surge no espaço jurídico pela forma adequada, em sede própria e através do órgão reconhecidamente competente para o efeito.

Estas construções operam no Direito coletivo do trabalho. As soluções obtidas por negociação têm uma legitimidade filiada no processo da sua elaboração: provocam um consenso fácil de entender, com vantagens sociais e mesmo económicas.

IV. Os anglo-saxónicos, precursores na matéria da negociação coletiva chamam a atenção para a essência processual do *collective bargaining*[1702]. Muitas vezes, os acordos coletivos não podem solucionar todas as questões ocorridas no rico meio laboral; preveem, contudo, as vias para a

[1702] Elias/Napier/Wallington, *Labour Law* cit., 61 ss..

sua solução. Por outro lado, os temas empresariais estão em contínua progressão: a negociação coletiva, mais do que um modo estático de originar normas, impõe-se, antes, como um permanente processo para firmar saídas jurídicas para os problemas.

V. Assim se compreende o facto de, na atualidade, as diversas experiências de publicização do Direito coletivo do trabalho serem consideradas como perversões da matéria. A evolução global seguiu, de facto, o rumo da privatização, aparando, de modo sucessivo, as fórmulas e as instâncias de intervenção do Estado.

Este sentido evolutivo explica, aliás, a relativa proximidade que hoje enforma os ordenamentos laborais coletivos europeus. A larga autonomia coletiva alcançada no termo dos múltiplos episódios já referenciados não deve, no entanto, confundir-se com a ausência de Direito. Este mantém-se e apura-se, mas com o fito de melhor assegurar a autonomia coletiva, limando algumas arestas abusivas e recordando que no trabalho como nos outros domínios humanos, apenas a pessoa (singular) é destinatária última de todas as normas, encabeçando os mais diversos valores.

Trata-se do desafio que o Direito coletivo do trabalho português enfrenta, neste momento.

VI. Num momento em que o Planeta parecia encaminhar-se para uma paz duradoura, capaz de permitir, à Humanidade, erradicar as bolsas de pobreza ainda subsistentes e defender, com eficácia, o ambiente, uma súbita instabilidade mediterrânica e anglo-saxónica faz surgir preocupações quanto à evolução futura. No mundo do trabalho, há que procurar saídas com recurso à negociação coletiva. Nesse plano, é possível explicar e comprovar as situações das empresas, de modo a procurar, com realismo, defender os trabalhadores.

SECÇÃO II

FORMAÇÃO E CONCLUSÃO

§ 58.º NEGOCIAÇÕES COLETIVAS

226. **Aspetos gerais; apoio técnico**

I. A formação e a conclusão de uma convenção coletiva de trabalho representam, em termos histórico-culturais, o ponto decisivo do Direito coletivo. Com efeito, nesse momento e através do procedimento negocial, toma corpo o exercício, pelos parceiros laborais coletivos, da especial autonomia que o Direito lhes reconhece.

II. As negociações podem surgir espontaneamente ou podem ser incentivadas pelo Estado. No modelo dos inícios, elas ocorriam no decurso de uma greve, quando o empregador, pressionado pela coesão dos trabalhadores e pelos prejuízos crescentes que a abstenção ao trabalho lhe provocava, se dispunha a ouvir os representantes dos grevistas. Estes, através do depois chamado "caderno de reivindicações", punham as suas condições para a retoma do trabalho: no fundo, faziam uma proposta. Seguiam-se negociações mais ou menos cerradas. Dependendo das circunstâncias, o empregador podia colocar, como ponto prévio para o início das conversações, a retoma do trabalho. Em princípio, seria fácil, aos trabalhadores, ceder nesse ponto, uma vez que a greve poderia reiniciar ulteriormente, em qualquer momento. Mas com um risco: as greves do início exigiam um forte empenho emocional; uma vez quebrado, não era fácil recomeçar. Por seu turno, o prolongamento do processo permitia ao empregador encarar o fecho da empresa (o *lock-out*), transferindo a produção para outras unidades ou, simplesmente, substituir os grevistas por outros trabalhadores. Num mercado de mão-de-obra saturado, isso não colocava dificuldades.

III. As negociações, na fase inicial – portanto e no Continente, em meados do século XIX – exigiam capacidade tática e alguma experiência, que veio com o tempo. Nos diversos países, os primeiros contratos coletivos foram concluídos com tipógrafos e, portanto: com trabalhadores letrados, conhecedores do meio, que não podiam ser facilmente substituídos e capazes de desenhar uma estratégia ganhadora. Nos momentos subsequentes, organizaram-se sindicatos capazes de contratar juristas. A negociação coletiva tornou-se uma especialidade. Desta feita, os empregadores ficaram em desvantagem: no início, havia uma certa pulverização, que deixava tudo dependente da capacidade económica de cada empresa e da força anímica do empresário. No limite, punha-se um dilema: a empresa que apenas subsistisse graças a salários baixos e a más condições de trabalho, se cedesse, ficava inviabilizada; se o não fizesse, não lograva retomar o funcionamento em tempo útil.

IV. Noutro modelo verificado em sectores de interesse público, perante uma greve, o Estado intervinha: pela repressão, num primeiro momento e, mais tarde, pela persuasão, tentando conciliar os parceiros laborais desavindos. Assistiu-se à instauração de negociações por intervenção do Estado, normalmente agindo junto dos empregadores, nesse sentido. Ficou célebre, por exemplo, a referida intervenção do Kaiser Guilherme II, em 1888, numa greve de 15.000 mineiros alemães, no sentido de lhe pôr cobro[1703]. Várias experiências, designadamente em Itália, documentam negociações tripartidas: trabalhadores, empregadores e Estado.

V. Com o tempo, as negociações coletivas adquiriram uma certa profissionalização: de um lado e do outro, intervêm especialistas, com formação nos planos jurídico, económico e da gestão, que formulam e recusam propostas sempre na base de dados técnicos que pretendem apresentar objetivamente[1704]. Neste ponto intervém muito da cultura dominante nos meios político-sindicais. No paradigma alemão, os sindicalistas conhecem perfeitamente o sector e as empresas. Têm acesso direto e fidedigno aos números e às contas, até por haver representantes dos trabalhadores na gestão das sociedades. Além disso, os empregadores disponibilizam toda

[1703] *Supra*, nota 218.

[1704] Tem interesse, quanto aos métodos de negociação coletiva e às táticas associadas, o livro de Daniel Labbé/Bertrand Reynaud, *La négotiation collective en entreprise/ /Aspects juridiques et pratiques* (2001), 311 pp..

a informação necessária. As negociações assumem uma feição técnica e as reivindicações são realistas, acautelando a subsistência e o progresso da empresa. Este modelo é virtuoso, pressupondo, no entanto, economias robustas e em crescimento. Noutros paradigmas, particularmente o britânico e os latinos, as negociações são mais bruscas. Os sindicalistas jogam, também, no plano interno, que, normalmente, premeia os mais combativos. As propostas não são sempre realistas e os prejuízos da empresa e o comprometimento de investimentos futuros passam, por vezes, para um segundo plano. Manifesta-se alguma impreparação dos negociadores e uma politização das reivindicações.

VI. Nestes cenários, a ajuda técnica do Estado pode ter a maior utilidade. Por isso, chamamos desde já a atenção para o artigo 490.º, justamente relativo ao apoio técnico da Administração:

> 1. Na preparação da proposta negocial e da respetiva resposta, bem como durante as negociações, os serviços competentes dos ministérios responsáveis pela área laboral e pela área de atividade fornecem às partes a informação necessária de que dispõem e que estas solicitem.
>
> 2. As partes devem enviar as propostas e respostas, com a respetiva fundamentação, ao ministério responsável pela área laboral nos 15 dias seguintes à sua apresentação.

227. **Pressupostos**

I. A formação das convenções coletivas de trabalho pode ser entendida como um processo, isto é, um conjunto de atos articulados e sequenciados para a obtenção de determinado fim[1705].

Segundo esta técnica, testada com êxito no domínio da formação dos contratos em geral, os diversos atos incluídos, necessária ou eventualmente, no processo formativo da convenção adquiriam, em função desta, o seu significado pleno. E ainda nesta linha, em confluência muito divulgada, pode entender-se que, salvo indicação injuntiva em contrário, a falha, o vício ou a omissão, registados no processo formativo, apenas conduzirão a uma invalidade global quando afetem ou ponham em causa o resultado

[1705] As regras gerais sobre a formação do negócio jurídico devem estar sempre presentes; *vide* o nosso *Tratado de Direito civil* II, 4.ª ed., 123 ss..

final para que tende toda a sequência: no presente caso, a obtenção da convenção coletiva conforme.

Este entendimento processual da formação da convenção coletiva não irá impedir que se dê, depois, um particular relevo às negociações: julga-se que elas representam, no Direito coletivo do trabalho, um valor autónomo, isto é, independente dos resultados finais a que possam conduzir.

II. Como aspeto prévio, de algum modo, em relação ao processo de formação das convenções propriamente dito, embora apresentando, com ele, contactos vincados, surge o tema dos pressupostos.

São pressupostos da convenção coletiva a capacidade e a representação das partes que a negoceiem e celebrem. Outros fatores que, num paralelo com os negócios privados, poderiam ser apresentados – como a legitimidade e a idoneidade do objeto – têm, no prisma regulativo que não pode deixar de acompanhar as convenções coletivas, a ver com o seu conteúdo ou com o seu âmbito de aplicação.

Têm capacidade para negociar e celebrar convenções coletivas de trabalho as associações sindicais e as entidades e associações de empregadores – artigo 2.º/3 e artigo 443.º/1, a) – pressupondo-se, naturalmente, que as entidades envolvidas estejam validamente constituídas, ao abrigo das regras aplicáveis[1706].

Recorde-se que, da parte dos trabalhadores, surgem sempre associações sindicais, enquanto que os empregadores têm capacidade laboral coletiva, seja isoladamente –acordo de empresa – seja em grupo – acordo coletivo – seja em associação – contrato coletivo, de acordo com a terminologia fixada pelo artigo 2.º/3.

III. Excluindo a hipótese académica de, como sujeito laboral coletivo, aparecer um empresário individual atuando pessoalmente, verifica-se que, no domínio da contratação coletiva, surgem sempre pessoas coletivas. Estas devem agir através dos seus órgãos, num fenómeno comum em que as atuações destes são imputadas àquelas, através do denominado nexo de organicidade.

Os poderes de vincular as diversas associações – ou sociedades, no caso de acordos de empresa ou de acordos coletivos, por parte dos empre-

[1706] *Infra*, 880 ss..

gadores – assistem às direções respetivas, nos termos dos estatutos de cada uma das entidades coletivas em presença. Trata-se, pois, da legitimidade orgânica requerida pelo artigo 491.º/2.

Muitas vezes as direções não atuam diretamente: as negociações coletivas têm vindo a tornar-se mais complexas, requerendo a intervenção de especialistas habilitados. As direções conferem, assim, a determinadas pessoas poderes de representação com um mandato de negociar os instrumentos coletivos de que se trate. Tal o sentido da alínea *d*) do artigo 491.º/2.

A representação para a celebração das convenções coletivas de trabalho deve satisfazer, ainda, aos seguintes requisitos:

- deve constar de documento escrito: para além da referência expressa a "mandato escrito" feita na alínea *d*) do artigo 491.º/2, isso resultaria ainda da conjunção entre os artigos 486.º/2 ("forma escrita"), 491.º/1 ("assinada") e 494.º/1 (depósito) e o artigo 262.º/2 do Código Civil: a convenção coletiva deve assumir a forma escrita, pelo que a competente procuração deve fazer outro tanto;
- deve ser expressa: infere-se do artigo 491.º/1, *d*), que não bastam poderes gerais de representação, antes devendo assistir-se à atribuição de poderes especiais para o efeito; a gravidade da negociação coletiva explica e justifica a medida, que se poderia dispensar na presença de um nexo pleno de organicidade ou de uma ligação que não passasse pela mediação de uma organização laboral.

IV. Visando facilitar as negociações e baixar o seu custo, o artigo 491.º/3 veio dispor:

> Sem prejuízo da possibilidade de delegação noutras associações sindicais, a associação sindical pode conferir à estrutura de representação coletiva dos trabalhadores na empresa poderes para, relativamente aos seus associados, contratar com empresa com, pelo menos, 150 trabalhadores.

A Lei n.º 23/2012, de 25 de junho, visando facilitar as negociações descentralizadas, baixou a exigência inicial de 500 trabalhadores para os atuais 150[1707].

[1707] Essa regra suscita algumas dúvidas; *vide* Rosário Palma Ramalho, *Tratado* cit., III, 2.ª ed., 232-234. Luís Gonçalves da Silva, *Da eficácia da convenção coletiva* cit., 875

V. Seja pelas regras gerais do Direito privado, aqui aplicáveis tendencialmente, seja pela filosofia básica que preside aos atos de processo, deve entender-se que nenhum inconveniente existe em aplicar, neste domínio, o regime da gestão de negócios –artigo 464.º do Código Civil – e da representação sem poderes –artigo 268.º do mesmo diploma.

Apenas se verifica que tudo deve estar em ordem, com as competentes ratificações, disso sendo o caso, até ao momento do depósito no Ministério do Trabalho, de modo a satisfazer o disposto no artigo 494.º/1.

VI. Torna-se importante registar – até pelo flagrante paralelo que acarreta com a lei civil geral– a ineficácia da revogação do mandato, enquanto ela não for comunicada à outra parte por escrito e até à assinatura da convenção (491.º/4) e ao Ministério do Trabalho. De igual modo, a modificação ou a extinção da procuração não é oponível a terceiros de boa-fé, i.é, a terceiros que, sem culpa, tivessem ignorado o evento – artigo 266.º do Código Civil.

Trata-se, pois, de um importante afloramento do princípio universal da tutela da confiança[1708].

VII. Nos pressupostos da negociação coletiva, é possível incluir uma legitimação sócio-política[1709] e uma legitimação laboral, no sentido de se lidar com parceiros efetivos e independentes um do outro[1710]. Na verdade, uma velha regra da diplomacia recorda que se deve negociar com quem tenha o efetivo poder de decidir.

228. **Proposta; as negociações coletivas**

I. Segundo o artigo 486.º/1, o processo de negociação inicia-se com a apresentação, à outra parte, de uma proposta de celebração ou de revisão de uma convenção coletiva.

ss., sustenta que a norma visa esclarecer a eventual dúvida sobre a compatibilidade do mandato com os fins de uma comissão de trabalhadores.

[1708] *Da boa fé* cit., 1244, nota 147.

[1709] Peter Schüren, *Die Legitimation der tariflichen Normsetzung* (1990), XXVI + + 307 pp., com especial atenção à evolução norte-americana.

[1710] Gregor Thüsing/Gisela Hütter, *Gegnerunabhängigkeit als Voraussetzung der Tariffähigkeit auf der Arbeitgeberseite?*, RdA 2018, 129-137.

O artigo 486.º fixa os seguintes requisitos para a proposta coletiva:

(a) forma escrita (artigo 486.º/2, 1.ª parte);
(b) fundamentação (artigo 486.º/2, 2.ª parte): numa especialidade das negociações coletivas, as partes devem assumir que se movem no âmbito de interesses que as transcendem; o mero voluntarismo, aceitável nos negócios civis, deve, aqui, ser superado; além disso, a fundamentação permite logo aferir da viabilidade da proposta; a revogada LRCT exigia, em geral, uma "fundamentação económica"; o Código do Trabalho requer uma fundamentação mais ampla: também social e de gestão;
(c) designação das entidades que subscrevam a proposta, em nome próprio e em representação de outras [artigo 486.º/2, *a*)];
(d) indicação da convenção que se pretende rever e a data da respetiva publicação (artigo 486.º/2);
(e) remessa ao Ministério do Trabalho ou equivalente, no prazo de 15 dias após a sua apresentação (490.º/2).

Há desvios em relação às propostas contratuais comuns, que importa relevar, para além da exigência de fundamentação. Com efeito, a proposta contratual em sentido próprio deve[1711]:

(a) ser firme, revelando uma vontade inequívoca de contratar; não relevam declarações opinativas, aspirativas ou, meramente, incitadoras a eventuais negociações ulteriores;
(b) ser completa, incluindo todas as questões que requeiram o consenso contratual; em termos práticos, pode proclamar-se que a proposta contratual deve apresentar uma configuração tal que, da sua simples aceitação, nasça um contrato completo;
(c) apresentar a forma requerida para o contrato: a forma do contrato é, tão-só, a das competentes declarações.

A lei não exige os dois primeiros requisitos para a proposta coletiva, nenhuma razão se perfilando para o fazer por via doutrinária. Pelo contrário: o artigo 487.º/2, explicitando que, depois da própria resposta, pode haver uma dilação antes de se negociar, deixa entender que na "proposta"

[1711] *Tratado de Direito civil* II, 4.ª ed., 318 ss..

coletiva são admitidos espaços indeterminados ou não corresponder à vontade firme e definitiva do "proponente".

Ou seja: a proposta laboral coletiva é uma indicação, ainda que precisa, dada por escrito por um parceiro ao outro, de que pretende iniciar um processo de negociação coletiva. Tal indicação deve compreender alguns elementos legalmente prescritos e ter um mínimo de conteúdo, para revelar um interesse sério em contratar; mas não carece, nem por razões jurídicas, nem por motivos que se prendam com o seu objetivo, de se apresentar como uma verdadeira proposta e sentido técnico. Trata-se, em suma, de um convite a contratar.

As consequências práticas têm relevância: formulada uma "proposta" negocial coletiva, não pode o destinatário recusá-la sumariamente ou ignorá-la, afirmando que, nela, faltariam os elementos requeridos para uma verdadeira proposta negocial, em termos técnico-civis.

II. Põe-se o problema de determinar qual o momento do início das negociações: não só estas têm um relevo conceitual e prático que ganha com a determinação do seu início, mas ainda a própria lei atribui efeitos ao seu início – *vide* o artigo 487.º/2.

Em abstrato, as negociações poderiam ter-se por iniciadas nalgum dos seguintes momentos:

– com a proposta;
– com a eficácia da proposta;
– com a resposta;
– com a eficácia da resposta.

O momento da eficácia da proposta ou da resposta – uma vez que se trata de declarações com destinatário ou recipiendas – tem sido fixada nalgum dos pontos enfocados pelas teorias da emissão, do envio, da receção ou do conhecimento[1712]. A doutrina geral aplicável a todo o Direito português – quando outra coisa se não disponha, em especial – consta do artigo 224.º/1 do Código Civil. Não é, contudo, clara a inexistência, no Direito coletivo do trabalho, de desvios ao comum Direito civil. No domínio do Decreto-Lei n.º 49 212, de 28 de agosto de 1969, defendia-se o início das negociações com a receção da resposta à proposta[1713].

[1712] *Tratado de Direito civil* II, 4.ª ed., 142 ss..

[1713] Assim, STA 18-out.-1977, BTE II Série, n.º 44 (dez. 1977), 12, 1710-1711. De facto, o artigo 12.º/5 do Decreto-Lei n.º 49.212, na redação dada pelo Decreto-Lei n.º

Na vigência do Decreto-Lei n.º 164-A/76, de 28 de fevereiro, viu-se tal início na receção da proposta: quando se respondesse a esta, já se estaria a negociar[1714].

O artigo 19.º/ 1 da LRCT parecia, contudo, desligar-se das opções clássicas; dispunha:

> As negociações deverão ter início nos quinze dias seguintes à receção da resposta à proposta, salvo se outro prazo tiver sido convencionado.

O Código do Trabalho aproximou o regime laboral do civil. Deixou de referir o "início das negociações", afigurando-se que a proposta produz simplesmente efeito nos termos do artigo 224.º/1 do Código Civil: salvo a referência do artigo 487.º/2, abaixo analisado. O artigo 486.º/1 vem confirmá-lo.

III. O Direito coletivo do trabalho conferia, ao termo "negociações", um sentido próprio, que cabe realçar.

No Direito comum, as negociações abrangem toda a atividade pré-contratual juridicamente relevante, i.é, todos os atos que integrem o processo formativo dos contratos. Nesse sentido, pode-se considerar que as negociações se iniciam com os contactos preliminares[1715], embora quaisquer prazos só possam ser contados com a sua receção.

No Direito coletivo do trabalho, as "negociações" surgiam com um sentido mais restrito: o de negociações diretas ou "contactos negociais" – artigo 19.º/2 da revogada LRCT – a tomar como uma negociação presencial um sentido técnico: nas negociações diretas não há, entre as declarações de ambas as partes, intervalos de tempo com relevância jurídica. O Código do Trabalho retirou relevo à ideia autónoma de "negociações". Mas não totalmente: quando, no seu artigo 489.º/1, impõe o princípio da boa-fé no "processo da negociação colectiva" não se limita a disciplinar as negociações diretas: está em causa, como ela própria diz, todo o processo de negociação, desde o início ao termo.

492/70, de 22 de outubro, dispunha que "A negociação da convenção colectiva de trabalho deve ficar concluída nos seis meses seguintes à recepção da resposta à proposta de negociação". *Vide* Nascimento Rodrigues, *Regime jurídico das relações colectivas de trabalho* cit., 53 ss., que não explicita, contudo, uma posição precisa.

[1714] João Caupers/Pedro Magalhães, *Relações colectivas de trabalho* cit., 36.

[1715] E portanto ainda antes de haver proposta ou de esta se tornar eficaz, o que acontecerá, segundo o artigo 224.º/ 1 do Código Civil, pela receção ou pelo conhecimento.

229. Resposta

I. O destinatário de uma proposta laboral coletiva deve formular uma resposta. Esta deve ser elaborada nos trinta dias subsequentes à receção da proposta, salvo quando outro prazo tenha sido convencionado – artigo 487.º/1[1716].

A resposta deve obedecer aos requisitos seguintes:

(a) deve ser feita por escrito – artigo 486.º/2, primeira parte;
(b) deve ser fundamentada (486.º/1, segunda parte): tal como sucede com a proposta, também a resposta deve transcender os meros desejos subjetivos do respondente; a fundamentação da resposta poderá, naturalmente, apreciar a da proposta;
(c) deve designar as entidades que a subscrevem, em nome próprio ou em representação de outrem – artigo 486.º/2, *a*);
(d) deve exprimir uma posição relativa a todas as cláusulas da proposta, aceitando, recusando ou contrapondo – artigo 487.º/3;
(e) deve ser enviada ao ministério do Trabalho ou equivalente (490.º/2).

II. Segundo o artigo 487.º/2, em caso de proposta de revisão de uma convenção coletiva, o destinatário pode "recusar-se a negociar" antes de decorrerem seis meses de vigência da convenção, devendo informar o proponente no prazo de dez dias úteis. A expressão "recusar-se a negociar" era dispensável: bastava excluir a aplicação do n.º 1. Além disso, admitimos que superveniências possam justificar novas negociações, mesmo dentro dos aludidos seis meses.

III. O perfil da resposta, tal como resulta dos dispositivos acima sumariados, aponta para várias particularidades de relevo.

No domínio contratual comum, o destinatário de uma proposta pode aceitá-la, recusá-la ou nada fazer, aguardando a sua caducidade, pelo

[1716] Julga-se, efetivamente, que a resposta deve ser elaborada nesse prazo de trinta dias e não que, dentro dele, ela tenha de ser recebida pelo destinatário, tornando-se eficaz. O momento da receção – designadamente quando o envio se faça pelo correio – pode escapar ao controlo do autor da resposta. Este deve, contudo, pôr no envio a diligência exigível, se necessário por força da boa-fé – artigo 489.º/1.

decurso do prazo. Pode ainda contrapropor – o que envolve, de pleno Direito, a rejeição da proposta. A esta luz, a resposta surge como uma categoria abstrata que envolve a aceitação, a rejeição ou a contraproposta e que tem, como alternativa global, a simples omissão[1717].

No campo da contratação coletiva, a omissão está vedada: há um dever de resposta, consoante se infere do artigo 487.º/1, sendo a sua inobservância sancionada com contraordenação grave (487.º/5). O artigo 17.º/3 da revogada LRCT não admitia rejeições puras e simples: deveria haver sempre uma contraproposta. Menos conciliador, o Código do Trabalho abandonou essa orientação.

IV. Quando haja contraproposta, deve ela própria, nos termos gerais, apresentar os mesmos requisitos da proposta. Trata-se, no entanto, da proposta laboral coletiva, o que dispensa a compleitude e a firme e definitiva intenção de contratar num certo sentido; em compensação, têm de estar presentes, na contraproposta, os elementos que, por lei, devem enformar aquele tipo de proposta. Embora e ao contrário da revogada LRCT (artigo 17.º/2) isso não seja expresso, resulta das regras gerais.

V. A natureza jurídica da resposta coloca, dado o regime acima consignado, particularidades. Tal como a proposta, ela apresenta desvios perante a teoria geral do negócio jurídico.

Num cenário hipotético em que a proposta coletiva fosse completa e corporizasse, por si, uma intenção firme e definitiva de contratar, a sua aceitação pura e simples pelo destinatário, conduziria, desde logo, à convenção coletiva de trabalho.

Em qualquer outra situação, a resposta apenas traduz a indicação, dada pelo parceiro laboral destinatário de uma proposta, de que pretende prosseguir o processo de negociação coletiva já iniciado; tal indicação deve compreender certos elementos de índole formal e, ainda, apresentar um mínimo de conteúdo, devidamente fundamentado.

230. Antiga LRCT; formalidades

I. A revogada LRCT previa formalidades e acordos intercalares. O seu conhecimento é útil para surpreender o regime atual.

[1717] *Tratado de Direito civil* II, 4.ª ed., 331 ss..

As formalidades negociais analisavam-se em diversos procedimentos que, não revelando, em si, qualquer manifestação de vontade, eram, no entanto, exigidas pela lei, para a validade de um processo negocial. A LRCT exigia, no essencial, duas formalidades:

(a) a fundamentação económica;
(b) a remessa de cópias ao Ministério do Trabalho.

A fundamentação económica de propostas e respostas, exigida pelo artigo 18.º/1, alargava-se a diversos elementos de ordem geral – p. ex., a ponderação da evolução dos índices de preços no consumidor – de ordem empresarial – p. ex., a produtividade e a capacidade económica das empresas ou sectores – e de ordem laboral – p. ex., as condições de trabalho praticadas em empresas ou sectores afins.

A exigência de fundamentação das propostas e respostas tinha um triplo sentido: moderava e racionalizava as pretensões das partes, facilitava a sua aceitação pelas contrapartes e canalizava as negociações para domínios técnico-económicos.

A remessa de elementos ao Ministério do Trabalho abrangia a proposta e sua fundamentação – artigo 16.º/5 da LRCT – e logo a contraproposta, também com a fundamentação[1718] e ainda o protocolo relativo ao calendário e às regras a que deviam obedecer os contactos negociais – artigo 19.º/3[1719]. Tratava-se de um fator instrumental, que se destinava a viabilizar o apoio técnico que viesse a ser pedido pelas partes, nos termos do artigo 20.º da LRCT. Embora em moldes menos claros, estes vetores conservam-se.

II. O sentido normativo das formalidades referidas era diverso. A falta de fundamentação da proposta ou da contraproposta habilitava a parte destinatária a não negociar com base nelas – artigo 18.º/2 – e fazia incorrer a entidade responsável na multa referida no artigo 44.º/7, ambos da LRCT.

[1718] Recorde-se que não pode haver rejeição sem contraproposta; por seu turno, uma pura e simples aceitação dispensaria a fundamentação; nada impede, contudo, que o destinatário de uma proposta coletiva a aceite, mas com uma fundamentação própria, que faça questão em dar a conhecer. Nessa altura, também esta devia ser enviada, em cópia, ao então Ministério do Trabalho.

[1719] Este último preceito prevê ainda o envio de uma cópia ao Ministério responsável pelo sector de atividade ou de tutela, ao contrário do artigo 16.º/5 que refere, tão-só, o Ministério do Trabalho; julga-se que, não fazendo sentido remeter calendários e regras de negociações sem as propostas e respostas correspondentes, há que nivelar o artigo 16.º/5 pelo 19.º/3.

A não-remessa, aos Ministérios do Trabalho e da Tutela, dos elementos exigidos, não dava lugar a qualquer sanção especificada, podendo ser suprida pelo depósito da convenção que viesse a ser celebrada. Quando ocorresse, ela facultava, contudo, aos serviços competentes, a recusa do apoio técnico que lhes viesse a ser solicitado pela parte faltosa.

III. No decurso das negociações coletivas, seja na fase preliminar das trocas de propostas e respostas, seja na fase dos contactos diretos, podiam surgir acordos sobre aspetos instrumentais ou parcelares. Eram os acordos intercalares. Os acordos intercalares instrumentais podiam reportar-se:

(a) ao prazo para a resposta à proposta – artigo 17.º/1 da LRCT;
(b) ao prazo para o início das negociações diretas – artigo 19.º/1 da LRCT;
(c) ao calendário das negociações diretas e a outras regras similares – artigo 19.º/2 da LRCT;
(d) a outros aspetos processuais que as partes entendessem fixar.

Estes diversos acordos deviam ser concluídos por escrito; para além da referência feita no artigo 19.º/2 da LRCT jogava, nesse sentido, o facto de, em relação a eles, procederem as considerações que justificam a forma escrita das próprias convenções – artigo 221.º do Código Civil. Os acordos intercalares parcelares tinham a ver com a própria matéria a incluir na convenção: nada impedia que, sobre ela, as partes viessem a fixar-se, livremente, à medida que se obtivessem os correspondentes consensos. A própria LRCT, no seu artigo 21.º, consignava o dever de se procurar um acordo inicial sobre o tema da retribuição do trabalho.

De novo devia ser utilizada a forma escrita, pelas razões acima aduzidas. Os acordos parcelares que se alcançassem deviam ser incluídos na convenção coletiva a depositar; assim resultava da regra da unidade das convenções coletivas, que aflora no artigo 11.º/4 da LRCT.

IV. Hoje, a Lei não prevê expressamente tais acordos intercalares. Mas eles estão figurados nalguns preceitos, abaixo referidos.

231. Negociações e acordos preparatórios

I. Na contratação coletiva, as negociações têm um relevo decisivo: quer pelos resultados a que conduzam, quer pela sua mera decorrência. Uma boa técnica para procurar consenso exige o conhecimento de vários fatores que a podem integrar. Existe uma disciplina própria nesse domínio, referenciada a propósito da contratação em geral, mas em cuja elaboração participam laboralistas: uma aportação importante do Direito do trabalho para o Direito civil.

II. Em moldes descritivos, a formação cabal de um contrato minimamente complexo apresenta a seguinte sequência[1720]:

- obtenção de informações;
- borrão de projeto de contrato;
- aplicação hipotética do contrato;
- concretização de critérios de decisão;
- escolha das melhores opções técnicas;
- superação de conflitos de objetivos;
- negociações contratuais;
- instrução e aconselhamento;
- elaboração do documento contratual.

Qualquer sequência contratual deverá principiar pela mútua obtenção de informações. Na base destas, será possível a escolha dos parceiros e a própria intenção (prévia) de procurar um determinado negócio. As informações disponíveis permitirão proceder ao levantamento dos pontos que, subsequentemente, irão necessitar de regulação[1721].

III. Numa contratação complexa, é frequente elaborar-se, desde muito cedo, um borrão de projeto de contrato. De outro modo, os negociadores nem se aperceberão do que está na mesa da discussão[1722]. Nesta fase, podem aproveitar-se modelos elaborados por especialistas[1723] ou – prática habitual, entre nós – provenientes da experiência dos interessados

[1720] Abbo Junker/Sudabeh Kamanabrou, *Vertragsgestaltung/Ein Studienbuch*, 3.ª ed. (2010), XIX + 187 pp., 6 ss.; Gerrit Langenfeld, *Grundlagen der Vertragsgestaltung*, 2.ª ed. (2010), XX + 218 pp.; Manfred Wolf/Jörg Neuner, *Allgemeiner Teil des bürgerlichen Rechts*, 11.ª ed. (2016), § 39 (456-463).

[1721] Harald Weber, *Methodenlehre der Rechtsgestaltung*, JuS 1989, 636-643 (640).

[1722] Junker/Kamanabrou, *Vertragsgestaltung* cit., 9-11.

[1723] Há aqui um ponto que releva do pré-entendimento: Gerrit Langenfeld, *Einführung in die Vertragsgestaltung*, 1998, 33-37 (37).

ou dos seus mandatários[1724]. Há que ter atenção a este ponto: muitas vezes questões ausentes do borrão acabam por não ter tratamento contratual, com todos os inconvenientes que isso implica.

Relaciona-se com o borrão a aplicação hipotética do contrato. Quer a prática quer os dados da moderna hermenêutica revelam que as partes se dedicam a exercícios ou simulações, de modo a apreender o funcionamento futuro do contrato[1725].

IV. A evolução mais recente, sempre apoiada na História[1726], surge moldada por quatro variáveis:

– uma tendência constante para a desformalização; reformas recentes, que visem diminuir os custos de transação das diversas operações e, particularmente no caso português, lutar contra uma burocratização, agravada pela indolência e pela venalidade dos antigos cartórios notariais públicos, aliviaram as exigências formais dos negócios;
– uma capacidade concreta do sistema para intervir, nas áreas formais, viabilizando situações que, de outro modo, estariam condenadas, por vício de forma; tal o papel da boa-fé, através da figura das inalegabilidades formais;
– a necessidade de absorver novos esquemas de declarações jurídicas, com relevo para os esquemas eletrónicos e automáticos;
– a reformalização de certos negócios, como modo de melhor tutelar o consumidor e, num aparente paradoxo, de facilitar o tráfego jurídico.

V. Nas negociações delicadas, é boa prática principiar pelo mais fácil e isso mau grado o artigo 488.º/1, que manda justamente começar pelo

[1724] Na Alemanha estão publicados inúmeros modelos, com relevo para o *Beck'sche Formularbuch, Bürgerliches, Handels- und Wirtschaftsrecht*, 9.ª ed. (2003), XL + 1754 pp., o *Münchener Vertragshandbuch*, 5.ª ed. (a partir de 2000), totalizando 7 volumes e os *Heidelberger Musterverträge*.

[1725] Christoph Teichmann, *Vertragsgestaltung durch den Anwal*, JuS 2001, 870-874 e 973-980 (978).

[1726] *Vide* Peter Oestermann, *Die Zwillingsschwester der Freiheit/Die Form im Recht als Problem der Rechtsgeschichte*, em AAVV, *Zwischen Formstrenge und Billigkeit/ /Forschungen zum vormodernen Zivilprozess* (2009), 1-54.

mais complexo: retribuição e tempo de trabalho. Assim, antes de acordos de substância, podem concluir-se convénios procedimentais. O artigo 489.º/1 refere, a esse propósito, "o protocolo negocial, caso exista". Tal protocolo pode fixar, *inter alia*:

(a) o local das negociações; por exemplo, alternadamente na sede do sindicato e na da associação de empregadores, no Ministério do Trabalho ou equivalente ou na sede da empresa, onde estarão disponíveis todos os elementos de informação;
(b) um calendário, com a ordenação por que as diversas matérias serão tratadas;
(c) pausas destinadas à consulta das bases: havendo acordo, não opera a restrição do artigo 489.º/2, segunda parte;
(d) o procedimento a adotar na hipótese de greve;
(e) o ritmo dos trabalhos.

Quanto a este último aspeto, os negociadores devem estar repousados, física e psicologicamente. De acordo com os nossos costumes, refeições conjuntas podem ajudar a aproximações. Todavia, o excesso de comodidades pode alongar as negociações: muitas vezes a ponta final exige muitas horas de trabalho sem pausas, para "forçar", dentro do razoável, um acordo.

VI. Além disso, a lei pressupõe os seguintes acordos preparatórios:

(a) quanto ao prazo de resposta, supletivamente fixado em 30 dias (487.º/1); uma hipótese que funciona, também, em face de contrapropostas;
(b) quanto à negociação de revisões antes do prazo de seis meses, fixado no artigo 487.º/2;
(c) quanto à atribuição de prioridade à negociação da retribuição e da duração: "sempre que possível" (488.º/1) dá essa hipótese às partes;
(d) quanto ao tipo e ao ritmo de informações a prestar.

As partes podem acrescentar quaisquer outros: estamos no domínio da autonomia privada, ainda que coletiva.

Assim, as regras atinentes aos vícios na formação e na transmissão da vontade e as demais normas privadas, quando não afastadas por lei, têm aplicação[1727].

232. Autonomia coletiva, boa-fé e dever de contratar

I. A matéria das convenções coletivas de trabalho é dominada, em termos dogmáticos, pelo princípio da autonomia: as partes são livres de propor e de aceitar. Estamos, claramente, no campo privado[1728].

A liberdade contratual coletiva tem algumas limitações que parecem interferir com a própria liberdade de negociar. Registem-se, assim, as seguintes disposições, todas do Código do Trabalho:

(a) as entidades destinatárias da proposta devem responder em certo prazo –artigo 487.º/ 1;
(b) quer a proposta quer a resposta devem ser justificadas (486.º/2 e 486.º/1);
(c) as partes devem respeitar, no processo de negociação coletiva, os princípios da boa-fé – artigo 489.º/1, com especificações;
(d) os representantes das partes devem fazer oportunamente as necessárias consultas aos interessados cujas posições representem e não podem invocar essa necessidade para obterem a suspensão ou a interrupção do curso do processo –artigo 489.º/2;
(e) devem ser mutuamente prestadas as informações solicitadas, sem prejuízo para a defesa dos respetivos interesses – artigo 489.º/3 – não podendo, contudo, ser negados os "... relatórios e contas das empresas já publicados e, o número de trabalhadores por categoria profissional que se situem no âmbito da aplicação do acordo a celebrar" – artigo 489.º/4.

II. Destes diversos deveres sobressai, pela sua amplitude, o de observar a boa-fé, prescrito no artigo 489.º/1, num paralelo bastante flagrante com a boa-fé *in contrahendo* do artigo 227.º/1 do Código Civil.

[1727] Sudabeh Kamanabrou, *Arbeitsrecht* cit., Nr. 1768-1769 (553).

[1728] Jürgen Treber, em Günter Schaub, *Arbeitsrecht-Handbuch* cit., 17.ª ed., § 198, Nr. 1 (2139).

A boa-fé surge como um conceito indeterminado, com fortes representações histórico-culturais subjacentes e uma aptidão de princípio para acompanhar os progressos mais recentes da Ciência do Direito. Enquanto conceito indeterminado, ela carece de preenchimento com valorações, a operar no caso concreto. Particularmente vocacionados para intervir na concretização da boa-fé estão os valores fundamentais da Ordem Jurídica, em especial os que sejam relevantes na área jurídica envolvida.

O conteúdo normativo da boa-fé exprime-se, de modo particular através de dois princípios:

(a) princípio da proteção da confiança, segundo o qual não se deve, seja suscitar uma situação infundada de confiança, por parte de outrem, seja desamparar a confiança legítima, caso seja suscitada;
(b) o princípio da primazia da materialidade subjacente, pelo qual, no Direito, se deve procurar lidar com os valores efetivamente em jogo, de modo a prossegui-los na sua substância; não basta uma mera conformação formal com os esquemas juridicamente prescritos.

A remissão para a boa-fé equivale a um apelo aos valores que enformam o Direito laboral coletivo, tendo em particular conta as duas referidas vertentes da tutela da confiança e da primazia da materialidade subjacente. O próprio artigo 489.º dá corpo a essas duas vertentes, designadamente:

(a) determinado o respeito pelo protocolo negocial (tutela da confiança) (n.º 1);
(b) prescrevendo a necessidade de diligência, com brevidade, nas respostas a propostas e a contrapropostas e sem deixar desertas as reuniões e os contactos (primazia da materialidade subjacente).

Os deveres de informação autonomizados no artigo 489.º/3 e 4 equivalem, também, a particulares concretizações de boa-fé.

A boa-fé não conduz a que as partes desamparem os interesses que representem ou, sequer, que enfraqueçam a sua defesa; mas impõe que elas negoceiem, efetivamente, procurando quanto possa conduzir a um consenso e prevenindo atitudes alheias à busca séria de um acordo ou comportamentos suscetíveis de ter efeitos contraproducentes ou que surjam estranhos ao procedimento em curso. Nesta linha, compreende-se, por exemplo, que o dever de fundamentar uma proposta ou uma resposta não se possa considerar cumprido quando a fundamentação apresentada esteja em contradição com as conclusões que dela se pretendam retirar.

III. Os elencos normativos acima isolados deixam surgir, com pertinência, o problema de saber se não existirá, a nível coletivo, um dever de contratar.

Classicamente tida por contraditória[1729], a hipótese de deveres de contratar ganha terreno nas últimas décadas. O Código Civil de 1966 deu, entre nós, um passo decisivo nesse sentido, ao prever de modo expresso a figura do contrato-promessa – artigo 410.º ss. – acompanhada, para mais, pela possibilidade da sua execução específica – artigo 830.º.

Pode-se questionar, tão-só, a natureza contratual do "contrato devido". Mas o verdadeiro dever de contratar, que ponha em crise essa natureza contratual, implica uma perfeita determinação do conteúdo sobre que irão recair as "declarações de vontade" exigíveis. Quando a vontade livre das partes seja ainda necessária para encontrar esse conteúdo final, não há, verdadeiramente, um dever de contratar mas, tão-só, deveres instrumentais no sentido de facilitar um contrato. Pode falar-se em contratação induzida ou provocada; mas há, ainda, uma contratação no sentido do termo.

O sistema vigente no domínio da contratação coletiva situa-se nessa latitude: vários dispositivos incitam as partes laborais coletivas a encontrar convénios e acordos; mas não se lhes substituem.

233. **O valor autónomo das negociações**

I. Um pretenso dever de contratar, a nível coletivo, fica inquinado por carência de objeto determinado. Mas além disso, cabe indagar da sua densidade normativa, ligada à intensidade dos deveres instrumentais em que ele se realize.

[1729] *Vide* indicações em *Tratado de Direito civil* II, 4.ª ed., 226 ss., com relevo para: Hans Carl Nipperdey, *Kontrahierungszwang und diktierter Vertrag* (1920), II + 168 pp.; Wolfgang Kilian, *Kontrahierungszwang und Zivilrechtssystem*, AcP 180 (1980), 47-83 (47-48); Jan Busche, *Privatautonomie und Kontrahierungszwang* (1999), 722 pp., 110 ss. e *passim*.

Os deveres envolvidos no processo de negociação coletiva têm sanções ténues.

Na verdade, a falta de resposta à proposta ou a resposta sem requisitos legais em violação do artigo 487.º/1, 2 e 3, apenas legitima a entidade proponente a requerer conciliação, nos termos do artigo 487.º/4.

Por outro lado, a não-fundamentação de propostas ou de contrapropostas conduz, tão-só a que, legitimamente, a parte atingida se recuse a negociar com base nelas, por falta de requisitos legais[1730].

Todo o esquema do processo negocial coletivo pode, por fim, pelo menos do lado dos trabalhadores, ser quebrado com o recurso a meios de luta coletiva, *maxime* à greve; esta, apesar de envolver uma série de deveres instrumentais, é de exercício essencialmente livre.

II. A natureza quase imperfeita das normas que rodeiam o processo de negociação laboral coletiva não deve colocar dúvidas quanto à sua efetiva natureza jurídica.

A positividade jurídica filia-se nas fontes e nas competentes regras de reconhecimento que, no caso vertente, depõem com clareza no sentido da juridicidade. A sanção – e, para mais, a sua aplicação coerciva – não se considera, de modo algum, elemento constitutivo das regras jurídicas.

Em paralelo com um movimento universal de "desnormativização" do Direito do trabalho coletivo, impõe-se uma evolução que tem vindo a amaciar as sanções derivadas de eventuais prevaricações. Este último aspeto não caracteriza, contudo, o Direito do trabalho; ele é conhecido, há séculos, no Direito das obrigações.

Mesmo quando imperfeitas, as regras laborais coletivas têm um importante nível de eficácia, moldando e dando peso às atuações negociais das partes e facultando movimentos de opinião pública, decisivos no desfecho dos conflitos coletivos de trabalho, no seio das sociedades abertas.

III. A ponderação global das normas em presença, no domínio do processo de contratação coletiva, permite concluir que, mais do que convenções, elas visam as próprias negociações.

As negociações coletivas de trabalho assumem-se como um valor autónomo. Elas não valem, apenas, como elementos integrados num pro-

[1730] Rosário Palma Ramalho, *Tratado* cit., III, 2.ª ed., 242-243.

cesso e destinados, num esquema de total instrumentalização, a proporcionar uma convenção coletiva; elas são, só por si, um objetivo.

A experiência subsequente à fragmentação social provocada pela revolução industrial mostra que a existência de vias institucionais de resolução de conflitos representa um importante pólo de fixação de tensões e um primeiro e decisivo passo para a sua resolução.

Compreende-se, a esta luz, a amplitude que a lei põe no teor das "propostas" coletivas e das "contrapropostas": o essencial reside no iniciar das negociações, tendo ainda um relevo particular o facto de elas implicarem, na normalidade dos casos, uma fase de contactos diretos.

As implicações sociológicas e mesmo políticas destas considerações dispensam desenvolvimento.

Num plano puramente jurídico, perfila-se um domínio criativo inesgotável, cujas projeções transcendem o Direito do trabalho.

§ 59.º CELEBRAÇÃO, DEPÓSITO E PUBLICAÇÃO

234. A celebração

I. Concluídas as negociações e assente um texto comum, passa-se à celebração da convenção coletiva. Outorgam os representantes das entidades celebrantes (491.º/1). O artigo 491.º/2, um tanto desnecessariamente, vem elencar quem são esses representantes. Dispõe:

a) Os membros de direção de associação sindical ou associação de empregadores, com poderes para contratar;
b) Os gerentes, administradores ou diretores com poderes para contratar;
c) No caso de empresa do sector empresarial do Estado, os membros do conselho de gerência ou órgão equiparado, com poderes para contratar;
d) As pessoas titulares de mandato escrito com poderes para contratar, conferido por associação sindical ou associação de empregadores, nos termos dos respetivos estatutos, ou por empregador.

No fundo, haverá sempre que, em face das entidades implicadas, verificar, no plano legal e estatutário, quem tem poderes para contratar. Não chegam poderes comuns: a contratação coletiva pode envolver encargos da maior gravidade.

II. Esclarecendo o papel das comissões de trabalhadores, o artigo 491.º/3 dispõe:

> Sem prejuízo da possibilidade de delegação noutras associações sindicais, a associação sindical pode conferir à estrutura de representação coletiva dos trabalhadores na empresa poderes para, relativamente aos seus associados, contratar com empresa com, pelo menos, 150 trabalhadores.

III. Põe-se o problema, designadamente quando estejam em jogo acordos de empresa, de um referendo interno quanto à sua aprovação.

Nada, na lei, o proíbe. Todavia, essa prática, aparentemente democrática, levanta problemas e pode mostrar-se perniciosa quer para as empresas, quer para os trabalhadores. Através do referendo, muitas vezes, os eleitores exprimem opiniões que não têm a ver com a matéria referendada ou que, desta, retêm aspetos inexatos. Ficarão na História os referendos que rejeitaram a Constituição Europeia, por se recear a adesão da Turquia, que não estava (minimamente) em cima da mesa ou que ditaram o *Brexit*, na base de uma propaganda consabidamente falsa. As negociações coletivas envolvem aspetos técnicos que não podem ser, com realismo, explicados a todos os eleitores. A democracia representativa não deixa de o ser.

IV. Como referido, havendo mandato (com representação), a sua revogação só é eficaz após a comunicação, à outra parte, por escrito e até à assinatura da convenção coletiva (491.º/4). Estamos perante uma faceta geral da procuração, que se destina a proteger a confiança de terceiros, nos termos do artigo 266.º/1, do Código Civil[1731]. A regra funciona perante modificações do mandato.

235. O depósito

I. Concluída a convenção coletiva de trabalho, deve a mesma, inserida num documento escrito, ser entregue para depósito no Ministério do Trabalho ou equivalente – artigo 494.º/1. O depósito considera-se automaticamente realizado se não for recusado nos quinze dias subsequentes à sua entrada – artigo 494.º/5 do mesmo diploma. Nesse prazo, podem ainda as partes introduzir, por acordo, alterações no já acordado, o que interrompe o seu decurso, reiniciando-se a sua contagem – artigo 495.º/ 1 e 2.

II. Um certo controlo administrativo sobre as convenções coletivas de trabalho é exercido através do esquema da recusa do depósito, previsto no artigo 494.º/4.

Os casos em que pode intervir essa recusa são tipificados na lei, através das diversas alíneas do artigo 494.º/4[1732]. Este preceito, que cor-

[1731] *Tratado de Direito civil* V, 3.ª ed. (2018), 139 ss..

[1732] *Vide:* Rosário Palma Ramalho, *Tratado* cit., III, 2.ª ed., 251; Luís Gonçalves da Silva, *A Administração laboral e a convenção coletiva*, em Manuel M. Roxo (coord.), *Tra-*

responde a uma evolução histórica já referenciada, equivale ao estabelecimento de um sistema puramente formal de fiscalização: a leitura do seu articulado mostra que, em princípio, a Administração laboral não tem margem de discricionariedade quanto à recusa de depósito a qual, quando ocorra, deve, com a sua fundamentação, ser, de imediato, comunicada às partes – artigo 494.º/ 6.

O controlo das convenções coletivas não deve ser de mérito mas, tão-só, de legalidade; e esta está no domínio judicial.

III. Recordamos o teor do artigo 494.º/4:

> O depósito depende de a convenção satisfazer os seguintes requisitos:
> *a*) Ser celebrada por quem tenha capacidade para o efeito;
> *b*) Ser acompanhada de títulos comprovativos da representação das entidades celebrantes, no caso referido na alínea *d*) do n.º 2 do artigo 491.º, emitidos por quem possa vincular as associações sindicais e as associações de empregadores ou os empregadores celebrantes;
> *c*) Obedecer ao disposto no n.º 1 do artigo 492.º;
> *d*) Ser acompanhada de texto consolidado, sendo caso disso;
> *e*) Obedecer ao disposto no n.º 3, bem como o texto consolidado, sendo caso disso.

Confirma-se a natureza formal do controlo que, hoje, o Estado exerce sobre a contratação coletiva. Quanto à exigência de texto consolidado: ela deve operar após a terceira revisão parcial, nos termos do artigo 494.º/2.

236. **A publicação**

I. As convenções coletivas têm uma dimensão normativa: comportam comandos gerais e abstratos, que irão aplicar-se a pessoas indeterminadas.

balho sem fronteiras?/O papel da regulação (2017), 179-220 (184 ss.). Este Autor recorda o controlo específico sobre a igualdade e a não-discriminação, previsto no artigo 479.º e posterior à publicação: *idem*, 211 ss..

A sua publicação é essencial, para chegarem, com segurança e fidedignidade, aos destinatários. Tornam-se, então, aplicáveis[1733].

II. A publicação das convenções coletivas representa o termo do processo de negociação. O Código do Trabalho optou por tratar essa matéria em geral, isto é, de modo idêntico para todos os instrumentos de regulamentação coletiva de trabalho. Mais fácil do que explicar, é transcrever o artigo 519.º do Código do Trabalho:

> 1. O instrumento de regulamentação coletiva de trabalho é publicado no Boletim do Trabalho e Emprego e entra em vigor, após a publicação, nos termos da lei.
>
> 2. O disposto no número anterior não prejudica a publicação de portaria de extensão e de portaria de condições de trabalho no *Diário da República*, da qual depende a respetiva entrada em vigor.
>
> 3. O instrumento de regulamentação coletiva de trabalho que seja objeto de três revisões parciais consecutivas é integralmente republicado.

III. Além da publicação oficial, os sindicatos organizam, com frequência, publicações especiais das convenções aplicáveis, acompanhadas, eventualmante, de algumas explicações. Com isso visam a sua divulgação efetiva, junto dos associados. Os diversos instrumentos podem, hoje, ser facilmente consultados, através da edição eletrónica do BTE.

[1733] Quanto à publicidade das convenções coletivas: Jürgen Treber, em Günter Schaub, *Arbeitsrechts-Handnuch* cit., 17.ª ed., § 198, Nr. 21-27 (2145-2147). Entre nós: Luís Gonçalves da Silva, *A Administração laboral e a convenção coletiva* cit., 206 ss..

SECÇÃO III

CONTEÚDO E ÂMBITO

§ 60.º O CONTEÚDO

237. Generalidades; conteúdos obrigacional e regulativo

I. O conteúdo das convenções coletivas de trabalho é formado pelo conjunto de elementos jurídicos que as compõem ou, se se quiser, pelo complexo de comandos, legais ou contratuais, que preenchem o espaço ocupado pelo seu âmbito.

A ideia de conteúdo supera a de efeitos ou eficácia em sentido estrito. Num fenómeno que os aspetos normativos da convenção coletiva de trabalho permitem tornar particularmente claro, verifica-se que elas compreendam níveis potenciais, i.é, medidas que apenas se revelarão eficazes, caso ocorram determinados factos nelas próprios previstos.

II. A convenção coletiva de trabalho abrange, no seu conteúdo, duas vertentes que o Direito coletivo do trabalho contrapõe, classicamente[1734]:

– o conteúdo obrigacional;
– o conteúdo regulativo.

[1734] Günter Schaub, *Arbeitsrecht* cit., 6.ª ed., 1305, numa contraposição particularmente divulgada por Alfred Hueck/Hans Carl Nipperdey, *Arbeitsrecht* cit., 2, 6.ª ed., 207 e que remonta a Hugo Sinzheimer – *vide* Hans Hofbauer, *Der Rechtscharakter der Tarifverträge und der Allgemeinverbindlicherklärung* (1974), 16 e *passim* – desde o princípio do século XX. Na literatura atual: Sudabeh Kamanabrou, *Arbeitsrecht* cit., Nr. 1770-1775 (553-561) e Jürgen Treber, em Günter Schaub, *Arbeitsrechts-Handnuch* cit., 17.ª ed., §§ 200-201 (2154-2171).

O conteúdo obrigacional traduz o conjunto de elementos que adstringem as partes na convenção: sindicatos e entidades empregadoras ou suas associações; o conteúdo regulativo tem a ver com a matéria que se dirige às situações jurídicas laborais.

Trata-se de uma clivagem tida por adquirida para o Direito do trabalho[1735] e que condiciona boa parte da dogmática laboral coletiva, desde a natureza das convenções à sua interpretação.

A superação desta dualidade facultaria, porventura, uma maior afirmação dogmática do Direito coletivo do trabalho; a necessidade da sua manutenção equivalerá, por seu turno, às intrínsecas limitações que uma autonomia científica do Direito do trabalho coloca, nos nossos dias. Neste momento e em face da literatura mais relevante, a dualidade mantém referências, ainda que deva ser superada.

A revogada LRCT consagrou, pelo menos na forma, a bipartição:

> *Artigo 5.º* As convenções coletivas de trabalho podem regular:
> *a*) As relações entre as partes outorgantes (...);
> *b*) Os direitos e deveres recíprocos dos trabalhadores e das entidades patronais (...).

Como vemos, o Código do Trabalho seguiu uma via diversa.

238. A fórmula dispersiva do Código do Trabalho

I. O Código do Trabalho não deu, ao conteúdo das convenções coletivas, uma especial focagem. Consignou-o no artigo 492.º/2, após ter seriado as indicações formais que elas devem preencher (n.º 1). Segundo o n.º 2 em causa:

[1735] Entre nós, António Monteiro Fernandes, *Direito do trabalho* cit., 2, 2.ª ed., 155; Barros Moura, *Notas* cit., 221 ss. e João Caupers/Pedro Magalhães, *Relações colectivas* cit., 62 ss.. *Vide* outras indicações em Rosário Palma Ramalho, *Tratado* cit., III, 2.ª ed., 255, bem como Luís Menezes Leitão, *Direito do trabalho* cit., 5.ª ed., 599-600 e Pedro Romano Martinez, *Direito do trabalho* cit., 8.ª ed., 1157 ss.. Recusando a dicotomia: Luís Gonçalves da Silva, *Da eficácia da convenção coletiva* cit., 679 ss..

2. A convenção coletiva deve regular:

a) As relações entre as entidades celebrantes, em particular quanto à verificação do cumprimento da convenção e a meios de resolução de conflitos coletivos decorrentes da sua aplicação ou revisão;

b) As ações de formação profissional, tendo presentes as necessidades do trabalhador e do empregador;

c) As condições de prestação do trabalho relativas à segurança e saúde;

d) Medidas que visem a efetiva aplicação do princípio da igualdade e não discriminação;

e) Outros direitos e deveres dos trabalhadores e dos empregadores, nomeadamente retribuição base para todas as profissões e categorias profissionais;

f) Os processos de resolução dos litígios emergentes de contratos de trabalho, nomeadamente através de conciliação, mediação ou arbitragem;

g) A definição de serviços necessários à segurança e manutenção de equipamentos e instalações, de serviços mínimos indispensáveis para ocorrer à satisfação de necessidades sociais impreteríveis, caso a atividade dos empregadores abrangidos satisfaça necessidades sociais impreteríveis, bem como dos meios necessários para os assegurar em situação de greve;

h) Os efeitos decorrentes da convenção em caso de caducidade, relativamente aos trabalhadores abrangidos por aquela, até à entrada em vigor de outro instrumento de regulamentação colectiva de trabalho.

Resulta, daqui, um esquema denso[1736], com regras de tipo programático que poderiam ter sido evitadas.

II. Não obstante, podemos reconduzir ao conteúdo obrigacional as matérias incluídas nas alíneas *a*) e *g*) e no normativo as resultantes das alíneas *b*), *c*), *d*), *e*), *f*) e *h*)[1737]. Ao conteúdo obrigacional deve também ser reconduzido o artigo 542.º, que comporta o clássico dever de paz social.

III. Vamos analisar a matéria à luz dos dois grandes blocos atinentes ao conteúdo das convenções coletivas: o obrigacional e o normativo ou regulativo.

[1736] Rosário Palma Ramalho, *Tratado* cit., III, 2.ª ed., 254 ss., considerando-o menos claro.

[1737] Luís Menezes Leitão, *Direito do trabalho* cit., 5.ª ed., 600, inclui esta última alínea no conteúdo obrigacional.

239. O conteúdo obrigacional

I. Na presença de uma efetiva autonomia coletiva[1738], para a qual, como foi visto, tendem os diversos ordenamentos laborais do Ocidente, tanto o conteúdo obrigacional como o conteúdo regulativo podem alongar-se a tudo quanto lhes não seja vedado por uma fonte superior. Os competentes conteúdos teriam, assim, de ser objeto de uma delimitação negativa, pela qual se indiciassem, tão-só, as áreas vedadas. A matéria ganha, contudo, em clareza com a explicitação, ainda que doutrinária e exemplificativa, das matérias mais geralmente incluídas nos conteúdos obrigacional e regulativo das convenções coletivas.

II. No que tange às relações entre as partes celebrantes – 492.º/2, *a*) – temos em vista relações obrigacionais diretas. Estas podem ter a ver com deveres procedimentais: calendários, contactos futuros, forma de efetivar comunicações ou repartição de despesas. Por vezes, as partes acordam esquemas de verificação do cumprimento das convenções ou modos de proceder à sua interpretação consensual, prevendo, eventualmente, a intervenção de terceiros independentes.

III. Uma área sensível do conteúdo obrigacional tem a ver com o chamado dever de paz social[1739].

Quanto ao dever de paz social: as partes, através das convenções coletivas, podem dispor sobre as lutas laborais, vinculando-se, designadamente, a não as utilizar durante a sua vigência; cabe distinguir:

(a) o dever de paz absoluta, pelo qual as partes se obrigam a, na vigência do contrato, não lançar ou apoiar quaisquer lutas laborais coletivas, seja qual for o seu objetivo;

[1738] Com elementos circundantes, Peter Badura, *Grundfreiheiten der Arbeit/Zur Frage einer Kodifikation "sozialer Grundrechte"*, FS Berber (1973), 11-45 (31).

[1739] Na literatura antiga, p. ex.: Kurt Graf, *Arbeitskämpfe und Tarifvertrag* (1931), 67 pp., 20 ss.; Rüdiger Krause, em Matthias Jakobs e outros, *Tarifvertragrecht* cit., 2.ª ed., 269 ss.; na recente, Sudabeh Kamanabrou, *Arbeitsrecht* cit., Nr. 1772-1774 (554-555); Jürgen Treber, em Günter Schaub, *Arbeitsrecht-Handbuch* cit., 17.ª ed., § 192, Nr. 17-25 (2083-2085); Martin Henssler, *Arbeitsrecht Kommentar* cit., 8.ª ed., § 1 TVG, Nr. 64-69 (2938-2939).

(b) o dever de paz relativa, que implica o não recurso a lutas laborais para alterar aspetos tratados pela convenção coletiva e na vigência desta.

Os deveres de paz social podem, ainda, ser expressamente assumidos ou resultar, tão-só, implícitos, da mera existência de uma convenção livremente celebrada[1740]; registe-se, ainda, a presença, entre nós, de um debate em torno da possibilidade do dever de paz social, por força do dispositivo do artigo 1.º/3 da revogada Lei n.º 65/77, de 26 de agosto – a Lei da Greve, LG – hoje presente no artigo 530.º/3 do Código do Trabalho, a analisar oportunamente e que considera irrenunciável o direito à greve.

IV. Além disso, podemos apontar, como integrando potencialmente o plano obrigacional das convenções coletivas, os seguintes[1741]:

(a) deveres de comunicação, informação e divulgação: as partes, nos convénios coletivos que assumam, podem adotar particulares deveres de, junto dos associados respetivos, difundir os clausulados coletivos, por forma a propiciar a sua observância;
(b) deveres de efetivação: para além da mera difusão, podem recair, sobre as partes, deveres que postulem um efetivo comportamento, junto dos associados, de modo a realizar os dispositivos acordados; estes deveres podem ser reforçados por particulares cláusulas de fiscalização;

[1740] Tal seria, pelo menos, a situação do dever de paz relativa; a paz absoluta, pelo contrário, teria de resultar de uma cláusula expressa nesse sentido; assim, Hanau/ /Adomeit, *Arbeitsrecht* cit., 9.ª ed., 74. A leitura de diversas convenções coletivas de trabalho não permite descobrir cláusulas de paz social explícitas; registe-se, contudo, o teor da cláusula 95.ª/1 do CCT entre a Associação dos Agentes de Navegação do Centro de Portugal e outras e o SAP –Sindicato dos Trabalhadores Administrativos da Actividade Portuária e outro, BTE I Série, 28 (29-jul.-1987), 1179-1197 (1197): "A assinatura do presente contrato pressupõe por parte dos outorgantes o empenhamento profundo em evitarem conflitos do trabalho e a sua vontade de com a melhor boa-fé, promoverem as diligências necessárias à solução dos diferendos e ao respeito de todas as suas cláusulas, com a maior prontidão".

[1741] Martin Henssler, *Arbeitsrecht Kommentar* cit., 8.ª ed., § 1 TVG, Nr. 70-75 (2939-2940).

(c) cláusulas compromissórias: as partes submetem a arbitragem determinados diferendos que possam surgir, no decurso ou no termo do contrato; outras cláusulas similares podem ocorrer como, por exemplo, as que prevejam as comissões paritárias previstas no artigo 493.º, destinadas a resolver questões suscitadas pela aplicação das convenções coletivas de trabalho;
(d) cláusulas de revisão, de negociação ou de consulta mútua: as partes pactuam, em termos processuais, sobre comportamentos a observar para preparar novos e eventuais convénios; ainda aqui, as estipulações competentes podem visar um novo convénio, no termo do anterior ou, pelo contrário, dirigir-se ao próprio contrato em curso;
(e) outras cláusulas obrigacionais, possíveis teoricamente até ao infinito, desde que não contundam com proibições legislativas e se mantenham no âmbito laboral[1742].

240. **O conteúdo regulativo**

I. O conteúdo regulativo obedece também aos vetores da autonomia coletiva; nessa medida, ele comporta, predominantemente, uma delimitação negativa. Paradigmaticamente, o artigo 5.º, *b*), da revogada LRCT cometia às convenções coletivas competência para regular,

> Os direitos e deveres recíprocos dos trabalhadores e das entidades patronais vinculados por contratos individuais de trabalho, nomeadamente aqueles cuja fixação a lei remete para a regulamentação coletiva.

As hipóteses regulativas eram, assim, imensas, tanto mais que, como se viu resultar dos conflitos hierárquicos entre normas laborais, a própria

[1742] A própria lei indiciava uma dessa cláusulas: segundo o artigo 1.º/1 da Lei n.º 57/77, de 5 de agosto, relativa à cobrança de quotizações sindicais, o sistema destas pode "... resultar de acordo entre as associações patronais ou entidades que tenham poderes idênticos e as associações sindicais"; esse mesmo diploma estabelece, depois, várias limitações e regulamentações. Quanto à movimentada evolução legislativa registada neste domínio *vide* António Monteiro Fernandes, *Direito do trabalho* cit., 2, 2.ª ed., 165, em nota. Hoje a matéria consta do artigo 458.º.

regulação legal pode, em princípio, ser dobrada pela coletiva, desde que num sentido mais favorável aos trabalhadores.

II. Razões de explicitação facultam, contudo, uma enumeração de aspetos regulativos próprios das convenções coletivas[1743]:

(a) regras atinentes ao conteúdo dos contratos individuais de trabalho: as cláusulas próprias que regem as diversas situações jurídicas podem ser moldadas pelas convenções coletivas, nos seus diversos aspetos: salários, tipo de trabalho e condições da sua prestação, pausas, férias e promoções, tudo como exemplos;
(b) regras relativas ao modo de celebração dos contratos individuais: pode ser tratada a forma de celebração desses contratos e, até – ainda que com limites – a fórmula para o recrutamento do pessoal;
(c) regras sobre a cessação da situação laboral: os diversos aspetos relativos à cessação do contrato de trabalho, com relevo para o processo disciplinar, constituem campos regulativos idóneos para as convenções coletivas;
(d) regras sobre as condições de trabalho: todo o condicionalismo que preside à prestação do trabalho, nos aspetos diretos e ambientais – portanto abrangendo elementos que se prolongam desde os instrumentos laborais até a fatores circundantes, como cantinas ou infantários –, surge na regulação coletiva convencionada;
(e) regras sobre a empresa: cabe, por fim, referir o domínio, sempre de ponta e particularmente promissor nos diversos ordenamentos laborais, das normas relativas à empresa, maxime no que toca à participação dos trabalhadores na sua gestão.

III. O alargamento do conteúdo regulativo das convenções coletivas de trabalho tem sido uma constante nos diversos países. Centradas, inicialmente, em temas salariais ou na questão, sempre candente, da duração do trabalho, elas vieram a abranger os mais diversos campos da vida laboral e da empresa.

[1743] P. ex., Günter Schaub, *Arbeitsrecht* cit., 6.ª ed., 1321 ss.; *vide*, com considerações gerais, Frank Bayreuther, *Tarifautonomie als kollektiv ausgeübte Privatautonomie* cit., 169 ss..

Esse alargamento tem sido conseguido, por um lado – e em períodos de expansão económica – através da dobragem da lei, no sentido mais favorável aos trabalhadores[1744] – e, por outro, à custa dos poderes de direção do empregador, base de seu poder regulamentar já analisado[1745].

IV. Feitas estas precisões, vamos regressar ao artigo 492.º/2, nas alíneas que se prendem com o conteúdo normativo das convenções[1746]. Assim:

(1) alínea *b*): ações de formação profissional, tendo presentes as necessidades do trabalhador e do empregador: um dever deste tipo pode, em concreto, ser inútil; em qualquer caso, depende do interesse de ambas as partes; a sua não-inclusão não tem consequências, sendo mesmo duvidoso que se possa falar numa norma imperfeita;
(2) alínea *c*): condições de prestação de trabalho relativas à segurança e saúde: também aqui tal "dever" pode ser inútil: basta que, por natureza, não haja problemas, neste nível; além disso, cabe às partes entender que os regimes legais aplicáveis sejam suficientes, não havendo que repeti-los;
(3) alínea *d*): medidas que visem a efetiva aplicação do princípio da igualdade e não-discriminação: tais princípios têm aplicação direta; o "dever" só faz sentido quando as partes entendam necessárias medidas de discriminação "positivas";
(4) alínea *e*): outros direitos dos trabalhadores e dos empregadores, nomeadamente retribuição base para todas as profissões e categorias profissionais: reside, aqui, o núcleo do plano normativo das convenções coletivas, desde que se alargue a alínea a todos os aspetos relativos à contratação individual;
(5) alínea *f*): os processos de resolução dos litígios emergentes de contratos de trabalho, nomeadamente através de conciliação,

[1744] Acontece ainda que as convenções coletivas repitam, na sua letra, os diversos dispositivos legais aplicáveis o que, desde logo., oferece vantagens compilatórias e de divulgação, facultando, depois, uma dinâmica especial, quando se trate da sua alteração.

[1745] *Supra*, 284 ss..

[1746] Luís Gonçalves da Silva, em Pedro Romano Martinez, *Código do Trabalho anotado* cit. 11.ª ed., 1046-1047.

mediação ou arbitragem; esta disposição deve ser compatibilizada com a natureza disponível dos direitos dos trabalhadores visados;

(6) alínea *h*): os efeitos decorrentes da convenção em caso de caducidade, relativamente aos trabalhadores abrangidos por aquela, até à entrada em vigor de outro instrumento de regulamentação coletiva de trabalho: estão em jogo regras de Direito convencional transitório.

V. O artigo 492.º/3 prevê uma regra de tipo misto, isto é, que tanto pode ser aproximada de um plano obrigacional como de um plano normativo, com competência para interpretar e integrar as suas cláusulas. O artigo 493.º dispõe:

> 1. A comissão paritária a que se refere o n.º 3 do artigo anterior é formada por igual número de representantes das entidades celebrantes.
>
> 2. A comissão paritária só pode deliberar desde que esteja presente metade dos representantes de cada parte.
>
> 3. A deliberação tomada por unanimidade é depositada e publicada nos mesmos termos da convenção coletiva e considera-se para todos os efeitos como integrando a convenção a que respeita.
>
> 4. A deliberação tomada por unanimidade, uma vez publicada, é aplicável no âmbito de portaria de extensão da convenção.

VI. Finalmente, havendo várias convenções aplicáveis no âmbito de uma empresa, pode o trabalhador não-filiado em qualquer associação sindical escolher qual a aplicável (497.º/1): uma exceção ao princípio da filiação. Perante isso, o artigo 492.º/4 admite que as convenções coletivas prevejam que, feita essa escolha, o trabalhador pague, às associações sindicais envolvidas, um montante a titulo de comparticipação nos encargos. Esse montante deve ser realista, sob pena de inviabilizar a escolha.

§ 61.º DELIMITAÇÕES NEGATIVAS E CONTEÚDO HABITUAL

241. No plano obrigacional

I. O conteúdo obrigacional das convenções coletivas comporta, como se referiu, apenas uma delimitação positiva do tipo exemplificativo: a autonomia coletiva a tanto conduz.

Torna-se, pois, importante referenciar a delimitação negativa, i.é, o conjunto de adstrições vedadas, pelo Direito, entre as partes laborais coletivas.

Por razões de sistemática expositiva, cabe distinguir:

– limitações adstritivas genéricas;
– limitações adstritivas específicas.

As primeiras reportam-se a exclusões de autonomia coletiva advenientes de princípios gerais ou de própria lógica laboral coletiva; as segundas advêm de normas particulares a tanto dirigidas.

II. A referência às limitações adstritivas genéricas poderia alargar-se com múltiplas referências à Constituição, aos direitos fundamentais, a princípios laborais básicos, como o do tratamento mais favorável ou à própria capacidade jurídica das pessoas laborais coletivas[1747].

Julga-se, no entanto, que tudo isso pode ser reconduzido a uma regra unitária de funcionalização do denominado conteúdo obrigacional das convenções coletivas. Em termos históricos, lógicos e teleológicos, pode assentar-se em que toda a problemática pretensamente relacionadora dos sindicatos com as entidades empregadoras traduz, tão-só, uma projeção

[1747] Georg Leventis, *Tarifliche Differenzierungsklauseln nach dem Grundgesetz und dem Tarifvertragsgesetz* (1974), 96 ss..

instrumental da regulação laboral coletiva. Apenas esta preocupa o Direito do trabalho.

Pode, assim, proclamar-se, como limitação adstritiva genérica, a necessidade de, a título coletivo "obrigacional", os parceiros laborais não assumirem deveres que projetem, no plano regulativo, normas laborais vedadas seja pela Constituição, seja por qualquer outra fonte de categoria superior, de natureza imperativa. Nesse sentido depõe o artigo 478.º/1, *a*)[1748].

III. Oferece-se, a este propósito, tecer considerações, acima indiciadas, sobre a possibilidade de transcender a contraposição entre os conteúdos obrigacional e regulativo das convenções coletivas.

Os deveres jurídicos são comunicados pelos competentes suportes linguísticos, que dessa forma interferem, diretamente, na sua própria materialidade. Não vale negar a interferência ou tentar evitá-la, uma vez que ela se prende com as próprias historicidade e culturalidade do Direito; mas há que conhecê-la, sob pena de prejudicar a Ciência jurídica.

Em termos de lógica deôntica, tanto dá assacar deveres aos parceiros laborais coletivos como dirigi-los, em abstrato, às situações jurídicas de trabalho: por exemplo, proibir jornadas de trabalho superiores a oito horas ou proibir a sindicatos e a associações ou entidades patronais a sua inserção em instrumentos coletivos de regulação. Neste tipo de intercâmbio deôntico entre os dois "conteúdos" das convenções coletivas, ficam atingidas tanto as limitações genéricas como as limitações específicas: proibir os parceiros coletivos de inserir cláusulas de sindicalização obrigatória (conteúdo obrigacional) equivale, por exemplo, a vedar restrições ao recrutamento, feitas em tal base (conteúdo regulativo).

Boa parte das regras referentes ao conteúdo obrigacional ou ao regulativo assumem essas configurações por puras razões de oportunidade ou de conformação linguística das fontes.

Por certo que as normas puramente instrumentais – cláusulas compromissórias, convenções de negociação ou de consulta, etc. – não comportam conversões diretas, outro tanto sucedendo com os dispositivos que se prendam com competências a exercer através das pessoas laborais cole-

[1748] Outros elementos em Rosário Palma Ramalho, *Tratado* cit., 2.ª ed., 276-278; *vide* RLx 28-abr.-2010 (Isabel Tapadinhas), Proc. 2065/07.

tivas – p. ex., o dever de paz social: tal a razão por que não se propõe, desde já, a supressão da apregoada dualidade nas convenções coletivas.

Mas fora esses aspetos, há uma verbalização da categoria do conteúdo obrigacional das convenções coletivas, que não pode ser perdida de vista: os aspetos materiais em jogo, mesmo os mais eminentemente coletivos, têm a ver com os direitos, deveres e atuações dos operadores laborais e apenas instrumentalmente com os seus organismos de cúpula.

IV. Estas prevenções podem explicar a recondução das limitações adstritivas genéricas à regra da funcionalização do conteúdo obrigacional, acima enfocada: sendo genéricas, elas prendem-se com valores fundamentais; e os valores fundamentais situam-se, por natureza, com um mínimo de amplitude, no conteúdo regulativo.

São, pois, vedadas, em termos genéricos, todas as cláusulas "obrigacionais" que tenham por efeito a obtenção ou a promoção de regulações coletivas juridicamente proibidas.

242. **No plano regulativo**

I. A delimitação negativa do conteúdo regulativo das convenções coletivas tem o maior relevo teórico e prático; ele resulta acrescido da natureza linguística de boa parte das limitações adstritivas, no sentido apontado.

Também aqui é possível contrapor limitações genéricas e específicas, em obediência a critérios similares aos que presidem à correspondente classificação, operada no conteúdo obrigacional.

As limitações regulativas genéricas têm a ver com a hierarquia das fontes laborais. Assim, o conteúdo regulativo das convenções de trabalho é limitado pela Constituição, pelas leis ou por outros instrumentos normativos de categoria superior[1749], nos precisos termos que foram ponde-

[1749] Kurt H. Biedenkopf, *Grenzen der Tarifautonomie* cit., 25 ss., 121 ss. e 265 ss.; Hermann Kauffmann, *Normsetzungsbefugnis der Tarifpartner*, NJW 1966, 1681-1686 (1682 SS.); Thorsten Beck, *Rationalisierrungsschutz und Grenzen der Tarifmacht*, I, AuR 1981, 333-344 e II, AuR 1981, 367-377 (371 ss.) (direitos fundamentais; *vide*, também, Badura, *Grundfreiheiten der Arbeit* cit., 35 ss.); Klaus Friedrich, *Probleme der Tarifverträge mit Auslandsberührungen*, RdA 1980, 109-112 (111) (convenções internacionais);

rados a propósito dos conflitos hierárquicos laborais e em que não cabe insistir[1750].

Recorde-se ainda que a hierarquização opera através da particular regra de conflitos que manda atender ao denominado tratamento mais favorável do trabalhador.

II. O artigo 3.º/3 enumera limitações regulativas, de modo a abarcar quer as genéricas, quer as específicas. A autonomia coletiva não pode prejudicar os direitos fundamentais dos trabalhadores, na parte em que sejam totalmente indisponíveis. Pode, todavia, afeiçoar o mode do seu exercício[1751].

A sua natureza fica bem patente se se atentar em que, embora úteis, tais preceitos surgem claramente dispensáveis: por certo que a regulação coletiva convencionada nunca poderia conduzir a nenhum dos efeitos apontados.

III. As limitações regulativas específicas derivam de expressas injunções legais que vedem cláusulas minimamente delimitadas. Desta feita, cabe recordar as alíneas *b*) e *c*) do artigo 478.º, segundo as quais fica vedado, às convenções coletivas de trabalho:

(a) estabelecer regulamentação das atividades económicas, nomeadamente no tocante aos períodos de funcionamento das empresas, ao regime fiscal, à formação dos preços e exercício da atividade das empresas de trabalho temporário;
(b) conferir eficácia retroativa a qualquer das suas cláusulas que não sejam de natureza pecuniária.

Horst Konzen, *Gleichbehandlungsgrundsatz und personelle Grenzen der Kollektivautonomie*, FS O. Müller (1981), 245-263 (245 ss.).

[1750] *Supra*, 390 ss.; referimos, ainda: Herbert Wiedemann, *Tarifautonomie und staatliches Gesetz*, FS Eugen Stahlhacke (1995), 675-692; Martin Henssler, *Tarifautonomie und Gesetzgebung*, ZfA 1998, 1-40.

[1751] Joachim V. Harbou, *Tarifautonomie und Individualgrundrechte* (1972), XXI + + 112 pp.; quanto à possibilidade de, por via coletiva, restringir os direitos fundamentais m causa: Luís Gonçalves da Silva, *Da eficácia da convenção coletiva* cit., 715 ss..

O artigo 478.º/2, superando regras anteriores[1752], permite instituir um regime complementar contratual que atribua prestações complementares do subsistema previdencial na parte não coberta por este, nos termos da lei.

IV. A primeira limitação corresponde a uma preocupação liberal tradicional que pretende estabelecer cuidadas fronteiras em torno da autonomia laboral coletiva, de modo a prevenir atentados à livre concorrência. O preceito tem utilidade na medida em que os aspetos vedados estejam na disponibilidade da entidade empregadora ou, mais genericamente, se situem no âmbito da autonomia privada; quanto aos restantes – p. ex., o regime fiscal – resultava já do Direito a inaptidão das convenções coletivas para estabelecer qualquer regulação.

A segunda entronca no domínio do âmbito de aplicação temporal das convenções, implicando uma proibição de retroatividade, em certos domínios.

243. Conteúdos típicos

I. Recuperando, ainda que com uma terminologia atualizada e com um alcance adaptado e mais preciso, uma tradicional repartição das cláusulas negociais –*essencialia*, *naturalia* e *accidentalia negotii* –, cabe distinguir, na convenção coletiva de trabalho:

– o conteúdo necessário;
– o conteúdo habitual;
– o conteúdo acidental.

O conteúdo necessário corresponde ao que, por norma imperativa, deva constar da convenção; o habitual integra a matéria que, embora apenas por vontade das partes, se encontra, em regra, nas diversas convenções coletivas; o acidental ocorre na presença de cláusulas próprias, tão-só, de determinada ou determinadas convenções coletivas.

[1752] Quanto às dificuldades suscitadas por proibições anteriores, *vide* Monteiro Fernandes, *Direito do Trabalho* cit., 2, 2.ª ed., 132-133; em face da regra atual, *vide* Luís Gonçalves da Silva, em Pedro Romano Martinez, *Código do trabalho anotado* cit., 11.ª ed., 1020-1021, bem como TC a: 294/2014, de 26-mar. (Pedro Machete).

A natureza necessária, habitual ou acidental das cláusulas de convenções coletivas permite um melhor conhecimento do seu conteúdo; além disso, ela faculta um elemento auxiliar de interpretação, que não deve ser esquecido.

II. O conteúdo necessário das convenções não deve ser confundido com as normas de conflitos das quais, em função das referenciadas bitolas laborais, dependa a sua aplicabilidade; tão-pouco se prende com as regras de aplicação absolutamente imperativa e que, por isso, não possam ser afastadas pelas regras convencionais coletivas. O conteúdo necessário compõe-se de cláusulas que devam estar presentes, independentemente do seu sentido, sob pena de incompleitude dos respetivos instrumentos coletivos. Repare-se que tal incompleitude não ocorreria quando fosse possível utilizar regras supletivas.

Segundo as diversas alíneas do artigo 492.º/1, o conteúdo necessário das convenções coletivas abrange[1753]:

a) Designação das entidades celebrantes;
b) Nome e qualidade em que intervêm os representantes das entidades celebrantes;
c) Âmbito do sector de atividade, profissional e geográfico de aplicação, exceto tratando-se de revisão que não altere o âmbito da convenção revista;
d) Data de celebração;
e) Convenção revista e respetiva data de publicação, se for o caso;
f) Valores expressos de retribuição base para todas as profissões e categorias profissionais, caso tenham sido acordados;
g) Estimativa dos números de empregadores e de trabalhadores abrangidos pela convenção;
h) Instrumento de regulamentação coletiva de trabalho negocial e respetiva data de publicação, para efeitos do n.º 5 do artigo 482.º

III. Consoante as regras gerais relativas às declarações de vontade, em particular o artigo 217.º do Código Civil, deve entender-se que o conteúdo necessário das convenções pode resultar expressa ou tacitamente dos seus termos. No que toca, sobretudo à área e ao âmbito de aplicação,

[1753] A alínea *h*) foi acrescentada pela Lei n.º 23/2012, de 25 de junho.

nenhum obstáculo existe em considerar cumprida a exigência legal quando eles "... com toda a probabilidade ...", resultam das restantes cláusulas.

Compreende-se a extensão reduzida do conteúdo necessário das convenções coletivas de trabalho: em princípio, o Direito legislado está em condições de suprir quaisquer lacunas que surjam na regulação coletiva.

244. Exemplo do ACTV bancário

I. Vamos ilustrar o conteúdo, hoje extenso, das convenções coletivas de trabalho através do ACT para o sector bancário, revisto em 5 de julho de 2016, concluído entre diversas instituições de crédito e a FEBASE, Federação do Sector Financeiro, em representação de três sindicatos seus filiados: Sindicato dos Bancários do Centro, Sindicato dos Bancários do Norte e Sindicato dos Bancários do Sul e Ilhas[1754]. Esse ACT compreende 128 cláusulas, agrupadas em nove títulos, alguns subdivididos em capítulos e, estes, em secções. Os títulos são os seguintes:

I – Âmbito, área e vigência (1.ª a 3.ª);
II – Relações entre as partes (4.ª a 8.ª);
III – Regras aplicáveis aos contratos de trabalho (9.ª a 88.ª);
IV – Formação profissional e higiene no trabalho (89.ª a 91.ª);
V – Benefícios sociais (92.ª a 114.ª);
VI – Regime especial dos trabalhadores do Banco Santander Totta oriundos do BANIF (115.ª a 117.ª);
VII – Regime especial do Banco de Portugal (118.ª e 119.ª);
VIII – Disposições transitórias (120.ª a 122.ª);
IX – Disposições finais (123.ª a 128.ª).

II. O ACTV para o sector bancário comporta, ainda, oito anexos:

I – Categorias e respetivos níveis mínimos;
II – Níveis de retribuição e outros valores pecuniários;
III – Ajudas de custo;
IV – Percentagem das mensalidades de reforma;
V – Valores das mensalidades de pensões;
VI – Contribuições para o SAMS;

[1754] BTE n.º 29, de 8-ago.-2016, 2339-2367.

VII – Tabela de correspondência de categorias;
VIII – Regulamento de crédito à habitação.

III. Também como exemplo, entre as entidades do Grupo Banco Comercial Português e a FEBASE, em representação dos sindicatos acima referidos, foi concluído um acordo coletivo, alterando o anterior[1755]; na mesma data, fechou-se, também, um acordo desse tipo entre o mesmo Grupo e a FSIB ou Federação dos Sindicatos Independentes da Banca[1756].

[1755] BTE n.º 6, de 15-fev.-2017, 307-364, em 156 cláusulas e 13 anexos, sendo publicada uma versão consolidada.
[1756] BTE n.º 6, de 15-fev.-2017, 365-370.

SECÇÃO IV

ÂMBITO

§ 62.º ÂMBITO PESSOAL

245. A escolha dos parceiros negociais

I. O primeiro fator de delimitação do âmbito das convenções coletivas reside na escolha dos parceiros negociais, i.é, das partes que as celebrem.

Este tema prende-se com a denominada questão do reconhecimento dos interlocutores – designadamente dos interlocutores sindicais – quando os trabalhadores interessados em certa convenção coletiva se encontrem representados por vários sindicatos.

O problema tem pouca acuidade em espaços laborais que, como o alemão, sejam preenchidos por sindicatos que se não sobreponham: para cada sector, ramo de atividade ou empresa surge, apenas, um interlocutor por cada lado[1757]. Por maioria de razão, ela não faria sentido em sistemas que desconheçam a liberdade sindical, impondo esquemas de sindicatos únicos (unicidade sindical levada às últimas consequências).

Nos países latinos, marcados pelo pluralismo sindical e numa situação agravada por uma certa partidarização dos sindicatos, que embora em regressão ainda se mantém, põem-se dúvidas, por via dos sindicatos paralelos: *quid iuris* quando, numa mesma área – profissão, ramo de atividade ou empresa – se apresentem vários sindicatos?

[1757] As sobreposições que, porventura, surjam, têm sido resolvidas graças à mediação do DGB – *Deutscher Gewerkschaftsbund*, a Central Sindical (única) Alemã; *vide* Ulrich Zachert, *Rechtsfragen bei Durchsetzung der Tarifzuständigkeit*, AuR 1982, 181-185 (181).

II. O Direito comparado e a História permitem documentar vários tipos de soluções, que vão desde a liberdade patronal de escolher o seu interlocutor – e quedando, aos sindicatos preteridos, a via de se fazerem ouvir por via de lutas laborais coletivas – até critérios administrativos automáticos de escolha dos sindicatos idóneos.

O problema, tem sido particularmente aprofundado em França e em Itália, onde se têm apurado vários critérios destinados a determinar a representatividade dos sindicatos. Assim, segundo a experiência francesa, haveria que atender, de modo cumulativo, aos seguintes fatores[1758]:

– quantitativos: joga, no essencial, o número de inscritos que tenham os sindicatos em presença; o ónus da prova cabe aos sindicatos interessados, o que coloca problemas delicados; por isso, na prática, tem-se vindo a atender à audiência que obtenham, designadamente nas eleições para delegados de empresa e similares;
– qualitativos:
– independência perante o empregador;
– experiência e antiguidade do sindicato.

Destes critérios, o mais importante é, na verdade, o da representatividade quantitativa. A decisão de representatividade – relevante, p. ex., para efeitos de extensão – compete à autoridade administrativa, sob fiscalização dos tribunais.

III. A experiência italiana prevê, por seu turno, a nível legislativo, várias vantagens para os "sindicatos mais representativos", incluindo atribuições patrimoniais. Para o efeito, faz-se apelo a dois critérios consignados em diversos diplomas:

– histórico: manda atender à representatividade da confederação nacional em jogo, o que envolve:
– a consistência numérica;
– a presença equilibrada num amplo arco de sectores produtivos;
– a difusão por todo o território nacional;

1758 Camerlynck/Lyon-Caen/Pélissier, *Droit du travail*, 13.ª ed. (1986), 642 ss., Gino Giugni, *Diritto sindacale* cit., 89 ss. e Pietro Curzio, *Il concetto di "sindacato maggiormente rapresentativo". Appunti critici*, FI 1982, I, 2570-2578. A matéria consta, hoje, do artigo L2121-1 do *Code du traveil*, redação dada pela Lei n.º 2008-789, de 20-ago., confrontável na base *Légifrance*. Em itálico o tema foi reanimado a partir da década de oitenta do século passado.

– o desenvolvimento de atividades de contratação e, em geral, de autotutela;
– técnico: manda atender apenas ao sindicato em causa, independentemente da sua filiação confederal e apela, no essencial, para a sua efetiva capacidade de contratação.

A doutrina italiana mais recente não deixa de notar a vaguidade destes critérios. Como, porém, as leis extravagantes têm vindo a multiplicar referências aos sindicatos mais representativos, em situações diversas, chega-se à conclusão de que o conceito é plúrimo: varia, de caso para caso.

IV. A lei portuguesa não toma posição direta quanto a este problema; nem parece, aliás, que deva fazê-lo, uma vez que a representatividade dos sindicatos resulta do livre jogo das forças em presença.

Mas algumas disposições atuam no sentido de apontar uma solução.

Os dispositivos vigentes reconhecem a todos os sindicatos competência para celebrar convenções coletivas de trabalho – artigo 2.º/3; outro tanto sucede em relação a todas as associações de empregadores – *idem* – e, ao que parece, a todos os empregadores. Ora, se todas estas entidades podem celebrar convenções coletivas, elas podem, por maioria de razão, efetuar as correspondentes propostas. E perante uma proposta legítima, seja qual for o seu autor, surge, nos termos acima explicitados, o dever de negociar, desde que, como é natural, a entidade proponente tenha representados, na zona a regular pela convenção coletiva.

A pulverização daqui potencialmente resultante é corrigida pelas exigências postas por lei para a constituição dos sindicatos: artigo 447.º[1759].

As questões mantêm-se, contudo, a propósito das portarias de extensão; serão, então consideradas.

V. A natureza de contrato coletivo, de acordo coletivo ou de acordo de empresa é, também, primordial para apurar o âmbito de aplicação das convenções. Está na disponibilidade do proponente optar por uma dessas fórmulas regulativas; no entanto, apenas a conclusão definitiva do instrumento poderá traduzir a opção das partes por alguma delas.

[1759] Luís Gonçalves da Silva, em Pedro Romano Martinez, *Código do Trabalho anotado* cit., 11.ª ed., 982-984. Luís Gonçalves da Silva fez notar a hipótese de um sindicato não ter qualquer representatividade e, todavia, lograr concluir convenções para atrair filiações.

246. Convenções horizontais e verticais; negociações conjuntas e separadas

I. O âmbito das convenções varia consoante o tipo de situações a que se destine. Num esquema sistematizador, é possível distinguir:

(a) convenções horizontais: regem situações laborais atinentes às mesmas funções ou tipos de atividades; p. ex., todos os motoristas ou todos os juristas;
(b) convenções verticais: regem situações agrupadas por empresas, grupos de empresas ou ramos de atividade económica; p. ex., todos os trabalhadores da banca ou de determinada empresa.

A realidade sociológica mostra que os laços entre os trabalhadores da mesma empresa ou grupos equiparados, ainda que de diversas profissões, são mais fortes do que os existentes entre trabalhadores da mesma profissão, mas de diferentes sectores. Além disso, verifica-se que o poder negocial dos trabalhadores baixa com a sua dispersão, acrescendo que, na presença simultânea de múltiplos sectores, ocorre uma natural tendência de nivelamento pelos mais fracos: uma negociação que envolva empresas muito diferentes tenderá a ficar-se pelo patamar suportável pelas mais débeis, do ponto de vista económico.

Compreende-se, por isso, a tendência geral para a verticalização das convenções coletivas e, mais precisamente, para a sua articulação a nível de empresa[1760].

II. A verticalização das convenções não é, porém, acompanhada pela dos sindicatos que, muitas vezes, em obediência a esquemas anteriores, conservam uma estrutura de representação horizontal. A isso pode somar-se idêntica fragmentação de empregadores e, ainda, a existência de sindicatos paralelos surgidos na sequência de meras clivagens políticas.

[1760] Otto Ernst Kempen, *Ansätze zu einer Neuorientierung des gegenwärtigen Tarifvertragsrechts*, AuR 1980, 193-203 (199); *vide* Mazzoni, *Rapporti collettivi* cit., 3.ª ed., 197 ss. e, quanto à "contratação coletiva articulada", que permite uma descentralização regulativa, até à empresa e Stefano Liebman, *Contributo allo studio della contrattazione collettiva nell'ordinamento giuridico italiano* (1986), 115 ss..

Resulta, destes fatores, uma multiplicidade de entidades vocacionadas para intervir em certas negociações, todas elas competentes, em princípio, para o fazer. A negociação pode, então, ser[1761]:

(a) separada: correm, em termos materiais, tantas negociações quantas as entidades competentes para o efeito, surgindo no fim outras tantas convenções;
(b) conjunta: as diversas entidades em presença põem-se de acordo para constituir uma frente ou consórcio negocial[1762]; podem, então, optar por, no seu termo, celebrar uma única convenção que a todas abranja ou vários contratos distintos, ainda que com conteúdos paralelos; na primeira das hipóteses, pergunta-se quem é titular dos direitos e quem fica adstrito às obrigações que emerjam do contrato.

III. Quando, por força de uma negociação conjunta, várias pessoas se encontrem adstritas, do mesmo lado, a uma única convenção coletiva, surge o problema da sua concatenação. As relações entre elas – portanto internas – regem-se pelos convénios que hajam presidido à formação da frente ou consórcio negocial; tais convénios não podem, no entanto, suprimir ou limitar de modo significativo as suas competências fundamentais.

Nas relações externas, a questão está em aberto. Quando haja representantes comuns, cada uma das pessoas que integre a frente pode revogar, nos termos gerais, o mandato que haja outorgado, desde que dê ao facto a publicidade prescrita no artigo 491.º/4. Os direitos e deveres que encabecem seguem os ditames postos pelo Direito para tais situações que, julga-se, têm aplicação harmoniosa neste domínio. Assim:

(a) nos direitos comuns, segue-se a regra da conjunção; eles só podem ser exercidos por todos os consorciados; p. ex., se a entidade empregadora se obrigou a negociar em certa data com a frente sindical, ela não deverá fazê-lo nesses termos se lhe surgir, na altura, um único sindicato, exigindo o acatamento do

[1761] António Monteiro Fernandes, *Direito do trabalho* cit., 2, 2.ª ed., 126 ss..

[1762] A não confundir com uniões, federações ou confederações de associações; essas entidades obrigam desde logo as entidades que representem, como resulta do artigo 7.º/2 LRCT; há uma negociação com partes simples.

dever[1763]: todos os sindicatos envolvidos são necessários para o exercício do direito em causa[1764];

(b) nos deveres comuns, a regra é da parciariedade: o comportamento assumido só pode ser requerido a todos os obrigados em conjunto, recorrendo-se, porém, à sua divisão, sempre que seja possível; p. ex., se várias entidades empregadoras se obrigaram em conjunto a desenvolver certas ações de formação, apenas a todas pode ser exigida tal atuação; mas se, naturalmente, a obrigação for divisível – cada entidade formará os seus trabalhadores – a parte correspondente pode-lhes ser solicitada separadamente[1765].

Nada exige, aqui, a solidariedade, que poria aliás em causa a autonomia fundamental das pessoas laborais coletivas.

247. Âmbito pessoal e geográfico

I. A doutrina laboral apresenta, como particularmente característico das convenções coletivas de trabalho, a presença de um nível regulativo. Pergunta-se qual o âmbito pessoal desse nível, isto é, a que pessoas tem ele aplicação.

A regra fundamental do Direito português é a da filiação[1766]: as convenções coletivas obrigam apenas as pessoas que estejam filiadas nas entidades que as celebrem ou a própria entidade patronal, quando esta outorgue diretamente artigo 7.º/ 1 da LRCT.

Essa mesma regra funciona quando as convenções sejam outorgadas por uniões, federações ou confederações; cada uma delas obriga as entidades patronais empregadoras e os trabalhadores inscritos, respetivamente,

[1763] Terá de negociar se, desfeito o consórcio, o sindicato em causa formular propostas, ao abrigo da sua competência geral na matéria.

[1764] Menezes Cordeiro, *Direito das obrigações* cit., 1, 377 ss..

[1765] *Idem*, ob. e loc. cit..

[1766] Trata-se de um princípio próprio de estádios não publicizados do Direito coletivo do trabalho. Quanto ao princípio da filiação: Luís Gonçalves da Silva, *Da eficácia da convenção coletiva* cit., 1097 ss.; Júlio Gomes, *Algumas questões sobre o âmbito pessoal de aplicações da convenção coletiva à luz do Código do trabalho*, RDES 2016, 37-66; Bernardo Lobo Xavier, *Eficácia geral ou eficácia restrita das convenções coletivas de trabalho*, RDES 2017, 7-105.

nas associações de empregadores e nos sindicatos representados nos termos dos estatutos daquelas organizações (artigo 496.º/1).

II. Visando prevenir que os destinatários naturais das convenções coletivas se desvinculem delas, abandonando, após o início das negociações, as associações que os representem, a lei determinou que ficassem abrangidos os trabalhadores e as entidades patronais filiadas nas associações celebrantes no momento do início do processo negocial – artigo 496.º/3. Este processo deve ser computado desde o início – portanto, desde a proposta inicial – não relevando, pois, apenas a negociação direta referida.

As pessoas que se filiem nas entidades signatárias durante o período de vigência das convenções em que elas hajam outorgado ficam-lhes adstritas, segundo o final do artigo 496.º/3, acima citado. Essa aplicação mantém-se, no caso de desfiliação durante a vigência da convenção, nos termos do artigo 496.º/4.

III. Havendo cessão do estabelecimento, o adquirente fica adstrito, em moldes laborais coletivos, nos termos do transmitente e dentro dos parâmetros constantes do artigo 498.º.

IV. O âmbito geográfico de aplicação das convenções coletivas deve resultar do próprio texto acordado. Trata-se de um elemento que pertence ao seu conteúdo necessário, nos termos do artigo 496.º/3, acima citado.

Quando se fale em convenções nacionais regionais ou distritais fica, desde logo, indiciado qual possa ser o âmbito em questão[1767].

1767 Luís Gonçalves da Silva, *A relevância do local de trabalho na aplicação da convenção coletiva*, Est. Bernardo Lobo Xavier, II (2015), 387-409 (395 ss.).

§ 63.º ÂMBITO TEMPORAL

248. Prazos de vigência e de renovação

I. O problema do âmbito temporal das convenções coletivas vem tratado no artigo 499.º. Em termos gerais, pode dizer-se que tal regulação coincide com o esquema aplicável às leis, salva a presença de prazos injuntivos mínimos para a sua revisão.

Segundo o artigo 519.º/1, os instrumentos de regulamentação coletiva entram em vigor após a sua publicação, nos mesmos termos das leis[1768]. Tem, pois, aplicação a Lei n.º 74/98, de 11 de novembro, na redação dada pela Lei n.º 26/2006, de 30 de junho, que fixa os prazos supletivos de *vacatio*: cinco dias para o País e para o estrangeiro. No tempo do Império, as dificuldades de comunicação levavam a prazos de *vacationes* diferentes, em função dos locais: sucessivamente maiores para as Ilhas, para o Ultramar Africano, para a Índia, para Macau e para o estrangeiro. Hoje, o problema não se coloca.

A existência de regras para a revisão das convenções faz, desde logo, manifestar a sua presença: a *vacatio* não está na disponibilidade das partes tal como, até certo ponto, está na do legislador: a sua supressão não é possível quando não for permitida a eficácia retroativa e o seu alargamento implica a vigência de convenções anteriores.

Resolvendo dúvidas que se colocam perante o regime geral sobre vigência e publicação das leis, o legislador laboral determina que a data de publicação dos instrumentos de regulação coletiva seja o da distribuição do BTE em que sejam inseridos. Essa regra vigora, hoje, para todas as leis.

[1768] Quanto ao regime geral, Menezes Cordeiro, *Problemas de aplicação da lei no tempo/Disposições transitórias*, em *A feitura das leis*, 2 (1986), 359-371 (366 ss.); hoje: *Tratado* I, 4.ª ed., 797 ss..

II. As convenções coletivas vigoram pelo prazo que delas conste expressamente – artigo 499.º/1[1769]. Se as partes não convencionam qualquer prazo para a vigência das convenções que aprovem, elas vigoram supletivamente, pelo prazo de um ano e renova-se, sucessivamente, por igual período (499.º/2).

Quando as partes fixem um prazo de vigência, as eventuais renovações operam nos termos que elas prevejam.

249. **Eficácia retroativa e denúncia**

I. O artigo 478.º/1, *c*), veda a atribuição de eficácia retroativa às cláusulas de convenções coletivas.

Essa regra não se aplica perante qualquer cláusula que tenha natureza pecuniária.

Pelo Direito anterior – artigo 13.º da LRCT – a retroatividade só era possível quanto a tabelas salariais, cuja eficácia podia ser reportada:

- à data em que se tivesse esgotado o prazo de resposta à proposta de negociação isto é, nos trinta dias subsequentes à receção daquela, segundo o artigo 17.º/1 da LRCT;
- ao termo do prazo de doze meses após a data da entrega para depósito da convenção anterior, quanto estivesse em causa a revisão desta.

Estes esquemas visavam, ainda que apenas em parte, permitir uma compensação pela perda do poder de compra dos salários, ocorrido, em conjunturas inflacionistas, na vigência das regras anteriores. Hoje, tais regras são dispensáveis.

II. Perante a curta vigência das convenções, pergunta-se qual o sentido da denúncia da convenção coletiva, referenciada no artigo 500.º. Em termos técnicos, a denúncia equivale a uma fórmula discricionária, unilate-

[1769] Segundo a LRCT, versão inicial (11.º/1), as convenções coletivas vigoravam pelo mínimo de dois anos. o Decreto-Lei n.º 87/89, de 23 de março, suprimiu essa restrição, assim ampliando a autonomia privada.

ral e não retroativa de pôr cobro a relações duradouras[1770]. O esquema geral do âmbito temporal das convenções coletivas permite, contudo, entender desde logo que a "denúncia" não foi usada na aceção própria[1771]. A denúncia da convenção coletiva de trabalho é, simplesmente, uma declaração recipienda que acompanha a proposta e que revela a intenção de rever ou substituir a convenção anterior. Com efeito, a convenção coletiva cessa ou por revogação ou por caducidade (502.º/1): não por denúncia, o que de resto nem pareceria necessário, dado o já referido curto prazo de vigência.

250. **Sobrevigência e caducidade**

I. O Código do Trabalho revela uma clara preocupação em limitar temporalmente a vigência das convenções coletivas. Trata-se de uma opção legislativa que, se por um lado, permite flexibilizar as relações de trabalho, por outro, provoca um acréscimo de litigiosidade: as negociações tendem a ser permanentes.

II. As partes podem afastar a instabilidade prevendo que a cessação de vigência de uma convenção coletiva só opere com a sua substituição por outro instrumento de regulamentação coletiva de trabalho. Simplesmente, tal instrumento pode nunca mais surgir: basta que ocorram novas negociações inconclusivas. Nessa eventualidade, o artigo 501.º/1 veio prever que a própria cláusula que preveja essa manutenção em vigor caduque decorridos três anos[1772] sobre a verificação de algum dos factos seguintes[1773]:

a) Última publicação integral da convenção;
b) "Denúncia" da convenção;

[1770] *Tratado de Direito civil* IX, 3.ª ed., 2017, 966 ss..

[1771] Quanto ao artigo em causa, Luís Gonçalves da Silva, *Do âmbito temporal da convenção coletiva*, em *Estudos de Direito do trabalho* 1, 2.ª ed. (2008), 238-284.

[1772] Redação dada pela Lei n.º 55/2014, de 25 de agosto; esse diploma previu nova redução para dois anos, a adotar no prazo de um ano, após avaliação positiva feita em concertação social.

[1773] Luís Gonçalves da Silva, em Pedro Romano Martinez, *Código do Trabalho anotado* cit., 11.ª ed., 1064-1072.

c) Apresentação de proposta de revisão da convenção que inclua a revisão da referida cláusula.

III. Caducando a cláusula em causa ou na hipótese de a convenção não prever a sua renovação, opera a sobrevigência, nos termos do artigo 501.º/3 a 6. Em síntese, este é o regime:

(a) havendo denúncia, a convenção mantém-se em sobrevigência durante a negociação, incluindo conciliação, mediação ou arbitragem voluntária (n.º 3);
(b) ou, no mínimo, durante 12 meses (n.º 3, *in fine*);
(c) havendo suspensão da negociação, incluindo conciliação, mediação ou arbitragem, por um período superior a 30 dias, o prazo de sobrevigência suspende-se (501.º/4);
(d) em qualquer dos casos, o período de negociação, com suspensão, não pode exceder o prazo de 18 meses (501.º/5).

Como resulta destas regras, algo intrincadas, o Código faz uma certa pressão sobre os parceiros laborais coletivos para que cheguem a acordo. Por seu turno, a introdução de regras de sobrevigência visou atenuar os efeitos da caducidade das convenções instituída pelo Código de 2003 (557.º, versão inicial)[1774].

IV. Esgotados os prazos resultantes do artigo 501.º/1, 3 a 5, a convenção vigora, ainda, por 45 dias, após qualquer das partes comunicar ao ministério responsável pela área laboral e à outra parte que o processo de negociação terminou sem acordo; esgotado esse prazo, a convenção caduca (501.º/6).

V. Caducando a convenção, uma de duas (501.º/7):

(a) ou as partes acordaram anteriormente sobre as consequências dessa caducidade e, nessa hipótese, opera o combinado;

[1774] *Vide* Rosário Palma Ramalho, *Tratado* cit., III, 2.ª ed., 323-326. Sobre o tema: Pedro Romano Martinez/Luís Gonçalves da Silva, *Caducidade de convenção coletiva de trabalho*, RDES 2007, 107-148; Bernardo Lobo Xavier, *Vigência e sobrevigência das convenções coletivas de trabalho*, RDES 2008, 29-100; Júlio Gomes, *Código do trabalho de 2009 e a promoção da desfiliação sindical*, em *Novos estudos de Direito do trabalho* (2010), 161-195 (183 ss.); Luís Gonçalves da Silva, em Pedro Romano Martinez, *Código do trabalho anotado* cit., 11.ª ed., 1063-1070.

(b) ou não o fizeram e o ministro responsável notifica-as para que, querendo, acordem nesses efeitos no prazo de 15 dias.

VI. Após a caducidade e até à entrada em vigor de outras convenção ou decisão arbitral, mantêm-se os efeitos acordados pelas partes ou, não os havendo, os já produzidos pela convenção nos contratos de trabalho, no que respeita: (1) à retribuição; (2) às categorias e respetiva definição; (3) à duração do tempo de trabalho; (4) aos regimes de proteção social (501.º/8). Digamos, *grosso modo*, que a caducidade de convenção coletiva não prejudica os concretos contratos de trabalho celebrados ao seu abrigo.

Além disso, o trabalhador beneficia dos direitos e garantias decorrentes da legislação de trabalho (501.º/9).

VII. No período de sobrevigência, as partes podem acordar a prorrogação da vigência da convenção por um período determinado, ficando tal acordo sujeito a depósito e a publicação (501.º/10). Também o acordo sobre os efeitos decorrentes da convenção, no caso de caducidade, ficam sujeitos a depósito e a publicação (501.º/11).

251. **Revogação e suspensão de vigência**

I. A convenção coletiva de trabalho pode ser revogada[1775] por acordo entre as partes. Isso sucederá, em princípio, para se poder proceder a reestruturações ou a novos acordos.

II. A Lei n.º 55/2014, de 25 de agosto, ainda no âmbito da crise, introduziu a hipótese de uma suspensão de vigência da convenção coletiva[1776]. Essa suspensão visa acudir a uma crise empresarial e implica um acordo entre os parceiros laborais coletivos.

A hipótese de uma suspensão por causa da crise remonta ao Decreto-Lei n.º 353-H/77, de 29 de agosto. Ela surgia como uma medida aplicável às empresas declaradas em situação económica difícil [5.º, *b*)]. A iniciativa cabia ao Estado do qual, de resto, se esperavam auxílios para debelar a crise. Hoje, o pensamento de fundo, até por razões de Direito europeu, é diverso.

[1775] Quanto à revogação em geral: *Tratado* cit., IX, 3.ª ed., 950 ss..

[1776] Rosário Palma Ramalho, *Tratado* cit., III, 2.ª ed., 330-332; Luís Gonçalves da Silva, em Pedro Romano Martinez, *Código do Trabalho anotado* cit., 11.ª ed., 1071-1074.

III. O artigo 502.º/2 começa por apresentar os "fundamentos" da suspensão. Refere uma "situação de crise empresarial" e elenca:

(a) motivos de mercado, estruturais ou tecnológicos;
(b) catástrofes ou outras ocorrências que tenham afetado gravemente a atividade normal da empresa; podemos aqui concluir crises financeiras ou, até, graves erros de gestão.

Em qualquer caso, sempre segundo o artigo 502.º/2, a medida da suspensão deve ser "indispensável" para assegurar a viabilidade da empresa e a manutenção dos postos de trabalho. Tudo isto funciona, se bem se atender e para além de fundamento, como uma justificação de tipo político para uma operação que vai, certamente, cercear os direitos dos trabalhadores. Temos uma situação paralela à figurada no artigo 298.º, relativa à redução ou suspensão dos períodos de trabalho, por motivo de crise empresarial.

IV. Ainda o artigo 502.º/2 requer, depois, um acordo entre as associações de empregadores e as associações sindicais outorgantes, sem prejuízo da possibilidade de delegação. O preceito não refere, expressamente, o empregador que haja outorgado em acordo de empresa. Parece, todavia, que uma simples interpretação existencial permite essa extensão. Além disso, a suspensão pode ser vital para uma empresa submetida a uma convenção coletiva outorgada por uma associação de empregadores. Afigura-se-nos estar dentro do espírito da lei admitir que, verificados os pressupostos, o empregador-empresário interessado possa concluir um acordo de suspensão; afinal, trata-se de salvar a empresa e os postos de trabalho, sendo requerido o acordo de sindicato.

V. O acordo de suspensão deve mencionar expressamente (502.º/3):

(a) a fundamentação;
(b) o prazo da suspensão;
(c) os efeitos dela decorrentes.

O acordo de suspensão está sujeito, tal como a revogação da convenção coletiva, às regras referentes ao depósito e à publicação da convenção coletiva (502.º/4). Ambas prejudicam os direitos decorrentes da convenção atingida, salvo quando ressalvados pelas partes (502.º/5). A matéria é publicada no BTE (502.º/6).

§ 64.º CONCURSOS DE CONVENÇÕES

252. Generalidades; concurso temporal

I. Dá-se um concurso – ou uma "concorrência" – de convenções coletivas "... quando por força do seu âmbito temporal, territorial, empresarial, profissional ou pessoal de vigência, várias delas tenham aplicação à mesma situação laboral"[1777]. Cabe considerar várias hipóteses consoante o tipo de concurso. De acordo com a técnica atual de aplicação do Direito, o concurso é solucionado através da intervenção de regras de conflito.

II. No concurso temporal, verifica-se que uma mesma situação jurídica laboral é tocada por duas ou mais convenções coletivas que se sucedam no tempo. O conflito daqui resultante encontra saída à luz das regras de Direito transitório, designadamente as inseridas, como lei geral, no artigo 12.º do Código Civil, aplicáveis ao Direito do trabalho[1778]. Por essa via, tornou-se possível ressalvar, um pouco, o princípio do tratamento mais favorável, que na legislação anterior tutelava os direitos adquiridos pelos trabalhadores.

II. Põe-se, como questão autónoma, o tema da sucessão, no tempo, de convenções coletivas. Como figurino geral, temos o artigo 7.º do Código Civil, que dispõe sobre a cessação de vigência da lei. Recordamos que esta só deixa de vigorar se for revogada por outra lei: a menos que se destine a ter uma vigência temporária[1779]. As convenções coletivas, como vimos e na sequência da reforma de 2003 têm, tendencialmente, uma vigência

[1777] Günter Schaub, *Arbeitsrecht* cit., 6.ª ed., 1331.

[1778] *Supra*, 363 ss..

[1779] Sobre a cessação de vigência da lei, cujos termos devem, aqui, estar presentes: *Tratado de Direito civil* I, 4.ª ed., 825 ss..

temporária, ainda que com termos amenizados pelas hipóteses de sobrevigência fixadas no artigo 501.º. Não obstante, o artigo 503.º veio dispor sobre o regime da sucessão de convenções coletivas; fundamentalmente com o objetivo de proteger os trabalhadores, assegurando-se de que, em princípio, não há retrocessos sociais.

III. O artigo 503.º/1 começa por fixar a regra básica: a convenção nova revoga integralmente a convenção velha, salvo nas matérias expressamente ressalvadas pelas partes. Estamos perante um fenómeno de revogação global[1780]: entende-se, na linha do artigo 7.º/2, *in fine*, do Código Civil, que a convenção nova regula toda a matéria da anterior. E assim sendo, ficam revogados mesmo os pontos concretos que constem da velha e não surjam na nova. Deve aliás dizer-se que, na prática, dada a técnica de, nas convenções subsequentes, retomar por vezes à letra quanto se dizia nas anteriores, a presença nas convenções novas de omissões existentes na velha corresponde a uma deliberada intenção das partes. A revogação global da convenção velha pela nova não impede as partes de, da primeira, ressalvar os pontos que entenderem.

IV. Fixada a regra e em aparente contradição com ela, o artigo 503.º/2 vem dispor:

> A mera sucessão de convenções coletivas não pode ser invocada para diminuir o nível de proteção global dos trabalhadores.

Aparentemente, estamos em face de um compromisso linguístico. Tomado à letra, esse preceito significa que, afinal, a convenção nova não revoga totalmente a velha; apenas o faria na medida em que conserve ou amplie a tutela concedida aos trabalhadores.

A ideia de que as convenções coletivas que se sucedam no tempo devem ampliar os benefícios dos trabalhadores ou, pelo menos, conservá-los, equivale a uma manifestação do princípio do *favor laboratoris*, inicialmente justificado pela própria essência do Direito do trabalho. Hoje sabe-se que essa ideia só pode ser observada em cenários de crescimento económico permanente e sustentado. Havendo crise, ou as diversas situa-

[1780] *Idem*, 835.

ções patrimoniais – incluindo as laborais – se adaptam ou haverá empresas em quebra, com danos maiores para os trabalhadores. Essa evidência torna discutível a exigência legal "antiga" de que a convenção nova não pode baixar o nível da proteção. Repare-se que numa sociedade livre, o "abaixamento" depende do acordo com os sindicatos os quais, pela natureza das coisas, só assentirão se, em face da realidade económica e empresarial existente, essa for a única via para salvar emprego. Negar essa liberdade aos próprios sindicatos é anomalia hoje inceitável. Na linha de Rosário Palma Ramalho, isso equivaleria a[1781]: (a) limitar a autonomia privada, quando esta procurasse as melhores soluções laborais concretamente exequíveis; (b) colocar os sindicatos num estatuto de menoridade: seriam incapazes de melhores juízos, para defender os trabalhadores; (c) bloquear a evolução da contratação coletiva, anquilosada ao que, num certo momento histórico, foi possível alcançar.

V. Neste pano de fundo, o artigo 503.º/2 deve ser aproximado, não do n.º 1 que, aparentemente, ele vem contradizer, mas do 503.º/3:

> Os direitos decorrentes de convenção só podem ser reduzidos por nova convenção de cujo texto conste, em termos expressos, o seu carácter globalmente mais favorável.

A regra dá azo a três precisões:

(a) não está em jogo a (mera) conglobação limitada, a qual ainda permitiria um (certo) *fishing* relativamente à convenção revogada; vale, antes, uma ponderação global de toda a convenção;
(b) a "favorabilidade" pode resultar, simplesmente, de inexequibilidade da convenção anterior, em face de novas realidades económicas e empresariais;

[1781] Rosário Palma Ramalho, *Tratado* cit., III, 2.ª ed., 336. *Vide*, também, Luís Gonçalves da Silva, em Pedro Romano Martinez, *Código do Trabalho anotado* cit., 11.ª ed., 1075-1076; *idem*, em especial, *Da eficácia da convenção colectiva* cit., 2, 1066 ss., com outras indicações.

(c) a afirmação da natureza mais favorável, feita na convenção nova é da responsabilidade dos parceiros coletivos e implica juízos de oportunidade político-laboral: não é sindicável pelo tribunal[1782].

VI. Feita essa declaração, os direitos decorrentes da convenção precedente são prejudicados, ainda que apenas para o futuro: salvo se, na convenção nova, as partes os ressalvarem expressamente (503.º/4).

253. Concurso territorial

I. Temos um concurso territorial de convenções coletivas sempre que, geograficamente, surjam, entre duas ou mais, áreas de sobreposição. O fenómeno tornar-se-á possível porque as convenções são celebradas independentemente umas das outras. Assim não têm – ou não têm necessariamente – preocupações de concatenação espacial entre elas.

II. O problema não se poria, em princípio, uma vez que as convenções coletivas de trabalho, por força da regra da filiação, operam como leis pessoais: elas aplicam-se às pessoas que caiam no seu âmbito de eficácia, independentemente de considerandos geográficos. Estes são, contudo, úteis para determinar o âmbito de instrumentos coletivos, designadamente, quando estejam em causa portarias de extensão. Os concursos que daí emerjam têm uma solução, à luz das regras de conflitos pessoais. Mas a ocorrência pressupõe a prévia aplicabilidade das convenções correntes. Preconiza-se, então, o recurso às regras de conflitos internacionais privados[1783] o que implica, de modo sucessivo, a utilização dos critérios da vontade das partes no contrato singular de trabalho e dos da residência comum ou do local de celebração – artigos 41.º e 42.º do Código Civil[1784]. Afigura-se excessivo recorrer a Roma I; mas os resultados daí advenientes seriam similares.

[1782] Nesse sentido: STJ 5-dez.-2007 (Sousa Grandão), Proc. 0753656, nos pontos V e VI do sumário.

[1783] *Supra*, 375 ss..

[1784] Barros Moura, *A convenção coletiva* cit., 226, apela simplesmente para o local da prestação de trabalho, ainda que sem dar os seus motivos.

254. **Concurso pessoal; cenário-base e revogada LRCT**

I. O concurso pessoal domina a panorâmica desta rubrica. Põe-se quando uma pessoa laboral caia, em simultâneo, sob a alçada de duas ou mais convenções coletivas de trabalho.

Em termos originários, o concurso pessoal de convenções coletivas implicaria, por força da regra da filiação, que uma entidade empregadora pertencesse a duas ou mais associações[1785], ou que integrasse uma delas e outorgasse, depois, num acordo coletivo ou num acordo de empresa. Outra possibilidade seria a de um trabalhador pertencer a mais de um sindicato: trata-se de uma hipótese restrita, uma vez que o artigo 444.º/5 proíbe que um trabalhador esteja "... simultaneamente filiado a título da mesma profissão ou atividade, em sindicatos diferentes". As hipóteses de concurso agravam-se, porém, na medida em que as mesmas entidades, diretamente ou por representação, podem outorgar em convenções coletivas diferentes, mas com áreas de sobreposição: por exemplo, uma convenção coletiva, um acordo coletivo e um acordo de empresa; acresce ainda que as portarias de extensão podem provocar novas hipóteses de concurso.

Há, então, que fazer apelo a regras de conflitos, que não são precisamente as mesmas que se impõem no domínio dos conflitos hierárquicos. A História e o Direito comparado revelam, a este propósito, várias soluções como possíveis[1786].

II. A solução para os concursos pessoais de convenções coletivas deriva dos valores fundamentais que, nesse ponto, as ordens jurídicas envolvidas queiram prosseguir. Por exemplo, a presença de um princípio de unidade tarifária, segundo o qual em cada empresa deve vigorar uma única convenção, irá orientar, em certo sentido, as diversas normas de conflitos. A jurisprudência alemã permite apurar um sistema de regras

[1785] O que sucederá quando uma mesma entidade desenvolva atividades diferenciadas, correspondentes a diversas associações patronais.

[1786] Como exemplos para a experiência alemã, italiana e francesa cf., respetivamente, Wolfgang Zöllner, *Arbeitsrecht* cit., 3.ª ed., 336 ss.; Giuliano Mazzoni, *I rapporti collettivi* cit., 3.ª ed., 246 ss. e Camerlynck/Lyon-Caen/Pélissier, *Droit du travail* cit., 13.ª ed., 864 ss..

que se analisam nas seguintes proposições, segundo a sistematização de Schaub[1787]:

(a) a autonomia coletiva: tem aplicação a convenção que resulte de tempestivo consenso das partes coletivas envolvidas;
(b) a unidade tarifária: em cada empresa deve vigorar apenas uma convenção, dando-se prevalência, em caso de concurso, à que corresponda à atividade principal da unidade considerada;
(c) o princípio da especialidade: quando nada resulte da regra anterior, há que apelar à que esteja mais próxima, em termos territoriais, empresariais, profissionais e pessoais da empresa em causa;
(d) a regra da maioria de situações: nada se obtendo, singra a convenção que atinja a maioria das situações jurídicas laborais em jogo na empresa[1788] ou, noutras opiniões;
(e) a regra da maior competência sindical, devendo aplicar-se a convenção que tenha sido concluída pelo sindicato que, em razão do tipo de trabalho em jogo ou da espécie de empresa onde a questão se ponha, apresente a mais forte pretensão para negociar o assunto[1789].

O Direito português parece ter abandonado a regra da unidade[1790], em termos estritos, ainda que acabe, de facto, por prossegui-la, através da negociação vertical, prejudicada apenas, às vezes, por um exacerbar do pluralismo sindical.

III. Parece-nos útil, para melhor apreender o sistema do atual Código do Trabalho, recordar o regime vigente antes de 2003. Com efeito, o artigo 14.º/2 da revogada LRCT previa o problema nos seguintes termos:

> Sempre que numa empresa se verifique concorrência de instrumentos de regulamentação coletiva aplicáveis a alguns trabalhadores (...)[1791].

[1787] Günter Schaub, *Arbeitsrecht* cit., 6.ª ed., 1331-1332; Wolfgang Zöllner, *Arbeitsrecht* cit., 3.ª ed., 386 ss. e Alfred Söllner, *Arbeitsrecht* cit., 9.ª ed., 143-144.

[1788] Alfred Hueck/Hans Carl Nipperdey, *Arbeitsrecht* cit., II, 7.ª ed., § 33, III, 3.

[1789] Wiedemann/Stumpf, *Tarifvertragsgesetz* cit., 5.ª ed., § 4, an. 166 (377).

[1790] *Vide* quanto a essa regra, ainda Hanau/Adomeit, *Arbeitsrecht* cit., 9.ª ed., 63.

[1791] Não oferecerá dúvidas o alargamento do preceito às hipóteses em que o concurso respeite a todos os trabalhadores ou, apenas, a um deles.

A referência a "uma empresa" parece indiciar que a solução depois preconizada visaria todos os trabalhadores dessa empresa[1792]; ou bastaria referir "sempre que se verifique concorrência...º. O princípio da filiação não permitia, contudo, levar a interpretação deste preceito até aos seus limites naturais; mas ele indiciava um importante valor laboral, que se prendia com a regra da igualdade.

Nesse pano de fundo, devia ainda frisar-se que as regras de conflitos competentes remetiam para as convenções no seu todo: havia, pois, uma conglobação e não um cumular de regras repescadas dos vários instrumentos em presença, como pressuporia certa doutrina francesa. De facto, a desarticulação dos instrumentos iria tornar imponderável o livre jogo das negociações coletivas, impedindo a previsibilidade dos efeitos dos consensos, que só ficariam, com isso, prejudicados.

Posto isto, a revogada LRCT mandava, sucessivamente, aplicar regras de conflitos que obedeciam aos seguintes princípios:

– princípio da especialidade;
– princípio da autonomia, conectado com o do tratamento mais favorável;
– princípio da sucessão no tempo.

Pelo princípio da especialidade, o acordo coletivo e o acordo de empresa prevaleciam sobre os contratos coletivos – artigo 14.º/2, *a*), da LRCT. Num concurso entre aqueles dois instrumentos, não haveria dúvidas em proclamar a prevalência do acordo de empresa, em homenagem ao mesmo princípio; na mesma linha, as convenções verticais prevalecem sobre as horizontais – artigo 12.º da LRCT.

O princípio da autonomia operava em conjunção com o do tratamento mais favorável nos seguintes termos: não bastando o recurso ao princípio da especialidade,

– devia o sindicato representativo do maior número de trabalhadores, em relação aos quais se verificasse a concorrência de instrumentos, indicar qual deles considerava globalmente mais favorável, o qual prevaleceria –artigo 14.º/2, *b*); para o efeito, deveria seguir o procedimento indicado no artigo 14.º/3 da LRCT;
– quando tal sindicato não exercesse esse poder no prazo prescrito, cabia aos trabalhadores da empresa em relação aos quais se verificasse a concorrência, escolher, por maioria, no prazo de trinta dias, o mais favorável – artigo 14.º/4 da LRCT.

[1792] Barros Moura, *A convenção colectiva* cit., 226.

O princípio da sucessão no tempo: não sendo feitas as escolhas referidas nem pelos sindicatos nem pelos trabalhadores, aplicava-se o instrumento de regulação mais recente – artigo 14.º/6 do mesmo diploma[1793].

O princípio do tratamento mais favorável manifestava-se, aqui, de modo subordinado, o que se compreende por não se tratar, agora, de conflitos hierárquicos. Na presença de uma conglobação total, tornava-se difícil escolher, em termos objetivos, qual a convenção mais favorável. As dúvidas e os litígios seriam intermináveis, com consequências negativas para as empresas e para os próprios trabalhadores. A lei optou, por isso, por uma escolha pura e simples que, em homenagem à autonomia coletiva, remeteu para os sindicatos ou para os próprios trabalhadores. A preocupação de evitar a intromissão do Estado explica, por fim, o recurso à sucessão no tempo, como último critério[1794].

As escolhas que se realizam – ainda que vinculadas à convenção mais favorável – não eram suscetíveis de controlo de mérito mas, tão-só, de legalidade; terão de respeitar, designadamente, o artigo 6.º/ 1, *a*), *b*) e *c*) da LRCT. E o controlo era jurisdicional. O sistema recebia consistência através da regra da irrevogabilidade da escolha – artigo 14.º/5.

O recurso ao critério da sucessão no tempo – artigo 14.º/6 – podia provocar dúvidas perante o dispositivo do artigo 15.º/1, ambos da LRCT; de facto, os seus regimes são diferentes. A sua teleologia permitia a destrinça:

– o artigo 15.º/1 visava evitar que as negociações conduzam a um piorar na situação dos trabalhadores, quando se assistisse à revisão das convenções coletivas;
– o artigo 14.º/6 pretendia solucionar conflitos pessoais de convenções.

[1793] Na vigência do Direito anterior – o do Decreto-Lei n.º 164-A/76, de 28 de fevereiro – na falta de escolha pelos sindicatos ou pelos trabalhadores, ela caberia ao Ministro do Trabalho.

[1794] Quando, porventura, ambas as convenções em conflito houvessem sido publicadas na mesma data, haveria uma lacuna; nos termos do artigo 10.º/3 do Código Civil, e tendo em conta os princípios da unidade tarifária, da democraticidade e da não ingerência nas situações coletivas, haveria que escolher, sucessivamente, a convenção que respeita à principal atividade da empresa, a que se aplique, à partida, ao maior número de trabalhadores e a que tenha sido negociada pelo sindicato representativo do maior número de trabalhadores, na empresa considerada. Este critério deve ficar em último lugar para respeitar o desejo dos sindicatos que não queiram exercer a faculdade prevista no artigo 14.º/2, *a*) da LRCT.

O primeiro dos preceitos em causa só funcionava, assim, quando se revissem convenções anteriores, isto é, quando a nova convenção coletiva derivasse da intenção das partes de substituir a anterior – o que seria a regra – e não dos acasos que provocassem os conflitos pessoais de instrumentos coletivos.

Além disso, o artigo 15.º/1 era programático, uma vez que a conjuntura pode mesmo obrigar o mais eficaz sindicato a admitir uma quebra nas condições dos trabalhadores; nenhum sentido faria então obrigá-lo a afirmar que houve melhoria.

255. Segue; o regime vigente

I. O Código do Trabalho dedica uma inteira secção ao tema da concorrência de instrumentos de regulamentação coletiva de trabalho: artigos 481.º a 484.º[1795]. Em imagem geral, ele versa:

– 481.º: preferência de instrumento de regulamentação coletiva de trabalho negocial vertical;
– 482.º: concorrência entre instrumentos de regulamentação coletiva de trabalho negociais;
– 483.º: concorrência entre instrumentos de regulamentação coletiva de trabalho não-negociais;
– 484.º: concorrência entre instrumentos de regulamentação coletiva de trabalho negociais e não negociais.

Descontando as epígrafes desmesuradas, o esquema legal afigura-se claro e simples.

II. O artigo 481.º começa por proclamar a prevalência dos IRCT verticais sobre os horizontais, isto é: de um sector de atividade sobre o de uma profissão ou profissões. Por hipótese, uma convenção relativa às empresas de telecomunicações prevalece, no âmbito destas, sobre a convenção dos tipógrafos. Os profissionais de dactilografia ao serviço das telecomunicações pautar-se-ão pela convenção destas. Em regra, as convenções ver-

[1795] Luís Gonçalves da Silva, em Pedro Romano Martinez, *Código do Trabalho anotado* cit. 11.ª ed., 1026-1032; *idem*, *Da eficácia da convenção colectiva* cit., 827 ss., com indicações.

ticais são preferíveis para todos, porque melhor adaptadas. Além disso, conduzem, também em regra, a melhores direitos para os trabalhadores, já que as horizontais são obrigadas a nivelar por baixo.

III. No âmbito das convenções coletivas de tipo diverso, opera o princípio da especialidade (482.º/1): o acordo de empresas prevalece sobre o acordo coletivo e o contrato coletivo; o acordo coletivo prevalece sobre o contrato coletivo. Este princípio pode ser afastado por convenção que proceda a uma hierarquização diversa (482.º/5).

IV. Sendo as convenções em concurso do mesmo tipo, funciona o princípio da escolha (482.º/2): os trabalhadores da empresa onde o concurso ocorra escolhem, por maioria, o instrumento aplicável, no prazo de 30 dias a contar da entrada em vigor do mais recente. Esta deliberação é irrevogável, até ao termo da vigência do instrumento adotado.

V. Na falta de escolha, funciona o princípio da publicação mais recente – 482.º/3, *a*) – e, sendo os instrumentos em concurso publicados na mesma data, o que regular a atividade principal da empresa. Falhando este critério, por não ser possível fazer a destrinça de qual seja a "principal", temos uma lacuna, a integrar de acordo com os princípios gerais das obrigações alternativas (543.º/2, do Código Civil).

SECÇÃO V

INTERPRETAÇÃO, INTEGRAÇÃO E APLICAÇÃO

§ 65.º A INTERPRETAÇÃO

256. Generalidades

I. A interpretação das convenções coletivas – tal como a da lei ou a do negócio – é sempre necessária; apenas através dela é possível retirar, dos competentes instrumentos coletivos, as normas que constituem a sua razão de ser. Cabe ponderar se ela obedece a regras especiais. Pressupomos adquiridas as considerações acima realizadas sobre a interpretação das leis laborais[1796].

II. Na base dos problemas a considerar situa-se a diversidade de regras existentes para a interpretação da lei e para a interpretação do negócio. A primeira segue o prescrito no artigo 9.º do Código Civil, com todas as projeções doutrinárias que esse preceito envolve; a segunda pauta-se pelo dispositivo dos artigos 236.º e seguintes do mesmo diploma, também com complementações doutrinárias conhecidas[1797].

Em traços muito largos, recorde-se que a interpretação da lei segue uma linha mais marcadamente objetivista e atualista, havendo, nela, que atender à *occasio legis*, à *ratio legis* e ainda ao sistema; a interpretação do negócio preocupa-se, sobretudo, com a vontade das partes: é, deste modo, de configuração mais subjetivista, temperada embora pela tutela da confiança. Na mesma linha, há clivagens claras no tocante à integração das

[1796] *Supra*, 314 ss..

[1797] *Tratado de Direito civil* II, 4.ª ed., 715 ss..

lacunas: as da lei seguem o esquema previsto no artigo 10.º do Código Civil que, de novo, aponta para elementos objetivos; as dos negócios assentam em fatores subjetivos, ínsitos no artigo 239.º, que embora moderados pela boa-fé, surgem dominados pela vontade hipotética das partes.

Suspensa algures entre o negócio e a lei, a convenção coletiva teria de optar por um destes dois esquemas.

III. Ainda como questão prévia, haveria que indagar se a convenção coletiva, porque facto normativo juslaboral, não se sujeitaria a determinadas regras interpretativas e integrativas específicas. Como se defendeu[1798], o Direito do trabalho dos nossos dias não apresenta regras particulares de interpretação: deve prosseguir-se nos termos prescritos para a interpretação das fontes em geral, tendo embora em conta, em nome dos diversos elementos da interpretação, a realidade laboral. Por isso falamos em *favor laboris*. Assim será, também, no domínio das normas coletivas do trabalho.

Assinala-se ainda que a solução interpretativa e integrativa a prosseguir, seja ela qual for, há de pautar-se pelos ditames que, na atualidade, informam essa atividade. Não se rememoram; mas há que tê-los presentes.

257. **A fase dualista**

I. Uma posição divulgada na doutrina laboral assenta na contraposição entre o conteúdo obrigacional e o conteúdo regulativo das convenções coletivas. Às áreas obrigacionais, haveria que aplicar as regras próprias de interpretação e integração dos negócios jurídicos; nas áreas regulativas, singrariam as normas sobre interpretação e integração da lei[1799]. Este

[1798] *Supra*, 314 ss..

[1799] Günter Schaub, *Arbeitsrecht* cit., 6. ed., 1306; A. Anadiadis, *Die Auslegung von Tarifverträgen/Ein Beitrag zur Auslegungstypologie zwischen Vertrag und Gesetz* (1974), 40 ss. e 76 ss.. Franz-Jurgen Säcker, *Gruppenautonomie und Übermachtkontrolle im Arbeitsrecht* cit., 133 ss. e 165 ss.. Sudabeh Kamanabrou, *Die Auslegung und Fortbildung der normativen eile von Tarifverträgen* cit., 23 ss. e 118 ss.; *idem*, *Arbeitsrecht* cit., Nr. 1796-1797 (561-562); Jürgen Treber, em Günter Schaub, *Arbeitsrechts-Handbuch* cit., 17.ª ed., Nr. 3-4 (2172-2173); Martin Henssler, em *Arbeitsrecht Kommentar* cit., 8.ª ed., § 1, TVG, Nr. 76-77 (2940-2941). Em geral, com o estado da doutrina e da jurisprudência italianas sobre o tema, Valente Simi, *Il contratto collettivo* cit., 144.

dualismo é defendido, entre nós, por excelentes autores[1800], podendo ainda retomar-se, quanto à parte regulativa, o mote da interpretação conforme com o Direito europeu[1801].

Esta contraposição teria um relevo prático considerável; basta ver que as convenções coletivas são precedidas de negociações coletivas por vezes complexas, das quais é possível retirar elementos importantes para reconstruir a vontade real das partes ou para arquitetar a sua vontade hipotética. Ora esses elementos seriam utilizáveis apenas no domínio do conteúdo obrigacional.

II. Posta em tais termos, a solução apontada tem razoabilidade. Quando seja possível, com recurso a elementos auxiliares, determinar o consenso real das partes, há que fixar nele o eixo da interpretação e da integração das convenções: é da autonomia coletiva – e logo da vontade dos parceiros laborais – que se trata. Mas esta linha só pode ser seguida no tocante aos aspetos que relevem apenas para as partes celebrantes. Em tudo o que tenha a ver com terceiros – e, em especial, nos domínios regulativos das convenções coletivas a convenção objetiva-se, devendo ser tratada como uma lei: não se vê como exigir a pessoas que não tiveram qualquer vontade, aquando da celebração, e que desconhecem o que se possa ter passado no decurso da negociação coletiva, comportamentos em consonância com esses fatores.

258. **Solução integrada**

I. Mau grado a plausibilidade da tese dualista, afigura-se que a mesma carece de alguma revisão. Com efeito, valem, contudo, as considerações já desenvolvidas a propósito dos conteúdos obrigacional e regulativo das convenções de trabalho[1802].

[1800] Júlio Gomes, *Da interpretação e integração das convenções colectivas*, em *Novos estudos de Direito do trabalho* (2010), 121-159 (152 ss.); Luís Menezes Leitão, *Direito do trabalho* cit., 5.ª ed., 94; Pedro Romano Martinez, *Direito do trabalho* cit., 8.ª ed., 1161-1162.

[1801] Hellmut Vißmann, *Unionsrechtskonforme Auslegung von Tarifverträgen?*, FS Klaus Bepler (2012), 649-659.

[1802] *Supra*, 673 ss..

Toda a essência da convenção joga no sentido de regular determinadas situações laborais; o conteúdo obrigacional está, desse modo, funcionalizado a tal objetivo.

Em termos práticos, resulta daí a necessidade de objetivar toda a interpretação e a integração das convenções. Na medida em que as meras obrigações assumidas entre as partes se reflitam na regulação coletiva – e isso tenderá sempre a suceder, em maior ou menor grau – não parece lícito interpretá-las com recurso a elementos desconhecidos pelos destinatários das normas.

II. A interpretação das convenções coletivas deve seguir as regras próprias de interpretação e de integração da lei, com cedências subjetivistas quando estejam em causa aspetos que apenas respeitem às partes que as hajam celebrado[1803]. É certo que o artigo 520.º/2, abaixo referido, faz um aceno subjetivista. Afigura-se, todavia, que ele se manifeste na hipótese da integração e na da alteração das circunstâncias.

III. Para efeitos de revista, a interpretação das convenções coletivas de trabalho deve ser considerada como uma questão-de-direito, podendo, pois, ser apreciada pelo Supremo Tribunal de Justiça; a própria interpretação dos negócios jurídicos, depois de uma interessante viragem jurisprudencial, tem seguido essa via[1804].

[1803] Tal a opção de Barros Moura, *A convenção coletiva* cit., 157 e a de Rosário Palma Ramalho, *Tratado* cit., III, 2.ª ed., 287 e *passim*.

[1804] Günter Schaub, *Arbeitsrecht* cit., 6. ed., 1307. Entre nós e quanto à interpretação dos negócios em geral, *vide* STJ 2-mar.-1983 (Augusto Vitor Coelho), BMJ 325 (1983), 519-526 (521). Os artigos 177.º ss. do CPT preveem um processo particular para a anulação e a interpretação, em abstrato, das cláusulas das convenções coletivas. Trata-se de um esquema complementar de regulação coletiva, que não deve confundir-se com a interpretação propriamente dita, a realizar no caso concreto. Aliás, as decisões "interpretativas" também carecem de interpretação.

§ 66.º A INTEGRAÇÃO; A COMISSÃO PARITÁRIA

259. A integração

I. Na integração de eventuais lacunas e fazendo apelo ao Direito português, a doutrina dualista levaria, como adiantado, à seguinte solução interpretativa:

(a) a parte obrigacional das convenções coletivas, haveria que aplicar o dispositivo referente à integração dos negócios jurídicos, presente no artigo 239.º; designadamente, seria necessário reconstruir a vontade hipotética das partes, se as mesmas tivessem previsto o caso omisso e isso desde que a boa-fé não impusesse outra solução[1805]; recorde-se que a boa-fé poderia aqui intervir para salvaguardar a confiança das partes ou para garantir a eficiência material do negócio;

(b) a parte normativa seguiria as regras sobre a integração das lacunas da lei, contidas no artigo 10.º do Código Civil; far-se-ia apelo à analogia e, sendo a lacuna rebelde, à "norma que o intérprete criaria, se tivesse de legislar dentro do espírito do sistema[1806].

II. Curiosamente, seria mais razoável recorrer, na hipótese de integração, a uma orientação subjetivista, tipo integração negocial, do que na da interpretação. Nesta, deve prevalecer o sentido objetivo, que todos os operadores depreendam do texto da fonte. Mas a haver lacuna, a confiança já não está em jogo. Na verdade, estamos em face da manifestação da autonomia coletiva. Conhecendo-se o sentido geral das opções dos parceiros coletivos, não seria razoável usá-las nas tarefas de integração? Assim é.

[1805] *Tratado de Direito civil* II, 4.ª ed., 767 ss..

[1806] *Idem*, I, 4.ª ed., 748 ss..

Todavia, o recurso à analogia não exclui essa dimensão: pelo contrário. Na determinação do próprio caso omisso e na busca da situação análoga, faz todo o sentido ter em conta as circunstâncias em que ocorreu a contratação e a vontade então manifestada pelos parceiros laborais constantes.

III. O Código do Trabalho enfatiza este ponto, embora o reporte à aplicação dos IRCT e não, como seria lógico, à sua interpretação e integração. Com efeito, ele refere, no seu artigo 520.º/2:

> Na aplicação de convenção coletiva ou acordo de adesão, atende-se às circunstâncias em que as partes fundamentaram a decisão de contratar.

260. **A comissão paritária (492.º/3)**

I. Ocorre aqui referir a comissão paritária, prevista no artigo 492.º/3 e regulada no artigo 493.º[1807]. Composta por igual número de representantes das entidades celebrantes, ou seja, de empregadores e de trabalhadores, ela tem competência para interpretar e integrar as cláusulas das convenções. A deliberação a que chegue, tomada por unanimidade, integra, para todos os efeitos, a convenção a que respeite, sendo depositada e publicada nos termos a ela aplicáveis (493.º/3). Ela é ainda aplicável no âmbito de uma eventual portaria de extensão (493.º/4).

II. Em rigor, a comissão paritária traduz um modo de solucionar conflitos surgidos em torno da aplicação das convenções coletivas. Ela não tem de se pautar pelos preceitos relativos à interpretação e à integração das convenções, sejam eles os relativos à lei ou aos negócios. Sobre as decisões da comissão paritária, tomadas por unanimidade, não há qualquer sindicância substancial: apenas formal.

[1807] A matéria constava do artigo 41.º da revogada LRCT; *vide*, ao abrigo do Direito anterior, António Monteiro Fernandes, *As decisões interpretativas das comissões corporativas. Sua aplicação no tempo*, ESC I, 3 (1962), 59-67.

§ 67.º A APLICAÇÃO E OS CONTRATOS DE TRABALHO

261. A aplicação; normas convénio-dispositivas

I. A aplicação das convenções coletivas de trabalho pauta-se, também, pelas regras que presidam à aplicação da lei. Nessa medida, não é possível a destrinça absoluta entre interpretação e aplicação: ambas correspondem a meras fases na evolução de uma ideia, que foram separadas para facilitar a sua análise, mas que devem ser superadas pela decisão final, que exprime a sua síntese, em conjunto com os factos relevantes[1808].

II. Na aplicação das convenções coletivas, há que jogar com as normas de conflitos vocacionadas para intervir e, designadamente, as relativas a conflitos hierárquicos. A norma convencional coletiva que contunda com regras legais imperativas ou que, nas matérias elencadas no artigo 3.º/3 do Código do Trabalho, conduza a um tratamento mais desfavorável para os trabalhadores do que o legalmente resultante. O artigo 520.º/1 determina que os destinatários das convenções coletivas devem proceder de boa-fé no seu cumprimento. Proceder de "boa-fé" significa observar os valores fundamentais do sistema, com relevo para a tutela da confiança e a primazia da materialidade subjacente.

III. Uma categoria particular de normas com que cabe lidar, a tal propósito, é a das convénio-dispositivas (*Tarifdispositive*): normas legais que não podem ser afastadas pelas partes no contrato individual de trabalho, mas que estão na disponibilidade das partes coletivas, podendo, por consequência, ser detidas por instrumentos de regulação laboral coletiva[1809].

[1808] *Supra*, 314 ss..

[1809] *Vide*: Claus-Wilhelm Canaris, *Tarifdispositive Normen und richterliche Rechtsfortbildung*, GS Rolf Dietz (1973), 199-223 (199); Reinhard Richardi, *Richterrecht und*

O Direito português reconhece-a, expressamente, no artigo 3.º/5 do Código do Trabalho vigente. Trata-se de uma saída útil, no campo da flexibilização das soluções laborais[1810].

A norma convénio-dispositiva, apesar de imperativa, não prejudica, no seu âmbito, a aplicação da convenção coletiva de trabalho.

262. **Contratos individuais de trabalho**

I. O contrato individual de trabalho, celebrado ao abrigo de certa convenção coletiva de trabalho, segue-lhe, naturalmente, a regulação, nos precisos termos em que o negócio jurídico acarreta a aplicação de múltiplas normas legais. Põe-se, no entanto, o problema de determinar o modo de atuação das normas coletivas quando os dispositivos contratuais individuais as contrariem e, por maioria de razão, o de conhecer as consequências de alterações supervenientes em convenções coletivas nos contratos individuais preexistentes; noutros termos: pergunta-se pela integração das normas coletivas nos contratos individuais de trabalho.

II. Duas posições têm sido apresentadas na doutrina:

– a teoria de receção automática;
– a teoria da eficácia invalidante.

Pela receção automática, as normas laborais coletivas integrar-se-iam desde logo nos diversos contratos individuais de trabalho. Trata-se de uma solução ligada a conceções contratuais das convenções coletivas e, mais recentemente, a uma sua consideração, pela lei, como um "instrumento de progresso social"[1811].

Tarifautonomie, GS Rolf Dietz cit., 269-297 (270); Wolfgang Zöllner/Karl-Georg Loritz/ /Curt Wolfgang Hergenröder, *Arbeitsrecht* cit., 7.ª ed., § 7, Nr. 6 (70).

[1810] Thomas Dieterich, *Tarifautonomie und Gesetzgebung/Eine verfassungsgeleitetes Kompetenzverhältnis* (2003), 208 pp., 37 ss. e *passim*.

[1811] António Monteiro Fernandes, *Direito do trabalho*, cit., 2, 2.ª ed., 169. *Vide* Antonino Cataudella, *Adesione ai sindacato e prevalenza del contratto collettivo sul contratto individuale di lavoro*, RTDPC XX (1966), 544-571 (547 ss.).

Pela eficácia invalidante, elas limitar-se-iam a paralisar as normas contratuais que se lhes opusessem, provocando a sua invalidade. Esta conceção derivava da assimilação da convenção coletiva à lei.

III. Posta nos termos acima referidos, a contraposição não tem hoje razão de ser. As normas legais aplicáveis no âmbito dos contratos atuam diretamente no seu conteúdo[1812], sem necessidade de qualquer ficção de receção pelas partes. Assim será no Direito do trabalho, numa posição de base que opera, também, perante as convenções coletivas, assimiladas a fontes, para todos os efeitos.

Domina a ideia de que as convenções coletivas são automaticamente recebidas, ainda que aproximadas à lei. Mas sob esta fórmula, obrigam-se quatro fenómenos bem distintos, que importa conhecer[1813]:

(a) a eficácia imediata: as convenções coletivas atuam nas situações jurídicas laborais sem necessidade de consagração nos contratos individuais de trabalho;
(b) a natureza imperativa: em tudo o que não seja melhorar as soluções nelas próprias previstas – e salva, ainda a hipótese de imperatividade legal absoluta – as convenções coletivas não podem ser afastadas pelos contratos individuais;
(c) a aplicação no tempo: quando se dirijam ao conteúdo das situações jurídicas, as convenções aplicam-se às preexistentes;
(d) o particular regime da nulidade: as regras contratuais que contrariem normas imperativas, são substituídas por estas, quando se verifiquem certos postulados aí indicados.

[1812] *Vide* o nosso, *Direito das obrigações*, 1, 531 ss.; quanto ao Direito do trabalho, Claus-Wilhelm Canaris, *Die allgemeinen Arbeitsbedingungen im Schnittpunkt von Privat- und Kollektivautonomie*, RdA 1974, 18-28 (22), bem como Marie-Luise Hilger, *Der Einfluss des kollektiven Arbeitsrechts auf das Einzelarbeitsverhältnis* (1962), com discussão subsequente.

[1813] Referindo embora apenas os dois primeiros, Günter Schaub, *Arbeitsrecht* cit., 6.ª ed., 1332 ss..

É importante notar – no que pode ser entendido como uma consequência da unidade do processo de realização do Direito – que tudo isto resulta de regras gerais já apuradas e, designadamente: da natureza de fonte das convenções coletivas e das normas básicas que solucionam os conflitos hierárquicos laborais.

§ 68.º A ALTERAÇÃO DAS CIRCUNSTÂNCIAS

263. O regime civil

I. Diz-se alteração das circunstâncias o instituto que permite modificar ou resolver um contrato no caso de a ambiência que rodeou a sua celebração ser atingida em termos que tornem a exigência do seu cumprimento contrária aos valores fundamentais do sistema, isto é, à boa-fé[1814]. A alteração das circunstâncias conheceu oscilações acentuadas, ao longo da História: alternaram os períodos em que foi admitida e em que foi recusada. Na História recente, ela foi acolhida no Direito alemão e afastada no francês: até à grande reforma do Código Napoleão, de 2016. O Código Civil consagrou-a, no seu artigo 437.º/1, pondo cobro a dúvidas anteriores. Após um período de letargia, ela veio a ser concretizada pela jurisprudência[1815].

II. Damos por conhecido o regime geral deste instituto. Vamos apenas recordar alguns aspetos relativos à interpretação e à aplicação do artigo 437.º/1. Esse preceito prevê um sistema de certa complexidade, assente em cinco variáveis:

(a) as circunstâncias em que as partes fundaram a decisão de contratar;
(b) tiverem sofrido uma alteração anormal;
(c) tem a parte lesada direito à resolução ou à modificação do contrato;
(d) desde que a exigência das obrigações assumidas afete gravemente os princípios da boa-fé;
(e) e não esteja coberta pelos riscos do contrato.

[1814] *Vide* o nosso *Tratado de Direito civil* IX, 3.ª ed., 548-721, com indicações; no Direito do trabalho, *idem*, *Convenções colectivas de trabalho e alterações de circunstâncias* (1995), 128 pp..

[1815] *Tratado* IX, 3.ª ed., 684 ss. e *passim*.

Temos, ainda, um sexto fator, também relevante: a modificação, quando opere, dá-se segundo juízos de equidade. Vamos ver as diversas variáveis. Com uma prevenção: o dispositivo remete para uma série de conceitos indeterminados, com especial focagem na boa-fé. A concretização só é possível no caso real. A "interpretação" cinge-se, por isso e aqui, à indicação das grandes diretrizes que, por seu intermédio, o legislador comunica aos julgadores que o venham a realizar.

O primeiro requisito reporta-se às "circunstâncias em que as partes fundaram a decisão de contratar". A locução, através de Vaz Serra, situa-se na área da base do negócio (Oertmann). Parece ter um sabor subjetivista, o que é rejeitado pela Ciência Jurídica mais recente.

Está em causa o circunstancialismo (base do negócio) objetivo em que as partes assentaram, também objetivamente, ao contratar. Assim, diz-nos a lei que:

- não relevam superveniências a nível de aspirações subjetivas extracontratuais das partes; deve haver uma afetação do próprio contrato e, nessa medida, ambos os contraentes ficam implicados;
- não interessam modificações no campo das aspirações contratuais de apenas uma das partes; é o contrato que está em causa (logo: os contratantes) e não as esperanças de lucro (ou de não-perda) de somente um dos intervenientes, quando a lógica do negócio não esteja em causa;
- é possível a explicitação, por banda das partes, de quais as circunstâncias relevantes: afinal, se esse dado pode resultar implícito do contrato poderá, por maioria de razão, ser clausulado; inversamente, as partes podem estabelecer quais as circunstâncias irrelevantes.

Nos termos gerais, as "circunstâncias" devem ser provadas por quem se queira prevalecer do instituto.

As circunstâncias relevantes devem ser circunstâncias reais, conhecidas por ambas as partes. A falsa representação da base do negócio leva-nos ao erro, previsto no artigo 252.º/2. O erro sobre a base do negócio segue o regime do erro: não tem de ser bilateral, bastando que recaia sobre um ponto cuja essencialidade seja cognoscível pela outra parte e pode reportar-se a circunstâncias passadas, presentes ou futuras.

No âmbito do artigo 437.º/1, não há erro. Ambas as partes tinham presente determinada realidade: ou pela natureza das coisas, ainda que não o digam ou porque, a qualquer título, se prova esse conhecimento.

III. A alteração deve ser anormal. Trata-se de um requisito que se prende com a imprevisibilidade. Havendo alteração normal, as partes podiam ter previsto a sua ocorrência, tomando, na conclusão do contrato, as medidas necessárias. Não o tendo feito, as partes:

- ou pretenderam, com o seu silêncio, conseguir algum efeito especial, numa saída em si possível e lícita, que a interpretação permitirá revelar e confirmar;
- ou incorreram em erro, devendo seguir-se, nessa altura, o regime do artigo 252.º/2, do Código Civil.

A alteração "imprevisível" implica, também, que as partes não tenham pensado nela. Digamos que a imprevisibilidade deve ser objetiva. Mas o "anormal" para todos pode ter sido previsto pelas concretas partes: há uma delimitação subjetiva negativa, que afasta a alteração das circunstâncias.

IV. O funcionamento da alteração das circunstâncias implica que haja uma parte lesada. Uma alteração que não provoque prejuízos, no domínio contratual, a um dos celebrantes é, naturalmente, irrelevante. Calcula-se que o dano deva ter certa envergadura, para desencadear a aplicação do remédio extraordinário do artigo 437.º/1. A lei não disse qual, subordinando o tema à referência feita à boa-fé.

O ponto de partida do instituto da alteração das circunstâncias é, nos Direitos italiano e brasileiro, colocado na "onerosidade excessiva". A lesão deve ser aferida pelo desequilíbrio: uma parte enriquece à custa da outra. Se ambas perdem, não há margem para a alteração das circunstâncias, a menos que uma perca desproporcionadamente.

V. A alteração das circunstâncias, para ser relevante, deve ser tal que a *exigência, à parte lesada, das obrigações por ela assumidas, afete gravemente os princípios da boa-fé*. Reside, aqui, o âmago do dispositivo vigente quanto à alteração das circunstâncias. A boa-fé surge como conceito indeterminado que tende a exprimir o conjunto das valorações fundamentais do ordenamento vigente. A sua concretização só é possível no caso concreto.

Pela lógica interna do artigo 437.º/1 e pela do sistema, a boa-fé vai intervir:

- na determinação das circunstâncias que, a serem afetadas, desencadeiam todo o processo; a primeira parte do preceito fala, apenas, em circunstâncias; do seu conjunto depreende-se, no entanto, que serão apenas aquelas que, a modificarem-se, vão bulir gravemente, com a boa-fé, isto é, com os dados últimos do sistema;

– na concretização da anormalidade da alteração: modificações admissíveis à partida ou de significado menor não ferem, gravemente, a boa-fé;
– no prejuízo verificado: deve haver um dano considerável ou a exigência da obrigação assumida não vai afetar gravemente a boa-fé; torna-se difícil fixar um quantitativo percentual a partir do qual o dano é incompatível com a boa-fé.

As exigências da boa-fé podem, em concreto, dispensar, no todo ou em parte, algum dos outros pressupostos. No limite, se for dispensada a anormalidade, podemos desembocar no abuso do direito e não, propriamente, na alteração das circunstâncias.

VI. Finalmente, o artigo 437.º/1 exige que os deveres assumidos, cuja execução é pedida, não estejam cobertos pelos riscos próprios do contrato. Já houve a oportunidade de explicar que este preceito não pode ser reduzido à ideia de que não cabe a revisão ou a resolução, quando se deem alterações dentro da álea que todo o contrato, ainda que em medida variável, sempre implica. Tal álea está já duplamente salvaguardada no artigo 437.º/1, pela normalidade da modificação e pela boa-fé. Na verdade, as alterações registadas dentro da álea dos contratos são normais e não contundem com a boa-fé.

A ideia da lei é outra: trata-se de conferir, ao dispositivo do artigo 437.º/1 natureza supletiva, perante o regime legal ou contratual do risco e, mais latamente, a todas as regras de imputação de danos. Por esta via, os contratos de risco ficam, em princípio, fora da alteração das circunstâncias.

Este troço do preceito legal em análise tem, ainda, outro aspeto de maior relevo: permite a delimitação temporal do instituto da alteração. Ponha-se o caso limite: celebrado um contrato de compra e venda e tendo havido cumprimento de parte a parte, será possível reabrir o processo contratual, com fundamento em modificações ambientais? A resposta não pode deixar de ser negativa: o exemplo, acima dado, do comprador de um automóvel que pretenda restituí-lo por ter surgido uma alta nos combustíveis, ilustra a afirmação.

Deve, pois, entender-se que o artigo 437.º/1 implica uma alteração manifestada durante a vigência contratual e, como tal, feita valer. Encerrado, pelo cumprimento, um processo contratual, qualquer superveniência corre por conta das esferas jurídicas em que incida. Ou, nas palavras da lei: está coberta pelos riscos próprios do contrato.

VII. Um sexto ponto do já complexo sistema móvel comportado pelo artigo 437.º/1 tem a ver com o apelo à equidade. Nestes termos:

– pedida a resolução do contrato, a outra parte pode opor-se, declarando aceitar a modificação (437.º/2);
– modificação essa que opera segundo juízos de equidade (437.º/1).

Quer isso dizer que a própria aplicação do instituto passa por uma reponderação à luz da equidade. Temos, aqui, uma manifestação de uma "fuga" para o caso concreto. A não ser dogmaticamente reduzida, esta "fuga" ameaça submergir todo o sistema da alteração das circunstâncias, inutilizando os esforços centenários para o seu aperfeiçoamento.

A equidade visada pelo artigo 437.º/1 é, seguramente, a equidade em sentido fraco. Não há uma remissão para a "justiça" do caso concreto: tudo se mantém no campo da Ciência do Direito. A *reductio ad aequitatem* implica uma adaptação do contrato, de acordo com bitolas jurídicas, ao que ele deveria ser para não afrontar gravemente a boa-fé. Assim, há que restabelecer um certo equilíbrio entre as prestações, procurando acompanhar as decisões das partes, reveladas pela interpretação. A equidade pode ainda implicar a reconstituição do regime supletivo do contrato, quando o desequilíbrio resulte do seu afastamento. As regras sobre a determinação do preço (883.º) ou da remuneração do mandatário ou do prestador de serviços (1158.º/2 e 1156.º) são aplicáveis, quando úteis. Não há nem arbítrio, nem saídas extrapositivas.

264. A aplicabilidade às convenções coletivas; negativismos

I. Pergunta-se se este instituto geral é aplicável às convenções coletivas de trabalho. Como é natural, tem o maior interesse conhecer o tratamento desse problema na doutrina alemã: pioneira na boa-fé, na alteração das circunstâncias e no Direito coletivo do trabalho. Além disso, foi na Alemanha que ocorreram, na primeira metade do passado século XX, as maiores convulsões: um fator apelativo para o recurso à alteração das circunstâncias.

II. As orientações iniciais foram negativistas: recusaram a aplicabilidade, às convenções coletivas, de alteração das circunstâncias. Curiosamente, a primeira posição localizada nesse sentido – a de Rundstein – filia-se não em particularidades das convenções coletivas, mas na própria fraqueza então demonstrada pela alteração das circunstâncias. Segundo este Autor, a alteração das circunstâncias não se aplicaria às convenções coletivas por não ter sido consagrada no BGB[1816]. Na verdade, aquando da elaboração do Código alemão, foi rejeitada, por insuficiente sedimentação dogmática, a inclusão de uma referência à pressuposição. O enquadramento era fraco: bastaria que, por via jurisprudencial e doutrinária, a alteração das circunstâncias obtivesse consagração no Direito civil para – por tal ordem de ideias – ganhar aplicação às convenções coletivas.

II. Uma orientação negativista muito matizada ocorreu pela pena Hans Carl Nipperdey[1817] passando, daí, ao manual de Alfred Hueck[1818]. Segundo Nipperdey, ainda que com diversas precauções, as doutrinas da *clausula rebus sic stantibus* e da inexigibilidade seriam aplicáveis no Direito coletivo do trabalho, Porém, a denúncia extraordinária não teria aplicação às convenções coletivas[1819]. Trata-se de uma construção de transição. De facto, admitindo o princípio da aplicabilidade da velha *clausula*, haveria que, daí, retirar as devidas consequências. Estas não poderiam deixar de incluir a própria cessação da convenção, no limite.

III. Uma orientação negativista de certo peso ficou a dever-se a Walter Kaskel. Pronunciando-se sobre a possibilidade de denúncia, antes do termo, da convenção coletiva de trabalho, por verificação de um fundamento importante, Kaskel propende para a negativa[1820]. Efetivamente, a relevância jurídica da alteração das circunstâncias postularia que a convenção pudesse terminar antes do prazo nela estabelecido. O contrato de prestação de serviço, segundo o então § 626 do BGB, podia ser objeto de denúncia extraordinária, fora de qualquer prazo, desde que se verifique um fundamento importante. Pois bem: de acordo com Kaskel, a convenção coletiva seria um contrato *sui generis*. A aplicabilidade do § 626 do BGB estaria, pois, fora de causa[1821].

[1816] S. Rundstein, *Der gewerbliche Arbeitstarifvertrag und sein Verhältnis zum inneren Vereinsrecht*, ZHR 67 (1910), 474-506 (477-478).

[1817] Hans Carl Nipperdey, *Beiträge zum Tarifrecht* (1924), 129-130.

[1818] Alfred Hueck/Hans Carl Nipperdey, *Lehrbuch des Arbeitsrechts* II, 3.ª-5.ª ed. (1932), 206-207.

[1819] Hueck/Nipperdey, *Lehrbuch* cit., 3.ª-5.ª ed., 207.

[1820] Walter Kaskel, *Zur Lehre von Tarifbruch* (s/d, mas 1920), separata da *Neue Zeitschrift für Arbeitsrechts*, 41, nota 26.

[1821] *Eine Kündigung aus wichtigen Grunde gemäss § 626 BGB kommt nicht in Frage.*

Esta orientação manteve-se no importante *Arbeitsrecht* de Kaskel, com uma argumentação agora alargada ao § 723 BGB, que prevê uma denúncia extraordinária no caso da sociedade. A convenção coletiva não seria um contrato de prestação de serviço nem um contrato de sociedade, de modo a possibilitar a aplicação dos §§ 626 e 723, ambos do BGB[1822]. Trata-se de uma posição retomada por Hermann, sem justificações de maior[1823].

265. Orientações favoráveis

I. Desde o primeiro momento surgiram, também, orientações favoráveis à aplicabilidade, às convenções coletivas de trabalho, da alteração das circunstâncias. Questão de certo modo prévia era a de saber se a denúncia extraordinária era aplicável às convenções coletivas. A questão surgia, aliás, tanto mais importante quanto é certo que, no Direito alemão, não há consagração legal expressa para a alteração das circunstâncias: esta é, simplesmente, derivada do princípio geral da boa-fé, inserido no § 242 BGB.

Pronunciando-se sobre o direito de denúncia de convenções coletivas por mudanças circunstanciais, Schall, já em 1907, opta pela positiva[1824]: decisiva seria, na opinião dele, a analogia com as relações duradouras[1825]. Deve, no entanto, frisar-se que a aplicação preconizada era-o com determinadas cautelas[1826].

II. Encontramos depois, logo no início dos anos 20, uma importante adesão de Alfred Hueck, cuja obra seria marcante, na prática, até aos anos 70. A posição deste Autor apresentaria, aliás, algumas oscilações ao longo da sua vasta obra. Em 1920, Hueck vem defender a aplicabilidade, às

[1822] Walter Kaskel/Hermann Dersch, *Arbeitsrecht*, 4.ª ed. (1932), 127.

[1823] Franz Joseph Hermann, *Tarifbruch*, em Walter Kaskel, *Hauptfragen des Tarifrechts/Arbeitsrechtliche Seminarvorträge* II (1927), 129-136 (135), provavelmente com base em anteriores edições de Kaskel.

[1824] W. Schall, *Das Privatrecht der Arbeitstarifverträge*, JhJb 52 (1907), 1-208 (100).

[1825] Schall cita, em especial, Müller-Erzbach. Deste Autor, *vide Ueber den Rücktritt bei "sukzessiven Lieferungsgeschäften" und ähnlichen Verträgen*, DJZ 9 (1904), 1158-1163 (1159).

[1826] Schall, ob. cit., 101.

convenções coletivas, do fundamento importante, dado o parentesco com a prestação de serviços e com a sociedade: jogariam, respetivamente, os §§ 626 e 723 do BGB. O Autor refere o fundamento que pusesse cobro à confiança que deveria reinar entre as partes[1827]. Dois anos volvidos, Alfred Hueck mantém a mesma linha[1828]. Sublinha, porém, a necessidade de, caso a caso, apurar a concretização do fundamento importante. Além disso, entende a matéria em termos restritivos, uma vez que, ao celebrar um contrato, as partes assumem um certo risco.

Na terceira edição do seu influente *Lehrbuch*, Hueck, provavelmente por influência de Nipperdey, acima referido, entende que o fundamento importante não é causa de denúncia da convenção coletiva[1829].

Por fim, na última edição do *Lehrbuch*, Hueck optou definitivamente pela submissão da convenção coletiva ao esquema da denúncia extraordinária[1830]. Contra tal aplicação deporiam a necessidade de estabilidade nas relações coletivas e a possibilidade de chicana que o esquema iria abrir. O desenvolvimento da dogmática das relações duradouras teria, porém, permitido ultrapassar essas objeções. Particularmente vincante foi a constatação de que uma convenção não pode manter-se contra as exigências da boa-fé. De todo o modo, apenas circunstâncias muito sérias justificariam a denúncia extraordinária da convenção. Hueck aponta quatro[1831]:

(a) a anulação da convenção por vício;
(b) alterações que tornassem a convenção inexigível, por via da boa-fé;
(c) falta de capacidade superveniente de alguma das partes;
(d) violação pesada perpetrada pela outra parte.

A obra de Hueck foi determinante, neste ponto como noutros, na atual Ciência do Direito do trabalho.

[1827] Alfred Hueck, *Das Recht des Tarifvertrages/unter besonderer Berücksichtigung der Verordnung vom 23. Dezember 1918* (1920), 76.
[1828] Alfred Hueck, *Handbuch des Arbeitsrechts*, III – *Das Tarifrecht* (1922), 38-39.
[1829] Alfred Hueck/Hans Carl Nipperdey, *Lehrbuch des Arbeitsrechts* cit., 3.ª-5.ª ed., 209.
[1830] Alfred Hueck/Hans Carl Nipperdey, *Lehrbuch des Arbeitsrechts*, II/1, 7.ª ed. (1967), § 22, B, I, 5 (471).
[1831] Hueck/Nipperdey, *Lehrbuch* cit., II/1, 7.ª ed., 472.

III. Regressando aos anos 20 do século passado, é muito importante consignar a posição de Paul Oertmann. Oertmann foi o grande criador da "base do negócio". Obrigacionista de relevo, Oertmann foi, ainda, um estudioso do Direito do trabalho, embora a sua obra, neste domínio, se encontre menos divulgada. O seu julgamento quanto à aplicabilidade da "base do negócio" à convenção coletiva tem, pois, o sabor duma interpretação autêntica.

Oertmann defendeu que o fundamento importante de denúncia previsto nos §§ 626 e 723 do BGB era aplicável, por analogia, às convenções coletivas. Aplicáveis seriam também a base do negócio e a *clausula rebus sic stantibus*[1832].

IV. Marcantes foram as posições de Sinzheimer e de Jacobi. Sinzheimer, ainda que de passagem, considera possível a denúncia de uma convenção coletiva por verificação de um fundamento importante; tal seria o caso de não poder ser, por força da boa-fé, exigido o seu acatamento à outra parte[1833]. Jacobi subscreve a existência de analogia entre as convenções coletivas e as prestação de serviço e sociedade, O esquema da denúncia extraordinária por fundamento importante, previsto nos §§ 626 e 723 do BGB seria, assim, aplicável[1834]. Este Autor não deixa de notar que apenas grandes alterações deveriam levar a tal aplicação[1835].

V. Depois da Segunda Guerra Mundial, estas orientações, sempre encabeçadas por Alfred Hueck, vieram a assumir-se como incontestada *communis oppinio*[1836].

Maus estende a denúncia extraordinária que se aplica às convenções coletivas, sendo de sublinhar o papel da boa-fé nas relações duradouras[1837]. Nikisch, ainda que em condições especiais, toma posição semelhante[1838].

[1832] Paul Oertmann, *Deutsches Arbeitsvertragsrecht/mit Einschluss der Arbeitskampfe* (1923), 69.

[1833] Hugo Sinzheimer, *Grundzüge des Arbeitsrechts*, 2.ª ed. (1927), 253, nota 1.

[1834] Erwin Jacobi, *Grundlehren des Arbeitsrechts* (1927), 217-218.

[1835] Erwin Jacobi, *Grundlehren* cit., 218.

[1836] Não foram encontradas opiniões discordantes; apenas haverá que consignar Autores que não se referem ao problema,

[1837] Wilhelm Maus, *Tarifvertragsgesetz* (1956), § 1, An. 297 (255).

[1838] Arthur Nikisch, *Arbeitsrecht* II, 2.ª ed. (1959), 351.

Digno de registo é o desenvolvimento dado ao tema por, Wiedemann/ /Stumpt, no seu comentário ao TVG. Os Autores consideram que a aplicabilidade da denúncia extraordinária às convenções coletivas corresponde hoje a um princípio geral e pacífico. Dão conta de discussões anteriores, mas consideram que vigora a regra de que toda a relação duradoura tem fim[1839]. Como casos de fundamentos importantes para a denúncia extraordinária – e, portanto: antecipada – da relação coletiva, eles apontam seis[1840]:

– a anulação nos termos dos §§ 119 e 123 do BGB;
– a perda da capacidade tarifária;
– a violação grave de deveres da outra, parte;
– a modificação das relações económicas;
– a modificação da situação jurídica;
– a supressão da base do negócio.

Ainda que com desenvolvimentos escassos a denúncia de convenções coletivas com base em fundamento importante é admitida por Söllner[1841], por Zöllner/Loritz[1842], por Bobrowski/Gaul[1843], por Schaub[1844] e por Löwisch[1845]. Outros autores, embora sem aprofundar, fazem opções que deixam adivinhar uma concordância com esta linha pacífica e dominante.

VI. Toda esta matéria pode ainda ser testada à luz da possibilidade, hoje pacífica, de controlo jurisdicional sobre o conteúdo dos contratos de trabalho. Admitida com cautelas ainda através das cláusulas contratuais

[1839] Herbert Wiedemann/Hermann Stumpt, *Tarifvertragsgesetz mit Durchführung und Nebenvorschriften/Kommentar*, 5.ª ed. (1977), N. 22-23 (152).

[1840] Herbert Wiedemann/Hermann Stumpt, *Tarifvertragsgesetz* cit., 5.ª ed., 453-455.

[1841] Alfred Söllner, *Grundriss des Arbeitsrechts*, 10.ª ed. (1990), 137.

[1842] Wolfgang Zöllner/Karl-Georg Loritz, *Arbeitsrecht/Ein Studienbuch*, 4.ª ed. (1992), 339.

[1843] Paul Bobrowski/Dieter Gaul, *Das Arbeitsrecht im Betrieb/von der Einstellung bis zur Entlassung*, 8.ª ed. (1986), M, II, Nr. 54 (298), onde, designadamente, se diz:

A admissibilidade de denúncia extraordinária da convenção coletiva por fundamento importante é hoje reconhecida, desde que: pela boa-fé, não seja mais exigível, à parte denunciante, a manutenção do contrato.

[1844] Günter Schaub, *Arbeitsrechts-Handbuch* cit., 7.ª ed., 1498.

[1845] Manfred Löwisch, *Kollektives Arbeitsrecht* (1993), 228.

gerais[1846], ele veio a ser desenvolvido com recurso à boa-fé e ao abuso do direito[1847]. Particularmente em causa está a correção da perturbada paridade entre o trabalhador e o empregador, de modo a prevenir injustiças[1848]. O Direito do trabalho não pode transformar-se num conjunto de esquemas formais destinados a privilegiar uma das partes em detrimento da outra, fora de qualquer valor laboral consistente: a boa-fé e a proibição do abuso, no limite, não o permitiriam.

266. O Direito atual

I. Na reforma do BGB, de 2001/2002, foi formalizada a alteração das circunstâncias. Dispõe o atual § 313, resultante dessa reforma:

§ 313 (Perturbação da base do negócio)

(1) Quando, depois da conclusão contratual, as circunstâncias que constituíram a base do contrato se tenham consideravelmente alterado e quando as partes, se tivessem previsto esta alteração, não o tivessem concluído ou o tivessem feito com outro conteúdo, pode ser exigida a adaptação do contrato, desde que, sob consideração de todas as circunstâncias do caso concreto, e em especial a repartição contratual ou legal do risco, não possa ser exigível a manutenção inalterada do contrato.

(2) Também se verifica alteração das circunstâncias quando representações essenciais que tenham sido base do contrato se revelem falsas.

(3) Quando uma modificação do contrato não seja possível ou surja inexigível para uma das partes, pode a parte prejudicada resolver o con-

[1846] Jobst Gumpert, *Inhaltskontrolle von Formulararbeitsverträgen und "Allgemeiner Arbeitsbedingungen"*, BB 1974, 139-142 e Klaus Friedrich, *AGB – Gesetz und Verträge mit arbeitsnehmeränlichen Personen*, MDR 1979, 190-194.

[1847] Herbert Roth, *Die Inhaltskontrolle nichtausgehandelter individualverträge im Privatrechtssystem*, BE 1987, 977-984 (984); Manfred Wolf, *Inhaltskontrolle von Arbeitsverträgen*, RdA 1988, 270-276; Dagmar Coester-Waltjen, *Die Inhaltskontrolle von Verträgen ausserhalb des AGBG*, AcP 190 (1980), 1-33 (12).

[1848] Em especial: Manfred Wolf, *Inhaltskontrolle von Arbeitsverträgen* cit., 272 e Coester-Waltjen, *Die Inhaltskontrolle* cit., 30 ss.. Estas considerações têm apoio jurisprudencial, cabendo citar: BAG 16-set.-1986, NZA 1987, 168-177 (177); BAG 17-mar.-1987, NZA 1987, 855-858; LAG Hamm 2-mar.-1987, BB 1987, 1887-1888 e BAG 3-nov.-1987, NZA 1988, 509-512.

trato. Nas obrigações duradouras, em vez do direito de resolução tem lugar o direito de denúncia.

Sublinhe-se que no próprio Direito francês, sempre contrário à alteração das circunstâncias ou "imprevisão civil", mercê da grande reforma de 2016, o novo artigo 1195.º do Código Napoleão veio dispor:

> Se uma modificação de circunstâncias, imprevisível aquando da conclusão do contrato, tornar a execução excessivamente onerosa para uma parte que não tenha aceitado assumir esse risco, pode esta pedir uma renegociação ao seu cocontratante. Ela continua a executar as suas obrigações durante as negociações.
>
> Em caso de recusa ou de fracasso da negociação, as partes podem acordar na resolução do contrato, à data e nas condições que determinarem, ou pedir de comum acordo ao juiz de proceder à sua adaptação. Na falta de acordo num prazo razoável, o juiz pode, a pedido de uma parte, modificar o contrato ou pôr-lhe cobro, na data e nas condições que fixar.

Como se vê, o instituto é, hoje, pacífico, ainda que de concretização logicamente delicada.

II. No que toca à sua aplicação às convenções coletivas de trabalho[1849], ou, mais latamente, ao Direito coletivo contratualizado[1850], a doutrina alemã atual é favorável. Na prática, todavia, verifica-se que os diversos instrumentos incorporam, eles próprios, cláusulas de revisão.

III. No Direito português, a aplicabilidade da alteração das circunstâncias às convenções coletivas de trabalho não suscita dúvidas[1851]. Nesse sentido, vamos referir cinco argumentos, distintos mas confluentes. Assim:

[1849] Frank Maschmann, *Tarifautonomie im Zugriff des Gesetzgebers* (2007), XVII + + 517 pp., 403 ss.; Sudabeh Kamanabrou, *Arbeitsrecht* cit., Nr. 1953 (615).

[1850] Ulrich Koch, em Günter Schaub, *Arbeitsrechts-Handbuch* cit., 17.ª ed., § 244, Nr. 75 (2622-2623).

[1851] Além dos nossos escritos: Luís Menezes Leitão, *Direito do trabalho* cit., 5.ª ed., 593; Luís Gonçalves da Silva, *Da eficácia da convenção coletiva* cit., 2, 1083 ss.; *idem*, em Pedro Romano Martinez, *Código do Trabalho anotado* cit. 11.ª ed., 1121.

(1) o Código do Trabalho multiplica as referências à boa-fé; assim, no tocante às convenções coletivas, isso sucede no artigo 489.º (boa-fé na negociação) e no artigo 520.º/1 (boa-fé no cumprimento);

(2) a ideia de que não se pode exigir a execução de um contrato quando isso ofenda gravemente a boa-fé (437.º/1, do Código Civil);

(3) o artigo 520.º/2 dispõe, expressamente, que:

> Na aplicação de convenção colectiva ou acordo de adesão, atende-se às circunstâncias em que as partes fundamentaram a decisão de contratar.

(4) o artigo 542.º/2, *a*), permite a greve com quebra de uma cláusula de paz social, quando se trate de reagir a uma alteração das circunstâncias;

(5) a exigência de execução de uma convenção coletiva quando, mercê de modificações ambientais, isso seja inviável ou se revele ruinoso contraria o *favor laboris* que domina no Direito do trabalho.

IV. A alteração das circunstâncias pode ser invocada por qualquer das partes laborais envolvidas. Em regra, ela conduzirá à resolução, total ou parcial, da convenção, já que a sua *reductio ad aequitatem* vai exigir o acordo das partes.

A aplicabilidade deste instituto teve o seu relevo antes do Código do Trabalho de 2003. Nessa ocasião, as convenções coletivas podiam vigorar indefinidamente, tornando-se evidente o risco de caírem em desequilíbrios contrários à boa-fé. Hoje, o dispositivo vigente nos artigos 499.º e seguintes permite que, mais facilmente, as convenções sejam revistas, no seu termo. Além disso, o atual artigo 502.º/2 permite a suspensão de convenções coletivas, no caso de crise grave da empresa. Não obstante, a alteração das circunstâncias mantém-se como um instituto sempre presente, disponível e ao serviço de ambas as partes.

SECÇÃO VI

A NATUREZA DAS CONVENÇÕES COLETIVAS

§ 69.º NATUREZA JURÍDICA DAS CONVENÇÕES

267. A discussão e o sentido atual

I. A discussão em torno da natureza das convenções coletivas de trabalho foi acesa, quando o fenómeno da sua celebração foi objeto da Ciência do Direito.

A possibilidade de grupos sócio-laborais opostos negociarem soluções jurídicas que, depois, seriam aplicadas às situações singulares como se de normas jurídicas se tratasse era, em si, suficientemente inesperada para merecer uma renovação dos conceitos e da linguagem dos juristas. Isso não sucedeu.

Numa atitude metodológica difundida, perante problemas inesperados ou, pelo menos, novos para a Ciência pré-vigente, a primeira posição dos juristas consiste seja em negar a sua existência ou a sua especificidade, seja em tentar reconduzi-la aos conceitos disponíveis. A convenção coletiva de trabalho não foi exceção.

II. Como se referiu aquando do estudo da sua evolução histórica e comparatística, a convenção coletiva de trabalho começou por ser entendida e tratada na qualidade de um contrato privado entre sindicatos e empregadores[1852]. Os deveres que ela pudesse gerar junto dos celebrantes de contratos individuais de trabalho teriam de resultar de conhecidos esquemas civis, tais como a representação. Mais tarde, as tendências auto-

[1852] *Supra*, 630 ss. e *passim*..

ritárias provocaram uma publicização da figura: sindicatos e grémios de empregadores receberam poderes de autoridade e as convenções coletivas surgem como regulamentação delegada. Muitas figuras técnicas poderiam explicar tal situação.

A evolução posterior traduziu uma inversão: a autonomia coletiva é defendida e propugnada e as convenções coletivas de trabalho são, de novo, entendidas como contratos. A sua eficácia normativa não suscita quaisquer dúvidas, encontrando-se reconhecida por diversos diplomas superiores. Mas com que natureza?

III. A doutrina e a jurisprudência têm vindo a solucionar, na periferia, os problemas postos pelos diversos pontos do regime das convenções coletivas de trabalho.

Em Portugal, país de legislação fácil, as questões emergentes da misteriosa natureza da convenção coletiva têm encontrado saídas sistemáticas em diplomas legais.

Nestas condições, o tema da natureza das convenções coletivas pode ser colocado em termos metodologicamente corretos, e que são os inversos dos clássicos: a natureza não antecede o regime, que iria depois determinar, em típica metodologia de inversão conceitual; o regime, pelo contrário, fixado pelo Direito objetivo, habilitará, no seu todo, à qualificação da natureza da figura.

IV. A discussão em torno da natureza das convenções coletivas perde, deste modo, em acuidade: afinal, ela não visa já determinar as regras aplicáveis mas, tão-só adjetivar uma realidade em termos praticamente menos relevantes.

Não se trata de um fenómeno exclusivo ou, sequer, primordial do moderno Direito do trabalho. A efetiva superação da jurisprudência dos conceitos e a demarcação de formas extremas, positivistas e mesmo exegéticas da jurisprudência dos conceitos, tem vindo, nas diversas disciplinas, a fazer recuar o relevo das qualificações jurídicas. O regime não se retira dos conceitos ou das qualificações jurídico-legais; ele resulta dos factos e das fontes, é elaborado pela Ciência do Direito e, quando conhecido e concretizado, habilita à determinação da natureza conceitual em jogo.

A natureza jurídica não é causa: é consequência. E isso em toda a Ciência do Direito.

V. Não obstante, ponderar a natureza da convenção coletiva – uma vez conhecido o seu regime – tem, ainda, interesse científico e mesmo prático.

Trata-se, desde logo, de uma oportunidade para fazer o ponto dos desenvolvimentos anteriores, sintetizando os passos efetuados e verificando a coerência interna do próprio regime apurado.

De seguida, uma fixação de natureza faculta um desenvolvimento da linguagem laboral, decisiva para desenvolvimentos ulteriores. Comunicar, em termos linguísticos, todo o regime da convenção coletiva é incomportável: seria necessário recorrer a vastas locuções que apenas provocariam dúvidas e confusão. Ora esse regime deve estar presente, sempre que se trate, por exemplo, de ponderar figuras paralelas, semelhantes ou afins. Uma rápida referência à natureza pode, desde logo, facilitar o problema.

Por fim, a consciência da natureza das convenções coletivas viabiliza a utilização dos seus quadros fora do âmbito clássico do Direito do trabalho. Este aspeto tem a maior importância: certos esquemas juslaborais coletivos poderiam, com êxito, concretizar-se no domínio civil e comercial; pense-se, por exemplo, num acordo celebrado entre uma associação de consumidores e um produtor. Será assim?

O conhecimento de natureza das convenções coletivas facilita a resposta.

268. **Panorama geral; teorias negociais**

I. As teorias apresentadas para esclarecer a natureza das convenções coletivas são muito numerosas e, por vezes, de difícil destrinça.

Elas comportam diversas classificações[1853]; pela sua clareza expositiva, procede-se, aqui, a uma tripartição:

[1853] Karl Behrens, *Fernwirkung der in einer Tarifvertrag vereinbarten Arbeitsbedingungen* (1928), XVI + 154 pp., 7 ss.; Manfred O. Hinz, *Tarifhoheit und Verfassungsrecht/ /Eine Untersuchung über die tarifvertragliche Vereinbarungsgewalt* (1971), 34 ss.; Hans Hofbauer, *Der Rechtscharakter der Tarifverträge und der Allgemeinverbindlicherklärung* (1974), 15 ss., cujas recolhas de opiniões são bastante envolventes. Com múltiplas indicações, abaixo retomadas, Reinhard Richardi, *Kollektivgewalt und Individualwille bei der Gestaltung des Arbeitsverhältnisses* cit., 130 ss.. Em geral, *vide* ainda Wolfgang Zöllner, *Die Rechtsnatur der Tarifnormen nach deutschem Recht/Zugleich ein Beitrag zur Abgrenzung von Rechtssetzung und Privatautonomie* (1966), 38 pp.. Entre nós: Nuno Cabral

(a) teorias negociais;
(b) teorias sociais;
(c) teorias público-normativas.

As teorias negociais intentam explicar a eficácia das convenções coletivas sem recorrer a esquemas público-jurídicos de legitimação dos seus comandos: a chave residiria no acordo fechado entre as partes coletivas. As teorias sociais procuram encontrar, de algum modo, um ponto de equilíbrio entre as posições negociais e as público-normativas; servem, para o efeito, explicações que vão desde teses institucionais até ao apelo ao pluralismo normativo. As teorias público-normativas recorrem, por fim, às comuns hierarquias de produção normativa, nelas integrando as convenções coletivas.

Não é justo nem materialmente correto aproveitar a extrema simplificação de alguns resumos para, desde logo, efetuar ou propor opções. Ainda que em moldes simplificados, impõe-se uma ponderação mínima das diversas teorias.

II. Expoente clássico das orientações negociais é Erwin Jacobi. Segundo este autor dos anos trinta do século XX, a convenção coletiva não poderia ser reconhecida como Direito objetivo por lhe faltar o traço unificador com o poder do Estado[1854]. As teorias de base corporativa não são admitidas; não há, fora do poder estadual, qualquer possibilidade para organismos intermédios produzirem verdadeiras normas, nem muito menos é viável que os próprios destinatários determinem as normas a que se sujeitam[1855]. Segundo Jacobi, as convenções coletivas explicar-se-iam como contratos obrigacionais coletivos[1856]; haveria, de facto, que distinguir entre a autonomia negocial individual e a autonomia negocial coletiva: esta última, através de esquemas negociais comuns – mas coletivos – explicaria

Basto, *A natureza da convenção coletiva de trabalho: supostos epistemológicos da sua indagação*, ESC 30 (1969), 60-87. Na literatura atual: Rosário Palma Ramalho, *Tratado* cit., III, 2.ª ed., 337-350; Luís Menezes Leitão, *Direito do trabalho* cit., 5.ª ed., 612-614; Pedro Romano Martinez, *Direito do trabalho* cit., 11.ª ed., 1169-1175.

[1854] Erwin Jacobi, *Grundlehren des Arbeitsrechts* (1927), 78 ss. e 253 ss..

[1855] *Idem, loc. cit.*. Na nossa doutrina, uma posição negocialista é assumida por Raúl Ventura, *Teoria da relação jurídica de trabalho* 1 (1944) cit. 187.

[1856] Erwin Jacobi, *Grundlehren des Arbeitsrechts* cit., 277.

as convenções em estudo. Surgem variantes, como a de Max Müller que apura, nas convenções coletivas, contratos a favor de terceiros[1857].

III. Em data ulterior, as conceções de tipo negocial foram retomadas por Thilo Ramm[1858]. Este autor parte de uma crítica às conceções dominantes, de tipo misto, e procura indagar se a instrumentação civil não seria bastante para explicar a natureza vinculativa das convenções coletivas[1859]. Responde pela afirmativa: uma simples adaptação do conceito civil de representação permitiria explicar, em moldes puramente obrigacionais, a ideia de convenção coletiva[1860]. A adaptação residiria, no essencial, em considerar, na representação sindical dos trabalhadores, a presença de uma "tutela social": as direções sindicais deveriam assim prosseguir ativamente os interesses dos trabalhadores, num fenómeno há muito conhecido pelo Direito civil[1861].

IV. Eduard Bötticher, ainda que com alguns desvios perante Ramm, defende também construções negociais[1862]. Este Autor mostra-se surpreendido que os deveres de trabalho ou de pagar um salário assumam sem mais, natureza normativa; ora seria essa a consequência inegável das modernas orientações que assimilam as convenções coletivas a fontes e o seu conteúdo a normas jurídicas. Orienta, por isso, a eficácia das convenções coletivas pelas regras da representação civil e pelas do contrato a favor de terceiros[1863]. Os comentadores valorizam em Bötticher o facto de ele ter sublinhado um aspeto importante da autonomia privada: esta não

[1857] Max Müller, *Der Tarifvertrag als Vertrag zu Gunsten Dritter* (1931), 83 pp., 78, apontando as vantagens desta explicação.

[1858] Thilo Ramm, *Die Parteien des Tarifvertrages/Kritik und Neubegründung der Lehre vom Tarifvertrag* (1961). Este Autor retomaria a sua construção em múltiplos artigos de revistas.

[1859] Thilo Ramm, *Die Parteien des Tarifvertrages* cit., 84 ss..

[1860] Thilo Ramm, *Die Parteien des Tarifvertrages* cit., 98 ss..

[1861] As particularidades da construção de Ramm, designadamente na evolução da sua obra e em confronto com outras doutrinas podem ser seguidas em Reinhard Richardi, *Kollektivgewalt und Individualwille* cit., 133 ss., em M. Hinz, *Taritfhoheit und Verfas sungsrecht* cit., 40 ss. e em H. Hofbauer, *Die Rechtscharakter der Taritfvertrage* cit., 28 ss..

[1862] Eduard Bötticher, *Gestaltungsrecht und Unterwerfung im Privatrecht*, correspondente a uma conferência feita pelo seu Autor em Berlim, no dia 8-nov.-1963 (1964).

[1863] Bötticher, *Gestaltungsrecht und Unterwerfung* cit., 18 ss.. Noutro prisma, seria possível dizer, como Cataudella, *Adesione al sindacato e prevalenza del contratto*

se mostra, apenas, na conclusão de negócios, antes aflorando também no exercício de faculdades potestativas e na autossujeição a esquemas que outros irão precisar.

V. Entre nós e na atualidade, a construção negocial da convenção coletiva é defendida por Romano Martinez. Apresenta, nesse sentido, cinco ponderosos argumentos[1864]:

(a) há liberdade de constituição de associações sindicais e de associações de empregadores, bem como liberdade de filiação em qualquer delas;
(b) as partes atuam na qualidade de entidades privadas;
(c) ao celebrar convenções, elas dispõem de liberdade de celebração e de liberdade de estipulação;
(d) a eficácia da parte regulativa baseia-se no princípio da filiação;
(e) a intervenção dos poderes públicos está, hoje, circunscrita à recusa de depósito.

Estes argumentos são irrespondíveis. Apenas acrescentaremos a necessidade de, no quadro das fontes do Direito, abrir uma rubrica sobre "fontes privadas". As convenções coletivas inscrevem-se aí, em conjunto com outras realidades.

269. **Teorias sociais e público-jurídicas**

I. As teorias sociais remontam às construções de Otto von Gierke que apresentam, na sociedade, comunidades diferentes da do Estado, mas dotadas de poderes juridificadores autónomos[1865]. Esta orientação teve, nas correntes institucionais e corporativistas desenvolvimentos conhecidos, embora não se esgote nelas.

collettivo cit., 550, que só haveria aplicação de verdadeiras normas legais quando, por desconformidade com os limites impostos, as cláusulas das convenções surgissem inviáveis.

[1864] Pedro Romano Martinez, *Direito do trabalho* cit,, 8.ª ed., 1172-1173.

[1865] Otto von Gierke, *Deutsches Privatrecht*, 1 – *Allgemeiner Teil und Personenrecht* (1895), 113 ss.; os passos essenciais podem ser seguidos em M. Hinz, *Tarifhoheit und Verfassungsrecht* cit., 62 ss..

II. Na atualidade, ela serve os autores que, na questão da natureza das convenções coletivas, intentam seguir uma *media via*. Nessa linha, Zöllner rejeita a possibilidade de reduzir dogmaticamente, em termos de Direito privado, as convenções coletivas; mas a solução público-normativa tão-pouco seria satisfatória, uma vez que as partes se lhes sujeitariam apenas pela submissão (voluntária)[1866]. Biendenkopf, por seu turno, requer para a "normativização" das regras laborais coletivas uma legitimação democrática tal como se encontra no domínio comunal ou autárquico. O ato de submissão negocial equivaleria a uma participação corporativa na elaboração normativa em jogo[1867]. Ainda que renovada, projeta-se, clara, a ideia dos entes intermédios.

III. As teorias público-jurídicas assimilam as negociações coletivas às fórmulas consagradas para a produção de normas jurídicas, as quais, de modo tradicional, são elencadas e aprofundadas no Direito público (constitucional).

Surge, assim, a posição dominante: o fundamento de validade das normas laborais coletivas assenta no reconhecimento pelo Estado[1868] ou, se se preferir, numa delegação[1869] de poderes por ele efetuada junto dos parceiros coletivos.

Seria ainda possível integrar aqui construções que, como a de Herschel, veem na "competência legislativa" dos parceiros coletivos não um fenómeno de delegação, mas um poder originário de ordenação; este ope-

[1866] Wolfgang Zöllner, *Die Rechtsnatur der Tarifnormen* cit., com conclusões 37-38.

[1867] Kurt Biendenkopf, *Grenzen der Tarifautonomie* (1964), 47 ss. Outros autores conseguem efeitos semelhantes apelando à ideia de "comunidade contratual" como modo de distinguir, pela formação, a convenção coletiva; *vide* Bruno Mazzarelli, *La norma collettiva nella teoria generale del diritto* (1957), 75 ss..

[1868] W. Siebert, *Kollektivnormen und Individualrecht im Arbeitsverhältnis*, FS Nipperdey 60. (1955), 119-145 (121); Hueck/Nipperdey, *Arbeitsrecht* II/1 cit., 349-350; Nikisch, *Arbeitsrecht* cit., II, 213-215. Entre nós, uma teoria público-normativista era defendida por Marcello Caetano, *Manual de Direito Administrativolo* 1 (1973), 389-390 e 570; este Autor baseava-se, contudo, em certas particularidades da lei então em vigor.

[1869] M. Hinz, *Tarifhoheit und Verfassungsrecht* cit., 134 ss.; H. Hofbauer, *Der Rechtscharakter der Tarifverträge* cit., 53; Joachim V. Harbou, *Tarifautonomie* cit., 10; Raimund Waltermann, *Zu den Grundlagen der Tarifautonomie*, ZfA 2000, 53-86 (65); *idem*, *Zu den Grundlagen der Rechtssetzung durch Tarifvertrag*, FS Alfred Söllner (2000), 1251-1277 (1256).

raria, contudo, em termos público-jurídicos[1870]. Também se refere a convenção coletiva como um contrato *sui generis* [1871].

270. **Teses mistas**

I. O quadro acima sintetizado faculta as opções básicas no domínio da natureza das convenções coletivas[1872]. Há que avançar a partir dele, embora sem esquecer as particularidades do Direito positivo português; na verdade, fica hoje demonstrado que, para além de um tronco científico comum, várias particularidades legislativas podem infletir as doutrinas numa ou noutra posição[1873]. Em todo o debate, apenas o regime pode provocar opções.

II. A discussão em torno da natureza da convenção coletiva, para além de referências automáticas e estereotipadas aos seus termos clássicos, tem vindo a ser solucionada nalguma doutrina da atualidade – sobretudo a nacional – com o apelo à dupla essência das convenções coletivas. Na parte obrigacional, a explicação seria jurídico-privada, em termos que não ofereceriam dúvidas; na regulativa, haveria que fazer apelo aos conceitos públicos de soberania, competência legislativa e delegação[1874].

[1870] W. Herschel, *Sinn und Grenzen der Vereinbarungsbefugnis der Tarifvertragsparteien*, DJT 46. (1967), D. 16 ss..

[1871] Geogr Bubb, *Vereinbarung im Tarifvertrag* cit., 22.

[1872] É possível seguir os seus termos, ainda que de forma menos clara e desenvolvida, noutras literaturas jurídicas, designadamente na italiana. Assim: Valente Simi, *Il contratto collettivo* cit., 58 ss.; G. Giugni, *Autonomia e autotutela colectiva no Direito do trabalho*, trad. port. Monteiro Fernandes (1983), 5 ss..

[1873] Rudolf Strasser, *Kollektivvertrag und Verfassung* (1968), 15 ss. e 22 ss., baseado no Direito austríaco, que aponta a necessidade de, aí, seguir, por razões jurídico-positivas, uma orientação mais publicística; acaba por considerar a hipótese de os parceiros coletivos serem órgãos de Administração.

[1874] Carnelutti, numa passagem muito citada e de alto poder descritivo, escreve:

> Portanto, o contrato coletivo é um híbrido, que tem o corpo do contrato e a alma na lei; através do mecanismo contratual, joga uma força que transcende o direito subjetivo e solta-se um movimento que vai para além da relação jurídica entre as partes.

Vide Francesco Carnelutti, *Teoria del regulamento collettivo dei rapporti di lavoro* (1930), 116-117.

III. A problemática posta pela natureza das convenções coletivas obedeceu, em termos históricos, às tentativas de emancipar as convenções coletivas, dando-lhe eficácia prática e autonomia conceitual, mas mantendo a sua independência perante o Estado. À vertigem publicizadora provocada pela necessidade de alargar os seus efeitos seguia-se a necessidade de autonomização privada. A experiência mostra que, mais do que as tradicionais soluções autolimitativas do Direito público, o Direito privado consegue os melhores resultados no controlo do poder. Mas a simples consideração da matéria deixa entender como o Direito privado não foi diretamente pensado para enquadrar semelhante problemática. Haverá sempre adaptações, com reflexos qualitativos.

IV. A Constituição garante a liberdade sindical – artigo 55.º – nos termos mais latos. Designadamente, os trabalhadores podem constituir as associações sindicais que quiserem – n.º 2, *a*) – e inscreverem-se livremente nelas – n.º 2, *b*). A independência dos sindicatos está garantida, em termos formais – artigo 55.º/4. As associações de empregadores atuam, por seu turno, como associações privadas garantidas, também, na Constituição – artigo 46.º. As convenções coletivas são celebradas pelos sindicatos e pelas associações de empregadores ou pelos próprios empregadores – 443.º/1, genericamente abrangidas pelo artigo 56.º/3 e 4 da Constituição. As convenções coletivas obrigam apenas as pessoas que as celebrem ou que estejam filiadas nas entidades celebrantes – artigo 496.º/1.

Há autonomia e num plano de igualdade: a autonomia é privada. Porventura mais relevante ainda: as regras que rodeiam toda esta matéria são estrutural e formalmente privadas. O Código Civil constitui o permanente arrimo, em todo o processo de interpretação e de aplicação.

V. Com as particularidades acima examinadas, que têm a ver com deveres instrumentais, as convenções coletivas surgem no termo do livre exercício de poderes de celebração e de estipulação. Elas formam-se nos moldes contratuais e têm eficácia porque as pessoas constituíram livremente associações para que estas, também em liberdade, contratassem em termos coletivos.

Os poderes que explicam este mecanismo não são originários, antes assentando numa normativização conferida pelo Direito objetivo. Mas isso ocorre precisamente com os diversos negócios jurídicos.

A autonomia coletiva representa assim uma particular forma de autonomia privada; as convenções coletivas de trabalho são negócios (privados) coletivos[1875]. Situamos aqui as leituras híbridas que também predominam entre nós[1876].

271. **Uma fonte privada**

I. Neste ponto, recordamos a necessidade de, no domínio das fontes do Direito, abrir uma categoria para os diplomas privados[1877]. Em certas circunstâncias, o Direito reconhece a possibilidade, aos particulares de, ao abrigo da sua autonomia, estabelecerem normas jurídicas – portanto, proposições gerais e abstratas – que, depois, se lhes irão aplicar, se se verificarem as precisões que elas próprias comportem.

II. Exemplos de diplomas privados, para além das convenções coletivas ora em estudo, são:

(a) o contrato de sociedade: vai aplicar-se a uma generalidade atual, futura ou potencial de sócios, caso se verifiquem certos factos;
(b) o contrato-quadro, adotado nas mais diversas hipóteses e que ditará atos subsequentes;
(c) o contrato de abertura de conta: prevê a hipótese de múltiplos atos bancários, definindo-lhes o regime;
(d) os estatutos das associações;
(e) os regulamentos, do mais diverso âmbito, adotados pelas associações;
(f) o regulamento de propriedade horizontal.

[1875] Nesse sentido, Reinhard Richardi, *Kollektivgewalt und Individualwille* cit., 164. *Vide*, ainda, quanto à natureza privada das convenções coletivas, por vários prismas, Laura Castelvetri, *Analisi critica del sistema contrattuale vigente nelle valutazioni della dottrina*, RIDLav 1 (1982), 385-425 (397 ss.) e Dora Briguori Spina, *Contributo all'analisi dei rapporti tra la norma inderogabile a il contratto collettivo*, RIDLav 1 (1982), 249-286 (251 ss., 281).

[1876] Rosário Palma Ramalho, *Tratado* cit., III, 2.ª ed., 349; Luís Menezes Leitão, *Direito do trabalho* cit., 5.ª ed., 614.

[1877] *Tratado de Direito civil* I, 4.ª ed., 546-557.

Estes diplomas privados têm uma particularidade: recaem sobre situações disponíveis, traduzindo um puro exercício de autonomia privada.

III. As convenções coletivas, apesar da sua natureza privada, recaem sobre matéria não disponível. Regras como o respeito pelos direitos de personalidade, a igualdade de tratamento, a não-discriminação ou uma série de "mínimos" mostram que não estamos em face de um comum exercício de autonomia privada. A lógica das fontes privadas funciona. Constituem, dentro dos diplomas privados, uma categoria especial. O modo por que a parte regulativa vincula os filiados nas organizações celebrantes explica-se em termos privados, através de esquemas de representação adaptados. Pode falar-se em representação laboral para indicar as especificidades; mas nada há, aí, de inimaginável para um Direito privado que se assuma em mutação[1878].

A distinção entre partes obrigacionais e regulativas deve, aqui, ser abandonada: se ela não funciona já, de modo satisfatório, no campo do conteúdo, muito menos poderá fazê-lo no do fundamento: seja ele qual for, há de ser unitário.

IV. Mas a privatização das convenções coletivas, fortemente alicerçada no princípio da filiação e na liberdade sindical e de associação, não pode ser levada até ao fim.

Em termos histórico-culturais, a contratação coletiva não surgiu, entre nós, como o produto do livre exercício, pelas pessoas, da autonomia contratual; ela foi implantada a partir do Estado e através de iniciativas de tipo legislativo[1879].

O regime em vigor reconhece expressamente a contratação coletiva – artigo 57.º/3 e 4 da Constituição – e aponta-a como fonte – artigo 1.º/1 do Código do Trabalho – sendo um facto que ela permite a revelação de normas jurídicas[1880].

[1878] Este esquema transcende já o Direito do trabalho; cabe recordar as associações de defesa do consumidor, previstas nos artigos 17.º e seguintes da Lei n.º 24/96 de 31 de julho, or último (em setembro de 2018) alterada pela Lei n.º 47/2014, de 28 de julho, que procedeu à sua republicação, com múltiplas competências para agir em nome coletivo; *vide* a "ação inibitória" do artigo 24.º do Decreto-Lei n.º 446/85, de 25 de outubro, que aprovou o regime das cláusulas contratuais gerais.

[1879] *Supra*, 614 ss..

[1880] *Supra*, 345 ss..

Ora a pretexto de ver, na convenção coletiva, uma fonte mediata do Direito, a ordem jurídica comina-lhe novas e exorbitantes normas; assim, para além dos deveres instrumentais já analisados, atine-se nas sanções prescritas no artigo 521.º. A violação de um negócio privado não origina contraordenações.

V. Verifica-se ainda que o Direito, através das denominadas portarias de extensão, abaixo analisadas, prevê esquemas para alargar as convenções coletivas a pessoas não filiadas nos organismos que as celebrem. Quando isso suceda, a fundamentação terá de ser público-normativa, ligada à soberania estadual.

Mas mal se compreenderia que uma mesma norma, a interpretar e aplicar, segundo se julga, em moldes idênticos, tivesse diferentes fundamento e natureza, consoante se aplicasse a um trabalhador sindicalizado ou a um não sindicalizado. Todavia (Luís Gonçalves da Silva), o tema não é líquido, uma vez que a portaria de extensão tem uma fundamentação público-normativa, assentando, ainda, em procedimentos e parâmetros próprios.

As convenções coletivas são, pois, negócios (privados) coletivos e fontes mediatas do Direito. Pretende tratar-se não de um somatório, mas de uma síntese, expressa com clareza no embricar de normas e de soluções a que dá lugar.

CAPÍTULO II
OUTROS INSTRUMENTOS NEGOCIAIS COLETIVOS

§ 70.º ACORDO DE ADESÃO

272. Conceito e regime

I. O acordo de adesão é um convénio celebrado entre associações sindicais e associações ou entidades empregadoras, com o fito de receberem, nos âmbitos laborais respetivos, o conteúdo de uma convenção coletiva celebrada por outros intervenientes.

Por acordo dos interessados, verifica-se a extensão de uma convenção coletiva: limitada, à partida pelo universo dos seus celebrantes, ela vai extravasar esse âmbito, aplicando-se ao espaço atribuído aos aderentes[1881].

II. O regime dos acordos de adesão resulta do artigo 504.º do Código do Trabalho, que anuncia, em termos muito sintéticos:

– a adesão postula um acordo entre a entidade interessada e aquelas que se lhe contraporiam na negociação da convenção, se nela houvessem participado – n.º 2;
– da adesão não pode resultar qualquer modificação no conteúdo da convenção – n.º 3;
– aos acordos de adesão aplicam-se as disposições referentes ao depósito e à publicação das convenções – n.º 4.

[1881] Sobre o tema: Rosário Palma Ramalho, *Tratado* cit., III, 2.ª ed., 359-363; Luís Menezes Leitão, *Direito do trabalho* cit., 5.ª ed., 614-615; Pedro Romano Martinez, *Direito do trabalho* cit,, 8.ª ed., 1175-1178; Luís Gonçalves da Silva, em Pedro Romano Martinez, *Código do Trabalho anotado* cit. 11.ª ed., 1076-1078.

III. Pode-se ir um pouco mais longe, complementando o regime da adesão. Ela deve iniciar-se com uma proposta, formulada por quem tenha competência laboral coletiva e dirigida, também, a quem goze dessa faculdade. Ao contrário do que sucede nas convenções coletivas falta, aqui, liberdade de estipulação: a proposta deve ser de pura e simples adesão, uma vez que o conteúdo da convenção a alargar não pode ser modificado pela operação. A adesão pode ter por objeto, em vez da convenção coletiva ou uma decisão arbitral: a presença de idêntica *ratio legis* é manifesta.

A proposta deve ser escrita e deve conter os elementos referidos no artigo 486.º, indicando-se, ainda, a convenção a aderir; a fundamentação sócio-laboral deve ser observada.

A proposta deve ser respondida no prazo de trinta dias – artigo 487.º/1 – salvo convenção em contrário. Também a resposta deve obedecer aos competentes requisitos artigo 487.º/2 – limitando-se, porém, sendo positiva, a uma total aquiescência; quando isso não suceda, sai-se do âmbito da adesão e entra-se no de uma comum negociação coletiva, que poderá desembocar em convenção.

As negociações diretas podem ser dispensadas, dada a simplicidade das declarações a emitir. Mas elas terão lugar sempre que alguma das partes o pretenda.

Todos os deveres instrumentais – e, designadamente, o da boa-fé, artigo 489.º – terão de ser respeitados.

A aplicação aqui preconizada, das normas relativas a convenções coletivas, deve ser sempre ponderada caso a caso; de qualquer modo, ela pode considerar-se como direta, constituindo o artigo 295.º do Código Civil um lugar paralelo sugestivo.

273. **Efeitos**

I. O acordo de adesão provoca a total submissão dos aderentes à convenção coletiva visada[1882]. Assim, a convenção alargada deverá estar devi-

[1882] António Monteiro Fernandes, *Direito do Trabalho* cit., 2, 2.ª ed., 180 e Barros Moura, *A convenção colectiva* cit., 222-223. A autonomia coletiva pode determinar outros modos de regulação coletiva, próximos do acordo de adesão, mas que, com ele, se não confundem. Como exemplo, o CCT entre a Associação Nacional dos Industriais de Conservas de Peixe e outros e a FEPCES – Federação Portuguesa dos Sindicatos do Comércio, Escri-

damente em vigor e os seus prazos não são alterados, pela ocorrência da adesão. Os aderentes devem, depois, participar na sua revisão.

II. Não se vê razão de fundo para restringir a eficácia da adesão à parte regulativa da convenção coletiva[1883]: para além das dúvidas que essa divisão suscita, não se trata de vincular terceiros a convénios que eles não hajam celebrado mas, tão-só, de transpor para duas outras entidades, deveres semelhantes aos que já vigoravam para as primeiras. Estas não são afetadas. Acrescente-se, ainda, que a adesão pode ser parcial, nos termos da autonomia coletiva; deve, porém, então, seguir o regime das convenções coletivas[1884].

III. Os acordos de adesão podem ser subscritos por quem já tenha assinado o instrumento cuja competência se visa alargar. Assim, uma entidade celebra, com um sindicato, um acordo de empresa e, depois, com outro sindicato, um acordo de adesão relativo ao acordo de empresa primeiro concluído.

274. **Natureza**

I. O acordo de adesão assume uma estrutura contratual não negocial: implica liberdade de celebração, já que as partes são livres de aderir, mas não a liberdade de estipulação: as partes não podem modificar em nada o conteúdo do convénio a que adiram[1885].

Ela corresponde, de qualquer modo, ao exercício da autonomia coletiva, sendo utilizado quando as partes, dispondo de um exemplo concreto conveniente que tenha contactos com a realidade por elas abrangida, se

tórios e Serviços, BTE I Série, 41 (8-nov.-1987), 1583-1584, tinha apenas duas cláusulas remetendo, no resto, para outra convenção coletiva.

[1883] Barros Moura, *A convenção colectiva* cit., 222, nota 7.

[1884] A consulta ao BTE, fácil por via eletrónica, permite verificar múltiplos exemplos.

[1885] Adota-se a tradicional classificação de Paulo Cunha: o ato negocial implica liberdade de celebração e de estipulação; o não negocial – ou ato jurídico *stricto sensu* – tem, apenas, liberdade de celebração; ambos esses tipos de atos podem ser unilaterais ou contratuais, consoante o número de intervenientes.

pretendam poupar aos incómodos, despesas e delongas de uma complexa negociação.

II. O Direito anterior concebia a adesão como um mero ato unilateral[1886]: o organismo interessado devia dirigir-se ao Instituto Nacional do Trabalho e Previdência, solicitando-a – artigos 22.º e 23.º do Decreto-Lei n.º 49 212, de 28 de agosto de 1969[1887]; a decisão seria, pois, administrativa, havendo tão-só uma audição dos interessados.

A contratualização da adesão corresponde ao movimento geral de incremento da autonomia coletiva.

[1886] Nascimento Rodrigues, *Regime das relações coletivas de trabalho* cit., 83.

[1887] Esse esquema resultava já do artigo 4.º do Decreto-Lei n.º 36:173, de 6 de março de 1947.

§ 71.º DECISÃO ARBITRAL (VOLUNTÁRIA)

275. A arbitragem laboral coletiva

I. As partes laborais coletivas podem, em vez de negociar e aprovar uma regulação para as situações de trabalho em que estejam envolvidas, encarregar uma terceira entidade, delas independente, de o fazer: é a arbitragem laboral coletiva.

A arbitragem distingue-se da conciliação e da mediação, que traduzem, segundo os artigos 523.º e ss. e 526.º e ss., respetivamente, modos de procurar um consenso, quando haja dificuldades, mas que não limitam a autonomia coletiva: ao contrário desses dois esquemas, que só podem desembocar em regras coletivas quando deem lugar a convenções coletivas, a arbitragem proporciona, só por si, um instrumento de regulamentação coletiva: a decisão arbitral[1888].

II. A arbitragem laboral coletiva[1889] pode ser obrigatória ou facultativa: obrigatória quando o Direito a imponha sempre que, em certo prazo, não se verifique o consenso entre as partes; facultativa quando ela quede apenas na presença de acordo entre os parceiros contrapostos. A arbitragem é obrigatória quando as lutas laborais coletivas estejam proscritas: na falta de acordo e na impossibilidade de exercer pressões na contraparte, resta a arbitragem. Tal o sentido do Direito anterior – artigo 15.º do Decreto-Lei n.º 49 212, de 28 de agosto de 1969. A arbitragem é facultativa, pelo con-

[1888] Quanto à distinção entre arbitragem e figuras limítrofes, remetemos para o nosso *Tratado da arbitragem* (2016), 16 ss..

[1889] Podendo ainda ocorrer arbitragens em quaisquer processos laborais; *vide* Claas-Hinrich Germelmann, *Die Zulässigkeit außergerichtlicher Schiedsvereinbarungen im arbeitsgerichtlichen Verfahren* , FS Klaus Adomeit (2008), 201-211 e, entre nós, Pedro Romano Martinez, *Mediação e arbitragem em Direito laboral*, RDES 2015, 7-28.

trário, quando o Estado deixe jogar livremente as forças sociais – artigo 506.º. Em certos casos (509.º e 510.º) a arbitragem torna-se obrigatória.

Repare-se que a obrigatoriedade ou a facultatividade se reportam à realização de arbitragem em si; verificada esta, seja a que título for, a decisão arbitral é sempre obrigatória ou terá havido mera mediação.

III. A arbitragem, na antiga LRCT, era tratada, pela própria lei, numa ordenação sistemática que a deixa entender como um modo de resolução de conflitos coletivos de trabalho; já então não era exato: as partes podiam estipular a arbitragem independentemente de qualquer conflito e apenas para, com rapidez e sem sobressaltos, conseguirem uma decisão justa.

A lei deixa, na arbitragem laboral coletiva, o maior âmbito à vontade das partes. Elas definem a área sobre que incidirá a arbitragem e os seus limites. Pode estar em jogo uma regulamentação completa, um regime parcial ou, tão-só, um ponto mais concreto; de igual modo, a arbitragem pode visar uma regulação nova, uma revisão de um regime preexistente ou uma simples interpretação.

276. **Processo**

I. A arbitragem laboral coletiva merecia, no Direito anterior, uma regulamentação bastante minuciosa – artigos 15.º e ss. do Decreto-Lei n.º 49 212, de 28 de agosto de 1969. A lei vigente, em obediência aos novos parâmetros que rodeiam o instituto, absteve-se de regulações complexas, deixando-as aos arranjos das partes e às próprias decisões do tribunal arbitral.

De qualquer modo, a sentença arbitral equipara-se à convenção coletiva; por isso, algumas medidas são necessárias, de modo a dignificar o instituto e assegurar a sua independência, pelo menos formal. No campo laboral, há que lidar com o Decreto-Lei n.º 259/2009, de 25 de setembro, abaixo referido.

II. A arbitragem é levada a cabo por três árbitros: um nomeado por cada uma das partes e o terceiro – o presidente – escolhido pelos dois primeiros, segundo o artigo 507.º/2. Quando a arbitragem seja facultativa, o eventual desacordo quanto à indicação do terceiro árbitro não coloca problemas de maior. Aplica-se, nos termos do artigo 505.º/4, supletivamente, o regime da arbitragem voluntária, cujo regime foi aprovado pela Lei n.º 63/2011, de 14 de dezembro. Assim, se os árbitros designados pelas partes não escolherem, no prazo de 30 dias, o terceiro árbitro, a sua designação será feita, a pedido de qualquer das partes, pelo presidente do Tribunal da Relação territorialmente competente (10.º/4 e 59.º/1 e 3 da Lei da Arbitragem Voluntária).

III. O processo observa o disposto na Lei da Arbitragem Voluntária, particularmente quanto à recusa de árbitros (13.º e 14.º), a providências cautelares (20.º ss.), à condução do processo (30.º ss.) e à sentença arbitral (35.º ss., todos da Lei da Arbitragem Voluntária)[1890]. A arbitragem constitui um esquema moderno, eficaz, barato e justo para ultrapassar quaisquer dúvidas ou conflitos. A campanha atualmente em curso contra ela não tem qualquer fundamento racional.

277. **Eficácia**

I. A lei dispensa à arbitragem os cuidados que competem à própria negociação coletiva. Assim, os árbitros podem ser assistidos por peritos e têm direito a obter das partes e de qualquer departamento do Estado todos os dados e informações que considerem necessários – artigo 507.º/4. O dever da atuação de boa-fé estende-se às partes, perante a arbitragem.

A decisão arbitral é equiparada, nos seus feitos, à convenção coletiva – artigo 505.º/3.

II. Os árbitros devem pautar os seus comportamentos por critérios de legalidade e, sendo necessário, de bom senso, de oportunidade e de equidade. As pretensões ilegais das partes devem ser afastadas; para além disso, há que atinar na excelência das fundamentações apresentadas, procurando construir uma solução que gere o consenso possível. Registe-se por fim que o resultado da arbitragem pode ter, por conteúdo, a adesão a uma convenção preestabelecida.

III. A decisão arbitral deve ser enviada às partes e ao ministério competente no prazo de cinco dias para efeitos de depósito e publicação (505.º/2).

[1890] Toda esta matéria pode ser seguida no nosso *Tratado da Arbitragem* já referido.

§ 72.º NEGÓCIOS COLETIVOS ATÍPICOS

278. Convenções atípicas

I. Ainda no domínio dos instrumentos coletivos negociais, surge a figura das negociações ou convenções atípicas[1891]. *Grosso modo*, essa expressão designa todos os convénios laborais coletivos, concluídos entre empregadores ou seus representantes e os representantes dos trabalhadores e que não se possam reconduzir a algum dos instrumentos previstos no Código do Trabalho: quer pelo processo de negociação, quer pelo conteúdo, quer pela forma. Tais convénios ocorrem, em regra, em empresas de vulto e visam estabelecer regras especiais de funcionamento e de retribuição, negociadas informalmente entre a administração da empresa e a comissão de trabalhadores ou uma comissão *ad hoc* escolhida para o efeito[1892].

II. A negociação atípica tem a vantagem da especialização: ela foca-se diretamente na empresa onde decorra e tem um perfeito conhecimento das questões a resolver. Além disso, pelo seu informalismo, é rápida, barata e de eficácia imediata. Como desvantagens, podem-se referir o seu potencial descontrolo, o descontentamento que suscita junto dos sindicatos tradicionais e o facto de operarem num ambiente de "aristocracia laboral".

III. Justamente por serem atípicos, os acordos deste tipo não podem ser definidos a não ser pela negativa: escapam ao figurino (rígido) do

[1891] Trata-se de matéria especialmente estudada por António Nunes de Carvalho, *Primeiras notas sobre a contratação coletiva atípica* RDES 1999, 353-404 e 2000, 9-36 e por Rosário Palma Ramalho, *Negociação colectiva atípica* (2009), 151 pp. e *Tratado* cit., III, 2.ª ed., 217-224.

[1892] O exemplo mais conhecido e muito mediatizado é o dos acordos laborais concluídos na Auto-Europa.

Código do Trabalho. Pergunta-se, logo, se são direitos. A resposta é positiva, ao abrigo do artigo 405.º/1, do Código Civil. Temos, aliás, um curioso retorno às origens: trabalhadores e empregadores, ao abrigo da sua autonomia privada, acordam livremente sobre as regras aplicáveis.

Tais acordos não podem contrariar regras legais imperativas, nem pôr em causa a ordem pública social. Também não vinculam as pessoas que não sejam representadas pelos negociadores, salvo se *a posteriori*, ratificarem o decidido. Afigura-se ainda possível que a vontade maioritária se imponha à minoritária desde que isso ocorra no termo de um processamento que todos tenham sufragado.

IV. A contratação coletiva atípica constitui uma válvula de segurança entre a vertigem regulamentadora e burocratizadora que, mau grado todos os esforços, sempre preenche o espaço laboral português. Há que acompanhar o fenómeno.

CAPÍTULO III

INSTRUMENTOS ADMINISTRATIVOS DE REGULAÇÃO

§ 73.º PORTARIA DE EXTENSÃO

279. A intervenção administrativa

I. Os diversos instrumentos acima analisados têm em comum o traduzir formas de autonomia coletiva: estão na disponibilidade das partes, que os utilizam em liberdade. A própria arbitragem facultativa implica uma certa disposição indireta dos interesses de cada uma.

Lado a lado, o Direito prevê modos administrativos de regulação laboral: seja suprindo a vontade dos parceiros laborais, seja complementando-a, a Administração pode dimanar regras de regulação laboral coletiva.

O Direito português admite duas formas administrativas de regulamentação:

– a portaria de extensão;
– a portaria de condições de trabalho.

A portaria de extensão permite alargar, para além do inicial que lhe competiria, o âmbito de aplicação de uma convenção coletiva de trabalho ou de uma sentença arbitral; a portaria de condições de trabalho exprime, por seu turno, um conjunto de regras inteiramente novas, criadas e aprovadas pela Administração. Ambas as portarias são da competência dos Ministros do trabalho e da tutela ou do responsável pelo sector de atividade em jogo.

II. A portaria de extensão pode, por seu turno, subdividir-se em dois instrumentos diferenciados[1893]:

– a portaria de extensão interna;
– a portaria de extensão externa.

Na extensão interna verifica-se que, por portaria, uma convenção coletiva ou uma decisão arbitral são total ou parcialmente alargadas a trabalhadores ou a entidades patronais da mesma profissão ou sector económico, desde que exerçam a sua atividade na área e no âmbito por elas visadas.

Na extensão externa, a portaria vai alargar uma convenção coletiva ou uma decisão arbitral a empregadores e trabalhadores do sector económico regulado, mas que exerçam a sua atividade em área diversa.

III. As diferenças de âmbito acima apontados permitem descobrir diversos objetivos nos dois tipos de extensão, em consonância, aliás, com os dispositivos legais aplicáveis.

A extensão interna visa abranger as entidades e os trabalhadores que, por não estarem filiados nas organizações celebrantes, não sejam atingidos pelas convenções coletivas por elas concluídas. A extensão externa destina-se a solucionar os problemas postos por áreas onde não existissem associações sindicais ou de empregadores – artigo 29.º/2.

280. **A oportunidade política**

I. O recurso a portarias de extensão deu azo a dúvidas, quanto à sua oportunidade[1894]. De facto, os diversos ordenamentos conhecem figuras

[1893] O artigo 575.º/1 e 2 do Código de 2003 distinguia expressamente estas duas modalidades; o Código de 2009 não o faz, mas a contraposição mantém-se útil; *vide* Luís Gonçalves da Silva, em Pedro Romano Martinez, *Código do Trabalho anotado* cit. 11.ª ed., 1104.

[1894] *Vide* a apreciação crítica de Rosário Palma Ramalho, *Tratado* cit., III, 2.ª ed., 373 ss..

equivalentes, o que se explica em virtude do princípio da filiação[1895]. Como uma convenção coletiva só vincula os trabalhadores integrados no sindicato que a celebre, ficariam de fora pessoas em situação idêntica mas que, no uso legítimo da sua liberdade, optaram pela não-sindicalização. Além disso, sectores há que, embora integrados no mesmo setor de atividade (514.º/1), não dispõem de convenção por falta de organizações sindicais que curem da contratação. Finalmente pode, num mesmo espaço laboral existir mais de um sindicato. Quando daí decorram diversas convenções coletivas, como proceder[1896]?

II. Visando ultrapassar esses óbices, o Decreto-Lei n.º 164-A/76, de 28 de fevereiro, que aprovou um regime para as relações coletivas de trabalho, consagrou, no seu artigo 20.º, as portarias de extensão, nas suas versões interna e externa. A partir daí, a figura generalizou-se: sempre que era publicada uma convenção coletiva de trabalho seguia-se-lhe uma portaria de extensão: era a forma de lhe assegurar uma aplicação geral. Contra pode-se dizer que, em vez de ampliar a autonomia laboral coletiva, a portaria de extensão vem, de facto, reduzi-la, chegando ao ponto de tornar aplicáveis convenções coletivas a pessoas que, conscientemente, as não quiseram. Além disso, a portaria de extensão permitiria a trabalhadores que não se esforçam, não se sindicalizam e não pagam quotas, beneficiar do esforço dos outros. A própria quebra nas taxas de sindicalização já foi imputada à prática de extensão. Não obstante, as portarias de extensão passaram à LRCT de 1979 (29.º) e, daí, ao Código de 2003, que as denominou "regulamentos de extensão" (573.º).

III. O Memorando com a Troika, de 18 de maio de 2011, previu que o Governo racionalizasse o recurso às portarias de extensão, sentidas como um suplemento de encargos para as empresas[1897]. Em sua execução, a

[1895] *Vide* com o § 5 do TVG alemão: Achim Seifert, em Otto Ernst Kempen/Ulrich Zachert, *Tarifvertragegesetz* cit., 5.ª ed., § 5 (1427 ss.); Peter Berg e outros, *Tarifvertragegesetz* cit., 5.ª ed., § 5 (579 ss.).

[1896] *Vide* Raimund Waltermann, *Ist die Allgemeinverbindlicherklärung erfolgversprechend reformiert?*, RdA 2018, 137-151: a declaração de extensão visa, também, prevenir nivelações pelo mínimo.

[1897] Ponto 4.7.II, acima transcrito, 158.

Resolução do Conselho de Ministros n.º 90/2012, de 10 de outubro[1898], veio definir critérios mínimos necessários e cumulativos a observar para a emissão de portarias de extensão. Designadamente:

(a) a extensão devia ser requerida, pelo menos, por uma associação sindical e por uma associação de empregadores;
(b) o pedido devia conter uma série de indicações;
(c) a parte empregadora subscritora da convenção coletiva devia ter ao seu serviço pelo menos 50% dos trabalhadores do sector pretendido, salvo se excluídas as micro, pequenas e médias empresas.

Dava-se, ainda, uma margem de 30 dias para que qualquer interessado pudesse deduzir oposição e limitava-se a eficácia retroativa da extensão. Seguiram-se diversas críticas, parcialmente atendidas pela Resolução do Conselho de Ministros n.º 43/2014, de 26 de junho, que retocou o dispositivo quanto às micro, pequenas e médias empresas. Ambas as Resoluções foram substituídas pela Resolução do Conselho de Ministros n.º 82/2017, de 18 de maio, que fixou diversas regras procedimentais[1899].

281. **Requisitos**

I. O Código do Trabalho de 2009 retomou a designação tradicional (mais correta) "portaria de extensão" (514.º a 516.º). Este instrumento alarga a aplicação de uma convenção coletiva ou de uma decisão arbitral a empregadores e trabalhadores integrados no âmbito do sector de atividade e profissional definido naquele instrumento (514.º/1)[1900]:

> (…) é possível mediante ponderação de circunstâncias sociais e económicas que a justifiquem, nomeadamente a identidade ou semelhança económica e social das situações no âmbito da extensão e no do instrumento a que se refere.

[1898] DR 1.ª série, n.º 211, de 31-out.-2012, 6265-6266.

[1899] DR 1.ª série, n.º 122, de 27-jun.-2014, 3520-3521 e 1.ª série, n.º 112, de 9-jun.-2017, 2849, respetivamente.

[1900] STJ 9-mar.-2017 (Leonês Dantas), Proc. 161/15; quanto à qualificação da atividade económica de uma empresa: RPt 19-mar.-2018 (Domingos Morais), Proc. 5825/15.

II. O artigo 515.º fixa um princípio de subsidiariedade: a extensão só é possível na falta de um instrumento de regulamentação coletiva de trabalho negocial. Devem, ainda, ser observadas as condições de admissibilidade constantes da Resolução do Conselho de Ministros n.º 82/2017, de 18 de maio, acima citada.

III. O artigo 516.º determina um processamento específico. Assim:

(a) o ministro responsável pela área laboral manda publicar o projeto de portaria de extensão no BTE (n.º 2);
(b) nos 15 dias seguintes, qualquer pessoa singular ou coletiva que possa ser, ainda que indiretamente, afetada pela extensão, pode deduzir oposição fundamentada, por escrito, no prazo de 15 dias subsequentes à publicação (n.º 3);
(c) a extensão compete ao ministro da área laboral salvo se houver oposição por motivos de ordem económica, altura em que ela cabe, conjuntamente, também ao ministro responsável pelo sector de atividade em causa (n.º 1)[1901].

Tem aplicação, neste processo, o Código do Procedimento Administrativo.

IV. As portarias de extensão devem observar as diversas regras injuntivas, que rodeiam a contratação coletiva[1902]. Na hipótese de uma convenção conter cláusulas inválidas, o vício comunicar-se-á à competente portaria de extensão.

282. Sentido e natureza

I. Como foi antecipado, as portarias de extensão visam suprir a não iniciativa dos particulares, seja filiando-se em associações laborais já existentes, seja promovendo a sua formação.

[1901] Quanto ao que seja a "ordem económica": RPt 19-mar.-2018 (Paula Leal de Carvalho), Proc. 509/14.

[1902] TCAS 1-jun.-2017 (Paulo Pereira Gouveia), Proc. 103/093, decidiu que uma portaria de extensão que vise a igualdade salarial nunca seria inconstitucional. *Vide*, ainda: Luís Gonçalves da Silva, *Pressupostos, requisitos e eficácia da portaria de extensão*, em *Estudos do IDT* 1 (2001), 669-776; *idem*, em Pedro Romano Martinez, *Código do trabalho anotado* cit., 11.ª ed., 1103-1108.

Elas assumem um alcance supletivo: funcionam apenas onde não tenham sido tomadas as competentes atuações pelos destinatários naturais das normas juslaborais. Esse alcance é detido pela simples filiação na estrutura diferente da que outorgou o instrumento a alargar.

As preocupações da igualdade, da normalização e de equilíbrio que lhes subjazem devem ser concatenadas com os valores da liberdade sindical e de contratação coletiva que, por vezes, têm um sentido contrário. A viabilidade económica da extensão está, também, em jogo.

II. A natureza das portarias de extensão ("declaração de vinculabilidade geral") tem sido discutida na doutrina[1903]. Têm surgido várias teses que se prendem com discussões teóricas publicistas e, designadamente, a que distingue a extensão interna da externa: no primeiro caso haveria um ato administrativo; no segundo, ele seria governativo. Não se deve, no entanto, perder a unidade da figura.

Em termos formais, as portarias de extensão não podem ter uma natureza diversa das de regulamentação de trabalho: trata-se de manifestações de poder regulamentar do Estado que, no âmbito deixado pelas normas de tipo absolutamente imperativo, surge como legislativo.

Em termos materiais, convém ter presente que este tipo de portaria apresenta, como modelo, uma convenção devidamente negociada, ou uma decisão arbitral elaborada de forma legítima. O consenso e a oportunidade que as justificam têm, nesses aspetos, uma base essencial.

Embora público-normativas, as portarias de extensão colocam-se, assim, perto da autonomia privada. As partes nas convenções coletivas comprometem-se até, formalmente, a pedir em conjunto uma portaria de extensão que permita alargar, ao seu âmbito natural, as convenções que concluam.

[1903] Com indicações: H. Hofbauer, *Der Rechtscharakter der Tarifverträge und der Allgemeinverbindlicherklärung* cit., 55 ss.; Sudabeh Kamanabrou, *Arbeitsrecht* cit., Nr. 1914 (603); Martin Henssler, *Arbeitsrecht Kommentar* cit., 8.ª ed., TVG § 5, Nr. 5 (3011); Luís Gonçalves da Silva, *Portaria de extensão: contributo para o seu estudo* (1999, polic.), 352 ss.; Pedro Romano Martinez, *Direito do trabalho* cit., 8.ª ed., 1199 ss..

§ 74.º PORTARIA DE CONDIÇÕES DE TRABALHO

283. Conceito e processamento

I. A portaria de condições de trabalho é um instrumento de regulação coletiva elaborado e aprovado pela Administração laboral e que preenche o espaço próprio das convenções coletivas. Distingue-se, pois, da portaria de extensão por compreender uma regulação cuja autoria se deve à Administração: a portaria de extensão limita-se a alargar o produto de negociações coletivas normais. A portaria de condições de trabalho, sob a LRCT, era dita "portaria de regulamentação de trabalho" (PRT)[1904]. O Código de 2003 denominou-a "regulamento de condições mínimas" (577.º), tendo o atual fixado a terminologia hoje em uso. O hábito legislativo de pretender inovar mudando nomes só complica.

II. Na portaria de regulamentação de trabalho, a autonomia coletiva é totalmente preterida. Compreende-se, assim, que o Direito do trabalho a condicione, desde logo, a admissibilidade das condições de trabalho: artigo 517.º:

– inexistência de associações sindicais ou de empregadores;
– não seja possível uma portaria de extensão;
– falte um IRCT.

[1904] O Decreto-Lei n.º 49 212, de 28 de agosto de 1969, apesar da sua timidez, marcava já uma viragem a favor da negociação; segundo o seu artigo 26.º/1, "Das portarias de regulamentação do trabalho constarão as razões por que não se utilizou a via convencional, devendo igualmente ser fundamentadas". Quanto ao regime resultante do Código de 2003: Pedro Romano Martinez/Luís Gonçalves da Silva, *O âmbito do regulamento de condições mínimas* RDES 2005, 353-419.

II. A emissão de portaria de extensão compete ao ministro responsável pela área laboral e ao ministro responsável pelo sector de atividade em jogo.

Os estudos preparatórios são assegurados por uma comissão técnica que incluem, sempre que possível, assessores designados pelas entidades empregadoras e pelos trabalhadores interessados – artigo 518.º/3.

A comissão técnica deve desempenhar-se no prazo de sessenta dias – artigo 518.º/4 – salvo prorrogação excecional – *idem*, n.º 5. Uma vez aprovadas, as portarias de regulamentação do trabalho são publicadas no BTE (516.º/2 *ex vi* 518.º/2) entrando em vigor nos termos gerais do artigo 519.º.

284. Natureza e limites

I. As portarias de regulamentação do trabalho têm uma natureza público-normativa clara. Materialmente legislativas, elas surgem nos termos e ao abrigo dos poderes da Administração laboral.

Ao contrário das portarias de extensão, elas não são limitadas pelo fator subjetivo da filiação em associações que, eventualmente, possam vir a negociar coletivamente.

II. As portarias de regulamentação obtêm um relevo decisivo nos momentos históricos em que o Direito do trabalho assuma uma feição autoritária, pouco permeável ao livre jogo das liberdades subjacentes ao sindicalismo e à negociação coletiva.

A sua presença traduz já, no entanto, a necessidade de encontrar, entre a lei e o contrato individual, uma forma ligeira e flexível de regulação laboral. Assim, as portarias de regulamentação – ou instrumentos equivalentes – vieram contribuir para sensibilizar os parceiros laborais coletivos, abrindo depois as portas à negociação. Esta não depende apenas de coordenadas políticas: ela postula um desenvolvimento juscientífico que a regulamentação administrativa pode proporcionar.

As portarias de regulamentação foram, em Portugal, um veículo importante para a implantação do Direito do trabalho coletivo. Hoje, surgem apenas por exceção.

III. Finalmente, cabe ter presente que, dada a sua natureza, as (outrora) portarias de regulamentação de trabalho dão azo a vias de recurso para o foro administrativo. Assim:

– em STA 19-jan.-2006 reafirmam-se os requisitos para a emissão de uma PRT[1905];
– em STA 22-nov.-2006 validou-se um despacho que recusou uma PRT por não se ter demonstrado a inviabilidade do recurso a uma portaria de extensão[1906];
– em STA 11-mar.-2010 pondera-se um caso em que a Administração estava, por norma especial, obrigada a emitir uma PRT, o que não fez[1907].

[1905] STA 19-jan.-2006 (Fonseca da Paz), Proc. 07147/03.
[1906] STA 22-nov.-2006 (São Pedro), Proc. 0659/06.
[1907] STA 11-mar.-2010 (Pais Borges), Proc. 0819/08.

§ 75.º ARBITRAGENS OBRIGATÓRIA E NECESSÁRIA

285. Noções básicas

I. A arbitragem é, por natureza, voluntária. Quando haja litígio e as partes não se entendam, há que litigar perante os tribunais do Estado. Estando em causa direitos disponíveis, as partes podem optar por confiar a causa a árbitros, também privados, que decidirão. A arbitragem sempre foi praticada[1908]. Recentemente, o seu incremento, sobretudo em questões internacionais e a necessidade de, na execução de decisões arbitrais, usar o aparelho coercitivo do Estado levou a diversas intervenções regulamentares. Neste momento vigora a Lei da Arbitragem Voluntária, já acima citada.

II. Em certas situações, o Estado opta por denominadas "arbitragens obrigatórias" ou "necessárias". Na presença de diferendos, em vez de oferecer os seus tribunais, remete as partes para arbitragem. Isso sucede em áreas muito técnicas, como a dos medicamentos (Lei n.º 62/2011, de 22 de dezembro) ou, *in casu*, as laborais. Por um lado, admite-se que, como decisores, devam figurar especialistas nas matérias em jogo; por outro, exigem-se decisões rápidas que, por conhecidos condicionalismos reinantes, os tribunais do Estado não estão em condições de assegurar.

III. As arbitragens obrigatórias podem obrigar o Estado a montar uma estrutura de apoio. Uma vez que uma das partes pode não querer nenhuma arbitragem, é necessário prever listas de árbitros e fórmulas de viabilização. A experiência, mormente na área dos medicamentos, revela um problema de raiz: se, em arbitragem, uma parte resolve adotar condutas indevidas ou, até, incorretas, os árbitros têm muita dificuldade em controlar a situação: falta-lhes o *ius imperii* que acompanha os juízes do Estado.

[1908] *Vide* o nosso *Tratado da arbitragem* cit., 20 ss..

286. **Quadro geral**

I. Após diversas alterações legislativas[1909], o Código vigente permite apontar três situações de arbitragem "não-voluntária":

(a) a arbitragem obrigatória (508.º e 509.º);
(b) a arbitragem necessária (510.º e 511.º);
(c) a arbitragem de serviços mínimos, em caso de greve no sector empresarial do Estado [538.º/4, *b*)].

Toda esta matéria vem versada no Decreto-Lei n.º 259/2009, de 25 de setembro, justamente relativo às arbitragem obrigatória, arbitragem necessária e arbitragem sobre serviços mínimos.

II. A distinção entre a arbitragem obrigatória e a arbitragem necessária prende-se com as circunstâncias que conduzem a uma e a outra, abaixo versadas. A arbitragem de serviços mínimos tem a ver com a greve, sendo ponderada a esse propósito.

III. Em qualquer das hipóteses, cabe ao Conselho Económico e Social participar na constituição das listas de árbitros (512.º/1, pelo seu presidente), proceder ao sorteio dos árbitros (512.º/2) e assegurar o pagamento de honorários e despesas e o apoio técnico e administrativo (512.º/3). O artigo 513.º remete, depois, para lei específica: neste momento, o já citado Decreto-Lei n.º 259/2009, de 25 de setembro[1910].

287. **A arbitragem obrigatória**

I. A arbitragem obrigatória está prevista no artigo 508.º[1911]. Ocorre quando estejam em causa conflitos resultantes da celebração de uma con-

[1909] *Vide* Rosário Palma Ramalho, *Tratado* cit., III, 2.ª ed., 399 ss., com indicações.

[1910] O seu texto pode ser comodamente consultado em Pedro Romano Martinez, *Código do Trabalho anotado* cit. 11.ª ed., 1091-1093, bem como em Rosário Palma Ramalho/Isabel Vieira Borges, *Código do Trabalho e legislação complementar*, 7.ª ed. (2018), 533-546.

[1911] Luís Gonçalves da Silva, em Pedro Romano Martinez, *Código do Trabalho anotado* cit. 11.ª ed., 1082-1087.

venção coletiva, isto é: situações de desacordo das partes quanto à sua conclusão[1912]. O preceito prevê três hipóteses, em função da iniciativa:

(a) de qualquer das partes;
(b) da Comissão Permanente de Concertação Social;
(c) do ministro responsável pela área laboral.

Qualquer das partes pode requerer arbitragem obrigatória caso, cumulativamente [508.º/1, *a*)]:

(1) se trate de primeira convenção; debatendo-se a sua renovação, pode cair-se na arbitragem necessária (510.º);
(2) tenha havido "negociações prolongadas e infrutíferas", ou conciliação ou mediação frustradas;
(3) não tenha sido possível a arbitragem voluntária, "em virtude de má-fé negocial da outra parte";
(4) ouvida a Comissão Permanente de Concertação Social.

O requisito da imputação de "má-fé negocial" deveria ter sido evitado ou, pelo menos, redigido de outra forma: apenas um tribunal, seguindo o procedimento legal, pode decidir que alguém está de "má-fé".

II. A iniciativa da Comissão Permanente de Concertação Social exige [508.º/1, *b*)] o voto favorável da maioria dos membros representantes dos trabalhadores e dos empregadores[1913]. Isso significa que não é possível adotá-la apenas, por exemplo, com os votos dos empregadores e do Estado. Nesta hipótese, não tem de estar em jogo a primeira convenção (508.º/2).

III. A iniciativa do ministro responsável pela área laboral pode ocorrer quando estejam em causa serviços essenciais destinados a proteger a vida, a saúde e a segurança das pessoas, ouvida a Comissão Permanente de

[1912] Normalmente usa-se "conflito" para situações de luta laboral coletiva, o que não é aqui o caso.

[1913] Quanto à sua composição, *vide* o artigo 3.º da Lei n.º 108/91, de 17 de agosto, na redação dada pelo artigo 2.º da Lei n.º 80/2017, de 18 de agosto; *vide* Luís Gonçalves da Silva, *Sujeitos colectivos*, em *Estudos do IDT*, III (2002), 287-388.

Concertação Social [508.º/1, *c*)]. Também nesta eventualidade não se exige tratar-se da primeira convenção coletiva (508.º/2).

IV. A decisão é tomada pelo ministro responsável pela área laboral, em despacho fundamentado, atendendo: (a) ao número de trabalhadores; (b) à relevância da sua proteção social; (c) aos efeitos sociais e económicos do conflito; (d) à posição dos interessados (509.º/1). O artigo 509.º/1 a 3 regula aspetos procedimentais, tendo o Código do Procedimento Administrativo aplicação subsidiária.

288. **A arbitragem necessária**

I. A arbitragem necessária depende das circunstâncias seriadas no artigo 510.º[1914]. São elas:

(a) caducidade de uma ou mais convenções coletivas aplicáveis a uma empresa, grupo de empresas ou sector de atividade;
(b) não seja celebrada nova convenção nos 12 meses subsequentes;
(c) e não haja outra convenção aplicável a, pelo menos, 50% dos trabalhadores da mesma empresa, grupo de empresas ou sector de atividade.

Este tipo de arbitragem é permitido pelo artigo 4.º da Convenção n.º 98 da OIT, relativa ao direito de organização e de negociação coletiva, aprovada para ratificação pelo Decreto-Lei n.º 45 758, de 12 de junho de 1964. Trata-se da última saída possível, para situações de bloqueio que, mau grado toda a latitude que se queira deixar aos parceiros laborais coletivos, não encontre uma saída no plano da autonomia laboral.

II. A concreta determinação da arbitragem necessária depende de despacho fundamentado do ministro responsável pela área laboral, a requerimento de qualquer das partes, nos 12 meses subsequentes ao termo do prazo referido no artigo 510.º (511.º/1). Deve ser publicado um aviso no

[1914] Luís Gonçalves da Silva, em Pedro Romano Martinez, *Código do Trabalho anotado* cit. 11.ª ed., 1087-1089.

BTE, podendo os interessados deduzir oposição fundamentada, por escrito, no prazo de 15 dias (511.º/2). A decisão é proferida no prazo de 60 dias (511.º/3), seguindo-se outras regras.

III. A Lei prevê prazos longos e todo um conjunto de diligências. Objetivamente, pretende-se, com isso, deixar margem para que os parceiros laborais coletivos acabem por entender-se, dispensando a arbitragem necessária. Como adiantado, esta constitui a última saída para situações que não podem eternizar-se.

TÍTULO II

CONFLITOS LABORAIS COLETIVOS

289. **Preliminar; sequência**

I. As lutas ou conflitos laborais coletivos constituem um tema nuclear do clássico Direito coletivo do trabalho[1915]. Em termos históricos, pode mesmo proclamar-se que elas formam o momento primordial de todo o desenvolvimento ulterior: foi justamente o facto, inegável em si, de no campo laboral, ocorrerem movimentações litigiosas irredutíveis às pessoas singulares, em cada momento concreto nelas envolvidas, que justificou a autonomização da disciplina.

A movimentação – ou mesmo confrontação – coletiva veio originar, como modo de composição, o recurso às negociações coletivas e a eventual contratação subsequente.

Na atualidade, as lutas laborais coletivas não ocorrem como meros factos sociológicos, a partir dos quais se torne necessário preparar um conjunto de construções jurídicas. Pelo contrário: elas desenvolveram múltiplas projeções culturais, com preponderância para as representações jurídicas, que dominam por inteiro o seu desenrolar. Numa tendência comum nos dias de hoje, pode considerar-se que a luta laboral coletiva é, antes de mais, uma realidade do mundo do Direito: ela pressupõe uma conceitualização e uma linguagem que a veiculem e a tornem inteligível.

[1915] Na literatura recente: Bernardo Lobo Xavier, *Manual de Direito do trabalho* cit., 2.ª ed., 155 ss.; Rosário Palma Ramalho, *Tratado* cit., III, 2.ª ed., 407 ss.; Luís Menezes Leitão, *Direito do trabalho* cit., 625 ss.; Pedro Romano Martinez, *Direito do trabalho* cit., 8.ª ed., 1205 ss.; António Monteiro Fernandes, *Direito do trabalho* cit., 18.ª ed., 817 ss.; Luís Gonçalves da Silva, em Pedro Romano Martinez, *Código do Trabalho anotado* cit., 11.ª ed., 1123 ss.. Referimos, ainda, a monografia de João Carlos Simões dos Reis, *O conflito coletivo de trabalho* (2018), 602 pp..

Por isso – e apesar da inversão histórica – se julga que a luta laboral coletiva deve ser analisada depois de conhecida a regulação do contrato coletivo de trabalho.

II. Todo o desenvolvimento laboral coletivo é tributário das lutas de trabalho. O Direito intentou por várias vias solucionar o problema, prevenindo-o, acompanhando-o e pondo-lhe cobro.

Houve progressos verdadeiros, a entender não apenas como supressão dos problemas, mas como a sua superação, graças ao alcançar de soluções mais justas.

Adivinha-se, porém, a manutenção, nas sociedades abertas, de aspetos conflituais que põem, ao Direito, problemas de bem difícil solução: basta pensar nos fenómenos de coação coletiva, conduzidos por grupos, sem que o Estado, através dos seus órgãos normais de composição dos litígios, possa ou deva intervir. Estas ocorrências colocam problemas delicados à tradicional Ciência do Direito.

O Direito coletivo do trabalho tem aperfeiçoado instrumentos que habilitam a falar em vias explicativas e de solução[1916]. Mas compreende-se que fiquem problemas ainda em aberto, designadamente em certos núcleos de particular irredutibilidade.

A Ciência do Direito tem limites. Como em qualquer outra Ciência, os seus cultores devem assumir uma postura metodológica de humildade académica e científica: em cada momento histórico, há sempre questões insolúveis.

Uma pretensão de plenitude da Ciência do Direito mais não seria do que uma forma agravada de positivismo: ela veicularia, encapotada, uma ideia de completitude, interna e externa, do sistema. Há que evitá-la: o Direito terá de admitir limites científicos para a sua capacidade. O facto de ser necessário uma decisão – dada a proibição do *non liquet* – não quer dizer que essa decisão tenha sempre uma cobertura científica satisfatória.

Julga-se importante recordar estas considerações, dada a problemática posta pelo Direito coletivo do trabalho.

[1916] Alexander Stöhr, *Einführung in das Arbeitskampfrecht*, Jura 2016, 283-290, em termos esquemáticos; aprofundadamente: Eduard Pickert, *Der Arbeitskampf in der Recht- und Wirtschaftsordnung/Zu einer Dogmatik des Arbeitskampfrechts*, ZfA 2010, 499-585 e 585-631 e ZfA 2011, 443-552 e 557-648.

III. A sequência vai pautar-se, sucessivamente, por três rubricas subordinadas aos títulos seguintes:

– greves e outros conflitos coletivos;
– despedimento coletivo;
– cessação de conflitos de trabalho.

Em princípio, seguem-se os modelos de lutas prosseguidos, respetivamente, pelos trabalhadores e pelos empregadores e, depois, os modos da sua cessação. A posição paradigmática da greve justifica, no entanto, que a seu propósito se teçam considerações gerais sobre os conflitos laborais coletivos.

CAPÍTULO I

GREVES E OUTROS CONFLITOS COLETIVOS

§ 76.º CONFLITOS COLETIVOS

290. Referência histórica

I. A panorâmica dos conflitos coletivos de trabalho é dominada pela greve; as restantes formas de luta dos trabalhadores surgem apenas como seus derivativos, enquanto as lutas patronais assumem feição coletiva tão-só por oposição aos trabalhadores. Como haverá a oportunidade de retomar, esse domínio tem consequências jurídico-culturais, pelo que não se pode considerar a greve como uma modalidade, entre outras, de conflitos: ela incorpora, por excelência, os conflitos de trabalho.

II. Feita essa precisão inicial, ponderem-se os conflitos coletivos de trabalho em geral.

O Direito do trabalho, tal como qualquer outra disciplina que aspire a um nível científico, não pode deixar de delimitar o seu objeto. Mas ao fazê-lo, não deve perder de vista a integração das realidades que estude: elas pertencem ao todo mais vasto do universo social, no qual ganham o seu sentido pleno.

Os conflitos coletivos de trabalho situam-se no âmbito dos conflitos sociais em geral. A sua demarcação, no seio destes, tem muito de artificial, correspondendo, afinal, ao que, em cada espaço geográfico e no momento histórico considerado, se pretenda atribuir ao Direito do trabalho, ou ao que o laboralismo possa integrar. Compreendem-se, deste modo, as dificuldades permanentes em isolar certos institutos laborais coletivos – com primado para a greve – da fenomenologia ambiental, de teor mais facilmente político.

As explicações que se encontrem para os conflitos sociais valem, tendencialmente, para o campo laboral. Várias explicações têm sido tentadas, desde a luta de classes institucionalizada, até aos modelos articulados de concorrência[1917]. O seu conhecimento é sempre útil, como Ciência auxiliar, embora não caiba ao Direito do trabalho o seu aprofundamento: ele pressupõe-se[1918].

Adianta-se no entanto que, prosseguindo embora outros objetivos, o Direito do trabalho oferece instrumentos de análise e de conciliação que poderão, com utilidade, ser recebidos pela análise social em geral e pela própria Ciência Política.

III. A evolução histórica dos conflitos laborais corresponde um tanto à História das sociedade humanas, quando enfocada pelo prisma do trabalho[1919].

A evolução dos agrupamentos humanos, desde os primórdios, sempre terá sido acompanhada de confrontos internos: a área do trabalho, dominada pela ideia de subordinação, constitui um campo de eleição para o seu exacerbar, canalizando lutas tendentes ao controlo dos bens, ao exercício do poder ou à contestação da ordem preestabelecida.

Documentam-se greves desde a Antiguidade – do Egito a Roma – ao longo da Idade Média e na Idade Moderna[1920].

Os conflitos coletivos, tal como hoje relevam para o Direito do trabalho, ligam-se, contudo, à Revolução Industrial e às sociedades dela

[1917] *Vide*, p. ex., a análise de Thilo Ramm, *Der Arbeitskampf und die Gesellschaftsordnung des Grundgesetzes/Beitrag zu einer Verfassungslehre* (1965), 1 ss..

[1918] As conceções que dominam os operadores jurídicos refletem-se, em maior ou menor grau, nas orientações que eles propugnem, em certas áreas do Direito laboral coletivo: trata-se do fenómeno do pré-entendimento, tanto mais poderoso quanto menor for a elaboração científica da zona considerada. Quanto ao relevo do pré-entendimento, por exemplo, na problemática da racionalização do trabalho, Berger/Wendeling-Schröder/Wolter, *Die Zulässigkeit tarifvertraglicher Besetzungsregelung*, RdA 1980, 299-313 (304 ss.).

[1919] Como referência: Michael Kittner, *Arbeitskampf: Geschichte, Recht, Gegenwart* (2005), XXIV + 783 pp..

[1920] Hans Brox/Bernd Rüthers, *Arbeitskampfrecht/Ein Handbuch für die Praxis*, 2.ª ed. (1982), XLVI + 639 pp., 2 ss.; está anunciada uma 3.ª ed. para 2019; Wolfgang Daubler/Nartin Bertzbach, *Arbeitskampfrecht*, 4.ª ed. (2018), *passim*; Jürgen Otte, *Das subjektiv-private Arbeitskampfrecht als Grundlage einer Neuorientierung im Recht des Streiks und der Aussperrung* (1970), 3 ss. e, entre nós, Bernardo Xavier, *Direito da greve* (1984), 16 ss..

derivadas[1921]. A massificação, a concertação intrassocial e a consciencialização a que ela conduz dão uma dimensão particular às lutas laborais: elas agudizam-se, num primeiro tempo; com a progressão sócio-cultural subsequente, elas tornam-se habituais, constantes mesmo, em termos que facultam um tratamento jurídico da sua problemática.

IV. Numa esquematização excessivamente simplificada, pode considerar-se que o tema dos conflitos coletivos de trabalho atravessou, nos vários ordenamentos, três fases:

– desconhecimento;
– proibição;
– reconhecimento.

Num primeiro momento, as lutas laborais coletivas foram desconhecidas para o Direito. Não havia, assim, quaisquer normas a elas destinadas, tudo se resolvendo através da aplicação das regras comuns. Desde o momento em que os conflitos coletivos correspondam a uma problemática própria, eles não devem ser nivelados pelas outras questões: tratar por igual o que patenteia diferenças é uma forma de injustiça.

As lutas laborais desafiam, porém, o Direito tradicional e os poderes estabelecidos; compreende-se, deste modo, que os legisladores, quando finalmente alertados para os problemas por elas suscitados, tenham reagido na base de proibições e penalizações.

Por fim, nas sociedades abertas, assistiu-se ao reconhecimento jurídico das lutas laborais coletivas. O Direito considera-as, pelo menos, como factos lícitos, aptos a desencadear determinados efeitos e intenta tão-só regulamentar alguns dos seus aspetos, limando os que considere mais noci-

[1921] Klaus Tenfelde/Heinrich Volkmann, *Streik/Zur Geschichte des Arbeitskampfes in Deutschland während der Industrialisierung* (1981) e Bernd Rüthers, *Streik und Verfassung* (1960), 2 ss., bem como a substancial monografia de Michael Kittner, *Arbeitskampf* já citada; na época, refira-se Elsbeth Georgi, *Theorie und Praxis des Generalstreiks in der modernen Arbeiterbewegung* (1908), 41 ss.. *Vide supra*, 103 ss., as indicações sobre a revolução industrial e, quanto às experiências francesa e italiana, respetivamente, Bernard Teyssié, *Les conflits collectifs du travail/Grève et lock-out* (1981), 3 ss. e Gino Giugni, *Diritto sindacale* cit., 211 ss.. No plano europeu: Abbo Junker, *Kollektives Arbeitsrecht in Europa/Überlick über das Arbeitskampfrecht und Tarifsystem der Mitgliedstaaten*, RdA 2009, SBH 5, 4-10.

vos. Nuns casos a evolução foi puramente jurisprudencial (Alemanha); noutros, tudo foi conduzido pelo legislador (Portugal). Pode falar-se numa estabilização crescente: quer quanto ao número de conflitos, em queda, quer quanto às suas repercussões[1922].

291. **Condicionalismos político-sociais**

I. A relevância jurídica dos conflitos laborais coletivos está na dependência estrita de condicionalismos político-sociais.

Em termos esquemáticos, pode considerar-se que eles estão proscritos em três cenários típicos:

– num liberalismo muito marcado;
– num socialismo de base estadual;
– em esquemas autoritários de tipo corporativo ou similar.

Todas estas três situações – em si bastante diferentes e com evoluções distintas – têm, neste ponto, algo em comum: oferecem, no seu entendimento, soluções para todos os problemas que surjam no domínio laboral e consideram-se legitimadas para as impôr: o liberalismo nega a dimensão coletiva dos conflitos, tudo resolvendo no plano individual; o socialismo de Estado defende a natureza coletiva dos conflitos mas afirma tê-los resolvido a favor dos trabalhadores, sob cujo controlo se encontrariam tanto o Estado como os bens produtivos: os conflitos que surgissem seriam contra os próprios trabalhadores, devendo ser reprimidos; os esquemas autoritários de tipo corporativo tentam substituir o conflito pela colaboração; mas fazem-no de modo imperativo, oferecendo uma escala de valores à luz dos quais se deveriam fazer as composições dos problemas que ocorressem.

[1922] Heiner Dribbusch, *60 Jahre Arbeitskampf in der Bundesrepublik*, em Reinhard Bispinck/Thorten Schulten, *Zukunft der Tarifautonomie: Bilanz und Ausblick* (2010), 213 pp., 145-168, com números; anteriormente: Volker Rieble, *Zukunft des Arbeitskampfes* (2005), 174 pp..

II. Nos sistemas puramente liberais, os conflitos coletivos são negados na sua essencialidade[1923]. Todas as relações se analisam num plano interindividual ou numa estruturação indivíduo-Estado; compete, além disso, a este não interferir nos domínios económicos. A essa luz, compreende-se como os conflitos coletivos – que pressupunham, sobretudo por parte dos trabalhadores, uma coligação destinada a "interferir" nas leis do mercado – eram consideradas como deturpações da ordem económica-social e mesmo como um atentado às liberdades cívicas e, como tal, tratados. O próprio sistema continha, em si, as bases para a sua superação: ao admitir a liberdade de associação e o alargamento do direito de voto, até ao sufrágio universal, o liberalismo teve de ceder, acabando por admitir a coligação dos trabalhadores, com todas as suas consequências. O Direito acompanhou com atraso esta evolução, acabando por se autonomizar o Direito coletivo do trabalho.

III. O socialismo de Estado coloca-se, à partida, numa posição diametralmente oposta. Os conflitos de classes são reconhecidos e incentivados, como um motor do progresso. Lograda, porém, a conquista do poder pelos seus seguidores, tudo se inverte: o Estado identifica-se com os trabalhadores, e qualquer conflito que se lhe oponha é contrarrevolucionário. Os empregadores foram suprimidos, não podendo os trabalhadores fazer greves contra si próprios. Provavelmente, o próprio sistema conteria, também aqui, as bases para uma superação. A experiência mostrou que os conflitos laborais se mantiveram, apesar da supressão da apropriação privada – *v.g.* Polónia; a greve foi reconhecida, ainda que com dificuldades – *v.g.* ex-Jugoslávia, Checoslováquia 1968, Polónia 1980. Admite-se que os princípios humanistas que subjazem ao socialismo e o restabelecimento de sufrágios livres permitiriam uma evolução confluente com a acima registada, num ritmo em aceleração crescente que seria tanto mais rápido quanto maior fosse a descompressão internacional. Todavia, após a queda do Muro de Berlim, estas orientações não encontram – salvo marginalmente – defensores assumidos.

[1923] Ainda hoje, o exemplo académico é o da greve dos trabalhadores de cordoaria de Filadélfia, na passagem do século XVIII para o XIX; apesar de terem alegado as liberdades fundamentais do novo Direito americano, eles acabaram por ser condenados: haviam tentado subverter as leis naturais e, designadamente, a da concorrência.

IV. O autoritarismo corporativo parece ultrapassado, dada a sua impossibilidade de resolver os problemas para que afirmara ter soluções. Os conflitos coletivos eram, sob o seu domínio, considerados como primitivas manifestações de justiça privada, a superar através da intervenção do Estado[1924]. A sua incapacidade para solucionar as causas dos conflitos e a viva contradição engendrada com a cultura dos nossos dias têm levado os esquemas corporativos a desintegrarem-se, desembocando, em regra, em esquematizações de tipo ocidental, pós-liberal. O direito de livre associação manifesta-se como um direito fundamental[1925], com reconhecimento europeu[1926].

292. **Conflito com o Direito**

I. A esquematização acima apontada, apesar de confluente[1927], não pode ignorar que os conflitos coletivos, seja qual for a sociedade onde ocorram, não são bem recebidos nem pelo Estado, nem pelos governantes; as declarações de princípio favoráveis não podem escamotear essa realidade.

II. Os conflitos coletivos questionam sempre a autoridade do Estado: eles traduzem litígios, de cuja solução dependem por vezes escolhas políticas importantes, que escapam ao Estado, aos seus órgãos e ao seu Direito. Além disso, eles reduzem a margem de atuação dos seus governantes, em moldes políticos, económicos e sociais: permitindo uma redistribuição do poder que joga, em princípio, a favor dos mais ativos e dos mais numerosos – os trabalhadores – os conflitos coletivos arvoram-se, por via direta ou indireta, em importantes contrapesos ao poder.

[1924] *Vide* o *Parecer da Câmara Corporativa 26/1X*, publ., em Nascimento Rodrigues, *Regime jurídico das relações coletivas de trabalho* cit., 123 ss. (126).

[1925] Claudia Schubert, *Europäische Grundfreiheit und nationales Arbeitskampfrecht im Konflikt*, RdA 2008, 289-299 (289-290).

[1926] Reingard Zimmer, *Soziale Grundrechte in der EU/Das Arbeitskampfrecht nach in-Kraft-Treten des Vertrags von Lissabon*, AuR 2012, 114-118.

[1927] Múltiplos dados de Direito comparado podem ser confrontados em Karl Hernekamp, *Arbeitskampf* (1985), 19 ss. e 21 ss. e em *The Strike*, obra coletiva publicada por Giulio Levi (1987). *Vide* as referências de Bernardo Xavier, *Direito da greve* cit., 18 ss..

Mas justamente esta eficácia translaboral dos conflitos coletivos dá-lhes um papel que supera, nas sociedades modernas, o dos meros litígios laborais.

Em termos sociológicos, a possibilidade de decorrerem, à margem do Estado, conflitos coletivos, que têm sedes próprias de enquadramento e solução, implica a existência de estruturações descentralizadas, com centros difusos de poder; a centralização estadual, que surgia como o expoente máximo das comunidades humanas é, assim, diretamente questionada no plano dos factos.

No campo psicológico, os conflitos laborais são apontados como válvulas de descompressão particularmente significativas perante o fenómeno da subordinação que domina o Direito do trabalho[1928]. Num aparente paradoxo, a existência e a manutenção de certas margens de conflitos coletivos acaba por ser um fator de equilíbrio laboral e de paz social.

As implicações político-sociais destas considerações dispensam maiores comentários.

III. Por qualquer das vias apontadas, e sem prejudicar múltiplas concretizações jurídico-normativas, deve ficar claro que os conflitos coletivos são juridicamente admitidos nas sociedades abertas, onde se aceite a coexistência de opiniões diferentes das oficiais, onde o direito à divergência seja reconhecido, onde as atuações tenham uma margem de liberdade no sentido puro de livre-arbítrio e onde as minorias surjam respeitadas.

Os conflitos laborais, como intentou demonstrar Ramm, não se opõem, ao contrário do entendimento ultraliberal, à concorrência. Eles traduzem um plano mais elevado do liberalismo, que lhe faculta níveis de eficácia perante o Estado e perante conhecidos fatores de desequilíbrio económico, distorcivos do mercado. Há como que um liberalismo coletivo[1929].

As soluções que se obtenham no termo de um conflito coletivo devidamente prosseguido e conduzido correspondem, por definição, ao equilíbrio exato das forças em presença. São, pois, soluções mais autênticas, mais eficazes e, nesse sentido, mais justas.

[1928] Wolfgang Zöllner, *Arbeitsrecht* cit., 3.ª ed., 359.

[1929] Thilo Ramm, *Der Arbeitskampf und die Gesellschaftsordnung* cit., 16 ss..

293. Formulações jurídicas

I. Os valores em presença no domínio das lutas laborais coletivas e as fortes representações que lhes andam associadas explicam uma certa dificuldade em formular, juridicamente, as suas ideias basilares. O problema agrava-se quando se procure proceder a uma delimitação laboral das realidades em jogo.

Multiplicam-se os desenvolvimentos linguísticos e as fórmulas vazias, com todos os inerentes riscos de indefinição e de arbítrio; em última análise, colocam-se barreiras sinuosas ao aprofundamento científico dos problemas[1930].

II. Um conflito coletivo implica, como qualquer conflito, uma contraposição de interesses seguida ou acompanhada de uma não coincidência de opiniões quanto à saída a adotar. O primeiro aspeto pode ficar encoberto sob desenvolvimentos linguísticos, uma vez que as partes em confronto, com frequência, reivindicam a defesa dos mesmos interesses – p. ex., o interesse nacional, o interesse económico ou os interesses (últimos) dos trabalhadores. Fica, no entanto, claro que uma verdadeira oposição de opiniões é a expressão intelecto-justificativa de uma contraposição de interesses: em sentido subjetivo, cada um tem apetência pela solução que defende; em termos objetivos, apenas essa solução surge apta a satisfazer as suas necessidades. Por outro lado, uma divergência de opiniões com convergência (real) de interesses nada mais traduziria do que um diferendo teórico, sem consequências ao nível da ação.

III. Sendo coletivo, o conflito postula ainda que as divergências de interesses ou de opiniões sejam assumidas e representadas não por indivíduos isoladamente tomados, mas por grupos, *maxime* por pessoas laborais coletivas.

Em termos sociológicos, deve entender-se que um grupo não funciona como um mero somatório dos elementos que o compõem: a reunião das pessoas promove o aparecimento de fatores qualitativos diferentes, com regras próprias de funcionamento.

[1930] As considerações efetuadas *supra*, 62 ss., sobre os desenvolvimentos linguísticos no Direito do trabalho têm, aqui, particular razão de ser. Quanto a aspetos linguísticos e sociológicos dos termos "conflituosos", *vide* Wilhelm Wengler, *Die Kampfmassnahme im Arbeitsrecht* (1960), 3 ss..

O Direito coletivo do trabalho assenta no reconhecimento, ainda que encapotado, dessa realidade. A História mostra que, quando os trabalhadores se coligaram para modificar ou negociar condições de trabalho mais favoráveis, algo de fundo se alterou: as situações em jogo dizem-se coletivas como modo de exprimir essa realidade.

Na prática, haverá a oportunidade de verificar que a natureza coletiva das entidades envolvidas em lutas laborais pode não ocorrer: mas o tipo de situações que aí se prefiguram diz, de facto, respeito a conflitos entre grupos, com todo o alcance sociológico e psicológico que daí resulta e que o Direito reconhece.

IV. O facto de se tratar de uma oposição de interesses e de opiniões e de ela se verificar entre grupos não caracteriza, no entanto e só por si, os conflitos coletivos; o seu aspeto mais marcante reside na inexistência de critérios materiais de decisão e na carência de legitimidade, por parte do Estado e, designadamente, dos tribunais, para os compor, com base em esquemas formais.

Um conflito de trabalho não encontra solução material predeterminada. Sem dúvida que as situações jurídicas laborais por ele atingidas terão sempre uma solução, à luz dos competentes contratos de trabalho ou das normas supletivas vocacionadas para intervir; mas a própria controvérsia coletiva, em si, não tem saída: perante pretensões desencontradas dos sindicatos e dos empregadores, nenhuma norma jurídica diz quem tem razão e até onde.

Presente um conflito de trabalho, nenhuma instância estadual tem, à partida, legitimidade para intervir, de tal modo que não se realiza, perante ela, a esquematização do dever de julgar.

Em certos casos, o conflito coletivo poderá ser dirimido por via judicial ou administrativa. Mas trata-se de exceções; o que de mais característico ocorre neste domínio aponta para uma situação anómala na panorâmica jurídica: um conflito juridicamente relevante cuja solução é deixada, pelo Direito, à livre decisão das próprias partes envolvidas.

294. **Noção de conflito coletivo**

I. O conflito coletivo traduz uma oposição de interesses e de opiniões, ocorrida entre grupos e para os quais não há via estadual de composição.

Pergunta-se, no entanto, que fatores permitem delimitar, nesse universo, os conflitos laborais[1931].

Trata-se de uma matéria que não tem sido sistematizada na doutrina. Como tentativa, seguem-se as considerações subsequentes.

Nem todos os conflitos coletivos são laborais, embora estes sejam pioneiros, no que toca ao reconhecimento jurídico.

A delimitação laboral dos conflitos coletivos tem sido procurada com recurso a um de três critérios, ou suas combinações:

(a) critério subjetivo;
(b) critério objetivo;
(c) critério instrumental.

Segundo um critério subjetivo, os conflitos seriam laborais quando tivessem, como protagonistas, de um lado, os trabalhadores e, do outro, os empregadores[1932]. Trata-se de uma ordenação jurídica, política e socialmente relevante, mas que não pode ser mantida até ao fim. Um critério subjetivo requereria uma atuação dos trabalhadores e dos empregadores como tais; ora, nas greves de solidariedade ou contra o Estado, não é isso que se verifica.

II. Um critério objetivo esclarece que a essência laboral de certos conflitos deriva da natureza das questões que os suscitem. Numa fórmula mais lata, ficam abrangidos os conflitos sobre temas de trabalho; em termos mais restritos, relevam apenas conflitos que tenham a ver com a celebração ou a revisão de convenções coletivas de trabalho[1933]. De novo há, aqui, elementos ajustados: a grande maioria dos conflitos de trabalho prende-se, por certo, com questões laborais. Mas não necessariamente: pense-se, por exemplo, na greve destinada a protestar contra a importação de produtos estrangeiros, que ponham em perigo a venda dos nacionais. Estes desajus-

[1931] Rosário Palma Ramalho, *Tratado* cit., III, 3.ª ed., 409 ss..

[1932] Tal era a posição, entre nós, de Raúl Ventura, *Conflitos de trabalho/Conceito e classificações, tendo em vista um novo código de processo do trabalho*, em *Curso de Direito Processual de Trabalho*, RFDUL 1964, (supl.), 7-29 (18).

[1933] Nesse sentido, o artigo 30.º/ 1 da revogada LRCT.

tamentos mantêm-se quando se opte por construções mistas, que somem elementos subjetivos e objetivos[1934].

III. Um critério instrumental, por fim, põe a tónica no modo por que se desenvolve o comportamento conflituoso: ele implica, como atual ou potencial, uma luta laboral coletiva, isto é, uma perturbação intencional das relações de trabalho, conduzida por um dos agentes laborais[1935]. Este ponto é essencial, apesar de passar despercebido, a uma leitura superficial do fenómeno: os conflitos coletivos de trabalho têm como ponto específico a pressão ocasionada pelas lutas laborais, presentes ou subjacentes em potência. Residem aí as particularidades histórico-culturais dos conflitos coletivos, que deram origem a toda esta disciplina; mas também nesse ponto assentam as razões profundas da autonomia atual do instituto: não fora o fenómeno das lutas laborais coletivas – que levam o Direito a deixar à autonomia dos parceiros a solução de múltiplas questões – e os conflitos coletivos de trabalho teriam cómodas composições judiciais, como quaisquer outros.

IV. O conflito coletivo é, pois, laboral, quando pressuponha, acompanhe ou potencie, em termos de conexão idónea, uma luta laboral.

[1934] Assim, Monteiro Fernandes, *Direito do trabalho* cit., 2.ª ed., 215, que, no entanto, tem o cuidado de apresentar a sua definição como descritiva e tendencial ("existe conflito coletivo de trabalho quando se manifesta uma divergência de interesses por parte de uma categoria organizada de trabalhadores, de um lado, e uma categoria organizada de empregadores, ou um só deles, de outro lado, em torno da regulamentação existente ou futura das relações de trabalhe que interessam a membros das mesmas categorias"). Também, Bernardo Xavier, *Direito da greve* cit., 5 ss., que, contudo, acaba por assentar em elementos que traduzem já uma superação desses quadros, quando apela para a forma – *idem*, 9 – por que se deve revelar o conflito.

[1935] Wolfgang Zöllner, *Arbeitsrecht* cit., 3.ª ed., 349. Pela costumada precisão indica-se, de seguida, a definição de luta laboral coletiva, dada por Zöllner, *Arbeitsrecht* cit., 3.ª ed., 356: "... é o exercício de pressão por parte dos trabalhadores ou dos empregadores, para obtenção de determinado fim, por meio da perturbação das relações de trabalho". *Vide*, também, Brox/Rüthers, *Arbeitskampfrecht* cit., 2.ª ed., n.º 17 (12); Alfred Söllner, *Arbeitsrecht* cit., 9.ª ed., 71-72, fala apenas em medidas coletivas de pressão; julga-se, no entanto, que tais medidas devem residir na perturbação das relações de trabalho. Uma noção mais restritiva pode ser confrontada em Thilo Ramm, *Der Begriff Arbeitskampfrecht*, AcP 160 (1962), 336-365 (350-365).

Com a delimitação acima operada, não se vê qualquer obstáculo, em distinguir, nos conflitos de trabalho, uma aceção ampla, uma aceção média, e uma aceção restrita.

Em termos amplos, o conflito de trabalho assenta apenas na existência de pressões induzidas de lutas laborais, seja qual for o seu objetivo; em termos médios, o conflito de trabalho tem escopos laborais: as pressões visam aspetos que têm a ver com situações laborais ou com a sua regulação, seja qual for a sua fonte; em termos restritos, o conflito de trabalho visa infletir num ou noutro sentido uma contratação coletiva.

Fica entendido que as formulações acima preconizadas têm apenas a ver com a linguagem jurídica, tendendo a precisá-la: não se visa, delas, retirar quaisquer conclusões quanto ao regime, no que constituiria uma manifestação de inversão conceitual.

§ 77.º CONCEITO E MODALIDADES DE CONFLITOS

295. A greve; elementos e delimitação

I. A greve surge como a luta laboral paradigmática: não só ela está na origem de toda esta disciplina jurídica, como também domina, em termos dogmáticos, o desenvolvimento científico deste sector.

As diversas ordens jurídicas evitam defini-la em termos normativos[1936], mesmo quando lhe consagrem leis específicas[1937]. Numa noção consagrada, a greve tem sido apresentada como ".. uma abstenção do trabalho levada a cabo em comum e de modo planeado por vários trabalhadores, para a obtenção de um fim"[1938]. Alguma doutrina clássica acrescentava ainda, como elemento definitório, a intenção dos grevistas de retomar o trabalho, finda a greve; este fator foi rejeitado: não deixa de ser greve a suspensão conduzida por trabalhadores que iniciem, desde logo, a procura de novos postos de trabalho[1939].

II. Etimologicamente, o português "greve" adveio do francês *grève*: terreno à beira-mar ou à beira-rio, com gravilha. A associação à greve advém da antiga *Place de Grève,* em Paris, onde se reuniam os trabalhadores interessados em obter trabalho: aí ficavam parados, à espera de empregadores. Em espanhol, diz-se *huelga* (folga). No italiano, temos *sciopero*, do latim *ex operare*: trabalhar fora. Em alemão, diz-se *Streik*, inglês *strike*: originariamente, com o sentido de paragem.

[1936] Wolfgang Zöllner, *Arbeitsrecht* cit., 3.ª ed., 349 ss..

[1937] Assim sucede com a lei portuguesa; *vide* Monteiro Fernandes, *Direito de greve/ /Notas e comentários à Lei n.º 65/73, de 26 de agosto* (1982), 17. Pelo contrário, o Direito inglês assiste a uma grande dispersão dessa matéria: Elias/Napier/Wallington, *Labour Law* cit., 210 ss..

[1938] Brox/Rüthers, *Arbeitskampfrecht* cit., 2.ª ed., n.º 26 (17) (Brox) e Hanau/ /Adomeit, *Arbeitsrecht* cit., 9.ª ed., 80.

[1939] Alfred Söllner, *Arbeitsrecht* cit., 9.ª ed., 74.

III. A greve tem, no Direito coletivo, um lugar paradigmático, já referenciado, que leva a evitar limitações apriorísticas[1940]. O seu núcleo significativo prende-se, contudo, de facto, com uma abstenção concertada de trabalho. Podem ser prevenidas dúvidas, através de várias distinções, no uso dessa noção. Num uso estrito, a greve será a luta laboral coletiva consistente na aludida abstenção do trabalho; em aceção ampla, ela traduzirá qualquer luta laboral conduzida pelos trabalhadores.

A extensão do conceito de greve fica aclarada apenas com a sua delimitação e com a distinção das várias modalidades por que ela se pode revelar.

IV. O primeiro elemento da greve é a abstenção do trabalho (aceção restrita) ou a perturbação das relações de trabalho: trata-se do facto-chave, em torno do qual circulam todos os demais. Este elemento traz implícito um requisito da maior importância: a presença de uma verdadeira situação jurídica laboral. Na sua falta, poderá haver fenómenos sociologicamente similares à greve, que justificariam mesmo autorizar a uma transposição de normas: não há, porém, greve em sentido técnico.

Um segundo elemento tem a ver com a sua condução por um grupo de trabalhadores. Desde logo ocorre, de novo, a exigência de situações de trabalho em sentido próprio; trata-se, porém, de enfocar primordialmente a natureza coletiva do comportamento. A referência à ideia de grupo tem um duplo alcance: traduz o requisito da pluralidade de intervenientes e a coligação entre eles. Não haveria greve quando um único trabalhador se abstivesse da prestação do trabalho ou quando vários o fizessem, mas sem ligação entre si. Trata-se, contudo, de elementos tendenciais: um trabalhador que, em certa empresa, adira sozinho à greve declarada pelo seu sindicato faz mesmo greve[1941], enquanto que abstenções desencontradas podem, de facto, corresponder a greves, desde que dotadas de cobertura sindical.

Um terceiro elemento prende-se com o escopo das perturbações causadas no ambiente laboral: elas devem ter um objetivo de tal modo que a greve seja um meio de pressão. Pode dizer-se que a greve surge como uma

[1940] Quanto às origens do galicismo "greve", Bernardo Xavier, *Direito da greve* cit., 16, que aponta, em vernáculo, as expressões *coalização*, *coligação* e *parede*.

[1941] Nesse sentido, Bernardo Xavier, *Direito da greve* cit., 59.

ação humana – logo final – que transcende a mera perturbação que provoca a qual é, tão-só, instrumentalizada.

V. Na posse destes elementos, torna-se possível delimitar a greve de outros fenómenos que, por vezes, lhe são associados[1942].

Assim, não haverá greve em sentido técnico quando se assuma uma atitude anormal, destinada a fazer pressão nas autoridades ou a sensibilizar a opinião pública, mas que tenha um alcance puramente pessoal – p. ex., "greve de fome"; tão-pouco constituem greve as perturbações coletivas provocadas por quem não tenha a qualidade de trabalhador subordinado – p. ex., a "greve de estudantes" – ou por quem não atue nessa qualidade – p. ex., a "greve de fornecedores" ou a "greve de consumidores".

Há, contudo, aspetos sociológicos e psicológicos que, com a greve propriamente dita, aqueles fenómenos têm, patentemente, em comum.

296. **Modalidades**

I. As greves podem ser objeto de múltiplas classificações, ordenadas em função de critérios variados.

Com preocupações meramente descritivas, registe-se o conjunto de distinções de Brox[1943], com alguns complementos[1944]:

– quanto à organização:
greves sindicais ou não-sindicais, consoante sejam organizadas pelos sindicatos ou por simples grupos de trabalhadores; estas últi-

[1942] Wolfgang Zöllner, *Arbeitsrecht* cit., 3.ª ed., 356; Bernardo Xavier, *Direito da greve* cit., 56-57.

[1943] Brox/Rüthers, *Arbeitskampfrecht* cit., 2.ª ed., 18 ss. (Brox); *vide*: Bernardo Xavier, *Direito da greve* cit., 85 ss.; Hernekamp, *Arbeitskampf* cit., 127 ss. e 139 ss. (documentação); Karl-Jürgen Bieback, *Arbeitskampfrecht*, publ. W. Däubler (1984), n.º 312 (156); Volker Heinrich Lohse, *Streik und Staatsnotstand/unter Berücksichtigung der Rechtslage in der Schweiz* (1969), 40 ss.; Teyssié, *Conflits collectifs* cit., 71 ss.; Ghidini, *Diritto del lavoro* cit., 8.ª ed., 134 ss.; Giuseppe Pera, *Serrata e diritto di sciopero* (1969), 81 ss..

[1944] *Vide*, ainda, o Parecer da Procuradoria-Geral da República de 3 de março de 1977, n.º 5 ss., em Monteiro Fernandes/Acácio Lourenço, *Leis do trabalho* cit., 4.ª ed., 618 ss. (627 ss.); Mário Pinto, *Greve*, II – *Aspectos jurídicos*, Enc. Pólis 3 (1985), 111-121 (115); Rosário Palma Ramalho, *Greves de maior prejuizo*, RJ 5 (1986), 67-115.

mas tendem a ser assimiladas às greves selvagens, nos ordenamentos em que apenas os sindicatos tenham competência para desencadear lutas laborais coletivas; noutros onde, como no português, os trabalhadores possam, diretamente, ainda que em certas condições, declarar a greve, haveria que abrir novas subdistinções; as greves "selvagens" não são, necessariamente, indisciplinadas ou, até, espontâneas;

– quanto à tática:
greves gerais, totais, parciais, sectoriais, sucessivas ou rotativas, conforme elas venham a atingir todo o espaço jurídico-laboral, toda uma área de atividade, toda uma zona, em termos verticais, um determinado núcleo produtivo, vários núcleos, em termos sucessivos, ou vários departamentos empresariais, cada um num tempo diferente; ainda quanto à tática, mas em diversos planos, podem referir-se greves de estátua ou de braços caídos, greves de rendimento ou de lentidão, greves de zelo, greves administrativas (recusa de cumprimento de certas formalidades), greves com ou sem ocupação[1945], greves a horas suplementares, greves a horas notumas, greves armadas, etc., em termos que falam por si; as práticas que impliquem perturbações na produção mas não se analisem numa suspensão de trabalho dizem-se, também, greves impróprias[1946];

– quanto ao início da luta:
greves ofensivas ou defensivas, consoante elas correspondem a uma primeira demonstração conflituosa ou, pelo contrário, visem tão-só responder a processos de luta iniciados pelas entidades empregadoras; estes termos classificatórios tendem a ser substituídos por outros, dada a inexistência prática – sancionada mesmo, por vezes, por lei –, de medidas empresariais ofensivas; as greves ofensivas visarão, nessa altura, obter novas vantagens para os tra-

[1945] Tais greves são havidas como ilícitas: Karl-Georg Loritz, *Betriebsbesetzung/ein rechtswidriges Mittel in Arbeitskampf*, DB 1987, 223-232. *Vide* Thomas Klein, *Streiken auf den Betriebsgelände? Koalitionsbetätigung in Konflikt mit Besitz- und Eigentumsrechten*, AuR 2018, 216-223.

[1946] Bernardo Xavier, *Direito da greve* cit., 66 ss..

balhadores, enquanto as defensivas pretendem, tão-só, preservar as preexistentes;

– quanto ao tipo de efeito que se pretende provocar na outra parte: greves de luta, quando se pretenda pressionar para obtenção de determinada solução e greves de demonstração, quando se pretenda, simplesmente, chamar a atenção para certo ponto; as primeiras tendem a provocar danos na esfera do empregador, embora possam revestir a forma de meras greves de aviso, limitadas no tempo e, em princípio, sem danos; as segundas são, em princípio, inóquas, destinando-se a sensibilizar a opinião pública;

– quanto ao objetivo: greves laborais, sempre que visem a obtenção de resultados no campo do trabalho e greves não-laborais ou políticas, quando o escopo procurado transcenda esse domínio; as greves laborais podem, ainda, subdistinguir-se consoante tenham finalidades salariais, sociais, promocionais, etc., ou, noutro plano, conforme visem objetivos contratuais coletivos (a nível de convenção coletiva, de acordo coletivo ou de acordo de empresa), objetivos regulamentares ou objetivos legais; as greves políticas podem ainda, sofrer várias subdistinções: greves revolucionárias, greves anti ou pró-governamentais, greves ecológicas e greves de protesto[1947];

– quanto à autonomia: greves principais e greves acessórias, de simpatia ou de solidariedade, consoante tenham, em si, uma finalidade própria, ou pretendam, tão-só, reforçar outros processos grevistas.

II. Perante o Direito, podem elaborar-se novos termos classificativos; assim, as greves são lícitas ou ilícitas, legítimas ou ilegítimas, de boa ou de má-fé, consentâneas com os bons costumes ou contrárias a eles, abusivas ou contrárias à ordem pública.

[1947] As hipóteses, aqui, são inúmeras; lembre-se, por exemplo, a greve geral em Itália de protesto contra o assassinato de Aldo Moro (1916-1978) ou na Suécia contra o de Olof Palme (1927-1986) ou a greve dos portos norte-americanos, perante navios com destino à então União Soviética, como protesto contra a chamada invasão do Afeganistão.

Ainda em consonância com fatores jurídicos, as greves podem estar sujeitas a uma lei geral ou a leis especiais, no sentido de destinadas, de modo expresso, a enquadrar certo tipo de greves – p. ex., de funcionários públicos.

As greves podem, ainda, ser acompanhadas de outros comportamentos que possibilitem outras contraposições. A esse propósito, cabe referir-se a distinção, acima efetuada, entre greves com e sem ocupação de instalações; mas outras existem e legalmente relevantes; assim, as greves com e sem piquetes, as greves com cerco das instalações ou com sequestro.

III. Certos efeitos das greves, em obediência a fatores táticos ou, simplesmente, por força do modo por que se processaram, podem dar lugar a novas classificações. Assim, a greve trombose, que conduz à paragem de uma empresa por força da paralisação de um sector chave ou a greve retroativa, que inutiliza todo um processo produtivo anterior[1948]: por exemplo, os atores que após dois meses de ensaios remunerados faltem à estreia ou os trabalhadores de hotelaria que suspendam o trabalho na hora de servir o jantar. Muito debatida, na jurisprudência e na doutrina alemãs, foi a *flash-mob Aktion* ou greve *flash-mob* [1949]: consiste numa súbita e rápida manifestação de mais de dez trabalhadores, que perturbem a produção e cesse subitamente.

Estes tipos de greve podem agrupar-se na categoria das greves de maior prejuízo: elas provocam, pelas suas características, um dano acrescido na esfera da entidade empregadora, em termos por vezes desproporcionados, perante a paralisação provocada, quando tomada em abstrato[1950].

O processamento da greve permitirá, ainda, distinguir greves com ou sem pré-aviso – greves-surpresa – greves com ou sem manutenção dos serviços de necessidade básica, greves acompanhadas de conversações ou com interrupção dos contactos e greves de duração limitada ou ilimitada.

[1948] Rosário Palma Ramalho, *Greves de maior prejuízo* cit., 70 ss., 84 ss., 99 ss. e 108 ss..

[1949] Bernd Rüthers, *Arbeitskampf in einer veränderten Wirtschafts- und Arbeitswelt*, NZA 2010, 6-13 (12-13), que a tem por inadequada; Horst Konzen, *Kampfmittelfreiheit und Flash mob-Aktionen*, FS Dieter Reuter 70. (2010), 603-625; o BAG 22-set.-2009 e o BVerfG 9-abr.-2014, consideraram-na lícita; a queixa constitucional teve a ver com o atentado a direitos fundamentais; Thomas Klein, *Streiken auf dem Betriebsgelände?* cit., 220/I.

[1950] Rosário Palma Ramalho, *Greves de maior prejuízo*, *passim*.

297. **Outras formas de luta; o boicote**

I. Nos livros de doutrina, fala-se em "outras formas de luta" para abranger fenómenos diversos. Muitas vezes, ficam incluídos todos os modos de perturbação das relações de trabalho que não se analisem numa pura e simples abstenção laboral – portanto, as designadas greves impróprias.

Há aí, no entanto, um problema de Direito positivo, mais do que de qualificação: trata-se de conhecer a que particulares condicionalismos associa o Direito uma certa proteção que se adivinha perante a greve ou, noutro prisma, quais as práticas vedadas pela lei.

Nessa aceção, as "outras formas de luta" acabam por se conectar com a problemática nuclear da greve.

II. Julga-se preferível referenciar, a propósito desta rubrica, práticas coletivas de pressão que não impliquem diretas perturbações nas relações de trabalho.

Tal é o caso do boicote[1951] que traduz uma recusa concertada em negociar com determinada pessoa, alvo da pressão. Assim, o agricultor que não encontre trabalhadores dispostos a celebrar, com ele, contratos de trabalho ou armadores que não consigam quem lhes descarregue os navios. O boicote pode assumir feições que transcendam, de modo crescente, os planos laborais: tal sucede com a recusa em contratar, quando atuada perante negócios que não tenham a ver com contratos de trabalho (por exemplo, os trabalhadores recusam a utilização de determinada cantina) ou, até, com o trabalho subordinado (por exemplo, a recusa coletiva em adquirir bens em certo armazém). O boicote não pode ser ignorado, sob o pretexto formal de mais não traduzir do que o livre exercício da autonomia privada. Assim, a recusa concertada em celebrar contratos de trabalho,

[1951] A expressão corresponde ao nome de um administrador irlandês: nos anos setenta do século XIX, Boykott tratava os pequenos rendeiros de modo desumano, tendo, por isso, sido proscrito pela generalidade das pessoas; não houve mais quem, para ele, fosse trabalhar ou lhe vendesse quaisquer mercadorias, acabando por ter de se exilar. *Vide* Alfred Söllner, *Arbeitsrecht* cit., 9.ª ed., 73, nota 15, com outras indicações. Confrontámos: Curt Brunner, *Der Boykott/selbständiges oder unselbständiges Nebenkampfmittel eines zulässigen Arbeitskampfes* (1979), 152 pp.; Gerhard Binkert, *Gewerkschaftliche Boykottmaßnahmen im System des Arbeitskampfrechts* (1981), 214 pp..

porventura promovida por sindicatos, pode equivaler à forma idónea para promover uma "greve" em zonas de trabalho sazonal; noutros casos, ainda que de modo menos claro, o boicote pode perturbar relações de trabalho ou acarretar fenómenos sensivelmente paralelos aos da greve; por exemplo, a presença de piquetes junto aos estabelecimentos comerciais "boicotados".

Certos aspetos do boicote podem ser utilmente analisados com recurso a instrumentos proporcionados pelo Direito das lutas laborais coletivas. No que respeita ao seu uso por parte dos trabalhadores, caberá verificar, caso a caso, quais as normas relativas à greve que, perante eles, tenham aplicação.

III. As lutas laborais coletivas, designadamente no que toca ao exercício de pressões sobre os empregadores, podem assumir ainda outras feições menos caracterizadas[1952].

Assim, podem referenciar-se as petições, as concentrações e as manifestações, sem ligação direta com as prestações do trabalho.

Em princípio, elas colocam-se sob a alçada de certos direitos fundamentais, designadamente os relativos à liberdade de reunião, de expressão e de manifestação.

Na medida, porém, em que tenham influxo pretendido sobre as relações de trabalho, haverá que ponderar da eventual extensão, a elas, das competentes normas laborais coletivas.

[1952] Britta Rehder/Olaf Deinert/Raphäel Callsen, *Atypische Arbeitskampfformen der Arbeitsnehmer seite*, AuR 2012, 103-114.

§ 78.º A EXPERIÊNCIA PORTUGUESA

298. **Evolução histórica**

I. Como foi referido, a greve, quando se manifestou na atualidade, enquanto fenómeno social relevante no trabalho, encontrou uma Ordem Jurídica impreparada para a enquadrar.

Particularmente complexo de entender era o nível coletivo da greve. Já perto dos anos trinta do século XX, ainda o próprio Sinzheimer resolvia o tema da greve através da sua recondução ao funcionamento dos contratos individuais de trabalho: os trabalhadores usariam das comuns faculdades de denúncia desse contrato, pondo-lhe cobro, em simultâneo[1953] – e ainda que com a intenção de, findo o diferendo, contratar de novo com a mesma entidade empregadora.

As dificuldades de tipo científico foram dobradas por questões políticas que, num primeiro tempo, intentaram limitar ou mesmo incriminar a greve[1954]; a evolução, com avanços e recuos, é conhecida.

II. Em Portugal, documentam-se greves modernas na segunda metade do século XIX[1955]. O Código Penal de 1852[1956] penalizava-a, no seu conhecido artigo 277.º que punia com prisão até seis meses e multa,

[1953] Reinhard Richardi, *Die Bedeutung des zivilrechtlichen Haftungssystems für den Arbeitskampf*, ZfA 1985, 101-126 (102).

[1954] Remete-se para as rubricas sobre a evolução do Direito do trabalho e dos conflitos coletivos.

[1955] Emygdio da Silva, *As greves* cit., 1, 265 ss.; David Ferreira, *Greves*, DHP 3 (1979, reimpr.), 155-162; Jorge Leite, *A greve em Portugal*, em *The Strike*, publ. Giulio Levi (1987), 293-320 (293 ss.).

[1956] Governo Duque de Saldanha, com Rodrigo da Fonseca, ministro do Reino.

toda a coligação entre aqueles que empregam quaisquer trabalhadores, que tiver por fim produzir abusivamente a diminuição do salário e toda a coligação entre os indivíduos de uma profissão, ou de empregados com qualquer serviço, ou de quaisquer trabalhadores, que tiver por fim suspender, ou impedir, ou fazer subir o preço do trabalho regulando as suas condições, ou de qualquer outro modo.

O preceito manteve-se no Código Penal de 1886[1957], sendo embora os comentadores unânimes em afirmar que ele não terá conhecido uma aplicação prática.

III. A fase seguinte na evolução da greve foi atingida logo nos primórdios da proclamação da República: o Decreto de 6 de dezembro de 1910 veio reconhecer os conflitos coletivos, regulamentando-os: Segundo o seu artigo 1.º,

> É garantido aos operários, bem como aos patrões, o direito de se coligarem para a cessação simultânea do trabalho.

As regras subsequentes previam penalidades para a proclamação irregular da greve[1958].

Apesar de muito avançada para a época – recorde-se que a própria Constituição de Weimar, com um largo conteúdo social, não chegou a consagrar o direito à greve – a lei republicana da greve foi considerada, pelas organizações de trabalhadores, como um decreto-burla, tendo sido fortemente atacada. Para tanto terá contribuído o radicalismo das estruturas sindicais da época e uma dinâmica de confrontos com as autoridades republicanas, que muito contribuiria para enfraquecer as forças sociais e o próprio regime.

IV. O regime militar oriundo do levantamento de 28 de maio de 1926 adotou posições legislativas contra a greve: à medida que se registaram movimentos a ele opostos. O Decreto n.º 13:138, de 15 de fevereiro de

[1957] No Governo de Luciano de Castro.

[1958] O diploma deve-se ao Ministro Brito Camacho.

1927, revogou a Lei da Greve de 1910[1959]. Uma proibição formal de lutas coletivas, designadamente da greve, foi inserida, na sequência da Constituição de 1933 – artigo 39.º – no Estatuto do Trabalho Nacional, aprovado pelo Decreto-Lei n.º 23:048, de 23 de setembro de 1933:

> Artigo 9.º – É ato punível a suspensão ou perturbação das atividades económicas:
>
> 1.º – Pelas empresas patronais, singulares ou coletivas, nos seus estabelecimentos, escritórios ou explorações económicas, sem motivo justificado e com o objetivo único de obter vantagens da parte do pessoal empregado, ou dos seus fornecedores de matérias-primas, produtos ou serviços, ou do Estado ou dos corpos administrativos;
>
> 2.º – Pelos técnicos, empregados ou operários, com o fim de conseguir novas condições de trabalho ou quaisquer outros benefícios ou ainda de resistir a medidas de ordem superior conformes com as disposições legais.
>
> O Regimento das Corporações estabelecerá as penalidades correspondentes a este ato[1960].

A legislação punitiva apareceu pouco depois: o Decreto-Lei n.º 23:870, de 8 de maio de 1934, punia o encerramento das empresas com fitos laborais e a greve – artigos 1.º e 2.º[1961] – agravando as penas perante a greve política – artigo 3.º – e a greve revolucionária – idem, § único – prevendo-se ainda, entre múltiplos outros aspetos, a greve da solidariedade, de simpatia e de protesto – artigo 5.º – a ocupação de instalações – artigo 8.º – a greve de funcionários públicos – artigo 14.º – e a atuação dos dirigen-

[1959] *Diário da República* I, n.º 31, 217; este diploma visava dissolver as entidades que participaram no movimento revolucionário desse ano; a revogação ocorreu, sem mais, no seu artigo 3.º.

[1960] O artigo 10.º do mesmo ETN tinha uma redação sugestiva:

> É direito e obrigação fundamental do Estado contrapor a sua ação a todos os movimentos e doutrinas sociais contrários aos princípios consignados neste Estatuto.

[1961] Segundo o artigo 2.º do Decreto-Lei n.º 23:870:

> Os técnicos empregados ou operários que em número de três ou mais abandonarem colectivamente o trabalho, ou o prestarem de modo a perturbar a sua regularidade ou continuidade, com o objectivo único de impor aos patrões novas condições de trabalho ou a concessão de quaisquer benefícios, de resistir a medidas de ordem superior conformes com as disposições legais, de opor-se à modificação de contratos existentes ou de obter ou impedir uma diversa aplicação desses contratos e usos vigentes, serão punidos com a pena de multa de 50$ a 1000$.

tes. O Código Penal foi, mais tarde, alterado de modo a introduzir normas incriminadoras da greve – artigo 170.º[1962].

Esta legislação terá conhecido uma aplicação escassa; a repressão das greves operou por via policial, numa posição progressivamente afrouxada, no que toca às greves puramente profissionais[1963].

299. As leis posteriores a 1974

I. A legislação posterior a 25 de abril de 1974 deu um tratamento diferente ao problema da greve e das demais lutas laborais coletivas. O Decreto-Lei n.º 217/74, de 27 de maio, que veio adotar "... um conjunto de disposições transitórias destinadas a abrir caminhos para a satisfação das justas e prementes aspirações das classes trabalhadoras e a dinamizar a actividade económica", determinava, no seu artigo 6.º/3, que o Governo publicasse, "... no prazo de trinta dias, legislação adequada sobre organizações sindicais de trabalhadores e associações patronais, bem como legislação que regulamente a greve, o *lock-out* e as relações coletivas de trabalho".

II. Mas apenas em 27 de agosto surgiu o Decreto-Lei n.º 392/74, que aprovou o regime do direito à greve e do *lock-out*. Da regulação por ele estabelecida, cabe salientar os pontos seguintes:

(a) o direito à greve era limitado à defesa de interesses profissionais dos trabalhadores, admitindo-se a própria solidariedade apenas no domínio da mesma profissão ou empresa – artigo 2.º e 6.º;
(b) proibiam-se as greves-trombose e com ocupações de instalações –artigo 7.º;
(c) estabelecia-se a obrigação de paz, na vigência das convenções coletivas – artigo 5.º;

[1962] Decreto-Lei n.º 35:015, de 15 de outubro de 1945 e, ulteriormente, o Decreto-Lei n.º 41:736, de 17 de julho de 1958. *Vide* Mário Pinto, *O direito perante a greve*, Análise Social 1966, 48-73 (65 ss.).

[1963] Bernardo Xavier, *Direito da greve* cit., 27.

(d) previa-se um esquema destinado a integrar a greve no processo de conflitos coletivos – artigos 8.º e 18.º;
(e) regulava-se o processo de declaração e prosseguimento da greve, com um papel particular dos sindicatos – artigo 9.º – um dever de pré-aviso de sete dias, no mínimo – artigo 11.º/1 – a liberdade de trabalho durante a greve –artigo 14.º – e certas precauções para as empresas de utilidade pública – artigo 17.º;
(f) admitia-se o *lock-out* defensivo – artigo 21.º;
(g) revogava-se a legislação incriminadora anterior – artigo 31.º.

III. O Decreto-Lei n.º 392/74, de 27 de agosto, foi um diploma bem concebido e redigido. As suas limitações mais flagrantes – designadamente as que restringiam a greve à defesa de "interesses profissionais" – poderiam ter sido alargadas pela interpretação, desde que a evolução posterior o recomendasse.

Os acontecimentos em curso na época[1964] impediram, contudo, qualquer aplicação desse diploma. Num curioso paralelo histórico com o ocorrido em 1910, o Decreto-Lei n.º 392/74 foi logo apelidado *lei anti-greve*, tendo-se assistido à sua desautorização sistemática por parte das forças políticas que o aprovaram no Governo – e foram todas.

300. **O quadro legal**

I. A greve é, na Constituição de 1976, revista em 1982[1965], considerada como um direito dos trabalhadores, sendo formalmente acolhida no artigo 58.º.

Trata-se de um preceito concebido em termos lapidares:

1. É garantido o direito à greve.
2. Compete aos trabalhadores definir o âmbito de interesses a defender através da greve, não podendo a lei limitar esse âmbito.
3. É proibido o *lock-out*.

[1964] *Supra*, 130 ss..
[1965] A revisão de 1982 limitou-se a reunir os textos dos primitivos artigos 59.º e 60.º.

O artigo 58.º da Constituição resultou de um ambiente propiciado pela Assembleia Constituinte ao desventurado Decreto-Lei n.º 392/74[1966]: procurou-se encontrar uma fórmula o mais ampla possível, para bem marcar o distanciamento de todos em face desse diploma.

A consagração constitucional, tal como ocorre, permite, desde logo, uma aplicação imediata: trata-se de um preceito relativo a direitos, liberdades e garantias, caindo no âmbito do artigo 18.º/ 1, da Constituição[1967]. De resto, ela é hoje reconhecida no âmbito da OIT[1968].

II. Na linha da Constituição, a greve foi regulada pela Lei n.º 65/77, de 26 de agosto.

Tratava-se de um diploma que não pode, pela sua simples existência, ser considerado como restritivo: apesar da amplitude da consagração constitucional, o direito à greve deve conviver com os demais direitos fundamentais inseridos na Constituição, o que implicaria uma regulação mínima[1969]. A Lei n.º 65/77 revogou expressamente o Decreto-Lei n.º 392//74, já atingido nalguns pontos pela Constituição; em conjunto com esta e com o Decreto-Lei n.º 637/74, de 20 de novembro, relativo à requisição civil, ela constituiu, até ao advento dos códigos do trabalho, o essencial do

[1966] Quanto às circunstâncias da aprovação do direito à greve na Constituinte, *vide* Bernardo Xavier, *Direito da greve* cit., 106 ss. e Parecer da PGR 123/76-B, de 3-mar.-1977 cit., n.º 3 = BMJ 265, 61 ss..

[1967] Quanto ao dispositivo constitucional do direito à greve, além das obras citadas na nota anterior, refiram-se: Monteiro Fernandes, *Reflexões sobre a natureza do direito à greve*, em *Estudos sobre a Constituição*, publ. J. Miranda, 2 (1978), 335-342; *idem*, *As relações colectivas de trabalho no Direito português*, em *Direito do trabalho*, sep. BMJ (1979), 139-165 (163), *Direito de greve/Notas e comentários à lei n.º 65/77, de 26 de agosto* (1982), 21 ss.; há 2.ª ed. (2003); Bernardo Xavier, *A licitude dos objectivos da greve*, RDE (1979); Gomes Canotilho/Vital Moreira, *Constituição anotada* cit., 1, 2.ª ed., 313 ss.; Rosário Palma Ramalho, *Lei da greve anotada* (1994), 236 pp..

[1968] Jean-Michel Servais, *Das Recht auf Arbeitskampf und die Zukunft des ILO--Überwachungsmechanismus*, SR 2017, 45-57 (49/I); países nos quais a greve não consta formalmente das constituições têm visto esse direito reconhecido pelos tribunais; tal o caso do Canadá: Urwana Coiquaud/Michel Coutu, *Oberter Gerichtshof Kanadas erkennt Verfassungsrang des Streikrechts an*, AuR 2018, 160-163.

[1969] *Vide* a bibliografia citada na nota anterior; admitindo implícita ou explicitamente, a existência de greves irregulares, STJ 8-jun.-1984 (Miguel Caeiro), BMJ 338 (1984), 283-287 (284 e 286) e STA 17-dez.-1985 (Miranda Duarte), BMJ 355 (1986), 197-207 (sobre a requisição civil na CP).

quadro legal, no domínio da greve. Tais códigos, de resto, mantiveram o regime anterior praticamente inalterado[1970].

III. O Código do Trabalho, numa orientação de tipo pacificador, começa por dar grande relevo à prevenção dos conflitos de trabalho. Assim, o seu subtítulo relativo aos conflitos coletivos de trabalho (artigos 522.º a 545.º), tem a ordenação seguinte:

Capítulo I – Resolução de conflitos coletivos de trabalho:
Secção I – Princípio da boa-fé (522.º);
Secção II – Conciliação (523.º a 525.º);
Secção III – Mediação (526.º a 528.º);
Secção IV – Arbitragem (529.º).
Capítulo II – Greve e proibição do lock-out:
Secção I – Greve (530.º a 543.º);
Secção II – *Lock-out* (544.º 5 545.º).

Não obstante esta ordenação, afigura-se que a greve, quer em termos históricos, quer em moldes dogmáticos, tem primazia sobre os meios destinados a "resolver conflitos": no fundo, a preveni-los.

IV. A existência de um quadro legal completo, no campo da greve, permite confirmar a dependência estreita existente, na ordem portuguesa, entre o Direito do trabalho e o legislador.

Consegue-se, assim, sem particular esforço o que, noutros ordenamentos, implicou décadas de paulatina evolução doutrinária e jurisprudencial. Mas com um preço: o fascínio dos textos legais – designadamente do texto constitucional– empurra os juristas para um positivismo exegético que pode prejudicar o permanente devir da Ciência do Direito.

[1970] Pedro Romano Martinez, *Código do trabalho anotado* cit., 11.ª ed., 1136.

§ 79.º PROCESSAMENTE DA GREVE

301. Legitimidade e pré-aviso

I. A greve enquadra-se num processo mais complexo, cujo conhecimento deve anteceder a determinação do seu conteúdo, dos seus limites e da sua natureza. Em termos analíticos, pode-se distinguir, no seu início, a decisão de greve, a sua declaração e o pré-aviso. Deve dizer-se que a revogada Lei n.º 65/77, de 26 de agosto – a Lei da Greve, LG – praticamente transposta para o Código do Trabalho, cuja sistemática não será das melhores, deixa, na aparência, estas fases numa certa indistinção.

O recurso à greve compete, segundo o artigo 531.º[1971]:

(a) às associações sindicais;
(b) às assembleias de trabalhadores (de empresa) desde que:
  (1) na empresa considerada, a maioria dos trabalhadores não esteja representada por associações sindicais;
  (2) a assembleia que decida seja convocada por 20% ou duzentos trabalhadores e nela vote a maioria dos trabalhadores da empresa;
  (3) a votação da greve se processe por escrutínio secreto e obtenha a maioria absoluta dos votantes.

Em termos práticos, há um monopólio sindical de recurso à greve; fora dele e dados os múltiplos requisitos exigidos para a decisão da greve tomada pelas assembleias de trabalhadores, exceto em empresas muito coesas, só quase haverá greves selvagens.

[1971] Pedro Romano Martinez, *Código do Trabalho anotado* cit., 11.ª ed., 1137.

II. A greve – seja qual for a sua natureza última, abaixo analisada – traduz um facto jurídico voluntário, que produz efeitos fora do círculo de pessoas que tomem a competente decisão. Como tal, ela implica uma declaração recipienda da vontade, com um destinatário – artigo 224.º do Código Civil. Admite-se, contudo, e dado o âmbito particularmente amplo que a greve pode assumir, na lei portuguesa, que a declaração de greve:

(a) seja expressa ou tácita, resultando, neste caso, de "factos que, com toda a probabilidade, a revelem" – artigo 217.º/ 1, do Código Civil;
(b) seja feita ao público.

A declaração de greve compete às entidades que a ela possam recorrer, nos termos do artigo 531.º. Não se equaciona, neste nível, a eventualidade de surgirem várias entidades representativas[1972].

A declaração de greve não se confunde com o pré-aviso[1973], embora possa resultar da mesma proclamação material.

Na verdade, o artigo 534.º/1 determina textualmente:

> A entidade que decida o recurso à greve deve dirigir ao empregador, ou à associação de empregadores, e ao ministério responsável pela área laboral um aviso com a antecedência mínima de cinco dias úteis ou, em situação referida no n.º 1 do artigo 537.º, 10 dias úteis.

[1972] *Vide* Cord Meyer, *Arbeitskampf bei Tarifpluralität – oder: Was wäre wenn?*, FS Klaus Adomeit (2006), 459-475; Philipp Kork, *Verbandspluralität im Arbeitskampf* (2011), 251 pp..

[1973] Bernardo Xavier, *Direito da greve* cit., 158 e 159 parece ter a distinção em mente (fala em proclamação e em pré-aviso), mas acaba por aproximar as duas noções.

O artigo 5.º/1 da LG dispunha:

> As entidades com legitimidade para decidirem do recurso à greve, antes de a iniciarem, terão de fazer por meios idóneos, nomeadamente por escrito ou através dos meios de comunicação social, um pré-aviso, com o prazo mínimo de quarenta e oito horas, dirigido à entidade empregadora, ou à associação patronal, e ao Ministério do Trabalho.

O artigo 5.º/2 da LG alongava o prazo de pré-aviso para cinco dias, quando se tratasse de greves em "... empresas ou estabelecimentos que se destinem à satisfação de necessidades sociais impreteríveis...", por remissão para o artigo 8.º/2 da LG, onde elas eram enumeradas.

O pré-aviso é, pois, sempre necessário, para que a greve seja lícita. Mas ele tem um conteúdo próprio, bases diferentes e finalidades diversas das da declaração de greve em si, podendo fazer-se a destrinça para melhor análise do problema.

III. O pré-aviso filia-se na boa-fé que manda preservar a confiança da contraparte; não se admitem, pois, greves-surpresas, que poderiam provocar danos desmesurados e apanhar o público desprevenido; ele tem, como conteúdo, o início de uma greve ulterior; deve ser feito (534.º/2 (...) por meios idóneos, nomeadamente por escrito ou através dos meios de comunicação social (...)[1974]; ele visa, por fim, possibilitar às empresas e aos utentes a tomada de medidas de prevenção de certos danos.

A declaração de greve liga-se à natureza jurídica da própria greve, que logo carece de um mínimo de exteriorização; ela tem por conteúdo a existência de uma greve; deve ser feita por qualquer meio – expresso ou tácito – que a exprima; visa transmitir a decisão de greve, dando-lhe corpo e manifestando os seus objetivos.

As diferenças parecem claras e assumirão ainda outros aspetos relevantes, quando se tratar dos limites da greve; por exemplo, do pré-aviso não tem de constar a pretensão motivadora de conflito[1975], ao contrário do que deve suceder com a declaração: de outra forma, a greve teria um objeto indeterminado, sendo nula.

O pré-aviso deve ser formulado por quem declare a greve; havendo várias entidades a fazê-lo, todas devem pré-avisar. As competentes declarações devem surgir de modo a ser possível fixar, juridicamente, a sua autenticidade.

IV. Dadas as finalidades que o informam, o pré-aviso deve ainda compreender elementos atinentes ao início e à duração previsível da greve anunciada – ou, como alternativa, a indicação de se tratar de uma greve de duração indeterminada. Qualquer prolongamento – quando tenha sido anunciado um termo – depende de novo pré-aviso: repare-se que este é curto – cinco dias úteis – pouco limitando a própria possibilidade de greve; por outro lado, anunciado um termo, criam-se expectativas que não podem

[1974] Quanto aos requisitos formais deste pré-aviso, *vide* o Parecer n.º 156/81 da PGR de 3-dez.-1981, BMJ 316 (1982), 82-96 (85 ss..).

[1975] Nem, habitualmente, consta: Monteiro Fernandes, *Direito de greve* cit., 41.

ser frustradas, multiplicando-se os danos gratuitos. Mais vale anunciar uma greve ilimitada do que marcar um termo e desrespeitá-lo, sem novo pré-aviso[1976].

O pré-aviso deve ainda reportar o local da greve e os serviços atingidos: de outro modo, esvair-se-ia o seu conteúdo útil.

A declaração de greve, por seu turno, deve conter tudo quanto seja requerido para a própria greve e, designadamente, os motivos.

Como resulta de quanto foi dito, nenhum inconveniente existe em que pré-aviso e declaração resultem da mesma proclamação, ou em que apenas o primeiro surja em termos formais.

V. Os números 3 e 4 do artigo 534.º, correspondendo a uma novidade introduzida pelo Código de 2003, dispõem[1977]:

> 3. O aviso prévio deve conter uma proposta de definição de serviços necessários à segurança e manutenção de equipamento e instalações e, se a greve se realizar em empresa ou estabelecimento que se destine à satisfação de necessidades sociais impreteríveis, uma proposta de serviços mínimos.
>
> 4. Caso os serviços a que se refere o número anterior estejam definidos em instrumento de regulamentação coletiva de trabalho, este pode determinar que o aviso prévio não necessita de conter proposta sobre os mesmos serviços, desde que seja devidamente identificado o respetivo instrumento.

VI. Ao contrário do que sucede noutros diplomas dados pela História e pelo Direito comparado, a lei portuguesa da greve não associou, de modo estrito, a greve a um dever de negociar. Mas a ligação deve considerar-se feita, pelo menos sempre que estejam em causa objetivos que se prendam com a contratação coletiva. A referência solene à boa-fé (522.º) é suficiente, nesse sentido. Por outro lado, e em qualquer caso, o artigo 532.º dispõe sobre a representação dos trabalhadores em greve, tendo claramente em vista a necessidade de prever a existência permanente de interlocutores, base indispensável para qualquer negociação. As funções desta representação, são, como se verá, mais extensas: veja-se o artigo 537.º/1.

[1976] Certo, Monteiro Fernandes, *Direito de greve* cit., 41; contra, o Parecer da PGR de 29-jan.-1978, em Monteiro Fernandes/Acácio Lourenço, *Legislação do trabalho* cit., 4.ª ed., 673-683 (678), com uma argumentação caracteristicamente linguística.

[1977] *Vide* Pedro Romano Martinez, *Código do Trabalho anotado* cit., 11.ª ed., 1139-1140.

A grande margem deixada à greve pelo Direito português não deve levar a esquecer a tendência universal para a associar a prévias reinvindicações profissionais[1978].

302. A adesão à greve

I. Tomada uma decisão de greve, feita a competente declaração e realizado o seu pré-aviso, segue-se a sua efetivação.

A greve implica, por definição, a perturbação no trabalho provocada pelos trabalhadores, *maxime* pela abstenção da prestação que lhes compete. Por isso, a greve efetiva-se sempre num nível individual, visto que individual é o plano da prestação do trabalho.

Deve, pois, autonomizar-se, como elemento seguinte no processo de greve, a adesão do trabalhador à declaração de greve. A adesão à greve é um ato jurídico unilateral que implica uma manifestação da vontade confluente com a declaração coletiva da greve. Nos termos gerais, ele poderá ser expresso ou tácito, resultando de uma declaração a tanto dirigida ou emergindo de confluências que, com toda a probabilidade, a revelem.

A declaração tem o empregador por destinatário, devendo, por ele, ser cognoscível.

II. O Código do Trabalho não exprime, diretamente, esta fase decisiva da greve; mas postula-a, com clareza: o artigo 533.º permite piquetes para persuadir os trabalhadores a aderirem à greve, reconhecendo ainda a liberdade de trabalho dos não aderentes; o artigo 536.º refere a suspensão das situações laborais dos trabalhadores aderentes; o artigo 540.º proíbe discriminações sobre qualquer trabalhador por motivo de adesão – ou não – à greve.

A análise jurídica da adesão à greve coloca ainda algumas questões que não podem ser escamoteadas.

[1978] Jean Déprez, *L'existance de revendications préalables, condiction de licéité de la grève*, DS 1986, 610-614, com múltipla jurisprudência, bem como Aurelio Sbrocca, *Sciopero illegitimo per vizi formali e non configurabilità di condotta antisindacale*, GLav (Mass) 1986, 38-41, com referência a Milão, 31-dez.-1985.

A natureza unilateral da adesão não provoca dúvidas; ainda que dirigida à entidade empregadora e dependente, para certos efeitos práticos, da efetiva receção por esta, ela não implica qualquer outra vontade.

III. A sua natureza negocial ou não negocial é menos líquida[1979]; em princípio, o trabalhador-aderente apenas poderia aceitar ou não a declaração de greve coletivamente feita; no entanto, e uma vez que o Direito lhe confere uma total liberdade de não-adesão, nenhuma dificuldade se visualiza em admitir adesões parciais: por exemplo, o trabalhador (ou um grupo deles) adere, mas por período inferior ao declarado ou em termos menos cabais, prestando, por exemplo, alguns serviços. O facto de haver uma situação de adesão à greve não é contudo, relevante apenas para os trabalhadores; ao empregador, poderá interessar mais uma adesão total, que o libere de pagar os salários, do que parcial, que dá lugar, nesse domínio, a múltiplas dúvidas. Julga-se, pois, que o trabalhador apenas pode aderir ou não à greve, num poder que traduz a natureza não negocial da adesão; a adesão limitada no tempo não caracteriza, de modo suficiente, a liberdade de estipulação, dado o que abaixo se diz sobre a sua revogação; qualquer "adesão" qualitativamente diferente da declaração de greve implicará um acordo com a entidade empregadora e, daí, um contrato.

IV. A natureza consensual da adesão parece, por fim, consentânea com os valores em jogo: a adesão à greve não implica nenhuma declaração sujeita a particulares formas ou formalidades, antes podendo resultar de qualquer esquema que revele tal vontade. O mais simples é, naturalmente, a pura e simples abstenção de trabalhar. Mas no caso concreto, poderá ser necessário uma declaração mais explícita; assim:

(a) os trabalhadores dispensados de horário – por ex., certos quadros – terão de comunicar a sua adesão de modo explícito, já que a sua simples ausência do local de trabalho nada permitiria concluir;
(b) os trabalhadores impedidos, a qualquer título, de comparecer no período da greve mas que a ela não adiram, devem fazer a competente declaração.

[1979] Recorde-se que, segundo a terminologia clássica da Faculdade de Direito de Lisboa, a natureza negocial depende da presença da liberdade de celebração e de liberdade de estipulação.

Em caso de dúvida, deve ter-se presente que a adesão à greve é um facto suspensivo da situação laboral; por consequência, ela deve ser provada por quem a alegue, nos termos gerais[1980].

Questão duvidosa tem a ver com adesões ocultas ou encobertas ou com o relevo eventual da *protestatio facta contraria*: *quid iuris* quando, nos termos, por exemplo, de uma greve rotativa ou de uma greve trombose, o trabalhador, que esteja totalmente de acordo com a paralisação e os seus efeitos, se apresente "disponível" ao local de trabalho, mas bem sabendo que não poderá trabalhar? O tema será considerado a propósito dos limites da greve.

V. A adesão à greve pode, em princípio, ser revogada a todo o tempo pelo trabalhador que a tenha produzido. A lei associa, com clareza, a adesão ou não-adesão à liberdade de trabalho. A revogação da adesão sujeita-se aos mesmos requisitos desta e, podendo, designadamente ser expressa ou tácita. O modo mais simples da sua efetivação é, a essa luz, a da simples retoma do trabalho.

A liberdade não deve ser assimilada à irresponsabilidade. Assim, se ninguém pode sofrer consequências por aderir ou não aderir a uma greve – artigo 540.º – já seria inadmissível utilizar essa faculdade para, fora do contexto da greve, provocar danos aos empregadores ou aos trabalhadores. Assim, quem afirme aderir a uma greve e não adira ou quem afirme não aderir e adira poderá ser responsabilizado[1981]: não pelo exercício da sua liberdade de trabalho, mas por atingir posições legítimas de confiança, através de *venire contra factum proprium*.

303. **Deveres acessórios; serviços mínimos**

I. A adesão à greve suspende, como abaixo se verá, os deveres principais emergentes da situação jurídica laboral; mas mantém, em princípio,

[1980] Assim, provando a entidade patronal a falta ao trabalho, cabe ao trabalhador demonstrar que a mesma ocorreu por adesão à greve.

[1981] Repare-se que em qualquer destas eventualidades poderia provocar danos na esfera do empregador ou na dos trabalhadores; qualquer delas poderia, por exemplo, realizar despesas com base na declaração de adesão ou não-adesão, sendo depois atingidos pelo comportamento contraditório.

os deveres acessórios que não estejam deles dependentes[1982]. Além disso, surgem, *ope legis*, por força de situação da greve, novos deveres acessórios, de tipo instrumental, que convém ter em mente. São eles:

– a prestação de serviços mínimos indispensáveis para ocorrer à satisfação de necessidades sociais impreteríveis, nas empresas ou estabelecimentos que os tenham por objetivo – artigo 537.º/1 e 2;
– a prestação, durante a greve, dos serviços necessários à segurança e manutenção do equipamento e instalações – artigo 537.º/3.

A prestação de serviços mínimos nas unidades que satisfaçam necessidades sociais impreteríveis – e que a lei enumera no artigo 537.º/2 , em termos expressamente exemplificativos[1983] – é atribuída à associação sindical que declare a greve ou à comissão de greve. Trata-se de um preceito indeterminado, que carece de concretização caso a caso, à luz da globalidade da Ordem Jurídica. Impõem-se, pois, várias precisões. Subjacente está uma ideia de razoabilidade e de proporcionalidade[1984].

II. Desde logo, é indubitável que apenas os trabalhadores prestam os serviços mínimos em jogo; as associações sindicais são podem fazê-lo, por serem entes coletivos. Por isso, ao imputar tais serviços, também, às associações sindicais, a lei está, no fundo, a adstringir essas associações a deveres instrumentais: elas não devem, por ação ou omissão, obstar à concretização dos serviços em jogo.

Há, pois, trabalhadores que, embora em greve, devem prestar certos serviços mínimos. Pergunta-se quem prescreve tais serviços, quem dirige os trabalhadores e quem os remunera.

A satisfação das necessidades sociais impreteríveis visa o interesse da coletividade e não o do empregador: este, tal como os trabalhadores, fica legalmente investido no dever de assegurar essas necessidades.

[1982] Quanto à necessidade, por parte dos trabalhadores em greve, se observar os deveres acessórios de custódia, respeito e boa-fé, *vide* RLx 17-julho-1985 (Sousa Macedo), BMJ 356 (1986), 436-437.

[1983] António Monteiro Fernandes, *Direito de greve* cit., 63 e Bernardo Xavier, *Direito da greve* cit., 187-188.

[1984] Stefan Greiner, *Das arbeitskampfrechtliche Verhältnismäßigkeitsprinzip* (2018), 136 pp..

Neste pano de fundo, verifica-se que todos conservam, no decurso da greve, embora por imposição legal, as responsabilidades que lhes adveem da sua posição no processo produtivo. Assim, não parece admissível defender que as associações sindicais – ou os próprios coletivos de trabalhadores, quando forem estes a decretar a greve – venham assegurar, através da sua direção, as prestações de serviços mínimos[1985]. Se assim fosse, tudo se passaria à margem do contrato de trabalho[1986] e, daí, fora da própria situação jurídica laboral. Tal esquema não pode ser tido querido pelo legislador, por ser impraticável: os sindicatos são associações profissionais de defesa de classe; não são empresas. Nenhuma greve teria, pois, a virtualidade de transformar sindicatos em entidades empregadoras, numa conjunção para que não estão apetrechados nem vocacionados e que, como é fácil imaginar, iria pôr em causa a sua liberdade e a sua independência. Em última análise, a direção do empregador deve sempre manter-se[1987]. Admite-se, contudo, que os sindicatos assumam um papel na definição dos serviços mínimos, desde que fiquem salvaguardados os diversos valores em presença. Tudo isto, ainda, sem esquecer que, no tocante a empresas que têm a seu cargo serviços vitais, muitas vezes, a própria lei formal atribui aos competentes conselhos de gestão a direção dos serviços; pense-se no Banco de Portugal ou noutras entidades de supervisão. Não seria pensável que, havendo greve, os competentes poderes de gestão, que são de autoridade, passassem para as associações sindicais.

III. Por isso, preconizámos o seguinte esquema, no tocante a serviços mínimos:

(a) nas empresas em que, por lei, a gestão esteja reservada a certos órgãos, a estes compete definir os serviços mínimos a assegurar, convocando, para tanto, os competentes trabalhadores;

(b) nas restantes, podem os sindicatos, aquando da declaração de greve, apresentar logo os serviços mínimos a assegurar e os trabalhadores que o irão fazer; quando não o façam – ou não o façam na medida necessária para dar cumprimento à exigência legal – defere-se tal poder à entidade empregadora, que tem o dever de fazer, se necessário, as competentes convocações.

[1985] E logo a remunerar a prestação em causa, quando esse fosse o caso.

[1986] Tal a opinião de Monteiro Fernandes, *Direito de greve* cit., 60.

[1987] Trata-se de um caminho apontado Bernardo Xavier, *Direito da greve* cit., 186 e 189-190.

Pode acontecer que a entidade empregadora se exceda na tarefa de assegurar os serviços mínimos, restringindo a greve para além do necessário e contundindo com a boa-fé (522.º). Quando isso suceda, há vários esquemas jurídicos, jurisdicionais mesmo, para, *a posteriori,* controlar a ocorrência. Não se vê, porém, como pedir ao Direito que legitime situações extremas em que, por desacordo entre empregadores e trabalhadores quanto a serviços mínimos, se encerre, por exemplo, a urgência de um hospital, deixando morrer os doentes ou se deixe deserta uma central nuclear, provocando um acidente.

Nas sociedades abertas, a greve é, sobretudo, uma guerra de opinião pública. Fica, pois, claro que os trabalhadores em greve não deixam de o estar por, nos termos da lei e em obediência aos valores mais profundos da sociedade, assegurarem os serviços mínimos vitais.

Por estas razões havia que operar, na medida do necessário, a redução teleológica do artigo 7.º/ 1 da LG.

Tudo isto funcionava também perante o dever de preservar a segurança e a manutenção do equipamento e das instalações – artigo 8.º/3 da revogada LG; desde feita, estariam em jogo os objetivos:

– de preservar os postos de trabalho;
– de salvaguardar as unidades produtivas, em prol da coletividade;
– de prevenir danos desmesurados para o empregador.

Ocorria também uma confluência que implica uma colaboração entre grevistas e empregadores, do tipo da acima referida[1988].

A inobservância destes dispositivos podia conduzir à requisição civil, segundo o artigo 8.º/4 da antiga LG. Para além disso, mantém-se o poder disciplinar da entidade empregadora, perante todas as violações de deveres que não estejam suspensos por força da greve.

IV. O Código do Trabalho de 2003, inovando relativamente à Lei da Greve, fixou um esquema destinado a definir os serviços mínimos, durante a greve. Perante situações reais nas quais as instruções da entidade empregadora não eram pura e simplesmente obedecidas, sob invocação da greve,

[1988] A necessidade de encontrar formas de colaboração que transcendam a greve resulta também da impossibilidade de recorrer às teorias da esfera de riscos, dada a proibição de despedimento coletivo e de contratação de trabalhadores exteriores à empresa.

o legislador estabeleceu um esquema escalonado, hoje presente no artigo 538.º[1989]:

(a) os serviços mínimos devem ser definidos por IRCT;

(b) não o sendo, cabe acordo entre os empregadores e os representantes dos trabalhadores envolvidos na greve (n.º 1);

(c) na sua falta, o serviço competente convoca essas entidades para uma negociação sobre os serviços em causa (n.º 2);

(d) nessa negociação, o serviço em causa proporá os serviços que, em duas greves anteriores substancialmente idênticas, tenham sido fixados por arbitragem (n.º 3);

(e) na falta de acordo nos três dias subsequentes, os serviços são fixados (n.º 4):

  (1) por despacho conjunto fundamentado do ministro responsável pela área laboral e do ministro responsável pelo sector de atividade em jogo;

  (2) por um tribunal arbitral, nos termos da lei sobre arbitragem obrigatória, quando se trate do sector empresarial do Estado; com isso evita-se que este seja, em simultâneo, parte interessada e decisor; todavia, em face da redação atual introduzida pelo artigo 35.º da Lei n.º 105/2009, de 14 de setembro, que eliminou a anterior referência a "serviço da administração direta ou indireta do Estado, de serviços das autarquias locais", deve entender-se que o despacho conjunto é suficiente para definir os serviços mínimos no âmbito destas entidades[1990].

V. O artigo 538.º/5 a 7 manda ainda observar as regras seguintes:

(a) a definição dos serviços mínimos deve respeitar os princípios da necessidade, da adequação e da proporcionalidade (n.º 5);

[1989] Pedro Romano Martinez, *Código do Trabalho anotado* cit., 11.ª ed., 1149-1152. Este esquema inspirou-se no artigo 8.º/4 a 9 da revogada Lei da Greve, na redação que lhe foi dada pela Lei n.º 30/92, de 20 de outubro. Esta lei foi declarada inconstitucional por TC n.º 613/92, de 4-jul. (Tavares da Costa), na *Net*, por razões formais; registe-se que TC n.º 447/92, de 2-set. (Assunção Esteves), na *Net*, não julgou o diploma como materialmente inconstitucional.

[1990] Pedro Romano Martinez, *Código do Trabalho anotado* cit., 11.ª ed., 1149.

(b) o despacho e a decisão do tribunal arbitral previstos produzem efeitos imediatos após a sua notificação às entidades implicadas e devem ser afixados na empresa, em locais destinados à informação dos trabalhadores (n.º 6);

(c) os representantes dos trabalhadores em greve devem designar os trabalhadores adstritos aos serviços mínimos, informando o empregador até 24 horas antes do início do período de greve (n.º 7, 1.ª parte);

(d) se o não fizerem, cabe ao empregador proceder a essa designação (n.º 7, *in fine*).

VI. Por razões económicas e sócio-políticas, a maioria das greves recentemente decretadas no País ocorrem no âmbito do Estado ou em empresas que se incluem nos sectores elencados no artigo 537.º/2. Nessa eventualidade, a greve é "pressionante" precisamente na medida em que prejudique ou ameace prejudicar os utentes ou o grande público: o Estado não é "prejudicável". A existência de serviços mínimos atenua – ou pode atenuar – os efeitos da greve. Por isso, em torno do que sejam os "serviços mínimos", há lugar a fortes polémicas. A sua existência não pode, todavia e por razões evidentes de interesse público e de segurança, ser afastada.

304. **Direitos fundamentais e piquetes de greve**

I. Durante a greve – e a acrescer a outros deveres laborais acessórios abaixo ponderados – devem ser respeitados os princípios e as normas jurídicas que sempre acompanham as realidades em jogo. Em nenhuma circunstância podem ser questionados os direitos à vida e à integridade física e moral dos intervenientes, a sua liberdade de expressão ou os seus direitos patrimoniais privados – exceto os que se encontrem suspensos em consequência da própria greve. Havendo inobservância, seguem-se os esquemas comuns da responsabilidade disciplinar civil ou criminal que no caso caibam[1991].

[1991] Jean Savatier, *La répression d'actes de violence commis au cour d'une grève: l'affaire Citroën*, DS 1986, 228-230, bem como Paris, 17-jan.-1986, *idem* 231-235, onde foram condenados os agressores de não-grevistas, alguns destes portugueses.

II. Alguns aspetos sensíveis mereceram, contudo, a atenção expressa da lei. Assim, sucede com a prática dos piquetes de greve, entendidos como grupos organizados de trabalhadores grevistas que visam persuadir os restantes a aderir à greve[1992].

O Código permite-os – artigo 533.º – desde que:

(a) utilizem meios pacíficos de persuasão;
(b) não se prejudique a liberdade de trabalho dos não aderentes.

A prática dos piquetes de greve permite isolar algumas questões que, de seguida, se afloram.

III. (1) A composição dos piquetes: na falta de restrições legais, julga-se que os piquetes podem ser integrados por quaisquer pessoas, ao abrigo da sua liberdade de expressão; não é lícito, no entanto, quer junto dos trabalhadores quer junto da opinião pública, fazer passar por grevista quem não pertença à empresa; aliás, inversamente, tão-pouco seria admissivel que fossem apresentados como não-grevistas pessoas estranhas à empresa.

(2) A presença dos piquetes na empresa: na falta de indicações legais[1993], julga-se que a resposta deve ser dada caso a caso, à luz do regulamento da empresa e do poder de direção patronal, segundo o princípio básico da não-discriminação: o piquete de grevistas da própria empresa deve ter a liberdade que, na mesma empresa, teriam os seus trabalhadores quando não estejam em funções; o piquete de pessoas estranhas à empresa deve, aí, ter a mesma liberdade de que desfrutam, em circunstâncias normais, os estranhos; assim, se o regulamento da empresa prevê a livre circulação de trabalhadores que não estejam em funções em certas áreas – *v.g.* cantina, bar e pátios, etc. – não se vê como proibir o piquete de o fazer; da mesma forma, se o empregador pode vedar, em circunstâncias normais, o acesso de trabalhadores a serviços que lhes não compitam, tão-pouco se vê porque não poderá proibir os piquetes; na mesma linha de raciocínio, a empresa que em circunstâncias normais tenha áreas abertas ao público em geral não poderá discriminar esse mesmo público quando aí, venha opinar a favor da greve; o problema[1994] põe-se, no entanto, quando não haja regulamentos, quando

[1992] *Vide* Elias/Napier/Wallington, *Labour Law* cit., 271 ss..

[1993] Ao contrário do disposto no artigo 7.º/2 do Decreto-Lei n.º 392/74, segundo o qual os piquetes deviam ser "externos".

[1994] *Vide* as saídas divergentes a que chegam Monteiro Fernandes, *Direito de greve* cit., 37 e Bernardo Xavier, *Direito da greve* cit., 182 ss.. *Vide* o Parecer da PGR de

estes sejam omissos ou quando tudo dependa da direção patronal; torna-se difícil conhecer a marca passada a qual a "persuasão pacífica" desenvolvida pelos piquetes pode prejudicar o trabalho dos não aderentes, mesmo quando não se torne em coação moral; num sistema que, como o português, não admita o encerramento conflituoso da empresa (o *lock-out*), é inevitável um relativo não-abrandamento da direção do empregador, mesmo durante a greve; coloca-se, por isso, tudo na dependência da seguinte proposição: pode ser vedada a presença de piquetes dentro da empresa quando, nas mesmas condições, mas sem greve, fosse de esperar a proibição da presença de um grupo que, fora das suas funções, se dedicasse a práticas de divulgação; para além disso, os piquetes da greve podem ser proibidos no interior da empresa quando perturbem o trabalho ou, por maioria de razão, se perpetrarem factos ilícitos.

(3) As funções dos piquetes: a lei vigente limita o papel dos piquetes à persuasão pacífica dos potenciais aderentes, ao contrário do Decreto-Lei n.º 392/74, que o estendia ao "assegurar que o trabalho não seja exercido por trabalhadores estranhos à empresa"; na verdade, não parece que os piquetes de greve devam ficar investidos em poderes policiais; num Estado de Direito, as práticas dos empregadores que sejam ilícitas – como, por exemplo, a de contratar pessoas estranhas à empresa para ladear a greve, segundo o artigo 535.º – são reprimidas judicialmente – p. ex., o artigo 535.º/3 – mal se compreendendo o recurso à autotutela; nada impede, no entanto, que os elementos do piquete observem as infrações às leis e delas deem parte, tal como quaisquer outros cidadãos[1995].

29-junho-1978, publ. Monteiro Fernandes/Acácio Lourenço, *Leis do trabalho* cit., 4.ª ed., 673-683 (679 ss.), onde se dá conta da discussão parlamentar havida a propósito do artigo 4.º da revogada LG e onde se ponderam os valores em presença, esquecendo embora referir os do empregador, na parte em que este, para além de pretender uma escassa adesão à greve, aspire ao rendimento laboral normal dos não-grevistas, que ele terá de remunerar.

A doutrina estrangeira opina, em geral, pela licitude dos piquetes de greve pacíficos, no exterior das empresas – Günter Schaub, *Arbeitsrecht* cit., 5.ª ed., 1134 – havendo diretrizes sindicais expressas nesse sentido. *Vide*, também, o artigo 15.º do *Trade Union and Labour Relations Act* britânico, de 1974.

[1995] A fiscalização de entradas e saídas da empresa, na medida em que implique pressões ou o exercício de uma autoridade de que não disponha o cidadão comum já iria superar as funções do piquete, sendo ilícita; *vide* o Parecer da PGR n.º 106/79, de 31-ago.-1979, publ. Monteiro Fernandes/Acácio Lourenço, *Leis do trabalho* cit., 4.ª ed., 684-691 (688 ss.).

IV. O problema dos piquetes de greve e, mais em geral, o dos deveres acessórios instrumentais que devam ser observados durante a greve, põe-se de modo mais consensual nas sociedades abertas onde as lutas laborais tenham sido perfeitamente integradas na cultura e onde não caiba perseguir os grevistas: a liberdade de expressão e o sentido da responsabilidade coletiva permitem atenuar as funções materiais dos piquetes, recorrendo-se às instâncias jurisdicionais para a solução de dúvidas de entendimento.

Deve ainda referenciar-se que teria a maior utilidade consignar, em convenções coletivas, os procedimentos a observar no caso de greve.

§ 80.º OS EFEITOS DA GREVE

305. Generalidades; efeitos diretos

I. Os efeitos da greve têm variado, de acordo com o estádio de evolução histórica da sociedade onde se ponha o problema. Assim, ela já teve eficácias a nível de responsabilidade penal e civil; ultrapassada essa fase, foi ainda à luz dos correspondentes dispositivos que a sua eficácia era ordenada, falando-se, por exemplo, em causas de justificação[1996].

Nos ordenamentos onde toda essa problemática se tem desenvolvido por via doutrinária e jurisprudencial, os efeitos da greve dão lugar a longas discussões; há, no entanto, uma aproximação clara à ideia de que a greve legítima não equivale nem à denúncia nem à quebra do contrato de trabalho, apenas o suspendendo[1997].

II. O Direito português simplifica, por via legal, toda esta problemática, uma vez que anuncia – e dá base jurídico-positiva – os principais efeitos da greve na situação jurídica laboral.

[1996] Klaus Doerk, *Der Streik als unerlaubte Handlung im Sinne des § 826 (BGB)* (1954), 42 ss. e *passim*; Theodor Tomandl, *Streik und Aussperrung als Mittel des Arbeitskampfes* (1965), 109 ss. e 202 ss.; Reinhard Richardi, *Die Bedeutung des zivilrechtlichen Haftungsystems für den Arbeitskampf* cit., 105 ss.; Strasser/Reischauer, *Das Arbeitskampf* cit., 56 ss. e 87 ss..

[1997] Tal a decisão básica do BAG 28-jan.-1955, que pode ser confrontada, no essencial, em Hernekamp, *Arbeitskampf* cit., 31 ss.. Esta decisão equivaleu ao implantar da denominada "teoria unitária" – *vide* Reinhard Richardi, *Die Bedeutung* cit., 102 ss. – pela qual a greve não devia ser considerada como algo que seguisse e atuasse em cada contrato singular de trabalho (tipo denúncia) mas como em facto único, coletivo. Note-se, no entanto, que antes dessa data já a greve era considerada lícita, embora com explicações variadas; *vide* Horst Konzen, *Aussperrungstatik und Organisationspolitik/ /Zur Unterstützungszahlung von Arbeitgebern an ausgesperrte Aussenseiter*, FS 25. BAG (1979), 273-296 (274).

Por razões de ordem sistemática, vão distinguir-se:

– efeitos diretos;
– efeitos indiretos;
– efeitos remotos.

Os efeitos diretos da greve correspondem aos que ela desencadeia como ato jurídico, isto é, aos que produz enquanto objetivo da vontade dos que a ela adiram; os efeitos indiretos integram os que a lei lhe associa, por razões que já não têm a ver com o sentido da vontade das partes; os efeitos remotos (*Fernwirkungen*), por fim, têm a ver com repercussões da greve que não correspondem nem à vontade dos trabalhadores – pelo menos de modo caracterizada e numa relação clara de causa e efeito – nem a injunções legais.

III. Segundo o artigo 536.º, correspondente ao artigo 7.º/1 da LG,

> A greve suspende o contrato de trabalho do trabalhador aderente, incluindo o direito à retribuição e os deveres de subordinação e assiduidade.

Na verdade, a lógica da greve requer a não-prestação de trabalho por parte do grevista e a concomitante não-retribuição; pode dizer-se que se suspendem as prestações principais da situação jurídica laboral[1998] mas não, necessariamente, as acessórias[1999].

Assim, ficam suspensos os deveres de trabalhar e, logo, o de assiduidade e de obediência, no que tenha a ver com a execução laboral, bem como o dever de implementar a produtividade da empresa – *vide* o artigo 128.º; em compensação, mantêm-se os deveres de urbanidade, lealdade e

[1998] *Vide* Friederike Kosiek, *Die Schuldrechtlichen Auswirkungen eines rechtsmäßigen Arbeitskampfes auf die betroffenen Unternehmen* (2005), XXVI + 109 pp..

[1999] O Decreto-Lei n.º 398/83, de 2 de novembro, que veio aprovar o regime de suspensão do contrato de trabalho e que contém lugares paralelos de relevo, determina no artigo 2.º/1:

> Durante a redução ou suspensão mantêm-se os direitos, deveres e garantias das partes, na medida em que não pressuponham a efetiva prestação de trabalho.

conservação e boa utilização dos bens – artigo 128.º, *a*), *f*) e *g*). Os demais deveres acessórios, legais ou convencionados, manter-se-ão na medida em que não tenham a ver com a prestação efetiva de trabalho.

Também pelo lado do empregador ficam suspensas as prestações principais – o dever de remunerar – mas não, de modo necessário, as restantes. Assim, conservam-se os deveres de tratar e de respeitar o trabalhador, de o indemnizar dos prejuízos resultantes de acidentes de trabalho e doenças profissionais e de lhe facilitar as funções sindicais – artigo 127.º, *a*), *f*) e *g*) – em tudo quanto não fique prejudicado pela não prestação de trabalho; os demais deveres acessórios devem passar por esse mesmo crivo.

IV. Estas considerações relativas a deveres aplicam-se aos direitos e aos poderes que as leis do trabalho enfoquem como tais: a greve é uma situação transitória que, suspendendo embora o essencial da situação laboral, deve conservar, funcional, a estrutura formal da relação de trabalho, como modo de garantir a sua subsistência e a sua retoma.

Não parece, pois, haver inconveniente na manutenção do poder disciplinar da entidade empregadora já que, do poder de direção, apenas fica suspenso o que tenha a ver com a prestação de trabalho. Mas esse poder só pode ser exercido pela violação de deveres que não estejam suspensos e dentro do princípio absoluto da não-discriminação dos aderentes à greve.

Ainda no domínio dos efeitos diretos, deve anotar-se a suspensão de todos os outros ónus ou encargos que, mercê da greve, não possam ser exercidos: por exemplo, os prazos para o exercício da ação disciplinar.

O princípio da ressalva das posições não atingidas pela suspensão do trabalho resulta, com clareza, do artigo 536.º/2 e 3, que mantêm a observância dos "direitos previstos na legislação sobre segurança social e as prestações devidas por acidente de trabalho ou doença profissional" e asseguram, ainda, a contagem de tempo de serviço.

306. **Efeitos indiretos; o risco**

I. A suspensão dos deveres principais da situação laboral é o efeito pretendido pelos aderentes à declaração da greve. Mas tem, tão-só, um alcance instrumental: ela não é dirigida contra a empresa, mas sim contra a vontade das pessoas que se pretenda influenciar – em princípio, o empregador[2000]. O Direito do trabalho português toma medidas destinadas a precaver essa eficácia coerciva da greve e, designadamente:

– proíbe a substituição dos grevistas por pessoas que, à data do anúncio da greve, não trabalhavam no respetivo estabelecimento ou serviço – artigo 535.º/1;
– proíbe a admissão de novos trabalhadores – *idem, in fine*;
– proíbe o encerramento da empresa (*lock-out*) – artigo 544.º.

II. Perante este regime, o empregador vê-se privado da prestação de trabalho, sem poder – salvo em limites estreitos do aproveitamento dos não-grevistas dentro do mesmo estabelecimento ou serviço – recorrer a novos trabalhadores e tendo ainda de suportar as despesas da manutenção da empresa e da retribuição dos não-grevistas, mesmo quando estes não possam produzir, por força da greve.

Pode considerar-se que, perante o Direito português, a doutrina do risco de empresa prossegue, mesmo havendo greve[2001]. Em termos económicos, os custos da greve são custos da empresa ou do estabelecimento afetado. Eles acabam por ser suportados conforme as circunstâncias, ou pelos consumidores finais ou pelos contribuintes. Será um preço a pagar pela democracia: preço justo, em termos razoáveis.

III. Alguns efeitos indiretos da greve – portanto os associados pela lei à sua ocorrência, independentemente da vontade das partes –, foram acima considerados, a propósito dos deveres acessórios ligados ao processamento da greve.

Têm eles a ver com a manutenção dos serviços vitais e com a salvaguarda das instalações e do equipamento, com o preciso sentido que se lhes deve descobrir.

Outros efeitos indiretos podem ser apontados, seja através da delimitação negativa da greve – portanto das limitações que o Direito põe ao seu serviço e que, abaixo serão considerados – seja mediante o desenvolvimento dos preceitos acima referenciados.

[2000] Wolfgang Zöllner, *Arbeitsrecht* cit., 3.ª ed., 368.

[2001] Heinz-Jürgen Kalb, *Rechtsgrundlagen und Reichweite der Betriebsrisikolehre* (1977), 13 ss. e Dietrich von Stebut, *Leistungsstörungen im Arbeitsverhaltnis*, RdA 1985, 66-72 (71 ss.).

307. Efeitos remotos

I. Os efeitos remotos da greve colocam clássicas questões de teoria geral das obrigações: em que medida se pode considerar que uma greve afeta as relações com terceiros[2002]?

A ideia básica, nos ordenamentos evoluídos onde a greve é assimilada a um feito normal do dia-a-dia, assenta na sua natureza interna ou, se se quiser, na sua assimilação aos riscos económicos ou riscos da empresa: os empregadores suportam o risco da greve tal como assumem riscos no tocante ao desaparecimento das matérias primas, às oscilações do mercado ou às modificações na paridade da moeda.

As regras relativas ao risco – e que atravessam todo o Direito patrimonial privado, com relevo para as obrigações – estão, em princípio, aptas para enquadrar, de modo automático, os efeitos remotos da greve.

Assim, a empresa que, por força de uma greve, não possa cumprir as suas obrigações, presume-se inadimplente com culpa – 799.º/1, do Código Civil; havendo impossibilidade – e não mera onerosidade – ela não é liberatória se for meramente subjetiva – 791.º – ou temporária 792.º; havendo impossibilidade objetiva e definitiva, surge a contraparte desonerada – artigo 795.º/1[2003].

Fica, pois, entendido que a estruturação geral do risco absorve a problemática das greves. No limite, seria possível recorrer ao artigo 437.º/1 do Código Civil –alteração das circunstâncias – sem esquecer que este instituto é delimitado, entre outros, pelas regras do risco, da impossibilidade e da interpretação contratual[2004].

II. A solução acima apontada para os efeitos remotos da greve sofre, em Portugal, uma distorção por força da proibição de encerramento da empresa. Alguma doutrina, um tanto inclinada para simplificar certos pro-

[2002] *Vide* o clássico de Josef Esser, *Arbeitskampf und Vertragstreue*, JZ 1963, 489-494; *vide* Manfred Lieb, *Fernwirkungen von Arbeitskämpfen*, FS 25. BAG (1979), 327-351 (327 ss.). Entre nós, *vide* António Nunes de Carvalho, *Responsabilidade civil do empresário e greve*, RDES XXVIII (1986), 367- 421 e 571-596, especialmente 578 ss..

[2003] Remete-se para as competentes rubricas do *Tratado*, IX, 3.ª ed., 301 ss., 330 ss. e 373 ss..

[2004] Menezes Cordeiro, *Da alteração das circunstâncias* (1987), nos Estudos em memória do Prof. Doutor Paulo Cunha, n.º 8.

blemas, assimila o *lock-out* a uma pretensa paridade de armas laborais coletivas: paridade essa que, aliás, nem deveria ser admitida. Mas esse instituto tem, hoje, um papel bem diferente: corresponde à administração dos fatores de risco da empresa, permitindo a sua distribuição gradual também pelos trabalhadores e por outras entidades.

III. O Direito português, em termos abaixo referidos, parece ter tomado o encerramento como mera forma de luta laboral coletiva.

Deixa, com isso, em aberto o problema de uma redistribuição dos riscos perante terceiros.

Recomenda-se, para prevenir dúvidas, que nos contratos mais sensíveis, as partes incluem cláusulas de risco que prevejam as hipóteses de greves, estipulando sobre o regime então aplicável.

IV. A possibilidade de responsabilizar os grevistas e/ou os sindicatos por danos causados a terceiros já tem sido equacionada[2005]. Desde logo, isso pressuporia a possibilidade de o juiz ponderar os objetivos da greve[2006]. Perante o Direito português, a greve nunca é, em si, ilícita: faltaria, logo esse pressuposto básico da responsabilidade civil. Todavia, a greve, como qualquer direito, pode incorrer em abuso, por contrariedade à boa-fé, ou seja, a valores básicos do sistema. A essa luz, a ponderação judicial é possível.

[2005] Ulrike Wendeling-Schroeder, *Schadensersatz drittbetroffener Unternehmen bei Streiks?*, AuR 2017, 96-99; Wolfgang Däubler, *Haftung der Gewerkschaft für Millionenschäden?*, AuR 2017, 232-237, especialmente em face da violação do dever de paz (232/I) ou da ilicitude dos objetivos da greve (233/I).

[2006] Andreas Bücker, *Richterliche Erkenntnisse über wahre Steikziele und die Rühreitheorie*, AuR 2017, 328-332; *Rührei* significa "ovos mexidos", sendo usado com o sentido de desordem ou de confusão; entenda-se, assim, a "teoria dos ovos mexidos".

§ 81.º LIMITES E SANÇÕES

308. Generalidades; os limites específicos

I. A greve – como qualquer instituto jurídico de relativa complexidade – não pode ser definida e regulada com recurso a normas ou princípios unitários: ela resultará da confluência de múltiplos vetores cuja explicitação requer várias proposições linguísticas.

Num esquema que, de modo repetido, se encontra nos diversos direitos subjetivos e nas permissões genéricas, devem-se registar, em sobreposição a um esquema permissivo básico, múltiplas restrições mais específicas.

Os limites da greve podem sofrer as mais variadas classificações: no fundo, é todo o seu regime que está em jogo.

Como primeira contraposição, interessa referenciar a que distingue os limites legais (específicos) dos limites convencionais: os primeiros são cominados por preceitos legais injuntivos, derivando os segundos de convenções coletivas de trabalho.

II. Os limites legais específicos podem ligar-se à legitimidade para declarar a greve, ao processamento da efetivação de greve e aos deveres acessórios que, durante a greve, haja que acatar. Certos sectores são especialmente atingidos e, desde logo, o da Administração Pública.

Com efeito, a Administração Pública coloca, perante a greve, problemas de algum melindre, já que a sua admissibilidade surge aí como particularmente autolimitativa; joga-se, além disso, a presunção de que todos os serviços da Administração são vitais; uma greve na função pública seria, pois, uma paralisação contra o Estado (democrático e de Direito) e contra a própria coletividade. O problema é melindroso perante serviços públicos vitais[2007]

[2007] Monika Schlachter, *Streiks in der Daseinsvorsorge aus völkerrechtlicher Sicht*,

e, ainda, em instituições religiosas[2008]. Certas considerações de oportunidade política, o próprio princípio da igualdade e a radicação progressiva, a todos os níveis, da ideia de consensualidade têm levado, em diversos ordenamentos, a admitir a greve na função pública[2009]. Assim, segundo informação de Däubler, a greve na Administração seria proibida na Suíça, nos Países Baixos, nos Estados Unidos e no Japão; haveria uma situação duvidosa na Bélgica, no Luxemburgo, na Áustria e na Dinamarca; ocorreria uma permissão de greve em França, em Itália, no Reino Unido, na Suécia e na Noruega[2010]. Acrescente-se que na Alemanha há dúvidas[2011], enquanto em Portugal é permitida, por lei expressa: o artigo 12.º da revogada LG[2012] e, hoje, os artigos 4.º/11 e 394.º/3 do Regime Geral do Trabalho na Função Pública.

A proibição da greve por parte das forças militares ou militarizadas[2013], deve apoiar-se, para ser constitucional, no princípio da igualdade:

AuR 2017, 10-12; Tonia A. Novitz, *Beamtenstreikrecht, Streik in der Daseinsvorsorge und das Recht auf politischen Streik* I, AuR 2017, 324-327 e II, AuR 2017, 376-379.

2008 Martin Strake, *Streikausschluss in karitativ kirchlichen Einrichtungen durch den Zweiten Weg?*, AuR 2016, 227-230; *idem*, *Ausschluss des Streikrechts in karitativ Einrichtungen der Evangelischen Kirche durch den Dritten Weg*, RdA 2017, 245-249.

2009 Quanto à problemática da greve na Administração Pública, refiram-se Wolfgang Däubler, *Der Streik im öffentlichen Dienst*, 2.ª ed. (1971), 66 ss., 114 ss., 193 ss., etc.; Thilo Ramm, *Das Koalitions- und Streikrecht der Beamte* (1970), 23 ss., 56 ss. e 120 ss.; K.-J. Bieback, *Arbeitskampfrecht*, publ. W. Däubler (1984), n.º 462 ss. (225 ss.); Giuseppe Pera, *Lo sciopero nei pubblici servizi*, RDLav XXX (1978), 230-255; Guglielmo Roehrssen, *I conflitti di lavoro nei servizi pubblici essenciali*, RDLav XXXII (1980), 343-357; Guido Zangari, *Lo sciopero nei servizi pubblici essenciali nel diritto italiano e comparato*, RDLav XXXII (1980), 358-433. Em termos gerais, quanto ao melindre de certas greves, *vide* Lohse, *Streik und Staatsnotstand* cit., 88 ss.; Jürgen Glückert, *Die Arbeitskampfschutzklausel der Art. 9 Abs. 3 Satz 3 Grundgesetz/Zugleich ein Beitrag zum Thema "Arbeitskampf und Notstandsverfassung"* (1977); Hans Dieter Schmid, *Arbeitskampf und Notstand aus der Sicht der Art. 9 Abs. 3 S 3 GG* (1981); Karin Jacob, *Grenzen des Arbeitskampfrechts im Staatsnotstand* (1985).

2010 Wolfgang Däubler, *Der Streik im öffentlichen Dienst* cit., 2.ª ed., 31 ss., 41 ss. e 47 ss..

2011 Wolfgang Zöllner, *Arbeitsrecht* cit., 3.ª ed., 377, com algumas indicações; esse Autor, apontando a lacuna legal, acaba por admitir a greve na Administração Pública desde que levada a cabo por pessoas que não tenham a seu cargo funções de soberania ou atividade de tipo vital.

2012 António Monteiro Fernandes, *Direito de greve* cit., 73.

2013 Artigos 27.º/3 da Lei de Defesa Nacional (LO 1-B/2009), quanto às Forças

uma greve de pessoas armadas provocaria um total desequilíbrio, já que ninguém lhe poderia fazer frente.

III. No tocante à função pública houve, durante muito tempo, uma situação de indefinição[2014]. O artigo 12.º da revogada LG reconhecia o direito à greve na função pública; remetia-o, todavia, para legislação especial, que não chegou a surgir. Na prática, aplicava-se, aos trabalhadores envolvidos, o regime geral. A Lei n.º 99/2003, que aprovou o primeiro Código do Trabalho, determinou, no artigo 5.º, *d*), a aplicação do regime geral da greve: uma solução retomada pela Lei n.º 23/2004, de 22 de junho, que aprovou o regime do contrato de trabalho na Administração Pública. Todavia, o Regime do Contrato de Trabalho em Funções Públicas, aprovado pela Lei n.º 59/2008, de 11 de setembro, de grande fôlego (407 artigos), acompanhado por mais um regulamento de 302 artigos) integrou um título sobre conflitos coletivos de trabalho (383.º a 407.º) decalcado sobre o (anterior) Código do Trabalho, para o qual fácil teria sido remeter. Só que, com isso, haveria que mexer na LTFP, sempre que se alterasse a legislação geral do trabalho, o que não sucedeu. O Código de 2009 levou a regimes não coincidentes entre os trabalhadores gerais do País e os da função pública, que se mantêm no âmbito da LTFP. A situação foi reparada pela Lei Geral do Trabalho em Funções Públicas (LTFP), aprovada pela Lei n.º 35/2014, de 20 de junho (406 artigos), que reaproximou os regimes (387.º a 406.º): apenas no tocante a serviços mínimos surgem especificidades[2015].

IV. Os trabalhadores do sector empresarial do Estado regem-se pelo regime geral do Código do Trabalho.

309. **Limites convencionais**

I. As limitações convencionais à greve, assumidas, pois, por convenção coletiva, podem ser diretas ou indiretas: no primeiro caso, elas estabelecem um dever de paz (relativo), não possibilitando a sua declaração na vigência da convenção coletiva e por motivos que, nela, tenham assento;

Armadas; 3.º, *d*), da Lei n.º 14/2002, de 19 de fevereiro (PSP); 6.º, *i*), da Lei n.º 53/98, de 18 de agosto (Polícia Marítima); 6.º, *f*), da Lei n.º 39/2004, de 18 de agosto (GNR).

[2014] Rosário Palma Ramalho, *Tratado* cit., III, 518 ss..

[2015] *Idem*, 519.

no segundo, elas firmam apenas processamentos a observar em caso de greve.

Questão principal é a da irrenunciabilidade do direito de greve, prescrita no artigo 530.º e que, derivado da garantia constitucional de greve, poderia levar à inviabilidade de quaisquer cláusulas restritivas[2016].

II. A nível individual, assim será: tal como o trabalhador pode revogar livremente a sua declaração de adesão à greve, assim poderá revogar a declaração inversa e, por maioria, desconhecer cláusulas de não-adesão que haja subscrito.

III. A nível coletivo, uma obrigação de paz relativa constitui o complemento necessário da própria jurisdicidade das convenções coletivas e de outros instrumentos de regulação laboral coletiva; se os sindicatos ou os coletivos dos trabalhadores os pudessem livremente ignorar, fazendo greves na sua vigência, elas ficariam enfraquecidas sendo, no mínimo, duvidoso que daí resultassem vantagens para os trabalhadores. As limitações convencionais à greve são, pois, admitidas, quer quando estabeleçam o dever de paz, quer quando tratem do problema do processamento grevista[2017].

A interpretação de tais cláusulas deve efetuar-se em termos de substancialidade e boa-fé, em moldes que não equivalham ao puro e simples despojar do denominado direito à greve, mas que respeitem a palavra dada, em liberdade e no termo de negociações legítimas.

A lei consagra, aliás, uma válvula de escape, ao admitir que a greve seja declarada por assembleias de trabalhadores, sem a intervenção dos sindicatos. Além disso, admite a greve para reagir a alterações de circunstâncias e ao incumprimento das convenções (542.º/2).

[2016] Gomes Canotilho/Vital Moreira, *Constituição anotada* cit., 1, 2.ª ed., 314 (art. 58,6, anotação IV). Na literatura tradicional: Kurt Graf, *Arbeitskämpfe und Tarifvertrag* (1931), 67 pp., 20; Ernst Lindemann, *Die Friedenspflicht im Tarifvertrag* (1933), VIII + + 71 pp., 8 ss., 26 ss. e 57 ss..

[2017] Horst Könzen, *Tarifvertragliche Kampfklauseln*, ZfA 1980, 77-120 (82 ss., focando estipulações quanto à admissibilidade, à prossecução e às consequências das lutas laborais coletivas). Entre nós, Monteiro Fernandes, *Direito de greve* cit., 27 e Bernardo Xavier, *Direito da greve* cit., 142 ss..

310. **Os limites genéricos**

I. O problema dos limites genéricos do direito à greve tem a ver com a sua justificação, a sua finalidade ou, segundo a formulação constitucional, com "... o âmbito de interesses a defender através da greve" – artigo 58.º/ 2, da Constituição.

O texto constitucional português comete aos trabalhadores a "competência" para definir tal âmbito e proíbe à lei a sua limitação. Temos, aqui, uma manifestação da *Kompetenz-Kompetenz*, outrora apanágio dos Estados soberanos. Mas como qualquer outro preceito, esta regra deve ser interpretada, havendo que prevenir neo-positivismos exegéticos radicais, que mais não vejam do que a sua letra[2018].

II. Uma total ilimitação da greve nunca encontrou defensores: ela terá pelo menos, de se articular com outros direitos garantidos na Constituição[2019]. O Decreto-Lei n.º 392/74 limitava, como foi referido, a greve à defesa dos interesses coletivos profissionais dos trabalhadores; no ambiente de 1974-75, ele foi muito criticado, tendo sido preocupação dos partidos na Constituinte o libertarem-se de tal carga. Todos pretendiam apresentar serviço, numa altura em que se atribuía o poder aos trabalhadores.

III. Deve frisar-se que o problema da aparente ilimitação do direito à greve, tal como resulta da Constituição, tem merecido uma ponderação atenta dos laboralistas portugueses; na prática, as balizas da interpretação possíveis estão fixadas[2020].

Aparentemente, haveria duas posições doutrinárias a considerar:

(a) para Monteiro Fernandes, a greve poderia ser utilizada para defender ou prosseguir, em geral, os direitos de tipo económico

[2018] E que derivou, aliás, do particular ambiente que envolveu a Assembleia Constituinte aquando da sua aprovação; *vide*, nesse ponto, com um relato sucinto dos factos, Bernardo Xavier, *Direito da greve* cit., 109 ss..

[2019] Assim, Gomes Canotilho/Vital Moreira, *Consiituição anotada* cit., 1, 2.ª ed., 316 (artigo 58.º, an. VII). *Vide* Valente Simi, *La funzione del diritto di sciopero*, RDLav XXVIII (1976), 281-297 (295).

[2020] Monteiro Fernandes, *Direito de greve* cit., 24 ss. e Bernardo Xavier, *A licitude dos objetivos da greve* cit., 267 ss. e *Direito da greve* cit., 100 ss..

dos trabalhadores, ainda que transcendendo o campo sócio-económico das organizações envolvidas;

(b) para Bernardo Xavier, haveria uma ligação entre a greve e a autonomia coletiva, a qual não poderia ser restringida a propósito da greve; mas além disso e dentro das largas atribuições dos sindicatos, ela poderia transcender esse campo, abrangendo situações que apresentassem uma conexão com os interesses a seu cargo[2021].

Parece, pois, que estes Autores, partindo de pontos diversos, acabam por confluir nas soluções; mais do que estas, propõe-se, de seguida, um repensar metodológico do problema.

IV. O legislador constituinte foi claro em proibir a solução dos limites genéricos da greve, por via legislativa. Em termos objetivos – e ainda que sem disso se terem apercebido os seus autores materiais – trata-se de uma regra, antes de mais, processual: as saídas que se encontrem não podem assentar na autoridade do legislador ordinário. De facto, a História recente mostrava que a greve, na presença de leis adversas, apenas soma, às reivindicações, a da alteração da lei. Mas para tal efeito, a lei não pode ser assimilada ao Direito: uma solução paulatina, que derive da Ciência do Direito e da jurisprudência e que acabe por ser considerada pelos parceiros sociais, tem um peso consensual que não pode, neste domínio, ser assimilado ao da "lei": é sabido que o legislador não se reputa neutro, nas questões laborais.

O legislador constituinte teve ainda outro objetivo: proibir o estabelecimento de sanções especiais contra as greves; a restrição dirige-se a limitações legais do âmbito da greve e não a regras gerais de conduta que, em quaisquer circunstâncias, se devam estabelecer.

Com estas determinações constitucionais, cabe ponderar o enquadramento geral da greve.

V. Como instrumento sistematizador – que não, ainda, delimitador – preconiza-se a aplicação, à declaração da greve – e, daí, à adesão – do artigo 280.º/ 1 do Código Civil: seja qual for a sua natureza, adivinha-se,

[2021] Intenta-se uma síntese dos desenvolvimentos inseridos nas obras referidas na nota anterior.

na greve, o exercício de uma posição autonómica, o que justifica, desde logo, a aproximação.

Segundo esse preceito, verifica-se que a greve não deve:

(a) ter um conteúdo impossível, isto é, exigir algo que não seja viável em termos físicos ou jurídicos; este último ponto deve ser entendido com largueza, uma vez que a greve se pode destinar a pressionar o legislador: nessa altura, ela não poderia reivindicar soluções inconstitucionais (*v.g.*, normas discriminatórias);
(b) ser contrária à lei, ou seja, contundir com normas básicas que, em concreto, se mostram mais intensas do que o próprio direito à greve;
(c) visar escopos indetermináveis, quer por ser indecifrável nas suas reivindicações, quer por se assumir como um fim em si mesma;
(d) ser contrária à ordem pública, no sentido de desrespeitar aqueles princípios injuntivos que, em caso algum, podem ser postos em causa pelas pessoas; jogam, aqui os núcleos essenciais de regras como a proibição de matar, a organização democrática de Estado ou similares; os catálogos penais e os direitos fundamentais, dariam, de ordem pública, uma ideia satisfatória;
(e) ser atentória dos bons costumes, portanto das regras de atuação sexual, familiar ou deontológica que, embora não legisladas de modo expresso, devam, em cada momento histórico, ser observadas na sociedade[2022].

Esta enumeração comporta algumas violações de tipo académico; mostra, no entanto, uma certa capacidade analítica dos quadros privados tradicionais.

O cerne centrou-se na contrariedade à lei, que coloca um máximo de dúvidas; nos restantes pontos, o consenso será imediato.

311. Princípios delimitadores

I. Como indicações tendentes a precisar o Direito a respeitar pelas greves – e independentemente da sua possibilidade, determinabilidade e

[2022] Quanto a estas noções, *Tratado de Direito civil* II, 4.ª ed., 584 ss. e 603 ss..

conformidade com a ordem pública e os bons costumes, que se têm por adquiridas – referem-se as seguintes proposições:

(a) o princípio da negociabilidade coletiva;
(b) o princípio da proporcionalidade e da adequação;
(c) o princípio da *ultima ratio*;
(d) o princípio da substancialidade.

A negociabilidade coletiva liga as greves às convenções coletivas: sendo dirigidas contra os empregadores, elas não poderiam aspirar a resultados que não pudessem ser alcançados por composição coletiva[2023]; trata-se de uma limitação classicamente inaceitável: a greve caracteriza-se por perturbar as relações de trabalho, atingindo, por isso, o empregador; pode, porém, destinar-se a pressionar outras instâncias, reclamando, por exemplo, legislação social em falta, ao legislador[2024].

II. A proporcionalidade e a adequação requerem que a greve tenha em conta os prejuízos que causa, perante o que pretenda[2025]; assim, será disfuncional uma greve geral para reivindicar aspetos mínimos; haveria aqui uma indicação estratégica para os trabalhadores: mas ninguém se lhes poderá substituir no tocante a juízos de oportunidade, salvo casos-limite, de sanção aliás problemática. A inexistência de *lock-out* recomenda uma maior reflexão.

[2023] Wolfgang Zöllner, *Arbeitsrecht* cit., 3.ª ed., 373, que vai, aliás, mais além; *vide* Klaus Wiedemann, *Streik und Streikdrohung* (1971), 84 ss. e Thomas Bunge, *Tarifinhalt und Arbeitskampf* (1980), 8 ss..

[2024] No entanto, como foi referido, é patente uma tendência para restringir, nos dias de hoje, a greve ao campo profissional; *vide* o já citado Deprez, *L'existence de revendications professionnelles préalables*, DS 1986, 610 ss. e Roger Bouyssic, *Une nouvelle conception du droit de grève?*, DS 1986, 745-750 (749). *Vide*, ainda, CssFr de 4-jul.-1986, *idem* 751-752, anot. Lyon-Caen, *idem*, 752-757, bem como Von Hoyningen-Huene, *Rechtsmässigkeitsvoraussetzungen aktueller Arbeitskampfmittel der Gewerkschaften*, JuS 1987, 505-513 (513).

[2025] Wolfgang Zöllner, *Arbeitsrecht* cit., 3.ª ed., 379; Reinhard Richardi, *Die Bedeutung des zivilrechtlichen Haftungssystems für den Arbeitskampf* cit., 104; Heide M. Pfarr/Herman Brandt, *Zur Geltung des Verhältnismässigkeitsgrundlage bei Streik und Aussperrung*, AuR 1981, 325-332 (325 ss.); Adrian W. Flühmann, *Die Auswirkung von Arbeitskämpfen im Arbeitsvertragsrecht* (1976) 85 pp., 19; Hans Galperin, *Sozialadäquanz und Arbeitskampfordnung*, FS Nipperdey II (1965), 197-220 (197 ss. R. 201 ss.).

III. O princípio da *ultima ratio* esclarece que a greve só deve ser utilizada como último recurso, depois de esgotadas todas as outras formas de luta[2026]; de facto, mal se compreenderia que, num processo normal de negociação se começasse logo com uma greve – até porque, gorada esta, não haverá outro meio lícito de pressão, à disposição dos trabalhadores. A questão tem sido discutida a propósito da admissibilidade da greve de aviso[2027]; de novo há aqui um aspeto tático, que aos trabalhadores compete solucionar. A impossibilidade em que se encontram os empregadores portugueses de reagir com o encerramento da empresa obriga, porém, a um complemento de ponderação, por parte dos responsáveis.

IV. O princípio da substancialidade explica que, em qualquer situação submetida ao Direito, interessa ponderar a realidade em jogo e não a sua aparência. Por exemplo, o coro que se apresente no local de trabalho cantando em voz baixa está em greve, apesar da aparência laboral a que dá lugar. Este princípio pode ponderar-se o seu modo de concretização à luz de dois tipos controversos de greve:

– a greve política;
– a greve rotativa.

A greve política tem sido recusada em diversas ordens jurídicas[2028], embora pareça conforme com o Direito português. Quando se pergunte

[2026] Wolfgang Zöllner, *Arbeitsrecht* cit., 3.ª ed., 374; *vide* Eduard Picker, *Ultima-ratio – Prinzip und Tarifautonomie*, RdA 1982, 331-355 (331 ss.), que apela mesmo para o Direito consuetudinário; *vide* ainda, António Pereira da Silva, *Greve*, I – *Aspectos éticos*, Enc. Pólis 3 (1985), 110-111. Fala-se, a tal propósito, na necessidade de um "autocontrolo" dos sindicatos e dos trabalhadores; Luigi Montuschi, *Il diritto di sciopero e il c. d. danno ingiusto*, RTDPC XXII (1968), 49-73 (70 ss.).

[2027] Consentânea com a liberdade de escolha dos meios de luta; *vide* Eduard Picker, *Arbeitskampffreiheitsgrenzen/Zur Funktion des Arbeitskamfs im geltenden Recht, dargestellt am Beispiel des Warnstreiks* (1986), 19 ss. e 45 ss. e, nesse ponto, Herbert Glietsch, *Die Zulässigkeit neuer Arbeitskampfformen* (1976), 20. Ainda quanto à greve de aviso, referia-se Hugo Seiter, *Der Warnstreik im System des Arbeitskampfrechts*, FS 25. BAG (1979), 583-604 (584, 586 ss., 591-592 e 601) e a importante decisão do BAG, 12-set.-1984, BAGE 46 (1986), 322-359. *Vide*, por fim, Hans H. Wohlgemuta, *Probleme des Warnstreiks,* AuR 1982, 201-207 e Von Hoyningen-Huene, *Rechtsmässigkeitsvoraussetzungen* cit., 508 ss..

[2028] A greve política é definida por Bernd Rothers, *Streik und Verfassung* (1960),

pela licitude de certa greve política, há que ponderar a realidade substantiva que se lhe acolha; assim, a coação sobre o legislador seria contrária à democracia representativa, em termos que dispensam mais desenvolvimento; mas a greve política que apenas chame a atenção para certo problema, exprimindo, em termos práticos, o exercício de um direito de petição, com sensibilização da opinião pública, será lícita.

A greve rotativa – e a própria greve-trombose – serão lícitas, tal como as greves de zelo ou similares e salvo o que abaixo se diz sobre a proporcionalidade. Simplesmente, tendo sido combinadas pelos diversos trabalhadores e conduzindo, na prática, à paralisação de toda a empresa, elas devem ser tratadas como greves clássicas gerais; é essa a realidade que exprimem, não relevando a sua aparência[2029].

Também o princípio da proporcionalidade e da adequação podem relevar, como se disse, em casos-limite. As regras da igualdade dos trabalhadores e da defesa dos seus direitos não podem ser usadas de modo estereotipado, mas antes por forma realista. O Direito não pode tratar por igual a greve de operários mineiros e a dos pilotos de aviação ou a dos controladores aéreos[2030]. A greve dos porteiros dos bancos que, recusando abrir as portas, paralisassem todo o sistema de crédito do País, só dificilmente não mereceria reparo.

O caminho é difícil de trilhar; mas existe.

87, como a que se dirige ao Estado ou põe em risco a ordem estadual; tradicionalmente, ela é recebida com mais latitude nos países anglo-saxónicos do que no Continente – cf. Rudolf Echterhölter, *Zur Praxis der Arbeitsbeziehung in Grossbritanien*, RdA 1982, 299-304 (303), que dá conta, no entanto, das limitações introduzidas pelas sucessivas maiorias conservadoras. Considerada proibida na Alemanha, ela foi, há pouco tempo, legitimada pelo Supremo Tribunal Federal dos Estados Unidos, embora perante factos algo específicos: foi considerada admissível a greve de protesto contra a invasão soviética do Afeganistão; cf. Mathias Reimann, *Der Rechtsschutz gegen politisch Streiks in den USA*, RdA 1985, 34-39 (34 ss.).

[2029] Tal o sentido do Parecer da PGR de 3-dez.-1981, publ. em Monteiro Fernandes/ /Acácio Lourenço, *Leis do trabalho* cit., 4.ª ed., 692-705 (701), que faz mesmo apelo à figura da fraude à lei. Com outras indicações, Bernardo Xavier, *Direito da greve* cit., 75 ss..

[2030] Wolfgang Zöllner, *Über einige extreme Thesen zum Arbeitskampfrecht*, ZfA 1973, 227-242 (240-241); o Autor respondia, aí, a Wolfgang Däubler, *Das Grundrecht auf Streik – Eine Skizze*, ZfA 1973, 201-226 (226), que considera limitativa a jurisprudência do BAG.

312. As sanções

I. As sanções no domínio da greve tendem a assumir uma feição indireta, por força das limitações constitucionais acima apontadas.

Elas não se dirigem, assim, à greve em si mas, tão-só, apenas a comportamentos que, por razões de ordem jurídica, não possam enquadrar-se na ideia legal de greve.

A greve que não observe o disposto no Código faz incorrer os "aderentes" no regime das faltas injustificadas – artigo 541.º/1 – que podem, inclusive, constituir justa causa de despedimento[2031]. Julga-se, no entanto, que nos termos gerais haverá que ressalvar a posição dos "grevistas de boa-fé", isto é, dos trabalhadores que, tendo usado da diligência exigível, tivessem sustado a laboração, convictos de regularidade formal da greve anunciada.

II. Mas quando sob a capa da greve, lícita ou não, se pratiquem violações jurídicas não cobertas pela própria greve, seguem-se as sanções normais. Assim sucede com a prática de agressões[2032] ou com danos ilícitos que obriguem os seus autores a indemnizar (541.º/2)[2033]. No limite, mas agora no plano coletivo, temos a hipótese de requisição civil (541.º/3). O Código do Trabalho pune, ainda:

(a) a substituição ilegítima dos grevistas (535.º/3);
(b) a discriminação por força de adesão ou não adesão à greve (540.º/ /2);
(c) o encerramento conflituoso da empresa (544.º/3).

[2031] Ou seja: as faltas injustificadas poderão ser justa causa de despedimento embora a adesão à greve ilegal, só por si, o não seja; *vide* RCb 17-fev.-1987 (Gomes Baião), CJ XII (1987), 1, 88-90. No domínio da jurisprudência portuguesa refira-se, ainda, RLx 3-jun.-1987 (Roberto Valente), CJ XII (1987), 3, 157-158 (a paralisação sem observância das regras da greve pode conduzir a justa causa de despedimento) e RPt 18-mai.-1987 (Mendes Pinto), CJ XII (1987), 2, 229-230 (230) (a greve selvagem dá lugar a faltas injustificadas).

[2032] Tal o referido caso das greves na Citroën, resolvido pelo Tribunal de Paris, 17-jan.-1986, DS 1986, 231-235.

[2033] Por ex., Alain Bernard, *La grève, quelle responsabilité?*, DS 1986, 635-643, a propósito de CApp. Amiens, 5-mar.-1986, perante o caso seguinte: trabalhadores grevistas foram condenados a indemnizar não-grevistas porquanto, contra ordem expressa do tribunal bloquearam a entrada da fábrica, impedindo a laboração e, daí, a receção dos salários.

III. Coloca-se em aberto o problema de sanções coletivas e, designadamente, as dirigidas às pessoas laborais coletivas que perpetrem violações no âmbito da greve.

Neste domínio, nada leva a pensar que as violações que surjam se reportem a obrigações naturais. Assim, os danos causados através de processos que integrem pressupostos da responsabilidade civil obrigam, nos termos gerais, a indemnizar[2034].

A natureza ilícita de uma greve pode ser judicialmente declarada e os grevistas condenados a retomar o trabalho; embora este esquema não tenha conhecido uso entre nós, nada permite afastá-lo. Seria de encarar a hipótese de um procedimento cautelar que decretasse a cessação imediata do conflito[2035].

Um caso particular de sanção da greve é o da requisição civil, abaixo referida[2036].

[2034] Assim, Jean-Emmanuel Ray, *La responsabilité civile du syndicat et de ses délégués à l'occasion d'un conflit du travail*, DS 1987, 426-430, a propósito de CssFr 21-jan.-1987, *idem*, 430-431.

[2035] Stefan R. Janssen, *Die einstweilige Verfügung im Arbeitskampf* (2015), 215 pp.; Rainer Bram, *Aktuelle prozessrechtliche Fragen im einstweiligen Rechtsschutz von Arbeitskampfmaßnahmen?*, AuR 2017, 242-246.

[2036] Maiores desenvolvimentos podem ser confrontados em Bernardo Xavier, *Direito da greve* cit., 263 ss..

§ 82.º NATUREZA

313. As teorias

I. A natureza da greve tem levantado dúvidas de formulação na doutrina laboral: às próprias questões suscitadas por esse fenómeno de difícil redução dogmática junta-se a problemática relativa a certos conceitos básicos, como o de direito subjetivo.

As diversas orientações apresentam-se mais claras através da sua sucinta articulação histórica.

II. Num primeiro momento, a greve não tinha qualquer natureza particular: ela correspondia tão-só, quando lícita, a um exercício concertado do poder de denúncia dos contratos de trabalho, levado a cabo pelos trabalhadores[2037].

A evolução posterior deixou marcada a dimensão coletiva do fenómeno: a greve não dependia (tanto) de opções individuais; era desencadeada pelos sindicatos, mediante a observância de determinados requisitos e agia independentemente das faculdades abertas por cada contrato individual de trabalho. Tal foi a origem da teoria unitária, acolhida no BAG e diferentemente explicada na doutrina[2038].

Na verdade, sendo entendida como um comportamento coletivo, a greve poderia exprimir uma eficácia similar à das convenções coletivas, uma faculdade de administração formativa, ou um direito potestativo[2039].

[2037] Reinhard Richardi, *Die Bedeutung des zivilrechtlichen Haftungssystems für Arbeitskampf* cit., 102. Recorde-se que esta construção remonta a Sinzheimer (1927).

[2038] Hugo Seiter, *Streikrecht und Aussperrungsrecht/Ein Arbeitskampfrechtssystem auf der Grundlage subjektiv-privater Kampfrechte* (1975), 16 ss..

[2039] H. Seiter, *Streikrecht* cit., 33 ss..

III. A tendência atual no domínio da greve e da sua natureza vai no sentido da sua recondução aos quadros do Direito privado[2040]. E para isso joga, antes de mais, uma razão metodológica de fundo: o verdadeiro conhecimento da greve pressupõe a utilização de uma linguagem que permita a sua comparação com outros institutos; engendrar, a propósito da natureza da greve, um conjunto de composições linguísticas explicativas novas apenas irá contribuir para o seu hermetismo.

A doutrina nacional, influenciada pela literatura italiana, não tem deixado de acusar esta tendência; assim, para Monteiro Fernandes, a greve seria um direito dos trabalhadores individuais, de natureza potestativa que permitiria, licitamente, não trabalhar; isso seria viabilizado pela dimensão coletiva do fenómeno[2041]. Há uma certa dificuldade de integração dos dois níveis, o que possibilita a crítica de Bernardo Xavier[2042]. Este Autor, sem aparente regresso a conceções coletivistas, acaba por reduzir a greve a um ato processual integrado na matéria dos conflitos coletivos, embora se mostre cauteloso nessa via, que tem por promissora[2043].

314. **Posição adotada**

I. Como foi explicitado, a redução dogmática do tema da greve em termos privatísticos tem um particular interesse por permitir uma melhor comparação da respetiva matéria com a de outras rubricas. Trata-se de uma linha metódica a não perder de vista: apenas uma verdadeira irredutibilidade recomenda a criação de novos quadros linguísticos.

Deve também prevenir-se – contra o que parece ser uma certa tendência itálico-portuguesa, ditada por uma especialização prematura das correspondentes doutrinas – para os perigos de, na redução da greve, se utilizarem quadros civis há muito superados pela Ciência do Direito. Assim sucede com a generalização da figura do direito subjetivo, com a

[2040] Tal a opção de H. Seiter, *Streikrecht* cit., 47, com o apoio da doutrina subsequente – p. ex., Reinhard Richardi, *Die Bedeutung* cit., 110 ss.. Anteriormente, Jürgen Otte, *Das subjektiv-private Arbeitskampfrecht als Grundlage einer Neuorientierung im Recht des Streiks und der Aussperrung* (1970), 123 ss..

[2041] Monteiro Fernandes, *Reflexões sobre a natureza do direito à greve* cit., 330.

[2042] Bernardo Xavier, *Direito da greve* cit., 254.

[2043] Bernardo Xavier, *Direito da greve* cit., 260.

sua redução à figura do poder ou com a manutenção da técnica de relação jurídica. Da mesma forma, há que ter presente o nível no qual, hoje em dia, se mantém a autonomia de figuras processuais – isto é, adjetivas: o da legitimação. Fora dele, o nível processual deve ser substancializado, por não corresponder a mais do que uma inútil multiplicação de planos linguísticos.

Pressupõe-se, pois, adquirida toda uma dogmática em que não cabe insistir[2044].

II. A greve apresenta níveis coletivos e individuais. Os primeiros pressupõem um processamento acima analisado, que vai desde a tomada de decisão da greve até à sua declaração, passando pelo pré-aviso e outros requisitos. A discussão em torno dos conceitos de "liberdade" ou de "direito" ignora que a destrinça está feita: na primeira, há uma permissão genérica de atuação; na segunda, uma permissão específica de aproveitamento.

O "direito" de declarar greve é, na realidade, uma permissão genérica de o fazer. Trata-se de uma permissão dirigida aos sindicatos e a certos coletivos de trabalhadores. Subjaz-lhe a liberdade de associação e de expressão; mas isso não perturba o próprio conceito em si.

III. Os níveis individuais assentam em regras próprias e, designadamente, numa prévia declaração de greve que abranja o sector. O "direito" de fazer greve, em si, analisa-se num poder que integra as situações jurídicas laborais, pelo lado dos trabalhadores; portanto, é um "direito" potestativo de adesão à declaração de greve, que suspende as prestações principais de relação de trabalho.

Curiosamente, não há uma ligação de causa-efeito técnica entre a permissão sindical de declarar a greve e o poder individual de a ela aderir: o Direito português prescinde aqui do princípio da filiação, de tal modo que podem aderir à greve declarada por um sindicato trabalhadores que nele não estejam filiados ou, até, que se encontrem inscritos noutros sindicatos. O "direito" de fazer greve tem, pois, natureza legal, mas está condicionado: a uma eventual declaração de greve no sector. Esta natureza legal

[2044] Quanto aos conceitos de direito subjetivo, direito potestativo e permissão genérica, com indicações, remete-se para o nosso *Tratado*, I, 4.ª ed., 871 ss., 895 ss. e 903 ss.; quanto à substancialização das regras processuais, *idem*, *Litigância de má-fé*, 3.ª ed. (2014), 40 ss..

fica bem clara se se atentar em que a adesão à greve provoca efeitos na esfera do empregador o qual, para ela, não dá qualquer contributo.

IV. O "direito à greve" tem, pois, uma estrutura dualista irredutível, pela razão simples de que comporta dois níveis distintos, regidos por normas muito diversas. De nada vale pôr em crise essa dualidade se não se atacarem os regimes que a originam. Registe-se, por fim, que a indistinção dos dois níveis encobre a ideia de um verdadeiro direito subjetivo que assistiria, por igual, a todos os trabalhadores. A solução é linguística: a posição dos trabalhadores fica, na realidade, subordinada aos sindicatos ou aos coletivos previstos na lei.

CAPÍTULO II

DESPEDIMENTO COLETIVO CONFLITUOSO (*LOCK-OUT*)

§ 83.º CONCEITO E MODALIDADES

315. Conceito, evolução e modalidades

I. O despedimento coletivo litigioso (*lock-out*) é um modo de luta laboral dos empregadores: consiste na exclusão maciça de trabalhadores da empresa, como modo de fazer pressão laboral, política ou económica[2045].

O artigo 544.º/1, com o fito de precisar a sua proibição, vai definir o *lock-out* como:

> (...) qualquer paralisação total ou parcial da empresa ou a interdição do acesso aos locais de trabalho a alguns ou à totalidade dos trabalhadores e, ainda, na recusa em fornecer trabalho, condições e instrumentos de trabalho que determine ou possa determinar a paralisação de todos ou alguns sectores da empresa, desde que, em qualquer caso, vise atingir finalidades alheias à normal atividade da empresa, por decisão unilateral do empregador.

Mas esta noção, para além de impraticável, é demasiado extensa e esquece o essencial da figura: a sua natureza de medida de luta[2046].

[2045] A definição é delicada, perante o Direito português, que proíbe a figura.

[2046] Na verdade, ficaria incluído o encerramento por razões técnicas que, mesmo ilícito, não deve ser equiparado ao *lock-out*; *vide* Monteiro Fernandes, *Direito de greve* cit., 78 ss..

II. O despedimento coletivo conflituoso tem a sua raiz na greve[2047]: ele surgiu, com as características contemporâneas, como resposta patronal às paralisações conduzidas pelos trabalhadores e com fito de quebrar a sua vontade ou de contratar outras pessoas[2048].

A evolução posterior veio conduzir a uma diversificação das suas funções e a uma suavização dos seus contornos[2049]. Assim, o despedimento coletivo pode:

(a) visar a proteção das instalações;
(b) pretender excluir os não-grevistas da empresa, como modo de aumentar a pressão sobre os restantes trabalhadores ou, simplesmente, para não pagar os seus salários;
(c) tomar a iniciativa de medidas laborais.

Posteriormente, chegou-se a uma situação restritiva do despedimento coletivo litigioso: em termos conceptuais, ele implica uma intenção de readmissão findo o conflito; pelo seu condicionalismo, ele só pode operar perante greves indevidas; pela sua função, ele traduz a contraface do risco da empresa.

III. O despedimento coletivo conflituoso pode ser objeto de múltiplas classificações, em paralelo com as da greve[2050]. A mais importante contrapõe o *lock-out* ofensivo ao defensivo:

– o *lock-out* ofensivo não é precedido por lutas laborais conduzidas pelos trabalhadores; corresponde a uma iniciativa dos empregadores e visa obter vantagens a seu favor;

[2047] Theodor Tomandl, *Streik und Aussperrung als Mittel des Arbeitskampfes* (1965), 41, que fala na correlatividade entre as duas noções.

[2048] Franz Bertele, *Rechtsnatur und Rechtsfolgen der Aussperrung* (1960), 22 ss.; Giuseppe Pera, *Serrata e diritto di sciopero* (1969), 5 ss..

[2049] *Vide* o escrito coletivo *Aussperrung/Eine Untersuchung ihrer Zulässigkeit unter besonderer Berücksichtigung ihrer geschichtlichen Entwicklung und Handhabung in der Praxis* (1979), 12 ss..

[2050] *Aussperrung* cit., 6 ss.; *vide* Rupert Scholz/Horst Konzen, *Die Aussperrung im System von Arbeitsverfassung und kollektivem Arbeitsrecht* (1980), 48 ss. e Brox/Rüthers, *Arbeitskampfrecht* cit., 2.ª ed., n.º 51 ss. (22 ss.) (Brox), para uma série de classificações.

– o *lock-out* defensivo corresponde a uma resposta dada a lutas laborais provocadas pelos trabalhadores e pretende, apenas, neutralizá-las.

316. **Outras formas de luta empresariais**

I. A História regista outras formas de luta laboral, conduzidas pelos empregadores, e que não podem ser assimiladas aos despedimentos coletivos conflituosos.

Assim sucede com:

(a) o não-pagamento de salários aos grevistas; trata-se, naturalmente de um processo próprio dos ordenamentos que associem, à greve, o efeito suspensivo do contrato de trabalho;
(b) o não-pagamento de salários aos não-grevistas; desta feita, é um esquema independente da própria suspensão do contrato de trabalho, com o fito de não despender meios pecuniários ou de pressionar os trabalhadores;
(c) a atribuição de prémios "anti-greve" aos não-grevistas;
(d) a dificultação das condições de trabalho.

II. Algumas destas formas de luta estão hoje vedadas; outras são inevitáveis e surgem inerentes ao poder da autoridade dos empregadores[2051].

Como fórmula de luta elaborada, registe-se o despedimento coletivo, seguido do pagamento de salários aos não-grevistas ou, pelo menos, da atribuição, a eles, de quantias equivalentes aos prémios de greve, pagos pelos sindicatos[2052].

Em economias marcadas pela inflação, o meio mais singelo de pressão sobre os trabalhadores reside, de modo simples, no arrastamento das negociações, que compromete o seu poder de compra, no dia-a-dia.

[2051] Quanto ao direito dos empregadores em encontrar novas formas de luta, Herbert Glietsch, *Die Zulässigkeit neuer Arbeitskampfformen* (1976), 178 ss.. No mesmo sentido, e fazendo a ligação com a autonomia coletiva, refira-se o livro maciço de Thomas Bunge, *Tarifinhalt und Arbeitskampf* (1980), LIV + 444 pp., 200.

[2052] Horst Konzen, *Aussperrungstaktik und Organisationspolitik/Zur Unterstützungszahlung von Arbeitgebern an ausgesperrte Aussenseiter*, FS 25. BAG (1979), 277-296 (273, 277 ss. e 287 ss.).

III. Em face de um mau ambiente social e confrontado com restrições legais, os empregadores têm sempre a saída de deixar depauperar as empresas[2053]. Sem investimentos e sem uma gestão combativa, as empresas definham. As instalações degradam-se, a vida laboral conhece abaixamentos e, no limite, a empresa entra em crise, com a destruição dos postos de trabalho, no horizonte. Temos um *lock-out* por omissão, contra o qual não há remédio. Cabe aos trabalhadores saber até onde podem ir.

[2053] Estas iniciativas podem ser assumidas ou, simplesmente, resultar de opções empresariais e, no limite: de decisões de deslocalização.

§ 84.º A PROIBIÇÃO

317. **Paridade laboral e proibição de *lock-out***

I. O Direito do trabalho português tem apresentado, no tocante ao despedimento coletivo, uma estrutura pouco permissiva.

No domínio da Constituição de 1933, ele era proibido e mesmo incriminado. Tratava-se, no entanto, segundo os comentadores, de uma medida tendente a justificar a igual proibição da greve.

II. O Decreto-Lei n.º 392/74 veio admiti-lo, na sua modalidade defensiva; assim:

> artigo 20.º – 1. Não é permitido às entidades patronais recorrer ao encerramento total ou parcial da empresa para impor condições de trabalho aos trabalhadores ao seu serviço.
>
> artigo 21.º – As entidades patronais apenas poderão proceder ao encerramento da empresa:
>
> *a*) Quando seja declarada uma greve que não obedeça ao condicionalismo previsto nos artigos anteriores;
> *b*) Quando se verifique a ocupação dos locais de trabalho, em infracção do disposto no n.º 2 do artigo 7.º do presente diploma;
> *c*) Quando se verifiquem, por parte dos trabalhadores, actos de destruição ou deterioração voluntária de mercadorias, de matérias primas, equipamentos e instalações;
> *d*) Quando, por razões de ordem técnica, reconhecidas pelo Ministério do Trabalho, se verifique a impossibilidade de continuação de laboração.

O lock-out devia ser notificado com antecedência aos trabalhadores (artigo 23.º) e podia ser "revogado" pelo Ministério do Trabalho (artigo 25.º); a sua eficácia era a de suspender as relações de trabalho (artigo 24.º).

A Constituição, na sequência do ambiente contrário ao Decreto-Lei n.º 392/74, de que foi dada conta, proibiu o *lock-out* – atual artigo 58.º/3.

III. A admissibilidade do *lock-out* tem sido justificada com a ideia de paridade das armas laborais coletivas[2054], filiado nas garantias constitucionais da igualdade[2055]. Dispondo da greve, os trabalhadores colocam-se em posição de poder pressionar os empregadores; estes, sob pena de desequilíbrio, teriam de ser dotados de equivalente arma.

O mesmo argumento da igualdade tem, no entanto, sido considerado como justificando a proibição do despedimento coletivo conflituoso: a greve visaria restabelecer, a nível coletivo, uma igualdade perturbada a nível individual; admitindo o *lock-out*, ela ficaria neutralizada, ressurgindo a desigualdade[2056].

Também se tem apontado que a greve representaria uma arma de muitos contra poucos, donde a sua legitimidade; pelo contrário, o *lock-out* traduziria a arma de poucos contra muitos, sendo pois injusta[2057].

IV. As apreciações ao despedimento coletivo conflituoso, com base na igualdade ou desigualdade que traduzem e como forma de conduzir à justiça e à injustiça não devem ser feitas em absoluto: o *lock-out* (tal como a greve) poderá ser justo e igualitário ou injusto e diferenciador, conforme as condições do caso concreto. Passa-se apenas que, na greve, o legislador abdica de juízos de valor, deixando-os aos trabalhadores; no *lock-out*, ele não teve dúvidas em intervir.

[2054] Ulrich Goll, *Arbeitskampfparität und Tariferfolg/Versuch einer rechtstatsächlichen Fundierung arbeitskampfrechtlicher Fragestellungen unter Berücksichtigung der "Collective-bargaining" – Theorien* (1980) 210 pp., 19, 20 ss. e 192, onde se lê: "O entendimento dominante da paridade na luta laboral exige uma influência potencialmente do mesmo peso dos parceiros sociais no conteúdo da convenção coletiva"; Ulrike Gisbertz, *Parität im Firmenarbeitskampf* (2004), 252 pp.. *Vide* Mayer-Maly, *Aussperrung und Parität*, em *Rechtsfragen der Aussperrung*, colóquio organizado pela União Federal das Associações de Empregadores Alemães (1979), 53-71; referindo a paridade do risco, Reinhard Richardi, *Die Bedeutung* cit., 117 e Hans Eisemann, *Betriebsrisiko und Aussperrung*, AuR 1981, 357-367 (365).

[2055] Thomas Raiser, *Die Aussperrung nach dem Grundgesetz* (1975), 59 ss. (62).

[2056] António Monteiro Fernandes, *Direito do trabalho* cit., 2, 2.ª ed., 320.

[2057] Assim, Hans-Ulrich Evers, *Arbeitskampffreiheit, Neutralität, Waffengleichheit und Aussperrung* (1969), 27.

A preocupação protecionista assim revelada pelo legislador constituinte tem sido justificada com recurso ao não-desenvolvimento do País[2058]: nos espaços mais desenvolvidos, onde os sindicatos dispõem de importantes fundos que possibilitam greves indefinidas, o *lock-out* teria outra legitimidade[2059].

V. Em termos teóricos, a proibição do despedimento coletivo conflituoso dificulta a exposição das lutas laborais, já que obriga a desenvolver toda uma teoria particular para a greve.

Em termos práticos ela tem, em Portugal, um alcance primordialmente político e psicológico – linguístico, até já que o seu efeito prático – o não-pagamento de retribuição – é, desde logo, imputado à greve.

Constitui, no entanto, uma brecha pela qual o Estado pode intervir mais abertamente nos conflitos coletivos, como forma de restabelecer uma legalidade que os empregadores estariam impedidos de salvaguardar. Compete às forças políticas representadas em assembleias com poderes constituintes ponderar estes valores opostos em presença.

VI. Nos países onde o *lock-out* é permitido – como sucede na Alemanha –, o número de casos em que ocorreu é baixo: entre 1949 e 1980, houve apenas 99 encerramentos conflituosos, merecendo, todavia, referência o *lock-out* de 1963, no sector metalúrgico, que atingiu 300.000 trabalhadores[2060]. Tudo acabou pacificamente, por via negocial.

318. Âmbito e sanções

I. O âmbito da proibição constitucional de despedimento coletivo conflituoso deve ser entendido em termos atualistas e substanciais.

[2058] Assim, Rolf Birk, *Die Aussperrung in Rechtsvergleichenden Sicht*, ZfA 1979, 231 ss., 273, nota 220

[2059] Houve, na Alemanha, uma alargada discussão sobre o tema em consequência da proibição do *lock-out* (*Aussperrung*) na Constituição do Estado (federado) do Hesse; alguns autores – em maioria, segundo parece – opinaram pela inconstitucionalidade ou ineficácia dessa proibição, enquanto outros a defenderam.

[2060] Heiner Dribbusch, *60 Jahre Arbeitskampf in der Bundesrepublik* cit., 155 ss.; *vide* Sybille Stamm, *Streik und Aussperrung in der deutschen Tarifpolitik*, em Bispinck/ /Schulten, *Zukunft der Tarifautonomie* (2013), 169-176, com considerações gerais.

O legislador constituinte terá pretendido, de modo subjetivo, firmar uma dinâmica liderante, a favor dos trabalhadores. Tal perspetiva deve considerar-se abandonada, depois da revisão de 1982 e, para mais, depois de dobrado o cinquentenário da Constituição: as iniciativas políticas processam-se, apenas, no âmbito dos órgãos representativos.

A proibição constitucional deve, pois, ser entendida como uma preocupação de justiça distributiva e uma indicação ao legislador ordinário de conveniente regulação do processamento da greve e das práticas nele admitidas.

II. O preceito constitucional deve, depois, ser entendido substancialmente. A Constituição pretendeu vedar o despedimento coletivo e, não apenas, a sua declaração formal. Ficarão abrangidas todas as medidas que, de facto, se lhe possam reconduzir; mas excluem-se da proibição legal as tomadas de posição dos empregadores que, traduzindo embora atuações litigiosas coletivas, não integrem esse mesmo conceito. Não se pode, pois, falar numa proibição de lutas patronais coletivas mas, tão-só, na adoção da sua forma extrema.

III. As sanções para a prática do *lock-out* estão previstas no artigo 545.º, em moldes criminais.

À luz do Direito do trabalho, recorde-se, simplesmente, a sua ineficácia nas situações jurídicas laborais.

IV. A jurisprudência dá-nos a ilustração seguinte:

– não constitui *lock-out* uma transferência de instalações e de local de trabalho[2061];
– a definição de serviços mínimos não é *lock-out* [2062].

Não há exemplos de *lock-out* contrários à proibição legal. De resto, isso pressuporia um tipo de iniciativa agressiva que não se coaduna com o nosso empresariado.

[2061] RLx 28-jun.-1995 (Diniz Roldão), Proc. 0099534.
[2062] RLx 4-mai.-2011 (Leopoldo Soares), Proc. 4/11.

CAPÍTULO III

A PREVENÇÃO DOS CONFLITOS DE TRABALHO

§ 85.º SOLUÇÕES AUTÓNOMAS

319. A negociação e a sua promoção jurídica

I. Os conflitos de trabalho podem cessar automaticamente – isto é, por interação dos próprios parceiros laborais coletivos desentendidos – ou por intervenção do Estado. Além disso e, sobretudo: eles devem ser prevenidos, de modo a evitar a destruição de riqueza: uma política de descompressão é sempre preferível a qualquer belicismo[2063].

Importa considerar, para já, as soluções autónomas.

II. As soluções autónomas dos conflitos coletivos de trabalho repousam essencialmente, na negociação entre as partes.

Em abstrato o Direito pode, perante as negociações coletivas e tendo em conta a sua relação com as lutas laborais, tomar uma de quatro posições:

(a) ignorância;
(b) promoção simples;
(c) promoção condicionante;
(d) promoção absoluta.

O Direito pode ignorar o fenómeno da negociação, não o prevendo, não o impondo ou não lhe associando quaisquer efeitos. Assim sucederá

[2063] Siegfried Löffler, *Steiniger Weg zur Finigung/Parallelen zwischen Entspannungspolitik und Arbeitskampf*, FS Klaus Adomeit (2008), 397-413.

sempre que o Direito não admita ou não preveja as lutas laborais coletivas – numa posição que, como se sabe, apenas se deixa documentar historicamente, no Ocidente – ou quando a determinação do Estado em deixar ao seu livre curso os conflitos coletivos vá tão longe que a isso conduza.

III. O Direito pode promover as negociações, mas em termos simples, isto é: pode cominar deveres de negociar, sem, no entanto, lhes associar particulares efeitos no domínio das lutas laborais.

Assim se viu suceder no regime das convenções coletivas, onde vários dispositivos firmam deveres de negociar, obrigando a respostas e a contrapropostas e à sua justificação. Nenhum preceito estabelece uma ligação entre esses deveres ou as diversas fases das negociações laborais coletivas; aliás, como foi referido, a greve – e, mais em geral, as diversas formas de luta, pelo menos por parte dos trabalhadores – não estão limitadas a questões de trabalho, podendo assumir níveis "políticos"; a sua ligação às negociações coletivas perde, necessariamente com isso.

Indo mais longe na via da não-ingerência direta nas lutas coletivas, o Direito português não estabeleceu um dever de negociar durante a greve; apenas determinou a representação dos trabalhadores em greve – artigo 532.º.

IV. A promoção condicionante verifica-se quando o Direito faça depender a licitude da greve ou de outras formas de luta laborais coletivas do prévio decurso de negociações ou, de modo equivalente, apenas permita a declaração de luta em determinadas fases do processo negocial. Tais dispositivos têm a dupla eficácia de prevenir decisões menos refletidas e de facultar espaços particulares de consenso.

Surge, no entanto, um inconveniente: a promoção condicionante de negociações coletivas postula ou pressupõe uma restrição das lutas laborais coletivas à defesa ou promoção de questões suscetíveis de serem reguladas em instrumentos coletivos de regulação laboral. Ela torna-se, assim, inoperante ou disfuncional perante sistemas que, como o português, não restrinjam a greve, nesses termos.

V. A promoção absoluta, por fim, implica a ilegitimação de lutas laborais coletivas, na sua forma extrema e com interrupção de negociações: a negociação seria sempre uma necessidade jurídica, prevendo-se diversos esquemas tendentes a efetivá-la.

A promoção absoluta das negociações tende a ser completada por esquemas estaduais de composição, como modo de ultrapassar seja a recusa frontal do dever de "negociar", seja a infrutosidade das negociações.

VI. Uma apreciação das diversas formas de promoção das negociações deve ser precedida pela determinação do seu relevo.

Este tende, efetivamente, a ser de primeiro plano: a lógica da permissão jurídica de lutas laborais coletivas seria prejudicada quando elas conhecessem formas não-autónomas de composição; a liberdade cessaria, pelo menos, nesse ponto. Além disso, a prevenção do conflito coletivo através de negociações faculta, em larga medida, um verdadeiro consenso o qual, pela raiz, põe cobro ao conflito.

Os esquemas de promoção absoluta do dever de negociar tendem, nessa mesma linha, a ser postos em causa: a sua efetivação implica, de facto, vias não-autónomas de cessação dos conflitos.

A lógica das lutas laborais coletivas parece deixar em aberto, ao legislador, a opção pelos sistemas da promoção simples ou da promoção condicionante, dependendo a escolha do âmbito conferido à própria greve.

Não se subvalorize, de qualquer modo, a virtualidade da promoção simples do dever de negociar: além dos efeitos educativos que sempre apresenta, ela faculta a formação e o sentido dos movimentos de opinião pública que, na atualidade, desempenham um papel fundamental na evolução e cessação das lutas laborais coletivas.

320. A concertação social

I. A operacionalidade e a eficácia das negociações como modo normal de pôr cobro a conflitos coletivos de trabalho depende do pré-entendimento que, deles, tenham os operadores laborais, dos seus objetivos, da informação que entre eles se estabeleça e dos movimentos de opinião pública.

A História mostra que as verdadeiras negociações são dificultadas por pontos de vista demasiado antagónicos quanto à natureza da sociedade, do Estado, do Direito ou das confrontações político-laborais: as próprias convenções coletivas de trabalho podem, em cenários radicais desse tipo, ser postas em causa.

A informação estabelecida entre as partes tem, também, grande relevo. Na presença de identidade de pontos de vista, por exemplo, no tocante à situação das empresas, às suas possibilidades e ao estado geral na economia, será bem mais fácil assentar em soluções consensuais ou nos compromissos possíveis.

Os movimentos de opinião pública, por fim, operam como juízes das lutas laborais coletivas; nas sociedades abertas, as possibilidades de mostrar aos olhos da opinião pública a justeza de lutas laborais coletivas assumem-se como condicionamentos poderosos do seu desencadear e da sua evolução.

Estas variáveis e a ideia, em si convincente, de que numa sociedade todos deveriam estar de acordo quanto a certos pontos essenciais, tem desenvolvido a teoria e a prática da concertação social.

II. Em termos latos, a concertação social pode ser definida como o conjunto das medidas – e os efeitos delas resultantes – que contribuam direta ou indiretamente para estabelecer contactos entre os Estados e os parceiros laborais coletivos, com vista à ulterior tomada de decisões com relevo económico-social.

Em termos restritos, a concertação social faculta essas mesmas medidas; quando efetivamente negociadas entre o Estado e os parceiros laborais coletivos, com objetivos de prevenir lutas laborais coletivas. A concertação social poderia remeter-se a contactos entre os parceiros laborais coletivos – portanto, sem o Estado – ficando, então, com uma eficácia remetida às convenções coletivas; o Estado tem, além disso, uma função mediadora apontada pelos estudiosos do problema.

De um modo geral, pode considerar-se que a concertação social tem vindo a alargar o seu âmbito de ação: de meras questões salariais ou de problemas restritos ao âmbito profissional, passou-se ao debate – e ao eventual equacionar – de políticas económicas globais, incluindo investimentos e política de rendimentos e de preços.

Esse mesmo alargamento tem por efeito o remeter as práticas e vias de concertação para níveis consultivos, uma vez que as competentes medidas não podem, por razões constitucionais, deixar de ser tomadas pelos órgãos legislativos do Estado; nem por isso, no entanto, a concertação social perde o seu relevo.

III. A concertação social pode decorrer através de meros encontros entre representantes do Estado e das organizações laborais – ou apenas destas últimas – ou, pelo contrário, pode obedecer a canais preestabelecidos, sendo então, institucionalizada.

A institucionalização da concertação social pode ainda, por seu turno, atuar de modo orgânico ou inorgânico, consoante postule órgãos específicos no seio dos quais opere a concertação ou, pelo contrário, se resuma a contactos entre os parceiros.

Ambas as fórmulas têm os seus seguidores; a concertação orgânica aparenta, contudo, vantagens pelo impacto que tem na opinião pública e pelas maiores dificuldades que coloca a quem não queira travar qualquer diálogo.

IV. Os mecanismos de concertação social têm, a nível europeu, caminhado de Norte para Sul: implantados nos países de sindicalismo tradicionalmente menos politizado e mais próximo das áreas do poder, eles vieram, com adaptações variáveis, a ser adotados nas áreas de maior conflituosidade social e laboral[2064].

A problemática da concertação social tem sido acompanhada por um esforço de divulgação dum pensamento social, por vezes mesmo ideológico, que visa permitir a sua radicação e o seu reforço.

A doutrina social da Igreja desempenhara já, nesse domínio, um papel de relevo.

Mais recentemente, ser-lhe-iam acrescentadas orientações derivadas de opções liberais e positivistas, que intentaram, por exemplo, atualizar conceções de tipo do contrato social[2065].

321. A institucionalização

I. A Constituição Portuguesa de 1976 não deu, à concertação social, um relevo direto particular. Ele pode, no entanto, ser inferido de valorações

[2064] Henrique Pereira Coelho, *Concertação Social/A experiência de cinco países* (1985); outros elementos bibliográficos nacionais podem ser confrontados em Bernardo Xavier, *A crise e alguns institutos de Direito de Trabalho*, RDES 1986, 517-569 (558). *Vide*, também, Alonso Olea, *A concertação social em Espanha*, RDES 1986, 493-516.

[2065] John Rawls, *A Theory of Justice* (1971), que mereceu um particular cuidado a Barbosa de Melo, *Introdução às formas de concertação social*, BFD LIX (1983), 65-127 (67 ss.).

mais gerais sobre a participação e a descentralização, que a Constituição largamente divulga[2066].

As práticas de concertação têm vindo a intensificar-se, em Portugal, correspondendo ao que parece ser um movimento universal nesse sentido. Alguns resquícios do sindicalismo radicalizado bem como dificuldades estruturais em admitir situações de pluralismo têm, sabidamente, prejudicado a concertação. Espera-se, no entanto, a ocorrência futura de progressos notáveis, também neste campo.

II. A concertação social, em Portugal, e à semelhança de quanto vem ocorrido noutras áreas laborais, à medida que se foram apresentando como pioneiras, tem sido promovida pelo legislador; assim se distingue dos ordenamentos que facultaram o seu aparecimento por via espontânea.

O Decreto-Lei n.º 74/84, de 2 de março, veio criar – artigo 1.º/1:

> (...) junto da Presidência do Conselho de Ministros, o Conselho Permanente de Concertação Social, de carácter consultivo e composição tripartida.

A hoje Comissão Permanente de Concertação Social tem a composição seguinte:

– pelo Governo: o Primeiro-Ministro, que preside, e os Ministros das Finanças e do Plano, do Trabalho, Solidariedade e Segurança Social, da Economia e de Agricultura, Florestas e Desenvolvimento Rural;
– pelos trabalhadores: 2 representantes da Confederação Geral dos Trabalhadores Portugueses e 2 representantes da União Geral de Trabalhadores;
– pelos empregadores: 1 representante de cada uma das seguintes confederações: CIP – Confederação Empresarial de Portugal, CAP – Confederação dos Agricultores Portugueses, CCP – Confederação do Comércio e Serviços de Portugal e CTP – Confederação do Turismo Português.

Verifica-se, pois, uma composição tripartida ao mais alto nível.

[2066] Quanto a esse ponto, *vide* Baptista Machado, *Participação e descentralização, democratização e neutralidade na Constituição de 76* (1982).

A Comissão Permanente de Concertação Social tem atribuições consultivas. O Código do Trabalho prevê a sua intervenção, em diversos pontos[2067].

III. Assente numa grande publicidade das suas reuniões e conclusões, a Comissão Permanente de Concertação Social opera como um foro no qual os parceiros laborais podem fazer ouvir a sua voz, atingindo a opinião pública. Além disso, faculta soluções negociadas para os diversos problemas económico-sociais, prevenindo os conflitos de trabalho[2068].

[2067] Quanto à evolução legislativa: Luís Gonçalves da Silva, em Pedro Romano Martinez, *Código do Trabalho anotado* cit., 11.ª ed., 1011.

[2068] Assim, recorde-se o na altura muito publicitado *Acordo de política de rendimentos do Conselho Permanente de Concertação Social*, de 29 de julho de 1986, que pode ser confrontado em RDES XXIX (1987), 431-432. *Vide*, também, a *Política de rendimentos para 1987* de 16 de fevereiro de 1987, publ. pelo Conselho Permanente de Concertação Social.

§ 86.º A CONCILIAÇÃO E A MEDIAÇÃO

322. Noções gerais

I. Na conciliação, de acordo com a doutrina geral, um terceiro (conciliador) põe as partes em contacto, acompanhando o diálogo entre elas, com vista a encontrarem uma situação aceite pelas duas. A doutrina nem sempre distingue a conciliação da mediação e, quando o faz, apresenta esquemas diversos de contraposição. Todavia, estando disponíveis os dois termos, há um claro interesse jurídico-científico em usá-los para transmitir realidades diversas. Dentro da conciliação, temos ainda:

(a) a conciliação privada, presente quando o conciliador não tenha quaisquer poderes de decisão; ele pode agir por iniciativa própria ou a pedido de uma das partes ou de ambas; a conciliação pode ser dotada de um procedimento no qual as partes exprimam posições contrapostas; o conciliador procurará que, depois, elas se aproximem;

(b) a conciliação judicial, prevista nos artigos 594.º e 604.º/2 CPC: ela é presidida pelo juiz, o qual se empenha ativamente na obtenção da solução de equidade mais adequada aos termos do litígio (n.º 3). Tal conciliação pode ter um peso especial, uma vez que o juiz irá, no termo do processo, decidir; assim, as sugestões que faça são, certamente, escutadas e ponderadas pelas partes;

(c) a conciliação arbitral, clausulada em convenções de arbitragem ou em regulamentos de centros institucionalizados[2069], é exercida pelo tribunal arbitral, tendo em vista uma composição livre do litígio, na base do equilíbrio dos interesses em presença; o con-

[2069] Assim sucedia no 28.º/2 do Regulamento CAC de 2008.

ciliador tem poderes finais de decisão, assim se aproximando da conciliação judicial;

(d) conciliação viabilizadora, relativa a empresas em situação de insolvência ou situação económica difícil, adotada pelo Decreto-Lei n.º 316/98, de 20 de outubro, alterado pelo Decreto-Lei n.º 201/2004, de 18 de agosto, e substituído pelo SIREVE (sistema de recuperação de empresas por via extrajudicial), resultante do Decreto-Lei n.º 178/2012, de 3 de agosto e alterado pelo Decreto-Lei n.º 26/2015, de 6 de fevereiro.

II. A mediação vem definida no artigo 2.º da Lei n.º 29/2013, de 19 de abril, em transposição da Diretriz 2008/52, de 21 de maio, como a forma de resolução alternativa de litígios, realizada por entidades públicas ou privadas, através da qual duas ou mais partes em litígio procuram voluntariamente alcançar um acordo com assistência de um mediador de conflitos. Tal mediador é um terceiro, imparcial e independente, desprovido de poderes de imposição aos mediados.

A mediação distingue-se das diversas formas de conciliação por o mediador não ter poderes formais de decisão do litígio. Todavia, o mediador assume-se, no resto, como um conciliador reforçado, uma vez que assume um papel ativo, procurando soluções razoáveis e fazendo propostas concretas às partes.

A mediação dispõe de uma Lei extensa: a Lei da Mediação, aprovada pela citada Lei n.º 29/2013. Além disso, diversos diplomas preveem sistemas públicos de mediação: o Sistema de Mediação Familiar, o Sistema de Mediação Laboral e o Sistema de Mediação Penal. Justifica, hoje, uma disciplina autónoma. A mediação, na sequência das iniciativas europeias, conheceu um surto jurídico-científico. Desde logo e mesmo antes da Diretriz 2008/52, estudou-se o acordo de mediação[2070], o enquadramento da figura[2071], as iniciativas próximas da UNCITRAL[2072] e das instituições euro-

[2070] Armin Hutner, *Die Mediationsvereinbarung/Regelungsgegenstände und vertragsrechtliche Qualifizierung*, SchiedsVZ 2003, 226-232.

[2071] Judith Volkmann, *Gerichtsnahe Mediation und Rechtsberatungsgesetz*, SchiedsVZ 2004, 245-251, com indicações.

[2072] Fabian Friedrich, *UNCITRAL Model Law on International Commercial Conciliation*, SchiedsVZ 2004, 297-304; Jean-Michel Jacquet, *La Loi-Type de la CNUDCI du 24 juin 2002 sur la conciliation commerciale internationale*, RA 2004, 63-75; Matthias Lehmann,

peias[2073]. As vantagens de reformas legislativas[2074] e o posicionamento da mediação na lógica das empresas[2075] e perante a arbitragem[2076] foram analisados. A inclusão de convenções de mediação em cláusulas contratuais gerais[2077]. Os centros institucionalizados de arbitragem prepararam regulamentos de mediação[2078], mau grado o pouco interesse que lhe dedicam os advogados[2079]. São ponderados aspetos políticos[2080] e a sua ligação com a tutela do consumidor[2081]. Finalmente, a publicação da Lei alemã de mediação, de 21-jul.-2012, provocou um surto de extensos comentários[2082], para além de análises mais breves[2083], acentuando-se a alternativa

Official Presentation of the Draft Digest on the UNCITRAL Model Law on International Commercial Conciliation, SchiedsVZ 2005,150-153.

[2073] Horst Eidenmüller, *Establishing a Legal Framework for Mediation in Europa: the Proposal for an EC Mediation Directive*, SchiedsVZ 2005, 124-129.

[2074] Friedwart A. Becker/Claus-Henrick Horn, *Notwendige Regelungen eines deutschen Mediationgesetzes*, SchiedsVZ 2006, 270-275.

[2075] Jürgen Kloweit/Michael Hill, *Corporate Pledge/Königsweg zur Implementierung von Mediation in der Wirtschaft?*, SchiedsVZ 2007, 83-87; Myrto Leiss, *Empirische Erkenntnisse zur Mediation im Wirtschaftsrecht*, SchiedsVZ 2007, 139-144.

[2076] Günther J. Horvath, *Schiedsgerichtsbarkeit und Mediation – Ein glückliches Paar?*, SchiedsVZ 2005, 292-302; Renate Dendorfer/Jeremy Lack, *The Interaction Between Arbitration and Mediation: Vision vs. Reality*, 2007, 195-205.

[2077] Fabian Friedrich, *Schlichtungs- und Mediationsklauseln in Allgemeiner Geschäftsbedingungen*, SchiedsVZ 2007, 31-36.

[2078] Stephan Breidenbach/Holger Peres, *Die DIS-Mediationsordnung*, SchiedsVZ 2010, 125-130.

[2079] Peter Hammacher, *Rechtsanwälte: Widerstand gegen Mediation abbauen*, SchiedsVZ 2008, 30-33, sublinhando a alta confiança nos juízes (31/II) e a insegurança perante o desconhecido (33/II).

[2080] Jörg Risse/Ivo Bach, *Wie frei muss Mediation sein? – Von Politik, Ideologie, Gesetzgebern und Gerichten*, SchiedsVZ 2011, 14-20.

[2081] Martin Engel/Lars Hornuf, *Mediation als Verbraucherschutz – oder Verbraucherschutz vor Mediation*, SchiedsVZ 2012, 26-32.

[2082] Retemos: Roland Fritz, *Kommentar zum Mediationsgesetz* (2012), 1092 pp.; Reinhard Greger/Hannes Umberath, *Mediationsgesetz: Recht der alternativen Konfliktlösung* (2012), 343 pp.; Jürgen Klowait/Ulla Gläßser, *Mediationsgesetz: Handkommentar* (2014), 732 pp..

[2083] Gerritt Horstmeier, *Das neue Mediationsgesetz: Einführung in das neue Mediationsgesetz für Mediatoren und Medianten* (2012), 228 pp.; Birgit Grundmann, *Grüßwort zum Mediationsgesetz*, SchiedsVZ 2012, 229-230; Jörg Risse, *Das Mediationsgesetz – eine Kommentierung*, SchiedsVZ 2012, 244-258.

que ela representa[2084]. Foram consideradas outras experiências, comunitárias[2085] e extracomunitárias[2086], bem como a articulação da mediação com as empresas[2087] e o processo[2088].

323. Conciliação

I. As noções de conciliação e de mediação no Direito do trabalho – onde, de resto, têm larga tradição[2089] – não coincidem totalmente com as noções gerais, acima recordadas: mas andam próximas.

No regime do Decreto-Lei n.º 164-A/76, de 28 de fevereiro, a conciliação vinha regulada em termos semelhantes aos atuais, mas com uma particularidade: a conciliação podia ser tornada obrigatória para as empresas públicas e nacionalizadas – artigo 13.º/4. O Decreto-Lei n.º 887/76, de 29 de dezembro, alterou esse dispositivo: através do artigo 13.º/5, nova versão, a conciliação obrigatória, decidida "... por despacho conjunto dos Ministros interessados...", poderia abarcar quaisquer conflitos coletivos. Chegava-se, pois, a um esquema de conciliação normativamente necessária, semelhante ao existente noutros países, ainda que não condicionasse, de modo direto, a greve[2090].

[2084] Stephan Kreissl, *Mediation – Von der Alternative zum Recht zur Integration in das Staatliche Konfliktlösungssystem*, SchiedsVZ 2012, 230-234.

[2085] Friedrich Niggemann, *Die Umsetzung der EU-Mediationsrichtlinie 2008 in Frankreich*, SchiedsVZ 2012, 258-266.

[2086] Julia Elsner, *Einige Kritische Aspekte der russischen Mediationsgesetzes*, SchiedsVZ 2012, 266-270.

[2087] Nils Goltermann/Ulrich Hagel/Jürgen Klowait, *"Das neue Mediationsgesetz" aus Unternehmenssicht*, SchiedsVZ 2012, 299-305.

[2088] Alexander Loos/Marit Brewitz, *Hindert eine Mediationsvereinbarung an der Klage? Wie lange?*, SchiedsVZ 2012, 305-311.

[2089] O mecanismo da conciliação tem já, no Direito português, a sua história. No período corporativo, a conciliação tinha um particular significado, dada a proibição constitucional das lutas laborais coletivas – Almeida Policarpo, *Conciliação dos conflitos colectivos de trabalho*, ESC IV (1965), 13, 36-58; *vide* Nascimento Rodrigues, *Regime jurídico das relações colectivas de trabalho* cit., 615 ss.. Ela vinha tratada com minúcia nos artigos 13.º e seguintes do Decreto-Lei n.º 49 212, de 28 de agosto de 1969.

[2090] Quanto ao regime então vigente, João Caupers/Pedro Magalhães, *Relações colectivas de trabalho* cit., 77 ss..

A LRCT, aprovada pelo Decreto-Lei n.º 519-C/79, de 29 de dezembro, fiel à orientação não-intervencionista que se tem vindo a impor no laboralismo atual, suprimiu quaisquer referências à "conciliação obrigatória" que, assim, fica na disponibilidade das partes[2091].

II. Esse esquema foi acolhido no Código do Trabalho: artigos 523.º e 524.º.

Na atualidade, a conciliação laboral corresponde ao que acima chamámos "conciliação privada": é sempre facultativa, dependendo, na sua iniciativa como, por definição, na sua eficácia, da vontade das partes laborais coletivas. A matéria vem, aliás, tratada nos artigos 523.º e 524.º, em moldes expressamente supletivos: tem aplicação, apenas, quando falte uma regulamentação convencional do seu processamento – artigo 523.º/2. A conciliação caracteriza-se pelo decurso de negociação entre as partes na presença de uma terceira entidade – o conciliador – que procurará aplainar as dificuldades de modo a facultar um acordo. O conciliador – sobretudo quando isento e bem preparado – pode conseguir resultados importantes, saldando questões inúteis, fixando factos controversos ou ignorados – p. ex., os índices económicos relevantes para a negociação – e facultando chamadas para a opinião pública, quando uma das partes negoceie de má-fé ou queira, a todo o custo, a manutenção do conflito.

III. O desencadear dos mecanismos de conciliação provoca uma série de factos, com o dever das partes se apresentarem-se às sessões conciliatórias; pode, assim, utilizar-se como uma medida puramente dilatória, quando desnecessária ou injustificada.

A lei estabelece as ocasiões em que ela pode ser utilizada; são elas – artigo 523.º/3:

– por acordo das partes, em qualquer altura – alínea *a*);
– por uma das partes, quando a outra não responda à proposta de celebração ou de revisão que lhe seja submetido – alínea *b*).

[2091] Nessa linha *vide*, em Itália, Placido Petino, *Profili introduttivi alla conciliazione in tema di lavoro*, RDLav XXXI (1979), 623-668.

A conciliação é feita pelo serviço competente do ministério responsável pela área laboral, o qual pode ser assessorado pelos de outros ministérios, quando tal surja necessário. Ao abrigo da autonomia coletiva e dada a natureza supletiva de todos estes preceitos, nenhuma dificuldade existe em que as partes convencionem qualquer outro tipo de conciliação.

IV. A conciliação pode ser total, quando recaia sobre o conjunto de uma negociação coletiva ou, tão-só, parcial, quando apenas alguns pontos desta lhe sejam submetidos. Esta última hipótese é, segundo os estudiosos, a mais frequente[2092]: a conciliação surge na sequência de um processo de negociações que, em regra, terá já permitido encontrar acordos em determinados aspetos, limitando-se a dissídios residuais. Por isso, põe-se, em termos práticos, o problema da delimitação da conciliação, de modo a prevenir que, através dela, sejam postas em causa questões já negociadas.

Tudo isto é dominado pela autonomia coletiva; por isso, nada impede que as partes venham pôr em causa aspetos sobre os quais já se houvessem obtido resultados, antes da conciliação, nalguma das seguintes condições:

– de comum acordo, até que surja uma convenção propriamente dita;
– unilateralmente, nos casos em que as partes se tenham reservado a possibilidade de tudo negociar, até ao acordo final.

A conciliação, quando tenha êxito, redunda num texto que, pelo comum acordo, será integrado em convenção coletiva; segue-se, depois, o competente regime de depósito e publicação.

V. O artigo 524.º/2 a 6, fixa um procedimento burocrático. Melhor do que um resumo será a transcrição dos preceitos em causa:

> 2. O requerimento de conciliação deve indicar a situação que a fundamenta e o objeto da mesma, juntando prova do aviso prévio no caso de ser subscrito por uma das partes.
>
> 3. Nos 10 dias seguintes à apresentação do requerimento, o serviço competente verifica a regularidade daquele e convoca as partes para o início da conciliação, devendo, em caso de revisão de convenção coletiva, convi-

[2092] António Monteiro Fernandes, *Direito do trabalho* cit., 22, 243.

dar para a conciliação a associação sindical ou de empregadores participantes no processo de negociação e não envolvida no requerimento.

4. A associação sindical ou de empregadores referida na segunda parte do número anterior deve responder ao convite no prazo de cinco dias.

5. As partes convocadas devem comparecer em reunião de conciliação.

6. A conciliação inicia-se com a definição das matérias sobre as quais vai incidir.

324. A mediação

I. A segunda forma autónoma de resolução de conflitos coletivos reside na mediação: também obteve tratamento no Código do Trabalho (526.º a 528.º)[2093].

A mediação implica a intervenção de um terceiro no processo negocial, com vista a facultar o acordo das partes. Trata-se de uma figura inovatoriamente introduzida pelo Decreto-Lei n.º 164-A/76 – artigo 14.º – mantida no artigo 33.º da LRCT e presente no artigo 526.º do Código vigente.

II. Tal como resulta da lei, o mediador não é, propriamente, um medianeiro, a quem caiba aproximar as propostas das partes, assegurando, entre elas, contactos mediatos[2094]: ele opera, como um terceiro vértice, que depois de colher os necessários elementos[2095], elabora uma proposta que as partes se limitarão a aceitar ou a recusar.

Sendo aceite, a proposta do mediador dá lugar a uma convenção coletiva de trabalho, nos termos gerais.

As propostas do mediador podem ter particular peso em termos de opinião pública, devendo, pois, prestigiar-se a figura e rodeá-la de estreitos aspetos de consensualidade. O próprio impulso para a mediação assenta no consenso das partes ou na iniciativa de uma delas, um mês após o início da conciliação, mediante comunicação escrita à outra parte (526.º/3).

[2093] Luís Gonçalves da Silva, em Pedro Romano Martinez, *Código do Trabalho anotado* cit.,11.ª ed., 1129-1134.

[2094] João Caupers/Pedro Magalhães, *Relações colectivas* cit., 78-79.

[2095] Os elementos são colhidos separadamente junto de cada parte, daí resultando a possibilidade de serem fornecidos dados que as partes não revelariam em contactos diretos; *vide* Monteiro Fernandes, *Direito do trabalho* cit., 22, 248. Resulta daí, o dever de sigilo do mediador, expressamente cominado no artigo 33.º/7 da LRCT.

III. Tal como para a conciliação, também quanto à mediação o Código prevê um procedimento preciso. Passamos a transcrever o artigo 527.º/2 a 10:

> 2. O requerimento de mediação deve indicar a situação que a fundamenta e o objeto da mesma, juntando prova da comunicação à outra parte caso seja subscrito por uma das partes.
>
> 3. Nos 10 dias seguintes à apresentação do requerimento, o serviço competente verifica a regularidade daquele e nomeia o mediador, dando do facto conhecimento às partes.
>
> 4. Caso a mediação seja requerida por uma das partes, o mediador solicita à outra que se pronuncie sobre o objeto da mesma e, em caso de divergência, decide tendo em consideração a viabilidade da mediação.
>
> 5. Para a elaboração da proposta, o mediador pode solicitar às partes e a qualquer departamento do Estado os dados e informações de que estes disponham e que aquele considere necessários.
>
> 6. As partes devem comparecer em reuniões convocadas pelo mediador.
>
> 7. O mediador deve remeter a proposta às partes no prazo de 30 dias a contar da sua nomeação e, no decurso do prazo referido no número seguinte, pode contactar qualquer das partes em separado, se o considerar conveniente para a obtenção do acordo.
>
> 8. A aceitação da proposta por qualquer das partes deve ser comunicada ao mediador no prazo de 10 dias a contar da sua receção.
>
> 9. Recebidas as respostas ou decorrido o prazo estabelecido no número anterior, o mediador comunica em simultâneo a cada uma das partes a aceitação ou recusa da proposta, no prazo de dois dias.
>
> 10. O mediador deve guardar sigilo sobre as informações recebidas no decurso do procedimento que não sejam conhecidas da outra parte.

IV. O artigo 528.º permite que, mediante requerimento conjunto, as partes solicitem o recurso a uma personalidade constante da lista de árbitros presidentes para desempenhar as funções de mediador (n.º 1). Caso o ministro concorde e a personalidade aceite, os encargos são da conta do ministério da área laboral (n.º 2). Não sendo a mediação efetuada pelo ministério da área laboral, deve o mesmo ser informado dos respetivos início e termo.

§ 87.º A INTERVENÇÃO DO ESTADO

124. **Intervenção administrativa; a requisição civil**

I. Os conflitos coletivos podem cessar não pela solução autónoma encontrada pelas partes neles envolvidas, mas antes devido à intervenção, neles, do Estado.

A hipótese de uma intervenção estadual nos conflitos, tem uma natureza excecional clara em sistemas que, como o português, admitam como regra o "direito à greve". Tal intervenção pode-se considerar legitimada apenas na medida em que certos valores constitucionalmente garantidos se mostrem, em concreto, mais relevantes do que os subjacentes ao direito à greve. Além disso, deve ser sempre ponderado que a intervenção do Estado em conflitos laborais representa, só por si, um valor negativo, que exige um complemento de ponderação: o Estado perde em autoridade e perturba o livre jogo das forças sociais.

II. A intervenção do Estado em ordem a pôr cobro a conflitos coletivos pode ser administrativa ou judicial, em termos que não oferecem dúvidas.

A intervenção administrativa processa-se, no Direito português, dentro dos esquemas da requisição civil, regulada no Decreto-Lei n.º 637/74, de 20 de novembro.

O artigo 1.º desse diploma define o instituto:

> 1. A requisição civil compreende um conjunto de medidas determinadas pelo Governo necessárias para, em circunstâncias particularmente graves, se assegurar o regular funcionamento de serviços essenciais de interesse público ou de sectores vitais da economia nacional.

A lei reconhece-o como excecional e dá-lhe um âmbito bastante lato: pode "... ter por objeto a prestação de serviços, individual ou coletiva, a cedência de bens móveis ou semoventes, a utilização temporária de quaisquer bens, os serviços públicos e as empresas públicas, de economia mista ou privadas" – artigo 1.º/2.

Não se trata, pois, de um instituto próprio da greve, das lutas laborais ou, sequer, do Direito do trabalho: ele pode ser utilizado para enfrentar quaisquer perturbações, mesmo naturais. A prática veio, porém, mostrar que ele se ergue como instrumento para a intervenção administrativa do Estado nos conflitos coletivos, explicitando a própria lei a sua operacionalidade no caso das greves – artigo 541.º/3.

III. O artigo 1.º/2 do Decreto-Lei n.º 637/74, de 20 de outubro, enumerou como se viu, os objetos possíveis da requisição civil, em termos amplos. O artigo 3.º parece, no entanto, restringir tal objeto, quando se trate de empresas ou serviços públicos, fazendo uma enumeração – aliás larga – dos que se lhe sujeitam. É inevitável a aproximação com as "empresas ou estabelecimentos que se destinem à satisfação de necessidades sociais impreteríveis", referenciados no artigo 537.º/2.

Em termos dogmáticos, o artigo 3.º do Decreto-Lei n.º 637/74 apresenta uma série taxativa de serviços ou empresas suscetíveis de requisição civil[2096]; deve, contudo, notar-se que os seus termos são tão amplos que poucos sectores lhe poderiam ficar imunes.

IV. A requisição civil assenta num processo que postula o prévio reconhecimento da sua necessidade pelo Conselho de Ministros – artigo 4.º/1 do Decreto-Lei n.º 637/74; efetiva-se, depois, por portaria dos ministros interessados, a qual deve indicar – artigo 4.º/3 e 4:

– o seu objeto e a sua duração;
– a autoridade responsável pela sua execução;
– as modalidades de intervenção das forças armadas, quando tenha lugar;
– o regime de prestação de trabalho dos requisitados;
– o comando militar a que fica afeto o pessoal, quando sujeito a foro militar.

[2096] João Caupers/Pedro Magalhães, *Relações colectivas* cit., 104.

De facto, a requisição civil pode ser acompanhada de intervenção militar, em várias modalidades de gravidade crescente, elencadas no artigo 5.º; no limite, o pessoal militar pode substituir o civil – artigo 5.º/1, *d*).

V. A requisição civil faz nascer um vínculo entre os requisitados e o Estado. Tal vínculo tem natureza pública[2097], como públicas são as consequências ligadas aos direitos e deveres dele emergentes. Assim, os atos que decidam a requisição são atos administrativos definitivos e executórios, sujeitando-se ao competente controlo contencioso[2098]. A portaria de requisição pode submeter as pessoas atingidas ao Estatuto Disciplinar dos Funcionários e Agentes da Administração Central, Regional e Local; a competência disciplinar assiste ao Ministro a quem caiba executar a requisição, nele se mantendo, por factos perpetrados durante a requisição, depois dela[2099]. Note-se, por fim, que a requisição civil de pessoas não concede direito a outras indemnizações que não sejam o salário ou vencimento decorrente do respetivo contrato de trabalho – artigo 9.º/1 do Decreto-Lei n.º 637/74.

VI. A requisição civil põe cobro, sendo executada, às lutas laborais: não compõe, contudo, os interesses em oposição. Torna-se assim importante a prossecução das negociações. Nos termos legais já conhecidos, a Administração poderá dar o último passo na cessação de conflitos coletivos através de uma Portaria de Condições de Trabalho. Tudo isto deve ser usado apenas por imperioso interesse público e com a maior moderação: os valores atuais do Direito coletivo do trabalho assim o recomendam.

VII. A requisição é um ato administrativo suscetível de recurso contencioso. Seguem-se alguns exemplos de decisões judiciais a ele relativas:

STA 27-fev.-1986: quer a resolução do Conselho de Ministros que reconheça a necessidade da requisição civil, quer a portaria que procede à requi-

[2097] Parecer da PGR n.º 96/84, de 24-jan.-1985, BMJ 346 (1985), 109-120 (112-113).

[2098] STA 17-dez.-1985, BMJ 355 (1986) (Miranda Duarte), 197-207 (205); em anotação a este acórdão, no BMJ cit., 207-208, pode ser confrontada diversa outra jurisprudência sobre requisição civil.

[2099] Parecer da PGR n.º 41/81, de 26-mar.-1981, BMJ 311 (1981), 137-145 (144-145).

sição são atos definitivos e executórios: consolidam-se se não forem tempestivamente impugnados[2100];

STA 28-jan.-2004: a requisição civil dos trabalhadores em greve gera uma relação laboral de carácter público entre os requisitados e o Estado, pela qual eles adquirem a qualidade de agentes[2101];

STA 6-mar.-2008: a requisição civil só pode ser decidida depois de instalada a greve e de se constatar que, efetivamente, os serviços mínimos não estão a ser cumpridos[2102];

TCAS 5-jul.-2008: o ato que sancione o trabalhador que cometeu uma falta disciplinar sob requisição civil mantém-se, mesmo quando esta seja contenciosamente anulada, se a falta nada teve a ver com ela[2103].

326. **A intervenção judicial**

I. Uma das características dos conflitos laborais coletivos, acima apontada[2104], diz respeito a inexistência de bitolas materiais para a sua resolução. A possibilidade de uma intervenção judicial fica, assim, fortemente restringida.

No entanto, tal intervenção seria sempre possível, ao abrigo das regras processuais aplicáveis.

Assim:

(a) o despedimento coletivo conflituoso, proibido pela Constituição, pode ser objeto de medidas judiciais que determinem, designadamente, a reintegração dos trabalhadores atingidos;

(b) a greve ilegal – por inobservância das regras que devem informar o seu procedimento – torna injustificadas as faltas de quem a ela adira.

Os tribunais judiciais são competentes para conhecer esta problemática.

2100 STA 27-fev.-1986 (Inácio Fernandes), Proc. 022115.

2101 STA 28-jan.-2004 (Angelina Domingues), Proc. 0872/03.

2102 STA 6-mar.-2008 (Costa Reis), Proc. 05/06.

2103 TCAS 5-jul.-2008 (Cristina dos Santos), Proc. 00077/04; *vide*, também, STA 13-jan.-2008 (Rui Botelho), Proc. 0925/07 e STA 8-jan.-2009 (Rui Botelho), Proc. 0962/08.

2104 *Supra*, 785.

II. Nos termos gerais de processo, a ilegalidade de uma luta laboral coletiva pode ser judicialmente declarada; e verificados os respetivos requisitos, nenhum inconveniente existe em, antes da ação ser proposta ou na pendência dela, lançar mão de uma providência cautelar destinada a intimar os responsáveis a absterem-se da conduta ilegítima.

Uma intervenção mais marcada dos tribunais em conflitos laborais coletivos não seria possível, por falta de critério de decisão; a sua oportunidade, perante o atual Direito do trabalho coletivo atual é, aliás, remota. Tem vindo, no entanto, a ser reconhecida[2105].

[2105] Jean-Emmanuel Ray, *Le juge et les conflits collectifs de travail*, DS 1986, 617-623 e *L'interdiction de la grève par le juge des référés*, DS 1987, 739-743, a propósito da sentença do Tribunal de Créteil, 30-jul.-1987, DS 1987, 743-744, que mandou, precisamente, suspender uma greve.

TÍTULO III

ORGANIZAÇÕES LABORAIS

§ 88.º PRESSUPOSTOS DOGMÁTICOS E SISTEMÁTICA LEGISLATIVA

327. Problemática e sequência

I. Conhecida a temática relativa à eficácia laboral coletiva, cabe encetar a dos seus suportes jurídicos: as pessoas laborais coletivas.

Particularmente em causa está, agora, o quadro legal português vigente, uma vez que a evolução dos sujeitos laborais coletivos – sindicatos e associações de empregadores – e os traços essenciais do Direito comparado nesse domínio já foram explanados.

II. Mas se as pessoas laborais coletivas constituem, na verdade, os pilares fundamentais da área do Direito do trabalho a que se poderá chamar das "organizações laborais", ele não a esgota.

Num fenómeno bastante relevante da atualidade, verifica-se que as organizações laborais coletivas, primeiro pensadas para acorrer às necessidades das lutas e da contratação coletivas, vieram a projetar a sua atividade para além desse círculo, invadindo, designadamente, o âmbito da gestão das empresas. Esse fenómeno, que tem merecido uma regulação expressa e uma atenção crescente pode ser, na linha germânica, intitulado constituição laboral da empresa; ele não pode ser esquecido numa exposição global sobre Direito do trabalho.

III. As organizações laborais assentam na liberdade de associação, assegurada como direito fundamental[2106]. Este direito carece de concretização em vários planos[2107], se necessário com intervenção judicial[2108]. A liberdade de coligação deve ser conjugada com a das pessoas[2109]. As pessoas têm o direito de não aderir a associações, assim exercendo a sua liberdade[2110]. Mas isso coloca um problema: o não-aderente pode ser prejudicado por isso? As respostas tendem a ser negativas[2111]: mas isso exige a intervenção do Estado, através de alargamento, por exemplo, das convenções coletivas[2112]. Para além dos aspetos jurídicos, as associações laborais devem ter implantação no terreno: daí dependerá a sua capacidade de intervenção[2113].

328. **A primazia histórico-dogmática do sindicalismo**

I. Uma exposição dogmática sobre as organizações laborais deve procurar uma bissetriz entre duas coordenadas que lhe dão corpo e consistência. Em primeiro lugar, temos uma coordenada dogmática, assente na evolução histórica e na realidade do terreno. Nessa dimensão, verifica-se

[2106] Wolfram Höfling, *Der verfassungsrechtliche Koalitionsbegriff*, RdA 1999, 182-185; referimos, ainda, o clássico Franz-Jürgen Säcker, *Grundsprobleme der kollektiven Koalitionsfreiheit/Rechtsquellen- und interpretationstheoretische Bemerkungen zur legislativen und judikativen Konkretisierung des Art. 9 Abs 3 GG* (1969), 175 pp., 20 ss. (ordenação entre os direitos fundamentais), 69 ss. (garantias) e 95 ss. (métodos de concretização).

[2107] Ralf Poscher, *Die Koalitionsfreiheit als ausgestaltungsbedürftiges und ausgestaltungsfähiges Grundrecht*, RdA 2017, 235-245 (237/I).

[2108] Ingrid Schmidt, *Die Ausgestaltung der kollektiven Koalitionsfreiheit durch die Gerichte*, FS Reinhard Richardi (2007), 765-775 (767, quanto à limitação pelo Estado).

[2109] Günther Wiese, *Individuum und Kollektiv im Recht der Koalisionen*, ZfA 2008, 317-351.

[2110] Olaf Deinert, *Negative Koalitionsfreiheit/Überlegung am Beispiel der Differenzierungsklausel*, RdA 2014, 129-135.

[2111] Claudia Schubert, *Ist der Außenseiter vor der Normsetzung durch die Tarifvertragsparteien geschützt?/Ein Beitrag zum sachlichen Schutzbereich der negativen Koalitionsfreiheit*, RdA 2001, 199-207; Raimund Waltermann, *Differenzierungsklauseln im Tarifvertrag in der auf Mitgliedschaft aufbauenden Tarifautonomie* (2016), 107 pp..

[2112] *Supra*, 759 ss., quanto às portarias de extensão.

[2113] Axel Aino Schlesener, *Die soziale Mächtigkeit einer Koalition als Vorraussetzung ihrer Parteifähigkeit im arbeitsgerichtlichen Verfahren*, RdA 1999, 186-188.

que as organizações laborais divergem, quer quanto à sua origem e ao seu papel, quer à sua real influência na vida laboral. Constatamos, nesse plano, que a figura dominante é o sindicato ou associação livre de trabalhadores. Os sindicatos, com o historial acima apontado, desencadearam as lutas coletivas e provocaram a ocorrência das convenções coletivas. As questões da organização e da democraticidade internas, das suas atribuições laterais, da sua competência e da sua federação, como exemplos, desenvolveram-se enquanto temas próprios.

II. Em face das organizações sindicais, os empregadores podiam atuar sozinhos ou, por seu turno, associarem-se. Ambas as hipóteses são possíveis, dependendo de opções e das circunstâncias. Todavia, não há qualquer simetria entre os sindicatos e as associações de empregadores. O ambiente é totalmente diferente: os problemas são diversos e as aspirações também. Uma associação de empregadores, para além, evidentemente, de aspetos negociais coletivos para os quais elas nem são necessárias, vai ocupar-se de questões diversas, como a divulgação de informações, a recolha de dados, as relações com o Governo, os contactos internacionais ou os centros de arbitragem. Apenas por simetria formal – ou pela intenção de acompanhar o fenómeno sindical – se pode conceber um tratamento paralelo entre associações sindicais e empresariais.

III. Ainda no plano do que aqui chamámos a coordenada dogmática, as comissões de trabalhadores correspondem a um vértice distinto. Projeções sindicais nas empresas, elas vieram a receber importância no momento em que se tornou clara a possibilidade de, por seu intermédio, cercear o papel dos sindicatos. Mais próximas da realidade empresarial, as comissões de trabalhadores conseguem, em teoria, uma maior mobilização no terreno. Mas perdem – ou podem perder – independência: uma boa empresa bem gerida mais facilmente "absorve" a comissão de trabalhadores, associando-a à gestão social, do que uma estrutura sindical externa e complexa. O espaço social e político é o mesmo: a ascensão da comissão de trabalhadores restringe o espaço do sindicato. Em qualquer caso, a realidade é diversa: vai, mais uma vez, delimitar o sindicalismo.

IV. Uma exposição dogmática, logo realista e sensível à História e à realidade do terreno, deve, no plano das organizações laborais, partir dos sindicatos: eles correspondem à matriz básica da organização laboral.

Depois seguir-se-á a organização empresarial – hoje mais do que patronal – ocorrendo as comissões de trabalhadores no plano próprio da constituição de empresa.

329. A coordenada sistemático-legislativa

I. O legislador nacional, no termo de uma evolução abaixo relatada, optou por dar, às organizações laborais, um tratamento conceitual abstrato. Nivelou quanto pode as diversas realidades, subsumindo-as em conceitos mais latos e intentando nivelar os princípios que a todas se apliquem. Tais princípios, originariamente sindicais, só com alguma dificuldade podem ser alargados a realidades onticamente diferentes. Além disso, eles representam um desenvolvimento que, transferido para as organizações menores, só complica: pense-se nas inúmeras normas que visam as comissões de trabalhadores.

II. Encontramos um fenómeno paralelo no Direito das sociedades. A grande matriz é, aí e consabidamente, a sociedade anónima. O Código das Sociedades Comerciais de 1986, decidido a elaborar uma parte geral sem a qual, de resto, ele seria uma mera compilação de leis, generalizou, nesse plano, regras que só fazem sentido para as sociedades anónimas. Com isso, complica desmesuradamente a vida das pequenas sociedades de outro tipo, enquanto deixa as regras das anónimas repartidas por áreas diferentes. Obriga-se o intérprete aplicador a permanentes reconstruções e dificulta a vida do operador não-jurista.

III. Uma exposição coerente do Direito do trabalho depara, deste modo, com coordenadas não coincidentes. Enquanto a coordenada dogmática obrigaria a um tratamento centrado nos sindicatos, a coordenada sistemática-legislativa imporia o acompanhamento exegético do Código do Trabalho em vigor. Confrontada com essa realidade, Maria do Rosário Palma Ramalho optou pela primeira[2114]. Afigura-se-nos a escolha correta. Um ensino centrado em classificações gerais e ordenações de princípios é mais próprio de disciplinas de teoria geral do que de áreas dogmáticas

[2114] Rosário Palma Ramalho, *Tratado* cit., III, 2.ª ed., 19-25 e, depois, toda a sequência.

(logo: práticas), como o Direito do trabalho. Neste, haverá que ser realista, mantendo as organizações laborais no campo dogmático que lhes assiste. Todavia, não podemos ir ao ponto de ignorar a sistemática legal vigente. Com ela, o operador terá de se entender, embora o Direito, enquanto Ciência prática, deva ir mais além.

330. A evolução das fontes

I. O sistema de fontes laborais relevantes, no domínio das organizações de trabalho, foi estabelecido após 25 de abril de 1974. No terreno e logo nos dias subsequentes, houve importantes modificações, com a destituição dos antigos dirigentes e a ocupação dos lugares por novos protagonistas. No entanto, apenas cerca de um ano volvido houve reflexos legislativos. Assim, surgiram[2115]:

– o Decreto-Lei n.º 215-B/75, de 30 de abril, relativo a associações sindicais ou Lei Sindical (LS);
– o Decreto-Lei n.º 215-C/75, de 30 de abril, quanto às associações de empregadores ou Lei das Associações Patronais (LAP).

II. As comissões de trabalhadores surgiram e operaram no terreno mercê das discussões havidas sobre a sua forma de eleição, acabaram por ser reconhecidas na própria Constituição de 1976. Só mais tarde o legislador ordinário se ocupou da matéria, através da Lei n.º 46/79, de 12 de setembro.

III. Por influência comunitária direta, tivemos, depois, os conselhos de empresa europeus, como organismos representativos de trabalhadores de empresas com dimensão europeia: Lei n.º 44/99, de 9 de junho, em transposição da Diretriz 94/45, de 22 de setembro.

IV. O Código do Trabalho de 2003, reforçado pelo Regulamento de 2004 veio, através da Lei preambular, revogar os Decretos-Leis n.º 215-B/75 e n.º 215-C/75, bem como a Lei n.º 46/79. A respetiva matéria

[2115] Rosário Palma Ramalho, *Tratado* cit., III, 2.ª ed., 20-23.

passou para um subtítulo "sujeitos" (451.º e ss.), constando o essencial do regime das comissões de trabalhadores e dos conselhos de empresa do Regulamento de 2004. Em paralelo, a constituição da *societas europaea* levou ao Decreto-Lei n.º 215/2005, de 13 de dezembro, que transpôs a Diretriz 2001/86, de 8 de outubro, enquanto a sociedade cooperativa europeia originou a Lei n.º 8/2008, de 18 de fevereiro, em transposição da Diretriz 2003/72, de 22 de julho. Ambos esses diplomas vieram prever conselhos de trabalhadores para esses dois tipos de sociedade, de resto sem expressão prática.

331. O Código de 2009

I. O Código do Trabalho de 2009 consagrou o primeiro subtítulo do *título III – Direito coletivo* aos "sujeitos" (404.º a 475.º). Apresenta uma sistemática longa e cuidada:

Capítulo I – Estruturas de representação coletiva dos trabalhadores (404.º a 468.º):
- Secção I – Disposições gerais sobre estrutura de representação coletiva de trabalhadores (404.º a 414.º);
- Secção II – Comissões de trabalhadores (415.º a 439.º):
  - Subsecção I – Disposições gerais relativas a comissões de trabalhadores (415.º a 422.º);
  - Subsecção II – Informação e consulta (423.º a 425.º);
  - Subsecção III – Controlo de gestão da empresa (426.º a 428.º);
  - Subsecção IV – Participação em processo de reestruturação da empresa (429.º);
  - Subsecção V – Constituição, estatutos e eleição (429.º a 439.º).
- Secção III – Associações sindicais e associações de empregadores (440.º a 468.º):
  - Subsecção I – Disposições preliminares (440.º a 444.º);
  - Subsecção II – Constituição e organização de associações (445.º a 456.º);
  - Subsecção III – Quotização sindical (457.º a 459.º);
  - Subsecção IV – Atividade sindical na empresa (460.º a 467.º);
  - Subsecção V – Membro da direção de associação sindical (468.º).

Capítulo II – Participação na elaboração de legislação do trabalho (469.º a 475.º).

II. O tecido do Código permite alguns reparos, que não põem em causa o enorme e meritório esforço de condensação e de boa redação, levado a cabo. Assim:

(a) segue-se a técnica da relação jurídica;
(b) inserem-se "disposições gerais" que são, depois, retomadas, como o tema dos "créditos de horas";
(c) dá-se, às comissões de trabalhadores, um relevo quase idêntico – quiçá: superior – ao dos sindicatos e ao das associações de empregadores;
(d) entra num nível de pormenor, quando bastaria fixar princípios e deixar o tema à iniciativa privada;
(e) dificulta a localização da matéria.

III. Este último aspeto, patente nas leis comerciais, bancárias e mobiliárias, é aqui especialmente gravoso. Um Código do Trabalho devia constituir um instrumento acessível a não-juristas e, em especial, a sindicalistas e a todos os trabalhadores interessados. Um documento intrincado, de consulta difícil, exige juristas especializados, assim perdendo parte da sua utilidade prática.

CAPÍTULO I
SINDICATOS

§ 89.º NOÇÃO, REGIME E VICISSITUDES

332. Noção e natureza

I. O artigo 2.º, *b*), do Decreto-Lei n.º 215-B/75, de 30 de abril – a revogada Lei Sindical, LS – definia o sindicato como uma associação permanente de trabalhadores para defesa e promoção dos seus interesses sócio-profissionais. O artigo 440.º/1 retomou a fórmula, dizendo que os trabalhadores têm o direito de constituir associações sindicais a todos os níveis, para defesa e promoção dos seus interesses sócio-profissionais. Pelo contrário, a Constituição da República não restringe os interesses em jogo ao âmbito sócio-profissional; segundo o seu artigo 57.º/1, "compete às associações sindicais defender e promover a defesa dos direitos e interesses dos trabalhadores que representem".

Estes dois textos deixam aflorar duas conceções diversas da ideia de sindicato.

Um núcleo inicial, mais propriamente laboral, limitava os sindicatos à função de agir no domínio sócio-profissional, designadamente através do seu papel na contratação coletiva e na declaração de greve.

A evolução posterior facultou um contínuo alargar do âmbito dos sindicatos: eles vieram, deste modo, a desenvolver atuações no campo cultural, da mutualidade e assistência e, finalmente, na política, na gestão e na finança.

II. As dificuldades que se anunciam no tocante a uma definição material de sindicato advêm da sua natureza intrínseca de espaço de liberdade para os seus filiados. Uma vez que – num aspeto essencial a que haverá a oportunidade de regressar – o Estado ou quaisquer outras entidades dotadas de poderes de autoridade se devem abster de intervir no âmbito sindical, nada parece impedir os membros dos sindicatos de, ao abrigo da sua liberdade de associação e de iniciativa, lançarem as organizações sindicais nas mais diversas atuações.

No entanto – e sem que isso constitua, em si, qualquer limitação ao campo de ação dos sindicatos – não pode abdicar-se de uma noção estrita, material, de sindicatos, como traduzindo associações de trabalhadores destinadas à defesa dos seus interesses sócio-profissionais, tal como quer a o Código[2116]. O sindicato que desenvolva, por hipótese, atividades assistenciais, habitacionais ou bancárias está a somar, a um núcleo de funções propriamente sindical, outras funções.

Num outro prisma, deve também admitir-se que uma organização não-sindical possa, ao abrigo da sua liberdade de atuação e da dos seus membros, desenvolver ações que defendam interesses sócio-profissionais dos trabalhadores nela associados. Há, assim, que lidar com uma noção formal, mais estrita, de sindicato. Este será a associação de trabalhadores que se tenha constituído sob a forma de sindicato, registando os seus estatutos no Ministério do Trabalho ou equivalente, com publicação nos termos do artigo 447.º.

III. Os sindicatos são pessoas coletivas. Assentando em agrupamentos de pessoas, eles têm a natureza de associações: tanto a Constituição[2117] como Código do Trabalho[2118] falam, aliás, repetidamente em "associações sindicais".

A natureza associativa dos sindicatos é reforçada pela garantia constitucional de liberdade sindical[2119] e ganha plena expressão através da sua

[2116] Esta noção pode, no entanto, ser ainda criticada por outro prisma. Em obediência as exigências atuais do laboralismo coletivo, os sindicatos tendem a organizar-se em termos verticais, por sectores – p. ex., bancários – e não horizontalmente, por profissões – p. ex., caixas, porteiros ou motoristas. Por isso, o sindicato não deveria ser aproximado da ideia de "interesses profissionais" mas, simplesmente, de interesses laborais – Alfred Söllner, *Arbeitsrecht* cit., 8.ª ed., 53. A questão ressalva-se chamando a atenção para o problema.

[2117] Artigos 56.º e 57.º.

[2118] Artigos 440.º/1 e 3, 441.º/1, 442.º/1, etc..

[2119] *Supra*, 744. *Vide* Bernardo Xavier, *Manual de Direito do trabalho* cit., 2.ª ed., 107 ss..

natureza privada. Alguns traços impressivos do seu regime dão corpo a esta natureza. Assim:

– a autonomia sindical plena, que implica a independência dos sindicatos perante as associações de empregadores ou quaisquer outras associações não sindicais e perante o Estado, os partidos políticos e as instituições religiosas – artigo 405.º/1;
– a liberdade de constituição, que corresponde à livre iniciativa dos trabalhadores na constituição de sindicatos – artigo 440.º/1 – sem qualquer autorização prévia e mediante um processo apenas regulado formalmente – artigo 447.º;
– a liberdade de inscrição que assiste a todo o trabalhador de se inscrever no sindicato (ou num dos sindicatos) que represente a categoria respetiva – artigo 444.º/1;
– a liberdade de saída do sindicato em que se encontre inscrito – artigo 444.º/6.

Estes traços surgem, por vezes, alargados na doutrina[2120].

Põe-se o problema de saber se a natureza privada dos sindicatos não irá bulir com a sua politização ou, de outra forma: não deveriam os sindicatos ser, por natureza, apolíticos? A independência dos sindicatos perante os partidos políticos tem sido requerida apenas em termos formais. Na prática, nada impede que os sindicatos, ou determinados sindicatos, exprimam opiniões similares às emitidas por partidos políticos. As suas funções são, no entanto, inconfundíveis com as destes.

[2120] Günter Schaub, *Arbeitsrecht* cit., 6.ª ed., 1243, que refere, reportando-se embora a corporações, que abrangem as associações laborais (sindicais e patronais) em geral, como requisitos: *a*) Uniões de trabalhadores ou de empregadores; *b*) Independentes das mudanças dos seus membros, portanto associações; *c*) Livremente constituídas; *d*) Independentes da contraparte; *e*) Político-partidariamente neutras; *f*) Independentes das Igrejas; *g*) Independentes do Estado; *h*) Organizadas em bases supra-empresariais; *i*) Com atribuições no domínio da contratação coletiva; *j*) Reconhecendo o Direito vigente sobre conciliação; *k*) e podendo usar de meios de pressão. *Vide*, em França, Robert Brichet, *Associations et syndicats* (1976), 415 ss., em Itália, Carinci/Tamajo/Tosi/Treu, *Diritto del lavoro*, I – *Il diritto sindacale* (1987), 95 ss. e em Espanha, Maria Fernanda Fernandez Lopez, *El sindicato/ /Naturaleza juridica y estrutura* (1982), 44 ss..

IV. A natureza privada e associativa dos sindicatos não impede, no entanto, a presença de desvios derivados da sua inserção sistemática laboral. O desvio mais paradigmático é o do artigo 444.º/1 e 5, que atribui aos trabalhadores um direito de filiação e, em simultâneo, limita tal direito à inscrição num sindicato por profissão ou atividade. Resulta daí que os sindicatos não podem, por via estatutária ou deliberativa, excluir do seu interior pessoas que estejam em condições formais de requerer a inscrição, com ressalva da aplicação, por via disciplinar, da pena de expulsão – artigo 452.º/1[2121]. Por outro lado, não é lícito a um trabalhador aumentar o seu peso sindical através de inscrições sucessivas, pela mesma profissão ou sector de atividades em vários sindicatos.

333. **Constituição; assembleia constituinte e registo**

I. A constituição de sindicatos repousa sobre a livre iniciativa dos trabalhadores interessados. Por vezes ela é precedida pela formação de uma comissão pró-sindical. Tal entidade, normalmente sem personalidade[2122], irá desencadear o processamento legal da constituição de um sindicato, regulada no artigo 447.º. Na sequência da lei, torna-se possível distinguir:

– o ato de constituição;
– o registo;
– a publicação.

[2121] Aplicação prática desta ideia, na base do artigo 18.º da LS, então vigente, foi feita em STJ 28-jun.-1985 (Licínio Caseiro), BMJ 348 (1985), 303-313 (311-312): reconheceu-se, aí, o direito dos trabalhadores à inscrição nos sindicatos que abranjam o seu sector de atividades (no caso, pilotos da TAP); daí que, perante um pedido de inscrição, a ausência total de resposta seja equiparada a uma recusa tácita.

[2122] Nada impede que um grupo de pessoas funde uma associação privada destinada a promover a constituição de um sindicato. Nessa altura, a "associação pró-sindical" funcionará nos termos dos artigos 167.º e seguintes do Código Civil, havendo apenas que lhe exigir, no desenvolvimento da sua atividade, e para que ela possa conduzir à efetiva e válida constituição de um sindicato, o respeito pelo processo constituinte legalmente prescrito. Mas a "associação pró-sindical" não é um sindicato nem pode assumir atribuições e competência propriamente sindicais. Quando não tenha personalidade jurídica, a "comissão pró-sindical" rege-se pelas regras aplicáveis às associações sem personalidade jurídica e comissões especiais, e que constam dos artigos 195.º e seguintes do Código Civil.

O ato de constituição é praticado por uma assembleia constituinte especialmente convocada para o efeito. Tem, assim, a natureza de um negócio jurídico unilateral de tipo deliberativo[2123]. A assembleia constituinte deve ser convocada pelos interessados; a revogada Lei Sindical exigia que o fosse em termos de "ampla publicidade", com menção de hora, local e objeto e a antecedência mínima de quinze dias (8.º/1 LS); a lei não dizia o *quantum* de publicidade exigível; dada, porém, a finalidade em jogo, devia requerer-se tanta quanta a necessária para que todos os trabalhadores interessados pudessem, em termos de normalidade, tomar conhecimento da ocorrência; de todo o modo, a vaguidade pelas considerações levou o legislador de 2009 a abdicar desta exigência; também prescindiu de exigências de *quorum* antes existentes; bem como do modo de votação.

Resulta, pois, que a constituição de um sindicato exige, na realidade, duas deliberações: a deliberação constituinte propriamente dita e a deliberação que aprove os estatutos do sindicato[2124].

II. A personalidade jurídica surge com o registo dos estatutos do sindicato no Ministério do Trabalho – artigo 447.º – o qual deve ser requerido com os elementos especificados no n.º 2 desse preceito. Feito o registo, o Ministério do Trabalho ou equivalente deve remeter os estatutos para publicação no BTE[2125], de modo a que tal suceda nos trinta dias posteriores à sua receção; deve, ainda, enviar certidão ou cópia dos próprios estatutos, da ata da assembleia constituinte, das folhas de presença e respetivos termos de abertura e encerramento, acompanhadas de uma apreciação fundada sobre a legalidade da associação e dos estatutos, ao Ministério Público junto do tribunal da comarca da sede da associação de que se trate – artigo 447.º/4. Quando a constituição da associação ou os estatutos não sejam conformes com a lei e após notificação infrutífera da associação para que corrija o erro (447.º/5), o Ministério Público deve promover, no prazo

[2123] *Tratado de Direito civil* II, 4.ª ed., 93 ss..

[2124] Quando alguma destas deliberações seja contrária à lei, há invalidade que poderá ser arguida por qualquer participante que não tenha votado a deliberação, nos termos do artigo 178.º do Código Civil. Este diploma é Direito subsidiário, nos termos do artigo 441.º/1.

[2125] Decreto-Lei n.º 224/77, de maio; o artigo 10.º/3 LS referia o *Diário do Governo*. A publicação efetua-se na III Série do BTE, de acesso eletrónico.

de quinze dias, contados da receção, a declaração judicial de extinção da associação em causa – artigo 447.º/8.

Verifica-se, pois, que a lei leva até às suas últimas consequências o princípio da não-ingerência da Administração nos sindicatos: mesmo o sindicato ilegal ou patentemente irregular adquire a personalidade pelo registo dos estatutos, desaparecendo apenas por decisão judicial.

III. Os sindicatos só podem, no entanto, iniciar a sua atividade após a publicação dos seus estatutos no BTE – artigo 447.º/7.

Aos sindicatos é, ainda, aplicável a legislação referente ao registo nacional de pessoas coletivas, nos termos do Decreto-Lei n.º 129/98, de 13 de maio[2126].

334. Estatutos, regulamentos e regime

I. Os estatutos constituem, como em quaisquer outras pessoas coletivas, uma peça-chave do regime dos sindicatos.

A lei preocupou-se em discriminar longamente o conteúdo dos estatutos dos sindicatos, indo bem mais longe do que o exigido pela lei geral para os estatutos das associações – artigo 167.º do Código Civil. Tal pormenor explica-se pelo ambiente de confrontação registado aquando da aprovação da LS então em vigor – recorde-se que ela resultava do Decreto-Lei n.º 215-B/75, de 30 de abril– e que a levou a tomar o maior número possível de precauções regularizadoras.

Assim, os estatutos deviam conter:

– a denominação da associação sindical – artigo 14.º, *a*) LS – a qual deve permitir a identificação do seu âmbito subjetivo, objetivo e geográfico, sem confusão com denominações de associações existentes – artigo 15.º LS[2127];
– a localidade da sede – *idem*, 14.º, a);

[2126] *Direito comercial*, 4.ª ed., 374 ss..

[2127] À luz da revogada LS, registem-se as seguintes designações: *Sindicato dos Técnicos Paramédicos do Norte/Centro, Sindicato dos Trabalhadores do Município de Lisboa* e *Sindicato dos Trabalhadores da Saúde e Segurança Social – Zona Norte*; *vide BTE* 3.ª Série, 2 (30-jan.-1988), 45, 52 e 57.

- o âmbito subjetivo, objetivo e geográfico da associação, isto é, os trabalhadores que abranja, o sector de atividades em que se insira e a área que cubra – *idem*, 14.º, *a*);
- os fins e a duração, quando não seja indeterminada – *idem*, 14.º, *a*); julga-se que a indicação dos fins é dispensável, desde que fique claro o tratar-se de uma associação sindical;
- a aquisição e perda da qualidade de sócio, os seus direitos e os seus deveres – *idem*, 14.º, *b*); este aspeto dos estatutos deve ser conjugado com o artigo 16.º relativo à liberdade sindical individual, acima aflorado e com o artigo 17.º sobre a democracia sindical;
- o regime disciplinar – *idem*, artigo 14.º, *c*) – o qual deve salvaguardar sempre o processo escrito e o direito de defesa do associado, reservando-se a pena de expulsão para os casos de grave violação dos seus deveres fundamentais – *idem*, 18.º;
- a composição, a forma de eleição e o funcionamento da assembleia geral e dos corpos gerentes – *idem*, 14.º *d*) e, ainda, 17.º;
- o regime de administração financeira, o orçamento e as contas – *idem*, 14.º, *e*);
- a criação e o funcionamento de secções ou delegações ou outros sistemas de organização descentralizada – *idem*, 14.º, *f*); estas especificações só devem ser inseridas nos estatutos quando se pretenda dar corpo às correspondentes realidades;
- o processo de alteração dos estatutos – *idem*, 14.º, *g*) – embora este aspeto tenha, na lei, soluções supletivas – artigo 10.º/6 LS;
- a extinção, dissolução e consequente liquidação e destino do respetivo património – *idem*, 14.º, *b*) – o qual não pode, no entanto, ser distribuído pelos associados – *idem*, 19.º.

II. O Código do Trabalho de 2009 simplificou a matéria, generalizando-a, também, às associações de empregadores. Assim, seguindo o artigo 450.º/1, os estatutos de umas e outras devem regular:

a) A denominação, a localidade da sede, o âmbito subjetivo, objetivo e geográfico, os fins e a duração, quando a associação não se constitua por período indeterminado;

b) Os respetivos órgãos, entre os quais deve haver uma assembleia geral ou uma assembleia de representantes de associados, um órgão colegial de direção e um conselho fiscal, bem como o número de membros e o funcionamento daqueles;

c) A extinção e consequente liquidação da associação, bem como o destino do respectivo património.

III. A lei preocupou-se ainda em regulamentar com pormenor o funcionamento dos sindicatos, de modo a garantir a democracia sindical – artigo 451.º. Este aspeto, que deverá refletir-se nos estatutos, será abaixo considerado a propósito do funcionamento dos sindicatos.

A prática tem feito dos estatutos dos sindicatos documentos extensos, repartidos por quase uma dezena de capítulos e aproximando-se da centena de artigos.

Como exemplos, anotem-se os seguintes estatutos, hoje clássicos:

– os do *Sindicato Democrático dos Médicos do Norte – SINDEME*, com 84.º artigos, repartidos em 10 capítulos: denominação, âmbito e sede; fins e competência; dos sócios; corpos gerentes; dos delegados sindicais; fundos; fusão e dissolução; das eleições; disposições gerais e transitórias[2128];
– os do *Sindicato dos Trabalhadores do Município de Lisboa – STML*, com 71 artigos, repartidos por 11 capítulos: denominação, âmbito e sede; princípios fundamentais; fins e competências; dos associados; regime disciplinar; organização do sindicato; fundos; integração, fusão e dissolução; alteração dos estatutos; eleições; símbolo e bandeira[2129].

IV. O ordenamento sindical pode ainda ser complementado por múltiplos anexos que, materialmente, têm natureza estatutária, quando outra coisa não resulte do seu texto ou dos estatutos. Como exemplo, refira-se o *Sindicato dos Trabalhadores da Saúde e Segurança Social,* cujos estatutos apresentavam cinco regulamentos como anexos[2130]:

I – Regulamento da assembleia geral;
II – Regulamento eleitoral;
III – Regulamento dos delegados sindicais;
IV – Regulamento da assembleia de delegados;
V – Regulamento das delegações.

[2128] BTE 3.ª Série, 5 (15-mar.-1987), 153-159.
[2129] BTE 3.ª Série, 2 (30-jan.-1988), 52-56.
[2130] BTE 3.ª Série, 2 (30-jan.-1988), 62-67.

V. Sujeitos à lei sindical e aos seus estatutos, os sindicatos devem pautar-se, em última instância e na falta de outra regra, pelo regime geral das pessoas coletivas civis, em especial das associações, tal como resulta dos artigos 157.º e seguintes e 167.º e seguintes do Código Civil.

Na verdade, o artigo 441.º limitou-se a remeter, no tocante ao regime supletivo, para o "... regime geral do direito de associação..."[2131].

Não haverá, contudo, dúvidas quanto ao facto de tal regime resultar do Código Civil[2132].

335. **Vicissitudes**

I. Uma vez constituídos, os sindicatos podem sofrer alterações nos seus diversos elementos ou extinguir-se.

A alteração de um sindicato implica a modificação dos seus estatutos. Tal modificação requer um processo que os próprios estatutos podem regular com os limites legais gerais.

II. A extinção segue também o que resulte dos estatutos, com as limitações legais. O artigo 456.º/2 e 3, a propósito do cancelamento do registo, distingue entre extinção judicial e extinção voluntária.

A extinção judicial vem genericamente referida no artigo 456.º/2, *a*). Julga-se, no entanto, que não oferecerá dúvidas a aplicação, aos sindicatos, do disposto no artigo 182.º/2, do Código Civil, que prevê a extinção das associações, por decisão judicial, quando o seu fim se tenha esgotado ou se haja tornado impossível – p. ex., deixou de haver determinada profissão ou ramo de atividade – quando ele não coincida com o fim expresso nos estatutos, quando ele seja sistematicamente prosseguido por meios ilícitos ou

2131 Pelo contrário, no tocante às associações patronais, houve uma remissão expressa para o regime geral das associações, supletivamente aplicável – artigo 14.º da revogada LAP. A parcimónia demonstrada pela Lei Sindical não será estranha ao facto de, aquando da sua publicação, em 1975, faltar seja a Constituição seja, naturalmente, a versão a ela adaptada do Código Civil, que surgiria apenas em 1977.

2132 Refira-se, ainda, que o Decreto-Lei n.º 594/74, de 7 de novembro, cujas normas são, aliás, materialmente civis, se mantém, pelo menos parcialmente, em vigor. *Vide* Maria Leonor Beleza/Miguel Teixeira de Sousa, *Direito de associação e associações*, em *Estudos sobre a Constituição*, publ. Jorge Miranda, 3 (1979), 121-194 (157 ss., 192).

imorais ou quando a sua existência se torne contrária à ordem pública[2133]. De igual modo, pode sobrevir uma decisão judicial de extinção no caso de desaparecimento ou falecimento de todos os associados – 182.º/1, *d*) do Código Civil[2134] – ou de declaração de insolvência – *idem*, 182.º/1, *e*). Este último aspeto poderia levantar dúvidas uma vez que o artigo 453.º/1 declara impenhoráveis os móveis e imóveis cuja utilização seja estritamente indispensável ao funcionamento das associações sindicais. Julga-se, no entanto, que foi intenção da lei tão-só o evitar que a ação sindical pudesse ser entravada por decisões judiciais que visassem determinadas cobranças isoladas. Não se foi ao ponto de isentar os sindicatos da insolvência prevista na lei geral: nenhuma disposição o proclama e, além disso, não deve a tutela sindical ir mais longe do que a conferida à comum liberdade de associação, sob pena de um paternalismo hoje fora do pensamento laboral. Acresce ainda que deve haver uma válvula de segurança que garanta um mínimo de seriedade na gestão sindical e no exercício dos direitos dos trabalhadores.

III. A extinção voluntária, por seu turno, opera pelas vias previstas nos estatutos, segundo a prescrição do artigo 450.º, *c*). Essa extinção pode ser, desde logo, estatutariamente encarada, sem dependência de qualquer deliberação a tanto destinada: assim, por exemplo, quando prevejam uma associação de duração limitada ou quando tal duração fique subordinada a determinados factos jurídicos em sentido estrito. Mas a extinção pode ainda depender de deliberação específica, a tanto destinada, nos termos previstos nos estatutos; este último caso é, aliás, o mais frequente.

A análise de vários estatutos permite constatar que a extinção dos sindicatos é, em regra, tratada juntamente com a fusão. Ambas essas competências são cometidas à assembleia geral, convocada, por vezes, com determinados requisitos publicitários e devendo a competente deliberação ser tomada por maiorias qualificadas[2135].

[2133] Entende-se por ordem pública o conjunto dos princípios jurídicos cogentes que informam o ordenamento positivo vigente.

[2134] O Código não exige, aqui, expressamente, uma sentença judicial; deve, no entanto, atender-se que ela é necessária, quer para verificar a própria ocorrência extintiva, quer para proporcionar o título que faculta o destino dos bens e o cancelamento do registo.

[2135] Por exemplo, seguindo o artigo 63.º dos referidos *Estatutos do Sindicato dos Trabalhadores do Município de Lisboa – STML*, BTE 3.ª Série, 2 (30-jan.-1988), 56:

Por imposição legal – artigo 450.º/5 – em caso de dissolução, os bens sindicais não podem ser distribuídos pelos associados exceto quando sejam associações. Trata-se do corolário lógico da natureza não-lucrativa dos sindicatos.

336. Uniões, federações e confederações

I. O sindicato constitui a peça modelar das associações laborais de trabalhadores. A lei trata, no entanto, em geral, de associações sindicais, as quais englobam ainda, além dos sindicatos, as uniões, as federações e as confederações.

A federação é uma associação de sindicatos de trabalhadores da mesma profissão ou do mesmo ramo de atividades – artigo 442.º, *b*) LS[2136].

A união é uma associação de sindicatos de base regional – artigo 442.º, *c*)[2137].

A confederação, por fim, é uma associação nacional de sindicatos – artigo 442.º, *d*).

II. A possibilidade, reconhecida aos sindicatos, de se agruparem em federações, uniões ou confederações corresponde a mais uma faceta da liberdade sindical. Na verdade, há interesses sócio-laborais que melhor defendidos ficam através de associações que representem toda uma profissão ou ramo de atividade, toda uma área geográfica ou toda uma sensibilidade nacional. Além disso, o sindicalismo moderno exige massa crítica. Para serem eficientes, os sindicatos devem dispor de gabinetes de apoio

1. A integração, fusão e dissolução do Sindicato só se verificará por deliberação da assembleia geral expressamente convocada para o efeito, com a antecedência mínima de 30 dias.

2. Para efeitos do número anterior, a deliberação só será válida quando aprovada, no mínimo, por dois terços dos associados do Sindicato presentes na reunião da assembleia geral.

[2136] Por exemplo, a *Federação Nacional dos Professores – FENPROF*, BTE 3.ª Série 20 (30-out.-1987), 693-698 (associação de sindicatos de trabalhadores da mesma profissão) e a *FSMMMP – Federação dos Sindicatos da Metalurgia, Metalomecânica e Minas de Portugal*, BTE 3.ª Série 1 (15-jan.-1988), 3-8.

[2137] Por exemplo, a *União dos Sindicatos de Aveiro/CGTP-IN*, "... constituída pelas associações sindicais nela filiadas que exerçam a sua atividade no distrito de Aveiro", artigo 1.º dos seus estatutos – BTE 3.ª Série 1 (15-jan.-1988), 9-14.

jurídico e de estudos sócio-económicos e de gestão. Tais estruturas só são exequíveis a nível de confederação ou, pelo menos, de federação ou de união.

O legislador, como lhe compete, não dimanou quaisquer requisitos neste domínio; apenas curou de certos aspetos processuais, de modo a dar seriedade à matéria.

III. Como associação sindical de cúpula, a nível nacional, a lei prevê a figura da confederação geral. Trata-se de um instituto que, na história do laboralismo português, colocou a questão da unicidade sindical.

Na sua versão inicial, o artigo 9.º da Lei Sindical previa a constituição de uma única confederação geral[2138]. Completando a ideia, o artigo 11.º/1, versão inicial, da mesma Lei Sindical, dispunha:

> Não pode constituir-se qualquer associação sindical que vise representar trabalhadores cuja categoria se encontre já representada por uma associação sindical do mesmo tipo que abranja a respetiva área, com a única exceção das situações decorrentes da aplicação do artigo 12.º[2139].

Previa-se, assim, uma estrutura única, com ilegalização de sindicatos paralelos, cuja extinção devia ser judicialmente declarada[2140], coroada pela Intersindical.

[2138] Nos seguintes termos:

> A confederação geral será constituída por deliberação de um congresso nacional de sindicatos convocado por aqueles que, uma vez publicados os seus novos estatutos, representem a maioria dos trabalhadores sindicalizados. As deliberações, em congresso, de constituir a confederação geral e de aprovar os respetivos estatutos deverão ser tomadas por sindicatos que representem a maioria dos trabalhadores sindicalizados em todo o País.

Reforçando a ideia, o Decreto-Lei n.º 215-A/75, de 30 de abril, adotado pelo Conselho de Revolução no mesmo dia em que aprovou, também, a própria lei sindical, vinha dispor, no seu artigo 1.º,

> Para todos os efeitos legais, nomeadamente a aquisição de personalidade jurídica, é reconhecida a intersindical Nacional como a confederação geral dos sindicatos portugueses, bem como toda a sua estrutura de âmbito regional, distrital e local, tendo como órgão deliberativo máximo o plenário ou congresso dos sindicatos nela filiados e como órgão executivo central o Secretariado Nacional.

[2139] Tais exceções cifravam-se na atribuição, aos sindicatos preexistentes, da iniciativa de criação de novos sindicatos.

[2140] Artigo 11.º/1 LS, versão inicial.

Este esquema, dito da unicidade sindical, foi muito criticado, designadamente pelo Partido Socialista: corresponderia a uma visão estatizante e centralizante do sindicalismo, em vez de facultar uma unidade livremente assumida. O I Congresso da Intersindical decorreu em 25 de julho de 1975, em pleno auge da Revolução, rejeitando-se, aí, o direito de tendência. As alterações políticas posteriores levaram à revogação, pelo Decreto-Lei n.º 773/76, de 27 de outubro, dos artigos 9.º, 11.º e 12.º da LS: desapareceu, assim, a base legal da unicidade.

A Intersindical – depois CGTP – manteve-se, no entanto, a única confederação geral ou central sindical portuguesa. Em 27 de abril de 1976, várias direções sindicais de pensamento socialista e social-democrata defendem alterações na Intersindical, através da *Carta Aberta aos Trabalhadores Portugueses,* cuja proposta foi rejeitada. Ausentes do II Congresso da Inter, em janeiro de 1977, tais direções estariam na origem do *Movimento Autónomo Democrático de Intervenção Sindical Carta Aberta – MADISCA* em finais de 1977 e, em 28 de janeiro de 1979, da *União Geral de Trabalhadores* (UGT), a segunda confederação ou central sindical portuguesa.

§ 90.º ATRIBUIÇÕES, COMPETÊNCIA E FUNCIONAMENTO

337. Atribuições e competência

I. Como foi visto, a legislação portuguesa permite documentar duas linhas diferentes no que toca às atribuições sindicais: a da Lei Sindical, hoje Código do Trabalho de 2009, que parece restringir tais atribuições ao domínio sócio-profissional e a da Constituição que as alarga, em geral, à defesa dos interesses dos trabalhadores.

A prática tem sido, de algum modo, contraditória, pautando-se, sobretudo, por um grande formalismo.

Os estatutos dos sindicatos, mesmo tendo em conta as duas grandes tendências existentes – tipo *Inter* e tipo UGT – consagram amplas atribuições sindicais, alargando-as aos campos de formação profissional e da segurança social[2141]. As diferenças entre elas cifram-se, a este nível, sobretudo nos modos de linguagem.

Uma associação sindical "tipo *Inter*" comportaria, por exemplo, nos seus estatutos, um preceito deste teor:

> A União (...) reconhece o papel determinante da luta de classes na evolução histórica da humanidade e a solidariedade de interesses existentes entre os trabalhadores de todo o mundo e considera que a resolução dos problemas dos trabalhadores exige o fim da exploração capitalista e da dominação imperialista[2142].

Pelo contrário, uma associação "tipo UGT" diria:

> O (...) orienta a sua ação dentro dos princípios do sindicalismo democrático e da solidariedade entre todos os associados, com total independên-

[2141] Muitas vezes, por deficiência de redação dos estatutos, há manifesta confusão entre atribuições e competência.

[2142] Artigo 8.º dos Estatutos da *União dos Sindicatos da Figueira da Foz/CGTP-1N*, BTE 3.ª Série (30-out.-1987), 688-693 (688).

cia em relação ao Estado, ao patronato e associações de qualquer natureza, designadamente de carácter político ou religioso[2143].

Mas sob estas diversas linguagens – e sem prejuízo de práticas sindicais diferentes – não se localizam variações sensíveis no plano das atribuições estatutárias.

II. A competência estatutária desenvolve, por seu turno, as especificações legais centradas, pelo artigo 443.º/1, de modo alargado às associações de empregadores em cinco pontos:

a) Celebrar convenções coletivas de trabalho;
b) Prestar serviços de carácter económico e social aos seus associados;
c) Participar na elaboração da legislação do trabalho;
d) Iniciar e intervir em processos judiciais e em procedimentos administrativos quanto a interesses dos seus associados, nos termos da lei;
e) Estabelecer relações ou filiar-se, a nível nacional ou internacional, em organizações, respetivamente, de trabalhadores ou de empregadores.

Haveria que acrescentar a esse rol, no que toca aos sindicatos, o poder de desencadear lutas laborais coletivas.

Alguns elencos de estatutos alargam a competência sindical, em termos expressos, aos campos da fiscalização, da intervenção em processos disciplinares e da tomada de medidas com vista à formação profissional e à promoção social e cultural dos associados: uma hipótese hoje facultada pela cima transcrita alínea *c*) do artigo 443.º/1.

Para além disso, os sindicatos têm a capacidade jurídica para praticar todos os atos jurídicos implícitos na prossecução das suas atribuições e no exercício da sua competência. Podem, designadamente, adquirir, sem autorização, bens móveis e imóveis ou celebrar contratos de trabalho. Podem finalmente, exercer elas próprias o direito de associação, agrupando-se em uniões, federações ou confederações ou aderindo a organizações internacionais[2144].

Diplomas avulsos conferem a certas associações sindicais, novas competências, como ocorre no domínio da concertação social.

[2143] Artigo 4.º dos Estatutos do *Sindicato Nacional dos Maquinistas dos Caminhos de Ferro Portugueses – SMAQ*, BTE 3.ª Série, 19 (15-out.-1987), 671-677 (671).

[2144] Esta faculdade estava vedada pelo artigo 7.º/3 LS, versão inicial, revogado pelo Decreto-Lei n.º 773/76, de 27 de outubro.

III. Outra vertente restringe, contudo, a atuação dos sindicatos, de modo a retirar deles tudo quanto não surja, formalmente, como trabalhador subordinado nos termos de contrato de trabalho e isso mesmo quando a analogia das situações e os interesses sócio-profissionais envolvidos permitiriam um certo alargamento.

Seja o exemplo do *Sindicato Democrático dos Médicos do Norte – SINDEME* cujo artigo 2.º dispunha:

> Constituem este sindicato os médicos que prestam serviço ao Estado, aos serviços públicos dotados de autonomia administrativa e financeira e a qualquer entidade pública ou particular, sob o regime de provimento, de contrato de trabalho, de prestação de serviços ou de avença[2145].

O médico vinculado por prestação de serviços ou avença não é, de facto, um trabalhador subordinado; porém, o médico que o seja detém, por força da natureza das suas funções, uma autonomia em tudo comparável aos restantes. Não restarão dúvidas que uma ação concertada sócio-profissional dos médicos requer a conjunção de todos eles, sendo um sindicato o meio mais idóneo de o conseguir. Não o entendeu assim o Tribunal, que declarou nulo esse artigo, na parte em que contrariou o artigo 2.º *a*) LS[2146].

Esta mesma tendência restritiva manifesta-se no sentido de retirar às ordens profissionais qualquer nível de atuação sócio-profissional[2147] ou de impedir os sindicatos de celebrar convenções a nível de serviços[2148].

[2145] BTE 3.ª Série, 5 (15-mai.-1987), 153-159 (153).

[2146] Porto, 23-jun.-1987, BTE 3.ª Série 22 (30-nov.-1987), 742.

[2147] Assim, a Resolução n.º 11/78 do Conselho de Revolução, DR I Série 22 (26-jan.-1978) = Pareceres da Comissão Constitucional 4 (1979), 189 que declarou inconstitucional, entre outros, o artigo 6.º, *b*), do Decreto-Lei n.º 282/77, de 5 de julho, que aprovara os Estatutos da Ordem dos Médicos, na parte em que se refere a "relações de trabalho". Ora esse preceito tinha uma redação modesta:

> artigo 6.º A Ordem dos Médicos tem por finalidades essenciais:
>
> (...)
>
> Fomentar e defender os interesses da profissão médica a todos os níveis, nomeadamente no respeitante à promoção sócio-profissional, à segurança social e às relações de trabalho;

Tudo isto criaria condições propícias para a inserção, em 1982, no próprio texto constitucional, do dispositivo do artigo 267.º/3: "As associações públicas (...) não podem exercer funções próprias das associações sindicais...". Este preceito, que requer cuidada interpretação, será abaixo examinado.

[2148] Porto, 23-jun.-1987 cit., que igualmente declarou nulo o artigo 5.º, dos Estatutos do referido *Sindicato Democrático dos Médicos do Norte – SINDEME*, que lhe atribuía,

Julga-se haver aqui manifestações de neo-positivismo constitucional, que o tempo irá permitindo superar.

IV. A competência dos sindicatos pode, também, ser aferida em termos negativos, isto é, explicitando áreas que escapem, por natureza, ao âmbito sindical.

Assim, dada a natureza privada dos sindicatos, aliada ao princípio da filiação, deve entender-se, na linha da jurisprudência do Tribunal Constitucional, que não pode a lei atribuir aos sindicatos poderes de autoridade e, designadamente, o poder de passar carteiras profissionais. Tal atribuição, feita por lei, iria violar a liberdade de ação das associações sindicais e a sua independência[2149].

Com este limite, recorde-se que os sindicatos são fruto da autonomia privada. Aos estatutos, devidamente aprovados, caberá assim a última palavra no domínio das atribuições e da competência.

338. **Organização e funcionamento**

I. A revogada Lei Sindical remetia o essencial da organização e do funcionamento dos sindicatos para os estatutos, a quem cabe fixar "... a

como competência "celebrar convenções coletivas de trabalho e de serviços", porventura por, na última parte, referir "convenções de serviços".

A convenção de serviços corresponde a um acordo celebrado entre uma entidade pagadora, que contrata os serviços – normalmente o Estado – e uma entidade representativa dos prestadores de serviços, sobre o conteúdo, condições e retribuição dos mesmos. Tais convenções surgem no sector da prestação de serviços médicos com frequência.

A convenção de serviços apresenta-se, desta forma, como um convénio similar às convenções coletivas de trabalho, embora dirigidas a pessoas que não são necessariamente trabalhadoras, no sentido de subordinadas por contrato de trabalho; por isso se terá entendido que elas não podem competir a um sindicato médico.

Simplesmente, a Procuradoria-Geral da República, em pareceres homologados – *vide* PGR Parecer n.º 183/79, de 24-nov.-1983, BMJ 342 (1985), 5-18, no qual se refere um Parecer anterior onde a mesma doutrina vem acolhida – vem entender que a Ordem dos Médicos é, também, incompetente para celebrar tais convenções.

Tudo isto mostrará, no mínimo, a necessidade de um estudo interdisciplinar do problema.

[2149] TC 46/84, de 23-mai.-1984 (Messias Bento), BMJ 345 (1985), 191-201 (199) = DR II Série 161 (13-jul.-1984) e RLx 28-mai.-1986 (Roberto Valente), CJ II (1986) 3, 177-178.

composição, a forma de eleição e funcionamento da assembleia geral e dos corpos gerentes" – artigo 14.º, *d*). O Código vigente mantém uma orientação similar, no seu artigo 450.º, *b*).

A antiga Lei Sindical deixava escapar referências a vários órgãos sindicais. Assim:

– à assembleia geral – artigos 14.º, d), 17.º/4, 17.º/8 a 11 e 43.º;
– aos corpos gerentes – artigos 13.º, 14.º, d), 17.º/5, 17.º/7, 17.º/11, 20.º/1, 23.º, 24.º/1 e 42.º/1;
– à assembleia constituinte – artigos 8.º, 10.º/2;
– à assembleia eleitoral – 20.º/1 e 2;
– à direção – artigos 22.º/1, 2 e 3, 36.º/1, 43.º/82 e 3;
– à comissão eleitoral – artigos 17.º/5;
– à mesa da assembleia geral e ao seu presidente – artigos 17.º/5, 17.º/10 e 43.º/3;
– ao presidente da mesa da assembleia eleitoral – artigo 20.º/ 2;
– a delegados e comissões sindicais e a comissões intersindicais – artigos 25.º, 26.º, 29.º a 36.º;
– a dirigentes das associações sindicais – artigo 28.º/2;
– ao conselho fiscal – artigo 43.º/3.

II. O Código vigente é mais conciso. Podemos concluir que a orgânica sindical segue, em traços largos, a comum ordenação das pessoas coletivas de base associativa.

Ela postula:

(a) uma assembleia geral, que reúne todos os associados e que detém poderes constituintes, eleitorais, fiscalizadores, financeiros e de aprovação das grandes linhas e diretrizes; ela pode dizer-se "assembleia constituinte"[2150], quando investida do poder deliberativo, no tocante à criação de um sindicato;
(b) uma direção, com poderes executivos, que dirige o sindicato de acordo com as diretrizes gerais da assembleia e que desempenha ainda, frequentemente, a competência disciplinar;
(c) um conselho fiscal, a quem compete dar parecer sobre as contas do sindicato.

[2150] A "assembleia eleitoral" não designa, rigorosamente, a mesma realidade: ela reporta-se ao coletivo eleitoral do sindicato, independentemente de reunião simultânea.

Os delegados sindicais e comissões subsequentes serão referidos a propósito da constituição laboral da empresa.

A análise de vários estatutos sindicais permite confirmar esta orientação geral, ainda que com flutuações terminológicas. Assim, os do SMAQ preveem[2151]: *a*) Assembleia geral; *b*) Direção; *c*) Conselho Fiscal; *d*) Conselho de dirigentes e delegados; os da FSMMMP[2152]: *a*) Congresso; *b*) Plenário; *c*) Conselho nacional; *d*) Comissão executiva; *e*) Comissão de Fiscalização; os do Sindicato dos Trabalhadores de Construção Civil, Materiais, Cerâmica, Cimentos e Similares do Distrito de Castelo Branco[2153]: *a*) Assembleia geral; *b*) Mesa da Assembleia Geral; *c*) Direção; *d*) Assembleia de Delegados; *e*) Conselho Fiscalizador; *f*) Assembleia local; *g*) Assembleia de Delegados Local; *h*) Secretariado local.

As associações sindicais de tipo federação, união ou confederação e os próprios sindicatos que apresentem estruturas descentralizadas não deixam de acusar essa sua característica no plano orgânico.

III. O funcionamento dos sindicatos é dominado pela ideia, legalmente expressa, dos "princípios da organização e da gestão democráticas" – artigo 451.º. Tal ideia toma corpo nos seguintes postulados:

– a igualdade entre os sócios, designadamente no que toca a eleger e a ser eleito – 451.º/1, *a*); as restrições devem limitar-se a eventuais requisitos de idade e de tempo de inscrição, segundo esse mesmo preceito[2154];
– a igualdade de oportunidades e a imparcialidade no tratamento das listas concorrentes a eleições para os corpos sociais – 451.º/1, *b*);
– a natureza periódica do mandato dos membros da direção – 451.º/1, *c*).

[2151] BTE 3.ª Série 19 (15-out.-1987), 674 (maquinistas dos caminhos de ferro).

[2152] BTE 3.ª Série I (15-jan.-1988), 5 (Federação dos Sindicatos da Metalurgia, Metalomecânica e Minas de Portugal).

[2153] BTE 3.ª Série 21 (15-nov.1987), 715-716.

[2154] Alguns estatutos excluem a capacidade eleitoral ativa e passiva perante o não-pagamento das quotas: outros, ainda, ferem de incapacidade os antigos membros da PIDE/DGS, LP e UN/ANP. Julga-se que, salvo processo disciplinar adequado, estas últimas restrições já não são, há muito, legítimas. Elas terão, aliás, pouco relevo prático.

A revogada Lei Sindical ia mais longe. Fixava;:

(a) o princípio do voto direto e secreto quando se trate de eleições ou de deliberações sobre a integração noutras organizações sindicais – 17.º/3;
(b) a liberdade de expressão – 8.º/2 e 17.º/4;
(c) a livre eleição periódica e destituição dos órgãos – artigo 17.º/7 e 11;
(d) a não-discriminação em função da pertença ou não pertença a um sindicato – artigo 37.º – e, por maioria, em função das opiniões expressas no sindicato;
(e) a legalidade – artigo 47.º – no sentido de haver um controlo da legalidade das associações sindicais, a efetivar pelo tribunal[2155].

A relativa minúcia que toda esta matéria mereceu por parte do legislador deve-se ao circunstancialismo que rodeou a elaboração da lei: por um lado, visava-se pôr cobro ao centralismo estadual do Estado Novo; por outro, procurava-se acudir a excessos registados durante a Revolução de 1974-1975.

339. **A quotização sindical**

I. O Código do Trabalho vigente, no seu artigo 457.º, ocupa-se da quotização sindical:

> 1. O trabalhador não pode ser obrigado a pagar quotas para associação sindical em que não esteja inscrito.
>
> 2. A cobrança e entrega de quotas sindicais pelo empregador não podem implicar para o trabalhador qualquer discriminação nem o pagamento de despesas não previstas na lei ou limitar de qualquer modo a sua liberdade de trabalho.
>
> 3. O empregador pode proceder ao tratamento informático de dados pessoais dos trabalhadores referentes a filiação sindical, desde que, nos ter-

[2155] A competência em causa pertence aos tribunais de trabalho; assim, STJ 13-jan.-1984 (Miguel Caeiro), BMJ 333 (1984), 333-336, a propósito de deliberações da assembleia geral de sindicatos sobre alterações da denominação destes e do seu âmbito pessoal.

mos da lei, sejam exclusivamente utilizados para cobrança e entrega de quotas sindicais.

4. A associação sindical não pode recusar a passagem de documento essencial à atividade profissional do trabalhador que seja da sua competência por motivo de falta de pagamento de quotas.

Estão em causa, para além de aspetos regulamentares óbvios, preocupações de tutela dos direitos de personalidade do trabalhador.

II. O tema de quotas sociais é facilmente executável recorrendo à cobrança pela entidade empregadora: através da sua retenção "na fonte", mediante o desconto na retribuição. Os artigos 458.º e 459.º disciplinam esse aspeto. A retenção só é possível (458.º/1):

(a) mediante previsão do IRCT aplicável e autorização do trabalhador;
(b) a pedido expresso do trabalhador.

A lei regula, depois, os aspetos envolventes e prevê o crime de retenção da quota sindical (459.º).

CAPÍTULO II

ASSOCIAÇÕES DE EMPREGADORES

§ 91.º NOÇÃO, REGIME E VICISSITUDES

340. Noção e natureza

I. A matéria relativa a associações de empregadores foi objeto de diploma específico: o revogado Decreto-Lei n.º 215-C/75, de 30 de abril, ou Lei das Associações Patronais (LAP).

Tal como a Lei Sindical, também a LAP principiou por definir as realidades a regular. Assim, ela começa por atribuir às entidades patronais "... o direito de constituir associações patronais para defesa e promoção dos seus interesses empresariais" – artigo 1.º/1 LAP. De seguida – artigo 1.º/2, *a*) – era definida a entidade patronal como "... a pessoa, individual ou coletiva, de direito privado, titular de uma empresa que tenha, habitualmente, trabalhadores ao seu serviço". O artigo 440.º/2 retomou a definição: apenas evita o termo "patronal", substituindo-o por "de empregadores".

II. A noção básica de associação patronal que, daqui, se depreende não é isenta de dúvidas.

Na verdade, seria de esperar que ela fosse, de algum modo, o inverso das associações sindicais. Simplesmente, enquanto o sindicato é limitado às associações de trabalhadores subordinadas e, ainda aí para defesa dos seus interesses sócio-profissionais – artigo 440.º/1 – a "entidade empregadora" parece não ter de ser, necessariamente, empregadora[2156] e a própria

[2156] *Vide* o artigo 1.º/2, *a*) ("... habitualmente...") e, ainda, o artigo 17.º, ambos da revogada LAP.

associação patronal não visa, apenas, a atuação sócio-laboral mas antes, a dimensão empresarial em geral.

Há, no entanto, um mínimo de rigor técnico que nem mesmo o legislador poderá dispensar. Assim, deve entender-se que, em termos restritos, a associação patronal agrupa, apenas, os empregadores, com vista à prossecução de atividades laborais. Em sentido amplo, pode alargar-se o papel de tais associações aos interesses empresariais e, por essa via, admitir nelas empresários não-empregadores.

III. As associações de empregadores são pessoas coletivas de Direito privado e de tipo associativo ou seja, verdadeiras associações, ainda que com algumas particularidades no seu regime.

Nesse sentido depõem:

– as repetidas referências a "associações", disseminadas por todo o texto do Código;
– as regras de autonomia e de independência que aí dominam – por ex., artigo 446.º;
– a aplicação, a título supletivo, do regime geral das associações – artigo 441.º/1.

341. **Regime e vicissitudes; federações, uniões e confederações**

I. O regime das associações de empregadores deriva, sucessivamente, dos seus estatutos, do Código do Trabalho e da lei geral sobre as associações, isto é, o Código Civil[2157].

Os seus estatutos apresentam-se, em geral, bastante mais curtos e simples do que os das associações sindicais, o que bem se compreende: os seus associados são em número muito mais restrito e os conflitos de opiniões no seu seio tendem a apresentar-se menos marcados.

[2157] Alguns estatutos dizem-no, de modo expresso; p. ex.: "A Associação Industrial de Lousada é uma associação sem fins lucrativos e de duração ilimitada, constituída ao abrigo e em conformidade com as disposições do Código Civil, na parte aplicável, e do Decreto-Lei n.º 215-C/75" – BTE 3.ª Série, 16 (30-ago.-1987), 614-617 (614, artigo 1.º).

O artigo 450.º/1 fixa o conteúdo obrigatório dos estatutos[2158]. Fá-lo em termos que se aplicam, igualmente, aos sindicatos e que acima transcrevemos[2159].

II. A constituição das associações de empregadores depende de uma assembleia constituinte, hoje regulada no artigo 447.º/1, em termos comuns aos dos sindicatos. Também o procedimento a seguir resulta desse mesmo preceito, acima referenciado.

III. A modificação das associações de empregadores depende da alteração estatutária, sujeita a registo e processada nos termos do artigo 449.º. A competência para alterar estatutos assiste à assembleia geral, vindo, nesses termos, expressa muitas vezes nos estatutos.

A extinção das associações de empregadores, por fim, não suscitou regras específicas. Ela pauta-se pelo dispositivo dos artigos 182.º e seguintes do Código Civil.

Quando ocorra, a extinção visa, em geral, a integração das atividades do ente extinto noutra associação[2160].

A Lei prevê, de modo expresso, as federações[2161], as uniões e as confederações, correspondentes, respetivamente, à organização de associações de empregadores por ramos de atividade ou numa base regional ou nacional: artigos 440.º/4 e 442.º/2. As confederações mais representativas têm assento no Conselho Permanente para a Concertação Social, como foi visto.

[2158] À luz da LAP, *vide a Associação Industrial de Lousada* cit., na nota anterior, a *ACS – Associação dos Comerciantes de Suínos,* BTE 3.ª Série, 19 (15-out.-1987), 680-684 ou *Associação dos Armadores da Pesca Local, Costeira e Largo da Zona Oeste*, BTE 3.ª Série, 5 (15-mar.-1988), 179-182.

[2159] *Supra*, 883.

[2160] P. ex., a extinção da *Farma Portuguesa – Associação Portuguesa de Industriais e Importadores de Especialidades Farmacêuticas*, cujas atividades foram integradas na *APIFARMA – Associação Portuguesa da Indústria Farmacêutica*, no BTE 3.ª Série, 14 (30-jul.-190), 533.

[2161] P. ex., a *Federação Intertextil Portuguesa – FIP*, que abrange – artigo 2.º/1 dos seus estatutos – "... as associações de industriais ou comerciantes do sector têxtil e afins que voluntariamente a ele adiram" – BTE 3.ª Série, 10 (30-mai.-1987), 370-372.

§ 92.º ATRIBUIÇÕES, COMPETÊNCIA E FUNCIONAMENTO

342. **Atribuições e competência**

I. O problema das atribuições das associações de empregadores é, desde logo, dominado pela questão, já referida, da sua natureza laboral ou empresarial. O artigo 440.º/2 alarga as suas funções a este último domínio, quando exigências sistemáticas exigiriam saída pela primeira opção.

O artigo 17.º da revogada LAP resolvia, de alguma forma, a questão: admitia a inscrição de empresários sem trabalhadores nas associações de empregadores, mas impedia-os, nesse caso, de intervir nas decisões respeitantes às relações de trabalho. Resta concluir que, na parte em que transcendam o âmbito laboral, as associações de empregadores não se distinguem, pelas atribuições, de outras associações comuns que as tivessem em vista.

A lei compreende, no entanto, uma importante delimitação negativa, no que toca às atribuições das associações de empregadores: proíbe-as de se dedicarem "... à produção ou comercialização de bens ou serviços ou de qualquer modo intervir no mercado" – artigo 443.º/3. Este preceito visa evitar que, através do associativismo patronal, se venham a constituir unidades económicas de tipo oligopolista ou monopolista. Ele deve ser interpretado a essa luz, permitindo-se as cláusulas estatutárias que atribuam às associações um papel no domínio da regularização do mercado, combatendo as formas de concorrência desleal.

II. O quadro legal vigente tem levado os estatutos das associações, nalguns casos, a prever longas séries de atribuições, que se estendem desde o domínio laboral até à prestação de serviços aos seus associados, à formação profissional, à divulgação da legislação e de técnicas produtivas, à criação e manutenção de bancos de dados, ao intensificar das relações no sector e à prevenção e repressão de ilegalidades.

III. A competência das associações de empregadores é a ditada pelos seus estatutos, atentas as suas atribuições.

O artigo 443.º/1, *a*) prevê expressamente a celebração de convenções coletivas de trabalho, embora estas possam ser concluídas diretamente, por empregadores. Além disso ficam, nos termos gerais, implicadas as práticas de atos necessários ao desenvolvimento da atividade, incluindo a aquisição, onerosa ou gratuita, de bens.

343. **Funcionamento**

I. O funcionamento das associações de empregadores pauta-se pela ideia de "autorregulamentação, organização e gestão democrática", patente no artigo 445.º.

O artigo 446.º/1 assegura a sua autonomia e independência, em moldes reforçados pelas remissões do n.º 2 desse mesmo preceito.

II. Em termos orgânicos, a lei limita-se a ter por subentendida a assembleia geral e uma direção. Tudo depende dos estatutos os quais, de um modo geral, limitam-se a, a esses dois órgãos, acrescentar um conselho fiscal. Desapareceram regras que, na revogada LAP, diluíam o poder neste tipo de associações.

Deve ainda sublinhar-se que, nos sindicatos, cada filiado é uma pessoa singular, tendo, por isso, um voto[2162]. Pelo contrário, nas associações de empregadores, os filiados podem ser empresas de dimensões muito diferentes, justificando-se, nessa medida, uma repartição proporcional dos votos. O artigo 451.º/2 limita, contudo, essa repartição a um leque de um para dez.

III. Cortando com as instâncias fiscalizadoras administrativas próprias do Estado Novo, o próprio LAP já havia cometido o controlo da legalidade dos atos das associações de empregadores, apenas, aos tribunais – artigo 13.º LAP. Hoje e por maioria de razão, essa regra mantém-se.

[2162] Nas federações e uniões sindicais, pelo contrário, a regra é a da proporcionalidade: "a representação de cada sindicato no congresso é proporcional ao número de trabalhadores nele sindicalizados" diz, por exemplo, o artigo 26.º/1 da *União dos Sindicatos de Lisboa – USL/CGTP-IN* (BTE 3.ª Série, 15 (15-ago.-1987), 560-566 (562), sem limites.

CAPÍTULO III

A CONSTITUIÇÃO LABORAL DA EMPRESA

§ 93.º IDEIA E EVOLUÇÃO GERAL

344. A constituição laboral da empresa e os níveis de concretização

I. O Direito do trabalho não está especificamente tratado em função das empresas, tomadas como categorias económicas, sociológicas ou jurídicas. Mercê do poder redutor da linguagem e em obediência ao peso cultural e científico de civilismo tradicional, o Direito do trabalho, mesmo nos nossos dias, apresenta um cenário simplificado. Assim:

(a) no Direito do trabalho individual, os modelos de decisão organizam-se em função do binómio empregador-trabalhador, como se essas duas entidades se movimentassem, com simplicidade, uma perante a outra;
(b) no Direito do trabalho coletivo, lida-se com o esquema sindicato-associação de empregadores, em termos, também, de linearidade jurídico-positiva.

A análise dos diversos diplomas laborais, incluindo a da própria área individual do Código do Trabalho, permite apurar múltiplos preceitos dirigidos à realidade empresarial. Mas os grandes traços do pensamento laboral obedecem ainda às referidas reduções simplificadoras.

II. Não obstante, deve ficar claro que, através do competente processo de concretização, boa parte das normas de Direito do trabalho está destinada a atingir os seus objetivos no quadro da empresa.

A empresa é uma realidade complexa, acima ponderada[2163], que congrega regras jurídicas da mais diversa proveniência: civil, comercial, juseconómica, administrativa, fiscal, etc. e, como é de esperar, laboral. Ao conjunto essencial dessas regras, sistematizado em função de pontos de vista empresariais, pode chamar-se a constituição da empresa ou constituição empresarial. Quando, porém, se proceda a essa sistematização em função de pontos de vista que tenham a ver com o trabalho na empresa, obtém-se a constituição laboral da empresa.

Assim, em sentido amplo, a constituição laboral da empresa exprime o conjunto das regras aplicáveis no quadro da empresa, ordenadas em função de pontos de vista laborais – e desde que, como é natural, essas regras, por terem um conteúdo laboral mínimo, sejam sensíveis a tais pontos de vista.

Pode apontar-se, também, um sentido restrito; este joga com essas mesmas regras, limitadas embora ao tema da gestão da empresa. A constituição laboral da empresa será, então, o conjunto das regras de gestão da empresa, ordenadas em função de pontos de vista laborais[2164].

III. A ideia de constituição laboral da empresa tem vindo a ser manuseada em termos de pragmatismo. Ela não obedece a nenhum plano lógico, pré-concebido, de regular uma determinada realidade, antes se oferecendo como um conjunto de medidas díspares tomadas em obediência a necessidades pontuais. Por certo que sobre o material desencontrado assim obtido veio incidir a consideração unificante da Ciência do Direito: tal ocorre, no entanto, em termos insuficientes para proporcionar uma matéria unitariamente ordenada. Cabe antes falar – como aliás sucede com frequência no Direito do trabalho – em grandes círculos problemáticos ou, se se quiser, em institutos típicos mais ou menos delimitados e suscetíveis de uma particular regulação.

[2163] *Supra*, 584 ss..

[2164] O tema dá azo a uma bibliografia prolixa. Referimos: Karl-Georg Loritz, *Sinn und Aufgabe der Mitbestimmung heute*, ZfA 1991, 1-33; Martin Franzen, *Zwingende Wirkung der Betriebsverfassung*, NZA 2008, 250-255; Thomas Loninger, *Systemdenken im Betriebsverfassungsrecht*, RdA 2011, 76-92; em obras gerais: Sudabeh Kamanabrou, *Arbeitsrecht* cit., § 24 (707-914); Ulrich Koch, em Günter Schaub, *Arbeitsrecht-Handbuch* cit., 17.ª ed., §§ 210-216 (2277-2317). *Vide infra*, outras indicações.

Os círculos problemáticos relevantes variam intensamente consoante o período histórico considerado e a sociedade onde o problema se ponha.

No atual momento, no nosso Direito, será possível apontar três desses círculos:

(a) o sindicalismo na empresa;
(b) as comissões de trabalhadores;
(c) o controlo da gestão e a autogestão.

Tais círculos correspondem a outros tantos níveis de concretização da constituição laboral da empresa, a considerar em separado. Não obstante, a sua ponderação poderá ser vantajosamente antecedida por algumas considerações de ordem geral sobre a evolução do tema subjacente.

345. Evolução geral; a experiência francesa

I. A constituição laboral da empresa tem conhecido, nos vários países, uma evolução que permite documentar as diversas facetas do problema[2165].

Em França, o núcleo do que poderia ser uma poderosa constituição laboral da empresa conheceu antecedentes ideológicos e teoréticos muito marcados: houve toda uma tradição de mutualismo, de cooperativismo e de socialismo que anteciparam, de certo modo, se não as soluções mais tarde propiciadas pelos diversos níveis de concretização da constituição laboral da empresa, pelo menos, muitos dos objetivos por eles propugnados. Basta recordar, a tal propósito, nomes como os de Charles Fourier (1772-1837), com a sua ideia do falanstério, Louis Blanc (1811-1882), autor do "atelier" social e, naturalmente, Pierre-Joseph Proudhon (1809-1865), cujo ideário autogestionário e anarquista marcou toda uma geração de leitores[2166].

[2165] Entre nós, uma descrição desenvolvida desta matéria pode ser confrontada em Luís Brito Correia, *Direito do Trabalho*, 3 – *Participação nas decisões* (1984, polic.).

[2166] Luís Brito Correia, *Direito do Trabalho* cit., 3, 21 ss.; em geral *vide*, ainda, Sérvulo Correia, *Cooperação, Cooperativismo e Doutrina Cooperativa*, ESC 15 (1965), 9-84 e *O sector cooperativo português/Ensaio de uma análise de conjunto*, BMJ 196 (1970), 31-147. Quanto à experiência francesa, especificamente, refiram-se Rivero/Savatier, *Droit du travaill* cit., 13.ª ed., 209 ss. e Camerlynck/Lyon-Caen/Pélissier, *Droit du travaill* cit., 13.ª ed., 655 ss..

Um particular relevo foi o assumido pela doutrina social da Igreja, sendo citada a experiência de um conselho de fábrica criado em 1885, na sua unidade, pelo industrial católico Léon Harmel (1829-1915).

III. Em 1899, a sentença arbitral de René Waldeck-Rousseau (1846--1904), que pôs cobro a uma greve, previu a figura de delegados do pessoal permanente, eleitos no quadro da empresa.

A Guerra de 1914-1918, com o seu conhecido cortejo de consequências políticas e sociais, entre as quais um reflexo acentuado no belicismo laboral, levou os sindicatos a solicitar ao Governo a eleição de delegados nas fábricas de armamento, a qual foi, de facto, concedida pelo ministro Albert Thomas (1878-1932). A experiência não teve seguimento, após o armistício. Deve ter-se presente que, em França, este movimento era contraditado pelas linhas de força confluentes que, aí, travaram a evolução do Direito coletivo do trabalho[2167]: os trabalhadores viam nos esquemas que os associavam à gestão das empresas, fórmulas destinadas a amortecer ou suprimir a luta de classes[2168]; as entidades patronais consideravam tais esquemas como pondo em perigo a sua autoridade empresarial.

A Frente Popular, em 1936, deu um novo incremento a esta matéria. Na sequência dos acordos de Matignon, vários diplomas vieram fixar a regra de que qualquer estabelecimento com mais de 10 trabalhadores deveria promover a eleição de delegados. Estes receberam, contudo, atribuições tidas por modestas: no fundo, a de apresentar as queixas e reclamações dos trabalhadores à direção.

Durante a Guerra de 1939-1945, o Governo de Vichy, concretizando preocupações corporativas, estabeleceu "comités de estabelecimento", com atribuições de tipo social; no pós-guerra, assistiu-se, no entanto, a um regresso puro e simples aos delegados, segundo o esquema Matignon, acompanhado de comités de empresa, algo limitados. Os comentadores

[2167] *Supra*, 637 ss..

[2168] Além disso, as vias de participação interna dos trabalhadores na gestão das empresas poderiam pôr em jogo a autoridade sindical, dispensando as vias institucionais de atuação laboral. A doutrina francesa da especialidade, até aos nossos dias, também foca outro grande óbice da participação dos trabalhadores na gestão das empresas: a implicação dos dirigentes dos trabalhadores em decisões impopulares e, daí, o seu descrédito, com danos para todo o movimento. Trata-se de um aspeto que adiante será retomado e que recorda a necessidade de fazer acompanhar todo este processo de uma evolução cultural.

chamam a atenção para o facto de todo o mecanismo dos delegados de empresa e da sua eleição ter caído, na realidade, sob o total controlo dos sindicatos, cuja ação, em princípio, era suposto não ser exercida no quadro da empresa.

III. O esquema dos comités de empresa e dos delegados eleitos foi, de algum modo, dobrado pela Lei de 27-dez.-1968 que veio facilitar a atuação sindical na empresa e, designadamente: liberalizar a constituição de secções sindicais na empresa, proteger os delegados sindicais contra os despedimentos, dispensar-lhes um crédito de horas para o exercício das suas funções e conferir-lhe o direito de dispor, na empresa, de instalações, com liberdade de reunião, de afixação e de informação.

A Lei de 28-out.-1982 veio regular, em conjunto, a matéria dos delegados sindicais de empresa e a dos delegados do pessoal e dos comités de empresa[2169]. As soluções são, quanto ao fundo, modestas. Os delegados dos trabalhadores só participam em deliberações de tipo económico nas empresas nacionalizadas; nas restantes, têm apenas um papel consultivo, vendo as suas atribuições limitadas aos campos sócio-profissionais. A doutrina chama, contudo, a atenção, apesar das limitações apontadas, para o papel importante que todos estes esquemas desempenham, no domínio do processo social.

As dificuldades de crescimento da economia francesa, mormente quando comparada com a alemã ou com a norte-americana, têm levado os sucessivos governos, ora de "direita" (2002-2012), ora de esquerda (2012-2017) a tentar esquemas de flexibilização. Tais esquemas passam pelo reforço dos acordos de empresa, tanto mais que se observa um recuo do sindicalismo (9% de sindicalizados, contra 18% na Alemanha), repartido entre sete grandes confederações. O atual Presidente, Emmanuel Macron (setembro de 2018), tem acentuado essa vertente, o que reforça as comissões de empresa.

[2169] A regulação estabelecida pela Lei n.º 82-915, de 28-out.-1982, bastante pormenorizada, pode ser confrontada nos artigos L. 421-1 ss. do *Code du Travail*.

346. A experiência alemã

I. A participação dos trabalhadores na gestão das empresas seguiu, na Alemanha, uma via bastante diversa da francesa, apesar das múltiplas semelhanças existentes entre as duas sociedades.

Também aqui é possível encontrar fundas raízes para o fenómeno, através de múltiplos pensadores do século XIX.

A Guerra de 1914-18 e os acontecimentos posteriores – que incluíram a formação de conselhos de operários e de trabalhadores, de tipo soviético, durante a revolução falhada de 1918 – vieram dinamizar o fenómeno[2170].

II. A Constituição de Weimar, graças à intervenção de Hugo Sinzheimer, ultrapassando todas as suas congéneres, veio consagrar conselhos económicos e de trabalhadores, que teriam, no entanto, uma efetivação muito parcial. O nacional-socialismo (1933-1945) deu aos conselhos uma feição peculiar, colocando-os sob a presidência do diretor da empresa. No pós-guerra, regressou-se a um sistema semelhante ao dos anos vinte. Mas de seguida seriam dados passos importantes que conduziriam ao efetivar da ideia de cogestão.

III. Uma Lei de 21-mai.-1951[2171] estabeleceu a cogestão para o sector mineiro, para o de carvão e para o de aço. No essencial, tal cogestão traduz-se num conselho de vigilância de onze membros, dos quais cinco escolhidos pelos acionistas e cinco eleitos pelos trabalhadores e devendo o décimo-primeiro ser escolhido pelos outros dez e num "diretor de trabalho", membros da direção das empresas escolhido pelos trabalhadores, em plena igualdade com os demais diretores. Sob pressão por vezes discreta, mas firme e contínua, dos sindicatos, esta evolução prosseguiu. A Lei de 11-jan.-1952 veio alargar à generalidade das empresas significativas a participação dos trabalhadores nos conselhos de vigilância, ainda que em termos não paritários: apenas na proporção de 1/3. Por fim, a Lei de 4-mai.-1976 firmou a regra da composição paritária dos conselhos de

[2170] Com indicações, Kurt Wester/Reinhold Schlüpers Oehmen, *Arbeitsrecht: Betriebsverfassungs –, Personalvertretungs- und Mitbestimmungsrecht*, 2.ª ed. (1984); Alfred Söllner, *Arbeitsrecht* cit., 9.ª ed., 155 ss.. Entre nós, dados sobre a experiência alemã podem ser confrontados em Brito Correia, *Direito do trabalho* cit., III, 107 ss..

[2171] Outros elementos no nosso *Direito europeu das sociedades* (2005), 727 ss..

vigilância e da eleição, em todas as empresas de dimensão mínima, de um "diretor de trabalho"[2172].

Paralelamente, a importante Lei de 15-jan.-1972, republicada em 25-set.-2001[2173], sobre a constituição da empresa, sistematiza diversas regras sobre a representação interna dos trabalhadores e fixa os conselhos de empresa, eleitos pelos trabalhadores segundo pormenorizada regulação. As suas atribuições centram-se na vigilância pelo cumprimento das leis destinadas a proteger os trabalhadores, na sugestão, ao empregador, de medidas convenientes e em várias atuações no domínio social e da formação profissional.

IV. A matéria da constituição da empresa e a da cogestão surge hoje, na doutrina alemã, como uma área totalmente autonomizada[2174], dotada de princípios próprios, de cultores especializados e de uma literatura bem caracterizada. Para além das esperanças político-sociais depositadas nos institutos em jogo, deve sublinhar-se que eles potenciam desenvolvimentos científicos de maior importância.

V. Como ilustração e base de qualquer pesquisa séria sobre o tema da constituição laboral de empresa, referimos os quatro comentários monumentais mais recentes hoje disponíveis: o de Löwisch/Kaiser[2175], o de Däubler//Kittner[2176], o de Fitting[2177] e o de Richardi[2178], além dos inseridos em obras

[2172] As entidades patronais suscitaram o problema da constitucionalidade da Lei da Cogestão de 1976; a sua conformidade com a Lei Fundamental foi, no entanto, reconhecida em BVerfG 1-mai.-1979, NJW 1979, 699.

[2173] Com alterações, das quais a última data de 17-jul.-2017, o texto pode ser confrontado na compilação *Arbeitsgesetze*, da Beck, 92.ª ed. (2018), 697 ss.. A Lei de 15-jan.-1972 é conhecida pela sigla BetrVG (de *Betriebsverfassungsgesetz*).

[2174] *Vide*, p. ex., Günter Schaub, *Arbeitsrecht* cit., 6.ª ed., 1365 ss..

[2175] Manfred Löwisch e Dagmar Kaiser, *Betriebsverfassungsgesetz Kommentar* 1, 7.ª ed. (2017), XXII + 624 pp..

[2176] Wolfgang Däubler, Michael Kittner, Thomas Klebe e Peter Wedde, *BetrVG//Betriebsverfassungsgesetz Kommentar für die Praxis*, 16.ª ed. (2018), 3062 pp., com contributos de 10 autores; *vide*, aí, Michael Bachner, 143 ss., quanto à evolução histórica.

[2177] Karl Fitting, *Betriebsverfassungsgesetz*, 29.ª ed. (2018), XXXVI + 2362 pp., com colaboração de cinco autores.

[2178] Reinhard Richardi, *Betriebsverfassungsgesetz mit Wahlordnung*, 16.ª ed. (2018), XXIV + 2449 pp., com contributos de cinco autores; de Richardi veja-se, aí, a evolução

mais vastas[2179]. O Direito da constituição laboral da empresa ocupa, ainda, outros comentários e importantes obras de exposição, de que relevamos a de von Hoyningen-Huene[2180], a de Wlotzke/Preis[2181], a de Besgen[2182] e a de Edenfeld[2183]. Finalmente, as exposições gerais de Direito do trabalho dão-lhe um lugar condigno, com exemplo no grande tratado fundado por Günter Schaub[2184].

347. A experiência portuguesa

I. Em Portugal, a evolução acima ilustrada com as experiências francesa e alemã também se fez sentir, ainda que com certo atraso e em moldes atenuados.

Certas experiências cooperativas e mutualistas surgiram ainda no século XIX, embora sem grande êxito[2185]. A incipiência geral denotada na industrialização do País e, depois, um certo radicalismo do movimento sindical explicam que não se tenha assistido a um aprofundamento nas tentativas de associar os trabalhadores ao funcionamento interno das empresas ou de reconhecer a atuação sindical, no quadro das mesmas empresas.

II. O Estado Novo, apesar de se reclamar do corporativismo que poderia incentivar a associação dos trabalhadores à gestão empresarial,

histórica – introdução, Nr. 6 ss. (4 ss.), com uma comparação entre o III *Reich* (Nr. 12) e a ex-DDR (Nr. 14-15).

2179 Björn Gaul e outros, em Martin Henssler, *Arbeitsrecht Kommentar*, 8.ª ed. (2018), 672-1190 (maciças).

2180 Gerrick von Hoyningen-Huene, *Betriebsverfassungsrecht*, 6.ª ed. (2007), XX + + 399 pp., onde (*idem*, 11 ss.) pode ser seguida a evolução desta matéria.

2181 Otfried Wlotzke e Ulrich Preis, *Betriebsverfassungsgesetz Kommentar*, 4.ª ed. (2009), XXXI + 1109 pp..

2182 Nicolai Besgen, *Handbuch/Betriebsverfassungsrecht/Verfahren, Gebühren und Streitwerte*, 4.ª ed. (2010), 858 pp..

2183 Stefan Edenfeld, *Betriebsverfassungsrecht/Mitbestimmung in Betrieb, Unternehmen und Behörde*, 4.ª ed. (2014), XVIII + 263 pp., com a evolução histórica (*idem*, 15 ss.).

2184 Ulrich Koch, em Günter Schaub, *Arbeitsrechts-Handbuch* cit., 17.ª ed., § 210-256 (2277-2663, maciças), incluindo o Direito europeu.

2185 Sérvulo Correia, *O sector cooperativo português* cit., 60 ss. e Brito Correia, *Direito do Trabalho* cit., III, 234 ss..

tão-pouco foi longe, nesse domínio. De notar o artigo 18.º da revogada LCT que, sob a epígrafe sugestiva de "princípio da mútua colaboração", veio dispor, designadamente:

> 2. O Estado fundamentará, através da concessão de benefícios de ordem fiscal ou outros, todas as formas de concretizar, nas empresas, a ideia de cooperação dos trabalhadores e da entidade patronal na realização da obra comum.
> 3. O disposto no número anterior abrange, entre outras, a constituição de órgãos de colaboração destinados a apreciar os problemas diretamente relacionados com os interesses dos trabalhadores, bem como a comparticipação destes na gestão de obras sociais e nos resultados do empreendimento.
> 4. Os órgãos de colaboração e os sistemas de comparticipação podem ser estabelecidos nas convenções coletivas de trabalho, e o Estado poderá, através de adequada legislação, fixar as condições da obrigatoriedade da sua instituição.

III. Os "órgãos de colaboração" aqui previstos apresentavam-se um tanto modestos, nas suas atribuições. Tinham, no entanto, o interesse particular de poderem constituir o núcleo de uma evolução futura[2186]. Tal evolução nunca chegaria a dar-se, dada a evolução iniciada em 1974[2187].

As questões suscitadas de então para cá têm, no entanto, já as características do Direito positivo: serão, a esse título, consideradas.

[2186] Tais "órgãos de colaboração" chegaram a ser instituídos, na altura, nalguns instrumentos coletivos de regulação. *Vide*, na época, Almeida Policarpo, *A colaboração na empresa – Alguns aspectos legais*, ESC 19 (1966), 13-28 e *A colaboração na empresa*, ESC 1 (1962), 72-82.

[2187] Certos autores – assim, Jorge Leite/Coutinho de Almeida, *Legislação do Trabalho*, 2.ª ed. (1987), 64, nota 9 – consideravam mesmo que o artigo 18.º, expressão do corporativismo, fora revogado pela nova ordem jurídico-constitucional.

§ 94.º O SINDICALISMO NA EMPRESA

348. A ação sindical na empresa; afixação, informação e instalações

I. O primeiro domínio de concretização do laboralismo no quadro da empresa tem a ver com o exercício das funções sindicais no seu seio.

Mesmo após o reconhecimento dos sindicatos, a tradição latina entendia a empresa como um espaço sindicalmente neutro[2188]: haveria tão-só que, nesse quadro, reconhecer a liberdade sindical a nível individual e prevenir quaisquer medidas que pudessem favorecer ou desfavorecer alguém, pelo facto de aderir ou não aderir a qualquer sindicato[2189]. Apenas na sequência de toda uma evolução foi obtido um quadro legal completo para o desenvolvimento da ação sindical na empresa: o capítulo III da antiga Lei Sindical, justamente epigrafado "Do exercício da atividade sindical na empresa", tratava, com pormenor, a matéria.

II. O artigo 460.º, retomando o artigo 25.º da revogada Lei Sindical, reconhece aos trabalhadores e aos sindicatos o direito "... a desenvolver atividade sindical na empresa, nomeadamente através de delegados sindicais, comissões sindicais e comissões intersindicais". Mas, como logo se vê pelo próprio articulado legal, os trabalhadores podem exercer a atividade sindical, antes do mais, diretamente.

No essencial, os trabalhadores dispõem, no quadro da empresa, do direito de reunião, do direito a instalações e do direito de afixação e informação sindical.

[2188] Camerlynck/Lyon-Caen/Pélissier, *Droit du Travail* cit., 13.ª ed., 675.

[2189] Esta "neutralidade" explica a multiplicação de organismos laborais (comités de empresa, conselhos, comissões de trabalhadores) que, em princípio, manteriam um distanciamento em relação aos sindicatos; ela contrapõe-se ao esquema anglo-saxónico onde as direções e os sindicatos se enfrentam e negoceiam diretamente, no espaço empresarial.

O direito de reunião apresenta diferenças acentuadas de regime, consoante seja exercido fora do horário de trabalho ou dentro dele.

Fora do horário de trabalho – e sem prejuízo pela normalidade da laboração, quando se trate de trabalho por turnos ou de trabalho suplementar[2190] – os trabalhadores podem reunir-se, no local de trabalho[2191]. Torna-se necessário, então, que a reunião seja convocada por um terço ou cinquenta dos trabalhadores da respetiva unidade de produção ou pela comissão sindical ou intersindical [461.º/1, *a*)].

O facto de, numa empresa, poderem ocorrer reuniões de trabalhadores, ainda que fora do horário de trabalho e sem prejuízo pela normalidade da laboração, implica sempre um certo esforço para a entidade patronal: desgaste nas instalações, dispêndio de energia e vulnerabilidade da empresa. A lei não diz qual o *quantum* de esforço exigível. Por certo, terá de haver limites: mal se compreenderia, por exemplo que, numa empresa, encerrado o período de laboração normal, decorressem reuniões contínuas até ao dia seguinte. Tais limites deverão resultar de um exercício razoável das posições em jogo, dentro do quadro dado pelo artigo 335.º do Código Civil: havendo conflito de direitos, todos deverão ceder, de acordo com o seu papel, de modo a evitar maiores prejuízos. Fica, naturalmente, subentendido que o direito de reunião é exercido de boa-fé – e não com propósitos chicaneiros, por exemplo – e que as despesas ocasionadas pela reunião, quando contabilizáveis, são suportadas por quem a haja convocado[2192].

III. Dentro do horário de trabalho as reuniões também são possíveis, ainda que, como é de esperar, com certas limitações. Assim – artigo 461.º/1, *b*):

[2190] O artigo 26.º LS falava ainda em "trabalho extraordinário"; o Decreto-Lei n.º 421/83, de 2 de dezembro, substitui essa noção pela de "trabalho suplementar", definindo-o – artigo 2.º/1 – como ".,. todo aquele que é prestado fora do horário de trabalho".

[2191] Fora do local de trabalho, os trabalhadores podem reunir nos termos gerais do direito de reunião: não há, então, qualquer questão de Direito do trabalho. Esclareça-se ainda que a jurisprudência entende o direito de reunião como uma posição de todos os trabalhadores e não como um direito individual de cada um; *vide* RLx 11-dez.-1985 (Leite Ferreira), BMJ 359 (1986), 768.

[2192] O esforço económico suportado pela entidade patronal no domínio das reuniões dos seus trabalhadores era o configurado pelo artigo 27.º LS: reuniões no local de trabalho dentro do horário.

(a) tais reuniões só podem consumir um período máximo de quinze horas por ano;
(b) mantendo-se assegurado o funcionamento dos serviços de natureza urgente;
(c) e seguindo-se determinado procedimento, quanto às convocações.

Quando se mostrem assegurados estes requisitos, o tempo gasto em reuniões vale, para todos os efeitos, como tempo de serviço efetivo – artigo 461.º/1, *b*).

A convocação das reuniões no local de trabalho dentro do horário deve ser acompanhada por uma proposta que vise assegurar o funcionamento de serviços de natureza urgente e essencial.

IV. Em qualquer dos casos – ou seja, dentro ou fora do horário de trabalho – as reuniões a realizar devem ser comunicadas à entidade patronal e aos trabalhadores interessados com a antecedência mínima de quarenta e oito horas, indicando-se o dia e a hora em que pretendem que elas se efetuem, o número previsível de participantes e, naturalmente, dando-se conta do local (420.º/1, *ex vi* 461.º/2) bem como, nos termos gerais, da ordem de trabalhos[2193]. Quando, por qualquer razão objetiva, a reunião projetada acarrete prejuízos sérios para a empresa, a entidade deve informar, do facto, os promotores. Qualquer conflito de interesses deverá ser solucionado à luz do modelo do artigo 335.º, sobre conflitos de direitos. Finalmente, o artigo 461.º/3 permite a participação, nas reuniões, dos dirigentes das organizações respetivas que não trabalhem na empresa, desde que isso seja comunicado à entidade patronal com a antecedência mínima de seis horas.

V. O Código do Trabalho atribui direitos de afixação e informação sindical e a instalações –artigos 465.º e 464.º.

[2193] Põe-se o problema de saber se a ordem dos trabalhos deve ser comunicada à atividade empregadora. Em princípio, a resposta é negativa: a ordem dos trabalhos visa, apenas, informar os potenciais interessados na participação da reunião, destinando-se, assim, somente aos trabalhadores. Quando, no entanto, a entidade patronal tenha conhecimento de que a reunião projetada não visa objetivos laborais ou sindicais mas quaisquer outros, ela poderá recusar a cedência das suas instalações para o efeito.

O direito de afixação abrange os textos, as convocatórias, as comunicações e as informações relativas à vida sindical e aos interesses sócio-profissionais dos trabalhadores – artigo 465.º/1; a afixação tem lugar em local apropriado, reservado para o efeito pela entidade empregadora. Deve entender-se que semelhante local deve ser fixado em conformidade com as finalidades a que se destina ou seja: em sítio útil para chegar ao conhecimento fácil dos trabalhadores. Por outro lado, o material a afixar não deve perturbar, pela sua natureza ou pelo modo da sua apresentação, o funcionamento normal da empresa – artigo 465.º/1, *in fine*.

VI. O direito de informação reporta-se aos mesmos textos, convocatórias, comunicações ou informações, que podem ser difundidas na empresa, desde que sem perturbação para o trabalho normal[2194] – artigo 465.º/1. Trata-se de um direito que deve guiar-se, no seu exercício, pelos objetivos que presidiram ao seu instituir.

O direito a instalações surge, segundo o artigo 464.º/1, nas empresas ou unidades de produção com 150 ou mais trabalhadores. Ele assume a forma de crédito sobre a entidade patronal[2195]: esta deve pôr à disposição dos delegados sindicais, desde que estes o requeiram, "... um local situado no interior da empresa, ou na sua proximidade, e que seja apropriado ao exercício das suas funções". Cabe à entidade empregadora escolher o local, de acordo com as características da empresa, as necessidades da laboração e os interesses sindicais. A ordenação interna da empresa é prerrogativa patronal, mas no respeito dos direitos dos trabalhadores. Resulta daqui que, atribuído um local, a entidade patronal possa modificá-lo, quando necessário: há liberdade valorativa, mas não arbítrio, numa harmonização de interesses a aferir no caso concreto.

Tratando-se de empresas com menos de 150 trabalhadores, o direito a instalações fica amortecido: elas não têm que ser permanentes, nem devem

[2194] A ideia de laboração normal deve ser precisada pela entidade empregadora, já que a esta assiste o poder de infletir num ou noutro sentido a atividade da empresa. Mas esta faculdade não pode ir tão longe que liquide, na prática, os direitos atribuídos aos trabalhadores. De novo haverá que, em casos extremos, apelar para o quadro do artigo 335.º do Código Civil.

[2195] Assim, a RLx 5-fev.-1986 (Ferreira Valente), BMJ 361 (1986), 602, entendeu, bem, que apenas a própria entidade patronal está obrigada a ceder instalações para reuniões sindicais; a entidade em cujas instalações se trabalhe, no momento, não está obrigada a fazê-lo. *Vide*, também, RLx 8-jul.-1937 (Nuno Alvim), CJ XII (1987) 4, 187-190.

situar-se no interior ou nas proximidades da empresa. De novo haverá que decidir, em consonância com as condições do caso, e tendo em conta a boa-fé.

VII. Os direitos apontados são direitos legais mínimos. Por isso, eles podem ser majorados por convenção coletiva de trabalho.

Para além disso, nada impede que as entidades empregadoras vão mais longe; elas poderão, por exemplo, autorizar dispositivos sonoros, conceder maior tempo para reunião ou atribuir instalações melhoradas. Quando isso suceda, haverá caso a caso, que apurar se se está perante uma mera tolerância, livremente revogável, ou, pelo contrário, em face de um acordo, a respeitar até que sobrevenha justa causa de incumprimento ou até que, com um pré-aviso adequado, se proceda à sua denúncia.

349. **Delegados sindicais e comissões sindicais e intersindicais**

I. Os diversos direitos de atuação sindical na empresa, acima analisados, são colocados, pelo artigo 460.º, na titularidade dos delegados sindicais. Trata-se, naturalmente, da figura dos direitos funcionais, portanto de direitos que não traduzem, ao contrário dos puros direitos subjetivos, meras posições de liberdade dos titulares, mas antes de direitos-deveres.

Os delegados sindicais são eleitos e destituídos nos termos dos estatutos dos respetivos sindicatos, em escrutínio secreto e direto – artigo 462.º/1; normalmente, tal eleição compete aos trabalhadores sindicalizados da empresa. A eleição e logo a destituição deve ser comunicada à entidade patronal, nos termos do artigo 462.º/4, pelas direções dos sindicatos.

Caso não haja comunicação ou enquanto ela não se opere, a qualidade de delegado não pode ser oposta à entidade patronal.

II. O número de delegados sindicais a eleger depende dos estatutos dos sindicatos respetivos. Compreende-se, no entanto, que para efeitos de oponibilidade às entidades empregadoras, a lei fixe limites: um delegado sindical, mercê da posição tutelada de que desfruta, representa sempre um certo encargo para a empresa: deve ser doseado.

A lei aborda o problema pelo prisma do crédito de tempo, que cumpre analisar.

Segundo o artigo 467.º/1, cada delegado dispõe, para o exercício das suas funções, de um crédito de horas que não pode ser inferior a cinco por mês ou a oito, tratando-se de delegado que faça parte da comissão intersindical. Tal crédito é reportado ao período normal de trabalho e conta para todos os efeitos – designadamente os de remuneração e de antiguidade – como tempo de serviço efetivo; os delegados, quando queiram exercer esse direito, devem avisar por escrito a entidade patronal com a antecedência mínima de um dia[2196].

O número máximo de delegados sindicais a quem esses direitos são reconhecidos é determinado em função do número de trabalhadores sindicalizados, e de acordo com as fórmulas do artigo 463.º. Havendo vários sindicatos, as contas terão de ser feitas em relação a cada um deles.

Nada impede que os estatutos dos sindicatos prevejam, para efeitos internos, números mais elevados de delegados sindicais; no entanto, apenas os máximos referidos no artigo 463.º o serão, perante as entidades empregadoras.

III. Para além do crédito de horas e como foi referido, os delegados sindicais dispõem, ainda, de outras prerrogativas: eles são inamomíveis, não podendo ser transferidos do local de trabalho sem o seu acordo e sem o prévio conhecimento da direção do sindicato respetivo – artigo 411.º – e o seu despedimento envolve um regime particularmente tutelar – artigo 410.º.

IV. Põe-se, depois, o problema de saber como agir quando seja comunicado, à entidade patronal, um número de delegados superior ao que resultaria do artigo 463.º.

Em primeiro lugar, haveria que determinar se se está perante um único sindicato ou vários. Neste último caso, os delegados devem ser arbitrados pelos diversos sindicatos, em função do número de trabalhadores sindicalizados que, por eles, se distribuam.

Quando exista um único sindicato ou quando, feita a distribuição pelos vários sindicatos, se mantenha o excesso, há que lidar com as regras

[2196] Quanto à evolução legislativa sobre as faltas dos sindicalistas, refira-se STJ 16-dez.-1983 (Melo Franco), BMJ 332 (1984), 397-408 (406).

da concretização das obrigações[2197], devidamente transpostas e adaptadas, tendo em conta os valores em jogo: compete aos sindicatos decidir, dos delegados indicados, os que devam ser computados por conta dos máximos legais; quando, devidamente avisados, o não façam, tal faculdade defere-se às entidades empregadoras.

V. Finalmente – e como modo de assegurar um mínimo de coordenação no exercício dos "direitos" que a lei atribui aos delegados, prevê-se a constituição de comissões sindicais – artigo 462.º/3, por remissão para o artigo 442.º/1, *g*).

Quando, numa empresa, existam delegados de mais de um sindicato, podem surgir comissões intersindicais – *idem*, artigo 442.º/1, *h*). A intervenção destas entidades é requerida, em especial, para a convocação de reuniões – artigo 461.º/1.

Como não poderia deixar de ser, perante as regras da liberdade sindical, a constituição de comissões sindicais e intersindicais é inteiramente livre, competindo apenas aos interessados. Não obstante, tal constituição ganha a dimensão de um encargo: dela depende o exercício das faculdades que a lei reserva a tais comissões.

[2197] O lugar paralelo decisivo consta do artigo 548.º do Código Civil, sobre obrigações alternativas, aplicável, também, às genéricas.

§ 95.º AS COMISSÕES DE TRABALHADORES

350. **Origem**

I. As comissões de trabalhadores correspondem a um modo próprio de situar a prática laboral. Fora da lógica sindical, particularmente virada para a negociação coletiva, as comissões de trabalhadores traduzem, por excelência, a intervenção dos trabalhadores nas empresas e dariam uma base institucional para a sua participação na tomada de decisões empresariais.

Sabe-se, no entanto, que, em Portugal, as comissões de trabalhadores tiveram a sua origem em preocupações de ordem política, mais do que numa paulatina evolução empresarial do pensamento dos trabalhadores[2198].

II. Quebrada a lógica das "comissões de colaboração" previstas no artigo 18.º da revogada LCT, consideradas corporativas, as comissões de trabalhadores vieram a surgir durante a Revolução de 1974-75, em bases novas. Num primeiro momento, elas foram lançadas como modo de concorrer com os sindicatos dominados pela unicidade: visavam dar expressão, no plano laboral, às forças políticas que se encontravam excluídas dos sindicatos e, designadamente, à extrema esquerda e ao Partido Socialista.

Estas razões, dobradas depois por um certo ideário basista e autogestionário que logrou larga consagração na versão inicial da Constituição de 1976, levaram a uma ampla referência às comissões de trabalhadores, no texto constitucional.

A evolução política subsequente fez, no entanto, desaparecer o essencial das razões que levaram ao incentivar das comissões de trabalhadores: a unicidade sindical foi suprimida e assistiu-se, em moldes cada vez mais seguros, à possibilidade de disputar eleitoralmente as direções dos sindicatos.

[2198] *Supra*, 595 ss.. Em geral: Bernardo Lobo Xavier, *Manual de Direito do trabalho* cit., 2.ª ed., 217 ss..

As comissões de trabalhadores sairiam, de tudo isto, com um relevo formal que não corresponde ao seu efetivo papel substantivo. Todavia, a evolução recente do laboralismo, nos diversos países, dá-lhes um novo fôlego.

351. **Quadro geral, organização e natureza**

I. As comissões de trabalhadores estão consagradas nos artigos 54.º (Comissões de trabalhadores) e 55.º (Direitos das comissões de trabalhadores) da Constituição. O peso formal atribuído a esta figura pelo texto constitucional é de tal ordem que ela antecede a própria referência à liberdade sindical.

O artigo 54.º/1 da Constituição entra no problema considerando como "... direito dos trabalhadores criarem comissões de trabalhadores para defesa dos seus interesses e intervenção democrática na vida da empresa". A matéria, já alargadamente versada no texto fundamental, foi desenvolvida pela Lei n.º 46/79, de 12 de setembro, em termos que cabe conhecer e, quiçá de modo ampliado, nos Códigos do Trabalho – artigos 415.º a 439.º do atual.

III. A Lei prevê, ao lado das comissões de trabalhadores, as comissões coordenadoras e as subcomissões de trabalhadores. As primeiras, previstas no próprio artigo 54.º/3 da Constituição, "... são eleitas entre si pelos membros das comissões de trabalhadores que se destinam a coordenar..." – artigo 437.º/1. As comissões de trabalhadores podem aderir a comissões coordenadoras ou revogar a adesão, em votação secreta dos trabalhadores representados, processada de acordo com toda uma tramitação prevista para a própria eleição das comissões – artigo 436.º. As segundas podem surgir nas empresas com estabelecimentos geograficamente dispersos.

IV. O legislador foi levado a regular de modo minucioso o tema da votação e dos estatutos das comissões de trabalhadores – artigos 430.º, 431.º, 432.º, 433.º, 437.º e 438.º. Tal deve-se às razões históricas já referidas.

No essencial, o esquema vigente fixa – artigo 433.º/1:

(a) as regras do voto direto e secreto;
(b) o princípio da representação proporcional

Tratava-se, no essencial de combater a prática revolucionária das eleições feitas publicamente em plenários, que tinham por efeito o favorecer as forças mais militantes. Houve, aliás, a preocupação de combater a abstenção, através da distribuição das urnas nos locais de trabalho – artigo 431.º/5. Os próprios cadernos eleitorais são elaborados pelo empregador (431.º/1)

Também os estatutos das comissões de trabalhadores mereceram a maior atenção da lei – artigo 10.º – e da prática: publicados no BTE – artigo 12.º/2 – eles desenvolvem com minúcia os diversos aspetos atinentes às comissões.

V. A Lei n.º 46/79, no seu artigo 16.º, retomando o dispositivo do artigo 54.º/4 da Constituição, atribui aos membros das comissões de trabalhadores a "... proteção legal reconhecida aos delegados sindicais". Surgem pois, de novo, as ideias da inamovibilidade – artigo 34.º LS – e da tutela nos despedimentos – Lei n.º 68/79. Hoje, a matéria consta genericamente dos artigos 410.º e 411.º do Código do Trabalho, que dispõem para o "trabalhador membro de estrutura de representação coletiva".

Além disso, ela reconhece aos membros das comissões de trabalhadores um crédito de horas – artigo 422.º – que ultrapassa o atribuído aos delegados sindicais. Por isso, a lei limita o número de membros das comissões de trabalhadores, de acordo com os efetivos laborais das empresas, nos termos tabelados no artigo 417.º/1. O número de membros das comissões coordenadoras e das subcomissões de trabalhadores também está regulado, respetivamente, nos artigos 417.º/2 e 4, respetivamente.

VI. As comissões de trabalhadores suscitavam melindres, quando se tratava de determinar a sua personalidade jurídica[2199]. Na verdade, como adiante se verá de modo mais detido, elas têm direitos e deveres que não podem ser imputados aos seus membros, a título individual. A lei atribuía-lhes ainda, de modo expresso, capacidade judiciária – artigo 17.º da Lei n.º 68/79. Hoje, o artigo 416.º reconhece-lhe personalidade coletiva, a qual se obtém pelo registo dos estatutos.

[2199] Luís Brito Correia, *Direito do Trabalho*, III cit., 268 ss..

352. **Atribuições e competência**

I. As atribuições das comissões de trabalhadores vêm genericamente referidas no artigo 54.º/1 da Constituição: visam a defesa dos interesses dos trabalhadores e a intervenção democrática na vida da empresa. A sua competência, num claro exacerbar linguístico do seu papel surge, no entanto, expressa através da referência aos seus "direitos". Assim, segundo o artigo 55.º da Constituição:

Constituem direitos das comissões de trabalhadores:

a) Receber todas as informações necessárias ao exercício da sua atividade;
b) Exercer o controlo de gestão nas empresas;
c) Intervir na reorganização das unidades produtivas;
d) Participar na elaboração da legislação do trabalho e dos planos económico-sociais que contemplam o respetivo sector;
e) Gerir ou participar na gestão das obras sociais da empresa;
f) Promover a eleição de representantes para os órgãos sociais das empresas pertencentes ao Estado ou a outras entidades públicas, nos termos da lei.

Este normativo foi retomado pelo artigo 18.º da revogada Lei n.º 46/79, com algumas adaptações. A matéria transitou para os Códigos do Trabalho.

II. Visando facultar o exercício das diversas competências depois discriminadas, a lei vigente atribui ainda certas posições instrumentais. Dispõe o artigo 423.º/1:

1. A comissão de trabalhadores tem direito, nomeadamente, a:

a) Receber a informação necessária ao exercício da sua atividade;
b) Exercer o controlo da gestão da empresa;
c) Participar, entre outros, em processo de reestruturação da empresa, na elaboração dos planos e dos relatórios de formação profissional e em procedimentos relativos à alteração das condições de trabalho;
d) Participar na elaboração da legislação do trabalho, diretamente ou por intermédio das respetivas comissões coordenadoras;
e) Gerir ou participar na gestão das obras sociais da empresa;
f) Promover a eleição de representantes dos trabalhadores para os órgãos sociais das entidades públicas empresariais;
g) Reunir, pelo menos uma vez por mês, com o órgão de gestão da empresa para apreciação de assuntos relacionados com o exercício dos seus direitos.

Tudo isto pode conflituar com os interesses da atividade empregadora; haverá, então, que proceder a uma harmonização no caso concreto, que contemple com equilíbrio as posições em presença, de acordo com o modelo do artigo 335.º do Código Civil e em termos paralelos aos preconizados para os delegados sindicais.

III. Concretizando os direitos constitucionalmente atribuídos às comissões de trabalhadores, o Código do Trabalho vem destacar, nas subsecções II a IV:

II. Direito à informação e à consulta (424.º e 425.º);
III. Direito ao controlo de gestão (426.º a 428.º);
IV. Direito de intervir na reestruturação da empresa (429.º).

O direito à informação, a entender-se em sentido amplo, abrange as seguintes figuras parcelares:

– o direito à informação relativo às matérias elencadas no artigo 424.º/1;
– o direito de emitir parecer escrito prévio, perante os atos seriados no artigo 425.º.

De notar que os membros das comissões de trabalhadores estão sujeitos a um dever de sigilo, relativamente às informações que tenham obtido com reserva de confidencialidade, solicitada pela empresa (412.º/1).

IV. O direito ao controlo de gestão será objeto, pelo seu papel, de uma rubrica própria[2200].

Surge, depois, o direito de intervir na reorganização das unidades produtivas. Tal direito cifra-se, também, em poderes de informação e de emitir opiniões prévias, centrados agora, na reorganização das unidades produtivas; assim se entendiam as diversas alíneas do artigo 33.º da revogada Lei n.º 46/79, hoje do artigo 429.º/2, do Código do Trabalho.

[2200] *Infra*, 927 ss..

Finalmente, a Lei autonomiza um direito de participação na elaboração da legislação de trabalho. O tema vem circunstancialmente tratado nos artigos 469.º a 475.º.

O dispositivo vigente versa, sucessivamente: a noção da legislação do trabalho, em termos amplos (469.º), a precedência da discussão (470.º), a participação da Comissão Permanente de Concertação Social (471.º), a publicação de projetos a propostas (472.º), o prazo de apreciação pública (473.º), os pareceres e audições das organizações representativas (474.º) e o resultado da apreciação pública (475.º)[2201].

2201 Luís Gonçalves da Silva, em Pedro Romano Martinez, *Código do Trabalho anotado* cit., 11.ª ed., 1007-1016, com indicações.

§ 96.º DO CONTROLO DE GESTÃO À AUTOGESTÃO

353. O controlo de gestão; a cogestão

I. A ideia de "controlo de gestão" pelos trabalhadores constituiu um importante lema das comissões de trabalhadores durante o período conturbado de 1974-75. A Constituição refere-a, em termos gerais, no seu artigo 55.º *c*). A Lei n.º 46/79 procederia ao seu desenvolvimento, com as habituais cautelas, numa orientação hoje presente nos artigos 426.º a 428.º do Código do Trabalho.

Segundo o artigo 426.º/1 em causa, "o controlo de gestão visa promover o empenhamento responsável dos trabalhadores na atividade da empresa".

II. A ideia de um "controlo de gestão" pelos trabalhadores envolve sempre um certo melindre para as empresas: surge uma interação de forças estranhas à lógica da direção empresarial unitária.

O artigo 426.º/3 exclui, de resto, do controlo de gestão, várias entidades:

a) O Banco de Portugal;
b) A Imprensa Nacional-Casa da Moeda, S. A.;
c) Estabelecimentos fabris militares e atividades de investigação militar ou outras com interesse para a defesa nacional;
d) Atividades que envolvam competências de órgãos de soberania, de assembleias regionais ou governos regionais.

Esta restrição, que não tem base expressa na Constituição, já foi arguida de inconstitucional. No entanto, ela pode ser defendida, justamente com base no princípio da igualdade: caso, nos sectores sensíveis indicados na lei, fosse reconhecido o controlo de gestão, verificar-se-ia que os trabalhadores da zona ficariam investidos em poderes peculiares, de autoridade, fora da lógica do Estado Democrático e em situação de distanciamento perante os cidadãos comuns.

III. O conteúdo do controlo de gestão pode analisar-se em vários poderes e, designadamente:

– o de emitir pareceres;
– o de promover certas medidas;
– o de apresentar sugestões, recomendações ou críticas;

Dispõe o artigo 426.º/2:

a) Apreciar e emitir parecer sobre o orçamento da empresa e suas alterações, bem como acompanhar a respetiva execução;
b) Promover a adequada utilização dos recursos técnicos, humanos e financeiros;
c) Promover, junto dos órgãos de gestão e dos trabalhadores, medidas que contribuam para a melhoria da atividade da empresa, designadamente nos domínios dos equipamentos e da simplificação administrativa;
d) Apresentar à empresa sugestões, recomendações ou críticas tendentes à qualificação inicial e à formação contínua dos trabalhadores, à melhoria das condições de trabalho nomeadamente da segurança e saúde no trabalho;
e) Defender junto dos órgãos de gestão e fiscalização da empresa e das autoridades competentes os legítimos interesses dos trabalhadores.

IV. Para além do controlo de gestão de tipo predominantemente fiscalizador, acima focado, o artigo 428.º prevê a eleição, nas entidades públicas empresariais, de representantes dos trabalhadores para os respetivos órgãos sociais, de acordo com os seus estatutos.

A eleição destes representantes segue o prescrito para a eleição, em geral, das comissões de trabalhadores (428.º/1, *in fine*).

V. No domínio da associação dos trabalhadores à gestão das empresas, a experiência portuguesa é tímida, ficando muito aquém da alemã. Não obstante, parece claro que no sector empresarial do Estado, onde se preveem representantes dos trabalhadores nos órgãos de gestão das empresas, há uma certa cogestão.

A cogestão, em Portugal, tem contra si o óbice do radicalismo sindical latino e um certo incentivar ideológico da luta de classes, ainda há pouco dotado de consagração constitucional. Os autores chamam a atenção para a sua não-consagração no texto da Constituição[2202].

Não obstante, trata-se de um aspeto que deve ser preservado, revelando as suas potencialidades à medida que a evolução político-social do País o permita.

354. A autogestão

I. A autogestão postula a entrega das empresas aos trabalhadores a quem competirá, então, a sua gestão.

No ideário da Revolução de 1974-75, a autogestão teve um lugar de relevo: na verdade, ela permitiu contrapor, dentro de uma linguagem socialista, novas soluções a uma política estatizante bem corporizada nas nacionalizações.

Particularmente defendida pelo Partido Socialista, a autogestão logrou uma consagração de relevo na Constituição de 1976[2203]: vários preceitos apontavam mesmo para uma generalização da autogestão, que tenderia a ser dominante.

II. Durante a Revolução, a autogestão não teve, apenas uma radicação teórica e ideológica. Assistiu-se, na verdade, a um multiplicar de situações nas quais os trabalhadores, seja por iniciativa própria, através do "saneamento" dos anteriores gestores, seja perante situações de abandono das empresas pelos seus titulares, ficaram, de facto, à frente da sua gestão[2204].

Na sequência da Constituição, o legislador ordinário elaborou um diploma específico sobre autogestão. Fê-lo, porém, não para dar cumpri-

[2202] Gomes Canotilho/Vital Moreira, *Constituição anotada* cit., 1, 2.ª ed., 299. Quanto às tomadas de posição, na Assembleia Constituinte, contrárias à cogestão e, na época, largamente maioritárias, *vide* Brito Correia, *Direito do Trabalho* cit., III, 244 ss..

[2203] *Vide*, com indicações, Menezes Cordeiro, *Direitos Reais* 1 (1979), 190 ss. e, ainda, *Autogestão em Portugal – Relatório da Comissão Internacional para análise da problemática das empresas em autogestão*, CTF, 1980.

[2204] Tais situações deram-se, aliás, em pequenas e médias empresas; nas mais significativas, o Estado interveio, fundamentalmente, nomeando gestores.

mento ao programa autogestionário do texto fundamental, mas apenas para sancionar ou, pelo menos, responder às aludidas situações de facto[2205]: tal o sentido da Lei n.º 68/78, de 16 de outubro, ou Lei das Empresas em Autogestão[2206].

III. O horizonte curto da denominada lei das empresas em autogestão leva a integrá-la mais no domínio do Direito da economia e não no do trabalho. As discussões suscitadas por esse diploma têm, aliás, mais a ver com a constitucionalidade de alguns dos seus preceitos[2207] do que com as múltiplas problemáticas científicas de construção que ela pode, efetivamente, provocar.

Note-se, no entanto, que a jurisprudência considerou que as situações de autogestão apenas suspendiam os anteriores contratos de trabalho[2208]: a autogestão não põe assim em crise todos os quadros do Direito do trabalho, como, em rigor, deveria suceder, pela pura e simples supressão da subordinação.

[2205] Já anteriormente o Decreto-Lei n.º 821/76, de 12 de novembro, tomara uma série de medidas destinadas a salvaguardar as empresas que se encontravam sob gestão dos trabalhadores; para o efeito, foram paralisadas as ações de reivindicações e de restituição de posse, em medidas de constitucionalidade duvidosa.

[2206] Menezes Cordeiro, *A constituição patrimonial privada*, em *Estudos sobre a Constituição* 3, publ. Jorge Miranda (1979), 365-437 (433-435), onde se faz um sumário do diploma em causa.

Deve ainda sublinhar-se que a Lei das Empresas em Autogestão – Lei n.º 68/78, de 16 de outubro, pressupunha um "Instituto Nacional das Empresas em Autogestão" o qual, criado embora pela lei n.º 66/78, de 14 de outubro, nunca chegou a ser instalado.

[2207] Assim, TC n.º 76/84, de 11-jul.-1984 (Martins da Fonseca), BMJ 352 (1986), 159-176, que considerou constitucional o artigo 47.º do diploma, que determina a caducidade em 120 dias do direito de reivindicar as empresas ocupadas.

[2208] STJ 8-jun.-1984 (Melo Franco), BMJ 338 (1984), 277-282 (279) e 7-nov.-1987 (Melo Franco), TJ 24 (1986), 22-23, bem como REv 16-dez.-1986 (Guerra Pires), CJ XI (1986) 5, 325-327.

ÍNDICE DE JURISPRUDÊNCIA

JURISPRUDÊNCIA PORTUGUESA

Tribunal Constitucional

Supremo Tribunal de Justiça

Supremo Tribunal Administrativo

Tribunal Central Administrativo Sul

Relação de Coimbra

Relação de Évora

Relação de Guimarães

Relação de Lisboa

Relação do Porto

Primeira instância

Procuradoria-Geral da República

JURISPRUDÊNCIA COMUNITÁRIA

Tribunal de Justiça da União Europeia

Tribunal Europeu dos Direitos do Homem

JURISPRUDÊNCIA ESTRANGEIRA

Alemanha

Bundesverfassunggericht

ÍNDICE ONOMÁSTICO

ÍNDICE BIBLIOGRÁFICO

Abrantes, José João – *A vinculação das entidades privadas aos direitos fundamentais*, 1990;
– *Contrat de travail et droits fondamentaux/Contribution à une dogmatique commune européenne, avec référence spéciale au droit allemand et au droit portugais*, 2000;
– *O anteprojecto de Código do Trabalho*, em *Código do Trabalho/Pareceres*, III (2004), 227-270.

Abreu, A. J. Teixeira d' – *Curso de Direito Civil*, 1 – *Introdução*, 1910.

Acordo de política de rendimentos do Conselho Permanente de Concertação Social, de 29 de julho de 1986, RDES XXIX (1987), 431-432.

Actas das sessões da Comissão Revisora do projecto de Codigo Civil Portuguez, 1869.

Adickes, Franz – *Zur Lehre von den Rechtsquellen insbesondere über die Vernunft und die Natur der Sache als Rechtsquellen*, 1872.

Adomeit, Klaus – *Rechtsquellenfragen im Arbeitsrecht*, 1969;
– *Das Günstigkeitsprinzip – neu verstanden*, NJW 1984, 26-27;
– *Gesellschaftsrechtliche Elemente im Arbeitsverhältnis*, 1986;
– *vide* Hanau, Peter.

Ahn, Byung Ha – *Der Vermögensrechtliche Zuweisungsgehalt des Persönlichkeitsrechts/ /Eine grundlagenorientierte Studie*, 2009.

Alfredsson, Gudmundur/Eide, Asbjørn – *The Universal Declaration of Human Rights: A Common Standard of Achievement*, 1999.

Alipantis, Nikitas – *Die Folgen Krisenmanagements für die soziale Situation in Griechenland*, AuR 2016, 180-188.

Almeida, Carlota Pizarro de/Vilalonga, José Manuel/Patrício, Rui – *Estatuto de Roma do Tribunal Penal Internacional e textos complementares*, 2002.

Almeida, Coutinho de – *vide* Leite, Jorge.

Alpa, Guido – *The Future of European Contract Law: Some Questions and Some Answers*, em Katharina Boele-Woelki/Willem Grosheide, *The Future of European Contract Law*, Essays in honour of Ewoud Hondius (2007), 3-17.

Alves, Jeovanna Viana – *Ensaios clínicos*, 2003.

Alzon, C. – *Refléxions sur l'histoire de la locatio-conductio*, RH 41 (1963), 553-591.

Amado, João Leal – *Vinculação versus Liberdade/O processo de constituição e extinção da relação laboral do praticante desportivo*, 2001;
– *Contrato de trabalho*, 2.ª ed., 2018.

Amaral, Alexandre Coelho do – *Corporativismo e Direito corporativo*, 1969/70.

Amaral, Diogo Freitas do – *Introdução ao estudo do Direito* 1, 2004;
– *Manual de introdução ao Direito* 1, 2004.

Amelio, Mariano d' – *Postilla*, RDComm XXVII (1929), I, 669-672.

Amirante, Luigi – *Richerche in tema di locazione*, BIDR 62 (1959), 9-119.

Amorim, Carlos Alberto – *Direito do Trabalho/Da convenção coletiva de trabalho*, 1978, polic.

Amos, Merris – *Human Rights Law*, 2.ª ed., 2014.

Anadiadis, A. – *Die Auslegung von Tarifverträgen/Ein Beitrag zur Auslegungstypologie zwischen Vertrag und Gesetz*, 1974.

Análise, sistematização e consolidação da legislação das relações colectivas de trabalho, 2002.

Anastácio, Gonçalo – *vide* Porto, Manuel Lopes.

Andrade, José Carlos Vieira de – *Os direitos fundamentais na Constituição portuguesa de 1976*, 5.ª ed., 2012.

Andrade, Manuel A. Domingues de – *Direito civil* (*Teoria geral da relação jurídica*), lições por Porfírio Augusto Junqueiro, 1, 1944:

– *Fontes do Direito/Vigência, interpretação e aplicação da lei*, BMJ 102 (1961), 141-152;

– *Esboço de um anteprojecto de Código das pessoas e da família/Na parte relativa ao começo e termo da personalidade jurídica, aos direitos de personalidade, ao domicílio*, BMJ 102 (1961), 153-166;

– *Teoria geral da relação jurídica*, vol. I, *Sujeitos e objeto*, ed. publ. por A. Ferrer Correia e Rui de Alarcão, 1960, reimp., 1972.

Andrade, Vieira de – *Os direitos fundamentais na Constituição Portuguesa de 1976*, 1983; 5.ª ed., 2012.

Ankele, Jörg – *Zum Vorschlag der Kommission der Europäischen Gemeinschaften für eine Zweite gesellschaftsrechtliche Richtlinie*, BB 1970, 988-992.

Annuβ, Georg – *Grundfragen der Entschädigung bei unzulässiger Geschlechtsdiskriminierung*, NZA 1999, 738-744.

Annuβ, Georg/Richardi, Reinhard/Fischinger, Philipp S./Oetker, Hartmut – no *Staudingers Kommentar zum BGB*, §§ 613a-619a (*Diensvertragsrecht*, 2) (2016), 718 pp.,.

Antologia do pensamento jurídico português/Silvestre Pinheiro Ferreira, BMJ 12 (1949), 89-156.

Antunes, Ana Filipa Morais – *Comentário aos artigos 70.º a 81.º do Código Civil: direitos de personalidade*, 2012.

Arbeitsgesetze, da Beck, 92.ª ed., 2018, com introdução de Reinhard Richardi.

Aronstein, C. S. – *International Handbook on Contracts of Employment*, 1976.

Ascensão, José de Oliveira – *Direito corporativo*, 1964, reimpr., 1971;

– *Direito civil/Teoria geral* 1, 2.ª ed., 2002;

– *O Direito/Introdução e teoria geral*, 13.ª ed., 2009;

– *A dignidade da pessoa e o fundamento dos direitos humanos*, Est. Martim de Albuquerque II (2010), 37-58.

Ascensão, José de Oliveira/Marques, Mafalda de Castro Ascensão – *"Boas práticas" e ética nos ensaios clínicos* em *Estudos de Direito da Bioética*, IV, (2012) 193-229.

Ascoli, Alfredo – *Sul contratto collettivo di lavoro*, RDComm 1903, 1, 95-107;

– *Il nuovo codice delle obbligazioni e dei contratti*, RDCiv 1928, 62-67.

Asshoff, Gregor – *Tarifautonomie und Gesetzgeber*, SR 2017, 190-195.

Astuti, Guido – *Consuetudine (diritto intermedio)*, NssDI IV (1960), 310-320.
Ataíde, Rui – *Direito ao esquecimento*, RDC 2018, 281-295.
Aussem, Uwe – *Die Ausstrahlungswirkung der Grundrechte auf des Arbeitsrecht*, 1994.
Aussperrung/Eine Untersuchung ihrer Zulässigkeit unter besonderer Berücksichtigung ihrer geschichtlichen Entwicklung und Handhabung in der Praxis, 1979.
Autogestão em Portugal – Relatório da Comissão Internacional para análise da problemática das empresas em autogestão, CTF, 1980.
Auzero, Gilles/Baugard, Dirk/Dockès, Emmanuel – *Droit du travail*, 31.ª ed., 2018.

Bach, Ivo – *vide* Risse, Jörg.
Badura, Peter – *Grundfreiheiten der Arbeit/Zur Frage einer Kodifikation "sozialer Grundrechte"*, FS Berber (1973), 11-45.
Baeck, Ulrich/Deutsch, Markus – *Arbeitszeitgesetz/Kommentar*, 1999.
Bailly, A./Egger, E. – *Dictionnaire grec-français*, 2000.
Ballerstedt, Kurt – *Probleme einer Dogmatik des Arbeitsrechts*, RdA 1976, 5-14.
Ballestro, Maria Vittoria/Simone, Gisella de – *Diritto del lavoro*, 3.ª ed., 2017.
Bamberger, Heinz Georg – em Bamberger/Roth, *Kommentar zum BGB* I, 2.ª ed., 2007.
Baptista, Eduardo Correia – *Os direitos de reunião e de manifestação no Direito português*, 2006.
Barassi, Ludovico – *Elementi di diritto del lavoro*, 7.ª ed., 1957.
Barreto, Ireneu Cabral – *A Convenção Europeia dos Direitos do Homem*, 5.ª ed., 2015.
Barros, Henrique da Gama – *História da Administração Pública em Portugal nos séculos XII a XV*, tomo IV, 2.ª ed., 1947.
Bartholomeyczik, Horst – *Die Kunst der Gesetzesauslegung/Eine wissenschaftliche Hilfe zur praktischen Rechtsauslegung*, 1951.
Bártolo – *Commentaria super prima/Digesti veteris*, ed. Mediolanum (Milão), 1509, digitalizado na Bayerische Staatsbibliothek.
Basedow, Jürgen – *Die Arbeitskampfschutzklausel der Art. 9 Abs. 3 Satz 3 Grundgesetz//Zugleich ein Beitrag zum Thema "Arbeitskampf und Notstandsverfassung"*, 1977;
– (org.) *Europäische Vertragsvereinheitlichung und deutsches Recht*, 2000;
– *Grundlagen des europäischen Privatrechts*, JuS 2004, 89-96;
– *Die Europäische Zivilgesetzbuch und ihr Recht/Zum Begriff des Privatrechts in der Gemeinschaft*, FS Canaris 1 (2007), 43-57.
Basto, Nuno Cabral – *Ordem natural e organização plural*, ESC VI, 24 (1967), 115-154;
– *A natureza da convenção coletiva de trabalho: supostos epistemológicos da sua indagação*, ESC 30 (1969), 60-87.
Bastos, Jacinto Rodrigues – *Das relações jurídicas/Segundo o Código Civil de 1966* 1, 1967;
– *Das obrigações em geral/Segundo o Código Civil de 1966* 2, 1972.
Baugard, Dirk – *vide* Auzero, Gilles.
Baur, Fritz – *Neue Verbindungslinien zwischen Privatrecht und Öffentlichen Recht*, JZ 1963, 41-47.
Bayreuther, Frank – *Tarifautonomie als kollektiv ausgeübte Privatautonomie/Tarifrecht im Spannungsfeld von Arbeits-, Privat- und Wirtschaftsrecht*, 2005.
Beaucamp, Guy/Treder, Lutz – *Methoden und Technik der Rechtsanwendung*, 2.ª ed., 2011.

Beck, Alexander – *Zur Entstehung des römischen Mietvertrages*, FS Hans Lewald (1953), 3-13.

Beck, Lukas – *Gesetzesauslegung aus methodentheoretischer Sicht*, Jura 2018, 330-338.

Beck, Thorsten – *Rationalisierrungsschutz und Grenzen der Tarifmacht*, I, AuR 1981, 333-344 e II, AuR 1981, 367-377.

Beck'sche Formularbuch, Bürgerliches, Handels- und Wirtschaftsrecht, 9.ª ed., 2003.

Becker, Friedwart A./Horn, Claus-Henrick – *Notwendige Regelungen eines deutschen Mediationgesetzes*, SchiedsVZ 2006, 270-275.

Becker, Martin – *Arbeitsvertrag und Arbeitsverhältnis/während der Weimarer Republik und in der Zeit des Nationalsozialismus*, 2005.

Behrends e outros, Okko – *Corpus iuris civilis/Die Institutionen*, 1993;
– *Corpus iuris civilis/Text und Übersetzung*, II – *Digesten* 1-10, 1995.

Behrens, Karl – *Fernwirkung der in einer Tarifvertrag vereinbarten Arbeitsbedingungen*, 1928.

Beitzke, Günther – *Betrachtungen zur Methodik im Internationalprivatrecht*, FS Smed (1952), 1-22.

Beleza, Maria Leonor/Sousa, Miguel Teixeira de – *Direito de associação e associações*, em *Estudos sobre a Constituição*, publ. Jorge Miranda, 3 (1979), 121-194.

Belling, Detlev W. – *Umsetzung der Antidiskriminierungsrichtlinie im Hinblick auf das kirchliche Arbeitsrecht*, NZA 2004, 885-839.

Beltrão, Sílvio Romero – *Direitos da personalidade*, 2.ª ed., 2014.

Bepler, Klaus – *vide* Henssler, Martin.

Berg, Peter/Kocher, Eva/Platow, Helmut/Schoof, Christian/Schumann, Dirk – *Tarifvertragsgesetz und Arbeitskampfrecht*, 4.ª ed., 2013.

Berger/Wendeling-Schröder/Wolter – *Die Zuläsigkeit tarifvertraglicher Besetzungsregelung*, RdA 1980, 299-313.

Berg-Schlosser, Dirk – *Zur Universalität von Menschenrechten – Probleme und Grenze*, em Fritzsche/Lohmann, *Menschenrechte* (2000), 25-37.

Berka, Walter – *Das islamische Kopftuch: Antidiskriminierung und Religionsfreiheit in den Rechtssachen Achbita und Bugnaoui*, EuZA 10 (2017), 465-484.

Berland, David L. – *Stopping the pendulum: why stare decisis should constrain the court from further modification of the search incident to arrest exception*, Un. Il. LR 2011, 695-739.

Bernard, Alain – *La grève, quelle responsabilité?*, DS 1986, 635-643.

Bertele, Franz – *Rechtsnatur und Rechtsfolgen der Aussperrung*, 1960.

Bertola, Arnaldo – *Consuetudine (diritto canonico)*, NssDI IV (1960), 333-334.

Bertzbach, Nartin – *vide* Daubler, Wolfgang.

Beseler, Gerhard – *Miszellen*, SZRom 55 (1934), 226-272.

Besgen, Nicolai – *Handbuch/Betriebsverfassungsrecht/Verfahren, Gebühren und Streitwerte*, 4.ª ed., 2010.

Betti, Emilio – *Il progetto di un codice italo-francese delle obbligazioni e dei contratti*, RDComm XXVII (1929), I, 665-668.

Betz, Christoph – *Die gerichtliche Verwertbarkeit datenschutzwidrig erlangter Beweismittel*, RdA 2018, 100-110.

Beul, Carsten René – *Si mensor falsum modum dixerit/Untersuchung zu D. 11.6 zu den Artes liberales und zum Dolus malus*, 1998.

Beuthien, Volker – *Gedanken zum Verhältnis von Arbeitsrecht und Gesellschaftsrecht*, FS Jahre Bundesarbeitsgericht (1979), 1-16.

Beuthien, Volker/Schmölz, Anton S. – *Persönlichkeitsschutz durch Persönlichkeitsgüterrechte/Erlösherausgabe statt nur billige Entschädigung in Geld*, 1999.

Bezerra Júnior, Luis Martius Holanda – *O tempo e o direito na sociedade de informação: o limite temporal para a manutenção de informações pessoais como corolário de um direito de personalidade*, 2015.

Bieback, Karl-Jürgen – *Arbeitskampfrecht*, publ. W. Däubler, 1984.

Bieber, Hans Joachim – *Die Rolle von Gewerkschaften und Wirtschaftsverhänden bei der Entstehung des Arbeitsrechts*, em Hans G. Nutzinger, *Die Entstehung des Arbeitsrechts in Deutschland/Eine aktuelle Problematik in historischer Perspektiv*, 1998, 15-69.

Biebl, Josef – *vide* Neumann, Dirk.

Biedenkopf, Kurt H. – *Grenzen der Tarifautonomie*, 1964.

Binkert, Gerhard – *Gewerkschaftliche Boykottmaßnahmen im System des Arbeitskampfrechts*, 1981.

Birk, Rolf – *Die Aussperrung in Rechtsvergleichenden Sicht*, ZfA 1979, 231 ss.;
– *Das internationale Arbeitsrecht der Bundesrepublik Deutschland*, RabelsZ 46 (1982), 384-420;
– *Arbeitsrecht und Internationales Privatrecht*, RdA 1999, 13-18;
– *Die Durchsetzung internationalen arbeitsrechtlicher Standards in Entwicklungsländern durch die Europäische Union*, FS Klaus Adomeit (2008), 73-82.

Bischoff, Sabine – *Arbeitsrecht in der Weimarer Republik*, 1987.

Bispinck, Reinhard – *60 Jahre Tarifvertragsgesetz/Stationen der Tarifpolitik von 1949 bis 2009*, em Bispinck/Schulten, *Zukunpf der Tarifautonomie* (2013), 21-34.

Blackstones – *Employment Law Practice*, Gavin, Mansfield e Lydia Banerjee, 2019.

Blanke, Thomas – *Probleme einer Theorie des Arbeitsrechts*, KJ 6 (1973), 349-360.

Bleckmann, Albert – *Zu den Auslegungsmethoden des EuGH*, NJW 1982, 1177-1182.

Bley, Helmar – *Sozialrecht*, 5.ª ed., 1986.

Bobbio, Norberto – *Consuetudine (teoria generale)*, ED IX (1961), 426-442.

Bobrowski, Paul/Gaul, Dieter – *Das Arbeitsrecht im Betrieb/von der Einstellung bis zur Entlassung*, 8.ª ed., 1986.

Boemke, Burkhard – *Aktuelles zum GmbH-Geschäftsführer aus arbeitsrechtlicher Sicht*, RdA 2018, 1-24.

Bogdandy, Armin – *Deutsche Rechtswissenschaft im europäischen Rechtsraum*, JZ 2011, 1-6.

Böhme, Markus – *vide* Christensen, Ralph.

Bommel, Robert – *vide* Hähnchen, Susanne.

Bonacossa, Ippolito – *De servis vel famulis tractatus*, Veneza, 1575, digitalizado (bem como edições ulteriores), na *Bayerische Staatsbibliothek*.

Boochs, Wolfgang – *Rechtsprobleme der abhängigen Arbeit im Alten Ägypten/Anmerkungen zu Trinkner*, BB 1991, 1711-1712.

Borelli, Silvia – *Der Arbeitsnehmerbegriff im europäischen Recht/Ein Überblick über die Rechtsprechung des Europäischen Gerichtshofs*, AuR 2011, 472-477.

Borg, Reinhard – *Allgemeiner Teil des Bürgerlichen Gesetzbuchs*, 3.ª ed., 2011.
Borges, Isabel Vieira – *vide* Ramalho, Rosário Palma.
Börgmann, Udo – *vide* Wank, Rolf.
Bötticher, Eduard – *Gestaltungsrecht und Unterwerfung im Privatrecht*, 1964.
Bouyssic, Roger – *Une nouvelle conception du droit de grève?*, DS 1986, 745-750.
Bracker, Susanne – *Kohärenz und juristische Interpretation*, 2000.
Bram, Rainer – *Aktuelle prozessrechtliche Fragen im einstweiligen Rechtsschutz von Arbeitskampfmaßnahmen?*, AuR 2017, 242-246.
Brandner, Hans Erich – *Das allgemeine Persönlichkeitsrecht in der Entwicklung durch die Rechtsprechung*, JZ 1983, 689-696.
Brandt, Herman – *vide* Pfarr, Heide M.
Brandt, Lars-Peter – *Die Chancen für eine einheitliche Auslegung eines Europäischen Zivilgesetzbuches*, 2009.
Brassloff, Stephan – *Sozialpolitische Motiven in der römischen Rechtsentwicklung*, 1933.
Braun, Axel – *vide* Thüsing, Gregor.
Braun, Johann – *Redespirale und gelenkter Diskurs*, FS Klaus Adomeit (2008), 83-93.
Braun, Manfred – *Juristenausbildung in Deutschland*, 1980.
Bravo, Augusta/Buch, Angelika – *Portugal*, em Marcus Felsner/Nadja Roβ-Kirsch, *Handbuch internationales Arbeitsrecht* (2014), 337-343.
Breidenbach, Stephan/Peres, Holger – *Die DIS-Mediationsordnung*, SchiedsVZ 2010, 125-130.
Brewitz, Marit – *vide* Loos, Alexander.
Brichet, Robert – *Associations et syndicats*, 1976.
Britz, Gabriele/Volkmann, Uwe – *Tarifautonomie in Deutschland und Europa/Grundfragen, Probleme, Perspektiven*, 2003.
Broekmann, Jan – *Juristischer Diskurs und Rechtstheorie*, RTh 11 (1980), 17-46.
Brors, Christian – *Wann ist eine Arbeitsdiskriminierung nach der Rechtsprechung der EuGH gerechtfertigt?*, RdA 2012, 346-353.
Brose, Wiebke – *Befristungsrecht*, em Ulrich Preis/Adam Sagan, *Europäisches Arbeitsrecht* (2015), 474-534.
Brosius-Gersdorf, Frank – *Demografischer Wandel in Deutschland – Auswirkungen auf die Arbeitswelt und Herausforderungen für die Rechtsordnung*, SR 2018, 70-83.
Brox, Hans/Rüthers, Bernd – *Arbeitskampfrecht/Ein Handbuch für die Praxis*, 2.ª ed., 1982.
Brox, Hans/Rüthers, Bernd/Henssler, Martin – *Arbeitsrecht*, 19.ª ed., 2016.
Brox, Hans/Walker, Wolf-Dietrich – *Allgemeiner Teil des BGB*, 40.ª ed., 2016.
Brückner, Christian – *Das Personenrecht des ZGB (ohne Beurkundung des Personenstandes)*, 2000.
Brunner, Curt – *Der Boykott/selbständiges oder unselbständiges Nebenkampfmittel einer zulässigen Arbeitskampfes*, 1979.
Bubb, Georg – *Vereinbarung im Tarifvertrag*, 1930.
Buch, Angelika – *vide* Bravo, Augusta.
Bucher, Andreas – *Natürliche Personen und Persönlichkeitsschutz*, 4.ª ed., 2009.
Bucher, Eugen – *Zur Lügenkultur gennant Political Correctness*, FS Klaus Adomeit (2008), 95-115.

Buchner, Herbert – *"Nichts sehen, nichts hören, nichts sprechen"/Stellenbewertungen unter dem AGG*, FS Klaus Adomeit (2008), 117-129.

Bücker, Andreas – *Richterliche Erkenntnisse über wahre Steikziele und die Rühreitheorie*, AuR 2017, 328-332.

Buckland, William Warwick – *The Roman Law of Slavery/The condition of the slave in private law from Augustus to Justinian*, 1908.

Buergenthal, Thomas – *International Human Rights in an Historical Perspective*, em Symonides (ed.), *Human Rights* (2000), 3-30.

Bullinger, Martin – *Öffentliches Recht und Privatrecht*, 1968.

Bultmann, Peter Friedrich – *Rechtsfortbildung von EG-Richtlinienrecht*, JZ 2004, 1100--1106.

Bundesministerium für Arbeit und Soziales – *Übersicht über das Arbeitsrecht/Arbeitsschutzrecht*, 2018/2019.

Bunge, Thomas – *Tarifinhalt und Arbeitskampf*, 1980.

Burckas, Leo – *Eigentumsrecht. Urheberrecht und Persönlichkeitsrecht an Briefen*, 1907.

Burckhardt, Carl Christoph – *Zur Geschichte der locatio conductio*, 1889.

Busch, Dany/Hondius, Ewoud – *Ein neues Vertragsrecht für Europa: die Principles of European Contract Law aus niederländischer Sicht*, ZEuP 2001, 223-247.

Busche, Jan – *Privatautonomie und Kontrahierungszwang*, 1999.

Buschmann, Rudolf – *Europäisches Arbeitszeitrecht*, FS Franz-Josepf Düwell (2011), 34-52;

– *Internationales Arbeitszeitrecht*, FS Gerhard Etzel 75. (2011), 103-108;

– *Arbeitszeitgesetz: Basiskommentar mit Nebengesetzen und Europäischem Recht*, 2015.

Bussani, Mauro – *In search of a European Privat Law (Trento Project)*, em *Um Código Civil para a Europa*, BFD 2002, 79-100.

Bussani, Mauro/Mattei, Ugo – *The Common Core of European Private Law*, 1993.

Bussani, Mauro/Palmer, Vernon Valentine – *Pure Economic Loss in Europe*, 2003.

Cabral, M. Villaverde – *O desenvolvimento do capitalismo em Portugal no século XIX*, 1976;

– *Sobre o século XIX português: a transição para o capitalismo*, Análise Social, XII (45), 1976/1.º, 106-126.

Cabral, Rita Amaral – *O direito à intimidade da vida privada* (*Breve reflexão àcerca do artigo 80.º do Código Civil*), em *Estudos em Memória do Professor Doutor Paulo Cunha* (1988), separata.

Caetano, Marcello – *Lições de Direito Corporativo*, 1935;

– *Manual de Direito Administrativolo* 1, 1973.

Callsen, Raphäel – *vide* Rehder, Britta.

Camerlynck, G. H./Lyon-Caen, Gérard/Pélissier, Jean – *Droit du travail*, 13.ª ed., 1986 e 14.ª ed.,. 1988.

Campinos, Jorge – *A ditadura militar 1926/1933*, 1975.

Campos, Diogo Leite de – *Lições de direitos de personalidade*, 2.ª ed., 1992.

Canaris, Claus-Wilhelm – *Die allgemeinen Arbeitsbedingungen im Schnittpunkt von Privat- und Kollektiveautonomie*, recensão a Franz-Jürgen Säcker, *Gruppenautonomie und Übermachtkontrolle im Arbeitrecht* (1972), RdA 1974, 18-26;

– *Tarifdispositive Normen und richterliche Rechtsfortbildung*, GS Rolf Dietz (1973), 199-223;

– *Die Feststellung von Lücken*, 2.ª ed., 1983;

– Systemdenken und Systembegriff in der Jurisprudenz, 2.ª ed., 1983;

– *Grundrechte und Privatrecht*, AcP 184 (1984), 201-246;

– *Grundrechtswirkungen und Verhältnismässigkeitsprinzip in der richterlichen Anwendung und Fortbildung des Privatrechts*, JuS 1989, 161-172;

– *Die richtlinienkonforme Auslegung und Rechtsfortbildung im System der juristischen Methodenlehre*, FS Bydlinski (2002), 47-103;

– *Handelsrecht*, 24.ª ed., 2006;

– *vide* Larenz, Karl.

Canotilho, J. J. Gomes – *Constituição dirigente e vinculação do legislador*, 1982;

– *Direito constitucional*, 4.ª ed., 1986.

Canotilho, J. J. Gomes/Leite, Jorge – *A inconstitucionalidade da lei dos despedimentos*, 1988 = Sep. Est. Ferrer Correia (1984), com um apêndice, *Comentário ao Acórdão n.º 107/88*.

Canotilho, J. J. Gomes/Moreira, Vital – *Constituição da República Portuguesa anotada* 1, 2.ª ed., 1984 e 4.ª ed., 2007, reimp., 2015.

Canotilho, Mariana – *vide* Silveira, Alessandra.

Cardoso, Augusto Lopes – *Do segredo profissional na advocacia*, 1998.

Carinci, Franco/Tamajo, Raffaele de Luca/Tosi, Paolo/Treu, Tiziano – *Diritto del lavoro*, 1 – *Il diritto sindacale*, 8.ª ed., 2018; 2 – *Il rapporto di lavoro subordinato*, 9.ª ed., 2016.

Carinci/Tamajo/Tosi/Treu – *Diritto del lavoro*, I – *Il diritto sindacale*, 1987.

Carneiro, Manuel Borges – *Direito Civil de Portugal* I, 1826.

Carnell, Richard/Macey, Jonathan R./Miller, Geoffrey P. – *The Law of Banking and Financial Institutions*, 4.ª ed., 2008.

Carnelutti, Francesco – *Teoria del regulamento collettivo dei rapporti di lavoro*, 1930.

Carocio, Vincenzo – *Tractatus locati et conducti*, Veneza, 1649, digitalizado na *Complutense* de Madrid.

Carta dos Direitos Fundamentais da União Europeia, JOUE C 364/1-21, de 18-dez.-2002.

Cartwright, John/Hesselink, Martijn – *Precontractual Liability in European Private Law*, 2008.

Carvalho, António Nunes de – *Responsabilidade civil do empresário e greve*, RDES XXVIII (1986), 367- 421 e 571-596;

– *Promeiras notas sobre a contratação colectiva atípica*, RDES 1999, 353-404 e 2000, 9-36;

– *vide* Pinto, Mário.

Carvalho, Catarina de Oliveira – *Da dimensão da empresa no Direito do trabalho/ Consequências práticas da dimensão da empresa na configuração das relações laborais individuais e colectivas*, 2011.

Casper, Georg – *vide* Löwisch, Manfred.

Castan, Melissa – *vide* Joseph, Sarah.

Castelvetri, Laura – *Analisi critica del sistema contrattuale vigente nelle valutazioni della dottrina*, RIDLav 1 (1982), 385-425;
– *Il diritto del lavoro delle origine*, 1994.
Castronovo, Carlo – *Principi di diritto europeo dei contratti*, Parte I e II, 2001.
Catalano, Franco – *Servi della gleba*, NssDI XVII (1970), 98-99.
Cataudella, Antonino – *Adesione ai sindacato e prevalenza del contratto collettivo sul contratto individuale di lavoro*, RTDPC XX (1966), 544-571.
Caupers, João – *Os direitos fundamentais dos trabalhadores e a Constituição*, 1985.
Caupers, João/Magalhães, Pedro – *Relações colectivas de trabalho*, 1978.
Cavers, David F. – *A critique of the choice-of-law problem*, Harward Law Review, 47 (1933/34), 173-208.
Cessari, Aldo – *Il "favor" verso il presratore di lavoro subordinato*, 1983.
Chenu, M. D. – *Arbeit* I, no HistWPh 1 (1971), 480-482.
Chorão, Mário Emílio Bigotte – *Direito do trabalho*, 3 volumes, 1970-71, polic.
Christensen, Ralph – *vide* Pöters, Stephan.
Christensen, Ralph/Böhme, Markus – *Europas Auslegungsgrenzen/Das Zusammenspiel von Europarecht und nationalem Recht*, RTh 40 (2009), 285-311.
Ciafardini, Luciano/Giudice, Federico del/Izzo, Fausto – *Codice del lavoro*, 17.ª ed., 2018.
Clay, Susanne – *Cybermob/Mobbing im Internet*, 2010.
Clive, Eric – *vide* von Bar, Christian.
Código do Trabalho/Anteprojecto, I, 2004.
Coelho, Henrique Pereira – *Concertação Social/A experiência de cinco países*, 1985.
Coelho, J. G. Pinto – *Direito Civil (Noções fundamentais)*, 1936-37.
Coester-Waltjen, Dagmar – *Die Inhaltskontrolle von Verträgen ausserhalb des AGBG*, AcP 190 (1980), 1-33.
Coing, Helmut – *Die juristischen Auslegungsmethoden und die Lehren der allgemeinen Hermeneutik*, 1959.
Coing, Helmut/Honsell, Heinrich – *Einleitung zum BGB*, em *Eckpfeiler des Zivilrechts* (2008), 1-41.
Coiquaud, Urwana/Coutu, Michel – *Oberter Gerichtshof Kanadas erkennt Verfassungsrang des Streikrechts an*, AuR 2018, 160-163.
Collecção de Decretos e Regulamentos mandados publicar por sua Magestade Imperial o Regente do Reino desde a sua entrada em Lisboa até à instalação das Câmaras Legislativas, 1840.
Collecção de Legislação Portugueza, 1891.
Collecção official da Legislação Portugueza, 1855.
Comissão Europeia, *Comunicação relativa à agenda social de 9-fev.-2005*, COM (2005) 33 final;
– *Livro Verde/Modernizar o direito do trabalho para enfrentar os desafios do século XXI*, COM 2006/708 final.
Comparative Labour Law and Industrial Relations, ed. R. Blanpain/F. Millard, 1982.
Conselho Permanente de Concertação Social – *Política de rendimentos para 1987* de 16 de fevereiro de 1987.
Conselho Pontifício, *Compêndio da Doutrina Social da Igreja*, 2005.

Constituições portuguesas, publ. Jorge Miranda – I – *Constituição de 1822*, BMJ 234 (1974); II – *Carta Constitucional*, BMJ 235 (1974); III – *Constituição de 1838*, BMJ 236 (1974); IV – *Constituição de 1911*, BMJ 237 (1974); V – *Constituição de 1933*, BMJ 240 (1974).

Cordeiro, A. Barreto Menezes – *Dados pessoais: conceito, extensão e limites*, RDC 2018, 297-321.

Cordeiro, António Menezes – *Direitos Reais* 1, 1979;

– *A constituição patrimonial privada*, em *Estudos sobre a Constituição* 3, publ. Jorge Miranda (1979), 365-437;

– *Violação positiva do contrato*, ROA 1981, 128-152;

– *Da situação jurídica laboral: perspectivas dogmáticas do Direito do trabalho*, sep. ROA 1982;

– *Da boa fé no Direito civil*, 1984;

– *Tendências atuais da interpretação da lei: do juiz-autómato aos modelos de decisão jurídica*, Tribuna da Justiça 12 (1985), 1 ss. = Revista Jurídica, 1987;

– *Lei (aplicação da)*, Enc. Pólis 3 (1985), 1046-1062;

– *Direito da economia*, 1986;

– *Concorrência laboral e justa causa de despedimento*, ROA 1986, 497-526;

– *Problemas de aplicação da lei no tempo/Disposições transitórias*, em *A feitura das leis*, 2 (1986), 359-371;

– *Problemas de sistematização*, em *A feitura das leis*, 2 (1986), 133-149;

– *Direito do Trabalho* 1, 1.ª ed., 1986/87 polic;

– *Da alteração das circunstâncias* (1987), nos Estudos em memória do Prof. Doutor Paulo Cunha, separata;

– *Direito das obrigações* 1, 1988;

– *Introdução* à versão portuguesa *Pensamento sistemático e conceito de sistema na Ciência do Direito*, de Claus-Wilhelm Canaris, 1989;

– *Da aplicação da lei no tempo e das disposições transitórias*, Legislação 7 (1993), 7-29;

– *Manual de Direito do trabalho*, 1994;

– *Convenções colectivas de trabalho e alterações de circunstâncias*, 1995;

– *O respeito pela esfera privada do trabalhador*, em António Moreira (coord.), *I Congresso Nacional de Direito do trabalho/Memórias* (1998), 19-37;

– *Os direitos de personalidade na civilística portuguesa*, em *Estudos em Honra do Prof. Doutor Inocêncio Galvão Telles*, 1 (2002), 21-45;

– *Da compensação no Direito civil e comercial*, 2003;

– *Inovação e aspectos constitucionais sobre o anteprojecto de Código do Trabalho*, em *Código do Trabalho/Pareceres*, III (2004), 7-96;

– *Vernáculo jurídico: directrizes ou directivas?*, ROA, 2004, 609-614;

– *Direito europeu das sociedades*, 2005;

– *Convenções colectivas de trabalho e Direito transitório: com exemplo no regime da reforma no sector bancário*, Est. Oliveira Ascensão II (2008), 1489-1511;

– *Direito das sociedades* 1, 3.ª ed., 2011;

– *Litigância de má-fé*, 3.ª ed., 2014;

– *Direito bancário*, 6.ª ed., 2016;

– *Direito comercial*, 4.ª ed., 2016;
– *Direito dos seguros*, 2.ª ed., 2016;
– *A reforma francesa do Direito das obrigações (2016)*, RDC 2017, 9-29;
– *Tratado de Direito civil*, 12 volumes, 1999-2018;
– *Direito do trabalho* I, 2018.

Correia, Ferrer – *Considerações sobre o método do Direito internacional privado*, em *Estudos vários de Direito* (1982), 309-398.

Correia, Luís Brito – *Direito do trabalho*, 1 – *Relações individuais*, 1981/82, polic., 2 – *Relações colectivas*, 1981/82, polic. e 3 – *Participação nas decisões*, 1984, polic.

Correia, Sérvulo – *Cooperação, Cooperativismo e Doutrina Cooperativa*, ESC 15 (1965), 9-84;
– *O sector cooperativo português/Ensaio de uma análise de conjunto*, BMJ 196 (1970), 31-147;
– *Sumários de Direito Corporativo*, 1971.

Costa Júnior – *História breve do movimento operário português*, 1964.

Costa, Emilio – *La locazione di cose nel diritto romano*, 1915.

Coupette, Corinna/Fleckner, Andreas M. – *Quantitative Rechtswissenschaft/Sammlung, Analyse und Kommunikation juristischer Daten*, JZ 2018, 379-389.

Coutu, Michel – *vide* Coiquaud, Urwana.

Coviello, Nicola – *Manuale di diritto civile italiano/Parte generale*, 3.ª ed. rev. por Leonardo Coviello, 1924.

Creifelds e outros, Carl – *Rechtswörterbuch*, 18.ª ed., 2004.

Cunha, Paulo – *Teoria geral do Direito civil/Apontamentos inéditos das lições*, 1971;
– *Teoria geral do Direito civil*, 1971-72.

Cupis, Adriano de – *Os direitos da personalidade*, trad. Adriano Vera Jardim/António Miguel Caeiro, 1961.

Currie, Brainerd – *Notes on methodes and objectives in the conflicts of laws*, Duke Law Journal 1959, 171-191.

Curzio, Pietro – *Il concetto di "sindacato maggiormente rapresentativo". Appunti critici*, FI 1982, I, 2570-2578.

Dacruz, Borrajo – *Derecho del trabajo*, 6.ª ed., 1985.

Daemger, Michael – *Rück- und Fortwirkung im Privatrecht*, 2005.

Dambach, Karl E. – *Mobbing in der Schulklasse*, 2009.

Damm, Reinhard – *Personenrecht/Klassik und Moderne der Rechtsperson*, AcP 202 (2002), 841-879.

Dankwardt, H. – *Der Arbeiter-Vertrag*, JhJb 14 (1875), 228-283.

Danz, Erich – *Laienverstand und Rechtsprechung (§§ 157, 242 BGB)*, JhJb 38 (1899), 373-500;
– *Rechtsprechung nach der Volkanschauung und nach dem Gesetz/Ein Beitrag zur Lehre von Gewohnheitsrecht und zur Gesetzauslegung*, JhJb 54 (1909), 1-81.

Däubler, Wolfgang – *Der Streik im öffentlichen Dienst*, 2.ª ed., 1971;
– *Das Grundrecht auf Mitbestimmung/Theorie und Praxis der Gewerkschaften*, 1973;
– *Das Grundrecht auf Streik – Eine Skizze*, ZfA 1973, 201-226;
– *Tarifvertragsgesetz*, 4.ª ed., 2016;

– *Digitalisierung und Arbeitsrecht*, SR (Sonderaugabe, Juli), 2016, 1-44;
– *Herausforderungen für das Arbeitsrecht/Deregulierung, Globalisierung, Digitalisierung*, AuR 2016, 325-334;
– *Haftung der Gewerkschaft für Millionenschäden?*, AuR 2017, 232-237;
– *Eine Utopie aus der Wüste? Der "Code du Travail Alternatif" in Frankreich*, SR 2018, 97-107.

Däubler, Wolfgan/Kittner, Michael/Klebe, Thomas/Wedde, Peter – *BetrVG/Betriebsverfassungsgesetz Kommentar für die Praxis*, 16.ª ed., 2018.

Daubler, Wolfgang/Bertzbach, Nartin – *Arbeitskampfrecht*, 4.ª ed., 2018.

Däubler, Wolfgang/Hjort, Jens Peter/Schubert, Michael/Wolmerath, Martin – *Arbeitsrecht/Individualarbeitsrecht mit kollektivrechtlichen Bezügen/Handkommentar*, 4.ª ed., 2017.

Dauzat, Albert – *vide* Dubois, Jean.

Davenport, Noa/Schwarz, Ruth D./Elliot, Gail Pursell – *Mobbing: Emotional Abuse in the American Workplace*, 1999.

David, M. – *Gai institutiones secundum codicis veronensis apographum studemundianum et reliquias in Aegypto repertas*, 1964.

Davidov, Guy – *A Purpositive Approach to Labour Law*, 2018.

Davulis, Tomas – *Chancen und Risiken der Freizügigkeit aus der Sicht der jüngere Mitgliedstaaten*, RdA 2012, 258-262.

Dechristé, Caroline – *vide* Radé, Christophe.

Degenhart, Christoph – *Das allgemeine Persönlichkeitsrecht*, JuS 1992, 361-368.

Deinert, Olaf – *Neues Internationales Arbeitsvertragsrecht*, RdA 2009, 144-154;
– *Negative Koalitionsfreiheit/Überlegung am Beispiel der Differenzierungsklausel*, RdA 2014, 129-135;
– *Tariffähigkeit, Tarifenheit und Mindestlohn*, AuR 2016, 444-448;
– *Migration und Arbeitsrecht*, ZfA 2018, 17-43;
– *vide* Rehder, Britta.

Deinert, Olaf/Kittner, Michael – *Die arbeitsrechtliche Bilanz der Großen Koalition 2013-2017*, RdA 2017, 342-352.

Delgado, Mauricio Godinho – *Curso de Direito do trabalho*, 17.ª ed., 2018.

Dendorfer, Renate/Lack, Jeremy – *The Interaction Between Arbitration and Mediation: Vision vs. Reality*, 2007, 195-205.

Denecke – *Vermögensrechtliches oder personenrechtliches Arbeitsverhältnis?*, DAR 1934, 220 ss.

Déprez, Jean – *L'existance de révendications préalables, condiction de licéité de la grève*, DS 1986, 610-614.

Dernbowski, Willy – *Der Tarifvertrag in Königsberg, Pr.*, 1914.

Dernburg, Heinrich/Biermann, Johanes – *Pandekten* 2, 7.ª ed., 1903.

Dersch, Hermann – *Das Gesetz zur Ordnung der nationalen Arbeit/Kommentar*, 1934;
– *vide* Kaskel, Walter.

Despax, Michel – *Le Droit du travail*, 1973.

Deutsch, Markus – *vide* Baeck, Ulrich.

Dias, João António Álvaro – *Dano corporal/Quadro epistemológico e aspetos ressarcitórios*, 2000.

Dias, Jorge de Figueiredo – *Comentário Conimbricense ao Código Penal* II, 1999.

Dieterich, Thomas – *Die grundrechtsdogmatiischen Grenzen der Tarifautonomie in der Rechtsprechung des Bundesarbeitsgerichts*, FS Herbert Wiedemann (2002), 229-249;
– *Tarifautonomie und Gesetzgebung/Eine verfassungsgeleitetes Kompetenzverhältnis*, 2003.

Dietz, Rolf – *Die Koalitionsfreiheit*, in Bettermann/Nipperdey/Scheuner, III/1 (1958) 417-473.

Docan, Georges P. – *Code comparé des obligations*, 1937.

Dockès, Emmanuel – *vide* Auzero, Gilles.

Doerk, Klaus – *Der Streik als unerlaubte Handlung im Sinne des § 826 (BGB)*, 1954.

Dommermuth-Alhäuser, Daniel – *Arbeitsrechtsmissbrauch*, 2015.

Domröse, Ronny – *vide* Leible, Stefan.

Donellus, Hugo – *Commentatorium de jure civile*, 1840; o original é de 1590.

Doralt, Walter – *Strukturelle Schwächen in der Europäisierung des Privatrechts/Ein Prozessanalyse der jüngeren Entwicklungen*, RabelsZ 74 (2010), 260-285.

Doralt, Werner – *Arbeitsrecht*, 2018.

Dornelas (coord.), António – *Livro Verde sobre as Relações Laborais*, 2006.

Drake, C. D. – *Labour Law*, 3.ª ed., 1981.

Dray, Guilherme – *Direitos de personalidade/Anotações ao Código Civil e ao Código do Trabalho*, 2006;
– *O princípio da proteção do trabalhador*, 2015.

Drechsler, Carola – *vide* Pechtstein, Matthias.

Dribbusch, Heiner – *60 Jahre Arbeitskampf in der Bundesrepublik*, em Reinhard Bispinck/ /Thorten Schulten, *Zukunft der Tarifautonomie: Bilanz und Ausblick*, 2010;
– *60 Jahre Arbeitskampf in der Bundesrepublik*, em Bispinck/Schulten, *Zukunpf der Tarifautonomie* (2013), 145-168.

Duarte, Diogo Pereira – *vide* Ramalho, Rosário Palma.

Duarte, Maria Luísa/Lopes, Carlos Alberto – *Tratado de Lisboa*, 2.ª ed., 2010.

Dubois, Jean/Mitterand, Henri/Dauzat, Albert – *Dictionnaire étymologique et historique du français*, 2011.

Dubois, Jean-Pierre – *Multinationale Unternehmen und die Möglichkeiten des Abschlusses internationaler Tarifverträge* I e II, AuR 1975, 129-142 e 172-175.

Dumke, Marcel – *Aufdrängen gewerkschaftlicher Informationen auf elektromischem Wege/Ansprüche der Gewerschaften auf Nutzung betrieblicher E-Mail-Adressen und Intranetseiten?*, RdA 2009, 77-82.

Dumont, Jean Christian – *Servus. Rome et l'esclavage sous la république*, 1987.

Dunkmann, Karl – *Werksgemeinschaft als Organisationsproblem*, em Karl Vorweck/Karl Dunkmann, *Die Werksgemeinschaft in historicher und soziologischer Beleuchtung* (1928), 63-130;
– *vide* Vorweck, Karl.

Dütz, Wilhelm/Thüsing, Gregor – *Arbeitsrecht*, 22.ª ed., 2017.

Duve, Thomas – HKK/BGB (2003), I, §§ 1-14.

Düwell, Franz-Joseph – *150 Jahre gesetzliches Verbot der Kinderarbeit in Deutschland*, AuR 1989, 233-240.

Dyson – *vide* Rideout.

Ebert, Joachim – *Die Arbeitswelt der Antike*, 1984.
Echterhölter, Rudolf – *Zur Praxis der Arbeitsbeziehung in Grossbritanien*, RdA 1982, 299-304.
Eckart, Wolf-Dieter – *Die verfassungskonforme Auslegung von Gesetzen*, 1966.
Eckstein, Hans R. – *Tarifvertrag und Tarifordnung: ein soziologischer und weltanschaulicher Vergleich*, 1937.
Edenfeld, Stefan – *Betriebsverfassungsrecht/Mitbestimmung in Betrieb, Unternehmen und Behörde*, 4.ª ed., 2014.
Eger, Thomas/Weise, Peter – *Die Entstehung des deutschen Arbeitsrechts aus ökonomisch-evolutorischer Perspektive*, AuR 1998, 385-394.
Egger, E. – *vide* Bailly, A.
Ehlers, Dirk – *Der Vorrang des Europäischen Unionsrechts*, Jura 2011, 187-193.
Ehmann, Horst – *Zur Struktur des Allgemeinen Persönlichkeitsrechts*, JuS 1997, 193-203;
– *Vom logischen Begriff zum Typus/erörtert am Begriff des Arbeitsnehmers*, FS Klaus Adomeit 70. (2008), 131-157.
Ehrenzweig, Albert A. – *A Proper Law in a Proper Forum*, Oklahoma Law Review 18 (1965), 340-352.
Ehricke, Ulrich – *Die richtlinienkonforme Auslegung nationaler Rechte*, RabelsZ 59 (1995), 598-644;
– em Rudolf Streinz, *EUV/EGV*, 2003.
Eichenhofer, Eberhard – *Juristen und Sozialstaat in der Weimarer Republik*, SR 2017, 2-19.
Eide, Asbjørn – *vide* Alfredsson, Gudmundur.
Eidenmüller, Horst – *Establishing a Legal Framework for Mediation in Europa: the Proposal for an EC Mediation Directive*, SchiedsVZ 2005, 124-129.
Eisemann, Hans – *Betriebsrisiko und Aussperrung*, AuR 1981, 357-367.
Elias/Napier/Wallington – *Labour Law/Cases and Materials*, 1980.
Elliot, Gail Pursell – *vide* Davenport, Noa.
Elsner, Julia – *Einige Kritische Aspekte der russischen Mediationsgesetzes*, SchiedsVZ 2012, 266-270.
Engel, Martin/Hornuf, Lars – *Mediation als Verbraucherschutz – oder Verbraucherschutz vor Mediation*, SchiedsVZ 2012, 26-32.
Engert, Andreas – *Eine juristische Theorie des Unternehmens*, FS Heldrich 2005, 87-111.
Engisch, Karl – *Die Idee der Konkretisierung in Recht und Rechtswissenschaft unserer Zeit*, 1953.
Engisch, Karl/Würtenberger, Thomas/Otto, Dirk – *Einführung in das juristische Denken*, 11.ª ed., 2010.
Engler, Nina – *Strukturelle Diskriminierung und substantielle Chancengleichheit*, 2005.
Enneccerus, Ludwig/Nipperdey, Hans Carl – *Derecho civil* (*Parte general*), por Blas Pérez González e José Alguer, I, 1943;
– *Allgemeiner Teil des Bürgerlichen Rechts* 1, 15.ª ed., 1959.
Erdmann, Walter – *Freie Berufe und Arbeitsverträge in Rom*, SZRom 66 (1948), 567-572.
Erdsiek, Gerhard – *Der Ehrenschutz in der Defensive*, FS Rudolf Reinhardt (1972), 69-82.
Erdtmann, H. W. – *Eine eigenständige Rechtssprache*, RTh 9 (1978), 177-200.
Erman/Ehmann – *BGB*, 12.ª ed. I , 2008.

Ernout, A./Meillet, A. – *Dictionnaire étymologique de la langue latine/Histoire des mots*, 4.ª ed., 1959.

Ernst, Wolfgang – *Der 'Common Frame of Reference' aus juristischer Sicht*, AcP 208 (2008), 248-282.

Esser, Josef – *Arbeitskampf und Vertragstreue*, JZ 1963, 489-494.

Etzel, Gerhard – *Arbeitsrecht der Bundesrepublik Deutschland*, 1971.

Eufingen, Alexander – *Rechtliche Aspekte Compliance-indizierter Sanktionsmaßnahmen im Arbeitsverhältnis*, RdA 2017, 223-230.

Everling, Ulrich – *Rechtsvereinheitlichung durch Richterrecht in der Europäischen Gemeinschaft*, RabelsZ 50 (1986), 193-232.

Evers, Hans-Ulrich – *Arbeitskampffreiheit, Neutralität, Waffengleichheit und Aussperrung*, 1969.

Fabricius, Fritz – *Arbeitsrecht und die Methodenlehre vom "Vorverständnis"*, em Fritz Fabricius/Peter-Hubert Naendrup/Peter Schwerdtner, *Arbeitsrecht und juristische Methodenlehre* (1980), 1-64.

Fauvarque-Cosson, Bénédicte/Mazeaud, Denis – *European Contract Law/Materials for a Common Frame of Reference: Terminology, Guiding Principles, Model Rules*, 2008.

Fawzi, Nayla – *Cyber-Mobbing/Ursachen und Auswirkungen von Mobbing im Internet*, 2009.

Feldmann, Horst – *Arbeitsmarktregulierung und Arbeitsmarket- Performance*, em Volker Rieble, *Transparenz und Reform im Arbeitsrecht* (2006), 40-64.

Fernandes, António Monteiro – *As decisões interpretativas das comissões corporativas. Sua aplicação no tempo*, ESC I, 3 (1962), 59-67;
– *O princípio do tratamento mais favorável ao trabalhador*, ESC 21 (1966), 73-93 = *Estudos de Direito do trabalho* (1972), 7-27;
– *Notas sobre os contratos "equiparados" ao contrato de trabalho*, ESC IX, 34 (1970), 11-35;
– *Reflexões sobre a natureza do direito à greve*, em *Estudos sobre a Constituição*, publ. J. Miranda, 2 (1978), 335-342;
– *As relações colectivas de trabalho no Direito português*, em *Direito do trabalho*, sep. BMJ (1979), 139-165;
– *Direito de greve/Notas e comentários à Lei n.º 65/73, de 26 de agosto*, 1982;
– *Relações colectivas de trabalho*, 1983; a 1.ª ed. é de 1977;
– *Noções fundamentais de Direito do trabalho*, 2.ª ed., 1986;
– *Direito do trabalho*, 6.ª ed., 1987; 11.ª ed., 1999; 17.ª ed., 2014; 18.ª ed., 2017
– *vide* Policarpo, J. F. Almeida.

Fernandes, Luís A. Carvalho – *Teoria geral do Direito civil I – Introdução; pressupostos da relação jurídica*, 6.ª ed., 2012.

Fernandez, Diego Mejino – *Derecho del trabajo*, 5.ª ed., 2017.

Ferreira, David – *Greves*, DHP 3 (1979, reimpr.), 155-162.

Ferreira, José Dias – *Código civil portuguez annotado* 1, 1890; 2.ª ed., 1894.

Festas, David de Oliveira – *O direito à reserva da intimidade da vida privada do trabalhador no Código do Trabalho*, ROA 2004, 369-453;

– *Do conteúdo patrimonial do direito à imagem: contributo para um estudo do seu aproveitamento consentido e inter vivos*, 2006.

Figueiredo, António de – *Portugal: Cinquenta anos de ditadura*, 1975.

Fikentscher, Wolfgang – *Methoden des Rechts in vergleichender Darstellung*, III – *Mitteleuropäischer Rechtkreis*, 1976; IV – *Dogmatischer Teil*, 1977;
– *Schuldrecht*, 9.ª ed., 1997.

Fikentscher, Wolfgang/Müllers, Thomas M. J. – *Die (negative) Informationsfreiheit als Grenze von Werbung und Kunstdarbietung*, NJW 1998, 1337-1344.

Fink-Jamana, Daniela – *vide* Thüsing, Gregor.

Fiori, Roberto – *La definizione della 'Locatio conductio'/Giurisprudenza romana e tradizione romanistica*, 1999.

Fischinger, Philipp S. – *vide* Annuβ, Georg;
– *vide* Richardi, Reinhard.

Fitting, Karl – *Betriebsverfassungsgesetz*, 29.ª ed., 2018.

Fleckner, Andreas M. – *vide* Coupette, Corinna.

Flobert, Pierre – *vide* Gaffiot, Félix.

Flühmann, Adrian W. – *Die Auswirkung von Arbeitskampfen im Arbeitsvertragsrecht*, 1976.

Fonseca, Tiago Soares da – *Da tutela judicial civil dos direitos de personalidade*, ROA (2006), 231-293.

Fördermayer, Barbara – *vide* Jabornegg, Peter.

Fornasier, Matteo – *Wege zur Stärkung der Tarifbindung*, SR 2017, 239-254 (italiano); Daniel Ulber, *Tarifdispositives Recht und Privilegierung Tarifgebundener als Stärkung der Tarifbindung?*, SR 2018, 85-97.

Forndran, Erhart – *Intervention zur Sicherung der Menschenrechte*, em Fritzsche/Lohmann, *Menschenrechte* (2000), 171-178.

Fragard, Mathilde – *Das französische Gesetz zur Überwachungspflicht: ein innovatives Gesetz für gerechtere Globalisierung*, AuR 2018, 277-280.

Franck, Jens-Uwe – *Zum Nutzen der ökonomischen Theorie für das Europäische Privatrecht*, em Karl Riesenhuber, *Europäische Methodenlehre* (2006), 120-131.

Franco, António Sousa – *A revisão da Constituição económica*, ROA 1982, 601-687.

Franzen, Martin – *Die Richtlinie 98/50/EG zür Änderung der Betriebsübergangsrichtlinie 77/187/EWG und ihre Auswirkung auf das deutsche Arbeitsrecht*, RdA 1999, 361-374;
– *Zwingende Wirkung der Betriebsverfassung*, NZA 2008, 250-255;
– no *Erfurter Kommentar zum Arbeitsrecht*, 18.ª ed. (2018), TVG, § 2.

Franzen, Martin/Gallner, Inken/Oetker, Hartmut – *Kommentar zum europäischen Arbeitsrecht*, 2.ª ed., 2018.

Freire, Pascoal José de Mello – *Instituições de Direito civil português*, Livro I e Livro II = = ed. port. de Pinto de Meneses, BMJ 162 (1967) e 163 (1967).

Frick, Marie-Theres – *Persönlichkeitsrechte/Rechtsvergleichende Studie über den Stand des Persönlichkeitsschutzes in Österreich, Deutschland, der Schweiz und Liechtenstein*, 1991.

Friedrich, Fabian – UNCITRAL *Model Law on International Commercial Conciliation*, SchiedsVZ 2004, 297-304;
– *Schlichtungs- und Mediationsklauseln in Allgemeiner Geschäftsbedingungen*, SchiedsVZ 2007, 31-36.

Friedrich, Klaus – *AGB – Gesetz und Verträge mit arbeitsnehmeränlichen Personen*, MDR 1979, 190-194;
– *Probleme der Tarifvertrage mit Auslandsberührungen*, RdA 1980, 109-112.
Fritz, Roland – *Kommentar zum Mediationsgesetz*, 2012.
Fuchs, Maximilian/Marhold, Franz – *Europäisches Arbeitsrecht*, 5.ª ed., 2018.
Führich, Ernst R. – *Wirtschaftsprivatrecht*, 6.ª ed., 2002.

Gadrat, Magali – *vide* Radé, Christophe.
Gaffiot, Félix/Flobert, Pierre – *Dictionnaire Latin-Français*, 2000.
Gagel, Alexander – *Veränderungen des Arbeitsverhältnisses durch Sozialrecht*, FS Klaus Adomeit (2008), 189-195.
Galdia, Marcus – *Rechtsvergleichendes Übersetzen* em *The European Legal Forum* (2003), 1-5.
Gallner, Inken – em Martin Franzen e outros, *Kommentar zum europäischen Arbeitsrecht*, 2.ª ed. (2018), 1893-2004;
– *vide* Franzen, Martin.
Galperin, Hans – *Sozialadäquanz und Arbeitskampfordnung*, FS Nipperdey II (1965), 197-220.
Galtung, Johan – *Die Zukunft der Menschenrechte*, 2000.
Gamillscheg, Franz – *Zivilrechtliche Denkformen und die Entwicklung des Individualarbeitsrechts/Zum Verhältnis von Arbeitsrecht und BGB*, AcP 176 (1976), 197-220.
Gandolfi (coord.), Giuseppe – *Code Européen des contrats* I, 2.ª ed., 2001.
Garcia, Alonso – *Curso de derecho del trabajo*, 8.ª ed., 1982.
Garcia, Gustavo Filipe Barbosa – *Curso de Direito do trabalho*, 12.ª ed., 2018.
Garcia, Manuel Alonso – *Curso de derecho del trabajo*, 8.ª ed., 1982.
Gareis, Carl – *Das Deutsche Patentgesetz vom 25. Mai 1877 erläutert*, cit. através da rec. de Paul Laband, ZHR 23 (1878), 621-624.
Gaul e outros, Björn – em Martin Henssler, *Arbeitsrecht Kommentar*, 8.ª ed. (2018), 672-1190.
Gaul, Dieter – *vide* Bobrowski, Paul.
Gebauer, Karl – *Mobbing in der Schule*, 2005.
Gebauer, Martin – *Grundfragen der Europäisierung des Privatrechts*, 1999.
Georgi, Elsbeth – *Theorie und Praxis des Generalstreiks in der modernen Arbeiterbewegung*, 1908.
Germelmann, Claas-Hinrich – *Die Zulässigkeit außergerichtliches Schiedsvereinbarungen im arbeitsgerichtlichen Verfahren* , FS Klaus Adomeit (2008), 201-211.
Gerstner, Theodor – *Eisenbahn-Betriebs-Reglement und Verkehrs-Ordnung, ihre Entstehung und ihre rechtliche Natur*, AöR 11 (1896), 161-250.
Giessen, Richard – *Der europäische Arbeitnehmerbegriff und die Mitglieder der Leitungsorgane von Kapitalgesellschaft*, ZfA 2016, 47-70.
Gini, Corrado – *Lavoro (economia)*, NssDI IX (1968), 525-530.
Gisbertz, Ulrike – *Parität im Firmenarbeitskampf*, 2004.
Giudice, Federico del – *vide* Ciafardini, Luciano.
Giugni, Gino – *Autonomia e autotutela colectiva no Direito do trabalho*, trad. port. Monteiro Fernandes, 1983;

– *Diritto sindacale*, 1984.
Glaeser, Walter Schmidt – *Meinungsfreiheit, Ehrenschutz und Toleranzgebot*, NJW 1996, 873-879.
Gläβser, Ulla – *vide* Klowait, Jürgen.
Glenn, H. Patrick – *Legal Tradictions of the World*, 2007.
Glietsch, Herbert – *Die Zulässigkeit neuer Arbeitskampfformen*, 1976.
Goerlich, Helmut – *Grundrechte als Verfahrensgarantien*, 1981.
Göldner, Detlef Christoph – *Verfassungsprinzip und Privatrechtsnorm in der verfassungskonformen Auslegung und Rechtsfortbildung*, 1969.
Goll, Ulrich – *Arbeitskampfparität und Tariferfolg/Versuch einer rechtstaatsächlichen Fundierungarbeitskampfrechtlicher Fragestellungen unter Berücksichtigung der "collective-bargaining" – Theorien*, 1980.
Goltermann, Nils/Hagel, Ulrich/Klowait, Jürgen – *"Das neue Mediationsgesetz" aus Unternehmenssicht*, SchiedsVZ 2012, 299-305.
Gomes, Januário da Costa – *O problema da salvaguarda da privacidade antes e depois do computador*, BMJ 319 (1982), 21-56.
Gomes, Júlio – *Direito do trabalho/Relações individuais de trabalho* I, 2007;
– *Dos usos da empresa em Direito do trabalho*, RDES 2008, 101-186;
– *Código do Trabalho de 2009 e a promoção da desfiliação sindical*, em *Novos estudos de Direito do trabalho* (2010), 161-195;
– *Da interpretação e integração das convenções colectivas*, em *Novos estudos de Direito do trabalho* (2010), 121-159;
– *Um direito de alerta cívico do trabalhador subordinado? (ou a proteção laboral do* Whistleblower*)*, RDES 2014, 127-160;
– *Algumas questões sobre o âmbito de aplicação da convenção coletiva à luz do Código do Trabalho*, RDES 2016, 37-66.
Gonçalves, Luiz da Cunha – *A evolução do movimento operário em Portugal*, 1905;
– *Tratado de Direito civil* 1, 1929; 3, 1930; 4, 1931; 7, 1933.
Gordley (ed.), James – *The Enforceability of Promises in European Contract Law*, 2001.
Gosepath, Stefan/Lohmann, Georg – *Philosophie der Menschenrechte* (publ. e intr.), 1998.
Gounalakis, Georgios – *Privacy and the Media/A Comparative Perspective*, 2000.
Gouveia, Jorge Bacelar – *Os direitos fundamentais atípicos*, 1995;
– *O estado de excepção no Direito constitucional* 2, 1998;
– *O anteprojecto de Código do Trabalho e a Constituição Portuguesa*, em *Código do Trabalho/Pareceres*, III (2004), 97-225.
Graf, Kurt – *Arbeitskämofe und Tarifvertrag*, 1931.
Grande Dicionário da Língua Portuguesa, vol. IV.
Grau, Timon/Hartmann, Félix – *Betriebsübergang*, em Ulrich Preis/Adam Sagan, *Europäisches Arbeitsrecht* (2015), 576-651.
Greger, Reinhard/Umberath, Hannes – *Mediationsgesetz: Recht der alternativen Konfliktlösung*, 2012.
Gregory, Charles O. – *Labour and the Law*, 2.ª ed., 1961.
Greiner, Stefan – *Das arbeitskampfrechtliche Verhältnismäβigkeitsprinzip*, 2018;
– *vide* Preis, Ulrich.

Grimm, Dieter – *Soziale wirtschaftliche und politische Voraussetzungen der Vertragsfreiheit*, em *La formazione storica del diritto moderno in Europa* 3, 1977;

– *Die Meinungsfreiheit in der Rechtsprechung des Bundesverfassungsgerichts*, NJW 1995, 1697-1705.

Gronau, Kerstin – *Das Persönlichkeitsrecht von Personen der Zeitgeschichte und die Medienfreiheit*, 2002.

Groot, Simone Evke de – *vide* Rolfs, Christian.

Grossmann, Ruprecht – *vide* Schneider, Friedrich.

Grünberger, Michael – *Nichtsdiskriminierungsrecht*, em Ulrich Preis/Adam Sagan, *Europäischen Arbeitsrecht* cit., 115-216.

Grundmann, Birgit – *Grüßwort zum Mediationsgesetz*, SchiedsVZ 2012, 229-230.

Grundmann, Stefan – *Europäisches Schuldvertragsrecht/Das europäische Recht der Unternehmensgeschäfte*, 1999;

– *Systemdenken und Systembildung*, em Karl Riesenhuber, *Europäische Methodenlehre* (2006), 217-243.

Grundmann, Stefan/Mazeaud, Denis (ed.) – *General Clauses and Standards in European Contract Law*, 2006.

Grundmann, Stefan/Schauer, Martin (ed.) – *The Arquitecture of European Codes and Contract Law*, 2006.

Guerra, Amadeu – *A privacidade no local de trabalho/As novas tecnologias e o controlo dos trabalhadores através de sistemas automatizados/Uma abordagem do Código do Trabalho*, 2004.

Guha, Harald Andreas – *Der Schutz der absoluten Person der Zeitgeschichte vor indiskreter Wort- und Bildberichterstattung*, 1999.

Gumpert, Jobst – *Inhaltskontrolle von Formulararbeitsverträgen und "Allgemeiner Arbeitsbedingungen"*, BB 1974, 139-142.

Häberle, Peter – *Europäische Rechtskultur* (1994).

Habersack, Mathias – *Europäiches Gesellschaftsrecht*, 4.ª ed.,. 2011.

Haft, Fritjof – *Juristische Rhetorik*, 1978.

Hagel, Ulrich – *vide* Goltermann, Nils.

Hager, Günter – *Rechtsmethoden in Europa*, 2009.

Hahan, Franz/Pfeiffer, Gerhard/Schubert, Jens (publ.) – *Arbeitszeitrecht/Handkommentar*, 2.ª ed., 2018.

Hähnchen, Susanne/Bommel, Robert – *Digitalisierung und Rechtsanwendung*, JZ 2018, 334-340.

Hakenberg, Waltraud – *Europarecht*, 8.ª ed., 2018.

Halfmeier, Axel – *Die Veröffentlichung privater Tatsachen als unerlaubte Handlung/Eine rechtsvergleichende Untersuchung*, 2000.

Hammacher, Peter – *Rechtsanwälte: Widerstand gegen Mediation abbauen*, SchiedsVZ 2008, 30-33.

Hanau, Hans – *Die Entwicklung des Tarifvertragsrechts*, em Volker Rieble, *Transparenz und Reform im Arbeitsrecht*, 2006.

Hanau, Peter – *Was ist wirklich neu in der Befristungsrichtlinie?*, NZA 2000, 1045/I;

– *Das Arbeitsrecht nach dem Zweiten Weltkrieg: Ein goldenes Zeitalter*, SR 2018, 161-167.

Hanau, Peter/Adomeit, Klaus – *Arbeitsrecht*, 9.ª ed., 1988; 14.ª ed., 2007.

Hantel, Peter – *Europäisches Arbeitsrecht/Mit zahlreichen Beispielsfällen aus der Rechtsprechung der EuGH*, 2016.

Häpfner, Clemens – em Martin Franzen/Inken Gallner/Hartmut Oetker, *Kommentar zum europäischen Arbeitsrecht*, 2.ª ed., 2018.

Haratsch, Andreas/Koenig, Christian/Pechstein, Matthias – *Europarecht*, 11.ª ed., 2018.

Harbou, Joachim V. – *Tarifautonomie und Individualgrundrechte*, 1972.

Hartkamp, Arthur – *The Principles of European Contract Law (Lando Commission)*, em *Um Código Civil para a Europa*, BFD 2002, 54-58;

– *Towards a European Civil Code*, 3.ª ed. totalmente revista e aumentada, 2004.

Hartmann, Félix – *vide* Grau, Timon.

Hegenbarth, Rainer – *Juristische Hermeneutik und linguistische Pragmatik/Dargestellt am Beispiel der Lehre vom Wortlaut als Grenze der Auslegung*, 1982.

Heisig, Carsten – *Persönlichkeitsschutz in Deutschland und Frankreich*, 1997.

Heller, Theodor – *Logik und Axiologie der analogen Rechtsanwendung*, 1961.

Hellwege, Philipp – *Allgemeines Vertragsrecht und "Rechtsgeschäfts"-lehre im Draft Common Frame of Reference (DCFR)*, AcP 201 (2011), 665-702.

Henkel, Heinrich – *Recht und Individualität*, 1958.

Henssler, Martin – *Tarifautonomie und Gesetzgebung*, ZfA 1998, 1-40;

– *vide* Brox, Hans.

Henssler, Martin/Moll, Wilhelm/Bepler, Klaus – *Der Tarifvertrag/Handbuch für das gesammte Tarifrecht*, 2.ª ed., 2016.

Henssler, Martin/Willemsen, Heinz-Josef/Kalb, Heinz-Jürgen – *Arbeitsrecht Kommentar*, 8.ª ed., 2018.

Herberger, Maximilian – *Die deskriptiven und normativen Tatbestandsmerkmale im Strafrecht*, em Koch/*Methodenlehre*, 1976.

Herdegen, Matthias – *Europarecht*, 19.ª ed., 2017.

Hergenröder, Curt Wolfgang – *vide* Zöllner, Wolfgang.

Hermann, Franz Joseph – *Tarifbruch*, em Walter Kaskel, *Hauptfragen des Tarifrechts//Arbeitsrechtliche Seminarvorträge* II (1927), 129-136.

Hernekamp, Karl – *Arbeitskampf*, 1985.

Héron, Jacques – *Étude structurale de l'application de la loi dans le temps (à partir du Droit civil)*, RTDC LXXXIV (1985), 277-333.

Herrmann, Christoph – *Richtlinienumsetzung durch die Rechtsprechung*, 2003.

Herrmann, Elke – *Operae liberales, operae illiberales – vom Schicksal einer Unterscheidung*, ZfA 2002, 1-27.

Herrmann, Manfred – *Der Schutz der Persönlichkeit in der Rechtslehre des 16. bis 18. Jahrhunderts*, 1968.

Herschel, Wilhelm – *Arbeitsrecht*, 20.ª ed., 1958;

– *Das Arbeitsrecht*, em *Die Grundrechte*, publ. Bettermann/Nipperdey/Scheuner, III/1 (1958), 325-371;

– *Sinn und Grenzen der Vereinbarungsbefugnis der Tarifvertragsparteien*, DJT 46. (1967), D. 16 ss.;

– *Zur Entstehung des Tarifvertragsgesetzes*, ZfA 4 (1973), 183-200.
Herth, Christiane – *Persönlichkeitsschutz im englischen Zivilrecht/Ein Rechtsvergleichenden Beitrag zur Haftung der Massenmedien bei Eingriffen in den geschützten Privatbereich*, 1989.
Herweg, Trude – *vide* Monzel, Nikolaus.
Herzog, Benjamin – *Anwendung und Auslegung von Recht in Portugal und Brasilien*, 2014.
Hessel – *Zum Begriff des Betriebs*, RdA 1951, 450-452.
Hesselink (ed.), Martijn W. – *The Politics of a European Civil Code*, 2006;
– *vide* Cartwright, John.
Heukels, Ton – *Intertemporales Gemeinschaftsrecht/Rückwirkung, Sofortwirkung und Rechtsschutz in der Rechtsprechung des Gerichtshofes der Europäischen Gemeinschaften*, 1990.
Hilger, Marie-Luise – *Der Einfluss des kollektiven Arbeitsrechts auf das Einzelarbeitsverhältnis*, 1962.
Hill, Michael – *vide* Kloweit, Jürgen.
Hinz, Manfred O. – *Tarifhoheit und Verfassungsrecht/Eine Untersuchung über die tarifvertragliche Vereinbarungsgewalt*, 1971.
Hirsch, Christoph – *BGB/Allgemeiner Teil*, 9.ª ed., 2016.
Hjort, Jens Peter – *vide* Däubler, Wolfgan.
Hobe, Stephan – *Europarecht*, 9.ª ed., 2017.
Hobe, Stephan/Tietje, Christian – *Europäische Grundrechte für Profisportler = EuGH, NJW 1996, 505*, JuS 1996, 486-493.
Hochhuth, Martin – *Die Meinungsfreiheit im System des Grundgesetzes*, 2008.
Hofbauer, Hans – *Der Rechtscharakter der Tarifverträge und der Allgemeinverbindlicherklärung*, 1974.
Höfling, Wolfram – *Der verfassungsrechtliche Koalitionsbegriff*, RdA 1999, 182-185.
Höfling, Wolfram/Rixen, Stephan – *Recht und Leben und Verbot der Todesstrafe*, em Heselhaus/Nowak, *Handbuch der Europäischen Grundrechte* (2006), 361-389.
Hofmann, Christian – *Die Vorwirkung von Richtlinien*, em Karl Riesenhuber, *Europäische Methodenlehre* (2006), 366-387.
Hofmann, Hans – em Bruno Schmidt-Blesbtreu/Franz Klein, *Kommentar zum Grundgesetz*, 14.ª ed., 2018.
Hohenstatt, Klaus-Stefan/Naber, Sebastian – *Sind Fremd-Geschäftsführer Arbeitnehmer im Sinne der Massentlassungsrichtlinie?*, NZA 2014, 637-642.
Hommelhoff, Peter – *Zivilrecht unter dem Einfluss europäischer Rechtsangleichung*, AcP 192 (1992), 75-105.
Hondius, Ewoud – *vide* Busch, Dany.
Honsa, Hans-Jurgen – *Mobbing und sexuelle Belästigung im öffentlichen Dienst*, 2008.
Honsell, Heinrich – *vide* Coing, Helmut.
Honsell, Thomas – *Historische Argumente im Zivilrecht/ihr Gebrauch und ihre Wertschätzung im Wandel unseres Jahrhunderts*,1982.
Höpfner, Clemens – *Die systemkonforme Auslegung/Zur Auflösung einfachgesetzlicher, verfassungsrechtlicher und europarechtlicher Widersprüche im Rechte*, 2008;
– *Über Sinn und Unsinn der sogenannten "richtlinienkonformen Rechtsfortbildung"*, JZ 2009, 403-405.

Horn, Claus-Henrick – *vide* Becker, Friedwart A.
Horn, Dieter – *Studien zur Rolle der Logik bei der Anwendung des Gesetzes*, 1962.
Horn, Norbert – *Ein Jahrhundert Bürgerliches Gesetzbuch*, NJW 2000, 40-46.
Hornuf, Lars – *vide* Engel, Martin.
Hörster, Heinrich Ewald – *A parte geral do Código Civil português/Teoria geral do Direito civil*, 1992.
Horstmeier, Gerritt – *Das neue Mediationsgesetz: Einführung in das neue Mediationsgesetz für Mediatoren und Medianten*, 2012.
Horvath, Günther J. – *Schiedsgerichtsbarkeit und Mediation – Ein glückliches Paar?*, SchiedsVZ 2005, 292-302.
Houin, M. – *Avant-projet de textes sur les droits de la personnalité, Livre premier – Des personnes physiques et de la famille* em *Travaux de la Commission de Réforme du Code Civil* (1950-1951), 31-346.
How, W. W./Wells, J. – *A commentary in Herodotus*, vol. II, Livros V-IX, 1912, reimp., 1990.
Howe, Peter – *Zivilrechtlicher Eingriff und Interessenabwägung beim Persönlichkeitsrechts auf Wahrung der Privaten Geheimsphäre*, 1990.
Hromadka, Wolfgang – *Arbeiter und Angestellte – Ein Nachruf*, RdA 2015, 65-75.
Hromadka, Wolfgang/Maschmann, Frank – *Arbeitsrecht*, I – *Individualarbeitsrecht*, 7.ª ed., 2018 e II – *Kollektivarbeitsrecht/Arbeitsstreitigkeiten*, 7.ª ed., 2017.
Huber, Peter M. – em Streinz, *EUV/AEUV*, 3.ª ed. 2018.
Hubmann, Heinrich – *Das Persönlichkeitsrecht*, 1.ª ed., 1953 e 2.ª ed., 1967.
Hueck, Alfred – *Das Recht des Tarifvertrages/unter besonderer Berücksichtigung der Verordnung vom 23. Dezember 1918*, 1920;
– *Handbuch des Arbeitsrechts*, III – *Das Tarifrecht*, 1922;
– em *Der Treuegedanke im modernen Privatrecht*, 1947;
– *Vertragstheorie und Eingliederungstheorie*, RdA 1955, 323 ss..
Hueck, Alfred/Nipperdey, Hans Carl – *Lehrbuch des Arbeitsrechts*, I, 7.ª ed., 1963; II, 3.ª-5.ª ed., 1932; II/1, 7.ª ed., 1967.
Hueck, Götz – *Der Grundsatz der gleichmässigen Behandlung im Privatrecht*, 1958.
Huey, Tobias – *Die zeitliche Reichweite des geschlechtsbezogenen Entgeltgleichheitsgrundsatzes im deutschen und europäischen Arbeitsrecht*, RdA 2001, 325-333.
Hüglin, Albert – *Der Tarifvertrag zwischen Arbeitgeber und Arbeitnehmer*, 1906.
Human Rights in International Law/Collected Texts, 2.ª ed., 2000.
Hümmerich, Klaus/Lücke, Oliver/Mauer, Reinhold – *Arbeitsrecht/Vertragsgestaltung, Prozessführung, Personalarbeit, Betriebsvereinbarung*, 9.ª ed., 2018.
Hutner, Armin – *Die Mediationsvereinbarung/Regelungsgegenstände und vertragsrechtliche Qualifizierung*, SchiedsVZ 2003, 226-232.
Hütter, Gisela – *vide* Thüsing, Gregor.

Irollo, Daniela/Irollo, Gaetano – *Compendio di diritto del lavoro*, 7.ª ed., 2017.
Irollo, Gaetano – *vide* Irollo, Daniela.
Izzo, Fausto – *vide* Ciafardini, Luciano.

Jabornegg, Peter/Resch, Reinhard/Fördermayer, Barbara – *Arbeitsrecht/Individual Arbeitsrecht/Kollektives Arbeitsrecht*, 2017.
Jaccard, P. – *História social do trabalho*, 1974, trad. port. R. Moura.
Jacob, Karin – *Grenzen des Arbeitskampfrechts im Staatsnotstand*, 1985.
Jacobi, Erwin – *Grundlehren der Arbeitsrechts*, 1927.
Jacquet, Jean-Michel – *La Loi-Type de la CNUDCI du 24 juin 2002 sur la conciliation commerciale internationale*, RA 2004, 63-75.
Jakobs, Matthias/Krause, Rüdiger/Oetker, Hartmut/Schubert, Cláudia – *Tarifvertragsrecht*, 2.ª ed., 2013.
Jansen, Nils – *Auf dem Weg zu einem europäischen Haftungsrecht*, ZEuP 2001, 30-65;
– *Bürgerliche Pflichtenordnung oder flexibler Rechtsgüterschutz? Zur Struktur des europäischen Haftungsrechts in Geschichte und moderner Dogmatik*, ZEuP 2003, 745-768.
Janssen, Stefan R. – *Die einstweilige Verfügung im Arbeitskampf*, 2015.
Javillier, Jean-Claude – *Droit du travail*, 7.ª ed., 1999.
Jellinek, Georg – *System der subjektiven öffentlichen Rechte*, 2.ª ed., 1905, reimp., 1963.
Joerges – *Arbeitsverhältnis und Betriebsgemeinschaft/Wesen und Rechtsgrund*, DAR, 1938, 92 ss.
Joseph, Sarah/Castan, Melissa – *The International Covenant on Civil and Political Rights: Cases, Materials and Commentary*, 3.ª ed., 2013.
Jung, Peter – *Handelsrecht*, 10.ª ed., 2014.
Junker, Abbo – *Kollektives Arbeitsrecht in Europa/Überlick über das Arbeitskampfrecht und Tarifsystem der Mitgliedstaaten*, RdA 2009, SBH 5, 4-10;
– *Europarechtliche und verfassungsrechtliche Fragen des deutschen Befristungsrechts*, EuZA 2013, 3-19;
– *Die Einflüsse des europäischen Rechts auf die personelle Reichweite des Arbeitnehmerschutzes/Der Arbeitnehmerbegriff in der Rechtsprechung des Europäischen Gerichtshofs*, EuZA 9 (2016), 184-206;
– *EU-Arbeitsrecht in Zeiten der Eurosklerose*, EuZA 9 (2016), 428-444;
– *Schuldenkrise und Arbeitsvertragsstatut*, EuZA 9 (2016), 1-2;
– *Arbeitsrecht/Grundkurs*, 17.ª ed., 2018.
Junker, Abbo/Kamanabrou, Sudabeh – *Vertragsgestaltung/Ein Studienbuch*, 3.ª ed., 2010.
Jüsten, Karl/Losen, Uta – *Die Katholische Soziallehre und das Arbeitsrecht*, SR 2017, 211-213.
Justo, António dos Santos – *A escravatura em Roma*, RFD 73 (1997), 19-33.

Kahn-Freund, Sir Otto – *Labour and the law*, 3.ª ed. por Paul Davies e Mark Freedland, 1983.
Kaiser, Dagmar – *vide* Löwisch, Manfred.
Kalb, Heinz-Jürgen – *Rechtsgrundlagen und Reichweite der Betriebsrisikolehre*, 1977;
– *vide* Henssler, Martin.
Kamanabrou, Sudabeh – *Die Auslegung und des normativen Teils von Tarifverträgen: auf der Grundlage eines Vergleichs der Auslegung und Fortbildung von Gesetzen mit der Auslegung und Ergänzung von Rechtsgeschäften*, 1997;

– *Rechtsfolgen unzulässiger Benachteiligung im Antidiskriminierungsrecht*, ZfA 2006, 327-345;
– *Vertragsgestaltung und Antidiskriminierung*, NZA, B 3/2006, 138-146;
– *Arbeitsrecht*, 2017;
– *vide* Junker, Abbo.
Kampeter, Steffen – *Für eine veränderte Arbeitsordnung in einer digitalen Arbeitswelt*, SR 2017, 196-204.
Karpen, Ulrich – *Wirtschaftsordnung und Grundgesetz*, Jura 1985, 188-196.
Kaser, Max – *Das römische Privatrecht*, I – *Das altrömische, das vorklassische und klassische Recht*, 2.ª ed., 1971; *Die nachklassischen Entwicklungen*, II, 2.ª ed., 1975.
Kaskel, Walter – *Die rechtliche Natur des Arbeiterschutzes*, 1914;
– *Zur Lehre von Tarifbruch*, s/d, mas 1920.
Kaskel, Walter/Dersch, Hermann – *Arbeitsrecht*, 5.ª ed., 1957.
Kauffmann, Hermann – *Normsetzungsbefugnis der Tarifpartner*, NJW 1966, 1681-1686.
Kaufhold, Karl Heinrich – *150 Jahre Arbeitsschutz in Deutschland: das preußische Regulativ von 1839 und die weitere Entwicklung bis 1914*, AuR 1989, 225-232;
– *Die Diskussion um die Neugestaltung des Arbeitsrechts im Deutschland Reich 1890 und die Novelle zur Reichsgewerbeordnung 1891*, ZfA 1991, 277-322.
Kaufmann, Arthur – *Das Verfahren der Rechtsgewinnung/Eine rationale Analyse: Deduktion, Induktion, Abduktion, Analogie, Erkenntnis, Dezision, Macht*, 1999.
Kaufmann, Horst – *Allgemeines Persönlichkeitsrecht und Schmerzensgeld*, JuS 1963, 373-384;
– *Schmerzensgeld und gesellschaftliche Stellung des Opfers bei Verletzung des allgemeinen Persönlichkeitsrechts*, NJW 1980, 1724-1729.
Kaufmann, Inge – *Die europäische Sozialpartnervereinbarung über befristete Arbeitsverträge*, AuR 1999, 332-335.
Kayser, Pierre – *Les droits de la personnalité/Aspects théoriques et pratiques*, RTDCiv LXIX (1971), 445-509;
– *La protection de la vie privée*, 1990.
Kegel, Gerhard – *Begriffs- und Interessenjurisprudenz im internationalen Privatrecht?*, FS H. Lewald (1953), 259-288;
– *Internationales Privatrecht*, 5.ª ed., 1985; há 9.ª ed., de 2004, atualizada por Klaus Schurig.
Keller, Adolf – *Die Kritik, Korrektur und Interpretation des Gesetzeswortlautes*, 1960.
Kempen, Otto Ernst – *Ansätze zu einer Neuorientierung des gegenwärtigen Tarifvertragsrechts*, AuR 1980, 193-203.
Kempen, Otto Ernst/Zachert, Ulrich – *Tarifvertragsgesetz*, 5.ª ed., 2014.
Kietaibl, Christoph – em Martin Franzen/Inken Gallner/Hartmut Oetker, *Kommentar zum europäischen Arbeitsrecht*, 2.ª ed., 2018, 1177-1203.
Kilian, Wolfgang – *Kontrahierungszwang und Zivilrechtssystem*, AcP 180 (1980), 47-83;
– *Ausseres und inneres System in einem noch fragmentarischen Schuldvertragsrecht?*, em Stefan Grundmann, *Systembildung und Systemlücken in Kerngebieten des Europäischen Privatrechts/Gesellschafts-, Arbeits- und Schuldvertragsrecht* (2000), 427-441.

Kindler, Peter – recensão a Martin Gebauer, *Grundfragen der Europäisierung des Privatrechts* (1999), AcP 199 (1999), 695-705.

Kiralfy, A. K. R. – *English Law*, em J. Duncan M. Derrett, *An Introduction to Legal Systems* (1968), 157-193.

Kirchner, Christian – *Die ökonomische Theorie*, em Karl Riesenhuber, *Europäische Methodenlehre* (2006), 93-119.

Kittner, Michael – *Arbeitskampf: Geschichte, Recht, Gegenwart*, 2005;
– *Arbeitsrecht und Regierungskoalitionen*, SR 2018, 45-47;
– *vide* Däubler, Wolfgan;
– *vide* Deinert, Olaf.

Klatt, Matthias – *Theorie der Wortlautgrenze/Semantische Normativität in der juristischen Argumentation*, 2004.

Klatt, Wolfgang – *Treupflicheten im Arbeitsverhältnis/Eine historische Untersuchung*, 1990.

Klauer, Irene – *Die Europäisierung des Privatrechts*, 1998.

Klebe, Thomas – *vide* Däubler, Wolfgan.

Klein, Oliver – *Zur Frage der Bindung höchster Gerichte an ihre Rechtsprechung/Baustein zu einer Dogmatik der Rechtsprechungsänderung*, JZ 2018, 64-70.

Klein, Thomas – *Streiken auf dem Betriebsgelände? Koalitionsbetätigung in Konflikt mit Besitz- und Eigentumsrechten*, AuR 2018, 216-223.

Kleinheisterkamp, Jan – *vide* Vogenauer, Stefan.

Klowait, Jürgen – *vide* Goltermann, Nils.

Klowait, Jürgen/Gläβser, Ulla – *Mediationsgesetz: Handkommentar*, 2014.

Kloweit, Jürgen/Hill, Michael – *Corporate Pledge/Königsweg zur Implementierung von Mediation in der Wirtschaft?*, SchiedsVZ 2007, 83-87.

Klumpp, Steffen – *Mehr Transparenz!*, em Volker Riebler, *Transparenz und Reform im Arbeitsrecht* (2006), 9-32;
– *vide* Löwisch, Manfred.

Knorre, Susanne – *Soziale Selbstbestimmung und individuelle Verantwortung: Hugo Sinzheimer (1875-1945): eine politische Biographie*, 1991.

Kocher, Eva – *Das Andere Arbeitsrecht*, AuR 2016, 334-337;
– *Europäisches Arbeitsrecht*, 2016;
– *vide* Berg, Peter.

Kocka (org.), Jürgen – *Geschichte und Zukunft der Arbeit*, 2000.

Koenig, Christian – *vide* Haratsch, Andreas.

Kohler, Josef – *Noch einmal über Mentalreservation und Simulation*, JhJb 16 (1878), 325-356;
– *Das Autorrecht, eine zivilistische Abhandlung, zugleich ein Beitrag zur Lehre vom Eigenthum, vom Miteigenthum, vom Rechtsgeschäft und vom Individualrecht* I, JhJb XVIII (1879), 129-138 e II, JhJb XVIII (1879), 329-442;
– *Die schöpferische Kraft der Jurisprudenz*, JhJb 25 (1887), 262-297;
– *Das Individualrecht als Namensrecht*, AbürglR V (1891), 77-110.
– *Die Ideale im Recht*, AbürglR V (1891), 161-265.
– *Das Recht an Briefen*, AbürglR 7 (1893), 94-149.

Kokemoor, Axel – *vide* Wörlen, Rainer.

Kollmer, Norbert – *Mobbing im Arbeitsverhältnisse*, 2003.

Köngden, Johannes – *Die Rechtsquellen des Europäischen Privatrechts*, em Karl Riesenhuber, *Europäische Methodenlehre/Handbuch für Ausbildung und Praxis*, 2006.

Konzen, Horst – *Aussperrungstaktik und Organisationspolitik/Zur Unterstützungszahlung von Arbeitgebern an ausgesperrte Aussenseiter*, FS 25. BAG (1979), 277-296;

– *Tarifvertragliche Kampfklauseln*, ZfA 1980, 77-120;

– *Gleichbehandlungsgrundsatz und personelle Grenzen der Kollektivautonomie*, FS O. Müller (1981), 245-263;

– *Kampfmittelfreiheit und Flash mob-Aktionen*, FS Dieter Reuter 70. (2010), 603-625.

Kork, Philipp – *Verbandspluralität im Arbeitskampf*, 2011.

Kort, Michael – *Zur Gleichbehandlung im deutschen und europäischen Arbeitsrecht, insbesondere beim Arbeitsentgeld teilzeitbeschäftigter Betriebsratmitglieder*, RdA 1997, 277-284;

– *Neuer Beschäftigtendatenschun und Industrie 4.0*, RdA 2018, 24-33.

Koschaker, Paul – *Miszellen*, SZRom 49 (1929), 404-471;

– recensão a Emilio Bussi, SZRom 58 (1938), 252-270.

Kosiek, Friederike – *Die Schuldrechtlichen Auswirkungen eines rechtsmäßigen Arbeitskampfes auf die betroffenen Unternehmen*, 2005.

Koumantos, Georgios – *Rechte an Briefen/Eine rechtsvergleichende Skizze*, FS Hubmann (1985), 193-200.

Koziol, Helmut – *Die "Principles of European Tort Law" der "European Group on Tort Law"*, ZEuP 2004, 234-259.

Kranig, Andreas – *Lockung und Zwang: zur Arbeitsverfassung im Dritten Reich*, 1983.

Krause, Rüdiger – em Matthias Jakobs/Rüdiger Krause/Hartmut Oetker/Claudia Schubert, *Tarifvertragsgesetz*, 2 ed., 2013;

– *vide* Jakobs, Matthias.

Kraushaar, Bernhard/Kraushaar, Martin – *Die Grundrechte in der Rechtsprechung des Bundesverfassungsgerichts und ihr Einfluss auf die Entwicklung des individuellen Arbeitsrechts*, 2003.

Kraushaar, Martin – *vide* Kraushaar, Bernhard.

Krebber, Sebastian – *Die Unionrechte- und Kompetenzakzessorietät des unionsrechtlichen Grundrechtsschutzes im Bereich des Arbeitsrechts: Grundsatz und Ausnahmen*, EuZA 9 (2016), 3-21.

Kreissl, Stephan – *Mediation – Von der Alternative zum Recht zur Integration in das Staatliche Konfliktlösungssystem*, SchiedsVZ 2012, 230-234.

Kriele, Martin – *Ehrenschutz und Meinungsfreiheit*, NJW 1994, 1897-1905.

Krüger, H. J. – *Arbeit* II, no HistWPh 1 (1971), 482-487.

Krüger, Paul – *vide* Mommsen, Theodor.

Kubo, Keiji – *Hugo Sinzheimer – Vater des deutschen Arbeitsrechts: eine Biographie*, 1995.

Küchenhoff, Günther – *Einwirkung des Verfassungsrechts auf das Arbeitsrecht*, RdA 1969, 97-108.

Kunig, Philip – *vide* von Münch, Ingo.

Kuntze-Kaufhold – *Legal best Practices: von der tatsächlichen zur guten Übung in der Rechtsanwendung*, ARSP 95 (2009), 102-119.

Kunz, Frithjof/Thiel, Wera (dir.) – *Arbeitsrecht*, 3.ª ed., 1986.

Labbé, Daniel/Reynaud, Bertrand – *La négotiation collective en entreprise/Aspects juridiques et pratiques*, 2001.

Lack, Jeremy – *vide* Dendorfer, Renate.

Laffranque, Julia – *Europäisches versus estnisches Rechtssystem/Anschein oder Wirklichkeit?*, RTh 38 (2007), 203-218.

Lando, Ole – *Kultur und Vertragsrechtsordnung/Is There a Cultural Value in Diversity of Contract Law?*, em Olivier Remien (publ.), *Schuldrechtsmodernisierung und Europäisches Vertragsrecht* (2008), 3-23.

Langan, P. St. J. – *Maxwell on the Interpretation of Statutes*, 20.ª ed., 1969.

Lange, Friedrich – *Die Geschichten des Herodotos*, ed. Otto Güthling (1885), II.

Langenfeld, Gerrit – *Grundlagen der Vertragsgestaltung*, 2.ª ed., 2010.

Lardeux, Gwendoline – *Droits civils français et allemand: entre convergence materielle et opposition intelectuelle*, ZEuP 2007, 448-465.

Larenz, Karl – *Das "allgemeine Persönlichkeitsrecht" im Recht der unerlaubten Handlungen*, NJW 1955, 521-525;
– *Entwicklungstendenzen der heutigen Zivilrechtsdogmatik*, JZ 1962, 105-110;
– *Methodische Aspekte der "Güterabwagung"*, FS Klingmüller (1974), 235-248;
– *Methodenlehre der Rechtswissenschaft*, 6.ª ed., 2005.

Larenz, Karl/Canaris, Claus-Wilhelm – *Lehrbuch des Schuldrechts*, II/2 *Besondere Teil*, 13.ª ed., 1994.

Larenz, Karl/Wolf, Manfred – *Allgemeiner Teil des Bürgerlichen Rechts*, 9.ª ed., 2004.

Larnaude, Ferdinand – *Rapport à Monsieur le Garde des Sceaux Ministre de la Justice sur l'Unification Législative*, 1928.

Laumann, Karl-Josef – *Arbeits- und Sozialrecht im christlich-sozialen Geiste*, SR 2017, 214-216.

Le Friant, Martine – *Rechtstechniken im Kampf gegen die Diskriminierung: die Lage im Frankreich*, AuR 2003, 51-56.

Leeb, Christina-Maria/Liebhaber, Johannes – *Grundlagen des Datenschutzrechts*, JuS 2018, 534-538.

Leflar, Robert A. – *Choice Influencing Considerations in Conflict Law*, New York University Law Review 41 (1966), 300-302.

Lehmann, Horst – *Das Grundrecht auf Sozialismus*, RdA 1976, 175-185.

Lehmann, Matthias – *Official Presentation of the Draft Digest on the Uncitral Model Law on International Commercial Conciliation*, SchiedsVZ 2005,150-153.

Leible, Stefan/Domröse, Ronny – *Die Primärrechtskonforme Auslegung*, em Karl Riesenhuber, *Europäische Methodenlehre* (2006), 184-216.

Leipold, Dieter – *Zur Beweislast beim Schutz der Ehre und des Persönlichkeitsrechts*, FS Hubmann (1985), 271-284.

Leiss, Myrto – *Empirische Erkenntnisse zur Mediation im Wirtschaftsrecht*, SchiedsVZ 2007, 139-144.

Leitão, Augusto Rogério – *O efeito jurídico das directivas comunitárias na ordem interna dos Estados membros*, DDC 14 (1982), 7-59.

Leitão, Luís Menezes – *A conformidade da proposta de Lei 29/IX (Código do Trabalho) com a Constituição da República Portuguesa*, em *Código do Trabalho/Pareceres*, III (2004), 331-398;

– *Estatuto da Ordem dos Advogados anotado*, 2015;
– *Direito do trabalho*, 5.ª ed., 2016.

Leite, Carlos Henrique Bezerra – *Curso de Direito do trabalho*, 9.ª ed., 2018.

Leite, Jorge – *Direito do trabalho*, 1986/87, polic.;
– *A greve em Portugal*, em *The strike*, publ. Giulio Levi (1987), 293-320;
– *vide* Canotilho, Gomes.

Leite, Jorge/Almeida, Coutinho de – *Legislação do Trabalho*, 2.ª ed., 1987.

Lembke, Mark – *Neues vom EuGH zum Befristungsschutz von Leiharbeitnehmern*, NZA 2013, 815-821.

Lenglet, François – *La crise des années 30 est devant nous*, 2007.

Lepsius, Oliver – *Die Rückwirkung vin Gesetzen*, I, Jura 2018, 577-585 e II, Jura 2018, 695-702.

Leroy, Maxime – *La coutume ouvrière/syndicats, bourses du travail, fédé rations professionnelles, coopératives, doctrines et institutions* 1 e 2, 1913, reimp., 2007.

Leuze, Dieter – *Die Entwicklung des Persönlichkeitsrechts im 19. Jahrhundert*, 1962.

Leventis, Georg – *Tarifliche Differenzierungsklauseln nach dem Grundgesetz und dem Tarifvertragsgesetz*, 1974.

Levi (publ.), Giulio – *The strike*, 1987.

Levy, Ernst – *Weströmisches Vulgarrecht/Das Obligationenrecht*, 1956.

Lieb, Manfred – *Die Schutzbedürftigkeit arbeitnehmerähnlicher Personen*, RdA 1974, 257-269;
– *Fernwirkungen von Arbeitskämpfen*, FS 25. BAG (1979), 327-351.

Liebhaber, Johannes – *vide* Leeb, Christina-Maria.

Liebman, Stefano – *Contributo allo studio della contrattazione collettiva nell'ordinamento giuridico italiano*, 1986.

Lim, Sok-Zin – *Der Begriff der Arbeit bei Hegel/Versuch einer Interpretation der "Phänomenologie des Geistes"*, 1963.

Lima, Pires de/Varela, Antunes – *Código Civil Anotado* 1, 4.ª ed., 1987.

Linck, Rüdiger – em Günter Schaub, *Arbeitsrecht-Handbuch*, 17.ª ed., 2017.

Linda, Godela – *Sexuelle Belästigung ist unerwünscht*, AuR 2018, 123-128.

Lindemann, Ernst – *Die Friedenspflicht im Tarifvertrag*, 1933.

Livro Branco sobre as Relações Laborais, 2007.

Löffler, Siegfried – *Steiniger Weg zur Finigung/Parallelen zwischen Entspannungspolitik und Arbeitskampf*, FS Klaus Adomeit (2008), 397-413.

Lohmann, Georg – *Die unterschiedlichen Menschenrechte*, em K. Peter Fritzsche/Georg Lohmann, *Menschenrechte zwischen Anspruch und Wirklichkeit* (2000), 9-23;
– *vide* Gosepath, Stefan.

Löhnig, Martin – *vide* Schwab, Dieter.

Lohrer, Stefan – *vide* Wörlen, Rainer.

Lohse, Volker Heinrich – *Streik und Staatsnotstand/unter Berücksichtigung der Rechtslage in der Schweiz*, 1969.

Lokiec, Pascal – *Ein neues Arbeitsrecht für Frankreich*, SR 2018, 48-61.

Loninger, Thomas – *Systemdenken im Betriebsverfassungsrecht*, RdA 2011, 76-92.

Loos, Alexander/Brewitz, Marit – *Hindert eine Mediationsvereinbarung an der Klage? Wie lange?*, SchiedsVZ 2012, 305-311.

Lopes, Carlos Alberto – *vide* Duarte, Maria Luísa.

Lopes, Fernando Ribeiro – *Direito do trabalho*, 1977/78, polic.

Lopes, Manuel Carlos Palomeque – *Direito do trabalho e ideologia*, trad. António Moreira, 2001.

Lopes, Ribeiro – *Trabalho subordinado ou trabalho autónomo: um problema de qualificação*, RDES 1987, 57-80.

Lopez, Maria Fernanda Fernandez – *El sindicato/Naturaleza juridica y estrutura*, 1982.

Loritz, Karl-Georg – *Betriebsbesetzung/ein rechtswidriges Mittel in Arbeitskampf*, DB 1987, 223-232;

– *Sinn und Aufgabe der Mitbestimmung heute*, ZfA 1991, 1-33;

– *Veränderungen auf der Arbeitgeberseite/Konsequenz für das Arbeitsrecht?*, FS Klaus Adomeit (2008), 415-432;

– *vide* Zöllner, Wolfgang.

Lotmar, Philipp – *Der Arbeitsvertrag nach dem Privatrecht des Deutschen Reiches* 1, 1902.

Lourenço, José Acácio – *As relações de trabalho nas empresas públicas*, 1981;

– *O principio do tratamento mais favorável*, em *Estudos sobre temas do Direito do trabalho* (1982), 91-109.

Löwisch, Manfred – *Kollektives Arbeitsrecht*, 1993;

– *Kodifizierung des Arbeitsvertragsrechts im Bürgerlichen Gesetzbuch*, ZfA 2007, 1-26.

Löwisch, Manfred/Casper, Georg/Klumpp, Steffen – *Arbeitsrecht*, 11.ª ed., 2017.

Löwisch, Manfred/Kaiser, Dagmar – *Betriebsverfassungsgesetz Kommentar* 1, 7.ª ed., 2017.

Löwisch, Manfred/Rieble, Volker – *Tarifvertragsgesetz Kommentar*, 4.ª ed., 2017.

Lücke, Oliver – *vide* Hümmerich, Klaus.

Lunk, Stefan/Rodenbusch, Vincent – *Der unionsrechtliche Arbeitnehmerbegriff und seine Auswirkung auf das deutsche Recht*, GmbHR 2012, 188-195.

Lutter, Marcus – *Die Auslegung angeglichenen Rechts*, JZ 1992, 593-607.

Lyon-Caen, Antoine – *Ordonnances Macron/Commentaires pratiques et nouvelles dispositions du code de travail*, 2018.

Lyon-Caen, Gérard – *The Evolution of Labour Law*, em Lord Wedderburn e outros, *Labour Law in the Post-Industrial Era/Essays in Honour of Huge Sinzheimer* (1994), 93-104;

– anotação a CssFr de 4-jul.-1986, DS 1986, 752-757;

– *vide* Camerlynck, G. H.

Lyon-Caen, Gérard/Pélissier, Jean/Supiot, Alain – *Droit du travail*, 19.ª ed., 1998.

Maaβ, Rainhald – *Entstehung, Hintergrund und Wirkung des Sozialistengesetzes*, JuS 1990, 702-708.

Macey, Jonathan R. – *vide* Carnell, Richard.

Machado, João Baptista – *Participação e descentralização, democratização e neutralidade na Constituição de 76*, 1982;

– *Introdução ao Direito e ao discurso legitimador*, 1983; 3.ª ed., 1989.

Machete, Rui – *Os princípios e classificações fundamentais do corporativismo*, SI XVIII (1969), 99-100.

Macqueron, J. – *Le travail des hommes libres dans l'antiquité romaine*, 2.ª ed., 1958.

Magalhães, Fernando Sousa – *Estatuto da Ordem dos Advogados – anotado e comentado*, 10.ª ed., 2015.
Magalhães, Pedro – *vide* Caupers, João.
Magnus, Ulrich – *Elemente eines europäischen Deliktsrechts*, ZEuP 1998, 602-614;
– *Vergleich der Vorschläge zum Europäischen Deliktsrecht*, ZEuP 2004, 562-580.
Magnus, Ulrich/Spier, Jaap – *European Tort Law/Liber amicorum for Helmut Koziol*, 2000.
Mansfeld, Werner – *Die Ordnung der nationalen Arbeit/Kommentar*, 1934;
– *Vom Arbeitsverhältnis*, ZAkdR 1937, 907.
Manthe, Ulrich – *Gaius institutiones/Die Institutionen des Gaius*, 2004.
Marchante, João Pedro Charters – *Das lacunas da lei no Direito português*, 2017.
Marhold, Franz – *vide* Fuchs, Maximilian.
Marques, Mafalda de Castro Ascensão – *vide* Ascensão, José de Oliveira.
Martinez, Gregorio Peces-Barba – *Diritti e doveri fundamentali*, DDPubl V (1990), 139-159.
Martinez, Pedro Romano – *Da personalidade tributária*, 1952, reimp., 1969;
– *Relatório de Direito do Trabalho*, 1998;
– *Direito do trabalho/Relatório*, sep. RFDUL 1999;
– *Considerações gerais sobre o Código do Trabalho*, em António Moreira/Teresa Coelho Moreira, *VI Congresso Nacional do Direito do trabalho* (2004), 39-60;
– *O Código do Trabalho revisto*, O Direito 2009, 245-267.
– *Alteração do regime jurídico e tutela dos direitos adquiridos*, Est. Jorge Miranda, III (2012), 353-398;
– *Da cessação do contrato*, 3.ª ed., 2015;
– *Interpretação e aplicação de normas laborais (Revisitação do* favor laboratoris*: ativismo jurídico* versus *segurança jurídica)*, em Est. Bernardo Xavier, III (2015), 227-254;
– *Mediação e arbitragem em Direito laboral*, RDES 2015, 7-28;
– *Direito do trabalho*, 8.ª ed., 2017.
Martinez, Pedro Romano e outros – *Código do trabalho anotado*, 11.ª ed., 2017.
Martinez, Pedro Romano/Silva, Luís Gonçalves da – *O âmbito do regulamento de condições mínimas*, RDES 2005, 353-419;
– *Caducidade de convenção colectiva de trabalho*, RDES 2007, 107-148.
Martinez, Pedro Soares – *Manual de Direito Corporativo*, 3.ª ed., 1971.
Martins, António Viana – *Da I República ao Estado Novo*, 1976.
Martins, Pedro Furtado – *vide* Pinto, Mário.
Martiny, Dieter – no *Münchener Kommentar zum BGB*, 12 (2018), Art. 8 Rom I-VO, 323-430.
Marx, Karl – *Das Kapital/Kritik der politischen Oekonomie* 1 – *Der Produktionsprocess des Kapitals* (1872), 6.ª ed. Ullstein, 1975.
Maschmann, Frank – *Tarifautonomie im Zugriff des Gesetzgebers*, 2007;
– *vide* Hromadka, Wolfgang.
Masi, Antonio – *Locazione (Storia)*, ED 24 (1974), 980 ss.
Maties, Martin – *Arbeitsrecht*, 6.ª ed., 2017.
Matos, Filipe Albuquerque – *Responsabilidade civil por ofensa ao crédito ou ao bom nome*, 2011.

Mattarella, Antonino – *La libera circolazione dei lavoratori nella communità europea*, 1982.
Mattei, Ugo – *vide* Bussani, Mauro.
Mauer, Reinhold – *vide* Hümmerich, Klaus.
Maus, Wilhelm – *Das Deutsche Arbeits- und Sozialrecht*. 1 – *Das Arbeitsverhältnis*, 1948.
Maus, Wilhelm – *Tarifvertragsgesetz*, 1956.
Mayer-Maly, Theo – *Locatio conductio/Eine Untersuchung zum klassischen römischen Recht*, 1956.
– *Arbeitsrecht und Privatrechtsordnung*, JZ 1961, 205-210;
– *Dienstvertrag und Arbeitsvertrag*, ZArbSR 1 (1966), 2-7;
– *Römische Grundlagen des modernen Arbeitsrechts*, RdA 1967, 281-286;
– *Vorindustrielles Arbeitsrecht*, RdA 1975, 59-63;
– *Elemente der Entwicklung des Arbeitsrechts*, em *La formazione storica del diritto moderno in Europa* 3 (1977), 1321-1345;
– *Das BGB in den Händen des Bundesarbeitsgerichts*, FS Jahre BAG (1979), 393-404;
– *Nationalsozialismus und Arbeitsrecht*, RdA 1989, 233-240.
Mazeaud, Denis – *vide* Fauvarque-Cosson, Bénédicte;
– *vide* Grundmann, Stefan.
Mazzarelli, Bruno – *La norma collettiva nella teoria generale del diritto*, 1957.
Mazzoni, Giuliano – *Diritto del lavoro* 1, 6.ª ed., 1988.
Medeiros, Rui – *vide* Miranda, Jorge.
Medicus, Dieter – *Allgemeiner Teil des BGB*, 2.ª ed., 1985; 10.ª ed., 2010.
Mehrens, Christian/Witschen, Stefan – *Urlaub*, em Ulrich Preis/Adam Sagan, *Europäisches Arbeitsrecht* (2015), 412-438.
Melgar, Alfredo Montoya – *Derecho del trabajo*, 6.ª ed., 1985; 38.ª ed., 2017.
Melo, António Barbosa de – *Introdução às formas de concertação social*, BFD LIX (1983), 65-127.
Mendes, João de Castro – *Direito civil* (*teoria geral*) II, 1968.
Menger, Anton – *Das Recht auf den vollen Arbeitsertrag in geschichtlicher Darstellung*, 2.ª ed., 1891, e 4.ª ed., 1910;
– *Das bürgerliche Recht und die besitzlosen Volksklassen*, 1.ª ed., 1890, 4.ª ed., 1908 e 5.ª ed., 1927.
Messina, Giuseppe – *I concordati di tariffa nell'ordinamento giuridico del lavoro*, RDComm 1904, 1, 458-514.
Metzger, Axel – *Allgemeine Rechtsgrundsätze im Europäischen Privatrecht: Ansätze für eine einheitliche Methodenlehre im Europäischen Mehrebenensystem*, RTh 40 (2009), 313-335.
Meyer, Cord – *Arbeitskampf bei Tarifpluraluität – oder: Was wäre wenn?*, FS Klaus Adomeit (2006), 459-475.
Michaels, Ralf – *HK-BGB* II/1 (2007), prenot. § 241.
Michel, Helmut – *Die verfassungskonforme Auslegung*, JuS 1961, 274-281.
Micklitz, Hans-W. – *Zum Recht des Verbrauchers auf die eigene Sprache*, ZEuP 2003, 635-655;
– *Zum englischen Verständniss von Treu und Glauben in der Richtlinie 93/13/EWG*, ZEuP 2003, 865-883.

Miguel, Carlos Frederico Montenegro de Sousa – *Escravatura* DHP II (1979), 421-424.

Miller, Geoffrey P. – *vide* Carnell, Richard.

Ministério da Segurança Social e do Trabalho – *Código do Trabalho*, I – *Anteprojecto*, 2004.

Minsky, Hyman P. – *The Financial Instability Hypothesis*, maio de 1992. Trata-se de um *paper* facilmente confrontável, na Net.

Miranda, Jorge – *A Constituição de 1976*, 1978;

– *Direitos fundamentais/Introdução geral*, 1999;

– *A abertura constitucional a novos direitos fundamentais*, em *Estudos em Homenagem ao Professor Doutor Manuel Gomes da Silva* (2001), 559-572;

– *Manual de Direito Constitucional*, tomo IV – *Direitos fundamentais*, 6.ª ed., 2015.

Miranda, Jorge/Medeiros, Rui – *Constituição Portuguesa anotada* I, 2.ª ed., 2010.

Mitterand, Henri – *vide* Dubois, Jean.

Mohr, Jochen – em Martin Franzen e outros, *Kommentar zum europäischen Arbeitsrecht*, 2.ª ed. (2018), 354-391.

Möhring, Alexandra – *vide* Möllers, Thomas M. J.

Molitor, Erich – *Zur Geschichte des Arbeitsvertrags*, ZHR 87 (1924), 371-378;

– *Das deutsche Arbeitsrecht und die Privatrechtswissenschaft*, RdA 1948, 44-45.

Moll, Wilhelm – *vide* Henssler, Martin.

Möllers, Thomas M. J. – *Geltung und Faktizität von Standards*, 2009;

– *Standards als sekundäre Rechtsquellen/Ein Beitrag zur Bindungswirkung von Standards*, em Thomas M. J. Möllers, *Geltung und Faktizität von Standards* (2009), 143-171.

Möllers, Thomas M. J./Möhring, Alexandra – *Recht und Pflicht zur richtlinienkonformen Rechtsfortbildung bei generellem Umsetzungswillen des Gesetzgebers*, JZ 2008, 919-924.

Mommsen, Theodor/Krüger, Paul – *Corpus Iuris Civilis*, 6.ª ed., 1954.

Moncada, Luís Cabral de – *Lições de Direito civil/Parte geral*, 3.ª ed., 1959, correspondente à 1.ª, de 1932; 4.ª ed. póstuma, 1995.

Moniz, Helena – *Os problemas jurídico-penais da criação de uma base de dados genéticos para fins criminais*, RPCC 12 (2002), 237-264.

Monteiro, António Pinto – *Cláusula penal e indemnização*, 1990.

Monteiro, Joana Pinto – *vide* Ramalho, Maria do Rosário Palma.

Monteiro, Luís Miguel – em Pedro Romano Martinez, *Código do Trabalho anotado*, 11.ª ed., 2017.

Montuschi, Luigi – *Il diritto di sciopero e il c. d. danno ingiusto*, RTDPC XXII (1968), 49-73.

Monzel, Nikolaus/Herweg, Trude – *Katholische Soziallehre*, I – *Grundelegung*, 1965 e II – *Familie, Staat, Wirtschaft, Kultur*, 1967.

Moreira, Adriano – *Direito Corporativo*, 1951.

Moreira, Guilherme – *Instituições de Direito civil português*, 1 – *Parte geral*, 1907.

Moreira, Vital – *Direito corporativo*, 1973;

– *vide* Canotilho, J. J. Gomes.

Mortillaro, Fellice – *La retribuzione*, I – *Principii generali*, 1979.

Moura, José Barros – *Notas para uma introdução ao Direito do trabalho*, 1980, polic.;

– *A convenção coletiva entre as fontes do Direito do trabalho*, 1984.
Müller, Friedrich – *Juristische Methodik*, 2.ª ed., 1976.
Müller, Max – *Der Tarifvertrag als Vertrag zu Gunsten Dritter*, 1931.
Müller-Erzbach – *Ueber den Rücktritt bei "sukzessiven Lieferungsgeschäften" und ähnlichen Verträgen*, DJZ 9 (1904), 1158-1163.
Müller-Franken, Sebastian – em Bruno Schmidt-Blesbtreu/Franz Klein, *Kommentar zum Grundgesetz*, 14.ª ed., 2018.
Müller-Glöge, Rudi – no *Münchener Kommentar zum BGB* 4, 7.ª ed., 2016.
Müller-Glöge, Rudi/Preis, Ulrich/Schmidt, Ingrid – *Erfurter Kommentar zum Arbeitsrecht*, 18.ª ed., 2018.
Müllers, Thomas M. J. – *vide* Fikentscher, Wolfgang.
Münchener Vertragshandbuch, 5.ª ed. (a partir de 2000), totalizando 7 volumes e os *Heidelberger Musterverträge*.
Mutzenbecher, Franz Matthias – *Zur Lehre vom Persönlichkeitsrecht*, 1909.

Naber, Sebastian – *vide* Hohenstatt, Klaus-Stefan.
Naber, Sebastien/Sittard, Ulrich – *Massenentlassungsrecht*, em Ulrich Preis/Adam Sagan, *Europäisches Arbeitsrecht* (2015), 535-575.
Nagel, Bernhard – *Wirtschaftsrecht der Europäichen Union/Eine Einführung*, 4.ª ed., 2003.
Napier – *vide* Elias.
Neal, Alan C. – *Freizügigkeit für Arbeitgeber und Arbeitnehmer in der Europäischen Union/Einige Beobachtungen aus der Perspektive eines Hochlohn-Landes*, RdA 2012, 266-270.
Nehlsen, Hermann – *Sklavenrecht zwischen antike und Mittelalter/Germanisches und römisches Recht in der germanischen Rechtsaufzeichnung* I – *Ostgoten, Westgoten, Franken, Langobarden*, 1972.
Neill, Onorr O' – *Transnationale Gerechtigkeit*, em Gosepath/Lohmann, *Philosophie der Menschenrechte* (1998), 188-232.
Neumann, Dirk/Biebl, Josef – *Arbeitszeitgesetz*, 16.ª ed., 2013.
Neumann-Duesberg, Horst – *Abgrenzbarkeit des allgemeinen Persönlichkeitsrechts und sein Schutz nach § 823 Abs 1 BGB*, NJW 1957, 1341-1344.
Neuner, Jörg – *Die Rechtsfortbildung*, em Karl Riesenhuber, *Europäische Methodenlehre* (2006), 292-307;
– *vide* Wolf, Manfred.
Neves, J. Acúrsio das – *Memória sobre os meios de melhorar a indústria portuguesa*, 1820.
Niggemann, Friedrich – *Die Umsetzung der EU-Mediationsrichtlinie 2008 in Frankreich*, SchiedsVZ 2012, 258-266.
Nikisch, Arthur – *Das Gesetz zur Ordnung der nationalen Arbeit*, 1934;
– *Die Eingliederung in ihrer Bedeutung für das Arbeitsrecht*, RdA 1960, 1-5;
– *Arbeitsrecht* I – *Allgemeiner Lehren und Arbeitsvertragsrecht*, 3.ª ed., 1961; II, 2.ª ed., 1959.
Nipperdey, Hans Carl – *Kontrahierungszwang und diktierter Vertrag*, 1920;
– *Beiträge zum Tarifrecht*, 1924;
– *vide* Enneccerus, Ludwig;
– *vide* Hueck, Alfred.

Nörr, Dieter – *Zur sozialen und rechtlichen Bewertung der freien Arbeit im Rom*, SZRom 82 (1965), 67-105.
Novitz, Tonia A. – *Beamtenstreikrecht, Streik in der Daseinsvorsorge und das Recht auf politischen Streik* I, AuR 2017, 324-327 e II, AuR 2017, 376-379.

Oehmen, Reinhold Schlüpers – *vide* Wester, Kurt.
Oertmann, Paul – *Civilistische Rundschau*, AbürgR 1897, 102-148;
– *Deutsches Arbeitsvertragsrecht/mit Einschluss der Arbeitskampfe*, 1923.
Oestermann, Peter – *Die Zwillingsschwester der Freiheit/Die Form im Recht als Problem der Rechtsgeschichte*, em AAVV, *Zwischen Formstrenge und Billigkeit/Forschungen zum vormodernen Zivilprozess* (2009), 1-54.
Oetker, Hartmut – *Handelsrecht*, 7.ª ed., 2015;
– em Martin Franzen e outros, *Kommentar zum europäischen Arbeitsrecht*, 2.ª ed. (2018), 2217-2311;
– *vide* Annuβ, Georg;
– *vide* Franzen, Martin;
– *vide* Jakobs, Matthias.
Oetker, Hartmut/Preis, Ulrich – no *Staudingers Kommentar zum BGB*, , §§ 620-630 (*Diensvertgragsrecht*, 3) (2016),.
Ogris, Werner – *Geschichte des Arbeitsrechts vom Mittelalter bis in das 19. Jahrhundert*, RdA 1967, 286-297.
Olea, Alonso – *A concertação social em Espanha*, RDES 1986, 493-516.
Oliveira, Elsa Dias – *Da responsabilidade civil extracontratual por violação de direitos de personalidade em Direito internacional privado*, 2011.
Oliveira, Guilherme de – *Direito biomédico e investigação clínica*, em *Temas de Direito da Medicina* (1999), 185-201.
Oliveira, Nuno Manuel Pinto de – *O direito geral de personalidade e a "solução do dissentimento": ensaio sobre um caso de "constitucionalização" do Direito civil*, 2002.
Olszak, Norbert – *Histoire du Droit du travail*, 1999.
Oppermann, Walther – *Der Gemeinschaftgedanke im Arbeitsrecht*, JW 1937, 5 ss.
Oslander, Daniela – *Das Recht am eigenen Bild im allgemeinen Persönlichkeitsrecht*, 1993.
Otero, Paulo – *Sumário de um curso de direitos fundamentais*, 2000;
– *Direito da vida/Relatório*, 2004;
– *O anteprojecto de Código do Trabalho*, em *Código do Trabalho/Pareceres*, III (2004), 271-329.
Otte, Jürgen – *Das subjektiv-private Arbeitskampfrecht als Grundlage einer Neuorientierung im Recht des Streiks und der Aussperrung*, 1970.
Otto, Dirk – *vide* Engisch, Karl.
Oxford Dictionary of English Etymology, 1966.

Paciono, Petro – *De locatio et conductione tractatus (... sed etiam in specie de locatione operarum)*, Roma, 1677, digitalizado na *Bayerische Staatsbibliothek.*

Pages, Bertrand – *Einige neuere Entwicklungen des französischen allgemeinen Vertragsrechts im Lichte der Grundregeln der Lando-Kommission*, ZEuP 2003, 514-524.

Palazzolo (org.), Nicola – *Saggi in materia di locazione: corso di diritto romano*, 1995.

Palma, Maria Fernanda – *Tribunal Penal Internacional e constituição penal*, RPCC 11 (2001), 7-38.

Palmer, Vernon Valentine – *vide* Bussani, Mauro;
– *vide* Werro, Franz.

Pamuk, Orhan – *A cidadela branca*, 1979, trad. port. Manuela Vaz, 2000.

Papaleoni, Marco – *Il diritto del lavoro nei paesi a "common law"*, 2 volumes, 1982.

Patrício, Rui – *vide* Almeida, Carlota Pizarro de.

Pauli, Hans – *Die globale Kartellfunktion des Tarifvertrages*, AuR 2018, 274-277.

Pechstein, Matthias – *vide* Haratsch, Andreas.

Pechtstein, Matthias/Drechsler, Carola – *Die Auslegung und Fortbildung des Primärrechts*, em Karl Riesenhuber, *Europäische Methodenlehre* (2006), 159-183.

Pélissier, Jean – *vide* Camerlynck, G. H.;
– *vide* Lyon-Caen, Gérard.

Pelizzari, Alessandro – *Dynamiken der Prekarisierung/Atypische Erwerbsverhältnisse und milieuspezifische Unsicherheitsbewältigung*, 2009.

Pera, Giuseppe – *Serrata e diritto di sciopero*, 1969;
– *Lo sciopero nei pubblici servizi*, RDLav XXX (1978), 230-255.

Pereira, André Gonçalves Dias – *O consentimento para intervenções médicas prestado em formulários: uma proposta para o seu controlo jurídico*, BFD 76 (2000), 433.

Peres, Holger – *vide* Breidenbach, Stephan.

Perkine, Elsa/Wolmark, Cyril – *Droit du travail*, 12.ª ed., 2018.

Perreau, E. H. – *Des droits de la personnalité*, RTDC VIII (1909), 501-536.

Persch, Sven – *Der EuGH und die Besonderheiten des Sports im Arbeitsrecht*, NZA 2010, 986-991.

Persiani, Mattia – *Videosorveglianza nei luoghi di lavoro*, GI 2018, 1157-1161.

Pescani, Pietro – *Onorari (diritto romano)*, NssDI XI (1965), 928-932.

Peter, Gabriela – em Wolfgang Däubler, *Tarifvertragsgesetz*, 4.ª ed., 2016.

Peter, Manfred – *Gedanken zu dem Ruf nach dem Gesetzgeber im Arbeitsrecht*, RdA 1985, 337-346.

Petino, Placido – *Profili introduttivi alla conciliazione in tema di lavoro*, RDLav XXXI (1979), 623-668.

Pfaff, Ivo – *Über den rechtlichen Schutz der wirtschäftlich Schwächeren in der römischen Kaisergesetzgebung*, 1897.

Pfarr, Heide M./Brandt, Herman – *Zur Geltung des Verhältnismässigkeitsgrundlage bei Streik und Aussperrung*, AuR 1981, 325-332.

Pfeiffer, Gerhard – *vide* Hahan, Franz.

Picker, Eduard – *Ultima-ratio – Prinzip und Tarifautonomie*, RdA 1982, 331-355;
– *Arbeitskampffreiheitsgrenzen/Zur Funktion des Arbeitskamfs im geltenden Recht, dargestellt am Beispiel des Warnstreiks*, 1986;
– *Die Tarifautonomie in der deutschen Arbeitsverfassung*, 2000;

– *Der Arbeitskampf in der Recht- und Wirtschaftsordnung/Zu einer Dogmatik des Arbeitskampfrechts*, ZfA 2010, 499-585 e 585-631 e ZfA 2011, 443-552 e 557-648.

Pfeiffer, Thomas – *Methodik der Privatrechtsangleichung in der EU/Der gemeinsame Referenzrahmen zum europäischen Vertragsrecht*, AcP 208 (2008), 227-247.

Picone/Wengler – *Internationales Privatrecht*, 1974.

Pieroth, Bodo – *Rückwirkung und Übergangsrecht/Verfassungsrechtliche Massstäbe für intertemporale Gesetzgebung*, 1981.

Pinheiro, Luís de Lima – *Direito internacional privado* II, 4.ª ed., 2015.

Pinto, Carlos Alberto da Mota – *Teoria geral do Direito civil*, 3.ª ed., 1985; 4.ª ed. póstuma, atualizada por António Pinto Monteiro/Paulo Mota Pinto, 2005.

Pinto, Eduardo Vera-Cruz – Ius Commune Humanitatis *ou* Lex Mundi?, 2001.

Pinto, Mário – *O direito perante a greve*, Análise Social 1966, 48-73;

– *Direito do trabalho* 1, 1982/83, fotoc. e 2 – *Relações colectivas do trabalho*, 1980/81, fotoc.;

– *Greve*, II – *Aspectos* jurídicos, Enc. Pólis 3 (1985), 111-121;

– *Direito do trabalho/Introdução e relações colectivas de trabalho*, 1996.

Pinto, Mário/Martins, Pedro Furtado/Carvalho, António Nunes de – *Comentário às leis do trabalho*, I – *Regime jurídico do contrato individual de trabalho* 1, 1994.

Pinto, Paulo Mota – *O direito à reserva sobre a intimidade da vida privada*, BFD LXIX (1993), 479-585;

– *O direito ao livre desenvolvimento da personalidade*, Portugal-Brasil (2000), 149-246.

Planiol, Marcel – *Traité Élémentaire de Droit civil* 1, 3.ª ed., 1904.

Platow, Helmut – *vide* Berg, Peter.

Poetzsch-Heffter, Fritz – *Handausgabe der Reichsverfassung vom 11. August 1919*, 2.ª ed., 1921;

– *Handkommentar der Reichsverfassung vom 11. August 1919*, 3.ª ed., 1928.

Policarpo, Almeida – *A colaboração na empresa*, ESC 1 (1962), 72-82;

– *Conciliação dos conflitos colectivos de trabalho*, ESC XV, 13 (1965), 36-58;

– *A colaboração na empresa – Alguns aspectos legais*, ESC 19 (1966), 13-28;

– *Nota sobre alguns problemas relativos à contratação colectiva*, ESC VI, 23 (1967), 163-170;

– *Conflitos colectivos de trabalho e sistema corporativo*, ESC VIII, 31 (1969), 17-34;

– *O regulamento da empresa – sua função*, ESC VIII, 29 (1969), 15-32.

Policarpo, J. F. Almeida/Fernandes, A. Monteiro – *Lei do Contrato de Trabalho Anotada*, 1970.

Portius, Azo – *Summa super codicem*, 1210, ed. 1533, digitalizado na Bayerische Staatsbibliothek.

Porto, Manuel Lopes/Anastácio, Gonçalo – *Tratado de Lisboa anotado e comentado*, 2012.

Poscher, Ralf – *Die Koalitionsfreiheit als ausgestaltungsbedürftiges und ausgestaltungsfähiges Grundrecht* RdA 2017, 235-245.

Pöters, Stephan/Christensen, Ralph – *Richtlinienkonforme Rechtsfortbildung und Wortlautgrenze*, JZ 2011, 387-394.

Pothoff, Heinz – *Ist das Arbeitsverhältnis ein Schuldverhältnis?*, ArbR 1922, 267 ss.

Pötters, Stephan – *vide* Thüsing, Gregor.

Prato, Enrico del – *I regolamenti privati*, 1988.
Preis, Ulrich – *Grundfragen der Vertragsgestaltung im Arbeitsrecht*, 1993;
– *Verbot der Alterdiskriminierung*, em Ulrich Preis/Adam Sagan, *Europäischen Arbeitsrecht*, 2015, 217-270;
– *Arbeitsrecht/Individualarbeitsrecht/Lehrbuch für Studium und Praxis*, 5.ª ed., 2017;
– no *Erfurter Kommentar zum Arbeitsrecht*, 18.ª ed. (2018), 1275-1788;
– *vide* Müller-Glöge, Rudi;
– *vide* Oetker, Hartmut;
– *vide* Wlotzke, Otfried.
Preis, Ulrich/Greiner, Stefan – *Befristungsrecht – Qui vadis?*, RdA 2010, 148-162.
Preis, Ulrich/Sagan, Adam – *Europäisches Arbeitsrecht*, 2015.
Projecto de Codigo Civil Portuguez, 1867.
Projet de code des obligations et des contrats, publ. em Paris, 1929.
Prümm, Hans Paul – *Verfassung und Methodik/Beiträge zur verfassungskonformen Auslegung, Lückenergänzung und Gesetzeskorrektur*, 1977.
Prütting, Hanns – no PWW/BGB, 6.ª ed., 2016.
Puchta, Georg Friedrich – *Das Gewohnheitesrecht* I, 1828.
Punta, Riccardo del – *Diritto del lavoro*, 9.ª ed., 2017.

Quintas, Paula – *Os direitos de personalidade consagrados no Codigo do trabalho na perspetiva exclusiva do trabalhador subordinado – Direitos (des)figurados*, 2013.

Radé, Christophe/Dechristé, Caroline/Gadrat, Magali – *Code du travail*, 81.ª ed., 2018.
Raiser, Thomas – *Das Unternhemen als Organisation/Kritik und Erneuerung der juristischen Unternehmenslehre*, 1969;
– *Die Aussperrung nach dem Grundgesetz*, 1975.
Ramalho, Maria do Rosário Palma – *Greves de maior prejuízo*, RJ 5 (1986), 67-115;
– *Lei da greve anotada*, 1994;
– *Da autonomia dogmática do Direito do trabalho*, 2000;
– *Legislação do trabalho, produtividade e competitividade*, em *Novas políticas para a competitividade*, 2003;
– *O novo Código do Trabalho. Reflexões sobre a proposta de lei relativa ao novo Código do Trabalho*, em *Estudos de Direito do trabalho* 1 (2003), 15-67;
– *Perspectivas metodológicas do Direito do trabalho/Relatório*, 2005;
– *Tratado de Direito do trabalho*, II – *Situações laborais individuais*, 6.ª ed., 2006.
– *Negociação colectiva atípica*, 2009;
– *Direito social da União Europeia/Relatório*, 2009;
– *Tratado de Direito do trabalho*, I – *Dogmática geral*, 4.ª ed., 2015; II – *Situações laborais individuais*, 6.ª ed., 2016; III – *Situações laborais coletivas*, 2.ª ed., 2015.
Ramalho, Rosário Palma/Borges, Isabel Vieira – *Código do Trabalho e legislação complementar*, 7.ª ed., 2018.
Ramalho, Rosário Palma/Duarte, Diogo Pereira/Borges, Isabel Vieira/Monteiro, Joana Pinto – *Novo Código do Trabalho* versus *Legislação Anterior*, 2009.
Ramm, Thilo – *Die Parteien des Tarifvertrages/Kritik und Neubegründung der Lehre vom Tarifvertrag*, 1961;

– *Der Begriff Arbeitskampfrecht*, AcP 160 (1962), 336-365;
– *Der Arbeitskampf und die Gesellschaftsordnung des Grundgesetzes/Beitrag zu einer Verfassungslehre*, 1965;
– *Das Koalitions- und Streikrecht der Beamte*, 1970.
Ramos, Rui Moura – *Direito internacional privado e Constituição*, 1980;
– *Da lei aplicável ao contrato de trabalho internacional*, 1990.
Raue, Peter – *Persönlichkeitsrecht/Die Verteidigung der persönlichen Ehre*, 1997.
Ravà, Anna – *Consuetudine (diritto canonico)*, ED IX (1961), 443-455.
Rawls, John – *A Theory of Justice*, 1971.
Ray, Jean-Emmanuel – *Le juge et les conflits collectifs de travail*, DS 1986, 617-623;
– *La responsabilité civile du syndicat et de ses délégués à l'occasion d'un conflit du travail*, DS 1987, 426-430;
– *L'interdiction de la grève par le juge des référés*, DS 1987, 739-743.
Rebhahn, Robert – *Das neue Antidiskriminierungsrecht/Anmerkungen zu Lage Österreich*, ZfA 2006, 347-360;
– *Der Arbeitsnehmerbegriff in vergleichender Perspektive*, RdA 2009, 154-175;
– *Zivilrecht und Europäische Menschenrechtskonvention,* AcP 210 (2010), 489-554;
– *Die Arbeitsnehmerbegriffe des Unionsrechts in der neueren Judikatur des EuGH*, EuZA 5 (2012), 3-34.
Redinha, M. Regina – *Assédio moral ou* mobbing *no trabalho*, Est. Raúl Ventura 2 (2003), 833-847.
Reforming European Data Protection Law, coordenação de Serge Gutwirth, Ronald Leenes e Paul de Hert, 2015.
Regelsberger, Ferdinand – *Pandekten* 1, 1893.
Rehbinder, Eckard – *Zur Politisierung des IPR*, JZ 1973, 151-158.
Rehder, Britta/Deinert, Olaf/Callsen, Raphäel – *Atypische Arbeitskampfformen der Arbeitsnehmer seite*, AuR 2012, 103-114.
Rehm, Gebhard – *Rechtstransplantate als Instrument der Rechtsreform und -transformation*, RabelsZ 72 (2008), 1-42.
Reichelt, Muna – *Die Absicherung teleologischer Argumente in der Zivilrechtsprechung des Bundesgerichtshofes: eine empirisch-deskriptive Analyse*, 2011.
Reichhold, Hermann – *Der "Neue Kurs" von 1890 und das Recht der Arbeit: Gewerbegericht, Arbeitsschutz und Arbeitsordnung*, ZfA 1990, 5-41.
Reill-Ruppe, Nicole – *Arbeitnehmerstatus aus arbeits- und sozialrechtlicher Sicht*, AuR 2016, 173-177.
Reimann, Mathias – *Der Rechtsschutz gegen politisch Streiks in den USA*, RdA 1985, 34-39.
Reinecke, Gerhard – *Die Beweislastverteilung im Bürgerlichen Recht und im Arbeitsrecht als rechtspolitische Regelungsaufgabe*, 1976.
Reinhard, Dirk – *Griechenlands*, em Marcus Felsner/Nadja Roβ-Kirsch, *Handbuch internationales Arbeitsrecht* (2014), 195-204.
Reinhard, Rudolf – *Das Problem des allgemeinen Persönlichkeitsrechts in der Zivilrechtsordnung/Offene Probleme einer juristischen Entdeckung*, 1977.
Reis, João Carlos Simões dos – *O conflito coletivo de trabalho*, 2018.
Reis, José Alberto dos – *Código de Processo Civil Anotado* VI, 1953.
Resch, Reinhard – *vide* Jabornegg, Peter.

Research Group on the Existing EC Privat Law (Acquis Group) – *Principles of the Existing EC Contract Law (Acquis Principles), Contract I/Pre-contractual obligations, Conclusion of Contract, Unfair Terms*, 2007.

Reufels, Martin – em Gregor Thüsing/Axel Braun, *Tarifrecht Handbuch*, 2.ª ed., 2016.

Reuter, Dieter – *Rechtsfortbildung im Arbeitsrecht/Ein Beitrag zum Problem der Einheit oder Vielheit der Rechtsanwendungsmethoden*, RdA 1985, 320-328;
– *Die Stellung des Arbeitsrechts in der Privatrechtsordnung*, 1997;
– *Gruppenautonomie und Übermachtkontrolle im Arbeitrecht/Ein Rückblick auf Franz-Jürgen Säckers Habilitationsschrift*, FS Franz-Jürgen Säcker 70. (2011), 267-284.

Reynaud, Bertrand – *vide* Labbé, Daniel.

Ribeiro, Maria de Fátima – *Comentário ao artigo 70.º do CC* em *Comentário ao Código Civil/Parte geral*, 2014.

Richardi, Reinhard – *Kollektivgewalt und Individualwille bei der Gestaltung des Arbeitsverhätnisses*, 1968;
– *Die Bedeutung des zivilrechtlichen Haftungssystems für den Arbeitskampf*, ZfA 1985, 101-126;
– *Arbeitsrecht als Kulturleistung im Wandel der Zeit*, ZfA 2017, 199-224;
– *Betriebsverfassungsgesetz mit Wahlordnung*, 16.ª ed., 2018;
– *vide* Annuβ, Georg.

Richardi, Reinhard/Fischinger, Philipp S. – no *Staudingers Kommentar zum BGB*, §§ 611--613 (*Diensvertgragsrecht*, 1), 2016.

Richter, Ernst – *Der Führer des Betriebs*, 1935.

Rideout/Dyson – *Principles of Labour Law*, 3.ª ed., 1983.

Rieble, Volker – *Zukunft des Arbeitskampfes*, 2005;
– *Transparenz und Reform im Arbeitsrecht*, 2006;
– *vide* Löwisch, Manfred.

Riesenhuber, Karl – *Europäisches Vertragsrecht*, 2003;
– *Die Auslegung*, em *Europäische Methodenlehre* (2006), 244-272;
– *Europäisches Arbeitsrecht/Eine systematische Darstellung*, 2009;
– *Wettbewerb für das Europäische Vertragsrecht*, JZ 2011, 537-544.

Risse, Jörg – *Das Mediationsgesetz – eine Kommentierung*, SchiedsVZ 2012, 244-258.

Risse, Jörg/Bach, Ivo – *Wie frei muss Mediation sein? – Von Politik, Ideologie, Gesetzgebern und Gerichten*, SchiedsVZ 2011, 14-20.

Rivero, Jean/Savatier, Jean – *Droit du travail*, 7.ª ed., 1987; 10.ª ed., 1987.

Rixecker, Roland – *Das allgemeine Persönlichkeitsrecht*, em anexo ao § 12 do *BGB/Münchener*, 7.ª ed., 2015.

Rixen, Stephan – *vide* Höfling, Wolfram.

Robertis, Francesco M. de – *I rapporti di lavoro nel diritto romano*, 1946;
– *Lavoro e lavoratori nel mondo romano*, 1963.

Robleda, Olis – *Il diritto degli schiavi nell'antica Roma*, 1976.

Rocha, M. A. Coelho da – *Instituições de Direito civil portuguez*, 2.ª ed., 1843.

Rodrigues, Henrique Nascimento – *Regime jurídico das relações colectivas de trabalho anotado*, 1971.

Rodrigues, João Vaz – *O consentimento informado para o ato médico no ordenamento jurídico português (Elementos para o estudo da manifestação da vontade do paciente)*, 2001.

Roehrssen, Guglielmo – *I conflitti di lavoro nei servizi pubblici essenciali*, RDLav XXXII (1980), 343-357.

Röhle, Robert – *Das Problem der Gefahrtragung im Bereich des römischen Dienst- und Werkvertrags*, SDHI 34 (1968), 184-222.

Rolfs, Christian – *Arbeitsrecht*, 4.ª ed., 2014.

Rolfs, Christian/Groot, Simone Evke de – *Die Befristung von Arbeitsverträgen in der Rechtsprechung des EuGH*, ZESAR 2009, 5-13.

Rood, Max – *Labour Law in the 21st Century*, em Lord Wedderburn e outros, *Labour Law in the Post-Industrial Era/Essays in Honour of Huge Sinzheimer* (1994), 83-90.

Rosin, Fritz-Ulrich – *Der Tarifvertrag nach französischem Recht*, 1938.

Roth, Herbert – *Die Inhaltskontrolle nichtausgehandelter individualverträge im Privatrechtssystem*, BE 1987, 977-984.

Roth, Wulf-Henning – *Die richtlinienkonforme Auslegung*, em Karl Riesenhuber, *Europäische Methodenlehre* (2006), 308-333.

Rother, Werner – *Elemente und Grenzen des zivilrechtlichen Denkens*, 1975.

Rothers, Bernd – *Streik und Verfassung*, 1960.

Rotondi, Marco – *Interpretazione della legge*, NDI VII (1938), 736-743.

Rotondi, Mario – *The Proposed Franco-Italien Code of obligations*, AJCL 3 (1954), 345-359.

Roux, Jean-Claude – *La protection de la vie privée dans les rapports entre l'Etat et les particuliers*, 1983.

Roβ-Kirsch, Nadja – em Marcus Felsner/Nadja Roβ-Kirsch, *Handbuch internationales Arbeitsrecht* (2014), 29 ss.

Rueff, Maria do Céu – *O segredo médico como garantia de não-discriminação/Estudo de Caso: HIV/SIDA*, 2010.

Ruggiero, Roberto de – *Instituições de Direito civil*, trad. Ary dos Santos, I, 1934.

Rümelin, Gustav – *Das Gewohneitsrecht*, JhJb XXVII (1889), 153-252;
– *Dienstvertrag und Werkvertrag*, 1905.

Rundstein, S. – *Der gewerbliche Arbeitstarifvertrag und sein Verhältnis zum inneren Vereinsrecht*, ZHR 67 (1910), 474-506.

Rupp e outros, Hans-Jürgen – em Martin Henssler/Heinz Josef Willemsen/Heinz-Jürgen Kalb, *Arbeitsrecht Kommentar*, 8.ª ed. (2018), 63-355.

Rüthers, Bernd – *Streik und Verfassung*, 1960;
– *Arbeitskampf in einer veränderten Wirtschafts- und Arbeitswelt*, NZA 2010, 6-13;
– *vide* Brox, Hans.

Rüthers, Bernd/Stadler, Astrid – *Allgemeiner Teil des BGB*, 18.ª ed., 2014.

Säcker, Franz-Jürgen – *Grundprobleme der kollektiven Koalitionsfreiheit/Rechtsquellen- und interpretationstheoretische Bemerkungen zur legislativen und judikativen Konkretisierung des Art. 9 Abs 3 GG*, 1969;
– *Gruppenautonomie und Übermachtkontrolle im Arbeitrecht*, 1972;

– *Die soziale Marktwirtschaft/ein wirtschaftsverfassungsrechtliches Leitbild im Wandel der Zeit/Von Hans Carl Nipperdey zur Klaus Adomeit*, FS Klaus Adomeit (2008), 661-672.

Sagan, Adam – *Grundlagen des europäischen Arbeitsrechts*, em Ulrich Preis/Adam Sagan, *Europäisches Arbeitsrecht*, 2015;

– *vide* Preis, Ulrich.

Salerno, Francesco – *La regolamentazione internazionale dei rapporti di lavoro con imprese multinazionali*, 1986.

Samuel, Geoffrei – *System und Systemdenken/Zu den Unterschieden zwischen kontinentaleuropäischen Recht und Common Law*, ZEuP 1995, 375-397.

Sanseverino, Riva – *Della impresa*, no *Commentario* de Scialoja/Branca, 3.ª ed. (1964), *Art. 2060-2134*;

– *Diritto del lavoro* 1, 4.ª ed., 1982.

Sansone, Piero – *Leiharbeit*, em Ulrich Preis/Adam Sagan, *Europäisches Arbeitsrecht* (2015), 439-473.

Santos, António Marques dos – *Sur une proposition italienne d'élaboration d'un code européen des contrats (et des obligations)*, DDC 45/46 (1991), 275-285.

Saraiva, António José – *Vieira* DHP VI (1979), 298-302.

Saraiva, José Hermano – *Apostilha crítica ao projecto de Código Civil (Capítulos I e II)*, ROA 1967, 5-141.

Sartor, Giovanni – *The Right to be Forgotten: Dynamics of Privacy and Publicity* em *Protection of Information and the Right of Privacy – A New Equilibirum?*, coordenação Luciano Floridi (2014), 1-16.

Savatier, Jean – *Das französische Arbeitsrecht von 1981 bis 1985*, RdA 1986, 34-43;

– *La répression d'actes de violence commis au cour d'une grève: l'affaire Citroën*, DS 1986, 228-230;

– *vide* Rivero, Jean.

Sbrocca, Aurelio – *Sciopero illegitimo per vizi formali e non configurabilità di condotta antisindacale*, GLav (Mass) 1986, 38-41.

Schack, Friedrich – *Die verfassungskonforme Auslegung*, JuS 1961, 269-274.

Schack, Haimo – *BGB – Allgemeiner Teil*, 15.ª ed., 2016.

Schall, W. – *Das Privatrecht der Arbeitstarifverträge*, JhJb 52 (1907), 1-208.

Schaub, Günter – *Arbeitsrecht-Handbuch*, 6.ª ed., 1987.

Schaub e outros, Günter – *Arbeitsrecht-Handbuch*, 17.ª ed., 2017.

Schauer, Martin – *vide* Grundmann, Stefan.

Schaumberg, Torsten – *Sozialrecht: Einführung*, 2.ª ed., 2018.

Schick, Robert – *Auslegung und Rechtsfortbildung*, em Stefan Griller/Heinz Peter Rill (publ.), *Rechtstheorie/Rechtsbegriff – Dynamik – Auslegung* (2011), 209-221.

Schiek, Dagmar – *Diskriminierung wegen "Rassen" oder "ethnischer Herkunft"/Probleme der Umsetzung der RL 2000/43/EG im Arbeitsrecht*, AuR 2003, 44-51;

– *Gleichbehandlungsrichtlinien der EU-Umsetzung im deutschen Arbeitsrecht*, NZA 2004, 873-885.

Schiling, Wolfgang – *Das Aktienunternehmen*, ZHR 144 (1980), 136-144.

Schinkels, Boris – *Unbegrenzte richtlinienkonforme Rechtsfortbildung als Haftung Privater für Legislativunrechte?/Für ein subjektives Recht auf Transparenz*, JZ 2011, 394-401.

Schlachter, Monika – *Auslegungmethoden im Arbeitsrecht: am Beispiel von § 87 Abs. 1 BetrVG*, 1987;

– *Entwicklungen im Individualarbeitsrecht unter dem Einfluss der Rechtsprechung des EuGH/erforderliche und entbehrliche Veränderungen*, RdA 2009, ASH 5, 31-40;

– *Benachteiligung wegen besonderer Verbindung statt Zugehörigkeit zu einer benachteiligten Gruppe. Der Diskriminierungsbegriff des EuGH in der Entscheidung Coleman v. 17.7.2008*, C-303/06, RdA 2010, 104-109;

– *EU Labour Law/A Commentary*, 2015;

– *Der Einfluss des Arbeitsvölkerrechts auf das nationale Recht/Aktuelle Perspektiven*, SR 2017, 111-121;

– *Streiks in der Daseinsvorsorge aus völkerrechtlicher Sicht*, AuR 2017, 10-12;

– no *Erfurter Kommentar zum Arbeitsrecht*, 18.ª ed. (2018), Rom-I-VO.

Schlesener, Axel Aino – *Die soziale Mächtigkeit einer Koalition als Vorraussetzung ihrer Parteifähigkeit im arbeitsgerichtlichen Verfahren*, RdA 1999, 186-188.

Schmid, Hans Dieter – *Arbeitskampf und Notstand aus der Sicht der Art. 9 Abs. 3 S 3 GG*, 1981;

– *Grundzüge des Arbeitsrechts*, 1981.

Schmidt, Christof – *Der Einfluss europäischer Richtlinien auf das innerstaatliche Privatrecht am Beispiel des Einwendungsdurchgriffs bei verbundenen Geschäften*, 1997.

Schmidt, Ingrid – *Die Ausgestaltung der kollektiven Koalitionsfreiheit durch die Gerichte*, FS Reinhard Richardi (2007), 765-775;

– *Frauen und die Welt der Arbeit*, AuR 2018, 230-233;

– *vide* Müller-Glöge, Rudi.

Schmidt, Marek – *Privatrechtsangleichende EU-Richtlinien und nationale Auslegungsmethoden*, RabelsZ 59 (1995), 569-597.

Schmidt, Walter – *Die bedrohte Entscheidungsfreiheit*, JZ 1974, 241-250.

Schmieder, Eberhard – *Geschichte des Arbeitsrechts im deutschen Mittelalter* 1, 1939.

Schmitz, Peter – *Persönlichkeitsschutz als Bürgerliche Freiheit im englischen Recht unter besonderer Berücksichtigung der Kollision mit der Pressefreiheit*, 1996.

Schmölz, Anton S. – *vide* Beuthien, Volker.

Schnabel, Claus – *Tarifautonomie und Tarifpolitik*, 2000.

Schnabel, Patrick M. – *Die Richtlinie 2000/78/EG und das kirchliche Arbeitsrecht in Deutschland*, ZfA 2008, 413-443.

Schneider, Friedrich/Grossmann, Ruprecht – *Arbeitsrecht*, 5.ª ed., 1980.

Schneider, Gero – *Einfluss der Rom-I-VO auf die Arbeitsvertragsgestaltung mit Auslandsbezug*, NZA 2010, 1380-1384.

Schneider-Sievers, Astrid – *Freizügigkeit für Arbeitnehmer und Unternehmer – der nationale Blickwinkel*, RdA 2012, 277-281.

Scholz, Rupert/Konzen, Horst – *Die Aussperung im System von Arbeitsverfassung und kollektivem Arbeitsrecht*, 1980.

Schoof, Christian – *vide* Berg, Peter.

Schrammel, Walter/Windisch-Graetz, Michaela – *Europäisches Arbeits- und Sozialrecht*, 2.ª ed., 2018.

Schröder, Rainer – *Zur Arbeitsverfassung des Spätmittelalters/eine Darstellung mittelalterlichen Arbeitsrechts aus der Zeit der großen Pest*, 1984.

Schroeder, Werner – anotação a TJUE 15-dez.-1995, C-415/93 (Bosman), JZ 1996, 254-257;
– *Die Auslegung des EU-Rechts*, JuS 2004, 180-186;
– em Rudolf Streinz, *EUV/AEUV*, 3.ª ed., 2018.

Schubert, Claudia – *Ist der Außenseiter vor der Normsetzung durch die Tarifvertragsparteien geschützt?/Ein Beitrag zum sachlichen Schutzbereich der negativen Koalitionsfreiheit*, RdA 2001, 199-207;
– *Europäische Grundfreiheit und nationales Arbeitskampfrecht im Konflikt*, RdA 2008, 289-299;
– em Matthias Jakobs e outros, *Tarifvertragsrecht*, 2.ª ed., 2013;
– *Neue Beschäftigungsformen in der digitalen Wirtschaft/Rückzung des Arbeitsrechts?*, RdA 2018, 200-206;
– *vide* Jakobs, Matthias.

Schubert, Friederike – *Der Wert des Individuums im deutschen und französischen Privatrecht*, 2006.

Schubert, Jens – *vide* Hahan, Franz.

Schubert, Michael – *vide* Däubler, Wolfgan.

Schulte-Nölke, Hans – *Restatement – nicht Kodifikation/Arbeiten am "Gemeinsamen Referenzrahmen" für ein Europäisches Vertragsrecht*, em Olivier Remien (publ.), *Schuldrechtsmodernisierung und Europäisches Vertragsrecht* (2008), 26-43;
– *vide* von Bar, Christian.

Schumann, Dirk – *vide* Berg, Peter.

Schumann, Hans-Gerd – *Nationalsozialismus und Gewerkschaftsbewegung: Die Vernichtung der Deutschen Gewerkschaften und der Aufbau der "Deutschen Arbeitsfront"*, 1958.

Schüren, Peter – *Die Legitimation der tariflichen Normsetzung*, 1990.

Schuster, Dieter – *Chronologie der deutschen Gewerkschaftsbewegung von 1794 bis 1918* (2000), dig. na Friedrich Ebert Stiftung.

Schwab, Dieter – *Einführung in das Zivilrecht*, 16.ª ed., 2005.

Schwab, Dieter/Löhnig, Martin – *Einführung in das Zivilrecht*, 18.ª ed., 2010.

Schwab, Martin – *Der Dialog zwischen dem EuGH und nationalen Exegeten bei der Auslegung von Gemeinschaftsrecht und angeglichenem Recht*, ZGR 2000, 446-478.

Schwartze, Andreas – *Die Rechtsvergleichung*, em Karl Riesenhuber, *Europäische Methodenlehre* (2006), 75-92.

Schwarz, Günther Christian – *Europäisches Gesellschaftsrecht*, 2000.

Schwarz, Ruth D. – *vide* Davenport, Noa.

Schwarz, Walter – *Öffentliches und privates Recht in der arbeitsrechtlichen Systembildung*, 1973.

Schwerdtner, Peter – *Fürsorgetheorie und Entgelttheorie im Recht der Arbeitsbedingungen – Ein Beitrag zum Gemeinschafts- und Vertragsdenken im Individualarbeitsrecht und allgemeinen Zivilrecht*, 1970;
– *Das Persönlichkeitsrecht in der deutschen Zivilrechtsordnung*, 1977.

Schwickerath, Josef – *Mobbing am Arbeitsplatz/stationäre Verhaltenstherapie von Patienten mit Mobbingerfahrungen*, 2009.

Sciascia, Gaetano – *Capacità giuridica (diritto romano)*, NssDI II (1958), 869-871.
Seabra, António Luiz de – *A propriedade. Philosophia do Direito. Para servir de introducção ao commentario sobre a lei dos foraes*, 1850.
Sefton-Green (ed.), Ruth – *Mistake, Fraud and Duties to Inform in European Contract Law*, 2005, reimp., 2006.
Seifert, Achim – em Otto Ernst Kempen/Ulrich Zachert, *Tarifvertragegesetz*, 5.ª ed., 2014.
Seiter, Hugo – *Streikrecht und Aussperrungsrecht/Ein Arbeitskampfrechtssystem auf der Grundlage subjektiv-privater Kampfrechte*, 1975;
– *Der Warnstreik im System des Arbeitskampfrechts*, FS 25. BAG (1979), 583-604.
Sellier, Ulrich – *Die Arbeiterschutzgesetzgebung im 19. Jahrhundert/Das Ringen zwischen christlich-sozialer Ursprungsidee, politischen Widerständen und kaiserlicher Gesetzgebung*, 1998.
Semler, Franz Georg – *Vom Gesellschaftsrecht zum Unternehmensrechts/Versuch einer Orientierung*, FS Raisch 1995, 291-308.
Senna, Petra – *Arbeitsrecht/Das Arbeitsverhältnis in der betrieblichen Praxis*, 10.ª ed., 2018.
Serra, Adriano Vaz – *Reparação do dano não patrimonial*, BMJ 83 (1958), 69-111;
– *Direito das obrigações*, BMJ 101 (1960), 15-408;
– *Anotação a STJ 5-mai.-1974*, RLJ 108 (1976), 315-319, 324-326.
Servais, Jean-Michel – *Das Recht auf Arbeitskampf und die Zukunft des ILO-Überwachungsmechanismus*, SR 2017, 45-57.
Siber, Heinrich – *Operae liberales*, JhJb 88 (1939/40), 161-198.
Siebens, Frank – *Tarifverträge nach § 3 BetrVG/Interessenvertretungsmodelle in sich verändern den Betriebs-, Unternehmens- und Konzernstrukturen*, AuR 2018, 268-274.
Siebert, Wolfgang – *Das Arbeitsverhältnis in der Ordnung der nationalen Arbeit*, 1935;
– *Arbeitsverhältnis und Vertrag*, ZAkdR 1936, 93 ss.;
– *Kollektivnormen und Individualrecht im Arbeitsverhältnis*, FS Nipperdey 60. (1955), 119-145.
Silva, António Pereira da – *Greve*, I – *Aspectos éticos*, Enc. Pólis 3 (1985), 110-111.
Silva, Fernando Emygdio da – *O operariado português na questão social* 1, 1905;
– *Acidentes de trabalho* 1, 1913;
– *As greves* I, 1913.
Silva, Luís Gonçalves da – *Portaria de extensão: contributo para o seu estudo*, 1999, polic.;
– *Pressupostos, requisitos e eficácia da portaria de extensão*, em *Estudos do IDT* 1 (2001), 669-776;
– *Notas sobre a eficácia normativa das convenções coletivas*, 2002;
– *O Código do Trabalho face à Constituição*, em *Código do Trabalho/Pareceres*, III (2004), 399-491;
– *Do âmbito temporal da convenção coletiva*, em *Estudos de Direito do trabalho* 1, 2.ª ed. (2008), 238-284;
– *Visita guiada ao Código do Trabalho: a primeira fase da reforma laboral*, em *Estudos de Direito do trabalho (Código do Trabalho)* 1, 2.ª ed. (2008);
– *Da eficácia da convenção colectiva*, 2 volumes, polic., 2012;
– *A relevância do local de trabalho na aplicação da convenção coletiva*, Est. Bernardo Xavier, II (2015), 387-409;

– em Pedro Romano Martinez, *Código do Trabalho anotado*, 11.ª ed., 2017;
– *A Administração laboral e a convenção coletiva*, em Manuel M. Roxo (coord.), *Trabalho sem fronteiras?/O papel da regulação* (2017), 179-220;
– *vide* Martinez, Pedro Romano.

Silva, Maria da Conceição Tavares da – *Direito do trabalho*, 1964-65, polic.

Silveira, Alessandra/Canotilho, Mariana – *Carta dos direitos fundamentais da União Europeia*, 2013.

Simi, Valente – *La funzione del diritto di sciopero*, RDLav XXVIII (1976), 281-297.
– *Il contratto collettivo di lavoro*, 1980.

Simitis, Spiros – *Internationales Arbeitsrecht/Standort und Perspektiven*, FS Gerhard Kegel (1977), 153-186.

Simon, Jürgen – *Das allgemeine Persönlichkeitsrecht und seine gewerblichen Erscheinungsformen/Ein Entwicklungsprozess*, 1981.

Simone, Gisella de – *vide* Ballestro, Maria Vittoria.

Sinzheimer, Hugo – *Der korporative Arbeitsnormenvertrag/Eine privatrechtliche Untersuchung* 1, 1907 e 2, 1908.

Sinzheimer, Hugo – *Grundzüge des Arbeitsrechts*, 2.ª ed., 1927.

Sinzheimer, Hugo – *Über den Grundgedanken und die Möglichkeiten eines einheitlichen Arbeitsrechts für Deutschkland* (1914) = Otto Kahn-Freund/Thilo Ramm, *Arbeitsrecht und Rechtssoziologie* 1 (1976), 35-61;
– *Der Tarifgedanke in Deutschkland* (1915) = *idem*, 1 (1976), 150-168;
– *Über soziologische und dogmatische Methoden in der Arbeitsrechtwissenschaft* (1922) = *idem*, 2 (1976), 33-41.

Sittard, Ulrich – *vide* Naber, Sebastien.

Sleckmann, Jan – *Recht als normatives System/Die Prinzipientheorie des Rechts*, 2009.

Soehring, Jörg – *Ehrenschutz und Meinungsfreiheit*, NJW 1994, 2926-2929.

Söllner, Alfred – *Grundriss des Arbeitsrechts*, 10.ª ed., 1990.

Somma, Alessandro – *Sprachgesetzgebung in Frankreich und Italien: Rechtsnationalismus oder Schutz der Schwächeren?*, ZEuP 1998, 701-715.

Sommer, Michael – *Tarifautonomie und Tarifpolitik/für eine Stabilisierung des Tarifsystems*, em Reinhard Bispinck/Thorsten Schulter, *Zukunft der Tarifautonomie/60 Jahre Tarifvertragsgesetz: Bilanz und Ausblick* (2010), 13-19.

Sousa, Manuel Joaquim de – *O sindicalismo em Portugal*, 2.ª ed., 1974.

Sousa, Miguel Teixeira de – *Aplicação da lei no tempo*, CDP 18 (2007), 3-15;
– *vide* Beleza, Maria Leonor.

Sousa, Rabindranath Capelo de – *A Constituição e direitos de personalidade*, em *Estudos sobre a Constituição*, publ. Jorge Miranda, 2 (1978), 93-196;
– *O direito geral de personalidade*, 1995;
– *O segredo bancário/Em especial face às alterações fiscais da Lei n.º 30-G/2000, de 29 de Dezembro*, em *Estudos em Homenagem ao Prof. Doutor Inocêncio Galvão Telles*, II volume - *Direito bancário* (2002), 157-223;
– *Direito Bancário*, 5.ª ed., 2014.

Spelge, Karin – em Martin Franzen e outros, *Kommentar zum europäischen Arbeitsrecht*, 2.ª ed. (2018), 1215-1321.

Spier, Jaap – *vide* Magnus, Ulrich.

Spina, Dora Briguori – *Contributo all'analisi dei rapporti tra la norma inderogabile a il contratto collettivo*, RIDLav 1 (1982), 249-286.

Spindler, Gerald – *Durchbruch für ein Recht auf Vergessen(werden)? – Die Entscheidung des EuGH in Sachen Google Spain und ihre Auswirkungen auf das Datenschutz- und Zivilrecht*, JZ 2014, 981-991.

Stadler, Astrid – *vide* Rütthers, Beand.

Stadthagen, Arthur – *Das Arbeiterrecht/Rechte und Pflichten des Arbeiters in Deutschland aus dem gewerblichen Arbeitsvertrag der Unfall-, Kranken-, Invaliditäts- und Altersversicherung*, 1895.

Stamm, Johann Hermann – *Tractatus de servitute personali*, Frankfurt, 1634, digitalizado na *Bayerische Staatsbibliothek*.

Stamm, Sybille – *Streik und Aussperrung in der deutschen Tarifpolitik*, em Bispinck/ Schulten, *Zukunft der Tarifautonomie* (2013), 169-176.

Stathopoulos, Michael – *Europäisches Vertragsrecht und ratio scripta/Zuständigkeiten und Perspektiven*, ZEuP 2003, 243-265.

Staudenmayer, Dirk – *Ein Optionelles Instrument im Europäischen Vertragsrecht?*, ZEuP 2003, 828-846.

Steffen, Markus/Stöhr, Alexander – *Die Umsetzung von Compliance-Maßnahmen im Arbeitsrecht*, RdA 2017, 43-52.

Steinbeck, Anja – *Handelsrecht*, 3.ª ed., 2014.

Steinberg, Friedhelm – *Der Europäische Tarifvertrag*, RdA 1971, 18-25.

Steindl, Harald – *Überlegungen zum Verhältnis von Privatrecht, Gewerbefreiheit und Industrialisierung*, IC 15 (1981), 76-107;
– *Zur Genese des Privatrechts als "allgemeines Wirtschaftsrecht"*, FG Coing (1982), 349-386;
– *Wege zur Arbeitageschichte*, 1984.

Steinmeyer, Heinz-Dietrich – em Martin Franzen/Inken Gallner/Hartmut Oetker, *Kommentar zum europäischen Arbeitsrecht*, 2.ª ed., 2018, 70-142.

Stiebert, Tom – *vide* Thüsing, Gregor.

Stiglitz (Nobel da Economia), Joseph E. – *The Roaring Nineties: A New History of the World's Most Prosperous Decade*, 2004.

Stöhr, Alexander – *Vertragsbindung und Flexibilität im Arbeitsrecht – rechtshistorisch betrachtet*, RdA 2014, 307-316;
– *Einführung in das Arbeitskampfrecht*, Jura 2016, 283-290;
– *vide* Steffen, Markus.

Strake, Martin – *Streikausschluss in karitativ kirchlichen Einrichtungen durch den Zweiten Weg?*, AuR 2016, 227-230;
– *Ausschluss des Streikrechts in karitativ Einrichtungen der Evangelischen Kirche durch den Dritten Weg*, RdA 2017, 245-249.

Strasser, Rudolf – *Kollektivvertrag und Verfassung*, 1968.

Streinz, Rudolf – EUV/AEUV – *Vertrag über die Europäische Union/ Vertrag über die Arbeitsweise der Europäischen Union/Charta der Grundrechte der Europäischen Union*, 3.ª ed., 2018.

Strümpel, Ulrich – *Der Tarifvertrag im französischen Recht*, 1963.

Stumpf, Hermann – *vide* Wiedemann, Herbert.

Sünner, Dorothee Sabine – *Zum Entwicklung des Arbeitsrechts zwischen Weimar, dem Dritten Reich und der Bundesrepublik/Kontinuität oder Diskontinuität*, 2001.
Supiot, Alain – *vide* Lyon-Caen, Gérard.
Swann, Stephan – *vide* von Bar, Christian.
Sydow, Gernot – *Die Richtlinie als Instrument zur Entlastung des europäischen Gesetzgebers*, JZ 2009, 373-379.

Takahashi, Kenjii – *Auswirkungen der Digitalisierung auf Arbeitswelt und Arbeitsrecht in Japan*, AuR 2018, 70-74.
Tamajo, Raffaele de Luca – *vide* Carinci, Franco.
Tampieri, Maura – *Immissioni intollerabili e danno alla persona*, 2006.
Tarello, Giovanni – *Le ideologie della codificazione nel secolo XVIII*, 3.ª ed., 1974.
Tavares, José – *Os princípios fundamentais do Direito civil* 1, 2.ª ed., 1929.
Teichmann, Christoph – *Vertragsgestaltung durch den Anwalt*, JUS 2001, 870-874 e 973-980.
Telles, J. H. Corrêa – *Digesto Portuguez* II, 1845, ed. 1909.
Tenfelde, Klaus/Volkmann, Heinrich – *Streik/Zur Geschichte des Arbeitskampfes in Deutschland während der Industrialisierung*, 1981.
Teubner, Gunther – *Unternehmenskorporatismus/New Industrial Policy und das "Wesen" der juristischen Person*, KritV 1987, 61-85.
Teuschel, Peter – *Mobbing/Dinamik, Verlauf, gesundheitliche und sozialen Folgen*, 2010.
Teyssié, Bernard – *Droit du travail*, 1980;
– *Les conflits collectifs du travail/Grève et lock-out*, 1981;
– *Code du travail*, 33.ª ed., 2018.
Thesaurus Graecae Linguae V, 1842-1846.
Thiel, Wera – *vide* Kunz, Frithjof.
Thomale, Chris – *Griechische Spargesetze vor deutschen Arbeitsgerichte*, EuZA 9 (2016), 116-125.
Thomas Dieterich, *Zunkunft der Tarifautonomie und Gesetzgeber*, SR 2017, 190-195.
Thüsing, Gregor – *Zulässige Ungleichbehandlung weiblicher und Arbeitnehmer – zur Unverzichtbarkeit i. S. des § 611 a I 2 BGB*, RdA 2001, 319-325;
– em Martin Henssler/Wilhelm Moll/Klaus Bepler, *Der Tarifverträge/Handbuch für das gesammte Tarifrecht*, 2.ª ed., 2016;
– *Europäisches Arbeitsrecht*, 3.ª ed., 2017;
– *vide* Dütz, Wilhelm.
Thüsing e outros, Gregor – em Martin Henssler/Heinz Josef Willemsen/Heinz-Jürgen Kalb, *Arbeitsrecht Kommentar*, 8.ª ed. (2018), 1191-1717.
Thüsing, Gregor/Braun, Axel – *Tarifrecht/Handbuch*, 2.ª ed., 2016.
Thüsing, Gregor/Fink-Jamana, Daniela/von Hoff, Konrad – *Das kirchliche Selbstbestimmungrecht als Legitimation zu Unterscheidung nach Religion*, ZfA 2009, 153-209.
Thüsing, Gregor/Hütter, Gisela – *Gegnerunabhängigkeit als Voraussetzung der Tariffähigkeit auf der Arbeitgeberseite?*, RdA 2018, 129-137.

Thüsing, Gregor/Pötters, Stephan/Stiebert, Tom – *Neues aus Luxemburg: Aktuelle Rechtsprechung des EuGH zu den Diskriminierungsverboten und zum Urlaubsrecht*, RdA 2012, 281-291.
Tietje, Christian – *vide* Hobe, Stephan.
Tillmanns, Kerstin – em Martin Henssler/Wilhelm Moll/Klaus Bepler, *Der Tarifverträge/ /Handbuch für das gesammte Tarifrecht*, 2.ª ed., 2016;
– em Martin Henssler, *Arbeitsrecht Kommentar*, 8.ª ed. (2018), Rom-I-VO Art. 9.
Timmermanns, Christian W. A. – *Zur Entwicklung des europäischen Zivilrechts*, ZEuP 1999, 1-5.
Tinnenfeld, Marie-Theles – *Persönlichkeitsrecht und Modalitäten der Datenerhebung im Bundesdatenschutzgesetz*, NJW 1993, 1117-1119.
Tissier, Albert – *Le Code Civil et les classes ouvrières*, em *Livre du Centenaire* (1904), 73-94.
Tomandl, Theodor – *Streik und Aussperrung als Mittel des Arbeitskampfes*, 1965.
Tosi, Paolo – *vide* Carinci, Franco.
Tratado da União Europeia (*Versão consolidada*), JOUE C 202/13-45, de 7-jun.-2016.
Tratado sobre o Funcionamento da União Europeia (*Versão consolidade*), JOUE C 326/47-390, de 26-out.-2012.
Travlos-Tzanetatos – *Die Tarifautonomie in kritischer Wende/Das Beispiel Griechenlands*, FS Franz Jürgen Säcker 70. (2011), 325-342.
Treber, Jürgen – em Günter Schaub e outros, *Arbeitsrecht-Handbuch*, 17.ª ed., 2017,.
Treder, Lutz – *vide* Beaucamp, Guy.
Treu, Tiziano – *vide* Carinci, Franco.
Trinker, Reinhold – *Rechtsprobleme der abhängigen Arbeit im Alten Ägypten*, BB 1990, 2417-2418.

Ulber, Daniel – *Grenzen der Rechtsfertigung von Ungleichbehandlungen wegen des Alters*, EuZA 2014, 202-216;
– *Arbeitszeit*, em Ulrich Preis/Adam Sagan, *Europäisches Arbeitsrecht* (2015), 334-411.
Ulrich, Ruy Ennes – *Legislação operaria portugueza*, 1906.
Ulsamer, Franz – *Zur Kritik der Lehre von Persönlichkeitsrecht*, 1910.
Umberath, Hannes – *vide* Greger, Reinhard.

Van Der Van, Frans – *Sozialgeschichte der Arbeit* 1, 1972.
Vangerow, Karl Adolph – *Lehrbuch der Pandekten* 3, 7.ª ed., 1896.
Varela, João de Matos Antunes – *Noções fundamentais de Direito civil*, *Lições* do Prof. Dr. Pires de Lima ao Curso do 1.º ano jurídico de 1944-45, I, 1945;
– *Alterações legislativas ao direito ao nome*, RLJ 116 (1983), 140-146;
– *Das obrigações em geral* 1, 10.ª ed., 2000;
– *Code Européen des contrats (avant-projet) (Pavia)*, em *Um Código Civil para a Europa*, BFD 2002, 47-51.
Vasconcelos, Pedro Pais de – *Direito da personalidade/Relatório*, 2006.
Veiga, António da Motta – *A regulamentação do salário*, 1944.
Ventura, Raúl – *Teoria da relação jurídica de trabalho/Estudo de Direito privado* 1, 1944;

– *O cúmulo e a conglobação na disciplina das relações de trabalho*, O Direito 94 (1962), 201-221;
– *Conflitos de trabalho/Conceito e classificações, tendo em vista um novo código de processo do trabalho*, em *Curso de Direito Processual de Trabalho*, RFDUL 1964, (supl.), 7-29.
Viana, Sónia Rute Santos – *A tutela juslaboral dos direitos de personalidade*, 2016.
Vieira, Alexandre – *Para a história do sindicalismo em Portugal*, 4.ª ed., 1974.
Vilalonga, José Manuel – *vide* Almeida, Carlota Pizarro de.
Villalón (org.), Jesus Cruz – *Estatuto de los Trabajadores*, 33.ª ed., 2017.
Villermé, Louis-René – *Tableau de l'état physique et moral des ouvriers employés dans les manufactures de laine, de coton et de soie*, 1840.
Vischer, Frank – *Die Kritik an der herkömmlichen Methode des internationalen Privatrechts*, FS German (1969), 287-307.
Vital, Fezas – *Curso de Direito Corporativo*, 1940;
– *Hierarquia das fontes de direito*, ROA 1943, n.º 1 e 2, 12-35.
Viβmann, Hellmut – *Unionsrechtskonforme Auslegung von Tarifverträgen?*, FS Klaus Bepler (2012), 649-659.
Vogelsang, Hinrich – em Günter Schaub e outros, *Arbeitsrecht-Handbuch*, 17.ª ed., 2017.
Vogenauer, Stefan – *Sources of Law and Legal Method in Comparative Law*, em Mathias Reimann/Reinhard Zimmermann, *The Oxford Handbook of Comparative Law* (2008), 869-898.
Vogenauer, Stefan/Kleinheisterkamp, Jan – *Commentary on the Principles of International Commercial Contracts (PICC)*, 2009.
Vogt, Joseph/Bellen, Heinz – *Bibliographie zur antike Sklaverei*, com Elisabeth Herrmann e Norbert Brockmeyer, 2 volumes, 1983.
Volkmann, Heinrich – *vide* Tenfelde, Klaus.
Volkmann, Judith – *Gerichtsnahe Mediation und Rechtsberatungsgesetz*, SchiedsVZ 2004, 245-251.
Volkmann, Uwe – *vide* Britz, Gabriele.
Vollkommer, Max – *Richterpersönlichkeit und Persönlichkeitsrecht*, FS Hubmann (1985), 445-468.
von Arnesberg, L. Arndts – *Lehrbuch der Pandekten*, 1886.
von Bar, Christian – *Gemeineuropäisches Deliktsrecht* 1, 1996 e 2, 1999;
– *The Common European Law of Torts: The Core Areas of Tort Law, Its Approximation in Europe, and Its Accomodation in the Legal System*: 1 *(Common European Law of Torts)*, 1999;
– *Grundregeln des Europäischen Vertragsrechts* I e II, 2001;
– *The Study Group on a European Civil Code*, em *Um Código Civil para a Europa*, BFD 2002, 65-78;
– *Die "Principles of European Law"*, Teil III, ZEuP 2003, 707-713.
von Bar, Christian/Clive, Eric (ed.) – *Principles Definitions and Model Rules of European Private Law / Draft Common Frame of Reference*, 2008;
– *Interim Outline Edition*, 2008;
– *Principles, Definitions and Model Rules of European Private Law / Draft Common Frame of Reference (DCFR), Full Edition*, 2009, seis volumes;

– *Outline Edition*, 2009.
von Bar, Christian/Swann, Stephan – *Unjustified Enrichment*, 2010.
von Carolsfeld, Ludwig Schnorr – *Arbeitsrecht*, 2.ª ed., 1954.
von Gehlah, Jürgen – *Die neuere Entwicklung des Persönlichkeitsrechts*, VersR 2012, 278-284.
von Gierke, Otto – *Der Entwurf eines bürgerlichen Gesetzbuchs und das deutsche Recht*, 1889;
– *Deutsches Privatrecht*, 1 – *Allgemeiner Teil und Personenrecht*, 1895.
von Hoff, Konrad – *vide* Thüsing, Gregor.
von Hoyningen-Huene, Gerrick – *Betriebsverfassungsrecht*, 6.ª ed., 2007;
– *Rechtsmassigkeitsvoraussetzungen aktueller Arbeitskampfmittel der Gewerkschaften*, JuS 1987, 505-513.
von Jhering, Rudolf – *Geist des römischen Rechts auf den verschiedenen Stufe seiner Entwicklung* 3, 2.ª ed., 1865 e 4.ª ed., 1888; 10.ª ed., equivalente à 5.ª, de 1906, reimp., 1993;
– *Rechtsschutz gegen injuriöse Rechtsverletzung*, JhJb 23 (1885), 155-338 = *Gesammelte Aufsätze*, 3.º vol. (1886, reimp., 1981), 233-408.
von Lilienfeld-Toal, Roland – *Das allgemeine Persönlichkeitsrecht juristischer Personen des Zivilrechts*, 2003.
von Münch, Ingo/Kunig, Philip – *Grundgesetz-Kommentar*, 5.ª ed., 2000.
von Nell-Breuning, Oswald – *Wirtschaft und Gesellschaft heute 2 – Zeitfragen*, 1957.
von Pöhlmann, Robert – *Geschichte der sozialen Frage und des Sozialismus in der antiken Welt* 2, 1912.
von Savigny, Friedrich Carl – *System des heutigen römischen Rechts* 1, 1840, reimp. 1981.
von Schwind, Fritz – *Von der Zersplitterung des Privatrechts durch das internationales Privatrecht und ihrer Bekämpfung*, RabelsZ 23 (1958), 449-465 .
von Stebut, Dietrich – *Leistungsstörungen im Arbeitsverhaltnis*, RdA 1985, 66-72.
Vorweck, Karl – *Die Werksgemeinschaft in historicher und wirtschaftswissenschaftlicher Beleuchtung*, em Karl Vorweck/Karl Dunkmann, *Die Werksgemeinschaft in historicher und soziologischer Beleuchtung* (1928), 1-62.
Vorweck, Karl/Dunkmann, Karl – *Die Werksgemeinschaft in historicher und soziologischer Beleuchtung*, 1928.

Wächter, Carl Georg – *Pandekten* 2, 1881.
Wagner, Armin – *Die soziale Entwicklung des Sklavenrechts in der römischen Kaiserzeit*, 1968.
Waldstein, Wolfgang – *Soziale Schutzrechte im klassischen römischen Recht*, FS Hubert Niederländer (1991), 181-194.
Walker, Wolf-Dietrich – *Arbeitsrecht in den neuen Bundesländern*, 1991;
– *vide* Brox, Hans.
Wallington – *vide* Elias.
Walter, Tonio – *Entwurf einer Richtlinie zur sprachlichen Gestaltung europarechtlichter Texte*, NJW 2004, 582-584.
Waltermann, Raimund – *Zu den Grundlagen der Rechtssetzung durch Tarifvertrag*, FS Alfred Söllner (2000), 1251-1277;

– *Zu den Grundlagen der Tarifautonomie*, ZfA 2000, 53-86;
– *Entwicklungslinien der Tarifautonomie*, RdA 2014, 86-93;
– *Arbeitsrecht*, 18.ª ed., 2016;
– *Differenzierungsklauseln im Tarifvertrag in der auf Mitgliedschaft aufbauenden Tarifautonomie*, 2016;
– *Integration von Älteren in das Erwerbsleben – Der Beitrag des Arbeitsrechts*, ZfA 2017, 445-461;
– *Ist die Allgemeinverbindlicherklärung erfolgversprechend reformiert?*, RdA 2018, 137-151.

Wank, Rolf – *Der Buchstabe des Gesetzes und der einheitliche Lebenssachverhalt*, FS Klaus Adomeit (2008), 789-808;
– *Die personellen Grenzen des Europäischen Arbeitsrechts: Arbeitsrecht für Nicht-Arbeitnehmer?*, EuZA 1 (2008), 172-195;
– *Auslegung und Rechtsfortbildung im Arbeitsrecht*, 2013;
– *Die personelle Reichweite des Arbeitnehmenschutzes aus rechtsdogmatischer und rechtspolischen Perspektive*, EuZA 9 (2016), 143-170;
– *Der Arbeitnehmer-Begriff im neuen § 611a BGB*, AuR 2017, 140-153;
– *Der Arbeitnehmerbegriff in der Europäische Union/Praktische Konsequenzen*, EuZA 2018, 327-345.

Wank, Rolf/Börgmann, Udo – *Der Vorschlag für eine Richtlinie des Rates befristete Arbeitsverträge*, RdA 1999, 383-386.

Watson, Alan – *Legal Transplants/An Approach to Comparative Law*, 1974;
– *Roman Slave Law*, 1987.

Weber, Hansjörg – *Die Nebenpflichten des Arbeitsgebers*, RdA 1980, 289-299.

Weber, Harald – *Methodenlehre der Rechtsgestaltung*, JUS 1989, 636-643.

Wedde, Peter – *vide* Däubler, Wolfgan.

Wedderburn, Lord – *Labour Law and the Individual in Post-Industrial Societies*, em Lord Wedderburn e outros, *Labour Law in the Post-Industrial Era/Essays in Honour of Huge Sinzheimer* (1994), 13-82.

Wedderburn e outros, Lord – *Labour Law in the Post-Industrial Era/Essays in Honour of Huge Sinzheimer*, 1994.

Wege, Andreas – *De locatione et conductione*, Leipzig, 1740, digitalizado na *Bayerische Staatsbibliothek*.

Wegner – *Entwicklung der Gesetzgebung und tariflicher Regelung der Arbeitszeit*, s/d.

Weise, Peter – *vide* Eger, Thomas.

Wells, Herbert George – *The Time Machine*, 1895.

Wells, J. – *vide* How, W. W.

Wendeling-Schroeder, Ulrike – *Schadensersatz drittbetroffener Unternehmen bei Streiks?*, AuR 2017, 96-99;
– *vide* Berger.

Wendt, Otto – *Lehrbuch der Pandekten*, 1888.

Wengler – *vide* Picone.

Wengler, Wilhelm – *Die Kampfmassnahme im Arbeilsrecht*, 1960.

Werro, Franz/Palmer, Vernon Valentine (ed.) – *The Boundaries of Strict Liability in European Tort Law*, 2004.

Wester, Kurt/Oehmen, Reinhold Schlüpers – *Arbeitsrecht: Betriebsverfassungs, Personalvertretungs- und Mitbestimmungsrecht*, 2.ª ed., 1984.

Westrup, C. W. – *Some Notes on the Roman Slave in Earley Times/A Comparative Sociological Study*, 1956.

Whittaker, Simon – *vide* Zimmermann, Reinhard.

Wieczorek, Mirko Andreas – *Persönlichkeitsrecht und Meinungsfreiheit im Internet/Kollision und Abwägung bei Internetangeboten – eine verfassungsrechtliche Analyse*, 2013.

Wiedemann, Herbert – *Das Arbeitsverhältnis als Austausch- und Gemeinschaftsverhältnis*, 1966;

– *Tarifautonomie und staatliches Gesetz*, FS Eugen Stahlhacke (1995), 675-692;

– *Das Unternehmen als dialektisches System/Führung und Kommunikation einmal anders betrachtet*, 2003;

– *Tarifvertragsgesetz Kommentar*, 7.ª ed., 2007.

Wiedemann, Herbert/Stumpf, Hermann – *Tarifvertragsgesetz mit Durchführung und Nebenvorschriften/Kommentar*, 5.ª ed., 1977.

Wiedemann, Klaus – *Streik und Streikdrohung*, 1971.

Wiese, Günther – *Individuum und Kollektiv im Recht der Koalisionen*, ZfA 2008, 317-351.

Willemsen, Heinz Josef – *vide* Henssler, Martin.

Willemsen, Heinz Josef/Annuβ, Georg – *Neue Betriebsübergangsrichtlinie – Anpassungsbedarf im deutschen Recht?*, NJW 1999, 2073-2080.

Windisch-Graetz, Michaela – *vide* Schorammel, Walter.

Windscheid, Bernhard/Kipp, Theodor – *Lehrbuch des Pandektenrechts* I, 1906, reimp., 1984; II, 9.ª ed., 1906.

Winter, Regine – em Martin Franzen e outros, *Kommentar zum europäischen Arbeitsrecht*, 2.ª ed. (2018), 1591-1718.

Witschen, Stefan – *vide* Mehrens, Christian.

Witz, Claude – *La longue gestation d'un code européen des contrats/Rappel de quelques initiatives oubliées*, RTDC 2003, 447-455;

– *Französische Schuldrecht und Prinziples of European Contract Law: Gemeinsamkeiten und Unterschiede*, ZEuP 2004, 503-514.

Wlotzke, Otfried – *Zur Vorhaben eines Arbeitsgesetzes/Eine rechtspolitische Betrachtung*, FS 25. Jahre BAG (1979), 681-707.

Wlotzke, Otfried/Preis, Ulrich – *Betriebsverfassungsgesetz Kommentar*, 4.ª ed., 2009.

Wöhlermann, Katharina – *Die richtlinienkonforme Auslegung im Europäischen Arbeitsrecht/Perspektiven und Barrieren für eine europäische Rechtsmethodik am Beispiel arbeitsrechtlicher Gleichbehandlungsrichtlinien*, 1998.

Wohlgemuta, Hans H. – *Probleme des Warnstreiks*,AuR 1982, 201-207.

Wolf, Erik – *Die Typen der Tatbestandsmerkmässigkeit*, 1931.

Wolf, Ernst – *Das Arbeitsverhältnis – Personenrechtliches Gemeinschaftsverhältnis oder Schuldverhältnis?*, 1970.

Wolf, Manfred – *Inhaltskontrolle von Arbeitsverträgen*, RdA 1988, 270-276.

Wolf, Manfred/Neuner, Jörg – *Allgemeiner Teil des Bürgerlichen Rechts*, 10.ª ed., 2012 e 11.ª ed., 2016.

Wolmark, Cyril – *vide* Perkine, Elsa.

Wolmerath, Martin – *Mobbing/Rechtshandbuch für die Praxis*, 2007;
– *vide* Däubler, Wolfgan.

Wolter – *vide* Berger.

Wörlen, Rainer/Kokemoor, Axel – *Arbeitsrecht*, 12.ª ed., 2017.

Wörlen, Rainer/Kokemoor, Axel/Lohrer, Stefan – *Handelsrecht*, 12.ª ed., 2015.

Worzalla, Michael – *Die Wirksamkeit einzelner Arbeitsvertragsklauseln nach der Schuldrechtsreform/Entgelt, Arbeitszeit und Tätigkeit, Betriebsvereinbarungs- und Tarifvertragsoffenheit, Änderung des Arbeitsvertrags*, NZA BL 3/2006, 122-133.

Wurmnest, Wolfgang – *Common Core Grundregeln, Kodifikationsentwürfe, Acquis-Grundsätze/Ansätze internationaler Wissenschaftlergrupper zur Privatrechtsvereinheitlichung in Europa*, ZEuP 2003, 714-744;
– *Das neue Internationale Arbeitsvertragsrecht der Rom-I-Verordnung*, EuZA 2009, 481-499.

Würtenberger, Thomas – *vide* Engisch, Karl.

Xavier, Alberto – *Direito corporativo*, 1972.

Xavier, Bernardo da Gama Lobo – *Regime jurídico do contrato do trabalho anotado* 2, 1972;
– *As recentes intervenções dos trabalhadores nas empresas*, ROA 1975, 417-472;
– *A licitude dos objectivos da greve*, RDE 1979;
– *Convenção coletiva de trabalho*, Enc. Pólis 1 (1983), 1303-1311;
– *Direito da greve*, 1984;
– *Direito do trabalho*, Enc. Pólis 2 (1984), 579-601;
– *A crise e alguns institutos de Direito de Trabalho*, RDES 1986, 517-569;
– *Curso de Direito do trabalho*, 2.ª ed., 1993;
– *Direito do trabalho/Ensinar e investigar*, 2005;
– *Vigência e sobrevigência das convenções colectivas de trabalho*, RDES 2008, 29-100;
– *Eficácia geral ou eficácia restrita das convenções coletivas de trabalho*, RDES 2017, 7-105;
– *Manual de Direito do trabalho*, 3.ª ed., 2018.

Yavetz, Zvi – *Slave and Slavery in ancient Rome*, 1988.

Zacchia, Lanbranco – *De salario seu operariorum mercede*, Roma, 1658, digitalizado na *Bayerische Staatsbibliothek*.

Zachert, Ulrich – *Rechtsfragen bei Durchsetzung der Tarifzuständigkeit*, AuR 1982, 181-185;
– *vide* Kempen, Otto Ernst.

Zangari, Guido – *Lo sciopero nei servizi pubblici essenciali nel diritto italiano e comparato*, RDLav XXXII (1980), 358-433.

Zeller, Ernst – *Auslegung von Gesetz und Vertrag/Methodenlehre für die juristische Praxis*, 1989.

Zeuner, Albrecht – *Überlegungen zum Begriff des Arbeitnehmers und zum Anwendungsbereich arbeitsrechtlicher Regeln*, RdA 1975, 84-88.

Zimmer, Reingard – *Soziale Grundrechte in der EU/Das Arbeitskampfrecht nach in-Kraft-Treten des Vertrags von Lissabon*, AuR 2012, 114-118.

Zimmermann, Helmut – *Zur Problematik anonymer Arbeitsnehmerbeschwerden*, AuR 2016, 226-227.

Zimmermann, Reinhard – *The Law of Obligations/Roman Foundations of the Civilian Tradition*, 1996.

– (org.), *Grundstrukturen eines Europäischen Deliktsrechts*, 2002.

– *Grundstrukturen eines europäischen Bereicherungsrechts*, ZEuP 2003, 441-444.

– *Die Europäisierung des Privatrechts und die Rechtsvergleichung*, 2006.

Zimmermann, Reinhard/Whittaker, Simon (eds.) – *Good Faith in European Contract Law*, 2000.

Zippelius, Reinhold – *Meinungsfreiheit und Persönlichkeitsrecht*, FS Hubmann (1985), 511-521.

Zitelmann, Ernst – *Gewohneitsrecht und Irrthum*, AcP 66 (1883), 323-468.

Zöllner, Wolfgang – *Die Rechtsnatur der Tarifnormen nach deutschem Recht/Zugleich ein Beitrag zur Abgrenzung von Rechtssetzung und Privatautonomie*, 1966;

– *Arbeitsrecht und Politik*, DB 1970, 54-62;

– *Über einige extreme Thesen zum Arbeitskampfrecht*, ZfA 1973, 227-242;

– *Privatautonomie und Arbeitsverhältnis/Bemerkungen zu Paritäi und Richtigkeitsgewähr beim Arbeitsvertrag*, AcP 176 (1976), 221-246;

– *Die Stellung des Arbeitsnehmers im Betrieb und Unternehmen*, FS Jahre Bundesarbeitsgericht (1979), 745-771;

– *Regelungsspielräume im Schuldvertragsrecht/Bemerkungen zur Grundrechtsanwendung im Privatrecht und zu den sogenannten Ungleichgewichtslagen*, AcP 196 (1996), 1-36.

Zöllner, Wolfgang/Loritz, Karl-Georg – *Arbeitsrecht/Ein Studienbuch*, 4.ª ed., 1992.

Zöllner, Wolfgang/Loritz, Karl-Georg/Hergenröder, Curt Wolfgang – *Arbeitsrecht*, 7.ª ed., 2015.

Zuleeg, Manfred – *Europäischer Gerichtshof und nationalen Arbeitsgerichte aus europarechtlicher Sicht*, RdA 1996, 71-78.

Zundel, Frank – *Die Entwicklung des Arbeitsrechr im Jahr 2017*, NJW 2018, 126-132.

Zweigert, Konrad – *Die dritte Schule in internationalen Privatrecht/Zur neueren Wissenschaftsgeschichte des Kollisionsrechts*, FS Raape (1948), 35-52;

– *Zur Armut des internationalen Privatrechts an sozialen Werten*, RabelsZ 37 (1973), 435-452.

ÍNDICE IDEOGRÁFICO